Das Hardware-Buch

Gerhard Franken/Michael Starke

Das Hardware-Buch

An International Thomson Publishing Company

Bonn • Albany • Belmont • Boston • Cincinnati • Detroit • Johannesburg • London
Madrid • Melbourne • Mexico City • New York • Paris • Singapore • Tokyo

Die Deutsche Bibliothek – CIP-Einheitsaufnahme

Franken, Gerhard:
Das Hardware-Buch /
Gerhard Franken, Michael Starke – 1. Aufl. – Bonn ; Albany [u.a.] :
Internat. Thomson Publ., 1997
   ISBN 3-8266-0307-9
NE: Starke, Michael

ISBN 3-8266-0307-9
1. Auflage 1997

Alle Rechte, auch die der Übersetzung, vorbehalten. Kein Teil des Werkes darf in irgendeiner Form (Druck, Fotokopie, Mikrofilm oder einem anderen Verfahren) ohne schriftliche Genehmigung des Verlages reproduziert oder unter Verwendung elektronischer Systeme verarbeitet, vervielfältigt oder verbreitet werden. Der Verlag übernimmt keine Gewähr für die Funktion einzelner Programme oder von Teilen derselben. Insbesondere übernimmt er keinerlei Haftung für eventuelle, aus dem Gebrauch resultierende Folgeschäden.

Die Wiedergabe von Gebrauchsnamen, Handelsnamen, Warenbezeichnungen usw. in diesem Werk berechtigt auch ohne besondere Kennzeichnung nicht zu der Annahme, daß solche Namen im Sinne der Warenzeichen- und Markenschutz-Gesetzgebung als frei zu betrachten wären und daher von jedermann benutzt werden dürften.

Printed in Austria
© Copyright 1997 by ITP Verlag GmbH, Bonn

Lektorat: Jan Leendertse, Hans-Jörg Ehren
Korrektorat: Stefanie Hofert, Ingrid Erdmann
Druck: Wiener Verlag, Himberg
Belichtung: Wolframs Doku-Werkstatt, Attenkirchen
Umschlaggestaltung: TASK, Bad Honnef
Satz und Layout: Reemers EDV-Satz, Krefeld

Inhaltsverzeichnis

	Vorwort	**25**
	Neue Versionen ...	25
	... alte Lasten ...	26
	... und kommende Standards	27
	Neue Zielgruppen ...	28
	... und neue Zielsetzungen	28
	Was bietet das Buch?	29
	Beantwortete Fragestellungen	31
	Vorgehensweise	31
	Zielsetzung	32
	Phänomene und die Gesetze von Murphy	32
	Danksagung	33
1	**Vor dem Schrauben**	**35**
1.1	Werkzeug und Arbeitsmaterialien	39
1.1.1	Systematische Vorbereitung	40
1.1.2	Nützliches Werkzeug	42
1.1.3	Zubehör	47
1.2	Allgemeine Kriterien der Hardware-Auswahl	50
1.2.1	Dokumentation	51
1.2.2	Kompatibilität und Standards	51
1.2.3	Support und Treiberservice	52
1.2.4	Betriebssystemabhängigkeit	53
1.2.5	Steckplatzart (Bussystem)	53
1.2.6	Platz und Ressourcen	56
1.2.7	Lieferumfang	56
1.2.8	Preis-Leistungs-Verhältnis	56
1.2.9	Fazit	57
1.3	Arbeits- und Sicherheitskopien	58
1.3.1	Startdisketten	60
1.3.2	Datensicherung	62
1.3.3	Und Windows 9x?	64

2 Hardware-Ressourcen 65

2.1	IRQ	67
2.2	Port-Adressen	69
2.3	DMA	72
2.4	Verwendung von Arbeitsspeicherbereichen	74
2.5	Hardware-Konfiguration	76
2.6	Plug and Play (PnP) und ACPI	78
2.6.1	Wie funktioniert PnP?	79
2.6.2	ICU (ISA Configuration Utility)	80

3 BIOS-Setup 83

3.1	BIOS-Daten auf Diskette sichern	83
3.2	BIOS-Setup aufrufen	85
3.3	Tastaturtreiber nicht geladen?!	86
3.4	(Erweiterte) Setup-Programme	87
3.5	BIOS-Einstellungen	88
3.5.1	Arbeitsspeicher-Ausstattung	89
3.5.2	Datum, Uhr- und Sommerzeit	89
3.5.3	Bildschirm und Tastatur	90
3.5.4	Diskettenlaufwerke	91
3.5.5	Festplattenparameter	91
3.5.6	Boot-Up-Optionen	93
3.5.7	Virus Warning	96
3.5.8	Shadow Memory	96
3.5.9	Cache	97
3.5.10	BIOS Update	97
3.5.11	Security	97
3.5.12	Linear Frame/Memory Hole at 15M-16M	98
3.5.13	Gate A20 Option	98
3.5.14	PCI/VGA Palette Snoop	98
3.5.15	HDD Sequence SCSI/IDE First	98
3.5.16	IDE-Modalitäten	99
3.5.17	Chipset Features Setup	100
3.5.18	Power Management	102
3.5.19	PCI & Onboard I/O Setup	104

4	**Konfigurationsdateien und Dienstprogramme**	**107**
4.1	Editoren	108
4.2	Speicherarten	111
4.3	Konventioneller Arbeitsspeicher	111
4.4	Upper Memory Area	111
4.5	Extended Memory (XMS)	112
4.6	High Memory Area (HMA)	113
4.7	Expanded Memory (EMS)	113
4.8	DOS-Konfigurationsdateien	113
4.8.1	MemMaker, QEMM & Co.	114
4.8.2	CONFIG.SYS	115
4.8.3	AUTOEXEC.BAT	118
4.8.4	Multikonfigurationsdateien	119
4.9	Windows 3.x	119
4.9.1	WIN.INI	120
4.9.2	SYSTEM.INI	121
4.9.3	SETUP.INF	122
4.10	Windows 9x	122
4.11	OS/2-CONFIG.SYS	123
4.12	Utilities	123
4.12.1	Microsoft Diagnostics (MSD)	124
4.12.2	System-Infos mit PC Tools	126
5	**Windows 9x Spezial**	**129**
5.1	Hardware-Anforderungen	132
5.2	Setup	133
5.2.1	Standardinstallation	134
5.2.2	Benutzerdefinierte Installation	139
5.2.3	Programme nachträglich installieren	141
5.2.4	Deinstallieren von Komponenten	142
5.2.5	Gelöschte Dateien	142
5.2.6	Das Start-Menü von Windows 9x	143
5.2.7	MSDOS.SYS editieren	145
5.3	Systemsteuerung	148
5.3.1	Virtueller Arbeitsspeicher	148
5.3.2	Geräte-Manager	149
5.3.3	Grafiktreiber installieren	152

5.3.4	Sonder-Tools	153
5.4	Maus	159
5.5	Modem installieren	160
5.6	Funktionstasten	162
5.7	Benutzerprofile	165
5.7.1	Aktivierung der Benutzerprofile	166
5.7.2	Benutzerprofil anlegen	167
5.7.3	Benutzerprofil deaktivieren	167
5.8	Systemrichtlinien	168
5.8.1	Installation der Systemrichtlinien	168
5.8.2	Systemrichtlinien erstellen	169
5.9	Sicherungsmechanismen	171
5.9.1	BACKUP	172
5.9.2	ERU	175
5.9.3	XCOPY	177
5.10	Registry	180
5.10.1	Vorteile der Registry	181
5.10.2	Starten der Registry	182
5.10.3	Suche in der Registry	182
5.10.4	Überblick über die Registry	183
5.10.5	Sichern der Registry	188
5.10.6	Wiederherstellen der Registry	188
6	**Erste Blicke in die Innereien**	**191**
6.1	Gehäuse öffnen	191
6.2	Serielle/parallele Schnittstellen	193
6.3	DIN-Tastaturanschluß	194
6.4	A/V-Anschlüsse (Cinch)	194
6.5	Netzwerkkarte	195
6.6	Soundkarte	195
6.7	Internes Faxmodem	196
6.8	Grafikkarte	196
6.9	Scanner-Adapter	197
6.10	Laufwerk-Controller	198
6.11	Adapter ausbauen	198
6.12	Konfiguration überprüfen	199

6.13	Adapter einbauen	199
6.14	Slot-Inkompatibilitäten und Konflikte	203
6.15	Sichtkontrollen	204
6.16	Fazit	205

7	**Gehäuse und Netzteil**	**207**
7.1	Laptop und Notebook	207
7.1.1	Größe und Gewicht	208
7.1.2	Preis	208
7.1.3	Akkus und deren Nutzungsdauer	208
7.1.4	Prozessor-Leistung	209
7.1.5	Arbeitsspeicher	209
7.1.6	Festplatte	209
7.1.7	Bildschirm	210
7.1.8	Externe Anschlüsse	210
7.1.9	PC Card, Steckplätze und Erweiterungen	210
7.1.10	Tastatur und Maus	211
7.1.11	CD-ROM- und Diskettenlaufwerk	211
7.1.12	Docking Station	212
7.2	Gehäuseausführungen	213
7.2.1	Portable	213
7.2.2	Slimline	213
7.2.3	Desktop	214
7.2.4	Tower-Gehäuse	214
7.2.5	Maße der Hauptplatine	214
7.2.6	Ausstattungsmerkmale	215
7.3	Netzteil	219
7.3.1	Einbaumaße	220
7.3.2	Leistung	221
7.3.3	Spannungstoleranzen	222
7.3.4	Weitere Aspekte der Stromversorgung	223
7.3.5	Pin-Belegung der Netzteilanschlüsse	225
7.3.6	Netzteil ersetzen	228
7.3.7	Troubleshooting	230

8	**Prozessoren**	**231**
8.1	Überlegungen vor einem CPU-Upgrade	231
8.2	Prozessorgenerationen im Überblick	234
8.3	iCOMP & Co.	236

8.4	Prozessor-Fachbegriffe	238
8.4.1	Gehäuseform und Pinkompatibilität	238
8.4.2	Taktfrequenz	239
8.4.3	Register	240
8.4.4	Busbreiten	240
8.4.5	Adressierbarer Speicher	241
8.4.6	Transistorfunktionen	241
8.4.7	L1-Cache	241
8.4.8	L2-Cache	242
8.4.9	Waitstates	242
8.4.10	Mathematischer Coprozessor	243
8.4.11	Betriebsspannung und Leistungsaufnahme	243
8.4.12	Overdrive-Prozessoren	244
8.4.13	Sockel und Upgrade-Sockel	246
8.4.14	Kühlkörper und Lüfter	247
8.4.15	Platzprobleme	248
8.4.16	BIOS-Inkompatibilität	249
8.5	Prozessormodelle	249
8.5.1	8086 bis 80286	249
8.5.2	80386	250
8.5.3	80486	250
8.5.4	Pentium	254
8.5.5	PentiumPro (P6)	256
8.5.6	MMX	258
8.5.7	Pentium II	259
8.5.8	Intel-kompatible Prozessoren	260
8.5.9	Aufrüstmöglichkeiten	261
8.6	Prozessor-Trends	262
8.7	CPU-Installation	264
8.8	Troubleshooting	267
9	**Motherboards**	**269**
9.1	Auswahlkriterien und Besonderheiten	270
9.1.1	Formfaktor	270
9.1.2	Montagezubehör	273
9.1.3	Anzahl und Art der Steckplätze	274
9.1.4	Prozessor-Sockel	274
9.1.5	Arbeitsspeicher	276
9.1.6	Cache-Speicher	277
9.1.7	Spannungsversorgung	278

9.1.8	Unterstützte Taktfrequenzen	279
9.1.9	BIOS	280
9.1.10	Integrierte Komponenten	282
9.1.11	Batterie	283
9.1.12	Jumper	284
9.1.13	Diagnoseprogramme	288
9.1.14	Anschlußbelegung	289
9.2	Trends	290
9.3	Motherboard austauschen	291
9.4	Troubleshooting	294

10 Speicherbausteine 295

10.1	Bauform von Speicherbausteinen	298
10.1.1	DIP	298
10.1.2	SMD	298
10.1.3	SIPP	299
10.1.4	SIMM	299
10.2	Speicherbaustein-Varianten	301
10.2.1	DRAM	301
10.2.2	SRAM	301
10.2.3	FP-DRAM	302
10.2.4	EDO-DRAM	302
10.2.5	SDRAM	303
10.3	Kapazität von Speicherbausteinen	303
10.4	Speicherbänke	304
10.5	Bestückungsbeispiele	305
10.6	Paritätsbit	306
10.7	Zugriffszeit	308
10.8	Typbezeichnungen	309
10.9	Unverträglichkeiten	310
10.10	Testprogramme	311
10.11	Installation	312
10.11.1	Einbau von DIP-Bausteinen	312
10.11.2	Einbau von SIMMs	314
10.12	Troubleshooting	315

11   Bussysteme   317

11.1	ISA-/AT-Bus	318
11.1.1	ISA-Transferraten	319
11.1.2	Pin-Belegung des ISA-Busses	319
11.2	MCA	322
11.3	EISA	323
11.3.1	Bus-Mastering	324
11.3.2	EISA-Transferraten	324
11.3.3	Pin-Belegung des EISA-Busses	324
11.4	VLB (VESA Local Bus)	326
11.4.1	Maximale Bustaktfrequenz und Transferraten	327
11.4.2	Pin-Belegung des VLB	327
11.5	PCI	330
11.5.1	Bus-Mastering	330
11.5.2	Auto-Konfiguration und BIOS-Setup	332
11.5.3	64 Bit und 3,3 V	333
11.5.4	Power Management und Hot Plugging	333
11.5.5	Bustaktfrequenz und Transferraten	334
11.5.6	Pin-Belegung des PCI-Busses	334
11.6	ATA/IDE und ATAPI	338
11.6.1	IDE-Varianten und Transferraten	338
11.6.2	ATA/IDE-Anschlußbelegung	340
11.7	SCSI	341
11.7.1	SCSI-Varianten und -Transferraten	342
11.7.2	Differential und Single Ended SCSI	342
11.7.3	Pin-Belegung SCSI-Bus	343
11.8	PC Card/PCMCIA	348
11.8.1	PC-Card-Typen	349
11.8.2	PC-Card-Anschlußbelegung	349
11.9	USB (Universal Serial Bus)	350
11.9.1	Technische Kenndaten	351
11.9.2	Pin-Belegung des USB	352
11.10	IEEE 1394 (Firewire)	352
11.11	Trends	353

12 Serielle und parallele Schnittstelle 355

12.1	Serielle Schnittstelle	356
12.1.1	Verwendete Ressourcen	357
12.1.2	Einstellungen	358
12.1.3	Anschlußbelegung	359
12.1.4	Nullmodem-Verbindung	361
12.2	Parallele Schnittstelle	362
12.2.1	Bi-direktional, EPP und ECP	363
12.2.2	Verwendete Ressourcen	364
12.2.3	Anschlußbelegung	364
12.3	Joystick-Adapter	367
12.4	Bus-Maus-Schnittstelle	369
12.5	Data Switch Box	370
12.6	Testmöglichkeiten	371
12.7	Installation und Konfiguration	371

13 Bildschirme 373

13.1	Standards im Überblick	374
13.1.1	Übersichtstabelle	377
13.2	Allgemeine Auswahlkriterien	377
13.2.1	Vorhandene Grafikkarte und Verkabelung	378
13.2.2	Treiber und Software-Unterstützung	378
13.2.3	Einstellmöglichkeiten	379
13.2.4	Leistungs-Kenndaten	380
13.3	Monitor-Kenndaten	381
13.3.1	Bildschirmauflösung und Punktabstand	381
13.3.2	Bildwiederholfrequenz	385
13.3.3	Zeilenfrequenz (Horizontalfrequenz)	387
13.3.4	(Video-)Bandbreite	388
13.4	Bildschirmtechnologien	389
13.4.1	Kathodenstrahlröhre (CRT)	390
13.4.2	LCD-Bildschirme	397
13.4.3	PDP (Plasma Display Panel)	400
13.4.4	TFT-Bildschirme	400
13.5	Ergonomische Aspekte	403
13.5.1	Beschwerden	404
13.5.2	Elektromagnetische Felder	404

13.5.3	Elektrostatische Felder	405
13.5.4	Energieverbrauch und Umweltschutz	405
13.5.5	Arbeitsumgebung	406
13.5.6	Ergonomisches Resümee	407
13.5.7	Trends	408
13.5.8	Ergonomische Monitore	408
13.5.9	Leichte, großflächige Monitore	408
13.5.10	Kleine Monitore	409
13.5.11	HDTV	410
13.6	Pin-Belegung der Monitorstecker	411
13.6.1	Analoge Monitoranschlüsse	411
13.6.2	Digitale Monitoranschlüsse	414
13.7	Monitor-Konfiguration	417
13.7.1	Monitor-Konfiguration unter Windows 9x	417
13.7.2	Monitor-Konfiguration unter Windows NT	420
13.7.3	Das Plus!-Register	420
13.8	Troubleshooting	421

14 Grafikkarten 423

14.1	Auswahlkriterien und Begriffe	425
14.1.1	Welches Bussystem?	426
14.1.2	Accelerator-Karten	427
14.1.3	Feature Connector	431
14.1.4	Videospeicher und Farbtiefe	432
14.1.5	Belegte RAM- und ROM-Adressen	435
14.1.6	Kompatibilität	436
14.1.7	Stromsparfunktionen	437
14.1.8	Weitere Merkmale	437
14.1.9	Treiber und Software	438
14.2	Trends	439
14.3	Installation	440
14.3.1	Vorbereitende Maßnahmen	440
14.3.2	PCI, Multitasking, Slots usw.	441
14.3.3	Hardware	442
14.3.4	Software	443
14.3.5	Windows 9x/NT	445
14.3.6	Abstimmung von Grafikkarte und Monitor	446
14.4	Troubleshooting	447

15	**Tastatur**	**453**
15.1	Tastatur-Layouts und -Ausführungen	454
15.1.1	PC/XT-Tastatur-Layout	455
15.1.2	MF-Tastatur-Layout	456
15.1.3	Spezielle Tastatur-Layouts	457
15.1.4	Windows-Tastatur	458
15.1.5	Besonderheiten	459
15.1.6	Funktionsweise der Tastatur	460
15.2	Ergonomisches	460
15.2.1	Sitzhaltung	461
15.2.2	Krankheitsbilder	461
15.3	Pflege und Wartung	462
15.4	Tastatur-Checkliste	464
15.5	Trends	465
15.6	Installation	466
15.6.1	DOS	466
15.6.2	Windows 3.x	467
15.6.3	Windows 9x	468
15.7	Pin-Belegung der Tastaturstecker	469
15.8	Troubleshooting	470
16	**Mäuse und andere Zeigegeräte**	**473**
16.1	Mäuse	474
16.1.1	Ausstattung, Zubehör und Varianten	474
16.1.2	Mauspflege	482
16.1.3	Installation	482
16.1.4	Troubleshooting	485
16.2	Joystick und Gamepad	487
16.2.1	Windows 9x-Einstellungen	489
16.2.2	Joystick-Troubleshooting	490
16.3	Digitizer	490
16.4	Lichtgriffel und Touchscreen	492
17	**Diskettenlaufwerke**	**493**
17.1	Laufwerktypen und Diskettenkapazität	494
17.2	Datenaufzeichnung	497

17.2.1	Spuren	497
17.2.2	Sektoren	497
17.2.3	Dateizuordnungstabelle	498
17.2.4	Kapazitätsberechnung	498
17.2.5	Unterschiede der Magnetbeschichtung	498
17.3	Funktionsweise von Floppy-Laufwerken	499
17.3.1	Schreib-/Lese-Köpfe	499
17.3.2	Kopfpositionierung	500
17.3.3	Antriebsmotor	500
17.3.4	Laufwerkelektronik	501
17.3.5	Anschlüsse	501
17.4	Hardware-Konfiguration	504
17.5	Pflege und Wartung	506
17.5.1	Disketten-Handling	507
17.5.2	Wartung von Diskettenlaufwerken	508
17.6	Trends	509
17.7	Installation	510
17.7.1	Die einfache Variante	514
17.7.2	Mögliche Komplikationen	517
17.8	Troubleshooting	521
18	**Festplatten**	**525**
18.1	Warnungen und Vorsichtsmaßnahmen	527
18.2	Festplattenaufbau	528
18.3	Standards und Anschlußkabel	529
18.3.1	MFM/RLL	530
18.3.2	ESDI	531
18.3.3	AT-Bus (IDE)	532
18.3.4	Enhanced IDE (EIDE)	533
18.3.5	SCSI	535
18.4	Begriffe rund um Festplatten	536
18.4.1	Zugriffskamm und Zylinder	536
18.4.2	Formatierte Kapazität	537
18.4.3	BIOS-Overhead	537
18.4.4	Zugriffszeit	537
18.4.5	Spurwechselzeit	538
18.4.6	Datentransferrate	539
18.4.7	Umdrehungsgeschwindigkeit	542
18.4.8	Thermische Rekalibrierung	542

18.4.9	Interleave und Skewing	543
18.4.10	Zone Bit Recording (ZBR)	544
18.4.11	Write Precompensation	545
18.4.12	Landing Zone	545
18.5	Hardware-Konfiguration	545
18.5.1	MFM/RLL/ESDI	546
18.5.2	AT-Bus/IDE/EIDE	546
18.5.3	SCSI	548
18.6	Weitere Auswahlkriterien und Alternativen	549
18.6.1	LBA, XCHS und Kapazitätsgrenzen	550
18.6.2	Physische Abmessungen	553
18.6.3	Stromverbrauch	553
18.6.4	Wechselrahmen	554
18.6.5	Plattenkomprimierung	555
18.7	Pflege und Wartung von Festplatten	556
18.7.1	Defragmentierung	556
18.7.2	Festplatten-Analyse	558
18.7.3	Virenschutz	560
18.8	Trends	562
18.9	Festplatten-Installation	564
18.9.1	Vorbereitungen	565
18.9.2	Hardware-Installation	568
18.9.3	Software-Installation	571
18.10	Troubleshooting	578

19 Zwischen FD und HD — 583

19.1	Gegenüberstellung der Alternativen	583
19.2	Syquest	584
19.3	Zip-Drive	586
19.4	Jaz	586
19.5	EZDrive	587
19.6	Laser-Servo-Diskette (LS)	587
19.7	Bernoulli	588
19.8	Magneto-optische Laufwerke	589
19.9	Trends	590

20 HDD/FDD- und SCSI-Controller — 591

20.1	Grundlegende Alternativen	592
20.2	Belegung von Systemressourcen	594
20.2.1	Festplatten	594
20.2.2	Diskettenlaufwerke	596
20.3	Weitere Controller-Features	596
20.3.1	Deaktivierung von Funktionseinheiten	596
20.3.2	Zusatz-BIOS	597
20.3.3	Cache	597
20.3.4	Software	597
20.3.5	Optimierungen	598
20.3.6	Controller für den Server-Einsatz	598
20.4	HDD/FDD-Controller-Installation	599
20.5	HDD/FDD-Controller-Troubleshooting	600
20.6	SCSI-Host-Adapter	600
20.6.1	Ressourcenbelegung	602
20.6.2	SCSI-IDs	603
20.6.3	Abschlußwiderstände/Terminierung	605
20.6.4	Treiberunterstützung und Kompatibilität	606
20.6.5	Zusatzprogramme	607
20.6.6	SCSI-Adapter-Konfiguration	608
20.7	SCSI-Installation	610
20.7.1	Einbau eines SCSI-Adapters	611
20.7.2	Treiber-Installation unter Windows 9x	612
20.7.3	DOS/Windows 3.x	619
20.8	SCSI-Troubleshooting	620

21 Von CD bis DVD — 623

21.1	Die Compact Disc im Überblick	625
21.1.1	Datenaufzeichnung	627
21.1.2	Spur und Sektoren	628
21.1.3	Kapazitätsberechnungen	629
21.1.4	Schreib-/Lese-Geschwindigkeit	629
21.1.5	Adressierung	630
21.2	Aufbau von CD und CD-R	630
21.2.1	Aufbau der gepreßten CD	631
21.2.2	Aufbau der CD-R	632
21.3	Handhabung von CDs	634

21.3.1	Schutzhüllen	634
21.3.2	Beschriftungen und Aufkleber	635
21.3.3	Lichtempfindlichkeit	636
21.3.4	Reinigung	636
21.3.5	Aufbewahrung und Lagerung	637
21.3.6	Reparatursets	637
21.4	Die DVD	638
21.4.1	Die Laser-Wellenlänge	638
21.4.2	CD-R2?	639
21.4.3	Die Kopierschutzfrage	639
21.4.4	Kenndaten der DVD	639
21.5	CD-RW bzw. CD-E	640
21.6	Auswahlkriterien	641
21.6.1	Intern oder extern?	641
21.6.2	Vorhandenes System	642
21.6.3	Lademechanismus	643
21.6.4	Datentransferrate	644
21.6.5	Zugriffszeit	645
21.6.6	Cache	646
21.6.7	Interface-Karten	647
21.6.8	Lieferumfang und weiteres Zubehör	651
21.6.9	Nützliches Zubehör	655
21.6.10	Upgrade-Angebote	656
21.6.11	Zusätzliche Kriterien für CD-Brenner	656
21.7	Standards und Dateisysteme	663
21.7.1	MPC-Spezifikationen	663
21.7.2	Die »bunten« Bücher im Überblick	665
21.7.3	Red Book	665
21.7.4	Yellow Book	666
21.7.5	CD-ROM/XA	668
21.7.6	Green Book	668
21.7.7	Orange Book	668
21.7.8	White Book	672
21.7.9	Blue Book	672
21.7.10	CD-ROM-Dateisysteme im Überblick	672
21.7.11	High Sierra und ISO 9660	673
21.7.12	Joliet	674
21.7.13	Romeo	675
21.7.14	Apple Extensions (HFS)	675
21.7.15	Rock Ridge Interchange Protocol	676
21.7.16	Hybrid-Discs	676

21.7.17	El Torito (Bootable CD-ROM)	676
21.7.18	Kodak-Photo CD	677
21.8	Trends	677
21.9	Installation	678
21.9.1	Hardware	679
21.9.2	Software	682
21.9.3	Besonderheiten bei CD-Writern	689
21.10	Troubleshooting	691

22 Soundkarten 699

22.1	Ausstattungsmerkmale im Überblick	701
22.2	Kompatibilität	703
22.2.1	AdLib	704
22.2.2	Soundblaster	704
22.2.3	Roland MT-32	705
22.2.4	General MIDI- bzw. MPU-401-Kompatibilität	705
22.3	Synthesizer-Chips	706
22.4	CODEC	706
22.5	Wavetable-Technik	708
22.6	Datenkompression und 3D-Effekte	708
22.7	MIDI	709
22.7.1	Pin-Belegung des MIDI/Joystick-Anschlusses	710
22.7.2	General MIDI	711
22.8	CD-ROM-Schnittstelle	718
22.9	Audio-Stecker	719
22.9.1	Steckerform	719
22.9.2	Pin-Belegung der internen Audio-Anschlüsse	720
22.10	Treiber und Zubehör	721
22.11	Soundkarten-Trends	723
22.12	Installation	725
22.12.1	Hardware	726
22.12.2	Software	729
22.13	Troubleshooting	739

23 Drucker 745

23.1	Druckerarten	746
23.1.1	Nadeldrucker	746
23.1.2	Tintenstrahldrucker	749
23.1.3	Laserdrucker	753
23.1.4	GDI	758
23.1.5	Farblaser und digitale Farbkopierer	759
23.2	Effektive Auflösung und Störmuster	759
23.3	Umweltaspekte	761
23.4	Trends	762
23.5	Checkliste: Druckerkauf	764
23.6	Druckerinstallation	767
23.7	Troubleshooting	769

24 Scanner 771

24.1	Scanner-Varianten	773
24.2	Funktionsweise und Begriffe	774
24.2.1	Graustufen und Grauwert	776
24.2.2	Optische vs. interpolierte Auflösung	776
24.2.3	Farbtiefe	778
24.2.4	Speicherbedarf	778
24.2.5	TWAIN	779
24.2.6	Steckkarte und Bussystem	780
24.3	Software und Zubehör	781
24.3.1	Bildbearbeitung	781
24.3.2	OCR-Programme	782
24.3.3	Betriebssystemunterstützung	782
24.3.4	Aktualität der Treiber	783
24.3.5	Optionales Zubehör	783
24.4	Checkliste: Scanner	784
24.5	Trends	785
24.6	Installation	786
24.6.1	Hand-Scanner	786
24.6.2	Flachbett-Scanner	788
24.6.3	Geräte über die TWAIN-Schnittstelle betreiben	792
24.6.4	Kalibrierung	794
24.7	Troubleshooting	796

25 Telekommunikation — 799

25.1	Merkmale und Auswahlkriterien	801
25.1.1	Funktionsweise	802
25.1.2	Intern vs. extern	802
25.1.3	AT-Kommandosatz	805
25.1.4	Class-2-Kommandosatz	808
25.1.5	Bit/s und Baud	809
25.1.6	Übertragungsverfahren	809
25.1.7	Übertragungsparameter und Protokolle	810
25.2	TAE und Kabel	812
25.2.1	Schaltung von TAE-Dosen	813
25.2.2	Pin-Belegung von Western-Steckern	815
25.3	ISDN	816
25.4	Trends	817
25.5	Modem-Installation	819
25.5.1	Modem-Software unter DOS/Windows	820
25.5.2	Windows 9x	821
25.5.3	Verlängerungskabel	823
25.5.4	Nebenstellenanlagen	824
25.6	Troubleshooting	825

26 Netzwerke — 827

26.1	Thin Ethernet	830
26.2	Ein paar Netzwerk-Grundbegriffe	830
26.2.1	Netz-Topologien	831
26.2.2	Ressourcen	831
26.2.3	Clients und Server	832
26.3	Auswahlkriterien	832
26.3.1	Netzwerk-Adapter	832
26.3.2	Verkabelung	835
26.4	Trends und Hinweise	840
26.5	Installation des Adapters	842
26.5.1	Hardware-Installation	842
26.5.2	Software-Konfiguration	843
26.5.3	Windows 9x	845
26.5.4	TCP/IP	845
26.6	Troubleshooting	849

27	**Bandlaufwerke**	**851**
27.1	Verschiedenen Technologien	852
27.1.1	QIC	853
27.1.2	Travan	856
27.1.3	DAT	857
27.2	Pflege und Wartung	858
27.3	Trends	859
28	**Vom Foto zum Video**	**861**
28.1	Die Photo CD	862
28.1.1	Photo CD versus digitale Kamera	863
28.1.2	Die Photo CD-Familie	864
28.1.3	Wie kommt das Bild auf die CD?	869
28.2	APS (Advanced Photo System)	872
28.3	Digitale Kameras	873
28.3.1	Mobiler vs. stationärer Einsatz	874
28.3.2	Anschluß gesucht	876
28.4	Dia- und Film-Scanner	877
28.5	Framegrabber	879
28.6	TV-Tuner und Video-Overlay-Karten	880
28.7	Video-Schnitt	881
28.8	MPEG-Kompression	881
28.9	Die SCART-Schnittstelle	884
28.10	Weitere Standards	885
29	**Zukunftsvisionen?**	**887**
29.1	Künstliche Intelligenz	889
29.1.1	Expertensysteme	889
29.1.2	Neuronale Netze	890
29.1.3	Fuzzy Logic	891
29.2	Sprach- und Handschrifterkennung	891
29.3	Cyberspace	894
29.3.1	Aladin in Agrabah	895
29.3.2	Das Gesetz von Moore	895
29.4	Internet und Information Superhighway	896

29.4.1	Einsatzgebiete	898
29.4.2	Voraussetzungen	899
29.4.3	Hindernisse und Folgen	900

A	**Quellen- und Literaturhinweise**	**903**
B	**Herstelleradressen**	**907**
C	**Inhalt der Buch-CD-ROM**	**919**
	Index	**929**

Vorwort

Der PC ist erwachsen geworden!? Betrachtet man die heutigen PCs und vergleicht sie mit den ersten Maschinen Anfang bis Mitte der 80er, muß man feststellen, daß der PC in den letzten fast zwanzig Jahren enorme Fortschritte gemacht hat. Gleichzeitig befindet sich der PC aber auch im Umbruch. Neue Betriebssysteme, neue Programme und neue Anwendungen bieten nicht nur Unmengen von teilweise kaum vorstellbaren Leistungen, sondern stellen auch immer höhere Anforderungen, denen die alten Computer- und Hardware-Generationen und deren traditionelle Standards vielfach nicht mehr gewachsen sind. Und selbst wenn neue Programmgenerationen häufig nur noch wenige wirklich sinnvolle neue Fähigkeiten bieten, setzen sie oft modernste Hardware voraus. 32-Bit-Programme mit ihrem Speicherhunger laufen nun einmal zum größten Teil erst unter Windows 9x mit halbwegs zufriedenstellender Geschwindigkeit. (Und sei es auch nur deshalb, weil das von älteren Windows-Versionen verwendete 16-Bit-Speichermodell den Arbeitsspeicher oberhalb von 16 MByte nur höchst bescheiden nutzen kann.)

Neue Versionen ...

Wenn Sie sich dann erst einmal zum Umstieg auf Windows 9x (oder noch anspruchsvollere Betriebssysteme) entschieden haben, und sei es auch nur deshalb, weil moderne Programme kaum noch für ältere Betriebssysteme erhältlich sind, dann werden Sie schnell feststellen, daß Sie schon bald eine neue, größere Festplatte und viel mehr Arbeitsspeicher benötigen. Unter 16 MByte RAM Arbeitsspeicher und 1 GByte Festplattenkapazität geht kaum noch etwas. (Vielfach müssen es gleich mindestens 32 MByte sein.) Und selbst dann wird die Festplatte recht schnell zu klein, wenn Sie der Versuchung der vielfältig (fast) zum Nulltarif angebotenen Test- und Programmversionen erliegen oder gar größere Mengen an Bilddateien oder Videos auf der Festplatte herumliegen lassen.

Darüber hinaus läßt sich kaum ein Programm wirklich rückstandslos wieder von der Festplatte entfernen – Eintragungen in den Windows-Startdateien und einige verwaiste Dateien bleiben fast immer zurück. Dann benötigen Sie möglicherweise noch viele Datei-Leseprogramme (neudeutsch: Reader), spezielle Bibliotheken oder Treiber (zum Beispiel DirectVideo und wie sie alle heißen mögen), Internet-Programme (und sei es auch nur zum Lesen von Texten) und vieles mehr. All diese kleinen Helferlein hinterlassen ihre Spuren, füllen unvermeidlich die Festplatte, kosten vielfach Rechenleistung und fressen Arbeitsspeicher.

... alte Lasten ...

Von all dem bemerkt der relativ unbedarfte Anwender meist nur recht wenig, weil neue Betriebssysteme und Benutzerschnittstellen viele dieser Aktionen weitgehend vor ihm verbergen. Hier einmal OK angeklickt, und schon wandern wieder etliche MByte auf die Festplatte und etliche Eintragungen in die Registrierungsdateien. Selbst die Hardware installiert sich – Schlagwort Plug and Play (oder ACPI, wie es mittlerweile heißt) – fast von alleine. Häufig kommt das böse Erwachen erst, wenn ältere Programme weiterverwendet werden sollen, aber nicht mehr nutzbar sind, und sei es auch nur, weil Windows 9x die installierten Geräte automatisch auf andere Systemadressen geplugt hat, wo sie von älteren Programmen nicht gefunden werden, so daß nichts mehr geplayt wird.

Natürlich können (und sollten?) Sie dann auf den Einsatz der alten Programme und der Hardware verzichten und etliche Hunderter (oder Tausender) für neue Hard- und Software-Ausstattung (oder gleich einen neuen Rechner) investieren. Sie können sich aber auch eingehender mit der Hardware und deren Konfiguration und den Interna vertraut machen. Dann werden Sie wahrscheinlich schnell (entsetzt?) feststellen, daß es all die alten Startdateien (INI, BAT und SYS) immer noch gibt, und daß Sie es unter Windows 9x weiterhin mit DOS, Windows 3.x *und* Windows 9x zu tun haben! Und häufig kommen Sie um Änderungen an all diesen Bestandteilen nicht herum, wenn Sie Ihr System optimal konfigurieren *und* ältere Hard- und Software weiterhin nutzen wollen.

In diesem Buch finden Sie Informationen, die Ihnen bei der Reparatur, Erweiterung und Aufrüstung IBM-kompatibler Rechner helfen sollen. Sie finden auch Informationen, die Sie zur Auswahl neuer Komponenten oder zur Zusammenstellung eines gänzlich neuen PCs nutzen können. Im Mittelpunkt stehen neben den verschiedenen Erweiterungskarten (Grafikkarten, Soundkarten usw.) Peripheriegeräte, die Sie an den Computer anschließen können, um dessen Fähigkeiten zu erweitern. Sie finden Informationen über Scanner, Drucker, Mäuse, digitale Kameras und vieles mehr. Hintergründiges soll Ihnen bei der Übertragung der Angaben auf neue Technologien zur Seite stehen, so daß Sie auch deren Sinn oder Unsinn beurteilen können.

... und kommende Standards

Viele neue »Standards« wurden in den letzten Monaten angekündigt. Von USB, IrDA, Firewire, IEEE 1394, MMX, DirectX (DirectDraw, DirectSound, DirectPlay und DirectInput), Dolby Surround Sound, AGP, SDRAM, 3D-Video, SDX, CD-R, DVD, CD-E, SCAM, Fast ATA-2 und Pentium II ist hier unter anderem die Rede. All diese Standards sollen die alten Grenzen überwinden und traditionelle Standards ablösen. Und diese neuen Standards *müssen* sich durchsetzen, wenn aktuelle Software in Zukunft in annehmbarer Geschwindigkeit laufen soll. Viele Möglichkeiten lassen sich heute nämlich noch mehr schlecht als recht nutzen, weil die eingesetzte Hardware einfach nicht die notwendigen Leistungsreserven hergibt.

Der tatsächliche Nutzwert des Internets fällt so zum Beispiel aufgrund allgegenwärtiger Hardware-Beschränkungen häufig eher bescheiden aus. Selbst Euro-ISDN bietet nur Übertragungsraten von 64 Kilobit pro Übertragungskanal und Sekunde, so daß sich bei zwei zu bündelnden Kanälen maximal 16 Kilobyte pro Sekunde übertragen lassen. Wenn man dem die Sollübertragungsraten für die Videoschnipsel auf dem PC gegenüberstellt, bleibt kaum mehr als ungläubiges Kopfschütteln. 300 KByte/s werden etwa für Echtfarb-Videos bei 320 x 240 Pixeln und halbwegs ruckelfreier Darstellung benötigt. Euro-ISDN bringt es im Beispiel bei seiner maximalen Übertragungsrate von 16 KByte/s (wohlwollend gerechnet) gerade einmal auf ein Bild pro Sekunde.

Die Werbe-Versprechungen und Suggestionen der PC-Industrie stellen also im Hinblick auf das »Web-TV« eine reichlich schamlose Übertreibung dar. Diese Vision wird sich erst mit neuer Hardware und neuen Standards realisieren lassen. Und bis es erst einmal so weit ist, werden noch ein paar Jahre ins Land gehen, auch wenn der »uneigennützige« Microsoft-Chef Bill Gates der PC-Industrie helfen will, den Computer als Alternative zum Fernsehgerät zu positionieren.

Wahrscheinlich wird das zukünftige Internet in wesentlich leistungsfähigere Kabelnetze eingespeist werden, wie zum Beispiel das des Kabelfernsehens. Und auch Telefone werden dann kaum noch über das gegenwärtige Kupferkabelnetz betrieben werden. (Wozu auch, wenn sich das Handy flächendeckend nutzen läßt und die unterschiedlichen Standards dieses Bereichs erst einmal unter einen Hut gebracht werden können?)

Neue Zielgruppen ...

Eines der Ziele der neuen Standards soll darin bestehen, den Einsatz von Computern und die nachträgliche Installation neuer Hardware-Komponenten möglichst narrensicher zu machen. Dieser Zielsetzung liegen mehrere Beobachtungen und Ergebnisse von Befragungen zugrunde. Zunächst einmal ist der Anteil der Haushalte mit Computern in den letzten Jahren weitgehend konstant geblieben! Seit etwa Mitte der 80er Jahre verfügen ca. 25 Prozent der deutschen und 30 Prozent der US-amerikanischen Haushalte über einen PC. (Manche Studien sprechen mittlerweile von 28 Prozent der deutschen und bis zu 35 Prozent der amerikanischen Haushalte, aber das dürfte vorwiegend an der zugrundeliegenden Methodik liegen.) Natürlich handelt es sich heute bei den verwendeten Computern nicht mehr um den altehrwürdigen Commodore C64, sondern um einen meist IBM-kompatiblen PC.

Eine besonders attraktive Zielgruppe stellen Familien dar. Ca. 50 Prozent der Familien (mit Kindern, also Schülern und Studenten) sollen über Computer verfügen. Ansonsten werden Computer immer noch von der weit überwiegenden Mehrheit der Bevölkerung als unnötig komplex empfunden und zu kaum etwas anderem als zum Schreiben von Briefen und zum gelegentlichen Spielen eingesetzt.

Das viel wichtigere Ergebnis der Studien ist jedoch darin zu sehen, daß die weit überwiegende Mehrheit der befragten Personen Computer für unnötig kompliziert und weitgehend unbedienbar hält. Dementsprechend konnte das Interesse der PWDUCs (People Who Don't Use Computers – Menschen, die keine Computer nutzen) für den Computer im Laufe der letzten Jahre auch nie wirksam geweckt werden. Vergleicht man die Zahlen des Computer-Bereichs mit jenen aus dem Kommunikations-, Unterhaltungs und Haushaltsbereich, dann gibt es ein enormes Marktpotential, das bisher nie gewonnen werden konnte. Selbst der »Internet-Boom« stellt in dieser Hinsicht bisher allenfalls ein »laues Lüftchen« dar. Naturgemäß sind die PWDUCs nicht nur Bill Gates ein mächtiger Dorn im Auge.

... und neue Zielsetzungen

Den »PWDUCs« soll es in den nächsten Jahren also »an den Kragen« gehen. Angesagt sind Unterhaltung und Kommunikation statt technischer Komplexität. Hoffentlich wird die Computer-Industrie diesem Anspruch wirklich gerecht. Die Fülle der Neuankündigungen, die Unmenge neuer Standards, die bisher nur eingeschränkt – wenn überhaupt – unterstützt werden und kaum unter einen Hut zu bringen sind, sowie die verschiedenen Interessen lassen angesichts des enormen Marktpotentials nicht gerade erwarten, daß die verschiedenen Lösungen miteinander harmonieren. Bisherige Kostproben für die Auswirkungen widerstreitender Marktinteressen konnten bereits zur Genüge bewundert werden und versprechen in dieser Hinsicht nicht gerade Gutes. (Die unterschiedlichen TV- und Video-Standards und Funktelefonnetze stellen nur einige Beispiele dar.)

Microsoft hat die neuen Zielsetzungen in seinem »PC 98 Design Guide« zusammengefaßt und Anforderungen an kommende Computergenerationen formuliert. Viele der dort aufgeführten Kriterien sind heute noch nicht realisierbar, weisen aber eindeutig in die skizzierte Richtung. Rechner und Betriebssysteme der Jahre 95 und 96 (inklusive Windows 95) erfüllen nach diesem Wegweiser für Hardware-Entwickler allenfalls Minimalanforderungen, dies jedoch vorwiegend deshalb, weil ihnen – zwangsläufig – Möglichkeiten zur Fernbedienung des Rechners und die direkte Unterstützung der neuen (Schnittstellen-)Standards fehlen.

Was bietet das Buch?

Vor dem Hintergrund all dieser Neuerungen und der Vielzahl der bereits etablierten (und bereits veralteten) Standards muß sich das vorliegende Hardware-Buch vielfältigen Anforderungen stellen, die nur schwer (wenn überhaupt) unter einen Hut zu bringen sind. Der PC entwickelt sich zum Multi(media)-Talent, das sich für weit mehr als nur den Schreibmaschinenersatz eignet. Schon bald soll der PC zum kombinierten HiFi- und Video-Abspielgerät/Fax/Anrufbeantworter/Fotokopierer gereift sein, der sich zudem noch zum Spielen und zur »interaktiven Unterhaltung« eignet. Damit verläßt der PC zunehmend den Bürobereich und wird zu einem Kombigerät, das dem Bereich der Unterhaltungselektronik zugeordnet werden muß. All diese Tendenzen und Zielsetzungen wollen im vorliegenden Buch berücksichtigt werden, so daß die vorzustellenden Komponenten und Informationen dementsprechend vielfältig und breit gefächert sind und darüber hinaus noch sinnvolle Entscheidungsgrundlagen vermittelt werden sollen.

Viele Anwender nutzen den PC zwar wie selbstverständlich, schrecken aber bereits bei kleineren Problemen vor der (vermeintlichen?) Komplexität dieser Maschinen zurück und rufen – mehr oder weniger erfolgreich – den Wartungsdienst, einen Spezialisten oder die (mittlerweile meist kostenpflichtige) Hotline an. Dabei handelt es sich beim PC seit jeher um ein *erweiterbares*

System, bei dem sich die meisten Probleme auf locker sitzende Kabelverbindungen, versehentlich betätigte Schalter oder ähnliche Kleinigkeiten zurückführen lassen, die entsprechend leicht behoben werden können.

Bei sehr vielen installierten Systemen handelt es sich um Rechner, die *vor* Windows 9x gekauft worden sind, die im SOHO-Bereich (Small Office/ Home Office) ihren Dienst verrichten. Eine Nutzungsdauer von mindestens vier, fünf Jahren stellt aufgrund des doch recht hohen Preises der Geräte meist die Regel dar. Textverarbeitung, Buchhaltung und Datenbanken machen zwar häufig den Einsatz eines kleinen Netzwerks und die Nutzung moderner Telekommunikationsmöglichkeiten sinnvoll, das Aufrüsten auf Windows 9x verursacht bei diesen Systemen jedoch zunächst einmal nur unnötige Zusatzkosten, zumal es sich häufig noch um preiswerte Rechner der 80486er-Klasse handelt. Diese Geräte und das Windows 3.x/DOS-Gespann müssen daher weiterhin berücksichtigt werden. (Zudem besitzen viele der in diesem Zusammenhang vorgestellten Fakten auch unter Windows 9x weiterhin Gültigkeit!)

Die zur Erweiterung oder Reparatur Ihres PCs erforderlichen Informationen soll Ihnen das vorliegende Buch bieten. Wirklich *repariert* wird am PC in der Regel ohnehin nur wenig, so daß sich die benötigten handwerklichen Fähigkeiten in Grenzen halten.

Im Mittelpunkt stehen dabei die heute üblichen IBM-kompatiblen Rechner. Bei Rechnern, die nicht mindestens mit einem 386er-Prozessor ausgestattet sind, sind Reparaturen aus Kostengründen üblicherweise nur noch bedingt sinnvoll. Komponenten für alte Rechner (mit 8088-/8086- bis 80286-Prozessor) sind kaum noch (oder nur gebraucht) erhältlich und dementsprechend kostspielig, so daß ausführliche diesbezügliche Beschreibungen im vorliegenden Rahmen nur noch wenig sinnvoll sind. Viele dieser Technologien befinden sich aber weiterhin im Einsatz, so daß auch diese »historischen« Fakten vorgestellt werden.

Schmeißen Sie Ihre alten Rechner aber auch nicht gleich weg. Nahezu alle meine alten Rechner befinden sich bis heute im Einsatz, denn selbst mit Uralt-PCs unter MS-DOS und einer DOS-basierten Textverarbeitung läßt sich gelegentliche Korrespondenz hervorragend bewältigen, zumal diese Rechner mit den zu ihnen passenden Programmgenerationen teilweise unglaublich schnell sind!

Beantwortete Fragestellungen

Einige Beispiele für Fragen, die in diesem Buch beantwortet werden, sollen nachfolgend aufgeführt werden:

- Was sollte beim Kauf von PCs und Erweiterungskarten berücksichtigt werden?
- Welche Unterschiede bestehen zwischen den verschiedenen Angeboten?
- Was bedeuten die vielfältigen Abkürzungen?
- Wie können PC-Komponenten sinnvoll gepflegt und gewartet werden?
- Welche Erweiterungen sind für verschiedene Einsatzwecke besonders sinnvoll und welche nicht?
- Wie muß beim Austausch bzw. beim Einbau von Komponenten vorgegangen werden, und was sollte dabei beachtet werden?
- Welche Fallstricke gilt es bei der Reparatur und/oder Erweiterung eines Rechners zu vermeiden?
- Wie lassen sich Fehlerquellen ausfindig machen und beseitigen?

Vorgehensweise

Zunächst finden Sie im Buch einige einleitende Abschnitte, die sich mit allgemeinen Vorbereitungsmaßnahmen und Gesichtspunkten befassen. Hier geht es um nützliche Werkzeuge, hilfreiche Programme und Vorsichtsmaßnahmen sowie die Bestandsaufnahme des zu wartenden Systems.

Im Mittelpunkt der folgenden Abschnitte stehen dann einzelne Rechnerkomponenten. Hier finden Sie jeweils zunächst einmal einige Grundlagen, Hintergrundinformationen und Übersichten, mit deren Hilfe Sie sich einen Überblick über die verfügbaren Optionen und Alternativen verschaffen können. Diese Teile können Ihnen auch als »Einkaufsberater« gute Dienste leisten.

Anschließend geht es um die Pflege und Wartung der Geräte. An praktischen Beispielen wird Ihnen gezeigt, wie Sie die entsprechenden Komponenten installieren und konfigurieren können. Zusätzliche Hinweise und Tips zur Erkennung und Beseitigung häufiger auftretender Fehler runden das jeweilige Kapitel ab.

Zielsetzung

Die Vorstellung der verschiedenen Hardware-Alternativen und deren Möglichkeiten soll Sie in die Lage versetzen, sinnvolle Einkaufsentscheidungen zu treffen. Darüber hinaus soll Sie das vorliegende Buch in die Lage versetzen, alle zur Aufrüstung Ihres PCs notwendigen Arbeitsschritte durchzuführen, so daß Sie die meisten der dabei entstehenden Probleme selbständig bewältigen können.

Dabei können leider nicht alle Spezialitäten der verschiedenen im Handel erhältlichen Modelle und Geräte ausführlich beschrieben werden. Ein Werk mit Tausenden von Fehlerbeschreibungen, die nur jeweils auf ein einziges ganz spezielles Gerät zutreffen, wäre bereits beim Erscheinen über weite Strecken veraltet. Daher sind die meisten Fehlerbeschreibungen und Maßnahmen zu deren Behebung möglichst allgemeingültig und übertragbar gehalten.

Phänomene und die Gesetze von Murphy

Gegen Phänomene, die Techniker hier und da auf das sogenannte »weiße Rauschen« zurückführen, ist aber kein Kraut gewachsen. Dabei handelt es sich um natürliche Schwankungen der Signalpegel, die bei jedem elektrischen Gerät vorhanden sind, aber bei dem einen oder anderen Rechner gewisse Toleranzgrenzen überschreiten und einzubauende Erweiterungskarten zuweilen ohne ersichtlichen Grund zum Stolpern bringen können. In einem anderen – auch baugleichen(!) – Rechner funktionieren diese Komponenten dann merkwürdigerweise meist einwandfrei. Die Ursachen derartiger Phänomene lassen sich allenfalls (mittels Langzeittest unter Einsatz entsprechender Geräte) im Meßlabor ermitteln.

Glücklicherweise sind solche Phänomene, die früher insbesondere im Zusammenhang mit Netzwerkkarten vergleichsweise häufig auftraten, heute recht selten geworden. Hier wirken sich die Fortschritte bei der Fertigung elektronischer Bauteile angenehm positiv aus.

Mit dem »weißen Rauschen« sind wir dann auch bei einem Thema angekommen, mit dem jeder Hobby-Bastler hinreichend vertraut sein dürfte. Murphys Gesetze schlagen unerbittlich zu, so daß Sie sie verinnerlichen sollten, wenn Sie vermeiden wollen, daß unerwartete Rückschläge zu unnötigem Frust führen. Ein wenig psychologische Vorbereitung kann nur nützen und hilft Ihnen dabei, Geduld zu bewahren und eventuelle Rückschläge mit ein wenig Humor wegzustecken.

Der oberste Grundsatz von Murphy lautet: »Alles, was schiefgehen kann, wird auch schiefgehen«. Damit dies auch wirklich der Fall ist, bemühen sich die Hersteller mit ihrem schier unschlagbaren Einfallsreichtum. Ein paar Beispiele:

- Das Kabel, mit dem das zusätzliche Laufwerk angeschlossen werden soll, weist entweder nicht die erforderliche Länge oder nicht den passenden Stecker auf.
- Schrauben fallen auf den Boden und rollen in den entlegensten Winkel des Raums oder fallen gar in den Rechner und verhaken sich unter dem Motherboard. Sofern möglich, verkriechen sich diese Schrauben unter schwerem Mobiliar oder in einem langhaarigen Teppich.
- Geräte werden ohne das benötigte Einbauzubehör geliefert. Dieses ist entweder separat nicht erhältlich oder erst nach einigen Tagen oder Wochen Wartezeit lieferbar.
- Handbücher sind entweder veraltet, beziehen sich auf ein anderes Modell oder enthalten nicht die benötigten Informationen. (In besonders schweren Fällen werden Handbücher sicherheitshalber gar nicht erst mitgeliefert, werden aber unbedingt benötigt.)
- Werden zwei Komponenten unterschiedlicher Hersteller kombiniert, stellt grundsätzlich die Komponente des jeweils anderen Herstellers die Ursache von Fehlfunktionen dar (Hotline-Regel).

Haben Sie »Murphy's Laws« erst einmal verinnerlicht, werden Sie sich nicht mehr sonderlich darüber wundern, daß gerade diejenigen Dinge schiefgehen, bei denen Sie nicht einmal im Traum daran gedacht hätten, daß sie überhaupt schiefgehen *könnten*.

In diesem Sinne soll Ihnen das vorliegende Buch helfen, Murphys Gesetze zu übertölpeln, und Ihnen insbesondere Hinweise liefern, wie Sie dem »Schiefgehen« durch sorgfältige Vorbereitungen, Um- und Voraussicht entgegenwirken können.

Danksagung

Abschließend möchte ich all jenen Firmen und Personen danken, die wissentlich oder unwissentlich, gewollt oder ungewollt ihren Beitrag zu diesem Buch geleistet haben: Adaptec, Adobe, Agfa, APC, ATI, Borland, Canon, Ce-Quadrat, Colorado, Computer 2000, Conner, Corel, Eastman Kodak, Epson, Fujitsu, Hewlett-Packard, IBM, InFocus, Intel, International Thomson, Olaf Koch, Kodak, KYE (Genius), Linotype-Hell, Micrografx, Microsoft, Mitsumi,

Mustek, NEC, Novell, Olivetti, Peacock, Quantum, Quarterdeck, Samsung, Seagate, Sigma Designs, Sony, Spea, Symantec, Ulead Systems und Western Digital. Ich danke für die freundliche Unterstützung und die mir zur Verfügung gestellten Informationen bzw. die von ihnen hergestellten Produkte und die gute Zusammenarbeit. Sollte ich jemanden vergessen haben, bitte ich hiermit ausdrücklich um Entschuldigung.

Ihnen, meinen Lesern, wünsche ich, daß Sie von dem berüchtigten »weißen Rauschen« verschont bleiben und mit Hilfe dieses Buchs Ihren Rechner erfolgreich erweitern bzw. wieder auf Trab bringen.

Gerhard Franken

Vor dem Schrauben 1

Als Einführung in das Thema soll ein kurzer Rückblick auf die Geschichte des PCs dienen, die Ende der 60er Jahre mit der Entwicklung des ersten Mikroprozessors ihren Anfang nahm, der von der japanischen Firma Busicom bei Intel in Auftrag gegeben wurde. Ende 1980, etwas mehr als zehn Jahre später, begann IBM dann mit der Entwicklung und Planung des ersten PCs, eines Computers, der im rasch wachsenden Marktsegment der kleinen und preiswerten Rechnermodelle konkurrenzfähig sein sollte. Obwohl IBM nicht erwartete, daß Mikrocomputern großer Markterfolg beschieden sein würde, wollte die Firma auch in diesem Segment ein paar Mark mitverdienen. Gerüchten zufolge soll IBM damals in den kleinen Rechnermodellen nicht einmal eine ernst zu nehmende Konkurrenz für Schreibmaschinen gesehen haben!

Damals gehörten alle Personalcomputer zur Klasse der 8-Bit-Computer. Eine »Legende« besagt, daß der IBM-PC ursprünglich ebenfalls eine 8-Bit-Maschine werden sollte. Bill Gates, der legendäre Begründer der Firma Microsoft, gehörte mit zu den beratenden Experten und wußte, daß die Tage der 8-Bit-Computer gezählt waren. Daher riet er IBM zu einer Änderung der Pläne und zur Entwicklung eines 16-Bit-Rechners. Daraufhin setzte IBM auf einen der zukunftsträchtigeren 16-Bit-Prozessoren.

Intel bot zur fraglichen Zeit drei Prozessoren an, die in Betracht kamen. Neben dem 8085 (8-Bit-Prozessor) standen der 8086 (16-Bit-Prozessor) und der 8088 (16-Bit-Prozessor mit externem 8-Bit-Datenbus) zur Verfügung. Außer den Intel-Prozessoren stand der Z-80-Prozessor von Zilog als Alternative zur Verfügung. Exxon, hierzulande besser unter dem Namen »Esso« bekannt und Eigentümer des Intel-Konkurrenten Zilog, betrieb aber zur fraglichen Zeit im Büroautomatisierungsbereich eine gegen IBM gerichtete Werbekampagne. Aufgrund dessen soll sich IBM, um einen potentiellen Konkurrenten nicht zu unterstützen, gegen Zilog und für Intel entschieden haben.

Damit fiel gleichzeitig die Entscheidung für Microsofts Betriebssystem PC-DOS bzw. MS-DOS, zumal sich CP/M-86, das konkurrierende Betriebssystem (eine CP/M-Version für Intels 8088/8086-Prozessoren), noch in der Testphase befand. Im November 1980 wurden sich IBM und Microsoft einig. PC-DOS bzw. MS-DOS wurde zusammen mit dem PC von IBM ausgeliefert.

Da der neue IBM-Rechner möglichst schnell auf den Markt kommen sollte und daher weitgehend auf vorhandene Bausteine zurückgreifen mußte, entschied man sich bei IBM für den Einsatz des 8088-Prozessors. Dieser gestattete mit seinem externen 8-Bit-Datenbus die Verwendung der reichlich verfügbaren 8-Bit-Bausteine, während der Einsatz des 8086 (mit seinem externem 16-Bit-Datenbus) 16-Bit-Komponenten vorausgesetzt hätte, die knapp und teuer waren.

Im August 1981 erschien der PC mit Intel 8088-Prozessor auf dem Markt. Er verfügte über 64 KByte Arbeitsspeicher, war mit einem einseitigen Diskettenlaufwerk (160 KByte Kapazität) ausgestattet und übertraf mit seinem Erfolg alle Erwartungen.

Abb. 1.1: Am Anfang stand der Original-PC.

Bereits Anfang 1982 überstieg die Nachfrage das Angebot. Der Erfolg des PCs überraschte nicht nur IBM, und bereits kurze Zeit später unternahmen andere Firmen erste Anstrengungen, am Erfolg des PCs teilzuhaben. Im Herbst 1982 kam der von Compaq hergestellte erste tragbare (portable) PC auf den Markt.

1983 stellte IBM den XT (Extented Technology) vor, bei dem es sich im Prinzip um einen mit 20-MByte-Festplatte ausgestatteten PC handelte. Diesem folgte im Sommer 1984 der auf dem Intel 80286-Prozessor basierende AT (Advanced Technology). Die Hauptplatine des AT mit dem sogenannten ISA-Bus bildet bis heute die Grundlage aller Nachfolgemodelle und setzte damit den langjährigen Standard. Trotz aller Bemühungen konnten sich grundlegende Weiterentwicklungen wie »EISA« oder »MCA« nie in größerem Umfang durchsetzen. Erst mit PCI konnte dieses Gesetz durchbrochen werden.

1986 fand der nächste Evolutionsschritt statt: Der erste auf einem 80386er – einem 32-Bit-Prozessor – basierende AT wurde vorgestellt. Die ersten 386er waren mit 40-MByte-Festplatte und 1 MByte Arbeitsspeicher ausgestattet und boten häufig auch 32-Bit-Steckplätze, bei denen es sich um eine nochmalige Erweiterung des ISA-Standards handelte. Heute sind diese ersten 32-Bit-Steckplätze in Vergessenheit geraten, obwohl sie für größere Arbeitsspeichererweiterungen aufgrund der damals geringen Speicherbaustein-Kapazitäten unentbehrlich waren. Im Massenprodukt »386er« waren aus Kostengründen letztlich doch wieder nur die althergebrachten 16-Bit-Steckplätze vorhanden.

1990 wurden erste Rechner mit 486er-Prozessoren gesichtet, bei denen es sich im wesentlichen um nicht mehr als eine optimierte Weiterentwicklung des 80386 handelte. Diese Rechner waren mindestens mit 100-MByte-Festplatte und 4 MByte Arbeitsspeicher ausgestattet.

Mit dem überraschenden Markterfolg der grafischen Benutzeroberfläche und Betriebssystemerweiterung Windows 3.0 stiegen die Anforderungen an die Hardware und insbesondere die Grafikkarten. Um bessere Arbeitsgeschwindigkeiten der Rechner zu erreichen, wurden die 32-Bit-Steckplätze wieder eingeführt. Zunächst erschienen proprietäre (herstellerspezifische) Lösungen, die sich mangels Masse nicht durchsetzen konnten, bevor die VESA (Video Electronics Standards Association) einen Standard für den sogenannten »Local Bus« (VLB) erarbeitete, der schnell Verbreitung fand. Mit dem Speicherhunger der Windows-Programme fanden größere und schnellere Festplatten reißenden Absatz, so daß es um die Jahreswende 1992/93 sogar zu Produktionsengpässen bei Festplatten mittlerer Kapazität (damals um 200 MByte) kam.

Etwas verspätet erschien Mitte 1993 der Nachfolger des 80486-Prozessors unter dem Namen Pentium auf dem Markt. Pentium wurde von Penta (griechisch: fünf) abgeleitet und deshalb als Name gewählt, weil er sich im Unterschied zu reinen Zahlen-/Ziffernkombinationen international als Warenzeichen schützen läßt.

Der Pentium-Prozessor arbeitet bei gleicher Taktfrequenz aufgrund interner Verbesserungen noch einmal ca. doppelt so schnell wie ein 80486er. Gleichzeitig mit dem Pentium wurde der sogenannte PCI-Bus zum Standard, eine Local-Bus-Lösung, die speziell auf den Pentium zugeschnitten ist.

Die Ursachen für die Verzögerung der Marktreife des Pentium-Prozessors lagen bei der hohen Wärmeentwicklung innerhalb des Prozessors. Die thermischen Belastungen erreichten Größenordnungen, die dafür verantwortlich waren, daß erste Prototypen des Pentium-Prozessors ohne Kühlung bereits nach ca. drei Stunden »abgebrannt« waren. Infolgedessen wurde bei der zweiten Pentium-Generation die Betriebsspannung von den bis dahin üblichen 5 Volt auf 3,3 Volt gesenkt.

Dies deutete bereits darauf hin, daß physikalischen Grenzen bei der Prozessorentwicklung eine zunehmende Bedeutung zukommt. Die Leistungszuwächse werden geringer, und »Leistungsschübe« sind ohne den Einsatz grundlegend neuer Fertigungstechnologien kaum noch zu erwarten.

Mit der Absenkung der Betriebsspannung ließen sich Pentium-Prozessoren bis hin zu Taktfrequenzen von 200 MHz realisieren. Deren Nachfolger, der Pentium Pro, arbeitet nur unwesentlich schneller und konnte sich im breiten Konsumentenmarkt bis zur Markteinführung seines Nachfolgers nicht durchsetzen. Weiterentwicklungen wie der MMX-Prozessor (MMX – Multimedia Extension), bei dem zusätzliche Befehle in den Prozessor integriert wurden, sorgten zudem dafür, daß der Pentium dem Pentium Pro in einigen Bereichen überlegen ist. Erst mit dem Anfang 1997 vorgestellten Pentium II (mit MMX-Erweiterung) gibt es wieder einen »König« unter den Pentium-Prozessoren, der seinen Vorgängern in (fast) allen Bereichen überlegen ist.

Möglicherweise werden schon bald vorwiegend Rechner entwickelt und eingesetzt, die auf mehreren Prozessoren basieren, um auf diesem Weg zusätzliche Leistungsreserven verfügbar zu machen. Im Bereich spezieller Grafik-Rechner sind derartige Systeme bereits seit einigen Jahren verbreitet, und auch moderne Super-Rechner (wie zum Beispiel für die Wettervorhersage) basieren auf diesem Ansatz. Moderne Betriebssysteme, wie zum Beispiel Windows NT, bieten darüber hinaus bereits Unterstützung für Multiprozessor-Systeme an.

Damit läßt sich vor dem Hintergrund der bisherigen Entwicklungen ein Rahmen aufspannen, der eine Auswahl der in diesem Buch berücksichtigten Hardware gestattet:

- Der originale PC und damit auch der XT sind heute veraltet. Spezialitäten und Besonderheiten dieser Rechnermodelle werden wir weitgehend »außen vor« lassen und nur am Rande berücksichtigen.

- Für alle Rechner ab dem 80286er (dem AT) gelten weitgehend gleiche technische Voraussetzungen, so daß diese Rechner im Prinzip weiterhin berücksichtigt werden, obwohl sie sich für viele heutige Einsatzzwecke eigentlich kaum noch sinnvoll nutzen lassen. Ebenso wie bei einem PC oder XT lohnt sich das Aufrüsten eines 80286ers oder auch 80386ers in den meisten Fällen nicht mehr, obwohl sie zum Beispiel für einfache DOS-basierte Textverarbeitungs- oder Buchhaltungsprogramme ohne weiteres leistungsfähig genug sind.

- 80486er und der Pentium (und seine Nachfolgemodelle) bilden heute die Rechnerbasis in fast allen Anwendungsgebieten. Diese Rechner wollen gewartet, repariert und gegebenenfalls erweitert werden. Ihnen ist dieses Buch in erster Linie gewidmet, wobei der Schwerpunkt eindeutig bei den Pentium-Rechnern bzw. bei Rechnern mit PCI-Bus (neuere 80486er sind ebenfalls mit diesem Bus ausgestattet) liegt.

Wenn Sie sich einen neuen Rechner zulegen wollen, der einigermaßen aktuell und auf der Höhe der Zeit ist und ein möglichst gutes Preis-Leistungs-Verhältnis bieten soll, können Sie eine relativ einfache Faustregel anwenden: Im Prinzip lag und liegt der Preis für derartige Rechnermodelle (inklusive Monitor und ausreichender Speicherausstattung) seit Jahren im Bereich um 3000 DM. Lediglich wenn im Bereich einer der Standardkomponenten eine »Wachablösung« (zum Beispiel zugunsten von 17-Zoll-Monitoren) ansteht, liegt dieser magische Preis zeitweilig etwas niedriger. Zu den Standardkomponenten müssen Sie heute in jedem Fall Soundkarte und CD-ROM-Laufwerk zählen.

1.1 Werkzeug und Arbeitsmaterialien

Bevor Sie Ihren Rechner oder Ihre Geräte auseinandernehmen, sollten Sie sich überlegen, welches Werkzeug und Zubehör Sie benötigen. Die meisten Schwierigkeiten bei der Erweiterung oder Reparatur von PCs ergeben sich nämlich erfahrungsgemäß nicht aus den einzubauenden Geräten, sondern aus fehlenden Steckern, zu kurzen Kabeln oder ungeeignetem Werkzeug. Aus diesem Grund ist der Samstagnachmittag für Reparatur- und Erweiterungsarbeiten am PC auch nicht gerade besonders geeignet.

Zudem können Sie es sich selbst auch unnötig schwer machen, wenn Sie mit einfachstem (ungeeignetem) Werkzeug an die Arbeit gehen. Ein Schraubendreher (Kreuzschlitz) reicht zwar häufig vollkommen aus, aber wenn Ihnen die Schräubchen erst mehrfach ins Rechnergehäuse gefallen sind, werden Sie sich wahrscheinlich schon nach einer Pinzette sehnen.

Häufig sind es auch »Gemeinheiten« rund ums Kabel, fehlende Stromanschlüsse, Einbauschienen oder Schräubchen, die Ihre Bemühungen zwischenzeitlich zum Scheitern bringen.

Um derartige Enttäuschungen zu vermeiden, sollten Sie sich zunächst einmal durch eine Sichtkontrolle davon überzeugen, ob alle benötigten Materialien (inklusive Zubehör und Werkzeug) zur Verfügung stehen, bevor Sie richtig ans Werk gehen.

Eine solche Sichtkontrolle läßt sich relativ leicht durchführen. Trennen Sie Ihren Rechner vom Stromnetz und öffnen Sie das Gehäuse. Überprüfen Sie dann vorhandene Kabel, sehen Sie sich an, wie viele Schräubchen der Hersteller verwendet hat, welcher Art die Stecker der noch freien Stromanschlüsse sind, ob benötigte Stecker auf Flachbandkabeln vorhanden sind und ob die Kabel selbst über die notwendige Länge verfügen.

1.1.1 Systematische Vorbereitung

Die Vorgehensweise beim Reparieren oder Aufrüsten eines Rechners läßt sich gut mit der beim Tapezieren oder Anstreichen Ihres Wohnzimmers vergleichen – und schwieriger ist es in vielen Fällen auch nicht. Leider ertappen wir uns selbst aber immer wieder dabei, daß die Verlockung, neu erworbenes Spielzeug sofort einzusetzen bzw. zu installieren, einfach zu groß ist. Häufig findet zunächst einmal die Methode »Versuch und Irrtum« (»Trial and Error«) Anwendung, obwohl systematischere Vorgehensweisen zeitsparender wären.

Beim Renovieren Ihres Wohnzimmers werden Sie sicherlich zunächst einmal Ihr Wohnzimmer ausmessen, sich ein bestimmtes Tapetenmuster aussuchen, sich einen Tapeziertisch und Tapetenkleister besorgen, Ihr Mobiliar entweder ausräumen oder mit Plastikfolie abdecken, sonstiges Werkzeug und Arbeitsmaterialien auswählen bzw. bereitlegen und nicht erst einmal »herumklekkern«, um dann neues Mobiliar kaufen zu müssen.

Die planvolle Vorgehensweise beim »Renovieren« Ihres Rechners verläuft analog. Dementsprechend sollten Sie zunächst immer erst die folgenden Schritte durchführen:

- Sie überprüfen und notieren sich, über welche Ausrüstung der zu »renovierende« PC bereits verfügt;
- Sie wählen die benötigte Hardware aus bzw. beschaffen diese;
- Sie erstellen Sicherheitskopien benötigter Programme und ggf. gefährdeter Daten, und
- Sie stellen fest, welche Werkzeuge und Arbeitsmaterialien Sie benötigen.

Diesen vorbereitenden Maßnahmen widmen wir uns in den folgenden Abschnitten zunächst einmal etwas ausführlicher. Dadurch erhalten Sie einen Überblick über Möglichkeiten zur Arbeitserleichterung.

Natürlich benötigen Sie die vorgestellten Sicherheitsmaßnahmen, die angesprochenen Werkzeuge und das Zubehör nicht bei jeder Erweiterung Ihres Rechners. Zum Anschließen und Aufstellen eines neuen Monitors bedarf es sicherlich keiner Sicherheitskopie der Festplatte und meist nicht einmal eines Schraubendrehers, weil sich die Befestigungsschrauben am Stecker mit der Hand drehen lassen.

 In den folgenden Kapiteln gehe ich so vor, als ob ich mich einem unbekannten Rechner systematisch nähern würde. Zunächst einmal weiß ich also nichts über den zu renovierenden Computer und muß dessen Komponenten erst einmal identifizieren und erfassen.

Möglicherweise sind Sie sich selbst gar nicht bewußt, wie wenig Sie Ihren eigenen Computer eigentlich kennen. Wie steht es zum Beispiel mit der Beantwortung der folgenden Fragen?

- Verfügt Ihr Rechner über einen Game-Port für einen Joystick?
- Ist diese Schnittstelle aktiviert?
- An welcher Schnittstelle ist Ihre Maus angeschlossen?
- Mit welchem Typ Speicherchips ist Ihr Rechner ausgestattet?
- Wieviel Arbeitsspeicher hat Ihre Grafikkarte?
- Welche Adressen belegt Ihre Soundkarte?

Ausstattungsmerkmale, die bei der täglichen Arbeit am Rechner normalerweise belanglos sind und in Vergessenheit geraten oder auch nie bekannt waren, sind bei der Planung und Durchführung von Erweiterungen häufig von besonderer Bedeutung.

1.1.2 Nützliches Werkzeug

Wenn Sie Erweiterungen oder Reparaturen an Ihrem PC durchführen wollen, benötigen Sie geeignetes Werkzeug. In den meisten Fällen genügen zwar ein Kreuzschlitzschraubendreher mittlerer Größe (möglichst mit gehärteter Klinge) und ein kleinerer Schlitzschraubendreher, wie z.B. ein Spannungsprüfer, für etwas knifflige Aufgabenstellungen gibt es jedoch häufig geeigneteres Werkzeug, das wir im folgenden kurz vorstellen wollen.

Wenn Sie ohnehin zu den Bastlern gehören, dürften sich bereits viele der vorgestellten Werkzeuge in Ihrem Besitz befinden. Ein Satz Feinmechanikerschraubendreher, ein Satz Pinzetten, einige Zangen, eine kräftige Schere oder ein Seitenschneider und ähnliches finden sich in den meisten Haushalten. Sonderlich teuer ist das benötigte Werkzeug darüber hinaus auch nicht.

 Eine sinnvolle Anschaffung stellt eine speziell zusammengestellte Werkzeugtasche dar, die zuweilen im Sonderangebot für unter 30 DM erhältlich ist. Sie enthält üblicherweise Schraubendreher, Chipzangen, Pinzetten, Sechskant-Steckschlüssel und häufig auch die sonst nur schwer erhältlichen Torx-Schraubendreher mit sternförmigen Klingen.

Schraubendreher

Schlitz- und Kreuzschlitz-Schraubendreher stellen für viele Wartungs- und Reparaturarbeiten am PC bereits das gesamte benötigte Werkzeug dar. Wenn möglich, sollten Sie Schraubendreher mit gehärteten Klingen verwenden, da Sie mit zu weichem Werkzeug allzu leicht die Schräubchen beschädigen können.

Sechskant-Steckschlüssel

Gehäuseschrauben, die von einem »Muskelprotz« allzu fest angezogen wurden, lassen sich unter Verwendung von Sechskant-Steckschlüsseln lösen. Viele Schrauben am PC lassen sich sowohl mit einem Kreuzschlitz-Schraubendreher als auch mit einem Sechskant drehen. Dabei bietet der Einsatz des Sechskants einige Vorteile: mehr Kraft und weniger Verschleiß.

Vor dem Schrauben

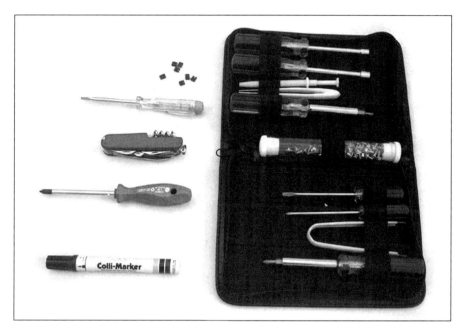

Abb. 1.2: Mit speziellem Werkzeug wird vieles leichter.

 Vorsicht! Beim Festziehen von Schrauben mit einem Sechskant-Steckschlüssel sollten Sie nicht zuviel Kraft einsetzen, da die kleinen Schräubchen recht schnell reißen.

Pinzetten

Wenn Ihnen Schrauben oder Jumper erst einmal ins Rechnergehäuse gefallen sind, kennen Sie einen der wesentlichen Einsatzzwecke von Pinzetten. Eine Federarm-Pinzette leistet hier oft besonders gute Dienste. Zum Festhalten einzusetzender Schräubchen lassen sich Pinzetten ebenfalls bestens verwenden.

Seitenschneider oder Schere

Ab und an müssen Sie Kabel oder auch Kabelhaltebänder aus Kunststoff durchtrennen. Zu diesem Zweck können Sie je nach Bedarf Scheren oder Seitenschneider einsetzen. Da Kabel und insbesondere Flachbandkabel im PC maximal 12 Volt führen, sind diese recht dünn, so daß eine kräftige Schere genügt. An den dickeren Kabeln, die die Netzspannung führen, sollten Sie sich ohnehin nicht zu schaffen machen.

Chipzangen

Zwar können Sie die meisten Chips auch vorsichtig mit flachen Schraubendrehern ausheben, jedoch empfiehlt sich dies nur bedingt, da dabei die empfindlichen Beinchen häufig verbogen oder gar abgebrochen werden. Mit speziellen Chipzangen können Sie wesentlich schonender ans Werk gehen. Für gesockelte Chips reichen Zangen aus, mit denen Sie beidseitig unter den Chip greifen können, um ihn senkrecht nach oben wegziehen zu können. Eine solche Zange befindet sich zum Beispiel auch unten in der abgebildeten Werkzeugtasche. Für Prozessoren gibt es spezielles Werkzeug, das im Lieferumfang entsprechender Aufrüstsätze enthalten sein sollte.

Schraubzwinge oder Preßzange

Unter Verwendung von Schraubzwingen oder speziellen Preßzangen lassen sich Kabel, die in Schneid-Klemm-Technik ausgeführt sind, leicht selbst bauen. Im Notfall habe ich die Stecker auch schon einmal auf den Steinfußboden gelegt und bin mit der Ferse darauf herumgesprungen. Derartige gymnastische Übungen sind aber nicht unbedingt empfehlenswert. Schraubzwingen können Sie darüber hinaus auch zum Fixieren von Kleinteilen verwenden.

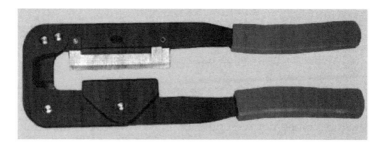

Abb. 1.3: Preßzange für Schneid-Klemm-Stecker

Digitales Meßgerät (Multimeter)

Ein Meßgerät können Sie zum Überprüfen des Kabelwiderstands einsetzen. Dabei spielt es im Prinzip keine Rolle, ob Sie ein digitales oder ein analoges Meßgerät verwenden. Beim Messen von Spannungen bietet ein preiswertes digitales Meßgerät aber die größere Genauigkeit und hilft, Ablesefehler zu vermeiden. Beim Messen schwer zugänglicher Leitungen können Ihnen aufgebogene Büroklammern oder (Sicherheits-)Nadeln gute Dienste leisten. Ansonsten ist beim Messen von Spannungen eigentlich nur noch der Grundsatz »Schwarze Kabel führen Masse« zu berücksichtigen.

Achten Sie darauf, daß das Meßgerät selbst mit möglichst geringer Batteriespannung (1,5 Volt) arbeitet, um Beschädigungen der teilweise nur mit 3,3 Volt arbeitenden Schaltkreise im PC auszuschließen.

Lötkolben und Entlötkolben

Für Lötarbeiten sollten Sie einen Lötkolben mit maximal ca. 20 Watt verwenden. Eingelöteten integrierten Schaltkreisen können Sie damit aber nicht zu Leibe rücken. Diesen läßt sich üblicherweise nur mit professionellen Heißluftgeräten beikommen. Das Auswechseln einer defekten Batterie ist aber zuweilen nur mit Hilfe eines Lötkolbens zu bewerkstelligen.

 Lötkolben können auch beim Verschweißen gebrochener Kunststoffteilchen hervorragende Dienste leisten. Klebstoffe helfen hier meist wenig, und die Wartezeiten für derartige Ersatzteile sind enorm.

Sorgen Sie im Fall des Falles für gute Durchlüftung des Raums, weil Kunststoff-Dämpfe gesundheitsschädlich wirken können. Sollten Sie beim Schweißen von Kunststoff feststellen, daß das Material weniger wird, können Kappen von Filzstiften Abhilfe schaffen. Ach ja: Achten Sie besser darauf, daß Ihnen Kunststoffteilchen gar nicht erst kaputtgehen!

Mehrzweck- oder Spitzzange

Spitzzangen eignen sich – ähnlich wie Pinzetten – gut zum Greifen oder Festhalten von kleinen Schrauben oder Jumpern. Mit einer Kombizange können Sie unter Umständen auch verbogene Bleche oder ähnliches in die gewünschte bzw. benötigte Form bringen. Zuweilen sind zum Beispiel Einschubschächte ein wenig knapp bemessen und müssen »hingebogen« werden.

Messer

Ein Taschenmesser oder ein Teppichmesser kann Ihnen bei besonderen Gelegenheiten nützliche Dienste leisten. Sollten Sie einmal in die Verlegenheit geraten, überstehende Kunststoffteile wegschneiden zu müssen, gelingt Ihnen dies mit Hilfe der heißen Klinge eines Teppichmessers problemlos. Mit einem Feuerzeug erhitzt, schneidet die Klinge viele Kunststoffe wie Butter.

Antistatic-Armband

Ein solches Armband schützt die empfindlichen elektronischen Bauteile zuverlässig vor Beschädigungen durch statische Entladungen. Binden Sie es sich um und verbinden Sie es mit dem Metall des Rechnergehäuses, erzielen Sie optimalen Schutz. Für gelegentliche Arbeiten genügt es auch, zum Entladen des eigenen Körpers das Metall des Gehäuses anzufassen. Die Blenden von Steckkarten stehen üblicherweise ebenfalls mit Masse in Verbindung, so daß Beschädigungen durch statische Entladungen bei Steckkarten bereits ausgeschlossen sind, wenn Sie diese zunächst an der Blende und ansonsten an den Kanten anfassen.

Schraubenfesthalter

Für Zeitgenossen, die leicht zittrig zu Werke gehen, gibt es spezielle Schraubenfesthalter, in die sich kleine Schrauben einsetzen lassen. Das so entstandene Gebilde wird dann auf die Spitze eines Schraubendrehers gesteckt. Alternativ können Sie auch Magnetschraubendreher verwenden. Allerdings rate ich von der Verwendung jedweden magnetischen Werkzeugs bei Arbeiten am PC ab. Allzu leicht landet ein Magnet versehentlich auf einer Treiber-Diskette und zerstört Daten.

Wasserfester Filzstift und Klebeetiketten

Mit einem wasserfesten Filzstift können Sie insbesondere Flachbandkabel gut markieren und beschriften. Klebeetiketten können Sie zum gleichen Zweck verwenden. Das Anbringen kleiner »Fähnchen« schützt zuverlässig vor versehentlichem Verwechseln von Kabeln, die nicht genug Platz für Beschriftungen aufweisen. In vielen Fällen bietet sich das Aufkleben von Etiketten auch an, um Kenn- oder Konfigurationsdaten auf einem Gerät festzuhalten.

Zollstock

Zu messen gibt es immer etwas, und seien es auch nur Kabellängen oder Netzteil-Abmessungen, so daß auch ein (kleiner) Zollstock in der PC-Werkzeugkiste nicht fehlen sollte.

Abisolierwerkzeug für Koaxialkabel

Einfaches Abisolierwerkzeug für Koaxialkabel ist am besten unter dem Zubehör für Antennen und Rundfunkgeräte erhältlich, also auch im Supermarkt. Solches Werkzeug eignet sich zum Abisolieren von Koaxialkabel mit einem Außendurchmesser von 4,8 bis 7,5 mm. Im ersten Arbeitsschritt wird die Außenummantelung abisoliert, im zweiten die »Seele«, also der Innenleiter.

Crimp- und Quetschzangen

Crimpzangen dienen vorwiegend zur zuverlässigen Herstellung von Quetschverbindungen. Für den gelegentlichen Einsatz reicht das bereits erwähnte einfache Abisolierwerkzeug in Verbindung mit einer Kombizange aus. Alternativ können Sie auch auf die aus dem Kraftfahrzeugbereich her bekannten preiswerten Quetschzangen zurückgreifen.

Vor dem Schrauben

Abb. 1.4: Eine Crimpzange

Für Westernstecker (RJ11 etc.), wie sie im Zusammenhang mit Telefonkabel und verdrilltem Netzwerkkabel (Twisted Pair) gebräuchlich sind, gibt es ebenfalls spezielle Quetschzangen. Diese sind recht leicht gebaut, kosten daher meist weniger als 20 DM und sind im Falle des Falles (wenn kein konfektioniertes Kabel erhältlich ist) unverzichtbar.

Feile

Zuweilen mußte ich feststellen, daß sich Steckkarten nur unter größeren Schwierigkeiten und erheblichem Kraftaufwand in Steckplätze zwängen ließen. Die Abmessungen der Karten bzw. Steckleisten auf dem Motherboard lagen dann hart an den Toleranzgrenzen. Vorsichtiges Abrunden scharfer Ecken an der Steckkarte kann in einem solchen Fall Wunder wirken. Anschließend lassen sich die Adapterplatinen ohne übermäßigen Kraftaufwand und damit ohne Gefahr für die Leiterbahnen auf der Karte in die Steckplätze einsetzen. Gehen Sie aber auch beim Feilen mit größtmöglicher Sorgfalt zu Werke! Die Gefahr, versehentlich Leiterbahnen auf den Platinen zu beschädigen, ist nicht von der Hand zu weisen.

1.1.3 Zubehör

Außer dem geeigneten Werkzeug benötigen Sie zuweilen bestimmtes Zubehör. Dieses erhalten Sie im gut sortierten Elektronikfachhandel, beim Computerhändler oder im Versandhandel. Wenn Sie Glück haben, sind alle benötigten Kleinteile im Lieferumfang der jeweiligen Hardware enthalten. Häufig mangelt es aber gerade am Zubehör, das zudem in den passenden Abmessungen oft schwer zu beschaffen ist.

Befestigungsschrauben

Hier nehmen Sie am besten Muster mit und fragen Ihren Händler. Wenn Sie zum Beispiel ein Diskettenlaufwerk nachrüsten wollen, werden die Befestigungsschrauben meist nicht mitgeliefert. Wenn Sie Glück haben, können Sie die benötigte Anzahl Schrauben von anderen Geräten abzweigen. Auf keinen Fall sollten Sie überschüssige Schrauben wegwerfen. In seltenen Fällen wird Ihnen beim Kauf Ihres Rechners ein Beutelchen mit diversen Schrauben mitgeliefert. Wenn Sie sich zum Kreis der potentiellen Bastler zählen, können Sie beim Rechnerkauf versuchen, dem Verkäufer ein Beutelchen mit Schrauben als kostenlose Dreingabe abzuschwatzen.

Platinenabstandshalter

lassen sich über den Elektronikfachhandel beziehen. Benötigt werden sie in der Regel nur beim Einbau einer neuen Hauptplatine, enthalten sind sie üblicherweise im Lieferumfang von Rechnergehäusen. Am besten nehmen Sie auch hier Muster mit.

Kabelhaltebänder bzw. Kabelbinder

benötigen Sie, wenn Sie zu den ordentlichen Menschen gehören, die ein aufgeräumtes Inneres des Rechners bevorzugen. Ansonsten halten Haltebänder nach meinen Erfahrungen meist immer gerade das Kabel, das gerade benötigt wird.

Stecker

gibt es in (fast) allen denkbaren Ausführungen im Elektronikfachhandel. Bevorzugen sollten Sie immer jene Ausführungen, die leicht zu montieren und dennoch haltbar sind. Dabei handelt es sich entweder um Stecker in Schneid-Klemm-Technik oder um Stecker, die geschraubt werden. Das Verlöten ist eine recht mühselige Angelegenheit und nicht jedermanns Sache. Reine Quetschverbindungen sind nicht besonders strapazierfähig.

Flachbandkabel und Kabel

Flachbandkabel gibt es in vielen Ausführungen. Im PC-Bereich wird es zwischen 16- und 50polig verwendet. Wenn das erhältliche Flachbandkabel einige Adern zuviel aufweist, lassen sich diese reißverschlußartig abtrennen. Sonstiges Kabel, das für die im PC-Bereich üblichen Spannungen zwischen 3,3 und 12 Volt geeignet ist, läßt sich in unterschiedlichen Farben beschaffen. Beachten Sie in jedem Fall, daß schwarzes Kabel normalerweise nur für Masseleitungen verwendet wird.

Vor dem Schrauben

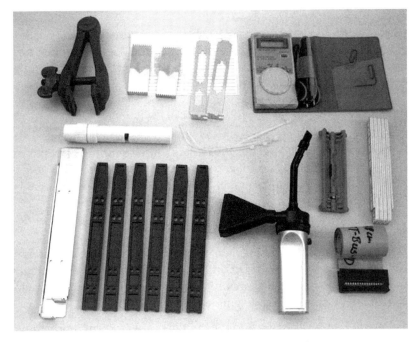

Abb. 1.5: Einbauschienen und noch mehr Werkzeug

Einbauschienen

Glücklicherweise werden Einbauschienen bei neueren Rechnern normalerweise nicht mehr benötigt. Früher haben die verschiedenen Hersteller oft eigene Schienen und Befestigungsmethoden für Geräte verwendet, die in den Gehäuseeinschüben untergebracht werden mußten. Heute haben Einschübe generell die Abmessungen eines 5¼-Zoll-Diskettenlaufwerks mit halber Bauhöhe, so daß in der Regel die Unterbringung und Befestigung der Geräte direkt und ohne Schienen möglich ist. Lediglich für den Einbau von 3,5-Zoll-Festplatten im 5¼-Zoll-Schacht benötigt man des öfteren entsprechende Einbauschienen.

Steckplatzblenden

Spezielle Steckplatzblenden befinden sich normalerweise mit im Lieferumfang der entsprechenden Steckkarten. Solche Steckplatzblenden (Slotblenden) benötigen Sie zum Beispiel bei der Installation zusätzlicher serieller/paralleler Anschlüsse. Blindblenden bleiben zwangsläufig beim Einbau neuer Steckkarten übrig. Wegwerfen sollten Sie diese dennoch nicht, da es ja auch vorkommen kann, daß durch den Einbau von Multifunktionssteckkarten Steckplätze frei werden.

Taschenlampe

Spätestens wenn die Umgebungsbeleuchtung zu wünschen übrig läßt oder Ihnen etwas zwischen Steckkarten fällt, werden Sie die Möglichkeit des gezielten Licht-Managements unter Zuhilfenahme einer Taschenlampe zu schätzen wissen.

Staubsauger

Manchmal wird es im Gehäuse eines Rechners recht staubig, was im Extremfall zum frühzeitigen Hitzetod des Prozessors führen kann. Mit einem kleinen Staubsauger können Sie für Sauberkeit sorgen. Wegen der relativ geringen Saugleistung eines Ministaubsaugers kann der Einsatz eines Autostaubsaugers oder eines Haushaltsstaubsaugers durchaus sinnvoll sein.

Plastikröhrchen und -beutel

Zur Aufbewahrung von Schräubchen, Jumpern und ähnlichem Material benötigen Sie geeignete Behälter. Dosen von Tabletten, Vitamin-Tabletten und Süßstoff-Nachfüllpackungen sorgen für Ordnung und Übersicht. Für wiederverschließbare Plastikbeutelchen gilt das gleiche.

Möglicherweise entdecken Sie weiteres nützliches Werkzeug und sinnvolles Zubehör, wenn Sie am Rechner herumschrauben. Manche der aufgeführten Werkzeuge kamen bei uns nur zum Einsatz, weil gerade nichts Besseres greifbar war, und gingen erst danach in die Ausstattung unserer Computer-Werkzeugtasche über.

1.2 Allgemeine Kriterien der Hardware-Auswahl

Wenn Sie sich auf den Weg machen, um neue Hardware zu erwerben, gibt es einige Aspekte zu berücksichtigen, die allzu oft in Vergessenheit geraten. Auch wenn Sie kurzfristig vielleicht ein Schnäppchen gemacht haben, kann sich die Anschaffung langfristig noch als »Fehlschlag« entpuppen.

Dokumentation, Kompatibilität, Support, Treiberservice, Betriebssystemabhängigkeit, Steckplatzart und Lieferumfang sind Aspekte, die Sie generell in Ihre Kaufentscheidung mit einbeziehen sollten. Darüber hinaus sollten Sie sich zunächst einmal davon überzeugen, daß in Ihrem Rechner überhaupt noch genügend Platz und sonstige Ressourcen für geplante Erweiterungen vorhanden sind. Nicht zuletzt sollten Sie dann auch noch Ihre Geldbörse und damit das sogenannte Preis-Leistungs-Verhältnis im Auge behalten.

1.2.1 Dokumentation

Im Lieferumfang der Hardware sollte in jedem Fall die benötigte Dokumentation enthalten sein. Überzeugen Sie sich möglichst davon, daß diese alle benötigten Informationen enthält und darüber hinaus Ihren Qualitätsansprüchen genügt.

Wenn Sie die englische Sprache nicht ausreichend beherrschen, sollten Sie auf deutschsprachige Dokumentation achten. Ansonsten machen Sie sich das Leben unnötig schwer. Mittlerweile scheinen jedoch die meisten Hersteller die Kosten für Übersetzungen ihrer Hardware-Dokumentation zu scheuen.

1.2.2 Kompatibilität und Standards

Wenn Sie auf lange Sicht die Software-Ausstattung Ihres Rechners unverändert lassen wollen, reicht es, wenn Neuanschaffungen mit der bestehenden Konfiguration zusammenarbeiten. Diese langfristige Perspektive dürfte jedoch eher die Ausnahme darstellen.

Erwerben Sie Steckkarten namenloser Hersteller (No-Name-Produkte), besteht immer die Gefahr, daß diese von neuen Programmversionen nicht mehr unterstützt werden. Mit vorhandenen Programmversionen arbeitet die Karte noch problemlos zusammen. Kaum setzen Sie jedoch aktualisierte Programmversionen ein, müssen Sie feststellen, daß die Steuerprogramme mit Ihrer Hardware nicht mehr korrekt zusammenarbeiten. Vom Hersteller selbst ist keine Unterstützung erhältlich, und Ihr Händler kann Ihnen auch nicht weiterhelfen.

In diesem Fall ist es nützlich, wenn das erworbene Gerät zumindest mit namhaften Produkten kompatibel ist, so daß Sie notfalls auf deren Service-Dienstleistungen zurückgreifen können.

Die Kompatibilität der Geräte untereinander ist nach meinen Erfahrungen in den letzten Jahren wieder zunehmend schlechter geworden. Dies liegt sicherlich nicht zuletzt an der Fülle der entwickelten »Standards«, die von Hardware-Generation zu Hardware-Generation weiterentwickelt werden, so daß zwar Geräte der gleichen Generation (und Rechner-BIOS und Motherboard) meist miteinander harmonieren, ältere Rechner aber die jüngsten Erweiterungen naturgemäß nicht kennen können.

Die von Microsoft im »PC 98 Hardware Design Guide« propagierten neuen Standards sollen diesem mißlichen Umstand ein Ende setzen und heutige Investitionen in PC-Hardware auch längerfristig sichern. Allerdings werden dabei gleich derart viele neue Standards definiert, die sich erst noch etablieren müssen, daß im Prinzip alle heutigen Rechner weitgehend zum »Alteisen« gezählt werden müssen, da sie die neuen Standards naturgemäß noch nicht unterstützen können.

Ob sich also die Vision vom benutzerfreundlichen PC erfüllen wird, an den neue Komponenten einfach angestöpselt werden können, wird sich in den nächsten Jahren herausstellen. Die »alten«, herkömmlichen Pentiums eignen sich jedenfalls kaum zu deren Realisierung, da sich MMX-Prozessorerweiterungen sowie zusätzliche Schnittstellen für Grafikkarten (AGP) über den »universellen seriellen Bus« oder ähnliche Standards nicht nachrüsten lassen.

1.2.3 Support und Treiberservice

Auch hier haben Sie bei namenlosen Herstellern oft schlechte Karten. Aber auch bei namhaften Herstellern bekommen Sie allzu oft nur schwer die benötigten Auskünfte. Leider leidet auch dieser Bereich zunehmend unter Personaleinsparungen oder ist kostenpflichtig.

Hilfreich ist es in jedem Fall, wenn Sie von modernen Kommunikationsdiensten Gebrauch machen können. Statt ausschließlich von der Telefon-Hotline abhängig zu sein, können Sie dann zum Beispiel mit Ihrem Modem die Mailbox (BBS – Bulletin Board Service) des jeweiligen Herstellers anrufen und sich über diese die benötigten Informationen besorgen.

Namhafte Hersteller bieten für ihre Produkte oft auch Unterstützung über kommerzielle internationale Informationsdienste (zum Beispiel CompuServe) an. Mittlerweile verfügen viele namhafte Hersteller auch über eigene und öffentlich zugängliche Support-Mailboxen. Zuweilen sind aber selbst die eigenen Mitarbeiter darüber nicht auf dem laufenden.

Auch große Hardware-Ketten gehen dazu über, Unterstützung für die von ihnen angebotenen Produkte in Form eines eigenen elektronischen Briefkastens anzubieten. Und mit der 1995 ausgelösten Internet-Hype rund um die Datenautobahn verlagert sich das ganze Geschehen zunehmend ins Internet bzw. ins WWW (World Wide Web). Hier verfügen fast alle namhaften Hersteller über entsprechende Adressen.

Die Adressen im World Wide Web folgen bestimmten Regeln. Wenn Sie also eine gewünschte Adresse nicht kennen und Zugang zum Internet haben, versuchen Sie einfach die allgemeine Form *http://www.firmenname.com*. Beim Firmennamen kann es sich um ein übliches Firmenkürzel handeln. *http://www.hp.com* sollte Sie also beispielsweise zur Firma Hewlett-Packard führen. *com* stellt dabei ein allgemeines Kürzel für kommerzielle (commercial) Unternehmen dar. Anstelle von *com* können Sie es auch mit dem Anhängsel für die verschiedenen Länder versuchen. *http://www.motorola.de* (de für Deutschland) führt Sie so zur deutschsprachigen Web-Site von Motorola.

In bezug auf den Treiberservice gibt es auch erhebliche Unterschiede zwischen den verschiedenen Herstellern. Insbesondere gilt dies hinsichtlich Qualität und Aktualität der verfügbaren Treiber. Meist empfiehlt es sich aufgrund häufiger Fehler (Bugs) in frühen Treiberversionen nicht gerade, sich für das teuerste und aktuellste Produkt zu entscheiden.

1.2.4 Betriebssystemabhängigkeit

Mittlerweile gibt es etliche konkurrierende Betriebssysteme mit gewisser Marktbedeutung. Für DOS, Windows, Windows 95, Windows NT, OS/2 und UNIX/Linux benötigen Sie jeweils spezielle Treiberversionen. Teilweise gilt dies selbst für verschiedene Versionen der Betriebssysteme. Wenn Sie Ihren Rechner unter verschiedenen Betriebssystemen bzw. -versionen einsetzen wollen, muß gewährleistet sein, daß die benötigten Steuerprogramme im Lieferumfang Ihrer Hardware enthalten bzw. zumindest erhältlich sind. Nur so ist gewährleistet, daß sich Ihre Hardware (in vollem Umfang) nutzen läßt.

 Überzeugen Sie sich davon, daß die benötigten Treiber für das eingesetzte Betriebssystem im Lieferumfang der Hardware enthalten sind bzw. daß die jeweilige Hardware direkt vom eingesetzten Betriebssystem unterstützt wird.

1.2.5 Steckplatzart (Bussystem)

Wenn Sie Erweiterungssteckkarten kaufen, müssen diese in einem freien Steckplatz Ihres Rechners installiert werden. Da die verschiedenen Bussysteme unterschiedliche Steckplätze verwenden, gibt es auch Steckkarten in entsprechenden Ausführungen.

Wenn Sie über einen der verbreiteten Rechner verfügen, stehen ISA- (8- und/oder 16-Bit-) und Local-Bus-Steckplätze zur Verfügung. PCI als spezieller Local Bus stellt bei modernen Rechnern den Standard dar. Andere Bussysteme, wie EISA oder VLB, die eine Zeitlang in bestimmten Rechnern (der gehobenen Leistungsklasse) bevorzugt verwendet wurden, sind heute kaum noch verbreitet, auch wenn sie teilweise noch über den spezialisierten Versandhandel erhältlich sind. Gleiches gilt auch für den MCI-Bus, der vorwiegend in IBM-PS/2-Rechnern verwendet wurde.

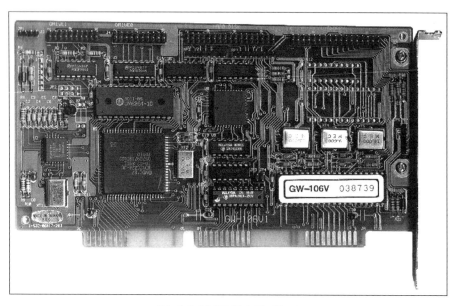

Abb. 1.6: 16-Bit-ISA-Steckkarte

Darüber hinaus wurden insbesondere im Local-Bus-Bereich eine Reihe weitgehend herstellerspezifischer Lösungen (zum Beispiel von Opti) angeboten, die kaum Verbreitung gefunden und mit dem VESA-Local-Bus-Standard (VLB) nichts gemein haben.

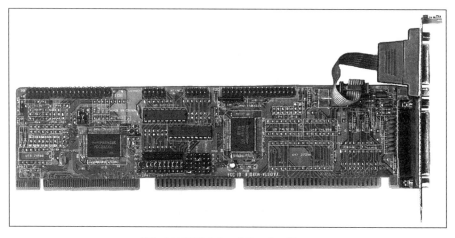

Abb. 1.7: VESA-Local-Bus-Steckkarte

Weiterhin ist zu berücksichtigen, daß der EISA- mit dem ISA-Bus abwärtskompatibel ist, so daß sich ISA-Karten in EISA-Steckplätzen verwenden lassen. Manche 16-Bit-ISA-Karten lassen sich darüber hinaus – meist mit Einschränkungen – auch in 8-Bit-Steckplätzen betreiben, was insbesondere für Netzwerkkarten gilt, so daß sich selbst Uralt-PCs auch heute noch in Netzwerke integrieren lassen. Umgekehrt lassen sich 8-Bit-ISA-Karten üblicherweise in 16-Bit-Steckplätzen einsetzen.

Kritisch wird es jedoch häufig, wenn 8- oder 16-Bit-ISA-Karten in 32-Bit-Steckplätzen (zum Beispiel Local Bus) betrieben werden sollen. Die Steckplätze sind dann zwar angeblich ISA-kompatibel, häufig läßt sich aber nur durch Ausprobieren ermitteln, ob dies auch wirklich der Fall ist. Sprechen Sie gegebenenfalls mit Ihrem Händler über einen möglichen Umtausch und lassen Sie sich dessen Zusagen möglichst schriftlich bestätigen. Vorsicht ist hier die Mutter der Porzellankiste.

Zuletzt gibt es dann noch die scheckkartengroßen Steckkarten, die dem PCMCIA-Standard folgen und vorwiegend im Laptop-Bereich eingesetzt werden.

Abb. 1.8: Scheckkartengroßer PCMCIA-Controller (PC-Card)

Auf jeden Fall müssen Sie sich darüber informieren, welche Steckplatzart in Ihrem Rechner noch frei ist, um eine passende Steckkarte erwerben zu können.

 Ausführlichere Informationen zum Themenbereich »Bussysteme« finden Sie im Kapitel »Bussysteme«.

1.2.6 Platz und Ressourcen

Naturgemäß muß neben dem Vorhandensein des passenden Bussystems auch gewährleistet sein, daß überhaupt noch ein Steckplatz in Ihrem Rechner frei ist.

Darüber hinaus müssen die für das neue Gerät benötigten Ressourcen zur Verfügung stehen. Wenn der neue Adapter zum Beispiel seine Daten direkt in den Arbeitsspeicher überträgt, muß ein freier und nutzbarer DMA-Kanal vorhanden sein. Gleiches gilt für Arbeitsspeicher- und Port-Adressen sowie die nutzbaren IRQs.

Eine ausführlichere Behandlung dieser Themenbereiche finden Sie im Abschnitt »Hardware-Ressourcen« einige Seiten weiter unten.

1.2.7 Lieferumfang

Überzeugen Sie sich beim Kauf davon, daß sich alle benötigten Kleinteile und sonstiges Zubehör im Lieferumfang des Geräts befinden. Adapter, Schräubchen, Einbauschienen usw. sind ansonsten unter Umständen nur schwer erhältlich.

Neben der Dokumentation muß sich auch ggf. benötigte Software im Lieferumfang befinden. Insbesondere die Steuerprogramme zu den von Ihnen eingesetzten Programmen und Betriebssystemen müssen verfügbar sein. Fragen Sie ggf. Ihren Händler. Oft liegen die entsprechenden Programme vor, müssen Ihnen vom Händler aber auf Diskette kopiert und mitgegeben werden.

Häufig werden Geräte auch als »Bundle« verkauft, so daß Sie die gleiche Hardware mit unterschiedlicher zusätzlicher Software-Ausstattung erwerben können. Ab und an befinden sich darunter echte »Schnäppchen«.

Recht bekannte Beispiele für fehlendes Zubehör stellen das im Lieferumfang eines Druckers nur selten enthaltene Druckerkabel und die für den Anschluß eines CD-ROM-Laufwerks an eine Soundkarte erforderlichen Audiokabel dar.

1.2.8 Preis-Leistungs-Verhältnis

Naturgemäß bildet der Preis eines Produkts häufig mit das wichtigste Kriterium für eine Kaufentscheidung. Liegt der Preis jenseits der »Schmerzgrenze«, können die Leistungen eines Produkts noch so sehr überzeugen, es ist einfach nicht bezahlbar.

Neue, innovative Produkte kosten ihren Preis, da der Hersteller seine Entwicklungskosten zunächst erst einmal wieder einspielen muß, möglichst bevor die Konkurrenz und damit die Nachahmer und Billiganbieter auf den Plan treten. Bei diesen liegen die Ausgaben für den Entwicklungsaufwand in der Regel niedriger, so daß sie entsprechende Produkte preiswerter anbieten können.

Beobachten Sie ein wenig die Preisentwicklungen des Marktes, werden Sie häufig einen Zeitpunkt feststellen können, an dem der Hersteller des Originalprodukts mit massiven Preissenkungen vorausschauend auf den Markteintritt der Billigkonkurrenz reagiert. Durch dieses Handeln sorgt er dafür, daß er der erwarteten Konkurrenz zuvorkommt und sich viele der potentiellen Kunden sichert.

 Verschiedene EDV-Fachzeitschriften stellen Informationen zur Preisentwicklung verschiedener Hard- und Software-Produkte zur Verfügung. Diese können Ihnen bei der Wahl eines Anschaffungszeitpunktes gute Dienste leisten.

Besonders deutlich treten Reaktionen auf neue Produkte der Konkurrenz bei den Preisentwicklungen aktueller Prozessoren in Erscheinung. Regelmäßig vor bzw. kurz nach dem Erscheinen neuer Prozessormodelle treten regelrechte Preisstürze auf, wogegen die Preise im Weihnachtsgeschäft angesichts relativ großer Nachfrage zuweilen (bis zur nächsten Messe und den damit verbundenen Neuheiten) hoch gehalten werden.

Daraus resultiert der Umstand, daß Sie sich beim preisbewußten Einkauf nicht gerade für Produkte entscheiden sollten, die den »allerletzten Schrei« darstellen. Gedulden Sie sich besser ein paar Monate, machen Sie von dem eingesparten Geld einen Kurzausflug nach Paris, Rom oder Monaco, und greifen Sie dann erst zu.

1.2.9   Fazit

Die Erfahrung zeigt, daß der Umstieg auf neue leistungsfähigere Betriebssysteme wie OS/2 oder Windows NT meist nur langsam vonstatten geht. Selbst der Absatz des von gigantischen Werbemaßnahmen begleiteten Windows 95 verlief außer beim Rechner-Neukauf recht schleppend. Rechner mit besonderer Hardware-Ausstattung sind auf Windows 9x (bzw. DOS/Windows 3.1x) angewiesen, da andere Treiber kaum erhältlich sind. Im Prinzip gilt dieser Sachverhalt für jedes neue Betriebssystem, so daß ein Umstieg häufig erst in Verbindung mit einem Rechnerneukauf sinnvoll ist.

Wenn Sie zukunftssicher ausgestattet sein wollen, sollten Sie auf Produkte namhafter Hersteller zurückgreifen, die international vermarktet werden. Alternativ sollten Sie mit diesen vollständig kompatible Geräte erwerben, wobei dieser Weg Ihre Geldbörse ein wenig schont und darüber hinaus Gewähr bietet, daß Sie sich für ein Produkt entscheiden, das bereits eine gewisse Marktakzeptanz gefunden hat.

Berücksichtigen Sie bei Ihren Planungen aber auch, daß die Leistungsfähigkeit Ihres Rechners trotz Aufrüstung spätestens in drei bis fünf Jahren ohnehin nicht mehr dem Stand der Technik entsprechen dürfte. Zumindest der Umstieg auf ein neues Betriebssystem auf einem älteren Rechner dürfte daher häufig wenig sinnvoll sein.

Besonders nützlich kann in diesem Zusammenhang auch ein Händler sein, der »Kundenbetreuung und Service« noch großschreibt und Sie in Problem- und Zweifelsfällen seriös berät.

1.3 Arbeits- und Sicherheitskopien

Zu den üblichen und bekannten Sicherheitsmaßnahmen gehört das Kopieren benötigter Disketten. Auch vor dem Installieren neuer Hardware sollten Sie diese Maßnahme ergreifen und keinesfalls mit den Originaldisketten, sondern mit Kopien arbeiten.

 Von Treiberdisketten und sonstiger mit der Hardware gelieferter Software sollten Sie in jedem Fall zunächst einmal (mit dem Befehl DISKCOPY) Kopien erstellen.

Damit ist es aber noch nicht getan. Wenn die neue Hardware auch softwaremäßig installiert werden muß, so daß den Konfigurationsdateien von DOS, Windows oder OS/2 zusätzliche Eintragungen hinzugefügt werden, kann es passieren, daß Ihr Rechner anschließend nicht mehr von der Festplatte aus startet. Daher sollten Sie Disketten erstellen, von denen aus Sie Ihren Rechner im Notfall starten können.

Eigentlich ist dies nichts Besonderes. Vielmehr empfiehlt es sich, für eventuelle Notfälle Disketten bereitliegen zu haben, die den angesprochenen Zweck erfüllen. Wenn die Festplatte zum Beispiel einmal ihren Dienst versagen sollte, sind Sie ohne Disketten, die das Betriebssystem in einer startfähigen Version enthalten, schließlich hilflos.

Nach Drücken von [F8] können Sie die Startdateien von DOS 6.x bzw. Windows 9x zeilenweise abarbeiten lassen bzw. spezielle Startoptionen auswählen, die auch die Inbetriebnahme eines ansonsten »hängenden« Rechners erlauben. Auf diesem Wege können Sie das Starten über »Notfall-Disketten« in vielen Fällen umgehen.

```
Microsoft Windows 95 Startmenü

    1. Standard
    2. Protokolliert (\BOOTLOG.TXT)
    3. Abgesichert
    4. Abgesichert mit Netzwerk
    5. Einzelbestätigung
    6. Nur Eingabeaufforderung
    7. Abgesichert, nur Eingabeaufforderung
    8. Vorherige MS-DOS-Version

Auswahl: 1




F5=Abgesichert   Umschalt+F5=Eingabeaufforderung   Umschalt+F8=Bestätigen [N]
```

Abb. 1.9: Nach Drücken von F8 beim Systemstart werden Ihnen von Windows 9x diese Optionen angeboten.

Abb. 1.10: DOS, OS/2 und wie sie alle heißen ...

Wenn Sie darüber hinaus über entsprechende Programme verfügen, können Sie eine Kopie der batteriegepufferten Speicherbereiche (CMOS-RAM) Ihres Rechners anfertigen, die dessen Setup-Einstellungen enthält. Ich persönlich bevorzuge jedoch Ausdrucke der Eintragungen des BIOS-Setups, die den gleichen Zweck erfüllen, direkt lesbar sind und sich zusammen mit der übrigen Hardware-Dokumentation lagern lassen.

1.3.1 Startdisketten

Disketten zum Starten des Rechners sind relativ leicht zu erstellen. Bei den neueren Betriebssystemversionen müssen Sie dazu in jedem Fall HD-Disketten benutzen, um über genügend Platz für wichtige Dienstprogramme zu verfügen, die ebenfalls auf die Systemdiskette kopiert werden sollten.

Ein Beispiel für das Inhaltsverzeichnis einer solchen Startdiskette könnte für die MS-DOS-Versionen 6.x folgendermaßen aussehen:

```
 Datenträger in Laufwerk A hat keine Datenträgerbezeichnung
 Datenträgernummer: 3F18-08EC
 Verzeichnis von A:\

AUTOEXEC BAT            17 11.10.96   1:51
AUTOEXEC OLD         1.216 30.09.96  13:52
COMMAND  COM        57.351 30.09.93   6:20
CONFIG   SYS         1.272 11.10.96   1:51
CONFIG   OLD         1.272 30.09.96  13:51
DEBUG    EXE        15.945 30.09.93   6:20
DOSKEY   COM         5.991 30.09.93   6:20
EDIT     COM           429 30.09.93   6:20
EDIT     HLP        21.160 30.09.93   6:20
EMM386   EXE       121.950 01.11.93   3:11
FDISK    EXE        29.736 30.09.93   6:20
FORMAT   COM        23.382 30.09.93   6:20
HIMEM    SYS        29.408 01.11.93   3:11
KEYB     COM        15.871 30.09.93   6:20
KEYBOARD SYS        34.607 30.09.93   6:20
KEYBRD2  SYS        39.375 30.09.93   6:20
MSCDEX   EXE        25.513 01.11.93   3:11
MSD      COM           867 30.09.93   6:20
MSD      EXE       158.470 30.09.93   6:20
QBASIC   EXE       195.372 30.09.93   6:20
SYS      COM         9.491 30.09.93   6:20
XCOPY    EXE        17.250 30.09.93   6:20
        21 Datei(en)     804.673 Byte
                         503.808 Byte frei
```

Neben einfachen Konfigurationsdateien (AUTOEXEC.BAT und CONFIG.SYS), die dem Starten des Rechners von Diskette dienen sollen, sind hier Sicherheitskopien der Konfigurationsdateien der Festplatte unter den Dateinamen *.OLD enthalten. Darüber hinaus finden Sie die Treiber zur Speicherverwaltung (HIMEM.SYS und EMM386.EXE), den MS-DOS-Editor (EDIT.* und QBASIC.EXE), Programme zur Vorbereitung von Festplatten (FORMAT und FDISK), die Dateien des Tastaturtreibers (KEYB*.*), das Diagnose-Programm von Microsoft (MSD), DEBUG zum Starten von BIOS-Routinen und einige weitere Programme auf der Diskette.

Zusätzlich sollten Sie alle Dateien, die in der CONFIG.SYS und der AUTOEXEC.BAT der Festplatte Ihres Rechners aufgeführt werden, mit auf die Diskette kopieren. Dabei dürfte es sich vorwiegend um Dateien mit der Namenserweiterung .SYS handeln.

Besonders empfehlenswert ist darüber hinaus ein Dienstprogramm, das den DOS-Befehl ATTRIB ersetzt, da sich dieses Programm u.a. leider nicht für die versteckten Systemdateien einsetzen läßt. FILEATTR aus der Dienstprogramm-Sammlung PC Tools dient zum Beispiel dem angesprochenen Zweck.

Benutzen Sie, sofern der Platz auf einer Diskette nicht ausreicht, gegebenenfalls eine zweite und dritte Diskette, auf die Sie zum Beispiel den Editor und ein Datensicherungsprogramm auslagern können.

Für spezielle Dienstprogramme empfiehlt es sich ebenfalls, separat startbare Disketten zu erzeugen, um einen reibungslosen Ablauf der Programme zu gewährleisten. Insbesondere Virensuchprogramme und Hardware-Testprogramme müssen häufig von einer »sauberen« Diskette gestartet werden, um deren einwandfreie Funktion sicherzustellen.

Das abgedruckte Inhaltsverzeichnis stammt von der MS-DOS-Version 6.2. Bei den Speicherverwaltungsprogrammen EMM386.EXE und HIMEM.SYS sowie den CD-ROM-Erweiterungen (MSCDEX.EXE) handelt es sich aber um neuere Versionen, die mit Windows für Workgroups 3.11 ausgeliefert werden. Von älteren Versionen der angesprochenen Programme ist bekannt, daß sie den einen oder anderen Mangel aufweisen, so daß Sie keine älteren Versionen benutzen sollten.

1.3.2 Datensicherung

Sollten Sie sich an Bauteilen oder Einstellungen Ihres Rechners zu schaffen machen, die dem Inhalt Ihrer Festplatte gefährlich werden könnten, ist eine Datensicherung der Festplatte anzuraten. Dabei stehen Ihnen im Prinzip zwei Alternativen zur Verfügung:

- Komplette Datensicherung

  Dabei werden alle Daten (Programme und Dokument-Dateien) der Festplatte(n) gesichert.

- Sicherung selbsterstellter Daten

  Hier sichern Sie nur die sogenannten Dokument-Dateien.

Eine komplette Datensicherung auf Disketten empfiehlt sich angesichts der heute üblichen Festplattengröße kaum. Und wenn Sie wirklich sicher gehen wollen, müßten Sie eigentlich gleich zwei Kopien erstellen, weil sich eine der Sicherungsdisketten später doch recht häufig als fehlerhaft herausstellt.

Achtung! Zur Sicherung oder Übertragung der Dateien von Windows-Versionen ab 95, OS/2 oder Novell NetWare dürfen Sie nur Programme verwenden, die sich ausdrücklich dafür eignen. Ansonsten gehen lange Dateinamen und erweiterte Dateiattribute unweigerlich verloren, so daß die Datensicherung weitgehend wertlos ist. (Gleiches gilt für Programme zur Reorganisation von Festplatten!)

Andere Möglichkeiten sind die Anfertigung einer Bandsicherung oder das zwischenzeitliche Übertragen der Daten auf eine andere Festplatte. Sofern dies möglich ist, raten wir aus Gründen der Zuverlässigkeit auf jeden Fall zur letzteren Variante. Aktuelle DOS-Versionen enthalten Programme, mit denen Sie die Daten mit Hilfe eines sogenannten Nullmodem-Kabels über die serielle Schnittstelle zu einem anderen Rechner übertragen können. Interlink unter MS- und PC-DOS und Filelink unter Novell DOS dienen diesem Zweck. LapLink ist ein kommerzielles Programm von Traveling Software, das recht kompakt, vergleichsweise komfortabel und deshalb in diesem Zusammenhang ebenfalls empfehlenswert ist.

Erstellen Sie am besten selbststartende Disketten mit den für die Datenübertragung notwendigen Programmen, wenn Sie von dieser Möglichkeit Gebrauch machen wollen. Denken Sie dabei daran, daß Sie im Falle des Falles schließlich keine funktionsfähige Festplatte zur Verfügung haben.

Wenn Sie darüber hinaus die Daten der zu sichernden Festplatte vor der Übertragung mit Komprimierungsprogrammen wie ARJ, LHA (bzw. LHarc) oder PKZIP packen, benötigen Sie auf den Zieldatenträgern unter Umständen nur einen Bruchteil der ursprünglichen Kapazität.

Die schnellste Methode, um Ihre Daten auf einer anderen Festplatte zu sichern, steht Ihnen beim Einsatz eines Netzwerks zur Verfügung. Allerdings wird der Platz für die zum Betrieb des Netzwerks notwendigen Dateien auf Disketten schnell zu eng. Im Schadensfall müssen Sie dann erst einmal das Netzwerk wieder in Gang bringen.

Wenn Sie von Ihren wichtigen Daten kontinuierlich Sicherheitskopien erstellen, brauchen Sie diese nur aufzufrischen. Eine weitere Möglichkeit, Platz zu sparen, besteht darin, Programmdateien nicht zu sichern, da Sie diese in der Regel durch Neuinstallationen wiederherstellen können.

Ansonsten sind wir zur Feststellung gelangt, daß eine Neuinstallation von Windows oft dazu führt, daß anschließend etliche Megabyte auf der Festplatte weniger belegt werden. Häufig liegen nicht mehr benötigte Windows-Dateien nutzlos auf der Festplatte herum, die auf diesem Wege beseitigt werden.

Welche Programme und Verfahren Sie zur Datensicherung einsetzen und in welchem Umfang Sie Daten sichern wollen, müssen Sie letztlich – auf der Basis der von Ihnen eingesetzten und der vorhandenen Hard- und Software – selbst entscheiden. Wie gesagt, wir bevorzugen den Weg der Übertragung auf eine andere Festplatte, haben aber auch immer einen Rechner »herumstehen«, der diese Verfahrensweise ermöglicht.

Ausführlich auf die Techniken und Programme zur Datensicherung einzugehen würde den Rahmen des vorliegenden Buches sprengen, so daß wir zwecks weiterer Informationen an dieser Stelle nur noch auf die einschlägige Literatur und die Handbücher Ihres Betriebssystems oder Datensicherungsprogramms verweisen können.

Einen Hinweis möchten wir Ihnen abschließend noch mit auf den Weg geben. Das Programm zur Datensicherung unter DOS hörte bis zur Version 5 auf den Namen BACKUP. Mittlerweile werden den DOS-Versionen der verschiedenen Hersteller jeweils spezifische Datensicherungsprogramme mit auf den Weg gegeben:

- MS-DOS liegt MSBACKUP bei, das eine abgespeckte Version des Norton-Backup-Programms darstellt,
- PC-DOS liegt PCBACKUP von Central Point (PC Tools) bei und
- Novell DOS umfaßt Fastback Express von Fifth Generation Software.

Diese Programme sind untereinander nicht austauschbar. Wenn Sie also von einer DOS-Version auf eine andere umsteigen wollen, müssen Sie entsprechend ein neutrales Programm zur Datensicherung einsetzen oder aber die Dateien des Backup-Programms der jeweiligen Betriebssystemversion gesondert auf eine Diskette übertragen. Normalerweise arbeiten diese Programme nämlich auch unter den Betriebssystemversionen der Konkurrenten.

RESTORE, das Gegenstück zu BACKUP, ist zur Zeit in allen DOS-Versionen immer noch enthalten. BACKUP liegt zumindest Novells DOS auch noch bei. Dokumentiert werden diese Programme aber in der Regel nicht mehr, so daß deren Vorhandensein in zukünftigen Betriebssystemversionen nicht mehr gewährleistet ist. Unter Einsatz des SETVER-Befehls in der CONFIG.SYS können Sie notfalls aber auch das BACKUP/RESTORE-Gespann älterer DOS-Versionen zum Einsatz bringen.

1.3.3 Und Windows 9x?

Möglicherweise werden Sie bisher spezielle Erläuterungen zu Windows 9x vermißt haben. Aus gutem Grund! Die Unterschiede zwischen den Aktionen auf dem Betriebssystem-Prompt (unter DOS oder auch OS/2) und unter Windows 9x oder NT fallen einfach zu gravierend und vielschichtig aus, so daß Windows 9x ein eigenständiges Kapitel gewidmet ist. Dort erfahren Sie zusammenhängend alles, was uns rund um Windows 9x im Zusammenhang mit diesem Buch wissenswert erscheint.

Hardware-Ressourcen 2

Zunächst einmal wird der Rechner in diesem und den folgenden Kapiteln so betrachtet, als ob es sich um ein unbekanntes bzw. neues Gerät handeln würde, über dessen Ausstattung erst einmal Informationen gesammelt werden sollen.

Wenn Sie in Ihrem Rechner zusätzliche Geräte bzw. Adapter installieren, belegen diese bestimmte Ressourcen, über die sie mit der übrigen Hardware in Verbindung treten und kommunizieren. Befinden sich in Ihrem Rechner noch keine anderen Erweiterungssteckkarten, ist es relativ einfach, verwendbare Einstellungen für die zu nutzenden Ressourcen zu finden. Meist arbeiten Adapter dann ohne Probleme gleich mit den werkseitigen Voreinstellungen oder werden problemlos automatisch konfiguriert. Enthält Ihr Rechner jedoch bereits etliche Erweiterungskarten, kann es schwierig werden.

Ein Beispiel für die Konfiguration eines Rechners, in dem kein einziger freier Steckplatz mehr verfügbar ist, finden Sie in der folgenden Tabelle. Neben den standardmäßigen Geräten (LPT1, COM1, COM2, Festplatte, Coprozessor usw.) entdecken Sie dort einen Netzwerk-Adapter, einen Scanner, eine Soundkarte, ein Fax-Modem, ein CD-ROM-Laufwerk und einige zusätzliche Notizen über erfolgte Aktualisierungen und die vorhandenen Komponenten.

In der Tabelle finden Sie auch die Standard-Port-Adressen der immer vorhandenen Geräte wieder. Normalerweise brauchen Sie sich über die Adressen des Timers, der Tastatur oder der DMA-Controller keine Gedanken zu machen. Diese liegen in Bereichen, die ohnehin von zusätzlichen Adaptern üblicherweise nicht benutzt werden.

IRQ	DMA	Port	Gerät
0		040H	Timer
1		060H	Tastatur
2		000H	2nd IRQ-Controller (Cascade)
3		2F8H	COM2
4		3F8H	COM1
		3E8H	COM3 (Internes FaxModem)

Tab. 2.1: IRQ, Port- und DMA-Belegung am Beispiel

Kapitel 2

IRQ	DMA	Port	Gerät
5	1	220H	Soundkarte (Soundblaster-kompatibel)
6	2	3F0H	Diskettenlaufwerke
7		378H	LPT1
8		070H	Uhr (RTC – Realtime Clock)
9		0C0H	Umgeleiteter IRQ2
10		300H	Netzwerkkarte
11			
12		(23CH)	PS/2- bzw. Bus-Maus oder frei
13		0F0H	Mathematischer Coprozessor
14		1F0H	Erster EIDE-Kanal
15		170H	Zweiter EIDE-Kanal/ATAPI-CD-ROM-Laufwerk
		200H	Game-Port/Joystick
		2E8H	SVGA-Grafikkarte (belegt COM4-Port)
	5	330H	Sound Blaster (HDMA-Channel/MIDI-Port-Adresse)
Notizen:	Maus, MS-Mode an COM2 Festplatten: PM (Physisch: 2448 Cyl/16 Hds/63 Sect); PS (Physisch: 989 Cyl/12 Hds/35 Sect) SCSI-Scanner-Adapter belegt Speicherblock von 16K ab D4000H 32 MByte RAM AMIBIOS ©1992 – BIOS Version 1.00.08.AF1 51-0100-009999-01111101-111192-PCI82430-0 Flash-BIOS-Update 09/96: LBA-Unterstützung nachgerüstet Festplatte LPS540A verträgt sich nicht mit aktualisiertem BIOS (meldet falschen PIO-Mode)		

Tab. 2.1: IRQ, Port- und DMA-Belegung am Beispiel

Solche oder ähnliche Tabellen sollten Sie auch für Ihre eigenen Rechner anlegen. Mögliche Konfigurationen lassen sich dann bereits vor dem Aufschrauben des Rechners ermitteln. Zudem kann Ihnen eine solche Tabelle beim Hardware-Kauf gute Dienste leisten.

Eine weitere Maßnahme können Sie sich ebenfalls zur Gewohnheit machen. Notieren Sie sich vorgenommene Einstellungen von Erweiterungskarten auf der letzten Seite des zugehörigen Handbuchs, und tragen Sie gegebenenfalls auch ein, in welchem Rechner sich die Karte befindet. Spätestens wenn Sie sämtliche Steckkarten aus einem Rechner entfernen müssen, um festzustellen, wie diese konfiguriert worden sind, werden Sie diese Vorgehensweise zu schätzen wissen.

Wenn Sie mehrere Rechner besitzen und/oder warten müssen, sollten Sie dafür sorgen, daß Dokumentation und Unterlagen zum jeweiligen Gerät (inklusive der Treiberdisketten) zusammen aufbewahrt werden. Es empfiehlt sich keinesfalls, alle Unterlagen mehrerer Rechner durcheinander in eine einzelne Kiste zu packen. (Aber vielleicht übertreibe ich hier ja auch die Ordnung nur deshalb, weil ich zu faul zum Suchen bin?)

2.1 IRQ

Was bedeuten nun die in der Tabelle verwendeten Begriffe IRQ, DMA und Port? IRQ steht zunchst einmal abkürzend für Interrupt ReQuest, einen Begriff, der sich mit Unterbrechungsanforderung übersetzen läßt. Erweiterungskarten, wie zum Beispiel ein Netzwerk-Adapter, müssen es dem Prozessor mitteilen, wenn sie seine Leistungen in Anspruch nehmen wollen. Diesem Zweck dienen die IRQ-Leitungen im PC. Bildlich gesprochen klopfen Adapter über diese Leitungen dem Prozessor auf die Schulter und teilen ihm mit, daß sie seine Leistungen in Anspruch nehmen wollen.

Dementsprechend muß ein Gerät bzw. eine Erweiterungssteckkarte, das bzw. die diese Methode der Verständigung mit dem Prozessor nutzt, über eine eindeutige IRQ-Leitung verfügen. Normalerweise kommt es zu Konflikten, wenn zwei Geräte den gleichen IRQ benutzen: Der Hand-Scanner sorgt dann – wiederum bildlich gesprochen – zum Beispiel dafür, daß der ausgestreckte Arm des Netzwerk-Adapters die Schulter des Prozessors nicht berühren kann und umgekehrt.

PCs verfügen insgesamt nur über acht IRQ-Leitungen, die von 0 bis 7 durchnumeriert sind, Rechner ab der AT-Klasse über 15 (0 bis 15). Wichtig ist dies deshalb, weil (die heute zugegebenermaßen seltenen) 8-Bit-Adapter dementsprechend auch nur die IRQ-Leitungen 0 bis 7 nutzen können, während für 16-Bit-Adapter theoretisch insgesamt 16 Einstellmöglichkeiten zur Verfügung stehen.

Während im PC nur ein Baustein für die korrekte Steuerung und Bearbeitung der IRQs verwendet wurde, kommen in ATs zwei solcher Interrupt-Controller (PIC – Programmable Interrupt Controller) zum Einsatz. Da diese zwei Interrupt-Controller über die IRQs 2 und 9 miteinander verbunden sind, handelt es sich bei diesen beiden IRQs im Prinzip nur um einen einzigen, den IRQ 2/9. Dementsprechend können Sie nur *entweder* IRQ 2 *oder* IRQ 9 nutzen, aber nicht etwa beide gleichzeitig. Mancher Rechner schließt die Nutzung von IRQ 2 zudem gleich ganz aus. Die Verbindung der IRQs 2 und 9, die damit im Prinzip einen einzigen IRQ darstellen, stellt auch den Grund dafür dar, daß über die IRQ-Nummern 0 bis 15 nur 15 und nicht 16 verschiedene IRQs zur Verfügung gestellt werden.

Die standardmäßige Verwendung der IRQ-Leitungen wird in der abgedruckten Tabelle wiedergegeben. Von diesen Standardbelegungen sollten Sie nur in Ausnahmefällen abweichen. Dies bedeutet, daß Sie zum Beispiel der zweiten seriellen Schnittstelle immer den IRQ 3 zuordnen sollten.

IRQ	Gerät
0	System Timer
1	Tastaturcontroller bzw. Keyboard
2	Zweiter IRQ-Controller (PIC)
3	Zweite serielle Schnittstelle (COM2)
4	Erste serielle Schnittstelle (COM1)
5	Zweite parallele Schnittstelle (LPT2), sofern vorhanden
6	Diskettenlaufwerk-Controller (FDC)
7	Erste parallele Schnittstelle (LPT1)
8	Echtzeituhr (Realtime Clock – RTC)
9	Umgeleiteter IRQ2
10	Frei (Empfohlen für COM4)
11	Frei (Empfohlen für COM3)
12	Frei oder PS/2-Maus
13	Mathematischer Coprozessor
14	Erster IDE-Festplattencontroller
15	Zweiter IDE-Festplattencontroller (EIDE bzw. ESDI; oft auch SCSI-Adapter)

Tab. 2.2: Standardmäßige Zuordnung der IRQs bei Rechnern der AT-Klasse (ISA, EISA, MCA)

Wie Sie der Tabelle entnehmen können, sind in einem AT in der Regel die IRQs 9, 10, 11, 12 verfügbar. Wenn Sie einen IBM-Rechner mit Bus-Maus, also einem Mausanschluß auf dem Motherboard, verwenden, benutzt diese üblicherweise den IRQ 12 oder zuweilen auch den IRQ 2/9.

IRQ 5 wird von Sound- und Netzwerkkarten häufig als Voreinstellung verwendet, weil eine zweite Druckerschnittstelle (LPT2) nur selten installiert ist, so daß dieser IRQ in vielen Rechnern ebenfalls zur Verfügung steht.

Wenn Sie einen SCSI-Adapter in Ihrem Rechner installiert haben, belegt dieser in der Regel einen der IRQs 10, 11, 12 oder 15, auch wenn über ihn nur die Festplatte betrieben wird, für die eigentlich der IRQ 14 reserviert ist.

Enhanced-IDE-Schnittstellen (EIDE), an die Sie bis zu vier Geräte anschließen können, belegen neben IRQ 14 auch IRQ 15, so daß aus diesem Grund der IRQ 15 häufig nicht verfügbar sein dürfte.

 Wenn es ganz eng wird, aber keine Geräte an den zweiten EIDE-Kanal angeschlossen sind, können Sie bei manchen Rechnern gegebenenfalls den IRQ 15 (EIDE-Controller) über das BIOS-Setup des Rechners freischalten und verwenden.

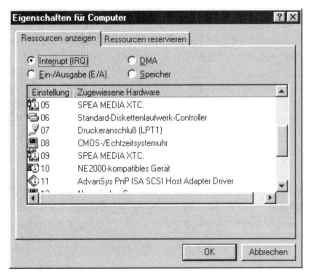

Abb. 2.1: Die mit dem kleinen i versehenen Komponenten wurden manuell konfiguriert.

2.2 Port-Adressen

Oft finden Sie anstelle des Begriffs Port-Adresse auch die Bezeichnungen I/O-Adresse oder Basisadresse (Base Address). Dabei handelt es sich um Adressen im Arbeitsspeicher, an denen (mit dem Prozessor) auszutauschende Daten abgelegt werden. An dieser Stelle kann sich der Prozessor (oder eine andere Komponente) also darüber informieren, ob und welche Aufgaben erledigt werden sollen.

Bei einigen Adaptern, wie zum Beispiel Netzwerkkarten, müssen Sie dafür sorgen, daß deren Port-Adressen zu denen anderer Geräte mindestens einen Abstand von 020H haben. So kann beispielsweise die gleichzeitige Belegung von 330H und 340H zu Schwierigkeiten führen. Werkseitig werden Port-Adressen zwischen 300H und 360H nicht nur bei Netzwerk-Adaptern, sondern oft auch bei Soundkarten (und alten CD-ROM-Laufwerken) voreingestellt.

Etliche Grafik-Beschleuniger-Karten nutzen die für COM 4 (vierte serielle Schnittstelle) vorgesehenen Port-Adressen (2E8H). Dabei handelt es sich insbesondere um Karten mit S3-Chip bzw. vom Hersteller ATI. Die Nutzung eines Modems über die vierte serielle Schnittstelle (COM 4) ist dann nicht möglich. Da COM 4 darüber hinaus üblicherweise einen IRQ mit COM 2 teilt, was ebenfalls für COM 3 und COM 1 zutrifft, kommt es häufig zu Problemen bei der gleichzeitigen Nutzung eines Modems und einer Maus, wenn eine Grafik-Beschleuniger-Karte im Rechner installiert ist. Abhilfe schafft hier oft nur eine Bus-Maus.

Windows 9x konfiguriert serielle Schnittstellen häufig mit anderen Systemadressen, sofern das verwendete System dies zuläßt. Da dies erhebliche Probleme mit (vorwiegend älteren) Programmen verursachen kann, müssen Sie selbst entscheiden, ob Ihnen diese Eigenart behagt.

In der Tabelle finden Sie eine Auswahl von Geräten und standardmäßig genutzten Port-Adressen. Wenn Sie neue Adapter installieren, sollten Sie sich möglichst an den standardmäßigen Einstellungen orientieren.

Adresse (hex)	Gerät
0000-000F	DMA-Controller #1 (Slave)
0010-0018	System
0001F	System
0020-003F	Interrupt-Controller #1 (Master)
0040-005F	Timer
0060-006F	Tastatur-/Maus-Controller
0070-0071	NMI Enable/Realtime clock
0070-007F	Echtzeituhr, NMI
0080-009F	DMA-Seitenregister
00A0-00BF	Interrupt-Controller #2

Tab. 2.3: Standardmäßig verwendete Port-Adressen (I/O-Adressen)

Adresse (hex)	Gerät
00C0-00DF	DMA-Controller #2 (Master)
00F0-00F1	Mathematischer Coprozessor
0170-0177	Sekundärer Festplatten-Controller (bei EIDE bzw. ESDI)
01F0-01F7	Primärer Festplatten-Controller
0200-0207	Joystick-Adapter (Game Port)
0220-022F	Sound Blaster
0278-027F	Parallele Schnittstelle #2 (LPT2)
02E8-02EF	Serielle Schnittstelle #4 (COM4)
02F8-02FF	Serielle Schnittstelle #2 (COM2)
0330-0331	MPU-401 (MIDI-Port)
0376	IDE Controller
0378-03FF	Parallele Schnittstelle #1 (LPT1)
0388- 038B	FM-Synthese
03B0-03BF	MDA-Grafikkarte (mit paralleler Schnittstelle bei 3bch), EGA/VGA
03C0-03DF	EGA/VGA
03D0-03DF	CGA-Grafikkarte
03E0-03E7	PCIC (PCMCIA-Controller)
03E8-03EF	Serielle Schnittstelle #3 (COM3)
03F0-03F7	Diskettenlaufwerk-Controller (FDC)
03F8-03FF	Serielle Schnittstelle #1 (COM1)
0534-0537	Windows Sound System
0CF8-0CFB	PCI-Ports

Tab. 2.3: Standardmäßig verwendete Port-Adressen (I/O-Adressen)

Die Adressen im Bereich zwischen 200 und 360h lassen sich üblicherweise nutzen, sofern die angegebenen optionalen Geräte bzw. Schnittstellen nicht installiert sind.

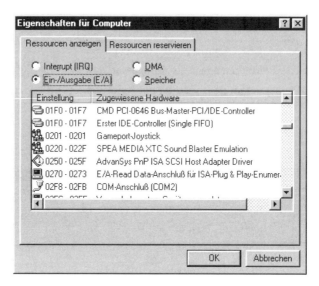

Abb. 2.2: Auch über die verwendeten Port-Adressen gibt der Geräte-Manager von Windows 9x Auskunft.

2.3 DMA

Einige Adapter, wie zum Beispiel Hand-Scanner, übertragen Daten über DMA-Kanäle, die zuweilen auch mit DRQ bezeichnet werden, direkt in den Arbeitsspeicher. DMA steht für Direct Memory Access (Direkter Speicherzugriff). Dieses Übertragungsverfahren wird vorwiegend aus Geschwindigkeitsgründen genutzt, da es den Prozessor entlastet, der an dieser Form der Datenübertragung in den Speicher nicht beteiligt ist.

ATs verfügen über acht DMA-Kanäle, die von 0 bis 7 durchnumeriert sind. Die Kanäle 1 bis 3 sind hier für 8- oder 16-Bit-Datentransfers, die Kanäle 4 bis 7 für 16-Bit-Transfers ausgelegt. Der DMA-Kanal 2 ist eigentlich für Diskettenlaufwerke reserviert, wird in manchen Rechnern jedoch nicht für diesen Zweck genutzt. Der DMA-Kanal 4 wird für interne Zwecke verwendet und läßt sich daher nicht nutzen. Ähnlich wie im Falle der IRQ-Leitungen stehen über ihn nämlich die beiden DMA-Controller miteinander in Verbindung.

DMA-Ressourcen wurden häufig vernachlässigt, können aber ebenfalls knapp werden, wenn zum Beispiel neben einer Soundkarte (die zwei DMA-Kanäle nutzt) und einer Netzwerkkarte weitere Adapter DMA-Kanäle benutzt werden.

DMA	Standardbelegung	Breite
0	frei	8 (oder 16) Bit
1	frei (Soundblaster-kompatible Soundkarte)	8 (oder 16) Bit
2	Diskettenlaufwerk-Controller (FDC)	8 (oder 16) Bit
3	frei (EIDE-Controller oder ECP auf LPT1))	8 (oder 16) Bit
4	Kaskade zum ersten DMA-Controller	
5	frei	16 Bit
6	frei	16 Bit
7	frei	16 Bit

Tab. 2.4: Standardmäßige Zuordnung der DMA-Kanäle ab 80286

Der DMA-Kanal 1 wird üblicherweise von Soundblaster-kompatiblen Soundkarten belegt; diese verwenden häufig zusätzlich den DMA-Kanal 5 für ihren MIDI-Teil. Auch diese Einstellungen sollten Sie möglichst beibehalten, um Probleme zu vermeiden, was insbesondere für DMA 1 gilt.

Wenn Sie die DMA-Kanäle umkonfigurieren müssen, ändern Sie (in dieser Reihenfolge) Netzwerk-Adapter, Scanner, MIDI-Adresse. Lassen Sie insbesondere den Soundblaster-kompatiblen DMA-Kanal 1 möglichst unangetastet.

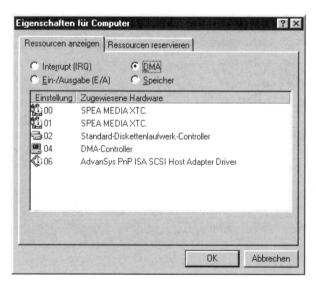

Abb. 2.3: Bei den DMA-Kanälen geht es meist nicht ganz so eng zu.

2.4 Verwendung von Arbeitsspeicherbereichen

Manche Geräte benötigen reservierte Bereiche im Arbeitsspeicher des Rechners, um korrekt arbeiten zu können. Dabei handelt es sich nicht nur um Adapter mit eigenem (oder erweitertem) BIOS, sondern auch um Scanner oder spezielle Drucker. Im Prinzip kann dieses Verfahren mit dem von Grafikkarten verglichen werden, die ebenfalls auf die speziell für sie reservierten Arbeitsspeicherbereiche angewiesen sind.

Naturgemäß muß sichergestellt werden, daß andere Programme auf die Speicherbereiche der so arbeitenden Adapter nicht zugreifen können, so daß diese von anderweitiger Verwendung ausgeklammert sind. Meist erfolgt die Sperrung nach der Einstellung der Speicheradresse über entsprechende Schalter oder Jumper auf dem Adapter weitgehend automatisch. Manchmal müssen aber auch geeignete Einstellungen im BIOS-Setup und in den Konfigurationsdateien unterstützend vorgenommen werden. Leider lassen nicht alle (vorwiegend älteren) Rechner die hierzu notwendigen Sperrungen im BIOS-Setup zu, so daß sich Adapter, die eine solche Sonderbehandlung erfordern, in manchen Rechnern nicht verwenden lassen.

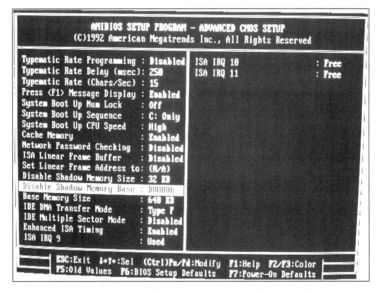

Abb. 2.4: Hier wurden 32 KByte über das BIOS-Setup für einen Adapter reserviert.

Hardware-Ressourcen

Zusätzlich muß der Arbeitsspeicherbereich beim Aufruf des Speichermanagers (hier Quarterdecks QEMM) ausgeklammert werden:

```
DEVICE=C:\QEMM\QEMM386.SYS RAM ARAM=D400-D7FF R:0
```

Für das mit MS-DOS und PC-DOS gelieferte Speicherverwaltungsprogramm EMM386 könnte die entsprechende Zeile folgendermaßen aussehen:

```
DEVICE=C:\DOS\EMM386.EXE RAM X=D400-D7FF
```

Der Vollständigkeit halber sollen auch Novell DOS und die korrespondierende Anweisung unter Windows nicht vergessen werden. Zunächst einmal das nur noch wenig verbreitete Novell DOS:

```
DEVICE=C:\NWDOS\EMM386.EXE EXCLUDE=D400-D7FF
```

Unter Windows 3.x müßten Sie dann noch im Abschnitt [386Enh] die neue Zeile

```
EMMEXCLUDE=D400-D7FF
```

einfügen. Ganz schön kompliziert? Zugegeben, nicht ganz einfach, was neben den bereits erwähnten Problemen in manchen (älteren) Rechnern wohl auch dafür verantwortlich ist, daß dieses Verfahren (mit Sonderbehandlung) nur höchst selten angewandt wird.

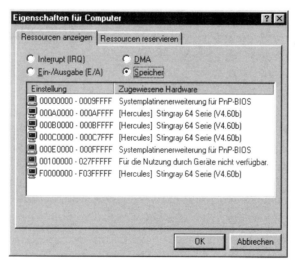

Abb. 2.5: RAM-Bereiche werden außer von Grafikkarten und PnP-BIOS nur in Ausnahmefällen benutzt und lassen sich unter Windows 9x über das Register Ressourcen reservieren *in diesem Fenster sperren.*

Windows 9x bietet schließlich ein eigenes Fenster an, über das Sie die Sperrung von Speicherbereichen vornehmen können (siehe Abb. 2.5). Sie erreichen es, indem Sie zunächst im Register *Geräte-Manager* das Symbol *Computer* doppelt anklicken, um dann die Option *Speicher* und schließlich das Register *Ressourcen reservieren* zu aktivieren.

2.5 Hardware-Konfiguration

Üblicherweise muß die einzubauende Hardware zunächst einmal konfiguriert werden. Die traditionelle Methode greift auf kleine Steckbrücken (Jumper) zurück, die auf Pfosten aufgesteckt werden und so bestimmte Verbindungen herstellen.

Abb. 2.6: Jumperblock auf einem Kombi-Controller

Diese Vorgehensweise ist zwar wesentlich praktischer als die Herstellung von Lötverbindungen, jedoch auch nicht gerade der Weisheit letzter Schluß. Allzu leicht fällt einer der kleinen Jumper in das Rechnergehäuse oder auf den Boden und ist anschließend nicht mehr aufzuspüren. Aus diesem Grund sollten Sie immer einige dieser kleinen Steckbrücken verfügbar haben. Entfernen Sie dazu gegebenenfalls überschüssige Jumper und bewahren Sie diese auf.

Mittlerweile gibt es aber im Zuge der Miniaturisierung etliche verschiedene Jumper-Ausführungen. Gerade bei Festplatten verwenden die verschiedenen Hersteller oft eigene Varianten, so daß unter Umständen der Einbau einer zusätzlichen Festplatte daran scheitern kann, daß sich die Festplatten mangels passender Jumper nicht adäquat konfigurieren lassen.

Um einiges komfortabler geht die Konfiguration der Hardware über kleine Miniatur-Schalter, sogenannte DIP-Switches (DIP – Dual In-Line Package), vonstatten. Diese Schalter können nicht verlorengehen und lassen sich mit der Spitze eines Kugelschreibers leicht betätigen.

 Bleistifte sollten zur Bedienung von Miniatur-Schaltern nicht verwendet werden, da das Graphit der Mine elektrisch leitet. Graphit-Rückstände können in DIP-Schalter eindringen und dessen Funktionsfähigkeit beeinträchtigen bzw. zu unerwünschten Kurzschlüssen führen.

Abb. 2.7: Miniaturschalter auf einem Scanner-Adapter

In letzter Zeit gehen viele Hersteller dazu über, spezielle Speicherbausteine in die Adapter zu integrieren, die auch nach dem Ausschalten des Rechners die Konfigurationsdaten bewahren. Derart konstruierte Adapter lassen sich dann per Software, also unter Verwendung eines gerätespezifischen Setup-Programms, oder automatisch konfigurieren (Plug and Play). Bei Netzwerk-Adaptern und hochwertigen Grafikkarten ist dieses Verfahren zum Speichern spezifischer Einstellungen seit langem verbreitet.

Naturgemäß ist die Konfiguration der Hardware mit Hilfe eines Programms recht komfortabel, insbesondere wenn nützliche Zusatzinformationen und ausführliche Hilfestellungen direkt verfügbar sind.

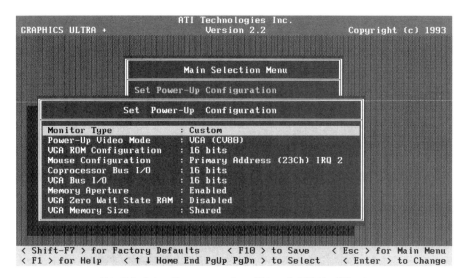

Abb. 2.8: Setup-Programm einer (älteren) ATI-Grafikkarte

2.6 Plug and Play (PnP) und ACPI

Wünschenswert sind selbstkonfigurierende Karten. Rechner aufschrauben, Adapterplatine einstecken, Rechner zuschrauben – fertig. Daß dies technisch gesehen zwar ein wenig Aufwand erfordert, aber durchaus machbar ist, haben bereits vor Jahren Geräte bewiesen, die sich über beiliegende oder integrierte Programme ihre Ressourcen selbst wählen können. Und wenn es denn doch nicht klappt, kann ja notfalls immer noch manuell konfiguriert werden.

Bereits vor Jahren befanden sich Controller für ESDI-Festplatten im Handel, die die Fähigkeit besaßen, sich selbst auf die eingebaute Festplatte einzustellen. Ein ähnliches Verfahren wird mittlerweile auch für IDE-Festplatten verwendet, so daß ein modernes BIOS deren Parameter automatisch ermitteln kann. Entsprechende Programme und Auto-Config-Optionen im BIOS-Setup belegen dies, zeigen aber auch, daß einige Hersteller immer wieder von den Standards abweichen. Manuelle Einstellungen für AT-Bus-Festplatten im BIOS-Setup sollten vor diesem Hintergrund also eigentlich nicht mehr nötig sein – und sind es in der Regel auch nicht mehr.

Demzufolge handelt es sich bei »Plug and Play« (PnP), das zeitweilig auch »Play at Will« genannt wurde, zumindest teilweise um einen alten Hut, spätestens dann, wenn man einen Blick auf das richtungsweisenden MCA-Bussystem wirft, das sich nicht durchsetzen konnten. Plug and Play stattet Rechner aber nicht nur mit der Fähigkeit aus, sich selbständig auf die installierte Hardware einzustellen, sondern ermöglicht darüber hinaus im Extremfall das Einsetzen von Steckkarten bzw. Geräten, ohne daß dazu der Rechner ausgeschaltet werden müßte (Hot Plugging). Neue Betriebssystem- und BIOS-Versionen sollen und werden PnP und dessen Fähigkeiten unterstützen. Die für die hinzugefügten bzw. gewechselten Adapter benötigten Treiber sollen von einem PnP-Betriebssystem bei Bedarf automatisch geladen werden. Windows 95 enthielt seitens des Betriebssystems erstmals Unterstützung von PnP; moderne BIOS-Varianten enthalten durchweg PnP-Unterstützung und werden zukünftig die Erweiterung ACPI (Advanced Configuration and Power Interface) unterstützen, die sowohl PnP als auch Power Management umfaßt.

Steckkarten für den PCI-Bus sind selbstkonfigurierend. Allerdings geht die Auto-Konfiguration nicht immer reibungslos vonstatten. Häufiger müssen Sie dafür sorgen, daß die von herkömmlichen Steckkarten belegten IRQ-Leitungen über das BIOS-Setup-Programm (manchmal auch das Setzen von Jumpern auf der Hauptplatine) gesperrt werden. Darüber erfahren Sie im Kapitel »BIOS-Setup« mehr.

In älteren Rechnermodellen versagt die automatische Konfiguration zuweilen auch ganz, so daß letztlich wieder »Handarbeit« angesagt ist. Aber abgesehen von Einzelfällen funktioniert PnP mittlerweile doch weitgehend reibungs- und problemlos.

Für das reibungslose Funktionieren von PnP müssen alle beteiligten Instanzen PnP unterstützen. Dies gilt also für das BIOS, die Adapter und das Betriebssystem.

2.6.1 Wie funktioniert PnP?

Sofern alle beteiligten Adapter, das System-BIOS und das Betriebssystem PnP unterstützen, wird eine Reihe von Schritten durchlaufen:

- Beim Start des Systems sind PnP-Adapter zunächst einmal inaktiv. Dann werden den Standard-Komponenten Adressen zugewiesen, so daß das Betriebssystem gestartet werden kann.
- Anschließend geben PnP-Adapter über spezielle Adressen darüber Auskunft, welche Ressourcen sie benötigen.
- Das PnP-Betriebssystem sammelt die Informationen und stellt unter Berücksichtigung anderer vorhandener Komponenten eine gültige Systemkonfiguration zusammen, die den Anforderungen entspricht und keine Ressourcenkonflikte verursacht.

Kapitel 2

- Die so ermittelten Ressourcen werden vom PnP-Betriebssystem an die PnP-Komponenten übermittelt, so daß diese zum Leben erweckt werden.
- Im letzten Schritt werden dann die Gerätetreiber geladen.

In Abhängigkeit davon, welche Komponenten vom PnP-Betriebssystem ermittelt werden, erfolgt also das Laden der notwendigen Treiber dynamisch. Die zugewiesenen Ressourcen können sich daher bei jeder geringfügigen Änderung der Konfiguration verschieben. Dazu kann bereits das Verschieben eines Adapters von einem Steckplatz an einen anderen genügen.

Wenn nicht alle beteiligten Komponenten PnP-fähig sind, wie dies insbesondere beim Paralleleinsatz mehrerer Betriebssysteme der Fall ist, kann PnP zu erheblichen Problemen führen. Dies gilt auch in Hinsicht auf (DOS-)Programme, die bestimmte Komponenten an festen Adressen suchen. In diesen Fällen sollten Sie die automatische Zuweisung von Ressourcen möglichst deaktivieren und manuelle Zuweisungen vornehmen.

2.6.2 ICU (ISA Configuration Utility)

Alle Adapter, die sich ohne Rechnerneustart über Software konfigurieren lassen, lassen sich im Prinzip auch nachträglich noch konfigurieren. Selbst unter Betriebssystemen, die den PnP-Standard nicht direkt unterstützen, läßt sich PnP (beschränkt und auf Umwegen) realisieren, wenn die Konfiguration vorhandener Steckkarten in Konfigurationsdateien gespeichert wird und die Initialisierung unter Einsatz eines speziellen Treibers oder spezieller Programme über die Konfigurationsdateien erfolgt.

```
DEVICE=C:\DOS\HIMEM.SYS /TESTMEM:OFF
DEVICE=C:\DOS\EMM386.EXE NOEMS X=D400-DBFF X=A000-AFFF X=B800-BDFF X=BFF0-C7FF
DOS=HIGH,UMB
COUNTRY=049,,C:\DOS\COUNTRY.SYS
FILES=50
BUFFERS=5
LASTDRIVE=Z
STACKS=9,256
SHELL=C:\DOS\COMMAND.COM C:\DOS\ /P /E:384
DEVICEHIGH=C:\TOOLS\SGIDECD.SYS /D:MSCD000
DEVICEHIGH=D:\WINDOWS\IFSHLP.SYS
DEVICE=C:\PLUGPLAY\DRIVERS\DOS\DWCFGMG.SYS
```

Abb. 2.9: In der letzten Zeile dieser CONFIG.SYS wird der Konfigurations-Manager geladen.

Intels ISA Configuration Utility (ICU) stellt einen solchen Ansatz für das DOS-Windows-Gespann bzw. für Rechner zur Verfügung, deren BIOS PnP noch nicht unterstützen.

Die mir vorliegende ICU-Version läßt sich auf Rechnern, deren BIOS PnP unterstützt, nicht verwenden. Wenn Sie dieses Dienstprogramm testen wollen, das etlichen Geräten beiliegt, dann benötigen Sie dazu also schon einen etwas älteren Rechner. Aktuelle ICU-Versionen sollten Sie direkt bei Intel via Internet auftreiben können. Aktuell lautet die Adresse mit Links für die DOS- und Windows 3.x-Versionen von ICU:

http://www.intel.com/design/motherbd/.

Die Vorgehensweise habe ich bereits kurz skizziert. In die CONFIG.SYS wird ein spezieller Treiber (Konfigurations-Manager) integriert. Daran anschließend wird das System durchsucht. Gefundene und erkannte Geräte werden entsprechend registriert. Deren Einstellungen werden dann in speziellen, gerätespezifischen Konfigurationsdateien gespeichert. Später hinzugefügte Adapter werden dann automatisch oder manuell auf noch freie, verfügbare Adressen verteilt.

ICU läßt sich damit auch generell als Hilfsmittel zur Ermittlung einer bestehenden Konfiguration einsetzen. Benutzeroberflächen stehen dabei sowohl für DOS als auch für Windows 3.x zur Verfügung, die weitgehend identisch aussehen.

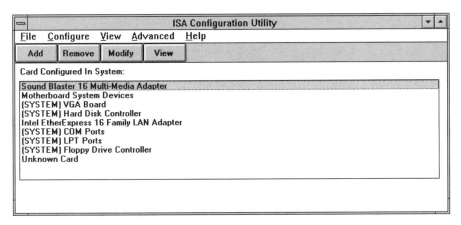

Abb. 2.10: Die von ICU in einem Beispiel ermittelten Geräte unter der Windows-Benutzeroberfläche

Von der ICU-Benutzeroberfläche aus lassen sich dann die Einstellungen der meisten installierten Adapter bei Bedarf zentral verwalten und umkonfigurieren, so daß Ihnen eine Art Geräte-Manager bereits unter Windows 3.x zur Verfügung steht.

Kapitel 2

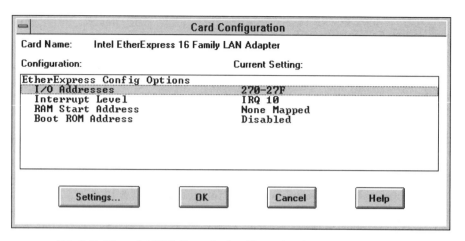

Abb. 2.11: Hier zeigt ICU die ermittelten Daten für eine Netzwerkkarte an.

3 BIOS-Setup

Neuere Rechner verfügen über Routinen im BIOS (Basic Input Output System), die nicht nur für die eigentliche Betriebsbereitschaft des Rechners sorgen und das Laden des Betriebssystems initiieren, sondern über die Sie auch die Hardware des Rechners konfigurieren können. Bei älteren Rechnermodellen (bis hin zu den ersten 386ern) befanden sich diese Konfigurationsroutinen meist nicht im Rechner-BIOS, sondern mußten vielmehr von Diskette geladen werden.

Zuweilen finden Sie auch Kombinationen der beiden Varianten: In einem ROM-Baustein sind die unabdingbaren Routinen gespeichert, und auf einer rechnerspezifischen Service-Diskette finden Sie ein erweitertes Setup-Programm. Bei der modernsten Variante werden schließlich programmierbare Flash-BIOS-Bausteine eingesetzt, deren Routinen sich über spezielle Dienstprogramme aktualisieren bzw. in den Baustein laden lassen.

3.1 BIOS-Daten auf Diskette sichern

Während beim PC/XT die grundlegende Hardware-Konfiguration noch über DIP-Schalter auf der Hauptplatine vorgenommen werden mußte, werden die Einstellungen bei Rechnern ab dem AT in einem speziellen batteriegepufferten CMOS-Halbleiterbaustein (Complementary Metal-Oxide Semiconductor) dauerhaft gespeichert. »Dauerhaft« bedeutet hier, daß die Speicherung der Setup-Einstellungen nur funktioniert, solange die Batteriepufferung zuverlässig arbeitet. Sollten die Batterien ihren Dienst versagen, gehen die im CMOS gespeicherten Daten verloren. In diesem Fall werden dann fest gespeicherte BIOS-Grundeinstellungen verwendet, die auch dann noch die Inbetriebnahme des Rechners ermöglichen. Allerdings müssen dann zunächst einmal wieder bestimmte Parameter neu eingetragen werden (insbesondere Festplatten- und Diskettenparameter), um den Rechner anschließend so starten zu können, daß er wieder voll funktionsfähig ist.

Dienstprogrammsammlungen wie zum Beispiel die PC Tools bieten deshalb spezielle Optionen an, über die Sie Notdisketten erstellen können. EDISK (Emergency Disk) lautet der Name des PC Tools-Programms, das hier stellvertretend für viele andere Programme mit ähnlicher Zielsetzung vorgestellt werden soll.

Kapitel 3

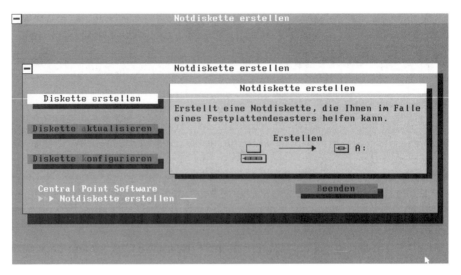

Abb. 3.1: Mit EDISK können Notdisketten erstellt werden.

Mit Hilfe von Notdisketten können Sie

- Ihren Rechner ohne speicherresidente Programme von einer speziell zusammengestellten Diskette aus starten,
- die CMOS-Informationen restaurieren und
- Partitionstabellen und Bootsektor-Informationen der Festplatte bei Bedarf oder Beschädigung wiederherstellen lassen.

Wenn Sie über entsprechende Programme verfügen, sollten Sie für Ihre(n) Rechner (eine) solche Notdiskette(n) auf jeden Fall erstellen. Alternativ können Sie sich natürlich auch die wichtigsten Daten notieren oder Ausdrucke der BIOS-Einstellungen anfertigen, aber letztlich bieten Notdisketten meist doch einige Möglichkeiten mehr, vor allem im Hinblick auf die Beseitigung von Viren, von denen Partitionstabelle oder Bootsektor befallen und zerstört werden könnten.

 Naturgemäß sollten bzw. müssen Notdisketten immer dann neu erstellt werden, wenn wesentliche Änderungen der BIOS-Einstellungen erfolgt sind oder ein neues Betriebssystem installiert wurde.

3.2 BIOS-Setup aufrufen

Die BIOS-Routinen werden beim Rechnerstart ausgeführt. Dabei wird zunächst ein sogenannter POST (Power-On Self Test – Einschaltselbsttest) durchgeführt. Während dieser Zeit können Sie das BIOS-Setup aufrufen, indem Sie eine bestimmte Taste oder Tastenkombination betätigen.

Verwendet Ihr Rechner ein AMI-BIOS, also ein BIOS des Herstellers American Megatrends Incorporation, dienen meist Entf oder F1 diesem Zweck. Sofern die entsprechende Setup-Option nicht deaktiviert wurde, zeigt Ihnen der Rechner dies auch auf dem Bildschirm an:

```
Hit DEL, if you want to run SETUP
```

Neben dem AMI-BIOS haben das Award- und das Phoenix-BIOS gewisse Verbreitung gefunden. Beim Award-BIOS mußten Sie üblicherweise die Tasten Strg, Alt und Esc, beim Phoenix-BIOS entweder die Award-Tastenkombination oder Strg, Alt und S gleichzeitig drücken, um das BIOS-Setup aufzurufen. Strg und S oder ähnliche Tastenkombinationen sind für den Aufruf der BIOS-Setup-Routinen zuweilen auch anzutreffen.

BIOS-Hersteller	Tastenkombinationen
AMI (American Megatrends)	Entf, seltener F1
Award	Entf oder Strg + Alt + Esc
DTK	F1 oder Strg + S
Phoenix	Strg + Alt + S

Tab. 3.1: Gängige Tastenkombinationen für den Aufruf des BIOS-Setups

Mittlerweile hat sich bei den meisten BIOS-Varianten die Taste Entf (Del) für die Aktivierung des Rechner-BIOS als Quasi-Standard durchgesetzt.

Sollten Sie die fragliche Tastenkombination partout nicht herausfinden können, zum Beispiel weil Sie es mit einem unbekannten BIOS zu tun haben, können Sie zunächst einmal versuchen, beim Rechnerstart eine Taste gedrückt zu halten. Meist erscheint dann eine Meldung auf dem Bildschirm, die Ihnen weiterhilft. Wenn diese Methode versagt, klemmen Sie einfach zwischenzeitlich das Diskettenlaufwerk ab und starten dann den Rechner. Üblicherweise wird dann eine Fehlermeldung auf dem Bildschirm angezeigt, die Ihnen mitteilt, wie sich das BIOS-Setup-Programm aufrufen läßt.

Sollte dies auch nicht helfen, dürften Sie es mit einiger Wahrscheinlichkeit mit einem Exoten zu tun haben, der immer noch auf eine spezielle Setup-Diskette angewiesen ist, so daß Sie sich auf die Suche nach einer geeigneten Setup-Diskette begeben müssen, mit der sich der Rechner dann hochfahren läßt.

3.3   Tastaturtreiber nicht geladen?!

Ein Umstand führt bei vielen Anwendern immer wieder zur Verwirrung: Wenn Sie das BIOS-Setup aufrufen, kann der deutsche Tastaturtreiber naturgemäß noch nicht geladen sein, so daß Sie es mit der englischen bzw. amerikanischen Tastaturbelegung zu tun haben. Dies bedeutet insbesondere, daß die Buchstaben Z und Y vertauscht sind. Dementsprechend müssen Sie auch Z eingeben, wenn Sie eigentlich Y meinen (und umgekehrt).

Nicht geladene Tastaturtreiber sorgen beim Schrauben am PC auch ansonsten häufig für kleinere Unannehmlichkeiten. Allerdings benötigen Sie nur wenige Informationen, um alle Kommandozeileneingaben vornehmen zu können.

Solange noch kein länderspezifischer Tastaturtreiber geladen worden ist, befindet sich das Y bei der deutschen Tastatur auf der Taste Z. Den Doppelpunkt finden Sie auf dem großen Ö, der umgekehrte Schrägstrich (Backslash) auf der Taste #. Die meisten der ansonsten benötigten Zeichen (., /, *, -) befinden sich entweder an der gewohnten Position oder lassen sich über den numerischen Tastenblock eingeben.

 Am Ende des Kapitels »Tastatur« befindet sich eine kleine Tabelle mit einer Gegenüberstellung wichtiger Zeichen bei amerikanischer und deutscher Tastaturbelegung.

Schlimmstenfalls können Sie immer noch eine Tabelle mit den ASCII-Codes bereithalten und die Zeichen bei gedrückter Alt-Taste durch Eingabe ihres numerischen Codes im Ziffernblock erzeugen. Langjährige, erfahrene Computer-Bastler (oder Programmierer) geben sich häufig dadurch zu erkennen, daß ihnen zumindest der ASCII-Code für den Backslash (92) geläufig ist.

3.4 (Erweiterte) Setup-Programme

Bei älteren ATs befindet sich das Setup-Programm nicht in einem permanenten ROM-Speicherbaustein, sondern auf einer Diskette, mit deren Hilfe der Rechner im Falle von Problemen meist auch gestartet werden muß. Ähnliches gilt für erweiterte Setup-Programme, die in der Regel allerdings dem technischen Personal des Herstellers vorbehalten bleiben. Verfügt der Hersteller über eine eigene Mailbox oder eine Adresse im World Wide Web, können Sie solche Programme dort zuweilen mit einem Modem abrufen.

Die angebotenen Einstellmöglichkeiten entsprechen weitgehend denen, die auch vom fest eingebauten BIOS-Setup-Programm angeboten werden. Häufig befinden sich aber neben weitergehenden Optionen auch zusätzliche Diagnose-Programme auf solchen Disketten. Bei spezifischen Erweiterungen, wie zum Beispiel bei Austauschprozessoren, gehört meist eine Diskette mit umfangreichen hardware-spezifischen Setup-Optionen zum Lieferumfang, die einen Nicht-Techniker nur noch fassungslos staunen lassen.

Ein gutes Beispiel für ein erweitertes Setup-Programm ist AMISETUP, ein Shareware-Programm, mit dem Sie bei neueren Versionen des AMI-BIOS Einstellungen vornehmen können, die von den fest eingebauten (Sparversionen der) BIOS-Setup-Programme(n) oft nicht angeboten werden. Zum Beispiel kann Ihnen AMISETUP Aufschluß darüber geben, mit welcher Bustaktfrequenz ein mit einem AMI-BIOS ausgestatteter Rechner arbeitet. Diese Angabe können Sie ansonsten allenfalls aus der Taktfrequenz des Prozessors und einer entsprechenden Eintragung im BIOS-Setup ermitteln.

Sollten Sie dieses Programm verwenden wollen, achten Sie darauf, daß Sie vor dessen Aufruf keinen Speichermanager laden. Erzeugen Sie also am besten eine Betriebssystemdiskette (zum Beispiel mit dem Befehl FORMAT A: /S), und kopieren Sie AMISETUP darauf. Nur so ist gewährleistet, daß dieses Programm korrekt arbeitet. Unter DOS ab Version 6.0 können Sie die Abarbeitung der Startdateien auch durch Drücken von F5 umgehen. Allerdings dürfen Sie dabei den richtigen Zeitpunkt nicht verpassen, müssen also das Geschehen beim Laden des Betriebssystems auf dem Bildschirm mitverfolgen.

In vielen Fällen empfiehlt sich beim Einsatz von Setup- oder Diagnoseprogrammen der Start von einer eigens dafür vorbereiteten Diskette, so daß keine Speichermanager geladen werden.

3.5 BIOS-Einstellungen

Dieser Abschnitt widmet sich den Einstellungen, die über das BIOS-Setup vorgenommen werden können und die Aufschluß über vorhandene Geräte geben. Dabei werde ich die verschiedenen Optionen am Beispiel eines Award-PnP-BIOS exemplarisch vorstellen. Dieses ähnelt darüber hinaus in vielerlei Hinsicht dem weitverbreiteten AMI-BIOS. Da das vorgestellte Award-BIOS recht umfassende Optionen zur Verfügung stellt, ist es sehr wahrscheinlich, daß Ihr BIOS nur eine Untermenge derselben anbietet.

Einige Einstellungen im BIOS-Setup beeinflussen die Arbeitsgeschwindigkeit und die Betriebssicherheit des Rechners in erheblichem Umfang. Selbst beim Rechnerstart gemeldete Fehler in Speicherbausteinen lassen sich manchmal auf fehlerhafte oder allzu aggressive Einstellungen im BIOS-Setup zurückführen. Aber genauso, wie Sie einen Rechner durch allzu offensive Einstellungen ins Stolpern bringen können, können Sie diesen »zur Schnecke machen«. Ein schneller Pentium-Rechner läßt sich über ungeeignete BIOS-Einstellungen durchaus auf die Geschwindigkeit eines 486ers herunterbremsen. Ziel der BIOS-Einstellungen sollte es daher sein, den Rechner bei voller Betriebssicherheit und Stabilität auf eine möglichst hohe Geschwindigkeit zu bringen, wobei der Zielsetzung des stabilen Betriebs eindeutig Vorrang gebühren sollte.

Wie bereits erwähnt, rufen Sie das BIOS-Setup-Programm bei den meisten PCs während des Rechnerstarts durch Drücken der Taste Entf auf. Sofern diese Option im BIOS-Setup nicht deaktiviert wurde, wird die gültige Taste(nkombination) auch auf dem Bildschirm angezeigt:

```
Hit Del, if you want to run SETUP
```

Meist stehen Ihnen dann folgende Optionen zur Verfügung:

- Standard CMOS Setup oder Main Setup
- Advanced CMOS Setup oder BIOS Features Setup
- Advanced Chipset Setup oder Chipset Features Setup
- Power Management Setup
- PCI & Onboard I/O Setup
- Load BIOS Defaults
- Load Setup Defaults
- Supervisor und/oder User Password
- Save & Exit Setup
- Exit Without Saving

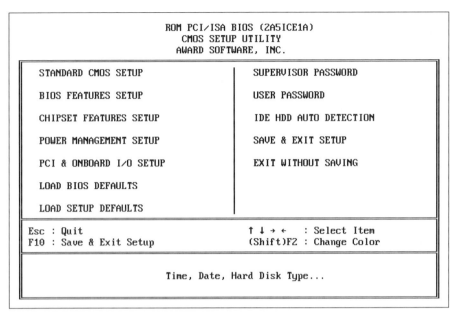

Abb. 3.2: Eingangsmenü eines Award-BIOS-Setups

Welche Optionen Sie letztlich auf welchen BIOS-Setup-Bildschirmseiten wiederfinden, hängt vom jeweiligen Hersteller ab. Jedoch ähneln sich die verschiedenen angebotenen Optionen sehr stark.

3.5.1 Arbeitsspeicher-Ausstattung

Über das Standard CMOS Setup können Sie feststellen, welche Diskettenlaufwerke und Festplatten angemeldet sind und mit wieviel Arbeitsspeicher der Rechner ausgestattet ist. Da der Rechner die Arbeitsspeicher-Ausstattung meist selbständig feststellt, brauchen Sie hier üblicherweise keine Eintragungen vorzunehmen. Spätestens wenn weniger Arbeitsspeicher angezeigt wird, als tatsächlich installiert ist, sollten Sie allerdings stutzig werden.

3.5.2 Datum, Uhr- und Sommerzeit

Datum und Uhrzeit können Sie auch über die DOS-Befehle DATE und TIME setzen. Wenn Sie das Datum im BIOS-Setup setzen, müssen Sie berücksichtigen, daß die Eingabe im amerikanischen Format erfolgen muß. Zunächst ist also der Monat, dann der Tag einzugeben. Zuweilen finden Sie darüber hinaus eine Option namens *Daylight Saving*, die für eine automatische Umschaltung zwischen Sommer- und Winterzeit sorgen soll. Mittlerweile wurde diese

Einstellung aus den meisten BIOS-Programmen wieder entfernt, weil das Umstellungsdatum keineswegs allgemein und auf Dauer festliegt.

```
                    ROM PCI/ISA BIOS (2A5ICE1A)
                       STANDARD CMOS SETUP
                       AWARD SOFTWARE, INC.

  Date (mm:dd:yy) : Wed, Feb 12 1997
  Time (hh:mm:ss) : 12 : 52 : 57

  HARD DISKS         TYPE   SIZE    CYLS HEAD PRECOMP LANDZ SECTOR  MODE

  Primary Master   : Auto    0       0    0     0      0     0     LBA
  Primary Slave    : Auto    0       0    0     0      0     0     LBA
  Secondary Master : None    0       0    0     0      0     0     ------
  Secondary Slave  : None    0       0    0     0      0     0     ------

  Drive A : 1.44M, 3.5 in.
  Drive B : 1.2M , 5.25 in.                Base Memory:    640K
                                       Extended Memory:  39936K
  Video   : EGA/VGA                       Other Memory:    384K
  Halt On : All Errors
                                           Total Memory:  40960K

  Esc : Quit              ↑↓→←    : Select Item    PU/PD/+/- : Modify
  F1  : Help              (Shift)F2 : Change Color
```

Abb. 3.3: Award-BIOS Standard CMOS Setup

3.5.3 Bildschirm und Tastatur

Die Optionen *Primary Display* und *Keyboard*, über die Sie dem Rechner mitteilen können, welcher Art der angeschlossene Bildschirm ist und ob das Vorhandensein der Tastatur überprüft werden soll, sind relativ uninteressant. Die Einstellung *Not Installed* (Nicht installiert) hat in beiden Fällen keinen weiteren Einfluß auf die Funktionsweise des Systems, zumindest sofern eine VGA-kompatible Grafikkarte installiert ist. Maßgeblich sind letztlich die tatsächlich installierte Grafikkarte und der Jumper, der auf dem Motherboard gegebenenfalls gesetzt werden muß. Lediglich bei zwei unterschiedlichen Grafikkarten innerhalb eines Systems können Sie dem Rechner hier mitteilen, welche Karte beim Systemstart verwendet werden soll. Sollten Sie zweifeln oder Probleme auftreten, beantworten Sie diese Fragen einfach wahrheitsgemäß. Dementsprechend dürfte die Eintragung für den angeschlossenen Monitor auch meist *VGA/PGA/EGA* bzw. *EGA/VGA* lauten.

Das vorgestellte Award-BIOS verfügt anstelle der *Keyboard*-Option über die Einstellung *Halt On*. Hier können Sie festlegen, wie der Computer bei auftretenden Fehlern reagiert. Die Einstellung *All Errors* bewirkt, daß der Rechner bei allen Fehlern stoppt, und stellt die Vorgabe dar. Die weiteren verfügbaren Optionen sollten nur in Sonderfällen eingesetzt werden, wobei *All, but Keyboard* noch am sinnvollsten ist. Bei dieser Einstellung können Sie den Rechner auch ohne angeschlossene Tastatur hochfahren.

3.5.4 Diskettenlaufwerke

Die Eintragungen für die Diskettenlaufwerke sollten Sie besonders kritisch beäugen, denn Sie können durchaus über einen längeren Zeitraum hinweg mit einem Rechner arbeiten, ohne daß Ihnen diesbezügliche Falscheinstellungen auffallen, solange Sie nur lesend auf Disketten zugreifen. Wenn dann allerdings Daten auf eine Diskette geschrieben werden sollen, dann fallen falsche Eintragungen recht schnell auf. Diese machen sich insbesondere beim Formatieren von Disketten bemerkbar.

Mögliche Alternativen sind üblicherweise 5,25-Zoll-Laufwerke mit 360 KByte oder 1,2 MByte Kapazität und 3,5-Zoll-Laufwerke mit 720 KByte, 1,44 MByte oder 2,88 MByte Kapazität. Handelsüblich sind heute im wesentlichen nur noch 1,2- und 1,44-MByte-Diskettenlaufwerke.

 Für Floppy-Streamer dürfen im BIOS-Setup keine Eintragungen vorgenommen werden!

3.5.5 Festplattenparameter

Die Einstellungen für die Festplatten sind seit der Verbreitung großer EIDE-Festplatten erheblich zahlreicher geworden. In der Abbildung sind beide Festplatten auf *Auto*matische Erkennung gesetzt, wobei der *LBA*-Modus vorgegeben wird. »Logical Block Addressing« sollte möglichst für alle EIDE-Festplatten eingetragen werden. *Normal* lautet üblicherweise die Bezeichnung für IDE-Festplatten. Mehr als maximal 504 MByte Festplattenkapazität lassen sich in diesem Modus nicht adressieren. Darüber hinaus finden Sie meist noch die Alternative *Large*, die allerdings nur für einige exotische Betriebssysteme eine sinnvolle Auswahl darstellt, die mit dem LBA-Modus nicht zurechtkommen.

 Im Normal-Modus lassen sich bis maximal 504 MByte einer Festplatte nutzen, auch wenn diese eigentlich mehr Kapazität bietet. Dieser Modus ist nicht mit dem LBA-Modus kompatibel, so daß ein Umschalten zwischen diesen Modi zu Datenverlusten führt, sobald schreibend auf die Festplatte zugegriffen wird. (Windows und OS/2 schreiben bei ihrem Start immer Daten auf Festplatte!)

Meist, aber keineswegs immer mißlingt der Rechnerstart, wenn eine falsche Modus-Einstellung vorliegt und die Festplatte bereits formatiert ist. Dann wird der Rechnerstart mit einer Fehlermeldung abgebrochen, die meist besagt, daß die Festplatte angeblich nicht formatiert ist, daß sich angeblich kein Betriebssystem darauf befindet oder daß ein Fehler beim Lesen des Betriebssystems von der Festplatte aufgetreten ist.

Beim Award-BIOS werden die beim Start automatisch ermittelten Festplattenparameter nicht ins BIOS übernommen, so daß alle Einstellungen auf 0 verbleiben. Das ist nicht bei allen BIOS-Varianten der Fall.

Ansonsten befindet sich im Beispiel am zweiten EIDE-Kanal (Secondary) noch ein ATAPI-CD-ROM-Laufwerk, für das keine Eintragung im BIOS erforderlich ist, weil der zugehörige Treiber alles Notwendige erledigt.

 ATAPI-CD-ROM-Laufwerke und SCSI-Festplatten dürfen nicht ins BIOS-Setup eingetragen werden. In beiden Fällen müssen Sie *Type* auf *None* bzw. *Not Installed* einstellen.

Die Einstellung *Auto* führt zu einer automatischen Ermittlung der Festplattenparameter, die naturgemäß ein wenig Zeit in Anspruch nimmt. Sofern Sie also auf einen etwas schnelleren Rechnerstart Wert legen und nicht mit Festplatten in Wechselrahmen arbeiten, sollten Sie die korrekten Werte eintragen. Die richtigen Parameter können Sie im Falle des Award-BIOS über die Option *IDE Auto Detection* im BIOS-Eingangsmenü ermitteln und auf diesem Wege in das *Standard CMOS Setup* übertragen lassen.

Teilweise müssen Sie sich aber für die automatische Konfiguration entscheiden, weil das BIOS-Setup Ihnen keine andere Möglichkeit läßt und eine *None*-Option (Nicht installiert) gar nicht anbietet. Dann können Sie alternativ nur feste Parameter vorgeben oder *Auto-Config* einstellen.

 Auch wenn Sie sich für die automatische Ermittlung der Festplattenparameter entscheiden, sollten Sie den LBA-Modus manuell vorgeben, um möglichen Datenverlusten vorzubeugen!

Unter Umständen finden Sie darüber hinaus im *Standard CMOS Setup* auch eine oder mehrere (für die verschiedenen Laufwerke getrennte) Einstellungen vor, wieviel Zeit einem Laufwerk eingeräumt werden soll, bis es betriebsbereit ist. Erst nach Ablauf dieser Zeitspanne (*Timeout*) geht das BIOS dann davon aus, daß entsprechende Geräte nicht installiert sind. Da das BIOS ohnehin »durchstartet«, sobald es ein Laufwerk erkannt hat, können Sie diese Option für Kanäle, an denen sich Laufwerke befinden, ruhig auf vier oder fünf Sekunden einstellen. Wenn ein Laufwerk bis dahin immer noch nicht bereit ist, dürfte es nur selten sinnvoll sein, ihm noch mehr Zeit einzuräumen.

Für Kanäle, an denen sich keine Geräte befinden, empfiehlt sich naturgemäß eine möglichst geringe Zeitspanne.

Bleibt noch zu erwähnen, daß die im BIOS-Setup teilweise angegebenen Laufwerkbuchstaben *C:*, *D:*, *E:* und *F:* nicht mit Laufwerk-Kennbuchstaben verwechselt werden sollten. *C:* entspricht vielmehr der Einstellung *Primary Master*, also der Master-Festplatte am ersten EIDE-Kanal, *D:* der untergeordneten Platte am ersten EIDE-Kanal (*Primary Slave*), und *E:* bzw. *F:* stehen für *Secondary Master* bzw. *Slave*, also die über- bzw. die untergeordneten Platten am zweiten EIDE-Kanal.

3.5.6 Boot-Up-Optionen

Im Advanced CMOS Setup bzw. BIOS Features Setup können Sie weitere, ein wenig speziellere Konfigurationsparameter des Systems setzen. Die eben bereits angesprochene Timeout-Option finden Sie zum Beispiel beim Award-BIOS in diesem Setup-Bereich. Sofern Ihr Rechner über ein spartanisch ausgestattetes BIOS verfügt, wie dies bei vielen Rechnern mit AMI-BIOS der Fall ist, finden Sie auf dieser Seite alle weiteren wesentlichen Optionen außer dem *Onboard I/O Setup*, also alle weiteren wesentlichen Einstellungen außer jenen, die die Aktivierung bzw. Deaktivierung und Einstellung der auf der Hauptplatine integrierten Schnittstellen betreffen.

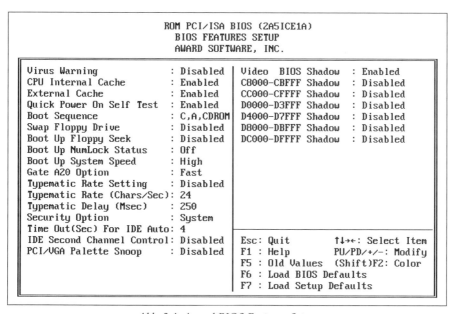

Abb. 3.4: *Award BIOS Features Setup*

Meist finden Sie auf dieser Seite jedenfalls jene Optionen, über die die Vorgehensweise des Rechners beim Start beeinflußt wird.

Boot Sequence

Über *System Boot Up Sequence* oder *Boot Sequence* teilen Sie dem Rechner mit, von welchem Laufwerk aus der Rechner zunächst zu starten versucht. *C: Only* ist die schnellste und empfehlenswerteste Variante für den normalen Betrieb. Viren haben so keine Chance, versehentlich von Diskette geladen zu werden. Sollte diese Option nicht verfügbar sein, empfiehlt sich *C: A:*. Wenn Sie den Rechner allerdings von der Diskette aus starten wollen oder müssen, empfiehlt sich naturgemäß die Reihenfolge *A: C:*, welche die Standard-Einstellung darstellt.

Modernere BIOS-Setups unterstützen auch den Systemstart vom CD-ROM-Laufwerk. Allerdings habe ich bisher noch keine CD gesehen, die sich diese Möglichkeit zunutze macht. (*El Torito* oder *Bootable CD-ROM* lauten die Bezeichnungen für den korrespondierenden CD-ROM-Standard.)

Swap Floppy Drive

Swap Floppy Drive dient dem Vertauschen mehrerer vorhandener Diskettenlaufwerke. Sofern eine solche BIOS-Option angeboten wird, ist es auch möglich, vom Laufwerk B: aus zu starten, ohne dazu den Rechner öffnen und Kabel tauschen zu müssen. Da diese Vertauschung lediglich auf BIOS-Ebene stattfindet, bleibt sie bei Programmen, die direkt auf die Hardware zugreifen, gegebenenfalls unwirksam. Manche Motherboards bzw. deren BIOS-Setups gestatten jedoch auch das Vertauschen auf Hardware-Ebene, indem sie den zuständigen Baustein umprogrammieren. Diese Einstellung finden Sie dann beispielsweise im *Onboard* bzw. *Chipset Features Setup* unter der Bezeichnung *Onboard FDC Swap A: B:*. (FDC steht dabei abkürzend für Floppy Disk Controller.)

Boot Up Floppy Seek

Eine weitere nette Option, die den Rechnerstart zu beschleunigen hilft. *Disabled* sorgt nämlich dafür, daß beim Rechnerstart der Laufwerkmotor nicht hochgedreht wird. Auf die eigentliche Funktion des Diskettenlaufwerks bleibt diese Option ohne jeden Einfluß. Für einen Test der elektrischen Funktionsfähigkeit bietet sich eine Aktivierung dieser Option jedoch an.

Quick Power On Self Test/Fast POST

Durch Aktivierung dieser Option kann der Boot-Vorgang des Rechners ebenfalls beschleunigt werden. In erster Linie werden dabei die Tests des installierten Speichers in verkürzter Form durchgeführt. Da diese nur selten verläßlich sind, kann es auch nicht schaden, hier die beschleunigende Einstellung *Enabled* zu wählen.

Boot Up System/CPU Speed

Hier empfiehlt sich naturgemäß die Einstellung *High*, da diese Einstellung funktional dem Turbo-Schalter entsprechen sollte, was aber nicht immer der Fall ist. Lediglich bei Problemen während der Installation von Betriebssystemen hat sich das Herunterdrehen der Geschwindigkeit als recht nützliche Hilfe erwiesen. Gleiches gilt natürlich auch für Spiele, die teilweise auf diesem Wege (oder durch die Betätigung des Turbo-Schalters) heruntergebremst werden können.

Bei manchen Boards bleibt *Boot Up System Speed* ohne Funktion, bei anderen werden die Cache-Bausteine deaktiviert.

NumLock Status

Dinosaurier wie ich haben diese Option begrüßt, weil sie es gewohnt sind, die separaten Cursortasten nicht zu verwenden, und sich statt dessen des numerischen Blocks der Tastatur bedienen. Das *Off* an dieser Stelle ist für mich daher Pflicht.

Typematic Rate

Diese Einstellung beeinflußt das Verhalten der Tastatur. *Programming* oder *Setting* läßt die Umprogrammierung per Software zu, während *Rate* die Anzahl der erzeugten Zeichen angibt, wenn eine Taste niedergehalten wird. Über *Delay* läßt sich die Zeitspanne einstellen, nach der die automatische, wiederholte Erzeugung des gedrückten Zeichens einsetzt. Änderungen sind hier nur selten sinnvoll. Die Steuerung von Spielen über die Tastatur können Sie allerdings über diese Einstellungen unter Umständen schon um einiges erleichtern.

Press <Del> Message Display

Über diese Einstellung läßt sich die Anzeige der für den Aufruf des BIOS-Setups zuständigen Taste(nkombination) bei Bedarf vor neugierigen Augen verbergen.

3.5.7 Virus Warning

Wenn Sie diese Option aktivieren, verhindert das BIOS das Schreiben in die Boot-Sektoren und die Partitionstabellen der Festplatte. Gegebenenfalls wird der Rechner angehalten und bietet die Möglichkeit des Starts von Diskette an. Da aber auch legale Zugriffe auf die genannten Bereiche erfolgen, bietet diese Option nur bedingten Schutz, zumal andere Bereiche der Festplatte keineswegs überwacht werden.

3.5.8 Shadow Memory

Einstellungen für *Shadow Memory* bzw. *ROM Shadow* sollten Sie nur bei Bedarf ändern. Manche Grafikkarten, Betriebssysteme oder andere Geräte erfordern die Deaktivierung (*Disabled*) der Spiegelung des ROMs in RAM-Bereichen. In vielen AMI- und Award-BIOS-Varianten können Sie derartige Einstellungen in Blöcken vornehmen:

```
Video    ROM Shadow C000,16K: Enabled
Video    ROM Shadow C400,16K: Enabled
Adaptor  ROM Shadow C800,16K: Disabled
Adaptor  ROM Shadow CC00,16K: Disabled
Adaptor  ROM Shadow D000,16K: Disabled
Adaptor  ROM Shadow D400,16K: Disabled
Adaptor  ROM Shadow D800,16K: Disabled
Adaptor  ROM Shadow DC00,16K: Disabled
Adaptor  ROM Shadow E000,64K: Disabled
System   ROM Shadow F000,64K: Enabled
```

System und Video Shadow werden üblicherweise aktiviert, die Spiegelung aller anderen Bereiche wird meist abgeschaltet.

Manche Rechner gestatten auch nur die Deaktivierung eines zusammenhängenden Bereiches und aktivieren ROM Shadow für die verbleibenden. Dann finden Sie zum Beispiel folgende Eintragungen im BIOS-Setup:

```
Disable Shadow Memory Size : 32 KByte
Disable Shadow Memory Base : D0000h
```

Vereinzelt kommunizieren Geräte (bei speziellen Druckerlösungen, Scannern und Netzwerkkarten habe ich dieses Verfahren bisher kennengelernt) über solche Bereiche mit den zugehörigen Programmen. Wenn im letzten Beispiel mehrere Geräte diese Methode nutzen sollten, geht dies nur, wenn Sie den deaktivierten Bereich vergrößern, die zu reservierenden Bereiche für beide Geräte direkt nebeneinander konfigurierbar sind und der Bereich für beide Geräte groß genug ist.

3.5.9 Cache

Über Eintragungen wie *CPU Internal Cache*, *External Cache* oder auch nur *Cache Memory* läßt sich der Cache-Speicher für den Prozessor abschalten. Da diese Maßnahme den Rechner normalerweise nur unnötig verlangsamt, sollten diese Optionen immer aktiviert sein, sofern die entsprechenden Speicherbausteine installiert sind. Das Deaktivieren des Caches kann für Spiele, aber auch zu Testzwecken vorgenommen werden.

Darüber hinaus bieten einige BIOS-Varianten auch noch die Wahlmöglichkeit zwischen *Write-Back* (WB) und *Write-Thru* (WT) für die Schreibstrategie des Caches. Da Write-Back üblicherweise die schnellere Variante darstellt, sollte sie auch genutzt werden, wenn der Rechner mit dieser Einstellung stabil läuft.

3.5.10 BIOS Update

PentiumPro- und Pentium II-Prozessoren gestatten die Aktualisierung ihres Mikrocodes durch das BIOS (also kein Update des BIOS selbst). Da diese Option eine Möglichkeit zur Korrektur etwaiger Fehler darstellt, sollte sie stets aktiviert sein.

3.5.11 Security

Über das BIOS-Setup lassen sich Paßwörter in verschiedenen Varianten festlegen. Die *Security Option* gestattet die Eintragungen *System* und *Setup*. Während bei der ersten Alternative ein ins BIOS-Setup eingegebenes Paßwort bei jedem Systemstart abgefragt wird, wird es bei der zweiten Alternative nur benötigt, um das BIOS-Setup aufzurufen.

Im AMI-Setup gibt es darüber hinaus zuweilen die Eintragung *Network Password Checking*, die allerdings lediglich dafür sorgt, daß die Abfrage des Paßworts wie die eines Netzwerks aussieht.

Besondere Sicherheit bieten die Security-Optionen des BIOS-Setups nicht, da sich das Paßwort durch Abklemmen der Batterie oder einen speziellen Jumper relativ einfach löschen läßt. Sie eignen sich daher allenfalls als kurzfristiges Hemmnis gegen eine unbefugte Rechnernutzung, zumal es für alle BIOS-Versionen Master-Paßwörter gibt.

3.5.12 Linear Frame/Memory Hole at 15M-16M

Eintragungen für den *Linear Frame Buffer* und die *Linear Frame Address* stellen nur noch Reminiszenzen mittlerweile nicht mehr gebräuchlicher Tricks zur Beschleunigung von Grafikkarten dar. Entsprechend werden Sie diesen Eintragungen in modernen BIOS-Varianten kaum noch begegnen.

Bei den mir geläufigen ATI-Grafikkarten, die dieses Verfahren genutzt haben, läßt sich notfalls die Verwendung des »linearen Bildpuffers« abschalten, so daß die Karte dann zwar etwas langsamer wird, aber auch ohne entsprechende BIOS-Eintragung funktioniert. Allerdings läßt sich dann Speicher oberhalb von 15 MByte nutzen, was bei Nutzung des Bildpuffers nicht möglich wäre.

3.5.13 Gate A20 Option

Und noch eine Reminiszenz, die diesmal dem alten 8086-Prozessor gilt. Stellen Sie hier die Option *Fast* ein.

3.5.14 PCI/VGA Palette Snoop

Diese Einstellung sollte generell deaktiviert werden, weil sie lediglich dafür sorgt, daß bestimmte Zugriffe auf die Palettenregister bei PCI-Grafikkarten auch von ISA-Karten bemerkt werden. Lediglich beim Einsatz von ISA-Video-Karten und dabei auftretenden Falschfarbeffekten kann es daher ratsam sein, diese Option zu aktivieren.

3.5.15 HDD Sequence SCSI/IDE First

Eine Einstellung für die Zukunft stellt diese Option dar. Üblicherweise wird in PCs immer von IDE-Festplatten gestartet, auch wenn SCSI-Festplatten vorhanden sind. Diese Einstellung gestattet jedoch das Umkehren der Reihenfolge, so daß alternativ auch von SCSI-Festplatten gestartet werden kann. Allerdings müssen alle beteiligten Dienstprogramme und Betriebssysteme auch korrekt mit dieser Variante umgehen können, da es ansonsten zu heillosem Durcheinander kommen kann.

3.5.16 IDE-Modalitäten

Bei nahezu allen neueren Rechnern finden Sie einige Einstellungen für einen im Motherboard integrierten EIDE-Controller bzw. die entsprechenden Festplatten. Dabei sollten Sie vorsichtig vorgehen, weil ungeeignete Einstellungen die auf der Festplatte gespeicherten Daten gefährden bzw. zerstören können. Anders ausgedrückt: Die angeschlossene(n) Festplatte(n) müssen die im BIOS-Setup eingestellten Optionen auch wirklich unterstützen.

IDE Second Channel Control

Relativ harmlos ist diese Option, die lediglich die Steuerung des zweiten IDE-Kanals abschaltet. Da bis zu zwei Festplatten an den ersten Kanal angeschlossen werden können und IDE-CD-ROM-Laufwerken meinen Erfahrungen nach diese Einstellung schnuppe ist, können Sie diese in vielen Fällen deaktivieren. Theoretisch müßten sich dann auch die ansonsten vom zweiten IDE-Kanal beanspruchten Ressourcen (IRQ) von anderen Geräten nutzen lassen. Ob dies jedoch wirklich der Fall ist, müssen Sie bei Bedarf schon selbst herausfinden. Jedenfalls sollten Sie zunächst erst einmal alle anderen verfügbaren Ressourcen in Anspruch nehmen.

IDE HDD Block Mode

EIDE-Festplatten können durch Verwendung des Block-Modus mehrere Sektoren gleichzeitig von einer Festplatte lesen. Beim Lesen mehrerer aufeinanderfolgender Blöcke von der Festplatte können durch die Aktivierung dieses Modus Datentransfers von der Festplatte beschleunigt werden. Manche BIOS-Varianten erlauben zudem das Setzen der Blockgröße für die verschiedenen Festplatten.

 Aus der Aktivierung des Block-Modus können bis zu 15 Prozent höhere Geschwindigkeiten resultieren, sofern keine (älteren) Festplatten oder CD-ROM-Laufwerke eingesetzt werden, die mit dieser Einstellung teilweise nur bedingt bzw. gar nicht zurechtkommen.

PIO Mode/Transfer Mode

Je schneller, desto besser, sollte man an dieser Stelle meinen. Welche der verschiedenen IDE-Transfermodi schneller sind, erfahren Sie im Kapitel »Bussysteme«. Jedoch sollten Sie daran denken, daß die Festplatten recht schnell ins Stolpern geraten können, wenn die eingestellten Modi von ihnen nicht korrekt unterstützt werden.

Darüber hinaus gilt aber noch ein besonderer Hinweis: Der PIO Mode 4 ist nicht nur schnell, sondern aufgrund von Designmängeln auch ausgesprochen unzuverlässig! Die Symptome sind zudem recht bösartig. Beim Schreiben der Daten scheint nämlich zunächst alles völlig fehlerfrei abzulaufen. Das böse Erwachen kommt dann aber beim Lesen der Daten. Einzelne zerschossene Dateien bis hin zum Verlust des gesamten Datenbestands der Festplatte können die Folge sein. Die Bezeichnung »Winchester«, wie sie für die ersten Festplatten üblich war, hätte sich der PIO Mode 4 redlich verdient. (Und wenn ich Festplatteninstallationen nicht durch Sicherungskopien und andere Vorsichtsmaßnahmen begleiten würde ...)

Verwenden Sie möglichst *nicht* den PIO Mode 4. Der PIO Mode 3 ist normalerweise genauso schnell, aber wesentlich zuverlässiger.

3.5.17 Chipset Features Setup

Einige der Optionen des Chipset Features Setups habe ich bereits besprochen, weil sie häufig an anderer Stelle der verschiedenen BIOS-Varianten anzutreffen sind. Dazu gehören vorwiegend unkritischere Einstellungen wie *Memory Hole At 15-16M* und Update-Modi des Cache-Speichers.

Ansonsten sollten Sie auf dieser Seite des BIOS-Setups möglichst nur dann Änderungen vornehmen, wenn Sie genau wissen, was Sie tun, zumal exakte Einstellungen eigentlich auch nur dann möglich sind, wenn Sie über die Dokumentation zum jeweils verwendeten Chipsatz verfügen, und die Einstellungsmöglichkeiten im einzelnen sich doch recht stark unterscheiden und chipsatz-spezifisch sind.

Änderungen im Chipset Features Setup können ohne weiteres dazu führen, daß der Rechner gar nicht mehr funktioniert oder äußerst instabil läuft. Waghalsige Experimente sollten daher an dieser Stelle möglichst vermieden werden.

Als Vorgehensweise empfiehlt es sich, zunächst einmal auf die angebotene Auto-Konfiguration zurückzugreifen und erst danach (oder im Falle von Schwierigkeiten) notwendige manuelle Optimierungen vorzunehmen. Daher beschränke ich mich hier auch nur auf einige wenige zusätzliche Hinweise.

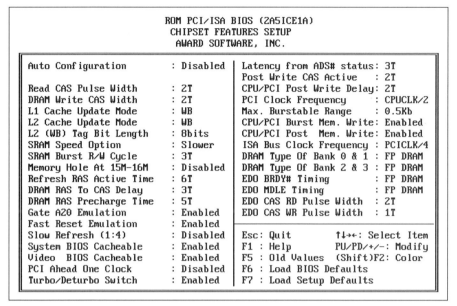

Abb. 3.5: Hier werden die Einstellungen schon recht ungemütlich, weshalb Sie möglichst auf die Autokonfiguration zurückgreifen sollten.

System/Video BIOS Cacheable

Diese beiden Einstellungen beschleunigen üblicherweise den Start des Rechners und sollten daher aktiviert bleiben. Schwierigkeiten sollten nur in Verbindung mit schlecht programmierten Treibern oder Programmen auftreten, die Sie dann allerdings ohnehin möglichst schnell eliminieren sollten.

Taktfrequenzen

Das abgebildete BIOS-Setup bietet Möglichkeiten zur Einstellung der *PCI Clock Frequency* und der *ISA Bus Clock Frequency* an. Dabei wird auf die externe Prozessortaktfrequenz Bezug genommen, so daß CPUCLK/2 auf 33 MHz hinausläuft. Die *ISA Bus Clock Frequency* bezieht sich wiederum auf die Taktfrequenz des PCI-Bus. PCICLK/4 läuft daher im Beispiel auf die Standard-ISA-Taktfrequenz von 8,25 MHz hinaus. PCICLK/3 und damit 11 MHz stellt eine weitere mögliche Option dar, die von den meisten neueren ISA-Adaptern verkraftet werden sollte. Unter Umständen lassen sich einzelne Geräte Ihres Systems dadurch geringfügig beschleunigen. Sollten Probleme auftreten, wie ich sie dann häufiger in Verbindung mit Diskettenlaufwerken beobachten konnte, sollten Sie wieder zur Standard-Taktfrequenz zurückkehren.

DRAM Type

Diese Eintragungen sollten bei der vorgeschlagenen automatischen Konfiguration korrekt eingetragen werden. Eine Kontrolle kann aber nicht schaden, weil FP-DRAMs bei der Einstellung EDO-DRAM nicht korrekt arbeiten. Umgekehrt treten zwar meist keine Probleme auf, allerdings verschenken Sie dann ein wenig Geschwindigkeit.

Bei Problemen

Sollten Sie der Versuchung nicht widerstanden bzw. durch zu offensiv gewählte Werte Ihren Rechner lahmgelegt haben, können Sie im Extremfall nicht einmal mehr das BIOS-Setup aufrufen. Dann hilft nur noch das Löschen der BIOS-Einstellungen über einen entsprechenden Jumper auf dem Motherboard oder das Abklemmen bzw. Deaktivieren der Batterie. Welche Variante in Frage kommt, müssen Sie der Dokumentation Ihres Motherboards entnehmen. Sollte lediglich das Abklemmen der Batterie als Lösung in Frage kommen, dürfen Sie dann unter Umständen zur Strafe etliche Stunden warten, bis die im CMOS gespeicherten Einstellungen tatsächlich verlorengegangen sind.

3.5.18 Power Management

Im Hinblick auf die Einstellungen für die Stromsparfunktionen im BIOS-Setup kann ich mich hier kurz fassen. Sie stehen ab dem 75 MHz-Pentium bei allen neueren Prozessoren zur Verfügung und lassen gefahrloses Experimentieren zu. Zudem können Sie in der Regel aus verschiedenen angebotenen Stromspar-Profilen wählen. *Max Saving* schaltet Geräte bereits nach wenigen Sekunden ab, während *Min Saving* beispielsweise erst nach einer halben Stunde greift. Neben den vorgefertigten Profilen können Sie aber auch eigene Einstellungen vornehmen.

PM Control by APM bzw. APM sollten Sie beim Einsatz von Windows 9x in jedem Fall aktivieren. Diese Einstellung bietet Kompatibilität mit der Advanced-Power-Management-Spezifikation.

Einige Vorsicht ist beim Einsatz der Power-Mangement-Funktionen allerdings geboten. Zunächst einmal kommen keineswegs alle Betriebssysteme problemlos damit klar. Sollten Ihnen also Abnormitäten auffallen, deaktivieren Sie das Power Management rechtzeitig. (Bei einigen Laptops konnte ich beobachten, wie gelegentlich einzelne Dateien verschwanden, was allem Anschein nach auf die Stromsparfunktion zurückzuführen war.)

BIOS-Setup

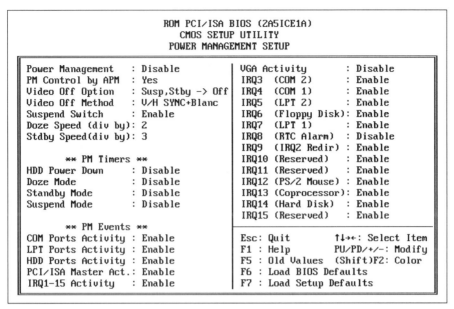

Abb. 3.6: Die meisten BIOS-Varianten bieten vorgefertigte Konfigurationen für das Power Management an, die sich hier oben links aktivieren lassen.

Dann reagieren (zumindest zur Zeit noch) viele Systeme recht uneinheitlich, was zur Folge haben kann, daß bestimmte Geräte entweder zum unpassenden Zeitpunkt oder gar nicht abgeschaltet werden. Wenn Aktivitäten im Netzwerk, die gar nicht an den eigenen Rechner gerichtet sind, diesen ständig am Laufen halten, dann muß die Überwachung des entsprechenden IRQs deaktiviert werden. Beim Abschalten zum unpassenden Zeitpunkt fällt mir insbesondere jener Fall ein, bei dem nach längerer Nichtbenutzung von Tastatur und Maus bestimmte Systemfunktionen heruntergefahren werden. Wenn dabei zum Beispiel gerade ein CD-Brenner in Aktion ist, dann hat Sie das wahrscheinlich einen Rohling gekostet, und die Installation von Betriebssystemen kann dabei ebenfalls böse mißlingen.

Überlegen Sie also sorgfältig, welche Aktivitäten überwacht werden sollen und wann bzw. ob sich der Einsatz des Power Managements überhaupt empfiehlt.

 Wenn Sie die Power-Management-Funktionen des BIOS-Setups nachträglich aktivieren wollen, müssen Sie unter Windows 9x die Hardware-Erkennung laufen lassen, damit die entsprechenden Betriebssystem-Funktionen installiert werden. (Die Einstellungen erreichen Sie dann über den Geräte-Manager.)

3.5.19 PCI & Onboard I/O Setup

Die letzte der hier vorzustellenden Bildschirmseiten dient der Aktivierung der im Motherboard integrierten Komponenten, wie der seriellen/parallelen Schnittstellen und des IDE-Chips. Hier finden Sie möglicherweise auch Einstellungen für den USB (Universal Serial Bus) und die PS/2- bzw. Bus-Maus. In der folgenden Abbildung sehen Sie darüber hinaus rechts unten auch zwei Einstellungen für die IDE-Schnittstelle, die oben bereits behandelt wurden.

Weiterhin läßt sich hier dem Plug and Play auf die Sprünge helfen, wenn es einmal zum »Plug and Pray« (Einstöpseln und Beten) wird. Im Beispiel können Sie sehen, daß ich aufgrund der reichlichen Anzahl an Erweiterungskarten eine manuelle PCI-Konfiguration vorgenommen habe.

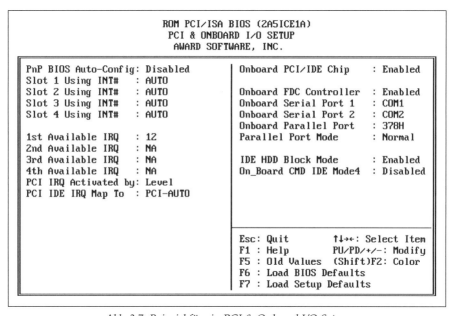

Abb. 3.7: Beispiel für ein PCI & Onboard I/O Setup

PS/2-Maus (Bus-Maus)

Etliche Motherboards verfügen über eine integrierte Schnittstelle für die PS/2-Maus. Wenn keine solche Maus an Ihrem System angeschlossen ist, sollten Sie diese deaktivieren, andernfalls müssen Sie sie aktivieren. Ob die Ressourcen der PS/2-Maus (IRQ 12) allerdings bei der Deaktivierung für andere Geräte tatsächlich zur Verfügung stehen, müssen Sie entweder dem Handbuch zu Ihrem Motherboard entnehmen oder durch geeignete Versuche ermitteln.

Häufig befindet sich auch ein Jumper auf dem Motherboard, über den die vollständige Deaktivierung erfolgen kann.

Onboard-Chips/Controller

Ähnliches wie für die PS/2-Maus gilt auch für die übrigen ins Motherboard integrierten Schnittstellen. Wenn Sie diese nutzen wollen, müssen Sie sie über das BIOS-Setup aktivieren und ihnen geeignete Ressourcen zuordnen. Ob die von diesen Schnittstellen belegten Ressourcen freigegeben werden und ob dazu gegebenenfalls weitere Maßnahmen (wie das Setzen oder Entfernen von Jumpern auf dem Motherboard) ergriffen werden müssen, können Sie nur den entsprechenden Handbüchern oder durch geeignete Versuche feststellen.

Manuelle PCI-Konfiguration

Die Eintragungen auf der linken Seite des Beispiels gelten dann der PCI-Konfiguration bzw. dem PnP (Plug and Play). Wenn sich im Rechner nur wenige zusätzliche Steckkarten befinden und Sie ausschließlich mit PnP-Betriebssystemen und kompatiblen Programmen arbeiten, dann sollten bei Verwendung der Auto-Konfiguration keine Probleme auftreten. Andernfalls können Ihnen manuelle Eintragungen viel Ärger ersparen.

Wichtig ist insbesondere, daß Sie dem BIOS entweder mitteilen, welche IRQs von anderen Geräten bzw. ISA-Adaptern bereits beansprucht werden, so daß sie gesperrt werden können, oder explizit angeben, welche IRQs tatsächlich noch verwendbar sind. Im Beispiel steht nur noch der IRQ 12 zur Verfügung. Alle übrigen Einträge stehen daher auf *NA* (Not Available – nicht verfügbar).

Welchen PCI-Interrupt welcher Steckplatz verwendet, wird im Beispiel weiterhin automatisch ermittelt. Da es sich dabei um eine PCI-interne Angelegenheit handelt, sollten manuelle Eintragungen in der Regel auch nicht erforderlich sein, sofern ein PCI-Adapter nicht einen bestimmten PCI-Interrupt voraussetzt. Die angebotenen Alternativen lauten: A, B, C und D.

PCI IRQ Activated by

Level stellt hier den Standard gemäß der neueren PCI-Spezifikation dar, so daß die Alternative nicht zum Einsatz kommen sollte. Adapter, die noch die Einstellung *Edge* erfordern, stammen noch aus den PCI-Anfangszeiten und gehören auf die Abschußliste.

PCI IDE IRQ Map To

Die letzte Einstellung auf der linken Seite stellt eine flankierende Maßnahme dar. Diese sollte immer auf *PCI* eingestellt sein. Lediglich wenn der integrierte PCI/IDE-Chip abgeschaltet wird und ein ISA-IDE-Adapter verwendet wird, muß die Eintragung *ISA* lauten.

Weiterführende Informationen über die integrierten Schnittstellen und Bussysteme finden Sie in den Kapiteln bzw. Abschnitten, die sich mit dem jeweiligen Gerät bzw. der jeweiligen Schnittstelle befassen.

Konfigurationsdateien und Dienstprogramme 4

Weitere Informationen über vorhandene Hardware erhalten Sie aus den Konfigurationsdateien. Die CONFIG.SYS und AUTOEXEC.BAT unter DOS/Windows 3.x, die CONFIG.SYS von OS/2 Warp sowie SYSTEM.INI und WIN.INI unter Windows können Unmengen an Informationen über die Konfiguration Ihres Systems enthalten. Hinzu kommt unter Windows noch die Registry bzw. Registrierungsdatenbank, die es zwar unter Windows 3.x bereits gab, dort aber keine Informationen enthielt, die hier von besonderem Interesse wären.

Windows 9x- bzw. NT-Spezialitäten werden in eigenständigen Abschnitten behandelt. Dieses Kapitel befaßt sich im wesentlichen mit den verfügbaren Kommandozeilen- und sonstigen Hilfsprogrammen.

Spätestens wenn Sie die Konfigurationsdateien von Windows oder OS/2 direkt bearbeiten müssen, benötigen Sie allerdings darüber hinaus einiges an Hintergrundwissen, das hier allenfalls oberflächlich vermittelt werden kann. Dementsprechend muß ich die an solchen Interna Interessierten hier auf die technischen Referenzhandbücher, die mit den Betriebssystemen und Programmen gelieferten Textdateien und natürlich auch auf einschlägige Fachliteratur verweisen.

Glücklicherweise müssen Sie die Konfigurationsdateien nur selten direkt manipulieren. Über SETUP-Programme und die Systemsteuerung bzw. die Systemkonfiguration können die meisten Optionen wesentlich komfortabler eingestellt werden. Auch dort können Sie sich einen Überblick über die vorhandene Geräteausstattung verschaffen. Recht flott – aber auch recht oberflächlich – geht dies, wenn Sie beispielsweise das Windows 3.x-SETUP-Programm von der DOS-Kommandozeile aus aufrufen. Berücksichtigen Sie dabei aber, daß dort eingetragene Geräte nicht unbedingt vorhanden und funktionsfähig installiert sein müssen. Achten Sie insbesondere auch auf die beim Rechner- oder Programmstart angezeigten Fehlermeldungen.

Um bei Problemen Ihr System optimal konfigurieren und eventuell notwendige Eintragungen und Änderungen manuell vornehmen zu können, sollten Sie aber zumindest über grundlegende Kenntnisse einiger Werkzeuge und Optionen verfügen.

Kapitel 4

 Kommentarzeilen in Konfigurationsdateien lassen sich in (fast) allen aktuellen Betriebssystem- und Programmversionen durch das Voranstellen des Zeichens »;« am Zeilenanfang erzeugen. Selbst wenn dies kein reguläres Mittel darstellt, erreichen Sie so, daß die entsprechende Zeile ignoriert und schlimmstenfalls mit einer Fehlermeldung geahndet wird.

4.1 Editoren

Die direkte Bearbeitung der Konfigurationsdateien erfolgt mit Hilfe einfacher Editoren. EDIT, E oder TEDIT gehören zum Bordwerkzeug der Betriebssysteme DOS und OS/2. SYSEDIT dient unter Windows dem angesprochenen Zweck. Sie finden dieses Programm im \WINDOWS\SYSTEM-Verzeichnis auf dem Windows-Laufwerk.

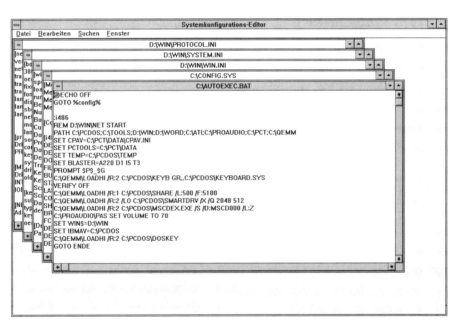

Abb. 4.1: Wichtige Konfigurationsdateien lassen sich unter Windows mit SYSEDIT editieren.

Die Mehrzahl der Programme verfügt über eine Benutzeroberfläche, die an den SAA-Standard angelehnt ist, so daß Sie sich bei Verwendung der üblichen Tasten (Alt, F10, Leertaste, Eingabe, Pfeiltasten, Esc usw.) leicht in ihnen zurechtfinden sollten, zumal Sie darüber hinaus meist auch noch auf die Maus als Hilfsmittel zurückgreifen können.

Konfigurationsdateien und Dienstprogramme

Spätestens wenn Sie wissen, daß sich die Menüleiste durch Drücken der Alt-Taste aktivieren läßt, die auf dem Bildschirm angezeigten Hilfestellungen beachten und ansonsten die Richtungstasten benutzen, sollten Sie die meisten Editoren bereits notdürftig bedienen können.

Lediglich der mit den meisten *PC*-DOS-Versionen gelieferte IBM-Editor E stellt hier noch eine Ausnahme dar. Zwar ist er leistungsfähiger als seine Kollegen, jedoch kann er seine Vergangenheit als Programmeditor nicht verleugnen: Traditionelle Editoren für Programmierer wirken häufig ein wenig archaisch. Durch Drücken von F1 rufen Sie die Hilfefunktion auf und laden damit eigentlich eine frei änderbare Textdatei, der Sie die notwendigen Bedienungshinweise entnehmen können.

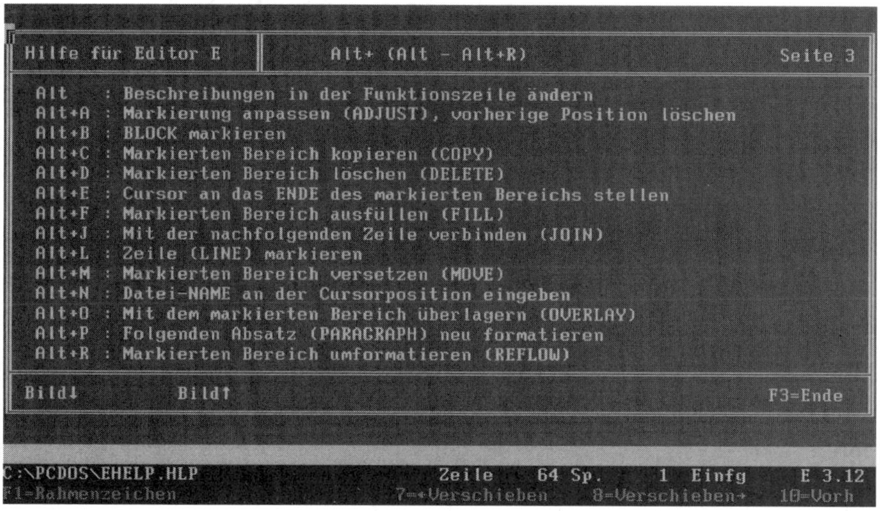

```
Hilfe für Editor E          Alt+ (Alt - Alt+R)                    Seite 3
    Alt    : Beschreibungen in der Funktionszeile ändern
    Alt+A  : Markierung anpassen (ADJUST), vorherige Position löschen
    Alt+B  : BLOCK markieren
    Alt+C  : Markierten Bereich kopieren (COPY)
    Alt+D  : Markierten Bereich löschen (DELETE)
    Alt+E  : Cursor an das ENDE des markierten Bereichs stellen
    Alt+F  : Markierten Bereich ausfüllen (FILL)
    Alt+J  : Mit der nachfolgenden Zeile verbinden (JOIN)
    Alt+L  : Zeile (LINE) markieren
    Alt+M  : Markierten Bereich versetzen (MOVE)
    Alt+N  : Datei-NAME an der Cursorposition eingeben
    Alt+O  : Mit dem markierten Bereich überlagern (OVERLAY)
    Alt+P  : Folgenden Absatz (PARAGRAPH) neu formatieren
    Alt+R  : Markierten Bereich umformatieren (REFLOW)

Bild↓      Bild↑                                              F3=Ende

C:\PCDOS\EHELP.HLP              Zeile   64 Sp.    1  Einfg    E 3.12
F1=Rahmenzeichen                7-=Verschieben   8=Verschieben+ 10=Vorh
```

Abb. 4.2: Hilfestellung von E, dem Editor vieler PC-DOS-Versionen

Alle angesprochenen Editoren weisen einige Nachteile auf. Zunächst einmal sind sie meist vergleichsweise groß. Mit Ausnahme von E können Sie außerdem immer nur eine Datei laden. Und dies stellt gerade beim Installieren von Hardware eine gravierende Einschränkung dar. Wenn irgend etwas versagt, erleichtert der Vergleich einer alten Konfigurationsdatei (die Sie natürlich vorsorglich gesichert haben) mit einer neuen die Arbeit beträchtlich. Wenn Sie dann auch noch Textblöcke von einer zur anderen Datei kopieren können, entfällt auch das fehlerträchtige Neueintippen weitgehend.

Da EDIT seit Windows 9x nicht mehr auf den in QBASIC integrierten Editor zurückgreift, ist dieser Editor hier mit knapp 100 KByte erstaunlich klein geworden und kann jetzt sogar mehrere Dateien gleichzeitig bearbeiten. (Selbst unter MS-DOS 6.22 war dies noch nicht möglich!)

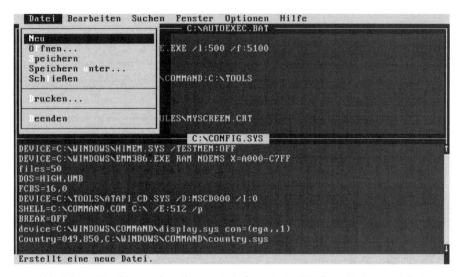

Abb. 4.3: *EDIT gibt es auch noch unter Windows 9x im Windows-Unterverzeichnis COMMAND. Und nun ist sogar die gleichzeitige Bearbeitung mehrerer Dateien gestattet!*

Ich arbeite deshalb bereits seit Jahren mit dem kleinen Editor ED aus der (mittlerweile nicht mehr angebotenen) Turbo Pascal Editor Toolbox, der die angesprochenen Nachteile nicht aufweist. Im Shareware-Bereich gibt es ebenfalls eine Reihe leistungsfähiger Editoren, die Ihnen die Arbeit erleichtern können. Zum Beispiel genießt der Virtual Display Editor (VDE) in dieser Hinsicht einen guten Ruf. Auch bei diesem entfallen die genannten Nachteile. Darüber hinaus versteht VDE auch noch WordStar-, Word- (für DOS) und WordPerfect-Dateiformate.

Dies mag an dieser Stelle genügen. Welchen Editor Sie letztlich einsetzen, müssen Sie selbst entscheiden. Für das gelegentliche Editieren der Konfigurationsdateien werden Sie wahrscheinlich vorwiegend auf verfügbare Programme zurückgreifen, so daß Sie sich bei Gelegenheit mit den genannten Standard-Editoren ein wenig vertraut machen sollten.

4.2 Speicherarten

Bevor ich auf einige Besonderheiten im Zusammenhang mit Konfigurations- und Initialisierungdateien hinweise, sollen zunächt einmal die verschiedenen Speicherarten vorgestellt werden, die in Rechnern mit PC-Architektur verfügbar sind. Ausführlichere Informationen erhalten Sie auch hier wieder in der einschlägigen Fachliteratur.

Dabei verwende ich vorwiegend die englischen Bezeichnungen, weil die deutschen Begriffe zumindest zeitweise mit widersprüchlicher Bedeutung verwendet wurden und daher leicht zur Ursache von Mißverständnissen werden können.

4.3 Konventioneller Arbeitsspeicher

Zunächst einmal stehen maximal 640 KByte konventioneller Speicher zur Verfügung. Dabei handelt es sich um den Speicherbereich von 0 bis 640 KByte. Diese Grenze wurde beim Design des Original-PC festgelegt, da sich daran die Bereiche für den Video-Speicher und BIOS-Erweiterungen anschließen und der Original-PCs insgesamt nur einen Adreßraum von 1 MByte verwalten kann. Gut verwaltete Rechner weisen typischerweise mehr als 600 KByte freien konventionellen Arbeitsspeicher auf, solange keine speicherresidenten Programme geladen sind. (Beim Einsatz von Treibern für SCSI-Geräte werden Sie diese Traumgrenze allerdings auch bei sauberster Konfiguration wohl kaum erreichen.)

Einer der vielen Sagen des PC-Bereichs zufolge soll es übrigens kein Geringerer als der legendäre William H. Gates gewesen sein, dessen »Vision«, daß kein PC jemals mehr als 640 MByte RAM benötigen würde, maßgeblich für die Festlegung dieser Grenze war.

4.4 Upper Memory Area

Die Upper Memory Area (UMA) schließt direkt an den konventionellen Speicher an. Sie umfaßt insgesamt 384 KByte und damit den Bereich von 640 bis 1024 KByte (1 MByte). Ursprünglich wurde dieser Speicherbereich für interne Verwaltungszwecke, das Rechner-BIOS, den Video-Speicher und BIOS-Erweiterungen reserviert. Diesem Zweck dient die UMA auch heute noch. Jedoch wird dafür üblicherweise nie der gesamte reservierte Bereich benötigt.

Mit Hilfe spezieller Speicherverwaltungsfunktionen können die unbenutzten Bereiche der UMA Programmen zur Verfügung gestellt werden. Treiber, speicherresidente Programme usw. können dann in Upper Memory Blöcke (UMBs) »hochgeladen« werden, was zu einer spürbaren Entlastung des konventionellen Arbeitsspeichers führt.

Aufgrund der teilweise widersprüchlichen deutschen Bezeichnungen für die verschiedenen Speicherarten neige ich zur Vermeidung von Mißverständnissen dazu, die UMA als den »Bereich zwischen den Adaptern« zu bezeichnen.

Unter Windows 9x, NT oder auch OS/2 brauchen Sie der UMA keine allzu große Bedeutung mehr beizumessen, weil diese Betriebssysteme Mechanismen beherrschen, mit denen Treiber auch in das nachfolgend beschriebene Extended Memory geladen werden können.

4.5 Extended Memory (XMS)

Rechner mit Prozessoren ab dem 80286 können Extended Memory (XMS) verwalten. Extended Memory beginnt oberhalb der 1-MByte-Grenze und kann sich bis an die Grenze des Prozessor-Adreßraums erstrecken. Moderne Systeme sollten mindestens über 8 MByte Arbeitsspeicher verfügen. Beim Arbeiten mit modernen Betriebssystemen läßt sich eine geringere Arbeitsspeicherausstattung allenfalls dann vertreten, wenn der Rechner nur gelegentlich benutzt wird. Windows 9x verschärft diese Situation noch ein wenig mehr: Für die sinnvolle Arbeit mit größeren Dokumenten oder mehreren Programmen sollten Sie 16 MByte Arbeitsspeicher in Ihrem Rechner installieren.

Microsoft spricht auf der Windows 9x-Verpackung davon, daß 4 MByte ausreichen. Im »Hardware Design Guide« ist mittlerweile allerdings die Rede von 32 bzw. 64 MByte als Mindestvoraussetzung für die Erteilung des Windows-Logos für kommende Betriebssystem- bzw. Rechner-Generationen.

4.6 High Memory Area (HMA)

Den ersten 64 KByte des Extended Memory kommt eine spezielle Bedeutung zu. Deshalb hat dieser Speicherbereich auch einen eigenen Namen: High Memory Area (HMA). Durch spezielle Tricks (Freischalten der A20-Leitung) kann die HMA von Prozessoren ab dem 80286 auch im 8088-kompatiblen sogenannten Real Mode des Prozessors adressiert werden. HIMEM.SYS übernimmt die Kontrolle dieser Möglichkeiten unter DOS. In die HMA können dann vorwiegend Teile von DOS geladen werden.

4.7 Expanded Memory (EMS)

Die letzte zu behandelnden Speicherart ist Expanded Memory (EMS). EMS ist heute nahezu bedeutungslos geworden. Es bot insbesondere auf Rechnern mit 8088/8086-Prozessoren eine Möglichkeit, mehr Speicher zur Verfügung zu stellen, der dann durch Umschalten (Bank-Switching) in ein Fenster in der Upper Memory Area eingeblendet werden konnte. Rechner, die mit einem Prozessor ab dem 80386 ausgestattet sind, können EMS nachbilden. Dies geschieht mit Hilfe eines Expanded Memory Managers (zum Beispiel EMM386.EXE) und durch die Verwendung entsprechender Befehlszeilen-Schalter. Dann lassen sich Bereiche des XMS als EMS verwenden. EMS-Speicher ist – bedingt durch die verwendeten Umschaltmethoden – vergleichsweise langsam und wurde vom flexibleren und schnelleren XMS-Speicher abgelöst.

4.8 DOS-Konfigurationsdateien

Wenn Sie DOS mit dem entsprechenden Programm installieren, legt es zwei Konfigurationsdateien namens CONFIG.SYS und AUTOEXEC.BAT an, in denen die für den Betrieb des Rechners notwendigen Startoptionen festgehalten werden. Naturgemäß werden dabei nur die Belange des Betriebssystems selbst berücksichtigt. Spezialitäten bleiben den Installationsprogrammen der anderen Programme und Geräte vorbehalten.

4.8.1 MemMaker, QEMM & Co.

Wollen Sie die Speicherausnutzung Ihres Rechners optimieren, bleibt Ihnen gar nichts anderes übrig, als die Dateien manuell zu bearbeiten oder die diesem Zweck dienenden Utilities einzusetzen.

Zum Beispiel werden MemMaker mit MS-DOS, das von Central Point stammende RAMBoost mit PC-DOS geliefert; Quarterdecks QEMM bietet in dieser Hinsicht als eigenständiges Programm noch etwas mehr. Nach dem Aufruf von OPTIMIZE, das zum Lieferumfang von QEMM gehört, läuft die Optimierung der Speichernutzung weitgehend automatisiert ab.

Unsinnige Eintragungen können solche Programme naturgemäß nicht aus den Konfigurationsdateien eliminieren. Hier müssen Sie schon selbst über das notwendige Know-how verfügen, auf dessen Basis Sie entscheiden können, welche Eintragungen notwendig und welche überflüssig sind. Zudem sind Speicheroptimierer natürlich nicht in der Lage, zusätzlich notwendige oder sinnvolle Zeilen einzufügen. Sie optimieren eben nur das, was bereits vorhanden ist.

Einige Tips am Rande: Wenn Sie, soweit möglich, zunächst einmal die speicherhungrigen Gerätetreiber laden, erreichen Sie in der Regel bereits eine ausgesprochen gute Ausnutzung des Arbeitsspeichers, ohne MemMaker & Co. einsetzen zu müssen. Informationen über den Speicherbedarf der Treiber erhalten Sie unter DOS über den Befehl MEM /C.

Darüber hinaus sollten Sie vor dem Einsatz der Speicheroptimierer dafür sorgen, daß sich die Anweisung

```
DOS=HIGH,UMB
```

in der CONFIG.SYS befindet, mit der DOS ausdrücklich zur Nutzung aller verfügbaren Speicherbereiche (HMA und UMA) aufgefordert wird. Damit erleichtern (bzw. ermöglichen) Sie den Speicheroptimierern die Arbeit.

Quarterdecks mehrfach ausgezeichnetes Programm Manifest (MFT) will ich Ihnen an dieser Stelle ans Herz legen. Der Einsatz von Manifest kann Ihnen viele zusätzliche Informationen bezüglich der Optimierung und der Nutzung des Arbeitsspeichers liefern. Hier finden Sie ergänzend zum Einsatz von MEMMAKER, QEMM & Co. Hinweise und Erläuterungen zur Bedeutung verschiedener Einträge in den DOS-Konfigurationsdateien.

Konfigurationsdateien und Dienstprogramme

Abb. 4.4: *Quarterdecks MANIFEST gibt hier Auskunft über das erste MByte.*

4.8.2 CONFIG.SYS

Eine der beiden Konfigurationsdateien von DOS trägt den Namen CONFIG.SYS. Sie wird beim Rechnerstart noch vor dem Befehlsinterpreter (üblicherweise COMMAND.COM) abgearbeitet und gestattet damit neben dem Laden von Gerätetreibern auch den Aufruf eines alternativen Kommandointerpreters, wie zum Beispiel 4DOS.

Der Verweis auf die von DOS zur Verfügung gestellten Hilfeeinrichtungen und darüber hinausgehende Speziallitteratur bzw. die entsprechenden Handbücher bleibt Ihnen auch hier nicht erspart. Ich werde Ihnen lediglich einige Tips und Hinweise geben, ohne dabei allzusehr in die Tiefe zu gehen.

```
DEVICE=C:\QEMM\QEMM386.SYS RAM ST:M SUS:N R:1
DEVICE=C:\QEMM\DOS-UP.SYS @C:\QEMM\DOS-UP.DAT
DOS=HIGH,UMB
FILES=50
BUFFERS=10
STACKS=9,256
LASTDRIVE=Z
COUNTRY=049,,C:\DOS\COUNTRY.SYS
SHELL=C:\QEMM\LOADHI.COM /R:2 C:\DOS\COMMAND.COM C:\DOS /E:512 /P
BREAK=OFF
FCBS=4,4
DEVICE=C:\QEMM\LOADHI.SYS /R:2 /SIZE=55520 C:\TOOLS\MOUSE.SYS
DEVICE=C:\QEMM\LOADHI.SYS /R:1 /SIZE=9056 C:\TOOLS\GSCAN.SYS /T=GSC105 /
```

```
D=5 /I=10
DEVICE=C:\QEMM\LOADHI.SYS /R:2 /SIZE=38544 C:\TOOLS\ATAPI_CD.SYS /
D:MSCD000
DEVICE=C:\QEMM\LOADHI.SYS /R:2 /SIZE=16800 C:\TOOLS\MVSOUND.SYS D:3 Q:7
DEVICE=D:\WIN\IFSHLP.SYS
```

Abb. 4.5: Ein Beispiel für die CONFIG.SYS

Gleich in den ersten beiden Zeilen können Sie feststellen, daß der Rechner mit Quarterdecks Speichermanager QEMM arbeitet. Bei Verwendung von MS-DOS könnten diese folgendermaßen aussehen:

```
DEVICE=C:\DOS\HIMEM.SYS /TESTMEM:OFF
DEVICE=C:\WINDOWS\EMM386.EXE NOEMS HIGHSCAN X=A000-C7FF
```

Daran schließen sich die altbekannten Anweisungen DOS, FILES, BUFFERS bis FCBS an, die an dieser Stelle uninteressant sind. DOS=HIGH,UMB kann ruhigen Gewissens immer verwendet werden, selbst wenn die entsprechenden Speicherbereiche gar nicht zur Verfügung stehen. Falsche Angaben werden vom Betriebssystem automatisch und unbemerkt korrigiert.

QEMM verwendet zum Hochladen von Programmen in der CONFIG.SYS immer die einleitende Sequenz DEVICE=C:\QEMM\LOADHI.SYS, der Werte für die Speicherregion (R) und den vom Steuerprogramm benötigten Speicherplatz (SIZE) folgen. Auf die Wiederholung dieser Angaben wird in den folgenden Erläuterungen jeweils verzichtet.

Uns interessieren hier vorwiegend die geladenen Treiber. Bei MOUSE.SYS handelt es sich um den Maustreiber, der nur dann geladen werden muß, wenn mit Programmen gearbeitet wird, die keine eigene integrierte Maussteuerung enthalten. Wenn nur mit Windows-Programmen gearbeitet wird, kann dementsprechend auf MOUSE.SYS verzichtet werden. Übrigens benötigen die SYS-Versionen des Maustreibers häufig weniger Speicher als die über die AUTOEXEC.BAT zu ladenden Treiberversionen, so daß der Weg über die CONFIG.SYS in der Regel empfehlenswert ist.

```
DEVICE=C:\TOOLS\GSCAN.SYS /T=GSC105 /D=5 /I=10
```

Diese Zeile lädt den Treiber für einen Hand-Scanner der Firma KYE (Markennamen Genius bzw. GeniScan), dem drei Schalter folgen. Nach /T wird der Typ des Scanners aufgeführt. Insider erkennen möglicherweise, daß es sich dabei um einen Farb-Hand-Scanner mit der Modellbezeichnung GS-C105 handelt. Über /D wird der zu verwendende DMA-Kanal und über /I die zu benutzende IRQ-Leitung angegeben.

Konfigurationsdateien und Dienstprogramme

```
DEVICE=C:\TOOLS\ATAPI_CD.SYS /D:MSCD000
```

Bei ATAPI_CD.SYS handelt es sich um den Treiber für ein ATAPI-CD-ROM-Laufwerk. Hier folgt lediglich die Gerätebezeichnung (/D – Device).

```
DEVICE=C:\TOOLS\MVSOUND.SYS D:3 Q:7
```

MV steht abkürzend für die Firma MediaVision. Dieser Treiber für eine Soundkarte soll den DMA-Kanal 3 (D:) und die IRQ-Leitung 7 (Q:) verwenden.

```
DEVICE=D:\WIN\IFSHLP.SYS
```

Die letzte Zeile der CONFIG.SYS dient dann dem Laden der Netzwerkunterstützung von Windows für Workgroups.

Sie meinen, das Beispiel wäre konstruiert? Keineswegs, denn viele Treibernamen enthalten mehr oder weniger deutliche Hinweise auf die Namen der Hersteller bzw. die Typbezeichnungen der Produkte.

```
DEVICE=C:\TOOLS\MSCSI.SYS
```

Hier haben wir es mit einem Treiber für eine SCSI-Scanner-Steckkarte zu tun, der von einer Firma stammt, die mit M beginnt: Microtek.

```
DEVICE=C:\TOOLS\MTMCDAE.SYS /D:MSCD001 /P:300 /M:20 /T:6 /I:10
```

In dieser Zeile steht MT für Mitsumi. Und wenn das CD im Treibernamen noch nicht genügt, können Sie spätestens aus dem Schalter /D und den folgenden Angaben schließen, daß es sich um den Treiber für ein älteres CD-ROM-Laufwerk handelt. Die Bedeutung von /I und /P sollten Sie erraten können (IRQ/Port), über /M wird Cache-Speicher (Memory) reserviert, und /T folgt die Angabe für den DMA-Kanal, wobei das /T abkürzend für »Transfer Option« steht. Hier hilft dann im Zweifelsfall zugegebenermaßen nur noch das Handbuch weiter.

Sollte Ihnen weiterhin ein Treibername begegnen, der mit AHA beginnt, haben Sie es mit an Sicherheit grenzender Wahrscheinlichkeit mit einem Adaptec Host Adaptor zu tun, also einem SCSI-Adapter der Firma Adaptec.

Sie sehen, mit ein wenig Hintergrundwissen können Sie der CONFIG.SYS eines Rechners Unmengen an Informationen entlocken. Denken Sie aber daran, daß die Eintragungen auch falsch sein können.

Wenn Sie die CONFIG.SYS ab der DOS-Version 6 oder unter Windows 9x nach Drücken von F8 schrittweise abarbeiten lassen, können Sie gegebenenfalls angezeigte Fehlermeldungen gut auf dem Bildschirm mitverfolgen und fehlerhafte Zeilen leicht ausfindig machen.

Mit einem weiteren Hinweis soll dieser Abschnitt abgeschlossen werden: Oftmals befinden sich im Lieferumfang neuer Geräte Treiber für ältere Betriebssystemversionen. Versuchen Sie dann, aktuelle Programmversionen zu beschaffen. Den möglichen Einsatz von

```
DEVICE=C:\DOS\SETVER.EXE
```

sollten Sie allenfalls als Übergangslösung in Betracht ziehen.

4.8.3 AUTOEXEC.BAT

Hinweise auf einige für unsere Belange interessante Zeilen in der AUTOEXEC.BAT sollen ebenfalls nicht fehlen:

```
SET BLASTER=A220 I2 D1 H5 P330 T6
SET SOUND=C:\SB16
C:\SB16\SB16SET /M:220 /VOC:220 /CD:220 /MIDI:220 /LINE:220 /TREBLE:0
C:\SB16\SBCONFIG.EXE /S
```

Diese oder ähnliche Zeilen finden Sie in der AUTOEXEC.BAT, wenn ein Sound Blaster oder eine damit kompatible Soundkarte im Rechner installiert ist. Im vorliegenden Fall handelt es sich um den Sound Blaster 16, bei dem über P330 die Port-Adresse für den MIDI-Teil angegeben wird und der zwei DMA-Kanäle (1 und 5) beansprucht. I steht abkürzend für IRQ und T für den Typ der Soundkarte. Beim Sound Blaster tragen mitgelieferte Konfigurations-Programme die richtigen Werte in die AUTOEXEC.BAT ein.

```
D:\WIN\NET START
```

Startet die Netzwerkunterstützung von Windows für Workgroups.

```
LH C:\DOS\KEYB GR,,C:\DOS\KEYBOARD.SYS
```

Lädt das Steuerprogramm zur Anpassung der Tastatur an die deutschen Gegebenheiten.

```
LH C:\DOS\MSCDEX.EXE /D:MSCD000 /L:Z
```

Lädt die Microsoft-CD-ROM-Erweiterungen, die für den Betrieb des Laufwerks unter DOS erforderlich sind. Achten Sie dabei darauf, daß Sie möglichst die MSCDEX-Version einsetzen, die mit Ihrem Betriebssystem geliefert wurde. Die Angabe hinter /D muß mit der Eintragung in der korrespondierenden CONFIG.SYS-Zeile übereinstimmen. Standardmäßig wird der Name MSCD000 verwendet. Über /L läßt sich der Laufwerk-Kennbuchstabe angeben, unter dem das CD-ROM-Laufwerk anschließend angesprochen werden soll. Im vorliegenden Fall ist dies Z:. Ggf. müssen Sie in der CONFIG.SYS eine entsprechende LASTDRIVE-Zeile einfügen.

```
LH C:\TOOLS\V7LITVBE.EXE
```

Derartige oder ähnliche Zeilen dienen dem Laden von Video-BIOS-Erweiterungen (VBE). V7LIT stellt wieder einmal eine Abkürzung für den Namen der installierten Grafikkarte dar: Video Seven Lite.

4.8.4 Multikonfigurationsdateien

Zum Abschluß des Abschnitts »DOS-Konfigurationsdateien« bleiben mir ein paar Worte zu Multikonfigurationsdateien nicht erspart. So vorteilhaft diese unter gewissen Umständen auch sein mögen, wenn es irgendwie geht, sollten Sie auf deren Einsatz verzichten.

Nicht nur die Installationsprogramme der Hardware, sondern auch die der DOS-Software streichen häufig die Segel und überlassen Ihnen dann die Durchführung von Änderungen. Wenn Sie dann auch noch Speicheroptimierungsprogramme in Anspruch nehmen wollen, müssen Sie die Konfigurationsdateien ständig zerlegen und wieder zusammensetzen.

Glücklicherweise nehmen neuere DOS-Programme kaum noch Eintragungen in den Konfigurationsdateien vor, sondern verwenden vielmehr eigene Initialisierungsdateien nach dem Vorbild von Windows.

4.9 Windows 3.x

Im Hinblick auf die Namensgebung für Dateien oder Abschnitte gilt für Windows-Initialisierungsdateien (INI-Datcien) das gleiche wie für DOS-Konfigurationsdateien. Ansonsten nehmen viele Programme zwar Eintragungen in den INI-Dateien vor, lassen den Anwender aber schmählich im Stich, wenn es darum geht, diese wieder zu entfernen.

Sieht man einmal von den Einträgen für Schriftarten und Dateinamenserweiterungen ab, finden Sie neue Eintragungen vorwiegend am Ende der INI-Dateien, so daß es oft zweckmäßig ist, diese von hinten nach vorn zu durchkämmen.

An dieser Stelle werde ich mich wieder auf einige beachtenswerte Besonderheiten und Hinweise beschränken. Sie wissen ja ...

WIN.INI und SYSTEM.INI und sonstige Initialisierungsdateien existieren auch noch unter Windows 95. Auch wenn hier keine Eintragungen vorgenommen werden sollten, weil dies eigentlich Sache der Registry ist, bleiben diese Dateien bis auf weiteres voll funktionstüchtig. (Viele der Eintragungen werden beim Windows 9x-Neustart automatisch in die Registrierdatenbank übertragen.)

4.9.1 WIN.INI

Standard-Geräte können Sie mit den üblichen Mitteln der Windows-Setup-Programme und über die *Systemsteuerung* installieren und auch wieder entfernen. In einigen Fällen erzeugen Installationsprogramme aber auch eigene Abschnitte in den INI-Dateien. Diese beginnen mit einem Bezeichner in eckigen Klammern und können bzw. sollten, sofern das Gerät nicht mehr installiert ist, manuell gelöscht werden.

TWAIN-kompatible Scanner erzeugen zum Beispiel solche typischen Einträge in der WIN.INI:

```
[TWAIN]
Default Source=D:\WIN\TWAIN\MFSC.DS
[MFS-6000C]
Length Unit=0
PaperLength=96
Frame Unit=0
Frame=7   27   31   44
Background Code=0
Background Unit=0
Background Win_Num=0
Brightness=0  0  0  0
Contrast=0  0  0  0
ScanMode=1014
ScanRes=300
Velocity=1
Grain Built in=0
Grain=0
```

Konfigurationsdateien und Dienstprogramme

```
Gamma=1
Gamma Size=0
Gamma code=0
PrescanMode=0
UnitFlag=0
IsInvert=0
ScanSource=0
Shadow=0 0 0 0
hilight=255255255255
Midtone=128128128127
Ratio=50 50 50 50
```

Festgehalten werden hier im Prinzip nur zwei Dinge: Die TWAIN-Quellen im Abschnitt [TWAIN] sowie die zuletzt verwendeten Einstellungen des Scanners im Abschnitt [MFS-6000C]. Entsprechend könnten alle Eintragungen des letztgenannten Abschnitts auch zwischenzeitlich gelöscht werden, ohne die Funktionsfähigkeit des Scanners in irgendeiner Form zu beeinträchtigen.

Ähnliche Abschnitte finden Sie für Drucker, Faxmodems und Programme. Sofern Sie öfter die Geräteausstattung aktualisieren, sollten Sie also insbesondere nach kompletten Abschnitten Ausschau halten, die überflüssig geworden sind. Selbst wenn Sie versehentlich einen noch benötigten Abschnitt löschen sollten, lassen sich die Geräte meist recht schnell wieder installieren.

Wenn Sie größere Schwierigkeiten haben und Windows partout nicht laufen will, finden Sie im Windows-Verzeichnis die unbefleckten Versionen der Systemdateien unter der Namenserweiterung .CLN, also insbesondere WIN.CLN und SYSTEM.CLN. Diese Dateien können Sie als Grundlage für den Neuaufbau des Systems verwenden. (Ähnliche Dateien werden auch von vielen Software-Paketen angelegt! Beispielsweise ist Borland für SYSTEM.BOR und die kanadische Firma Corel für WIN.COR verantwortlich. Treten also Fehler nach der Installation bestimmter Programme auf, halten Sie nach derartigen Dateien Ausschau.)

4.9.2 SYSTEM.INI

Für die SYSTEM.INI gilt im wesentlichen das gleiche, nur daß Fehler innerhalb dieser Datei oft zur Folge haben, daß Windows nicht mehr startet. Auch hier finden Sie am Ende der Datei zuweilen Hardware-spezifische Abschnitte vor. Ein Beispiel:

```
[sndblst.drv]
Port=220
MidiPort=330
Int=2
DmaChannel=1
HDmaChannel=5
```

Kommen Ihnen diese Werte bekannt vor? Kein Wunder, sie sollten den Eintragungen in der AUTOEXEC.BAT entsprechen. Hier kommt lediglich der voreingestellte Sound Blaster-Port 220H hinzu, der in der AUTOEXEC.BAT-Zeile nicht aufgeführt wurde. Sollten Sie das Handbuch verlegt haben, können diese Angaben sogar als Ersatz herhalten, da hier die Bedeutung der verschiedenen Einstellungen im Klartext aufgeführt wird.

4.9.3 SETUP.INF

Mutige Seelen können sich ihre eigenen Diskettensätze erzeugen. In einer Textdatei namens SETUP.INF werden nämlich die bei der Windows-Installation anzufordernden Disketten eingebunden. Mit zusätzlichen Einträgen können Sie dort herstellerspezifische Treiberdisketten einbinden.

Die zur Anpassung der SETUP.INF benötigten Informationen finden Sie üblicherweise in einer Datei namens OEMSETUP.INF auf der zur Hardware gehörenden Diskette. Ein wenig Vorsicht (Sicherungskopien) ist dabei in jedem Fall geboten. Ob sich der Aufwand lohnt, ist darüber hinaus eine weitere Frage. Jedenfalls handelt es sich bei der Änderung der Datei SETUP.INF um den offiziellen Weg, den auch Rechner-Lieferanten zur Erstellung speziell angepaßter Windows-Versionen beschreiten. Wenn Sie auf mehreren gleichartigen Rechnern Installationen vornehmen müssen oder Anwendern die Installation einfach machen wollen, bietet sich diese Möglichkeit als Lösung an.

Ein Blick in die INF-Dateien von Windows offenbart meist, welche Dateien während der Installation auf die Festplatte geschaufelt werden. Ein Blick in INF-Dateien kann sich also lohnen.

4.10 Windows 9x

Leider muß ich Sie an dieser Stelle enttäuschen: Alles Wissenswerte und vieles Interessante zu Windows 9x haben wir nämlich in eigenständige Spezial-Kapitel verbannt, um das Hin- und Herschalten zwischen den verschiedenen Verfahrenswegen nicht allzusehr ausufern zu lassen.

In diesem Kapitel beschränke ich mich daher vorwiegend auf jene Programme, Hilfsmittel und Hinweise, die entweder sowohl Windows 3.x als auch Windows 9x betreffen oder aber Kommandozeilen-orientiert arbeiten.

4.11 OS/2-CONFIG.SYS

In der CONFIG.SYS von OS/2 müssen Sie Ihr Augenmerk insbesondere auf die BASEDEV- und DEVICE-Zeilen richten. Auch hier können Sie den Namen der Steuerprogramme meist deren Zugehörigkeit bzw. Funktion entnehmen.

In BASEDEV-Zeilen werden üblicherweise von Herstellern mitgelieferte Gerätetreiber eingebunden, die damit für grundlegende Funktionen des Systems zuständig sind.

Ein mir unter OS/2 häufiger begegneter Fehler im Zusammenhang mit der CONFIG.SYS waren Einträge von Steuerprogrammen, die nicht entfernt wurden. Sie erhalten dann beim Starten von OS/2 eine Meldung, die über die Nummer der Zeile mit der fehlerhaften Eintragung Aufschluß gibt. Gehen Sie vorsichtig vor, und machen Sie aus der betreffenden Zeile zunächst einen Kommentar. Nachdem Sie sich dann davon überzeugt haben, daß weiterhin alles reibungslos funktioniert, können Sie die Zeile endgültig löschen.

4.12 Utilities

Einige Dienstprogramme, die für unsere Zwecke von Interesse sind, habe ich bereits kurz vorgestellt. Deren Einsatzzweck war allerdings vorwiegend im Bereich der Arbeitsspeicher-Optimierung zu sehen, wobei zumindest Quarterdecks Manifest sicherlich weit mehr leistet.

In diesem Abschnitt geht es vielmehr um Programme, deren vorwiegender Zweck darin liegt, die Hardware-Ausstattung und die Belegung der Hardware-Ressourcen zu ermitteln. Microsoft Diagnostics (MSD), das MS-DOS und Windows 3.x beiliegt, ist mittlerweile recht bekannt. IBM liefert QCONFIG mit PC-DOS und System Information (SYSI) mit OS/2 aus, die ebenfalls spezielle Hardware-Informationen zur Verfügung stellen.

Darüber hinaus enthalten Utility-Sammlungen wie PC Tools oder Norton Utilities Programme mit ähnlicher Zielrichtung (SI bzw. System-Information). CheckIt von Touchstone Software, QAPlus von DIAGSOFT und der festplattenorientierte Ontrack Disk Manager gesellen sich neben etlichen Programmen aus dem Shareware-Bereich zu den Empfehlungen hinzu.

MSD dürfte am weitesten verbreitet sein, so daß dessen Möglichkeiten kurz vorgestellt werden sollen. QCONFIG und anderen ähnlichen Programmen werden Sie sicherlich hier und da im Buch wiederbegegnen, auf eine ausführlichere Darstellung will ich an dieser Stelle aber verzichten.

Wenn von Diagnose-Programmen die Rede ist, dürfen auch die jeweils mit der Hardware gelieferten spezifischen Programme nicht vergessen werden, die Ihnen beim Verdacht des Defekts eines bestimmten Geräts oder Computers sicherlich die zuverlässigsten Informationen liefern können.

 Test- und Diagnoseprogramme liegen den meisten Hardware-Erweiterungen und Adaptern bei. Unverständlicherweise finden sie aber oft in den Handbüchern nicht einmal Erwähnung. Nehmen Sie den Inhalt von Treiberdisketten also ruhig einmal etwas genauer unter die Lupe.

4.12.1 Microsoft Diagnostics (MSD)

Mit MS-DOS (seit 6.0) und Windows wird MSD (Microsoft Diagnostics) geliefert, ein Programm, das technische Informationen zur Ausstattung eines Rechners liefert. Ursprünglich war MSD dafür vorgesehen, Anwendern die Möglichkeit zu geben, Informationen über die eingesetzte Hardware zu ermitteln, die dann bei auftretenden Schwierigkeiten an den Microsoft-Kundendienst weitergegeben werden konnten.

Für unsere Zwecke ist MSD gut geeignet. Das Programm finden Sie bei Bedarf auch auf der dem Buch beiliegenden CD, da es auch frei im Internet und über Online-Dienste verfügbar ist und von Microsoft als Hilfestellung für den Kundendienst zur Überprüfung der Rechnerausstattung freigegeben wurde. MSD liefert Ihnen Informationen über alle wesentlichen Rechnerkomponenten.

Sie sollten sich jedoch nicht allzu viel von MSD und ähnlichen Programmen versprechen. Viele wesentliche Angaben, die Sie für das Aufrüsten Ihres PCs benötigen, kann Ihnen MSD nicht liefern. Im Prinzip gilt nämlich für alle Dienstprogramme dieses Bereichs eines gleichermaßen: Unbekannte Geräte lassen sich nur bedingt identifizieren.

Insbesondere die Daten zur Belegung der IRQs sind recht unzuverlässig, da hier nur standardgemäß antwortende bzw. bekannte Geräte aufgespürt werden können. Soundkarten, Scanner, SCSI-Festplatten, Netzwerkkarten oder CD-ROM-Laufwerke finden Sie dementsprechend in der Liste der erkannten Komponenten meist nicht vor.

Neuere Programme leisten auf der Basis kommender Standards möglicherweise bessere Dienste. Plug and Play kann nämlich nur dann einwandfrei funktionieren, wenn sich alle Geräte auf eine bestimmte, vorausschauend definierte Art und Weise zu erkennen geben. (Entsprechende eindeutige Hersteller- und Geräte-Codes sind Teil der PnP-Spezifikationen.)

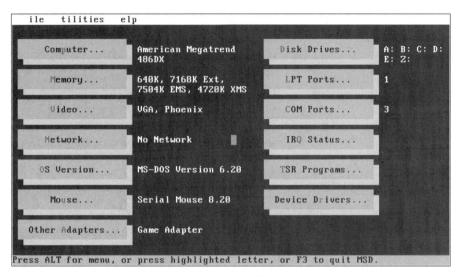

Abb. 4.6: Die Benutzeroberfläche von MSD

Wenn Sie MSD von der DOS-Kommandozeile aus aufrufen, wird ein Bildschirm mit Menüzeile und mehreren Schaltflächen angezeigt, die Sie wie üblich durch Eingabe des hervorgehobenen Buchstabens oder Mausklick aktivieren können. Hinter jeder Schaltfläche verbergen sich detailliertere Informationen zum entsprechenden Thema.

Schaltfläche	Informationen
Computer	Hersteller des Rechners, Prozessor, Coprozessor, Bustyp, ROM-BIOS, DMA-Controller
Memory (Arbeitsspeicher)	Größe und insbesondere Belegung des Arbeitsspeichers zwischen 640 und 1024 KByte
Video (Grafikkarte)	Hersteller, Modell und Typ, Versionsnummer und Datum des Grafikkarten-BIOS (Bildschirmmodus)
Network (Netzwerk)	Netzwerkspezifische Konfigurationsinformationen

Tab. 4.1: Von MSD gelieferte Informationen

Schaltfläche	Informationen
OS Version (Betriebssystem)	Version des Betriebssystems, belegter Speicherbereich, Startlaufwerk, Umgebungsvariablen, MSD-Startlaufwerk und -verzeichnis
Mouse (Maus)	Maustreiber-Versionsnummer, die von der Maus verwendete IRQ-Leitung, verwendete Schnittstelle, gültige Mauseinstellungen
Other Adaptors (Weitere Adapter)	Dynamische Anzeige des Spieleadapterstatus (kann zur Funktionsüberprüfung von Joysticks verwendet werden)
Disk Drives (Laufwerke)	Freie Kapazität und Größe der Disketten- und Festplattenlaufwerke
LPT Ports (LPT-Anschlüsse)	Anschlußadressen installierter paralleler Schnittstellen, dynamische Anzeige des Schnittstellen-Status
COM Ports (COM-Anschlüsse)	Anschlußadressen und aktuelle Parameter der seriellen Schnittstellen, dynamische Anzeige des Schnittstellen-Status
IRQ-Status	Belegung der Hardware-IRQs
TSR Programs (Residente Programme)	Name, Position und Größe residenter Programme
Device Drivers (Gerätetreiber)	Namen und Attribute der installierten Gerätesteuerprogramme

Tab. 4.1: Von MSD gelieferte Informationen

Über das Dateimenü können Sie sich zusätzlich die Startdateien von DOS und den Inhalt der von MSD aufgespürten INI-Dateien anzeigen lassen und sich einen Bericht in eine Datei oder auf dem Drucker ausgeben lassen.

4.12.2 System-Infos mit PC Tools

Das zweite Programm, das ich an dieser Stelle kurz vorstellen möchte, stammt aus der bekannten Dienstprogrammsammlung PC Tools von Central Point und heißt *System Information* (SI).

Neben ausführlichen System-Informationen stellt SI wesentlich mehr zur Verfügung. Über das Menü *Leistung* können Sie Benchmark-Tests auslösen, also die relative Geschwindigkeit Ihres Rechners ermitteln. Über *Diagnose* erreichen Sie Tests, die Ihnen Aufschluß über mögliche Fehlerursachen geben können und der Überprüfung des Systems dienen.

Konfigurationsdateien und Dienstprogramme

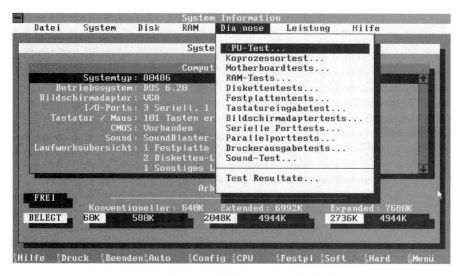

Abb. 4.7: Diagnose-Optionen unter PC Tools

Alle wesentlichen Komponenten des Rechners lassen sich hier testen. Selbst die Soundkarte läßt sich bei angeschlossenem Kopfhörer oder angeschlossenen Lautsprechern überprüfen. Erwähnenswert sind hier sicherlich auch die Möglichkeiten zum Testen der seriellen und parallelen Schnittstellen, die mit Hilfe spezieller Rückschleifen-Stecker (Loopback-Connector) vorgenommen werden.

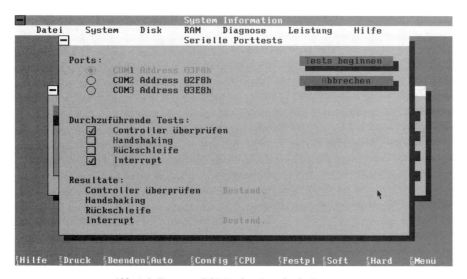

Abb. 4.8: Test von COM1 ohne Loopback-Connector

Für das Testen der parallelen Schnittstelle wird darüber hinaus ein Druckerausgabetest angeboten, was gleichzeitig als Tip dienen kann: Schließen Sie nämlich einen korrekt arbeitenden Matrixdrucker an die parallele Schnittstelle an, können Sie dem Ausdruck häufig die Ursache eines Fehlers entnehmen. Ob ein Bit ausfällt, sehen Sie dann nämlich sofort. Mit ein wenig Rechnerei können Sie auch feststellen, um welches Bit es sich handelt. Laserdrucker arbeiten bei derartigen Fehlern üblicherweise gar nicht mehr.

Norton Desktop und PC Tools sind auch in Versionen für Windows verfügbar. Denken Sie beim Einsatz der verschiedenen Dienstprogramme immer daran, daß alte Programmversionen neue Merkmale nicht unterstützen können. Aufgrund der langen Dateinamen führt der Einsatz alter Programme für die Verwaltung von Datenträgern unter Windows 9x zu schwerwiegenden Beschädigungen des Dateisystems und damit zu Datenverlust. (Auch für OS/2 und Novell Netware müssen Programmversionen eingesetzt werden, die deren spezielle Erweiterungen des Dateisystems unterstützen.)

Windows 9x Spezial 5

Warum wird Windows 9x in diesem Hardware-Buch eigentlich separat dargestellt? Ganz einfach: Die Bedienung und das Erscheinungsbild von Windows 9x wurden erheblich verbessert. Bei der Installation gibt es einige Hilfen, wie zum Beispiel den Hardware-Assistenten, der es dem Benutzer erlaubt, seinen PC schneller und vor allem sicherer mit verschiedenen Hardware-Komponenten zu erweitern.

Auf den folgenden Seiten erhalten Sie einen kurzen Überblick über die wesentlichen Änderungen zu den früheren Windows-Versionen. Da mittlerweile auch Windows 95 in verschiedenen Aktualisierungen auf dem Markt ist, wird nachfolgend die Bezeichnung Windows 9x eingeführt.

Task-Leiste

Die *Task-Leiste* hat den Programm-Manager, wie er noch in Windows 3.x existierte, abgelöst und befindet sich am unteren Bildschirmrand. Über das *Start-Menü* haben Sie direkten Zugriff auf die Anwendungsprogramme. Hierüber können Sie auch neue Programm installieren, Dateien suchen oder die Online-Hilfe in Anspruch nehmen. Ein weiterer Vorteil der *Task-Leiste* liegt in dem schnellen Wechseln zwischen den verschiedenen Anwendungsprogrammen. Sobald Sie ein Programm geöffnet haben, wird es zusätzlich als Schaltfläche in dieser Leiste abgelegt. Sie brauchen nur die entsprechenden Schaltflächen zu aktivieren, um die Fenster zu öffnen.

Arbeitsplatz

Über das Icon *Arbeitsplatz* haben Sie einen direkten Zugriff auf die vorhandenen Laufwerke, auf die *Systemsteuerung* und auf die *Druckereinstellungen*.

Windows-Explorer

Der Explorer ersetzt den Datei-Manager aus den Vorgängerversionen. Im Explorer wird Ihnen die gesamte Verzeichnis- und Datenstruktur angezeigt. Hier können Sie Dateien kopieren und verschieben, neue Verzeichnis anlegen, Netzwerke verbinden oder trennen. Den Windows-Explorer öffnen Sie mit einem Klick der rechten Maustaste auf das *Start-Menü*. In dem Kontext-Menü wählen Sie anschließend den Explorer aus. Oder Sie klicken auf die Schaltfläche *Start* und zeigen anschließend auf *Programme*.

Netzwerkumgebung

Haben Sie unter Windows 9x ein Netzwerk installiert, erscheint auf dem Desktop ein Symbol für die Netzwerkumgebung. Wird dieses Symbol aktiviert, wird Ihnen angezeigt, wer mit wem verbunden ist und welche Dateien und Verzeichnisse freigegeben wurden.

Eigenschaften

Möchten Sie zusätzliche Informationen über Ihren Drucker oder ein Laufwerk bekommen, öffnen Sie beispielsweise den Ordner *Drucker* im Symbol *Arbeitsplatz*. Klicken Sie mit der rechten Maustaste auf den installierten Drucker und wählen Sie aus dem Kontextmenü *Eigenschaften* aus.

Eigenschaften des Systems

In der Systemsteuerung befindet sich das Symbol *System*. Mit dessen Hilfe können Sie *Hardwareprofile* erstellen oder sich über den Geräte-Manager einen Überblick über die Hardware-Einstellungen bzw. -Konfiguration anzeigen lassen und ändern.

Hardwareassistent

Die Installation neuer Hardware-Komponenten wird durch den Hardwareassistenten erleichtert. Er wird in der *Systemsteuerung* über das Symbol *Hardware* aktiviert. Der Hardwareassistent unterstützt insbesondere Plug and Play.

Benutzerprofile

Müssen sich mehrere Anwender einen Computer teilen, können Sie für jeden Mitarbeiter eigene Benutzerprofile anlegen. Diese Benutzerprofile beziehen sich beispielsweise auf Einstellungen des Desktops, wie Symbole oder Farben aber auch auf die Einstellungen und Eigenschaften im *Start-Menü*. Die Benutzerprofile werden über das Symbol *Kennwörter* in der Systemsteuerung aktiviert. Über die Registerkarte *Benutzerprofile* können Sie eine entsprechende Auswahl treffen.

Schneller drucken

Mit Windows 9x können Dokumente im »Hintergrund« gedruckt werden. Sobald Sie den Druckauftrag gestartet haben, können Sie Ihre Arbeit am PC fortsetzen. Sie müssen nicht erst warten, bis der Druckauftrag erledigt ist. Außerdem ist die Neuinstallation von Druckern erheblich vereinfacht worden.

Eingabehilfen für Hörgeschädigte und Sehbehinderte

Für Hörgeschädigte oder Sehbehinderte gibt es in Windows 9x verschiedene Möglichkeiten, die Arbeit am PC zu erleichtern. Es kann beispielsweise die Tastaturmaus aktiviert werden, so daß die Anwender die Möglichkeit haben, den Mauszeiger per Zeigersteuerung zu bewegen. Oder der Bildschirmkontrast wird per Tastenkombination aktiviert. Es gibt noch eine ganze Reihe von weiteren Einstellungen, die Sie vornehmen können. Klicken Sie dazu in der *Systemsteuerung* auf das Symbol *Eingabehilfen*.

Energieverwaltung

Haben Sie Windows 9x auf ein Notebook installiert, erhalten Sie in der *Task-Leiste* eine Batterie angezeigt. Außerdem befindet sich im *Start-Menü* der Befehl *Aussetzen*. Damit können Sie den Computer in den »Schlafmodus« versetzen, ohne daß Sie den PC ausschalten.

Für Monitore, die die EnergieSpar-Funktion erfüllen, können Sie den Standby-Betrieb einstellen, oder Sie lassen den Monitor nach einer vorgegebenen Zeit automatisch abschalten, ohne daß er selbst ausgeschaltet werden muß. Die Einstellungen werden in der *Systemsteuerung* über das Symbol *Anzeige* aktiviert.

Die Stromsparfunktion für Notebooks wird ebenfalls in der *Systemsteuerung* aktiviert, allerdings unter dem Symbol *Energie*.

Direktverbindung zwischen Computern

PCs oder Notebooks können Sie auf einfachem Wege mit anderen Computern über ein Nullmodemkabel verbinden. Je nachdem, wie die Einstellungen vorgenommen werden, haben Sie Zugriff auf die freigegebenen Ressourcen des Hauptcomputers und, falls verbunden, auf das entsprechende Netzwerk.

Die Direktverbindung wird im *Start-Menü* über *Programme* und anschließend in *Zubehör* aktiviert. Leider wird diese Option bei der Standardinstallation nicht übernommen, so daß auf jeden Fall die *Direktverbindung* nachträglich installiert werden muß.

5.1 Hardware-Anforderungen

Damit Sie Windows 9x installieren können, müssen bestimmte Hard- und Software-Anforderungen erfüllt werden. Für die Hardware gilt als realistische Mindestanforderung:

- Als System mindestens ein 486 DX oder höher
- Mindestens 8 MByte Arbeitsspeicher, besser sind hier 16 MByte
- Ein 1,44-MByte-Diskettenlaufwerk oder ein CD-ROM-Laufwerk
- Etwa 150 MByte Speicherplatz. Der Speicherbedarf richtet sich danach, ob Sie es bei der Standardinstallation belassen oder ob Sie zusätzliche Komponenten installieren. Außerdem wollen Sie auch noch einige Standardprogramme laufen lassen.
- Als Bildschirm VGA oder höher

Noch ein Wort zu dem Arbeitsspeicher. Windows 9x verfügt über ein neues, verbessertes Speichermanagement, welches insbesondere Rechnern mit mehr als 16 MByte Arbeitsspeicher zugute kommt. Dieses Speichermanagement hat aber auch seine Tücken, die sich insbesondere auf den angesprochenen Systemen mit mehr als 16 MByte RAM auswirken.

Wenn Ihr Rechner die eben genannten Kriterien erfüllt, sollten Sie den virtuellen Arbeitsspeicher ein wenig modifizieren. Sorgen Sie dafür, daß der virtuelle Arbeitsspeicher keinen Unsinn anstellt, und beschränken Sie die obere und untere Grenze vielleicht auf 16 MByte. Wenn Sie mit Echtfarbgrafik arbeiten, sollten Sie diese Werte höher ansetzen, beispielsweise 32 MByte für Minimum und Maximum.

Wie Sie den virtuellen Speicher verändern können, lesen Sie unter »Systemsteuerung«.

Es versteht sich von selbst, daß es sich bei den hier dargestellten Hard- und Software-Anforderungen um Mindestvoraussetzungen handelt, um Windows 9x einigermaßen ans Laufen zu bekommen. Die Mindestanforderungen, wie sie von Microsoft oft werbewirksam beschrieben werden, sollten Sie schon kritisch betrachten. Denn selbst mit größten Anstrengungen wird es Ihnen kaum gelingen, heute noch einen 386er aufzutreiben, es sei denn, Ihr Urgroßvater hat in weiser Voraussicht einen beiseite geschafft.

Für die Software sollten Sie schon beachten, daß als Betriebssystem MS-DOS ab Version 6.x installiert ist.

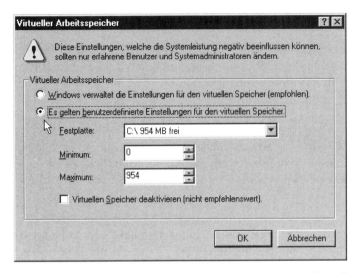

Abb. 5.1: Der virtuelle Arbeitsspeicher vor der benutzerdefinierten Einstellung

Alle Systeme, die Sie heute kaufen können, gehen bei weitem über die oben beschriebene Empfehlung hinaus.

5.2 Setup

Die Installation von Windows 9x verläuft in zwei Phasen:

Phase 1

1. Start und Beschaffung der nötigen Informationen
2. Hardware-Erkennung
3. Kopieren der Dateien
4. Abschließende Konfiguration

Phase 2 (Sichere Hardware-Erkennung)

1. Netzwerkkarten
2. SCSI-Controller
3. Herstellereigene Controller für CD-ROM-Laufwerke
4. Soundkarte

5.2.1 Standardinstallation

Bei der nun folgenden Beschreibung der Installation wird davon ausgegangen, daß Sie eine ältere Windows-Version auf Windows 9x aktualisieren oder daß Sie beide Windows-Versionen parallel auf Ihrem Rechner laufen lassen wollen.

1. Um Windows 9x zu installieren, öffnen Sie den Datei-Manager.
2. Unter dem Menü *Datei ausführen* geben Sie das Laufwerk an, in dem sich die Windows 9x-CD befindet, gefolgt von dem *Setup*-Befehl. Hat Ihr CD-ROM-Laufwerk die Bezeichnung E, tragen Sie in die Zeile *Ausführen*

```
E:\setup
```

ein. Es folgt der Eingangsbildschirm mit dem Hinweis, daß der Computer einer Routineprüfung unterzogen wird. Diese Routineüberprüfung bezieht sich auf die Größe des Arbeitsspeichers, auf die Festplattenfunktion und auf verbundene Dateien.

Klicken Sie auf die Schaltfläche *Weiter*, wird die Überprüfung gestartet.

Gerade bei »gewachsenen« Systemen hat sich im Laufe der Zeit eine Unmenge an Verzeichnisstrukturen und Dateien gebildet. Die Routineüberprüfung der Festplatte beispielsweise erfolgt mit SCANDISK.EXE und würde an dieser Stelle nur Zeit kosten. Daher können Sie schon bei der Installation durch die Verwendung verschiedener Parameter die Routineprüfung umgehen. Um beispielsweise die SCANDISK-Funktion zu umgehen, geben Sie

```
E:\setup/is
```

ein. Weitere Parameter sind

Parameter	Funktion
/ID	Umgeht die Abfrage nach dem vorhanden Speicherplatz
/IQ	Ignoriert verbundene Dateien
/IM	Umgeht die Abfrage des konventionellen Speichers
/IW	Übergeht die Abfrage nach einer vorhanden Windows-Version. Damit läßt sich Windows 9x auch auf einen leeren Rechner installieren.
/C	SmartDrv wird nicht geladen

Tab. 5.1: Setup-Parameter

Die hier aufgeführten Parameter gelten dann, wenn Sie eine Windows-Installation von der DOS-Ebene bzw. vom DOS-Prompt ausführen.

Haben Sie einen dieser Parameter eingegeben, wird sofort mit der Installation des Windows 9x-Setup-Assistenten begonnen.

Es folgt das Fenster mit den Bedingungen des Software-Lizenzvertrags von Microsoft. Dieses Fenster müssen Sie mit *Ja* bestätigen, andernfalls wird das Setup-Programm ohne Vorwarnung sofort geschlossen. Nun erfolgt die eigentliche Installation. In dem nachfolgenden Fenster wird deutlich, daß der Installationsvorgang in drei Phasen abläuft. Als erstes werden die Benutzer- und Systeminformationen abgefragt. Anschließend werden die Windows 9x-Dateien kopiert, und in der letzten Phase erfolgt der Neustart des Computers und die Beendigung der Installation.

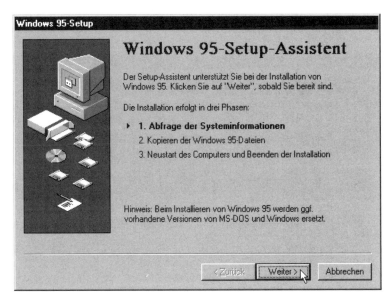

Abb. 5.2: Windows 9x-Setup-Assistent

Sobald Sie dieses Fenster mit *Weiter* bestätigt haben, werden Sie im nächsten nach dem Verzeichnis gefragt, in welches Windows 9x installiert werden soll. Standardmäßig wird das Verzeichnis angegeben, in welchem sich die alte Windows-Version befindet. Wird dieses Fenster bestätigt, aktualisiert Windows 9x die alte Version, übernimmt aber gleichzeitig die schon installierten Programme.

Möchten Sie beide Windows-Versionen parallel laufen lassen, installieren Sie Windows 9x in ein separates Verzeichnis. Wählen Sie dazu in dem Fenster *Verzeichnis auswählen* die Option *Anderes Verzeichnis*. Nach der Bestätigung können Sie im nächsten Fenster das gewünschte Verzeichnis eingeben. Lautete das bisherige Verzeichnis C:\WINDOWS, geben Sie nun beispielsweise C:\WIN95 ein. Nachteil dieser Parallelinstallation ist, daß Sie alle Programme unter Windows 9x neu installieren müssen. Sollten Sie sich für diese Methode entscheiden, können Sie beide Windows-Versionen im Dual-Boot-Modus fahren. Normalerweise wird immer zuerst die Windows 9x -Version hochgefahren. Möchten Sie aber die alte Windows-Version starten, können Sie beim Hochfahren des Computers die Funktionstaste F8 drücken. Dies bewirkt, daß die Stapelverarbeitungsdateien für Windows 9x nicht ausgeführt und die ursprünglichen Systemeinstellungen geladen werden.

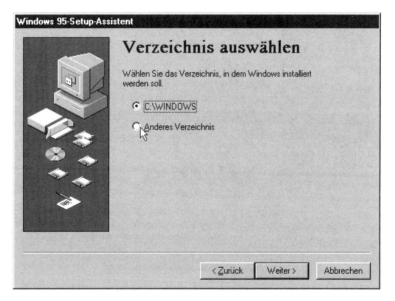

Abb. 5.3: Verzeichnis auswählen

Nachdem Sie sich für eine Verzeichnisform entschieden haben, wird die vorhandene Festplattenkapazität überprüft und gleichzeitig das System nach schon vorhandenen Windows-Komponenten durchsucht. Ist auch dieser Check durchlaufen, wird der *Setup-Modus* ausgewählt. Als Programmvorgabe haben Sie, wie in der nachfolgenden Abbildung deutlich wird, die Option *Standard* vorgegeben.

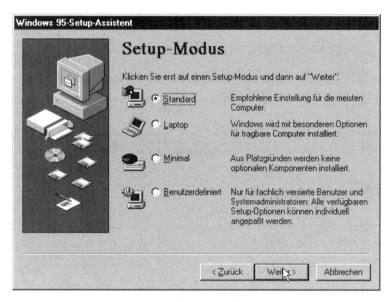

Abb. 5.4: Der Setup-Modus

Die *Standard*-Option wird von den meisten Benutzern gewählt. Danach werden Sie aufgefordert, Angaben zur Produktidentifikation zu machen. Dies sieht in der Regel vor, daß Sie eine größerer Zahlenkombination eingeben müssen, die sich entweder auf der Rückseite der CD-Hülle oder auf der Vorderseite des Einführungsbuches zu Windows 9x befindet und in etwa den folgenden Aufbau hat: 00000-OEM-0000000-00000. Geben Sie die Nummer nicht ein, kann mit der Installation nicht fortgefahren werden.

Haben Sie diese Hürde genommen, wird die Hardware-Erkennung gestartet. Es wird ein Fenster eingeblendet, in welchem Sie weitere Komponenten anklicken können, die bei der Identifizierung der Hardware-Komponenten berücksichtigt werden sollen. Meistens geht es hier um weitere Audio-, MIDI-, Video-Capture oder Netzwerkkarten. Haben Sie keine solchen Karten in Ihrem System, brauchen Sie auch kein Kästchen anzuklicken. Bestätigen Sie dieses Fenster über die Schaltfläche *Weiter*.

In der nachfolgenden Abbildung sehen Sie das nächste Fenster in der Setup-Routine, das für die Kommunikation zuständig ist.

Abb. 5.5: Noch mehr Kommunikation

In diesem Fenster können Sie bestimmte Komponenten installieren, wie den Zugang zu Online-Diensten, die Verbindung zu Mail-Servern oder den eigenen Fax-Empfang über Computer. Natürlich müssen Sie die entsprechenden technischen Voraussetzungen erfüllen, damit Sie diese Komponenten nutzen können. Beispielsweise bringt es Ihnen nichts, wenn Sie die Komponente Microsoft-Fax installieren, und Sie besitzen gar kein Faxmodem.

Nun erfolgt die eigentliche Hardware-Erkennung, die einige Minuten in Anspruch nehmen kann. Gelegentlich kann es passieren, daß das Programm während der Hardware-Erkennung nicht mehr reagiert. Dann schalten Sie den Computer aus und starten das Setup-Programm noch einmal. Wählen Sie allerdings hier die Option *SafeRecovery*. Dies bewirkt, daß die Absturzpunkte umgangen werden und die Installation reibungslos weiterlaufen kann.

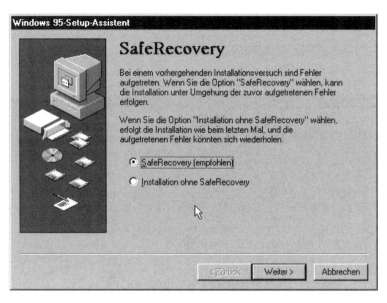

Abb. 5.6: Installation mit SafeRecovery

5.2.2 Benutzerdefinierte Installation

Nach der Hardware-Erkennung haben Sie die Wahl, die Standardkomponenten zu installieren oder sich zwecks Erweiterung die Komponentenliste einblenden zu lassen. Diese Komponentenliste entspricht übrigens der Option *Benutzerdefiniert* im *Setup-Modus*, wie Sie sie in der Abbildung *Der Setup-Modus* schon gesehen haben.

 Interessant für den Anwender sind die Zusatzoption für die *Datenträgerverwaltung* und für *Zubehör*. Beispielsweise besitzt Windows 9x ein Backup-Programm. Dieses Programm ist standardmäßig deaktiviert. Um es dennoch zu installieren, markieren Sie in dem Fenster *Komponenten auswählen* die *Datenträgerverwaltung* und klicken anschließend auf die Schaltfläche *Details*. Anschließend können Sie in diesem Fenster die Option *Backup* aktivieren. Gleichzeitig wird Ihnen auch angezeigt, wieviel zusätzlicher Speicherplatz für dieses Programm noch gebraucht wird. Bestätigen Sie dieses Fenster mit OK, wird das *Backup*-Programm zusätzlich installiert. Natürlich haben Sie die Möglichkeit, alle Komponenten auch nachträglich zu installieren.

Kapitel 5

 Möchten Sie alle Komponenten auf einmal auswählen, reicht es aus, wenn Sie beispielsweise Zubehör auswählen und zweimal die Leertaste drücken. Es werden so automatisch alle Zusatzprogramme installiert.

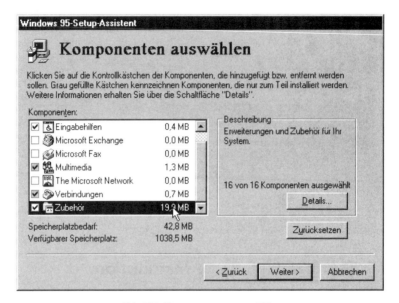

Abb. 5.7: Komponenten auswählen

Haben Sie alle nötigen Einstellungen getroffen, kann noch ein weiteres Fenster eingeblendet werden. Dies ist dann der Fall, wenn Ihr System an ein Netzwerk angeschlossen ist. Sie werden hier aufgefordert, einen Computernamen, eine Arbeitsgruppe und eine eventuelle Beschreibung des Systems einzutragen. Zuletzt haben Sie die Möglichkeit, eine Startdiskette zu erstellen. Dies ist eine Notdiskette, die es Ihnen ermöglicht, das System neu zu booten, falls sich Windows 9x einmal nicht hochfahren läßt. Haben Sie sich hier für die Startdiskette entschieden, legen Sie nun eine 1,44-MByte-Diskette in das Laufwerk. Nachdem Sie auf *Weiter* geklickt haben, wird die Diskette automatisch formatiert.

Ist auch dieser Vorgang beendet, erfolgt nun das eigentliche Kopieren der Windows 9x -Dateien. Entsprechende Informationen auf dem Bildschirm zeigen Ihnen den aktuellen Kopierstatus.

Sind alle Dateien kopiert, wird der Computer auf den Neustart des Systems vorbereitet. Sie werden aufgefordert, alle Disketten und CDs aus den Laufwerken zu entfernen. Das System wird neu gestartet, und die Konfigurationsdateien werden aktualisiert. Gleichzeitig wird Windows 9x für den ersten Start vorbereitet. Das sieht so aus, daß die Hardware sowie eventuell vorhandene Plug & Play-Komponenten konfiguriert werden. Zum Schluß werden die Verknüpfungen aktualisiert und damit die Installation abgeschlossen.

Nach einem erneuten Neustart ist Ihr System nun komplett installiert.

5.2.3 Programme nachträglich installieren

Programme oder Komponenten können Sie über Windows 9x nachträglich installieren:

1. Klicken Sie dazu über das *Start-Menü* auf *Einstellungen*.
2. Wählen Sie hieraus den Punkt *Systemsteuerung*.
3. Öffnen Sie mit einem Doppelklick links auf das Symbol *Software* das Fenster *Eigenschaften von Software*.
4. Wählen Sie hieraus das Registerblatt *Windows-Setup*.

Abb. 5.8: Registerblatt Windows-Setup

1. Aus dem Fenster wählen Sie nun eine Komponente aus.
2. Gehen Sie über die Schaltfläche *Details*, bekommen Sie die jeweiligen Zusatzprogramme angezeigt. Setzen Sie in diesem Fenster ein Häkchen vor die Komponente, die Sie installieren möchten.
3. Bestätigen Sie Ihre Einstellungen, und aktivieren Sie im nächsten Fenster die Schaltfläche *Diskette*, um die Programme zu installieren.

5.2.4 Deinstallieren von Komponenten

Für das Deinstallieren von Komponenten durchlaufen Sie die gleichen Schritte wie oben beschrieben. Nehmen Sie jedoch für jede Komponente, die Sie entfernen möchten, über die Schaltfläche *Details* das Häkchen vor dem Zusatzprogramm heraus.

5.2.5 Gelöschte Dateien

Interessant ist die Tatsache, daß bei der Installation von Windows 9x bestimmte Dateien von MS-DOS und Windows 3.x gelöscht und in ein separates Verzeichnis (C\WINDOWS\COMMAND) kopiert werden. Falls Sie also den einen oder anderen Befehl vermissen, schauen Sie einmal in dieses Verzeichnis hinein. Folgende Dateien werden bei der Installation gelöscht:

ansi.sys	attrib.exe	chkdsk.exe	choice.exe	country.sys
debug.exe	defrag.exe	deltree.exe	diskcopy.exe	display.sys
dblspace.bin	dblspace.exe	dblspace.sys	drvspace.bin	drvspace.exe
drvspace.sys	edit.com	edit.hlp	ega.cpi	emm386.exe
FC.exe	fdisk.exe	find.exe	format.com	help.com
help.hlp	keyb.com	keyboard.sys	label.exe	mem.exe
mode.exe	more.exe	move.com	mscdex.exe	msd.exe
networks.txt	nlsfunc.exe	os2.txt	ramdrive.sys	readme.txt
scandisk.ini	setver.exe	share.exe	smartdrv.exe	sort.exe
start.exe	subst.exe	sys.com	xcopy.exe	

Tab. 5.2: Tabelle der von Windows 9x gelöschten Dateien

Diejenigen unter Ihnen, die eine MS-DOS-Version vor 5.x benutzen, können in der untenstehenden Tabelle nachlesen, welche Dateien bei der Installation von Windows 9x gelöscht werden.

append.com	asgnpart.com	bachup.exe	bootf.com	cache.sys
cemm.exe	cemmp.exe	chkdsk.exe	cmpqadap.com	compact.exe
configurcom	debug.exe	detect.com	diskcomp.exe	diskcopy.exe
diskinit.com	diskinit.exe	dosutil.meu	dskscan.exe	dsksetup.com
edlin.exe	emm386.sys	enhdisk.sys	fastopen.exe	fastart.exe
fdisk.com	filesys.exe	for150.exe	format.exe	gdu.exe
graftabl.exe	graphics.exe	hardrive.sys	hpcache.com	ifsfunc.exe
indskbio.sys	install.exe	keyb*.*	label.exe	mode.exe
mvbuild.exe	pamcode.com	paminstl.com	part.exe	password.exe
prep.exe	print.exe	recover.exe	restore.exe	select.com
select.dat	select.exe	select.hlp	select.prt	select1.dat
select2.dat	setup.exe	shell.clr	shell.hlp	sehll.meu
shellb.com	shellc.exe	tree.exe	vdisk.sys	xmaem.sys
zcache.sys	zspool.com			

Tab. 5.3: Tabelle der von Windows 9x gelöschten Dateien vor DOS 5.x

5.2.6 Das Start-Menü von Windows 9x

Sollten beim Hochfahren Ihres Systems Komplikation mit Windows 9x auftreten, wird automatisch ein *Boot*-Menü angezeigt, aus dem weitere Optionen ausgewählt werden können.

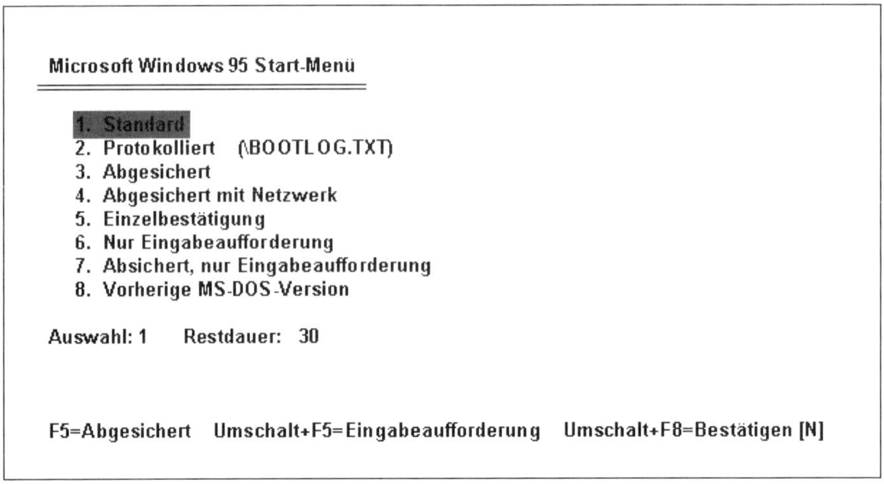

```
Microsoft Windows 95 Start-Menü

1. Standard
2. Protokolliert   (\BOOTLOG.TXT)
3. Abgesichert
4. Abgesichert mit Netzwerk
5. Einzelbestätigung
6. Nur Eingabeaufforderung
7. Absichert, nur Eingabeaufforderung
8. Vorherige MS-DOS-Version

Auswahl: 1    Restdauer:  30


F5=Abgesichert   Umschalt+F5=Eingabeaufforderung   Umschalt+F8=Bestätigen [N]
```

Abb. 5.9: Das Windows 9x Start-Menü

In der nachfolgenden Tabelle finden Sie eine Kurzübersicht über die einzelnen Optionen in diesem *Start-Menü*:

Modus	Funktion
1. Standard	Windows wird wie gewohnt gestartet.
2. Protokolliert (\BOOTLOG.TXT)	Beim Hochfahren des Systems werden in der Datei BOOTLOG.TXT die einzelnen Schritte aufgezeichnet. Sie können so nachvollziehen, wo welche Konflikte auftreten.
3. Abgesichert	Windows wird unter Umgehung der Startdateien geladen. Es werden nur die entscheidenden Systemtreiber verwendet. Dieser Modus hat die gleiche Funktion wie das Drücken der Funktionstaste F5 beim Hochbooten des Systems. Der abgesicherter Modus wird auf dem Desktop von Windows 9x durch entsprechende Hinweise kenntlich gemacht.
4. Abgesichert mit Netzwerk	Das Starten von Windows erfolgt wie vorher beschrieben, nur daß zusätzlich die wichtigsten Netzwerkfunktionen ausgeführt werden. Dieser Modus hat die gleiche Funktion wie das Drücken der Funktionstaste F6 an der Eingabeaufforderung.

Tab. 5.4: Optionen im Start-Menü

Modus	Funktion
5. Einzelbestätigung	Beim Hochfahren von Windows müssen die Startdateien zeilenweise abgearbeitet bzw. bestätigt werden.
6. Nur Eingabeaufforderung	Hierbei wird das Betriebssystem gestartet. Auf dem Bildschirm erscheint nur das DOS-Prompt.
7. Abgesichert, Nur Eingabeaufforderung	Der Start mit diesem Modus erfolgt im abgesicherten Modus, wobei die Startdateien nicht ausgeführt werden. Auf dem Bildschirm erscheint nur das DOS-Prompt. Dieser Modus hat die gleiche Funktion wie das Drücken der Tastenkombination Umschalt+F5 an der Eingabeaufforderung.
8. Vorherige MS-DOS-Version	Eine von Ihnen vorher installierte DOS-Version wird geladen. Diesen Modus aktivieren Sie auch über die Funktionstaste F4 an der Eingabeaufforderung. Damit die vorherige DOS-Version geladen werden kann, muß in der MSDOS.SYS der Eintrag BootMulti=1 stehen.

Tab. 5.4: Optionen im Start-Menü

Einen Auszug aus der BOOTLOG.TXT finden Sie in dem Kapitel über die Mausinstallation.

5.2.7 MSDOS.SYS editieren

Wie schon weiter oben beschrieben, wird das *Boot*-Menü von Windows 9x normalerweise mit der Funktionstaste F8 aufgerufen. Soll das Menü aber standardmäßig beim Hochfahren des Computers eingeblendet werden, müssen Sie einen Eintrag in der Datei MSDOS.SYS vornehmen. Bei dieser Datei handelt es sich um eine versteckte und schreibgeschützte Systemdatei. Bevor Sie sie also editieren können, lassen Sie sich diese Datei im Explorer anzeigen, und entfernen Sie die Option *Schreibgeschützt*. Führen Sie dazu folgenden Schritte aus:

1. Starten Sie den Explorer.
2. Aktivieren Sie *Optionen* im Menü *Ansicht*.
3. Klicken Sie die Option *Alle Dateien anzeigen* an.

Die Datei *MSDOS.SYS* befindet sich im Hauptpfad. Wählen Sie sie aus, und drücken Sie anschließend die rechte Maustaste. Wählen Sie nun *Eigenschaften* aus, und deaktivieren Sie die Option *Schreibgeschützt*. Nun können Sie die Datei editieren.

Kapitel 5

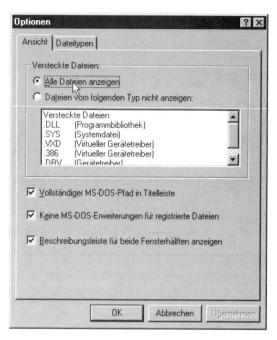

Abb. 5.10: Versteckte Dateien anzeigen

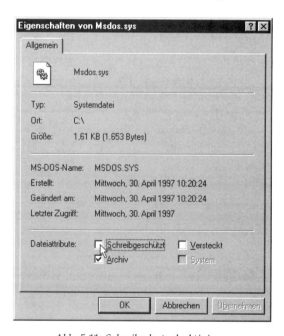

Abb. 5.11: Schreibschutz deaktivieren

Klicken Sie die Datei doppelt an. Da Windows 9x im Explorer keinen geeigneten Editor zur Verfügung stellt, wird ein Fenster geöffnet, aus dem Sie ein geeignetes Programm auswählen sollen, mit dem MSDOS.SYS geöffnet werden kann. Am einfachsten geht dies mit dem Windows-Programm WordPad. Sobald Sie diesen Texteditor aktiviert haben, tragen Sie in der Datei unter [OPTIONS] folgende Zeile ein:

    BootMenu=1

Der Parameter 1 sorgt dafür, daß das *Boot*-Menü aktiviert ist. Sie müssen nun nicht mehr die F8-Taste drücken. Möchten Sie das Bootmenü später wieder deaktivieren, setzen Sie den Parameter 1 auf 0, oder Sie löschen die komplette Zeile aus der Datei.

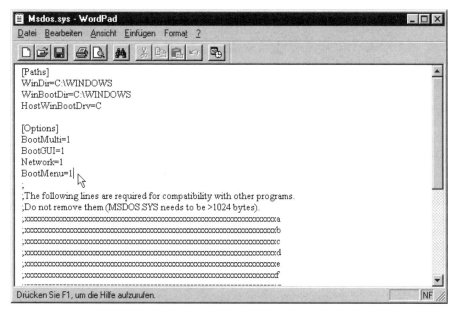

Abb. 5.12: Boot-Menü aktivieren

5.3 Systemsteuerung

Über die Systemsteuerung haben Sie die Möglichkeit, Änderungen an Ihrem Computer durchzuführen. Auf den nachfolgenden Seiten werden nicht alle Einstellungen besprochen, sondern nur die interessantesten hervorgehoben.

5.3.1 Virtueller Arbeitsspeicher

Die Änderung des virtuellen Speichers erfolgt über *System* in der *Systemsteuerung*. Aktivieren Sie anschließend in der Registerkarte *Leistungsmerkmale* die Schaltfläche *Virtueller Arbeitsspeicher*. Standardmäßig verwendet Windows 9x den gesamten noch zur Verfügung stehenden Arbeitsbereich der Festplatte.

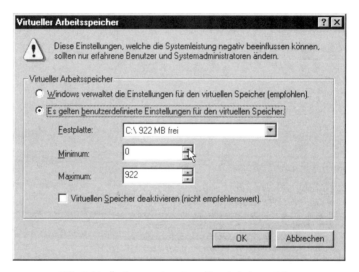

Abb. 5.13: Änderung des virtuellen Arbeitsspeichers

Bei einer manuellen Änderung klicken Sie die Option *Es gelten die benutzerdefinierten...* an. Sie können nun über die entsprechenden Symbole die Größe für den minimalen bzw. maximalen *Virtuellen Speicher* angeben. Haben Sie die Werte angegeben, wird nach dem Schließen der Fenster ein Neustart vom System durchgeführt.

Als Richtlinie für die Größenbestimmung des virtuellen Arbeitsspeichers gilt etwa 10% der freien Festplattenkapazität.

5.3.2 Geräte-Manager

Über den Geräte-Manager haben Sie die Möglichkeit, neue oder nicht erkannte Treiber nachträglich zu installieren. Außerdem lassen sich über den Geräte-Manager Konflikte anzeigen. Dies ist dann der Fall, wenn Windows 9x nicht in der Lage war, eine Komponente ohne Konflikte zu einer anderen zu konfigurieren. Gerätekonflikte werden im Geräte-Manager mit einem Ausrufezeichen angezeigt. In der Regel ist es so, daß Windows beim Hochbooten auf die mögliche Fehlerquelle hinweist bzw. Vorschläge macht, was wo geändert werden könnte.

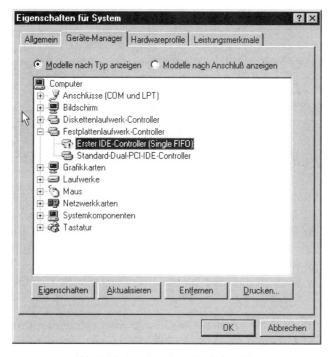

Abb. 5.14: Anzeige eines Gerätekonflikts

In der obigen Abbildung besteht ein Konflikt mit dem IDE-Controller. Beim Neustarten des Systems wurde die Meldung eingeblendet, daß Einstellungen in der *CONFIG.SYS* fehlerhaft seien. Allerdings erscheint die Meldung nur bei der Erstinstallation. Danach wird die Meldung nicht mehr angezeigt. Ignorieren Sie also solche Hinweise nicht. Sollten Sie das Problem zu einem späteren Zeitpunkt angehen, haben Sie meistens den Grund für den Konflikt vergessen, und es beginnt eine langwierige Suche.

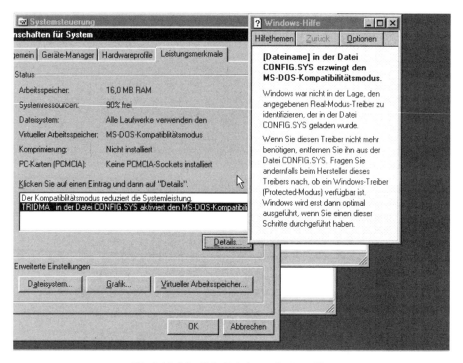

Abb. 5.15: Mögliche Behebung des Konflikts

In diesem Fall liegt die Ursache für den Konflikt tatsächlich in der CONFIG.SYS. Windows konnte einen Real-Mode-Treiber in der CONFIG.SYS nicht erkennen. Hier wird von Windows 9x die Empfehlung gegeben, den Treiber zu entfernen, wenn er nicht mehr benötigt wird. Woher sollen Sie aber als Anwender wissen, daß der Treiber doch nicht noch irgendeine andere Funkion hat.

 Besser ist es, den Treiber in der entsprechenden Datei mit dem REM-Befehl zu deaktivieren. So haben Sie später immer noch die Möglichkeit, bei Problemen mit Ihrem System den Treiber im Windows-Protect-Mode wieder zu aktivieren. Den Protect-Mode starten Sie, wenn Sie beim Neustarten des Computers die F5-Taste bei der Meldung »Windows 9x wird gestartet« drücken.

Um den Treiber in der CONFIG.SYS zu deaktivieren, müssen Sie nicht Windows verlassen. Sie können den Systemeditor aus dem *Start-Menü* mit der Option *Ausführen* aufrufen. In der Zeile *Öffnen* geben Sie `sysedit` ein und bestätigen mit *OK*.

Es öffnet sich anschließend der Systemeditor mit der Start- und Systemdatei AUTOEXEC.BAT und CONFIG.SYS sowie den INI-Dateien WIN.INI, SYTEM.INI und PROTOCOLL.INI.

Abb. 5.16: Der Systemeditor

In der obenstehenden Abbildung sehen Sie schon das Fenster der *CONFIG.SYS*-Datei. Sie können die entsprechenden Fenster direkt anklicken und die gewünschten Änderungen vornehmen. Die Zeile DEVICE =C:\BMIDE\TRIDMA.SYS ist durch das vorangestellte REM deaktiviert worden. Sollte der Treiber aus irgendeinem Grund später gebraucht werden, wird einfach das REM gelöscht, und der Treiber wird wieder geladen.

Es versteht sich von selbst, daß nach dieser kleinen Modifikation die Datei gespeichert und das System neu gestartet werden muß. Ansonsten werden die Änderungen erst beim nächsten Neustart aktiv.

Abb. 5.17: Der Konflikt ist behoben

5.3.3 Grafiktreiber installieren

Wird Windows 9x zum ersten Mal installiert, dann ist es Glückssache, wenn der richtige Grafiktreiber erkannt wird. Auf der anderen Seite ist es auch verständlich, daß Windows nicht jede Grafikkarte erkennen kann, da sich in diesem Bereich ständig Neues entwickelt. Also muß auch hier in der Regel nachträglich der richtige Treiber installiert werden. Dies geschieht am besten über den Geräte-Manager. Zur Erinnerung: Sie rufen ihn über *Systemsteuerung-System* auf. Doppelklicken Sie in der Seite *Geräte-Manager* auf das Symbol *Grafikkarte*. Es öffnet sich eine weitere Ebene, in der der installierte Treiber steht. Ist die Grafikkarte nicht erkannt worden, wird hier ein Standard-VGA-Treiber angezeigt. In diesem Beispiel ist es ein Treiber für Super-VGA. Markieren Sie ihn, und aktivieren Sie anschließend die Schaltfläche *Eigenschaften*. Es öffnet sich das Fenster *Eigenschaften für Gerätetreiber*.

Für die Installation eines neuen Grafiktreibers klicken Sie in diesem Fenster auf den Reiter *Treiber*.

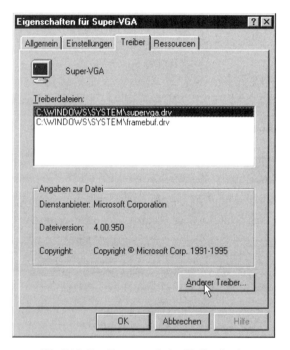

Abb. 5.18: Das Fenster mit den Treiberdateien

Da der gesuchte Treiber nicht in der Liste vorhanden ist, muß auf den des Grafikkarten-Herstellers zurückgegriffen werden:

1. Aktiveren Sie dazu in dem gerade aktiven Fenster die Schatlfläche *Anderer Treiber*.

2. Im Fenster *Modell auswählen* klicken Sie *Diskette* an und installieren nun den gewünschten Treiber.

Sobald Sie die Meldungen bestätigt haben, wird der ausgewählte Treiber installiert.

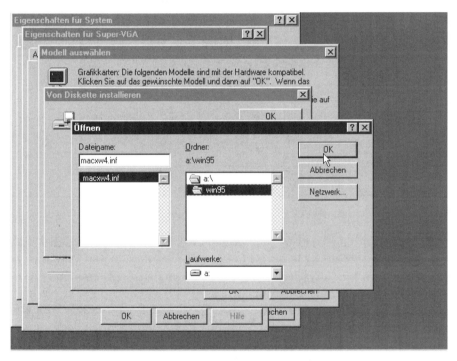

Abb. 5.19: Installation des Treibers von der Herstellerdiskette

5.3.4 Sonder-Tools

Immer mehr Grafikkartenhersteller fügen ihren Grafiktreibern Sonder-Tools hinzu, mit deren Hilfe Sie eine Vielzahl von Sondereinstellungen vornehmen können. In den meisten Fällen werden diese Tools direkt eingebunden, so daß der Funktionsumfang des Anzeigesymbols in der *Systemsteuerung* erheblich vergrößert wird.

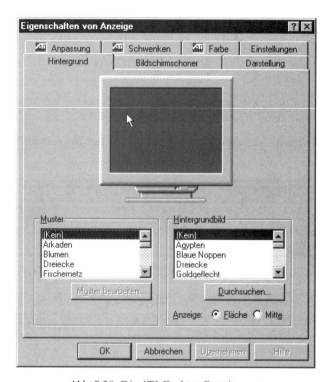

Abb. 5.20: Die ATI-Desktop Erweiterung

Man spricht in diesen Fällen auch von erweiterten Treibern. Sobald Sie die Grafikkarte eingebaut haben, wird die neue Konfiguration von Windows 9x sofort erkannt. Windows installiert dabei automatisch den Standard-VGA-Treiber. Die Installation des richtigen Treibers ist weiter oben schon beschrieben worden. Die Installation des richtigen Treibers ist notwendig, damit z.B. eine höhere Auflösung oder besondere Eigenschaften der Grafikkarte genutzt werden können. Diese Features würden unter Verwendung des Standard-VGA-Treibers nicht verfügbar sein.

Am Beispiel eines ATI-Treibers werden hier kurz die Zusatzeinstellungen *Anpassung*, *Schwenken* und *Farbe* vorgestellt.

Anpassung

In dem Fenster *Anpassung* können die Bildschirmgröße, die Wiederholrate und verschiedene Testmuster eingeblendet werden.

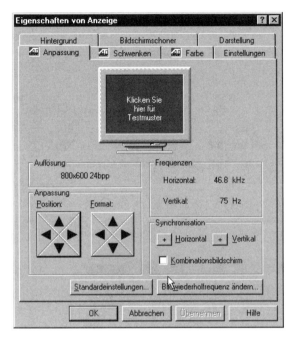

Abb. 5.21: Die ATI-Anpassung

Anpassung

In dem Bereich *Anpassung* werden über die Dreiecksymbole die *Position* bzw. das *Format* des Bildschirms verändert. Unter *Position* wird der Bildschirm nach rechts, links, oben oder unten verschoben. Sie können so exakt den Bildschirminhalt positionieren. Unter *Format* wird der Bildschirminhalt vertikal oder horizontal vergrößert bzw. verkleinert. So wird der Ihnen zur Verfügung stehende Platz auf dem Monitor optimal ausgenutzt.

Synchronisation

Über die entsprechenden Schatlflächen – *Horizontal* und *Vertikal* – wird der Bildschirminhalt automatisch auf die Monitorgröße angepaßt. Natürlich haben Sie auch jederzeit die Möglichkeit, die Werte wieder auf die vorherigen Einstellungen zurückzusetzen. Sollte der Bildschirm einmal nicht auf bestimmte Einstellungen reagieren, können Sie mit der ESC-Taste den Vorgang immer wieder abbrechen.

Bildwiederholfrequenz

Über die Schaltfläche *Bildwiederholfrequenz ändern* kann die Bildwiederholrate Ihres Monitors eingestellt werden. Bevor Sie aber an diese Einstellungen gehen, müssen Sie unbedingt die Hinweise in der technischen Referenz des Monitors beachten. Denn eine falsche Einstellung der Bildwiederholfrequenz kann bleibende Schäden am Monitor verursachen.

Testmuster

Über das Bildschirmsymbol auf dieser Seite können Sie eins von insgesamt sechs Testmustern aufrufen. Klicken Sie dazu einfach auf den Bildschirm des Monitor-Symbols. Mit diesen Mustern können Sie überprüfen, ob Ihr Monitor richtig eingestellt ist. Die ersten drei Testmuster prüfen das Farbverhalten, die restlichen eventuell auftretende Verzerrungen. Sobald Sie eines der Testmuster angeklickt haben, können Sie über die Fenster mögliche Korrekturen vornehmen.

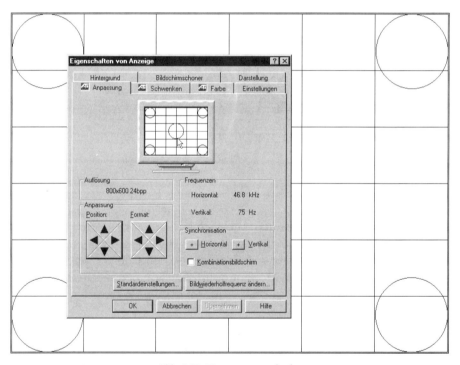

Abb. 5.22: Testmuster aufrufen

Schwenken

Eine interessante Zusatzeinstellung ist das Fenster *Schwenken*. Hierüber können Sie den Inhalt eines virtuellen Bildschirms per Tastenkombination vergrößern/verkleinern bzw. nach allen Richtungen bewegen.

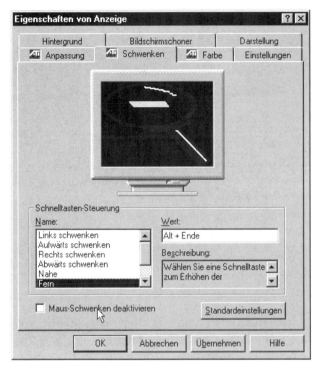

Abb. 5.23: Das Fenster Schwenken

Oder Sie benutzen statt dessen die Maus. Dafür müssen Sie aber vorher den virtuellen Bildschirm eingerichtet haben. Der ATI-Treiber bietet hier eine Besonderheit: Wenn Sie in dem Fenster *Eigenschaften von Anzeige* zu dem Reiter *Einstellungen* wechseln, haben Sie im *Anzeigebereich* zwei Schieber zur Verfügung. Mit dem oberen Schieber stellen Sie die Auflösung für den *Bildschirm* ein, mit dem unteren die Auflösung für den *Desktop*. Ist die Auflösung für den Desktop größer als die für den Bildschirm, wird Ihnen scheinbar mehr auf dem Bildschirm angezeigt, als dieser tatsächlich darstellen kann. In der nachfolgenden Abbildung ist dies sehr schön zu sehen.

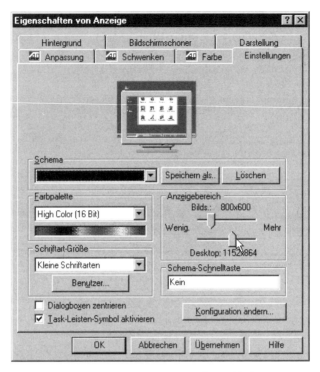

Abb. 5.24: Einrichten eines virtuellen Bildschirms

Erst wenn Sie den virtuellen Bildschirm eingerichtet haben, können Sie nach einem Neustart des Systems auch die Maus für das Schwenken des Bildschirminhalts benutzen. Sie werden aber sehr bald feststellen, daß diese Funktion sehr lästig sein kann. Insbesondere dann, wenn Sie öfters auf die *Task-Leiste* zugreifen müssen. Denn jedes Mal, wenn Sie mit dem Mauszeiger an den Bildschirmrand gehen, schwenkt der Bildschirminhalt in die entgegengesetzte Richtung.

Farbe

Die Seite *Farbe* wird zur Korrektur von Farbtonunterschieden zwischen den wirklichen Farbwerten und den vom Monitor dargestellten herangezogen. Außerdem können Sie hier benutzerspezifische Farbkorrekturen speichern, die später sehr leicht wieder aufgerufen werden können.

Abb. 5.25: Farbkorrektur

5.4 Maus

Gibt es Probleme mit der Mausinstallation, können Sie in der Datei BOOTLOG.TXT überprüfen, ob der Maustreiber geladen worden ist:

1. Schalten Sie den Computer ein. Sobald der Hinweis kommt »Windows 9x wird gestartet«, drücken Sie die Funktionstaste F8 und wählen anschließend die Option »*Protokolliert* (\BOOTLOG.TXT)«.

2. Öffnen Sie das *Start-Menü*, und wählen Sie daraus *Ausführen*.

3. Klicken Sie in dem Fenster auf die Schaltfläche DURCHSUCHEN und stellen in der Liste SUCHEN IN den Hauptpfad ein.

4. In der Zeile *Dateiname* tragen Sie BOOTLOG.TXT ein.

5. Bestätigen Sie anschließend das Fenster mit OK.

6. Die Datei wird in einem Editor geöffnet, und Sie können nun überprüfen, ob der Maustreiber überhaupt geladen ist.

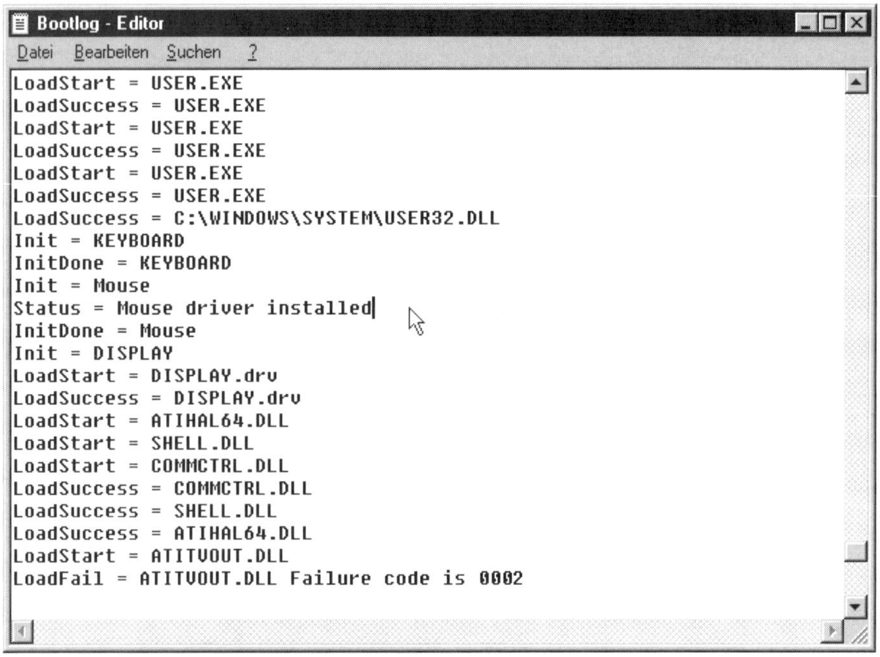

```
Bootlog - Editor
Datei  Bearbeiten  Suchen  ?
LoadStart = USER.EXE
LoadSuccess = USER.EXE
LoadStart = USER.EXE
LoadSuccess = USER.EXE
LoadStart = USER.EXE
LoadSuccess = USER.EXE
LoadSuccess = C:\WINDOWS\SYSTEM\USER32.DLL
Init = KEYBOARD
InitDone = KEYBOARD
Init = Mouse
Status = Mouse driver installed
InitDone = Mouse
Init = DISPLAY
LoadStart = DISPLAY.drv
LoadSuccess = DISPLAY.drv
LoadStart = ATIHAL64.DLL
LoadStart = SHELL.DLL
LoadStart = COMMCTRL.DLL
LoadSuccess = COMMCTRL.DLL
LoadSuccess = SHELL.DLL
LoadSuccess = ATIHAL64.DLL
LoadStart = ATITVOUT.DLL
LoadFail = ATITVOUT.DLL Failure code is 0002
```

Abb. 5.26: Auszug aus der Bootlog.txt

5.5 Modem installieren

Ein weiteres Thema in der Systemsteuerung betrifft die Installation eines Modems. Unter Windows 9x gibt es die Möglichkeit der automatischen Erkennung und der manuellen Installation.

Automatische Erkennung

1. Wenn Sie ein Modem besitzen und wollen es in Betrieb nehmen, achten Sie darauf, daß es mit einer Telefonleitung verbunden und eingeschaltet ist.

2. Öffnen Sie anschließend über das Symbol *Arbeitsplatz* auf Ihrem Desktop die *Systemsteuerung*.

3. Wählen Sie hieraus *Modems*.

4. Klicken Sie in dem Fenster *Neues Modem installieren* auf die Schaltfläche *Weiter*, um die automatische Modemerkennung zu starten. Dieser Vorgang kann einige Minuten in Anspruch nehmen.

5. Ist das Modem erkannt worden, erscheint das Fenster *Modem überprüfen*. Klicken Sie auf die Schaltfläche *Weiter*. Sie kehren nun zu den *Einstellungen für Modem* zurück.

6. Ist das Modem richtig erkannt worden, erscheint das Fenster *Wahlparameter*. Hier müssen Sie Ihre Anschlußkennung eintragen. Die Vorwahl geben Sie unter *Ortskennzahl* ein.

7. Für die *Amtskennzahl* wird in der Regel eine 0 eingegeben. Diese 0 wird vom Modem für die Amtsholung erkannt, um eine Verbindung nach außen herzustellen. Das ist meist dann der Fall, wenn das Gerät an einem Nebenstellenanschluß betrieben wird.

8. Als nächstes werden die Wahlverfahren definiert. In der Regel wird heute das *Impulswahlverfahren* (IWV) benutzt. Sollte dies von Ihrem Modem nicht unterstützt werden, wählen Sie das *Tonwahlverfahren* (MFV).

9. Das waren die letzten Einstellungen. Klicken Sie nun auf die Schaltfäche *Weiter* und anschließend auf *Beenden*, um den Modemassistenten zu verlassen. Klicken Sie auf die Schaltfläche *Schliessen*, um den gesamten Dialog zu beenden.

Manuelles installieren

Sollte Ihr Modem von Windows 9x nicht erkannt worden sein, müssen Sie das Modem manuell installieren:

1. Starten Sie dazu wieder das Symbol *Modems* in der *Systemsteuerung*.

2. Aktivieren Sie aber nun im Fenster *Neues Modem installieren* die Option *Modem auswählen (Keine automatische Erkennung)*. Klicken Sie anschließend auf die Schaltfläche *Weiter*.

3. Es wird Ihnen eine Liste vom Modemherstellern angezeigt, die in Windows 9x erfaßt wurden.

4. Klicken Sie unter der Rubrik *Hersteller* z.B. *Telelink* an. Auf der rechten Seite können Sie nun den entsprechenden Modemtyp auswählen, wie zum Beispiel *Telelink IMS-08 Faxline*.

5. *Hinweis:* Sollte der Hersteller Ihres Modems auch nicht in der Liste stehen, laden Sie den Treiber von der mitgelieferten Diskette. Legen Sie dazu die Diskette in das Laufwerk und klicken auf die Schatlfläche *Diskette*. Wählen Sie hier den Modemtyp aus, und kehren Sie zum Fenster *Neues Modem installieren* zurück.

6. Als nächstes werden die Anschlüsse festgelegt. Klicken Sie auf die Schaltfläche *Weiter*. In diesem Fenster wird Ihnen in der Regel der COM-Anschluß (COM2) angezeigt. Der COM1-Anschluß wird schon von der Maus belegt. Wählen Sie den Anschluß, und klicken Sie auf *Weiter*.

7. Windows installiert nun das ausgewählte Modem. Sobald der Vorgang abgeschlossen ist, können Sie wiederum in der *Systemsteuerung* unter dem Symbol *Modems* die Einstellungen ändern.

8. Wählen Sie dazu die Registerkarte *Eigenschaften* an, um beispielsweise die maximale Übertragungsrate oder die Lautstärke bei der Anwahl zu ändern.

5.6 Funktionstasten

Sollte die Maus einmal nicht funktionieren, haben Sie die Möglichkeit, über diverse Tastenkombinationen die Programme doch noch ordnungsgemäß zu beenden.

Tastenkombination	Funktion
Umschalt+F5	Mit dieser Tastenkombination starten Sie die DOS-Umgebung Wenn Sie den Computer neu starten und es erfolgt die Meldung »Windows 9x wird gestartet«, betätigen Sie diese beiden Tasten. Sie gelangen anschließend in die DOS-Umgebung. Hierbei werden die Dateien Autoexec.bat und config.sys übersprungen. Sollten diese Dateien irgendwelche Probleme verursachen, haben Sie die Möglichkeit, auf diese Dateien zuzugreifen und sie zu editieren.
F5	Betätigen Sie nach der Meldung »Windows 9x wird gestartet« F5, wird Windows im abgesicherten Modus gefahren. Dies ist dann sinnvoll, wenn Änderungen an der Konfiguration vorgenommen werden sollen. Es werden daher nur die Dateien geladen, die zum Modifizieren der Konfiguration gebraucht werden.

Tab. 5.5: Funktionstasten beim Hochbooten

Tastenkombination	Funktion
Alt+Tab	Wechselt von einem Anwendungsfenster zum nächsten.
Alt+Esc	Öffnet eventuell geöffnete Fenster der Systemsteuerung. Mehrmaliges Drücken der Esc-Taste (bei gedrückter Alt-Taste) wechselt von einem geöffnete Fenster in der Systemsteuerung zum nächsten.
Umschalt+Tab	Wechselt in einem Eigenschaftsfenster von einer Registerkarte in die nächste.
Tab	Ruft die *Task-Leiste* auf. Durch mehrmaliges Drücken wird das Start-Symbol angewählt oder die *Task-Leiste* wieder ausgeblendet. Sie müssen sich dafür auf dem Desktop befinden.
Strg+Esc	Ruft den Inhalt des Symbols *Start* auf.

Tab. 5.6: Allgemeine Funktionstasten

Tastenkombination	Funktion
Alt+D	Menü *Datei* über Alt+D öffnen. Mit den Pfeiltasten *Beenden* auswählen und mit der Eingabe-Taste bestätigen.
ALT+F4	Diese Tastenkombination beendet das Programm sofort. Sind Änderungen an dem Dokument vorgenommen worden, wird vorher gefragt, ob die Datei noch abgespeichert werden soll.
STRG+-ESC	Hiermit kann das *Start-Menü* aus dem Anwendungsprogramm aufgerufen werden. Von dort aus können Sie über die Pfeiltasten Windows 9x beenden.
F1	Das Hilfeprogramm wird aktiviert.
Umschalt+F10	Das Kontextmenü wird angezeigt. Diese Tastenkombination hat dieselbe Funktion wie das Klicken der rechten Maustaste.

Tab. 5.7: Funktionstasten im Anwendungsprogramm

Tastenkombination	Funktion
Strg+A	Wählt alle Dateien des markierten Ordner auf der rechten Seite des Fensters aus.
Strg+G	Das Fenster *Gehe zu Ordner* wird aktiviert.
Strg+Z	Die letzte Aktion wird rückgängig gemacht.

Tab. 5.8: Funktionstasten im Explorer

Tastenkombination	Funktion
F4	Aktiviert in der Symbolleiste die Liste *Ordner wechseln*.
F5	Aktualisiert die Anzeige.
F6	Durch mehrmaliges Drücken dieser Funktionstaste werden im Explorer nacheinander die Bereiche *Ordnerfenster*, *Dateifenster* und *Ordner wechseln* angesprochen.
Rückschritt+Taste	Mit dieser Taste wechseln Sie in den übergeordneten Ordner.

Tab. 5.8: Funktionstasten im Explorer

Die Windows 9x -Tastatur

Mit der Einführung von Windows 9x ist gleichzeitig eine modifizierte Tastatur auf dem Markt gekommen, die drei zusätzliche Tasten für Windows aufweist. Je eine Taste rechts und links von der Leertaste mit dem Windows-Symbol, der sogenannten Win-Taste und eine Taste auf der rechten Seite mit einem Menü-Symbol. Beim Betätigen der Win-Taste wird die Liste des *Start*-Symbols angezeigt.

Beim Betätigen der Symbol-Taste, wird das jeweilige Kontextmenü des Anwendungsprogramms angezeigt. Diese Taste hat dieselbe Funktion wie das Klicken der rechten Maustaste

Weitere Tastenkombinationen sind in der nachfolgenden Tabelle aufgeführt:

Tastenkombination	Funktion
Win+E	Startet den Explorer.
Win+F	Startet das Fenster *Suchen nach*. Hier kann nach Ordner oder Dateien gesucht werden.
Win+M	Blendet den Desktop ein. Alle Fenster sind verkleinert worden und liegen als Schaltfläche in der *Task-Leiste* vor.
Win+R	Bendet das Fenster *Ausführen* ein.
Win+Tab	Blendet die *Task-Leiste* ein und schaltet zwischen den einzelnen Schaltflächen der hier geöffneten Fenster um.
Win+Pause	Das Fenster *Eigenschaften für System* wird angezeigt. Es handelt sich hierbei um das Fenster *Symbol* in der *Systemsteuerung*.
Win+Umschalt+M	Macht den Befehl Win+M rückgängig.
Win+Strg+F	Öffnet das Fenster *Suchen nach: Computer*.

Tab. 5.9: Weitere Tastenkombinationen

5.7 Benutzerprofile

Unter Windows 9x ist es möglich, für jeden Benutzer ein eigenes Profil zu erstellen. Dieses Profil bezieht sich auf Einstellungen wie Hinergrundbild, Farbe oder bestimmte Änderungen im *Start-Menü*. Benutzerprofile sind für jene Anwender nützlich, die sich mit anderen Mitarbeitern einen PC teilen müssen, aber auf die persönlichen Einstellungen nicht verzichten wollen.

  Hinweis: Das Benutzerprofil beinhaltet unter anderem alle Komponenten der Systemsteuerung. Das heißt, daß Sie neben den schon oben beschriebenen Änderungen auch beispielsweise die Auflösung der Grafikkarte bestimmen können. Und hier liegt der Knackpunkt: Wenn Sie bisher mit einer Auflösung von 800×600 gearbeitet haben und ändern sie nun auf 1024×768, dann werden alle nachfolgenden Benutzerprofile auch diese Auflösung fahren. Individuelle Hardware-Einstellungen sind über die Benutzerprofile also nicht möglich.

Die Benutzerprofile werden im Pfad *Window-Profiles* unter dem jeweiligen Benutzernamen abgelegt und gleichzeitig in der Registerdatenbank unter *hkey_local_machine/software/Microsoft/Windows/CurrentVersion/ProfileList/*.
Windows 9x legt bei der Vergabe des Benutzernamens »eigenständig« ein Verzeichnis mit demselben Namen an. Meldet sich ein Benutzer an, wird zuerst in der Registerdatenbank nach einem entsprechenden Eintrag gesucht. Wird Windows 9x fündig, werden die entsprechenden Daten geladen.

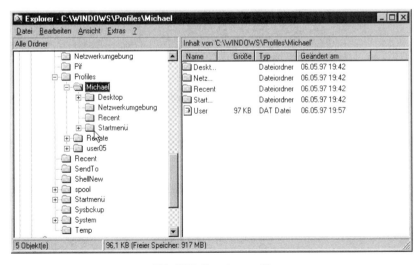

Abb. 5.27: Benutzerprofile

Kapitel 5

In Abbildung 5.27 sind drei Benutzerprofile (Michael, Renate und user05) angelegt worden. Jeder Benutzer verfügt über die Komponenten *Desktop, Netzwerkumgebung, Recent* und *Start-Menü*. Wird aus dem Verzeichnis ein Benutzer gelöscht, gehen auch alle Einstellungen verloren. Der Benutzer muß sich dann neu anmelden.

5.7.1 Aktivierung der Benutzerprofile

Die Aktivierung der Benutzerprofile erfolgt über *Systemsteuerung-Kennwörter*:

- Wählen Sie hieraus die Registerkarte Benutzerprofile.
- Aktivieren Sie die Option *Benutzer können die Vorgaben ...*
- Wählen Sie aus dem Bereich *Einstelllunge für Benutzerprofile* die gewünschten Optionen.

Abb. 5.28: Benutzerprofile aktivieren

Die Option *Desktop-Symbole...* beinhaltet die Ordner *Desktop* sowie *Netzwerkumgebung*. Mit *Start-Menü und Programmgruppen...* haben Sie Zugriff auf das *Start-Menü* sowie alle darin enthaltenen Ordner und Einträge.

5.7.2 Benutzerprofil anlegen

Sobald Sie die nötigen Einstellungen vorgenommen haben, starten Sie den Computer neu. Nachdem Windows 9x geladen ist, erscheint auf dem Bildschirm das Fenster für die Eingabe des Benutzernamens und – optional – eines Kennworts.

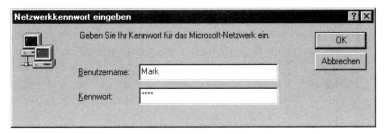

Abb. 5.29: Benutzernamen anlegen

Haben Sie sich unter einem neuen Benutzernamen angemeldet, wird dies von Windows erkannt, und es erscheint die Meldung:

Sie melden sich erstmals an diesem Computer an. Sollen Ihre persönlichen Einstellungen auf diesem Computer für künftige Arbeitssitzungen beibehalten werden?

Bestätigen Sie dieses Fenster mit *Ja*. Als nächstes werden Sie aufgefordert, ein Kennwort festzulegen. Haben Sie alle Daten eingegeben, können Sie nun Ihre persönlichen Einstellungen vornehmen

5.7.3 Benutzerprofil deaktivieren

Das Deaktivieren der Benutzerprofile erfolgt auch wieder über *Kennwörter* in der *Systemsteuerung*. Aktivieren Sie die Registerkarte *Benutzerprofile*, und klicken Sie anschließend die Option *Für alle Benuzter dieses Computers gelten dieselben Vorgaben und Desktop-Einstellungen* an.

5.8 Systemrichtlinien

Das Benutzen und Einrichten von Systemrichtlinien wendet sich in erster Linie an Administratoren, die Rechner unter Windows 9x verwalten müssen. Mit Hilfe von Systemrichtlinien können Netzwerkeinstellungen geändert oder bestimmte Teile der Systemsteuerung freigegeben bzw. ausgeblendet werden. Außerdem können die Zugriffe auf die Arbeitsumgebung eingeschränkt und Elemente des Desktops angepaßt werden.

Hinweis: Mit dem Systemrichtlinien-Editor kann nur gearbeitet werden, wenn die Benutzerprofile aktiviert sind. Das heißt, Sie müssen, wie schon weiter oben beschrieben, über die Kennwörter in der Systemsteuerung die Benutzerprofile aktivieren. Ist das nicht der Fall, dann wird der Systemrichtlinien-Editor unter *Zubehör-Systemprogramme* ausgeblendet.

Die Systemrichtlinien gelten immer nur für den gerade angemeldeten Benutzer. Wird das System von dem Anwender unter einem anderen Namen gestartet, sind die vorher eingestellten Systemrichtlinien hinfällig.

5.8.1 Installation der Systemrichtlinien

Die Systemrichtlinien müssen nachträglich installiert werden. Dazu müssen Sie die Datei POLEDIT.EXE von der Windows-CD auf den Rechner installieren:

1. Aktivieren Sie dazu in der *Systemsteuerung* das Symbol *Software*.

2. Klicken Sie in der Registerkarte *Windows Setup* auf die Schaltfläche *Diskette*.

3. Legen Sie die Windows 9x -CD in das Laufwerk, und aktivieren Sie die Schaltfläche *Durchsuchen*.

4. Wählen Sie den Pfad ADMIN/APPTOOLS/POLEDIT auf der Windows-CD aus. Es werden Ihnen die beiden Dateien GROUPPOL.INF und POLEDIT.INF angezeigt. Bestätigen Sie dieses und das nächste Fenster mit OK.

5. Aktivieren Sie in dem nun folgendem Fenster die Optionen *Gruppenrichtlinien* und *Systemrichtlinien-Editor*.

6. Klicken Sie die Schaltfläche *Installieren* an, um die ausgewählten Komponenten auf die Festplatte zu kopieren.

Abb. 5.30: Installation des Systemrichtlinien-Editors

Schließen Sie nach erfolgreicher Installation die *Systemsteuerung*. Den *Systemrichtlinie-Editor* können Sie nun über *Start-Programme-Zubehör-Systemprogramme* öffnen.

5.8.2 Systemrichtlinien erstellen

Die Erstellung von Systemrichtlinien kann sowohl im Registermodus als auch im Richtlinienmodus erfolgen.

Registermodus

Eine Bearbeitung im Registermodus ist dann sinnvoll, wenn Änderungen an einem lokalen oder an einem anderen im Netz angeschlossenen System erfolgen soll. Den Registermodus öffnen Sie im Systemrichtlinien-Editor über das Menü *Datei*. Wählen Sie hieraus *Systemrichtlinien öffnen*. Sie können nun den Benutzer oder den Computer auswählen.

Bildschirmeinstellungen ausblenden

Möchten Sie beispielsweise verhindern, daß der Anwender keinen Zugriff auf die Bildschirmeinstellungen in der *Systemsteuerung* hat – um etwa die Auflösung zu verändern –, können Sie die entsprechende Registerkarte ausblenden. Öffnen Sie dazu die Systemrichtlinien wie oben beschrieben, und klicken Sie anschließend auf das Symbol *Lokaler Benutzer*. Es öffnet sich ein Fenster, in dem die Eigenschaften für den Benutzer definiert sind. Für die Bildschirmeinstellung wählen Sie *Systemsteuerung – Anzeige* an. Sobald Sie die Option *Zugriff auf Systemsteuerungsoption....* angeklickt haben, können Sie im unteren Bereich die verschiedenen Zugriffe auf diese Option auswählen. In diesem Beispiel ist es das Kästchen *Register »Einstellungen« ausblenden*.

Abb. 5.31: Registerkarte »Einstellungen« ausblenden

Nachdem Sie alles bestätigt und das Fenster geschlossen haben, erfolgt noch eine Sicherheitsmeldung, ob die Einstellungen in der Registrierung gespeichert werden sollen. Änderungen über die Systemrichtlinien werden sofort wirksam. Der Computer muß also nicht neu gestartet werden.

Davon können Sie sich auch sofort überzeugen, wenn Sie in der *Systemsteuerung* das Symbol *Anzeige* anklicken. Die Registerkarte *Einstellungen* fehlt, der Benutzer hat darauf keinen Zugriff mehr.

 Hinweis: Die Änderungen der Richtlinien sind nur für den gerade angemeldeten Benutzer aktiv. Wird sich am System unter einem anderen Namen angemeldet, gelten wieder die Standardrichtlinien. Um hier ebenfalls Beschränkungen vorzunehmen, müssen im Systemrichtlinie-Editor erneut Änderungen über den *Lokalen Benutzer* vorgenommen werden.

Richtlinienmodus

Über den Richtlinienmodus werden die Dateien für die Richtlinien verändert oder neu erstellt, die auf anderen Computern im Netz benutzt werden. Im Unterschied zum Registrierungsmodus werden keine direkte Änderungen in der Registrierung erzeugt, sondern es werden neue Richtliniendateien erstellt oder vorhandene Dateien verändert. Die Änderungen einer Richtliniendatei, sogenannte POL-Dateien, beziehen sich immer nur auf den angemeldeten Benutzer. Das heißt, die Dateien werden immer nur nach der Anmeldung des Benutzers aktiv.

Die Erstellung dieser Art von Systemrichtlinien sollte aus Sicherheitsaspekten über einen geeigneten Netzwerk-Server unter Windows NT oder NetWare erfolgen.

5.9 Sicherungsmechanismen

Wichtige Daten sollten Sie niemals nur auf der Festplatte gespeichert lassen. Schnell ist es passiert, daß ein System ausfällt oder daß ein Defekt auf der Festplatte entsteht. Sei es, daß es sich um einen physikalischen Fehler handelt, sei es, daß der Defekt durch Computerviren hervorgerufen wurde. Greifen Sie also von Zeit zu Zeit auf die Sicherungsmechanismen zurück, die Ihnen von Windows 9x angeboten werden und die in recht einfach zu handhaben sind. Die Sicherungen der Daten können auf einem anderen Netzlaufwerk, auf einer Diskette, einem Bandlaufwerk, einer Catdrige oder auf jedem anderen vergleichbaren Medium erfolgen.

Für die Datensicherung werden Ihnen drei Alternativen angeboten:

- Das Backup-Programm, das sich auf der Windows-CD befindet und nachträglich installiert werden muß
- ERU, ein Hilfsprogramm, das sich ebenfalls auf der CD befindet und manuell heruntergeladen werden muß. Der volle Name dieses kleinen Programms lautet übrigens Emergency Recovery Utility und ist für die Sicherung der Systemdateien zuständig.
- Der XCOPY-Befehl, der vielen von Ihnen aus der DOS-Ära noch bekannt sein wird. Dieser Befehl wird häufig mit einem anderen DOS-Befehl benutzt, dem ATTRIB-Befehl.

5.9.1 BACKUP

Die Datensicherung ist nach wie vor ein wichtiges Thema für den Anwender. Nicht jeder kann auf ein Bandlaufwerk oder ähnliche Medien zurückgreifen. Unter Windows 9x steht Ihnen für die Sicherung der Daten ein Backup-Programm zur Verfügung, das recht einfach zu bedienen ist.

Installation

Leider ist dieses Utility nicht standardmäßig in der Programmgruppe vorhanden, so daß es nachträglich installiert werden muß:

- Aktivieren Sie über die *Systemsteuerung* das Symbol *Software*.
- Wählen Sie die Registerkarte *Windows-Setup*.
- In dem Fenster *Komponenten* markieren Sie die *Datenverwaltung*.
- Aktivieren Sie die Schaltfläche *Details*.
- Klicken Sie in dem darauffolgenden Fenster die Komponente *Backup* an.
- Legen Sie die Windows-CD in das Laufwerk, und bestätigen Sie alle noch offenen Fenster.

Das Backup-Programm wird unter *Programme-Zubehör-Systemprogramme* abgelegt.

Backup-Sicherung einzelner Dateien

Mit dem Backup-Programm können Sie komplette Laufwerke, Ordner oder einzelne Dateien sichern. Die Sicherung kann sowohl auf einem Bandlaufwerk als auch auf einer Diskette geschehen. Stellvertretend wird hier das Sichern einzelner Dateien auf einer Diskette beschrieben:

1. Aktivieren Sie das Backup-Programm.
2. Die ersten beiden Fenster enthalten allgemeine Informationen zum Backup. Bestätigen Sie sie mit OK. Für zukünftige Backups können diese Fenster über die Option *Diesen Bildschirm in Zukunft nicht mehr anzeigen* ausgeblendet werden.
3. In dem Fenster *Unbenannt-Microsoft Backup* wird Ihnen der Pfad für die zu sichernden Dateien angezeigt. Wählen Sie den Hauptpfad und den Ordner, in dem sich die Dateien befinden. Standardmäßig werden alle Dateien als gewählt markiert.
4. Deaktivieren Sie die Kästchen der Dateien, für die keine Sicherung erstellt werden soll.

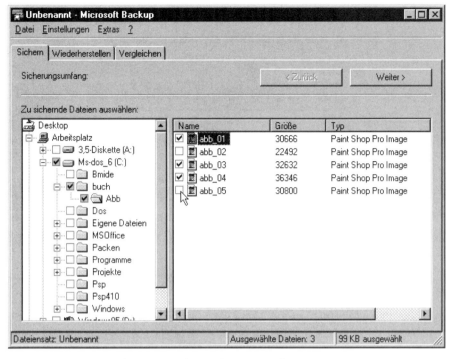

Abb. 5.32: Backup-Sicherung einzelner Dateien

1. Klicken Sie auf die Schaltfläche *Weiter*, um im nächsten Fenster das Ziel für die Sicherungsdateien auszuwählen.

 Hinweis: Sind Ihre Systeme vernetzt, können Sie als Ziel auch einen im Netz angemeldeten Computer über die *Netzwerkumgebung* anwählen.

2. Wählen Sie als Ziel das Diskettenlaufwerk A:. Legen Sie die Diskette ein, und aktivieren Sie *Backup starten*.

3. Sie werden nun aufgefordert, einen Namen für die zu sichernden Dateien anzugeben. Es handelt sich hier um den Backup-Satz, der später für die Wiederherstellung der Dateien als Identifizierung gilt. Optional können Sie in diesem Fenster auch einen Kennwortschutz eingeben (siehe Abb. 5.33).

4. Sobald Sie dieses Fenster mit OK bestätigt haben, wird das Backup gestartet. Der Fortschritt und das Ende der Sicherung werden Ihnen gesondert angezeigt.

Kapitel 5

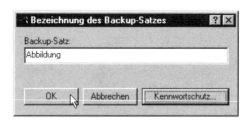

Abb. 5.33: Backup-Satz benennen

Wiederherstellen des Backup-Satzes

Das Wiederherstellen der gesicherten Dateien geht genauso problemlos vonstatten wie die soeben beschriebene Sicherung. Das Zurückspielen der Dateien erfolgt ebenfalls über das Backup-Programm.

1. Legen Sie die Diskette in das Systemlaufwerk, auf dem Sie die Daten wiederherstellen möchten.

2. Wiederholen Sie die ersten beiden Schritte, wie weiter oben unter *Backup-Sicherung einzelner Dateien* beschrieben.

3. In dem Fenster *Unbenannt – Microsoft Backup* wählen Sie die Registerkarte *Wiederherstellen*.

4. Wählen Sie in dem Fenster *Wiederhestellen von* das Laufwerk A an.

5. Auf der rechten Seite können Sie den Backup-Satz durch Doppelklicken öffnen, um anschließend die entsprechenden Dateien für die Wiederherstellung auszuwählen (siehe Abb. 5.34).

6. Sind die gewünschten Dateien ausgewählt, können Sie den Restore über die entsprechende Schaltfläche starten.

7. Auch hier wird wie bei der Backup-Sicherung der Fortschritt sowie das Ende der Wiederherstellung gesondert angezeigt.

 Hinweis: Bei der Wiederherstellung der Dateien wird immer das komplette Verzeichnis gesichert und auch wiederhergestellt. Selbst wenn Sie auf dem System das Verzeichnis der gesicherten Daten gelöscht haben, wird der Ordner wieder hergestellt. Natürlich gehen die Daten in dem gelöschten Verzeichnis, die nicht über ein Backup gesichert wurden, verloren.

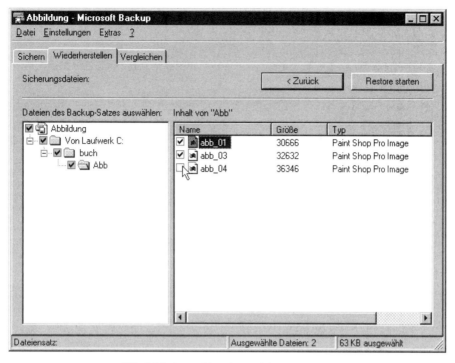

Abb. 5.34: Auswählen der gesicherten Dateien

5.9.2 ERU

Ein anderes nützliches Programm befindet sich auf der CD von Windows 9x und heißt Emergency Recovery Utility – kurz ERU. Dieses Utility dient dazu, Sicherungen der Systemkonfigurationsdateien zu erstellen. Sollten Sie also aufwendige Änderungen an dem System vornehmen, sollten Sie diese Form der Sicherung in Anspruch nehmen. Als aufwendige Änderungen sind hier beispielsweise eigene Einträge in der MSDOS.SYS, der SYSTEM.INI und der WIN.INI gemeint. Aber auch das Hinzufügen von neuer Hardware zählt dazu. Für die Installation können Sie das komplette Verzeichnis auf Ihre Festplatte kopieren:

1. Legen Sie die CD von Windows 9x in das Laufwerk.

2. Öffnen Sie über den Explorer das Verzeichnis D:\Windows 9x \Other\Misc \ERU auf der CD.

3. Kopieren Sie das Verzeichnis auf die Festplatte Ihres Systems. Das komplette Programm hat eine Größe von 98 KByte.

Damit Sie das Programm immer griffbereit haben, können Sie hierfür eine Verknüpfung auf dem Desktop anlegen:

1. Öffnen Sie über den Explorer das Verzeichnis, in dem sich das Programm befindet.

2. Wählen Sie die Anwendung ERU aus. Halten Sie die rechte Maustaste gedrückt, und ziehen Sie das Symbol aus dem *Explorer* heraus auf den *Desktop*. Wählen Sie aus dem Kontextmenü den Befehl *Verknüpfung(en) hier erstellen*.

3. Von nun an können Sie durch einen Doppelklick das Programm direkt vom *Desktop* aus starten.

Sichern der Konfiguration

Für eine Sicherung der Systemdateien gehen Sie wie folgt vor:

1. Starten Sie das Programm ERU.

2. Über die Schaltfläche *Next* wählen Sie das Laufwerk aus, auf dem die Dateien gespeichert werden sollen. Am sinnvollsten ist auch hier entweder eine bootfähige Diskette oder ein anderes Netzlaufwerk anzusprechen.

3. Haben Sie ein Laufwerk ausgewählt, wird im nächsten Fenster eine Liste der zu sichernden Dateien eingeblendet.

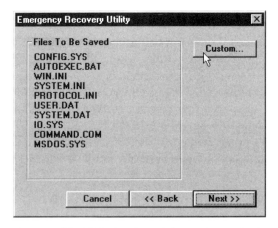

Abb. 5.35: Überblick über die gesicherten Systemdateien

4. Entweder übernehmen Sie die komplette Auswahl, die Ihnen in der Liste angezeigt wird, oder Sie bestimmen über die Schaltfläche *Custom* selbst, welche Dateien gespeichert werden sollen. Dazu werden die Dateien, die nicht gespeichert werden sollen, deaktiviert.

5. Haben Sie Ihre Auswahl getroffen, werden nach der Bestätigung der Schatlflächen die Systemdateien in das entsprechende Verzeichnis kopiert.

Sind alle Dateien kopiert worden, erscheint eine Erfolgsmeldung mit einem kurzen Hinweis auf das Wiederherstellen der gesicherten Dateien.

Konfiguration wiederherstellen

Für die Wiederherstellung der Konfiguration muß Ihr System im Real-Mode gestartet werden:

1. Starten Sie dazu den Computer neu, und drücken Sie die Funktionstaste F8, wenn die Meldung kommt »Windows 9x wird gestartet«. Wählen Sie anschließend *Abgesichert, nur Eingabeaufforderung*.

2. Sie sind nun an der Eingabeaufforderung. Wechseln Sie zum Verzeichnis, in das die Systemdateien gesichert wurden, und starten Sie die Anwendung ERD.EXE.

3. Sie erhalten eine Liste der gesicherten Dateien. Mit den Pfeiltasten und der Leertaste können Sie die Dateien deaktivieren, die nicht wiederhergestellt werden sollen.

4. Starten Sie anschließen die Wiederherstellung über den Befehl START RECOVERY.

Hinweis: Sollte sich beim Zurücksichern der Dateien dennoch einmal ein Fehler eingeschlichen haben, können Sie die soeben gemachte Wiederherstellung durch den Befehl ERD.EXE / UNDO wieder rückgängig machen.

5.9.3 XCOPY

Eine weitere Sicherungsmethode ist der Befehl XCOPY. Dieser Befehl wird vom DOS-Prompt aus gestartet und mit verschiedenen Parametern über die Tastatur eingegeben. XCOPY kopiert sowohl Dateien als auch Verzeichnisse sowie deren Unterverzeichnisse. Es können also in einem Arbeitsgang Dateien in einem Arbeitsverzeichnis und deren Unterverzeichnisse kopiert werden.

Zu beachten ist, daß XCOPY ab der Version DOS 6.22 keine versteckten Systemdateien kopiert. Selbst beim Gebrauch aller Parameter werden bestimmte Windows-Systemdateien nicht kopiert. In früheren DOS-Versionen war dies nicht so. Benutzen Sie für die Deaktivierung der Optionen *Versteckt* oder *System* den Befehl ATTRIB. Der Vollständigkeit halber werden hier kurz die Parameter für ATTRIB und danach für den XCOPY-Befehl erläutert.

Parameter	Funktion
+	Aktiviert ein Attribut.
-	Deaktiviert ein Attribut.
R	Option *Schreibgeschützt*
A	Option *Archiv*
S	Option *Systemdatei*
H	Option *Versteckt*
/S	Die Dateien in allen Verzeichnissen des angegebenen Pfads werden bearbeitet.

Tab. 5.10: Parameter des ATTRIB-Befehls

Möchten Sie beispielsweise die Systemdatei MSDOS.SYS bearbeiten und kopieren, muß erst die Option *hidden* (versteckt) aufgehoben werden. Eine Möglichkeit haben Sie schon weiter oben unter *MSDOS.SYS editieren* kennengelernt – und zwar über den Explorer.

Die andere Möglichkeit geht über den ATTRIB-Befehl. Starten Sie dazu die MS-DOS-*Eingabeaufforderung* im *Start-Menü*, und wechseln Sie zum Hauptpfad. Da es sich bei MSDOS.SYS um eine Systemdatei handelt, muß ebenfalls diese Option erst einmal zurückgesetzt werden. Der komplette Befehl für das Sichtbarmachen dieser Datei lautet daher:

```
attrib -h -s msdos.sys
```

Ein weiteres Beispiel: Um die Datei CONFIG.SYS zu »verstecken«, geben Sie die Zeile

```
attrib +h config.sys
```

ein. Oder Sie möchten die Optionen für die MSDOS.SYS – Datei wieder zurücksetzen:

```
attrib +h +s msdos.sys
```

Möchten Sie einen Systemdatenträger *kopieren*, dann verwenden Sie besser den Befehl DISKCOPY, da hier automatisch die versteckten Systemdateien kopiert werden. Die erstellte Kopie kann dann auch als Systemdatenträger behandelt werden. Sollen aber beispielsweise Dateien von einem Datenträger auf einen anderen mit unterschiedlichem Format kopiert werden, benutzen Sie den Befehl XCOPY. Warum? DISKCOPY kopiert die Datenträger spurweise. Daher müssen die beiden Datenträger identisch formatiert bzw. dasselbe Format haben.

Parameter	Funktion
Y	Gleichnamige Dateien werden beim Verschieben mit dem Befehl XCOPY ohne vorherige Bestätigung überschrieben.
-Y	Das Überschreiben einer vorhandenen Datei muß von Ihnen bestätigt werden.
A	Kopiert die Quelldateien, die auf *Archiv* gesetzt sind.
M	Kopiert auch nur die Quelldateien, deren Dateiattribut *Archiv* gesetzt ist. Im Gegensatz zu der Option /A werden die auf *Archiv* gesetzten Dateien in der Quelle deaktiviert.
D:Datum	Es werden nur die Quelldateien kopiert, die an oder nach dem angegebenen Datum geändert wurden.
P	Jede Zieldatei muß nach der Erstellung von Ihnen bestätigt werden.
S	Kopiert Verzeichnisse und Unterverzeichnisse, sofern sie nicht leer sind. Wird dieser Parameter nicht angegeben, gilt der Befehl XCOPY nur für ein Verzeichnis.
E	Kopiert alle Unterverzeichnisse, auch wenn diese leer sind. Diese Option muß zusammen mit der Option /S eingesetzt werden.
V	Jede Datei wird beim Kopieren überprüft. Damit wird sichergestellt, daß Quell- und Zieldateien identisch sind.
W	Der Kopiervorgang wird erst dann gestartet, wenn Sie die Meldung: *Eine beliebige Taste drücken, um das Kopieren der Datei(en) zu starten* bestätigt haben.

Tab. 5.11: Parameter des XCOPY-Befehls

Nachdem Sie nun die Parameter kennengelernt haben, müssen Sie noch wissen, in welcher Schreibweise die Parameter genutzt werden können. Die Syntax für diesen Befehl lautet:

```
XCOPY Quelle Ziel Parameter
```

Beispiel: Ein Verzeichnis mit der Bezeichnung VER befindet sich auf dem Hauptpfad und soll mit allen Unterverzeichnissen auf die Diskette kopiert werden. Es sollen dabei alle Unterverzeichnisse kopiert werden, auch die, die keine Daten enthalten. Die Befehlszeile lautet:

```
c:\ xcopy ver a: /S /E
```

Soll der gleiche Verzeichnisbaum in ein anderes Verzeichnis namens *Packen* kopiert werden, muß dafür der Pfad angegeben werden:

```
c:\xcopy ver c:\packen /S /E
```

5.10 Registry

Die Registry oder Registrierdatenbank speichert alle Einstellungen, die für Hardware, Netzwerkumgebung oder jegliche Art von Konfiguration notwendig sind. Diese Datenbank ist vergleichbar mit den *.INI-Dateien aus früheren Versionen. Die Registry hat zum Aufruf keinen eigenen Menüpunkt, wird aber standardmäßig in das Windows-Verzeichnis kopiert.

Das Fenster der Registry in zweigeteilt. Auf der linken Seite werden die sechs Ordner mit den jeweiligen Unterverzeichnissen eingeblendet, auf der rechten Seite die Inhalte.

Windows 9x Spezial

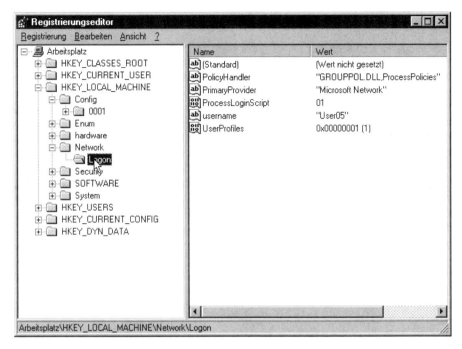

Abb. 5.36: Struktur der Registry

5.10.1 Vorteile der Registry

Die Vorteile einer solchen Datenbank liegen auf der Hand:

- Sie haben für die Änderungen oder Einstellungen nur eine Quelle zur Verfügung.
- Fehler in der Konfiguration können sehr leicht wieder hergestellt werden.
- Es werden automatisch Sicherungskopien angelegt. Dabei handelt es sich um die letzte funktionsfähige Konfiguration, mit der Sie den Rechner gestartet haben.
- Direkte Änderungen in der Einstellung, beispielsweise Bildschirmschoner, Kennwortschutz oder Bildschirmauflösung, werden wie bisher über die *Systemsteuerung* vorgenommen und direkt in der Registry gespeichert. Dadurch werden Schreibfehler bzw. Syntaxfehler umgangen.

5.10.2 Starten der Registry

Die Registry läßt sich auf zwei Arten starten:

- Geben Sie unter Ausführen im Start-Menü den Befehl regedit ein.
- Wechseln Sie in das Windows-Verzeichnis, und doppelklicken Sie die Datei REGEDIT.EXE an. Sie können auch eine Verknüpfung auf dem Desktop erstellen, indem Sie die Datei mit der rechten Maustaste aus dem Explorer auf dem Desktop ziehen.

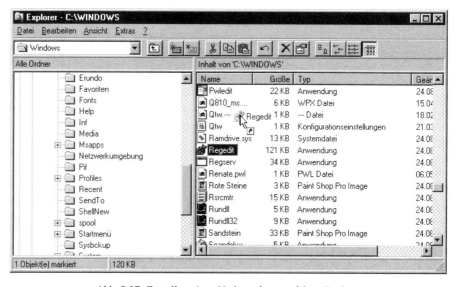

Abb. 5.37: Erstellen einer Verknüpfung auf dem Desktop

5.10.3 Suche in der Registry

Sie können in der Registry gezielt nach bestimmten Daten suchen. Nachdem Sie die Registry geöffnet haben, aktivieren Sie unter dem Menü *Bearbeiten* den Befehl *Suchen*. Geben Sie in der Zeile *suchen nach* den Begriff ein. Über die Funktionstaste F3 können Sie die Suche fortsetzen.

5.10.4 Überblick über die Registry

Die Ordner sind so aufgeteilt, daß in einem Informationen zum Benutzer abgelegt sind, in einem anderen systemspezifischen Daten usw. Hier nun ein kleiner Überblick über die Inhalte der verschiedenen Ordner bzw. Registrierschlüssel:

Hkey_Classes_Root

In diesem Schlüssen werden bestimmte Informationen abgelegt, die beispielsweise für die Dateiverknüpfung entscheidend sind. Auch dieser Schlüssel ist ein Teil von *Hkey_Local_Machine*.

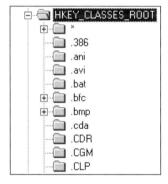

Abb. 5.38: Hkey_Classes_Root

Hkey_Current_User

Einträge in diesem Schlüssel verweisen wiederum auf *Hkey_Users*. Dieser Ordner enthält unter anderem Informationen über die benutzerspezifischen Desktop-Einstellungen oder über die installierte Software.

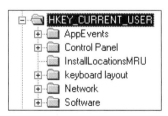

Abb. 5.39: Hkey_Current_User

Ein Beispiel hierfür ist das Zurücksetzen des Paßworts des Bildschirmschoners über *Hkey_Current_User\ControlPanel\Desktop*. Auf der rechten Seite sehen Sie den Inhalt von *Desktop*. Das Kennwort für den Bildschirmschoner

Kapitel 5

wird unter *ScreenSaverUserPassword* aktiviert (1) bzw. deaktiviert (0). Der Wert bezieht sich auf den Klammerausdruck. Die Änderungen, die Sie hier vornehmen, sind direkt wirksam, ohne daß das System noch einmal gestartet werden muß.

Hkey_Local_Machine

In diesem Ordner finden Sie alle Einstellungen, die die Hardware und Software betreffen. Die Einstellungen die hier vorgenommen werden, sind für alle Benutzer an diesem System verbindlich.

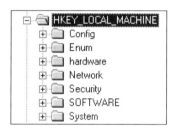

Abb. 5.40: Hkey_Local_Machine

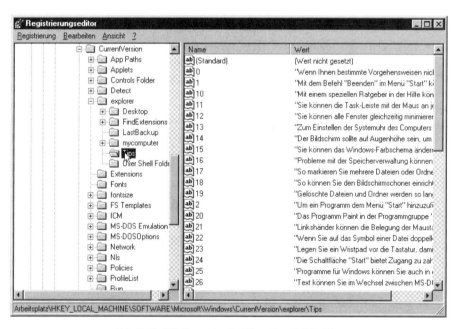

Abb. 5.41: Die Tagestips in Hkey_Local_Machine

Beispielsweise sind die Tips und Tricks von Windows 9x (»Wußten Sie schon...«) hier hinterlegt. Wenn Sie den Pfad *Hkey_Local_Machine\Software\Microsoft\Windows\CurrentVersion\Explorer* in diesem Ordner aktivieren, können Sie sich unter *Tips* den Inhalt anschauen oder in ein gesondertes Dokument kopieren (siehe Abb. 5.41).

Hkey_Users

In diesem Schlüssel werden die anwenderspezifischen und allgemeine Einstellungen gespeichert. Für jeden Benutzer, der sich beim System anmeldet, wird ein eigenes Verzeichnis mit den persönlichen Einstellungen angelegt.

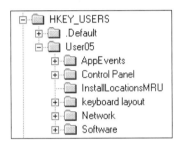

Abb. 5.42: Hkey_Users

Hkey_Current_Config

Hier finden Sie Information zur Bildschirmeinstellung und zu aktuellen Druckertreibern. Diese Daten werden mit dem Unterverzeichnis *Config* im Ordner *Hkey_Local_Machine* abgeglichen (siehe Abb. 5.43).

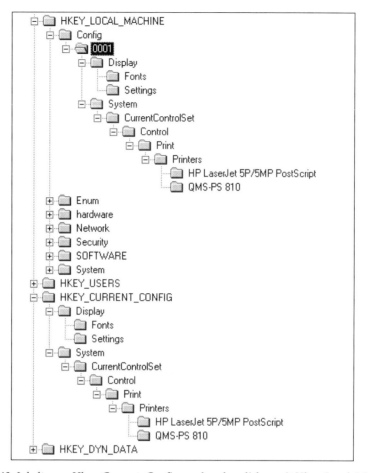

Abb. 5.43: Inhalte von Hkey_Current_Config werden abgeglichen mit Hkey_Local_Machine.

In diesem Ordner können Sie beispielsweise die Farbeinstellung direkt ändern. Öffnen Sie den Pfad *Hkey_Current_Config\Display\Settings*.

Auf der rechten Seite befindet sich der Ausdruck: BitsPerPixel »8«. Diese Zahl sagt aus, daß die Farbpalette auf 256 Farben eingestellt wurde (28). Normalerweise nehmen Sie die Einstellung in der *Systemsteuerung* unter *Anzeige* vor.

Würden Sie hier beispielsweise den Wert von 8 auf 4 ändern, würde die Farbpalette nur noch 16 Farben darstellen können (24). Für die 24-Bit-Darstellung gilt der Wert 24 und für die 32-Bit-Darstellung explizit 32. Den Wert können Sie verändern, indem Sie auf das Symbol *BitsPerPixel* doppelklicken und in dem Fenster *Zeichenfolge bearbeiten* den vorhandenen Wert überschreiben.

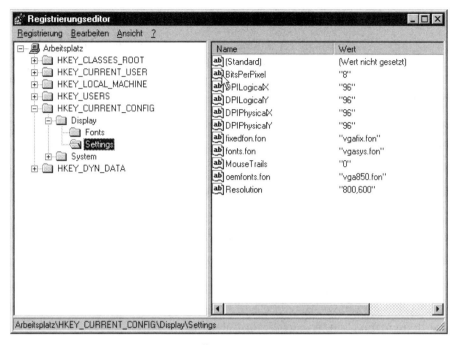

Abb. 5.44: Ändern der Farbpalette

Hkey_Dyn_Data

Hier werden Informationen über die installierte Hardware abgelegt, die von Windows 9x auf Abruf benötigt werden. Daher werden diese Informationen in den RAM geladen. *Hkey_Dyn_Data* gleicht auch wieder einen Teil seiner Verzeichnisse mit *Hkey_Local_Machine* ab.

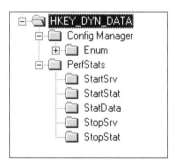

Abb. 5.45: Der Hardware-Schlüssel Hkey_Dyn_Data

5.10.5 Sichern der Registry

Die Registry oder Registrierdatenbank besteht aus zwei Dateien, der USER.DAT und der SYSTEM.DAT. In der USER.DAT befinden sich Informationen zu den benutzerspezifischen Einstellungen, in der SYSTEM.DAT die systemspezifischen. Windows 9x erstellt nach jedem erfolgreichen Start eine Kopie der beiden Dateien und speichert sie als USER.DA0 und SYSTEM.DA0 ab. Standardmäßig werden diese Dateien im Windows-Verzeichnis abgelegt. Sie haben somit immer eine gültige Registry des letzten Windows-Starts.

5.10.6 Wiederherstellen der Registry

Sollte es aus irgendwelchen Gründen einmal Probleme mit der Registry geben, können Sie die Konfiguration wieder herstellen, indem die Inhalte der Dateien USER.DA0 und SYSTEM.DA0 in USER.DAT und SYSTEM.DAT kopiert werden.

Starten Sie dazu Ihr System im MS-DOS-Modus, und wechseln Sie in das Windows-Verzeichnis. Da es sich bei den Dateien SYSTEM.DAT, USER.DAT und den entsprechenden Sicherungsdateien um versteckte Dateien handelt, müssen erst die Optionen *Versteckt* und *Systemdatei* über den ATTRIB-Befehl deaktiviert werden. Ausführlich ist auf diesen Befehl schon im Kapitel »*Sicherungsmechanismen*« unter XCOPY eingegangen worden.

Deaktivieren Sie also zuerst die entsprechenden Dateien:

```
attrib -s -h -r user.dat
attrib -s -h -r system.dat
attrib -s -h -r user.da0
attrib -s -h -r system.da0
```

Anschließend werden die Dateien mit der Erweiterung *.DA0 auf die entsprechenden Dateien *.DAT kopiert:

```
copy user.da0 user.dat
copy system.da0 system.dat
```

Starten Sie das System nach dem Kopiervorgang neu. Sobald Windows erfolgreich gestartet wurde, sollten Sie die Optionen, die Sie über den ATTRIB-Befehl deaktiviert haben, für die Dateien USER.DAT und SYSTEM.DAT wieder aktivieren. Die Dateien *.DA0 werden automatisch zurückgesetzt, da Windows in diese Dateien bei erfolgreichem Start selbständig wieder eine Kopie anlegt.

Das Zurücksetzen der übriggebliebenen Dateien kann jetzt auch über den Explorer erfolgen:

1. Öffnen Sie dazu im Explorer das Windows-Verzeichnis, und markieren Sie dort z.B. die Datei USER.DAT. Drücken Sie die rechte Maustaste, und wählen Sie aus dem Kontextmenü *Eigenschaften* aus.
2. Aktivieren in diesem Fenster die Dateiattribute *Schreibgeschützt* und *Versteckt*.
3. Verfahren Sie mit der SYSTEM.DAT auf die gleiche Weise.

Erste Blicke in die Innereien   6

Wie Sie in den vorangegangenen Kapiteln sehen konnten, kann man aus den Konfigurationsdateien und dem BIOS-Setup eine ganze Menge an Informationen über einen Rechner gewinnen. Wenn Sie sich darüber hinaus mit dem einen oder anderen Dienstprogramm zusätzliche Systeminformationen beschaffen, haben Sie bereits einen recht guten Eindruck von der Ausstattung eines Rechners, selbst wenn Sie sich diesen noch gar nicht näher angesehen haben. Auf dieser Basis müssen schließlich auch Kundendienst und Hotline arbeiten und ihren Anrufern hilfreich zur Seite stehen.

Weitere Informationen erhalten Sie, wenn Sie sich den Rechner und vorhandene Kabel etc. genauer ansehen. In den folgenden Abbildungen sehen Sie die Rückseite eines Big-Tower-Gehäuses, in dem so ziemlich alle Steckplätze belegt sind, und werfen einen ersten Blick in das geöffnete Rechnergehäuse.

Abgesehen von Hinweisen zur Identifizierung der verschiedenen Steckkarten, die bei vorhandenen Kabeln noch etwas leichter fällt, werde ich dabei auf einige Besonderheiten eingehen.

6.1 Gehäuse öffnen

Wenn Sie sich anhand Ihres Rechners ebenfalls einen Überblick über dessen Ausstattung und Zustand machen wollen, ist es jetzt an der Zeit, das Gehäuse zu öffnen.

- Lösen Sie vorhandene Kabel.
- Entfernen Sie gegebenenfalls zusätzliche Plastikabdeckungen.
- Entfernen Sie die Gehäuseschrauben. Meist handelt es sich um fünf oder sechs Schrauben, die sich in den Ecken bzw. an den Kanten des Gehäuses befinden. Verwenden Sie dazu möglichst einen Sechskantschraubendreher. Bei manchen Gehäusen brauchen Sie lediglich den mit einem Federverschluß versehenen Verschlußdeckel zu öffnen.
- Ziehen Sie dann die Gehäuseabdeckung nach vorn oder nach hinten und oben weg.

Ideal wäre es an dieser Stelle, wenn Sie einige Aufkleber bzw. Klebeetiketten sowie einen Filzstift verfügbar hätten, die Sie zum Beschriften bzw. Kennzeichnen von Kabeln benutzen können. Dies erleichtert Ihnen in Zukunft die Arbeit.

Unnötig? Viel langwierige Fehlersucherei ließe sich vermeiden, wenn Anwender diesen Ratschlag allgemein befolgen würden. Gerade bei versierten Anwendern sorgt zum Beispiel das Vertauschen normaler serieller Kabel mit Nullmodemkabeln oder das Verwechseln von Mausadaptern mit seriellen Adaptern immer wieder für Heiterkeit (oder anhaltendes lautes Fluchen). Das typische Symptom in einem solchen Fall sieht so aus: Rein äußerlich ist alles in Ordnung, und alle denkbaren Variationen wurden durchprobiert, aber daran, daß Leitungen innerhalb einer passenden Kabelverbindung auch anders verdrahtet sein können, denkt niemand.

Abb. 6.1: Die Rückseite eines Rechners

6.2 Serielle/parallele Schnittstellen

Zunächst einmal sehen Sie unterhalb der Anschlüsse für die Stromversorgung etwa auf halber Höhe zwei serielle und eine parallele Schnittstelle. Diese werden nicht an einem Steckplatz, sondern an zusätzlich verfügbaren Öffnungen herausgeführt. Wenn dies für mehr als zwei serielle/parallele Schnittstellen gilt, können Sie üblicherweise davon ausgehen, daß diese Schnittstellen in der Hauptplatine integriert sind. Ansonsten befindet sich nämlich meist zumindest der Stecker einer Druckerschnittstelle und einer seriellen Schnittstelle am Adapter selbst.

Die kleinen Aufkleber können Sie gleichzeitig als Tip betrachten. Die Beschriftung ermöglicht Ihnen die mühelose Zuordnung der Anschlüsse zu der jeweiligen seriellen Schnittstelle. Spätestens wenn Sie Daten über eine der seriellen Schnittstellen austauschen wollen und das Kommunikationsprogramm konfigurieren müssen, werden Sie eine solche Beschriftung schätzen lernen.

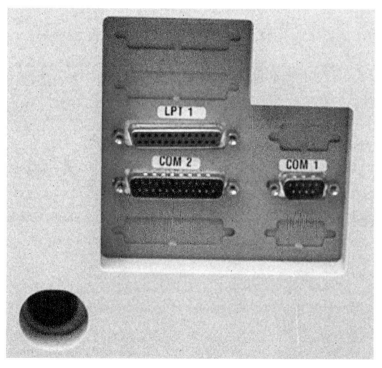

Abb. 6.2: *Eine parallele und zwei serielle Schnittstellen, darunter ein DIN-Tastaturanschluß*

6.3 DIN-Tastaturanschluß

Zu dem kleinen, runden, fünfpoligen Anschluß gibt es nicht viel zu sagen. Dieser hat sich mittlerweile für Tastaturen auf breiter Front durchgesetzt. Bei der einzigen anderen Variante mit größerer Verbreitung handelt es sich um den etwas kleineren sechspoligen DIN-Stecker.

6.4 A/V-Anschlüsse (Cinch)

Die oberste (bzw. linke) Steckkarte können Sie in der Abbildung der Gehäuserückseite nicht sehen. In der folgenden Abbildung können Sie aber links zwei runde Anschlüsse identifizieren, wie Sie sie vielleicht von Ihrer HiFi-Anlage kennen. Diese sogenannten Cinch-Anschlüsse finden Sie vorwiegend im Audio/Video-Bereich (A/V-Bereich), so daß Sie in der Regel davon ausgehen können, daß es sich entweder um einen (der heute kaum noch verbreiteten) CD-ROM-Adapter oder eine Soundkarte handelt. Letztere verfügt aber in der Regel über mehr als nur die beiden erwähnten Cinch-Anschlüsse. Möglicherweise haben Sie es aber auch mit einer Videokarte zu tun.

Abb. 6.3: Die linke Karte verfügt über zwei Cinch-Anschlüsse.

Gehen Sie jetzt aber bitte nicht davon aus, daß jeder A/V-Adapter Cinch-Anschlüsse aufweist. Kleine Klinkenstecker oder auch spezielle Anschlüsse für externe Geräte sind ebenfalls denkbar. Die vorwiegend verbreiteten SCSI- oder EIDE-CD-ROM-Laufwerke haben gar keinen eigenen Adapter, sondern greifen meist auf einen Standard-SCSI-Host-Adapter oder eine ins Motherboard oder eine Soundkarte integrierte EIDE-Schnittstelle zurück. Ob ein CD-ROM-Laufwerk im Rechner vorhanden ist, können Sie letztlich bereits durch einen Blick auf die Rechnerfront feststellen. Wenn Sie dann dessen Kabel im Gehäuse verfolgen, können Sie unschwer feststellen, ob das Flachbandkabel mit der Hauptplatine (gewöhnlich ATAPI-CD-ROM-Laufwerk) oder einem Adapter verbunden ist.

Videokarten verfügen meist über mehr als nur die zwei angesprochenen Cinch-Anschlüsse. Hier begegnen Ihnen dann üblicherweise zusätzlich noch jene Stecker, die den verschiedenen bei Videokameras verbreiteten Standards entsprechen.

6.5 Netzwerkkarte

Die nächste Steckkarte verfügt über einen runden sogenannten BNC-Connector für Koaxial-Kabel. Damit handelt es sich um eine Netzwerkkarte (Thin Ethernet). Der weitere Anschluß dieses Adapters entspricht dem Thick-Ethernet-Standard.

Verwechseln Sie den Anschluß für Thick Ethernet nicht mit dem für einen Joystick. Netzwerkkarten weisen keine Joystick-Anschlüsse auf. (Beschädigungen sollten hier bei versehentlichen Verwechslungen allerdings auch nicht auftreten.)

Abb. 6.4: Meist handelt es sich bei einem solchen 15poligen Sockel um einen Joystick- und/oder MIDI-Anschluß. Auf Netzwerkkarten dient er aber dem Anschluß eines Thick-Ethernet-Kabels!

6.6 Soundkarte

An der nächsten Karte finden Sie neben drei Buchsen für Klinkenstecker einen kleinen Drehregler sowie einen D-förmigen Anschluß. Zweifellos handelt es sich also um eine Soundkarte mit Anschlußmöglichkeit für einen Joystick (Game-Port). Dafür spricht auch das Kabel, das an der oberen Kante mit der Adapterplatine verbunden ist und dessen anderes Ende an das interne CD-ROM-Laufwerk angeschlossen sein müßte.

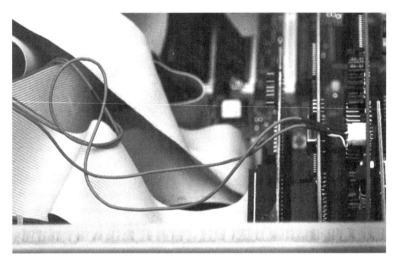

Abb. 6.5: Ein Blick über den Gehäuserand ins Innere des Rechners zeigt das Audio-Verbindungskabel vom CD-ROM-Laufwerk zur Soundkarte (und mehr).

6.7 Internes Faxmodem

Die nächste Steckkarte verfügt über einen sogenannten Westernstecker, über den sich die Karte mit anderen Telekommunikationsgeräten verbinden läßt. Der Beschriftung des von außen bedienbaren DIP-Schalters könnten Sie darüber hinaus entnehmen, daß es sich um eine serielle (COM-)Schnittstelle handelt. Also haben Sie es mit einem internen Modem/Faxmodem zu tun. Übrigens ist es recht praktisch, wenn die Einstellung der DIP-Schalter des Modems – wie im vorliegenden Fall – direkt auf der Steckkarte aufgedruckt ist. In diesem Fall können Sie nämlich das zugehörige Handbuch schon einmal verlegen, ohne daß gleich Konsequenzen zu befürchten stehen, wenn die Karte einmal umkonfiguriert werden muß.

6.8 Grafikkarte

Die nächste Karte weist den für VGA-Grafikkarten typischen 15-poligen Anschluß auf. Ein Blick ins Gehäuse informiert Sie darüber, daß diese Karte in einem PCI-Steckplatz untergebracht ist. Zudem informiert hier wieder einmal ein kleiner Aufkleber mit der Beschriftung *Video* über die Funktion des Anschlusses.

Erste Blicke in die Innereien

Abb. 6.6: Eine Grafikkarte im PCI-Steckplatz

6.9 Scanner-Adapter

Der letzte Adapter gibt dann für sich allein zugegebenermaßen nicht sonderlich viel Informationen preis. Abgesehen davon, daß er einen »ungewöhnlichen« Anschluß aufweist und daß es sich aufgrund der Größe der Steckkarte um einen 8-Bit-Adapter handelt, läßt sich zunächst einmal nicht viel über diese Karte sagen. Das dürfte in der Regel aber bereits genügen, spätestens dann, wenn Sie alle anderen Adapter identifiziert haben.

Scanner werden häufig über herstellerspezifische 8-Bit-SCSI-Host-Adapter angesprochen, und um einen solchen handelt es sich hier. Übrigens ist diese oder eine ähnliche Steckerform bei Scannern und externen CD-ROM-Laufwerken bzw. im SCSI-Bereich einigermaßen verbreitet.

 Es gibt eine ganze Reihe verschiedener SCSI-Stecker-Varianten. Im PC-Bereich recht selten sind 25polige Anschlüsse. Meist haben Sie es gleich mit 50 Polen zu tun. Der moderneren 68poligen Variante begegnen Sie vorwiegend im High-End-Bereich.

6.10 Laufwerk-Controller

Damit verfügt der Rechner bereits über eine recht reichhaltige Ausstattung. Eines haben wir aber bisher noch nicht entdecken können: den Adapter für Festplatten- und Diskettenlaufwerke. Die Vermutung liegt also nahe, daß dieser in der Hauptplatine integriert ist. Und richtig: Entsprechende Kabel führen von der Platine zu den Laufwerken. Dieser Kabelwald ist in einer der vorherigen Abbildungen denn auch kaum zu übersehen.

6.11 Adapter ausbauen

Da das Rechnergehäuse gerade offen ist, kann ich hier auch gleich das allgemeine Vorgehen beim Aus- und Einbau von Steckkarten vorstellen. Zu diesem Zweck können Sie übungshalber einen oder mehrere der in Ihrem Rechner bereits vorhandenen Adapter verwenden. Bestens geeignet ist übrigens die Grafikkarte, da diese normalerweise lediglich außen mit dem Monitorkabel verbunden ist. Gleichzeitig können Sie bei Bedarf die einmalige Gelegenheit nutzen, um die Konfiguration vorhandener Adapter zu ermitteln und zu notieren, indem Sie die verschiedenen Adapter entfernen und sich die Stellung der Jumper und DIP-Schalter notieren. Sofern Ihr Rechner bereits Erweiterungen enthält, die vom Rechnerhersteller oder Händler konfiguriert wurden, verfügen Sie nur selten über ausführliche diesbezügliche Informationen, so daß sich diese Gelegenheit regelrecht anbietet.

Entfernen Sie zunächst angeschlossene Kabel, und fassen Sie dann die Metallteile des Rechnergehäuses an, um ggf. vorhandene statische Elektrizität abzubauen. Lösen Sie dann das zum auszubauenden Adapter gehörende Schräubchen. Meist handelt es sich dabei um eine kombinierte Kreuzschlitz-/Sechskantschraube. Mit einem Sechskant üben Sie beim Herausdrehen bei Bedarf größere Kraft aus, mit dem Kreuzschlitz läßt sich beim Eindrehen meist etwas komfortabler arbeiten und ein Überdrehen der Schrauben besser vermeiden.

Das Herausdrücken eines Adapters geht am einfachsten, wenn Sie diesen an der Rückseite des Rechnergehäuses, am besten unterhalb eines vorhandenen Anschlusses nach oben drücken. (Vorsicht! Manchmal sind die Gehäusekanten recht scharf, so daß dabei die Gefahr besteht, daß Sie sich schneiden.) Dann können Sie die Karte an der Verschlußblende und an der hinteren oberen Ecke anfassen und aus dem Steckplatz heraus und nach oben ziehen.

Abb. 6.7: Steckkarte ausbauen

6.12 Konfiguration überprüfen

Sehen Sie sich die Steckkarte genauer an, und orten Sie gegebenenfalls vorhandene Steckbrücken (Jumper) und/oder Miniatur-Schalter (DIP-Schalter). Wenn Sie jetzt auch noch das Handbuch des Adapters zu Rate ziehen, können Sie sich vorhandene Einstellungen notieren bzw. die Funktion der verschiedenen Steckbrücken bzw. Schalter ermitteln. Gleichzeitig können Sie auch die vorhandene Konfiguration mit den Eintragungen in den Konfigurationsdateien, dem BIOS-Setup bzw. den Werten der eingesetzten Setup- und Diagnoseprogramme vergleichen und sich in Zweifelsfällen entsprechende Notizen machen.

6.13 Adapter einbauen

Beim Wiedereinbau schauen Sie zunächst in das Gehäuse, um die genaue Position des Steckplatzes auszumachen. Achten Sie dabei darauf, daß Sie einen passenden Steckplatz auswählen, also zum Beispiel nicht etwa eine 16-Bit-Karte in einen 8-Bit-Slot stecken. (Ein gar nicht einmal so unbeliebter Fehler!)

Achten Sie immer darauf, daß Sie die Steckkarte nur an den Kanten und an der Slotblende anfassen, also nicht auf die Bauteile selbst fassen. Zudem sollten Sie ab und an das Metall des Rechnergehäuses anfassen, um möglicherweise zwischenzeitlich aufgebaute statische Elektrizität abzubauen. Auf diese Weise schließen Sie Beschädigungen der Elektronik aus.

Bringen Sie den Adapter dann zunächst ungefähr in Position, und schieben Sie ihn in Richtung der Gehäuserückseite, so daß gegebenenfalls vorhandene Anschlüsse durch die Aussparung in der Gehäuserückseite nach außen geführt werden.

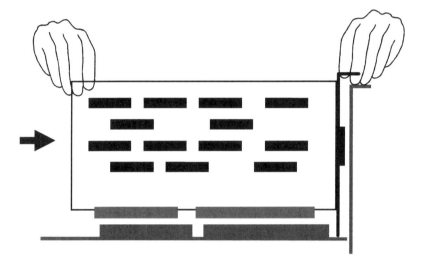

Abb. 6.8: Adapter zum Einbau in Position bringen

Halten Sie die Oberkante der Steckkarte dann waagerecht, und drücken Sie sie vorsichtig – möglichst senkrecht nach unten – in den Steckplatz. Dabei müssen Sie darauf achten, daß die Zunge der Slotblende in die entsprechende Gehäuseaussparung geführt wird. Dieser Sachverhalt wird in der folgenden Abbildung durch den Pfeil am unteren Bildrand verdeutlicht. Achten Sie dabei darauf, daß Sie den Druck möglichst senkrecht zur Karte ausüben. Wenn Sie darüber hinaus mit ein wenig Fingerspitzengefühl und nicht gerade mit roher Gewalt arbeiten, besteht auf diese Weise keine Gefahr der Beschädigung von Leiterbahnen auf der Adapterplatine oder dem Motherboard.

Erste Blicke in die Innereien

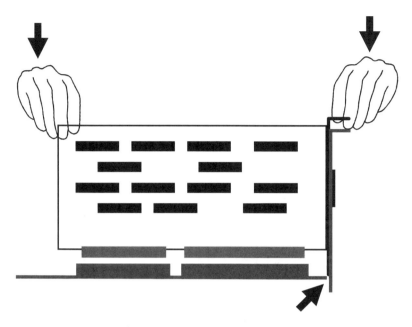

Abb. 6.9: Adapter in Slot hineindrücken

Wenn Sie merken, daß der Adapter nicht so recht in den Steckplatz hinein will, versuchen Sie es nicht mit allzu großem Druck, sondern versuchen Sie zunächst einmal festzustellen, wo das Hindernis liegt. Manchmal paßt einfach die Zunge der Slotblende nicht in die dafür vorgesehene Aussparung. In diesem Fall biegen Sie die Zunge einfach ein klein wenig nach vorn, um die ganze Sache zu vereinfachen. (Die Abbildung übertreibt zur Verdeutlichung ein wenig!)

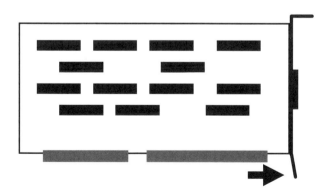

Abb. 6.10: Manchmal hilft Eisenbiegerei ...

Eine weitere Ursache kann darin bestehen, daß die Slots bei Ihrem Rechner ein wenig knapp bemessen sind bzw. die Abmessungen der Karte ein wenig überdimensioniert ausgefallen sind. Leichtes Verkanten des Adapters kann dieser Schwierigkeit entgegenwirken.

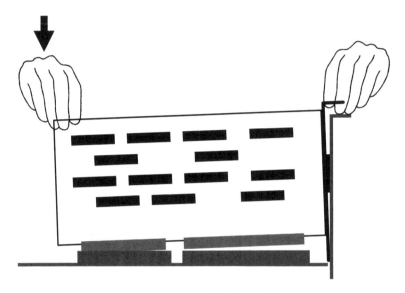

Abb. 6.11: ... manchmal leichtes Verkanten

Wenn die Karte richtig sitzt, drehen Sie das Schräubchen fest und fixieren so die Slotblende am Rechnergehäuse. Achten Sie bei der Verwendung eines Sechskantschlüssels beim Eindrehen von Schrauben darauf, daß Sie diese nicht zu fest anziehen. Ansonsten besteht die Gefahr, daß die Schräubchen reißen und Sie ihnen buchstäblich »den Kopf abdrehen«. Bei der Verwendung eines Kreuzschlitzschraubendrehers sollten Sie andererseits darauf achten, daß Sie den Kreuzschlitz nicht allzusehr strapazieren.

Abschließend können Sie eventuell gelöste Kabel wieder mit den entsprechenden Anschlüssen verbinden.

Erste Blicke in die Innereien

Abb. 6.12: Der Adapter sitzt.

6.14 Slot-Inkompatibilitäten und Konflikte

Wenn das Thema »Einbau von Steckkarten« allgemein behandelt wird, dürfen ein paar Worte über Slot-Inkompatibilitäten nicht fehlen. Generell gilt, daß nicht jede Steckkarte in jedem Slot korrekt arbeitet. Die Ursachen lassen sich meist nicht ohne weiteres ermitteln. Sollte eine Steckkarte in einem bestimmten Slot nicht arbeiten, probieren Sie aus, ob dies für andere Steckplätze ebenfalls gilt.

Recht häufig arbeiten 16-Bit-ISA-Steckkarten nicht in Local-Bus-Slots, sehr wohl aber in den echten ISA-Slots. Manche 16-Bit-Adapter sind auch für 8-Bit-Slots geeignet, arbeiten in diesen, versagen dann aber ihren Dienst in 16-Bit-Slots. Diese Liste ließe sich wohl nahezu endlos fortsetzen. Manchmal sind aber auch einzelne Slots einfach nur defekt oder weisen minimale technische Abweichungen von den übrigen Steckplätzen auf, die hier und da schon einmal zur Ursache von Störungen werden können.

Wenn Sie beim Einbau einer Steckkarte feststellen, daß diese einfach nicht funktionieren will, sollten Sie sie zunächst einmal für sich allein in Betrieb nehmen. Dazu entfernen Sie alle für den Rechnerbetrieb nicht unbedingt notwendigen Steckkarten, testen dann die Funktionsfähigkeit der neuen Steckkarte und bauen dann, wenn alles korrekt funktioniert, nach und nach die zuvor entfernten Karten wieder ein. So können Sie ermitteln, welcher Adapter sich mit der neuen Karte nicht verträgt, und deren Konfiguration bei Bedarf ändern, sofern dies möglich ist.

Sollte dies nicht zum gewünschten Erfolg führen, empfiehlt es sich in der Regel, die Karte in einem anderen Rechner auszuprobieren. Ein Erfolg dieser Aktivitäten ist jedoch nicht gewährleistet. Manchmal stellt die Grafikkarte die verborgene Ursache dar, manche Netzwerk-Adapter wollen in bestimmten Rechnern einfach nicht, manch ein Hand-Scanner läßt sich hier und da einfach nicht installieren. Und das zuweilen auch dann, wenn alle beteiligten Geräte keine technischen Defekte aufweisen, keine Hardware-Konflikte festzustellen sind und eigentlich auch gar nicht existieren (dürften). Murphy läßt grüßen.

Hoffentlich bleiben Sie von derartigen Erfahrungen verschont. Ich habe in einem solchen Fall schon einmal drei Rechner zerlegt. Abschließend arbeiteten dann alle beteiligten Steckkarten und Geräte korrekt – allerdings nicht mehr in jenen Rechnern, für die sie ursprünglich gedacht waren. (Aber wer hat schon drei Rechner?)

6.15 Sichtkontrollen

Wenn Sie sich so im Inneren des Rechners umsehen, können Sie Ihr Augenmerk gleich auf einige weitere Dinge richten:

- Sind alle Kabel korrekt verbunden?
- Stehen Kabel unter Zug, so daß sie sich mit der Zeit lösen könnten?
- Wie viele freie vierpolige Stromversorgungskabel stehen noch zur Verfügung? Welche Größe haben diese?
- Befinden sich ansonsten nichtverbundene Kabel innerhalb des Gehäuses? (Natürlich abgesehen von freien Stromversorgungskabeln.)
- Sind Lautsprecher, Prozessorlüfter und sonstige Teile ausreichend befestigt? Funktioniert der Lüfter?
- Wie viele Steckplätze sind noch frei? Welcher Art sind diese?

- Wie viele Sockel für Speichermodule stehen zur Verfügung? Wie viele sind belegt bzw. frei? Welcher Art sind die Sockel der Speichermodule (30-, 72- oder 168-polig)?

Alle diese Fragen können Sie leicht beantworten. Eine der häufigsten Ursachen für Fehlfunktionen eines Rechners sind gelöste Kabelverbindungen. Kabel bei solchen Kontrollen leicht anzudrücken kann also normalerweise nie verkehrt sein.

Sollten Sie bei der Beantwortung der aufgeführten Fragen noch Schwierigkeiten haben, bin ich beruhigt. Detailliertere Informationen zu beachtenswerten Besonderheiten finden Sie nämlich erst in den noch folgenden Buchkapiteln.

6.16 Fazit

Mit diesem Kapitel ist die einleitende, systematische Inspektion beendet. Wenn Sie die verschiedenen Ergebnisse miteinander vergleichen, sollten Sie einen umfassenden Überblick über die Ausstattung Ihres Rechners gewonnen und wahrscheinlich bereits eine ganze Menge zusätzliche Informationen erhalten haben.

Viele kleinere Fehler und Hardware-Konflikte lassen sich bereits unter Berücksichtigung der bisherigen Darstellungen erkennen, vermeiden und beseitigen. In vielen Fällen dürften Sie sogar ohne die noch folgenden speziellen Ausführungen und die in diesen Teilen des Buches enthaltenen zusätzlichen Fakten und Tips auskommen, wenn Sie Ihren Rechner erweitern wollen. Und genau dieses Ziel sollten die bisherigen Abschnitte erfüllen. Darüber hinaus sollten Ihnen dabei möglichst allgemeingültige Informationen geliefert werden, die unabhängig von speziellen Adaptern sind.

7 Gehäuse und Netzteil

Die meisten Komponenten eines PCs werden üblicherweise nicht einzeln auf den Tisch gestellt, sondern in einem Gehäuse untergebracht. Diese gibt es in einer Fülle verschiedener Ausführungen, Größen und Farben.

Wollen Sie einen Rechner selbst zusammenbauen, müssen Sie ein ansprechendes Gehäuse auswählen. Im Lieferumfang desselben befinden sich dann einige Kleinteile, wie Montagezubehör, Lautsprecher, Blindblenden und Schrauben sowie meist auch das Netzteil (Power Supply). Mit diesen Komponenten befassen wir uns in diesem Abschnitt.

7.1 Laptop und Notebook

Laptops, also Rechner, die auf dem Schoß des Benutzers Platz finden, sind bezüglich ihrer Erweiterungsmöglichkeiten aufgrund ihrer geringen Abmessungen ein wenig eingeschränkt. Moderne Laptops verfügen aber durchweg über mindestens einen PC-Card-Steckplatz (ehedem PCMCIA genannt), der Ihnen den alternativen Einsatz der einen oder anderen Erweiterung gestattet. Das war's dann häufig aber auch schon. Zu berücksichtigen ist auch, daß sich bei kleinen Rechnern häufig nur herstellerspezifische Erweiterungen verwenden lassen, so daß nachträgliche Erweiterungen, die nicht über die vorhandenen Schnittstellen erfolgen, recht kostspielig ausfallen können.

Notebooks sollten eigentlich die Größe eines Notizbuchs haben, sind aber meist erheblich größer. Letztlich handelt es sich lediglich um etwas kleiner ausgefallene Laptop-Rechner. Für etwas niedrigere Ansprüche reichen unter Umständen auch die sogenannten PDAs (Personal Digital Assistent) aus, die in die Westentasche passen und teilweise unter dem abgespeckten Windows CE arbeiten.

Wenn Sie sich für die Anschaffung eines Laptops interessieren, weil Sie einen Rechner für den mobilen Einsatz benötigen, sollten Sie unter anderem auf die im folgenden zusammengestellten Kriterien achten. Da ich dabei zwangsläufig den folgenden Kapiteln ein wenig vorgreifen muß, sollten Sie bei Bedarf die folgenden Kapitel bzw. den Index des Buches nutzen, um sich ein wenig eingehender über die verschiedenen Alternativen zu informieren.

Abb. 7.1: Laptop mit Drucker (Bild: Canon)

7.1.1 Größe und Gewicht

Wenn Sie den Rechner über längere Strecken mit sich herumtragen, sollte er möglichst leicht und kompakt ausfallen, wenn Sie ihn vorwiegend im Auto oder Zug mit sich herumführen, kann er schon etwas schwerer ausfallen.

7.1.2 Preis

Die Preisunterschiede der mobilen Rechner fallen beträchtlich aus. Preis und Leistung sollten daher sorgfältig abgewogen werden. (Für High-Tech-Geräte können Sie ohne weiteres einen Kleinwagen erwerben!)

7.1.3 Akkus und deren Nutzungsdauer

Auch hier gibt es erhebliche Unterschiede, die je nach Einsatzzweck und insbesondere in Abhängigkeit von verfügbaren externen Stromanschluß-Möglichkeiten unterschiedlich ins Gewicht fallen.

 Ältere Akkus sollten vor dem erneuten Aufladen vollständig entladen werden, da ansonsten die Gefahr besteht, daß der sogenannte »Memory-Effekt« auftritt, der Kapazität und Leistung der Akkus im Laufe der Zeit zunehmend verringert.

Wenn Sie den mobilen Rechner längere Zeit betreiben müssen, ohne das Akku nachladen zu können, stellen auswechselbare Akkus ein wesentliches Kriterium dar. Besonders vorteilhaft ist hier die Möglichkeit zum Wechseln der Akkus während des Rechnerbetriebs (Hot Swapping).

Möglicherweise findet auch ein Trend, der sich beim Funktelefon (Handy) abzeichnet, im Bereich mobiler Rechner seine Fortsetzung. Dann wäre nämlich der Einsatz herkömmlicher Batterien als Alternative zu Akkus möglich, wenn keine Möglichkeit zum »Nachtanken« besteht.

Was den Einsatz wiederaufladbarer Standard-Batterien der Größen AA bzw. AAA betrifft, kann ich zur Zeit nur abraten. Einerseits liefern diese üblicherweise nur eine Spannung von 1,2 statt 1,5 Volt, andererseits konnte ihre Haltbarkeit bisher nicht überzeugen (häufiges und frühzeitiges Auslaufen). Andere Batteriegrößen – insbesondere 9 V-Blockbatterien – hinterließen in dieser Hinsicht einen wesentlich positiveren Eindruck.

7.1.4 Prozessor-Leistung

Mit einem Pentium ab etwa 100 MHz Taktfrequenz lassen sich alle modernen Programme (bei entsprechender Speicherausstattung) halbwegs komfortabel einsetzen. Wenn alle Aufgaben mit dem mobilen Rechner erledigt werden sollen, darf es natürlich auch etwas mehr sein.

7.1.5 Arbeitsspeicher

Da vorwiegend herstellerspezifische RAM-Bausteine zum Einsatz kommen, ist Arbeitsspeicher für mobile Rechner meist unverhältnismäßig teuer. Weniger als 16 MByte RAM sollten es aber ab Windows 9x keinesfalls sein.

7.1.6 Festplatte

Kleiner als ca. 1,2 GByte (besser 1,6 GByte) sollte eine Festplatte heute nicht mehr ausfallen, sofern Sie mit modernen Office-Programmen arbeiten. Je nach den zu bearbeitenden Daten sollten Sie nach größeren Festplatten Ausschau halten.

7.1.7 Bildschirm

TFT (Thin Film Transistor), DSTN (Double Supertwist Nematic) und PDP (Plasma Display Panel) lauten hier die Alternativen. Farb-TFT stellt das momentane Optimum dar, während sich PDP erst noch bewähren muß. Bei Verwendung von DSTN müssen Sie Einbußen hinnehmen. Andererseits können Preis und Akku-Nutzungsdauer für DSTN sprechen. Die Bildschirmauflösung sollte mindestens 800×600, besser 1024×768 Bildschirmpunkte betragen.

7.1.8 Externe Anschlüsse

Achten Sie darauf, ob sich ein externer Monitor an den mobilen Rechner anschließen läßt. (Dies kann für Präsentationen von Bedeutung sein.) Anschlüsse für einen externen Drucker und eine Maus sollten ebenfalls vorhanden sein. Dabei geht der Trend gerade im Laptop-Bereich eindeutig weg von den traditionellen seriellen und prallelen Schnittstellen und hin zu USB (Universal Serial Bus) und IrDA (Infrared Data Association).

7.1.9 PC Card, Steckplätze und Erweiterungen

Mobile Rechner verfügen üblicherweise nicht über herkömmliche Steckplätze. Vielmehr sollten sie über mindestens einen PC-Card-Anschluß verfügen. Wenn Sie zum Beispiel gleichzeitig ein Modem und eine zusätzliche Festplatte betreiben oder sich an ein Netzwerk anschließen wollen, sind zwei PC-Card-Anschlüsse Pflicht. Diese PCMCIA-Steckplätze, die nun meist PC Card genannt werden, gibt es darüber hinaus in verschiedenen Ausführungen. Typ III gestattet den Einsatz von PC-Karten größerer Bauhöhe und ist daher flexibler einsetzbar als Steckplätze des Typs II. Dies gilt insbesondere im Hinblick auf den Einsatz externer PC-Card-Festplatten hoher Kapazität.

Wenn Sie den mobilen Rechner flexibel einsetzen wollen, sollten Sie die verfügbaren Erweiterungsmöglichkeiten mit in Ihren Entscheidungsprozeß einbeziehen. Mittlerweile gibt es neben den bereits angesprochenen große Festplatten Soundkarten, Modems, ISDN-Karten und Netzwerk-Adapter, die sich an die PC Card-Schnittstelle anschließen lassen, so daß der Einsatz eines Laptops kaum noch größeren Einschränkungen unterliegt.

 Moderne Laptops verfügen meist bereits über eine integrierte, Soundblaster-kompatible Soundkarte, so daß diese keine PC-Card-Schnittstelle beansprucht. Achten Sie insbesondere dann darauf, wenn Ihr Augenmerk Präsentationen mit Geräuschkulisse gilt.

Von besonderem Interesse ist darüber hinaus, welche Geräte sich während des Betriebs des mobilen Rechners wechseln lassen. Das sogenannte »Hot Plugging« aller Komponenten kann die Arbeit mit einem mobilen Rechner wesentlich erleichtern.

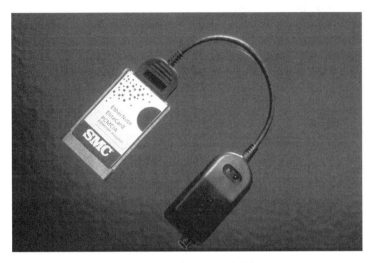

Abb. 7.2: PC-Card-Netzwerk-Adapter

7.1.10 Tastatur und Maus

Wenn Sie unterwegs viele Daten eingeben müssen, sollten Sie den Eingabegeräten besonderes Augenmerk widmen. Überzeugen Sie sich möglichst durch eigene Tests von der Qualität dieser Geräte, und ziehen Sie gegebenenfalls den alternativen Einsatz externer, herkömmlicher Eingabegeräte mit in Ihre Betrachtungen ein.

7.1.11 CD-ROM- und Diskettenlaufwerk

CD-ROM-Laufwerke gehören heute zur Standard-Ausstattung eines jeden Rechners. Dementsprechend sollte auch ein mobiler Rechner mit einem solchen Laufwerk ausgestattet sein. Diskettenlaufwerke verlieren zwar zunehmend an Bedeutung, ein völliger Verzicht auf dieses Medium führt allerdings meist dazu, daß Sie sich mit anderen Möglichkeiten zum Datenaustausch (beispielsweise Netzwerk oder Modem) vertraut machen müssen. Zudem kann die Systemwartung ausgesprochen umständlich werden, wenn kein Diskettenlaufwerk zur Verfügung steht. Ich möchte jedenfalls weder auf ein CD-ROM-Laufwerk noch auf ein Diskettenlaufwerk verzichten.

CD-ROM-Laufwerke gehören zu den ausgesprochenen »Stromfressern«, so daß sie im Batteriebetrieb des Rechners sparsam genutzt werden sollten.

7.1.12 Docking Station

Zu vielen Laptops und Notebooks sind sogenannte Docking Stations erhältlich. Diese werden auf den Schreibtisch gestellt. Wenn Sie den tragbaren Rechner im Büro nutzen wollen, schieben Sie ihn einfach in die Docking Station und erhalten so einen vollwertigen PC. Zu den Docking Stations können dann naturgemäß weitere Geräte gehören. Ein herkömmlicher Monitor, ein CD-ROM-Laufwerk usw. können zum Beispiel neben einer vollwertigen Tastatur zusätzlich in eine Docking Station integriert sein bzw. auf diese gestellt werden. Darüber hinaus bieten die meisten Docking Stations zusätzliche Anschlüsse für weitere Geräte.

 Das sogenannte »Hot Docking« sollte von modernen Geräten unterstützt werden. Damit sollen mögliche Fehlbedienungen ausgeschlossen werden, so daß Sie den laufenden Rechner in eine Docking Station einsetzen und aus dieser entfernen können. (Dieser Standard muß von allen beteiligten Komponenten unterstützt werden.)

Neben dem Begriff »Hot Docking« beschreibt das »Warm Docking« das Andocken eines Gerätes, das sich im Schlaf- bzw. Bereitschaftsmodus befindet. »Cold Docking« bedeutet zu guter Letzt, daß die beteiligten Geräte ausgeschaltet sein müssen, wenn diese angeschlossen bzw. angedockt werden.

Abb. 7.3: Eine Docking Station

7.2 Gehäuseausführungen

Wenn Sie einen PC selbst zusammenstellen wollen, gelten die ersten Überlegungen dem beabsichtigten Einsatzzweck. Kleinere Gehäuse ermöglichen es, den Rechner unterwegs mitzuführen, behindern aber spätere Erweiterungen.

Je größer das Rechnergehäuse ausfällt, desto leichter oder zumindest komfortabler lassen sich spätere Erweiterungen durchführen. Planen Sie Erweiterungen, sollten Sie darauf achten, wie viele Einschubschächte für Diskettenlaufwerke, Festplatten usw. das Gehäuse aufweist. Auch die größten Gehäuse verfügen teilweise nur über vier Einschubplätze, die nach vorn offen sind. Ein CD-ROM-Laufwerk, eine Wechselfestplatte und zwei Diskettenlaufwerke stellen heute gar keinen besonderen Luxus dar, dennoch ist ein solches Gehäuse damit gefüllt. Für ein Bandlaufwerk zur Datensicherung ist dann bereits kein Platz mehr frei.

7.2.1 Portable

»Tragbare« Rechner sind mittlerweile weitestgehend »ausgestorben«. Diese Geräte, die etwa so groß wie eine Koffer-Nähmaschine sind, enthalten meist ein normales Motherboard mit kleinen Abmessungen. Ansonsten haben Sie es aber eigentlich mit einem vollwertigen, reichlich verbauten PC zu tun, dem es an Einschubplätzen mangelt.

Weitere Einschränkungen ergeben sich hinsichtlich der eingesetzten Anzeigeeinheit. Sofern nicht gerade ein TFT-Display (Thin Film Transistor) verwendet wird, ist der Einsatz der 10 bis 15 Kilo wiegenden, »schleppbaren« Rechner lediglich in Ausnahmefällen zu empfehlen. Benötigen Sie einen Rechner als »Werkstatt« bzw. Ersatzteillager zu Testzwecken oder können Sie selbst im Urlaub nicht auf Ihr geliebtes High-Tech-Spielzeug verzichten, stellt ein Portable aber gegebenenfalls eine sinnvolle Anschaffung dar.

7.2.2 Slimline

Für Slimline-Gehäuse gilt hinsichtlich der Erweiterbarkeit und der vorhandenen Einschübe im Prinzip das gleiche wie für Portables. Sie verfügen allerdings über einen der üblichen Bildschirme.

Eine Entscheidung zugunsten eines flachen bzw. schlanken Gehäuses fällt meist dann, wenn die räumlichen Gegebenheiten eingeschränkt sind oder der Ästhetik der Vorzug gegeben wird. Immerhin lassen sich in einem Slimline-Gehäuse meist insgesamt vier Steckkarten unterbringen, da diese horizontal montiert werden.

7.2.3 Desktop

Desktop-Gehäuse werden meist auf den Schreibtisch gestellt. Üblicherweise wird der Monitor dann darauf plaziert. Bei Desktops handelt es sich um vollwertige und recht gut erweiterbare PCs. Meist haben sie drei 5,25-Zoll- und zusätzlich oft ein oder zwei 3,5-Zoll-Einschübe, so daß sich hinsichtlich der Erweiterbarkeit keine großen Nachteile gegenüber Tower-Gehäusen ergeben.

Häufig sieht man Desktop-Gehäuse auch hochkant unterhalb des Schreibtischs stehen. Dabei ist lediglich darauf zu achten, daß die meisten CD-ROM-Laufwerke hochkant nicht arbeiten und daß Festplatten auf keinen Fall auf dem Kopf liegen dürfen. Der Hochkant-Betrieb von Festplattenlaufwerken ist heute in der Regel zulässig.

7.2.4 Tower-Gehäuse

Tower-Gehäuse sind dafür vorgesehen, hochkant aufgestellt zu werden. Dementsprechend liegen dann die Einschübe waagerecht. Man unterscheidet zwischen Mini-Tower- und Big-Tower-Gehäusen. Mini- oder auch Baby-Tower-Gehäuse sind mit Desktop-Gehäusen vergleichbar, jedoch gilt für sie im Unterschied zu den Desktop-Gehäusen, daß meist nur ein Baby-Board eingebaut werden kann.

In einem Big-Tower-Gehäuse finden naturgemäß die meisten Einschübe Platz. Hinsichtlich der Erweiterbarkeit sollten Sie jedoch darauf achten, daß möglichst viele der Einschübe auch nach vorn offen sind. Für Schnittstellen finden sich an der Rückseite des Gehäuses meist zusätzliche vorgestanzte Öffnungen, so daß für serielle bzw. parallele Schnittstellen, die in den anderen Gehäusen einen Steckplatz belegen, da sie über eine spezielle Steckplatzblende nach außen geführt werden, kein Steckplatz verbaut zu werden braucht. Effektiv steht damit in einem Big-Tower-Gehäuse meist ein nutzbarer Steckplatz mehr zur Verfügung.

7.2.5 Maße der Hauptplatine

Neben den bereits angesprochenen Besonderheiten müssen Sie bei der Auswahl eines Gehäuses darauf achten, welche Hauptplatinen sich in ein Gehäuse einbauen lassen. Viele Gehäuse sind lediglich für die üblichen Babysize-Mainboards geeignet, alte Gehäuse eignen sich nur für die heute nicht mehr eingesetzten Hauptplatinen in »Normalgröße«. Eine normal große Hauptplatine in ein Gehäuse einzubauen, das lediglich für Baby-Boards vorgesehen ist, dürfte Ihnen jedenfalls ebensowenig gelingen wie der Einbau eines ATX-Motherboards in ein Gehäuse für »Baby-Boards«.

Gehäuse für ATX-Motherboards bzw. Baby-Boards lassen sich darüber hinaus aus einem anderen, wesentlichen Grund nicht in Verbindung mit den unpassenden Motherboards einsetzen. Die Netzteilstecker der beiden genannten Varianten sind nämlich unterschiedlich!

Im Abschnitt »Formfaktor« des Kapitels »Motherboard« finden Sie weitere Informationen über die Abmessungen von Motherboards.

7.2.6 Ausstattungsmerkmale

Wenn Sie ein Gehäuse auswählen wollen, gibt es einige weitere Merkmale, die Sie berücksichtigen sollten. Mitgelieferte Kleinteile, Lautsprecher, Schalter, Abstand der Steckplatzaussparungen usw. können im Einzelfall den Ausschlag für das eine oder andere Gehäuse geben.

Seitdem der 80286-Prozessor auf dem Markt erschien, wurden fast nur noch Hauptplatinen mit einheitlichen Abmessungen (AT-Formfaktor) für die verschiedenen PC-Gehäuse verwendet. Mittlerweile kommen zunehmend ATX-Motherboards zum Einsatz, die etwas kleiner ausfallen, andere Bohrungen im Gehäuse und auch einen anderen Netzteilanschluß aufweisen.

Achten Sie beim Kauf von Gehäuse, Netzteil und Motherboard insbesondere darauf, daß diese zusammenpassen. Neben dem langjährigen AT-Formfaktor kommen zunehmend die moderneren ATX-Motherboards zum Einsatz.

Anzahl und Abstand der Steckplätze

Diesem Kriterium habe ich mich bei der Abhandlung der verschiedenen Gehäuseformen bereits gewidmet. Die meisten handelsüblichen Platinen weisen insgesamt sieben oder acht Steckplätze (Slots) auf. Hier geht es also einfach darum, ob auch die entsprechende Anzahl Aussparungen an der Gehäuserückseite zur Verfügung steht. Zuweilen lassen sich aufgrund der Bauform nicht alle Steckplätze des Motherboards nutzen.

Gehäuse alter Bauart, die für den Original-PC vorgesehen waren, weisen etwas größere Abstände (1 Zoll) zwischen den Steckplätzen als AT-Gehäuse (0,8 Zoll) auf. Darauf müssen Sie heute jedoch nur noch in Ausnahmefällen achten.

Achten Sie bei den Angaben über die Anzahl der Steckplätze darauf, daß sich direkt nebeneinanderliegende herkömmliche ISA- und PCI-Slots normalerweise nicht gleichzeitig nutzen lassen, weil sich die Bestückungsseiten dieser Karten unterscheiden. In der Regel haben Sie es also mit *einem kombinierten* ISA/PCI-Slot zu tun.

Leistung des Netzteils

Meist erwerben Sie zusammen mit einem Gehäuse auch das Netzteil. Achten Sie dabei darauf, daß dieses nicht zu schwach ausfällt. Mindestens ein 200-Watt-Netzteil sollte es schon sein. 250 Watt sind beim Einbau vieler Erweiterungen keinesfalls zuviel. Zwei Festplatten, ein CD-ROM-Laufwerk usw. verbrauchen schon einiges an Strom und fordern dem Netzteil auch entsprechende Leistungen ab. Geräte mit Motoren gehören übrigens generell zur Gattung der leistungshungrigen Stromfresser.

Lautsprecher, Reset- und Netzschalter

Ein Lautsprecher gehört immer mit zum Lieferumfang eines Rechnergehäuses. Ob dieser geklebt, geschraubt oder verhakt wird, hängt vom jeweiligen Gehäuse ab.

Abb. 7.4: Lautsprecher im Gehäuse

Ähnlich sieht es mit dem Reset-Schalter aus. Mittlerweile gehört dieser seit langem zur Standardausstattung. Allerdings kann es eine wesentliche Rolle spielen, wie dieser Schalter ausgeführt ist bzw. an welcher Position am Gehäuse er sich befindet.

Die Bedienung des Reset-Schalters mit einem Kugelschreiber mag Ihnen vielleicht ein wenig umständlich erscheinen, Familienväter bzw. -mütter würden diese Sonderausstattung vielleicht eher begrüßen. Ähnlich ist es um den Netzschalter bestellt. Achten Sie also bei Bedarf auf die Knie- und Kindersicherheit der Schalter.

Anschlüsse an der Gerätefront

Anschlüsse an der Front des Rechnergehäuses werden mit dem Zusammenwachsen von PC- und Unterhaltungsindustrie und der Unterstützung neuer Bussysteme immer wichtiger. Zwar lassen sich auch ältere Rechner mit Hilfe von Steckkarten zum Beispiel mit dem USB (Universal Serial Bus) nachträglich ausstatten, jedoch kann diese moderne Schnittstelle ihre Vorteile erst dann voll ausspielen, wenn sich entsprechende Anschlüsse entweder an der Tastatur, am Bildschirm oder aber in der Frontplatte des Rechnergehäuses befinden, so daß sie frei zugänglich sind. Ähnliches gilt im Hinblick auf »Firewire« (IEEE 1394).

Neue Bussysteme und die damit einhergehenden neuen Anschlüsse werden zunehmend wichtig. Wenn Sie also ein Gehäuse erwerben können, das in dieser Hinsicht bereits auf die Zukunft vorbereitet ist, könnte dies ein ausschlaggebendes Entscheidungskriterium sein.

Speed-Display und Turbo-Schalter

Darüber hinaus verfügen einige Gehäuse über eine Geschwindigkeitsanzeige (Speed Display). Um diese korrekt schalten zu können, benötigen Sie allerdings eine aussagekräftige Dokumentation.

Die korrekte Einstellung der Geschwindigkeits-Displays läßt sich hier ohnehin nicht beschreiben, da es fast genauso viele Varianten wie unterschiedliche Gehäuse mit LEDs gibt. Meist müssen Sie eine bestimmte Jumpereinstellung vornehmen, um die gewünschte Anzeige zu erzielen. Selbst mit der entsprechenden Dokumentation entartet die korrekte Einstellung der LED-Anzeige zuweilen zu einer echten Knobelei.

Eigentlich benötigen Sie kein Speed-Display, da dieses ohnehin nicht die tatsächliche Geschwindigkeit des Rechners, sondern lediglich die vorgenommene Einstellung für die zwei möglichen Modi anzeigt.

Als Gag können Sie auf dem Speed-Display ohne weiteres 99 MHz anzeigen lassen, auch wenn im Gehäuse nur ein Uralt-PC mit 4,77 MHz zu finden ist. Dementsprechend genügen ein Schalter für den Turbo-Modus und ein Anzeigelämpchen.

Tastaturschloß

Die meisten Gehäuse weisen zudem ein Schloß auf, über das Sie die Tastatur des Rechners abschließen können, um den Rechner zwischenzeitlich unbenutzbar zu machen. Mit diesem Schloß wird jedoch lediglich die Tastatur verriegelt.

Sollten Sie also Ihre Schlüssel verlegt haben, brauchen Sie nur das Gehäuse zu entfernen und das Kabel, das zum Schloß führt, ausfindig zu machen. Verfolgen Sie dann dessen Verlauf, und ziehen Sie den Verbindungsstecker zum Motherboard ab. Einen echten Schutz bietet ein solches Schloß also selbst dann nicht, wenn kein Null-acht-fünfzehn-Schlüssel verwendet wird.

Gehäuseverschluß

Mehr oder weniger Geschmackssache dürfte die Auswahl eines Gehäuses im Hinblick auf dessen Verschluß sein. In Deutschland sind aufgrund von Sicherheitsvorschriften vorwiegend verschraubte Gehäuse üblich. Es sind jedoch auch Varianten erhältlich, die sich durch gefederte Druckknöpfe oder ähnliches öffnen lassen. Zwischenvarianten mit gefederten Verschlußdeckeln über den Slots, die als Ganzes verschraubt sind, erleichtern spätere Erweiterungen. Achten Sie gegebenenfalls darauf, daß Sie eine kindersichere Ausführung wählen, und orientieren Sie sich an technischen Prüfsiegeln.

 Es sind auch Gehäuse erhältlich, denen der Segen des TÜV bzw. technische Prüfsiegel fehlen. Derartige Gehäuse können zwar Vorteile bieten, sollten aber doppelt kritisch betrachtet werden.

Einbauzubehör

Achten Sie darauf, daß im Lieferumfang eines Gehäuses alles notwendige Montagematerial enthalten ist. Schräubchen, Platinenabstandhalter, Blenden usw. sollten in ausreichender Anzahl zur Verfügung stehen. Fragen Sie besser nach, ob auch Schrauben für Erweiterungen im Lieferumfang enthalten sind.

7.3 Netzteil

Das Netzteil eines Rechners sorgt für die Umwandlung der Wechselspannung des Stromnetzes (220 V bei 50 Hz) in die von den Schaltkreisen des Rechners benötigten Gleichspannungen (12 bzw. 5 Volt). Meist sind die Netzteile für den internationalen Einsatz ausgelegt, so daß sie auch bei einer Eingangsspannung von 110 V (60 Hz) arbeiten. Die Umschaltung zwischen den verschiedenen Eingangsspannungen erfolgte früher meist über einen Schiebeschalter, der mit einem flachen Schraubendreher betätigt werden konnte. Moderne Netzteile passen sich meist selbsttätig an die vorhandene Eingangsspannung an.

Wenn Sie jetzt meinen, daß Defekte an Netzteilen nur selten vorkommen, daß diese vielmehr nur funktionieren oder aber gleich gänzlich versagen, befinden Sie sich im Irrtum. Vielmehr können kleinere Defekte oder auch ein zu schwaches Netzteil fatale Folgen haben, deren Ursachen meist anderen Komponenten zugeordnet werden, nur eben nicht dem Netzteil.

Abb. 7.5: Ein PC-Netzteil

Störungen und Überlastungen des Netzteils können unregelmäßige Systemaussetzer verursachen, die sich meist zunächst beim Zugriff auf stromfressende Geräte bemerkbar machen, zu denen in diesem Sinne auch die Festplatten gehören, und Ausfälle bei den Festplatten führen nahezu zwangsläufig zu Datenverlusten. In diesem Sinne ist eine nicht ausreichende Stromversorgung ausgesprochen hinterhältig.

So gesehen handelt es sich beim Netzteil um eine der wichtigsten Komponenten des PCs.

7.3.1 Einbaumaße

Das Wichtigste beim Ersatz eines PC-Netzteils sind die korrekten Abmessungen. Glücklicherweise hat sich hier eine gewisse Einheitlichkeit durchgesetzt, so daß es kein Problem sein sollte, ein passendes Netzteil aufzutreiben. Typische Abmessungen sind zum Beispiel 150x150x90 mm (Länge x Breite x Höhe).

Wichtig sind die Außenabmessungen des Netzteils, die Abstände und die Positionierung der Befestigungsschrauben sowie die Belegung der Stecker, die zur Hauptplatine führen. Diese werden bei Motherboards mit dem AT-Formfaktor typischerweise mit P8 (Plug 8 – Stecker 8) bzw. P9 bezeichnet und sind auf der Hauptplatine und auf dem Kunststoffstecker meist auch so gekennzeichnet. (ATX-Motherboards verfügen über einen einzelnen statt des zweigeteilten Steckers.)

Das Netzteil wird üblicherweise mit vier kombinierten Kreuzschlitz-/Sechskant-Schrauben befestigt, die rund um das typische Gitter des Ventilators und die Netzanschlüsse verteilt sind. Wenn Sie sich ein neues Netzteil besorgen wollen, ohne das alte zuvor auszubauen, legen Sie ein Blatt Papier über die Schrauben, und markieren Sie darauf sicherheitshalber die genaue Position derselben. Letztlich muß sich das Netzteil im Gehäuse befestigen lassen.

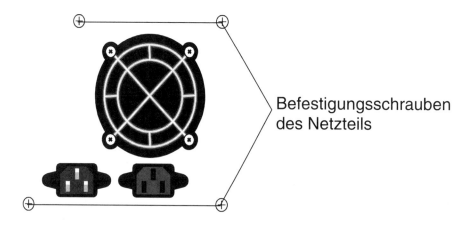

Abb. 7.6: Befestigungsschrauben des Netzteils

Wenn Sie den Verdacht haben, es könnte sich um ein nicht-standardmäßiges Netzteil handeln, sollten Sie neben der Position der Schrauben eine Schablone herstellen, die die Aussparungen im Gehäuse wiedergibt. Darüber hinaus sollten Sie das Gehäuse öffnen und die Außenabmessungen des Netzteils mit Hilfe eines Zollstocks feststellen und notieren.

Weiterhin müssen sich zumindest die schwarzen Leitungen der Stecker P8/P9 bei Motherboards im AT-Formfaktor an der richtigen Seite der Stecker befinden. Einige wenige Exoten haben leider eine etwas andere Belegung der Stecker P8/P9 verwendet, die sich üblicherweise jedoch bereits an der verschiedenartigen Anordnung der schwarzen Massekabel herausfinden läßt, so daß Sie dies recht leicht feststellen können.

Die neuen ATX-Motherboards verfügen lediglich über einen einzelnen einteiligen Stecker, der zudem verpolungssicher ausgeführt ist. Im Zweifelsfall können Sie das auszuwechselnde Netzteil auch zunächst ausbauen und als Muster mit zu Ihrem Elektronik- bzw. Hardware-Händler nehmen.

Sollten Sie trotz der bisherigen Hinweise immer noch Probleme haben, ein passendes Netzteil aufzutreiben, wenden Sie sich an den Händler, bei dem Sie Ihren Rechner gekauft haben, und teilen ihm mit, um welches Rechnermodell und welches Gehäuse es sich handelt. Ein Polaroid-Foto oder die Skizze aus einem Rechnerhandbuch kann dabei als Gedächtnisstütze Wunder wirken.

Wenn Ihnen dies auch noch nicht weiterhilft, gibt es nur noch zwei Möglichkeiten: Sie besorgen sich entweder ein komplett neues Rechnergehäuse inklusive Netzteil, oder Sie greifen zu Bohrer und/oder Stichsäge und versuchen auf diesem Wege passende Verhältnisse zu schaffen. Den letzteren Weg möchten wir Ihnen allerdings nicht gerade empfehlen.

7.3.2 Leistung

Um alle Komponenten eines Rechners mit dem notwendigen »Saft« versorgen zu können, müssen die Netzteile eine gewisse Leistung abgeben können. Das im PC eingebaute 63,5-Watt-Netzteil ist nach heutigen Maßstäben in jedem Fall zu schwach. Bereits der Einbau einer Festplatte führt hier meist zur Überlastung des Netzteils, so daß solche Netzteile bereits bei der ersten Systemerweiterung ausgetauscht werden sollten. 200 Watt sollte ein Netzteil heute schon leisten; 230- oder 250-Watt-Netzteile finden zunehmend Verwendung.

Sollten Sie ein Netzteil austauschen müssen, können Sie auch ein 300-Watt-Netzteil verwenden. Da die Preise der PC-Netzteile mit den Jahren ebenfalls extrem gefallen sind, kostet der Austausch dieser Komponente heute meist weniger als 100 Mark. Ausnahmen stellen allenfalls noch herstellerspezifische Netzteile dar, die neben den standardisierten 12- und 5-Volt-Anschlüssen weitere spezielle Stecker aufweisen, wobei es sich dann meist um die Stromversorgung für die Anzeige handelt. Betroffen von dieser zusätzlichen Erschwernis ist üblicherweise die aussterbende Gattung der tragbaren Rechner.

Einen ungefähren Eindruck von der Leistungsaufnahme unterschiedlicher Geräte soll Ihnen die folgende Tabelle vermitteln. Als Daumenregel sollte das Netzteil auf Dauer maximal 80 Prozent seiner Nennleistung abgeben müssen. Zudem sind neuere Komponenten meist sparsamer als ältere, so daß Sie sich dann vornehmlich an den jeweils niedrigeren Werten orientieren können.

Komponente	Leistungsaufnahme
Motherboard	15 bis 35 Watt
Prozessor	3 bis 40 Watt
Festplatte	5 bis 30 Watt
Diskettenlaufwerk	2 bis 15 Watt
CD-ROM	5 bis 30 Watt
CD-Brenner	10 bis 30 Watt
Erweiterungskarte	5 bis 15 Watt
Arbeitsspeicher	1 bis 5 Watt pro MByte

Tab. 7.1: Leistungsaufnahme von Geräten

7.3.3 Spannungstoleranzen

In manchen Büchern finden Sie an dieser Stelle umfangreiche Tabellen. Dabei kann dieses Thema relativ kurz abgehandelt werden. Die Netzteile in PCs geben Gleichspannungen in Höhe von ± 12 Volt und ± 5 Volt ab. Die meisten elektronischen Bauteile und Geräte arbeiten mit zulässigen Toleranzen von bis zu 10 Prozent, bei manchen dürfen die Abweichungen nicht mehr als 5 Prozent betragen. Wenn sich die Spannungsabgabe Ihres Netzteils also in Bereichen von ±5 Prozent der jeweiligen Nennspannung befindet, können Sie normalerweise davon ausgehen, daß das Netzteil in dieser Beziehung korrekt arbeitet.

Wenn Sie die Spannungswerte selbst überprüfen wollen, können Sie dies an den Steckern tun, die die Verbindung zur Hauptplatine herstellen. Achten Sie dabei darauf, daß die schwarzen Leitungen Masse führen, kann eigentlich kaum etwas schiefgehen. Allerdings können Sie die Spannung in der Regel nur messen, wenn die Stecker mit der Hauptplatine verbunden sind, der Rechner also läuft. Unter Umständen können Netzteile, die in Betrieb genommen werden, ohne angeschlossen zu sein, sogar beschädigt werden.

7.3.4 Weitere Aspekte der Stromversorgung

Stellen Sie sich einen sogenannten Server vor, also einen Rechner, der anderen Ressourcen zur Verfügung stellt. Spätestens wenn auf diesem auch noch kritische Daten gespeichert werden, erlangen im Hinblick auf die Stromversorgung Aspekte der Datensicherheit besondere Bedeutung. Umweltaspekte und damit Stromsparmaßnahmen treten ebenfalls zunehmend in den Vordergrund.

Entstörfilter

Ängstlichen Seelen können bereits Entstörfilter ein wenig Beruhigung verschaffen. Diese sorgen dafür, daß Störimpulse in der Spannungsversorgung, die manchen Rechnern zu schaffen machen können, zuverlässig beseitigt werden.

Blitzschutzfilter

Befindet sich Ihr Wohnsitz in einer durch Blitzschläge gefährdeten Gegend, können Sie über einen Blitzschutzfilter vorsorgen. Dieser filtert Überspannungen, die Elektrogeräte zerstören können, zuverlässig heraus. Sollte der Rechner zum Zeitpunkt des Blitzeinschlags eingeschaltet sein, dürften allerdings die Sicherungen im Haus sowieso herausfliegen, so daß dieser Filter keinen Schutz gegen dadurch verursachte Datenverluste, sondern lediglich einen Schutz des Computers selbst darstellt.

USV bzw. UPS

Unterbrechungsfreie Stromversorgung (USV bzw. UPS – Uninterruptable Power Supply) wird insbesondere zum Schutz von Rechnernetzwerken bzw. Servern eingesetzt. Meist umfaßt sie sowohl Entstör- als auch Blitzschutzfilter und liefert zudem bei Stromausfall genügend Energie, um angeschlossene Geräte rechtzeitig vor dem Auftreten von Datenverlusten abschalten zu können.

Naturgemäß kostet eine USV etliche Hunderter oder auch Tausender, je nachdem welche Leistungsreserven zur Verfügung gestellt werden sollen. Je mehr Rechner im Falle eines Falles mit Strom versorgt werden müssen, desto größer fällt die dazu erforderliche Batterieleistung aus. Alternativ besteht natürlich die meist preiswertere Möglichkeit, dezentral mehrere USV-Geräte zu betreiben.

Abb. 7.7: Unterbrechungsfreie Stromversorgung (USV/UPS)

Nach oben sind dieser Form der Stromversorgung keine Grenzen gesetzt. In Krankenhäusern muß zum Beispiel die Stromversorgung permanent gesichert sein. In einem solchen Fall setzt man ein UPS in Verbindung mit einem netzunabhängigen Generator ein. Möglicherweise kennen Sie solche Geräte von der Bundeswehr oder dem Kirmesplatz. Üblicherweise handelt es sich dabei um mehr oder weniger große Dieselmotoren, die – im Falle des Kirmesplatzes – mittlere Großstädte zuverlässig mit elektrischer Energie versorgen können.

 Der wohl bekannteste Hersteller von USV-Geräten heißt APC (American Power Conversion).

Stromsparadapter

Adapter, die den Monitor von der Stromversorgung trennen, sofern der Rechner eine gewisse Zeitlang nicht benutzt wird, helfen Strom sparen und die Lebensdauer des Monitors verlängern.

Die zu diesem Zweck angebotenen Zusatzgeräte werden in der Stromversorgung des Monitors zwischengeschaltet und weisen darüber hinaus Anschlüsse für die Tastatur und/oder die Maus auf. Über diese Eingabegeräte wird die Stromversorgung bei Bedarf wieder eingeschaltet.

7.3.5 Pin-Belegung der Netzteilanschlüsse

Zunächst einmal befinden sich im Gehäuse des Netzteils zwei 3polige Anschlüsse. Dem Anschluß an die Steckdose dient die Buchse in Form einer Kaltgerätekupplung, während die Stromversorgung des Monitors über ein Kaltgeräte-Verlängerungskabel erfolgen kann. Ob Sie den Monitor tatsächlich auf diese Weise anschließen, hängt zunächst einmal vom mit dem Monitor gelieferten Kabel ab. Darüber hinaus empfiehlt es sich nicht unbedingt, das Rechnernetzteil durch einen angeschlossenen Monitor zu belasten. Größere Monitore versorgen wir lieber direkt mit Strom aus der Steckdose.

Abb. 7.8: Kaltgeräte-Verlängerungskabel

Stromversorgung AT-Formfaktor

Nachfolgend finden Sie die Pin-Belegung der bereits angesprochenen Stecker P8 und P9, die mit den gleichartig bezeichneten Leisten der Hauptplatine verbunden werden. Achten Sie beim Anschließen der Stecker darauf, daß sich die vier (schwarz gekennzeichneten) Masseleitungen in der Mitte der zweigeteilten Steckerleiste befinden.

Die Spannung der 5-Volt-Anschlüsse sollte sich zwischen 4,5 und 5,4 Volt bewegen, während für die 12-Volt-Anschlüsse zwischen 10,8 und 12,9 Volt zulässig sind.

Pin	Signal	Farbe des Kabels
P8-1	+5 Volt	Orange
P8-2	+5 Volt	Rot
P8-3	+12 Volt	Gelb
P8-4	−12 Volt	Blau
P8-5	Masse	Schwarz
P8-6	Masse	Schwarz

Tab. 7.2: Pin-Belegung P8

Pin	Signal	Farbe des Kabels
P9-1	Masse	Schwarz
P9-2	Masse	Schwarz
P9-3	–5 Volt	Weiß
P9-4	+5 Volt	Rot
P9-5	+5 Volt	Rot
P9-6	+5 Volt	Rot

Tab. 7.3: Pin-Belegung P9

Stromversorgung ATX-Formfaktor

ATX-Netzteile verfügen über einen verpolungssicheren Stecker mit 20 Anschlüssen, deren Belegung und Farbcodierung in der folgenden Tabelle wiedergegeben werden.

Signal	Farbe	Pin	Pin	Farbe	Signal
+3,3 VDC / 3,3 V Sense	Orange/Braun	11	1	Orange	+3,3 V
–12 VDC	Blau	12	2	Orange	+3,3 V
Masse	Schwarz	13	3	Schwarz	Masse
PS_ON	Grün	14	4	Rot	+5 VDC
Masse	Schwarz	15	5	Schwarz	Masse
Masse	Schwarz	16	6	Rot	+5 VDC
Masse	Schwarz	17	7	Schwarz	Masse
–5 VDC	Weiß	18	8	Grau	Power OK
+5 VDC	Rot	19	9	Lila	+5 V Standby
+5 VDC	Rot	20	10	Gelb	+12 V

Tab. 7.4: Pin-Belegung ATX-Netzteilstecker

Hinzu kommt ein optionaler sechspoliger Stecker, der der Steuerung und Überwachung des Ventilators dient und die Spannungsversorgung für den Firewire-Bus liefert, die laut Spezifikation zwischen 8 und 40 Volt liegen darf.

Gerätestecker

Darüber hinaus verfügen Netzteile über mehrere 4polige Stecker, die der Stromzufuhr von Diskettenlaufwerken, Festplatten oder anderen internen Geräten dienen. Dabei gibt es zwei verschiedene verpolungssichere Steckerformen, deren Belegungen Sie in den folgenden Tabellen wiederfinden.

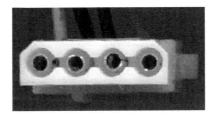

Abb. 7.9: *Gerätestecker traditioneller Form*

Pin	Signal	Farbe des Kabels
1	+12 Volt	Gelb
2	Masse	Schwarz
3	Masse	Schwarz
4	+5 Volt	Rot

Tab. 7.5: *Pin-Belegung der Gerätestecker*

Abb. 7.10: *Gerätestecker moderner Form*

Neben den bereits aufgeführten Anschlüssen weisen PC-Netzteile meist noch einen Anschluß zum Ein-/Aus-Schalter auf. Ältere Geräte hatten den Ein-/Aus-Schalter häufig integriert, was Sie üblicherweise daran erkennen können, daß sich der Schalter seitlich oder hinten am Rechnergehäuse befindet. Derartige Netzteile können sich zuweilen schwer bzw. nur über den Hersteller beziehen lassen. Betrachten Sie sich in einem solchen Fall das Gehäuse des Netzteils etwas genauer, da der Name des Herstellers und die Typkennziffern des Netzteils hier meist irgendwo eingestanzt bzw. auf einem Aufkleber verewigt sind. Möglicherweise kommen Sie auf diesem Wege an die benötigten Informationen.

7.3.6 Netzteil ersetzen

Aus- und Einbau eines Netzteils sind recht einfach und nehmen nur wenige Minuten in Anspruch.

Netzteil ausbauen

- Beim Ausbau des Netzteils trennen Sie den Rechner nach dem Ausschalten zunächst vom Netz, indem Sie die Stromversorgungskabel des Rechners und des Monitors herausziehen.

- Lösen Sie, soweit notwendig, alle weiteren Anschlüsse, und merken bzw. notieren Sie sich sicherheitshalber, was wo angeschlossen war. Nützlich ist zum Beispiel auch das Markieren mit kleinen Aufklebern, durch die Sie die Kabel mit kleinen beschrifteten Fähnchen versehen können.

- Stellen oder legen Sie das Rechnergehäuse so hin, daß die Entfernung zwischen dem Einbauplatz des Netzteils und der Arbeitsplatzoberfläche möglichst gering ausfällt.

- Dann öffnen Sie das Rechnergehäuse und ziehen die vierpoligen Anschlüsse der Stromversorgung der verschiedenen Geräte heraus.

- Ziehen Sie dann das Verbindungskabel zum Ein-/Aus-Schalter ab, sofern ein solches vorhanden ist, der Schalter also nicht direkt ins Netzteil integriert ist.

- Wenn möglich, sollten Sie dann die (mit P8 bzw. P9 bezeichneten) Steckerleiste(n) auf der Hauptplatine herausziehen. Notieren bzw. merken Sie sich auch hier Ausrichtung und Position der Kabel. Manchmal müssen Sie zuvor weitere Kabel entfernen. In manchen Gehäusen ist es auch so eng, daß Sie an die bzw. den Stromversorgungsstecker erst nach dem Lösen der Befestigungsschrauben des Netzteils herankommen. Dann müssen Sie den folgenden Schritt vorziehen.

- Nun müssen die Befestigungsschrauben des Netzteils gelöst und entfernt werden. Meist handelt es sich dabei um vier kombinierte Kreuzschlitz-/ Sechskant-Schrauben, die rund um das typische Gitter des Ventilators und die Netzanschlüsse verteilt sind. Achten Sie dabei darauf, daß Sie nicht versehentlich die Schrauben des Ventilator-Schutzgitters lösen. Da die Befestigungsschrauben des Netzteils häufig recht fest angezogen sind, empfiehlt sich zum Lösen der Schrauben der Einsatz eines Sechskantschlüssels. Achten Sie weiterhin darauf, daß Sie das Netzteil festhalten, so daß es im Rechnergehäuse nicht herunterfallen kann. Auf diese Weise schließen Sie die Gefahr von Beschädigungen der empfindlichen Rechnerschaltkreise aus. Lösen Sie nun die Schrauben, wobei Sie zunächst zwei diagonal gegenüberliegende Schrauben entfernen sollten.

- Wenn Sie das Netzteil frei in der Hand halten, ziehen Sie es vorsichtig aus dem Rechnergehäuse und achten dabei darauf, daß andere Kabelverbindungen nicht versehentlich getrennt werden. Sollten Sie dabei feststellen, daß Kabel des Netzteils noch angeschlossen sind, müssen Sie diese jetzt noch lösen.

Netzteil einbauen

Naturgemäß müssen Sie beim Einbau des Netzteils den umgekehrten Weg wie beim Einbau beschreiten, so daß ich mich hier ein wenig kürzer fassen kann. In erster Linie müssen Sie sich davon überzeugt haben, daß das neue Netzteil auf die korrekte Netzspannung eingestellt ist und daß es sich um ein passendes Modell handelt. Eine falsche Stromversorgung führt zwangsläufig zur Beschädigung der Rechnerschaltkreise.

- Bringen Sie zunächst das Netzteil vorsichtig an die richtige Position im Gehäuse.
- Ziehen Sie dann die Befestigungsschrauben des Netzteils zunächst lose mit der Hand an. Befestigen Sie dabei zunächst zwei diagonal gegenüberliegende Schrauben.
- Überprüfen und korrigieren Sie gegebenenfalls die Position des Netzteils noch einmal. Ziehen Sie die Schrauben möglichst mit einem Sechskant-Schlüssel fest an. Achten Sie aber darauf, daß Sie die Schrauben nicht so fest anziehen, daß sie reißen.
- Stellen Sie nun die Verbindung der Stecker P8/P9 (bzw. des Pfostensteckers bei ATX-Motherboards) mit der Hauptplatine her. Achten Sie dabei darauf, daß Sie die Stecker nicht verdrehen oder vertauschen, und überprüfen Sie sicherheitshalber, ob alles mit Ihren Notizen übereinstimmt. Die jeweils zwei schwarzen Massekabel der zweigeteilten Steckerleiste P8/P9 müssen bei korrektem Anschluß in der Mitte liegen. Das Verbindungskabel für ATX-Motherboards ist im Unterschied dazu verpolungssicher. (Gegebenenfalls müssen Sie diesen Schritt vor dem Festschrauben des Netzteils erledigen.)
- Stellen Sie gegebenenfalls getrennte Kabelverbindungen wieder her.
- Verbinden Sie das Netzteil über das entsprechende Kabel mit dem Ein-/Aus-Schalter und die vierpoligen Stromanschlüsse mit den verschiedenen Geräten.

- Überprüfen Sie noch einmal, ob alle Kabel korrekt sitzen und sich außer unbenutzten vierpoligen Stromanschlüssen kein weiteres verwaistes Kabel im Rechnergehäuse herumtreibt.
- Nun sollte der Rechner vor dem Aufsetzen des Gehäuses sicherheitshalber einem Testlauf unterzogen werden. Stellen Sie alle notwendigen externen Verbindungen, insbesondere des Monitors, der Maus und zum Netzwerk wieder her.
- Verbinden Sie den Rechner dann mit der Steckdose, und schalten Sie ihn probeweise ein. Wenn Ihnen jetzt irgend etwas extrem merkwürdig vorkommen sollte, ziehen Sie sicherheitshalber sofort den Netzstecker.

Wenn alles in Ordnung ist, schließen Sie wieder das Rechnergehäuse.

7.3.7 Troubleshooting

Im folgenden führe ich wieder einige häufiger auftretende Fehler und deren Ursachen sowie Möglichkeiten zur Beseitigung auf:

Der Rechner reagiert nach dem Einschalten gar nicht

Wenn nicht einmal ein Piepen ertönt und der Ventilator des Netzteils ebenfalls nicht zu hören ist, dann liegt die Ursache meist einfach darin, daß die Verbindung zum Stromnetz unterbrochen ist. Häufig sieht es zwar so aus, als ob alle Verbindungen korrekt hergestellt wären; jedoch lösen sich die Stecker am Rechner zuweilen allzu leicht oder lassen sich nur schwer weit genug hineindrücken. Kontrollieren Sie also, ob der Stromversorgungsstecker am Rechner fest im entsprechenden Anschluß sitzt, so daß der notwendige Kontakt hergestellt wird.

Arbeitet der Ventilator des Netzteils, könnte der Stecker zwischen Netzteil und Motherboard nicht richtig aufgesteckt worden sein. Kontrollieren Sie dies gegebenenfalls.

Wenn die Kontrolleuchten anderer Geräte leuchten, könnten nicht richtig sitzende Speicherbausteine oder die Grafikkarte die Ursache der Störung sein. Wenn diese Komponenten nicht richtig installiert sind, bleibt der Rechner meist bereits während des Starts hängen, meldet sich aber im Fall, daß die Grafikkarte die Ursache darstellt, meist mit ein paar Pieptönen.

Der Ventilator des Rechners arbeitet nicht

Möglicherweise ist das Netzteil defekt. Wenn der Ventilator nicht temperaturgesteuert arbeitet, sollten Sie das Netzteil auf jeden Fall austauschen, um für eine ausreichende Kühlung der Elektronik zu sorgen.

Prozessoren 8

Eingangs des Buches habe ich bereits kurz wichtige Meilensteine der Prozessorentwicklung im PC-Bereich vorgestellt. In diesem Kapitel werden Unterschiede und Besonderheiten der verschiedenen Prozessorgenerationen ausführlich behandelt. Der eigentliche Einbau oder Austausch eines Prozessors ist zwar meist recht einfach, aber dafür sind vorhandene Rahmenbedingungen, wie zum Beispiel Pin-, Gehäusekompatibilität und die Unterstützung des Prozessors bzw. dessen Arbeitsgeschwindigkeit durch das Motherboard, um so wichtiger.

Auf den folgenden Seiten erfahren Sie mehr über Prozessormodelle und deren Unterschiede, wobei Informationen über Upgrade-Möglichkeiten, deren Sinn und Unsinn und über das, was es sonst noch alles zu berücksichtigen gilt, im Vordergrund stehen.

Aufgrund ständiger Neu- und Weiterentwicklungen und der Bewegungen des Marktes erscheinen fast täglich neue, schnellere Prozessoren der verschiedenen Hersteller, obwohl – vorwiegend wegen der enorm hohen Entwicklungskosten – mittlerweile nur noch eine Handvoll Prozessorproduzenten auf dem Markt vertreten ist. Ein vollständiger und aktueller Überblick über alle Prozessoren und Prozessormodelle kann aus diesem Grund in diesem Kapitel leider nicht geboten werden.

8.1 Überlegungen vor einem CPU-Upgrade

Bevor Sie sich für den Kauf eines neuen Prozessors oder eines Prozessor-Upgrades entscheiden, sollten Sie sich in jedem Fall erst einmal zurücklehnen und überlegen, ob die Erneuerung anderer Rechner-Komponenten nicht sinnvoller ist. Auch der schnellste Rechner wird zur Schnecke, wenn zum Beispiel langsame Festplatten vor sich hin werkeln, der Arbeitsspeicher zu knapp bemessen ist oder die Grafikkarte lahmt.

Schnellere, moderne Festplatten, mehr Arbeitsspeicher oder eine neue Grafikkarte mit Accelerator-Chip bringen häufig mehr Leistungszuwachs als schnellere Prozessoren. Fotorealistische Multimedia-Wiedergabe erfordert zum Beispiel eine schnelle Grafikkarte mit mindestens 2 MByte Videospeicher und eine großzügig dimensionierte, schnelle Festplatte zur Aufnahme der zu bewältigenden Datenmengen.

Weitere Überlegungen sollten dem Preis-Leistungs-Verhältnis eines Prozessor-Updates gelten. Update-Prozessoren sind meist vergleichsweise kostspielig. Der Komplettaustausch der Hauptplatine samt Prozessor ist oft preiswerter als ein reines Prozessor-Update, zumal Sie dann oft gleichzeitig in den Genuß einiger zusätzlicher, beschleunigend wirkender technischer Weiterentwicklungen kommen. Häufig kann der neue Prozessor sein Leistungsvermögen im alten System nämlich nicht wirklich ausspielen, weil die übrigen Bausteine und die Peripherie nur unzureichend auf ihn abgestimmt sind. Auch vor diesem Hintergrund ist ein Komplettaustausch von Prozessor und Motherboard oft sinnvoller.

Wenn zudem das vorhandene Board nur veraltete Speicherbausteine (bzw. Bauformen) unterstützt und zum Beispiel ebenfalls eine Erweiterung des Arbeitsspeichers ansteht, stellt sogar der Kauf eines kompletten, neuen Basissystems häufig die preiswertere Alternative dar.

Wirklich sinnvoll ist ein reines Prozessor-Update vor diesem Hintergrund nur selten. Leistungszuwachs und Preis stehen oft in keinem sinnvollen Verhältnis zueinander, wenn man sich vor Augen hält, daß ein neues Basis-Komplettsystem mit einem halbwegs aktuellen Prozessor, moderner Festplatte, Basisspeicherausstattung und einigen weiteren Komponenten ohne Monitor mnachmal nur rund tausend Mark kostet. Zudem bieten die schnelleren, modernen und teuren Spitzenprozessoren aufgrund der übrigen Systemengpässe lange nicht mehr die Leistungssprünge, wie man sie vor einigen Jahren noch beim Übergang von einer Prozessorgeneration auf die nächste gewohnt war. Dabei sollten Sie sich auch ein wenig umhören, welchen Preis Sie gegebenenfalls noch für Ihr vorhandenes System erzielen können, und diesen mit in die Kalkulation einbeziehen.

 Reine Prozessor-Updates sind oft nur dann sinnvoll, wenn eine vorhandene Rechnerkonfiguration unverändert weiterbenutzt werden soll.

Sinnvoll sind Prozessor-Updates dementsprechend vorwiegend bei Rechnern mit speziellen, herstellerspezifischen Hauptplatinen, wie Sie heute insbesondere noch im Bereich der tragbaren Rechner (Laptops) zum Einsatz kommen. Wenn Sie diesen Rechnern zu größerer Leistungsfähigkeit verhelfen wollen, weil Sie sie möglichst unverändert weiterbenutzen wollen, bleibt Ihnen häufig nur die Möglichkeit des Prozessor-Upgrades. Läßt sich einem solchen Rechner darüber hinaus noch mehr Speicher und/oder eine schnelle, größere Festplatte spendieren, laufen nicht allzu anspruchsvolle moderne Windows-Programme auch auf alten, »lahmen« Rechnern noch mit akzeptabler Geschwindigkeit, sofern die restlichen Komponenten des Rechners ausreichend dimensioniert sind. Selbst 386er lassen sich ohne weiteres weiterhin zur Textverarbeitung und Tabellenkalkulation einsetzen.

Kriterium	Bemerkungen
Engpaß	Stellt der Prozessor wirklich den wesentlichen Engpaß dar, oder stellt die Aktualisierung bzw. Erweiterung anderer Komponenten (Grafikbeschleuniger, Arbeitsspeicher, Festplattenkapazität) eine sinnvolle Alternative dar?
Kompatibilität	Welcher Prozessor paßt überhaupt in die vorhandenen Sockel (Pinkompatibilität) und zur vorhandenen Hauptplatine (unterstützte Taktfrequenzen)?
Preis	Ist der Ersatz der kompletten Hauptplatine mit einem regulären Prozessormodell gegebenenfalls preisgünstiger zu bewerkstelligen?
Andere Komponenten	Müssen außer dem Prozessor selbst in absehbarer Zeit andere Komponenten aktualisiert werden? Wenn gleichzeitig eine größere Festplatte und mehr Arbeitsspeicher benötigt werden, sollten Sie auch Preisvergleiche mit Komplettsystemen anstellen.
Gehäuseform/ Sockel	Welche Gehäuseform hat der zu ersetzende Prozessor, bzw. wie lautet die Bezeichnung des Sockels, in den der neue Prozessor eingesetzt werden soll? Entsprechende Angaben finden Sie entweder in den Rechner-Handbüchern oder auch auf dem Prozessorsockel. Übliche Pentium-Sockel sind zum Beispiel Socket 5 oder 7.
Versorgungsspannung	Prozessoren arbeiten teilweise mit unterschiedlicher externer Versorgungsspannung. Dann muß entweder das Motherboard über entsprechende Einstellmöglichkeiten oder der Prozessor selbst über einen Spannungswandler verfügen.

Tab. 8.1: Wesentliche Überlegungen vor einem Prozessor-Update in der Übersicht

8.2 Prozessorgenerationen im Überblick

Der Mikroprozessor, der in Großrechner-Terminologie Zentraleinheit (CPU – Central Processing Unit) genannt wird, stellt das eigentliche Gehirn eines Rechners dar. Dieser hochintegrierte Halbleiterbaustein verarbeitet die Daten und übermittelt sie an angeschlossene Geräte.

Rechner der PC-Familie sind, wenn man von den weitgehend kompatiblen Modellen konkurrierender Hersteller einmal absieht, mit einem Mikroprozessor der Firma Intel ausgerüstet, und zwar mit einem der folgenden Modelle:

- Intel 8086/8088 (PC/XT)
- Intel 80286 (AT)
- Intel 80386 bzw. 80386DX
- Intel 80386SX (80386 mit 16-Bit-Datenbus)
- Intel 80486DX (mit eingebautem Cache-Speicher und integriertem Coprozessor)
- Intel 80486SX (ohne Coprozessor)
- Intel Pentium (80586), der so genannt wurde, weil Ziffernkombinationen international nicht copyrightfähig sind.
- Intel PentiumPro, der seine Leistungsfähigkeit nur unter echten 32-Bit-Betriebssystemen (zum Beispiel Windows NT) entfaltet und über integrierten Cache-Speicher erster und zweiter Ebene verfügt.
- Intel Pentium II mit integrierten MMX, der auch unter den Windows-3-Versionen Leistungszuwächse gegenüber dem Pentium verzeichnen kann und aus dem der Cache-Speicher zweiter Ebene wieder verbannt wurde.

Wesentliche Unterschiede der Prozessoren bestehen hinsichtlich ihrer Leistungsfähigkeit. Generell gilt: Je neuer die Prozessorgeneration, desto leistungsfähiger der Prozessor. Dies gilt heute aber, wie das Beispiel PentiumPro gezeigt hat, nicht mehr unbedingt für alle Systemumgebungen.

Manche Programme setzen auch bestimmte Prozessor(generation)en voraus. Programme, die für ältere Prozessormodelle geschrieben wurden, laufen aber in der Regel auch auf Rechnern mit neueren Prozessoren. Problematisch kann es jedoch werden, wenn Programme bestimmte Prozessorerweiterungen voraussetzen und ohne diese ihre Arbeit versagen. Traf dieser Gesichtspunkt früher auf den mathematischen Coprozessor (zur schnellen Berechnung von

Fließkommazahlen) zu, hat er jüngst wieder in Gestalt der MMX (Multimedia-Extensions) Bedeutung erlangt – zumindest im Spielebereich.

Neben den Original-Prozessoren von Intel gibt es kompatible Modelle anderer Hersteller wie zum Beispiel AMD, Cyrix, IBM oder NEC. Diese lassen sich meist als vollwertiger Ersatz für die Intel-Prozessoren verwenden. Zuweilen handelt es sich dabei nicht nur um leicht veränderte, sondern auch um verbesserte Ausführungen. Zudem gibt es Stromsparversionen etlicher Prozessoren, die speziell im Hinblick auf den Einsatz in tragbaren, batteriebetriebenen Computern entwickelt wurden.

Prozessor	Register	Daten-bus	Adreß-bus	Adreß-raum	Transi-storen	Jahr
8088	16 Bit	8 Bit	20 Bit	1 MByte	29.000	1979
8086	16 Bit	16 Bit	20 Bit	1 MByte	29.000	1978
80286	16 Bit	16 Bit	24 Bit	16 MByte	130.000	1982
80386SX	32 Bit	16 Bit	24 Bit	16 MByte	275.000	1987
80386DX	32 Bit	32 Bit	32 Bit	4 GByte	275.000	1985
80486SX	32 Bit	32 Bit	32 Bit	4 GByte	1.185.000	1991
80486DX	32 Bit	32 Bit	32 Bit	4 GByte	1.200.000	1989
80486DX2	32 Bit	32 Bit	32 Bit	4 GByte	1.100.000	1992
80486DX4	32 Bit	32 Bit	32 Bit	4 GByte	1.600.000	1994
Pentium (P5)	32 Bit	64 Bit	32 Bit	4 GByte	3.100.000	1993
Pentium (P54)	32 Bit	64 Bit	32 Bit	4 GByte	3.300.000	1993
Pentium MMX	32 Bit	64 BIt	32 Bit	4 GByte	4.500.000	1996
PentiumPro	32 Bit	64 Bit	36 Bit	64 GByte	5.500.000	1995
Pentium II	32 Bit	64 Bit	36 Bit	64 GByte	7.500.000	1997

Tab. 8.2: Kenndaten von Intel-Prozessoren

Die höhere Anzahl der Transistoren in der P54-Ausführung des Pentium-Prozessors läßt sich auf die zusätzlich implementierten Stromsparmodi zurückführen. Die P55-Ausführung Pentium MMX enthält dementsprechend noch einmal ein »paar« Transistoren mehr.

8.3 iCOMP & Co.

Zur Darstellung der relativen Leistung der verschiedenen Prozessoren verwendet Intel den sogenannten iCOMP-Index (Intel Comparative Microprocessor Performance). Je höher die Kennzahl, um so leistungsstärker der Prozessor.

Um einen ersten Überblick zu geben, habe ich den iCOMP-Index für verschiedene Prozessormodelle tabellarisch zusammengefaßt. Dabei habe ich zum Vergleich auch ältere CPUs berücksichtigt. Der iCOMP wird auf der Basis verschiedener anderer, sogenannter Benchmarks von Intel zur Darstellung eines Gesamt-Leistungsindex verwendet. Den Bezugswert für den iCOMP 1.0 stellt der 80486SX-25 dar. Da in den neueren iCOMP 2.0-Index verschiedene Indizes mit einer anderen Bewertung eingehen, ist er nicht direkt mit dem iCOMP 1.0-Index vergleichbar.

Prozessor	Taktfrequenz	iCOMP 1.0	iCOMP 2.0
Intel Pentium Pro	200 MHz	–	220
Intel Pentium	200 MHz	–	142
Intel Pentium	166 MHz	1308	127
Intel Pentium	150 MHz	1176	114
Intel Pentium	133 MHz	1110	111
Intel Pentium	120 MHz	1000	100
Intel Pentium	100 MHz	815	90
Intel Pentium	90 MHz	735	–
Intel Pentium	75 MHz	610	–
Intel Pentium	66 MHz	567	–
Intel Pentium	60 MHz	510	–
Intel 486DX4	100 MHz	435	–
Intel 486DX4	75 MHz	319	–
Intel 486DX2	66 MHz	297	–
Intel 486DX-50	50 MHz	249	–
Intel 486DX2	50 MHz	231	–
Intel 486SX2	50 MHz	180	–
Intel 486DX	33 MHz	166	–
Intel 486SX	33 MHz	136	–

Tab. 8.3: iCOMP-Indexwerte für verschiedene Prozessoren

Prozessor	Taktfrequenz	iCOMP 1.0	iCOMP 2.0
Intel 486DX	25 MHz	122	–
Intel 486SX	25 MHz	100	–
Intel 486SX	20 MHz	78	–
Intel 386DX-33	33 MHz	68	–
Intel 386SX-25	25 MHz	39	–

Tab. 8.3: iCOMP-Indexwerte für verschiedene Prozessoren

Die Ergebnisse von Benchmarks bzw. Geschwindigkeitsmessungen sind stark vom Meßverfahren abhängig, so daß sie nicht unbedingt die Alltagstauglichkeit eines Prozessors repräsentieren. Intels iCOMP-Benchmark-Mix wurde aus diesem Grund ebenso kritisiert, wie dies auch beim früher häufig üblichen Landmark-Test der Fall war.

Ein anderer, häufig eingesetzter Vergleichswert ist die Angabe der Instruktionen, die ein Prozessor innerhalb einer Sekunde verarbeiten kann. Dieser Wert wird abkürzend MIPS (Million Instructions Per Second) genannt.

Prozessor	MIPS
Pentium Pro	250
Pentium	100
80486	20
80386	6
80286	0,9
8086	0,33

Tab. 8.4: Die Leistung einiger Intel-Prozessoren in MIPS

Wenn Sie über einen Internet-Anschluß verfügen, können Sie sich dort mit Informationen über aktuell verfügbare Prozessoren versorgen. Beispielsweise sind Intel (http://www.intel.com), Cyrix (http://www.cyrix.com), AMD (http://www.amd.com) und natürlich auch IBM (http://www.ibm.com) im World Wide Web vertreten.

8.4 Prozessor-Fachbegriffe

Wenn von Prozessoren die Rede ist, begegnet Ihnen immer wieder eine Reihe von Kenndaten. In Prospekten finden Sie zumindest die Taktfrequenz in der Angabe des Prozessormodells wieder. Darüber hinaus gibt es bei den verschiedenen CPUs aber noch eine Reihe weiterer Unterschiede und damit auch Begriffe, die bei deren Beurteilung eine wichtige Rolle spielen. Einige dieser Begriffe wurden bereits in der Übersichtstabelle des letzten Abschnitts benutzt, auf die Sie im Laufe der folgenden Erläuterungen den einen oder anderen Blick riskieren sollten.

8.4.1 Gehäuseform und Pinkompatibilität

Wenn Sie sich die Chips auf dem Motherboard eines Rechners einmal genauer ansehen, werden Sie feststellen, daß diese unterschiedliche Bauformen aufweisen. Für Prozessoren gilt das gleiche: Es gibt sie in unterschiedlichen Gehäuseausführungen und mit unterschiedlicher Anschlußanzahl. Die gebräuchlichsten sollen kurz vorgestellt werden.

DIP
DIP steht für Dual In-line Package. Diese Bauform ist bei Chips immer noch verbreitet, für Prozessoren jedoch aufgrund der Vielzahl der notwendigen Anschlüsse nicht mehr praktikabel. DIPs weisen auf zwei der Gehäuseseiten Beinchen auf.

Abb. 8.1: Ein Chip im DIP-Gehäuse

PGA

Pin Grid Array ist ein meist quadratisches steckbares Gehäuse mit beispielsweise 168 (80486DX/80486SX), 169 (80487SX) oder 273 (Pentium) Kontaktpins an der Unterseite. PGA in seinen verschiedenen Varianten ist die gebräuchlichste Bauform der letzten Jahre für Prozessor-Gehäuse.

PQFP

Das Plastic Quad Flat Pack ist ein Gehäuse mit federnden Kontakten an den Außenkanten, die in den Sockel eingequetscht werden. 80486SX-Prozessoren wurden vielfach in dieser Bauform hergestellt und versenkt in entsprechende Sockel eingebaut.

8.4.2 Taktfrequenz

Eine wichtige Größe, die in fast jedem Prospekt angegeben wird, ist die sogenannte Taktfrequenz, die in MHz (ein Megahertz entspricht einer Million Schwingungen pro Sekunde) angegeben wird. Diese Maßzahl gibt an, wie schnell die CPU eines Rechners ist, und läßt mit Einschränkungen gewisse Rückschlüsse auf die Geschwindigkeit des kompletten Rechnersystems zu, ohne für diese allein maßgebend zu sein.

Prozessoren sind mit unterschiedlichen Taktfrequenzen erhältlich. 80486er arbeiten zum Beispiel mit Taktfrequenzen von 33, 40, 66 oder 100 MHz. Den Pentium gibt es in Varianten ab 60 MHz bis etwa 200 MHz. Zum Vergleich: Der originale IBM-PC hatte eine Taktfrequenz von 4,77 MHz.

Für Prozessoren wird jeweils die *maximal zulässige interne* Taktfrequenz angegeben. Dies bedeutet, daß sie auch bei jeder niedrigeren Geschwindigkeit ihren Dienst verrichten, so daß Sie einen 150-MHz-Prozessor also problemlos in einem mit 120 MHz getakteten Motherboard einsetzen können, wenn die übrigen Rahmenbedingungen eingehalten werden. Beachten Sie in diesem Zusammenhang, daß die externe Taktfrequenz bei Overdrive- bzw. DX2- oder DX4-Prozessoren wesentlich niedriger als die im Prozessornamen angegebene interne Taktfrequenz liegt. Ein 80486DX2-66 arbeitet zum Beispiel extern nur mit maximal 33 MHz, Pentium bis Pentium II kommunizieren mit dem Systembus bei 66 MHz (bzw. 60 MHz).

Bevor Sie sich jetzt gleich auf die Suche nach einem neuen und schnelleren Prozessor machen, um den Rechner auf Trab zu bringen, sollten Sie bedenken, daß der Prozessor keineswegs allein ausschlaggebend für die Gesamtleistung eines Systems ist. Häufig muß er vielmehr auf die Speicherbausteine oder andere Geräte warten, die mit der Geschwindigkeit des Prozessors nicht mithalten können.

Ein weiteres Problem stellt die wachsende thermische Belastung der Prozessoren mit steigender Taktfrequenz dar. Dies kann bei schnellen, insbesondere noch nicht ganz ausgereiften Prozessoren dazu führen, daß sie aufgrund zu großer Wärmeentwicklung zwischenzeitlich zu unerklärlichen Ausfallerscheinungen neigen, die den Rechner dann zwar schnell, aber auch unzuverlässig machen. Häufige »Systemabstürze« und im Extremfall der frühe »Hitzetod« des Prozessors können die Folge sein.

 Moderne Prozessoren sollten immer mit aktivem Kühlkörper (Kühlkörper und Mini-Ventilator) versehen sein, damit die während des Betriebs entstehende Wärme abgeführt werden kann.

8.4.3 Register

Bei Registern handelt es sich um spezielle Speicherstellen innerhalb des Prozessors (der CPU), die von diesem zur Durchführung arithmetischer und logischer Operationen benutzt werden. Die 16-Bit-Register eines PCs/ATs werden abkürzend mit AX, BX, CX, DX, SI, DI, SP, BP, CS, DS, ES und SS bezeichnet. Hinzu kommt das sogenannte Flag-Register, in dem eine Anzahl von »Flaggen« den aktuellen Zustand des Systems beschreibt.

ATs mit Prozessoren ab dem 386er verfügen neben den bereits genannten über einige zusätzliche Register, die insbesondere für die zusätzlichen Betriebsmodi dieser Prozessoren von Interesse sind. Mehr brauchen Sie zu diesem Thema gar nicht zu wissen, da die genaue Funktion und die Verwendung der verschiedenen Register lediglich im Rahmen der systemnahen Programmierung von Interesse sind, womit wir uns vorwiegend im Bereich der Assemblerprogrammierung befinden.

8.4.4 Busbreiten

Als »Bus« werden mehradrige Kabelverbindungen zur Datenübertragung und zum Informationsaustausch zwischen zwei oder mehreren Komponenten eines Computers bezeichnet. Damit handelt es sich um nichts anderes als einen Datentransportweg.

Bei einem PC wird zwischen Datenbus, Adreßbus und Kontrollbus unterschieden. Während der Kontrollbus lediglich der Steuerung interner Abläufe dient und damit ansonsten relativ uninteressant ist, bestimmen die Breiten von Adreß- und Datenbus wesentlich die Leistungsfähigkeit des Prozessors bzw. Rechners.

Die Datenbusbreiten der PC-Prozessoren betragen 8, 16, 32 bzw. 64 Bit. Über diesen Wert wird angegeben, wie viele Bits der Prozessor gleichzeitig mit seinen umgebenden Komponenten austauschen kann.

Über den Adreßbus wählt der Prozessor die Speicherzelle aus, mit der ein Datenaustausch stattfinden soll. Da jede Speicherstelle eine eigene Adresse besitzt, sind mit breiterem Adreßbus mehr Adressen selektierbar.

 Eine Übersicht über die Busbreiten der verschiedenen Prozessoren finden Sie in der oben abgedruckten Tabelle.

8.4.5 Adressierbarer Speicher

Wie bereits erwähnt, ist der adressierbare Speicher bzw. der Adreßraum eines Prozessors direkt von der Breite des Adreßbusses abhängig. Mit dem 20-Bit-Adreßbus des 8088/8086-Prozessors konnte maximal ein MByte Arbeitsspeicher verwaltet werden. Alle Prozessoren ab dem 80386DX verfügen über einen 32-Bit-Adreßbus, über den sie vier GByte Arbeitsspeicher erreichen können, der Pentium Pro mit seinem 36-Bit-Adreßbus kann 64 GByte adressieren.

8.4.6 Transistorfunktionen

Elektronische Schaltkreise bestehen aus Transistoren, Dioden, Widerständen und Kondensatoren. Die logischen Operationen werden im wesentlichen von den Transistoren übernommen, so daß die Anzahl der in einen Chip integrierten Transistorfunktionen in direkter Beziehung zur Leistungsfähigkeit und Komplexität der hochintegrierten Prozessor-Schaltung steht. Angaben zur Anzahl der Transistorfunktionen bei den verschiedenen Prozessoren finden Sie in der am Anfang des Kapitels abgedruckten Tabelle.

8.4.7 L1-Cache

Beim L1-Cache (Primärer Cache bzw. First Level Cache) handelt es sich um spezielle, sehr schnelle Speicherelemente, die im Prozessor (ab 80486er) integriert sind. In diesem Zwischenspeicher werden Informationen vorausschauend abgelegt, bei denen die Wahrscheinlichkeit groß ist, daß der Prozessor sie demnächst benötigt. Der Zugriff auf den im Prozessor integrierten Cache-Speicher kann direkt und ohne jede Verzögerung erfolgen.

Die Integration bzw. Erweiterung von Cache-Speicher in die bzw. in den verschiedenen Prozessoren ist übrigens für einen großen Teil der erzielten Leistungssteigerungen in den verschiedenen Prozessorgenerationen verantwortlich. Die 80486er-Prozessoren stellen zum Beispiel kaum mehr als optimierte 80386 mit integriertem L1-Cache dar.

Für zusätzliche Verwirrung der Begriffe haben in diesem Zusammenhang PentiumPro und Pentium II gesorgt. Konnten die Bezeichnungen »Prozessor-Cache« und »L1-Cache« bis zum Pentium-Prozessor synonym verwendet werden, wurde in den PentiumPro auch der nachfolgend beschriebene »externe Cache« (L2-Cache) integriert, der fürderhin auch nicht mehr so genannt werden kann. Beim Pentium II wurde der L2-Cache aus Kostengründen dann wieder aus dem Prozessorgehäuse verbannt, so daß er hier wieder »extern« ist.

Die Begriffe »externer« und »interner« Cache sind – aufgrund der Intel-Modellpolitik – irreführend. L1-Cache und L2-Cache klingen zwar recht technisch, sind aber eindeutig.

8.4.8 L2-Cache

Viele Systeme ab dem 80486 verfügen neben dem Prozessor-Cache über einen sekundären Cache-Speicher (Second Level Cache). Die Größe des externen Caches liegt meist zwischen 64 und 512 KByte. Dabei handelt es sich um besonders schnelle Speicherchips, die die gleichen Aufgaben wie der bereits besprochene interne Cache übernehmen. Der externe Cache-Speicher führt insbesondere bei häufigen Zugriffen auf den Arbeitsspeicher, also bei datenintensiven Anwendungen, zu deutlich besserer Systemleistung.

Bis hin zum Pentium ist der L2-Cache optional. Wird der L2-Cache jedoch abgeschaltet (via BIOS-Setup) oder ist gar nicht vorhanden, entspricht die Systemleistung nur noch in etwa dem eines Rechners der Vorgänger-Prozessorgeneration!

8.4.9 Waitstates

Wenn System- oder Speicherbausteine langsamer als der Prozessor eines Rechnersystems sind, muß der Prozessor Wartezyklen zwischenschalten, in denen er untätig bleibt bzw. auf langsamere Systemkomponenten wartet.

Während zu Zeiten der 80386er allenthalben mit »Zero Waitstates«, also »Null Wartezyklen«, geworben wurde, müssen alle moderneren Prozessoren Ehrenrunden einschieben, um auf die Rückmeldungen der deutlich langsameren Speicherchips und sonstigen Komponenten zu warten. Ein Rechner mit Speicherchips und Umgebungskomponenten, die im vollen Umfang mit den modernen CPUs mithalten könnten, wäre wohl theoretisch und praktisch konstruierbar, der Preis wäre aber unerschwinglich, so daß Waitstates in modernen Rechnern allenthalben an der Tagesordnung sind.

8.4.10 Mathematischer Coprozessor

Zusätzlicher Chip, der den Mikroprozessor eines PCs bei mathematischen Operationen entlasten soll, der auch als FPU (Floating Point Unit) oder NCP (Numerical CoProcessor) bezeichnet wird. In der PC-Welt finden Typen mit den Bezeichnungen Intel 8087, 80287 bzw. 80387 Verwendung. Preiswertere Coprozessoren anderer Hersteller, wie zum Beispiel IIT, können anstelle der Intel-Coprozessoren in der Regel problemlos verwendet werden. Bei den Weitek-Coprozessoren handelt es sich um hochspezialisierte Bausteine, die nicht mit den Intel-Modellen kompatibel sind.

Ab dem Prozessor 80486 (DX) ist ein Coprozessor üblicherweise bereits im Mikroprozessor-Chip integriert, so daß das Thema Coprozessor heute weitgehend an Bedeutung verloren hat. Vorsicht ist jedoch immer noch geboten, weil es zumindest vom 80486er spezielle stromsparende Varianten für den Einsatz in Laptops gibt, denen der Coprozessor weiterhin fehlt.

8.4.11 Betriebsspannung und Leistungsaufnahme

Bevor im Zusammenhang mit der Entwicklung des Pentium-Prozessors die thermischen Belastungen zu einem echten Problem wurden, arbeiteten alle Prozessoren (mit Ausnahme mancher Stromsparvarianten) generell mit der Betriebsspannung von 5 Volt. Die ersten Pentium-Varianten (P5) arbeiteten auch noch mit einer Kernspannung von 5 Volt.

Neuere Prozessoren werden nur noch mit 3,3 Volt (oder noch weniger) versorgt. Dies gilt insbesondere für Pentium- und 80486DX4-Prozessoren und deren Nachfolger. Wichtig kann dieser Umstand werden, wenn Sie einen vorhandenen Prozessor austauschen wollen oder müssen. Bei Verwendung von zu niedriger Betriebsspannung kann der Prozessor nicht korrekt arbeiten, bei zu hoher Spannung wird der Prozessor zerstört.

Einige Prozessoren arbeiten auch mit den etwas höheren Spannungen von 3,38 oder 3,52 V. Zwar arbeiten diese meist auch bei der etwas geringeren Standard-Spannung von 3,3 V noch korrekt, sofern sich aber über Jumper passende Einstellungen vornehmen lassen, sollten diese auch genutzt werden.

Die Leistungsaufnahme eines Prozessors ist von der Betriebsspannung abhängig und im Hinblick auf dessen Einsatzmöglichkeiten von großem Interesse. Die ersten mit 5 Volt und 13 Watt Leistungsaufnahme arbeitenden Pentium-Prozessoren machten deren Einsatz in batteriebetriebenen Geräten uninteressant. Die neueren Pentium-Prozessoren (P54C) arbeiten mit 3,3 Volt bei einer Leistungsaufnahme von 3 bis 4 Watt und zusätzlichen Energiesparvorrichtungen und sind damit auch für Geräte mit Batteriebetrieb geeignet. (Die 200 MHz-Variante des Pentium verbraucht wieder mehr als 15 Watt.)

Bei Update-Prozessoren müssen Sie also insbesondere darauf achten, ob sich die Spannung mit Hilfe eines Jumpers auf der Hauptplatine herabsetzen läßt oder ob der Prozessor über einen integrierten oder »angeklebten« Spannungswandler verfügt. Darüber hinaus muß das Motherboard in der Lage sein, ausreichend »Saft« für die jeweilige CPU zu liefern.

8.4.12 Overdrive-Prozessoren

Overdrive-Prozessoren arbeiten intern mit einer höheren Taktfrequenz als extern. Dadurch ist es möglich, die Leistung eines Rechners erheblich zu steigern, wenn eine alte CPU ersetzt wird, die intern »nur« mit der externen Taktfrequenz arbeitet. Durch die erhöhte Taktfrequenz im Chip lassen sich zum Beispiel beim 80486DX2 Leistungssteigerungen von ca. 30 bis 50% erreichen. Die möglichen Leistungssteigerungen (bezogen auf die Rechenleistung) beim Taktverdreifacher DX4 liegen zwischen ca. 50 und 150%. Auf Pentium-Modelle sind diese Werte übrigens nicht ohne weiteres übertragbar, weil hier die gesamte Systemleistung durch die übrigen Systemkomponenten wesentlich stärker gebremst wird, so daß die Leistungssteigerung meist erheblich niedriger ausfällt.

80486-Overdrive-Prozessoren werden in Gehäusen ausgeliefert, die entweder den direkten Ersatz des ursprünglichen Prozessors gestatten oder in einem Coprozessor- bzw. Overdrive-Sockel verwendet werden. Overdrive-Prozessoren tragen zum Beispiel die Bezeichnung 80486DX2 oder 80486DX4. Der DX2 arbeitet intern mit verdoppelter, der DX4 mit verdreifachter Taktfrequenz. Ansonsten hat die intern erhöhte Taktfrequenz der Overdrive-Prozessoren keinen Einfluß auf das System, alle Komponenten arbeiten weiter wie bisher.

Prozessoren

Abb. 8.2: Intels 80486DX4-Overdrive-Prozessor

Wenn Sie einen Overdrive-Prozessor über den Fachhandel beziehen, erhalten Sie üblicherweise neben dem Prozessor ein Handbuch, eine Diskette mit Dienstprogrammen, Spezialwerkzeug und das gegebenenfalls benötigte Befestigungsmaterial. Insbesondere werden meist Kühlkörper zur Ableitung der Wärme mitgeliefert. Achten Sie besonders darauf, daß Sie das benötigte Spezialwerkzeug mit erwerben, da das Aushebeln einer CPU mit einfachem Werkzeug nicht zu empfehlen ist. Allzu leicht kann es dabei zu Beschädigungen des Prozessors, des Sockels oder des Motherboards kommen.

Neuere Overdrive-Chips werden vorwiegend für die für den Pentium entwickelten ZIF-Sockel angeboten, so daß Sie in erster Linie darauf achten müssen, welcher Sockel sich in Ihrem Rechner befindet bzw. welche Gehäusevariante von der jeweiligen Hauptplatine unterstützt wird. Nähere Einzelheiten über die verschiedenen Sockel erfahren Sie im folgenden Abschnitt.

 Da alle Prozessoren ab dem Pentium mit interner Taktvervielfachung arbeiten und Intel mittlerweile die Produktion der 80486-Prozessoren im Prinzip eingestellt hat, besagt der »Overdrive«-Begriff bei neueren Prozessoren nur noch, daß der entsprechende Prozessor mit einer höheren internen Taktfrequenz als der zu ersetzende Prozessor arbeitet.

iCOMP	Takt-frequenz	Regulär	DX2-Overdrive	DX4-Overdrive	Pentium Overdrive
Pentium	100 MHz	815	–	–	1308
Pentium	90 MHz	735	–	–	1176
Pentium	75 MHz	610	–	–	1070

Tab. 8.5: iCOMP-Leistungsindex für verschiedene Overdrive-Varianten

iCOMP	Taktfrequenz	Regulär	DX2-Overdrive	DX4-Overdrive	Pentium Overdrive
Pentium	66 MHz	567	–	–	978
Pentium	60 MHz	510	–	–	877
486DX2	66 MHz	297	–	–	581
486DX2	50 MHz	231	–	–	443
486SX2	50 MHz	180	–	–	443
486DX	33 MHz	166	297	435	581
486SX	33 MHz	136	297	435	581
486DX	25 MHz	122	231	319	443
486SX	25 MHz	100	231	319	443
486SX	20 MHz	78	–	258	314

Tab. 8.5: iCOMP-Leistungsindex für verschiedene Overdrive-Varianten

8.4.13 Sockel und Upgrade-Sockel

Die meisten neueren Hauptplatinen verfügen über Sockel für die Prozessoren. Die aufgelöteten CPUs in SMD-Bauform (Surface Mounted Device) sind nur noch selten anzutreffen. Zuweilen wurden Motherboards sogar mit mehreren verschiedenen Sockeln ausgestattet, so daß vom 80386 bis zum 80486 so ziemlich alle Prozessoren verwendet werden konnten, sofern nur die zugehörigen Jumper richtig gesetzt wurden.

Für 486er werden 168/169-Pin-Sockel benutzt, die es auch in einer sogenannten LIF-Variante (Low Insertion Force) gibt. Während bei älteren Sockeln ein Druck von bis zu 50 Kilo zum Einsetzen des Prozessors benötigt wird, reichen hier ca. 30 Kilo bei der Installation eines 169-Pin-PGA-Chips aus. Dementsprechend vorsichtig müssen Sie beim Einbau solcher CPUs vorgehen, um die Hauptplatine nicht zu beschädigen. Wenn Sie ganz sichergehen wollen, können Sie die Hauptplatine vor einem Prozessorwechsel natürlich auch komplett ausbauen.

Neuere Rechner verfügen durchweg über sogenannte ZIF-Sockel (Zero Insertion Force), die bei der Installation eines neuen Prozessors praktisch keinen Kraftaufwand mehr erfordern. Sie müssen nur noch mit einem kleinen Hebelchen den Sockel öffnen, den neuen Chip einlegen und den Sockel wieder mit dem Hebelchen schließen.

Abb. 8.3: ZIF-Sockel (Socket 4) für den 5 V-Pentium (P5)

80486er-Motherboards mit solchen ZIF-Sockeln werden als »Pentium-vorbereitet« bezeichnet. Durch Ersetzen des vorhandenen 80486ers lassen sich solche Rechner weitgehend problemlos zum Pentium aufrüsten.

Denken Sie beim Austausch des Prozessors daran, daß häufig passende Jumper-Einstellungen vorgenommen werden müssen. Unterschiedliche Betriebsspannungen und Taktfrequenzen werden entweder auf diese Weise oder durch integrierte Spannungswandler im Prozessor bzw. Prozessorlüfter realisiert. Ziehen Sie auf jeden Fall das Handbuch der Hauptplatine zu Rate, und verfahren Sie genau nach Vorschrift, um mögliche Beschädigungen des Prozessors zu vermeiden.

8.4.14 Kühlkörper und Lüfter

Prozessoren ab einer Taktfrequenz von ca. 25 MHz werden mit Kühlkörpern (Heat Sink) ausgeliefert, die an der Oberseite der CPU befestigt werden und deren Bauhöhe um mindestens 6 mm vergrößern.

Kleine Prozessor-Lüfter (Fan) kommen bei Prozessoren ab ca. 50 MHz hinzu. Die genannten Regeln sollten Sie jedoch nicht absolut sehen. 3,3-Volt-Prozessoren entwickeln zum Beispiel weniger Wärme als 5-Volt-Prozessoren und können daher teilweise auch noch bei höheren Taktfrequenzen ohne zusätzliche Kühlung auskommen.

 Eine CPU sollte keinesfalls ohne ausreichende Kühlung betrieben werden, da dies deren frühzeitigen Hitzetod zur Folge haben kann. Berücksichtigen Sie also die Vorgaben der Hersteller bzw. der Dokumentation, und verwenden Sie Kühlkörper und zusätzliche Lüfter.

Abb. 8.4: Pentium mit passivem Kühlkörper und separatem Lüfter

8.4.15 Platzprobleme

Platzprobleme können auftreten, wenn Austauschprozessoren einen Kühlkörper und/oder einen zusätzlichen Lüfter benötigen, der zuvor nicht notwendig war. Überprüfen Sie also auf jeden Fall vor einem Prozessoraustausch, ob die notwendigen Platzreserven vorhanden sind.

Häufig kann Ihnen in dieser Hinsicht auch Ihr Händler weiterhelfen, da Hersteller von Upgrade-Prozessoren meist umfangreiche Kompatibilitätslisten herausgeben. Naturgemäß sind diese Listen aber bei No-Name-Rechnern meist wenig hilfreich, so daß Sie dann am besten die Einbaumaße des Prozessors erfragen und sicherheitshalber mit einem Zollstock nachmessen.

 Der qualifizierte Fachhandel sollte über Kompatibilitätslisten verfügen oder zumindest Zugriff auf diese Listen haben, die darüber Auskunft geben, in welchen Rechnern sich bestimmte Upgrade-Prozessoren verwenden lassen.

8.4.16 BIOS-Inkompatibilität

Neben den Platzproblemen kann in seltenen Fällen eine Aufrüstung auch aus anderen Gründen unmöglich sein. Einige 486er verwenden beispielsweise zeitabhängige BIOS-Routinen, die den Rechner beim Einsatz eines schnelleren Prozessors zum Stolpern bringen können. In solchen und ähnlichen Fällen kann nur die gleichzeitige Aktualisierung des System-BIOS zum Erfolg führen, sofern eine aktualisierte BIOS-Version überhaupt erhältlich ist. Dazu wenden Sie sich am besten an den Händler, bei dem Sie Ihren Rechner erworben haben, oder direkt an den Rechnerhersteller. Sollten diese Ihnen nicht weiterhelfen können, dürften Sie aufgrund der Vielzahl verschiedener Rechnermodelle kaum eine Chance haben, ein passendes neues BIOS zu besorgen.

 Wenn Ihr Rechner über ein sogenanntes Flash-BIOS verfügt, stehen die Chancen gut, daß Sie bei bekannten Problemen im Internet eine aktualisierte BIOS-Version nebst den zur Aktualisierung benötigten Programmen auftreiben können.

8.5 Prozessormodelle

Auf den folgenden Seiten werden verschiedene Prozessormodelle und deren Eigenheiten eingehender behandelt. Dabei geht es vorwiegend um unterscheidende Besonderheiten, die bei Aktualisierungen gegebenenfalls berücksichtigt werden müssen.

8.5.1 8086 bis 80286

Nur noch historischen Wert haben die Prozessoren des Original-PCs und XTs. Aufgrund ihrer DIP-Bauform wirken diese Prozessoren heute ausgesprochen antiquiert. Beim 8087 handelt es sich um den mathematischen Coprozessor zu den 8088/8086-Prozessoren. Das vereinzelt eingesetzte 80186/80187-Gespann stellt lediglich eine Verbesserung von 8086/8087 dar und hat nie größere Bedeutung erlangt.

Der 8086/8088 kennt nur einen Betriebsmodus (Real Mode) und verfügt über einen Adreßraum von 1 MByte. Diesen Modus beherrschen aus Kompatibilitätsgründen auch alle nachfolgenden PC-Prozessormodelle.

Rechner mit 80286-Prozessoren (ATs) befinden sich hier und da immer noch im Einsatz, da sie für einfache DOS-basierte Anwendungen durchaus schnell genug sind. Viele der Komponenten heutiger Rechner wurden bereits im AT verwendet, so daß Erweiterungen und Reparaturen weiterhin durchaus möglich, aber kaum sinnvoll sind.

Neben dem Real Mode verfügen alle Prozessoren ab dem 80286 über den Protected Mode (Geschützter Modus), in dem verschiedene Schutzebenen zur besseren Kontrolle des Systems und zum Abfangen von Systemabstürzen verfügbar sind. Mit dem 80286er erschienen auch die ersten Versionen der heutigen modernen Betriebssysteme, für die die Schutzmechanismen des Protected Mode wesentlich sind.

Aktuelle Betriebssysteme mit grafischer Benutzeroberfläche setzen durchweg mindestens einen 80386-Prozessor voraus, so daß Aktualisierungen oder Reparaturen von 8088/8086/80286-Rechnern kaum sinnvoll sind.

8.5.2 80386

Auch der im Oktober 1985 vorgestellte 80386-Prozessor gehört heute zum alten Eisen. Allerdings lassen sich auf diesen Rechnern bei ausreichender Speicherausstattung auch die heutigen modernen Betriebssysteme benutzen, so daß sie sich beispielsweise durchaus noch zur Textverarbeitung unter einer älteren Windows-Version eignen.

Beim 80386 handelt es sich um 32-Bit-Prozessoren mit 4 GByte Adreßraum. Neben dem Protected Mode weisen alle Prozessoren ab dem 80386 den Virtual (Real) Mode (Virtueller Modus) auf, in dem der Prozessor mehrere virtuelle 8088er nachbilden kann, die in voneinander getrennten Adreßräumen arbeiten.

Ein zum 80486 aufgerüsteter 80386er mit 16 MByte Arbeitsspeicher und großzügig bemessener Festplatte eignet sich auch unter Windows 95 noch für die meisten, nicht allzu anspruchsvollen Anwendungen, wie zum Beispiel für Textverarbeitung und Tabellenkalkulation.

8.5.3 80486

Auch Rechner mit Intel-80486-Prozessoren oder kompatibler Ausstattung sind mittlerweile aus den Regalen der Anbieter verschwunden. Sie eignen sich aber – bei ansonsten ausreichender Ausstattung – für die meisten Anwendungsprogramme, so daß sie immer noch einen sinnvollen Einstiegsrechner für den schmalen Geldbeutel darstellen können, zumal sie für wenig Geld gebraucht zu bekommen sein sollten.

Intel hat eine ganze Reihe verschiedener 80486-Prozessoren angeboten, die sich hinsichtlich ihrer Leistungsfähigkeit unterscheiden und nachfolgend kurz beschrieben werden sollen.

Typ	Anmerkungen
80486SX	Ohne FPU (Floating Point Unit – Mathematischer Coprozessor)
80486SL	Stromsparvariante ohne FPU
80487SX	Coprozessor zum 80486SX – eigentlich aber ein vollwertiger 80486DX
80486DX	Standardmodell
80486DX2	80486DX mit intern verdoppelter Taktfrequenz (66 MHz)
80486DX4	80486DX mit intern verdreifachter Taktfrequenz (100 MHz) und 16 KByte Prozessor-Cache

Tab. 8.6: Intel-80486-Prozessoren

80486DX

Beim 80486DX, der ursprünglich nur 80486 hieß, handelt es sich im wesentlichen um einen 80386DX mit integrierter Fließkommaeinheit (integriertem mathematischem Coprozessor). Weitere Neuerungen und Verbesserungen sind der 8 KByte große integrierte Prozessor-Cache und der integrierte Cache-Controller, so daß ein 80486DX etwa doppelt so schnell wie das Vorgängermodell, der 80386DX, arbeitet.

Den 80486DX gibt es in Ausführungen mit unterschiedlichen Taktfrequenzen. Intern arbeiten die verschiedenen Prozessoren unter anderem mit 25, 33, 50, 66 oder 100 MHz. Die verschiedenen Typen tragen dementsprechend die Bezeichnungen 80486DX-33 bzw. 80486DX-50.

Darüber hinaus müssen Sie berücksichtigen, daß es den 80486 auch in verschiedenen Gehäuseformen gibt. Für den 80486DX wird üblicherweise ein PGA-Gehäuse mit 168 Beinchen verwendet.

Mit dem Erscheinen des Pentiums wurde der originale 80486DX zunehmend von der Stromsparvariante 80486SL und kompatiblen Prozessoren der Firma AMD verdrängt.

 Beim 80486DX-50 handelt es sich um einen »unseligen Vertreter«, der sowohl intern als auch extern mit der 50-MHz-Taktfrequenz arbeitet und daher erhebliche Kompatibilitätsprobleme aufweist, die insbesondere bei der Zusammenarbeit mit VLB-Steckkarten zum Tragen kommen.

80486SX/80487SX

Bei dem im April 1991 vorgestellten 80486SX handelt es sich um eine abgespeckte Version des 80486-Prozessors, in der lediglich der integrierte mathematische Coprozessor abgeschaltet ist. Den 80486SX gibt es in Ausführungen mit Taktfrequenzen zwischen 16 und 33 MHz. Auch der 80486SX verwendet ein 168-Pin-PGA-Gehäuse.

Da der 80486SX nicht über einen integrierten Coprozessor verfügt, kann ihm ein solcher zur Seite gestellt werden. Der entsprechende Prozessor trägt die Bezeichnung 80487SX, bei dem es sich aber nicht etwa um einen Coprozessor im eigentlichen Sinn handelt, sondern vielmehr um einen leicht abgewandelten, vollwertigen 80486DX. Bei der Installation des 80487SX wird dann der ursprünglich im Rechner vorhandene 80486SX-Prozessor abgeschaltet, so daß er keinen einzigen Befehl mehr verarbeitet.

80486SL

Beim 80486SL handelt es sich im Prinzip um einen 80486SX mit reduziertem Energieverbrauch, der sich somit besonders für den Einsatz in batteriebetriebenen Geräten eignet. Der SL stellt im sogenannten »System Management Mode« (SMM) Möglichkeiten zur Kontrolle der Computer-Komponenten zur Verfügung. Einzelne Geräte lassen sich so in einen Energiesparmodus versetzen, während die anderen Komponenten normal weiterarbeiten. Stellen Sie sich zum Beispiel einen Rechner in einem Netzwerk vor, der Ressourcen zur Verfügung stellt und daher immer erreichbar bleiben muß. Im Prinzip können hier alle Geräte außer der Netzwerkkarte heruntergefahren werden, solange keine Ressourcen angefordert werden.

Eine weitere Besonderheit gestattet es dem 80486SL, in einen längeren Dornröschenschlaf ohne nennenswerten Stromverbrauch (Suspend) zu fallen, aus dem er durch Betätigung eines speziellen Schalters wieder geweckt werden kann, um seine Arbeit wieder an der Stelle aufzunehmen (Resume), an der diese beendet wurde.

80486DX2

Der 80486DX2 arbeitet intern mit der doppelten Taktfrequenz des 80486DX, im Falle des 80486DX2-66 mit 66 MHz. Mit seiner Umgebung kommuniziert er aber weiterhin mit 33 MHz. Dementsprechend können Sie den auch 80486DX2-66 genannten Prozessor als direkten Ersatz für einen vorhandenen 80486DX verwenden. Das übrige Rechnersystem bleibt in diesem Fall unverändert.

Auch DX2-Prozessoren gibt es mit unterschiedlichen maximalen Taktfrequenzen, die denen der verschiedenen 80486DX-Prozessoren entsprechen. Der 80486DX2-66 hat jedoch bei weitem die größte Verbreitung gefunden, da er den 33-MHz-80486DX direkt ersetzt, für den dasselbe gilt.

Den 80486DX2 gab es darüber hinaus in etlichen verschiedenen Bauformen und Ausführungen. Zunächst gab es ihn nur für den 169-Pin-PGA-Sockel des 80487SX, so daß er in den Coprozessor- bzw. den OverDrive-Sockel der entsprechenden Rechnermodelle eingesetzt werden konnte. Da die Sockel für den 80486SX und den 80486DX aber bei ansonsten gleichem Gehäuse nur 168 Pins aufweisen, gibt es den DX2 auch in dieser Ausführung.

Abb. 8.5: Intel 80486DX2

Zur Vermeidung thermischer Probleme arbeiten neuere Prozessorvarianten nicht mehr mit 5, sondern mit 3,3 Volt. Da 486er-Motherboards zu diesem Zeitpunkt aber über keine 3,3-Volt-Spannungsversorgung verfügten, wurde der Spannungswandler unsichtbar in den Prozessor-Kühlkörper integriert. Schließlich gab es den 80486DX2 dann in 3,3-Volt-Variante (für neuere Motherboards), in 5-Volt-Variante mit integriertem Spannungswandler und auch noch in einer echten 5-Volt-Variante. Achten Sie also gegebenenfalls auf die Arbeitsspannung eines 80486DX2, um unliebsamen Überraschungen vorzubeugen.

80486DX4

Der 80486DX4 arbeitet intern mit verdreifachter Taktfrequenz (intern 100 MHz, extern 33 MHz). Alternativ ist jedoch auch ein zweifach-getakteter Betriebsmodus realisierbar (intern 100 MHz, extern 50 MHz). Den 80486DX4 gibt es in 100- und 75-MHz-Versionen. Beim 80486DX4 handelt es sich um den ersten Prozessor, den es nur noch in einer Version mit 3,3 Volt Betriebsspannung gab. Mit seiner niedrigen Leistungsaufnahme (3 bis 4 Watt) und seinem integrierten Power Management (SL Enhanced) eignete sich der DX4 hervorragend für den Einbau in Notebooks.

8.5.4 Pentium

Auch der Intel Pentium ist abwärtskompatibel mit den anderen Prozessoren der 8086-Prozessor-Familie. Werden die speziellen zusätzlichen Möglichkeiten des Pentiums nicht genutzt, liegt die Arbeitsgeschwindigkeit des Pentiums bei gleicher Taktfrequenz nur zwischen 15 und 75 Prozent höher als die eines 80486ers. Speziell für den Pentium optimierte Programme können jedoch bis zu fünffache Geschwindigkeit bieten. Derartige Programme sind allerdings recht selten.

Abb. 8.6: Pentium-Prozessor (P5) im PGA-Gehäuse

Der Pentium verfügt über einen 64-Bit-Datenbus und 16 KByte Prozessor-Cache. Jeweils 8 KByte des zweigeteilten Cache-Speichers stehen für Daten (Data Cache) und Befehle (Code Cache) zur Verfügung.

Die ersten Pentiums (P5) arbeiteten mit Taktfrequenzen von 60 oder 66 MHz bei 5 Volt Spannung. Thermische Probleme führten schon bald zur Umstellung der Fertigungstechnologie, zu einer Absenkung der Versorgungsspannung auf 3,3 Volt und der Leistungsaufnahme von 13 Watt auf 4 Watt. Diese neuere Pentium-Variante mit etwas kleinerem Gehäuse und versetzten Pinreihen (Typbezeichnung P54C) wird in Versionen ab 75 MHz interner Taktfrequenz angeboten. Extern arbeiten alle P54C-Pentiums übrigens wie seine etwas größeren P5-Kollegen immer noch mit 60 bzw. 66 MHz Taktfrequenz, stellen also in dieser Hinsicht durchweg »Overdrive-Prozessoren« dar.

 Die externe Taktfrequenz kann die Gesamtleistung eines Pentium-Systems gravierend beeinflussen, so daß ein 133-MHz-System (66 MHz externe Taktfrequenz) einem 120-MHz-System (60 MHz externe Taktfrequenz) deutlich überlegen sein kann. Pentium-Prozessoren, deren Taktfrequenz ein Vielfaches von 33 MHz beträgt, favorisiere ich daher deutlich.

Leider unterscheiden sich die beiden Pentium-Varianten P5 und P54C also nicht nur hinsichtlich ihrer Versorgungsspannung. Vielmehr handelt es sich um zwei grundverschiedene Prozessorvarianten, die nicht einmal Pin-kompatibel sind. Dementsprechend verwendet der P5 den ZIF-Sockel 4, während sich für den P54C die ZIF-Sockel 5 und 7 eignen.

 Eine Übersicht über die gebräuchlichen Sockel finden Sie im Kapitel »Motherboard« unter der Überschrift »Prozessor-Sockel«.

Abb. 8.7: Der Sockel (Socket 5) für den 3,3 V-Pentium (P54C) verfügt über versetzte Kontaktreihen.

Darüber hinaus verfügt der P54C über spezielle Energiesparmodi. Die verwendete BiCMOS-Technologie ermöglicht die Variation der internen Taktfrequenz eines Prozessors, so daß er nur so schnell wie nötig arbeitet und entsprechend weniger Energie benötigt. Einige dieser Funktionen wurden bereits im 80486SL verwendet und beschrieben. SL-Enhanced-Power-Management-Technologie wurden die Energiesparfunktionen beim P54C genannt.

Weitere Neuheiten befähigen den Pentium zum Einsatz in Multiprozessor-Systemen. Dazu wurde der sogenannte Advanced Programmable Interrupt Controller (APIC) in den Chip integriert, der spezielle, für den Multiprozessorbetrieb notwendige Fehlerbehandlungsroutinen auslöst.

Der Pentium sorgte Ende 1994 in der Presse für unangenehme Aufmerksamkeit. Es stellte sich nämlich heraus, daß der integrierte mathematische Coprozessor fehlerhaft war. In einer beispiellosen Umtauschaktion ersetzte Intel kostenlos betroffene Prozessoren. Programme, die den Coprozessor nutzen und die fehlerbehaftete Prozessorvariante nicht gesondert behandeln, sollten in Verbindung mit den betroffenen Pentium-Prozessoren möglichst nicht verwendet werden. Dabei handelt es sich insbesondere um CAD- und Tabellenkalkulationsprogramme.

 Der Coprozessor-Fehler trat lediglich in den ersten Pentium-Prozessoren (P5) mit 5-Volt-Technologie auf, also jenen Prozessoren, die mit 60 bzw. 66 MHz getaktet sind.

8.5.5 PentiumPro (P6)

Der Pentium Pro ist – wie seine Vorgänger – ein 32-Bit-Prozessor mit einem externen 64-Bit-Datenbus. Als weitere Besonderheit verfügt der PentiumPro über einen 36 Bit breiten Adreßbus, über den die gigantische Menge von 64 GByte Arbeitsspeicher adressierbar ist.

Ebenfalls wie seine Vorgänger enthält der PentiumPro einen 16 KByte großen L1-Cache (je 8 KByte für Daten und Code). Darüber hinaus wurde aber auch der sonst externe, schnelle Level-2-Cache (L2-Cache) in den Prozessor integriert, woraus die für den PentiumPro typische Rechteckform resultiert, weil sich die Speicherschaltungen auf einem Extrachip innerhalb des CPU-Gehäuses befinden. In erster Linie sollte dieser Schritt die Multiprozessoreignung des PentiumPro verbessern. Die Größe des L2-Caches beträgt bei den verschiedenen Prozessorvarianten 256 bzw. 512 KByte.

Prozessoren

Abb. 8.8: Die Unterseite eines PentiumPro-Prozessors

Aufgrund seiner Rechteckform benötigt der PentiumPro einen eigenen neuen Sockel (Socket 8), den sich Intel patentieren ließ, so daß die Konkurrenz AMD und Cyrix weiterhin weitgehend auf den Bau von »Pentium-Prozessoren« für den Sockel 7 beschränkt blieb. Die Leistungsaufnahme des PentiumPro liegt bei maximal 39 Watt beim 200-MHz-Modell mit 512 KByte L2-Cache.

Ein weiterer Grund (neben dem integrierten L2-Cache) für die Leistungssteigerung des PentiumPro ist eine Technik namens Dynamic Execution. Der PentiumPro untersucht vorausschauend 30 Befehle und bestimmt dabei die optimale Bearbeitungsreihenfolge der Instruktionen. Weiterhin kann der PentiumPro mehrere Befehle gleichzeitig ausführen (superskalare Architektur).

Allerdings kommen die beschriebenen Vorteile des PentiumPro erst in Verbindung mit echten 32-Bit-Betriebssystemen voll zur Geltung. Tatsächlich wurde festgestellt, daß der PentiumPro unter 16-Bit-Betriebssystemen teilweise sogar langsamer als sein Vorgänger Pentium bei gleicher Taktfrequenz war, so daß sich sein Einsatz aufgrund seines deutlich höheren Preises unter Windows 3.x oder Windows 9x (das zu großen Teilen noch aus 16-Bit-Bestandteilen besteht) kaum wirklich auszahlt.

 Der PentiumPro weist deutliche Schwächen beim Einsatz in Verbindung mit 16-Bit-Programmen oder -Betriebssystemen auf, zu denen insbesondere Windows 3.x und (zumindest teilweise) auch noch Windows 9x zählen.

8.5.6 MMX

Die Multimedia Extensions (MMX) genannten Befehlserweiterungen wurden in der Fachpresse recht kontrovers diskutiert. Intel-Vertreter singen das Hohelied von MMX, das für zusätzlichen »Spaß« sorgen soll, weil die Pentium-kompatible Konkurrenz diese Technologie nicht beherrscht bzw. diese zunächst einmal bei Intel lizenzieren muß.

Zumindest der K6 von AMD und der M2 von Cyrix unterstützen Intels MMX, auch wenn sie diese nicht so nennen dürfen. Beide Prozessoren verwenden den Sockel 7 des Pentium (P54C).

MMX blieb jedoch deutlich hinter den Erwartungen und dem Machbaren zurück. Die in den Pentium MMX (P55C) und den Pentium II integrierten MMX-Erweiterungen sorgen zwar in bestimmten Bereichen (insbesondere bei der Video-Wiedergabe, bei Spielen, aber auch Animations- und Bildbearbeitungsprogrammen) für deutliche Leistungsverbesserungen, bieten aber in anderen Bereichen keinerlei Vorteile und setzen entsprechende Programmierung voraus. Die mögliche Kehrseite dieser Medaille stellen also Programme dar, die MMX voraussetzen und auf Rechnern ohne diese Erweiterung nicht arbeiten.

Darüber hinaus existieren in anderen Bereichen bereits Lösungen, die das auf wenige Einsatzbereiche beschränkte MMX deutlich in den Schatten stellen, so daß kaum einhellige Begeisterung herrschen kann, zumal zu erwarten steht, daß Intel seine Kunden demnächst mit HMX (HyperMedia Extensions) beglücken wird, die dann die vermißten und erwarteten Möglichkeiten nachrüstet und wahrscheinlich für den »Hyper-Spaß« (im Intel-Geldbeutel) sorgen soll.

Ergänzend zur MMX-Technologie wurde von Intel der Accelerated Graphics Port (AGP) ins Leben gerufen, der wiederum Hand in Hand mit MMX zusammenarbeitet. Kurzgefaßt: MMX kann seine ganze Stärke erst in Verbindung mit AGP unter Beweis stellen, was nichts anderes bedeutet, als daß ein neues Motherboard mit einem neuen Prozessor und einer neuen Grafikkarte fällig werden, wenn alle Vorteile dieser neuen Technologien genutzt werden sollen.

Für Pentium MMX, K6 und M2 ist nicht unbedingt der Kauf eines neuen Motherboards erforderlich. Entsprechende Upgrade-Varianten, wie zum Beispiel Upgrade-Sockel oder MMX-Overdrive, sind (oder werden) erhältlich sein. Die Lösung mit einem neuen Motherboard kann jedoch dennoch den einzig möglichen Weg darstellen, wenn alte Boards mit dem Stromhunger der neuen Prozessoren nicht klarkommen.

8.5.7 Pentium II

Der Pentium II (Codename Klamath) enthält serienmäßig die MMX-Erweiterungen und wurde zunächst in Varianten mit 233, 266 und 300 MHz vorgestellt, die (wahlweise) über 256 oder 512 KByte L2-Cache verfügen. Wassergekühlte Prototypen mit 400 MHz Taktfrequenz wurden gleichzeitig auf Messen vorgeführt und sollten demonstrieren, daß Intels Ankündigung des 1-GHz-Prozessors bis zur Jahrtausendwende ernstgemeint ist.

Im Unterschied zum PentiumPro ist der L2-Cache im Pentium II nicht mehr integriert, sondern befindet sich zusammen mit dem Prozessor auf einer Steckkarte (Prozessorkarte), die in einen speziellen Steckplatz (Slot 1) mit 242 Kontakten eingesetzt werden muß. Diese Abkehr von den beim Pentium und PentiumPro verwendeten Sockeln soll der größeren Flexibilisierung dienen. Alle direkt mit dem Prozessor zusammenarbeitenden Komponenten (CPU, Tag-RAM-Baustein und L2-Cache) befinden sich auf der Prozessorkarte.

Um die Nachteile des externen L2-Caches (der vergleichsweise nur mit halber Geschwindigkeit läuft) gegenüber dem Konzept des PentiumPro auszugleichen, hat Intel die L1-Caches für Daten und Instruktionen auf jeweils 16 KByte vergrößert und die Effektivität des Caches verbessert. Darüber hinaus konnte die eklatante 16-Bit-Schwäche des PentiumPro durch zusätzliche spezielle Register-Caches gemildert werden.

Die externe Taktrate des Pentium II entspricht der des PentiumPro, so daß anfangs auf bereits vorhandene Chipsätze zurückgegriffen werden kann. Der Pentium II arbeitet also extern weiterhin – wie der Pentium und der PentiumPro – mit 66 MHz. Die Leistungsaufnahme des Pentium II liegt beim 266-MHz-Modell bei knapp 40 Watt.

Wie der PentiumPro greift auch der Pentium II auf ladbaren Mikrocode zurück, der beim Start des Rechners in den Prozessor geladen wird. Hier hat Intel aus den anfänglichen Fehlern der Pentium-Fließkommaeinheit gelernt, da sich auf diesem Wege Fehler im Prozessor-Mikrocode durch spezielle Programme beseitigen lassen.

Eine weitere Neuerung sollen aktive Kühlkörper mit einem speziellen dreipoligen Anschluß darstellen. Während zwei dieser Anschlüsse für die 5-Volt-Stromversorgung des Lüfters zuständig sind, sendet der Lüfter über den dritten Anschluß (Sense -»Sensor« oder »Fühler«) einen Impuls pro Umdrehung, wodurch eine zuverlässige Überwachung der Lüfterfunktion ermöglicht wird. (ATX-Motherboards verfügen optional über eine ähnliche Überwachungs- bzw. Steuerungsmöglichkeit für Lüfter.)

	Pentium-200	Pentium-MMX	PentiumPro-200	Pentium II
Interner Takt	200 MHz	200 MHz	200 MHz	300 MHz
L1-Cache	8 + 8 KByte	16 + 16 KByte	8 + 8 KByte	16 + 16 KByte
L1-Takt (intern)	200 MHz	200 MHz	200 MHz	300 MHz
L2-Takt	66 MHz (extern)	66 MHz (extern)	200 MHz (intern)	150 MHz (extern)
Externer Takt	66 MHz	66 MHz	66 MHz	66 MHz

Tab. 8.7: Technische Eckdaten von Pentium bis Pentium II im vergleichenden Beispiel

8.5.8 Intel-kompatible Prozessoren

Neben Intel bietet eine ganze Reihe anderer Hersteller kompatible Prozessoren an. AMD, Cyrix, IBM, NEC und SGS-Thomson stehen zum Beispiel auf dieser Liste. Meist unterscheiden sich die kompatiblen Prozessoren nur geringfügig von den Originalen. Unterschiedliche Größen des Prozessor-Caches, 80386er-Gehäuse und fehlende Coprozessoren stellen Beispiele dar.

Abb. 8.9: 80486er von Cyrix

Die wohl bekanntesten Intel-kompatiblen 80486-Prozessoren stammen von AMD und arbeiten mit einer Taktfrequenz von 40 MHz. Rechner, die mit diesem Prozessor ausgestattet sind, können um einiges schneller als deren Konkurrenten sein. 33-MHz-Rechner verwenden üblicherweise eine ISA-Bustaktfrequenz von 8,25 MHz (1/4 Prozessortakt).

 Da die meisten Steckkarten bis zu Taktfrequenzen von etwas mehr als 10 MHz korrekt arbeiten, kann ein mit einem 40-MHz-Prozessor ausgestatteter Rechner (bei 10 MHz Bustaktfrequenz) um ca. 25 Prozent schneller als ein 33-MHz-System sein.

Mit dem K6 von AMD, dem M2 von Cyrix und vergleichbaren Prozessoren kommt den Kompatiblen möglicherweise wieder mehr Bedeutung zu, da diese weiterhin den Sockel 7 verwenden, sich als direkter Ersatz eines Standard-Pentiums einsetzen lassen und darüber hinaus bessere Leistungen versprechen.

8.5.9 Aufrüstmöglichkeiten

Einige PCs lassen sich durch einfachen Austausch der CPU aufrüsten. Es gibt aber auch andere spezielle Lösungen, die in besonderen Fällen in Betracht kommen können. Denken Sie aber immer zunächst einmal daran, Preis und Leistung sorgfältig abzuwägen. Im folgenden stelle ich kurz die möglichen Verfahren vor.

Upgrade-Chips

Upgrade-Chips, für die insbesondere die Firma Cyrix bekannt ist, eignen sich insbesondere zum Aufrüsten der meisten 80386er und 80486er. Sofern den Cyrix-Prozessoren der mathematische Coprozessor fehlt, werden die vorhandenen Chips unterstützt. Die Cyrix-Upgrade-Chips werden entweder mit einem Spezialsockel auf fest eingelötete Prozessoren (80386SX) aufgeklemmt oder anstelle der alten CPU verwendet.

Dabei werden Upgrade-Chips üblicherweise zusammen mit dem benötigten Spezialwerkzeug und Kühlkörper, ausführlichem (meist englischem) Handbuch und den benötigten Programmen (für DOS und/oder OS/2) geliefert. Beispielsweise lassen sich durch die interne Taktverdoppelung der Cx486-Overdrive-Prozessoren alte 80386DX- und 80386SX-Systeme zu 80486ern machen. Cyrix-Chips wurden oder werden zum Beispiel über Computer Discount 2000 vertrieben.

Upgrade-Module

Für ihr reichhaltiges Angebot von Upgrade-Modulen ist insbesondere die Firma Kingston bekannt. Upgrade-Module ersetzen den alten Prozessor und arbeiten mit einer von der ursprünglichen Taktfrequenz des Systems unabhängigen Geschwindigkeit, verfügen also über eigene Taktfrequenzgeneratoren. Insbesondere für PS/2-Systeme bietet Kingston darüber hinaus spezielle Steckkarten an, über die diese Rechner aufgerüstet werden können. Ausführliche aktuelle Informationen über die von Kingston angebotenen Upgrade-Möglichkeiten erhalten Sie zum Beispiel über CompuServe (GO KINGSTON).

Hot Swap

Prozessoren (insbesondere 80286 oder 80386SX) vieler alter Rechner sind in SMD-Technik (Surface Mounted Device – Oberflächenmontiertes Gerät) ausgeführt, fest mit dem Motherboard verlötet und lassen sich damit nicht ohne weiteres auswechseln. Sofern der Platz ausreicht, lassen sich allerdings Upgrade-Chips mit Spezialsockeln auf vorhandene Prozessoren aufklemmen. Wenn auch dieses Verfahren nicht anwendbar ist und sich das betreffende System – aus welchen Gründen auch immer – nicht durch ein aktuelleres Modell ersetzen läßt, können Sie immer noch versuchen, ein Unternehmen ausfindig zu machen, das Prozessoren unter Einsatz des sogenannten »Hot Swap«-Verfahrens auswechselt.

SMD-Reparaturstationen arbeiten mit Heißluft, so daß alle Beinchen eines Prozessors gleichzeitig und gleichmäßig erhitzt werden können. Nach dem Auslöten kann dann ein Spezialsockel oder ein neuer Prozessor aufgelötet werden. Zum Einsatz kann dann ein beliebiger pin-kompatibler Prozessor kommen. Eine Firma, die einen solchen Service anbietet, ist in Gundelfingen beheimatet und heißt Hantz & Partner GmbH. Auf diesem Wege lassen sich zum Beispiel auch wirklich exotische Rechner reparieren, sofern Sie nur die benötigten Ersatzteile auftreiben können.

8.6 Prozessor-Trends

Pentium-Rechner stellen zur Zeit die Einstiegsklasse dar. Zwar sind gebraucht gekaufte, modernere 80486er mit ausreichender Speicherausstattung auch heute noch allen Ansprüchen einigermaßen gewachsen, aber der Leistungsunterschied zwischen 80486 und Pentium fällt doch recht deutlich aus, zumal heutige Pentium-Rechner durchweg mit höheren Taktfrequenzen als ihre älteren Brüder arbeiten. Anfängliche Kompatibilitäts-Probleme (hinsichtlich des PCI-Bussystems) und Bugs (im Mikrocode der Fließkommaeinheit) gehören bei den Prozessoren mit 3,3 V Betriebsspannung und den ersten Revisionen der PCI-Spezifikationen der Vergangenheit an.

Leistungsschübe wie beim Übergang vom 80386er auf den 80486er oder beim Übergang vom 80486er zum Pentium kann man sich von nachfolgenden Prozessorgenerationen kaum noch versprechen. Pentium MMX, PentiumPro und Pentium II können aufgrund ihrer unterschiedlichen technischen Ausgestaltung je nach eingesetztem Programm bzw. Betriebssystem leistungsmäßig die Nase vorn haben. Für Aufregung hat in dieser Hinsicht insbesondere der Umstand gesorgt, daß der PentiumPro nur unter echten 32-Bit-Betriebssystemen (zu denen beispielsweise Windows 95 *nicht* gehört) Leistungsvorteile gegenüber dem Pentium zu verzeichnen hat. Die »normalen« Pentiums werden von denen mit MMX-Erweiterung völlig verdrängt werden und übertreffen spätestens damit in einigen Anwendungsbereichen den PentiumPro, so daß letzterer aufgrund seiner Schwächen mit dem Erscheinen des Pentium II möglicherweise bedeutungslos werden wird. »Entweder Pentium oder gleich Pentium II« dürfte hier die Devise lauten. In den kaum vorhandenen Performance-Unterschieden zwischen den letzten Prozessorgenerationen liegt wohl auch einer der wichtigsten Gründe dafür, daß neuerdings Zusatzmerkmale wie MMX zunehmend in den Vordergrund gerückt werden, zumal Intels Konkurrenz auch nicht »schläft«. Deren Prozessoren können mittlerweile im Vergleich mit den Original-Intel-Prozessoren in einigen Bereichen sogar deutliche Vorteile für sich verbuchen.

Möglicherweise ändert sich die gerade geschilderte Situation jedoch mit den für den Pentium II-Nachfolger (Codename Deschutes) erwarteten höheren externen Taktraten und den von Wintel (Microsoft und Intel) veröffentlichten Hardware-Entwicklerleitfäden. Wurde für 97 noch ein Basis-PC mit 120 MHz Taktfrequenz und optionalen seriellen Schnittstellen und optionalem ISA-Bus propagiert, müssen es 98 schon mindestens 200 MHz sein (ISA ist natürlich nicht mehr statthaft). Wie sagte der »uneigennützige« Bill Gates? Das Ziel müsse es sein, die Investitionen der Käufer von PCs für die Zukunft zu sichern? Wohl kaum, wenn alle ISA-Steckkarten zwangsläufig auf den Müll wandern und das gleiche auch für alle Geräte gilt, die heute noch über die traditionellen seriellen/parallelen Schnittstellen angeschlossen werden, weil diese bei den neuen Wintel-Rechnern dem USB (Universal Serial Bus) weichen sollen. Nicht einmal die Grafikkarte ließe sich dann weiterverwenden, weil MMX und AGP im Zusammenspiel auch noch allen PCI-Grafikkarten (in den meisten heutigen Systemen wohl die einzigen PCI-Karten) den Garaus machen sollen. Und wenn Deschutes (der Pentium II-Nachfolger) dann mit seinen höheren externen Taktraten daherkommt, dann dürfte mit sehr großer Wahrscheinlichkeit gleich der nächste neue Komplettrechner »die Investitionen der Käufer« sichern. (Ganz zu schweigen davon, daß all diese neuen Technologien nur von der neuesten Betriebssystemgeneration unterstützt werden.)

Eine weitere Entwicklungsrichtung für die Zukunft könnten Multiprozessor-Systeme sein. Dual-Pentium-Systeme wurden bereits kurz nach Verfügbarkeit dieses Prozessors angeboten, konnten bisher aber im PC-Bereich (noch) keine nennenswerten Marktanteile verbuchen und – mangels entsprechend programmierter Software – auch leistungsmäßig nicht überzeugen. Blickt man aber auf jene Rechner, die in professionellen Bereichen eingesetzt werden, muß man feststellen, daß dort Multiprozessor-Systeme unter dem Betriebssystem UNIX und dessen Varianten an der Tagesordnung sind. Statt laufend neue Rechner zu kaufen, kann der Einsatz eines weiteren Prozessors für einen deutlichen Leistungsschub sorgen. Betriebssysteme für Multiprozessor-Systeme (Windows NT und spezielle OS/2-Versionen) sind auch in der Intel-Welt bereits seit einiger Zeit erhältlich.

8.7 CPU-Installation

Im folgenden finden Sie eine Kurzanleitung für den Austausch bzw. den Einbau eines Upgrade-Prozessors. Außer beim Austausch einer Prozessor-Steckkarte müssen Sie bei allen Prozessor-Upgrades ähnlich vorgehen. Ziehen Sie aber auf jeden Fall die meist recht ausführliche Dokumentation zusätzlich zu Rate, die mit dem neuen Prozessor geliefert wurde.

Intel stellt via Internet ausführliche Informationen über verfügbare (Upgrade-)Prozessoren und deren Installation zur Verfügung. Neben der Stammseite von Intel, die Sie über die Adresse http://www.intel.com erreichen, gibt es spezielle Customer-Support-Adressen und vieles mehr.

Wenn Sie den für Sie richtigen Prozessor unter Berücksichtigung der obigen Hinweise ausgewählt haben, geht der Einbau meist relativ problemlos vonstatten.

- Schalten Sie den Rechner aus, ziehen Sie den Netzstecker, und öffnen Sie das Gehäuse.

- Fassen Sie das Metall des Gehäuses an, um statische Elektrizität abzubauen, bzw. verwenden Sie ein Antistatic-Armband.

- Entfernen Sie gegebenenfalls den vorhandenen Prozessor mit dem entsprechenden Spezialwerkzeug.

- Achten Sie darauf, wo sich Pin 1 befindet. Meist ist die entsprechende Ecke durch einen Punkt bzw. durch Abflachung gekennzeichnet. Zudem verfügen einige Prozessoren über spezielle Pins, die das falsche Einsetzen (ohne Gewaltanwendung) verhindern.

- Überprüfen Sie, ob keines der Beinchen des neuen Prozessors verbogen ist. Begradigen Sie gegebenenfalls die Pins mit einer Pinzette, einer Messerklinge oder einem flachen Schraubendreher.

Prozessoren

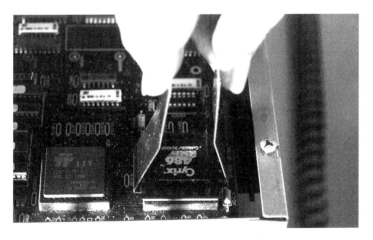

Abb. 8.10: Ausbau einer CPU mit Spezialwerkzeug

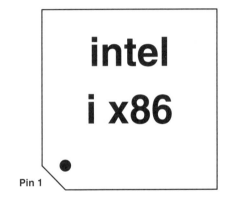

Abb. 8.11: Pin 1 ist üblicherweise gekennzeichnet.

- Setzen Sie dann den Prozessor vorsichtig in den passenden Sockel. Achten Sie dabei auf die korrekte Ausrichtung von Pin 1.
- Bringen Sie gegebenenfalls den Kühlkörper auf dem Prozessor an, und installieren Sie bei Bedarf einen zusätzlichen Lüfter. (Notfalls sind Lüfter erhältlich, die in ein vorhandenes Stromversorgungskabel zwischengeschaltet werden und sich mittels Halteklemmen oder ähnlicher Materialien ohne größeren Werkzeugeinsatz im Gehäuse befestigen lassen.)

 Selbst für die Einbauschächte sind spezielle Lüfter erhältlich, die allerdings üblicherweise weniger der Kühlung des Prozessors als der einer Festplatte oder eines CD-ROM-Laufwerks dienen sollen.

- Überprüfen Sie die Schalter- bzw. Jumpereinstellung auf dem Motherboard anhand der Dokumentation Ihres Rechners, und nehmen Sie die für den neuen Prozessor erforderlichen Einstellungen vor. Überprüfen Sie die Jumpereinstellungen sicherheitshalber noch einmal. Falsche Werte können den Prozessor zerstören!

Möglicherweise müssen entsprechende Einstellungen auch im BIOS-Setup vorgenommen werden.

- Starten Sie dann den Rechner, und rufen Sie bei Bedarf das Setup-Programm des Rechners oder die Setup-Programme des neuen Prozessors auf, um zum Beispiel die Einstellungen für den mathematischen Coprozessor zu aktualisieren oder den Prozessor-Cache zu aktivieren. Vergessen Sie auch nicht die Installation der bei einigen Prozessoren erforderlichen Programme zur Aktivierung des Prozessor-Caches.

Sollte der Rechner nicht korrekt starten, schalten Sie ihn unbedingt sofort wieder ab, um (größere) Beschädigungen zu vermeiden. Überprüfen Sie dann noch einmal sämtliche vorgenommenen Einstellungen und den korrekten Sitz des Prozessors (in diesem Zusamenhang eine der häufigsten Fehlerursachen), und versuchen Sie Ihr Glück erneut.

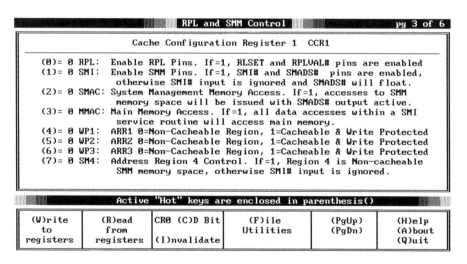

Abb. 8.12: *Manche Upgrade-Prozessoren verfügen über umfangreiche Einstellmöglichkeiten, wie dieses Beispiel für einen Cyrix-Prozessor demonstriert.*

- Wenn bisher alles funktioniert hat, überprüfen Sie die Funktionsfähigkeit des neuen Chips anhand mitgelieferter und/oder anderweitig verfügbarer Testprogramme.

- Wenn keine Fehler gemeldet werden, arbeitet die neue CPU korrekt, so daß Sie den Rechner wieder zusammenbauen können.

8.8 Troubleshooting

In der Regel wird Ihr Rechner gar nicht starten, wenn tatsächlich ein Prozessordefekt vorliegt oder wesentliche Dinge beim Upgrade schiefgelaufen sind. Dennoch gibt es einige mögliche Fehlerquellen, die dazu führen, daß ein Prozessor seine Arbeit nur unbefriedigend verrichtet.

Rechner arbeitet vergleichsweise langsam

Sollte es sich hier nicht nur um eine Täuschung handeln, dann kann bei Upgrade-Prozessoren zum Beispiel vergessen worden sein, den Prozessor-Cache zu aktivieren. Bei einigen Prozessoren ist der Cache nicht automatisch aktiviert, sondern muß erst über ein entsprechendes Programm aktiviert werden. Ansonsten läßt sich der Prozessor-Cache bei vielen Rechnern auch über das BIOS-Setup aktivieren bzw. deaktivieren. Kontrollieren Sie gegebenenfalls auch diese Einstellung.

Eine weitere mögliche Ursache besteht darin, daß der Turbo-Schalter am Rechner versehentlich gedrückt wurde, so daß er unnötigerweise mit »gebremstem Schaum« läuft. (Auch diese Option läßt sich oft via BIOS-Setup manipulieren.)

 Der Turbo-Schalter (und die entsprechende BIOS-Einstellung) hat bei den verschiedenen Rechnermodellen unterschiedliche Auswirkungen. Bei Computern der Pentium-Klasse wird meist der Prozessor-Cache deaktiviert, um die Arbeitsgeschwindigkeit herabzusetzen. Bei den meisten 80486ern (und deren Vorgängern) wird meist die Prozessor-Taktfrequenz herabgesetzt.

Ausgewiesene bzw. ermittelte Taktfrequenz ist zu niedrig

Diese »Fehlfunktion« kann ähnliche Ursachen wie der vorangegangene Punkt haben, so daß Sie einen Blick in die dortigen Erläuterungen riskieren sollten. Werden in den Bildschirmmeldungen beim Rechnerstart beispielsweise nur 100 MHz Taktfrequenz angegeben, obwohl der Prozessor eigentlich mit 133 MHz arbeitet, müssen Sie diese Meldung vielfach als »100 MHz oder mehr« interpretieren. Zuverlässige Auskunft über die tatsächliche Taktfrequenz, mit der der Prozessor arbeitet, erhalten Sie daher nur über entsprechende Testprogramme, wobei manche (insbesondere ältere) Testprogramme ebenfalls nur mit Klassifizierungen der Art »mehr als« arbeiten.

In einzelnen Fällen habe ich feststellen müssen, daß sich Mainboards zwar per Jumpereinstellung auf höhere Taktfrequenzen einstellen ließen, aber dann dennoch nur mit der niedrigeren Taktfrequenz arbeiteten. Bei alten Pentium-Boards funktioniert zum Beispiel häufig nur die 60-, nicht aber die 66-MHz-Taktfrequenz. Entsprechende Upgrade-Prozessoren arbeiten dann nur mit 120 statt 133 MHz (und damit ohne den erhofften Leistungsschub durch die Steigerung des externen Takts von 60 auf 66 MHz).

Gerüchten zufolge werden Boards bzw. Rechner, die mit Vielfachen von 30 MHz arbeiten, oft deshalb besonders günstig angeboten, weil es sich eigentlich um Geräte handelt, die bei 33 MHz-Tests durchgefallen sind!

Ein Prozessor defekt (Windows NT)

Wenn ein Prozessor in einem Mehrprozessor-System tatsächlich defekt ist oder aber deaktiviert werden soll, weil bestimmte Funktionen mit den Multiprozessor-Fähigkeiten von Windows NT nicht klarkommen, dann läßt sich dieser bei Bedarf deaktivieren. Dazu läßt sich unter Windows NT die Option /onecpu in der Datei BOOT.INI verwenden, wie zum Beispiel in der folgenden Anweisung:

```
multi(0)disk(0)rdisk(0)partition(2)\WINNT
="Windows NT, Single-Prozessor"/onecpu
```

Wenn Sie diese Zeile als zusätzliche Option in das Startmenü aufnehmen, das in der Datei BOOT.INI von Windows NT definiert wird, können Sie sie bei Bedarf aktivieren.

Motherboards 9

Während der Mikroprozessor das eigentliche Herz des PCs darstellt, befinden sich auf dem Motherboard jene Bausteine und Komponenten, die direkt auf den Prozessor abgestimmt werden müssen und diesen zum Datenaustausch mit seiner Umwelt befähigen. Mainboard, Hauptplatine, Mutterplatine usw. sind weitere Bezeichnungen für das Motherboard.

Auf dem Motherboard befinden sich meist Cache-Speicher (beim Pentium-Pro ist der L2-Cache im Prozessor integriert), die BIOS-Bausteine, verschiedene Controller, Taktgeber sowie Steckplätze für Erweiterungskarten (Slots), Speicherbausteine und eine Reihe von unterstützenden Chips (Support-Chips). Dazu gehören der Taktgeber (88254), Bus- (82288), DMA- (8237) und Interrupt-Controller (8259), der Timer-Baustein (8254), die Echtzeituhr (MC146818) und der Tastaturprozessor (8042).

Da diese Chips – mit Ausnahme der Chips für das L2-Cache – meist fest eingelötet sind und der Rechner bei entsprechenden Defekten ohnehin nicht mehr arbeitet, bleibt bei deren Ausfall nur noch der Weg zur Werkstatt oder der Komplettaustausch des Motherboards, wobei der Komplettaustausch angesichts der heutigen Motherboard-Preise in der Regel den preiswerteren Weg darstellen dürfte.

Abb. 9.1: VESA-Local-Bus-Motherboard

Da das Motherboard eng mit dem Prozessor zusammenarbeitet und auf diesen abgestimmt sein muß, sollten Sie das Kapitel »Prozessoren« beim Lesen der folgenden Abschnitte mit zu Rate ziehen. Hier finden Sie neben den Informationen zu den verschiedenen Prozessoren eine Menge weiterer Hinweise. Gleiches gilt in bezug auf »Speicherbausteine« und »Bussysteme«, denen ebenfalls eigenständige Kapitel gewidmet sind.

9.1 Auswahlkriterien und Besonderheiten

Wenn Sie ein Motherboard einbauen bzw. austauschen wollen, sollten Sie einige Dinge besonders beachten. Angesichts der heutigen Preise für Motherboards handelt es sich bei dessen Austausch gar nicht mehr um ein allzu kostspieliges Unterfangen. Das Ersetzen eines älteren Boards durch ein neueres kostet häufig nur noch ein paar Hunderter, wenn Sie sich nicht gerade für das Neueste vom Neuesten entscheiden.

9.1.1 Formfaktor

Sieht man einmal von speziellen Motherboards ab, wie sie zum Beispiel in Laptops Verwendung finden, wird zwischen Baby-Boards, Boards »normaler« Größe und ATX-Motherboards unterschieden. Die kleineren Baby-Boards haben lange den Standard gebildet, bis sie im Laufe des Jahres 1996 vom ATX-Formfaktor abgelöst wurden, der den Anforderungen an moderne Motherboards eher Rechnung trägt.

Die Tabelle gibt einen Überblick über die Standardabmessungen der verschiedenen Formfaktoren. Häufig begegnen Ihnen aber auch kleinere Boards, die aber kompatibel mit den Standards bleiben, so daß die Angaben in der Tabelle als Maximalwerte zu verstehen sind.

Formfaktor	Max. Breite	Max. Tiefe
AT	305 mm (12 Zoll)	350 mm (13,8 Zoll)
Baby-AT	220 mm (8,6 Zoll)	330 mm (13 Zoll)
ATX	305 mm (12 Zoll)	244 mm (9,6 Zoll)

Tab. 9.1: Formfaktor und Abmessungen von Motherboards im Überblick

 Die Pin-Belegung der Stromversorgungsstecker finden Sie im Kapitel »Gehäuse und Netzteil«.

Baby-AT-Formfaktor

Insbesondere bei 486ern und Pentium-Rechnern folgen die meisten Hersteller dem sogenannten Baby-AT-Formfaktor, der sowohl die genauen Abmessungen des Boards als auch die Abstände und die Position der Anschlüsse, Erweiterungs-Slots und der Befestigungsschrauben festlegt.

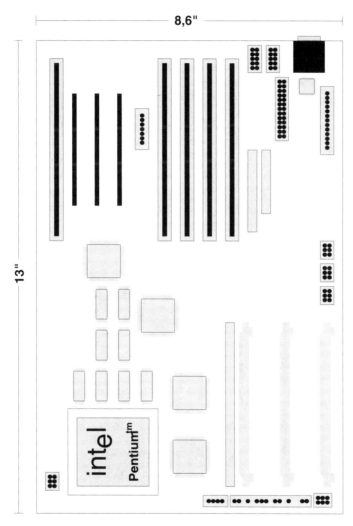

Abb. 9.2: Motherboard im Baby-AT-Formfaktor

Wenn Sie über ein Gehäuse und ein Board verfügen, die für den Baby-AT-Formfaktor ausgelegt sind, sollten beim späteren Austausch des Boards keine Schwierigkeiten zu erwarten sein, sofern Sie nur darauf achten, daß das neue Motherboard diesem Standard folgt.

ATX-Formfaktor

ATX-Motherboards kommen seit 1996 zunehmend in Mode und tragen einigen Erfodernissen moderner Rechner besonders Rechnung bzw. beseitigen lästige Ärgernisse. So verfügen sie zum Beispiel über einen neuen, verpolungssicheren Stromversorgungsstecker, der neben den herkömmlichen Spannungen (5 und 12 Volt) auch die für moderne Speicherbausteine und Prozessoren erforderlichen 3,3 Volt liefert.

ATX-Boards weisen eine standardisierte Anordnung der Komponenten auf, wobei sich die Schnittstellenanschlüsse der auf dem Board integrierten Komponenten innerhalb eines definierten Bereichs (158×44 mm) befinden müssen. Selbst die Befestigungslöcher für das Board sind bei ATX-Motherboards exakt spezifiziert. Lediglich die Anordnung der Buchsen bleibt den Herstellern überlassen, so daß Sie beim Kauf eines ATX-Motherboards darauf achten müssen, daß die passende Blende mitgeliefert wird.

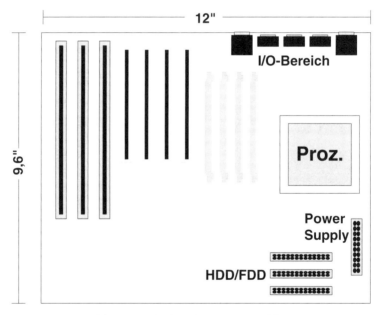

Abb. 9.3: Motherboard im ATX-Formfaktor

Mit der Version 2.1 der ATX-Spezifikationen wurden Ende 1996 einige verbliebene Unklarheiten bzw. Versäumnisse beseitigt und einige Nachträge vorgenommen. So kam ein optionaler Stecker für das Netzteil hinzu, der sechs Kontakte aufweist, die für die Versorgungsspannung für den FireWire-Bus (IEEE1394) und die Steuerung und Kontrolle des Netzteillüfters zuständig sind. Auf diesem Weg kann die Drehzahl des Lüfters geregelt und dessen Ausfall festgestellt werden.

Andere Formfaktoren

Verfügen Sie über einen älteren Rechner, müssen Sie ein wenig Vorsicht walten lassen. Möglicherweise sollten Sie beim Austausch des Motherboards dann besser gleich den Kauf eines neuen Gehäuses mit in Erwägung ziehen und den einen oder anderen Hunderter zusätzlich investieren.

Ein besonderes Problem stellt bei älteren Rechnern der Umstand dar, daß der Abstand zwischen den Steckplätzen im Original-PC ursprünglich 1 Zoll betrug, während er bei ATs üblicherweise 0,8 Zoll beträgt. Auf diesen Sachverhalt müssen Sie heute in der Regel jedoch nicht mehr achten. Wenn Sie Pech haben, kann Ihnen allerdings auch heute noch ein Rechner mit solch exotischen Motherboard-Abmessungen begegnen.

Unrühmlich ist weiterhin der Umstand, daß zeitweilig etliche Hersteller firmenspezifischen Lösungen den Vorzug gegeben haben. Spezielle Platinen, Montageverfahren oder Abmessungen machen den Austausch der Hauptplatine solcher Rechner nahezu unmöglich. Greifen Sie in einem solchen Fall am besten gleich zu einem neuen Gehäuse und Motherboard, und verwenden Sie lediglich die Steckkarten weiter. Ansonsten bleibt Ihnen nur der Weg, beim einmal gewählten Hersteller zu bleiben oder sich gleich einen neuen Rechner zu kaufen.

9.1.2 Montagezubehör

Wenn Sie sich einen neuen Rechner komplett selbst zusammenbauen wollen, müssen Sie besonders darauf achten, daß Sie beim Kauf des Rechnergehäuses bzw. der Hauptplatine das benötigte Montagezubehör mitgeliefert bekommen. Neben den notwendigen Schräubchen benötigen Sie beim Einbau eines Motherboards spezielle Abstandhalter, die dafür sorgen, daß zwischen Motherboard und Rechnergehäuse kein Kurzschluß entsteht.

9.1.3 Anzahl und Art der Steckplätze

Zu Steckplätzen bzw. Bussystemen finden Sie im folgenden Kapitel ausführlichere Informationen. Hier soll es lediglich um Art und Anzahl der Steckplätze gehen.

Rechner, die nur mit ISA-Steckplätzen ausgerüstet sind, verfügen üblicherweise insgesamt über acht Steckplätze. Neben sechs 16-Bit-ISA-Steckplätzen finden Sie meist zwei 8-Bit-ISA-Steckplätze. Derartige Motherboards sind heute aber nicht mehr üblich. Bei VLB-Motherboards, die heute auch kaum noch anzutreffen sind, beträgt die Gesamtzahl der Steckplätze üblicherweise ebenfalls acht, jedoch treffen Sie dort meist zwei 8-Bit-ISA-, vier 16-Bit-ISA- und zwei VESA-Local-Bus-Steckplätze (VLB) an.

Eine ähnliche Aufteilung finden Sie auch in Rechnern, die mit PCI-Steckplätzen ausgestattet sind. Dabei finden Sie nur noch selten 8-Bit-ISA-Steckplätze, sondern vornehmlich die 16-Bit-ISA-Variante. PCI-Systeme sollten möglichst über vier PCI-Steckplätze (und vier 16-Bit-ISA-Steckplätze) verfügen. Damit stehen dann in der Regel insgesamt sieben Steckplätze zur Verfügung, weil sich die beiden aneinander angrenzenden ISA- und PCI-Steckplätze, weil deren Bestückung auf der gegenüberliegenden Seite liegt, nicht gleichzeitig nutzen lassen.

Manche spezielle Motherboards bieten einiges mehr an Flexibilität und verfügen sowohl über PCI- als auch über VLB-Steckplätze. Solchen technisch meist recht aufwendigen Mischlösungen begegnen Sie jedoch nur selten.

 Motherboards für MMX-Prozessoren verfügen häufig über einen Sockel für AGP-Grafikkarten. Dieser Accelerated Graphics Port wurde speziell für besonders leistungsfähige moderne Grafikkarten entwickelt, die mit den MMX-Prozessoren eng zusammenarbeiten.

9.1.4 Prozessor-Sockel

Die möglichst vielseitige Einsetzbarkeit eines neuen Motherboards dürfte neben der Bauform das wichtigste Kriterium schlechthin sein. PGA-, LIF- (Low Insertion Force) bzw. ZIF-Sockel (Zero Insertion Force) stehen im wesentlichen zur Auswahl. Über die verschiedenen Spielarten können Sie sich eingehender im Kapitel »Prozessoren« informieren, da die verschiedenen Sockel der Bauform des Prozessors Rechnung tragen.

Die Art der auf einem Motherboard vorhandenen Sockel entscheidet letztlich zusammen mit den sonstigen technischen Gegebenheiten darüber, welche Prozessoren einsetzbar sind. Wenn möglich, sollte die Entscheidung zugunsten eines Motherboards mit ZIF-Sockel fallen. (Anderen Sockel-Varianten sollten Sie mittlerweile gar nicht mehr begegnen.) ZIF-Sockel garantieren nicht nur Einsatzmöglichkeiten für eine breite Palette aktueller Prozessoren, sondern auch deren leichte Austauschbarkeit.

Wenn Sie ganz fortschrittlich eingestellt sind, können Sie sich auch nach einem Motherboard umsehen, das den parallelen Betrieb mehrerer Prozessoren gestattet. Boards für zwei Pentium-Prozessoren sind seit ca. Mitte 1994 erhältlich. Allerdings müssen Sie, wenn Sie diese besondere Ausstattung sinnvoll nutzen wollen, gleichzeitig auf ein neues Betriebssystem umsteigen, wie zum Beispiel Windows NT oder die Mehrprozessorversion von OS/2.

Neben dem Sockel für die CPU weisen ältere Motherboards Sockel für mathematische Coprozessoren (FPU – Floating Point Unit) auf. Erst ab dem 80486DX ist ein Coprozessor in den meisten CPUs bereits integriert. In diesem Fall ist ein Coprozessor-Sockel naturgemäß überflüssig. Bis heute werden Coprozessoren im wesentlichen nur von CAD- und Tabellenkalkulationsprogrammen genutzt. Bei der Textverarbeitung bieten sich Ihnen also keine Vorteile.

Weitek-Coprozessoren benötigen einen speziellen Sockel. Allerdings waren diese FPUs nie sonderlich verbreitet, so daß dieses Ausstattungsmerkmal nur in seltenen Fällen wichtig sein dürfte.

Mit der Vorstellung der MMX-Prozessoren spielt jedoch ein weiteres Merkmal zwischenzeitlich eine Rolle. Damit MMX-Prozessoren verwendet werden können, müssen diese nämlich vom Sockel auch unterstützt werden. Ansonsten könnte es Probleme geben.

Sockel/ Slot	Verwendbare Prozessoren (Beispiele)	Pins	Spannung
Socket 1	487SX, 80486DX2, 80486SX2	169	5 V
Socket 2 (blau)	487SX, 80486DX2, 80486SX2, P24T (Pentium Overdrive)	238	5 V
Socket 3 (weiß)	487SX, 80486DX2, 80486DX4, 80486SX2, P24T (Pentium Overdrive)	237	3,3/5 V
Socket 4	Pentium (P5 mit 60/66 MHz Taktfrequenz), Pentium-Overdrive-Prozessor	273	5 V

Tab. 9.2: Prozessorsockel und dazu passende Prozessoren im Überblick

Sockel/Slot	Verwendbare Prozessoren (Beispiele)	Pins	Spannung
Socket 5	Pentium (P54C ab 75 MHz Taktfrequenz), Pentium-Overdrive-Prozessor	320	3,3 V
Socket 6	80486DX4	235	3,3 V
Socket 7	Pentium (P54C), Pentium MMX (P55C), Cyrix M2, AMD K6	320 + 30	2,5 bis 3,3 V
Socket 8	Pentium Pro (P6)	387 + 40	2,5 bis 3,3 V

Tab. 9.2: Prozessorsockel und dazu passende Prozessoren im Überblick

 Achten Sie bei den verschiedenen Sockeln, Motherboard- und Prozessorvarianten insbesondere darauf, daß diese auch die passende Versorgungsspannung bereitstellen. Andernfalls arbeitet der Prozessor entweder nicht oder wird gar zerstört. Die zusätzlichen Pins bei den Sockets 7 und 8 bieten Anschluß für einen Spannungswandler (VRM – Voltage Regulation Module).

Mit dem Pentium II-Prozessor verabschiedet sich Intel vom Sockel-Konzept. Dieser Prozessor wird nämlich in eine spezielle kleine Platine integriert, für die das Motherboard über einen entsprechenden Sockel verfügen muß.

9.1.5 Arbeitsspeicher

(RAM – Random Access Memory) Ein besonders wichtiges Ausstattungsmerkmal eines Motherboards ist die Anzahl der verfügbaren Sockel für Speicherbausteine. Wichtig ist insbesondere, auf welche Gesamtkapazität der Arbeitsspeicher aufgerüstet werden kann. Verfügt das Motherboard über acht SIMM-Sockel, die maximal 4-MByte-SIMMs verkraften, kommen Sie insgesamt auf maximal 32 MByte RAM. Andererseits finden Sie Boards, die nur vier SIMM-Sockel aufweisen, die sich aber mit 32-MByte-SIMMs ausrüsten lassen, womit eine Gesamtspeicherkapazität von 128 MByte ermöglicht wird. Zunehmend häufiger gibt es aber auch Boards mit acht Sockeln für 72polige SIMMs, mit denen Sie auf insgesamt 256 MByte RAM kommen können.

Heute werden im Prinzip nur noch SIMM-Bausteine in verschiedenen Bauformen eingesetzt. Neben den vorwiegend in 486ern anzutreffenden 30poligen Modulen werden beim Pentium vornehmlich die 72poligen PS/2-SIMM-Module verwendet. Aber auch Sockel für 168polige SDRAM-Bausteine sind seit geraumer Zeit anzutreffen.

Darüber hinaus sollten Sie ein Auge darauf haben, welche technischen Eigenschaften die verwendbaren RAM-Module haben dürfen. FP-DRAM- und EDO-DRAM-Bausteine weisen gewisse Unterschiede auf, und nicht jedes Motherboard verträgt beide Bauformen. Ausführlichere Informationen zu diesem Thema finden Sie im Kapitel »Speicherbausteine«.

Achten Sie auf Art und Anzahl der RAM-Sockel und die maximale Kapazität der verwendbaren Speichermodule und gegebenenfalls auf die in einem Rechner bereits verbauten Sockel, wenn Sie Platz für spätere Erweiterungen haben wollen. Weiterhin kann es wichtig sein, ob das Board das Mischen verschiedener Speicherbausteine zuläßt.

9.1.6 Cache-Speicher

Prozessoren ab dem 80486er verfügen über integrierten Cache-Speicher, sogenannten Prozessor-Cache (Primärer/First Level bzw. L1-Cache). Dabei handelt es sich um schnelle Speicherbausteine, in denen Informationen zwischengespeichert werden, die vom Prozessor wahrscheinlich demnächst benötigt werden. Da der Zugriff auf diesen integrierten Cache-Speicher direkt und ohne jede Verzögerung erfolgt, resultiert daraus eine erhebliche Leistungssteigerung.

Die meisten Rechner ab dem 80486er verfügen darüber hinaus über externe Cache-Bausteine (Second Level bzw. L2-Cache), die eine ähnliche Funktion übernehmen. Hierzu werden besonders schnelle statische RAM-Bausteine (SRAM) verwendet. 64 KByte Cache sind kaum noch üblich, da eine derartige Ausstattung bei modernen Betriebssystemen wie Windows NT oder OS/2 kaum Leistungszuwachs zur Folge hat. Dementsprechend finden Sie auf den meisten Motherboards mindestens 256 KByte SRAM-Cache. 512 KByte finden zunehmend Verbreitung, und zuweilen ist auch ein Ausbau des externen Caches auf bis zu 1 MByte möglich.

Erkundigen sollten Sie sich danach auf jeden Fall. Meist sind die SRAM-Chips der modernen Motherboards gesockelt, so daß auch nachträgliche Erweiterungen möglich sind. Inwieweit mehr externer Cache Geschwindigkeitsvorteile mit sich bringt, ist von dem auf dem Motherboard verwendeten Chipsatz abhängig. Die Leistung von Boards mit Cache ist besser. Ab einer gewissen Grenze, die u.a. vom eingesetzten Betriebssystem abhängig ist, bringt mehr Cache allerdings keinen Leistungszuwachs mehr. Für DOS-Programme sollten 256 KByte externer Cache zum Beispiel vollauf genügen.

Im Zusammenhang mit Second Level Cache begegnen Ihnen zuweilen Begriffe wie Write-Thru-Cache, Write-Back-Cache, Tag-RAM und Dirty-Tag-RAM, die bei den unterschiedlichen Chipsätzen für die interne Verwaltung und die optimale Nutzung des externen Cache-Speichers eingesetzt werden. Details darüber dürften vorwiegend für Techniker von Interesse sein.

Manchmal können Sie über das BIOS-Setup (Advanced Chipset Setup) Einstellungen vornehmen, die den Cache-Speicher betreffen. Dabei ist in jedem Fall ein wenig Vorsicht geboten. Der Cache Read Hit Burst gibt Aufschluß darüber, wie lange ein 486er zum Lesen von vier aufeinanderfolgenden Double-Words (16 Byte) benötigt. Mit der Einstellung 2-1-1-1 erreichen Sie die beste Systemleistung, sofern Ihr Rechner diese verkraftet. Waitstates können Sie ebenfalls vorsichtig vermindern. Werfen Sie aber immer zunächst einen Blick in das Handbuch Ihres Motherboards, in dem Sie häufig (allerdings meist oberflächliche) Empfehlungen finden. Meistens finden Sie durch mehrfachen Aufruf von Windows am zuverlässigsten heraus, ob eine Einstellung zu offensiv ausgefallen ist. Dann bleibt der Rechner nämlich meist recht schnell hängen.

Fehlender (oder abgeschalteter) L2-Cache führt dazu, daß der Prozessor leistungsmäßig nur noch seiner Vorgängerversion entspricht. Ein Pentium ohne L2-Cache leistet so zum Beispiel kaum mehr als ein 486er mit L2-Cache!

9.1.7 Spannungsversorgung

Aufgrund thermischer Probleme im Zusammenhang mit hochgetakteten Prozessoren hat Intel 1994 die externe Versorgungsspannung der meisten Prozessoren von 5 auf 3,3 Volt abgesenkt. Ältere Boards arbeiten jedoch nur mit 5-Volt-Prozessoren zusammen. Teilweise läßt sich die zu verwendende Versorgungsspannung für den Prozessor auch mit Hilfe eines Jumpers umsetzen. Welche Spannungen üblicherweise von welchem Prozessorsockel unterstützt werden, können Sie der oben in diesem Kapitel abgedruckten Tabelle entnehmen. Glücklicherweise bringen moderne Prozessoren mittlerweile ihre eigenen Spannungswandler mit, zumal sie intern inzwischen nur noch mit etwa 2,3 bis 2,9 Volt arbeiten.

Neuere Motherboards versorgen den Prozessorsockel durchweg mit einer Spannung von 3,3 Volt. Zudem verfügen neuere Prozessorgenerationen über integrierte Spannungswandler, die dafür sorgen sollen, daß der Prozessor letztlich korrekt mit Strom versorgt wird. Allerdings weichen die Prozessoren verschiedener Hersteller geringfügig voneinander ab, was insbesondere auch deren Stromaufnahme betrifft.

Motherboards

 Achten Sie darauf, für welche Prozessoren das jeweilige Motherboard geeignet ist. Manche Motherboards kommen mit besonders »stromfressenden« Prozessorvarianten des einen oder anderen Herstellers unter Umständen nicht klar.

9.1.8 Unterstützte Taktfrequenzen

Hinsichtlich der externen Prozessor-Taktfrequenz gilt ähnliches wie bei der Spannungsversorgung. Achten Sie darauf, daß das Motherboard möglichst viele Prozessorvarianten unterstützt. Leistungsreserven nach oben können hier nie schaden, da Sie so gegebenenfalls die Möglichkeit haben, einen vorhandenen Prozessor später, wenn er ein wesentlich besseres Preis-Leistungs-Verhältnis aufweist, durch ein schnelleres Modell auszutauschen.

Die Anpassung des Boards an den Prozessor erfolgt bei modernen Rechnern über entsprechende Einstellungen im BIOS-Setup. Dort müssen Sie gegebenenfalls die passenden Tatfrequenzen einstellen.

Je mehr verschiedene Taktfrequenzen unterstützt werden bzw. sich konfigurieren lassen, desto zukunftssicherer ist ein Motherboard.

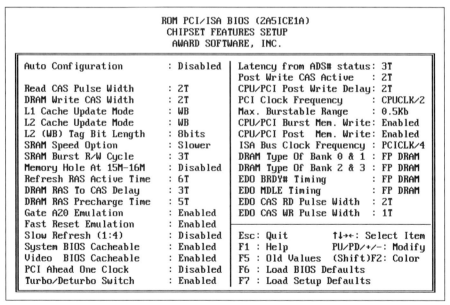

Abb. 9.4: Unter Umständen müssen Sie im BIOS-Setup Taktfrequenzen an einen neuen Prozessor anpassen.

9.1.9 BIOS

Auch dem BIOS (Basic Input Output System) auf dem Motherboard sollten Sie Ihre Aufmerksamkeit widmen. Viele preiswerte Boards verfügen lediglich über ein Spar-BIOS mit beschränkten Möglichkeiten. Etlichen möglichen Problemen können Sie also bereits im Vorfeld bei ein wenig Umsicht entgegenwirken, wenn Sie sich für ein Motherboard mit leistungsfähigem BIOS entscheiden.

Die automatische Ermittlung von Festplattenparametern gehört mittlerweile zur Pflichtübung eines jeden modernen BIOS. Integrierter Schutz gegen bestimmte Virenarten, die Unterstützung von 2,88-MByte-Diskettenlaufwerken und des EIDE-Standards (Enhanced IDE) und damit die direkte Unterstützung größerer Festplatten stellen weitere mögliche Kriterien für die Auswahl einer Hauptplatine anhand des BIOS dar. Wesentlich wichtiger dürften in dieser Hinsicht jedoch die vom Motherboard-BIOS unterstützten Merkmale wie Plug and Play und das Power Management sein, die mittlerweile unter der Bezeichnung ACPI (Advanced Configuration and Power Interface) zusammengefaßt werden. Auf diese Funktionen sollten Sie im Hinblick auf kommende Betriebssystemgenerationen nicht verzichten.

Ein Lösungsansatz in Hinsicht auf einen Großteil der BIOS-Problematik steht über das sogenannte Flash Memory zur Verfügung. Dabei handelt es sich um einen Baustein, dessen Daten mit dem Ausschalten des Rechners nicht verlorengehen, also in dieser Hinsicht eigentlich einen ROM-Baustein. Allerdings lassen sich die Daten im Flash Memory unter Einsatz eines speziellen Programms ändern, so daß auf diesem Weg das BIOS von einer Diskette aus aktualisiert werden kann.

Naturgemäß müssen Sie die Programme zur Flash-Memory-Aktualisierung über den Händler bzw. Hersteller des Rechners beziehen, da diese auf Ihren Rechner abgestimmt sein müssen.

Weiterhin erwähnenswert ist, daß die Daten des Flash Memory nicht byteweise geändert werden können, sondern in einem Durchgang komplett aktualisiert werden müssen. Dies kann einige Sekunden in Anspruch nehmen und damit unter Umständen auch mißglücken, so daß der komplette Inhalt des Flash Memory gelöscht werden muß, um den Rechner wiederzubeleben. Dazu enthält das Flash Memory einige wenige Routinen, die permanent sind und lediglich dazu dienen, den Rechner notdürftig ins Leben zu rufen. Verfahren Sie bei Bedarf genau nach den Vorgaben des Lieferanten bzw. des Rechnerherstellers. Meist erfolgt das Löschen des Flash Memory über einen speziellen Jumper (Flash Recovery).

Vor diesem Hintergrund ist es sicherlich nicht weiter verwunderlich, daß Flash Memory zunehmend für BIOS-Chips verwendet wird, weil so das BIOS aktualisiert werden kann, ohne daß der Chip ausgewechselt werden muß. Sofern die Verfügbarkeit von BIOS-Updates gewährleistet ist, stellt vorhandenes Flash Memory also sicherlich einen Pluspunkt für ein derart ausgestattetes Motherboard dar.

 Es gibt auch Motherboards, die nicht über die dargestellte Funktion zur Wiederherstellung der Funktionalität des Flash BIOS im Fehlerfall verfügen. Derartige Motherboards werden im Fehlerfall zunächst einmal unbrauchbar und können nur vom Motherboard-Hersteller durch passenden Ersatz des Flash-BIOS-Bausteins wiederbelebt werden.

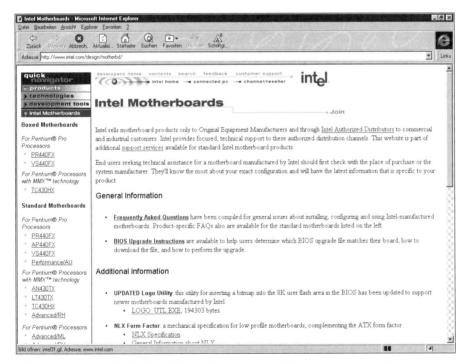

Abb. 9.5: Namhafte Motherboard-Hersteller und deren BIOS-Updates finden Sie im Internet.

9.1.10 Integrierte Komponenten

Sie sollten auch darauf achten, ob ein Motherboard Maus-, Festplatten-, Disketten-, serielle und/oder parallele Schnittstellen aufweist. Standardmäßige Boards verfügen lediglich über einen Tastaturanschluß. Manche Platinen enthalten aber bereits alle standardmäßigen Komponenten. Der Trend läuft immer wieder einmal in die eine und dann wieder in die andere Richtung.

Naturgemäß sparen integrierte Komponenten Steckplätze. Jedoch weisen sie den Nachteil auf, daß bei deren Ausfall gegebenenfalls das gesamte Motherboard ausgewechselt werden muß. Zumindest sollten alle integrierten Komponenten über Jumper, DIP-Schalter oder das BIOS-Setup deaktivierbar sein, so daß sich anstelle der integrierten Komponenten externe Steckkarten verwenden lassen. Darüber sollte die Dokumentation des Rechners bzw. Motherboards Auskunft geben können.

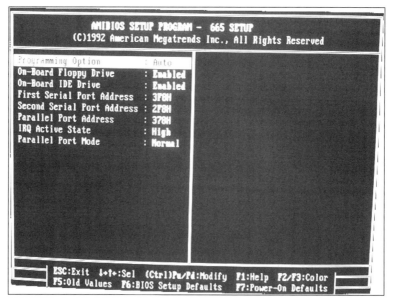

Abb. 9.6: Die im Motherboard integrierten Komponenten werden über das BIOS-Setup konfiguriert.

Sofern Defekte auftreten und sich integrierte Komponenten nicht deaktivieren lassen, hilft unter Umständen nur der Komplettaustausch des Motherboards. Außerdem können bestimmte Aufrüstaktionen auch durch integrierte Komponenten zum Scheitern gebracht werden.

Zu einem regelrechten Hickhack ist das Spielchen mit den vielen neuen Merkmalen und Erweiterungen der Standards bei Motherboards ohnehin bereits geworden. Welche IDE-Festplatten vom Motherboard unterstützt werden, läßt sich manchmal kaum noch nachvollziehen. Bus Master-IDE (für den optimierten Zugriff auf IDE-Geräte), Quantums Ultra DMA (IDE-Gerätebeschleuniger für bis zu 32 MByte/s), USB (PnP-Anschluß für moderne Peripheriegeräte, wie zum Beispiel Tastatur, Maus und Modem), ATAPI-Diskettenlaufwerk-Unterstützung und ähnliche moderne Merkmale wollen vom jeweiligen Motherboard bzw. dessen BIOS erst einmal unterstützt werden. Aufgrund der Vielzahl der integrierten Komponenten lassen sich die konkreten Leistungsmerkmale ohne eingehendes Studium der Motherboard-Dokumentation jedoch kaum zuverlässig ermitteln und bieten mehr als genug Raum für Fehlerquellen.

9.1.11 Batterie

ATs speichern ihre Setup-Einstellungen in einem batteriegepufferten CMOS-Baustein (CMOS – Complementary Metal Oxide Semiconductor). Die Batterie sorgt dafür, daß dessen Inhalt auch nach dem Ausschalten des Rechners eine gewisse Zeitlang erhalten bleibt. Solange die Batterie in Ordnung ist, sollten Monate vergehen, bis die Daten verlorengehen, so daß praktisch keine Gefahr besteht, die BIOS-Setup-Einstellungen zu verlieren. Wenn Sie den Rechner in Betrieb nehmen, werden die Batterien üblicherweise wieder aufgeladen.

Wenn die Batterien allerdings defekt sind, müssen Sie im Extremfall bei jedem Rechnerstart zumindest die Laufwerke neu anmelden, was einigermaßen lästig werden kann.

Abb. 9.7: Eine Batterie in typischer Bauform neben einem Tastaturanschluß

Dann ist es von Vorteil, wenn sich die Batterie auf dem Motherboard auswechseln oder aber durch eine externe ersetzen läßt. Eine dieser beiden Alternativen stellen moderne Hauptplatinen üblicherweise zur Verfügung. Bei älteren Motherboards müssen Sie defekte Batterien unter Umständen mit Hilfe eines Lötkolbens ersetzen. Diese Variante ist verständlicherweise wenig attraktiv.

9.1.12 Jumper

Auf jedem Motherboard finden Sie eine Vielzahl von kleinen Steckbrücken (Jumpern), über die sich die verschiedenen Optionen und integrierten Komponenten aktivieren lassen. Bei modernen Motherboards werden die Funktionen der Jumper zunehmend vom BIOS wahrgenommen. Dann lassen sich viele Alternativen statt über die Jumper über das BIOS-Setup-Programm einstellen. Ein paar besonders wichtige Jumper sollen Ihnen hier vorgestellt werden.

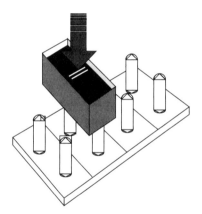

Abb. 9.8: Mit einem Jumper stellen Sie zwischen jeweils zwei Pins eine elektrisch leitende Verbindung her.

Detaillierte Informationen zu diesem Themenbereich müssen Sie dem Handbuch Ihres Motherboards entnehmen. Manchmal finden Sie auch einigermaßen aussagekräftige Beschriftungen auf der Hauptplatine selbst, obwohl Bezeichnungen wie JP17 die Regel sind.

Naturgemäß werden Sie auf Ihrem Motherboard nicht alle hier aufgeführten Jumper, dafür aber gegebenenfalls einige andere finden. Die folgende Liste erhebt daher keinerlei Anspruch auf Vollständigkeit, sondern soll vielmehr an Beispielen demonstrieren, worauf besonderes Augenmerk gelegt werden sollte.

Anzeigetyp

Dieser Jumper (Mono/Color oder Type of Display) entscheidet bei zwei vorhandenen Grafikkarten darüber, welche beim Starten des Rechners verwendet wird. Üblicherweise muß hier Color (CGA/EGA/VGA) eingestellt sein. Hercules- oder MDA-Karten befinden sich heute nur noch in Ausnahmefällen im Einsatz.

CMOS löschen

Dieser Jumper (Clear CMOS, CMOS Discharge) dient dem Löschen des CMOS-Inhalts. Anschließend können Sie den Rechner wieder mit Standard-Einstellungen starten, um über das BIOS-Setup-Programm die Einstellungen neu vorzunehmen.

Falsche Eintragungen im BIOS-Setup können dazu führen, daß der Rechner überhaupt nicht mehr startet. Dann muß gewartet werden, bis die Batterie leer geworden ist, so daß der Rechner seine im CMOS gespeicherten Einstellungen vergißt. Und das dauert, selbst wenn das Abklemmen der Batterie möglich ist, zumindest etliche Stunden.

Wenn Sie Ihr System optimal einrichten wollen und zu den experimentierfreudigen Zeitgenossen gehören, können Sie die BIOS-Setup-Einstellungen umfassend variieren. Sofern Sie Zeit und Freude an derartigen Experimenten haben, stellt der Clear-CMOS-Jumper eine äußerst nützliche Einrichtung dar. Überzeugen Sie sich aber möglichst *vor* solchen Experimenten davon, daß ein solcher Jumper auf Ihrem Motherboard vorhanden ist.

CPU-Typ

Sofern das Motherboard die Installation unterschiedlicher Prozessoren gestattet, müssen Sie über entsprechende Jumper die Art der installierten CPU angeben bzw. die von ihr verwendete Taktfrequenz einstellen.

Spannung

Auf modernen Motherboards sollten Sie über einen solchen Jumper (Power Select/CPU Voltage) die für den Betrieb der CPU zu verwendende Spannung einstellen können. Bei älteren Boards stehen gegebenenfalls 3,3 bzw. 5 Volt zur Auswahl, für neuere Pentium-Prozessoren lauten die Alternativen beispielsweise 3,3, 3,38 und 3,52 Volt. (Die meisten Prozessoren laufen auch bei etwas zu niedriger Spannung noch korrekt.)

Manche Boards verfügen auch über einen Anschluß für einen zusätzlichen externen Spannungswandler, bei manchen befindet sich ein solcher bereits auf dem Motherboard. Letzteres gilt insbesondere für Motherboards mit dem Sockel 7.

Batterieauswahl

Über diesen Jumper (Battery Select) können Sie einstellen, ob die Batterie auf dem Motherboard oder eine externe Batterie zur Pufferung des CMOS-Inhalts verwendet werden soll. Sofern ein solcher Jumper vorhanden ist, muß sich auch eine Anschlußmöglichkeit für die externe Batterie auf dem Motherboard befinden.

Cache-Größe

(External Cache Memory Size) Über die entsprechenden Jumper können Sie die Größe des vorhandenen externen Cache-Speichers einstellen. Zur Auswahl stehen häufig 256, 512 KByte und gegebenenfalls 1 MByte.

DRAM Parity Check

Mittlerweile stellen sich viele Motherboards selbständig auf die eingesetzten DRAM-Bausteine ein. Neben der Einstellung über das BIOS-Setup finden Sie aber hier und da auch Jumper, die Sie setzen müssen, wenn die Paritätsprüfung ein- bzw. abgeschaltet werden soll. Prüfen Sie gegebenenfalls beim Einbau von Speicherbausteinen, ob hier Änderungen nötig sind.

SRAM Type Select

Neuere statische RAM-Bausteine arbeiten nicht mehr bei 5, sondern mit 3,3 Volt. Über diese Jumper können Sie festlegen, ob die SRAM-Bausteine für den Cache-Speicher mit 3,3 und/oder mit 5 Volt bedient werden sollen. (Auch ein gemischter Betrieb ist vielfach möglich.)

Setup

Sicherheit ist hier angesagt. Durch Setzen eines solchen Jumpers kann verhindert werden, daß Einträge über das BIOS-Setup-Programm vorgenommen werden. Auf diesem Weg können unerwünschte Änderungen der CMOS-Daten verhindert bzw. zumindest erschwert werden.

Paßwort

Mit diesem Jumper (Password) kann die üblicherweise über das Setup steuerbare Paßwort-Abfrage unterbunden werden.

Flash Memory wiederherstellen

Die Funktion dieses Jumpers (Recover Flash) habe ich im Zusammenhang mit dem Flash Memory bereits erläutert. Wenn beim Aktualisieren des Flash-Memory-Bausteins etwas schiefläuft, kann dessen Inhalt mit Hilfe dieses Jumpers notdürftig wiederhergestellt werden.

Flash-Memory-Schreibschutz

Das Setzen dieses Jumpers (Flash Write Protection) verhindert, daß der Inhalt des Flash-Memory-Bausteins aktualisiert wird, und dient damit vorwiegend zum Schutz vor Spielkindern.

Weitere Jumper

Die meisten nicht aufgeführten Jumper sollten der Aktivierung oder Einstellung der auf dem Motherboard integrierten Komponenten dienen. Festplatten- und Diskettencontroller, serielle und parallele Schnittstellen, integrierte Sound- und Grafikkarten lassen sich auf diesem Weg üblicherweise deaktivieren.

Jumper zur Aktivierung der in das Motherboard integrierten Komponenten sollten mittlerweile weitgehend der Vergangenheit angehören, so daß sich alle notwendigen Schritte sich über das BIOS-Setup durchführen lassen.

 Häufig werden die integrierten I/O-Komponenten erst dann komplett abgeschaltet, so daß auch deren Ressourcen frei werden, wenn zusätzlich zur Einstellung im BIOS-Setup die betreffenden Jumper auf dem Motherboard gesetzt werden.

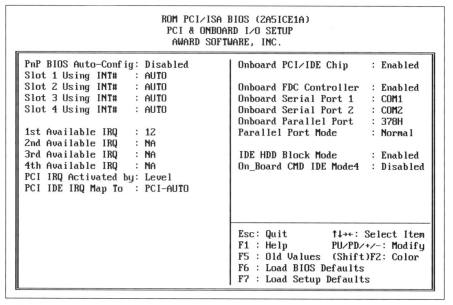

Abb. 9.9: Wie hier im PCI & Onboard BIOS Setup sollten Sie alle integrierten Komponenten ohne Setzen von Jumpern konfigurieren und deaktivieren können. (Die Deaktivierung der PCI-Auto-Konfiguration und des PIO-Mode 4 hat seine guten Gründe!)

Darüber hinaus verfügen die verschiedenen Motherboards naturgemäß hier und da über spezielle Jumper, mit denen zusätzliche Optionen eingestellt werden können. Studieren Sie also in jedem Fall sorgfältig das Handbuch ihres Motherboards, wenn Sie zum Beispiel den Prozessor austauschen oder integrierte Komponenten vollständig deaktivieren wollen.

9.1.13 Diagnoseprogramme

Bei schwerwiegenden Defekten des Motherboards versagen sämtliche Programme naturgemäß ihren Dienst. Ansonsten bieten alle gängigen Diagnoseprogramme Tests des Prozessors und wesentlicher Komponenten des Motherboards an.

Sofern Sie zusammen mit Ihrem Rechner bzw. Motherboard ein erweitertes Diagnoseprogramm erhalten haben, sollten Sie dieses verwenden, da es unter Umständen wesentlich sorgfältigere Tests als die allgemeiner gehaltenen kommerziellen Programme durchführen kann. CheckIt von Touchstone Software, das Shareware-Programm BurnIn, QAPlus, das zeitweilig mit Micronics-Motherboards ausgeliefert wurde, und die von der Firma Landmark angebotenen Dienstprogramme stellen einige Beispiele dar.

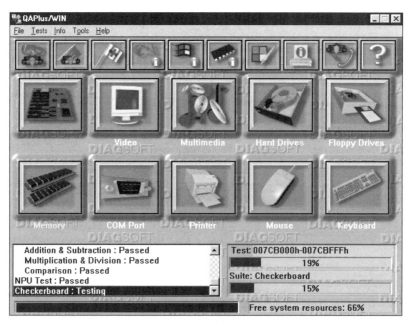

Abb. 9.10: Mit QAPlus für Windows lassen sich vielfältige Aspekte eines Rechners durchchecken.

9.1.14 Anschlußbelegung

Neben Jumpern befinden sich etliche Anschlüsse auf dem jeweiligen Motherboard. An dieser Stelle führe ich nur die allgemein üblichen Anschlüsse auf. Angaben zu eventuell auf der Hauptplatine integrierten oder hier nicht aufgeführten Komponenten finden Sie in den entsprechenden Kapiteln des Buches.

Ich beginne mit dem Lautsprecher und gleichzeitig dem Hinweis, daß die Pin-Belegungen von einem zum anderen System geringfügig voneinander abweichen können. Da bei nicht korrektem Anschluß der Kabel keine Schäden zu befürchten sind, können Sie also bei Bedarf durch Probieren die richtige Belegung herausfinden. Die Angaben in der Tabelle sind daher als Beispiele zu verstehen, wobei Sie beachten sollten, daß sich die Stecker auch ohne weiteres verdrehen lassen.

Die in der Tabelle aufgeführte zweipolige Variante entspricht den Pins 1 und 2 der vierpoligen Variante 2, und die letztgenannte Variante läßt sich ohne weiteres zum Anschluß an die vierpolige Variante 1 verwenden. Lediglich die zweipolige Variante und die vierpolige Variante 1 sind nicht miteinander vereinbar

Pin	Zweipolige Variante	Vierpolig, Variante 1	Vierpolig, Variante 2
1	Masse	Masse	Masse
2	Daten	Nicht benutzt	Daten
3	-	Nicht benutzt	Daten
4	-	Daten	Daten

Tab. 9.3: Pin-Belegung verschiedener Lautsprecher-Anschlüsse

Pin	Signal
1	Reset
2	Masse

Tab. 9.4: Reset-Schalter

Für den Turbo-Schalter und die Turbo-LED gebe ich keine tabellarische Darstellung, da diese lediglich ohne zu befürchtende Folgen falsch herum angeschlossen werden können. Damit entspricht die Belegung im Prinzip der des Reset-Schalters, nur daß bei der LED eine Verbindung zur positiven, eine andere zur negativen Seite der LED erfolgt.

Pin	Signal
1	LED
2	Nicht belegt
3	Masse
4	Tastaturschloß
5	Masse

Tab. 9.5: Tastaturschloß und Betriebsanzeige-LED

Pin	Signal
1	+6 V
2	nicht benutzt
3	Masse
4	Masse

Tab. 9.6: Externe Batterie

Pin	Signal
1	Masse
2	+12 V
3	Masse

Tab. 9.7: Prozessor-Ventilator

Soviel zum Thema Motherboard und zum Versuch, Ihnen die wichtigsten Daten zu liefern, die Ihnen auch als (eingeschränkter) Handbuchersatz dienen können.

9.2 Trends

Eigentlich verlaufen die wesentlichen Trends im Motherboard-Bereich mehr oder weniger zyklisch. Nachdem die ersten PCs nur die wirklich notwendigen Bauteile im Motherboard integriert hatten, kamen später bei den 386ern zunehmend Boards mit integrierten Schnittstellen in Mode. 486er-Motherboards beschränkten sich dann wieder weitgehend auf das Notwendigste. Seit dem Aufkommen des Pentiums befinden sich nahezu alle Steuerbausteine auf der Hauptplatine. Selbst Grafik- und Soundkarte sind öfter ins Motherboard integriert.

Dies bedeutet vielfach, daß Motherboard und Prozessor bzw. der gesamte Rechner komplett ersetzt werden müssen, wenn größere Fortschritte in dem einen oder anderen Bereich gemacht werden und ein BIOS-Update nicht möglich ist. Insbesondere kritisch zu beurteilen ist dies im Zusammenhang mit den integrierten Festplattenschnittstellen. Festplattenkapazitäten, die Größe von Programmen und die bewegten Datenmengen explodieren nach dem Wegfall der 504-MByte-Grenze und dem verbreiteten Einsatz von 32-Bit-Software. In geradezu atemberaubendem Tempo treten verschiedene Kapazitätsbeschränkungen zutage, denen die integrierten Schnittstellen sich nicht mehr gewachsen zeigen. Möglicherweise werden also schon bald wieder wesentliche Komponenten vom Motherboard verbannt.

Ein weiterer Trend könnte in Zukunft marktreif werden, der darauf hinausläuft, daß die Konfiguration des Motherboards und der Prozessortausch vereinfacht werden. Verschiedentlich wird nämlich daran gearbeitet, daß das BIOS den verwendeten Prozessor automatisch erkennen soll, ohne daß der Anwender dazu Jumper umstecken oder manuelle Einstellungen des BIOS-Setups vornehmen muß. Dazu müßten lediglich bestimmte Prozessorkennungen vorausschauend definiert und beim Rechnerstart ausgewertet werden.

Theoretisch und praktisch kann dies deshalb funktionieren, weil eigentlich alle Prozessoren bereits bei etwas zu niedriger Versorgungsspannung und niedrigeren Taktfrequenzen ihre Arbeit aufnehmen. Warten wir's also ab ...

9.3 Motherboard austauschen

Der Einbau bzw. das Austauschen eines Motherboards ist lange nicht so schwierig, wie Sie vielleicht meinen. Ganz im Gegenteil, wenn Sie eine passende Platine Ihrer Wahl aufgetrieben haben, geht der Einbau recht schnell vonstatten. Abgesehen davon, daß Sie dazu sämtliche Steckkarten aus dem Rechner entfernen müssen, also unter Umständen eine erkleckliche Zahl von Einzelteilen herumliegen haben, gibt es eigentlich keine größeren Schwierigkeiten zu überwinden.

 Im folgenden gehe ich davon aus, daß sich Prozessor und Speicherbausteine bereits auf dem neuen Motherboard befinden und dort korrekt installiert wurden.

Beim Austauschen eines Motherboards sind die folgenden Schritte durchzuführen.

- Lösen Sie alle externen Kabelverbindungen vom Rechner, und öffnen Sie das Rechnergehäuse.
- Entfernen Sie sämtliche Erweiterungskarten. Notieren Sie sich bei Bedarf die Anordnung der gelösten Kabelverbindungen, bzw. bringen Sie am besten kleine beschriftete Aufkleber als Fähnchen an.
- Trennen Sie alle zum Motherboard führenden Kabelverbindungen. Dazu gehören unter anderem die Steckverbinder der Stromversorgung, die Kabel zum Lautsprecher, zum Tastaturschloß und zum Reset-Schalter. Notieren bzw. kennzeichnen Sie auch hier sicherheitshalber alle Anschlüsse.
- Entfernen Sie mit Hilfe eines Schraubendrehers die Befestigungsschrauben der Mutterplatine. Oft handelt es sich dabei nur um zwei oder sogar nur eine Schraube, während ansonsten vorwiegend Abstandhalter zum Einsatz kommen. Die Schrauben befinden sich üblicherweise in den Ekken oder am Rand der Platine. Eine Schraube befindet sich jedoch häufig auch etwa in der Mitte der Platine.
- Nehmen Sie das Motherboard nun heraus. Verschieben Sie es dazu etwa einen Zentimeter seitwärts im Gehäuse. Wenn Sie sich vor dem Rechner befinden und die Platine waagerecht liegt, muß die Platine vorsichtig nach links geschoben werden, bis sie sich nicht mehr weiterbewegen läßt. Dadurch werden die Abstandhalter aus ihren Halterungen gelöst, die das Motherboard an ihrem Platz festhalten. Wenn dabei Schwierigkeiten auftreten, können Sie die Abstandhalter oft auch von der Unterseite aus verschieben. (Dies gilt insbesondere bei Tower-Gehäusen.)
- Entfernen Sie nun die Abstandhalter des alten Motherboards. Drücken Sie dazu die Widerhaken der Abstandhalter mit einer spitzen Zange zusammen, und drücken Sie den Kunststoffpin durch die Öffnung der Platine hinaus (siehe Abb. 9.11).
- Setzen Sie die Abstandhalter in die Öffnungen der neuen Platine ein, die denen der alten bzw. den Aussparungen im Gehäuse entsprechen. Achten Sie dabei darauf, daß die Abstandhalter einrasten, daß sich also die Widerhaken öffnen.
- Schieben Sie dann das neue Motherboard in das Gehäuse. Bringen Sie es an die Position, an der sich die alte Platine nicht mehr weiterbewegen ließ. Achten Sie dabei darauf, daß Sie die Unterseite der neuen Platine nicht beschädigen. Jetzt müssen Sie die Abstandhalter genau in die dafür vorgesehenen Aussparungen einsetzen.

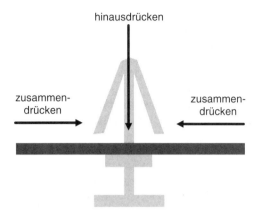

Abb. 9.11: So können Sie die Abstandhalter aus dem Motherboard entfernen.

- Verschieben Sie dann die Platine um etwa einen Zentimeter, bis sich die Abstandhalter am für sie vorgesehenen Platz befinden.
- Setzen Sie nun die zuvor entfernten Schrauben ein und drehen Sie sie leicht fest.
- Abschließend stecken Sie die entfernten Kabel auf die dafür vorgesehenen Pins auf. Dazu müssen Sie sich der Eintragungen im Handbuch des Motherboards bedienen, da die verschiedenen Hersteller kein einheitliches Verfahren für die Anschlüsse des Turbo-Schalters, Lautsprechers etc. verwenden. Meist finden Sie auf der Platine auch entsprechende Beschriftungen vor.
- Kontrollieren Sie abschließend noch einmal, ob alle Kabel richtig sitzen und Sie keines vergessen haben.
- Fügen Sie dann zunächst einmal nur die zum Funktionieren des Rechners notwendigen Steckkarten wieder ein. CD-ROM-Laufwerke können Sie zum Beispiel auch später noch anschließen. Stellen Sie bei Bedarf gelöste Kabelverbindungen wieder her.

Damit sollte der Austausch der Platine beendet sein, so daß Sie den Rechner einschalten können. Bei der einzigen für das Funktionieren des Rechners wesentlichen Kabelverbindung handelt es sich um die Steckverbinder der Stromversorgung. Alle anderen haben keinen Einfluß darauf, ob der Rechner arbeitet oder nicht, sondern dienen lediglich der Anzeige bzw. dem Umschalten bestimmter Funktionen.

Wenn der Rechner also nach abgeschlossenem Umbau nicht funktioniert, kann es eigentlich nur daran liegen, daß die Stromversorgung nicht korrekt erfolgt, oder daran, daß die Platine defekt ist. Dabei setze ich natürlich wieder voraus, daß der Prozessor korrekt installiert ist, die ihm zugeordneten Einstellungen korrekt vorgenommen wurden, die Speicherbausteine ebenfalls ordnungsgemäß installiert sind und Grafikkarte und Monitor eingesteckt und angeschlossen wurden.

Installieren Sie abschließend alle verbleibenden Adapter und Kabelverbindungen, und rufen Sie dann das BIOS-Setup-Programm auf, um die notwendigen Einstellungen vorzunehmen.

Unter Umständen müssen Sie nach dem Einbau eines neuen Motherboards aufgrund der unterschiedlichen Art oder Anzahl der verfügbaren Steckplätze noch einige Karten umkonfigurieren. Fügen Sie dabei die Karten gegebenenfalls einzeln ein, gehen Sie systematisch vor, und notieren Sie sich die vorgenommenen Einstellungen.

9.4 Troubleshooting

Abschließend sollen wieder einige häufiger auftretende Fehler und deren Ursachen sowie gegebenenfalls Möglichkeiten zu deren Beseitigung aufgeführt werden.

Rechner vergißt BIOS-Setup-Eintragungen

Meist liegt die Ursache in einer leeren Batterie. Dann tritt dieser Fehler vorwiegend auf, wenn der Rechner einige Stunden oder Tage ausgeschaltet war. Wechseln Sie dann die Batterie aus, oder deaktivieren Sie sie, und schließen Sie eine externe Batterie an. Manchmal geht dies nur mit dem Lötkolben.

Rechner meldet sich überhaupt nicht oder piept nur

Überprüfen Sie zunächst, ob die Stromversorgung korrekt angeschlossen ist und ob die Stromversorgung steht. Sofern Sie den Ventilator des Netzteils hören, kann ein Defekt der Hauptplatine, der Speicherbausteine des Prozessors vorliegen, wenn Sie nichts auf dem Bildschirm sehen und auch nichts hören.

Adapter arbeiten in einem Slot nicht

Versuchen Sie es möglichst mit einem passenden Slot. Verwenden Sie also z.B. eine 16-Bit-ISA-Karte in einem 16-Bit-ISA-Slot. Inkompatibilitäten können die Ursache sein. Versuchen Sie gegebenenfalls noch einen weiteren Slot. Zuweilen verhalten sich auch zwei ansonsten gleiche Steckplätze nicht gleich. Außerdem könnte ein Slot auch defekt sein.

Speicherbausteine 10

Ein heute immer wichtiger werdender Aspekt hinsichtlich der Einsatzmöglichkeiten eines Rechners ist dessen Arbeitsspeicherausstattung. RAM (Random Access Memory) ist die englische Kurzbezeichnung für die jahrelang teuerste Ressource des PCs. Wenn Sie bedenken, daß ein einfacher Rechner komplett knapp 2000 DM, ein einziges MByte RAM dabei aber jahrelang etwa 75 DM gekostet hat, können Sie leicht ausrechnen, daß bei einer Speicherausstattung mit 8 MByte RAM fast ein Drittel des Rechnerpreises auf den Arbeitsspeicher entfiel.

Die Situation hat sich mittlerweile entspannt. Nicht zuletzt der Speicherhunger von Windows 95 hat zu deutlich gestiegener Nachfrage nach Speicherbausteinen geführt, wobei überhöhte Absatzerwartungen zudem dazu geführt haben, daß die Überproduktion zu Niedrigstpreisen auf den Markt geworfen wurde. Wenn Sie Ihrem Rechner allerdings eine großzügige Arbeitsspeicherausstattung spendieren, besitzt die Aussage »entfiel ein Drittel des Preises beim Rechnerkauf auf den Arbeitsspeicher« weiterhin Gültigkeit.

Abb. 10.1: 72polige PS/2-SIMM-Bausteine

Unter 8 MByte RAM sollten Sie heute gar nicht mehr anfangen. Windows oder OS/2 mit weniger Arbeitsspeicher zu betreiben ist eine Quälerei, es sei denn, Sie sind nichts Besseres gewöhnt. Windows 95 »schleicht« zwar auch noch mit 4 MByte RAM, aber die dann zwangsläufig auftretenden Kaffee- und Zigarettenpausen lassen wehmütige Erinnerungen an die gute alte (und vergleichsweise schnelle) Schreibmaschine aufkommen, wenn Sie nicht gleich entnervt zu Bleistift und Papier greifen.

Ein für Multimedia-Anwendungen aufgerüsteter Rechner sollte über mindestens 16, besser 24 MByte Arbeitsspeicher verfügen, wobei dies insbesondere ab Windows 95 gilt. Diese Empfehlung können Sie unter anderem daraus ableiten, daß Bilder in der höchsten Photo-CD-Auflösung (3072×2048 Pixel in Echtfarben, also 24 Bit bzw. 3 Byte pro Bildpunkt) 18 MByte RAM verschlingen. Mit einem 16-MByte-Rechner können Sie diese also bereits nicht mehr laden.

Selbst bei der nächstniedrigeren Photo-CD-Auflösung, die sich mit 4,5 MByte RAM begnügt (nur zur Darstellung), erreichen Sie eine befriedigende Arbeitsgeschwindigkeit nur dann, wenn Sie gleichzeitig ständige Auslagerungen der Daten auf die Festplatte vermeiden. Dann benötigen Sie aber mindestens die doppelte (besser dreifache) Menge RAM wie zur bloßen Darstellung des Bildes sowie zusätzlich den vom Betriebssystem und von Programmen benötigten Speicher. Damit kommen Sie auf 9 bis 14 MByte RAM für das Bild und (mindestens) 4 bis 8 MByte für Betriebssystem und Programme, insgesamt also eine Mindestanforderung von 13 bis 22 MByte Arbeitsspeicher. Alles klar? 16 MByte reichen zwar aus, bieten aber keine Reserven, und 24 MByte ist die übliche nächste Kapazität oberhalb von 22 MByte. Aufgrund der Kapazitäten der Speicherbausteine sind dann meist gleich 32 MByte RAM fällig.

 Da selbst Windows für Workgroups mit aktivierter Netzwerkunterstützung mit 8 MByte RAM das Netzwerk mangels Speicher stoppt, betrachte ich 16 MByte RAM als absolutes Minimum für heutige Rechner. Windows 95 wird erst ab 16 MByte schnell, für Windows NT (Workstation) sollten es mindestens 32 MByte sein.

Die Arbeitsspeicher-Aufrüstung eines Rechners gehört heute zu einer der häufigsten Aktionen. Unzählige Anwender spendieren Ihrem PC zusätzlichen Arbeitsspeicher, um die meist viel zu knappen Fesseln der Rechner von der Stange zu lösen. Glücklicherweise werden heute fast ausnahmslos die recht leicht zu installierenden Speichermodule verwendet, die auch unter der Bezeichnung SIMM (Single In-Line Memory Module) bekannt sind.

Die Zeiten der Vielbeiner sind mittlerweile weitgehend vorbei. Selbst der Speicher auf Grafik- und Soundkarten wird heute üblicherweise durch Speichermodule erweitert. Lediglich hier und da werden noch einfach gesockelte Chips verwendet.

Neben den Besonderheiten hinsichtlich der Speichermodule beschäftigt sich dieses Kapitel weiterhin mit den einfachen Chips in DIP-Bauform. Immerhin können Sie zuweilen noch in die Verlegenheit kommen, es mit einem solchen Baustein zu tun zu haben.

Software und Einsatzgebiete	Minimale Speicherausstattung
Server in großen Netzwerken	128 MByte
Bildbearbeitung mit Großformaten (A3)	128 MByte
Windows NT Server mit mehr als fünf angeschlossenen Arbeitsstationen	64 MByte
Semiprofessionelle Bild-, Video- oder Soundbearbeitung	40 MByte
Windows NT Server	32 MByte
Windows NT Workstation	24 MByte
Windows 95 mit mehreren parallel arbeitenden Anwendungen oder im Netzwerk	20 MByte
Windows 95 im Normalbetrieb	16 MByte
OS/2	16 MByte
Windows für Workgroups mit Netzwerk oder parallelem Arbeiten mit mehreren Programmen	16 MByte
Windows für Workgroups, bei Arbeit mit Standard-Einzelanwendungen	8 MByte

Tab. 10.1: Beispiele für die minimale Speicherausrüstung

Die in der Tabelle aufgeführten Werte betrachte ich als Minimum für sinnvolles Arbeiten. Windows 95 oder auch OS/2 nehmen ihre Arbeit bereits mit 4 MByte RAM auf. Die entstehenden Wartezeiten stellen jedoch meiner Ansicht nach eine Zumutung dar.

10.1 Bauform von Speicherbausteinen

Bei der Auswahl und dem Ersetzen von Speicherbausteinen sind eine Reihe von Dingen zu beachten. Falsche Speicherchips bzw. Bausteine mit unpassenden technischen Kenndaten können zu unvorhersehbaren Fehlfunktionen des Systems führen.

Die unterschiedlichen Bauformen der Speicherchips lassen sich bereits »auf den ersten Blick« erkennen. Eine Verwechslung und versehentlich falscher Einbau sind ausgeschlossen. Allerdings dürfen Sie dabei die weiteren Kenndaten auch nicht außer acht lassen, da diese meist Fehlfunktionen des Rechnersystems zur Folge haben.

10.1.1 DIP

Diese Bauart elektrischer Komponenten (Dual In-line Package) weist an ihrem Gehäuse zwei Reihen mit Metallbeinchen auf, über die die elektrische Verbindung hergestellt wird. Speicherbausteine in DIP-Bauform befinden sich meist in Sockeln direkt auf dem Motherboard und waren bis zum 80286-Prozessor die häufigste Bauform, bevor sie mit dem 80386er von den 30poligen SIM-Modulen abgelöst wurden. Als Bauform für schnellen Cache-Speicher oder auf Grafikkarten werden Sie auch weiterhin häufig verwendet.

10.1.2 SMD

SMD-Bausteine (Surface Mounted Device – oberflächenmontierter Baustein) ähneln sehr den DIP-Bausteinen. Während die Beinchen der DIP-Bausteine durch kleine Löcher in der Platine geführt und verlötet oder aber in Sockel gesteckt werden, sind die Beinchen der SMDs so geformt, daß sie flach auf eine Platine aufgelegt und verlötet werden können. SMD-Bausteine lassen sich daher platzsparender einsetzen, lassen sich aber ohne spezielles Lötwerkzeug nicht wechseln, so daß ich diese Bauform im folgenden vernachlässigen kann.

Abb. 10.2: Ein oberflächenmontierter Baustein (SMD)

10.1.3 SIPP

Diese Bauart (Single In-Line Pin Package), für die auch die Abkürzung SIP Verwendung findet, ähnelt stark den nachfolgend beschriebenen SIMMs. Auch hier werden mehrere Chips auf einer kleinen bedruckten Leiterplatte zu einem Speichermodul zusammengefaßt. Jedoch befinden sich an einer Seite der Leiterplatte keine Kontaktleisten, sondern eine Reihe dünner Metallbeinchen, so daß SIPP-Bausteine in ihrem Aussehen an einen kleinen Kamm erinnern. SIPP-Module werden mit den Beinchen in entsprechende Kontaktleisten gesteckt.

Technisch gesehen sind SIPPs und SIMMs identisch, so daß sich SIMMs in SIPPs umwandeln lassen, sofern Sie die dafür benötigten Adapter im spezialisierten Elektronikfachhandel noch auftreiben können, mit deren Hilfe sich die Umwandlung vollziehen läßt.

10.1.4 SIMM

Diese Bauform (Single In-Line Memory Module), manchmal auch nur mit SIM bezeichnet, wird heute üblicherweise für Speicherbausteine verwendet. Mehrere DIP- oder SMD-Bausteine werden auf eine kleine Leiterplatte (Platine) gelötet, die an einer Seite mit Kontaktleisten versehen ist.

Diese Bauform ermöglicht eine leichte Montage, da die Platinen in spezielle Sockel mit Gegenkontakten gesteckt werden können, in denen sie dann mit kleinen Metall- oder Kunststoffedern festgehalten werden.

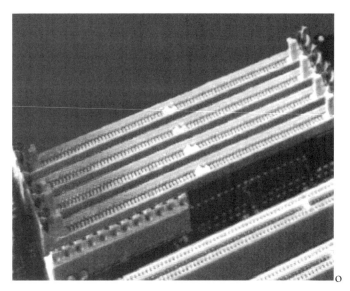

Abb. 10.3: Sockel für die 72poligen PS/2-SIMMs

SIMMs werden in PCs in zwei verschiedenen Varianten verwendet, die Sie auch in den Abbildungen wiedererkennen können. Die traditionelle Bauform hat eine 30polige Kontaktleiste. IBM verwendete erstmals 72polige SIMMs in seinen PS/2-Rechnern, weshalb 72polige SIMMs häufig auch PS/2-SIMMs genannt werden.

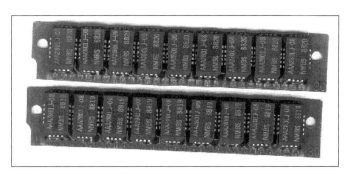

Abb. 10.4: Auch 30polige SIMM-Bausteine sind in modernen Rechnern kaum noch gebräuchlich.

10.2 Speicherbaustein-Varianten

Neben dem normalen Arbeitsspeicher verfügen die meisten Rechner über Cache-Speicherbausteine, die besonders schnell sind. Dementsprechend kommen unterschiedliche Technologien zum Einsatz.

10.2.1 DRAM

Die wohl bekannteste Speicherart ist das DRAM (Dynamic Random Access Memory). Es wird vornehmlich für den Arbeitsspeicher eingesetzt, weil es vergleichsweise preiswert ist. Allerdings sind die üblicherweise für Speicherchips verwendeten DRAM-Bausteine »vergeßlich«, so daß deren Inhalt in bestimmten, technisch bedingten Zeitabständen aufgefrischt werden muß. Dieser Vorgang wird »Refresh« genannt. Abgesehen von dieser Tatsache und davon, daß es Speicherbausteine mit unterschiedlichen Refresh-Eigenschaften gibt, brauchen Sie eigentlich nichts weiter darüber zu wissen. Naturgemäß finden solche Interna ihren Niederschlag in unterschiedlichen Typkennziffern, so daß Sie letztlich nur die richtigen Typen auszuwählen brauchen. Und die zu deren Auswahl notwendigen Angaben finden Sie bei Bedarf im Handbuch Ihres Rechners bzw. Ihres Motherboards.

Im Zeitalter der Speichermodule und der damit einhergehenden Vereinheitlichung suchen Sie danach zumeist vergebens, was nichts anderes bedeutet, als daß Sie dann auch nicht weiter darauf zu achten brauchen. Sollten Sie die Bausteine allerdings im Elektronik- und nicht im Computer-Fachhandel beziehen wollen, könnte es sein, daß Sie danach gefragt werden.

10.2.2 SRAM

SRAM-Bausteine (Static RAM) werden vorwiegend für den Prozessor-Cache (L2-Cache) eingesetzt. Sie sind ca. viermal schneller als DRAM-Bausteine (15 ns Zugriffszeit), aber auch wesentlich teurer, weil etwa die sechsfache Anzahl von Transistoren im Chip zur Speicherung der gleichen Datenmenge wie bei DRAM-Bausteinen erforderlich ist. Aus Kostengründen werden SRAM-Bausteine daher nur sparsam verwendet.

10.2.3 FP-DRAM

Bei dieser Speicherart (Fast Page Mode-DRAM) wird der physische Aufbau der Speicherbauteile zur Beschleunigung der Zugriffe genutzt. Beim Zugriff auf Daten im Speicher müssen zunächst die Spalten- (column address) und Zeilenadressen (row address) gesetzt werden, bevor auf die Daten zugegriffen werden kann. Da das Ändern der Zeilenadresse eine vergleichsweise große Verzögerung mit sich bringt, können Zugriffe auf Daten innerhalb einer Speicherzeile (page) viel schneller abgewickelt werden, wenn die Zeilenadresse soweit wie möglich beibehalten wird, statt sie bei jedem Datenzugriff neu zu setzen.

10.2.4 EDO-DRAM

EDO-DRAM (Extended Data Out) erweitert den beim FP-DRAM verfolgten Ansatz, indem gleichzeitig mit der Anlieferung der Daten an den Prozessor die nächste Adresse innerhalb einer »Page« gesetzt wird, so daß diese beim nächsten Speicherzugriff bereits vorausschauend eingestellt ist. Naturgemäß ist die Wahrscheinlichkeit recht hoch, daß jeweils aufeinanderfolgende Daten nachgefragt werden, so daß sich auf diesem Wege noch einmal einiges an zusätzlicher Geschwindigkeit herausholen läßt.

EDO-RAM ist um etwa 5 bis 10 Prozent schneller als FP-DRAM, muß aber auch vom Rechner-BIOS unterstützt werden, damit die Vorteile genutzt werden können. Entsprechende Einstellungen im BIOS-Setup des Rechners sind natürlich ebenfalls Voraussetzung.

Leider war die Unsitte recht verbreitet, zwar schnelleres EDO-DRAM in Rechner einzubauen und damit zu werben, dafür aber die teuren SRAM-Bausteine (L2-Cache) einzusparen. Solche Systeme waren dann *langsamer* als Rechner mit FP-DRAM und L2-Cache.

Die meisten EDO-DRAMs sind technisch so ausgeführt, daß sie auch als FP-DRAMs verwendet werden können, natürlich ohne dann die angesprochenen Geschwindigkeitsvorteile bieten zu können.

10.2.5 SDRAM

SDRAM-Bausteine (Sync-DRAM) sind zur Zeit noch erheblich teurer als herkömmliche DRAM-Speichermodule. Zudem können SDRAM-Bausteine bei der externen Taktrate der Pentium-Prozessoren von 66 MHz ihre Vorzüge nur bedingt ausspielen. Den 168-poligen SDRAMs gehört aber wohl die Zukunft, spätestens wenn der Systembus erst einmal mit 83 oder 100 MHz Bustakt arbeitet, was aber wohl erst beim Pentium II-Nachfolger der Fall sein dürfte.

SDRAMs erzielen ihre zusätzlichen Geschwindigkeitsvorteile daraus, daß die Speicherbausteine – bei einmal gesetzter Reihenadresse – die folgenden Spaltenadressen selbständig generieren, ohne dabei auf weitere externe Impulse angewiesen zu sein.

 Verwechseln Sie SDRAM (SyncDRAM) nicht mit SRAM (Static RAM)!

10.3 Kapazität von Speicherbausteinen

Für SIMMs und SIPPs wird üblicherweise die Gesamtkapazität des Moduls angegeben. Module mit 256 KByte waren vor Windows über einige Jahre hinweg üblich, bieten heute aber nicht genügend Kapazität und sind aus zweiter Hand im Prinzip umsonst zu bekommen. Die meisten Rechner mit 30poligen SIMMs wurden mit vier 1-MByte-Modulen geliefert, so daß sie über eine Arbeitsspeicherausstattung von insgesamt 4 MByte verfügen. Bei den 72poligen SIMMs sind Module mit mindestens 4 MByte Kapazität angesagt.

30polige SIMMs oder auch SIPPs gibt es mit Kapazitäten von 1 MByte, 4 MByte, 16 MByte. Mit jeder neuen Generation wird die Kapazität der Module vervierfacht. Sofern ein Rechner mit acht SIMM-Sockeln ausgestattet ist und maximal 4-MByte-Module verkraftet, ergibt sich daraus die maximale Kapazität des Arbeitsspeichers (auf der Hauptplatine) von 32 MByte.

Bei den 72poligen Modulen hat bisher mit jeder Generation eine Verdoppelung der Modulkapazität stattgefunden. Die entsprechenden Rechner verfügen meist über vier SIMM-Sockel und erreichen dann mit vier 32-MByte-Modulen eine Arbeitsspeicherkapazität (auf dem Motherboard) von insgesamt 128 MByte.

Wenn alle SIMM-Sockel belegt sind, kann eine Vergrößerung der Arbeitsspeicherkapazität nur durch Ersatz der alten Module erfolgen, die dann gegebenenfalls nutzlos in der Ecke liegen. Deshalb sollten Sie auch beim Kauf eines neuen Rechners darauf achten, wie viele Speichersockel noch frei sind.

Aber auch Aufrüstungen von 8 auf 16 MByte Arbeitsspeicher durch zwei 4-MByte-SIMMs werden spätestens dann sinnlos, wenn Sie bereits zum Zeitpunkt der Aufrüstung davon ausgehen müssen, daß die erreichten 16 MByte schon bald zu wenig sein werden. Und davon, daß dies heute der Fall ist, *müssen* Sie ausgehen. Die erwähnten 8 MByte müssen Sie erst einmal bezahlen und schon bald ausmustern, so daß es in solchen Fällen sinnvoller sein dürfte, insgesamt gleich 16 MByte oder 32 MByte zusätzlich einzubauen, so daß Sie insgesamt auf 24 bzw. 40 MByte RAM kommen.

Mit einem hübschen Loch in der Haushaltskasse müssen Sie dann allerdings auch heute noch rechnen, so daß ich Ihnen nur den Rat geben kann, sorgfältig zwischen Rechner, Hausfrieden und Urlaub abzuwägen, um auf dieser wenig technischen Basis eine zufriedenstellende Einigung zu erreichen.

Zur Bestückung älterer Rechner mit DIPs wurden üblicherweise Einzelbausteine benötigt, die jeweils ein Datenbit des Adreßraums gespeichert haben, so daß acht solcher Bausteine kombiniert werden mußten, um den entsprechenden Adreßraum in Byte zu erhalten. Um zum Beispiel auf ein Megabyte *Adreßraum* zu kommen, benötigen Sie acht (bzw. neun) Bausteine mit einer *Kapazität* von jeweils einem Mega*bit*. (Der neunte Baustein speichert dabei die für die Fehlererkennung benötigten zusätzlichen Bits.)

Die Verwendung von Einzelbausteinen, die jeweils ein Halbbyte (vier Datenbits) speichern, so daß Sie durch Kombination zweier Bausteine ein Byte erhalten, ist nicht gebräuchlich.

10.4 Speicherbänke

Der Arbeitsspeicher eines Rechners ist in sogenannten »Bänken« organisiert. Durch Füllen einer Speicherbank schließen Sie gewissermaßen einen elektrischen Schaltkreis. Demzufolge müssen Speicherbänke komplett gefüllt sein, damit Bausteine bzw. Module erkannt werden und arbeiten können. Wie viele Sockel zu einer Bank gehören, hängt von der vorhandenen Schaltung bzw. den verwendeten Speicherbausteinen ab.

Bei 30poligen SIMM-Modulen umfaßt eine Bank üblicherweise vier, bei den 72-poligen zwei Sockel. Dementsprechend benötigen Sie zum Bestücken einer Speicherbank vier bzw. zwei SIMMs. Anders ausgedrückt: Ein einzelnes SIM-Modul nützt Ihnen normalerweise gar nichts, es sei denn, Sie wollen damit ein defektes ersetzen.

Vereinzelt wurden bzw. werden auch Mainboards hergestellt, bei denen ein einzelnes SIM-Modul eine Speicherbank darstellt. Daran läßt sich erkennen, daß die Festlegung der zu einer Speicherbank gehörenden Bausteine letztlich dem Hersteller überlassen bleibt und daher dem jeweiligen Motherboard-Handbuch zu entnehmen ist.

10.5 Bestückungsbeispiele

Sollte Ihnen die Dokumentation zum Rechner fehlen, können Ihnen die folgenden beiden Bestückungsbeispiele weiterhelfen.

Bank 0	Bank 1	Gesamt
1M	leer	4M
1M	1M	8M
4M	leer	16M
1M	4M	20M
4M	4M	32M

Tab. 10.2: SIMM-Bestückung (30polig, zwei Bänke mit je vier Sockeln)

Die heute unsinnige Bestückung mit 30poligen 256-KByte-SIMMs bzw. 72poligen 1-MByte-SIMMs habe ich in den Tabellen nicht aufgeführt.

Bank 0	Bank 1	Gesamt
4M	leer	8M
4M	4M	16M
4M	8M	24M
4M	16M	40M
8M	leer	16M
8M	8M	32M

Tab. 10.3: SIMM-Bestückung (72polig, zwei Bänke mit je zwei Sockeln)

Bank 0	Bank 1	Gesamt
8M	16M	48M
8M	32M	80M
16M	leer	32M
16M	16M	64M
16M	32M	96M
32M	leer	64M
32M	32M	128M

Tab. 10.3: SIMM-Bestückung (72polig, zwei Bänke mit je zwei Sockeln)

Bei den meisten Boards können Sie die angegebenen Bestückungen zwischen den Bänken austauschen, so daß sich dann zum Beispiel 16-MByte-Module in Bank 0 und 4-MByte-Module in Bank 1 befinden. Dieser Sachverhalt würde die Tabellen aber nur unnötig verlängern.

10.6 Paritätsbit

Der Arbeitsspeicher eines Rechners ist entweder zu 8 oder zu 9 Bit organisiert. 9-Bit-Speichermodule enthalten neben den acht Datenbits für jedes Byte ein neuntes Bit, das der internen Paritäts-Fehlerkontrolle dient.

Dabei handelt es sich um ein einfaches Verfahren zur Fehlererkennung. Den acht Bits eines Bytes wird ein Paritätsbit an die Seite gestellt, das die acht Bits so ergänzt, daß die Anzahl der gesetzten Bits im Zeichen ungerade (odd) ist. Sind zwei Bits eines Bytes gesetzt, so wäre bei ungerader Parität das Paritätsbit ebenfalls gesetzt, damit insgesamt eine ungerade Anzahl gesetzter Bits (drei) vorhanden ist.

Mit der Paritätskontrolle läßt sich nur erkennen, ob ein Fehler aufgetreten ist, eine Korrektur des Fehlers ist auf dieser Basis nicht durchführbar. Der Zweck des neunten Bits ist also lediglich darin zu sehen, daß der Rechner beim Auftreten eines Fehlers angehalten wird. Damit folgt man der Philosophie: »Besser nicht mehr rechnen als falsch rechnen«. Der Nutzen des Paritätsbits ist also äußerst zweifelhaft. Solange ein falsches Bit innerhalb von Zahlen oder Zeichen auftritt, erhält man falsche Ergebnisse. Tritt es allerdings innerhalb von Programmanweisungen auf, ist die Wahrscheinlichkeit recht hoch, daß der Rechner ohnehin nur Unsinn macht und recht schnell stehenbleibt.

Abb. 10.5: SIMMs x 8 (ohne Paritätsbit)

Dementsprechend sind viele Hersteller mit steigender Zuverlässigkeit der Speicherbausteine dazu übergegangen, das Paritätsbit entfallen zu lassen. Nicht zuletzt können dadurch auch die Kosten für Speicherbausteine um einige Prozent gesenkt werden.

Speichermodule gibt es sowohl mit als auch ohne Paritätsbit. 8M×8 oder 8M×9 sind Kurzschreibweisen für 8-MByte-Speichermodule ohne bzw. mit Paritätsbit.

Sicherheitshalber sollten Sie darauf achten, wie die Speichermodule in Ihrem Rechner organisiert sind. »Sollten« ist dabei allerdings nur deshalb richtig, weil die meisten Rechner, die keine Paritätskontrolle erfordern, auch mit Speichermodulen arbeiten, die ein Paritätsbit aufweisen. Umgekehrt müssen Sie darauf achten, daß das Paritätsbit vorhanden ist. Bei manchen Rechnern können Sie die Paritätskontrolle auch über einen Jumper oder über das BIOS-Setup abschalten. Am einfachsten ist es sicherlich, wenn Sie bei Speichererweiterungen gleichartige Module einsetzen.

In den Grafiken finden Sie verschiedene SIMM-Ausführungen ohne bzw. mit Paritätsbit.

Bei älteren Rechnern mit DIP-Bausteinen benötigen Sie bei vorhandener Paritätskontrolle jeweils einen zusätzlichen neunten Baustein.

Abb. 10.6: SIMMs x 9 (mit Paritätsbit)

10.7 Zugriffszeit

Speicherbausteine gibt es in Ausführungen mit unterschiedlichen Zugriffszeiten, die in ns (Nanosekunden – Milliardstelsekunden) angegeben werden. Grob gesagt, müssen die Speicherbausteine in schnelleren Rechnern eine geringere Zugriffszeit aufweisen. Während im Uralt-PC noch Zugriffszeiten von 150 ns ausreichend waren, benötigte man für schnellere ATs bereits 100 ns.

Seit den ersten 80386ern mit 40 MHz Taktfrequenz werden fast ausschließlich Speichermodule mit 70 ns Zugriffszeit verwendet. Speichermodule mit noch niedrigeren Zugriffszeiten werden in Rechnern mit Taktfrequenzen etwa oberhalb von 133 MHz verwendet. Für Rechner mit dem Pentium II und mehr als 250 MHz Taktfrequenz empfehlen sich schließlich Zugriffszeiten von 50 ns.

 Schnellere Speicherbausteine lassen sich üblicherweise problemlos anstelle von langsameren verwenden. Aber auch eigentlich zu langsame Bausteine lassen sich (in Grenzen und auf Kosten der Rechengeschwindigkeit) verwenden, sofern sich geeignete Werte im BIOS-Setup einstellen lassen.

Die Zugriffszeit der verschiedenen Speicherchips oder -module können Sie häufig direkt aus deren Typkennziffer entnehmen. Die Angabe »-7« deutet zum Beispiel auf Bausteine mit 70 ns Zugriffszeit, »-6« auf Bausteine mit 60 ns Zugriffszeit hin. Die Verwendung solcher Kürzel ist aber leider nicht bei allen Herstellern üblich.

Naturgemäß sind die schnelleren Bausteine meist etwas teurer, haben dafür aber den Vorteil, daß sie sich später gegebenenfalls noch zur Erweiterung des Arbeitsspeichers eines neuen Rechners verwenden lassen.

 Für Rechner mit Taktfrequenzen bis ca. 100 MHz reichen Speicherchips mit 70 ns Zugriffszeit noch aus. In schnelleren Rechnern empfiehlt sich die Verwendung von 60-ns-Bausteinen. Spätestens mit Taktfrequenzen oberhalb von 200 MHz sollte der Einsatz von 50-ns-Chips (oder noch schneller) zur Pflichtübung werden.

10.8 Typbezeichnungen

Im Zusammenhang mit Speicherbausteinen ist vieles einfacher geworden, seit vorwiegend Module eingesetzt werden. Um zu erhalten, was Sie brauchen, geben Sie die Modulkapazität an, gegebenenfalls wie viele Einzelbausteine sich auf dem Modul befinden und welche Zugriffszeit Sie benötigen. Ihr Händler sollte auf der Basis dieser Angaben in der Lage sein, Ihnen passende Bausteine zu besorgen bzw. zu verkaufen. Die Schaltung moderner Rechner ist darüber hinaus so robust ausgelegt, daß die Anzahl der Einzelbausteine auf einem Modul normalerweise auch keine Rolle mehr spielen sollte.

Ansonsten folgen Typkennziffern der Einzelbausteine auf den Modulen meist bestimmten Regeln, an die sich die Hersteller weitgehend halten. Die einzelnen Ziffern geben dabei Aufschluß darüber, ob das Gehäuse 16, 18 oder 20 Anschlüsse aufweist, ob der Baustein 1 oder 4 Datenbits speichern kann, und darüber, wie groß die Kapazität des Bausteins ist. Wenn Sie also die Typkennziffern von den Chips ablesen oder dem Handbuch entnehmen, sich notieren und sich damit zu einem versierten Händler begeben, kann Ihnen dieser mit einiger Wahrscheinlichkeit weiterhelfen. Unter Umständen empfiehlt es sich auch, einfach ein Modul als Muster zum Händler mitzunehmen.

10.9 Unverträglichkeiten

Im Zusammenhang mit Speichermodulen habe ich bei älteren Rechnern einige unliebsame Erfahrungen machen müssen. Eigentlich sollte es recht einfach sein: Module mit der benötigten Kapazität und Zugriffszeit zu besorgen und einzubauen. Moderne Rechner sind in dieser Hinsicht üblicherweise auch recht tolerant. Dennoch darf der Hinweis nicht fehlen, daß es am sichersten ist, möglichst gleichartige Speichermodule zu verwenden.

Die Speicherbausteine verschiedener Hersteller weisen geringfügige Unterschiede ihrer technischen Eigenschaften auf, die unter Umständen zu Fehlfunktionen führen können. Verschiedenartige Bausteine oder Bausteine unterschiedlicher Hersteller sollten Sie aus diesem Grund keinesfalls innerhalb einer Speicherbank mischen. Die Kombination von 2-Chip- mit 8-Chip-SIMMs innerhalb einer Bank ist also nicht zu empfehlen. Selbst die Verwendung gleichartiger Module verschiedener Hersteller kann die weniger toleranten Schaltkreise älterer Rechner zum Stolpern bringen.

Generell gilt, daß neuere Rechner meist wesentlich toleranter hinsichtlich des Mischens von Bausteinen sind. Selbst EDO-DRAM läßt sich heute meist problemlos anstelle von FP-DRAM verwenden.

Einen besonderen Bonus erhalten Sie beim Einsatz identischer Bausteine in mehreren Bänken. Dann können Sie nämlich dadurch, daß Sie die Bestückung einer Bank entfernen, durch Austauschen einzelner Bausteine feststellen, welcher gegebenenfalls defekt ist.

Ein gänzlich anders gelagertes Problem kann durch den Stromverbrauch der Speicherbausteine hervorgerufen werden. Geht man davon aus, daß die Leistungsaufnahme pro MByte bei ca. 3 Watt liegt, verschlingen 16 MByte Arbeitsspeicher 48 Watt und können einem schwachen Netzteil schon einmal zu schaffen machen. Die Symptome bei Fehlern sind fast die gleichen: In unregelmäßigen Abständen bleibt der Rechner stehen. Vor diesem Hintergrund ist zu den modernen Speichermodulen mit weniger Einzelbausteinen zu raten, da deren Leistungsaufnahme wesentlich geringer ausfällt und bei unter einem Watt pro MByte liegt.

Um Protesten vorzubeugen: Diese Rechnerei ist in der vorliegenden Form nicht korrekt, da sich unter anderem der Stromverbrauch der Speicherbänke nicht einfach addiert, und soll lediglich das zugrundeliegende Problem illustrieren.

10.10 Testprogramme

Fehler von Speicherchips lassen sich häufig nur schwer feststellen. Völlig fehlerfrei arbeiten Speicherchips ohnehin nicht, so daß jedes Testprogramm irgendwann einmal einen Fehler feststellen wird, sofern Sie es nur lange genug laufen lassen. Glaubt man den Angaben der Chip-Schmieden, treten die unvermeidbaren Fehler allerdings nur in Abständen von einigen Jahren bzw. alle 30.000 bis 50.000 Betriebsstunden auf. Diese Angabe gilt allerdings für jeden einzelnen Speicher*chip*, so daß bei 36 Bausteinen (vier SIMM x 9) ein Fehler in ca. 1000 Betriebsstunden durchaus als normal zu bezeichnen ist. Rechnen wir weiter, 10 Stunden am Tag, 300 Tage im Jahr am Rechner, erhalten wir den völlig normalen Fall eines Fehlers alle vier Monate.

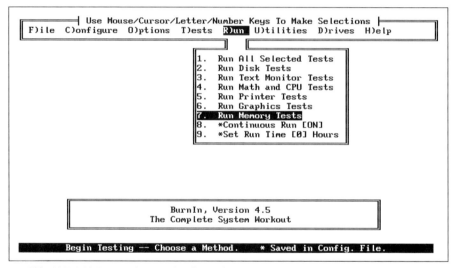

Abb. 10.7: Mit BurnIn können Sie den Arbeitsspeicher Ihres Rechners einem Dauertest unterziehen.

Setzen Sie Testprogramme unter Berücksichtigung dieses Umstands über eine längere Zeitspanne hinweg oder mehrmals hintereinander ein, wenn der Verdacht des Fehlers eines Speicherbausteins besteht. CheckIt ist ein Beispiel für ein kommerzielles Testprogramm, BurnIn eins aus dem Shareware-Bereich. Möglicherweise befinden sich entsprechende Routinen auch im Umfang der Setup- bzw. Diagnose-Programme Ihres Rechners.

 Das Programm BurnIn befindet sich auf der dem Buch beiliegenden CD.

10.11 Installation

Die Installation von Speicherbausteinen läßt sich am einfachsten unter Verwendung von Illustrationen verdeutlichen, weshalb ich hier auch auf solche zurückgreife. Ansonsten vergessen Sie bitte nicht, daß Speicherbausteine recht empfindlich auf statische Elektrizität reagieren. Da es sich kaum vermeiden läßt, die Bausteine in irgendeiner Form anzufassen oder diesen nahezukommen, empfiehlt sich hier ein Antistatic-Armband am ehesten. Fassen Sie auf jeden Fall das Rechnergehäuse an, um sich gegebenenfalls zu entladen.

10.11.1 Einbau von DIP-Bausteinen

Zunächst einmal will ich mich kurz mit den DIP-Bausteinen befassen; die Ausführungen lassen sich aber leicht auf alle Bausteine mit Beinchen (Pins) übertragen.

Ein spezifisches Problem bei Bausteinen mit Pins liegt darin, daß irgendwelche Beinchen dummerweise regelmäßig verbogen sind. Mit einer kräftigen Pinzette lassen sie sich aber glücklicherweise meist begradigen. Das gleichmäßige Ausrichten der Pins kann schon etwas schwieriger werden. Am einfachsten gelingt dies, wenn Sie den Baustein seitlich auf eine feste Oberfläche drücken und leicht kippen.

Abb. 10.8: Ausrichten der Beinchen

Darüber hinaus ist darauf zu achten, daß die Chips richtig herum in die Sockel gesteckt werden. Dazu weisen sowohl die Sockel als auch die Bausteine üblicherweise irgendeine Markierung auf. Die häufigste habe ich illustriert. Achten Sie also beim Einbau darauf, daß die beiden Markierungen am Chip und am Sockel in die gleiche Richtung weisen.

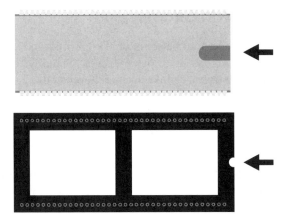

Abb. 10.9: Markierung an Chip und Sockel

Ansonsten gilt auch beim Einbauen von Bausteinen mit Pins, daß Sie vorsichtig zu Werke gehen sollten. Setzen Sie die Chips vorsichtig auf den Sockel auf, kontrollieren Sie, ob alle Beinchen korrekt auf die Gegenkontakte weisen, und drücken Sie erst dann den Baustein vorsichtig in den Sockel. Wenn Sie den Eindruck haben, daß die Ausrichtung der Beinchen nicht ganz paßt, korrigieren Sie diese besser noch ein weiteres Mal nach.

Abb. 10.10: Der Chip sitzt im Sockel.

Zum Ausbauen von Chips sollten Sie Werkzeug verwenden, mit dem Sie das Verbiegen von Beinchen vermeiden können. Das Ausheben der Chips mit einem flachen Schraubendreher funktioniert zwar, führt aber in der Regel zu verbogenen Pins. Verwenden Sie also möglichst geeignete Chip-Zangen, mit denen Sie die Bausteine an zwei Seiten unterhaken und anschließend senkrecht aus dem Sockel ziehen können.

10.11.2 Einbau von SIMMs

Der Einbau von SIMMs ist denkbar einfach. Dazu müssen Sie das Modul zunächst korrekt ausgerichtet in den Sockel setzen. Dabei wird im Prinzip bereits die Verbindung mit den Gegenkontakten hergestellt.

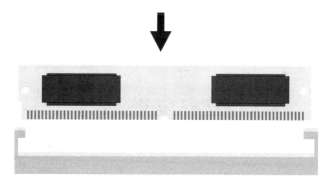

Abb. 10.11: Das Modul in den Sockel setzen ...

Anschließend drücken Sie das Modul nach hinten. Die kleinen, seitlich am Sockel angebrachten Federarme sind üblicherweise so geformt, daß sie dabei aus dem Weg gedrückt werden. Unter Umständen müssen Sie dabei ein wenig nachhelfen, wozu Sie einen kleinen Schraubendreher verwenden können.

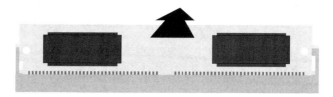

Abb. 10.12: ... nach hinten drücken und ...

Wenn die SIMMs korrekt in den Sockel eingesetzt wurden, rasten die kleinen Federarme anschließend ein und greifen dabei in die kleinen Löcher der Platine. Dadurch werden die Module sicher an ihrem Platz gehalten.

Abb. 10.13: ... die Halter einrasten lassen

Bei manchen Computern müssen Sie anschließend noch die neue Arbeitsspeichergröße im BIOS-Setup-Programm eintragen. Neuere Rechner ermitteln diese meist selbständig und aktualisieren die Eintragungen automatisch.

Beim Ausbau von SIMMs stehen Sie naturgemäß vor dem Problem, die beiden eingerasteten Federarme aus dem Weg drücken zu müssen. Um beide gleichzeitig wegzudrücken und gleichzeitig das Modul nach vorn zu ziehen, bräuchten Sie im Prinzip die berüchtigten »drei Hände«.

Es geht aber auch so. Benutzen Sie einen flachen Schraubendreher zum Wegdrücken der Federarme, und widmen Sie sich zunächst nur einer Seite. Drücken Sie den ersten Federarm vorsichtig aus dem Weg, und ziehen Sie das Modul leicht nach vorn, gerade so weit, daß die Feder nicht mehr einrasten und das Modul an seinen alten Platz zurückziehen kann.

Wenn Sie nun diese Verfahren mit dem zweiten Federarm wiederholen, können Sie das Modul nach vorn wegkippen und herausziehen.

10.12 Troubleshooting

Im folgenden werden wieder einige häufiger auftretende Fehler und deren Ursachen sowie Möglichkeiten zu deren Beseitigung aufgeführt. Im Abschnitt »Unverträglichkeiten« habe ich bereits einige allgemeine Hinweise gegeben, so daß Sie diesen gegebenenfalls (noch einmal) lesen sollten.

HIMEM.SYS meldet bei seinen Speichertests Fehler

Neben wirklich defekten Speichermodulen kann diese Fehlermeldung ihre Ursache in zu offensiven Einstellungen im BIOS-Setup haben. Probieren Sie zunächst aus, ob der Fehler auch dann noch auftritt, wenn Sie die BIOS-Eintragungen auf die Standardwerte zurücksetzen. Sollte der Fehler dann immer noch auftreten, lesen Sie bei der folgenden Fehlermeldung weiter, und führen Sie die dort aufgeführten Tests durch.

Der Rechner stürzt in unregelmäßigen Abständen ab

Lassen Sie ein Testprogramm im Langzeittest laufen, um den Fehler möglichst einzugrenzen. Bei gleichartigen Chips können Sie gegebenenfalls eine Speicherbank unbestückt lassen, den Rechner mit verringerter Speicherkapazität betreiben und die Bausteine nacheinander einzeln austauschen. Unter Umständen sind die Einstellungen im BIOS-Setup nicht korrekt bzw. zu offensiv gewählt. Zum Beispiel können zu wenig Waitstates eingestellt sein. Führen Sie die Tests des Rechners mit den Standardwerten des BIOS durch.

Beim Start wird der Speicher nicht vollständig hochgezählt

Dieser Fehler tritt vorwiegend bei alten Rechnern auf. Rufen Sie das BIOS-Setup-Programm auf, und tragen Sie die korrekte Größe ein. Wenn der Fehler erneut auftritt, liegt wahrscheinlich ein Defekt vor. Kontrollieren Sie die Kontakte der Chips, und reinigen Sie diese bei Bedarf. Am besten verwenden Sie dazu die bekannten Wattestäbchen zusammen mit Isopropylalkohol.

Isopropylalkohol (Isopropanol) erhalten Sie in der Apotheke, weil er sich auch ausgezeichnet zum Desinfizieren verwenden läßt. Bei der Flüssigkeit in Reinigungssets für Diskettenlaufwerke handelt es sich üblicherweise ebenfalls um Isopropanol, nur daß es dort um ein Vielfaches teurer ist. (Englischsprachige Zeitgenossen nennen diese Flüssigkeit zuweilen übrigens »Rubber Alcohol« – hoffentlich wird daraus in Übersetzungen nie »Gummialkohol«.)

Rechner startet korrekt, weist aber zuwenig Speicher aus

Dieser Fehler ist mir zuweilen beim Einsatz von Modulen mit unterschiedlichen Kapazitäten begegnet. Dabei wurden 8-MByte-Module nur als 4-MByte-Module erkannt. Der Rechner war dabei der Meinung, er hätte es mit vier 4-MByte-Modulen statt mit zwei 8- und zwei 4-MByte-Speichermodulen zu tun. Abhilfe schuf das Vertauschen der Module in den Bänken, so daß sich abschließend die 8-MByte-Module in den Speicherbänken befanden, in denen zuvor die 4-MByte-Module saßen (und umgekehrt).

Kontrollieren Sie sicherheitshalber auch, ob Sie nicht Module unterschiedlicher Kapazität in den verschiedenen Sockeln gemischt haben. (Vielleicht startet Ihr Rechner ja selbst mit einer solchen Anordnung der Speichermodule.)

Rechner piept nur

Wenn dieser Fehler nach dem Einbau von Speicherbausteinen auftritt, sitzen diese möglicherweise nicht korrekt in den Sockeln. Wenn mehrere Speicherbänke bestückt sind, können Sie durch Umbestücken feststellen, ob ein Speicherbaustein-Fehler vorliegt.

Bei älteren Rechnern kommt es schon einmal vor, daß bestimmte Speichermodul-Anordnungen einfach nicht laufen, obwohl alle Chips in Ordnung sind. Testen Sie möglichst zunächst einmal separat, ob der Rechner mit den Bausteinen jeweils eines Herstellers läuft. Wenn sich die Bausteine auf diesem Weg alle als (technisch) fehlerfrei erwiesen haben, kann eine andere Zusammenstellung bzw. Anordnung der Speicherbausteine die Probleme beseitigen. (Vielleicht können Sie im Falle eines Falles auch mit einem Bekannten tauschen?)

Bussysteme   11

Mit den Jahren wurde auch der in IBM-kompatiblen Rechnern verwendete Bus bzw. wurden die Kommunikationswege zwischen Prozessor und den an ihn angeschlossenen Geräten weiterentwickelt. Während der Original-PC noch mit dem 8 Bit breiten ISA-Bus (Industry Standard Architecture) arbeitete, erblickte bereits kurze Zeit später der 16-Bit-ISA-Bus das Licht der Welt. Diese Bussysteme werden selbst heute noch in den meisten IBM-kompatiblen Rechnern verwendet.

Mit dem 80386er kam der ISA-kompatible 32-Bit-EISA-Bus (Extended Industry-Standard Architecture) auf, während IBM mit seiner PS/2-Rechnerreihe eigene inkompatible Wege beschritt und diese mit dem MCA-Bus (Micro Channel Architecture) ausstattete, der sich ansonsten aber nicht durchsetzen konnte.

Mit Beginn der 90er Jahre wurden die bis dahin verbreiteten Bussysteme angesichts der Anforderungen moderner grafischer Benutzeroberflächen und Multimedia zunehmend zu einem echten Systemengpaß. Verschiedene Hersteller entwickelten daher neue Bussysteme, die durchweg unter den Oberbegriff »Local Bus« fallen. Durchgesetzt haben sich schließlich nur zwei Standards, von denen später nur einer überlebt hat. In älteren Rechnern der 486er-Klasse finden Sie meist 32-Bit-VESA-Local-Bus-Steckplätze (VLB), während Pentium-, neuere 486er-Rechner und deren Nachfolger den PCI-Bus verwenden. Letztlich konnte sich also der PCI-Bus-Standard in seinen verschiedenen Spezifikationen durchsetzen.

In der Tabelle finden Sie zur Orientierung vorab einige Kenndaten konkurrierender Bussysteme. Bei den angegebenen Werten handelt es sich jeweils um kurzzeitig realisierbare Maximalwerte, die mit der gebührenden Vorsicht zu betrachten sind, weil sie keinesfalls mit erreichbaren Durchschnittswerten gleichgesetzt werden dürfen. Diese liegen vielmehr um einiges niedriger.

	ISA	MCA	EISA	VLB	PCI
Adreßbusbreite	24 Bit	32 Bit	32 Bit	32 Bit	32 Bit
Datenbusbreite	16 Bit	32 Bit	32 Bit	32 Bit	32 Bit
Max. Bustaktfrequenz	8,00 MHz	10 MHz	8,33/ 33 MHz	40 MHz	33 MHz
Max. Transferrate (Burst)	8,00 MByte/s	20 MByte/s	33 MByte/s	80 MByte/s	132 MByte/s

Tab. 11.1: Kenndaten von Bussystemen in der Gegenüberstellung

Zuweilen finden Sie auch abweichende Angaben für die verschiedenen Bussysteme. Dabei handelt es sich meist um Weiterentwicklungen, die sich nicht oder noch nicht durchsetzen konnten, aber auch um »breitere« Varianten des jeweiligen Bussystems. So werden zum Beispiel häufig 264 MByte/s für den PCI-Bus angegeben, wobei es sich um die theoretische, maximale Transferrate für die 64-Bit-Version dieses Busses (ab PCI-Spezifikation 2.0) handelt.

11.1 ISA-/AT-Bus

Der ISA-Bus (Industrial Standard Architecture) wurde von IBM entwickelt und in seiner 8-Bit-Variante bereits in den ersten PCs eingesetzt. Später kam dann eine 16-Bit-Variante hinzu. Die Veröffentlichung der technischen Daten des ISA-Busses ermöglichte es unzähligen Herstellern, ihre Systeme mit ihm auszurüsten, was wesentlich mit zum Erfolg des PCs beigetragen hat.

Die ursprünglichen ISA-Sockel verfügen über 62 Kontakte, einen 8-Bit-Daten- und einen 20-Bit-Adreßbus. Damit kann über 8-Bit-ISA-Karten ein Adreßraum von 1 MByte angesprochen werden, also der gesamte Adreßraum der ersten PCs.

Die Erweiterung des ISA-Standards auf einen 16-Bit-Datenbus erfolgt durch Hinzufügen eines zweiten Sockels mit zusätzlichen 36 Kontakten. Diesem Umstand entsprechend lassen sich 8-Bit-ISA-Adapter problemlos in den 16-Bit-ISA-Steckplätzen verwenden, das Umgekehrte gilt aufgrund der fehlenden zusätzlichen Kontakte naturgemäß nicht.

Bussysteme

16-Bit-ISA-Adapter verfügen über einen 24-Bit-Datenbus, über den sich ein Adreßraum von 16 MByte ansprechen läßt. Diese Einschränkung und die geringe Datentransferrate ließen den ISA-Bus Anfang der 90er Jahre zu einem Flaschenhals des PCs werden. Aus diesem Grund verfügen moderne Systeme ausnahmslos über zusätzliche, wesentlich leistungsfähigere Local-Bus-Steckplätze, wie zum Beispiel PCI.

Für viele Zwecke ist die Geschwindigkeit der ISA-Steckplätze jedoch auch heute noch durchaus ausreichend. Daher sind sie auch heute noch nicht verschwunden und ermöglichen vielfach die Weiterverwendung betagterer Komponenten in modernen Rechnern.

11.1.1 ISA-Transferraten

Der traditionelle ISA-Bus wurde anfangs nur mit 4,77 MHz Bustaktfrequenz betrieben. Bereits vor dem Erscheinen des AT befanden sich viele PC-kompatible Rechner auf dem Markt, die mit 8 MHz arbeiteten. Die maximalen Datentransferraten des 8- und 16-Bit-ISA-Busses für 8 MHz Bustaktfrequenz können Sie der folgenden Tabelle entnehmen.

Busbreite	Max. Transferrate bei 0 Waitstates	Max. Nutzdatenrate
8 Bit	2,77 MByte/s	1,33 MByte/s
16 Bit	8,00 MByte/s	5,33 MByte/s
8 Bit, DMA-Transfer	–	1,00 MByte/s
16 Bit, DMA-Transfer	–	2,00 MByte/s

Tab. 11.2: Datentransferraten des ISA-Busses

Durch Verwendung neuer Transfermodi konnten die betagten Schnittstellen für die in das Motherboard integrierten AT-Bus-Schnittstellen in den letzten Jahren recht wirksam aufgebohrt werden. In ISA-Steckplätzen lassen sich diese Transferraten normalerweise nicht erreichen.

11.1.2 Pin-Belegung des ISA-Busses

Der 16-Bit-ISA-Bus wurde als voll kompatible Erweiterung des 8-Bit-ISA-Busses definiert, indem einfach ein zusätzlicher Stecker hinzugefügt wurde. In den folgenden Tabellen finden Sie daher zunächst die Pin-Belegung des 8-Bit-ISA-Busses und daran anschließend die der Erweiterungssteckleiste des 16-Bit-ISA-Busses. Dabei befinden sich die oben in der Tabelle aufgeführten Pins in der Nähe der Slotblende.

Signal	Pin	Pin	Signal
Ground	b1	a1	I/O CH CHK
RESET DRV	b2	a2	DATA BIT 7
+5 V	b3	a3	DATA BIT 6
IRQ 2	b4	a4	DATA BIT 5
–5 V	b5	a5	DATA BIT 4
DRQ 2	b6	a6	DATA BIT 3
–12 V	b7	a7	DATA BIT 2
0 WS (bzw. NC)	b8	a8	DATA BIT 1
+12 V	b9	a9	DATA BIT 0
Ground	b10	a10	I/O CH RDY
SMEMW	b11	a11	AEN
SMEMR	b12	a12	ADDRESS 19
IOW	b13	a13	ADDRESS 18
IOR	b14	a14	ADDRESS 17
DACK 3	b15	a15	ADDRESS 16
DRQ 3	b16	a16	ADDRESS 15
DACK 1	b17	a17	ADDRESS 14
DRQ 1	b18	a18	ADDRESS 13
REFRESH	b19	a19	ADDRESS 12
CLOCK	b20	a20	ADDRESS 11
IRQ 7	b21	a21	ADDRESS 10
IRQ 6	b22	a22	ADDRESS 9
IRQ 5	b23	a23	ADDRESS 8
IRQ 4	b24	a24	ADDRESS 7
IRQ 3	b25	a25	ADDRESS 6
DACK 2	b26	a26	ADDRESS 5
T/C	b27	a27	ADDRESS 4
BALE	b28	a28	ADDRESS 3
+5 V	b29	a29	ADDRESS 2
OSC	b30	a30	ADDRESS 1
Ground	b31	a31	ADDRESS 0

Tab. 11.3: Pin-Belegung des 8-Bit-ISA-Bus

Abb. 11.1: 8- und 16-Bit-ISA-Sockel

Signal	Pin	Pin	Signal
MEM CS16	d1	c1	SBHE
I/O CS16	d2	c2	Latch Address 23
IRQ 10	d3	c3	Latch Address 22
IRQ 11	d4	c4	Latch Address 21
IRQ 12	d5	c5	Latch Address 20
IRQ 15	d6	c6	Latch Address 19
IRQ 14	d7	c7	Latch Address 18
DACK 0	d8	c8	Latch Address 17
DRQ 0	d9	c9	MEMR
DACK 5	d10	c10	MEMW
DRQ 5	d11	c11	DATA BIT 08
DACK 6	d12	c12	DATA BIT 09
DRQ 6	d13	c13	DATA BIT 10
DACK 7	d14	c14	DATA BIT 11
DRQ 7	d15	c15	DATA BIT 12
+5 V	d16	c16	DATA BIT 13
MASTER	d17	c17	DATA BIT 14
Ground	d18	c18	DATA BIT 15

Tab. 11.4: Pin-Belegung der 16-Bit-ISA-Bus-Erweiterung

11.2 MCA

IBM entwickelte den MCA-Bus (Micro Channel Architecture) als Nachfolger für den ISA-Bus und brachte ihn 1987 auf den Markt. Dabei machte IBM aber den gravierenden Fehler, ein gänzlich neues Bussystem zu entwerfen. Der MCA-Bus ist in keinerlei Hinsicht ISA-kompatibel, so daß verfügbare ISA-Adapter in Rechnern mit MCA-Bus nicht mehr weiterverwendet werden konnten.

Nichtsdestotrotz war der MCA-Bus aus heutiger Sicht richtungsweisend für viele spätere Entwicklungen und bot einige erstaunliche Merkmale:

- Bei 32 Bit Datenbusbreite und einer maximalen Bustaktfrequenz von 10 MHz waren zunächst maximale Datentransferraten von 20 MByte/s (bzw. 40 MByte/s bei 32 Bit Busbreite) möglich. Eine spätere Revision des Standards brachte es sogar auf bis zu 80 MByte/s bei 32 Bit Busbreite!
- Über 32 Adreßleitungen konnten bereits 4 GByte Arbeitsspeicher adressiert werden.
- Das sogenannte Bus-Mastering wurde bereits unterstützt.
- MCA gestattete bereits die automatische Konfiguration von Adaptern und die von diesen verwendeten Adressen. (Erst Mitte der 90er wurde dieses Merkmal neu erfunden, um unter der Bezeichnung »Plug and Play« gefeiert zu werden.)

Die mangelnde Kompatibilität dürfte letztlich der wesentliche Grund dafür gewesen sein, daß der MCA-Bus außerhalb von IBMs PS/2-Rechnerserie kaum eingesetzt wurde. MCA-Adapter stehen nur in geringer Auswahl zur Verfügung und waren bzw. sind – aufgrund der geringen produzierten Stückzahlen – zudem recht teuer.

MCA-Steckplätze gibt es in insgesamt drei verschiedenen Varianten. Neben einer 16- und einer 32-Bit-Variante wurde ein spezieller Steckplatz zur Unterstützung von Video-Erweiterungen entwickelt. Dieser Steckplatz stellt nachträglich eingebauten Grafikkarten die Dienste des bereits auf dem Motherboard integrierten VGA-Adapters zur Verfügung.

Von Systemen mit MCA-Bus kann nur abgeraten werden. Neuentwicklungen auf der Basis dieses Bussystems finden nicht mehr statt, so daß die Erweiterbarkeit solcher Rechner stark eingeschränkt ist, zumal darüber hinaus auch keine kompatiblen Alternativen einsetzbar sind.

Auf den Abdruck der Pin-Belegung des MCA-Busses verzichte ich hier aufgrund der mangelnden Erweiterbarkeit und der geringen Bedeutung dieses Bussystems.

11.3 EISA

Der EISA-Bus (Extended Industry Standard Architecture) erblickte 1989 das Licht der Welt und wurde vorwiegend in leistungsstarken Rechnern der 386er- und 486er-Klasse eingesetzt. Da es sich um einen 32-Bit-Bus handelt, lassen sich größere Datenmengen über den EISA-Bus transportieren.

Der EISA-Bus ist aber gleichzeitig ISA-Bus-kompatibel geblieben. In EISA-Steckplätzen lassen sich dementsprechend auch 8- bzw. 16-Bit-ISA-Adapter verwenden. Dies ist deshalb möglich, weil EISA-Steckplätze zwei Reihen von Kontakten aufweisen. Die erste, obere Reihe ist mit den ISA-Kontakten identisch. Darunter befindet sich eine zweite Kontaktreihe, die die EISA-spezifischen Signale bereitstellt. Beim Einstecken einer ISA-Karte sorgen kleine Stopper bzw. mechanische Sperren dafür, daß die ISA-Adapter nicht zu tief in den Steckplatz hineingedrückt werden. Auf diese Weise wird gewährleistet, daß keine falschen Kontakte zustandekommen.

Abb. 11.2: EISA-Adapter lassen sich an den typischen zweireihigen Kontaktleisten erkennen.

Auch wenn es heute kaum noch eine Rolle spielt, bringen Sie ISA und EISA nicht durcheinander. Da ISA englisch wie EISA ausgesprochen wird, ist diese Gefahr kaum von der Hand zu weisen.

11.3.1 Bus-Mastering

Darüber hinaus unterstützt der EISA-Bus (wie bereits MCA) das sogenannte »Bus Mastering«, bei dem der an den Bus angeschlossene Adapter gewissermaßen zum Herrscher (Master) über das Bussystem wird. Zeitweilig übergibt der Prozessor die Bus-Kontrolle an die Steckkarte, so daß er andere Aufgaben erledigen kann, während der Adapter eigene Aufgaben erledigt. Nach abgeschlossener Operation übergibt der Adapter dann die Steuerung der Abläufe wieder zurück an den Prozessor.

11.3.2 EISA-Transferraten

Der EISA-Bus arbeitet mit Bustaktfrequenzen zwischen 8 und 8,33 MHz und einer Datenbusbreite von 32 Bit. Die maximalen Datentransferraten des EISA-Busses betragen bei 8,33 MHz Bustaktfrequenz 33 MByte/s. Darüber hinaus wurde der ISA-kompatible Teil des EISA-Busses gegenüber dem Original ISA-Bus ebenfalls beschleunigt. Insbesondere gilt dies für die Übertragung von Daten in den Speicher ohne Prozessorbeteiligung (DMA-Transfer).

Zwar wurde auch eine 64-Bit-Version des EISA-Busses definiert, jedoch konnte sich diese gegen den PCI-Standard nicht durchsetzen, obwohl es diese EISA-Weiterentwicklungen mit EMB (Enhanced Master Burst) als neue Betriebsart auf bis zu 66 MByte/s (32 Bit Busbreite) bzw. 133 MByte/s (64 Bit Busbreite) brachten.

11.3.3 Pin-Belegung des EISA-Busses

Der EISA-Bus ist mit dem 16-Bit-ISA-Bus kompatibel, so daß die unteren Kontakte (Reihen A bis D) mit denen des ISA-Busses übereinstimmen. Die Pin-Belegung des EISA-Bus finden Sie in der folgenden Tabelle.

Reihe F	Reihe B	Pin	Reihe A	Reihe E
Masse	Masse	01	IO CH CHK	CMD
+5 V	RESET DRV	02	D07	START
+5 V	+5 V	03	D06	EXRDY
x	IRQ 2	04	D05	EX32
x	−5 V	05	D04	Masse
(Stopper)	DRQ 2	06	D03	(Stopper)
x	−12 V	07	D02	EX16
x	0 WS (bzw. NC)	08	D01	SLBURST
+12 V	+12 V	09	D00	MSBURST
M/IO	Masse	10	IO CHRDY	W/R
LOCK	SMWTC	11	AENx	Masse
reserviert	SMRDC	12	SA19	reserviert
Masse	IOWC	13	SA18	reserviert
reserviert	IORC	14	SA17	reserviert
BE3	DACK 3	15	SA16	Masse
(Stopper)	DRQ 3	16	SA15	(Stopper)
BE2	DACK 1	17	SA14	BE1/D33
BE0/D32	DRQ 1	18	SA13	LA31/D63
Masse	REFRESH	19	SA12	Masse
+5 V	BCLOCK	20	SA11	LA30/D62
LA29/D61	IRQ 7	21	SA10	LA28/D60
Masse	IRQ 6	22	SA09	LA27/D59
LA26/D58	IRQ 5	23	SA08	LA25/D57
LA24/D56	IRQ 4	24	SA07	Masse
(Stopper)	IRQ 3	25	SA06	(Stopper)
LA16/D48	DACK 2	26	SA05	LA15/D47
LA14/D46	TC	27	SA04	LA13/D45
+5 V	BALE	28	SA03	LA12/D44
+5 V	+5 V	29	SA02	LA11/D43
Masse	OSC	30	SA01	Masse
LA19/D42	Masse	31	SA00	LA09/D41

Tab. 11.5: Belegung der EISA-Kontakte

Reihe H	Reihe D	Pin	Reihe C	Reihe G
LA08/D40	–	01	–	
LA06/D38	MEM CS 16	02	SBHE	Masse
LA05/D37	IOCS16	03	LA23/D55	LA04/D36
+5 V	IRQ 10	04	LA22/D54	LA03/D35
LA02/D34	IRQ 11	05	LA21/D53	Masse
(Stopper)	IRQ 12	06	LA20/D52	(Stopper)
D16	IRQ 15	07	LA19/D51	D17
D18	IRQ 14	08	LA18/D50	D19
Masse	DACK 0	09	LA17/D43	D20
D21	DRQ 0	10	MDRC	D22
D23	DACK 5	11	MWTC	Masse
D24	DRQ 5	12	D08	D25
Masse	DACK 6	13	D09	D26
D27	DRQ 6	14	D10	D28
(Stopper)	DACK 7	15	D11	(Stopper)
D29	DRQ 7	16	D12	Masse
+5 V	+5 V	17	D13	D30
+5 V	MASTER	18	D14	D31
MACKx	Masse	19	D15	MREQx

Tab. 11.5: Belegung der EISA-Kontakte

11.4 VLB (VESA Local Bus)

Nachdem erste herstellerspezifische Bussysteme entwickelt worden waren, die speziell (aber meist nicht nur) für den Einsatz von Grafikkarten konzipiert wurden, suchten die in der VESA (Video Electronics Standards Association) organisierten Anbieter von Peripheriegeräten nach einer standardisierten Lösung, die sowohl preiswert als auch schnell sein sollte. Als Ergebnis erweiterte der VESA Local Bus einen der üblichen 16-Bit-ISA-Steckplätze um einen zusätzlichen Stecker. Der ISA-Teil eines VLB-Steckplatzes konnte damit weiterhin für 8- oder 16-Bit-ISA-Steckkarten genutzt werden.

Neben Karten ohne Eigenintelligenz (LBT – Local-Bus-Targets) umfaßt der VESA-Standard auch Spezifikationen für Local-Bus-Mastering (LBM). Wie beim EISA- und beim PCI-Bus kann ein Adapter zeitweilig die Bus-Kontrolle übernehmen und auf diesem Wege den Prozessor entlasten.

Nach dem Erscheinen des Pentium-Prozessors und dem damit einhergehenden PCI-Standard verlor der VLB schnell an Boden und ist mittlerweile bedeutungslos geworden. Allerdings ist er in einer Vielzahl von Rechnern der 80486-Klasse weiterhin präsent.

11.4.1 Maximale Bustaktfrequenz und Transferraten

Dadurch daß der VESA-Local-Bus mit einer Datenbusbreite von 32 Bit und mit einer Bustaktfrequenz von bis zu 40 MHz arbeitet, lassen sich erheblich höhere Übertragungsraten als beim herkömmlichen ISA-Bus realisieren. Die Begrenzung auf 40 MHz erfolgte, um keine allzu großen Anforderungen an VLB-Adapter zu stellen, kann aber bei einigen Prozessoren, die mit höherer externer Taktfrequenz (50 MHz) arbeiten, zu Schwierigkeiten führen. Aus diesem Grund können auch bestimmte Rechner, die mit 50-MHz-Prozessoren arbeiten (486er-Kompatible), nicht empfohlen werden. Letztlich verkraften nur wenige VLB-Adapter mehr als 40 MHz Bustaktfrequenz.

 Häufig lassen sich VLB-Adapter in 50 MHz-Systemen durch Einfügen zusätzlicher Waitstates dazu bewegen, ihre Arbeit zu verrichten.

Die Angaben für die maximalen VLB-Datentransferraten bewegen sich in Bereichen, die fast an diejenigen des PCI-Busses heranreichen. Im praktischen Einsatz liegen sie etwa zwischen 40 und 80 MByte/s. Die theoretisch erreichbaren Maximalwerte liegen jedoch um einiges höher und werden häufig mit 128 MByte/s (40 MHz, 64 Bit Busbreite) angegeben. (Bei 50 MHz Bustaktfrequenz kann es die 64-Bit-Variante theoretisch sogar auf erstaunliche 160 MByte/s bringen.)

11.4.2 Pin-Belegung des VLB

Der EISA-Bus umfaßt den zweigeteilten Stecker des 16-Bit-ISA-Busses und ist mit diesem normalerweise voll kompatibel. Die Pin-Belegung der zusätzlichen, speziellen VLB-Steckerleiste mit insgesamt 112 Kontakten können Sie der folgenden Tabelle entnehmen.

Signal	Pin	Pin	Signal
DAT 00	A01	B01	DAT 01
DAT 02	A02	B02	DAT 03
DAT 04	A03	B03	Masse
DAT 06	A04	B04	DAT 05
DAT 08	A05	B05	DAT 07
Masse	A06	B06	DAT 09
DAT 10	A07	B07	DAT 11
DAT 12	A08	B08	DAT 13
Vcc	A09	B09	DAT 15
DAT 14	A10	B10	Masse
DAT 16	A11	B11	DAT 17
DAT 18	A12	B12	Vcc
DAT 20	A13	B13	DAT 19
Masse	A14	B14	DAT 21
DAT 22	A15	B15	DAT 23
DAT 24	A16	B16	DAT 25
DAT 26	A17	B17	Masse
DAT 28	A18	B18	DAT 27
DAT 30	A19	B19	DAT 29
Vcc	A20	B20	DAT 31
ADR 31/DAT 63	A21	B21	ADR 30/DAT 62
Masse	A22	B22	ADR 28/DAT 60
ADR 29/DAT 61	A23	B23	ADR 26/DAT 58
ADR 27/DAT 59	A24	B24	Masse
ADR 25/DAT 57	A25	B25	ADR 24/DAT 56
ADR 23/DAT 55	A26	B26	ADR 22/DAT 54
ADR 21/DAT 53	A27	B27	VCC
ADR 19/DAT 51	A28	B28	ADR 20/DAT 52
Masse	A29	B29	ADR 18/DAT 50
ADR 17/DAT 49	A30	B30	ADR 16/DAT 48
ADR 15/DAT 47	A31	B31	ADR 14/DAT 46
VCC	A32	B32	ADR 12/DAT 44

Tab. 11.6: Pin-Belegung des VLB-Busses

Bussysteme

Signal	Pin	Pin	Signal
ADR 13/DAT 45	A33	B33	ADR 10/DAT 42
ADR 11/DAT 43	A34	B34	ADR 08/DAT 40
ADR 09/DAT 41	A35	B35	Masse
ADR 07/DAT 39	A36	B36	ADR 06/DAT 38
ADR 05/DAT 37	A37	B37	ADR 04/DAT 36
Masse	A38	B38	WBACK
ADR 03/DAT 35	A39	B39	BE 0/BE 4
ADR 02/DAT 34	A40	B40	Vcc
NC/LBS64	A41	B41	BE 1/BE 5
RESET	A42	B42	BE 2/BE 6
D/C	A43	B43	Masse
M/IO	A44	B44	BE 3/BE 7
W/R	A45	B45	ADS
(Kodiersteg)	A46	B46	(Kodiersteg)
(Kodiersteg)	A47	B47	(Kodiersteg)
RDYRTN	A48	B48	LRDY
Masse	A49	B49	LDEVx
IRQ 9	A50	B50	LREQx
BRDY	A51	B51	Masse
BLAST	A52	B52	LGNTx
ID 0/DAT 32	A53	B53	Vcc
ID 1/DAT 33	A54	B54	ID 2
Masse	A55	B55	ID 3
LCLK	A56	B56	ID 4/ACK64
Vcc	A57	B57	NC
LBS16	A58	B58	LEADS

Tab. 11.6: Pin-Belegung des VLB-Busses

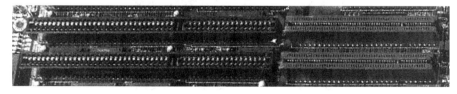

Abb. 11.3: Zwei dreigeteilte VLB-Steckplätze

11.5 PCI

Der 32 Bit breite PCI-Bus (Peripheral Component Interconnect) mit seiner maximalen Datentransferrate von 132 MByte/s erblickte 1992 zusammen mit dem Pentium-Prozessor das Licht der Welt und hat sich seit Ende 1993 zu dem Bussystem entwickelt, das vornehmlich eingesetzt wird. Mit Ausnahme von ISA konnte PCI alle konkurrierenden Bussysteme weitgehend verdrängen.

Der PCI-Bus ist eigentlich kein Local Bus im herkömmlichen Sinne, da er nicht direkt lokal auf dem Prozessor-Bus angesiedelt ist und daher auch nicht direkt mit der externen Prozessortaktfrequenz arbeitet. Diese Maßnahme führt dazu, daß sich der PCI-Bus nicht nur für aktuelle, sondern auch für künftige Prozessorgenerationen eignet. Der PCI-Bus steht über eine sogenannte Host-Bridge mit dem Prozessor-Bus in Verbindung, die für eine Anpassung der unterschiedlichen Bustaktfrequenzen sorgt und die Schreib- und Lese-Anforderungen der CPU für den PCI-Bus umsetzt.

11.5.1 Bus-Mastering

Wie bereits MCA, EISA und VLB unterstützt PCI das sogenannte Bus-Mastering. Adapter können entweder als Master- oder als Slave-Baugruppe arbeiten. Master-fähige Adapter ermöglichen insbesondere beim Einsatz echter Multitasking-Betriebssysteme eine erhebliche Prozessorentlastung. Allerdings ist in diesem Zusammenhang auch etwas Vorsicht geboten. Ob ein und welcher Slot in einem Rechner tatsächlich masterfähig ist, müssen Sie unter Umständen der Motherboard-Dokumentation eines Rechners entnehmen.

 Bei neueren Motherboards sollten alle PCI-Slots das Bus-Mastering unterstützen. Bei älteren Motherboards ist dies jedoch keinesfalls sicher. Zuweilen stellt hier nur ein einziger Steckplatz Mastering-Fähigkeiten zur Verfügung.

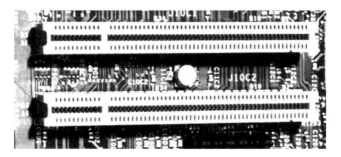

Abb. 11.4: PCI-Steckplätze

Die ersten PCI-Motherboards und PCI-Adapter (insbesondere also diejenigen für 60/66-MHz-Pentiums) leiden unter einigen Kinderkrankheiten. Inkompatibilitäten können dafür sorgen, daß solche PCI-Boards häufiger mit bestimmten Adaptern nicht korrekt oder gar nicht zusammenarbeiten. Mit neueren Revisionen der PCI-Spezifikationen (2.0 und 2.1) konnten diese Probleme jedoch weitestgehend beseitigt werden.

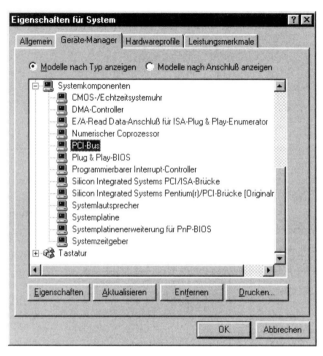

Abb. 11.5: PCI und PnP finden vielfältig Niederschlag im Geräte-Manager. Manuelle Änderungen sollten hier jedoch nicht vorgenommen werden.

 Im Zusammenhang mit dem Award-BIOS sind Inkompatibilitäten bekanntgeworden, die sich aus dem Zusammenspiel mit dem Manager für den erweiterten Speicher (EMM386.EXE) ergaben. Achten Sie darauf, daß Sie beim Einsatz von Windows 3.x/DOS eine möglichst aktuelle EMM386-Version einsetzen. (Den Fehler konnte ich in Einzelfällen in Verbindung mit EMM386-Versionen vor 4.48 beobachten.)

11.5.2 Auto-Konfiguration und BIOS-Setup

Der PCI-Bus unterstützt die Auto-Konfiguration der eingesetzten Adapter (PnP). Insbesondere in Rechnern mit mehreren Adaptern muß der Anwender hier jedoch zuweilen massive manuelle Unterstützung leisten, indem er über geeignete Einstellungen im BIOS-Setup dafür sorgt, daß dem PCI-Bus nur bestimmte Interrupt-Leitungen (IRQs) zur Verfügung gestellt werden.

 Wenn Sie sichergehen wollen, daß bei der PCI-Auto-Konfiguration alles seinen geordneten Gang geht, können bzw. sollten Sie (soweit möglich) die Zuordnung der IRQs (Unterbrechungsanforderungen) zu den PCI-Slots im BIOS-Setup manuell vornehmen. (Die diesbezüglichen Möglichkeiten variieren zwischen den verschiedenen Boards bzw. BIOS-Setup-Programmen erheblich.)

Können Sie sich noch an die Erläuterungen hinsichtlich der von ISA-Steckkarten verwendeten IRQ-Leitungen erinnern? Diese sollten auf jeden Fall manuell gesperrt werden, so daß sie von den PCI-Slots nicht verwendet werden können. Bei modernen Rechnern sollte dies über das BIOS-Setup-Programm möglich sein. Bei alten Rechnern durften Sie sich teilweise im zugehörigen Handbuch bzw. direkt auf dem Motherboard nach entsprechenden Jumpern oder Schaltern auf die Suche begeben.

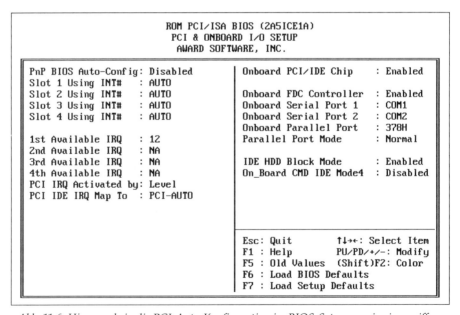

Abb. 11.6: Hier wurde in die PCI-Auto-Konfiguration im BIOS-Setup massiv eingegriffen.

Kurz gefaßt: Um die Vorteile des PCI-Busses voll ausschöpfen zu können, benötigen Sie ein Multitasking-Betriebssystem (zum Beispiel Windows NT, OS/2 oder Windows 9x), einen master-fähigen Adapter in einem master-fähigen Slot und gegebenenfalls neben einem guten BIOS-Setup auch noch ein wenig Glück, daß weiter nichts schiefgeht.

11.5.3 64 Bit und 3,3 V

PCI stellt einen dynamischen Standard dar, der kontinuierlich weiterentwickelt werden und sich den Bedürfnissen des Marktes anpassen soll. Dabei soll die Kompatibilität mit bisherigen Standards aber gewahrt bleiben. Mit der Version 2.0 der PCI-Spezifikationen wurde die Erweiterung des PCI-Busses auf 64 Bit vorgesehen. Diese Erweiterung setzt allerdings einen zusätzlichen bzw. verlängerten Stecker voraus, so daß sie bisher kaum Verbreitung gefunden hat. Wahrscheinlich wird die 64-Bit-Variante aber mit dem Nachfolger des Pentium II zu Ehren kommen.

Eine praktisch bedeutsamere Erweiterung der Spezifikationen stellt die ebenfalls mit der Version 2.0 definierte 3,3-V-Variante des PCI-Busses dar. Diese gestattet wahlweise die Verwendung von 3,3- und 5-V-Adaptern, wobei zwei Kodierstege dafür sorgen, daß eine falsche Spannungsversorgung ausgeschlossen wird.

11.5.4 Power Management und Hot Plugging

Anfang 1997 wurden Erweiterungen spezifiziert, die einerseits erweitertes Power-Management (Stromsparmodi) und andererseits das Auswechseln von PCI-Karten während des laufenden Rechnerbetriebs (Hot Plugging) vorsehen.

Mit dem erweiterten Power Management werden mehrere Stromsparstufen definiert, die den Stromverbrauch des PCI-Busses insbesondere in mobilen Rechnersystemen minimieren sollen. Um diese nutzen zu können, sind Änderungen am PCI-Motherboard und an den PCI-Adaptern notwendig, so daß sie sich erst in neuen Rechnergenerationen nutzen lassen.

Etwas anders verhält es sich mit dem »Hot Plugging«. Zwar wird dies auch erst in Verbindung mit aktualisierten Motherboards zugänglich, jedoch läßt es sich auch in Verbindung mit bisherigen PCI-Steckkarten nutzen. Das zugrundeliegende Prinzip ist recht einfach. Letztlich werden lediglich alle Leitungen des PCI-Busses über einen elektronischen Schalter geführt. Damit läßt sich ein PCI-Slot während des laufenden Rechnerbetriebs vom System zurücksetzen und trennen, so daß die betreffende Steckkarte bei laufendem

Rechner ausgewechselt oder eingesetzt werden kann. Anschließend wird der elektronische Schalter wieder geschlossen und der neue Adapter initialisiert.

Hot Plugging kann insbesondere für Server in größeren Netzwerken große Vorteile bieten, da der Rechner nicht vom Netz getrennt werden muß, um Erweiterungen durchführen zu können. Selbstverständlich müssen diese neuen PnP-Möglichkeiten aber auch von den eingesetzten Programmen unterstützt werden.

11.5.5 Bustaktfrequenz und Transferraten

Der PCI-Bus arbeitet üblicherweise mit einem maximalen Bustakt von 33 MHz synchron zum Prozessortakt. Wenn der Prozessor höher getaktet ist, arbeitet der PCI-Bus mit dem heruntergeteiltem Takt des Prozessors. Dies bedeutet, daß die PCI-Bustaktfrequenz beispielsweise bei 133-MHz-Prozessoren 33 MHz, aber in 150-MHz-Prozessoren nur 30 MHz beträgt. Aufgrund dieses Umstandes rate ich meist vom Kauf von Rechnern ab, deren Taktfrequenz ein Vielfaches von 30 beträgt.

Hinsichtlich der maximalen Transferraten des PCI-Busses begegnen Sie dem üblichen Verwirrspiel. Bis zu 264 MByte/s reichen die Angaben für die 64-Bit-Variante bei 33 MHz PCI-Bustaktfrequenz. Der Höchstwert für die 32-Bit-Variante beträgt 132 MByte/s. Die durchschnittlich erreichbaren Maximalwerte im Normalbetrieb können allerdings auch hier erheblich niedriger liegen.

11.5.6 Pin-Belegung des PCI-Busses

Wie bereits angesprochen, gibt es eine 3,3- und eine 5-V-Variante des PCI-Busses, die durch entsprechende Kodierstege vor falscher Spannungsversorgung geschützt werden. Die Pin-Belegung dieser beiden Varianten finden Sie in der folgenden Tabelle.

Pin	5 V/Seite B	5 V/Seite A	3,3 V/Seite B	3,3 V/Seite A
1	–12 V	TRST	–12 V	TRST
2	TCK	+12 V	TCK	+12 V
3	GROUND	TMS	GROUND	TMS
4	TDO	TDI	TDO	TDI
5	+5 V	+5 V	+5 V	+5 V
6	+5 V	INT A	+5 V	INT A

Tab. 11.7: Pin-Belegung des PCI-Bus

Pin	5 V/Seite B	5 V/Seite A	3,3 V/Seite B	3,3 V/Seite A
7	INT B	INT C	INT B	INT C
8	INT D	+5 V	INT D	+5 V
9	PRSNT1	Reserviert	PRSNT1	Reserviert
10	Reserviert	+5 V (I/O)	Reserviert	+3,3 V (I/O)
11	PRSNT2	Reserviert	PRSNT2	Reserviert
12	GROUND	GROUND	3,3-V-Kodiersteg	3,3-V-Kodiersteg
13	GROUND	GROUND	3,3-V-Kodiersteg	3,3-V-Kodiersteg
14	Reserviert	Reserviert	Reserviert	Reserviert
15	GROUND	RST	GROUND	RST
16	CLK	+5 V (I/O)	CLK	+3,3 V (I/O)
17	GROUND	GNT	GROUND	GNT
18	REQ	GROUND	REQ	GROUND
19	+5 V (I/O)	Reserviert	+3,3 V (I/O)	Reserviert
20	AD31	AD30	AD31	AD30
21	AD29	+3,3 V	AD29	+3,3 V
22	GROUND	AD28	GROUND	AD28
23	AD27	AD26	AD27	AD26
24	AD25	GROUND	AD25	GROUND
25	+3,3 V	AD24	+3,3 V	AD24
26	C/BE3	IDSEL	C/BE3	IDSEL
27	AD23	+3,3 V	AD23	+3,3 V
28	GROUND	AD22	GROUND	AD22
29	AD21	AD20	AD21	AD20
30	AD19	GROUND	AD19	GROUND
31	+3,3 V	AD18	+3,3 V	AD18
32	AD17	AD16	AD17	AD16
33	C/BE2	+3,3 V	C/BE2	+3,3 V
34	GROUND	FRAME	GROUND	FRAME
35	IRDY	GROUND	IRDY	GROUND
36	+3,3 V	TRDY	+3,3 V	TRDY

Tab. 11.7: Pin-Belegung des PCI-Bus

Pin	5 V/Seite B	5 V/Seite A	3,3 V/Seite B	3,3 V/Seite A
37	DEVSEL	GROUND	DEVSEL	GROUND
38	GROUND	STOP	GROUND	STOP
39	LOCK	+3,3 V	LOCK	+3,3 V
40	PERR	SDONE	PERR	SDONE
41	+3,3 V	SBO	+3,3 V	SBO
42	SERR	GROUND	SERR	GROUND
43	+3,3 V	PAR	+3,3 V	PAR
44	C/BE1	AD15	C/BE1	AD15
45	AD14	+3,3 V	AD14	+3,3 V
46	GROUND	AD13	GROUND	AD13
47	AD12	AD11	AD12	AD11
48	AD10	GROUND	AD10	GROUND
49	GROUND	AD09	GROUND	AD09
50	5-V-Kodiersteg	5-V-Kodiersteg	GROUND	GROUND
51	5-V-Kodiersteg	5-V-Kodiersteg	GROUND	GROUND
52	AD08	C/BE0	AD08	C/BE0
53	AD07	+3,3 V	AD07	+3,3 V
54	+3,3 V	AD06	+3,3 V	AD06
55	AD05	AD04	AD05	AD04
56	AD03	GROUND	AD03	GROUND
57	GROUND	AD02	GROUND	AD02
58	AD01	AD00	AD01	AD00
59	+5 V	+5 V (I/O)	+3,3 V	+3,3 V (I/O)
60	ACK64	REQ64	ACK64	REQ64
61	+5 V	+5 V	+5 V	+5 V
62	+5 V	+5 V	+5 V	+5 V
	64-Bit-Abstandhalter			
	64-Bit-Abstandhalter			
63	Reserviert	GROUND	Reserviert	GROUND
64	GROUND	C/BE7	GROUND	C/BE7
65	C/BE6	C/BE5	C/BE6	C/BE5
66	C/BE4	+5 V (I/O)	C/BE4	+3,3 V (I/O)

Tab. 11.7: Pin-Belegung des PCI-Bus

Pin	5 V/Seite B	5 V/Seite A	3,3 V/Seite B	3,3 V/Seite A
67	GROUND	PAR64	GROUND	PAR64
68	AD63	AD62	AD63	AD62
69	AD61	GROUND	AD61	GROUND
70	+5 V (I/O)	AD60	+3,3 V (I/O)	AD60
71	AD59	AD58	AD59	AD58
72	AD57	GROUND	AD57	GROUND
73	GROUND	AD56	GROUND	AD56
74	AD55	AD54	AD55	AD54
75	AD53	+5 V (I/O)	AD53	+5 V (I/O)
76	GROUND	AD52	GROUND	AD52
77	AD51	AD50	AD51	AD50
78	AD49	GROUND	AD49	GROUND
79	+5 V (I/O)	AD48	+3,3 V (I/O)	AD48
80	AD47	AD46	AD47	AD46
81	AD45	GROUND	AD45	GROUND
82	GROUND	AD44	GROUND	AD44
83	AD43	AD42	AD43	AD42
84	AD41	+5 V (I/O)	AD41	+3,3 V (I/O)
85	GROUND	AD40	GROUND	AD40
86	AD39	AD38	AD39	AD38
87	AD37	GROUND	AD37	GROUND
88	+5 V (I/O)	AD36	+3,3 V (I/O)	AD36
89	AD35	AD34	AD35	AD34
90	AD33	GROUND	AD33	GROUND
91	GROUND	AD32	GROUND	AD32
92	Reserviert	Reserviert	Reserviert	Reserviert
93	Reserviert	GROUND	Reserviert	GROUND
94	GROUND	Reserviert	GROUND	Reserviert

Tab. 11.7: Pin-Belegung des PCI-Bus

11.6 ATA/IDE und ATAPI

ATA (AT Attachment), ATAPI (AT Attachment Packet Interface), aber auch AT-Bus, IDE (Integrated Drive Electronics) und auch EIDE (Enhanced IDE) sind unterschiedliche Begriffe, die meist synonym verwendet werden, weil sie sich durchweg auf Geräte mit integrierter Elektronik (IDE) bzw. eine bestimmte Schnittstelle mit 40poligem Verbindungskabel beziehen, die ursprünglich nur eine preiswerte Lösung für den Anschluß von Festplatten darstellen sollte. Mit entsprechenden ATAPI-Gerätetreibern gestattet diese Schnittstelle mittlerweile aber nicht nur den Anschluß von Festplatten, sondern auch von CD-ROM-Laufwerken und auch anderen Geräte.

Bei ATA, das zumeist IDE genannt wird, handelt es sich letztlich um einen Abkömmling des ISA-Busses, der allerdings in mancherlei Hinsicht erweitert wurde, so daß er der Geschwindigkeit heutiger Festplatten eher gerecht wird und nicht mehr über die allzu engen Beschränkungen des alten ISA-Busses verfügt.

SCSI-Adaptern und anderen FDD/HD-Controllern ist ein eigenständiges Kapitel gewidmet. Darüber hinaus finden Sie auch in den Kapiteln über Festplatten und CD-ROM-Laufwerke weitere Informationen zur ATAPI-Schnittstelle.

11.6.1 IDE-Varianten und Transferraten

Aufgrund der in den letzten Jahren immer wieder offenkundig gewordenen Kapazitätsgrenzen für Festplatten handelt es sich bei IDE keineswegs um einen einheitlichen Standard. Vielmehr wurde ATA mittlerweile mehrfach erweitert, um den gehobenen Anforderungen gerecht zu werden. Leider kann daher von Kompatibilität kaum noch die Rede sein, zumal einige Einzelheiten nicht korrekt standardisiert wurden. Die Folge sind vielfältige Unverträglichkeiten, die insbesondere im Zusammenhang mit IDE-CD-ROM-Laufwerken, aber auch bei der Kombination älterer und neuer Festplatten allzu häufig in Erscheinung treten.

Die ursprüngliche IDE-Spezifikation erlaubte nur den Anschluß von zwei Festplatten und wurde schon bald von EIDE (Enhanced IDE) abgelöst. EIDE bzw. Fast-ATA läßt den Anschluß von bis zu vier Geräten zu und konnte zugleich die 504-MByte-Kapazitätsgrenze von Festplatten überwinden.

Bussysteme

Nach ATA kamen ATA-2 und mittlerweile ATA-3. In diesen verschiedenen Versionen der ATA-Spezifikationen wurde eine ganze Reihe verschiedener Transfermodi definiert, die über unterschiedliche maximale Transferraten und technische Eigenschaften verfügen. Mit ATA-2 wurde das Kommando zur Rückgabe der Laufwerkidentifikation definiert, ATA-3 bietet zudem Möglichkeiten zur automatischen Konfiguration der angeschlossenen Geräte.

Viele der definierten Modi sind leider recht kritisch und werden zudem von angeschlossenen Geräten nicht gerade selten mißverstanden. Daher war zwar das ursprüngliche IDE (nach einigen Anfangsproblemen) recht unproblematisch, für die Kombination alter Geräte mit neuen Rechnern oder von Geräten aus unterschiedlichen Generationen gilt dies aber keinesfalls. (Einzelheiten werden im Kapitel »Festplatten« eingehender behandelt.)

Transfermodus	Spezifikation	Maximale Transferrate
Singleword-DMA 0	ATA bis ATA-2	2,08 MByte/s
Singleword-DMA 1	ATA bis ATA-2	4,16 MByte/s
Singleword-DMA 2	ATA bis ATA-2	8,32 MByte/s
Multiword-DMA 0	ATA-2	4,16 MByte/s
Multiword-DMA 1	ATA-2	13,33 MByte/s
Multiword-DMA 2	ATA-2	16,66 MByte/s
PIO 0	ATA	3,33 MByte/s
PIO 1	ATA	5,22 MByte/s
PIO 2	ATA	8,33 MByte/s
PIO 3	ATA-2	11,11 MByte/s
PIO 4	ATA-2	16,66 MByte/s
Ultra-DMA 0	ATA-3	16,66 MByte/s
Ultra-DMA 1	ATA-3	25,00 MByte/s
Ultra-DMA 2	ATA-3	33,33 MByte/s

Tab. 11.8: Enhanced IDE-Transfermodi und -Transferraten

Ultra-DMA firmiert auch unter der Bezeichnung Ultra-ATA; die Singleword-DMA-Modi sind ab ATA-3 nicht mehr definiert.

11.6.2 ATA/IDE-Anschlußbelegung

Da Sie es hier mit dem Kapitel der Busse und Datenpfade zu tun haben, werde ich Ihnen auch die Pin-Belegung des IDE-Steckers nicht vorenthalten. Auch hier beschränke ich mich auf den 40- bzw. 44poligen Standard für Rechner ab dem 80286er. Auf den Abdruck der Anschlußbelegung des wenig gebräuchlichen IDE-Busses für Rechner der PC/XT-Klasse und die IBM/MCA-Varianten verzichte ich also.

Signal	Pin	Pin	Signal
-RESET	1	2	Masse
Data Bit 7	3	4	Data Bit 8
Data Bit 6	5	6	Data Bit 9
Data Bit 5	7	8	Data Bit 10
Data Bit 4	9	10	Data Bit 11
Data Bit 3	11	12	Data Bit 12
Data Bit 2	13	14	Data Bit 13
Data Bit 1	15	16	Data Bit 14
Data Bit 0	17	18	Data Bit 15
Masse	19	20	kein Pin
DRQ 3	21	22	Masse
-IOWrite (STOP)	23	24	Masse
-IORead (HDMARDY/HSTROBE)	25	26	Masse
IOCHRDY (DDMARDY/DSTROBE)	27	28	SPSYNC:CSEL
-DACK 3	29	30	Masse
IRQ 14	31	32	-IOCS16
Address Bit 1	33	34	Masse (-PDIAG)
Address Bit 0	35	36	Address Bit 2
-Chip Select 0	37	38	-Chip Select 1
-Drive Activity/SP	39	40	Masse
+5 Vdc	41	42	+5 Vdc (Motor)
Masse	43	44	-TYPE (0=ATA)

Tab. 11.9: Anschlußbelegung der ATA/IDE-Schnittstelle

In der Tabelle finden Sie in Klammern die bei Ultra-DMA leicht abweichende Belegung der Pins 23, 25 und 27. Das Standard-Kabel verfügt nur über die ersten 40 Leitungen. Die letzten vier Pins wurden bisher nicht in Anspruch genommen.

11.7 SCSI

SCSI (Small Computer System Interface) steht für eine bidirektionale parallele Schnittstelle, über die sich der Computer mit Peripheriegeräten verständigt. In diesem Sinne handelt es sich um ein system*un*abhängiges Bussystem.

Um eine SCSI-Schnittstelle zur Verfügung zu stellen, benötigt man üblicherweise einen eigenen Adapter, der zuweilen in das Motherboard integriert wird. Insbesondere im Zusammenhang mit großen Festplatten oder anderen spezialisierten Geräten fällt die Entscheidung zugunsten von SCSI.

SCSI-Host-Adapter sind für alle gängigen Bus- und Rechnersysteme verfügbar. SCSI stellt also eine ausgesprochen flexible und auf breiter Front bewährte Lösung dar.

Abb. 11.7: Bustoaster: SCSI-Host-Adapter als PCMCIA-Karte

 SCSI-Adaptern ist zusammen mit HD-Controllern ein eigenständiges Kapitel gewidmet, in dem Sie weitere Informationen finden. Darüber hinaus werden Sie auch bei einzelnen Geräten fündig, die über die SCSI-Schnittstelle an den PC angeschlossen werden können.

An dieser Stelle folgen neben der Pin-Belegung gängiger SCSI-Kabel-Varianten lediglich einige allgemeine Informationen, die weitgehend von den verwendeten Adaptern und Geräten unabhängig sind.

11.7.1 SCSI-Varianten und -Transferraten

SCSI gibt es in verschiedenen Varianten. Beim ursprünglichen SCSI-Standard handelt es sich um eine 8-Bit-Lösung mit einer maximalen Datentransferrate von 10 MByte/s. Geräte, die diese maximale Rate erreichen, werden auch als Fast-SCSI bezeichnet – verglichen mit den maximalen Transferraten von VLB oder PCI nicht sonderlich beeindruckend. Der 8 Bit breite SCSI-Bus wird übrigens zuweilen auch »Narrow SCSI« genannt.

Die 16-Bit-Variante des SCSI-2-Standards, die auch »Wide SCSI« genannt wird, erreicht maximale Transferraten von 20 MByte/s, also genau die doppelte Transferrate. Wide SCSI gibt es auch in einer 32-Bit-Variante, bei der üblicherweise 68polige Kabel für die Verbindung sorgen und die den Anschluß von 16 Geräten (inkl. Host-Adapter) gestattet.

»Ultra SCSI« stellt eine Erweiterung der SCSI-3-Norm dar, die bei 8 Bit Busbreite maximale Transferraten von 20 MByte/s unterstützt. Entsprechend wird die 16-Bit-Variante »Ultra-Wide-SCSI« genannt. Ultra Wide SCSI verdoppelt die maximale Datentransferrate nochmals auf bis zu 40 MByte/s.

11.7.2 Differential und Single Ended SCSI

Eine weitere Unterscheidung im Zusammenhang mit SCSI lautet »Differential SCSI« versus »Single Ended SCSI«. Bei Differential SCSI wird ein Signal doppelt, das heißt sowohl als positive als auch als negative Spannung, übertragen, so daß die Pegeldifferenz zwischen den Signalen doppelt so hoch wie die eigentliche Signalausprägung ist. Damit wird eine zuverlässigere Signalübertragung ermöglicht. Im Unterschied dazu wird im Fall von Single Ended SCSI lediglich die eigentliche Signalausprägung übertragen.

Mit Differential SCSI lassen sich Distanzen von bis zu 25 Metern zwischen den Geräten überbrücken, während Single Ended SCSI nur eine Gesamtkabellänge von sechs bzw. drei Metern (Fast SCSI) zuläßt.

Aufgrund der Unterschiedlichkeit der verwendeten Verfahren sind Differential und Single Ended SCSI nicht miteinander kompatibel.

11.7.3 Pin-Belegung SCSI-Bus

Für SCSI werden etliche verschiedene Stecker- und Kabelvarianten verwendet. Weil mehr als die Hälfte der üblichen SCSI-Leitungen lediglich Masse führt, reichen die Variationen von 25poligen Steckern (DB25M) bei Billig-SCSI-Adaptern über das verbreitete 50polige Flachbandkabel (HD50M) und den Centronics-artigen (C50M, ähnlich dem Centronics-Stecker beim Drukker) Stecker bis hin zum 68poligen Kabel (HD68M) für Wide SCSI. IBM verwendete zudem eine 60polige Variante für seine PS/2-Rechner.

 Achtung! Verbinden Sie ein 25poliges SCSI-Kabel nie mit einer Druckerschnittstelle (und andersherum). Beschädigungen der Geräte sind aufgrund der unterschiedlichen Pin-Belegung nicht auszuschließen.

Abb. 11.8: 68- und 50poliges (rechts) internes SCSI-Flachbandkabel im Vergleich. Während sich das 50polige Kabel eines Pfostensteckers bedient, sehen Sie beim 68poligen den HD68M-Stecker, der auch dem Anschluß externer Geräte dient.

Die folgenden SCSI-Kabel-Varianten sind vorwiegend gebräuchlich:

- 50poliges A-Kabel (Standard-SCSI)
- 68poliges P-Kabel (Wide SCSI)
- 68poliges Q-Kabel (32-Bit-Wide-SCSI)

Das A-Kabel ist das bei weitem gebräuchlichste, das bei den meisten SCSI-1- und SCSI-2-Geräten zum Einsatz kommt. Wide SCSI verwendet anstelle des A-Kabels das 68polige P-Kabel. Das Q-Kabel dient zusammen mit dem P-Kabel zur Verbindung von 32-Bit-SCSI-Geräten und ist (zumindest im PC-Bereich) nur sehr selten anzutreffen.

A-Kabel (Standard SCSI – Single Ended)

Die folgende Tabelle enthält die Anschlußbelegung des 50poligen A-Kabels, das 8-Bit-SCSI-Geräten Anschluß gewährt und die weiteste Verbreitung gefunden hat.

Signal	Pin int.	Pin ext.	Pin ext.	Pin int.	Signal
Masse	1	1	26	2	-DB(0)
Masse	3	2	27	4	-DB(1)
Masse	5	3	28	6	-DB(2)
Masse	7	4	29	8	-DB(3)
Masse	9	5	30	10	-DB(4)
Masse	11	6	31	12	-DB(5)
Masse	13	7	32	14	-DB(6)
Masse	15	8	33	16	-DB(7)
Masse	17	9	34	18	-DB(Parity)
Masse	19	10	35	20	Masse
Masse	21	11	36	22	Masse
Reserved	23	12	37	24	Reserved
Open	25	13	38	26	TERMPWR
Reserved	27	14	39	28	Reserved
Masse	29	15	40	30	Masse
Masse	31	16	41	32	-ATN
Masse	33	17	42	34	Masse
Masse	35	18	43	36	-BSY
Masse	37	19	44	38	-ACK
Masse	39	20	45	40	-RST
Masse	41	21	46	42	-MSG
Masse	43	22	47	44	-SEL
Masse	45	23	48	46	-C/D
Masse	47	24	49	48	-REQ
Masse	49	25	50	50	-I/O

Tab. 11.10: Anschlußbelegung für das interne 50polige SCSI-A-Kabel (Single Ended)

Die Anschlußbelegung des internen 50poligen Kabels (Pin int.) gilt auch für den externen Anschluß (Pin ext.). Dabei muß jedoch beachtet werden, daß die Pins, wie in der Tabelle angegeben, anders numeriert sind.

P-Kabel (Wide SCSI – Single Ended)

Die folgende Tabelle enthält die Anschlußbelegung des 68poligen P-Kabels, das dem Anschluß von 16-Bit-SCSI-Geräten dient. Über dieses Kabel werden vornehmlich High-End-SCSI-Geräte untereinander verbunden.

Signal	Pin	Pin	Signal
Masse	1	35	-DB(12)
Masse	2	36	-DB(13)
Masse	3	37	-DB(14)
Masse	4	38	-DB(15)
Masse	5	39	-DB(Parity 1)
Masse	6	40	-DB(0)
Masse	7	41	-DB(1)
Masse	8	42	-DB(2)
Masse	9	43	-DB(3)
Masse	10	44	-DB(4)
Masse	11	45	-DB(5)
Masse	12	46	-DB(6)
Masse	13	47	-DB(7)
Masse	14	48	-DB(Parity 0)
Masse	15	49	Masse
Masse	16	50	Masse
TERMPWR	17	51	TERMPWR
TERMPWR	18	52	TERMPWR
Reserviert	19	53	Reserviert
Masse	20	54	Masse
Masse	21	55	-ATN
Masse	22	56	Masse
Masse	23	57	-BSY
Masse	24	58	-ACK

Tab. 11.11: Anschlußbelegung für das 68polige SCSI-P-Kabel (Single Ended)

Signal	Pin	Pin	Signal
Masse	25	59	-RST
Masse	26	60	-MSG
Masse	27	61	-SEL
Masse	28	62	-C/D
Masse	29	63	-REQ
Masse	30	64	-I/O
Masse	31	65	-DB(8)
Masse	32	66	-DB(9)
Masse	33	67	-DB(10)
Masse	34	68	-DB(11)

Tab. 11.11: Anschlußbelegung für das 68polige SCSI-P-Kabel (Single Ended)

Q-Kabel (32-Bit-Wide SCSI – Single Ended)

Die folgende Tabelle enthält die Anschlußbelegung des 68poligen Q-Kabels, über das 32-Bit-SCSI-Geräte zusammen mit dem P-Kabel untereinander verbunden werden. Die Verwendung des Q-Kabels ist nur wenig gebräuchlich.

Signal	Pin int.	Pin int.	Signal
Masse	1	35	-DB(28)
Masse	2	36	-DB(29)
Masse	3	37	-DB(30)
Masse	4	38	-DB(31)
Masse	5	39	-DB(Parity 3)
Masse	6	40	-DB(16)
Masse	7	41	-DB(17)
Masse	8	42	-DB(18)
Masse	9	43	-DB(19)
Masse	10	44	-DB(20)
Masse	11	45	-DB(21)
Masse	12	46	-DB(22)
Masse	13	47	-DB(23)
Masse	14	48	-DB(Parity 2)
Masse	15	49	Masse
Masse	16	50	Masse

Tab. 11.12: Anschlußbelegung für das 68polige SCSI-Q-Kabel (Single Ended)

Signal	Pin int.	Pin int.	Signal
TERMPWRQ	17	51	TERMPWRQ
TERMPWRQ	18	52	TERMPWRQ
Reserviert	19	53	Reserviert
Masse	20	54	Masse
Masse	21	55	Terminated
Masse	22	56	Masse
Masse	23	57	Terminated
Masse	24	58	-ACKQ
Masse	25	59	Terminated
Masse	26	60	Terminated
Masse	27	61	Terminated
Masse	28	62	Terminated
Masse	29	63	-REQQ
Masse	30	64	Terminated
Masse	31	65	-DB(24)
Masse	32	66	-DB(25)
Masse	33	67	-DB(26)
Masse	34	68	-DB(27)

Tab. 11.12: Anschlußbelegung für das 68polige SCSI-Q-Kabel (Single Ended)

Pin-Belegung Differential SCSI

Auf den Abdruck der Anschlußbelegung der verschiedenen Differential-SCSI-Varianten kann ich hier verzichten, da durchweg die rechte Seite der Tabellen auch hier gilt. Zudem wird Differential SCSI im PC-Bereich nur selten eingesetzt. Auf der linken Seite müssen Sie lediglich durchweg die Signale der rechten Seite einsetzen, wobei es sich dann allerdings um den positiven statt den negativen Signalpegel handelt.

Die einzige Ausnahme von dieser Regel stellt ein Pin dar, der jeweils das Signal DIFFSENS führt. Beim A-Kabel befindet sich DIFFSENS auf den Pins 21 (internes Kabel) bzw. 11 (externes Kabel), beim P-Kabel und dem Q-Kabel auf dem Pin 16.

11.8 PC Card/PCMCIA

PCMCIA ist ein Begriff, den man seit geraumer Zeit immer wieder einmal hört, den sich aber kaum jemand merken kann. Die Bedeutung dieser magischen Abkürzung (Personal Computer Memory Card International Association) dürfte ebenfalls kaum jemandem geläufig sein. Deshalb hat man sich schließlich dazu durchgerungen, diesen Standard aufgrund der Abmessungen der entsprechenden Geräte in PC Card umzubenennen und die ursprüngliche Bezeichnung zu den Akten zu legen.

PCMCIA wurde entwickelt, um endlich einen Standard verfügbar zu machen, der eine gewisse Erweiterbarkeit von Laptops ermöglicht. Geringe Abmessungen, geringer Stromverbrauch und leichte Installation standen im Vordergrund der Entwicklung. Was dabei herauskam, war nicht nur ein Anschlußstandard, sondern eine Flut neuer Entwicklungen, die wahrscheinlich schon bald auch in herkömmlichen PCs wiederzufinden sein dürften.

»Plug and Play« ist einer der Begriffe, die für Furore sorgen. Die scheckkartengroßen PCMCIA-Adapter lassen sich, ohne daß der Rechner abgeschaltet werden müßte, auswechseln und in Betrieb nehmen, sofern das Betriebssystem und die Rechner-Hardware diesen Standard unterstützen. Aus diesem Grund befindet sich mittlerweile bereits ein reichhaltiges Angebot an PCMCIA-Adaptern im Handel. Von der Netzwerkkarte über Festplatten, Modems, Soundkarten etc. ist nahezu alles erhältlich.

Abb. 11.9: Winzige PCMCIA-Wechselplatte

Adapter, die den Einsatz der PCMCIA-Karten in herkömmlichen Rechnern ermöglichen, sind ebenfalls bereits im Handel. Diese werden entweder in einen freien Einschub oder als Steckkarte installiert.

11.8.1 PC-Card-Typen

Die erste Version des PCMCIA-Standards wurde im Juni 1991 veröffentlicht. Mittlerweile gibt es insgesamt drei verschiedene Typen, die sich lediglich hinsichtlich der Kartendicke voneinander unterscheiden. 54 mm breit und 85,6 mm lang sind die Karten alle. PCMCIA-Karten vom Typ I sind 3,3 mm, vom Typ II 5 mm und vom Typ III 10,5 mm hoch. Darüber hinaus gibt es einen vierten inoffiziellen Typ IV (oder auch III+) mit einer Höhe von 16 mm. Alle Typen nutzen 68polige Stecker zur Verbindung mit dem Computer.

11.8.2 PC-Card-Anschlußbelegung

Sollte es Ihnen noch nicht aufgefallen sein? Dieses Kapitel ist *das* Kapitel der Busse und Anschlußbelegungen. Dementsprechend finden Sie in der folgenden Tabelle auch die Pin-Belegung für den 68poligen PCMCIA- bzw. PC Card-Bus.

Pin	Signal	Pin	Signal
1	Masse	35	Masse
2	Data Bit 3	36	-Card Detect 1
3	Data Bit 4	37	Data Bit 11
4	Data Bit 5	38	Data Bit 12
5	Data Bit 6	39	Data Bit 13
6	Data Bit 7	40	Data Bit 14
7	-Card Enable 1	41	Data Bit 15
8	Address Bit 10	42	-Card Enable 2
9	-Output Enable	43	Refresh
10	Address Bit 11	44	RFU (-IOR)
11	Address Bit 9	45	RFU (-IOW)
12	Address Bit 8	46	Address Bit 17
13	Address Bit 13	47	Address Bit 18
14	Address Bit 14	48	Address Bit 19
15	-Write Enable/-Program	49	Address Bit 20

Tab. 11.13: Pin-Belegung für den PC-Card-Bus

Pin	Signal	Pin	Signal
16	Ready/-Busy (IREQ)	50	Address Bit 21
17	+5 Vdc	51	+5 Vdc
18	Wpp1	52	Vpp2
19	Address Bit 16	53	Address Bit 22
20	Address Bit 15	54	Address Bit 23
21	Address Bit 12	55	Address Bit 24
22	Address Bit 7	56	Address Bit 25
23	Address Bit 6	57	RFU
24	Address Bit 5	58	Reset
25	Address Bit 4	59	-Wait
26	Address Bit 3	60	RFU (-Inpack)
27	Address Bit 2	61	-Register Select
28	Address Bit 1	62	Battery Voltage Detect 2
29	Address Bit 0	63	Battery Voltage Detect 1
30	Data Bit 0	64	Data Bit 8
31	Data Bit 1	65	Data Bit 9
32	Data Bit 2	66	Data Bit 10
33	Write Protect (-IOIS16)	67	-Card Detect 2
34	Masse	68	Masse

Tab. 11.13: Pin-Belegung für den PC-Card-Bus

11.9 USB (Universal Serial Bus)

Der universelle serielle Bus (USB) soll zukünftig eine einheitliche, bidirektionale Schnittstelle zur Verfügung stellen, die den dynamischen Anschluß unterschiedlichster Geräte erlaubt. Serielle und parallele Schnittstellen, Scanner, digitale Kameras und Spiele-Adapter werden zukünftig verstärkt am USB Anschluß finden. Allerdings sollte die Lawine des USB bereits Anfang 1996 ins Rollen kommen, hat sich aber bis Mitte 1997 noch nicht einmal richtig in Bewegung gesetzt. Die Namen der an der USB-Spezifikation 1.0 beteiligten Firmen dürften jedoch dafür bürgen, daß sich dieser Standard schon bald durchsetzen wird. Zu ihnen gehören beispielsweise Compaq, Digital Equipment, IBM, Intel, Microsoft, NEC und Northern Telecom.

USB stellt eine schnelle und preiswerte Schnittstelle zur Verfügung, wie sie immer stärker für Geräte des Unterhaltungs- und Kommunikationsbereichs erforderlich wird. Die Unterstützung des USB erfolgt über das Win32 Driver Model (WDM) und gestattet damit die Programmierung einheitlicher Treiber für Windows 9x und NT.

Neue Rechner werden zukünftig zunehmend direkt mit dem USB ausgestattet sein. Aber auch bei alten Rechnern läßt sich USB in Form entsprechender Steckkarten nachrüsten, sofern dies erforderlich ist. Eine vollständige Unterstützung für den USB ist allerdings erst in Betriebssystemen ab 1997 enthalten.

Natürlich unterstützt USB Plug and Play und fortgeschrittenes Power Management, so daß der Anwender beispielsweise während des laufenden Rechnerbetriebs ein USB-Gerät anschließen kann, das dann automatisch erkannt wird. Das Betriebssystem lädt dabei die benötigten Steuerprogramme und initialisiert das Gerät, muß also die entsprechende Unterstützung zur Verfügung stellen.

 Erstmalig bietet das OEM-Release 2.1 von Windows 95, das aber nur in Verbindung mit neuen Rechner erhältlich ist, Unterstützung für den USB an.

Abb. 11.10: Dieses Symbol muß alle USB-Geräte und -Anschlüsse kennzeichnen.

11.9.1 Technische Kenndaten

An den USB lassen sich maximal 127 Geräte anschließen. Seine Datentransferrate entspricht mit 12 MBit/s etwa der in kleinen Netzwerken üblicherweise verwendeten Verkabelungsvariante Standard-Ethernet (10 MBit/s), so daß USB zwar nicht gerade besonders schnell ist, sich aber doch für die meisten Einsatzzwecke eignet, die nicht gerade Spitzenleistungen erfordern. Sollten USB-Verbindungskabel zu lang werden, lassen sich auch beim USB sogenannte Hubs (Signalverstärker) einsetzen. Der Standard-Anschluß für USB-Geräte sollte sich vornehmlich an der Gerätefront oder der Rückseite der Tastatur befinden, um einen möglichst problemlosen Einsatz zu gewährleisten.

Die Geschwindigkeit serieller Bussysteme wird meist in Megabit pro Sekunde angegeben. Bei der international üblichen Schreibweise entsprechen 8 Mb/s (mit kleinem b) damit einem MB/s (Megabyte/s). Achten Sie auf diesen »kleinen« Unterschied, und bringen Sie Bit und Byte nicht durcheinander.

11.9.2 Pin-Belegung des USB

Die Verbindung zwischen den Geräten wird über verpolungssichere, vierpolige Stecker bzw. Buchsen hergestellt. Dabei sind die inneren beiden Drähte verdrillt und führen die Daten, während die äußeren beiden der Stromversorgung dienen.

Pin	Farbe	Belegung
1	Rot	Vcc
2	Weiß	-SD
3	Grün	+SD
4	Schwarz	Masse

Tab. 11.14: Pin-Belegung USB (Universal Serial Bus)

11.10 IEEE 1394 (Firewire)

Ein weiteres »neues« Bussystem für den PC stellt der IEEE 1394-Standard dar, der häufig »Firewire« genannt wird. IEEE 1394 wird bereits seit einigen Jahren im Audio/Video-Bereich genutzt. IEEE 1394 wird dementsprechend aus diesem Bereich als Standard übernommen, um den möglichst reibungslosen Anschluß von Geräten der Unterhaltungselektronik (zum Beispiel Camcorder, Videorecorder und DVD) an den PC zu gewährleisten und um dort einen höheren Grad der Standardisierung zu initiieren.

Bei Firewire handelt es sich um einen preiswerten seriellen Hochgeschwindigkeitsbus, der zudem PnP-kompatibel ist und an den sich bis zu 63 Geräte anschließen lassen. Die Übertragungsraten liegen bei maximal 400 MBit/s (50 MByte/s), in neueren Entwürfen des Standards wurden sie aber bereits auf 800 MBit/s (100 MByte/s) angehoben. Diese Übertragungsraten liegen deutlich höher als die bisher im PC-Bereich verwendeten Standards.

Gerät/Standard	MBit/s	MByte/s
IEEE 1394 (Firewire)	800	100
Fast SCSI	160	20
IDE	132,8	16,6
MPEG-2-Datenstrom	6	0,75
DVC (Digital Video Cassette)	3,5	0,4375

Tab. 11.15: Datentransferraten verschiedener Geräte/Standards im Vergleich

IEEE 1394 verfügt über eine standardisierte Programmierschnittstelle namens OpenHCI (Open Host Controller Interface). Insgesamt steht daher zu erwarten, daß im Zusammenhang mit Firewire kaum Inkompatibilitäten auftreten dürften, zumal es sich um einen bereits etablierten Standard handelt, der sich auf Entwicklungen der Firmen Philips, Matsushita, Thomson Multimedia und Sony stützt.

Um eine möglichst breite Gerätepalette ansteuern zu können, soll IEEE 1394 den SCSI-3-Kommandosatz unterstützen. Letztlich stellt IEEE 1394 damit eine spezielle Ausprägung des überaus flexiblen SCSI-Standards dar! Plug and Play und Power Management sind natürlich auch für Firewire im PC-Bereich obligatorisch. Das entsprechende Schlagwort lautet: SCAM (SCSI Configured Automatically).

 Ähnlich wie für USB gilt auch für IEEE 1394 (Firewire), daß mit der vollen Unterstützung dieses neuen Bussystems erst in Betriebssystemen ab 1997 zu rechnen ist.

11.11 Trends

In diesem Kapitel haben Sie alle wesentlichen Informationen über die verschiedenen Bussysteme erhalten, die im PC-Bereich in den letzten Jahren Verbreitung gefunden haben. Anzumerken ist dabei, daß der Einsatz des PCI-Standards mittlerweile nicht mehr nur auf den PC-Bereich beschränkt ist. Vielmehr ist er auch in einigen anderen Rechnersystemen anzutreffen.

Nimmt man nun die kommenden Bus-Standards USB und Firewire hinzu, scheint sich ein bedeutsamer Trend abzuzeichnen, der darauf hindeutet, daß die Zukunft den plattformunabhängigen Bussystemen gehören dürfte. Gehört nun endlich SCSI wirklich die Zukunft? Die ATAPI-Schnittstelle leidet fortgesetzt unter systemabhängigen Grenzen, die zu immer neuen Variationen dieser Schnittstelle und damit zu Inkompatibilitäten führen; bei IEEE1394 handelt es sich letztlich um eine spezielle Ausprägung des SCSI-Standards. Darüber hinaus wachsen Telekommunikations-, Unterhaltungs- und PC-Industrie immer stärker zusammen, so daß zwangsläufig plattformübergreifende Standards im Vorteil sind.

Ich würde aufgrund der recht hochgesteckten Anforderungen der jüngsten Microsoft-Veröffentlichungen (PC Hardware Design Guides 97 und 98) tippen, daß sich einerseits die verschiedenen Rechnerplattformen massiv aufeinander zubewegen, andererseits aber auch ein wachsender Markt für »Fernseher« (Stichwort »Web PC«) und Telekommunikationsgeräte mit PC-Funktionalität entstehen wird. Und wenn dann die Peripheriegeräte zwischen den Geräten unterschiedlicher Zielsetzung austauschbar sein sollen, dann ist der Siegeszug der systemunabhängigen Bussysteme kaum aufzuhalten. Die Funktion der jeweiligen Basisgeräte ließe sich dann nämlich – weitestgehend unabhängig vom zugrundeliegenden Betriebssystem – nahezu beliebig erweitern. Ein Beispiel? Wie wäre es denn mit einem Fernseher mit Anschluß ans World Wide Web und einer Drucktaste, bei deren Betätigung der Bildschirminhalt ausgedruckt wird? (Der Drucker und der Anschluß ans Breitband- oder Kabel-Internet werden natürlich automatisch erkannt, initialisiert und via USB, SCSI, Firewire oder einen anderen allgemeingültigen Standard angesprochen. – Und das könnte dann ein Thomson und nicht etwa ein Microsoft sein!)

12 Serielle und parallele Schnittstelle

In diesem Kapitel befasse ich mich allgemein mit seriellen und parallelen Schnittstellen. Diese sind in moderne Motherboards meist integriert, um Steckplätze zu sparen. Joystick-Schnittstellen sind zwar auch einzeln erhältlich, befinden sich aber auch auf fast allen Soundkarten. Dennoch behandle ich hier den Game-Port als separate Baugruppe. Auf Multifunktions-Controllern finden Sie die hier vorgestellten Schnittstellen darüber hinaus zusammen mit Festplatten- und Diskettenlaufwerk-Controllern.

In diesem Kapitel befassen wir uns also mit folgenden Funktionsgruppen:

- Serielle Schnittstelle
- Parallele Schnittstelle
- Joystick-Adapter (Game-Port)
- Bus-Maus-Schnittstelle

In den Kapiteln über die an diese Schnittstellen typischerweise angeschlossenen Geräte finden Sie teilweise ergänzende Informationen. Insbesondere der Abschnitt »Zeigegeräte« ist in dieser Hinsicht relevant. Das allgemeine Vorgehen beim Adaptereinbau wurde bereits im Kapitel »Erste Blicke in die Innereien« behandelt.

Wie bereits angesprochen, ist es heute üblich, serielle und parallele Schnittstellen in das Motherboard (oder in Multifunktions-Controller) zu integrieren. Separate Schnittstellenkarten kommen zunehmend aus der Mode, weil die Steckplätze von anderen Geräten, wie zum Beispiel Modem, Soundkarte, Scanner und Videokarte, benötigt werden. Für die Joystick-Schnittstelle (den Game-Port) sorgt üblicherweise die Soundkarte, Bus-Maus-Schnittstellen werden von Grafikkarten oder dem Motherboard bei Bedarf zur Verfügung gestellt. Dennoch gibt es das alles auch noch einzeln oder aber auf entsprechenden Schnittstellenkarten. Mangels Umsatz bekommen Sie diese Einzelkomponenten allerdings kaum noch bei den bekannten Discountern.

Kapitel 12

Abb. 12.1: Eine einfache Schnittstellenkarte

Die meisten Rechner verfügen heute über zwei serielle und eine parallele Schnittstelle. An die seriellen Schnittstellen wird die Maus und gegebenenfalls ein externes Modem oder ein Nullmodem angeschlossen, an die parallele ein Drucker. Zusätzliche Schnittstellen werden nur selten benötigt. Meist ist es dann sinnvoll, sich eine serielle oder parallele Switchbox, also einen Umschalter, zu besorgen.

12.1 Serielle Schnittstelle

Der RS-232-Standard (RS – Receive/Send) wurde zuerst 1969 von der EIA (Electrical Industries Association) entwickelt. Er definiert die physische Verkabelung und die für die serielle Schnittstelle verbindlichen Regeln und liegt letztendlich in seiner C-Version als RS-232-C vor. Ihm entsprechen die internationalen Normen V.24 und V.28 bzw. die DIN 66020. Bei der seriellen Übertragung werden die Daten bitweise hintereinander gesendet bzw. empfangen.

Für die technischen Belange der Übertragung ist ein Chip zuständig, der als UART (Universal Asynchronous Receiver/Transmitter) bezeichnet wird. Er wandelt die serielle in parallele Daten und umgekehrt um und fügt den eigentlichen Daten zusätzliche Kontrollinformationen hinzu.

Während im Original-PC ein 8-Bit-Baustein mit der Typbezeichnung 8250 seinen Dienst verrichtete, wurde er im AT von einem leistungsfähigeren 16-Bit-Baustein (16450) abgelöst. Mit diesem lassen sich Übertragungsgeschwindigkeiten von bis zu 115.200 bps (Bit pro Sekunde) realisieren, während der 8250 nur maximal 19.200 bps gestattete. Eine noch etwas modernere Variante stellt der 16550A-Baustein dar, der kompatibel mit dem 16450 ist, aber mehr als die doppelte Leistungsfähigkeit aufweist. Mit ihm lassen sich im Idealfall Übertragungsgeschwindigkeiten von bis zu 256 Kbps realisieren.

Damit haben Sie bereits das einzige Entscheidungskriterium für die Auswahl einer seriellen Schnittstelle kennengelernt: die Art des verwendeten UART-Chips.

12.1.1 Verwendete Ressourcen

Serielle Schnittstellen, zu denen auch Modems gehören, sollten in jedem Fall die standardmäßig vorgesehenen Systemadressen verwenden, die in der Tabelle zusammengestellt sind. Viele Programme lassen andere Konfigurationen nur eingeschränkt oder gar nicht zu; sie gehen einfach davon aus, daß die erste serielle Schnittstelle die Standardadressen benutzt, und weigern sich ansonsten, ihre Arbeit aufzunehmen.

Weichen Sie bei der Konfiguration der seriellen Schnittstellen also möglichst nicht von den Standardwerten ab.

Schnittstelle	IRQ	Port
COM1	4	03F8H
COM2	3	02F8H
COM3	4	03E8H (MCA: 3220H)
COM4	3	02E8H (MCA: 3228H)

Tab. 12.1: Standardadressen serieller Schnittstellen

Wie Sie der Tabelle entnehmen können, lassen sich zwar (ab MS-DOS 3.3) bis zu vier serielle Schnittstellen einrichten, diese teilen sich aber die IRQs, was z. B. dazu führen kann, daß sich eine an COM1 installierte Maus nicht benutzen läßt, wenn ein Modem über COM3 benutzt wird. Es handelt sich also um eine Konstellation, die sich keineswegs als ideal bezeichnen läßt. Zu Schwierigkeiten kommt es immer dann, wenn beide der auf denselben IRQ eingestellten Schnittstellen gleichzeitig benutzt werden sollen. Sofern Sie Maus und Modem-Programme nicht gleichzeitig benutzen, treten also keine Probleme auf.

12.1.2 Einstellungen

Zunächst einmal müssen die Schnittstellenkarten selbst oder die ins Motherboard integrierten Schnittstellen über das BIOS-Setup konfiguriert werden. Damit sollte der größte Teil der Arbeit bereits erledigt sein, wenn Sie dabei die bereits behandelten Dinge berücksichtigen. Selbst unter den verschiedenen Windows-Versionen sollten Sie die Einstellungen weitgehend Windows selbst überlassen. Jedoch müssen Sie in bestimmten Situationen dann doch eingreifen.

Eine dieser Situationen läßt sich auf Plug and Play zurückführen. So habe ich festgestellt, daß Windows sich bemüht, sämtliche Konflikte aus dem Weg zu räumen und die COM-Schnittstellen zum Beispiel auf den IRQ 12 zu legen. Wenn Sie die betreffende Schnittstelle auch unter Nicht-PnP-Betriebssystemen nutzen wollen, empfiehlt es sich, den zu verwendenden IRQ manuell gemäß den allgemein üblichen Standards einzustellen.

Sofern sich ein Modem an einer seriellen Schnittstelle befindet oder diese zur seriellen Datenübertragung verwendet werden soll, sollten Sie die Anschlußeinstellungen ändern und die Geschwindigkeit hochsetzen. Es empfiehlt sich dabei, zumindest die vierfache maximale Geschwindigkeit des Modems einzustellen. Die Grundeinstellung von 9600 bps bremst jedenfalls alle moderneren Modems aus.

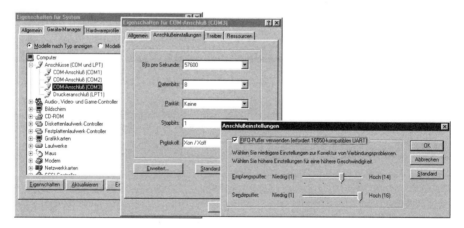

Abb. 12.2: Hier können Sie unter Windows 9x die Einstellungen der seriellen Schnittstelle vornehmen und feststellen, welcher UART-Baustein in Ihrem Rechner verwendet wird.

12.1.3 Anschlußbelegung

RS-232-Anschlüsse sind entweder 9- oder 25polig. Sollten Sie die eine Variante benötigen, aber nur die andere verfügbar haben, können Sie diesen Umstand durch Einsetzen eines entsprechenden Adapters beseitigen.

Abb. 12.3: Adapter 25- auf 9polig

Dabei müssen Sie jedoch darauf achten, daß Sie nicht versehentlich einen Adapter zum Anschluß einer Maus erwischen, da bei einem solchen üblicherweise nicht alle benötigten Leitungen durchverbunden sind. Wenn der Hersteller des Mausadapters nett war, können Sie anhand der fehlenden Pins im Stecker feststellen, daß es sich um einen solchen handelt. Die Beschriftung des Adapters mit wasserfestem Filzstift schützt besser vor versehentlichen Verwechslungen.

Ähnliches gilt für die mit den Adaptern gelieferten Slotblenden mit den Anschlußbuchsen. Das Austauschen der Blenden zwischen verschiedenen Adaptern ist aufgrund verdrehter Leitungen bzw. voneinander abweichender Anschlußbelegungen nicht immer möglich. Wundern Sie sich also nicht, wenn Sie die Slotblende eines Adapters mit einem anderen verwenden und auf einmal nichts mehr geht.

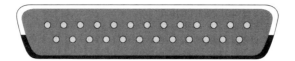

Abb. 12.4: 25poliger serieller Stecker

Pin	Signal
1	Schutzerde
2	Sendedaten (Transmit Data -TxD)
3	Empfangsdaten (Receive Data – RxD)
4	Sendeteil ein (Request To Send – RTS)
5	Sendebereitschaft (Clear To Send – CTS)
6	Betriebsbereitschaft (Data Set Ready – DSR)
7	Masse (Ground – GND)
8	Empfangssignalpegel (Carrier Detect – DCD)
9	Nicht benutzt
10	Nicht benutzt
11	Nicht benutzt
12	Nicht benutzt
13	Nicht benutzt
14	Nicht benutzt
15	Nicht benutzt
16	Nicht benutzt
17	Nicht benutzt
18	Nicht benutzt
19	Nicht benutzt
20	Terminal betriebsbereit (Data Terminal Ready – DTR)
21	Nicht benutzt
22	Ankommender Ruf (Ring Indicator – RI)
23	Nicht benutzt
24	Nicht benutzt
25	Nicht benutzt

Tab. 12.2: 25polige serielle Schnittstelle

Von der 25poligen seriellen Schnittstelle werden eigentlich nur neun Leitungen wirklich benötigt, so daß ein kleinerer, aber eigentlich nicht normgerechter 9poliger Stecker eingeführt wurde.

Abb. 12.5: 9poliger serieller Stecker

Pin	Signal
1	Empfangssignalpegel (Carrier Detect – DCD)
2	Empfangsdaten (Receive Data – RxD)
3	Sendedaten (Transmit Data -TxD)
4	Terminal betriebsbereit (Data Terminal Ready – DTR)
5	Masse (Ground – GND)
6	Betriebsbereitschaft (Data Set Ready – DSR)
7	Sendeteil ein (Request To Send – RTS)
8	Sendebereitschaft (Clear To Send – CTS)
9	Ankommender Ruf (Ring Indicator – RI)

Tab. 12.3: 9polige serielle Schnittstelle

Die verschiedenen Stecker werden zuweilen auch einfach nur mit DB-9 (9polig) oder DB-25 (25polig) bezeichnet. Zusätzlich finden Sie dann noch ein S oder ein P, so daß Sie es z.B. mit DB-25P zu tun bekommen. Des Rätsels Lösung: S steht für Socket (Steckdose – weiblich), P für Plug (Stecker – männlich).

12.1.4 Nullmodem-Verbindung

Über die serielle Schnittstelle können Sie zwei Rechner direkt miteinander verbinden, ohne ein sogenanntes Modem zwischenschalten zu müssen. Dabei können Sie mit Geschwindigkeiten arbeiten, die weit über denen der handelsüblichen Modems liegen. Die verschiedenen Nullmodem-Varianten finden Sie in Abbildung 12.6 zusammengestellt.

Achten Sie auch hier darauf, daß Sie Nullmodem-Kabel und herkömmliche serielle Kabel nicht verwechseln. Dies gilt insbesondere, wenn Sie mit Umschaltern für die serielle Schnittstelle (Data Switch Box) arbeiten. Die Kabel sind nämlich äußerlich nicht voneinander zu unterscheiden.

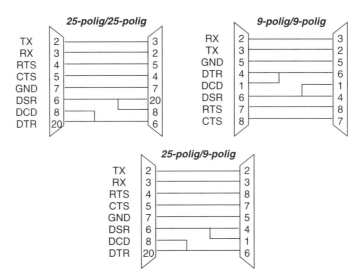

Abb. 12.6: Die verschiedenen Nullmodem-Varianten

12.2 Parallele Schnittstelle

Neben der seriellen Schnittstelle verfügen PCs üblicherweise über eine parallele Schnittstelle, die vorwiegend zum Anschließen eines Druckers dient und nach der amerikanischen Firma Centronics benannt wurde. Die eigentlich diesem Quasi-Standard entsprechende Buchse ist heute allerdings nur noch am Drucker zu bewundern.

Dadurch daß die Centronics-Schnittstelle die Bits eines Bytes gleichzeitig (parallel) überträgt, ist sie um einiges leistungsfähiger als die serielle Schnittstelle. Allerdings war sie dafür ursprünglich lediglich in der Lage, Daten zu senden.

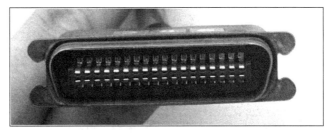

Abb. 12.7: Centronics-Stecker

In jüngster Zeit wurde der Quasi-Standard der Centronics-Schnittstelle jedoch erweitert, so daß Sie darauf achten sollten, daß Ihr neuer Multifunktions-Controller bzw. Ihre neue Schnittstellenkarte diesen Standard unterstützt. Bi-direktionale parallele Schnittstelle, EPP (Enhanced Parallel Port) oder auch ECP (Enhanced Capabilities Port) lauten Bezeichnungen für den neuen, erweiterten Standard, der genormt wurde und unter der Bezeichnung IEEE-1284 geführt wird.

12.2.1 Bi-direktional, EPP und ECP

Der IEEE-1284-Standard soll nicht mehr nur als Schnittstelle für Drucker dienen, sondern wurde erweitert, um auch Scanner, Streamer und andere externe Geräte zu unterstützen. Die maximale Übertragungsrate liegt unter Verwendung des ISA-Busses bei 2 MByte/s und arbeitet wie die bisherige parallele Schnittstelle auf Strecken bis zu ca. 12 Meter zuverlässig. Dabei bleibt die bi-direktionale parallele Schnittstelle voll kompatibel mit der einfachen Centronics-Schnittstelle.

EPP und ECP bezeichnen zwei Modi, die von Schnittstellen gemäß dem IEEE-1284-Standard zur Verfügung gestellt werden, nämlich jene, in denen die aufgeführten hohen Übertragungsraten realisierbar sind.

Weiterhin soll es die neue bi-direktionale parallele Schnittstelle ermöglichen, mehrere Geräte an einer Schnittstelle zu betreiben. In dieser Hinsicht bietet sie Leistungsdaten, die an einen SCSI-Host-Adapter erinnern: Bis zu acht Geräte sollen sich an eine parallele Schnittstelle anschließen lassen.

Über parallele Schnittstellen, die dem neuen Standard folgen, lassen sich ohne weiteres externe Geräte an den Rechner anschließen, ohne daß deren Übertragungsrate gleich unzumutbar niedrig ausfällt. Entsprechende Geräte werden angesichts neuer Standards wie USB oder Firewire wohl kaum noch auf den Markt kommen.

 Manche externen Geräte für die parallele Schnittstelle setzen die modernen Varianten EPP oder ECP voraus. Dabei treten zuweilen Inkompatibilitäten auf. Probieren Sie gegebenenfalls die verschiedenen Einstellungsmöglichkeiten im Rechner-BIOS-Setup aus. Möglicherweise ist einfach nur der falsche erweiterte Modus aktiviert oder sind die erweiterten Fähigkeiten der Schnittstelle deaktiviert.

12.2.2 Verwendete Ressourcen

Auch für parallele Schnittstellen sollten Sie in jedem Fall die Standardadressen verwenden, die ich wieder in einer kleinen Tabelle zusammengestellt habe. Auch hier lassen einige Programme andere Konfigurationen unter Umständen nicht zu.

Schnittstelle	IRQ	Port
LPT1	7	0378H
LPT2	5	0278H

Tab. 12.4: Standardadressen paralleler Schnittstellen

Beachten Sie, daß die angegebenen Standardadressen für einige Verwirrung sorgen können. Üblicherweise wird nämlich eine einzelne vorhandene Schnittstelle mit der Port-Adresse 0378H angemeldet, einer zweiten wird 0278H zugewiesen. Als dritte Port-Adresse wird 03BCH verwendet. Und nun kommt der Fallstrick: Wenn der Rechner bootet, werden die drei angegebenen Port-Adressen in der Reihenfolge 03BCH-0378H-0278H geprüft. In dieser Reihenfolge werden den Adressen dann die Namen LPT1 bis LPT3 zugewiesen.

In einem Fall führt dieser Umstand zu einiger Verwirrung: Fällt nämlich die eigentliche LPT1-Schnittstelle aus, wird die ursprüngliche LPT2-Schnittstelle zu LPT1, aber natürlich weiterhin unter Verwendung der ursprünglichen Port-Adresse. Auf jeden Fall handelt es sich dabei um ein recht nettes Verwirrspiel.

 Normalerweise sollten die parallelen Schnittstellen von allen Betriebssystemen automatisch richtig konfiguriert werden. Kontrollieren Sie diese aber bei Bedarf (im BIOS-Setup), und stellen Sie diese den erläuterten Konventionen entsprechend ein, um mögliche Probleme zu vermeiden.

12.2.3 Anschlußbelegung

Auch hier soll die Anschlußbelegung der für die parallele Schnittstelle verwendeten Stecker nicht unterschlagen werden. Zunächst einmal wird die des 25poligen Anschlusses vorgestellt, an die sich die Belegung der ursprünglichen 36poligen Centronics-Variante anschließt.

Da die Centronics-Schnittstelle nicht standardisiert ist, finden sich leicht abweichende Belegungen. In der einfachsten Variante liegt auf allen Pins ab Leitung 14 bei der 25poligen Variante Masse.

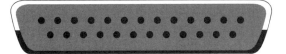

Abb. 12.8: 25poliger paralleler Anschluß

Pin	Signal
1	Strobe
2	Datenbit 0
3	Datenbit 1
4	Datenbit 2
5	Datenbit 3
6	Datenbit 4
7	Datenbit 5
8	Datenbit 6
9	Datenbit 7
10	Bestätigung
11	Beschäftigt
12	Papierende
13	Auswahl
14	Auto-Zeilenvorschub
15	Fehler
16	Druckerinitialisierung
17	Auswahl Eingabe
18	Masse
19	Masse
20	Masse
21	Masse
22	Masse
23	Masse
24	Masse
25	Masse

Tab. 12.5: 25polige parallele Schnittstelle

Kapitel 12

Abb. 12.9: Paralleler Centronics-Anschluß

Pin	Signal
1	Strobe
2	Datenbit 0
3	Datenbit 1
4	Datenbit 2
5	Datenbit 3
6	Datenbit 4
7	Datenbit 5
8	Datenbit 6
9	Datenbit 7
10	Bestätigung
11	Beschäftigt
12	Kein Papier
13	Auswahl
14	Auto-Zeilenvorschub
15	Nicht benutzt
16	Masse
17	Masse
18	+5 Volt
19	Masse
20	Masse
21	Masse
22	Masse
23	Masse
24	Masse
25	Masse

Tab. 12.6: 36poliger Centronics-Anschluß

Pin	Signal
26	Masse
27	Masse
28	Masse
29	Masse
30	Masse
31	Druckerinitialisierung
32	Fehler
33	Masse
34	Nicht benutzt
35	Nicht benutzt
36	Auswahl Eingabe

Tab. 12.6: 36poliger Centronics-Anschluß

12.3 Joystick-Adapter

Joystick-Adapter bzw. Steckkarten mit Game-Port sind heute kaum noch erhältlich, weil diese Schnittstelle in die Soundkarten integriert wurde. Auf Multifunktions-Controllern findet sie sich daher auch nur noch recht selten. Diese Schnittstelle ist erfreulich unkompliziert, da sie lediglich eine reservierte Port-Adresse für sich in Anspruch nimmt, die ihr normalerweise auch von keinem anderen Gerät streitig gemacht wird. Die *Standard-Port-Adresse* der Joystick-Adapter liegt bei *0200H*.

Zwar weisen reine Joystick-Adapter zwei separate Anschlüsse für die beiden Joysticks auf, jedoch ist dies eigentlich überflüssig, da alle notwendigen Signale auch auf einem einzelnen Stecker liegen. Mit entsprechenden Y-Kabel-Adaptern lassen sich üblicherweise auch an einem einzelnen Joystick-Anschluß zwei Joysticks betreiben. Der Stecker selbst ist 15polig und D-förmig (DB-15).

Kapitel 12

Abb. 12.10: 15-poliger Joystick-Anschluß (Game-Port)

Pin	Signal
1	+5V
2	Joystick A
3	Joystick A
4	Masse
5	Masse
6	Joystick A
7	Joystick A
8	+5V
9	Masse
10	Joystick B
11	Joystick B
12	Masse
13	Joystick B
14	Joystick B
15	+5V

Tab. 12.7: 15-poliger Joystick-Anschluß

 Verwenden Sie für Joystick- bzw. Game-Adapter immer die Standardadresse 200H, und deaktivieren Sie alle Game-Schnittstellen außer einer, wenn Ihr Rechner über mehrere Joystick-Schnittstellen verfügt. Zwei Joysticks oder vierachsige Joysticks werden üblicherweise über spezielle Y-Kabel (oder MIDI-Kits) angeschlossen. Nur spezielle Game-Adapter verfügen teilweise direkt über zwei Steckeranschlüsse.

12.4 Bus-Maus-Schnittstelle

Bei der Bus-Maus-Schnittstelle handelt es sich um eine runde, neunpolige serielle Schnittstelle, die speziell auf die Verwendung mit der Maus zugeschnitten wurde. Ihr muß ein separater IRQ zugewiesen werden, wobei IBM üblicherweise den IRQ 12 verwendet. Die meisten Nicht-IBM-Adapter bieten insbesondere IRQ 2 und IRQ 5, also den für die zweite parallele Schnittstelle reservierten IRQ, zur Auswahl an.

Manchmal belegt eine Bus-Maus zusätzlich eine Port-Adresse. Üblicherweise kommen dabei die Einstellungen 023CH oder 0238H zum Einsatz.

Abb. 12.11: 9poliger Bus-Maus-Anschluß

Pin	Signal
1	+5V
2	X-Achsen-Verschiebung Signal A
3	X-Achsen-Verschiebung Signal B
4	Y-Achsen-Verschiebung Signal A
5	Y-Achsen-Verschiebung Signal B
6	Linker Mausknopf
7	Mittlerer Mausknopf
8	Rechter Mausknopf
9	Masse

Tab. 12.8: 9poliger Bus-Maus-Anschluß

 Beim IRQ 5 handelt es sich um den Standard-IRQ von Soundkarten. Aus diesem Grund sollten Sie ihn nicht für die Bus-Maus verwenden, es sei denn, Sie wissen, daß Sie ihn nicht für Soundkarten in Anspruch nehmen werden.

12.5 Data Switch Box

Wenn Ihnen die vorhandene Ausstattung an parallelen bzw. seriellen Schnittstellen nicht genügt, weil Sie zum Beispiel einen Tintenstrahl-, einen Laser- und einen Matrixdrucker von einem Rechner aus bedienen wollen, können Sie außer dem Einbau zusätzlicher Schnittstellen zu Umschaltern greifen, die auch als Multiplexer oder Data Switch bezeichnet werden.

Naturgemäß müssen Sie vor dem Ausdruck immer auf den benötigten Treiber umschalten, damit der Drucker die ankommenden Daten auch wie gewünscht interpretiert.

Viele dieser Umschalter haben jedoch die unangenehme Eigenschaft, daß nicht alle Leitungen durchverbunden werden. Dies kann im Zusammenhang mit bestimmten Programmen zu Schwierigkeiten führen. DATEV-Anwendungen zählten zumindest eine Zeitlang dazu. Auf Seiten der Umschaltboxen führen insbesondere automatische Ausführungen, die sich selbständig entsprechend der Datenherkunft umschalten, zu den unsicheren Kandidaten. Fragen Sie Ihren Händler gegebenenfalls danach, ob es sich um einen DATEV-tauglichen Multiplexer handelt.

 Die meisten automatischen Druckerumschalter sind nicht DATEV-tauglich. Hier müssen Sie meist auf die preiswerteren manuellen Switch-Boxen (oder auf vergleichsweise teure automatische Modelle) zurückgreifen.

Abb. 12.12: Data-Switch-Boxen

12.6 Testmöglichkeiten

Serielle und parallele Schnittstellen arbeiten meist ausgesprochen zuverlässig. Die Ursache möglicher Probleme liegt meistens im verwendeten Kabel. Die meisten Diagnose-Programme bieten Möglichkeiten, mit denen sich die Schnittstellen testen lassen. Ausführliche Tests sind jedoch erst bei Verwendung von Rückschleifen-Steckern (Loopback-Connector) möglich, die für ein paar Zehner über den einschlägigen Fachhandel zu beziehen sind.

Hier müssen Sie auch wieder beachten, daß es unterschiedliche Varianten gibt. Symantec benutzt in Verbindung mit seinen Norton-Programmen Loopback-Stecker, deren Belegung vom sonst üblichen Standard abweicht. Sollten Sie sich einen Rückschleifen-Stecker selbst bauen wollen, können Sie dies mit Hilfe der Informationen aus der Tabelle leicht realisieren.

Loopback-Stecker	Verbundene Pins
IBM: 25polig seriell	1/7, 2/3, 4/5/8, 6/11/20/22, 15/17/23, 18/25
IBM: 25polig parallel	1/13, 2/15, 10/16, 11/17, 12/14
Symantec: 25polig seriell	2/3, 4/5, 6/8/20/22
Symantec: 9polig seriell	1/4/6/9, 2/3, 7/8
Symantec: 25polig parallel	2/15, 3/13, 4/12, 5/10, 6/11

Tab. 12.9: Schaltung von Loopback-Connectors

Sie können parallele Schnittstellen unter Zuhilfenahme eines Matrixdruckers recht zuverlässig testen. Geben Sie Daten auf den Drucker aus, läßt sich oft auf der Basis systematischer Verschiebungen innerhalb des Zeichensatzes ausmachen, ob eine der acht Datenleitungen defekt ist. Mit ein wenig Hexadezimal-Rechnerei läßt sich ein ausfallendes Bit leicht identifizieren.

12.7 Installation und Konfiguration

Hinsichtlich Installation und Konfiguration serieller/paralleler Schnittstellenkarten gibt es eigentlich nicht viel zu beachten. Bei der Auswahl eines Adapters sollten Sie allerdings darauf achten, daß sich die einzelnen Schnittstellen deaktivieren lassen.

Ansonsten konfigurieren Sie die vorhandenen Schnittstellen möglichst auf die Standardadressen und setzen die Karte in einen passenden Steckplatz ein. Auf eine ausführliche Schilderung des Vorgehens kann ich an dieser Stelle verzichten.

Die Konfiguration der in das Motherboard integrierten Schnittstellen erfolgt über das BIOS-Setup des Rechners. Rufen Sie dazu beim Rechnerstart das BIOS-Setup auf, indem Sie die entsprechende Taste(nkombination) betätigen (meist Entf oder F1), und kontrollieren bzw. tragen Sie die gewünschten Werte an Ort und Stelle ein.

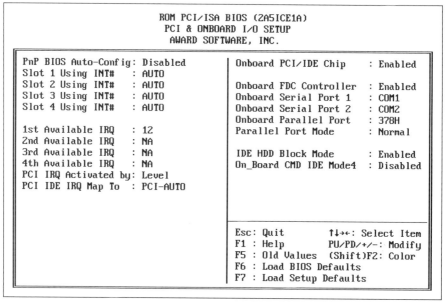

Abb. 12.13: Hier lassen sich die Einstellungen für die im Motherboard integrierten Schnittstellen vornehmen.

Bildschirme 13

Wenn Sie sich einen neuen Computer zulegen, befindet sich häufig bereits ein Monitor im Lieferumfang des Rechners. Entweder Sie nehmen das komplette Paket, oder Sie lassen's. Im ersten Fall müssen Sie nur noch die Stecker des Monitorkabels in die entsprechenden Anschlüsse der Grafikkarte und des Bildschirms einstöpseln, die Stromversorgung herstellen und können loslegen – zumindest dann, wenn der Rechner bei der Lieferung korrekt konfiguriert wurde und der Monitor nicht unerträglich flimmert.

Wenn Sie jedoch einen besseren, neuen Monitor kaufen wollen oder die Möglichkeit der freien Auswahl des Bildschirms haben, wird es um einiges problematischer. Gerade an den Ausgaben für einen Monitor sollten Sie nicht unnötig sparen, da dieser spätestens bei längerem Arbeiten am Rechner zu einem gesundheitlichen Risikofaktor werden kann.

Abb. 13.1: Ein Monitor der Firma Cornerstone

Eine Institution soll im Vorfeld der Betrachtungen vorgestellt werden, die im Zusammenhang mit Monitoren und Grafikkarten immer erwähnt wird. Die VESA (Video Electronics Standards Association) wurde von führenden Herstellern von Grafik-Adaptern und Monitoren Ende der 80er Jahre mit dem Ziel gegründet, technische Eigenschaften der entsprechenden Geräte zu standardisieren. An den von dieser Gesellschaft veröffentlichten Richtlinien orientieren sich viele Hersteller. Sie bilden mittlerweile in vielerlei Hinsicht einen Quasi-Standard.

13.1 Standards im Überblick

Die Kehrseite der relativ offenen Rechnerarchitektur bei IBM-kompatiblen PCs schlug sich unter anderem, bevor sich VGA als dominierender Standard durchgesetzt hat, in der Vielzahl der verschiedenen Bildschirmtypen und dazugehörigen Bildschirmkarten nieder.

Trotz aller Anstrengungen auf dem Gebiet flacher, »kalter« Monitoren stellt der klassische Bildschirm mit Kathodenstrahlröhre (englische Abk.: CRT – Cathode Ray Tube) auch heute noch den Standard für die Ausgabeeinheit eines Rechners dar. Damit haben wir es im wesentlichen mit der (uralten) Technik der Braunschen Röhre zu tun, die sich seit Anfang der 50er Jahre im Zusammenhang mit den wohlbekannten Fernsehgeräten im praktischen Einsatz bewährt hat.

Die Preise der Farbmonitore sind mittlerweile so weit gefallen, daß die früher üblichen Schwarzweiß-Monitore (oft auch grün oder bernsteinfarben) nahezu völlig vom Markt verschwunden sind und nur noch in speziellen Bereichen verwendet werden.

LCD- (Liquid Crystal Display – Flüssigkristallanzeige) oder Plasma-Bildschirme leiden immer noch unter dem technisch bedingten relativ schwachen Kontrast und werden hauptsächlich bei tragbaren Geräten (den sogenannten Laptops – »Schoßcomputer«), wo es auf Gewicht und Platz ankommt, verwendet.

Eine zunehmend eingesetzte Technik, der wahrscheinlich die Zukunft gehört, heißt TFT (ThinFilm Transistor). Diese Technik wird seit einigen Jahren bei kleinen, tragbaren Farbfernsehgeräten eingesetzt und hat sich dort bewährt. Lediglich technische Probleme und damit verbundene hohe Produktionskosten haben den Durchbruch dieser Technologie im Computerbereich lange verhindert.

Bevor ich mich technischen Einzelheiten und Monitorkenndaten zuwende, werde ich zunächst einen kurzen Überblick über die bisherigen Entwicklungen im Bereich der Bildschirmkarten und Monitore geben. Wenn Sie sich an einen älteren und fremden Rechner setzen, genügt es, wenn Sie wissen, welche Grafikkarte installiert ist, welcher Monitor (Bildschirm) vorhanden ist und welche Fähigkeiten Sie von diesen erwarten können. Diesem Zweck sollen die folgende Übersicht und die anschließenden Erläuterungen dienen.

Während über Jahre hinweg die sogenannte CGA-Karte (Color Graphics Adapter – Farbgrafikkarte) und in der Folge die EGA-Karte (Enhanced Graphics Adapter – Erweiterte Grafikkarte) Standard waren, werden zur Zeit fast nur noch VGA-Karten (Video Graphics Array) oder deren Nachfolger (SVGA – Super VGA) verwendet. »Standard« bedeutet in diesem Zusammenhang, daß alle kommerziellen Programme mit entsprechenden Grafikkarten und zugehörigen Bildschirmen problemlos zusammenarbeiten. (Auch wenn das oft ausschließlich für die Grafikmodi des ursprünglichen VGA-Standards gilt.)

Lediglich in bestimmten, spezialisierten Anwendungsbereichen werden noch Hercules- bzw. MDA-Monitore eingesetzt. Nämlich dann, wenn zwei Monitore an einem Rechner installiert werden müssen, um eine komfortablere Arbeit zu ermöglichen. Dies ist zum Beispiel für Architekten im Bereich des CAD oder auch für Programmierer beim Testen von Programmen sinnvoll. Hier wird neben dem Monitor, auf dem die Ausgaben des Programms angezeigt werden, oft ein zusätzlicher Monitor zur Steuerung des Ablaufs verwendet.

Diese Arbeitsweise ist aber nur mit einer zusätzlich installierten Hercules- bzw. MDA-Karte möglich, da diese parallel mit CGA-, EGA- und den meisten VGA-Karten verwendet werden können.

MDA (Monochrome Display and Parallel Printer Adapter)

Bildschirmkarte von IBM, die nur Text darstellen kann (25 Zeilen, 80 Spalten).

CGA (Color Graphics Adapter – Farbgrafikkarte)

Grafik- und farbfähige Bildschirmkarte mit einer Auflösung von 320 bzw. 640 mal 200 Bildschirmpunkten (*Pixel* – Picture Element).

HGC (Hercules Graphics Card – Herculeskarte)

Ursprünglich nur in einer Schwarzweiß-Version erhältliche Grafikkarte mit der hohen Auflösung von 720 mal 348 Bildpunkten. Sie wird meist für die Textverarbeitung eingesetzt und manchmal auch unter der Abkürzung MDA verkauft.

EGA (Enhanced Graphics Adapter – Erweiterte Grafikkarte)

Lange Zeit die Standardgrafikkarte mit erweiterter Farbfähigkeit und einer Auflösung von 640 mal 350 Bildschirmpunkten.

VGA (Video Graphics Array)

Zu EGA und CGA Modus-kompatible Grafikkarte, die nochmals verbesserte Farbfähigkeiten mit einer Auflösung von 640 mal 480 Bildschirmpunkten aufweist. Zusammen mit VGA-Karten funktionieren in der Regel auch sämtliche Programme, die für EGA oder CGA entwickelt wurden. Der ursprüngliche VGA-Standard arbeitete mit 16 Farben und einem Seitenverhältnis von 4:3.

SVGA und XGA (Extended Graphics Array)

Weiterentwicklung der VGA-Karte mit 65535 Farben bei 640 mal 480 Punkten, ursprünglich nur für Original-IBM-PS2-Rechner mit Microchannel-Datenbus-Architektur (MCA). XGA-kompatible Karten wurden aber auch für Rechner mit den sonst üblichen Bus-Architekturen (ISA und EISA-Bus) entwickelt.

Die Entwicklung macht gerade im Hinblick auf grafische Benutzeroberflächen, wie sie zum Beispiel unter Windows oder OS/2 üblich sind, und den damit verbundenen Hardwareanforderungen auch vor den Bildschirmkarten nicht halt. Üblich sind heute Auflösungen von 1024×768 Bildschirmpunkten (Pixel). Derartige Grafikkarten werden in Prospekten als XVGA (Extended VGA) oder auch als Super-VGA (SVGA) angepriesen.

Stark in Mode sind Accelerator-Karten gekommen – Grafikkarten, die einen eigenen Prozessor aufweisen und dadurch den Hauptprozessor eines PCs spürbar entlasten können. Preiswerte Grafikkarten mit derartigen Beschleuniger-Chips, wie zum Beispiel dem S3, dem Mach64 oder dem ET4000 W32, liegen preislich bei »normaler« Videospeicher-Ausstattung etwa bei 150 DM. Leistungsfähigere Grafikkarten (insbesondere mit topaktuellen Leistungsmerkmalen oder besonderen Möglichkeiten) können aber durchaus auch 500 bis 1000 DM kosten.

13.1.1 Übersichtstabelle

Dies mag als Überblick über Grafikstandards zunächst einmal genügen. Nähere Informationen zum Thema »Grafikkarten« erhalten Sie in einem eigenständigen Kapitel.

Standard	Bedeutung/Erläuterungen	Jahr	Grafikauflösung
MDA	Monochrome Display and Parallel Printer Adapter	1981	nur Text
CGA	Color Graphics Adapter	1981	640×200
HGC	Hercules Graphics Card	1982	720×348
MGA	Monochrome Graphics Adapter	1982	720×348
EGA	Enhanced Graphics Adapter	1984	640×350
PGA	Professional Graphics Adapter	1984	640×480
VGA	Video Graphics Array	1987	640×480
MCGA	Multi Color Graphics Adapter (hochauflösender Modus nur S/W)	1987	640×480
8514/A	IBMs Interlaced Adapter	1987	1024×768
Super VGA	Extended VGA oder VGA Plus (standardisierte Varianten nach VESA)	1988	800×600 1024×768
XGA	Extended Graphics Adapter	1990	1024×768

Tab. 13.1: Video-Standards im PC-Bereich

Fast alle heute handelsüblichen Monitore sind Super-VGA-Monitore. Ein genauerer Blick auf die technischen Daten (maximale Auflösung, Bildwiederholfrequenz etc.) ist in jedem Fall angeraten. Einzelheiten dazu erfahren Sie im folgenden.

13.2 Allgemeine Auswahlkriterien

Wenn Sie eine sorgfältige Auswahl vor dem Monitorkauf treffen wollen, werden Sie feststellen, daß es vielfältige Aspekte im Zusammenhang mit Bildschirmen und Grafikkarten zu berücksichtigen gilt: Hardware, Software, ästhetische, ergonomische oder auch einfach nur praktische Erwägungen können eine Rolle spielen. Letztlich ist es Ihr Ziel, sich eine Konfiguration zusammenzustellen, die ein möglichst komfortables und ermüdungsfreies Arbeiten erlaubt.

In diesem Abschnitt finden Sie zunächst einige allgemeine Auswahlkriterien, die für alle verschiedenen Monitortechnologien gleichermaßen gelten. Weiter unten finden Sie darüber hinaus Checklisten, die speziell auf die jeweiligen Varianten zugeschnitten sind.

13.2.1 Vorhandene Grafikkarte und Verkabelung

Um Ihren Rechner mit Grafik- bzw. Anzeigefähigkeiten auszustatten, benötigen Sie:

- Zunächst einmal eine Grafikkarte, die in einen Steckplatz der Hauptplatine gesteckt wird. Beachten Sie dabei, daß einige Rechner über Grafikadapter verfügen, die in die Hauptplatine integriert sind. Diese lassen sich aber in der Regel über Jumper deaktivieren, so daß einem nachträglichen Einbau einer besseren Grafikkarte auch hier nichts im Wege stehen sollte. Dazu muß allerdings in der Regel die Dokumentation zur Hauptplatine Ihres Rechners zur Verfügung stehen.

- Einen Monitor, der mit der Grafikkarte kompatibel sein muß und möglichst gut auf die Grafikkarte abgestimmt sein sollte. Insbesondere sollte der Monitor auch die höchsten Auflösungen einer Grafikkarte darstellen können. Eine flimmerfreie Darstellung (mehr als 72 Hz Bildwiederholrate) sollte, wenn nicht in allen, so doch zumindest in den Modi gewährleistet sein, mit denen gearbeitet werden soll.

- Ein Kabel, das Grafikkarte und Monitor miteinander verbindet, sowie ein Stromversorgungskabel für den Monitor.

13.2.2 Treiber und Software-Unterstützung

Über die reine Hardware hinaus gilt es aber auch, eine Reihe anderer Faktoren zu berücksichtigen:

- Ist die verwendete Software zum Beispiel in der Lage, die Fähigkeiten der ausgewählten Monitor/Grafikkarten-Kombination zu nutzen? (Diese Fragestellung erübrigt sich beim heute zunehmend üblichen ausschließlichen Einsatz von Windows oder OS/2 weitgehend.)

- Liegen der Grafikkarte Bildschirmtreiber für die von Ihnen eingesetzten Programme bzw. Betriebssysteme bei, oder sind (aktualisierte) Versionen derselben erhältlich? Werden in der Dokumentation die Bezugsadressen der Treiber angegeben? Diese Fragestellung ist im Zusammenhang mit Hochleistungs-Grafikkarten besonders wichtig. Nur spezialisierte Steuerprogramme können das ganze Leistungsspektrum verfügbar machen.

Neue, moderne Grafikkarten können von älteren Betriebssystemen bzw. Programmen nur selten (im vollen Umfang direkt) unterstützt werden, weil entsprechende Treiber zur Zeit der Programmentwicklung naturgemäß noch nicht verfügbar waren und daher erst nach dem Erscheinen der Programme entwickelt werden können.

- Unterstützen die Treiber der verwendeten Grafikkarte auch anspruchsvollere Darstellungsmodi mit höheren Auflösungen und großer Farbvielfalt?

Die beste Grafik-Hardware nützt Ihnen recht wenig, wenn die eingesetzte Software lediglich niedrige Auflösungen mit vergleichsweise wenig Farben nutzt, wie dies bei Spielen, die eine möglichst breite Zielgruppe ansprechen sollen, meist der Fall ist.

13.2.3 Einstellmöglichkeiten

Darüber hinaus spielen subjektive Faktoren eine große Rolle. Farben werden aufgrund der leicht unterschiedlichen Technik von verschiedenen Monitoren nicht identisch wiedergegeben. Daher können Farbkombinationen auf einem Monitor durchaus angenehm und zufriedenstellend wirken, während sie auf einem anderen auf Dauer regelrecht »nerven«. Insbesondere weiche Farbübergänge wirken auf verschiedenen Monitoren zuweilen höchst unterschiedlich.

Wichtige Einflußgrößen sind in diesem Zusammenhang u.a. Bildschirmauflösung, Kontrast, Helligkeit und Lichtverhältnisse. Nicht immer reichen die vom Monitor gebotenen Einstellmöglichkeiten, so daß lange Arbeitssitzungen zur Qual werden können.

Bei hochwertigen Monitoren lassen sich bis hin zur Farbtemperatur (gemessen in Kelvin) viele Parameter einstellen. Damit lassen sich umfangreiche Anpassungen an die Arbeitsumgebung und an die jeweiligen Anforderungen durchführen. Nicht zuletzt lassen sich alterungsbedingte Abweichungen und Bildverzeichnungen bei umfangreichen Einstellmöglichkeiten besser ausgleichen.

13.2.4 Leistungs-Kenndaten

Die wichtigsten Unterscheidungskriterien in bezug auf Monitore und Grafikkarten sind:

- Die verschiedenen unterstützten Grafikstandards. Diese bestimmen sowohl die möglichen Bildschirmauflösungen als auch weitere technische Aspekte. Normalerweise unterstützen Grafikkarten und Monitore neuerer Bauart auch ältere Standards. Aber auch hier bestätigen Ausnahmen zuweilen die Regel. Die Kompatibilität mit dem VGA-Standard oder mit IBMs 8514/A ermöglicht zum Beispiel die Nutzung vieler Programme ohne speziell auf Ihre Grafikkarte zugeschnittene Treiberprogramme. Möglichst im BIOS der Grafikkarte verankerte Kompatibilität mit dem VESA-Standard kann Ihnen in dieser Hinsicht ebenfalls viel Ärger ersparen.

Leider wird die VESA-Kompatibilität teilweise (insbesondere bei älteren Grafikkarten) nur mit Hilfe von speicherresidenten Programmen realisiert, die nur unter DOS arbeiten. Diese Programme finden Sie dann auf den Treiberdisketten der Grafikkarte. Sie haben meist eigentümliche Namen, bei denen der »Abküfi« (Abkürzungsfimmel) zugeschlagen hat. So steht V7LITVBE beispielsweise abkürzend für »Video Seven Mercury Lite Video BIOS Extension«.

- Unterstützung des Plug-and-Play-Standards. Dies erfolgt beim Monitor über »DDC« (Display Data Channel – Anzeige-Datenkanal), über den ein Monitor Rückmeldungen an die Grafikkarte bzw. den Rechner geben kann. Sofern dem Betriebssystem die Monitorkenndaten bekannt sind, kann auf diesem Weg eine weitgehend automatische Anpassung des Monitors an das Betriebssystem erfolgen.

- Die Form, in der die elektrischen Signale von der Grafikkarte zum Monitor übermittelt werden. Dies geschieht entweder digital oder aber analog. (Einige Mehrfrequenz-Monitore können sowohl analoge als auch digitale Eingangsdaten verarbeiten.)

- Die Geschwindigkeit, mit der die Grafikkarte und der Monitor ihre Aufgaben bewältigen können. Im Fall der Grafikkarte hängt dies insbesondere von der geforderten Auflösung und dem auf der Grafikkarte gegebenenfalls eingesetzten Beschleuniger-Prozessor ab.

- Die Größe der Anzeigefläche des Monitors. Arbeiten Sie vorwiegend unter einer grafischen Benutzeroberfläche wie zum Beispiel Windows, sollten Sie möglichst zu einem größeren Monitor greifen. 17-Zoll-Monitore sind in dieser Hinsicht mittlerweile (fast) zum Standard geworden und durch die gestiegene Nachfrage und die damit verbundene größere Produktion auch preislich in akzeptable Regionen gerutscht.

Von 14-Zoll-Monitoren sollten Sie im Zeitalter grafischer Benutzeroberflächen die Finger lassen. Nur, wenn der entsprechende Rechner vorwiegend Aufgaben erledigt, bei denen kaum Benutzereingriffe notwendig sind (zum Beispiel Netzwerk- oder Druckerserver), ist ein 14-Zoll-Monitor noch sinnvoll.

13.3 Monitor-Kenndaten

Im Zusammenhang mit Monitoren treffen Sie in Prospekten und technischen Beschreibungen immer wieder auf eine Reihe von Begriffen bzw. Parametern, auf die ich zunächst eingehen werde. Dabei handelt es sich insbesondere um:

- Bildschirmauflösung
- Punktabstand (Dot-Pitch)
- Bildwiederholfrequenz (Vertikalfrequenz oder auch Refresh)
- Zeilenfrequenz (Horizontalfrequenz)
- (Video-)Bandbreite

13.3.1 Bildschirmauflösung und Punktabstand

Bei der Beurteilung verschiedener Bildschirme ist die Bildschirmauflösung eines der meistgenannten Merkmale. Sie wird durch die Anzahl der Bildschirmpunkte angegeben, die ein Monitor pro Zeile bzw. Spalte darstellen kann. Die einzelnen Bildschirmpunkte werden Pixel (Picture Element) genannt. IBM verwendet in seiner Dokumentation das gleichbedeutende Kürzel »Pel«. Der Abstand zwischen benachbarten Bildschirmpunkten wird als Pixel-, Punktabstand oder Dot Pitch bezeichnet.

In Hinsicht auf die Bildschirmauflösung gilt es aber zwischen logischer und physischer Auflösung zu unterscheiden. In Prospekten wird meist die logische Bildschirmauflösung angegeben. Aufgrund physischer Gegebenheiten (Pixelabstand und Bildschirmgröße) steht aber eigentlich die gleiche feste Anzahl von Bildschirmpunkten zur Verfügung, die die Elektronik des Monitors nutzt, um die von den Programmen gelieferten Daten darzustellen.

Werden weniger Punkte angesprochen, als physisch zur Verfügung stehen, müssen die Daten für die Darstellung auf dem Bildschirm ergänzt werden. Wesentlich unangenehmer ist der umgekehrte Fall: Es sollen beispielsweise 1024 Pixel in horizontaler Richtung logisch adressiert werden, der Monitor ist aber physisch nicht in der Lage, mehr als 900 Pixel darzustellen. Dies kann dann zum Beispiel in einer grafikorientierten Textverarbeitung die unangenehme Folge haben, daß Teile von Buchstaben ausfallen und die Anzeige damit schwer lesbar wird. Ermüdungsfreies Arbeiten ist in einem solchen Fall nicht mehr möglich.

Besonders auffällig werden die Diskrepanzen zwischen logischer und physischer Auflösung insbesondere beim Einsatz von Grafikprogrammen. Linien, die eigentlich über eine einheitliche Stärke verfügen sollten, werden auf dem Bildschirm häufig nicht in gleicher Stärke angezeigt.

Achten Sie also bei der Auswahl eines Monitors darauf, daß Ihre Wahl auf ein Gerät fällt, das die zu verarbeitende Datenmenge physisch auch wirklich darstellen kann. Als kleine Hilfestellung finden Sie in der abgedruckten Tabelle einige Beispiele für unterschiedliche Monitorgrößen und Pixelabstände. Dabei habe ich rechnerische Werte verwendet.

	14 Zoll	15 Zoll	17 Zoll	19 Zoll
0,25 dpi	1137 × 853	1219 × 914	1381 × 1036	1544 × 1158
0,26 dpi	1094 × 820	1172 × 879	1328 × 996	1484 × 1113
0,28 dpi	1016 × 762	1088 × 816	1233 × 925	1378 × 1034
0,31 dpi	917 × 688	983 × 737	1114 × 835	1245 × 934

Tab. 13.2: Die maximal darstellbare Pixelanzahl wird von der Bildschirmdiagonalen und dem Pixelabstand bestimmt.

Der Tabelle können Sie entnehmen, daß ein 14-Zoll-Monitor mit einem Pixelabstand (Dot Pitch) von 0,26 mm rechnerisch gerade noch den hochauflösenden Super-VGA-Modus mit 1024x768-Auflösung schafft. Berücksichtigen Sie das über die sichtbare Bildschirmdiagonale Gesagte, steht die für diese Auflösung benötigte Pixelanzahl hier aber physisch bereits nicht mehr zur Verfügung.

 Wenn Sie die Abmessungen Ihres Monitors mit einem Zollstock überprüfen, werden Sie feststellen, daß Sie von den rechnerischen Werten noch einmal knapp 10 Prozent abziehen müssen, weil zum Beispiel die gemessene sichtbare Bildschirmdiagonale bei einem 17-Zoll-Monitor tatsächlich nur etwas mehr als 39 cm statt der rechnerischen 43,18 cm beträgt.

Wenn Sie die Berechnungen für andere Werte selbst durchführen wollen, müssen Sie nur den Satz des Pythagoras anwenden und von einem 4:3-Seitenverhältnis (Aspect Ratio) für den Bildschirm ausgehen. Ausmultiplizieren liefert für Bildschirmbreite und Bildschirmhöhe:

```
Breite = SQRT(16/25*SQR(Diagonale))
Höhe = 0.75 Breite
(Dabei steht SQRT für »Quadratwurzel« und SQR für »Wurzel«.)
```

Über die Bildschirmdiagonale hinaus geht lediglich noch der Abstand der Bildschirmpunkte in die Berechnung ein.

Der sogenannte Aspect Ratio gibt die Relation zwischen Bildbreite und Bildhöhe an. VGA-Bildschirme und Bildschirmauflösungen arbeiten in den Standard-Modi durchweg mit einem Seitenverhältnis von 4:3. Es ist also kein Zufall, daß die Bildschirmauflösungen 640×480, 800×600, 1024×768, 1280×1024 und 1600×1280 durchweg ein Seitenverhältnis von 4:3 aufweisen.

Das 4:3-Seitenverhältnis gilt auch für die herkömmlichen Fernseher. Der neue Fersehstandard HDTV mit seinem 16:9-Seitenverhältnis ist so gesehen nicht mit dem Computermonitor kompatibel!

Eine erste Vorstellung von den im Grafikbereich zu verarbeitenden Datenmengen erhalten Sie, wenn Sie die Werte für die Bildschirmauflösung miteinander multiplizieren. Bei der Standard-VGA-Auflösung von 640 Pixelspalten und 480 Pixelzeilen sind es 307.200 logische Bildschirmpunkte. Bei der Super-VGA-Auflösung von 1024×768 Pixeln haben Grafikkarte und Monitor es bereits mit 786.432 Bildschirmpunkten zu tun.

Ein anderes (kaum noch gebräuchliches) Verfahren zur Angabe der Auflösung eines Monitors ist die Textauflösung, die einfach über die Werte für die Anzahl der Zeichen pro Zeile und die Anzahl der Zeilen erfolgt. Allgemein verbreitet und standardisiert ist der Textmodus mit 80 Zeilen und 25 Spalten (80×25), bei dem 2.000 Zeichen gleichzeitig auf dem Bildschirm dargestellt werden können. Andere Modi, wie zum Beispiel der aus CGA-Zeiten stammende Modus mit 40 Zeichen pro Zeile oder auch 132 Zeichen pro Zeile, werden vergleichsweise selten verwendet. In den meisten Fällen erfordern sie spezielle Treiberunterstützung.

Da im Textmodus vorgegebene Punktmuster auf dem Bildschirm ausgegeben werden, so daß die einzelnen Bildschirmpunkte gruppenweise angesprochen werden, sind Textmodi bei der Darstellung wesentlich schneller als Grafikmodi, die in technischen Beschreibungen zuweilen mit dem Zusatz APA (All Points Addressable) versehen werden.

Jedes Zeichen wird im Textmodus innerhalb einer Zeichenmatrix fester Größe ausgegeben. Die Zeichenmatrix der alten CGA-Monitore besteht zum Beispiel aus 8×8, die der Hercules-Monitore aus 9×14 Pixeln. VGA-Monitore verwenden zur Darstellung des Textmodus üblicherweise 720×400 Bildschirmpunkte, woraus sich eine Zeichenmatrix von 9×16 Pixeln ergibt. Je größer die verwendete Zeichenmatrix, desto besser lesbar ist naturgemäß das auf dem Bildschirm angezeigte Ergebnis.

Wenn Sie jetzt denken sollten, daß höhere Bildschirmauflösungen generell von Vorteil sind, haben Sie sich zu früh gefreut. Höhere Auflösungen (und damit gegebenenfalls Ausgaben) bieten keine Vorteile:

- Wenn die von Ihnen eingesetzten Programme keinen Nutzen aus der gebotenen Auflösung ziehen können. Eine Monitorauflösung von 1024×768 bringt Ihnen recht wenig, wenn Ihre Programme nur den Standard-VGA-Modus (640×480) nutzen. Spielprogramme arbeiten auch heute noch häufig nur im 320×200-Modus!

- Wenn Sie vorwiegend mit Grafikprogrammen arbeiten und die höhere Auflösung zu Lasten der Anzahl gleichzeitig darstellbarer Farben geht. Hier spielt die Speicherausstattung der Grafikkarte die entscheidende Rolle. Jedenfalls können generell bei höherer Bildschirmauflösung aus Speicherplatzgründen weniger Farben gleichzeitig auf dem Bildschirm dargestellt werden.

- Wenn Monitor und Grafikadapter die hohe Auflösung nicht mit einer für angenehmes Arbeiten notwendigen Geschwindigkeit darstellen können. Eine geringere Auflösung ist dann dem flackernden Bildschirm (und Kopfschmerzen) sicherlich vorzuziehen.

Im Zusammenhang mit der Wechselwirkung zwischen gleichzeitig darstellbaren Farben und Auflösung soll eine weitere Möglichkeit zur Angabe der Bildschirmauflösung auch nicht verschwiegen werden. In Punkten pro Zoll bzw. kurz dpi wird zum Beispiel die Auflösung von Druckern vornehmlich angegeben.

Ein Monitor mit einem Pixelabstand von 0,25 mm bringt es nur auf wenig mehr als 100 dpi (25,4 mm/0,25 mm = 101,6). Dennoch überzeugt die Wiedergabe von Bildern auf einem Monitor meist wesentlich besser als die auf einem Laserdrucker mit 300 oder 600 dpi. Damit wird deutlich, daß die Anzahl gleichzeitig darstellbarer Farben (Farbtiefe) im Hinblick auf die (menschliche) Wahrnehmung eine wesentlich größere Rolle als die Auflösung spielt.

Bei handelsüblichen Monitoren liegen die Werte für den Pixelabstand zwischen 0,25 und 0,31 mm. Je geringer der Abstand zwischen den einzelnen Bildschirmpunkten ausfällt, desto schärfer wird naturgemäß das angezeigte Bild. Bildschirme mit schlechteren Werten als 0,28 mm können Sie getrost im Laden stehen lassen, sie entsprechen wahrscheinlich auch in anderer Beziehung nicht dem Stand der Technik. (Bei großformatigen Monitoren sind schlechtere Werte gegebenenfalls akzeptabel, weil der Anwender in der Regel etwas weiter entfernt sitzt.)

Bei modernen Monitoren finden Sie häufiger asymmetrische Angaben für den Punktabstand, wie zum Beispiel 0,28 mm Lochmaske, 0,22 mm horizontaler Punktabstand. Am besten mitteln Sie dann zum Vergleich die beiden Werte, so daß Sie es in diesem Beispiel mit einem Pixelabstand von etwa 0,25 mm zu tun haben.

13.3.2 Bildwiederholfrequenz

Der Bildschirminhalt muß bei herkömmlichen Monitoren immer wieder neu gezeichnet werden, weil die zur Darstellung benutzten Phosphorpartikel nach dem Beschuß durch den Elektronenstrahl der Bildröhre Ihre Leuchtkraft sehr schnell wieder verlieren. Um zu verhindern, daß dieser Effekt für das Auge sichtbar wird, muß der Bildschirminhalt in kurzen Abständen aufgefrischt werden. Dies geschieht dadurch, daß der Elektronenstrahl den anzuzeigenden Bildschirminhalt mehrfach in der Sekunde neu erzeugt. Dabei wird der Bildschirm zeilenweise vom Elektronenstrahl abgetastet.

Die Häufigkeit, mit der die Bilder innerhalb einer Sekunde auf dem Monitor aufgebaut werden, bezeichnet man als Bildwiederholfrequenz, Vertikalfrequenz oder auch Refresh Rate. Ab einer bestimmten Bildwiederholrate entsteht für das menschliche Auge aufgrund der Trägheit dieses Sinnesorgans ein stehendes Bild. Bei zu niedrigen Bildwiederholfrequenzen flimmert das Bild, das Auge wird unnötig angestrengt, Kopfschmerzen oder brennende Augen können die Folge sein.

Die Bildwiederholfrequenz wird in Hz angegeben und liegt typischerweise irgendwo im Bereich zwischen 40 und 150 Hz.

Eine Refresh-Rate von 70 Hz wurde von der VESA 1990 empfohlen und als ausreichend angesehen. 75 Hz werden von VESA 1993 als Minimum gefordert. Diese Rate sollen Monitor und Grafikkarte zudem in allen verfügbaren Modi bereitstellen.

Beim Auffrischen des Bildschirminhalts finden zwei Methoden Anwendung:

- Im Non-Interlaced-Modus, der manchmal auch als sequentieller Modus bezeichnet wird, wird bei jedem Durchgang der Inhalt jeder einzelnen Bildschirmzeile aufgefrischt.

- Im Interlaced-Modus wird bei einem Durchgang nur jede zweite Bildschirmzeile neu geschrieben (Zeilensprungverfahren), so daß für den Neuaufbau des kompletten Bildschirminhalts zwei Durchgänge benötigt werden. Im ersten Durchgang werden die geradzahligen Bildschirmzeilen, im zweiten die ungeradzahligen Bildschirmzeilen vom Elektronenstrahl beschrieben.

Naturgemäß liefert der Non-Interlaced-Modus das bessere Bild und sorgt beim Einsatz geeigneter Hardware für eine flimmerfreie Darstellung, stellt aber auch erheblich höhere Ansprüche an die verwendete Monitor-Hardware.

Aus Kostengründen bieten daher viele Monitore die höchstauflösenden Modi nur interlaced an. Die von der VESA empfohlenen ergonomischen Refresh-Raten von mindestens 70 bis 75 Hz (Non-Interlaced) erreichen daher nicht alle Monitore – zumindest nicht in allen Bildschirm-Auflösungen. Ältere Monitormodelle haben damit auch in den Standard-Modi Probleme.

Das wohl bekannteste Beispiel für einen Monitor, der im Zeilensprungverfahren arbeitet, ist der 8514/A von IBM. Die Bildwiederholfrequenz dieses Monitors liegt lediglich bei 43,5 Hz. Der Elektronenstrahl fährt aber den Bildschirm 87mal in der Sekunde ab.

Bei den neueren Standards (ab VGA) werden Bildschirminhalte auch in höheren Auflösungen mindestens 60mal pro Sekunde neu aufgebaut. So richtig ergonomisch wird es aber erst ab Bildwiederholfrequenzen von 70 Hz. Der VESA 1993-Standard besagt, daß Bildinhalte mindestens 75mal in der Sekunde aufgebaut werden müssen.

Standard	Bildwiederhol- frequenz	Auflösung (Horiz. × Vert.)	Anmerkungen
MDA	50 Hz	720 × 350	Nur Text
CGA	60 Hz	640 × 200	2 aus 16 Farben
CGA	60 Hz	320 × 200	4 aus 16 Farben
EGA	60 Hz	640 × 350	16 aus 64 Farben
VGA	70 Hz	720 × 400	VGA-Textmodus

Tab. 13.3: Bildwiederholfrequenz für verschiedene Standards und Auflösungen

Bildschirme

Standard	Bildwiederhol-frequenz	Auflösung (Horiz. × Vert.)	Anmerkungen
VGA	60 Hz	640 × 480	Standard-VGA-Grafikmodus
Super VGA	min. 75 Hz	800 × 600	VESA-Standard 1993

Tab. 13.3: Bildwiederholfrequenz für verschiedene Standards und Auflösungen

 Verwenden Sie möglichst keine Bildschirmauflösungen, die Ihr Monitor nicht in mindestens 70 Hz (Non-Interlaced) darstellen kann.

13.3.3 Zeilenfrequenz (Horizontalfrequenz)

Neben der Bildwiederholfrequenz ist die Zeilenfrequenz (Horizontalfrequenz) eines der wesentlichen Leistungsmerkmale eines Monitors. Die Horizontalfrequenz gibt an, wie viele Bildschirmzeilen der Elektronenstrahl eines Monitors pro Sekunde schreiben kann, und wird in kHz angegeben. Sie finden für die verschiedenen Monitore Werte, die zwischen 15 und mehr als 100 kHz liegen, wobei der Frequenzbereich heute meist bei 30 kHz beginnt, weil niedrigere Zeilenfrequenzen nicht mehr benötigt werden. Naturgemäß gilt, daß höhere Zeilenfrequenzen für einen leistungsfähigeren Monitor mit besserem und schärferem Bild sprechen.

Wenn Sie einen angegebenen Wert für die Zeilenfrequenz durch die Anzahl der Bildschirmzeilen in einer vorgegebenen Auflösung teilen, erhalten Sie die maximale Bildwiederholfrequenz, die ein Monitor in dem entsprechenden Modus erreichen kann.

```
Bildwiederholfrequenz (Hz) = Zeilenfrequenz (kHz) / Bildschirmzeilen
```

Von diesem rechnerischen Wert sollten Sie ca. 10 Prozent abziehen, da der tatsächliche Wert durch Zeilenrückläufe und andere zusätzlich vom Elektronenstrahl zurückzulegende Strecken ein wenig unterhalb des Rechenergebnisses liegt.

Nehmen wir als Beispiel einen Monitor mit einer Zeilenfrequenz von 60 kHz und den Super-VGA-Modus mit 768 Bildschirmzeilen, erhalten wir rechnerisch eine maximale Bildwiederholfrequenz von 78,125 Hz (60.000/768). Nach Abzug von 10 Prozent kommen wir auf etwas mehr als 70 Hz, so daß die neueren VESA-Empfehlungen bereits die Grenzen des Monitors überschreiten.

Die benötigte Zeilenfrequenz für einen bestimmten Video-Modus können Sie umgekehrt aus den Werten für die gewünschte Bildwiederholfrequenz und vertikale Auflösung berechnen.

```
Zeilenfrequenz (kHz) = Bildschirmzeilen * Bildwiederholfrequenz (Hz)
```

Bei Anwendung dieser Formel sollten Sie aus den obengenannten Gründen ca. 10 Prozent zum rechnerischen Wert hinzuaddieren, um praktische Werte (inklusive Sicherheitsreserven) zu erhalten, wie sie die folgende Tabelle für gängige Auflösungen und Bildwiederholfrequenzen enthält.

Bildwieder-holfrequenz (Refresh-Rate)	640×480	800×600	1024×768	1280×1024	1600×1200
70 Hz	37,0 kHz	46,2 kHz	59,1 kHz	78,8 kHz	92,4 kHz
72 Hz	38,1 kHz	47,5 kHz	60,8 kHz	81,1 kHz	95,0 kHz
75 Hz	39,6 kHz	50,2 kHz	63,4 kHz	84,5 kHz	100,4 kHz
80 Hz	42,2 kHz	52,8 kHz	67,6 kHz	90,1 kHz	105,6 kHz
90 Hz	47,5 kHz	59,4 kHz	76,0 kHz	101,4 kHz	118,8 kHz
100 Hz	52,8 kHz	66,0 kHz	84,5 kHz	112,6 kHz	132,0 kHz

Tab. 13.4: Praktische Anhaltswerte für die Zeilenfrequenz (Horizontalfrequenz)

Nehmen wir als Beispiel den 800×600-Videomodus mit 72 Hz Bildwiederholfrequenz, erhalten wir 43,2 kHz (600×72) bzw. nach Hinzuaddieren von 10 Prozent 47,5 kHz als vom Monitor zu verarbeitende Zeilenfrequenz.

13.3.4 (Video-)Bandbreite

Die Bandbreite (Dot Clock) eines Monitors gibt an, wie viele Pixel innerhalb einer Sekunde auf den Monitor projiziert werden können. Diese wird in Megahertz (MHz) angegeben und berechnet sich entsprechend aus der Bildschirmauflösung und der Vertikalfrequenz (Refresh Rate). Auch hier müssen wieder einige Prozente hinzuaddiert werden, um jene Zeitspannen zu berücksichtigen, die der Elektronenstrahl für die horizontalen und vertikalen Rückläufe benötigt.

Bildschirme mit höherer Auflösung müssen daher über größere Bandbreiten verfügen. Als Beispiel soll ein Super-VGA-Monitor mit einer Auflösung von 800×600 und einer Refresh-Rate von 72 Hz dienen, bei dem sich rechnerisch eine benötigte Bandbreite von 34,56 MHz bzw. – nach Hinzuaddieren der üblichen 10 Prozent – knapp 40 MHz ergibt.

Um einige Vergleichswerte zu älteren Monitorstandards zu liefern und gleichzeitig die gestiegenen Anforderungen an die Hardware zu dokumentieren, soll erwähnt werden, daß für die frühen Monochrom- und CGA-Monitore Bandbreiten von 16,25 MHz bzw. 14,3 MHz ausreichten. Die Bandbreite eines Standard-VGA-Monitors liegt üblicherweise bei etwas mehr als 25 MHz. Rechnerisch ergäben sich lediglich 18,432 MHz (640×480×60). Dies liegt daran, daß das auf dem Monitor dargestellte Bild mit zunehmender Video-Bandbreite schärfer wird, so daß einige Reserven einkalkuliert und produziert werden.

Bandbreiten bis hinauf zu 200 MHz sind heute bei hochauflösenden Monitoren keine Seltenheit mehr. Naturgemäß schlagen sich bessere technische Werte unter Umständen kräftig im Preis nieder. Preisvergleiche können sich lohnen, zumal Auslaufmodelle (die keineswegs technisch veraltet sein müssen) häufig recht günstig erhältlich sind.

Damit haben wir die Erläuterung der technischen Kenndaten eines Monitors abgeschlossen. Natürlich beziehen sich die erläuterten Begriffe vorwiegend auf die meistverwendete Monitortechnologie, die vom Fernsehgerät her bekannte Kathodenstrahlröhre. Dieser und anderen Technologien werden wir uns nun zuwenden.

13.4 Bildschirmtechnologien

Um eine Entscheidung bezüglich des einzusetzenden Monitors fällen zu können, müssen Sie ein wenig mehr über dessen Technologie wissen. Nur so können Sie beurteilen, ob die gebotenen Merkmale Ihren Ansprüchen gerecht werden.

Bei den im Zusammenhang mit Monitoren eingesetzten Technologien handelt es sich um:

- Die traditionelle Kathodenstrahlröhre (CRT – Cathode Ray Tube),

- die Flüssigkristallanzeige (LCD – Liquid Crystal Display), die vorwiegend bei portablen Rechnern Einsatz findet,

- Gasplasma-Displays, die ebenfalls vorwiegend in Laptops verwendet werden, und

- TFT-Displays (ThinFilm Transistor), die im Bereich kleiner Farbfernseher bereits weitverbreitet sind und wahrscheinlich die Technologie der Zukunft darstellen werden.

13.4.1 Kathodenstrahlröhre (CRT)

Kathodenstrahlröhren, die hierzulande nach deren Erfinder auch Braunsche Röhren genannt werden, bestehen zunächst einmal aus der sichtbaren, leicht gewölbten Glas- bzw. Kunststoffschicht, die die Front der Röhre bildet. Auf der Rückseite ist diese Fläche mit Phosphor beschichtet. Die einzelnen sichtbaren Bildschirmpunkte leuchten, wenn sie vom Elektronenstrahl getroffen werden, um nach einer gewissen Zeit automatisch wieder zu verlöschen. Die Zeitspanne, während der das Phosphor leuchtet, hängt von den Eigenschaften des eingesetzten Phosphors ab. Ein ähnlicher Effekt wird bei der Herstellung bestimmter Uhren genutzt: Tagsüber treffen Lichtstrahlen deren Zeiger, die dann die Nacht über leuchten.

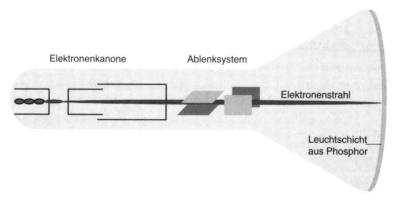

Abb. 13.2: Schematischer Aufbau einer Kathodenstrahlröhre

Bei Farbmonitoren besteht jedes Pixel eigentlich aus drei Leuchtpunkten, dem sogenannten Triplet: einem roten, einem grünen und einem blauen. Zusätzlich werden in Farbmonitoren Masken verwendet, die dafür sorgen, daß ein Elektronenstrahl nur einen der drei Phosphorpunkte eines Triplets treffen kann. Drei separate Elektronenkanonen für die drei verschiedenen Farben und damit Phosphorarten finden hier Verwendung.

Über das beim Monitor ankommende Signal und dessen Elektronik werden die Elektronenkanonen gesteuert, so daß die Pixel in der gewünschten Farbe leuchten. Werden die zu allen drei Farben gehörigen Phosphorpartikel mit voller Intensität vom Elektronenstrahl getroffen, entsteht weißes Licht. Soll ein bestimmter Bildschirmbereich zum Beispiel blau dargestellt werden, wird dieser nur von derjenigen Elektronenkanone beschossen, die für diese Farbe zuständig ist. Auf diese Art und Weise lassen sich mit Hilfe dreier Elektronenkanonen und dreier Phosphorarten alle gewünschten Misch- und Primärfarben erzeugen.

Die Bewegung des Elektronenstrahls über den Bildschirm wird über das Ablenksystem gesteuert, das bei einigen Monitoren recht empfindlich ist. Laute Musik oder auch das Netzteil einer Halogenlampe sind manchmal durchaus in der Lage, das Ablenksystem zu stören, was sich in einem störenden Bildschirmflimmern äußern kann.

Bildschirmmasken

Die Feinheit der Bildschirmmaske ist maßgebend für den Abstand der einzelnen Bildschirmpunkte voneinander. Dabei werden drei unterschiedliche Verfahren verwendet:

- Lochmasken
  Hier werden dünne Metallplatten verwendet, in die kleine Löcher in festen Abständen hineingestanzt werden.

- Streifenmasken
  Bei dieser von der Firma Sony entwickelten und patentierten Technik (Black Trinitron) werden schmale Metallstreifen in gleichmäßigen Abständen neben- und übereinandergelegt, so daß sich ein feines »Netz« ergibt.

- Schlitzmasken (Slot Mask)
  Eine von NEC entwickelte Technik, die die Vorteile der beiden zuvor genannten Masken verbindet. Die Bildschirmmaske besteht im Unterschied zur Streifenmaske aus einem Teil, das aus einer besonderen Legierung gefertigt wird, um die notwendige Stabilität zu erzielen.

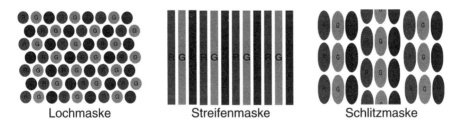

Abb. 13.3: Schematische Darstellung des Aufbaus der verschiedenen Maskenarten

Die Grenzen der technischen Möglichkeiten liegen seit einiger Zeit bei einem Dot Pitch von 0,25 mm. Bei kleineren Abständen wird die Stabilität der Masken zu gering.

Die Begriffe »Streifenmaske« und »Schlitzmaske« werden bzw. wurden weitgehend synonym verwendet. Bei der »Slot Mask« (Schlitzmaske) handelt es sich um eine neuere Entwicklung der Firma NEC, weshalb diese feine Unterscheidung früher nicht zu treffen war.

Lochmasken konnten lange nicht mit Pixelabständen von 0,25 oder 0,26 mm hergestellt werden, weshalb der Begriff »Streifenmaske« lange gleichbedeutend mit besserer Bildqualität verwendet werden konnte. Hinsichtlich Farbbrillanz und Kontrast sind Black-Trinitron-Röhren mit ihren Streifenmasken auch heute den Bildschirmen mit Lochmasken meist noch überlegen.

Der vergleichsweise harte Kontrast der Black-Trinitron-Bildröhre ist jedoch nicht unbedingt jedermanns Geschmack. Bei weichen Farbübergängen kann diese Eigenart auch eher störend wirken. Eine Beurteilung in dieser Hinsicht ist eigentlich nur zuverlässig im praktischen Einsatz möglich. Nur durch das Arbeiten an vergleichbaren Monitoren mit verschiedenen Masken und unterschiedlichen Programmen können Sie die Vor- und Nachteile der Technologien subjektiv beurteilen.

Eine Eigenart der Streifenmaske, die häufiger zu Rückfragen führt und aufgrund derer Sie die unter Verwendung dieser Technologie hergestellten Monitore von Lochmasken-Monitoren unterscheiden können, soll Ihnen auch nicht vorenthalten werden. Streifenmasken verwenden zur zusätzlichen Stabilisierung Stützdrähte, die bei eingeschaltetem Monitor und weißem Bildschirmhintergrund sichtbar werden. Bei der feinen grauen Linie im unteren Bildschirmdrittel handelt es sich nicht etwa um einen Fehler der Streifenmaske, sondern um diese Verstärkungsdrähte. Bei den Streifenmasken der 17-Zoll-Monitore finden Sie eine zweite feine graue Linie im oberen Bildschirmdrittel, da hier zwei Verstärkungsdrähte verwendet werden.

	Vorteile	**Nachteile**
Lochmaske	Sehr stabiles und reines Bild, gute Konvergenz und saubere Farbdifferenzierung	Bestimmte Bildauflösungen und Muster können zu Störmustern (Moiré) führen
Streifenmaske	Helles Bild, reine Farben, hohe Schärfe und hoher Kontrast	Stützdrähte können störende Streifen verursachen, Vibrationen führen leicht zu Flimmern
Schlitzmaske	Hoher Kontrast, sehr gute Schärfe, hohe Brillanz	–

Tab. 13.5: Vor- und Nachteile verschiedener Bildschirmmasken

Die Empfindlichkeit der Trinitron-Streifenmasken bei Vibrationen und Magnetfeldern erfordert etwas mehr Sorgfalt bei der Wahl des Monitorstandorts. Von (lauter) Musik verursachte Vibrationen und zu nah am Monitor aufgestellte Netzteile (zum Beispiel in Halogen-Tischlampen) können deutliches Monitorflimmern zur Folge haben. (Diese Beeinträchtigungen treten auch bei anderen Bildschirmarten auf, allerdings nur in schwächerer Form.)

Phosphoreigenschaften

Einzelne Bildschirmpunkte bestehen aus Phosphorpartikeln. Phosphor gibt es in einer Vielzahl verschiedener Farben, mit einer Fülle unterschiedlicher Eigenschaften und unterschiedlichen Bezeichnungen, wie zum Beispiel P17 oder P39. Die wesentlichen Eigenschaften der verschiedenen Phosphorarten sind deren Leuchtfarbe und Leuchtdauer.

In der Farbmonitor-Herstellung finden (mindestens) drei verschiedene Phosphorarten Verwendung. Monochrom-Monitore kommen mit einer Phosphorart aus, die die Farbe der Anzeige bestimmt. Die bernsteinfarbene oder grüne Anzeige bei älteren Monitoren ist Ihnen in dieser Hinsicht vielleicht bekannt.

Die Leuchtdauer des Phosphors spielt heute kaum noch eine Rolle, weil sie mit zunehmender Bildwiederholfrequenz an Bedeutung verliert. Bei älteren Bildschirmen wurde jedoch durch Verwendung nachleuchtenden Phosphors dafür gesorgt, daß sich das Bildschirmflimmern in erträglichen Grenzen hielt. Der Nachteil dieses Verfahrens liegt auf der Hand: Bei schnellem Wechsel des Bildschirminhalts ist die jeweils vorherige Anzeige noch als »Geisterbild« sichtbar.

 Bildschirmschoner sind bei modernen Farbmonitoren aufgrund der Phosphorbeschaffenheit nicht mehr erforderlich, bieten also in dieser Hinsicht keinen echten Nutzen. Dementsprechend traten bei den von mir in den letzten Jahren eingesetzten Bildschirmen – die häufig rund um die Uhr laufen – auch keine Einbrenneffekte mehr auf.

Typische Schwächen

Kathodenstrahlröhren liefern häufig gestochen scharfe Bilder und leisten exzellente Dienste. Gleichzeitig können sie aber mit ihren typischen Schwächen auch Anlaß von Ärgernissen darstellen.

Bauartbedingt kann bei Kathodenstrahlröhren eine ganze Reihe von Verzerrungen auftreten, die manchmal den ganzen Bildschirm, manchmal auch nur Teile desselben betreffen. Kissenverzerrungen, Linearitätsfehler und Bildlagefehler können äußerst störend wirken. Bildschirme mit umfangreichen Einstellmöglichkeiten kosten ein wenig mehr, sind aber immer empfehlenswert. Ideal ist es, wenn Sie darüber hinaus die Einstellungen für die verschiedenen Bildschirmmodi getrennt vornehmen und speichern können.

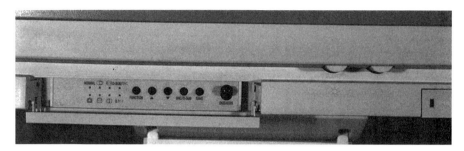

Abb. 13.4: Praktisch und kindersicher: Bedienungselemente hinter einer Frontplatte

Farbfehler sind auch nicht gerade selten. Meist wurden dann die Grundeinstellungen des Monitors in der Fabrik nicht sorgfältig genug vorgenommen. Bei älteren Monitoren verlor das verwendete Phosphor zuweilen auch seine Leuchtkraft. Einige Monitorserien erlangten auf diese Weise in Insiderkreisen traurige Berühmtheit. Nach dauerndem Einsatz über einen längeren Zeitraum hinweg wurden diese Bildschirme regelrecht »blind«. Die verwendete Phosphorbeschichtung wurde also regelrecht »zerschossen« und war nicht mehr zum Leuchten zu bewegen. Glücklicherweise sollten derartige Probleme der Vergangenheit angehören.

Die Ursache eines recht häufig vorkommenden Farbfehlers hat mit dem Monitor selbst wenig zu tun. Lose oder fehlerhafte Monitorkabel oder nicht richtig sitzende Stecker können zu Farbfehlern führen, bei denen ein Farbkanal teilweise oder ganz ausfällt.

 Achten Sie darauf, daß das Anschlußkabel des Monitors nicht verdreht wird. Mechanischer Zug oder Druck kann aufgrund des recht starren und kräftigen Kabels leicht zu mechanischen Beschädigungen der Kontakte und Anschlüsse führen. Wackelkontakte und ausfallende Farbkanäle können daraus resultieren.

Reparatur und Reinigung

Weil die Kathodenstrahlröhren der Computermonitore ähnlich wie Fernsehgeräte Staub regelrecht anziehen, sollten Sie die Oberfläche der Bildröhre ab und an abwischen. Insbesondere Rauchern dürfte dieses Problem bekannt sein. Verwenden Sie am besten ein leicht(!) angefeuchtetes Tuch mit Seifenlauge oder Geschirrspülmittel, um hartnäckigeren Verschmutzungen zu Leibe zu rücken. Übrigens ist dieser Effekt bei strahlungsarmen Monitoren wesentlich schwächer.

Die »Reparatur« der Monitor-Innereien sollten Sie einem Fachmann überlassen. Zunächst einmal benötigen Sie für die meisten Defekte ohnehin teure Meßgeräte. Darüber hinaus können in einem Monitor auch einige Wochen nach dem Ausschalten noch hohe Spannungen anliegen. Dabei handelt es sich beim Farbmonitor um bis zu 30.000 Volt. Solch starke elektrische Schläge lassen sich beim besten Willen nicht ohne weiteres verkraften. Also: Finger weg!

Für die Pflege eines Monitors gelten ansonsten die allgemeinen Regeln. Verwenden Sie keine scharfen Reinigungsmittel, und achten Sie insbesondere darauf, daß keine Feuchtigkeit in den Monitor gelangt.

Checkliste für die Monitorauswahl

Wenn Sie sich zum Kauf eines neuen Monitors entschließen wollen, sollten Sie neben dem Preis etliche Kriterien in Ihren Entscheidungsprozeß einbeziehen. Eine Aufstellung wichtiger Kriterien finden Sie in der folgenden Tabelle

Kriterium	Hinweise
Bildschirmauflösung	Höhere Bildschirmauflösungen sind vorteilhaft, benötigen aber auch mehr Video-Speicher, sofern diese nicht zu Lasten der maximal darstellbaren Farben gehen sollen. Ab 800×600 läßt sich mit modernen Benutzeroberflächen halbwegs vernünftig arbeiten.
Punktabstand (dpi)	Ein kleinerer Punktabstand (Dot Pitch) führt zu einem schärferen Bild. 0,28 mm sind üblich, 0,26 mm oder weniger sind vorzuziehen.
Bildwiederholfrequenz bzw. Refresh Rate (Hz)	Die Bildwiederholfrequenz sollte in allen angebotenen Bildschirmmodi die VESA-Empfehlungen (70 bzw. 75 Hz) erreichen oder übertreffen.

Tab. 13.6: Auswahlkriterien beim Monitorkauf

Kriterium	Hinweise
Horizontalfrequenz bzw. Zeilenfrequenz (kHz)	Die Zeilenfrequenz für bestimmte Video-Modi läßt sich aus der Bildwiederholfrequenz und der vertikalen Auflösung berechnen. Vgl. Sie dazu die Ausführungen im Text.
Bildschirmdiagonale (Zoll)	14-Zoll-Monitore sind nicht mehr zu empfehlen. 15 oder besser 17 Zoll Bildschirmdiagonale sollten es in der Regel schon sein.
Bedienelemente	Der Bildschirm sollte leicht erreichbare Bedienelemente an der Front aufweisen.
On-Screen-Menüs	Bei vielen modernen Monitoren lassen sich wichtige Einstellungen über Hilfsprogramme vornehmen, die direkt in entsprechenden Bausteinen im Monitor selbst gespeichert sind. Die Anzeige der Einstellungen erfolgt über spezielle Menüs direkt auf dem Bildschirm.
Eigenintelligenz	»Intelligente« Monitore mit umfangreichen Einstellmöglichkeiten, die sich möglichst getrennt speichern lassen sollten, bieten wesentlich höheren Komfort und können durch Rückmeldung an den Computer auch Aufschluß über ihre Fähigkeiten geben.
Strahlenemission	Weniger Strahlenemission ist besser. Die aktuellen Normen sollten in dieser Hinsicht erfüllt sein.
Anschlußkabel	Das Verbindungskabel sollte nicht fest am Monitor angebracht sein, sondern separat vorliegen. Bei Kabeldefekten brauchen Sie dann nicht den ganzen Monitor einzusenden.
Schwenkfuß	Ein Monitorschwenkfuß stellt heute in der Ausstattungsliste ein Muß dar.
Entspiegelung	Eine entspiegelte Oberflächenbeschichtung der Bildröhre gehört in die Wunschliste.
DDC	Moderne Monitore liefern über den Display Data Channel (DDC) Informationen wie Geräte- und Herstellerkenndaten sowie den eingestellten Bildschirmmodus an die Grafikkarte zurück. Auch die vollautomatische Erkennung des Monitors durch das Betriebssystem läßt sich auf diesem Wege realisieren, wenn dem Betriebssystem die Monitor-Kenndaten geläufig sind.

Tab. 13.6: Auswahlkriterien beim Monitorkauf

Kriterium	Hinweise
Grafikkarte	Beziehen Sie die Leistungsmerkmale Ihrer Grafikkarte in den Entscheidungsprozeß mit ein. Die Wechselwirkung zwischen Auflösung und Farbtiefe ist hier insbesondere relevant.
Lautsprecher	In den Monitor integrierte Lautsprecher können bei Platzmangel zum Beispiel zu einem ausschlaggebenden Kriterium werden. Klangwunder sollten Sie allerdings nicht erwarten.
Rechner und Arbeitsplatz	Berücksichtigen Sie gegebenenfalls weitere Anforderungen des Arbeitsplatzes und der Rechnerausstattung.

Tab. 13.6: Auswahlkriterien beim Monitorkauf

13.4.2 LCD-Bildschirme

Bei Flüssigkristallanzeigen (LCD – Liquid Crystal Display) handelt es sich wie bei der Braunschen Röhre um eine alte und bewährte Technologie. Zunächst wurden sie bei der Herstellung von Taschenrechnern und digitalen Armbanduhren verwendet. Dort haben sie die batteriefressenden roten Anzeigen binnen kürzester Zeit verdrängt. Später fanden sie ihren Einzug in den Computerbereich. Laptops, Notebooks und portable Rechner wurden vorwiegend mit LCD-Displays ausgestattet. Aufgrund der Schwächen der LCD-Displays, die insbesondere recht langsam reagieren, werden sie zunehmend von neueren Technologien verdrängt.

LCD-Bildschirme bestehen aus einem hellen, reflektierenden Hintergrund, der meist silbrig ist. Aktivierte Bildschirmpunkte erscheinen dann üblicherweise dunkel vor diesem Hintergrund. Dies wird dadurch erreicht, daß an der Position des zu aktivierenden Pixels Spannung angelegt wird, die dafür sorgt, daß sich die Lichtbrechung des Flüssigkristalls ändert. Vor diesem Hintergrund ist es auch nicht weiter verwunderlich, daß die Lesbarkeit der LCD-Anzeigen stark von den Lichtverhältnissen der Umgebung und dem Blickwinkel des Benutzers abhängig ist.

Abb. 13.5: Notebook mit LCD-DSTN- oder TFT-Display und Drucker (Bild: Canon)

Mit Einführung der hintergrundbeleuchteten LCD-Anzeigen konnte die Abhängigkeit von den Lichtverhältnissen der Umgebung erheblich verringert werden. Hintergrundbeleuchtete LCD-Anzeigen bieten einen wesentlich verbesserten und von den Umgebungslichtverhältnissen weniger abhängigen Kontrast. Hier bieten die Hersteller unterschiedliche Verfahren an, die alle das gleiche Ziel verfolgen: Hintergrundbeleuchtung (Backlight), Seitenbeleuchtung (Sidelight) bzw. Eckenbeleuchtung (Edgelight). Das zugrundeliegende Problem kann mit diesen Verfahren jedoch nicht beseitigt werden. Helles Licht führt weiterhin dazu, daß die LCD-Anzeige unlesbar wird.

Die Abhängigkeit der Lesbarkeit vom Blickwinkel des Benutzers ist ebenfalls eine Eigenschaft der LCD-Anzeigen, die sich bei der Arbeit am Rechner störend äußern kann. Sie gehen ans Telefon, verändern den Blickwinkel zum Monitor geringfügig, und schon können Sie die Anzeige unter Umständen nicht mehr entziffern. In dieser Hinsicht sind LCD-Anzeigen den Kathodenstrahlröhren weit unterlegen.

Lichtbrechung

Wie bereits erläutert, wird die Aktivierung eines Pixels dadurch erreicht, daß an der entsprechenden Bildschirmposition Spannung angelegt wird, woraufhin sich die Lichtbrechung des Flüssigkristalls ändert. Dabei werden die Kristalle gedreht bzw. rotiert. Der Umfang dieser Rotation läßt sich steuern. Je größer die erreichte Lichtbrechung dabei ausfällt, desto größer wird der Kontrast der Anzeige.

Ältere Displays erreichen eine Lichtbrechung von 90 Grad (Twisted Nematic), die Lichtbrechung der sogenannten Supertwist Nematic (STN) liegt bei 180 Grad oder mehr. Bei der Double- oder Triple-Supertwist-Nematic-Technologie wird das Licht noch stärker gebrochen, so daß sich damit auch LCD-Farbbildschirme herstellen lassen. Deren Möglichkeiten zur Darstellung verschiedener Farbnuancen sind allerdings beschränkt (typisch sind 4096 mögliche Farben).

Eine andere Möglichkeit zur Verstärkung des Kontrasts liegt in der Verwendung unterschiedlich rotierender Kristalle, so daß das Licht in mehrere Richtungen gebrochen wird.

Geschwindigkeit

Einer der größten Nachteile der LCD-Technologie ist die vergleichsweise geringe Geschwindigkeit, mit der sich der angezeigte Bildschirminhalt ändern läßt. Alte LCD-Anzeigen waren nicht in der Lage, mehr als drei Wechsel innerhalb einer Sekunde zu vollziehen. Vergleichen Sie diese »Geschwindigkeit« einfach einmal mit den für die Kathodenstrahlröhren üblichen 70 bis 75 Hz, und stellen Sie sich dann das Arbeiten mit einer Maus an einem solchen Bildschirm vor: Deren Bewegungen auf einem solch langsamen Bildschirm lassen sich im Prinzip nicht verfolgen.

Moderne LCD-Bildschirme erreichen zwar Refresh-Raten von mehr als 25 Hz, sind damit aber weiterhin für viele Einsatzzwecke zu langsam.

Auswahlkriterien (LCD)

Sollten Sie sich für einen Rechner mit preiswerter LCD-Anzeige entschieden haben, können Sie folgende Dinge in den Entscheidungsprozeß einbeziehen:

- Die Bildschirmauflösung
- Das Kontrast-Verhältnis sollte bei 20:1 oder darüber liegen. Leider kann Ihnen Ihr Händler diese Information meist nicht liefern, so daß Sie sie nur über den Hersteller erhalten können.
- Die Umschaltgeschwindigkeit sollte möglichst niedrig liegen, damit hohe Bildwiederholraten möglich sind.
- Die Anzeige sollte hintergrundbeleuchtet sein.
- Double Supertwist (DSTN) bzw. Triple Supertwist (TSTN) sind vorzuziehen.

13.4.3 PDP (Plasma Display Panel)

Gasplasma-Bildschirme bzw. PDPs werden ebenfalls vorwiegend in Laptops und Notebooks eingesetzt. Die Arbeitsweise dieser Anzeigen ist mit der der LCD-Bildschirme weitgehend identisch. Der einzige wesentliche Unterschied in der Funktionsweise besteht darin, daß anstelle von Flüssigkristall Gasplasma verwendet wird.

Gasplasma-Displays erreichen Refresh-Raten, die mit denen herkömmlicher Monitore vergleichbar sind, weisen aber den Nachteil auf, daß ihr Stromverbrauch erheblich höher als bei LCD-Displays liegt. Dadurch liegt die Lebensdauer von Batterien in portablen Rechnern bei Einsatz der Gasplasma-Technologie weit unterhalb der bei der LCD-Anzeige. Tatsächlich liegt der Stromverbrauch so hoch, daß sich ein netzunabhängiger Betrieb solcher Rechner kaum empfiehlt. Dies dürfte auch der Hauptgrund dafür sein, daß Gasplasma-Bildschirme bisher kaum Marktbedeutung errungen haben. Aufgrund neuerer Weiterentwicklungen könnte sich dies jedoch schon bald ändern.

13.4.4 TFT-Bildschirme

Die Technologie der Zukunft im Zusammenhang mit Monitoren heißt mit einiger Sicherheit TFT (ThinFilm Transistor), sofern nicht andere Forschungsansätze zu schnellen Ergebnissen führen. Auf einem TFT-Bildschirm gehört zu jedem einzelnen Bildschirmpunkt eine elektronische Zelle mit einem bzw. (bei Farbbildschirmen) drei Transistoren.

Ein wesentlicher Vorteil der TFT-Technologie ist der, daß die einzelnen Transistoren im Unterschied zu den bisherigen Technologien einmal eingestellte Lichtintensitäten in konstanter Stärke wiedergeben können. Darüber hinaus stellen einzelne Transistoren einzeln ansprechbare physische Einheiten dar, so daß Wechselwirkungen mit benachbarten Pixeln nicht auftreten können, wie dies zum Beispiel bei den anderen Technologien der Fall sein kann.

Daraus resultiert eine gestochen scharfe und kontrastreiche Bilddarstellung bei hoher Farbbrillanz. Die TFT-Technologie befindet sich bereits seit einigen Jahren im praktischen Einsatz. Kleine batteriebetriebene Farbfernsehgeräte verwenden sie zum Beispiel bereits seit Jahren.

Durch Anlegen unterschiedlich starker Spannungen an den für die einzelnen Pixel zuständigen Transistoren werden die unterschiedlichen Farbintensitäten gesteuert, so daß TFT-Displays in dieser Hinsicht genauso flexibel wie analoge Farbmonitore sind, die auf der Kathodenstrahlröhre basieren. Je ein separat ansteuerbarer Transistor ist für eine der Primärfarben zuständig.

Bildschirme

Abb. 13.6: Dieser Flachbildschirm der Firma Taxan basiert auf der TFT-Technologie und ist mit einem herkömmlichen 17-Zoll-Monitor vergleichbar. (Bild: Computer 2000)

Sieht man sich vor dem Hintergrund, daß die TFT-Technologie bereits seit Jahren bei kleinen Farbfernsehgeräten eingesetzt wird, die Situation im Computer-Bereich an, fragt man sich zwangsläufig, warum diese Technologie ihren Siegeszug nicht schon längst vollendet hat. Schließlich verfügt sie in vielen Bereichen über deutliche Vorteile.

Probleme bei der Herstellung der winzig kleinen Transistoren bzw. der TFT-Displays führten lange dazu, daß deren Einsatz verworfen wurde. Jeder einzelne Bildschirmpunkt wird durch einen winzigen Transistor repräsentiert. Fällt einer dieser Transistoren aufgrund eines Fertigungsfehlers aus, ist dieser Punkt gänzlich tot. Entsprechend fehlt ein Bildschirmpunkt ganz bzw. wird in falscher Farbe angezeigt, was sich beim Computer-Monitor für den Anwender recht störend auswirkt. Bei Fernsehern läßt sich dieser Effekt notfalls noch verschmerzen, beim Computer-Monitor, auf dem Texte und ähnliches dargestellt werden, jedoch nicht. Hinzu kommt, daß erst beim fertig produzierten TFT-Bildschirm festgestellt werden kann, ob einer der verwendeten Transistoren defekt ist, so daß ein einziger Bildschirmpunkt darüber entscheidet, ob das gefertigte Display reif für den Mülleimer ist.

Die bekannten Fertigungsverfahren haben die Herstellung der benötigten Transistoren mit der erforderlichen Zuverlässigkeit lange nicht gestattet. Ausfallraten von ca. einem Fertigungsfehler bei einer Million hergestellter Bauteile lassen sich nicht unterschreiten. Für ein fehlerfreies Farb-TFT-Display werden aber bei einer physischen Auflösung von 1024x768 Pixeln knapp 2,5 Millionen Transistoren benötigt. Dementsprechend ist es auf diesem Weg nahezu unmöglich, wirklich fehlerfreie TFT-Displays herzustellen. Der potentielle Käufer muß letztlich aber auch die Fertigung der fehlerhaften TFT-Displays mitbezahlen, so daß der Preis unnötig hoch wird.

Eine Lösungsmöglichkeit, die die geschilderten Probleme zwar nicht beheben, aber umgehen kann, wurde schon öfter eingesetzt. Nehmen wir ein TFT-Display und statten es mit jeweils zwei (sechs bei Farb-Displays) Transistoren für ein Pixel aus. Dann wird mittels entsprechender elektrischer Schaltkreise dafür gesorgt, daß bei Ausfall eines Transistors der jeweilige Reservetransistor dessen Aufgabe übernimmt. Damit wird zur Herstellung eines Displays zwar zunächst einmal die doppelte Anzahl Transistoren benötigt, die Produktion ist aber letztlich aufgrund der geringen Fehlerquote dennoch weit günstiger. Die Wahrscheinlichkeit, daß *beide* Transistoren an derselben Bildschirmposition ausfallen, ist äußerst gering.

Ein derartiger Lösungsansatz dürfte den TFT-Displays zum Durchbruch verhelfen, so daß wir es in naher Zukunft zunehmend mit dieser Technologie zu tun haben werden.

Auswahlkriterien (TFT)

In der Tabelle finden Sie einen Vergleich zwischen der TFT-Technologie und herkömmlichen Kathodenstrahlröhren.

Kriterium	Vorteile/Nachteile
Größe	Aufgrund der viel geringeren Bautiefe von wenigen Zentimetern wesentlich geringere Standfläche; Wandmontage möglich
Gewicht	Typischerweise weniger als 25% vergleichbarer Monitore
Stromverbrauch	Nur ca. 20-25% vergleichbarer Monitore
Vertikalfrequenz	ca. 50 bis 75 Hz; Flimmerfreiheit ist also gewährleistet
Auflösung	Auch hohe Auflösungen sind mittlerweile realisierbar
Verzerrungen	Probleme wie Kissenverzerrungen etc. existieren bei TFTs nicht

Tab. 13.7: Vergleich der TFT-Technologie mit der herkömmlichen Braunschen Röhre

Kriterium	Vorteile/Nachteile
Bilddarstellung	Gestochen scharfe und kontrastreiche Bilddarstellung bei hoher Farbbrillanz
Farbtiefe	HiColor wird problemlos realisiert, TrueColor scheint noch schwierig bzw. teuer
Leuchtstärke (Candela)	ca. 150 bis 200 cd/m²
Strahlung	Prinzipbedingt fast Null
Preis	Mit dem vierfachen Preis muß bei TFTs gerechnet werden

Tab. 13.7: Vergleich der TFT-Technologie mit der herkömmlichen Braunschen Röhre

Die flachen TFT-Displays haben allgemein keine Probleme mit Verzerrungen. Auflösung, Kontrast und Farbbrillanz dieser Displays sind weit besser als bei LCD-Anzeigen und erreichen Werte, die mit denen der Kathodenstrahlröhre vergleichbar sind. Lediglich Stromverbrauch (im Hinblick auf den mobilen Einsatz) und insbesondere die Preise der TFT-Displays lassen noch zu wünschen übrig. Verglichen mit Gasplasma-Displays sieht der Stromverbrauch der TFT-Displays allerdings immer noch recht günstig aus.

13.5 Ergonomische Aspekte

Obwohl die Ergonomie von Monitoren seit Anfang der achtziger Jahre Gegenstand der Forschung ist, gibt es in der EG bis heute keinen gesetzlichen Standard. Ein in Deutschland zugelassener Monitor muß die deutschen Richtlinien für Abschirmung der Röntgenstrahlung erfüllen (RÖV), funkentstört (FTZ, VDE 0871 B) und vom TÜV bauartgeprüft sein. Mit dem GS-Zeichen (geprüfte Sicherheit) wird bescheinigt, daß ein Monitor zusätzlich bestimmte ergonomische Qualitäten im Hinblick auf die Schrift, den Kontrast und die Helligkeit erreicht.

Untersuchungen im Hinblick auf die von Monitoren abgegebene Röntgenstrahlung und die schwachen Magnetfelder liefern keine Beweise, allenfalls statistische Signifikanzen für deren Schädlichkeit. Hinzu kommen noch die vom Monitor erzeugten elektrostatischen Felder, die ebenfalls zu gesundheitlichen Beeinträchtigungen führen können.

13.5.1 Beschwerden

Von Beschwerden hört man häufiger. Umfragen der Bundesanstalt für Arbeit unter mehreren Tausend Bildschirmbenutzern haben ergeben, daß körperliche Beschwerden häufig auftreten:

- 65% klagen über Kopfschmerzen,
- 60% haben Rücken- und Bewegungsbeschwerden und
- 40% berichten von Augenbeschwerden.

Brennende Haut, gerötete und trockene Augen, Augenflimmern, Kopfschmerzen, Schmerzen im Schulter- und Nackenbereich und im Rücken werden in dieser Hinsicht häufig genannt. Teilweise treten derartige Beschwerden bei jeder Art anstrengender Augenarbeit auf. Viele Beschwerden stellen auch einfach Folgen der verkrampften Haltung am Bildschirmarbeitsplatz dar. Eine weitere wesentliche Ursache der aufretenden Beschwerden ist darüber hinaus in der häufig mangelhaften Qualität des Monitors und der zugehörigen Grafikkarte zu sehen.

Erste und wichtigste Maßnahme zum Schutz der Anwender ist die Auswahl eines qualitativ hochwertigen Monitors. Lesbarkeit, Größe und Schärfe der Schrift, Refresh-Rate und entspiegelte Bildröhren sind hier wichtige Beurteilungskriterien.

Um Strahlenbelastungen und ähnliches möglichst gering zu halten, sollte man sich jeweils am möglichst aktuellen MPR-Standard orientieren.

13.5.2 Elektromagnetische Felder

Die schwedische Regierung beauftragte 1987 den nationalen Rat für Meßtechnik und Prüfung (MPR – Statens mät och provstyreise – National Board for Measuring and Testing) mit der Entwicklung von Meßmethoden und der Festlegung von Grenzwerten für die Strahlenbelastung an Bildschirmarbeitsplätzen.

1988 wurde die MPR I-Norm vorgelegt, die 1990 durch die mittlerweile zum Weltstandard gewordene verschärfte MPR II-Norm abgelöst wurde.

In dieser Norm werden Grenzwerte für magnetische Felder festgelegt:

- VLF-Felder (Very Low Frequency), die im Bereich zwischen 2 und 400 kHz liegen. Bei Monitoren handelt es sich insbesondere um den Frequenzbereich, der der Horizontalfrequenz entspricht, also dem Bereich zwischen 15 und 100 kHz.

- ELF-Felder (Extremely Low Frequency), die unter 2 kHz angesiedelt sind. Von Belang ist hier der Bereich der Bildwiederholfrequenz, also der Bereich zwischen 50 und 100 Hz.

Die beiden Felder sind jeweils seitlich und oberhalb eines Monitors am stärksten. Die gängigen Abschirmverfahren wirken recht gut bei VLF-Feldern, während ELF-Felder nur schwer einzuschränken sind. Dummerweise sind letztere gefährlicher.

Die Stärke magnetischer Felder wird in 50 cm Abstand vom Bildschirm gemessen und in milliGauss (mG) angegeben. Die empfohlenen Grenzwerte gemäß MPR II sollten 0,25 mG für VLF- bzw. 2,5 mG für ELF-Felder nicht überschreiten.

Mittlerweile orientieren sich viele Monitor-Hersteller am MPR-Standard und stellen entsprechend strahlungsarme Monitore her.

13.5.3 Elektrostatische Felder

Elektrostatische Felder können zwischen Monitor und Anwender über 10 kV/m betragen. Die Aufladung der Bildröhre sorgt für den bekannten Effekt, daß nicht nur Staub und Rauch, sondern auch Bakterien und Pilze vom Monitor angezogen werden, um dem Anwender ins Gesicht geschleudert zu werden.

Elektrisch leitende, beschichtete und geerdete Bildröhren können hier für Abhilfe sorgen und eine Reduzierung der elektrostatischen Felder um 95 Prozent herbeiführen. Derart konstruierte Monitore ziehen praktisch keinen Staub an und knistern auch nicht bei Berührung.

13.5.4 Energieverbrauch und Umweltschutz

Hinsichtlich des Energieverbrauchs wurde in den USA der Energy-Star-Umweltschutzstandard vom US-Umweltministerium EPA ins Leben gerufen. Mit dem Energy Star werden Geräte ausgezeichnet, die zum Beispiel besonders wenig Energie verbrauchen.

Nach einer definierten Zeit der Nichtnutzung gehen die Geräte gegebenenfalls stufenweise in einen Schlaf-Modus (Standby) über. Dadurch wird nicht nur der Stromverbrauch der Geräte erheblich reduziert, sondern in der Regel auch deren Lebensdauer verlängert, was wiederum das Aufkommen von Computer-Müll reduzieren hilft.

13.5.5 Arbeitsumgebung

Mittlerweile haben Diskussionen über meßbare Emissionen von Computer-Monitoren dazu geführt, daß andere ergonomische Gesichtspunkte häufig vernachlässigt werden. Im wesentlichen handelt es sich dabei um die allgemeine Gestaltung des Arbeitsplatzes.

Zunächst einmal muß der Monitor richtig positioniert werden. Dies ist dann der Fall, wenn sich der obere Bildschirmrand bei aufrechter Sitzhaltung und leicht aufwärtsgeneigtem Gerät etwa in Augenhöhe befindet. Der empfohlene Mindestabstand zum Bildschirm beträgt bei einem 14-Zoll-Monitor etwa 50 Zentimeter. Der Bildschirm sollte darüber hinaus nicht seitwärts versetzt stehen.

Eine aufrechte Sitzhaltung beugt Nackenverspannungen und Kopfschmerzen vor. Weiterhin sollten Monitor und Anwender nicht direkt von der Sonne angestrahlt werden. Der Monitor sollte weder vor einer hellen Wand noch mit dem Bildschirm zum Fenster aufgestellt werden.

Lichtreflexionen und Spiegelungen auf dem Bildschirm sollten möglichst vermieden werden. Vielfach können Bildschirmfilter Abhilfe schaffen, die vor den Bildschirm montiert werden und Lichtreflexe vermindern. Entspiegelte Monitore sind in diesem Zusammenhang natürlich auch von Vorteil.

Abb. 13.7: Bildschirmfilter vermindern Reflexionen.

Ein weiterer, nicht zu vernachlässigender Aspekt ist die Farbzusammenstellung innerhalb der eingesetzten Programme. Hier reagieren Anwender zwar subjektiv unterschiedlich, dennoch gilt, daß grelle Farbkombinationen auf Dauer buchstäblich »auf die Augen gehen«. Leider gilt hier, daß die an sich am wenigsten belastende Auswahl gleichzeitig am wenigsten attraktiv erscheint: Weiß auf Schwarz ist im Zeitalter grafischer Benutzeroberflächen einfach nicht mehr angesagt.

Flackernde Neonröhren können ebenfalls Ursache von Augenbeschwerden sein. Diese arbeiten üblicherweise mit der 50-Hz-Frequenz der Stromversorgung. Auch wenn das Flackern der Neon-Beleuchtung nicht bewußt wahrnehmbar ist, kann es zu empfindlichen Störungen führen. Abhilfe können hier spezielle Vorspann-Netzteile schaffen, die dafür sorgen, daß die Röhren zum Beispiel mit 100 Hz »Leuchtwiederholfrequenz« arbeiten.

Bleibt zuletzt noch die »ergonomische« Empfehlung, sich in möglichst bequemer Bekleidung vor den Rechner zu setzen. Ein zu breiter Gürtel oder zu enge Kleidung können leicht zur Ursache von Verspannungen und allgemeinem Unwohlsein werden. Selbst eine Armbanduhr, die das Handgelenk umspannt, kann hier zur Wurzel allen Übels (Sehnenscheidenentzündung) werden. Unsere englischsprachigen Zeitgenossen sprechen in diesem Zusammenhang übrigens von CTS (Carpal-Tunnel Syndrome).

 Stühle mit Armlehnen können auch zur Ursache übler Verspannungen werden. Das liegt zwar nicht an den Armlehnen als solchen, aber Aufstützen und Anlehnen kann andauernde Fehlhaltungen regelrecht provozieren – und die werden dann schnell zur eigentlichen Ursache gesundheitlicher Beeinträchtigungen. (Sie brauchen die Armlehnen also nicht abmontieren – *meiden* Sie sie!)

13.5.6 Ergonomisches Resümee

Alles in allem wird der Streit über Gesundheitsschäden und die Arbeit am Computer wahrscheinlich andauern. Augenbeschwerden sollen durch Bildschirmarbeit zwar nicht hervorgerufen, aber sicherlich eher erkannt bzw. diagnostiziert werden, Hautausschlag und Juckreiz können durchaus durch »Beschuß« vom Monitor hervorgerufen werden. Inwieweit dies der Fall ist, läßt sich nur sehr schwer beurteilen, weil hier auch die Empfindlichkeit jedes einzelnen eine wichtige Rolle spielt.

Einzelfälle, in denen Menschen auf die Strahlendosis des Monitors allergisch mit Hautausschlag reagieren, sind ebenfalls bekannt geworden, aber nur selten direkt darauf zurückzuführen.

Die Gefährdungen sollten keineswegs aus den Augen verloren, aber auch nicht allzu kritisch gesehen werden. Allgemein führen einseitige Belastungen auch in anderen Bereichen zu Beschwerden. Der Computer-Monitor ist in dieser Hinsicht nur eines von vielen Übeln, die uns die zunehmende Technisierung beschert hat und noch bescheren wird.

13.5.7 Trends

Über einen langen Zeitraum hinweg hat die klassische Kathodenstrahlröhre den Markt beherrscht. Andere Technologien befinden sich zur Zeit entweder noch in den Anfängen oder weisen (noch) deutliche (prinzipielle) Schwächen auf. Dennoch kann davon ausgegangen werden, daß die Entwicklungen in bestimmte Richtungen vorangetrieben werden. Einige dieser Richtungen sollen hier kurz vorgestellt werden.

13.5.8 Ergonomische Monitore

Um sich bei der klassischen Braunschen Röhre Vorteile gegenüber der Konkurrenz zu sichern, entwickeln die Hersteller Monitore mit höheren Bildwiederholfrequenzen, die weniger Strahlung erzeugen und weniger Energie verbrauchen. Entsprechende Monitore werden mit der Zeit preiswerter und damit auch für breitere Käuferschichten bezahlbar.

13.5.9 Leichte, großflächige Monitore

Größere Monitore mit klassischer Bildröhre erreichen ein erhebliches Gewicht. Aufgrund ihrer Bauart benötigen sie zudem eine gewisse Tiefe und damit relativ große Stellflächen. Durch neue Technologien werden flache Monitore möglich, die weniger Verzerrungen erzeugen, weniger Strom verbrauchen und keine Strahlung abgeben.

Die TFT-Technologie verspricht in dieser Hinsicht einiges für die Zukunft. Stellen Sie sich einen großflächigen Monitor vor, der in Ihrem Wohnzimmer an die Wand montiert wird, dürfte schnell klar werden, daß die Braunsche Röhre in dieser Hinsicht bauartbedingt wohl kaum noch langfristige Zukunftsperspektiven hat. Großflächige TFT-Displays werden zunehmend hergestellt, sind aber vorläufig aufgrund ihres hohen Preises noch vergleichsweise unattraktiv. Erste Plasma-Displays mit Bildschirmdiagonalen von 40 Zoll wurden 1997 bereits vorgestellt.

Für viele Einsatzzwecke wie zum Beispiel Desktop Publishing besteht Bedarf an großflächigen oder zweiseitigen (DualPage) Monitoren, auf denen sich ganze oder mehrere Seiten gleichzeitig betrachten und komfortabel bearbeiten lassen. Die damit einhergehenden und zu bewältigenden Datenmengen führen jedoch gleichzeitig zu Anforderungen an die Rechnerleistung, die bisher nicht zu bewältigen waren. Neben dem großen Monitor benötigen Sie Unmengen an Video- und Arbeitsspeicher, Rechenleistung und Festplattenspeicherkapazität.

Werfen wir einen Blick auf jene Rechner, die im professionellen Bildbearbeitungsbereich eingesetzt werden, geht unter 64 MByte Arbeitsspeicher und einigen Gigabyte Festplattenkapazität recht wenig. Mehrprozessorsysteme, wie sie zum Beispiel von der Firma Silicon Graphics hergestellt werden, dominieren hier eindeutig. Selbst die schnellsten PCs sind hier immer noch deutlich überfordert.

13.5.10 Kleine Monitore

Zunächst scheint diese Variante der vorherigen zu widersprechen. Unterscheidet man aber zwischen gemeinsam nutzbaren Geräten und jenen, die einzelne Personen in aller Abgeschiedenheit benutzen, wird klar, daß beide Erscheinungsformen zukünftig ihre Berechtigung haben werden. Wenden wir uns gleich dem Extremfall zu, werden Bildschirme zunehmend Verbreitung finden, die sich in einer »Brille« unterbringen lassen. Komplexe optische Systeme werden physische Problemkreise überwinden, wie zum Beispiel den Umstand, daß das menschliche Auge einen gewissen Mindestabstand benötigt, um Objekte scharf sehen zu können.

Mit derartigen Miniatur-Monitoren wird es möglich, sich über den Computer in dreidimensionale künstliche Welten zu begeben und sich darin zu bewegen. Das Schlagwort »Cyberspace« ist bereits seit Jahren immer wieder Thema aktueller Diskussionen. Die Anforderungen an die Rechenleistung sind jedoch immens hoch und (noch) nicht mit Systemen zu bewältigen, deren Preise sich in halbwegs erschwinglichen Bereichen bewegen.

 Wenn Sie einen Monitor in Brillenform benutzen, bewegen Sie sich im Prinzip in einer künstlichen (virtuellen) Realität! Untersuchungen deuten darauf hin, daß die Abkopplung des menschlichen visuellen Systems von der realen Umwelt zumindest übergangsweise zu Koordinationsproblemen und ähnlichen Nebeneffekten führen *kann*!

Abb. 13.8: In diesem Helm sind neben Monitor und Lautsprecher weitere Sensoren integriert, die Aufschluß über Kopfdrehung und -neigung geben.

13.5.11 HDTV

Darauf, daß der HDTV-Fernsehstandard mit einem Seitenverhältnis von 16:9 arbeitet und damit nicht mehr mit dem Computer-Monitor kompatibel ist, habe ich bereits kurz hingewiesen. Video-Freaks werden diese Tatsache wohl ein wenig besorgt zur Kenntnis nehmen, weil dies bedeutet, daß die bisherige Video- und auch Computer-Hardware als veraltet anzusehen ist.

Beinahe zwangsläufig sind mittlerweile erste Computer-Monitore auf dem Markt erschienen, die dem HDTV-Standard Rechnung tragen. Diese verwenden dann aber wiederum ein Seitenverhältnis von 16:10 und gehen damit über HDTV hinaus, um auf diesem Wege die gleichzeitige Darstellung von zwei A4-Seiten nebeneinander auf dem Monitor zu gestatten.

Ob im Computer-Bereich allerdings generell vom 4:3-Seitenverhältnis abgewichen wird, steht zur Zeit wohl noch in den Sternen. Wahrscheinlich existieren die beiden Standards auf längere Sicht nebeneinander.

13.6 Pin-Belegung der Monitorstecker

Monitore werden entweder digital oder analog gesteuert. Der Unterschied liegt in der Art der zum Monitor übertragenen elektrischen Signale. Digitale Monitore werden durch Signale mit fester Spannung gesteuert. Die Anzahl der darstellbaren Farben ist damit automatisch beschränkt, da sie binär gesteuert wird. Mit drei Farb- und einem Intensitätssignal lassen sich insgesamt 16 verschiedene Farben realisieren, die den Programmierern unter Ihnen leidlich bekannt sein dürften.

Bei einem analogen Monitor treffen Signale unterschiedlicher Stärke ein und ermöglichen so die wesentlich variablere Steuerung der Farbgebung. Die Leitungen für die verschiedenen Farben (Rot, Grün und Blau) transportieren also Signale, die eine Vielzahl verschiedener Werte annehmen können. Analoge Monitore können damit theoretisch eine unendliche Anzahl verschiedener Farben darstellen. 256 Farben stellen heute das unterste Minimum dar. Die übliche Obergrenze liegt bei 16,7 Millionen Farben bzw. 24 Bit Farbtiefe.

Der Anschluß eines Monitors erfolgt meist über D-förmige Stecker. Diese haben üblicherweise 9 oder 15 Pins und weisen gleiche äußere Abmessungen auf.

13.6.1 Analoge Monitoranschlüsse

Analog arbeitende (VGA-)Monitore, wie sie heute meist verwendet werden, verfügen in der Regel über Anschlüsse mit 15 Pins. Multiscan-Monitore verfügen zuweilen auch über separate Koaxial-Anschlüsse (BNC-Connector) für die Primärfarben und die Signale für die vertikale/horizontale Synchronisation. Um die BNC-Anschlüsse verwenden zu können, müssen Sie üblicherweise zusätzlich einen Schalter am Monitor betätigen.

Abb. 13.9: Anschlüsse eines Multiscan-Monitors

Zuweilen treffen Sie auch auf spezielle Monitore, die über mehrere BNC-Anschlußreihen verfügen. Diese verfügen dann sowohl über einen Signaleingang als auch -ausgang, so daß Sie mehrere Bildschirme zum Beispiel zu Präsentationszwecken an eine einzige Grafikkarte anschließen und hintereinanderschalten können.

Die folgenden Tabellen geben die Anschlußbelegungen für die monochrome bzw. farbige Variante analoger Monitore wieder.

Pin	Signal
1	Nicht benutzt
2	Monochromes Signal
3	Nicht benutzt
4	Monitor-Identifikation Bit 2
5	Masse
6	Schlüssel-Pin
7	Monochrome Masse
8	Nicht benutzt
9	Nicht benutzt (Pin fehlt)
10	Synchronisation Masse
11	Monitor-Identifikation Bit 0
12	Monitor-Identifikation Bit 1
13	Horizontale Synchronisation
14	Vertikale Synchronisation
15	Nicht benutzt

Tab. 13.8: VGA-Monochrommonitor-Anschlußbelegung

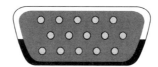

Abb. 13.10: Typische VGA-Monitorstecker sind 15polig

Pin	Signal
1	Rot
2	Grün
3	Blau
4	Monitor Identifikation Bit 2
5	Masse, DDC1-Return
6	Rot Masse
7	Grün Masse
8	Blau Masse
9	Nicht benutzt, DDC1 (5 V)
10	Synchronisation Masse
11	Monitor Identifikation Bit 0
12	Monitor Identifikation Bit 1, DDC1-Signal
13	Horizontalsynchronisation
14	Vertikalsynchronisation
15	Monitor-Identifikations-Bit 3, DDC1-Signal

Tab. 13.9: VGA-Farbmonitor-Anschlußbelegung

 Über die Identifikations-Bit-Leitungen kann ein Monitor der Grafikkarte seinen Typ (VGA, SVGA, Farbe, Monochrom) bekanntgeben. Diese Leitungen sind nur beim 15poligen Stecker vorhanden und werden von den Grafikkarten nicht immer ausgewertet.

Beim Anschluß eines Multiscan-Monitors müssen Sie zuweilen ein Verbindungskabel benutzen, das an der einen Seite einen 15-Pin-, an der anderen Seite einen 9-Pin-Stecker aufweist. Die Zuordnung der Leitungen wird in Tabelle 13.10 wiedergegeben.

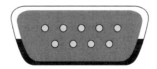

Abb. 13.11: Nicht nur bei Multiscan-Monitoren begegnen Sie der neunpoligen Variante des VGA-Monitor-Steckers.

9-Pin-Signal	Belegung	15-Pin-Signal
1	Rot	1
2	Grün	2
3	Blau	3
4	Horizontalsynchronisation	13
5	Vertikalsynchronisation	14
6	Rot Masse	6
7	Grün Masse	7
8	Blau Masse	8
9	Synchronisation Masse	10
–	Masse	5

Tab. 13.10: Übergang von DB-9- auf DB-15-VGA-Monitoranschluß

Achten Sie auf die Verwendung des richtigen Kabels. Aus den Tabellen geht hervor, daß gleich aussehende Kabel keineswegs auch gleich belegt sein müssen. Insbesondere Leitungen für nicht belegte Pins werden nicht durchgeschaltet.

Achten Sie auch darauf, daß Sie den richtigen Anschluß verwenden. Sowohl VGA-Grafikkarten als auch VGA-Monitore (insbesondere Multisync-Monitore) verfügen zuweilen sowohl über einen DB-9- als auch einen DB-15-Anschluß. Aufgrund der gleichen Außenabmessungen können Sie beim Versuch, den falschen Stecker an die falsche Buchse anzuschließen, Pins verbiegen oder gar abbrechen. (Verbogene Pins können Sie häufig mit einem Schlitzschraubenzieher oder einer Spitzzange wieder richten.)

Insbesondere müssen Sie darauf achten, daß Sie analoge und digitale DB-9-Anschlüsse nicht verwechseln. Eine solche Verwechslung kann eine Beschädigung des Monitors zur Folge haben!

13.6.2 Digitale Monitoranschlüsse

Digitale Monitore verfügen üblicherweise über 9-Pin-Anschlüsse, die auch als TTL bezeichnet werden. TTL steht für Transistor-Transistor Logic.

Zuweilen arbeiten CGA-Monitore auch mit einem Composite Video Signal. Das zugehörige Kabel entspricht der RCA-Norm, die auch bei Fernseh- und HiFi-Geräten verwendet wird. Hier werden alle Signale auf einer Leitung übertragen. Sofern Ihr Fernseher der amerikanischen Norm entspricht, können Sie diesen an eine entsprechende CGA-Grafikkarte anschließen. Darüber hinaus weist die CGA-Karte noch weitere Anschlüsse auf. Über einen 4-Pin-Anschluß und einen RF-Modulator kann der Adapter an Fernsehgeräte (gemäß NTSC) angeschlossen werden, ein Anschluß für einen Lichtgriffel ist ebenfalls vorhanden.

 Achtung! Achten Sie bei neunpoligen Anschlüssen besonders darauf, daß Monitor und Grafikkarte denselben Standard unterstützen. Verwechslungen können gravierende Schäden zur Folge haben.

Mittlerweile werden digitale Monitore nur noch selten verwendet. Die Anschlußbelegungen finden Sie in den folgenden Tabellen.

Pin	Signal
1	Masse
2	Masse
3	Nicht benutzt
4	Nicht benutzt
5	Nicht benutzt
6	Intensität
7	Video
8	Horizontale Synchronisation
9	Vertikale Synchronisation

Tab. 13.11: TTL-Monochrom-Anschlußbelegung

Pin	Signal
1	Masse
2	Sekundär Rot
3	Primär Rot
4	Primär Grün
5	Primär Blau
6	Sekundär Grün (Intensität bei Monochrom)
7	Sekundär Blau (Video bei Monochrom)
8	Horizontale Synchronisation
9	Vertikale Synchronisation

Tab. 13.12: EGA-TTL-Anschlußbelegung

Pin	Signal
1	Masse
2	Masse
3	Rot
4	Grün
5	Blau
6	Intensität
7	Reserviert
8	Horizontale Synchronisation
9	Vertikale Synchronisation

Tab. 13.13: CGA-TTL-Anschlußbelegung

Pin	RF-Modulator	Lichtgriffel
1	+12 Volt	Eingabe
2	Nicht benutzt	Nicht benutzt
3	Composite Video	Lichtgriffelschalter
4	Masse	Gehäuse-Masse
5		+5 Volt
6		+12 Volt

Tab. 13.14: Anschlußbelegung für RF-Modulator und Lichtgriffel

Auch bei TTL-Monitoren gilt: Vorsicht beim Anschließen! Verwechslungen sind möglich und können zur Beschädigung des Monitors führen.

Sollten Sie Schwierigkeiten haben, einen digital ansteuerbaren Monitor zu finden, können Sie sich unter Multiscan-Monitoren umsehen. Zuweilen verfügen diese nicht nur über analoge, sondern auch über digitale Eingänge.

13.7 Monitor-Konfiguration

Im Zuge des Fortschritts der letzten Jahre müssen heute selbst Monitore (teilweise recht aufwendig) installiert bzw. konfiguriert werden. Nach dem Einstöpseln des Monitor- und des Stromversorgungskabels sind oft etliche weitere Feineinstellungen durchzuführen. Diese erfolgen zum einen über Programme, die den Grafikkarten beiliegen, so daß es sich hier eigentlich um die Konfiguration der Grafikkarte und nicht des Monitors handelt. Hier passen Sie die Grafikkarte an die technischen Kenndaten Ihres Monitors (Zeilenfrequenz, Bildwiederholfrequenz etc.) an. Die fraglichen Parameter wurden in diesem Kapitel ausführlich besprochen.

13.7.1 Monitor-Konfiguration unter Windows 9x

Aber auch vielen neueren Monitoren liegen entsprechende Programme bei, und selbst unter modernen Betriebssystemen wie Windows finden Sie mittlerweile Auswahlmöglichkeiten zum Monitor vor. Diese erreichen Sie am einfachsten, indem Sie auf dem Windows-Desktop mit der rechten Maustaste klicken und im lokalen Menü *Einstellungen* wählen. Wie immer erreichen Sie die nachfolgend besprochenen Dialoge auch über *Start*, *Einstellungen*, *Systemsteuerung* und das Symbol *Anzeige*.

Über die Register *Hintergrund* und *Darstellung* können Sie das Windows-Hintergrundbild und das für den Desktop zu verwendende Farbschema einstellen. Da diese Einstellungen nichts mit der Systemfunktion zu tun haben, werde ich sie hier nicht näher besprechen.

Im Register *Bildschirmschoner* finden Sie neben diesbezüglichen Einstellungen auch jene für die Energiesparfunktion des Bildschirms, sofern der gewählte Bildschirm diese unterstützt. Hier können Sie wunschgemäß Einstellungen vornehmen.

Sowohl der Bildschirmschoner als auch die Energiesparfunktion können insbesondere Echtzeitvorgänge wie zum Beispiel das Brennen von CDs empfindlich stören bzw. sogar vereiteln. In einem solchen Fall sollten Sie auf die Aktivierung dieser Funktionen verzichten.

Im Register *Einstellungen* können Sie die zu verwendende Farbtiefe und Bildschirmauflösung Ihren Wünschen gemäß auswählen und den Fähigkeiten Ihrer Hardware entsprechend einstellen, wenn Sie erst einmal die passende Grafikkarte und den passenden Monitor ausgewählt haben.

Kapitel 13

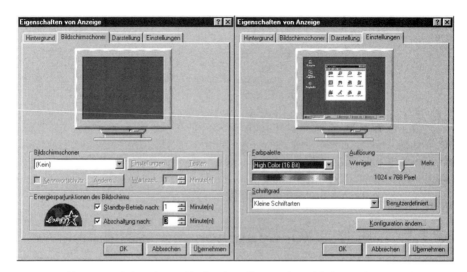

Abb. 13.12: Links nehmen Sie die Einstellungen für Bildschirmschoner und Energiesparfunktion, rechts für Bildschirmauflösung und zu verwendende Farbtiefe vor.

Wenn Sie den Schalter *Konfiguration ändern* anklicken, gelangen Sie in ein Dialogfeld, in dem Sie sowohl die Grafikkarte als auch den Bildschirmtyp auswählen können.

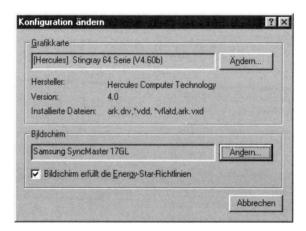

Abb. 13.13: Aus diesem Dialog heraus können Sie unter Windows die Grafikkarte und den Bildschirmtyp wählen.

Im unteren Teil finden Sie die Angaben zum gewählten Bildschirm. Über den Schalter *Ändern* kann ein konkreter Monitortyp ausgewählt werden. Dabei verfolgt Windows 95 das an sich benutzerfreundliche Konzept, den Anwender einfach sein Monitorfabrikat auswählen zu lassen. Wenn dieses tatsächlich als kompatibles Modell angezeigt wird, stellt dies den Anwender vor keine Probleme. Angesichts der Fülle der verschiedenen Monitore und der (meist noch) mangelhaften Erkennungsmöglichkeiten dürfte dies jedoch nur selten der Fall sein. Zwar wird in der nächsten Abbildung links ein kompatibler Monitor aufgeführt, dieser hat sich aber erst im Betrieb als kompatibel herausgestellt. Ursprünglich wurde er von Windows nicht zur Auswahl angeboten.

Wenn also Windows den Monitor nicht selbständig erkennen kann, stellt sich dem Anwender häufig ein kaum zu bewältigendes Problem, wenn er *seinen* Monitor in der Liste nicht vorfindet. Der Monitor, der der Abbildung zugrunde liegt, war beispielsweise lediglich anhand des auf der Monitorrückseite angebrachten Schildchens als Samsung-Monitor zu identifizieren. Das konkrete Modell war aber in der Liste nicht zu finden. Da es sich um einen 17-Zoll-Monitor handelt, habe ich mich sicherheitshalber für den einfachsten 17-Zoll-Typ des genannten Herstellers entschieden.

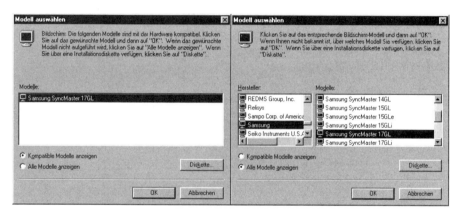

Abb. 13.14: Wenn Sie Ihren Monitortyp nicht in der Liste finden, können Sie unter Windows 9x einen entsprechenden Typ häufig nur durch Analogieschlüsse ermitteln.

 Versuchen Sie im Zweifelsfall eine Kontaktaufnahme mit dem Monitorhersteller oder dem Lieferanten. Diese sollten in der Lage sein, Ihnen ein Monitormodell zu nennen, das sich verwenden läßt und über die gleichen Kenndaten wie Ihr Monitor verfügt.

13.7.2 Monitor-Konfiguration unter Windows NT

Unter Windows NT finden Sie fast die gleichen Dialoge wie die soeben besprochenen. Die Auswahl eines konkreten Monitortyps findet jedoch nicht statt, so daß Sie hier auf der Basis von Auflösung und Bildwiederholfrequenz (Bildschirmfrequenz) passende Einstellungen vornehmen müssen. Die dafür erforderlichen Informationen und Tabellen finden Sie weiter oben in diesem Kapitel, so daß keine größeren Probleme auftreten sollten, sofern Sie nur über die technischen Eckdaten des Monitors verfügen. Zudem können Sie die gewählten Einstellungen kurzzeitig ausprobieren, indem Sie den Schalter *Testen* anklicken.

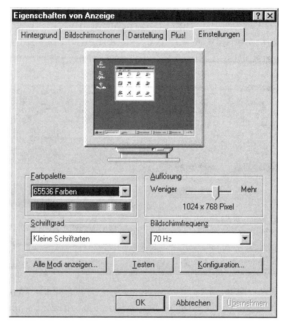

Abb. 13.15: Unter NT basieren die Einstellungen auf Bildschirmfrequenz und Auflösung.

13.7.3 Das Plus!-Register

Wenn Sie Microsoft Plus! installiert haben oder unter einer Nach-95-Version von Windows (inkl. NT) arbeiten, finden Sie im Dialogfeld *Eigenschaften für Anzeige* das zusätzliche *Plus!*-Register. In der Abbildung sind alle Optionen deaktiviert. Im Prinzip kosten diese durchweg ein wenig zusätzliche Rechenleistung, können die Arbeit aber unter Umständen angenehmer gestalten. Welche Optionen Sie hier einstellen, bleibt daher Ihnen selbst überlassen.

Bildschirme

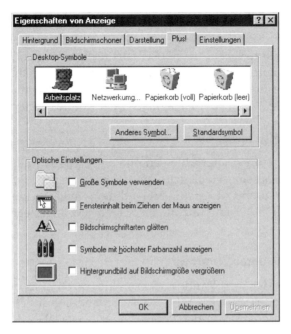

Abb. 13.16: Das Plus!-Register unter Windows NT

Die Option *Bildschirmschriftarten glätten* arbeitet nicht mit allen Grafikkarten korrekt zusammen. Dies macht sich zum Beispiel dadurch bemerkbar, daß Schriften nicht geglättet werden, sondern ganz ausfallen.

13.8 Troubleshooting

Im folgenden führen wir einige häufiger auftretende Fehler und deren Ursachen sowie gegebenenfalls Möglichkeiten zu deren Beseitigung auf:

Monitor flackert

Netzteile in der Nähe eines Monitors können hier die Ursache sein. Laute Musik kann empfindliche Ablenkeinheiten ebenfalls beeinträchtigen bzw. die Bildschirmmasken zum Schwingen bringen. Auch Magnetfelder anderer Monitore können Ursache von seltsamen Ausfallerscheinungen und Flackern sein. Kontrollieren Sie also die Umgebung des Monitors auf mögliche Quellen störender Wechselspannungsfelder. (Natürlich gehe ich hier davon aus, daß Sie Ihren Monitor mit einem Bildschirmtreiber verwenden, der ansonsten für eine flackerfreie Darstellung sorgt!)

Eine Farbe fällt aus

Meist ist hier ein nicht richtig sitzendes Monitorkabel der Grund. Wackelkontakte im Verbindungskabel treten ebenfalls recht häufig auf. Gegen die ansonsten häufig auftretende Altersschwäche ist allerdings kaum ein Kraut gewachsen. Diese macht sich meist zusätzlich durch extremes Flackern des Bildes bei der Betätigung der Helligkeits- oder Kontrastregler bemerkbar.

Der Monitor zeigt nichts an

Ist der Monitor korrekt angeschlossen und eingeschaltet? Leuchten die Kontrollämpchen, und sind Helligkeits- und Kontrastregler korrekt eingestellt? Wurde die Verbindung zur Grafikkarte ordnungsgemäß hergestellt? Wird der Monitor in einer Auflösung und mit einer Frequenz angesteuert, die er verarbeiten kann?

Schwarze Icons unter Windows

Der Programm-Manager (Windows 3.x) erlaubt ca. 50 Icons pro Gruppe, was im 256-Farb-Modus ausreichend ist. Bei Verwendung des High-Color- oder des True-Color-Modus läßt der Programm-Manager aber deutlich weniger Icons in einer Gruppe zu. Im High-Color-Modus liegt die Grenze bei ca. 25, im True-Color-Modus bei nicht mehr als 13 Icons. Versuche, darüber hinaus weitere hinzuzufügen, schlagen entweder fehl oder produzieren schwarze Icons. Dieser Effekt kann auch beim Wechseln des Bildschirmtreibers auftreten und stellt dann keinen Hardware-Defekt dar, sondern läßt sich auf Windows-Beschränkungen zurückführen.

 Erzeugen Sie also gegebenenfalls zusätzliche Gruppen, und verschieben Sie einige der Icons in diese neuen Gruppen. Dazu müssen Sie unter Umständen zunächst einmal in einen 256-Farb-Modus zurückkehren.

14 Grafikkarten

Grafikkarten erleben seit dem Erfolg der grafischen Benutzeroberfläche Windows einen wahren Boom. Während früher lediglich »Hauptsache VGA« angesagt war, verlangen moderne grafische Benutzeroberflächen und Multimedia-Programme nach einem leistungsfähigen Grafiksystem, um einigermaßen schnell zu arbeiten. Sie erfordern Leistungen, die die CPU des Rechners überfordern. Dementsprechend wurden Grafik-Beschleunigerkarten (Accelerators) entwickelt, die über eigene Beschleunigerchips verfügen und die CPU spürbar entlasten. Letztlich können Grafikkarten gar nicht schnell genug sein.

Multimedia sorgt für den nächsten Schub. Wenn Sie Photo-CD-Bilder betrachten wollen, sollten Sie mit einer Bildschirmauflösung von mindestens 800×600 Punkten mit 16 Bit Farbtiefe arbeiten, da Sie erst dann 65.536 Farben gleichzeitig darstellen können. Grafikkarten mit 1 MByte Video-Speicher beherrschen diesen Modus normalerweise, ergonomische Bildwiederholraten von mehr als 75 Hz sind dabei aber keineswegs selbstverständlich. Wollen Sie bei dieser Bildschirmauflösung auch noch in den Genuß der Echtfarb-Darstellung (TrueColor) kommen, *muß* die Grafikkarte bereits über mindestens 2 MByte Speicher verfügen.

Grafikkarten müssen auf den vorhandenen Monitor abgestimmt werden und mit diesem zusammenarbeiten. Nur gut aufeinander abgestimmte Komponenten ermöglichen eine entsprechende Gesamtleistung. Es nützt Ihnen nichts, wenn Sie eine hervorragende Grafikkarte mit einem Billigmonitor kombinieren. Wenn die Grenzen des Monitors zu knapp bemessen sind, erhalten Sie auch bei der besten Grafikkarte als Ergebnis ein unerträgliches Flimmern.

Dementsprechend sollten Sie die folgenden Seiten immer im Zusammenhang mit dem Kapitel »Bildschirme« sehen. Zudem werden dort viele Begriffe, die hier nicht noch einmal gesondert behandelt werden, bereits ausführlich erläutert.

Viele wichtige Entwicklungen im Zusammenhang mit Grafikkarten konnten Sie bereits im Kapitel »Bildschirme« kennenlernen. Dementsprechend kurz kann der Überblick an dieser Stelle gehalten werden.

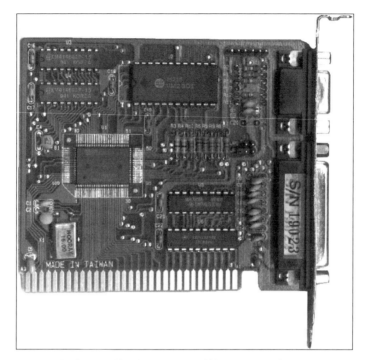

Abb. 14.1: Hercules-kompatible oder MDA-Grafikkarten waren lange der Standard und technisch vergleichsweise einfach.

Bei nahezu allen heute eingesetzten Grafikkarten handelt es sich im Prinzip um Erweiterungen des VGA-Standards, also SVGA-Karten. Lediglich in spezialisierten Anwendungsbereichen werden zuweilen noch Hercules- bzw. MDA-Monitore eingesetzt, wo sie meist parallel zu einer vorhandenen SVGA-Grafikkarte und einem entsprechendem Monitor betrieben werden. CGA- und EGA-Karten sind heute kaum noch zu beschaffen und werden allenfalls noch in älteren Laptops oder anderen besonders kleinen Rechnern verwendet.

Dementsprechend treten zunehmend vorwiegend technische Aspekte bei der Auswahl einer Grafikkarte in den Vordergrund. Auflösungen von 1024×768 Bildschirmpunkten (Pixel) bei hoher Bildwiederholfrequenz und möglichst vielen gleichzeitig darstellbaren Farben, Accelerator-Karten, die den Hauptprozessor eines PCs spürbar entlasten, und ähnliche Merkmale geben den Ausschlag. Preiswerte Grafikkarten mit Beschleuniger-Chips, wie zum Beispiel den Chips von S3, dem Mach64 oder dem ET6000, liegen preislich meist irgendwo zwischen 200 und 1000 DM.

Interne technische Einzelheiten brauche ich hier nicht ausführlich zu behandeln. Eine Reparatur von Grafikkarten ist in der Regel nicht möglich, auch wenn die BIOS-Chips der Grafikkarte meist gesockelt sind. Ein Austausch dieser Chips ist aber nicht üblich. Lediglich bei Fehlern im Video-BIOS kommt es schon einmal vor, daß Sie beim Grafikkarten-Hersteller aktualisierte BIOS-Chips anfordern können. Da solche Fehler naturgemäß kaum an die große Glocke gehängt werden, dürfte Ihnen diese Situation kaum jemals begegnen. Allenfalls die Erweiterung des Grafikspeichers könnte hier und da anfallen.

 Wie Sie beim Auswechseln gesockelter DIP-Bausteine vorgehen müssen, wird in den allgemeinen Kapiteln am Anfang dieses Buches ausführlich beschrieben.

Die Funktion von Grafikkarten läßt sich ansonsten recht leicht umschreiben. Diese bereiten nämlich die vom Rechner gelieferten digitalen Signale so auf, daß sie vom Monitor verstanden werden. Bei VGA-Karten muß dazu das digitale in ein analoges Signal umgewandelt werden. Diese Aufgabe übernimmt ein Baustein auf der Grafikkarte, der als DAC (Digital to Analog Converter) RAMDAC, CLUT oder auch Palettenbaustein bezeichnet wird.

14.1 Auswahlkriterien und Begriffe

Im Kapitel »Bildschirme« wurde bereits eine Reihe wichtiger Auswahlkriterien ausführlich erläutert, auf die hier nicht noch einmal eingegangen werden soll. Dabei handelt es sich insbesondere um die Punkte:

- Auflösung,
- Bildwiederholfrequenz (Vertikalfrequenz oder auch Refresh),
- Zeilenfrequenz (Horizontalfrequenz) und
- (Video-)Bandbreite.

Die Pin-Belegung der verwendeten Kabel, die üblicherweise zusammen mit dem Monitor geliefert werden, und ähnliches finden Sie ebenfalls im Kapitel »Bildschirme«.

14.1.1 Welches Bussystem?

Ein Auswahlkriterium tritt immer dann in den Vordergrund, wenn es darum geht, eine Komponente nachzurüsten bzw. auszuwählen, bei der es auf besondere Geschwindigkeit ankommt. Grafikkarten bestimmen spätestens bei der Arbeit mit grafischen Benutzeroberflächen die Gesamtleistung eines Systems wesentlich, so daß gerade Grafikkarten in einen Steckplatz eingesetzt werden sollten, der möglichst leistungsfähig ist.

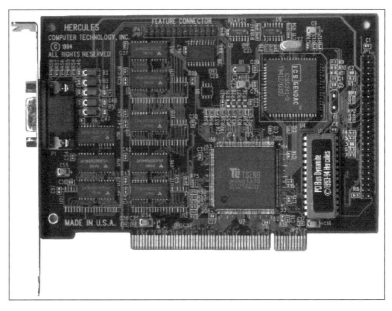

Abb. 14.2: Eine PCI-SVGA-Grafikkarte (der Firma Hercules); bei dem großen Chip unten handelt es sich um den ET4000 W32 von Tseng Labs.

PCI

Sie können sich hier die Wahl also recht leicht machen. ISA-16-Bit- und VLB-Grafikkarten sollten nur noch verwendet werden, wenn kein moderneres Bussystem zur Verfügung steht. Dementsprechend befinden sich auch fast ausschließlich Grafikkarten für den PCI-Bus im Handel.

AGP

Mit dem Erscheinen der MMX-Erweiterungen trat ein neuer, spezieller Steckplatz für Grafikkarten in Erscheinung, der AGP (Accelerated Graphics Port) genannt wurde. Sofern Sie eine AGP-Grafikkarte in Ihrem Rechner verwenden können, gehört diese sicherlich mit zur ersten Wahl. Motherboards mit dem speziellen AGP-Sockel für Grafikkarten befinden sich seit etwa 1997 im Handel. Früher hergestellte Rechner verfügen naturgemäß nicht über diesen Sockel. Schauen Sie im Zweifelsfall im Handbuch Ihres Rechners bzw. Motherboards nach.

AGP ist ein proprietärer Standard. Daher sind Sie möglicherweise mit einer hochwertigen PCI-Karte besser bedient, zumal diese auch zwischen den Rechner-Generationen kompatibel ist.

14.1.2 Accelerator-Karten

Seit 1992 werden zunehmend Accelerator-Karten (Beschleunigerkarten) verwendet. Dabei handelt es sich um Adapter, die einen eigenen Beschleunigerchip enthalten, dessen Hardware Routinen für häufig verwendete Grafikfunktionen enthält. Der Hauptprozessor des Rechners muß dann zwar immer noch die einzelnen Grafikoperationen auslösen, die weitere Ausführung kann dann aber weitgehend dem Accelerator-Chip überlassen werden. Dieser Chip versteht einfache Befehle, wie zum Beispiel zum Zeichnen von gefüllten Flächen oder Linien, so daß nicht mehr jeder einzelne Punkt separat berechnet und angesteuert werden muß. Da mittlerweile eigentlich alle handelsüblichen Grafikkarten Accelerator-Funktionen aufweisen, wird dieses Merkmal nicht mehr besonders hervorgehoben.

Die wohl bekanntesten Beschleuniger-Chips, wie der S3-Chip von S3, der Mach64 von ATI, der ET4000 W32 und der ET6000 von Tseng Labs, wurden bereits erwähnt. Hersteller leistungsfähiger Accelerator-Karten stellen häufiger in den Vordergrund, daß es sich zum Beispiel um 64- oder 128-Bit-Accelerator-Chips handelt.

Da es sich bei der 64- bzw. 128-Bit-Architektur der Accelerator-Karten lediglich um die Breite des internen Busses auf der Grafikkarte handelt, fällt der Leistungszuwachs meist keineswegs so dramatisch aus, wie es die Zahlen suggerieren. Schließlich müssen die Daten mit einigem Aufwand von der Busbreite des Rechnerbusses (üblich sind hier 32 Bit) auf die höhere Busbreite der Accelerator-Karte gebracht werden.

Exotische oder besonders neue Accelerator-Chips sind wie üblich mit Vorsicht zu genießen. Allzu häufig leiden sie nämlich unter Kinderkrankheiten oder mangelnder Unterstützung seitens des Herstellers, so daß Sie unter Umständen nur wenig Freude an Ihrer Neuerwerbung haben.

Abb. 14.3: Der Mach64-Chip von ATI

Wollen Sie sich für eine Grafikkarte mit möglichst breiter Software-Unterstützung entscheiden, gehen Sie üblicherweise mit Grafikkarten bzw. Accelerator-Chips der Firmen ATI, Chips&Technologies, Cirrus Logic, S3, TMS, Tseng Labs, Western Digital und Weitek auf Nummer Sicher.

Wesentliche Unterschiede können zwischen Karten verschiedener Hersteller im Hinblick auf deren Leistungsdaten unter DOS bestehen. Viele Karten sind zwar unter Windows schnell, werden aber auf der DOS-Ebene dann regelrecht lahm. Bei Bedarf sollten Sie diesem Umstand besonderes Augenmerk widmen.

Weiterhin werden auch unter Windows häufig die einfachen 256-Farb-Modi nur unwesentlich beschleunigt. Erst bei größerer Farbvielfalt erzielen viele dieser Karten ihren Geschwindigkeitsgewinn. Achten Sie also darauf, für welche Bildschirmmodi Beschleunigerfunktionen tatsächlich verfügbar sind.

Eigenständige Grafikprozessoren

Eigenständige Grafikprozessoren haben Anfang der 90er zeitweise für Schlagzeilen gesorgt, bevor sich letztlich die Accelerator-Karten durchgesetzt haben. Lediglich die TIGA-Karten (Texas Instruments Graphics Architecture) mit ihrem speziellen Grafikprozessor fanden eine gewisse Verbreitung im PC-Bereich. Lösungen mit eigenständigem Grafikprozessor sind relativ teuer und werden daher bis auf weiteres auf den Einsatz in spezialisierten Rechnern beschränkt bleiben. Damit befindet man sich dann allerdings bereits im Bereich der Grafik-Workstations und damit in einer anderen Rechnerwelt.

Accelerator-Chips beschleunigen bestimmte Aufgaben und nehmen dem Hauptprozessor Teile der Arbeit ab. Eigenständige Grafikprozessoren stellen ein vom Hauptprozessor unabhängig arbeitendes Subsystem innerhalb des Rechners dar.

3D-Accelerator-Karten

3D-Accelerator-Karten stellen eigentlich nicht mehr dar als die Fortführung der Idee der Accelerator-Karten. Neben der Beschleunigung durch integrierte Befehle für das Zeichnen einfacher geometrischer Objekte, wie zum Beispiel Linien und einfache Flächenfüllungen, verfügen diese Karten über weitere Befehle für komplexere Operationen, die den besonders schnellen Aufbau von dreidimensional wirkenden Grafiken ermöglichen. (Vorläufig bleibt der Monitor noch zweidimensional, verfügt also über keine echte Tiefen-Dimension.)

Die Accelerator-Hardware von 3D-Grafikkarten enthält so zum Beispiel Routinen zum Zeichnen von Texturen (komplexe Flächenfüllungen), Anti-Aliasing (Verwischen bzw. Glätten von Übergängen) und zur Eliminierung von visuellen Störfaktoren und Anomalien. Etliche dieser 3D-Grafikkarten sind auf diesem Wege auch in der Lage, AVI- und/oder MPEG-Videos im Vollbildmodus und in TV-Qualität darzustellen.

Vergessen Sie nicht, daß das eigene Arbeiten mit 3D-Animationen sehr viel Rechner-Arbeitsspeicher erfordert. Ab etwa 32 MByte geht's los, Profis arbeiten normalerweise mit mindestens 128 MByte RAM.

DirectX

Unter der Bezeichnung DirectX, wobei das X für beliebige Ein-/Ausgabegeräte stehen kann, entwickelte Microsoft eine Technologie, die Windows-Anwendungen jene Geschwindigkeit verleihen soll, wie sie frühere DOS-Anwendungen hatten, die direkt mit der Hardware kommunizieren konnten. DirectX bestand ursprünglich aus den vier Komponenten DirectDraw, DirectSound, DirectPlay und DirectInput und wurde kurz nach dem Erscheinen von Windows 95 fertiggestellt. Mittlerweile wurde der zunehmenden Bedeutung von 3D Rechnung getragen, so daß Direct3D als weitere Komponente hinzugefügt wurde. Heute nutzen viele Spiele und Animationsprogramme die DirectX-Technologie und setzen diese teilweise sogar voraus. DirectX wurde 1996 auch in die Windows NT-Version 4.0 integriert.

Programmierer können also die DirectX-Bibliotheken nutzen, um eine besonders schnelle Bildschirmausgabe unter neueren Windows-Versionen zu erzielen. Bei DirectX handelt es sich letztlich um eine Software-Schnittstelle, die aus dem Game SDK (Software-Entwicklerpaket für Spiele) hervorgegangen ist.

Kapitel 14

 Der Einsatz der DirectX-Technologie setzt voraus, daß die Treiber Ihrer Geräte (hier insbesondere die der Grafikkarte) DirectX auch unterstützen. Nur dann kommen Sie in den Genuß der verbesserten Grafik-Leistung in den neuesten Spielen. (Prüfen Sie dies also, und besorgen Sie sich möglichst neue Treiber-Versionen, wenn DirectX bzw. aktuelle Spiele für Sie ein Thema sind.)

In Verbindung mit einer 3D-Grafikkarte kommt Direct3D naturgemäß zu den besten Ergebnissen. Allerdings soll auch nicht verschwiegen werden, daß Direct3D auch von Grafikkarten unterstützt wird (bzw. werden kann), die nicht das Kürzel 3D auf der Verpackung oder in ihrem Namen führen.

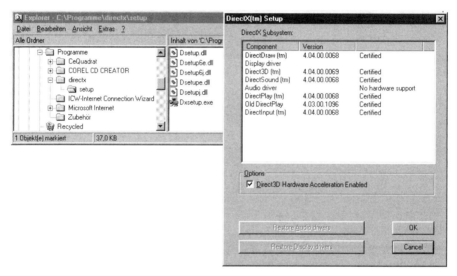

Abb. 14.4: DXSETUP installiert die DirectX-Komponenten und erteilt auch Auskunft über sie. Im Fenster des Explorers sehen Sie, wo Sie DirectX unter Windows 9x normalerweise finden.

OpenGL

Bei OpenGL handelt es sich um eine von dem Grafikprofi Silicon Graphics (SGI) entwickelte Bibliothek mit einfachen Grafikbefehlen (einfache Figuren, Linien, Kreise), wie sie auch auf High-End-Grafik-Computern eingesetzt werden. Wichtig wird die Unterstützung von OpenGL durch Ihre Grafikkarte dann, wenn Sie in den (semi)professionellen Animationsbereich einsteigen wollen.

An OpenGL führt im professionellen 3D-Grafikbereich kaum ein Weg vorbei. Windows NT enthält seit Version 3.51 OpenGL-Unterstützung. Aber auch für Windows 9x sind mittlerweile entsprechende Bibliotheken verfügbar, so daß OpenGL auch hier (bei entsprechender Treiber-Unterstützung) genutzt werden kann.

14.1.3 Feature Connector

Nicht alle Grafikkarten weisen einen sogenannten (Video) Feature Connector auf. Dieser kann benutzt werden, um die Funktionalität einer VGA-Karte anderen Karten zur Verfügung zu stellen. Verschiedene Video-Karten greifen auf diesen Anschluß zurück, und bei Verwendung der Grafikkarten von Texas Instruments (TIGA) und der 8514/A-Karte von IBM läßt sich der VGA-kompatible Teil einer vorhandenen Grafikkarte auf diesem Umweg weiter nutzen.

Beim heute üblichen VESA-kompatiblen Feature Connector handelt es sich um eine Pfostenleiste mit 26 Pins, während ältere Grafikkarten zu diesem Zweck Kontaktleisten aufwiesen.

Anschluß	Belegung	Anschluß	Belegung
Y1/2	Pixeldaten 0	Z1/1	Masse
Y2/4	Pixeldaten 1	Z2/3	Masse
Y3/6	Pixeldaten 2	Z3/5	Masse
Y4/8	Pixeldaten 3	Z4/7	Externe Pixeldaten an DAC
Y5/10	Pixeldaten 4	Z5/9	Externes Sync und Schwarzstellen an DAC
Y6/12	Pixeldaten 5	Z6/11	Externer Pixeltakt an DAC
Y7/14	Pixeldaten 6	Z7/13	Unbenutzt
Y8/16	Pixeldaten 7	Z8/15	Masse
Y9/18	Pixeltakt	Z9/17	Masse
Y10/20	Schwarzstellen	Z10/19	Masse
Y11/22	Horizontal Sync	Z11/21	Masse
Y12/24	Vertical Sync	Z12/23	Unbenutzt
Y13/26	Masse	Z13/25	Kein Pin

Tab. 14.1: Pin-Belegung VESA-kompatibler Feature Connectors

Häufig finden Sie auf SVGA-Karten Steckleisten, die spezielle, herstellerspezifische Funktionen haben. Beispielsweise lassen sich dort TV-Tuner oder ähnliches aufstecken oder mit der SVGA-Karte verbinden. Bei diesen Steckern handelt es sich *nicht* um einen Feature Connector, sondern um etwas, das zum Beispiel Movie Bus oder Video Bus genannt wird.

14.1.4 Videospeicher und Farbtiefe

Echtfarben, Multimedia und Video sind Schlagwörter, denen immer mehr Bedeutung zukommt. Leider wird dabei häufig vergessen, daß Grafikkarten, die derartigen Anforderungen genügen sollen, auch über die entsprechende Videospeicher-Ausstattung verfügen müssen. Mit Echtfarbfähigkeit wirbt mittlerweile fast jeder Grafikkarten-Hersteller, bei genauerem Hinsehen entpuppt sich dies jedoch häufig nur als leeres Versprechen. Echtfarben sind zum Beispiel bei einem Megabyte Grafikspeicher nur im heute eigentlich indiskutablen 640×480-Modus möglich.

Je mehr Farben dargestellt werden sollen, desto mehr Videospeicher muß die Grafikkarte zur Verfügung stellen. Während die Unterschiede zwischen 256 und 65.536 (HiColor-Modus) gleichzeitig dargestellten Farben meist noch deutlich zu erkennen sind, lassen sich die Unterschiede zwischen 65.536 (HiColor) und 16,7 Mio. Farben (TrueColor) meist kaum wahrnehmen. Ob das menschliche Auge eine solche Vielzahl verschiedener Farbschattierungen überhaupt zu unterscheiden vermag, läßt sich experimentell nur schwer ermitteln. Zahlen, die hier gehandelt werden, besagen, daß das menschliche Auge nicht mehr als etwa 250 verschiedene Grau- oder Farbschattierungen bzw. insgesamt ca. 7,5 Mio. Farbnuancen unterscheiden kann.

Wenn mir dann Meldungen begegnen, daß in bestimmten Bereichen zunehmend mit 32 Bit Farbtiefe (GigaColor) gearbeitet wird, frage ich mich beinahe zwangsläufig, ob es sich dabei nicht um ähnliche Entwicklungen wie im HiFi-Markt handelt. Zwar sind die Unterschiede eigentlich kaum (oder überhaupt nicht) mehr wahrnehmbar, aber alle Beteiligten schwören Stein und Bein, daß auch die nicht direkt wahrnehmbaren Frequenzen (bzw. Farbunterschiede) den Gesamteindruck positiv beeinflussen. Im Zusammenhang mit akustischen Signalen und deren Oberfrequenzen, die dann durchaus wieder hörbar sind, mag dies ja noch plausibel sein, bei der Darstellung von Farben und den prinzipbedingten Verlusten werden derartige Diskussionen aber recht schnell rein akademisch.

An dieser Stelle pflege ich häufig den Kommentar einzuflechten, daß die Natur leider nicht digital, sondern vielmehr analog ist. Damit läßt sich dann die Behauptung untermauern, daß jede Verbesserung einer (wie zum Beispiel bei Audio-CDs hörbaren) digitalen Annäherung sich zwar immer stärker einem natürlichen, analogen Signal nähern kann, diesem aber prinzipiell nie voll gerecht werden kann. Hier gilt es also in erster Linie, einen zufriedenstellenden Kompromiß zwischen Anspruch und Kosten zu finden.

Üblicherweise fahren Sie mit dem hochwertigen Kompromiß 65.536 Farben (HiColor) bei einer Auflösung von 1024×768 gut. Dieser dürfte erfahrungsgemäß für die meisten Anwendungsbereiche mehr als ausreichend sein. Weniger oder mehr Farben halte ich nur noch in besonders begründeten Ausnahmefällen für sinnvoll.

Wenn Sie dabei berücksichtigen, daß gerade die Speicherbausteine das Teuerste an Grafikkarten sind, werden Sie nach eingehenderem Studium der abgedruckten Tabelle und der Grafikkarten-Preislisten wahrscheinlich recht schnell mit dem obigen Tip übereinstimmen. (Wenn ein Rechner nur für die reine Textdarstellung benutzt wird, fahren Sie im Prinzip natürlich auch mit wesentlich weniger Farben ausgezeichnet.)

Farbtiefe in Bit	1	2	4	8	16	24
Max. Anzahl Farben	2	4	16	256	65.536	16.777.216
320×200	8.000	16.000	32.000	64.000	128.000	192.000
640×480	38.400	76.800	153.600	307.200	614.400	921.600
800×600	60.000	120.000	240.000	480.000	960.000	1.440.000
1024×768	98.304	196.608	393.216	786.432	1.572.864	2.359.296
1280×960	153.000	307.200	614.400	1.228.800	2.457.600	3.686.400

Tab. 14.2: *Videospeicherbedarf (in Byte) für verschiedene Bildschirmauflösungen und Farbtiefen*

Moderne Grafikkarten lassen sich teilweise mit 8 MByte Video-RAM ausrüsten und bieten Auflösungen von bis zu 1600×1200 an. Um diese Leistungsreserven nutzen zu können, benötigen Sie aber mindestens einen 20-Zoll-Monitor mit entsprechend feiner Bildschirmmaske oder ein hypermodernes, großflächiges TFT-Display.

DRAM

Im wesentlichen werden in Grafikkarten zwei verschiedene Speicherbausteine verwendet, die wie üblich für unterschiedliche Zugriffszeiten verfügbar sind. DRAM (Dynamic RAM) wird in preiswerteren Adaptern verwendet. Diese Bausteine können zu einem bestimmten Zeitpunkt aber immer nur entweder gelesen oder beschrieben werden. Zudem muß der Inhalt der DRAM-Bausteine in bestimmten Zeitabständen aufgefrischt werden (Refresh), so daß während dieser Zeit ebenfalls kein Zugriff erfolgen kann.

VRAM

Alternativ zu DRAMs kommen VRAMs (Video RAMs) zum Einsatz, die mit unterschiedlichen Zugriffszeiten erhältlich sind. VRAMs bieten im Unterschied zu DRAMs die Möglichkeit, gleichzeitig rechnerseitig Daten zu empfangen und bildschirmseitig auszugeben. Nachteilig wirkt sich der mit DRAMs verglichen wesentlich höhere Preis der VRAM-Bausteine aus. Daher finden Sie in hochwertigen Adaptern vorwiegend die teureren VRAMs.

Zunehmend kommen in Grafikkarten auch EDO-RAM oder andere spezialisierte Speichervarianten zum Einsatz. Beachten Sie im Hinblick auf 3D-Grafikkarten, wieviel des Videospeichers für den Bildschirm und wieviel für das Zwischenspeichern von Füllmustern (Texturen) zur Verfügung gestellt wird. (3D-Grafikkarten mit 4 MByte Grafikspeicher verfügen hier zum Beispiel meist über 2 MByte für die Bildschirmdarstellung und 2 MByte für den Zwischenspeicher.)

Memory Aperture

»Linear Frame Buffer« ist ein weiterer Begriff, dem man in diesem Zusammenhang häufiger begegnet. Letztlich handelt es sich bei beiden Begriffen um dasselbe. Manche Grafikkarten können ein Abbild des Videospeichers in einen freien Arbeitsspeicherbereich einblenden. Dies führt zu einem linearen Adreßraum der Grafikkarte und damit zu einer zusätzlichen Beschleunigung.

Bei den 16-Bit-ISA-Grafikkarten muß dieser lineare Rahmenpuffer (Linear Frame Buffer) üblicherweise an der oberen Grenze innerhalb der ersten 16 MByte RAM eingeblendet werden. Bei Rechnern mit 16 oder mehr MByte Arbeitsspeicher und ISA-Grafikkarten muß er dementsprechend deaktiviert werden. (Diese Beschränkung ergibt sich aus dem 24-Bit-Adreßbus der 16-Bit-ISA-Slots.) Für EISA-, VLB- und PCI-Adapter mit ihrem 32-Bit-Adreßbus besteht die 16-MByte-Grenze nicht.

Speicherchip-Bauformen

Auf Grafikkarten werden unterschiedliche Chip-Bauformen eingesetzt. Wenn Sie den Speicher Ihrer Grafikkarte erweitern wollen, sollten Sie daher möglichst auf Angebote der Hersteller zurückgreifen, um keine bösen Überraschungen zu erleben.

Mit DIP (Dual-In-Line), SOJ (Small Out-Line J-Lead), ZIP (Zig-Zag-In-Line-Package) und SIMM (Single In-Line Memory Module) werden unterschiedliche Gehäuseformen bezeichnet. Zu jeder Gehäuseform gehören naturgemäß die passenden Sockel.

Ansonsten können Sie die verschiedenartigen Speicherchips lediglich anhand der Typbezeichnung voneinander unterscheiden. Computer-Händler dürften kaum in der Lage sein, Ihnen kompatible Speicherbausteine zu nennen. Dementsprechend können Sie sich, sofern Sie die Chips nicht über den Hersteller der Grafikkarte beziehen können, lediglich an den Elektronikhandel oder direkt an Chip-Hersteller wenden, die meist umfangreiche Kompatibilitätslisten führen. Nur so ist gewährleistet, daß Sie die korrekten Chips mit den benötigten technischen Daten erhalten. Samsung, NEC, Mitsubishi, Hitachi, OKI, Toshiba und Siemens stellen zum Beispiel Speicherbausteine her. Allerdings meist auch weit mehr als nur das. Rufen Sie also bitte möglichst nicht gerade den nächstgelegenen Autohändler an.

14.1.5 Belegte RAM- und ROM-Adressen

Der Austausch der Daten zwischen Rechner und Grafikkarte erfolgt in erster Linie über reservierte Bereiche innerhalb des konventionellen Arbeitsspeichers. Hinzu kommen bei den verschiedenen Grafikkarten BIOS-Erweiterungen, die im C-Speichersegment angesiedelt sind.

Adapter	Video-RAM	Größe	Video-ROM
MDA	B0000-B0FFF	4 K	Keins
CGA	B8000-BBFFF	16 K	Keins
EGA	A0000-BFFFF	128 K	C0000-C3FFF
VGA	A0000-BFFFF	128 K	C0000-C7FFF

Tab. 14.3: RAM-Benutzung von Grafikkarten

Achtung! Einige PCI-Grafikkarten belegen beim Bootvorgang 64 KByte und damit den Adreßraum C0000 bis CFFFF. Daher muß bei der Installation von Geräten mit eigenem BIOS-ROM (zum Beispiel SCSI-Adapter oder Netzwerk-Karten) darauf geachtet werden, daß dieser Bereich nicht belegt wird. Gegebenenfalls müssen Sie also die BIOS-Adresse dieser Adapter ändern (über Jumper, DIP-Schalter oder Konfigurationsprogramm).

14.1.6 Kompatibilität

Kompatibilitäts-Aspekte spielen hinsichtlich moderner Grafikkarten nur noch selten eine Rolle. Aussagen der Art, daß es mit Ausnahme der Hercules- und der Monochrom-Karte (MDA) bei den meisten Bildschirmkarten möglich ist, diese als CGA anzusprechen, dürften nur noch für Fans alter Computerspiele interessant sein. Die modernen VGA-kompatiblen Grafikkarten sind in dieser Hinsicht jedenfalls alle abwärtskompatibel. Hercules- bzw. MDA-kompatible Adapter sind mit den anderen Standards nicht kompatibel und nur noch selten anzutreffen.

Gängige Anwendungsprogramme sind in der Regel mit VGA-kompatiblen Grafikkarten kompatibel. Hinsichtlich aller darüber hinausgehenden Bildschirmmodi kochen die einzelnen Hersteller weitgehend ihr eigenes Süppchen.

Treiber von Adaptern mit gleichen Grafik-Chipsätzen lassen sich häufig untereinander austauschen. Wenn Sie also eine No-Name-Grafikkarte mit dem Chip XYZ haben, können Sie sich erkundigen, welche namhaften Hersteller Grafikkarten mit diesem Chip hergestellt haben, und probeweise deren Treiber verwenden. Windows NT geht zum Beispiel ebenfalls diesen Weg und stellt (vorwiegend) allgemeine Treiber für Grafikchips zur Verfügung.

Die hochauflösenden Grafikmodi werden bei den verschiedenen Karten unterschiedlich angesteuert. Lediglich die Kompatibilität zum 8514/A- und zum VESA-Standard kann Ihnen zum Vorteil gereichen. Damit wird zuweilen insbesondere die Nutzung etwas älterer Programme, für die keine speziell zugeschnittenen Treiber erhältlich sind, ermöglicht. Diese Kompatibilität sollte allerdings möglichst in der Hardware verankert sein. Die VESA hat zwar auch Standards festgelegt, die einheitliche Videomodi ermöglichen würden, jedoch orientieren sich weiterhin nur wenige Hersteller direkt an diese Schnittstelle.

Werfen wir noch einen Blick auf Hardware-Aspekte, bleibt neben der Kompatibilität mit den verschiedenen Bus-Standards lediglich festzuhalten, daß viele der modernen Grafikbeschleuniger-Karten mindestens einen Rechner mit 80386-Prozessor voraussetzen.

14.1.7 Stromsparfunktionen

Eigentlich können Power Management und die amerikanische Umweltbehörde mit ihrem Energy-Star-Programm in fast jedem Kapitel aufgeführt werden. Da es sich beim Monitor allerdings um einen der größten Energiefresser handelt, gebührt diesem Thema an dieser Stelle sicher besondere Beachtung.

Neue Grafikchips weisen durchweg Schaltungen auf, die den Monitor bei längerer Nichtbenutzung von Tastatur und Maus stufenweise abschalten können. Dabei orientieren sich die Hersteller an dem diesbezüglichen VESA-Standard, so daß wenigstens in dieser Hinsicht Kompatibilität angesagt ist.

DPMS (Display Power Management Signaling) ist in diesem Zusammenhang eine weitere Abkürzung, die einem öfter zu Ohren kommt und ebenfalls für die Stromsparfunktionen steht.

Die Power-Management-Funktionen müssen sowohl von der Grafikkarte als auch vom eingesetzten Monitor unterstützt werden, um sich nutzen zu lassen.

14.1.8 Weitere Merkmale

Neben ihrer eigentlichen Funktion bieten Grafikkarten zuweilen einige zusätzliche Ausstattungsmerkmale. Hercules- und MDA-Karten sind zum Beispiel in der Regel zusätzlich mit einer parallelen Schnittstelle ausgerüstet. Einige Grafikkarten weisen Bus-Maus-Schnittstellen auf, die gleich praktische Hilfestellung bieten, wenn die ansonsten für die vierte serielle Schnittstelle reservierten Ressourcen (Port-Adresse 2E8H) beansprucht werden. CGA-Karten waren in dieser Hinsicht ebenfalls reichhaltig ausgestattet und wiesen Anschlüsse für RF-Modulator und Lichtgriffel auf.

14.1.9 Treiber und Software

Ist die verwendete Software nicht in der Lage, die Fähigkeiten der Grafikkarte (und des Monitors) bis in die höchsten Auflösungen hinein zu nutzen bzw. unterstützen die Treiber anspruchsvollere Darstellungsmodi nicht, nützt Ihnen auch die leistungsfähigste Grafikkarte recht wenig. Dementsprechend müssen der Grafikkarte Bildschirmtreiber für die von Ihnen eingesetzten Programme beiliegen, bzw. diese Bildschirmtreiber müssen erhältlich sein.

Als Anhaltspunkt bzw. Checkliste können Sie überprüfen, ob Treiber für Windows, Windows NT, OS/2, UNIX und AutoCAD vorhanden sind und ob gegebenfalls ein Treiber für die Kompatibilität mit dem VESA-Standard vorliegt, sofern dieser nicht hardwareseitig unterstützt wird.

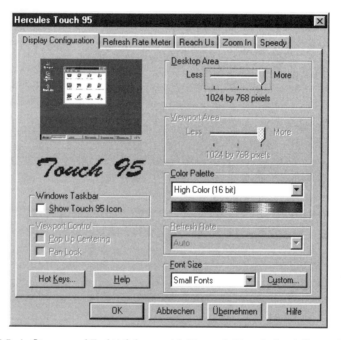

Abb. 14.5: Auflösung und Farbtiefe lassen sich hier auch über ein herstellerspezifisches Zusatzprogramm einstellen.

Zum Lieferumfang vieler Grafikkarten gehören umfangreiche Test- bzw. Diagnoseprogramme und zusätzliche Steuerungsmöglichkeiten unter DOS und Windows. Dienstprogramme zum Einstellen der Bildwiederholrate, der Bildlage usw. gehören in diese Kategorie. Derartige Programme sollten mindestens für DOS und die von Ihnen eingesetzte Windows-Version vorliegen.

VMODE und SMODE lauten gängige Namen für kleine DOS-Programme, mit denen sich die Bildwiederholfrequenz vieler Grafikkarten auf DOS-Ebene einstellen lassen. Häufig läßt sich erst durch deren Einsatz das Bildschirmflackern unterbinden.

Unter Windows bieten einige Grafikkarten die Möglichkeit, den Bildschirmmodus und die Bildwiederholrate zu wechseln, ohne Windows zwischenzeitlich verlassen zu müssen. Seit Windows 95 gilt dies zumindest für die Auflösung allgemein. Eine besonders nützliche Einrichtung sind Programme, mit denen sich eine Gamma-Korrektur für alle Windows-Programme gleichzeitig durchführen läßt, so daß Sie sich darum nicht mehr bei jedem Grafikprogramm einzeln zu kümmern brauchen. Die Gamma-Korrektur dient dazu, die Darstellung der Farben auf dem Bildschirm möglichst naturgetreu wirken zu lassen. Für Black-Trinitron-Bildröhren wird häufig ein Wert von 1,7 empfohlen, allerdings liegen die Korrekturen bei den von mir eingesetzten Geräten vorwiegend im Bereich zwischen 1,1 und 1,3.

14.2 Trends

Betrachtet man die Entwicklungen im Bereich der Grafikkarten ein wenig genauer, lassen sich die Trends leicht vorhersehen. Ein Blick auf die bereits erhältlichen Grafik-Workstations genügt, um einen Vorgeschmack der Dinge zu erhalten, die da kommen werden. Sicherlich werden die Hersteller gerade im Bereich der Grafikkarten frühzeitig auf durchgängige 64-Bit-Technik setzen, damit die hier immer noch vorhandenen Engpässe endgültig der Vergangenheit angehören.

Echtfarb-Modi und digitales Video werden immer höhere Auflösungen und Geschwindigkeiten erfordern, wobei die entsprechende Hardware zunehmend auch für Otto Normalverbraucher erschwinglich sein wird.

Multimedia-Karten werden möglicherweise zunehmend Verbreitung finden. Dabei werden dann in einen einzelnen Adapter eine Accelerator-Grafikkarte, eine Soundkarte und ein Video-Beschleuniger oder ähnliches integriert, so daß Sie alles Notwendige für Multimedia auf einem Adapter vorfinden werden.

Ein wenig futuristisch scheint zur Zeit noch der Trend zur *echten* dreidimensionalen Darstellung. Wenn man sich aber vor Augen hält, daß es bereits erste Video-Brillen mit entsprechender Zielsetzung gibt, dann dürfte die Industrie früher oder später auch auf diesen Zug aufspringen. Rot-blau getönte Brillen und damit erste Versuche im 3D-Bereich gab es bereits in den 50er Jahren im Kino, erneuten Versuchen in den 80ern und 90ern war ebenfalls kein großer Erfolg beschieden. Größere 3D-Erfolge waren aber immerhin den Muppets und Michael Jackson in Orlando (Disneyworld, Florida) vergönnt. Es dürfte sich also nur noch um eine Frage der Zeit handeln, bis Ihnen die Toaster eines bekannten Bildschirmschoners visuell um die Ohren fliegen.

14.3 Installation

Da Grafikkarten vorwiegend reservierte Adressen und Ressourcen benutzen, gestaltet sich der Einbau bzw. das Auswechseln der Grafikkarten-Hardware recht einfach. Interrupts und ähnliches sind normalerweise nicht einzustellen, wenn Sie die werksseitigen Voreinstellungen benutzen, ansonsten alles glattgeht und darüber hinaus keine Besonderheiten berücksichtigt werden müssen oder sollen.

Und damit stehe ich vor der Schwierigkeit, den eigentlich einfachen Einbau einer Grafikkarte darstellen zu müssen, der an unzähligen Kleinigkeiten scheitern kann. Hinzu kommen bei vielen Grafikkarten etliche Möglichkeiten zur Verbesserung der Systemleistung, die durch Umkonfigurieren erreicht werden können.

14.3.1 Vorbereitende Maßnahmen

Bevor Sie mit dem Einbau einer neuen Grafikkarte loslegen, sollten Sie zunächst einmal den Rechner starten und einen Standard-VGA-Treiber installieren. Falsche Grafikkartentreiber können nämlich unter Umständen vorhandene Hardware beschädigen. Dies gilt insbesondere für moderne Betriebssysteme mit integrierter grafischer Benutzeroberfläche, die gleich zusammen mit dem System gestartet wird. Allerdings können Sie hier häufig den Rechner auch später im abgesicherten Modus starten, der ebenfalls nur den Standard-VGA-Treiber nutzt.

```
Microsoft Windows 95 Startmenü

    1. Standard
    2. Protokolliert (\BOOTLOG.TXT)
    3. Abgesichert
    4. Abgesichert mit Netzwerk
    5. Einzelbestätigung
    6. Nur Eingabeaufforderung
    7. Abgesichert, nur Eingabeaufforderung
    8. Vorherige MS-DOS-Version

Auswahl: 1



F5=Abgesichert   Umschalt+F5=Eingabeaufforderung   Umschalt+F8=Bestätigen [N]
```

Abb. 14.6: Nach Drücken von F8 können Sie Windows 9x von diesem Menü aus im abgesicherten Modus mit Standard-VGA-Einstellungen starten.

14.3.2 PCI, Multitasking, Slots usw.

Sofern Sie ein echtes Multitasking-Betriebssystem (zum Beispiel OS/2 oder Windows NT) verwenden, können Sie Ihr Augenmerk auf einige weitere Besonderheiten richten, die bereits im Abschnitt »Bussysteme« angesprochen wurden. Sofern Ihr PC nämlich master-fähige PCI-Steckplätze aufweist und die Grafikkarte sich als Master konfigurieren läßt, können aus einer solchen Konfiguration Geschwindigkeitsvorteile resultieren. Probieren Sie diese Variante, deren Vorteile und deren Funktionsfähigkeit gegebenenfalls aus. Bei modernen Rechnern sollten alle PCI-Slots master-fähig sein, so daß Sie darauf kein besonderes Augenmerk zu richten brauchen

Hinsichtlich der Funktionsfähigkeit von Adaptern in Local-Bus-Slots gilt allgemein, daß nicht alles geht. Nicht jeder 16-Bit-ISA-Adapter arbeitet zum Beispiel in VLB-Slots, was um so mehr gilt, wenn Ihr Rechner über ältere herstellerspezifische Local-Bus-Steckplätze verfügt.

 Manchmal hilft das Einschieben zusätzlicher Waitstates bei der Inbetriebnahme eine VLB-Adapters. Entsprechende Einstellungen können entweder über das BIOS-Setup oder über Jumper auf dem Motherboard vorgenommen werden. Werfen Sie zu diesem Zweck bei Bedarf einen Blick in Ihre Handbücher.

Manche Grafikkarten arbeiten in dem einen oder anderen Rechnermodell nur dann, wenn das VGA-ROM mit verringerter Busbreite (acht statt sechzehn Bit) arbeitet. Die 16-Bit-Einstellung ist naturgemäß schneller, kann aber im Falle von Schwierigkeiten in der Regel über einen Jumper deaktiviert werden.

14.3.3 Hardware

Die einfache Variante des Einbaus einer neuen Grafikkarte bei Verwendung der werksseitigen Voreinstellungen sieht dann folgendermaßen aus:

- Lösen Sie gegebenenfalls bestehende Kabelverbindungen, und öffnen Sie das Rechnergehäuse.

- Orten Sie den zur Grafikkarte passenden Steckplatz, entfernen Sie gegebenenfalls die alte Grafikkarte, und stecken Sie den neuen Adapter in den Slot.

- Schließen Sie das Monitorkabel an, stellen Sie andere notwendige Verbindungen wieder her, und starten Sie den Rechner. Erscheinen lesbare Zeichen auf Ihrem Monitor, ist vorläufig alles gutgegangen. (Starten Sie Ihren Rechner dabei gegebenenfalls zunächst einmal so, daß Sie nur zum Betriebssystem-Prompt und nicht gleich in die grafische Benutzeroberfläche gelangen.)

- Führen Sie die mit der Grafikkarte gelieferten Test-, Diagnose- und Einrichtungsprogramme aus, und überprüfen Sie dabei insbesondere, ob die Karte in allen Modi einwandfrei arbeitet.

- Schließen Sie dann das Rechnergehäuse wieder, und fahren Sie mit der Installation der notwendigen Treiber und Programme fort.

 PnP-Betriebssysteme fordern Sie unter Umständen automatisch auf, bestimmte Disketten oder CDs einzulegen.

Sollte irgend etwas schiefgelaufen sein, lesen Sie die folgenden Seiten aufmerksam durch, und probieren Sie in Frage kommende Lösungen aus.

14.3.4 Software

An die Installation der Hardware schließt sich bei allen Grafikkarten, die mehr als VGA-kompatible Modi bieten, die Installation der Software an. Dazu gehören auch die zusätzlichen Programme, die sich häufig im Lieferumfang der Grafikkarten befinden, die bei PNP-Betriebssystemen manuell per SETUP-Programm nachinstalliert werden wollen.

Bei manchen Grafikkarten wird der ganze Vorgang über eine komfortable Oberfläche gesteuert. Über diese können Sie die Bildschirmtreiber für die von Ihnen eingesetzten Programme installieren. Darüber hinaus lassen sich hier aber auch zum Beispiel der von der integrierten Bus-Maus-Schnittstelle zu verwendende IRQ, zu verwendende Bildwiederholfrequenzen, Memory Aperture und weitere Besonderheiten einstellen. Folgen Sie dabei den Erläuterungen des Handbuchs bzw. der Dokumentationsdateien.

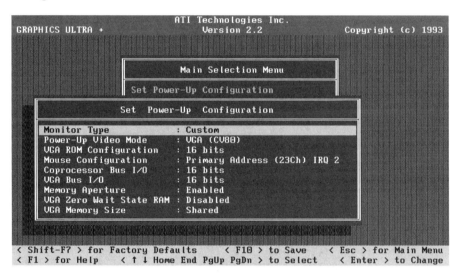

Abb. 14.7: Setup-Programm einer ATI-Grafikkarte

Windows hat sich beim Überprüfen der Zuverlässigkeit gewählter Einstellungen als geeignet erwiesen. Wenn Sie die Einstellungen zu offensiv vorgenommen haben, bleibt Windows meist nämlich bereits beim oder kurz nach dem Eingangsbild hängen.

Einfachere Grafikkarten umfassen meist Installationsdisketten für Windows, wobei Sie aber überprüfen sollten, ob im Lieferumfang von Windows entsprechende Treiber nicht ohnehin enthalten sind. Vergleichen Sie gegebenenfalls das Datum bzw. die Versionsnummer der Treiber. Gleiches gilt hinsichtlich der Installation von Treibern für OS/2, Windows NT oder Windows 9x.

Kapitel 14

Kleine Dienstprogramme zum Einstellen der Bildwiederholrate bzw. des unter DOS zu verwendenden Anzeigemodus befinden sich meist ebenfalls im Lieferumfang einer Grafikkarte. Leider sind diese Programme in den Handbüchern oft nur schlecht dokumentiert. Werfen Sie also auf jeden Fall auch einen Blick auf den Inhalt der mitgelieferten Disketten, und achten Sie dabei auf alle Dateien mit den Endungen BAT, COM und EXE. Häufig lohnt es sich auch, mit einem Editor einen Blick in die BAT-Dateien zu werfen, da diese oft Informationen enthalten, die das Handbuch verschweigt.

 Häufig finden Sie auf den Begleit-CDs oder -Disketten README-Dateien, die den Installationsvorgang und/oder die beigefügten Dienstprogramme ausführlicher beschreiben. Halten Sie insbesondere nach solchen Dateien Ausschau.

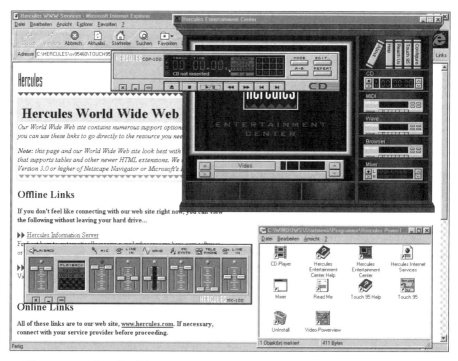

Abb. 14.8: Manchen Grafikkarten liegt eine Vielzahl von zusätzlichen Programmen bei. Im Beispiel finden Sie gleich eine HTML-Datei, über die Sie direkt zur Treiberunterstützung des Herstellers im Internet gelangen.

14.3.5 Windows 9x/NT

Abgesehen vom Aufruf des SETUP-Programms Ihrer Grafikkarte, das alles Notwendige weitgehend automatisch erledigen sollte, aber gegebenenfalls auch alle mehr oder weniger nützlichen zusätzlichen Dienstprogramme installiert, können Sie häufig auch einfach nur die notwendigen Treiber installieren. Dazu sollten Sie dann den Weg über den Hardwareassistenten beschreiten können, der auch von der folgenden Abbildung noch einmal zusammenfassend wiedergegeben wird, bzw. die INF-Datei:

- Klicken Sie also für die Installation der Treiber das *Hardware*-Symbol in der *Systemsteuerung* an.
- Anschließend klicken Sie *Weiter* und lassen durch Markieren der entsprechenden Option *nicht* nach neuer Hardware suchen.
- Klicken Sie dann wieder *Weiter* an.
- Klicken Sie doppelt auf *Grafikkarten*, um sich das Anklicken von *Weiter* zu sparen.
- Entscheiden Sie sich dann für den Schalter *Diskette* (*Have Disk*).

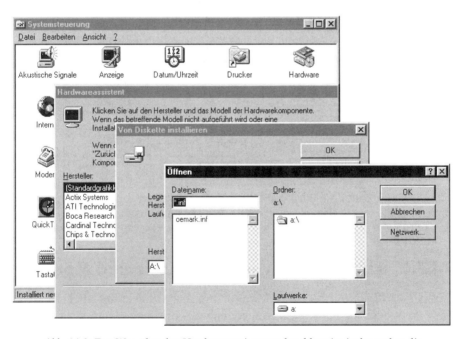

Abb. 14.9: *Der Weg über den Hardwareassistenten beschleunigt insbesondere die Aktualisierung von Treibern der Grafikkarte.*

- Nun können Sie entweder Laufwerk und Verzeichnis direkt eintippen oder sich mit Hilfe des *Durchsuchen*-Schalters auf die Suche begeben.
- Nach Auswahl der gewünschten INF-Datei bzw. mehrmaligem Anklicken des OK-Schalters wird Ihnen dann eine Auswahl der verfügbaren Grafikkarten-Modelle angezeigt. Markieren Sie also das gewünschte Modell, klicken Sie dann auf *OK* und im anschließenden Dialogfenster auf *Weiter*.

Alles weitere sollte Ihnen nun Windows bzw. das Setup-Programm mitteilen.

 Diese Installationsvariante eignet sich naturgemäß auch dann besonders, wenn Sie Bildschirmtreiber lediglich aktualisieren wollen.

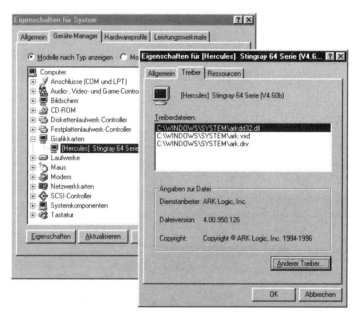

Abb. 14.10: Hier können Sie sich über die Eigenschaften und von der Grafikkarte verwendeten Treiber und Ressourcen informieren. Über die Schaltfläche Anderer Treiber *können Sie auch hier den bereits beschriebenen Weg über den Hardwareassistenten auf Umwegen beschreiten.*

14.3.6 Abstimmung von Grafikkarte und Monitor

Um die Grafikkarte und Ihren Monitor optimal aufeinander abzustimmen, sind nun gegebenenfalls noch einige weitere Schritte notwendig, die im Abschnitt »Monitor-Konfiguration« im Kapitel »Bildschirme« für Windows 9x und NT bereits beschrieben wurden. Für die Abstimmung der Eigenschaften auf DOS-Ebene und für Windows 3.x müssen Sie die speziell mit Ihrer Grafikkarte gelieferten Programme einsetzen. Sehen Sie dazu bei Bedarf in den entsprechenden Handbüchern nach, und achten Sie dabei insbesondere auf kleine Programme wie VMODE.EXE oder SMODE.COM.

 Häufig werden alle notwendigen Eintragungen in der AUTOEXEC.BAT automatisch vorgenommen, wenn Sie das SETUP- oder INSTALL-Programm Ihrer Grafikkarte für DOS bzw. Windows 3.x ausführen.

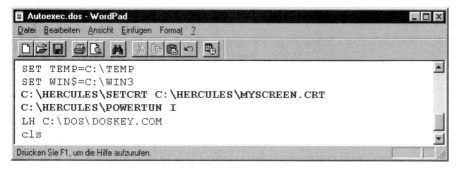

Abb. 14.11: Hier haben Sie es mit der unter Windows 9x für das DOS/Windows 3.x-Gespann zuständigen AUTOEXEC.DOS und den Abstimmungs-Eintragungen für eine Hercules-Grafikkarte zu tun, wie sie vom INSTALL-Programm vorgenommen wurden.

14.4 Troubleshooting

Abschließend sollen wieder einige häufiger auftretende Fehler und deren Ursachen sowie gegebenenfalls Möglichkeiten zu deren Beseitigung aufgeführt werden.

Unter Windows 9x sind zwei Grafikkarten installiert

Dieser Fehler tritt häufiger auf, wenn neben der vorinstallierten Grafikkarte eine neue Grafikkarte erkannt wird. Entfernen Sie beide und starten Sie Windows neu, wird meist nur noch der tatsächlich vorhandene Adapter erkannt. (Notfalls läßt sich eine der Grafikkarten auch deaktivieren, wenn Sie deren Verwendung über den Geräte-Manager in der aktiven Konfiguration ausschließen.)

Abb. 14.12: Notfalls können Sie einen Adapter hier auch deaktivieren.

Ausfallende Zeichenbestandteile oder wilder Zeichensalat

Deaktivieren des Shadow-RAMs kann hier gegebenenfalls für Abhilfe sorgen. Aufgefallen sind mir solche Fehler insbesondere bei älteren S3-Grafikkarten.

Hängen in bestimmten Grafikmodi

Wahrscheinlich haben Sie einige Parameter der Grafikkarte zu offensiv eingestellt.

OS/2-Installation hängt

Dieser Fehler tritt hier und da insbesondere im Zusammenhang mit S3-Grafikkarten auf. Dabei bleibt der Rechner bei einer der ersten zwei Disketten während der Installation hängen. Das Eingangslogo wird weiterhin angezeigt, oder der Bildschirm bleibt schwarz. Im OS/2-Handbuch finden Sie hierzu eine Reihe von Hinweisen. Eine erfolgversprechende Maßnahme ist das Deaktivieren des Shadow-RAMs.

Windows-Schutzverletzungen

Allgemeine Schutzverletzungen (GPF – General Protection Fault) unter Windows können ihre Ursache in zu niedrig gewählten Waitstate-Einstellungen von Grafikkarten haben. Meist läuft der Rechner dann zuverlässig, aber Windows verabschiedet sich bereits kurz nach dem Start. Die Meldung »Paritätsfehler« kann Ihnen in diesem Zusammenhang ebenfalls begegnen – übrigens unabhängig davon, ob der Rechner überhaupt einen solchen Test durchführt.

Windows-Systemabstürze

Eine der wohl häufigsten Fehlerursachen unter Windows 3.1x stellen fehlerhafte Bildschirmtreiber dar. Von Schutzverletzungen über fehlerhafte Darstellung bis hin zum komplett abstürzenden System ist hier beinahe alles vertreten. Wenn an bestimmten Stellen oder bei der Arbeit mit bestimmten Programmen immer wieder unerklärliche Fehler auftreten, sollten Sie testhalber einen aktualisierten Bildschirmtreiber einsetzen. Manche Grafikkartenhersteller liefern alle paar Wochen neue Versionen. (Was nicht für die Zuverlässigkeit der ersten Versionen der Bildschirmtreiber spricht.)

Neuere Windows-Versionen sind in dieser Hinsicht meist wesentlich zuverlässiger, nicht zuletzt deshalb, weil alle Grafikkartentreiber auf einem universellen Treiber (Unidriver) aufsetzen und diesen erweitern.

Häufig liegt die Ursache auch lediglich darin, daß von der Grafikkarte benötigte Ressourcen nicht gegen anderweitige Benutzung gesperrt wurden. Schlagen Sie im Handbuch Ihrer Grafikkarte nach, ob dort darauf hingewiesen wird, daß eine Zeile der folgenden Form in die CONFIG.SYS eingetragen werden muß:

```
device=emm386.exe x=A000-C7FF noems
```

Schaden kann diese Zeile bei SVGA-Karten keineswegs anrichten, da sie den gesamten Speicherbereich sperrt, der für Grafikkarten reserviert ist. Häufiger müssen Sie darüber hinaus weitere Bereiche mit Hilfe des x-Parameters ausklammern.

Parallel zu dieser Eintragung in der CONFIG.SYS sollten Sie auch in der Windows-3.x-Konfigurationsdatei SYSTEM.INI die entsprechenden Speicherbereiche sperren. Fügen Sie dazu im Abschnitt [386Enh] die folgende Zeile ein:

```
EMMExclude=A000-C7FF
```

Unter neueren Windows-Versionen sollten ähnliche Schritte nicht mehr erforderlich sein. Über den *Geräte-Manager* und das *Computer*-Symbol können Sie sich aber davon überzeugen, welche Bereiche für die Grafikkarte gesperrt wurden, und notfalls zusätzliche Bereiche reservieren. Sehen Sie sich dazu die folgende Abbildung an.

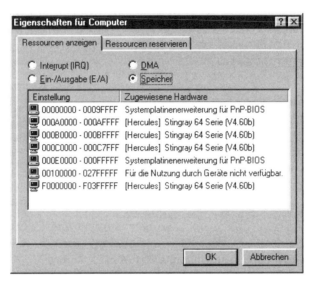

Abb. 14.13: Windows 9x sollte alle von der Grafikkarte beanspruchten Speicherbereiche automatisch vor anderweitiger Verwendung schützen.

(BIOS-)Inkompatibilitäten

Inkompatibilitäten sollten eigentlich nur noch selten auftreten. Bekannt ist allerdings, daß einige Grafikkarten (S3, ATI) die für die vierte serielle Schnittstelle reservierten Ressourcen (Port-Adresse 2E8H) beanspruchen. Darüber hinaus ist von älteren S3-Chips (insbesondere dem S3-86C911) bekannt, daß sie sich mit manchen BIOS-Varianten nicht vertragen. Wenn keine der bisher vorgestellten Lösungsvarianten hilft, bleibt hier wohl nur der Griff zu einer anderen Grafikkarte übrig.

Der Rechner startet nach dem Einbau einer neuen Grafikkarte nicht mehr

Setzen Sie in einem solchen Fall provisorisch die alte Grafikkarte wieder ein, notieren oder drucken Sie die vorhandenen Eintragungen, und setzen Sie dann die BIOS-Einstellungen auf die konservativen Vorgabewerte (Set CMOS to Default) zurück. Wenn der Rechner dann mit der neuen Grafikkarte startet, können Sie die alten Werte nacheinander wiederherstellen und beobachten, welche Einstellung den neuen Adapter zum Stolpern bringt. (Dann müssen Sie noch einmal den alten Adapter bemühen und die kritische Einstellung zurücksetzen.)

Sollte der Rechner selbst mit den konservativen Vorgabewerten nicht starten, können Sie noch testhalber alle anderen, nicht unbedingt nötigen Adapter zwischenzeitlich entfernen und einen erneuten Anlauf unternehmen. Sollte auch das nicht helfen, liegt entweder eine Inkompatibilität oder ein Defekt der neuen Grafikkarte vor. (Falls möglich, können Sie natürlich auch noch ausprobieren, ob die neue Grafikkarte in einem anderen, möglichst nicht baugleichen Rechner arbeitet.)

VGA-Adapter auf dem Motherboard

Sofern Ihr Rechner bereits über eine Grafikkarte verfügt, die in die Hauptplatine integriert ist, muß diese deaktiviert werden, wenn ein anderer Adapter verwendet werden soll, da es nur eine einzige VGA-Karte im System geben darf. Schauen Sie im Handbuch Ihres Rechners bzw. Motherboards nach, wie die integrierte Grafikkarte deaktiviert werden kann. Üblicherweise geschieht dies über eine Steckbrücke (Jumper) auf dem Motherboard oder aber eine entsprechende Eintragung im BIOS-Setup des Rechners.

Tastatur   15

Tastaturen (neudeutsch Keyboards) sind und bleiben – zumindest vorläufig – die wichtigsten Eingabegeräte bei der Arbeit am Computer. Auf absehbare Zeit werden auch Textverarbeitung, Tabellenkalkulation und Datenbankanwendungen die am Rechner vorrangig eingesetzten Programme im Geschäftsbereich bleiben. Die Eingabe von Texten auf anderem Wege als über die Tastatur ist zwar heute bereits prinzipiell möglich, wirft aber eine Reihe von Problemen auf. Selbst zuverlässig arbeitende Spracherkennungsprogramme stehen vor unlösbaren Problemen, wenn es um die Frage geht, ob der Name des Kunden nun Meier, Maier, Meyer oder Mayer lautet. Ähnlich problematisch gestalten sich viele andere Aufgabenstellungen. Sicherlich könnten Eigennamen buchstabiert werden, aber bieten Sie diese Lösung einmal einer Sekretärin an, die routiniert und »blind« Maschine schreibt und mit Textbausteinen arbeitet. Hier ist die Eingabe über die Tastatur einfach schneller. Ein weiteres Problem entsteht in Großraumbüros. Wenn alle Mitarbeiter lauthals vor sich hin diktieren, wären schalldichte Kabinen wohl die einzig denk- und gleichzeitig höchst undankbare Lösung. Möglicherweise können hier aber Kopfhörer/Mikrofonkombinationen helfen, deren Mikrofone lediglich Schallsignale des nächsten Umfeldes registrieren.

Abb. 15.1: Tastaturen bleiben bis auf weiteres das wichtigste Eingabegerät.

Andere Fragestellungen werden im Zusammenhang mit Tastaturen zunehmend wichtig. Die Tastatur in der heutigen Form gibt es seit Ende des 19. Jahrhunderts. Die Anordnung der Zeichen entspricht immer noch der zu Urzeiten ausgetüftelten, die einzig dem Zweck diente, ein Verhaken der einzelnen Typen weitgehend auszuschließen. Ergonomische Aspekte spielten damals überhaupt keine Rolle. Trotz umfangreicher Forschungen und etlicher Entwicklungen haben sich Form und Aussehen der Tastatur seit damals kaum verändert. Seltsam? Wohl kaum, wenn man bedenkt, daß hier Gewohnheiten und trainierten Bewegungsabläufen die Hauptrolle zukommt. Spezielle Tastaturen bzw. alternative Eingabegeräte setzen sich dementsprechend nur schwer durch. Welche Sekretärin lernt schon gern um? Welcher Ausbilder schwenkt auf eine neuartige Tastatur um, deren Anwendung in der Arbeitswelt nicht gefragt ist?

Entsprechend kann ich mich hier auch weitgehend auf verschiedene Tastatur-Layouts und ein paar Hintergrundinformationen beschränken.

15.1 Tastatur-Layouts und -Ausführungen

Der wesentliche Unterschied zwischen einer Computer- und einer Schreibmaschinentastatur besteht darin, daß die Tasten der Computertastatur mehrfach belegbar und frei programmierbar sind. Viele moderne Programme und insbesondere Spielprogramme ziehen daraus ihren Nutzen. Jedem, der sich etwas intensiver mit dem PC befaßt, dürften die sogenannten »Hotkeys« (Tastaturkürzel) bekannt sein, mit deren Hilfe sich viele Aufgaben effizienter erledigen lassen. Computer-Tastaturen verfügen über zusätzliche Umschalttasten, die mit Strg bzw. Ctrl (Steuerung – Control) und Alt (Alternate – Alternativbelegung) beschriftet sind. Hinzu kommt bei (deutschen) MF-Tastaturen die Taste AltGr, die die etwas kompliziert zu greifende Alt/Strg-Kombination ersetzt.

Ansonsten verfügen PC-Tastaturen über die folgenden Funktionsblöcke:

- Alphanumerischer Tastaturblock

    Entspricht weitgehend dem einer elektrischen Schreibmaschine. Hier befinden sich die Buchstaben, die Ziffern und die Satzzeichen.

- Ziffernblock

    Befindet sich auf der rechten Seite der Tastatur. Hier finden Sie noch einmal die Ziffertasten in einer Anordnung, die der bei Tisch- und Taschenrechnern entspricht. Dieser Block kann zur Eingabe längerer Zahlenkolonnen verwendet werden.

- Cursortasten

    Gestatten die Bewegung der Schreibmarke auf dem Bildschirm. Richtungs- bzw. Pfeiltasten sind meist in den Ziffernblock integriert und stehen bei MF-Tastaturen noch einmal separat zur Verfügung. Bei Laptop-Tastaturen werden sowohl Richtungstasten- als auch Cursortastenfunktionen häufig in den normalen alphanumerischen Tastaturblock integriert, wo sie sich mit Hilfe einer speziellen Taste aktivieren lassen.

- Funktionstasten

    Die meist zehn oder zwölf Funktionstasten befinden sich entweder in Vierergruppen in einer Reihe oberhalb des alphanumerischen Tastaturblocks oder in einer Doppelreihe links neben demselben. Spezialtastaturen enthalten die Funktionstasten manchmal auch in doppelter Ausführung.

Bezüglich des Layouts unterscheiden sich Tastaturen im wesentlichen hinsichtlich der Anordnung oder der Integration der verschiedenen Funktionsblöcke. Ansonsten wurde in den PC/XT-Tastaturen eigentlich nur ein anderer Steuerchip (Tastatur-Controller) als in den AT-Tastaturen verwendet.

 Viele Tastaturen enthalten sowohl den Tastatur-Controller für PCs als auch für ATs und deren Nachfolger. Sie lassen sich über einen kleinen Schalter an der Tastaturunterseite an den jeweiligen Bedarf anpassen.

15.1.1 PC/XT-Tastatur-Layout

Die Standard-PC/XT-Tastatur mit ihren 83 bis 86 Tasten wird heute nur noch selten verwendet. Die Funktionstasten befinden sich hier in einer Doppelreihe links neben dem alphanumerischen Tastenblock. Die ursprünglich von IBM verwendete Tastatur wies noch nicht einmal Kontrolleuchten für die Feststelltasten auf!

In der PC/XT-Tastatur findet ein Chip mit der Typkennziffer 8048 Verwendung, worin denn auch der wesentliche technische Unterschied zur AT-Tastatur besteht, in der ein 8042-Chip eingesetzt wird. Die Tastaturen der ersten ATs entsprachen in ihrem Layout den PC/XT-Tastaturen und wiesen ebenfalls nur zehn Funktionstasten auf. Neben einigen kleineren Verbesserungen wurden der Tastatur Kontrolleuchten für die Feststelltasten spendiert.

15.1.2 MF-Tastatur-Layout

Neuere Rechner sind mit einer Multifunktions-Tastatur (MF-Tastatur) mit 101 bzw. 102 Tasten ausgestattet. Je nachdem, von welchem Hersteller die Tastatur stammt, kann es schon einmal eine Taste mehr oder weniger geben.

MF-Tastaturen verfügen über zwölf Funktionstasten, die sich in Vierergruppen in einer Reihe oberhalb des alphanumerischen Tastaturblocks befinden. Für die Cursorbewegung wurden zusätzliche separate Tasten mit in das Layout aufgenommen.

Abb. 15.2: Eine MF-Tastatur (Multifunktions-Tastatur)

Mittlerweile hat sich dieses großzügigere Layout durchgesetzt. Zusätzlich müssen Sie sich nur noch davon überzeugen, ob Sie es mit einer deutschen sogenannten QUERTZ-Tastatur oder einer internationalen QWERTY-Tastatur zu tun haben. Diese Namen leiten sich aus der Anordnung der entsprechenden fünf Buchstabentasten im alphanumerischen Tastaturblock ab.

Abb. 15.3: QWERTZ-Anordnung der Tasten

Meist lassen sich die Tastaturkappen vorsichtig mit einem Schraubendreher oder einem anderen flachen Werkzeug ausheben und somit auswechseln. Viele Hersteller bieten entsprechend auch Kappensätze für verschiedene

Sprachen an. Sollten Sie also eine Tastatur für fremde Sprachen benötigen, sollten Sie sich beim Händler oder Hersteller danach erkundigen, ob alternative Tastenkappen für die gewünschte Sprache erhältlich sind.

 Bei dem wohl bekanntesten Hersteller von Tastaturen handelt es sich um die Firma Cherry Mikroschalter.

15.1.3 Spezielle Tastatur-Layouts

Neben den Standard-Layouts werden vorwiegend bei tragbaren Rechnern platzsparende, kompakte Tastaturen eingesetzt. Im Extremfall sind dann sowohl der numerische Block als auch die Cursortasten in den alphanumerischen Tastaturblock integriert. Teilweise sind die Tasten ein wenig kleiner als üblich, so daß es schon einmal zu Verwechslungen kommen kann. Insbesondere Viel- und Blindschreiber, also gerade die geübten Anwender, fluchen zuweilen heftig über derartige Tastaturen.

Manchmal können Sie als Sonderzubehör zusätzlich anschließbare numerische Tastaturblöcke hinzukaufen. Besonders komfortabel sind derartige Lösungen jedoch auch nicht gerade.

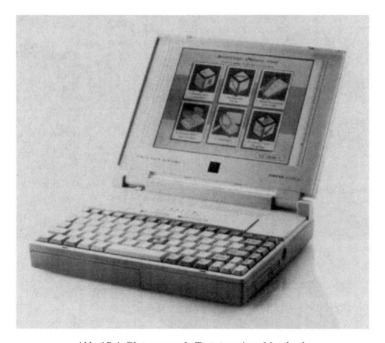

Abb. 15.4: Platzsparende Tastatur eines Notebooks

Ergonomisch gestaltete Keyboards, bei denen die Tasten entsprechend der natürlichen Handhaltung leicht V-förmig angeordnet sind, wurden bereits vor etlichen Jahren erstmals vorgestellt. Die Schreibgewohnheiten und der Preis dürften bisher wesentliche Gründe dafür gewesen sein, daß sie sich nie durchsetzen konnten.

15.1.4 Windows-Tastatur

Microsoft hat mit seinem Natural Keyboard einen erneuten Anlauf in Richtung Ergonomie unternommen. Nach umfassenden Forschungsarbeiten wurde ein Design entwickelt, das neben der V-förmigen Tastenanordnung Handstützen und zwei bzw. drei zusätzliche Tasten aufweist, mit denen sich direkt Systemmenüs und Programm-Manager bzw. Explorer öffnen lassen. Windows-Tastaturen bieten also einige speziell auf Windows abgestimmte Funktionen (die sich auf anderen Tastaturen allerdings über entsprechende Tastenkombinationen ebenfalls erreichen lassen) und benötigen entsprechende Software-Unterstützung.

Abb. 15.5: Ein wenig ergonomischer

Bleibt immer noch abzuwarten, ob sich diese ergonomische Windows-Tastatur durchsetzen wird. Preis und Qualität dieser Tastatur sind relativ hoch, gleiches gilt jedoch auch für deren Platzbedarf. Für Vielschreiber bietet diese Tastatur gerade im Hinblick auf die Gesundheit sicherlich einige Vorteile. Allein die Handablage entlastet die Handgelenke erheblich.

Durchgesetzt haben sich seit dem Erscheinen von Windows 95 jedenfalls Tastaturen herkömmlicher Bauform mit den zusätzlichen Windows-Tasten. Bei diesen Tastaturen wird dann leider die Leerzeichentaste recht klein, was als etwas störend empfunden werden kann.

Tastaturschubladen verbessern die Ergonomie herkömmlicher Tastaturen erheblich, da sie über integrierte Handablagen verfügen. Darüber hinaus können sie zusätzlichen Ablageplatz (für Kugelschreiber, Aufkleber etc.) zur Verfügung stellen.

15.1.5 Besonderheiten

Eine Besonderheit von Tastaturen habe ich bereits angesprochen: Den Umschalter zwischen PC/XT- und AT-Modus, der sich bei vielen Tastaturen findet. Hier und da werden auch Trackballs – also ein Mausersatz – mit in die Tastatur integriert.

Manche Hersteller weichen leicht vom Standard-Tastaturlayout ab. Bestimmte Tasten werden ein wenig größer, die eine oder andere Taste wird hinzugefügt. Nachteilig wirken sich solche Abweichungen immer dann aus, wenn Sie an verschiedenen Rechnern arbeiten und häufig neben die gewünschte Taste greifen.

Spezielle Tastaturen lassen sich auch so programmieren, daß komplette Befehlsabläufe auf Tastendruck abgerufen werden können. Meist lohnt sich der Einsatz einer solchen Tastatur heute jedoch nicht mehr, da viele Programme ohnehin alternative Möglichkeiten (Aufzeichnung sogenannter Makros) bieten.

Darüber hinaus sind Tastaturen mit integrierten Lautsprechern, Mikrofonanschluß usw. erhältlich, die platzsparend mehrere Komponenten in sich vereinen.

Zuweilen wurde mir auch die Frage gestellt, ob denn diese komischen Höker oder Pickel auf den Tasten unbedingt sein müßten, weil sie doch beim Schreiben stören würden. Die Antwort ist relativ einfach. Wenn Sie »blindes« Maschineschreiben gelernt haben, wissen Sie, daß die Hände dabei eine Grundstellung einnehmen, bei der der Zeigefinger der linken Hand auf dem F, der der rechten Hand auf dem J ruht. Die kleinen Erhebungen befinden sich genau auf diesen Tasten, damit Sie diese – ohne Hinsehen – erkennen können. Zusätzlich ist meist auch die 5 im numerischen Tastenblock entsprechend markiert.

15.1.6 Funktionsweise der Tastatur

Wie bereits angesprochen, besitzt die Tastatur einen eigenen Steuerungschip, den sogenannten Tastatur-Controller. Dieser wandelt die elektrischen Signale, die beim Tastendruck erzeugt werden, in ein serielles Signal um, das zum Rechner übertragen wird. Wie Sie vielleicht noch wissen, sind der Tastatur zu diesem Zweck standardmäßig der IRQ 1 und die Port-Adresse 060H zugeordnet.

Die Mechanik einer Tastatur muß höchsten Ansprüchen genügen und darf keine nennenswerten Ausfälle zeigen. Im wesentlichen sind zwei verschiedene Verfahren verbreitet.

Zunächst einmal ist die Folientastatur zu nennen, die aus insgesamt drei dünnen Kunststoffolien besteht. Bei der Betätigung einer Taste wird die obere Folie heruntergedrückt und schließt bei Berührung mit der unteren Folie einen Kontakt. Die mittlere Folie dient dabei lediglich als Abstandhalter und Isolator, der an den Stellen, an denen die obere Folie heruntergedrückt wird, löchrig ist.

Die zweite Tastaturvariante arbeitet mit Metallkontakten, die beim Drücken der Tasten geschlossen werden. Mitunter werden auch spezielle Kristalle zu diesem Zweck verwendet.

Darüber hinaus werden unter Umständen Unmengen an kleinen Federn unterschiedlichster Ausführung in der Mechanik verwendet. Aufgrund mechanischer Unterschiede hat jede Tastatur leicht unterschiedliche Eigenschaften und vermittelt ein spezifisches Schreibgefühl.

15.2 Ergonomisches

Neben dem Bildschirm stellt die Tastatur unter ergonomischen Gesichtspunkten die kritischste Schnittstelle zwischen Mensch und Computer dar. Bei korrekter Sitzhaltung können die Belastungen vermindert werden, Handauflagen und ergonomisch gestaltete Tastaturen helfen die gesundheitlichen Risiken zu begrenzen. Daher gehe ich an dieser Stelle noch einmal etwas ausführlicher auf Aspekte der Ergonomie ein.

15.2.1 Sitzhaltung

Bei der Arbeit mit der Tastatur wird eine Tischhöhe von knapp 70 cm empfohlen. Möglichst sollten sowohl der Tisch als auch der Arbeitsstuhl höhenverstellbar sein. Darüber hinaus sollte keiner der Winkel, die die Gliedmaßen bilden, unter 90 Grad (rechter Winkel) betragen. Dieser Sachverhalt wird von der Abbildung wiedergegeben. Die Winkel zwischen Ober- und Unterarm, Ober- und Unterschenkel sowie Körper und Oberschenkel betragen jeweils etwas mehr als 90 Grad.

Abb. 15.6: Ergonomische Sitzhaltung

15.2.2 Krankheitsbilder

Gerade im Zusammenhang mit der Arbeit an der Tastatur treten typische Krankheitsbilder auf, die nachweislich mit dieser Tätigkeit in Verbindung stehen. Sehnenscheidenentzündung, Tennisarm, CTS oder auch RSI lauten die häufig verwendeten Schlagwörter.

Bei dem Kürzel CTS (Carpal-Tunnel Syndrome) handelt es sich um die englische Bezeichnung für Sehnenscheidenentzündungen, die umgangssprachlich oft auch als »Tennisarm« bezeichnet werden. Die intensive Verwendung der Tastatur einer Schreibmaschine oder eines Computers ist jedoch wesentlich häufiger die Ursache von CTS als die Sportart Tennis. Geiger(innen) sind im

Hinblick auf diese Krankheit übrigens besonders gefährdet. Stechende Schmerzen bei jeglicher Bewegung des Arms oder des Handgelenks sind typische Symptome. Zeitweise Arbeitsunfähigkeit ist die unausweichliche Folge, da der Arm unbedingt ruhiggestellt werden muß, bis die Beschwerden abklingen.

Das RSI-Syndrom (Repetitive Strain Injury – Verletzung durch sich wiederholende Belastung) bezeichnet ein Krankheitsbild, das ebenfalls durch andauernde Belastungen, wie sie zum Beispiel beim Schnellschreiben an einer Computertastatur auftreten, hervorgerufen werden können. Spürbare Symptome dieser Krankheit treten jedoch gewöhnlich erst nach einigen Jahren täglicher Schreibarbeit in Erscheinung, so daß vor allem Sekretärinnen und Datentypistinnen davon betroffen sind. Erste Anzeichen sind das Schwinden der Kräfte in den Händen, Kribbeln und Stechen in den Fingern folgen. Ursache sind gerissene Muskelfäserchen, die aufgrund der wiederholten und andauernden Belastung nicht wieder zusammenwachsen können.

Hier gilt der alte Grundsatz: Vorbeugen ist besser als Heilen. Kleinere Pausen, maximal drei bis fünf Stunden tägliche Schreibarbeit am PC, Fingerübungen und ähnliches sind wirksame Vorbeugemaßnahmen neben der ergonomischen Gestaltung des Arbeitsplatzes. Allerdings können diese Maßnahmen das Auftreten des RSI-Syndroms nicht verhindern, sondern helfen lediglich das Risiko mindern.

Sollten Sie zu den besonders gefährdeten Personengruppen gehören, sprechen Sie gegebenenfalls vorsorglich mit Ihrem Arzt. Leiden Sie erst einmal unter dem RSI-Syndrom, ist eine Heilung äußerst langwierig. Zuweilen gewinnen die betroffenen Muskeln nie wieder ihre volle Kraft zurück.

15.3 Pflege und Wartung

Abgesehen von einer gewissen Abnutzung, unter der jede Tastatur mehr oder weniger bei häufiger Benutzung zu leiden hat, sind Staub, Dreck und Feuchtigkeit deren größte Feinde. Angesichts der heutigen Preise für Standard-Tastaturen dürfte im Fall eines echten Fehlers der Neukauf die günstigste Alternative sein. Zwischen 50 und 100 Mark müssen Sie üblicherweise für eine neue Tastatur berappen.

Schütten Sie eine Tasse gezuckerten Kaffee oder ein anderes süßes oder gar sirupartiges Getränk über ihre Tastatur, können Sie diese nur noch abklemmen und vergessen. Ist der Zucker erst einmal getrocknet, ist sowieso alles zu spät.

Staub und Haare lassen sich mit einem Ministaubsauger oder Druckluft relativ leicht entfernen. Kräftig blasen (aber nicht spucken!) reicht in der Regel auch. Fusselnde oder haarende Pullover sollten Sie bei der Arbeit am Computer übrigens aus Ihrer Garderobe verbannen. Langhaarige Wollpullover können beispielsweise recht schnell zu »verklemmten« Tastaturen führen.

Bei vielen Tastaturen können Sie die Kappen der Tasten mit einem flachen Schraubendreher vorsichtig abheben, was die Reinigung in problematischeren Fällen wesentlich erleichtern kann.

Fingerschweiß kann einer Tastatur ebenfalls kräftig zusetzen, wenngleich mir kein Fall bekannt ist, der dazu geführt hätte, daß diese Art von Verschmutzung die Funktion beeinträchtigt hätte. Spezielle Reinigungssets sind zwar erhältlich, aber relativ teuer. Ein leicht angefeuchteter fusselfreier Lappen (gegebenenfalls mit ein wenig Seife) sollte den gleichen Zweck erfüllen. Der Einsatz von Geschirrspülmittel führt meist zu leicht klebrigen Tasten und sollte daher vermieden werden. Der in der Apotheke erhältliche Isopropylalkohol läßt sich zusammen mit Wattestäbchen ebenfalls zur Reinigung einer Tastatur verwenden.

Weiterhin können Sie die meisten Tastaturen öffnen, indem Sie drei bis sechs Schräubchen an deren Unterseite entfernen. Die Platine in der Tastatur wird ebenfalls meist nur von wenigen Schräubchen festgehalten, die Kabelverbindungen sind zumeist nur gesteckt und durch einen Knoten oder spezielle Kabelführung gegen Zug gesichert. Diese Vorgehensweise müssen Sie insbesondere bei Folientastaturen beschreiten, bei den heute meist üblichen Federkontakten bringt das Öffnen des Tastaturgehäuses in der Regel nichts, es sei denn, Sie wollen die Tastatur trockenlegen oder sind einfach nur neugierig.

Übrigens sollten Sie es möglichst vermeiden, die geschlossenen Einheiten der einzelnen Tasten zu öffnen. Auch wenn dies möglich sein sollte, werden Sie mit den kleinen Federn und ähnlichen Kleinteilen wahrscheinlich keinen Spaß haben.

Wenn Sie beim Zusammenbauen der Tastatur darauf achten, daß die verschiedenen Kabel wieder korrekt in ihren Führungen zu sitzen kommen (Zugsicherung), kann dabei eigentlich auch nicht viel schiefgehen. Der Stekker, mit dem das Kabel an die Platine angeschlossen wird, läßt sich normalerweise auch nicht falsch herum anschließen.

15.4 Tastatur-Checkliste

Naturgemäß spielen bei der Auswahl einer Tastatur vorwiegend subjektive Kriterien eine Rolle. Um Kompatibilitätsprobleme zu vermeiden, sollte die Tastatur dem jeweiligen Industriestandard entsprechen. Außerdem sollten die Tasten weder wackeln noch übermäßig klappern.

Ob Sie unter ergonomischen Gesichtspunkten auf entsprechende Tastaturen zurückgreifen, bleibt vorwiegend Ihrem Gesundheitsbewußtsein überlassen. Vielschreiber sollten sich vorbeugend umgewöhnen und umsteigen. Handablagen helfen bereits ein gutes Stück weiter und lassen sich in unterschiedlichen Ausführungen, wie zum Beispiel als Tastaturschubfach, erwerben. Höhenverstellbar und einigermaßen standfest sollte die Tastatur auf jeden Fall sein. Viele moderne Tastaturen rutschen aufgrund ihres geringen Gewichts, vom Spiralkabel gezogen, allzu leicht auf dem Schreibtisch hin und her. Eine rutschfeste Unterlage kann hier Wunder wirken.

Höchst subjektiv und gewohnheitsabhängig sind die übrigen Kriterien. Überprüfen Sie, ob beim Betätigen der Tasten ein spürbarer Druckpunkt vorhanden ist und welchen Gesamteindruck die Tastatur beim Probeschreiben hinterläßt. Auf jeden Fall sollten Sie spüren können, ob eine Taste betätigt worden ist oder nicht!

Neben den bereits angesprochenen Unterschieden können weitere Kriterien bei der Auswahl der Tastatur eine Rolle spielen. Insbesondere sind hier die Tastaturstecker und die kommende Anschlußvariante »USB« (Universal Serial Bus) zu nennen. Tastaturen, die über den USB an den Rechner angeschlossen werden, verfügen üblicherweise über Anschlüsse für weitere Geräte, die diesem Standard folgen. Dazu können zum Beispiel Digitalkameras und andere spezielle Eingabegeräte gehören.

Dem USB-Standard ist im Kapitel »Bussysteme« ein eigenständiger Abschnitt gewidmet.

Kriterium	Anmerkungen
Tastaturlayout	Neben der MF- und der Windows-Tastatur gibt es platzsparende und ergonomische Varianten.
Funktionsprinzip	Nahezu alle Tastaturen arbeiten heute mit Federkontakten. Darüber hinaus sind Folientastaturen erhältlich, die ein etwas anderes Schreibgefühl vermitteln.
Tastaturstecker/ Anschluß	Üblich sind insbesondere der 5polige und der etwas kleinere 6polige DIN-Stecker. Entsprechende Adapter liegen den Tastaturen manchmal bei. Der Anschluß via »USB« dürfte zunehmend Verbreitung finden. Darüber hinaus gibt es etliche herstellerspezifische Anschlußvarianten.
Integrierte Anschlüsse	An manche Tastaturen läßt sich bereits heute die Maus anschließen. In Zukunft werden Tastaturen zunehmend über Anschlußmöglichkeiten für »USB«-Geräte verfügen.
Integrierte Komponenten	Lautsprecher, Mikrofon, Trackball, Scheckkartenleser etc. stehen bei speziellen Tastaturen zur Auswahl.

Tab. 15.1: Checkliste für die Tastaturauswahl

15.5 Trends

Über die letzten Jahre hinweg hat sich an den eingesetzten Tastaturen nur wenig geändert, so daß auch weiterhin nicht gerade mit großartigen Fortschritten zu rechnen ist, wenn man von den Anstrengungen in Richtung Ergonomie einmal absieht. Handablagen und V-förmig angeordnete Tasten finden seit Windows 95 zunehmend Verbreitung, leiden aber naturgemäß unter dem wesentlich größeren Platzbedarf und der notwendigen Umgewöhnungszeit. Die Verwendung verschiedenartiger Tastaturen ist darüber hinaus recht unbeliebt und steht dem Umstieg zusätzlich im Wege.

Darüber hinaus findet man immer öfter Tastaturen mit integrierten Zusatzkomponenten, wie zum Beispiel Lautsprecher, und kabellose Tastaturen, die über Infrarotschnittstellen ihre Daten an den Rechner übermitteln.

Mit neuen Schnittstellenstandards wie USB (Universal Serial Bus) werden zweifellos die zugehörigen Steckeranschlüsse an Tastaturen in Mode kommen. Sollten Sie zum Beispiel über einen Rechner mit USB verfügen, werden Zusatzgeräte üblicherweise über die Tastatur angeschlossen.

15.6 Installation

Neben der Hardware-Installation, die üblicherweise nur aus dem Einstöpseln des Tastatursteckers in die entsprechende Steckdose (meist an der Rückseite des Rechners) besteht, muß hierzulande eine Anpassung an die nationalen Gegebenheiten und den Tastaturtyp bzw. das Tastaturlayout erfolgen. Dazu müssen die passenden Treiber geladen werden.

15.6.1 DOS

Auf der DOS-Betriebssystemebene müssen Sie ein Steuerprogramm in die Konfigurationsdateien einbinden, das den Namen KEYB trägt. Wenn Sie den Treiber über die AUTOEXEC.BAT laden, erfüllt

```
LH C:\DOS\KEYB.COM GR,, C:\DOS\KEYBOARD.SYS
```

den gewünschten Zweck. Der Zusatz LH (LOADHIGH), der das Laden des Treibers in die oberen Speicherbereiche veranlaßt, kann dabei gegebenenfalls entfallen, der Pfad (C:\DOS) zu den Dateien muß bei Bedarf an die tatsächliche Situation angepaßt werden.

Alternativ können Sie mit Hilfe einer der beiden folgenden Zeilen auch den weniger üblichen Weg der Installation des Tastaturtreibers über die CONFIG.SYS beschreiten:

```
INSTALL C:\DOS\KEYB.COM GR,, C:\DOS\KEYBOARD.SYS
INSTALLHIGH C:\DOS\KEYB.COM GR,, C:\DOS\KEYBOARD.SYS
```

Minimalisten können die Einträge auch verkürzen und ab dem ersten Komma (einschließlich) alles weitere entfallen lassen. Sollten Sie weitere Parameter, wie zum Beispiel länderspezifische Zeichensatztabellen, laden müssen, ziehen Sie bitte entsprechende Handbücher oder sonstige Hilfen zu Rate.

Auch unter Windows 9x müssen entsprechende Zeilen in die Startdateien eingefügt werden, wenn die deutsche Tastaturbelegung auf der DOS-Ebene aktiv sein soll. Das Windows 9x-Setup fügt zur Anpassung an die deutschen Gegebenheiten die folgenden Zeilen in die AUTOEXEC.BAT ein, die Sie keinesfalls entfernen sollten:

```
mode con codepage prepare=((850) C:\WINDOWS\COMMAND\ega.cpi)
mode con codepage select=850
keyb gr,,C:\WINDOWS\COMMAND\keyboard.sys
```

Die letzte Zeile dürfte Ihnen bekannt vorkommen, nur daß hier die benötigten Dateien aus dem Verzeichnis COMMAND geladen werden, das sich unterhalb des Windows-Installationsverzeichnisses befindet.

15.6.2 Windows 3.x

Entsprechende Anpassungen müssen auch unter anderen Betriebssystemen oder für spezielle Programme vorgenommen werden. Windows verwendet zum Beispiel folgende Einträge in der Datei SYSTEM.INI. Im Abschnitt [boot] finden Sie die Eintragung für den zu verwendenden Treiber:

```
[boot]
keyboard.drv=keyboard.drv
```

Einen eigenständigen Abschnitt zum Thema Tastatur finden Sie dort auch. Im Beispiel ist eine MF-Tastatur (type=4) angeschlossen, die unter Verwendung von Routinen aus der Datei KBDGR.DLL angesprochen wird:

```
[keyboard]
keyboard.dll=kbdgr.dll
oemansi.bin=
type=4
subtype=
```

Darüber hinaus finden sich in der Datei WIN.INI im Abschnitt [windows] einige Einstellungen, die die Reaktion von Windows auf die Tastatur beeinflussen:

```
KeyboardDelay=2
KeyboardSpeed=31
```

Glücklicherweise nehmen Sie diese Einstellungen üblicherweise nicht manuell, sondern über das SETUP-Programm bzw. die Systemsteuerung vor.

Der Tastaturtyp 4 in der SYSTEM.INI entspricht den üblichen MF-Tastaturen. Für ältere Tastaturen müssen manchmal andere Einstellungen gewählt werden.

15.6.3 Windows 9x

Die bereits im Abschnitt »Windows 3.x« angesprochenen Eintragungen in der SYSTEM.INI finden Sie dort auch unter Windows 9x. Allerdings sollten Sie diese nur im Notfall verwenden. Der übliche Weg zur Einstellung der Tastatur bzw. zur Änderung der Tastatureigenschaften führt über die Systemsteuerung.

Über das *System*-Symbol erfahren Sie Näheres über die von der Tastatur verwendeten Steuerdateien und die belegten Ressourcen, während Sie über das *Tastatur*-Symbol zu den Einstellungen gelangen, mit denen sich die Reaktionen der Tastatur an die Erfordernisse des jeweiligen Benutzers anpassen lassen. Die folgende Abbildung gibt Ihnen einen Überblick über die verfügbaren Möglichkeiten.

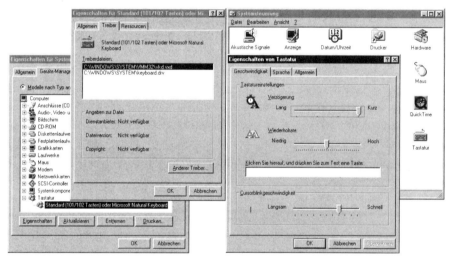

Abb. 15.7: Hier finden Sie die von der Tastatur verwendeten Treiber bzw. Möglichkeiten zur Anpassung der Tastatur an Ihre Gewohnheiten.

 Einige der Einstellmöglichkeiten der Tastatur, wie sie von Windows 9x angeboten werden, finden Sie auch im BIOS-Setup Ihres Rechners. Naturgemäß haben die unter Windows vorgenommenen Einstellungen Vorrang.

15.7 Pin-Belegung der Tastaturstecker

Die meisten Tastaturen sind über ein fünfpoliges Kabel mit dem Rechner verbunden, an dessen Ende sich ein DIN-Stecker befindet. PS/2-Rechner verfügen über einen etwas kleineren sechspoligen Stecker. Die Pin-Belegung dieser Stecker wird in den folgenden Tabellen wiedergegeben.

Abb. 15.8: Fünfpoliger DIN-Anschluß für die Tastatur

Pin	Signal
1	Tastatur-Synchronisation
2	Tastatur-Daten (Scan-Codes)
3	Nicht benutzt
4	Masse
5	+5 V

Tab. 15.2: Anschlußbelegung fünfpoliger DIN-Stecker

Abb. 15.9: Sechspoliger DIN-Anschluß für die Tastatur

Pin	Signal
1	Tastatur-Daten (Scan-Codes)
2	Nicht benutzt
3	Masse
4	+5 V

Tab. 15.3: Anschlußbelegung sechspoliger DIN-Stecker (PS/2)

Pin	Signal
5	Tastatur-Synchronisation
6	Nicht benutzt

Tab. 15.3: Anschlußbelegung sechspoliger DIN-Stecker (PS/2)

Darüber hinaus gibt es etliche wenig verbreitete herstellerspezifische Lösungen. Von Westernsteckern bis zu D-förmigen Steckern, die leicht mit denen von Monitoren zu verwechseln sind, läßt sich so ziemlich alles finden, sofern man nur lange genug sucht.

Auch Tastaturen ohne Kabelverbindung, die mit Infrarot-Signalen arbeiten, wurden bzw. werden hergestellt, fanden aber bisher keine größere Verbreitung. Dies könnte sich allerdings vor dem Hintergrund des IrDA-Standards schon bald ändern, der für diese Verbindungsart eine einheitliche Basis definiert.

15.8 Troubleshooting

Im folgenden führen wir wieder einige häufiger auftretende Fehler und deren Ursachen sowie gegebenenfalls Möglichkeiten zu deren Beseitigung auf:

Einzelne Zeichen erscheinen mehrfach oder nicht auf dem Bildschirm

Wahrscheinlich ist die Tastatur verschmutzt, so daß sich die Taste verklemmt bzw. keinen Kontakt mehr bekommt. Reinigen Sie die Tastatur. Sollten Sie die Tastatur gerade neu angeschlossen haben, kann es auch sein, daß sie mit der Arbeitsgeschwindigkeit des Rechners nicht mithalten kann.

Tastatur wird beim Rechnerstart nicht erkannt

Entweder ist der Stecker der Tastatur nicht korrekt mit dem Rechner verbunden, oder es liegt ein Wackelkontakt bzw. Kabeldefekt vor. Reparaturen sind bei preiswerten Tastaturen selten sinnvoll. Ansonsten können Sie die Tastatur aufschrauben und den Widerstand der Leitungen des Tastaturkabels durchmessen.

Backslash läßt sich mit Hilfe der AltGr-Taste nicht erzeugen

Dies kann einerseits daran liegen, daß Sie den deutschen Tastaturtreiber nicht geladen haben, oder andererseits daran, daß in die Systemeinstellungen ein falscher Tastaturtyp eingetragen wurde. Die üblichen Einstellungen finden Sie im Abschnitt »Installation« weiter oben in diesem Kapitel.

Nach wenigen Tastendrücken schließt Windows 9x das DOS-Fenster

Obwohl der korrekte Tastaturtyp von Windows korrekt erkannt wird, konnte ich beobachten, daß Windows 9x bei einigen Rechnern die Eingabeaufforderung nach wenigen Tastendrücken wegen eines unerlaubten Zugriffs beendete. Ursache dürfte eine Inkompatibiltät zwischen Tastatur und Steuerprogrammen sein, weil sich dieses seltsame Verhalten durch Wechsel des Tastaturlayouts abstellen ließ (vgl. Abbildung).

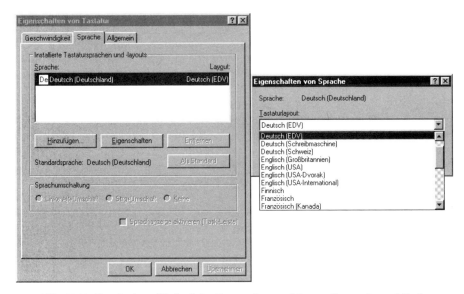

Abb. 15.10: Durch einen Wechsel des Tastaturlayouts können Sie gegebenenfalls den Widrigkeiten der DOS-Eingabeaufforderung entkommen.

Amerikanischer Zeichensatz unter Windows 9x

Unter Windows 9x wird die deutsche Tastaturbelegung nicht korrekt geladen, wenn die Eintragungen in CONFIG.SYS und AUTOEXEC.BAT nicht korrekt sind. Starten Sie am besten SYSEDIT von der Windows-Benutzeroberfläche aus. (*Start*, *Ausführen*, *SYSEDIT* eingeben, wobei Sie zur Eingabe des »Y« die Taste »Z« betätigen müssen.) Kontrollieren Sie dann, ob sich in der CONFIG.SYS die folgenden Zeilen befinden:

```
device=C:\WINDOWS\COMMAND\display.sys con=(ega,,1)
Country=049,850,C:\WINDOWS\COMMAND\country.sys
```

In der AUTOEXEC.BAT müssen unter Windows 9x zur Anpassung an die deutschen Gegebenheiten die folgenden Zeilen vorhanden sein:

```
mode con codepage prepare=((850) C:\WINDOWS\COMMAND\ega.cpi)
mode con codepage select=850
keyb gr,,C:\WINDOWS\COMMAND\keyboard.sys
```

Passen Sie bei Bedarf den Pfad zum Windows-Installationsverzeichnis an, und benutzen Sie die folgende Tabelle zur Eingabe der Satz- und Sonderzeichen.

Taste (amerikanische Belegung)	Erzeugtes Zeichen
Z	Y
Y	Z
<	\
Ö	:
ö	;
)	(
=	)
ü	[
+	]
´	=
-	/
;	<
:	>
?	_
ß	-

Tab. 15.4: Mit diesen Tasten lassen sich bei amerikanischer Tastaturbelegung die wichtigsten Zeichen erzeugen.

Mäuse und andere Zeigegeräte 16

Ein Zeigegerät ist Ihnen sicherlich bekannt: die Maus. Neben dieser finden sich noch Trackballs und Joysticks verbreitet im Einsatz. Digitizer werden vorwiegend von technischen Zeichnern im CAD (Computer Aided Design) eingesetzt, Lichtgriffel sieht man eigentlich nur auf Messen, wobei diese von Touchscreens (Bildschirme mit Berührungssensoren) weitgehend verdrängt wurden.

Von Interesse sind also vorwiegend Mäuse und Joysticks, wobei Sie sich beim Lesen dieses Kapitels ein wenig zurücklehnen können. Diese Geräte sind meist so preiswert, daß Reparaturen kaum sinnvoll sind. Reinigen sollte man Mäuse allerdings schon des öfteren.

Neben Zeigegeräten gibt es etliche weitere Eingabegeräte, denen eigenständige Kapitel gewidmet sind. Dazu gehören insbesondere die »Tastatur« und der »Scanner«.

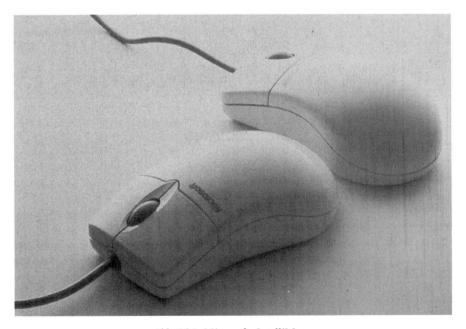

Abb. 16.1: Microsofts IntelliMouse

16.1 Mäuse

Mäuse haben die Größe von Zigarettenschachteln und setzen die Bewegungen des Geräts auf dem Tisch in Cursorbewegungen auf dem Bildschirm um. Sie werden ergänzend zur Tastatur als Eingabe- bzw. Zeigegeräte eingesetzt und gehören, seitdem grafische Benutzeroberflächen unter allen Betriebssystemen Verbreitung gefunden haben, zur Standardausstattung eines Rechners.

Der erste hölzerne Prototyp der Maus wurde bereits 1963 am Stanford Research Institute entwickelt. 1975 entstand am Palo Alto Research Center (PARC) der Xerox Corporation die erste digitale Maus. Danach dauerte es noch einmal fast zehn Jahre, bis Microsoft im Juni 1983 seine erste Bus-Maus als Eingabegerät für den IBM-PC vorstellte. Dieser auch heute noch erhältliche Maustyp benötigt eine eigene Steckkarte bzw. einen eigenen Anschluß, wie er oft auf dem Motherboard integriert ist. Die erste Maus zum Anschluß an die serielle Schnittstelle erschien dann ein weiteres Jahr später.

Auch die Maus hat also bereits eine jahrzehntelange Vorgeschichte hinter sich gebracht, bevor sie ihren Siegeszug im PC-Bereich antreten konnte. Erst grafische Benutzeroberflächen wie GEM und Windows konnten ihr zum Durchbruch verhelfen.

Heute ist die Maus als Eingabegerät nahezu selbstverständlicher Bestandteil eines PCs. Kaum jemand kann sich noch vorstellen, wie umständlich erste Grafikprogramme vorwiegend über Tastatur bedient werden mußten; ohne Maus wären sie beim heute üblichen Leistungsumfang unbedienbar.

Meist ist beim Kauf eines neuen Rechners eine Maus im Lieferumfang enthalten, so daß Sie sich möglicherweise erst dann Gedanken über das possierliche Tierchen machen, wenn es verschlissen ist oder einen Sturz auf den Fußboden nicht überlebt hat.

16.1.1 Ausstattung, Zubehör und Varianten

Vielleicht sind Sie der Meinung, daß es eigentlich nur wichtig ist, überhaupt eine Maus zu besitzen. Zugegeben, die meisten Mäuse arbeiten nach dem gleichen einfachen Prinzip. Ein kleiner gummibeschichteter Metallball wird beim Verschieben des Mausgehäuses auf der Arbeitsoberfläche bewegt. Dessen Drehung wird innerhalb des Mausgehäuses auf zwei Rädchen und damit auf Lochscheiben übertragen, deren Bewegungen über Lichtschranken, bestehend aus Leuchtdioden und Fotozellen, ausgewertet werden.

Darüber hinaus unterscheiden sich die verschiedenen Maus-Varianten nur geringfügig voneinander. Dennoch gibt es eine ganze Reihe von Aspekten zu berücksichtigen, die den Kaufausschlag geben können. Maus ist eben doch nicht gleich Maus.

Zwei oder drei Tasten?

Im wesentlichen kann zwischen Zwei- und Drei-Tasten-Mäusen unterschieden werden. Microsoft-kompatible Mäuse mit zwei Tasten haben sich mittlerweile als Standard etabliert. Selbst wenn sehr viele Mäuse über drei Tasten verfügen, werden bei der Arbeit mit denselben meist nur zwei Tasten benutzt. Die mittlere Taste wird einfach deaktiviert.

Logimouse bzw. Mouse-Systems-Maus besitzt drei Tasten. Dann müssen aber auch Steuerprogramme installiert werden, die diese dritte Taste unterstützen. Darüber hinaus muß das eingesetzte Programm dieser Taste auch eine Funktion zuordnen können. Dies ist jedoch sehr selten der Fall, so daß die mittlere Taste so gut wie nie sinnvoll genutzt wird. Immerhin gelang es den Programmierern in den 90ern wenigstens, der rechten Maustaste allgemein eine Funktion zuzuordnen. Mit ihr können Sie seither in den meisten Programmen lokale bzw. kontextabhängige Menüs oder aber die Hilfestellung aufrufen.

Mehr als zwei Tasten braucht eine PC-Maus also üblicherweise nicht. Allerdings bemühen sich die Hardware-Entwickler seit einiger Zeit, der Maus zusätzliche Funktionalität zu verleihen. Microsofts IntelliMouse verfügt so zum Beispiel zwischen den beiden Maustasten über ein kleines Rädchen, das die Rollbalken ersetzen kann – sofern Programme die entsprechenden Funktionen unterstützen.

Seriell oder Bus?

Die übliche Maus-Variante wird an die serielle Schnittstelle angeschlossen. Für den Anschluß einer Bus-Maus benötigen Sie eine spezielle Schnittstelle, die entweder ins Motherboard integriert ist oder sich auf einer speziellen Adapterkarte befindet. Wenn Sie erst eine zusätzliche Adapterkarte einbauen müssen, ist die Verwendung einer Bus-Maus nur selten sinnvoll. Sofern die Bus-Maus-Schnittstelle bereits auf der Hauptplatine oder in einem Multifunktions-Controller integriert ist, spricht naturgemäß wenig gegen deren Verwendung. Allerdings benötigt die Bus-Maus einen eigenen Interrupt.

Manche Grafikkarten enthalten ebenfalls eine integrierte Bus-Maus-Schnittstelle, vorwiegend wohl deshalb, weil sie die Ressourcen der vierten seriellen Schnittstelle nutzen und damit gleichzeitig mit der zweiten seriellen Schnittstelle in Konflikt geraten. Wenn Sie dann über eine der beiden übrigen seriellen Schnittstellen ein Modem betreiben, lassen sich zumindest Modem und Maus nicht mehr gleichzeitig benutzen.

Abb. 16.2: Adapter 9- auf 25polig

 Eine Bus-Maus ist also immer dann zu empfehlen, wenn die seriellen Schnittstellen anderweitig nicht benutzbar sind. Adapter, die einen kleinen seriellen in einen großen oder einen Bus-Maus-Anschluß umwandeln, sind für weniger als zehn Mark über den Handel zu beziehen bzw. sind im Lieferumfang einer neuen Maus bereits enthalten.

 Beschriften Sie Mausadapter möglichst mit wasserfestem Filzstift, um sie nicht mit seriellen Adaptern zu verwechseln, wie sie zum Beispiel im Zusammenhang mit Nullmodemkabeln verwendet werden. In der Regel sind nämlich beim Mausadapter nur die für die Maus benötigten Leitungen vorhanden.

Auflösung

Bei Mäusen gibt die Auflösung an, wie groß Mausbewegungen ausfallen müssen, damit sie registriert werden. Bei den meisten Mäusen läßt sich die Auflösung über den Treiber einstellen und kann dann zwischen 50 und einigen Tausend dpi oder cpi liegen. Beide Angaben meinen im Zusammenhang mit Mäusen das gleiche: Impulse pro Inch (Counts per Inch). Je höher dabei der Wert, desto schneller die Maus.

Viele Mäuse bieten bei Verwendung eines geeigneten Treibers ein dynamisches Verhalten an. Wenn die Maus schnell bewegt wird, führt das dann dazu, daß der Mauszeiger eine überproportional große Strecke auf dem Bildschirm zurücklegt.

Design, Paßform und Gimmicks

Mäuse sollten gut in der Hand liegen, denn nur so lassen sie sich zuverlässig über die Arbeitsoberfläche bewegen und verrutschen nicht. Bei geübten Mausbenutzern mag dieses Kriterium zwar nur wenig Gewicht besitzen, bei Ungeübten sind mir jedoch gerade in dieser Hinsicht enorme Unterschiede aufgefallen. Liegt die Maus nicht gut in der Hand, kann sie bei jeder Betätigung der Maustasten verrutschen und einem den Spaß an der Computerei gründlich verderben. Wem allerdings welche Maus »liegt«, läßt sich nur durch Probieren herausfinden.

Nicht zuletzt für die Zielgruppe »Kind« wurde zum Beispiel die Microsoft Haus-Maus entwickelt, die 1994 in den Handel kam. Sie ist schieferblau, die vergrößerte linke Taste hat die Form eines Hausgiebels, und der Kabelanschluß sieht wie ein Kamin aus. Zudem befinden sich im Lieferumfang der Haus-Maus Programme, die es zum Beispiel gestatten, dem Mauszeiger die Form einer Pizzaecke zu verleihen.

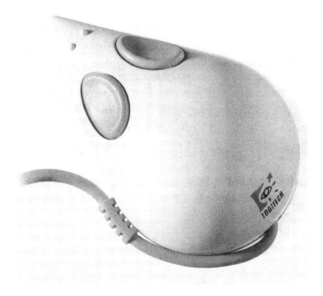

Abb. 16.3: Diese Maus von Logitech macht ihrem Namen noch alle Ehre.

 Probieren Sie aus, wie verschiedene Mäuse in der Hand liegen. Gewicht, Form, Ansprechverhalten und »Klick-Gefühl« sollten stimmen, selbst wenn wenn man sich auch bei Mäusen an vieles gewöhnen kann.

Wer es exotisch oder extravagant mag, der wird für ein paar Mark mehr auch fündig. Durch die Verwendung speziell entworfener Designer-Mäuse gelingt es, sich zumindest äußerlich ein wenig vom Heer der Null-acht-fünfzehn-Anwender abzusetzen. Ob Hamburger oder Cheeseburger die richtige Form für eine Maus sind, mag letztlich jeder selbst entscheiden. Und selbst Kleinkinder werden im reichhaltigen Maus-Angebot fündig. Für die Zielgruppe der unter sechsjährigen wurde von Microsoft ein großer Ball entwickelt, der gewissermaßen in einer speziellen Schüssel gelagert ist und an dessen Rand die Tasten wie Saturnringe angeordnet sind.

Mausmatten

Häufig sind Schreibtischoberflächen uneben oder auch zu glatt, so daß die zuverlässige und gleichmäßige Bewegung des Gummiballs der Maus nicht gewährleistet ist. Eine Mausmatte mit geeigneter Oberfläche schafft Abhilfe. Leider habe ich die Erfahrung gemacht, daß viele Mausmatten ebenfalls zu glatt sind. Die geeignete Auswahl ist gegebenenfalls auch noch von der verwendeten Maus abhängig. Guter Rat ist hier also teuer.

Vergleichsweise gute Erfahrungen habe ich mit Matten gemacht, die mit einem leinenartigen, strukturierten Stoff bezogen sind. Insbesondere eine leicht aufgerauhte, aber dennoch feine Oberflächenstruktur einer Mausmatte verhilft der Maus zu dem erwünschten gleichmäßigen Ansprechverhalten, hat aber andererseits den Nachteil, daß der Abrieb recht hoch ist, so daß die Maus häufiger gereinigt werden muß.

Andererseits darf der Abrieb der Mausmatten nicht zu groß sein, da dieser in das Mausinnere übertragen wird, so daß die Mausmechanik schnell verschmutzt. Auch darauf sollten Sie also achten, wobei eine abschließende Beurteilung häufig erst nach längerer Benutzung der Mausmatte erfolgen kann.

Kabellose Nagetiere

Kabellose Infrarot-Mäuse waren lange eine Art Geheimtip und entsprechend teuer. Die meisten Anwender dieser Mausart dürften jedoch recht schnell wieder zu herkömmlichen Mäusen zurückgekehrt sein, weil diese Mäuse meist nicht gerade exakt arbeiten, was sich insbesondere innerhalb von Grafikprogrammen arbeitshemmend bemerkbar macht. Kabellose Mäuse reagieren oft ein wenig »schwammig«. Darüber hinaus sind die Batterien recht schnell leer, wenn Sie die Maus nicht immer wieder zwischendurch (bei eingeschaltetem Rechner) zum Aufladen in deren Halterung stellen. Der häufige Ausfall der Maus bzw. das Wechseln der Akkus ist zwangsläufige Folge.

Bei Präsentationen können kabellose Mäuse zur Fernbedienung des Rechners eingesetzt werden. So können Sie viele Funktionen des Rechners aus mehreren Metern Entfernung bedienen.

Auch die Maushersteller haben dies erkannt und bieten daher unter anderem Mäuse an, deren Form eher an eine TV- oder Videorecorder-Fernbedienung als an eine herkömmliche Computer-Maus erinnert.

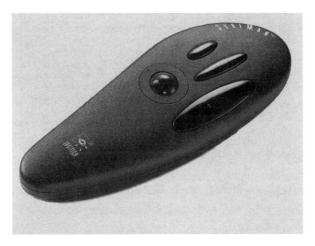

Abb. 16.4: Dieses kabellose Gerät eignet sich insbesondere zur Fernbedienung eines Rechners.

Optische Mäuse

Optische Mäuse arbeiten um einiges genauer als die herkömmlichen Nager mit integriertem Gummiball. Sie werden über eine spezielle Mausmatte bewegt, die den von der Maus gesendeten Lichtstrahl reflektiert, so daß dieser ausgewertet werden kann.

Entsprechend werden optische Mäuse dann eingesetzt, wenn es auf genaues Arbeiten ankommt. Die Maus selbst weist keine beweglichen Teile auf und ist daher absolut verschleißfrei. Die speziell beschichtete Mausmatte muß allerdings besonders pfleglich behandelt werden. Jede Beschädigung oder Verschmutzung der reflektierenden Oberfläche kann sich störend auswirken.

Trackball und Mouse Pen

Trackballs wurden entwickelt, weil Mäuse eine gewisse Ausläuffläche benötigen. Also legt man die Maus einfach auf den Rücken, bedient den Ball mit dem Daumen und die Tasten mit den Fingern, und schon hat man einen Trackball.

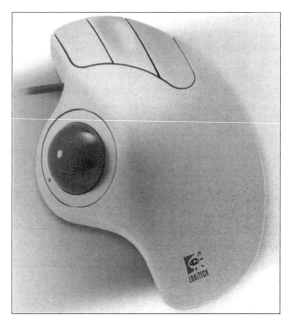

Abb. 16.5: Ein komfortabler Trackball

Besonders vorteilhaft sind Trackballs im Zusammenspiel mit portablen Rechnern. Bei deren Einsatz fehlt naturgemäß meist die für die Benutzung einer Maus notwendige Arbeitsfläche. Da sich die meisten Programme ohne Maus nur eingeschränkt nutzen lassen, werden Trackballs zunehmend in die Tastaturen von Laptop-Rechnern integriert.

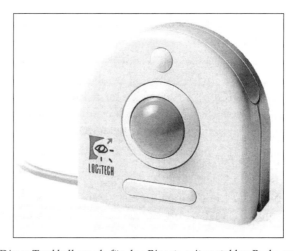

Abb. 16.6: Dieser Trackball wurde für den Einsatz mit portablen Rechnern konzipiert.

Ähnlich liegen die Dinge bei den Mausstiften (Mouse Pens). Diese werden wie Kugelschreiber eingesetzt und eignen sich damit beispielsweise besonders gut zum Nachzeichnen von Skizzen und Grafiken.

3D-Maus

Eine besondere Mausgattung trat 1993 erstmals in Erscheinung. Zunächst einmal handelte es sich einfach um eine kabellose Infrarot-Maus, deren Empfänger nicht nur horizontale, sondern auch vertikale Bewegungen im Raum erfassen konnte. Zwischenzeitlich wurden derartige Exemplare auch mit Kabel gesichtet.

Abb. 16.7: Eine Maus für 3D-Bewegungen (Cyberman)

Das Stichwort lautet »Cyberspace«. Mit 3D-Mäusen können Sie sich selbst bzw. eine (Spiel-)Figur innerhalb entsprechender Programme durch dreidimensionale künstliche Welten (den Cyberspace) bewegen. Also handelt es sich im Prinzip um nichts anderes als eine einfache Form des Ihnen möglicherweise bekannten Datenhandschuhs (Data Glove). Die ersten Schritte in die virtuelle Realität sind mit solchen Geräten zu erschwinglichem Preis durchführbar. Allerdings gilt auch hier wieder, daß diese speziellen Mausformen von den Programmen bzw. durch geeignete Steuerprogramme unterstützt werden müssen.

 Spezielle Maustypen bedürfen der Unterstützung durch geeignete Steuerprogramme. Ansonsten läßt sich deren erweiterte Funktionalität nicht nutzen. Aufgrund fehlender breiter Software-Unterstützung verschwinden Sonder-Mausformen häufig recht schnell wieder aus dem Sortiment.

16.1.2 Mauspflege

Mechanische Mäuse sind naturgemäß anfällig für Verschmutzung. Einerseits kann der Gummiball verdrecken, andererseits die kleinen Rollen im Mausinneren. Bei allen Mäusen läßt sich deshalb ein kleines Deckelchen an der Mausunterseite wegschieben oder durch Drehen entfernen, so daß Sie die Kugel entfernen und die kleinen Walzen reinigen können. Am besten geht dies im Fall der Kugel mit ein wenig Seife oder in lauwarmem Geschirrspülwasser. Sie müssen lediglich darauf achten, daß Sie keine Mittel verwenden, die das Gummi angreifen.

Die kleinen Kunststoff- bzw. Metallröllchen im Mausinneren können Sie vorsichtig freikratzen, wobei Sie darauf achten müssen, daß die Röllchen nicht verkratzt werden, da dies zu Ungenauigkeiten der Mausbewegung führen kann.

 In hartnäckigen Fällen können Sie viele Mäuse auch aufschrauben. Die zum Öffnen des Mausgehäuses zu entfernenden Schräubchen werden häufig unter den Typkennschildern verborgen.

16.1.3 Installation

Die hardware-mäßige Installation einer Maus besteht lediglich aus dem Einstöpseln des Steckers in den entsprechenden Anschluß. Alle Programme, die selbst oder auf dem Umweg über das Betriebssystem über integrierte Maustreiber verfügen, arbeiten dann bereits korrekt mit dem Nager zusammen.

DOS

Natürlich können Sie die mit der Maus gelieferten Programme und Treiber installieren. Wenn Sie unter DOS mausgestützt arbeiten wollen, müssen Sie zusätzlich das entsprechende Steuerprogramm in der CONFIG.SYS oder der AUTOEXEC.BAT installieren. MOUSE.COM oder MOUSE.SYS für Microsoft-kompatible Mäuse befindet sich im Lieferumfang vieler Programme und ist auch kostenlos über Mailboxen oder das Internet erhältlich. Den Treiber MOUSE.SYS installieren Sie in der CONFIG.SYS zum Beispiel mit Hilfe der folgenden Zeile:

```
DEVICE=C:\DOS\MOUSE.SYS
```

Der Treiber MOUSE.COM ist für die Installation des Maustreibers über die AUTOEXEC.BAT gedacht. Wenn Sie ihn in den Bereich zwischen die Adapter laden, reicht zum Beispiel

```
LH C:\DOS\MOUSE.COM
```

Bei Microsoft-kompatiblen Mäusen sollten Sie möglichst aktuelle Microsoft-Treiber einsetzen. Je neuer der Treiber, desto breiter die Hard-/Software-Unterstützung. Die in ATI-Grafikkarten integrierte Bus-Maus-Schnittstelle ließ sich zum Beispiel anfangs nur mit dem ATI-eigenen Treiber ansprechen, neuere Microsoft-Treiber machen diesen jedoch überflüssig, sofern die Maus im Microsoft-Modus benutzt wird.

Zusätzlich können Sie bei den verschiedenen Maustreibern eine ganze Reihe von Parametern angeben. Die Tabelle gibt eine Auswahl der Möglichkeiten des Microsoft-Treibers wieder.

Parameter	Bedeutung
/B	Bus-Maus
/C1	Serielle Maus an COM1
/C2	Serielle Maus an COM2
/Sn	(Speed:) n bestimmt die Empfindlichkeit, mit der der Mauszeiger auf Bewegungen reagiert. Werte zwischen 0 und 100 sind erlaubt, Voreinstellung ist 50.
/Hn	(Horizontal Speed:) n bestimmt die Empfindlichkeit, mit der der Mauszeiger in waagerechter Richtung reagiert.
/Vn	(Vertical Speed:) n bestimmt die Empfindlichkeit, mit der der Mauszeiger in senkrechter Richtung reagiert.

Tab. 16.1: Einige Parameter des Maustreibers

Durch die Typangabe (/B, /C1, /C2) direkt bei der Installation können Sie die Zeitspanne verringern, die zum Laden des Maustreibers benötigt wird. Allerdings wird die Maus dann nicht mehr erkannt, sofern sie sich an einer anderen als der angegebenen Schnittstelle befindet.

Windows 3

Unter Windows und OS/2 müssen Sie die Maus über die zugehörigen Setup-Programme anmelden bzw. installieren. Diese nehmen dann in der SYSTEM.INI zum Beispiel die folgenden Eintragungen für eine Microsoft-kompatible Maus vor:

Kapitel 16

```
[boot]
mouse.drv=mouse.drv
...
[boot.description]
mouse.drv=Microsoft, oder IBM PS/2
...
```

Im Lieferumfang von Mäusen, für die Windows bzw. OS/2 keine direkte Unterstützung bieten, sollten sich spezielle Installationsprogramme befinden. Darüber hinaus finden Sie bei vielen Mäusen kleine Testprogramme, die Ihnen auf der DOS-Ebene Auskunft darüber geben, ob die Maus korrekt arbeitet.

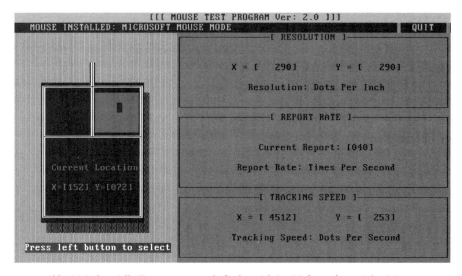

Abb. 16.8: Spezielle Testprogramme befinden sich im Lieferumfang vieler Mäuse.

Windows 95/NT

Unter den neueren Windows-Versionen werden Mäuse während der Installation des Betriebssystems üblicherweise automatisch erkannt und korrekt konfiguriert. Sofern Sie keine herstellerspezifischen Setup-Programme für eine Maus oder ein entsprechendes Zeigegerät verwenden wollen oder müssen, erfolgt der Wechsel des installierten Maustyps über das Maus-Symbol in der Systemsteuerung. Dort finden Sie im Register *Tasten* auch Testmöglichkeiten. Über den Schalter *Ändern* im Register *Allgemein* können Sie sich eine Liste der unterstützten Maustypen anzeigen lassen und über den Schalter *Diskette* die Windows-konforme Installation einer anderen Maus starten.

Mäuse und andere Zeigegeräte

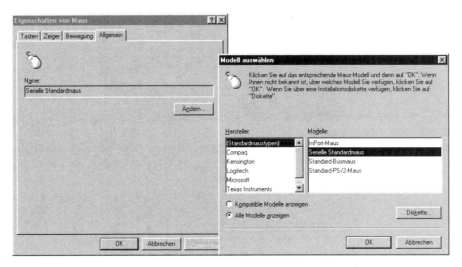

Abb. 16.9: Hier können Sie einen anderen Maustreiber Windows-konform installieren.

 Über das Symbol *System* in der Systemsteuerung, den *Geräte-Manager* und die dort aufgeführte *Maus* und den Schalter *Eigenschaften* gelangen Sie ebenfalls zu dem abgebildeten Dialogfenster zur Installation eines neuen Maustyps. Außerdem lassen sich auf diesem Weg die verwendeten Steuerprogramme namentlich anzeigen.

16.1.4 Troubleshooting

Auch hier sollen wieder einige häufiger auftretende Fehler und deren Ursachen sowie gegebenenfalls Möglichkeiten zu deren Beseitigung aufgeführt werden, wobei sich die Bezeichnung Maus der Einfachheit halber auch auf Trackballs bezieht.

Maus reagiert beim Klicken nicht wie gewünscht

Speziell unter Windows läßt sich die Reaktion der Maus auf das Doppelklicken einstellen. Sollte die Zeitspanne zwischen den beiden Klicks eines Doppelklicks zu kurz gewählt sein, können Sie unter Umständen gar nicht schnell genug klicken, so daß immer nur einzelne Klicks erkannt werden. Diese Einstellungen der Maus können Sie über das *Maus*-Symbol in der *Systemsteuerung* vornehmen.

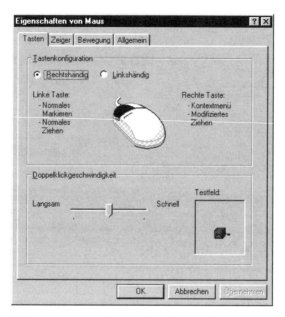

Abb. 16.10: Über die Systemsteuerung können Sie die Doppelklickgeschwindigkeit der Maus einstellen.

Mauszeiger hängt auf dem Bildschirm fest

Meist liegt die Ursache darin, daß die Maus im Programm als Zwei-Tasten-Maus installiert wurde, aber als Drei-Tasten-Maus betrieben wird oder umgekehrt. Ändern Sie dies, bzw. kontrollieren Sie den dafür zuständigen kleinen Schalter am Mausgehäuse. Bei batteriebetriebenen Mäusen kann auch die Stromversorgung zu schwach geworden sein.

Mauszeiger springt

Sie sollten die Maus reinigen. Der Gummiball oder die kleinen Rädchen sind wahrscheinlich verdreckt. Möglicherweise ist die verwendete Arbeitsoberfläche oder Mausmatte auch zu glatt. Auch Verunreinigungen derselben können die Ursache des »bockigen« Verhaltens des Mauszeigers darstellen.

Mauszeiger ist nicht zu sehen

Ist der Zeiger wirklich nicht vorhanden, dürfte das Steuerprogramm nicht korrekt installiert worden sein. Bei langsam reagierenden Bildschirmen (zum Beispiel LCD) verschwindet der Mauszeiger bei schnellen Mausbewegungen. Viele Maustreiber bieten daher die Möglichkeit, den Zeiger eine »Schleifspur« ziehen zu lassen. Ändern Sie gegebenenfalls die Parameter des Steuerprogramms bzw. passen Sie diese an.

Unter Windows finden Sie die möglichen Einstellungen in der *Systemsteuerung* beim *Maus*-Symbol. Manchmal – insbesondere unter Windows 3.x – müssen Sie dazu aber auch herstellerspezifische Programme bemühen.

Serielle Maus reagiert nicht

Einige Programme setzen bei vorhandener Bus-Maus-Schnittstelle voraus, daß die Maus auch dort angeschlossen ist. Sollte eine serielle Maus ansonsten funktionstüchtig sein, aber nicht an der vorhandenen Bus-Maus-Schnittstelle angeschlossen sein, könnte dies die Ursache sein. Besorgen Sie sich am einfachsten einen Adapter, und verbinden Sie den Nager mit der Bus-Maus-Schnittstelle.

16.2 Joystick und Gamepad

Joysticks gibt es in unzähligen Varianten. Sie werden über den sogenannten Game-Port an den Rechner angeschlossen, mit dem heute nahezu jede Soundkarte ausgestattet ist. Obwohl sich Joysticks ähnlich wie Mäuse einsetzen lassen, haftet ihnen der Ruf des reinen Spielzeugs an. Dementsprechend mager fällt auch die Software-Unterstützung für Joysticks aus, die sich weitestgehend auf den Spielebereich beschränkt.

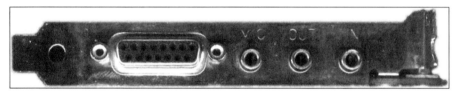

Abb. 16.11: Links sehen Sie den 15poligen Joystickanschluß einer Soundkarte.

Prinzipiell unterscheidet man zwischen digitalen und analogen Joysticks. Digitale Joysticks geben nur die Richtung der Bewegung an den Rechner weiter, enthalten also lediglich einige Schalter. Analoge Joysticks, wie sie im PC-Bereich vorwiegend eingesetzt werden, können darüber hinaus auch die Intensität der Bewegung an den Rechner übermitteln. Dazu sind in den Joystick Widerstände eingebaut, die mehr oder weniger zuverlässig bzw. robust ausfallen und damit auf die Qualität eines Joysticks entscheidenden Einfluß haben.

Ansonsten müssen Sie auf der Basis des geplanten Joystick-Einsatzes Ihre Kaufentscheidung treffen. Wenn es wild zur Sache geht, wie dies vorwiegend in »Schieß- und Ballerspielen« der Fall ist, sind Saugnäpfe und eine große Stellfläche von Vorteil. Für Abenteuerspiele, in denen Sie lediglich die Spielfigur mit Hilfe des Joysticks bewegen, ist ein kleines Gerät vollauf ausreichend.

Spezielle Joysticks wurden für den Flugsimulator entwickelt, haben die Form eines Steuerrads und sind entsprechend wuchtig. Wenn Sie Auto- oder Motorradrennen bevorzugen, können Sie auch Lenkrad-Pedal-Kombinationen erwerben, um den Fahrspaß fast naturgetreu zu erleben. Die Funktionen der Joystick-Feuerknöpfe befinden sich bei diesen Geräten dann teilweise auf den Schaltern des Fußpedals.

Relativ verbreitet sind mittlerweile die sogenannten Gamepads, bei denen Richtungsänderungen oder Bewegungen über eine integrierte Steuerfläche veranlaßt werden. Eine Gamepad-Variante sehen Sie in der nächsten Abbildung.

Abb. 16.12: Joystick und Gamepads

Darüber hinaus gibt es zu Joysticks nicht viel zu sagen. Wenn sie Funktionsstörungen aufweisen, dürfte eine Reparatur kaum sinnvoll sein, weil es sich in der Regel um verschleißbedingte Ausfälle handelt. Meist lassen sich Joysticks zwar aufschrauben, aber eine Reinigung ist kaum möglich. Nachlassenden Potentiometern (Drehwiderständen), wie sie in Joysticks eingesetzt werden, läßt sich mit Hilfe von Batteriepolfett zwar unter Umständen ein wenig auf die Sprünge helfen, eine Erfolgsgarantie besteht bei diesem Verfahren jedoch nicht.

Für viele Spiele sind Joysticks unverzichtbar. Ich muß dabei immer an eine Sequenz aus Space Quest denken, die ich nur durch kombinierten Einsatz von Joystick *und* Maus bewältigen konnte. Möglicherweise gewinnen Joysticks im Zeitalter des Cyberspace größere Bedeutung. Letztlich handelt es sich bei 3D-Mäusen und ähnlichen Eingabegeräten auch um nichts anderes als Joysticks. Oder etwa nicht?

16.2.1 Windows 9x-Einstellungen

Mit Windows 95 wurde ein erster Schritt in Richtung Joystick-Integration gemacht. Wie die Maus verfügt auch der Joystick über ein eigenes Symbol in der Systemsteuerung, über das die Auswahl des verwendeten Joysticks, dessen Kalibrierung und Test möglich sind.

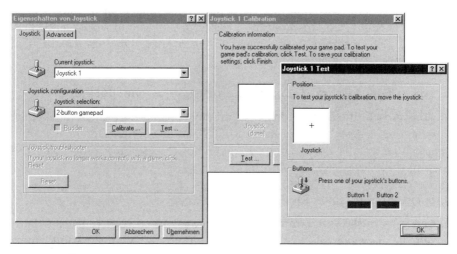

Abb. 16.13: Über die Systemsteuerung lassen sich seit Windows 95 auch Joysticks kalibrieren.

 Joysticks müssen aufgrund technisch bedingter Fertigungsabweichungen der Bauteile »kalibriert« bzw. zentriert und an Programme angepaßt werden. Erst nach der Kalibrierung ist eine genaue Steuerung möglich.

16.2.2 Joystick-Troubleshooting

Die häufigsten Probleme mit Joysticks bestehen darin, daß sich das Gerät nicht sauber zentrieren läßt. Dieser Fehler tritt vorwiegend bei preiswerten Joysticks auf und läßt sich allenfalls durch Neu-Zentrieren beseitigen. Wenn technische Schwankungen die Ursache darstellen, kann allerdings nur die Verwendung eines qualitativ besseren Joysticks für dauerhafte Abhilfe sorgen.

Ansonsten sind Probleme eher selten. Einige der häufigeren Probleme habe ich nachfolgend zusammengestellt.

Probleme mit externem Joystick

Probleme mit Joysticks lassen sich häufig darauf zurückführen, daß gleichzeitig zwei verschiedene Joystick-Schnittstellen aktiviert sind. Die Schnittstelle Ihrer Soundkarte sollte sich dann deaktivieren lassen. Dazu können Sie häufig das Konfigurationsprogramm der Soundkarte (zum Beispiel SETUP oder SSINIT) einsetzen. Manchmal muß dazu auch ein Jumper auf dem Adapter gesetzt bzw. entfernt werden.

Es sollen zwei Joysticks (oder ein vierachsiger) verwendet werden

Für den Anschluß von zwei Joysticks an einen Game-Port müssen Sie einen kompatiblen Y-Anschluß einsetzen. MIDI-Kits für Soundkarten stellen üblicherweise ebenfalls gleichzeitig zwei Direktanschlüsse für Joysticks zur Verfügung.

Joystick versagt mitten im Programm

Neben Fehlern des Programms selbst kann die Ursache des Versagens darin liegen, daß Sie einen falschen Joystick-Typ installiert bzw. ausgewählt haben. Überprüfen Sie dies. In einigen Fällen kann auch mangelnde Kompatibilität des Eingabegeräts die Ursache für die Aussetzer sein.

16.3 Digitizer

Digitizer bzw. Grafiktabletts sind für den privaten Anwender meist wenig interessant. Sie dienen im Prinzip als technisches Reißbrett zum Übertragen von technischen Zeichnungen in den Computer. Der Einsatz dieser Geräte ist daher auch weitgehend auf den CAD-Bereich beschränkt.

Dementsprechend befinden sich die benötigten Steuerprogramme meist auch nur im Lieferumfang der Hardware. Selbst mit gängigen CAD-Programmen werden nur wenige Treiber mitgeliefert. Entsprechend unterschiedlich und spezialisiert kann die Installation der Digitizer ausfallen.

Abb. 16.14: Ein Digitalisiertablett

Prinzipiell arbeiten Sie mit einem Stift oder einer Art Fadenkreuz an einem Tablett. Sie markieren Punkte durch Aufdrücken des Stiftes auf das Tablett oder Betätigung eines Schalters am Fadenkreuz. Damit entspricht die Vorgehensweise dem Arbeiten mit Zeichenprogrammen, bei denen Sie auch nur den Anfangs- und den Endpunkt einer Linie angeben. Komplexere Aktionen können auf Schaltflächen des Digitalisiertabletts gelegt werden, jedoch ist dies weitgehend vom jeweiligen Gerät abhängig.

Wenn Sie sich ein solches Tablett einmal ansehen bzw. demonstrieren lassen wollen, bleibt Ihnen kaum etwas anderes übrig, als sich in ein entsprechend ausgestattetes Büro zu begeben oder sich an einen Händler mit einschlägigen Erfahrungen zu wenden. Sofern Sie nicht über das notwendige Hintergrundwissen verfügen, nützt Ihnen eine solche Geräteausstattung nur wenig, weshalb sich Grafiktabletts nur selten im Angebot der Computerketten befinden.

Wenn Sie Ambitionen als Digitalkünstler haben, kommen Sie um die Anschaffung eines Grafiktabletts wohl kaum herum. Das Malen mit der Maus ist einfach zu ungenau und auch zu ungewohnt. Gerade zu diesem Zweck werden zunehmend Lösungen angeboten, zu denen Sie verschiedene Stifte erwerben können, die unterschiedliche Zeichen- bzw. Malwerkzeuge simulieren.

Die Firma Wacom stellt eine der ersten Adressen im Bereich der Grafiktabletts dar. Wenn Sie sich für kreative Mal- und Zeichenwerkzeuge interessieren, dürfte dem Angebot von Fractal Design besondere Aufmerksamkeit gebühren.

16.4 Lichtgriffel und Touchscreen

Ähnlich speziellen Nutzen wie der Einsatz von Grafiktabletts haben Lichtgriffel und Touchscreens. Die mittlerweile veraltete Variante sah so aus, daß Sie durch Drücken eines speziellen Stifts (Light Pen bzw. Lichtgriffel) gegen einen Bildschirm die darauf angezeigten Optionen auswählen konnten. Touchscreens als modernere Variante arbeiten ohne Stift, so daß Sie direkt mit den Fingern die Bildschirmoberfläche berühren, um bestimmte Alternativen auszuwählen.

Derartige Geräte finden sich vorwiegend bei speziellen Präsentationen, in Banken, Sparkassen oder auf Messen. Für den Privatanwender bieten sie keinen Nutzen, es sei denn, Sie hätten zum Beispiel vor, Ihrem Hund beizubringen, sich seine Mahlzeiten computergesteuert selbst in der Mikrowelle zuzubereiten. Dieser könnte dann seine feuchte Nase auf den Bildschirm drücken, um so das Gewünschte auszuwählen. Praktisch realisierbar wäre die eben beschriebene Anwendung mit einem PC und einigen Zusatzgeräten jedenfalls.

Diskettenlaufwerke 17

Seit dem Erscheinen des PCs wurden im Laufe der Jahre etliche verschiedene Diskettenlaufwerke mit unterschiedlichen Speicherkapazitäten entwickelt und verwendet. Die allerersten Floppy-Disks waren jedoch bereits bei Markteinführung des Original-IBM-PCs veraltet. Sie hatten einen Durchmesser von acht Zoll und befinden sich nichtsdestotrotz hier und da immer noch im Einsatz.

Seit moderne Betriebssysteme, Programme und Dateien immer speicherhungriger werden, ist es um die herkömmlichen Disketten, die auch »Floppy« genannt werden, recht ruhig geworden, obwohl sie immer noch das bevorzugte Medium für den Austausch und die Archivierung kleiner Datenmengen darstellen. Sie sind relativ preiswert und ausreichend zuverlässig. Nahezu jeder IBM-kompatible Rechner verfügt über ein Diskettenlaufwerk, so daß sich dem Datenaustausch auf diesem Weg kaum Hindernisse in den Weg stellen.

Andere Speichermedien, wie zum Beispiel Bandlaufwerke, fassen zwar wesentlich größere Datenmengen, sind aber nur wenig verbreitet und bereiten dadurch erheblich mehr Probleme beim Datenaustausch. Ohne vorherige Absprachen läuft allzuoft wenig zusammen.

Die Tage der herkömmlichen Diskettenlaufwerke dürften gezählt sein. Die Speicherkapazitäten der Disketten sind einfach zu niedrig, so daß sie wahrscheinlich schon bald von anderen Laufwerken abgelöst werden dürften, die allerdings auch zumindest das alte 1,44-MByte-Diskettenformat weiterhin lesen und schreiben können müssen, da insbesondere ältere Bürorechner noch über Jahre hinweg auf dieses Format angewiesen sein dürften.

17.1 Laufwerktypen und Diskettenkapazität

Insgesamt gibt es sechs verschiedene Laufwerktypen. In der Reihenfolge des Erscheinens handelt es sich dabei um:

- einseitige 5,25-Zoll-Laufwerke mit einfacher Schreibdichte (160 KByte Kapazität),

- doppelseitige 5,25-Zoll-Laufwerke mit doppelter Schreibdichte (320 oder 360 KByte Kapazität),

- doppelseitige 5,25-Zoll-Laufwerke mit hoher Schreibdichte (1,2 MByte Kapazität),

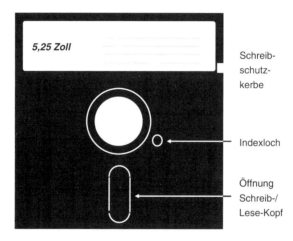

Abb. 17.1: 5,25-Zoll-Diskette (Floppy)

- doppelseitige 3,5-Zoll-Laufwerke mit doppelter Schreibdichte (720 KByte Kapazität),

- doppelseitige 3,5-Zoll-Laufwerke mit hoher Schreibdichte (1,44 MByte Kapazität) und

- doppelseitige 3,5-Zoll-Laufwerke mit extra hoher Schreibdichte (2,88 MByte Kapazität).

Man unterscheidet also im wesentlichen zwischen 5,25-Zoll- und 3,5-Zoll-(Mikro-)Disketten und entsprechenden Laufwerken, die es jeweils in einer DD- (Double Density – doppelte Schreibdichte) und in einer HD-Ausführung (High Density – hohe Schreibdichte) mit doppelter Speicherkapazität gibt.

Diskettenlaufwerke

Abb. 17.2: 3,5-Zoll-Diskette (Mikro-Diskette)

Hierzu kommen noch 3,5-Zoll-Disketten und Laufwerke unter der Bezeichnung ED (Extra High Density – extra hohe Schreibdichte), die eine nochmals verdoppelte Speicherkapazität aufweisen und von Betriebssystemen seit MS-DOS 5.0 unterstützt werden.

Weitere geläufige Abkürzungen im Zusammenhang mit Disketten sind SS bzw. 1S für Single Sided (einseitig) und DS bzw. 2S für Double Sided (zweiseitig).

Das 3,5-Zoll-HD-Laufwerk stellt derzeit den Standard dar. 5,25- und 3,5-Zoll-DD-Laufwerke können Sie mittlerweile weitgehend als museumsreif betrachten. Neuere Programme werden ausschließlich auf 3,25-Zoll-HD-Disketten (oder CD-ROM) ausgeliefert. Das zuletzt entwickelte 2,88-MByte-Diskettenformat konnte sich zudem nicht mehr auf breiter Basis durchsetzen, weil ED-Disketten unverhältnismäßig teuer sind und Disketten darüber hinaus in vielen Bereichen von der CD-ROM verdrängt wurden.

Kapazität	Durch-messer	Seiten	Spuren	Sektoren	Max. Einträge im Stammverzeichnis
160 KByte	5,25	1	40	8	64
180 KByte	5,25	1	40	9	64
320 KByte	5,25	2	40	8	112
360 KByte	5,25	2	40	9	112
1,2 MByte	5,25	2	80	15	224

Tab. 17.1: Die unterschiedlichen Diskettenformate

Kapazität	Durch-messer	Seiten	Spuren	Sektoren	Max. Einträge im Stammverzeichnis
720 KByte	3,5	2	80	9	112
1,44 MByte	3,5	2	80	18	224
2,88 MByte	3,5	2	80	36	240

Tab. 17.1: Die unterschiedlichen Diskettenformate

Die maximale Anzahl der Einträge im Stammverzeichnis einer Festplatte beträgt 512. Bei Betriebssystemen, die lange Dateinamen unterstützen (zum Beispiel Windows 9x), lassen sich die angegebenen Maximalgrenzen üblicherweise nicht voll ausschöpfen.

OS/2 unterstützt ab Version 3.0 zusätzlich das XDF-Format (EXtended Disk Format) für OS/2-Disketten. Die verwendete Formatierung gestattet es, 1,88 MByte auf den üblichen 3,5-Zoll-HD-Disketten mit 2 MByte Bruttokapazität über herkömmliche Diskettenlaufwerke zu speichern. Zur Erreichung der 1,88 MByte Speicherkapazität wird lediglich der auf der Diskette verfügbare Platz besser ausgenutzt. Dabei macht sich IBM – wie dies bei Festplatten bereits seit längerem üblich ist – den Umstand zunutze, daß die äußeren Spuren einer Diskette länger als die inneren sind. Entsprechend werden auf den äußeren Spuren mehr Sektoren angelegt als auf den inneren. Datenkompressionsverfahren kommen bei diesem Verfahren nicht zum Einsatz.

XDF-Disketten lassen sich mit dem Programm XDFCOPY kopieren, das OS/2 beiliegt und auch unter DOS läuft.

Ein weiteres Diskettenformat wurde zwischenzeitlich von Microsoft verwendet, das allerdings nur bei den Disketten zum Einsatz kam, auf denen Microsofts Programme vertrieben wurden, so daß ich diesbezüglich auf Einzelheiten verzichten kann.

Verschiedene Shareware-Diskettenkopierprogramme gestatten auch das Kopieren von Disketten in den angesprochenen – und weiteren – Sonderformaten. Von den Standard-Kopierprogrammen wie DISKCOPY werden diese Formate nicht unterstützt.

17.2 Datenaufzeichnung

Trotz der Vielfalt der Formate und Größen arbeiten alle Diskettenlaufwerke in Verbindung mit den MS-DOS-verwandten Betriebssystemen nach dem gleichen Prinzip in Spuren und Sektoren.

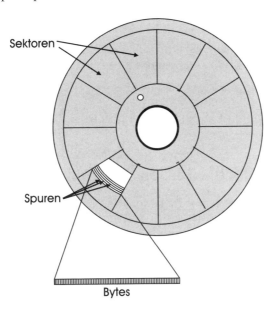

Abb. 17.3: Logische Bereiche einer Diskette

17.2.1 Spuren

Die Aufzeichnung der Daten auf einer Diskette erfolgt in konzentrischen Kreisen (Spuren bzw. Tracks) auf magnetisierbarem Material. Die Spuren laufen bei Disketten parallel, so daß sich nebeneinanderliegende Spuren niemals berühren.

17.2.2 Sektoren

Die Sektoren stellen Kreisausschnitte dar, deren Anzahl zwischen 8 und 15 bei 5,25-Zoll-Disketten und zwischen 9 und 36 bei 3,5-Zoll-Disketten variiert. Jeder Sektor kann 512 Byte speichern und enthält darüber hinaus einige Verwaltungsdaten, die der Fehlerkontrolle (CRC und ECC – Cyclical Redundancy Check und Error Correction Code) und der Positionierung der Schreib-/Lese-Köpfe (Sektor-Header) dient.

17.2.3 Dateizuordnungstabelle

Das Inhaltsverzeichnis der Diskette bzw. die Dateizuordnungstabelle (FAT – File Allocation Table) wird vom Betriebssystem in den ersten (äußeren) Spuren und Sektoren der Diskette angelegt.

17.2.4 Kapazitätsberechnung

Soll die Kapazität einer Diskette rechnerisch bestimmt werden, kann dies über die folgende Formel geschehen:

```
Kapazität = Seiten * Spuren * Sektoren * Zeichen/Sektor
```

Beispiel: 2 * 80 Spuren * 15 Sektoren * 512 Zeichen/Sektor = 1.228.800 Byte = 1,2 MByte

17.2.5 Unterschiede der Magnetbeschichtung

Zwischen den verschiedenen Diskettenarten bestehen einige technische Unterschiede bezüglich der Beschaffenheit der Magnetbeschichtung. Für ein- und zweiseitige Disketten im 5,25-Zoll-Format (Double Density) gilt dies jedoch nicht. Die veralteten einseitigen Disketten werden in der Herstellung lediglich einseitig auf Fehler überprüft, sind aber ebenfalls beidseitig mit einer Magnetschicht versehen.

3,5-Zoll-Disketten können Sie aufgrund dessen unterscheiden, daß 720-KByte-Disketten lediglich eine Öffnung für den Schreibschutzschieber aufweisen, während bei 1,44-MByte-Disketten eine zweite kleine Öffnung in der gegenüberliegenden Ecke einem Sensor ermöglicht, dieses Format automatisch zu erkennen.

5,25-Zoll-Disketten unterscheiden sich anders als die 3,5-Zoll-Disketten äußerlich nicht. Hier können Sie allenfalls durch Betrachtung der Magnetbeschichtung herausbekommen, um welches Format es sich handelt. 360-KByte-Disketten haben eine bräunliche Beschichtung, während 1,2-MByte-Disketten schwarz sind. Zu dieser Unterscheidung bedarf es jedoch einiger Übung und guter Lichtverhältnisse, zumal auch teflonbeschichtete 360-KByte-Disketten erhältlich sind, die ebenfalls fast schwarz sind.

Achten Sie darauf, daß Sie zum jeweiligen Laufwerk passende Disketten einsetzen. 1,2-MByte-HD-Disketten lassen sich zum Beispiel in 360-KByte-Laufwerken aufgrund abweichender magnetischer Eigenschaften nicht verwenden. Ähnlich liegen die Dinge auch bei der Verwendung von 3,5-Zoll-DD- statt 1,44-MByte-HD-Disketten.

Das Anbringen eines Bohrlochs zur Überlistung der automatischen Formaterkennung und das anschließende Formatieren der Diskette auf die höhere Kapazität können früher oder später zu Datenverlusten führen, da die Beschaffenheit der Magnetbeschichtung unterschiedlich ist. Aber auch hier können Sie Glück haben und Fabrikate erwischen, bei deren Fertigung die gleichen Materialien für 720-KByte- und 1,44-MByte-Disketten verwendet werden.

17.3 Funktionsweise von Floppy-Laufwerken

Diskettenlaufwerke bestehen im wesentlichen aus zwei Motoren, zwei Magnetköpfen (einem für jede Diskettenseite) zum Schreiben/Lesen der Daten, der Steuerelektronik, ein wenig Mechanik und einigen Anschlüssen. Mit diesen Komponenten werden wir uns im folgenden ein wenig näher befassen.

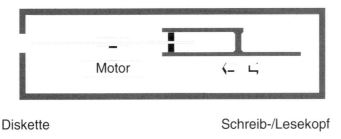

Abb. 17.4: *Schematischer Aufbau eines Diskettenlaufwerks*

17.3.1 Schreib-/Lese-Köpfe

Die heute verbreiteten Diskettenlaufwerke verfügen über zwei Schreib-/Lese-Köpfe, die jeweils für eine der beiden Diskettenseiten zuständig sind. Diese beiden Köpfe sind auf einem Träger montiert und werden zusammen mit diesem an die jeweils gewünschte Position gefahren, so daß sie sich nur gleichzeitig bewegen lassen.

Ein Schreib-/Lese-Kopf besteht aus Eisen und elektromagnetischen Spulen und läßt sich mit den Köpfen eines Kassettenrecorders vergleichen. Genaugenommen enthält er mehrere Köpfe. Dabei handelt es sich ähnlich wie beim Kassettenrecorder um einen Kopf zum Lesen und Schreiben der Daten und zwei Köpfe, die für das Löschen zuständig sind.

Löschen? Disketten werden in festgelegten Abständen (Spuren) mit Daten beschrieben. Um Störungen bzw. Nebeneffekte und eine saubere Abgrenzung der einzelnen Spuren voneinander zu gewährleisten, müssen die Randbereiche der Spuren gelöscht werden. Dafür sind die Löschköpfe zuständig.

Die Schreib-/Lese-Köpfe werden von der Laufwerkmechanik auf die Diskettenoberfläche gelegt und »schleifen« beim Lesen regelrecht darüber, was jedoch bei 300 bzw. 360 Umdrehungen pro Minute, mit denen Disketten im Laufwerk rotieren, keinen nennenswerten Materialverschleiß zur Folge hat.

17.3.2 Kopfpositionierung

Einer der beiden Motoren im Diskettenlaufwerk ist für die Positionierung des Trägers zuständig, auf den die Schreib-/Lese-Köpfe montiert sind. Zu diesem Zweck werden üblicherweise Schritt-Motoren (Stepper-Motoren) eingesetzt, die für die genaue Positionierung der Schreib-/Lese-Köpfe in festen Abständen sorgen.

Die Rotation der Achse des Stepper-Motors wird über einen entsprechenden Übersetzungsmechanismus in lineare Bewegungen der Schreib-/Lese-Köpfe umgesetzt. Bei neueren Diskettenlaufwerken geschieht diese Umsetzung platzsparend über ein korkenzieherartiges Gebilde, das sich direkt auf der verlängerten Motorachse befindet.

Eine komplette Motorumdrehung wird dann – je nach Laufwerktyp – in 40 bzw. 80 Teilschritte zerlegt. Dabei benötigen Schrittmotoren typischerweise ca. 200 ms für eine volle Motorumdrehung, woraus sich direkt die mittlere Zugriffszeit für Diskettenlaufwerke ableiten läßt: Im statistischen Mittel muß jeweils der halbe Weg zurückgelegt werden, wozu der Schrittmotor 100 ms benötigt.

17.3.3 Antriebsmotor

Der zweite Motor sorgt für die Rotation der Diskette im Laufwerk. Diese muß mit konstanter Geschwindigkeit erfolgen. Üblich sind 300 Umdrehungen pro Minute. Einzige Ausnahme stellt in dieser Hinsicht das 5,25-Zoll-HD-Laufwerk dar, bei dem 360 Umdrehungen pro Minute erfolgen. (Besonders in Japan sind teilweise auch spezielle Laufwerke mit abweichenden Umdrehungsgeschwindigkeiten recht beliebt.)

Die Überwachung der korrekten Geschwindigkeit erfolgt mit Hilfe von Photozellen, so daß die richtige Umdrehungsgeschwindigkeit elektronisch überwacht wird. Das dabei angewandte Prinzip ist Ihnen möglicherweise von

Plattenspielern mit Stroboskop-Markierungen her bekannt. Gleichlaufschwankungen des Laufwerks lassen sich auf diesem Weg ebenfalls ausgleichen. Die Drehzahl älterer Diskettenlaufwerke mußte bei auftretenden Abweichungen zuweilen manuell nachjustiert werden. Dazu befanden sich spezielle Miniaturregler in der Laufwerkelektronik.

17.3.4 Laufwerkelektronik

Mit zum Diskettenlaufwerk gehört natürlich jene Elektronik, die die bisher angesprochenen Laufwerkkomponenten steuert. Dabei handelt es sich beim PC um ein sogenanntes SA-400-Interface. Diese Schnittstelle wurde von Shugart Associates (SA) in den 70er Jahren entwickelt und hat seitdem nicht nur beim PC Verbreitung gefunden.

Die Laufwerk-Elektronik ist ebenfalls für Codierung der Daten, die aufgezeichnet werden sollen, zuständig. Dabei findet das sogenannte MFM-Verfahren (Modified Frequency Modulation) Verwendung, das hier nicht näher erläutert werden soll.

Zusätzlich überwacht die Elektronik verschiedene im Laufwerk integrierte Sensoren, wie zum Beispiel die Schreibschutz-, die Indexloch-, die Diskettenart- und die Diskettenwechsel-Erkennung.

17.3.5 Anschlüsse

Diskettenlaufwerke werden über ein 34-poliges Flachbandkabel, das Steuersignale und Daten überträgt, an die Controller-Karte angeschlossen. Wenn man von herstellerspezifischen (proprietären) Lösungen absieht, werden dabei zwei Arten von Steckern verwendet, die auf das Flachbandkabel aufgeklemmt sind.

Abb. 17.5: Kontaktleiste

Bei 5,25-Zoll-Laufwerken sind einfache Kontaktleisten üblich. Dabei handelt es sich um eine Verlängerung der Platine, auf der sich herausgeätzte, vergoldete Kontakte befinden. 3,5-Zoll-Laufwerke sind üblicherweise mit 34-poligen Steckerleisten (Pfostensteckern) ausgerüstet, in denen vergoldete Steckerstifte in zwei Reihen angeordnet sind.

Abb. 17.6: Steckerleiste

Die meisten Rechner enthalten bereits ein Flachbandkabel, das für den Anschluß von zwei Diskettenlaufwerken vorbereitet ist. Ob sich der benötigte Anschlußstecker auf dem Flachbandkabel befindet, ist allerdings eine andere Frage. Nur bei wenigen Rechnern finden Sie ein Universalkabel, auf dem sich fünf Anschlußstecker befinden: ein Pfostenstecker zum Anschluß an den Controller und je zwei Stecker pro Diskettenlaufwerk. Häufig haben die Kabel für Diskettenlaufwerke wie die Kabel für Festplatten nur drei Anschlüsse: einen für den Controller und zwei für die Laufwerke.

Die Anschlüsse für Controller und die jeweiligen Laufwerke lassen sich leicht unterscheiden, da ein Teil des Kabels zwischen den beiden Laufwerkanschlüssen gedreht ist. Diese Drehung gleicht jener bei älteren Festplattenkabeln (MFM, RLL und ESDI) und erfolgt für die Leitungen 10 bis 16 und damit bei anderen Drähten. Achten Sie also im Zweifelsfall darauf, daß Sie Festplatten- und Disketten-Steuerkabel nicht versehentlich verwechseln. Steuerkabel für IDE-Festplatten (AT-Bus) sind 40polig, für SCSI-Festplatten üblicherweise 50polig, so daß bei der Verwendung modernerer Festplatten und Rechner Verwechslungen ausgeschlossen sind.

Der Stecker mit der Kabeldrehung gehört normalerweise immer zum ersten Laufwerk (A:), der in der Mitte zum zweiten (B:). Zudem enthalten die Stecker der Steuerkabel meist kleine Kunststoffsperren, die dafür sorgen, daß sie sich nicht verkehrt herum aufstecken lassen. Die Sperren bestehen aus einem kleinen Stückchen Plastik, das sich im Stecker befindet bzw. an diesem angebracht ist, so daß sie laufwerkseitig in eine entsprechende Aussparung des Gegenanschlusses passen.

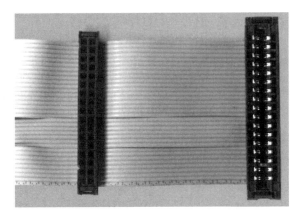

Abb. 17.7: Die Anschlüsse für Laufwerk A:. Die Markierung der Leitung 1 ist unten in der Abbildung deutlich erkennbar.

Sie sollten sich aber nicht auf diese Plastiksperren verlassen. Manchmal sind sie nämlich gar nicht vorhanden. Zur Überprüfung der korrekten Polung sollten Sie sich das Kabel, die Anschlüsse und die Platine des Laufwerks genauer ansehen. Auf der Platine befindet sich üblicherweise ein Aufdruck, der in Form kleiner, weißer Ziffern darüber Auskunft gibt, auf welcher Seite sich die Leitung 1 befindet. Die Anschlußstecker weisen bei genauerer Betrachtung ebenfalls solche Markierungen auf: Ein kleines Dreieck kennzeichnet Leitung 1. Und für das Kabel gilt gleiches: Die Seite mit dem roten, manchmal auch blauen Streifen oder dem Punktmuster markiert Leitung 1. Zuweilen ist auch jede zehnte Leitung eines Kabels zusätzlich markiert.

Abb. 17.8: Das kleine Dreieck links auf dem Stecker kennzeichnet die Leitung 1.

Naturgemäß benötigen auch Diskettenlaufwerke außerdem eine Stromversorgung, die über einen der beiden im PC-Bereich verbreiteten Standardstecker erfolgt. Die Stecker des Stromkabels sind so geformt, daß sie normalerweise nicht verkehrt herum benutzt werden können.

17.4 Hardware-Konfiguration

Beim Einsatz moderner Laufwerke in Rechnern der AT-Klasse ist eine Konfiguration normalerweise nicht notwendig. Die werkseitigen Einstellungen sollten die direkte Inbetriebnahme des Laufwerks im Rechner ermöglichen. Bei älteren Rechnern bzw. Laufwerken müssen aber gegebenenfalls Einstellungen für die Laufwerkkennummer, den Abschlußwiderstand und verschiedene Sensoren vorgenommen werden. Auch diese werde ich im folgenden kurz beschreiben.

Rechner, bei denen in der Regel keine Konfiguration der Diskettenlaufwerke notwendig ist, verfügen über die bereits angesprochenen Steuerkabel mit den gedrehten (twisted) Leitungen 10 bis 16. In diesem Fall müssen beide Laufwerke so eingestellt werden, als ob es sich bei ihnen jeweils um Laufwerk B:, also das zweite Laufwerk, handeln würde.

Die Einstellung der Laufwerknummer (DS – Drive Select) geschieht entweder über kleine Steckbrücken (Jumper) oder über Miniaturschalter (DIP-Switches). Manche Hersteller numerieren die möglichen DS-Einstellungen von 0 bis 3, manche von 1 bis 4. Um ein Laufwerk als zweites einzustellen, müssen Sie bei Bedarf nur die jeweils zweite Alternative wählen.

Abb. 17.9: Jumperblöcke eines Diskettenlaufwerks

Sofern in Ihrem Rechner kein gedrehtes Steuerkabel vorhanden ist, muß das erste Laufwerk als erstes (A:), das zweite als zweites (B:) konfiguriert werden. Dann müssen Sie entsprechende Einstellungen durch Setzen des DS-Jumpers bzw. Betätigen des Miniaturschalters vornehmen.

Bei neueren Laufwerken und Controllern müssen Sie sich nicht mehr um Abschlußwiderstände (Terminating Resistors) kümmern. Diese bleiben einfach auf dem Laufwerk bzw. sind in dieses integriert.

Ansonsten müssen sich an beiden Enden des Kabelstrangs Abschlußwiderstände befinden. Deren Fehlen kann Fehlfunktionen des Laufwerks verursachen. Im Disketten-Controller ist ein Abschlußwiderstand bereits integriert, so daß nur das Laufwerk am anderen Ende des Kabels, also üblicherweise das Laufwerk A:, ebenfalls einen Abschlußwiderstand aufweisen muß.

Bei älteren Laufwerken mußte dementsprechend der Abschlußwiderstand beim Laufwerk B: entfernt werden. Häufig sehen Abschlußwiderstände wie gesockelte integrierte Schaltungen aus. Die zweite Bauform entspricht einem schmalen Plastiksteg mit neun oder mehr Anschlußstiften, die in einer Leiste stecken. Manchmal läßt sich der Abschlußwiderstand auch einfach über einen Jumper deaktivieren, der beispielsweise mit TERM (Terminator) gekennzeichnet ist.

Sofern möglich, sollten Sie die Abschlußwiderstände entsprechend den technischen Vorgaben entfernen bzw. einsetzen. Geschieht dies nicht, denken Sie daran, daß später auftretende Fehler damit zusammenhängen können.

 Allgemein sind bei neueren Diskettenlaufwerken keine manuellen Einstellungen am Laufwerk selbst erforderlich. Aus diesem Grund werden Sie bei modernen Diskettenlaufwerken in der Regel auch vergeblich nach einer Dokumentation suchen.

Weitere Einstellungen, die ab und an separat vorzunehmen sind, betreffen das Diskettenwechsel-Signal und den Medien-Sensor.

Das Diskettenwechsel-Signal (DC – Disk Change) wird von Rechnern der AT-Klasse, also ab dem 80286-Prozessor, ausgewertet. Das Laufwerk sendet auf der Leitung 34 ein Signal, das dem Rechner mitteilt, ob das Diskettenlaufwerk zwischenzeitlich geöffnet oder geschlossen wurde. Dieses Verfahren ermöglicht es, das Inhaltsverzeichnis einer Diskette im Arbeitsspeicher zu halten, um es nicht nochmals einlesen zu müssen, solange sich ein und dieselbe Diskette im Laufwerk befindet. Auf diese Weise kann das Arbeiten mit Disketten um einiges beschleunigt werden.

Damit wird auch verständlich, daß eine korrekte Auswertung des DC-Signals erfolgen muß. Wird das Signal nicht korrekt gesendet bzw. ausgewertet, geht der Rechner davon aus, daß kein Diskettenwechsel erfolgt ist, und werkelt munter weiter mit alten Daten herum. Wenn dann die Diskette gewechselt wird, werden unter Umständen falsche Daten auf Diskette geschrieben, die »herrlichste« Datenverluste zur Folge haben. In alten XTs oder PCs wiederum sollte das DC-Signal nicht vom Laufwerk gesendet werden, auch wenn dieses Signal dort eigentlich nicht ausgewertet werden sollte. Mit Ausnahme alter 5,25-Zoll-DD-Laufwerke sind alle Diskettenlaufwerke in der Lage, Diskettenwechsel zu erkennen. Dementsprechend wird dieses Signal auch vom Rechner-BIOS ausgewertet.

Um die Verwirrung noch ein wenig zu steigern, gibt es (ältere) Laufwerke, die ihre Arbeitsbereitschaft (RDY – Ready) über die Leitung 34 melden. Das Signal liegt dann an, wenn sich eine Diskette im arbeitsbereiten Zustand im Laufwerk befindet. Bei aktiviertem RDY-Signal würde ein AT beim Ansprechen des Laufwerks glauben, daß jemand permanent am Diskettenlaufwerk herumspielt und Disketten wechselt, so daß das Laufwerk niemals bereit wäre, was unweigerlich einen ständigen »Laufwerk nicht bereit«-Fehler zur Folge hätte.

Die letzte zu besprechende Einstellmöglichkeit finden Sie nur bei 3,5-Zoll-Laufwerken. Diese verfügen über Sensoren, mit denen das Laufwerk feststellen kann, welcher Diskettentyp sich gerade in ihm befindet (MS – Media Sensor). Üblicherweise ist dieser Sensor werkseitig bereits richtig eingestellt bzw. aktiviert.

Manche Laufwerke (beispielsweise in PS/2-Rechnern) können nicht nur feststellen, welche Diskettenart sich im Laufwerk befindet, sondern dies auch an den Rechner zurückmelden. Diese Laufwerke verfügen über einen sogenannten »aktiven« oder »intelligenten« Media Sensor. Der wesentliche Vorteil der aktiven Sensoren besteht darin, daß der Anwender keine Parameter mehr beim FORMAT-Kommando anzugeben braucht, weil das Laufwerk diese gewissermaßen selbst kennt. Derartige Laufwerke bzw. BIOS-Fähigkeiten begegnen Ihnen außer bei den bereits angesprochenen PS/2-Rechnern aber nur höchst selten.

17.5 Pflege und Wartung

Disketten und Diskettenlaufwerke sind vergleichsweise schlecht gegen Verunreinigungen geschützt. Staub und Ruß können weitgehend ungehindert in den Laufwerkschacht eindringen, so daß Verunreinigungen zumindest bei 5,25-Zoll-Disketten recht häufig sind. Magnetische Felder können zudem Datenbestände gefährden. Wenn Sie eine Diskette lange genug in der Nähe eines Netzteils oder eines Lautsprechers liegen lassen, brauchen Sie sich nicht über auftretende Lesefehler zu wundern.

17.5.1 Disketten-Handling

Damit Daten auf Disketten möglichst langfristig erhalten bleiben, sollten Sie diese vorsichtig behandeln. Im folgenden finden Sie Regeln für den Umgang mit Disketten, die Ihnen wohl geläufig sein dürften, aber nicht oft genug in Erinnerung gerufen werden können.

Abb. 17.10: Ge- und Verbote im Umgang mit Disketten

- Die magnetische Beschichtung von Disketten darf nicht berührt werden.
- Disketten dürfen nicht mit Staub, Schmutz oder Feuchtigkeit in Berührung kommen oder extremen Temperaturen ausgesetzt werden. Bewahren Sie sie entsprechend auf, und lassen Sie Disketten nicht ohne Schutzhülle oder in der Sonne herumliegen.
- Beschriften Sie Etiketten von Disketten möglichst vor dem Aufkleben. Etiketten, die sich schon auf Disketten befinden, sollten mit einem weichen Filzstift beschrieben werden, da ansonsten eine Beschädigung der Magnetbeschichtung nicht ausgeschlossen ist.
- Disketten dürfen nicht gebogen, geknickt oder gefaltet werden.
- Behandeln Sie Disketten nicht mit Reinigungsmitteln. Sollte sich auf der Magnetbeschichtung Schmutz befinden, können Sie diesen eventuell vorsichtig mit einem sauberen und trockenen Papiertaschentuch oder einem feuchten Brillenreinigungstuch entfernen. Der Hinweis auf Isopropylalkohol, Wattestäbchen und die Apotheke ist auch hier wieder unvermeidlich.
- Setzen Sie Disketten und Festplatten keinen Magnetfeldern aus, da diese die gespeicherten Daten löschen können. Disketten sollten nie näher als 10 cm an schwache Magnetfelder herangebracht werden, zu denen beispielsweise Telefone, Fernseher, Audiogeräte, Netzteile und Lautsprecher zählen.

Falsche Behandlung von Datenträgern ist einer der häufigsten Gründe für Datenverluste. Angesichts dessen ist es auch nicht weiter verwunderlich, daß getrennt aufbewahrte Sicherungskopien die letzte und wichtigste Vorsichtsmaßnahme darstellen. Diese Maßnahme kann selbst dem »Datenklau«, Unfällen oder Mißgeschicken wirksam Paroli bieten. Ganz zu schweigen vom natürlichen Magnetismus, dem »Zahn der Zeit«, der über die Jahre hinweg unerbittlich an Ihren Datenbeständen nagt, glücklicherweise im Normalfall aber erst nach deren »Verjährung« zuschlägt.

Disketten sollten ihre Daten mindestens fünf Jahre lang zuverlässig speichern können. Bisher sind mir jedoch auch bei zehn oder mehr Jahre alten Disketten noch keine Datenverluste größeren Umfangs aufgefallen, wenn man von Einzelfällen absieht, die sich auf Materialfehler zurückführen lassen.

17.5.2 Wartung von Diskettenlaufwerken

Diskettenlaufwerke sind aufgrund ihrer offenen Bauweise naturgemäß einigermaßen empfindlich. Eindringende Staubpartikel und Zigarettenrauch können sich am Schreib-/Lese-Kopf des Laufwerks ablagern und Ursache für gehäuftes Auftreten von Fehlern sein.

Zur Beseitigung solcher Fehler greifen Sie am besten zu handelsüblichen Reinigungsdisketten. Diesen liegt ein Fläschchen mit einer Chemikalie (meist Isopropyl-Alkohol oder Trichlorethan) bei, von der Sie ein paar Tropfen auf das Reinigungsvlies träufeln. Anschließend legen Sie die Diskette in das Laufwerk ein und rufen den FORMAT- oder den DISKCOPY-Befehl mehrmals auf.

Manche Anwender benutzen Reinigungsdisketten in regelmäßigen Abständen, manche nie. Die auf den Verpackungen der Reinigungsdisketten angegebene Einsatzhäufigkeit liegt jedoch in der Regel viel zu hoch, aber schließlich sollen die Dinger ja auch verkauft werden. Selbst wenn im Rechnerraum stark geraucht wird, sollte eine Reinigung pro Monat mehr als ausreichend sein. Ich selbst habe Reinigungsdisketten (trotz Rauchens) lange überhaupt nicht verwendet und erst eingesetzt, als eine bekleckerte Diskette ihren Weg ins Laufwerk gefunden hatte.

Stärkere Verunreinigungen des Schreib-/Lese-Kopfs führen dazu, daß dieser die Diskettenoberfläche beschädigt, wobei das Laufwerk merkwürdige »klagende« Laute von sich gibt. Doch Vorsicht! Diese »klagenden« Laute können auch auftreten, wenn irgendein »Witzbold« die Bustaktfrequenz des Rechners im BIOS-Setup zu hoch eingestellt hat oder die Diskette selbst die Fehlerursache darstellt.

Zuweilen können sogar beim Datenaustausch zwischen Rechnern Probleme auftreten, weil die verwendeten Disketten von minderer Qualität sind, ohne daß es sich beim Diskettenlaufwerk um den eigentlichen Übeltäter handelt.

Eine weitere mögliche Fehlerquelle ist die Dejustierung eines Diskettenlaufwerks. Die Mechanik arbeitet dann nicht mehr mit der erforderlichen Genauigkeit. Erkannt wird dieser Fehler häufig erst dann, wenn sich Original-Programmdisketten nicht lesen lassen. Dies liegt daran, daß erste Anzeichen meist nur beim Datenaustausch mit anderen Rechnern zu erkennen sind: Fremdrechner können dann häufig die letzten Diskettenspuren nicht mehr lesen. Solange keine Daten ausgetauscht werden, wird der Fehler häufig gar nicht erkannt.

Beim Versuch des Lesens alter Disketten mit dem dejustierten Laufwerk sollten ebenfalls Probleme auftreten, es sei denn, der Fehler war von Beginn an vorhanden.

Angesichts der Preise von Diskettenlaufwerken muß heute vom Nachjustieren oder Reparieren abgeraten werden. Die Reparatur wird – sofern überhaupt möglich – teurer als der Kauf eines neuen Laufwerks.

Achtung! Werfen Sie dejustierte Laufwerke keinesfalls sofort weg, denn wahrscheinlich kann nur das dejustierte Laufwerk viele der mit ihm geschriebenen Disketten lesen, so daß Umkopieren angesagt sein dürfte.

17.6 Trends

Angesichts der Datenmengen, mit denen heute vielfach gearbeitet wird, scheint das Speichermedium Diskette unterdimensioniert. Dementsprechend werden zunehmend alternative Verfahren eingesetzt. Programme werden zunehmend auf CD-ROM ausgeliefert, und der Datenaustausch erfolgt vielfach auf dem Wege der elektronischen Kommunikation mit Hilfe eines Modems oder einer ISDN-Verbindung.

In professionellen Bereichen, in denen größere Datenmengen bewältigt werden müssen, greift man auf Wechselfestplatten oder Festplatten in Wechselrahmen zurück. Syquest und Iomega sind Namen von Firmen, deren Wechselfestplatten und Laufwerke in diesem Zusammenhang zu einem Quasi-Standard geworden sind.

Für den Datenaustausch und die Datensicherung im kleineren Rahmen wird uns die Diskette in der heutigen Form wohl noch ein wenig erhalten bleiben. Ihre Bedeutung wird jedoch weiter abnehmen. Spätestens dann, wenn sich der Rechner von den neuen, alternativen Medien aus starten läßt, dürfte das herkömmliche Diskettenlaufwerk schnell zur Geschichte gehören.

Kleinere Fortschritte und Neuerungen wie die 1,88-MByte-Formatierung unter OS/2 oder Komprimierungsverfahren (zum Beispiel DoubleSpace oder Stacker) ermöglichen zwar eine (unwesentliche) Vergrößerung der Diskettenkapazität, verursachen beim Datenaustausch aber ähnliche Probleme wie alternative Medien, so daß sie sich nie recht durchsetzen konnten. Ähnliches gilt für 2,88-MByte-Disketten, so daß man wohl nur darauf warten kann, bis sich eine der mittlerweile verfügbaren Entwicklungen auf breiter Basis durchsetzen kann, die bei disketten-ähnlichen Abmessungen festplattenartige Speicherkapazitäten aufweist.

Bernoulli-Wechsellaufwerke und Floptical Disks waren erste Schritte in diese Richtung. Jazz- und Zip-Laufwerke wurden in letzter Zeit zunehmend populär und können mehr als 100 MByte auf einer »Diskette« speichern. Darüber hinaus bieten die meisten dieser Alternativen Schreib- und Lesekompatibilität mit den herkömmlichen Diskettenlaufwerken.

Einen Überblick über die Medien und Alternativen zwischen Disketten und Festplatten finden Sie in einem eigenständigen Kapitel dieses Buches.

17.7 Installation

Moderne Rechner werden fast ausschließlich mit 3,5-Zoll-Diskettenlaufwerken (1,44 MByte Kapazität) geliefert. DD-Laufwerke gehören heute zum alten Eisen. Viele ältere Rechner verfügen alternativ noch über 5,25-Zoll-Laufwerke (1,2 MByte Kapazität). Die zusätzliche oder ersatzweise Ausstattung von Rechnern mit einem 3,5-Zoll-Laufwerk stellt daher den häufigsten Grund für den Erwerb eines neuen Diskettenlaufwerks dar.

Das 5,25-Zoll-Diskettenformat benötigen Sie heute eigentlich nur noch, wenn Sie alte Datenbestände in diesem Format weiterhin nutzen wollen oder müssen. Der Einsatz von 2,88-MByte-Diskettenlaufwerken empfiehlt sich auch nicht so recht, da die dafür notwendigen Disketten zu teuer sind und die entsprechenden Laufwerke keine große Verbreitung gefunden haben. Selbst wenn 2,88-MByte-Laufwerke im Rechner eingebaut sind, wird vorwiegend mit dem 1,44-MByte-Format gearbeitet.

Wenn Sie ein zusätzliches Diskettenlaufwerk benötigen, gibt es in der Regel auch eine Möglichkeit, ein solches an Ihren Rechner anzuschließen oder aber in diesen einzubauen. Die möglichen Probleme, die vorwiegend ältere Rechnermodelle betreffen, werde ich im folgenden behandeln.

Platzmangel

Slimline-Gehäuse und Laptops bieten häufig nicht genug Platz für den Einbau eines zusätzlichen Diskettenlaufwerks. Möglicherweise sind aber auch einfach alle Einbauplätze im Rechner bereits belegt. Abhilfe schaffen hier externe Diskettenlaufwerke oder gegebenenfalls der Einsatz eines Dual-Media-Diskettenlaufwerks (Kombi-Laufwerks), das 3,5- und 5,25-Zoll-Diskettenlaufwerk in einem einzigen 5,25-Einbauplatz vereint. Da Sie beim Kauf eines Dual-Media-Laufwerks zwei Diskettenlaufwerke erwerben, müssen Sie dafür auch etwa den doppelten Preis zahlen.

Abb. 17.11: Ein Dual-Media-Diskettenlaufwerk

Laufwerkkabel

Nicht selten wird an dem im Rechner eingebauten Flachbandkabel gespart. 3,5-Zoll-Diskettenlaufwerke werden üblicherweise über Pfostenstecker angeschlossen, während es eine Zeitlang üblich war, diesen Laufwerken entsprechende Adapter(platinen) beizulegen. Möglicherweise fehlt also der für den Anschluß des Diskettenlaufwerks erforderliche Pfostenstecker auf dem Flachbandkabel. Unter Umständen ist das Flachbandkabel auch einfach nur zu kurz. Handelsübliche fertige Kabelsätze sind meist nur 50 cm lang und damit für große Tower-Gehäuse oft einfach ein wenig zu kurz.

Zubehör-Probleme

Ältere Rechner verwenden häufig Einbauschienen. Nachzurüstende Geräte können dann nicht direkt in die Einbauschächte eingesetzt werden. Diese Schienen müssen Sie zusätzlich besorgen, falls sie nicht im Lieferumfang Ihres Rechners enthalten waren. Beim Laufwerk selbst sind sie üblicherweise nicht dabei. Größe und Art der Schienen sind von Hersteller zu Hersteller unterschiedlich. Am besten nehmen Sie Muster mit zu Ihrem Händler, damit Sie die richtigen Schienen bekommen.

Einbauschienen sind oft nur schwer erhältlich. Allerdings konnte ich feststellen, daß namhafte Hersteller von Tape-Streamern diese meist als Sonderzubehör im Angebot hatten.

Abb. 17.12: Einbauschienen werden nur noch selten benötigt und können daher schwer erhältlich sein.

Stromversorgung

Die Stromversorgung für die Elektronik und den Motor übernimmt ein vieradriges Kabel. Damit es keine Überraschungen gibt, sollten Sie sich davon überzeugen, daß für die Stromversorgung ein passendes freies Kabel verfügbar ist. Ist dies nicht der Fall, sorgt die Verwendung eines Y-Kabels für Abhilfe. Y-Kabel kosten nur ein paar Mark und stellen jeweils einen zusätzlichen Stromanschluß zur Verfügung. Es gibt diese Adapter in verschiedenen Ausführungen für die unterschiedlichen Stecker-Varianten.

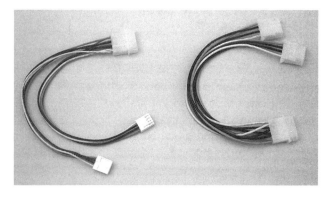

Abb. 17.13: Y-Kabel sorgen für zusätzliche Stromanschlüsse.

Fehlende BIOS-Unterstützung

Ältere Rechner können die später entwickelten Laufwerktypen naturgemäß weder kennen noch direkt unterstützen. PCs und alte ATs (vor 1986) kennen in der Regel keine 3,5-Zoll-Diskettenlaufwerke, das 1,44-MByte-Format wurde ca. 1987 eingeführt. Beim Aufrüsten derart alter Maschinen können daher erhebliche Probleme auftreten. Das 2,88-MByte-Format, das 1991 erstmals durch MS-DOS 5.0 unterstützt wurde, wird erst seit etwa Ende 1994 von den meisten Rechnern direkt unterstützt. Mit welchen Diskettenformaten bzw. mit welcher Laufwerkart Ihr Rechner problemlos zusammenarbeitet, erfahren Sie am besten, indem Sie das Setup-Programm des Rechners bzw. das BIOS-Setup-Programm aufrufen und sich die verfügbaren Alternativen anzeigen lassen, die sich üblicherweise auf der Seite »Standard CMOS Setup« befinden.

Entsprechend den aufgeführten Problemkreisen können zwei extreme Varianten beim Einbau von Diskettenlaufwerken auftreten. Die erste, die für alle halbwegs modernen Rechnermodelle zutrifft, gestaltet sich ausgesprochen einfach. Im Idealfall stehen nämlich alle notwendigen Anschlüsse zur Verfügung, das einzubauende Laufwerk wird vom Rechner-BIOS direkt unterstützt, und es ist ausreichend Platz für den Laufwerkeinbau verfügbar.

Die zweite Variante tritt bei alten Rechnern auf, in denen weder die notwendigen Kabelanschlüsse noch die Unterstützung des gewünschten Laufwerktyps über das Rechner-BIOS zur Verfügung stehen. Wollen Sie bei einem solchen Rechner ein Diskettenlaufwerk nachrüsten, müssen Sie sich auf erhebliche Probleme gefaßt machen. In diesem Fall rate ich zur Verwendung eines externen Laufwerks, das sich zum Beispiel an eine vorhandene parallele Schnittstelle (Druckerschnittstelle) anschließen läßt. Gleiches gilt naturgemäß auch, wenn ein 2,88-MByte-Laufwerk nachgerüstet werden soll, das vom Rechner-BIOS nicht direkt unterstützt wird.

Laptops stellen hinsichtlich der Diskettenlaufwerke ein Thema dar, auf das ich hier nicht umfassend eingehen kann. Die meisten Laptops verfügen über Anschlußmöglichkeiten für externe Diskettenlaufwerke. Diese werden häufig mit Hilfe spezieller Stecker angeschlossen, die ausschließlich diesem Zweck dienen. Dadurch beschränkt sich die Installation auf das Herstellen der Steckverbindung. Da die Laptop-Hersteller meist spezifische Lösungen anbieten, lassen sich die benötigten Laufwerke oft nur an Rechner des jeweiligen Herstellers anschließen und müssen von diesem als Sonderzubehör erworben werden. Dem Anwender bleibt dann nur die Möglichkeit, teure Originalprodukte einzusetzen. Der Kauf kompatibler, preiswerterer Produkte ist meist nicht möglich. Beim Ersatz eines Laufwerks sollten Sie aber prüfen, ob sich in das vorhandene Gehäuse ein handelsübliches Laufwerk einsetzen läßt, was in der Regel der Fall sein dürfte.

Wenn im Gehäuse Ihres Rechners der Platz nicht ausreicht und der Einsatz eines Dual-Media-Laufwerks auch nicht in Frage kommt, kann ein externes Laufwerk ebenfalls die Lösung darstellen. Dies kann zum Beispiel bei Slimline-Gehäusen oder PS/2-Rechnern der Fall sein. Bei der empfehlenswertesten Variante für gelegentlichen Einsatz handelt es sich um ein externes Laufwerk, das an eine vorhandene parallele (Drucker-)Schnittstelle angeschlossen wird. Weitere Eingriffe in die Hardware sind dann nicht nötig. Es muß nur ein entsprechender Treiber in die Konfigurationsdateien eingetragen werden.

Spezielle externe, direkt anschließbare Diskettenlaufwerke sind ebenfalls erhältlich, aber mangels Nachfrage mitunter schwer aufzutreiben. Im Lieferumfang dieser Laufwerke müssen alle benötigten Kabel, Adapter und gegebenenfalls alle benötigten Programme enthalten sein. Die Kabel werden über einen Adapter an das Signalkabel des Diskettenlaufwerks angeschlossen und mit einer speziellen Steckplatzblende verbunden, die wiederum den Anschluß für das externe Diskettenlaufwerk bereitstellt. Damit erfolgt die Aufrüstung mit Ausnahme des Einbaus und der Verwendung der speziellen Adapterstücke im Prinzip genau wie sonst auch.

Besitzen Sie einen IBM-PS/2-Rechner, bleiben Ihnen nur die zuletzt geschilderten Alternativen, wenn Sie ein 5,25-Zoll-Laufwerk benötigen. Die verschiedenen PS/2-Modelle verwenden aber unterschiedliche Methoden zum Anschluß des externen Laufwerks, so daß sich die Auswahl des passenden externen Laufwerks manchmal ein wenig schwierig gestaltet. So müssen Sie nicht nur die Modellbezeichnung, sondern auch das Herstellungsdatum des Rechners kennen oder Komplettpakete erwerben, die alle möglichen Alternativen berücksichtigen. Fragen Sie also bei Bedarf Ihren Händler, und lassen Sie sich im Zweifelsfalle das Umtauschrecht bestätigen.

17.7.1 Die einfache Variante

Sofern in Ihrem Rechner noch ein passender Einbauplatz frei ist, das Laufwerk von ihm direkt unterstützt wird und alle notwendigen Kabelanschlüsse vorhanden sind, gestaltet sich der Einbau eines (zusätzlichen) Diskettenlaufwerks recht einfach. 5,25-Zoll-Laufwerke passen in einen halbhohen 5,25-Zoll-Einbauplatz, 3,5-Zoll-Laufwerke in einen 3,5-Zoll-Einbauplatz. Bei Rechnern, die nur über 5,25-Zoll-Einbauplätze verfügen, benötigen Sie zusätzlich einen Einbaurahmen, in den Sie das 3,5-Zoll-Diskettenlaufwerk montieren können. Solche Anpassungsrahmen sind für ca. 10 DM und oft auch in unterschiedlichen Farben erhältlich.

Beim Einbau von Diskettenlaufwerken fallen die benutzten Schräubchen häufig ins Gehäuse, so daß Sie sicherheitshalber eine Pinzette zum Herausangeln dieser Kleinteile bereithalten sollten.

Wenn Sie alle benötigten Zubehörteile besorgt haben bzw. diese zur Verfügung stehen, erfolgt der Einbau eines Laufwerks in den folgenden Schritten:

- Sorgen Sie vorbereitend dafür, daß genügend Platz im Arbeitsbereich verfügbar ist und alle benötigten Zubehörteile bereitliegen. Eine kleine Dose oder etwas Ähnliches zur Ablage von Schräubchen kann nicht schaden.
- Schalten Sie den Rechner aus, und ziehen Sie das Netzkabel ab oder aus der Steckdose.
- Öffnen Sie dann das Rechnergehäuse, und merken oder notieren Sie sich sicherheitshalber den Ausgangszustand.
- Falls Sie ein altes Laufwerk ersetzen wollen, ziehen Sie zunächst dessen Strom- und Steuerkabel ab und lösen dann dessen Befestigungsschrauben. Entfernen Sie dann das Laufwerk aus seinem Schacht.
- Bereiten Sie nun das neue Laufwerk vor. Bei allen modernen Rechnern sollte sich dieser Schritt auf das Auspacken des neuen Laufwerks und eine Sichtkontrolle beschränken, da die Konfiguration der Laufwerke werkseitig üblicherweise bereits so vorgenommen wurde, daß dem Betrieb des Laufwerks im Rechner nichts im Wege stehen sollte. (Bei älteren Rechnern bzw. Laufwerken müssen bei Bedarf Einstellungen für Laufwerkkennummer, Abschlußwiderstand und verschiedene Sensoren vorgenommen werden. Entsprechende Erläuterungen finden Sie im Abschnitt »Hardware-Konfiguration« weiter oben in diesem Kapitel.)
- Wenn Sie ein 3,5-Zoll-Laufwerk in einen 5,25-Zoll-Einschub einbauen wollen, muß das Laufwerk jetzt zunächst im Anpassungsrahmen festgeschraubt werden. Setzen Sie die Schrauben ein, und ziehen Sie sie zunächst nur leicht an. Erst nachdem alle eingesetzt sind, drehen Sie sie fest. (Manche 3,5-Zoll-Laufwerke verfügen über Adapter für die Umsetzung der verschiedenen Steckerformen am Flachbandkabel. Diese müssen bei Bedarf ebenfalls befestigt bzw. aufgesteckt werden.)
- Wenn in Ihrem Rechner Gleitschienen verwendet werden, müssen Sie diese jetzt am neuen Laufwerk bzw. am Anpassungsrahmen befestigen.
- Schieben Sie dann das Laufwerk in den Einschubschacht im Rechnergehäuse.

- Schließen Sie Stromversorgung und Steuerkabel des Laufwerks an, prüfen Sie, ob das Laufwerk richtig im Einschub sitzt, und ziehen Sie die Befestigungsschrauben der Reihe nach fest. Achten Sie dabei insbesondere darauf, daß keine Kabelanschlüsse an der Controllerkarte oder am Motherboard abgezogen werden.

Abb. 17.14: Anschluß der Stecker am Diskettenlaufwerk

- Machen Sie den Rechner im geöffneten Zustand betriebsbereit, schließen Sie also bei Bedarf Tastatur und Bildschirm und andere Geräte an, und stöpseln Sie den Netzstecker wieder ein.

- Starten Sie das BIOS-Setup (meist müssen Sie dazu die Tasten F1 oder Entf betätigen), und stellen Sie die gewünschte Laufwerkart ein. (Sollte Ihr Rechner über ein Installationsprogramm auf Diskette verfügen, benutzen Sie dieses, um die Einstellungen vorzunehmen.)

- Nun müssen gegebenenfalls noch Treiber für das Laufwerk installiert und getestet werden. Standard-Diskettenlaufwerke werden dabei automatisch erkannt und unterstützt, so daß dieser Schritt in der Regel automatisch und ohne Benutzereingriffe vonstatten geht.

- Jetzt sollten Sie das neue Diskettenlaufwerk testen. Formatieren Sie dazu ein paar Disketten, kopieren Daten darauf und lesen sie anschließend wieder. Am besten setzen Sie dazu auf Betriebssystemebene die Kommandos FORMAT bzw. XCOPY und COPY ein.

- Wenn Sie sich davon überzeugt haben, daß alles ordnungsgemäß funktioniert, schalten Sie den Rechner wieder ab und schrauben das PC-Gehäuse wieder zusammen.

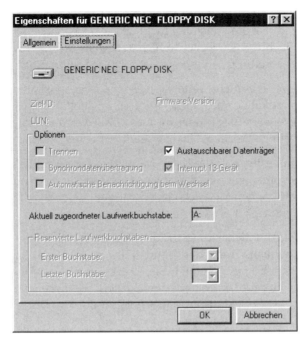

Abb. 17.15: *Die wenigen vorhandenen Einstellungen für Diskettenlaufwerke – wie hier unter Windows 9x – sollten keinen Anlaß für Änderungen geben.*

17.7.2 Mögliche Komplikationen

Auf die Themen Platzmangel, fehlendes Zubehör und Stromversorgung gehe ich hier nicht noch einmal gesondert ein. Es bleiben also Laufwerkkabel, fehlende BIOS-Unterstützung und einige Sonderprobleme zu behandeln.

Flachbandkabel selbst gebaut

Manchmal hilft auch die günstigste Positionierung des Disketten-Controllers nicht weiter. Das Diskettenkabel ist einfach zu kurz. Alternativ fehlt der passende Stecker auf dem Flachbandkabel oder das Kabel ist einfach defekt, weil eine Leitung gerissen ist.

Zwar gibt es fertig konfektioniertes Flachbandkabel zu kaufen, jedoch ist dieses normalerweise nicht mehr als 50 cm lang. Und das ist für ein großes Tower-Gehäuse manchmal einfach zu wenig. Wenn dann das Wechseln der Geräte in den Einschüben auch nicht weiterhilft, bleibt Ihnen nichts anderes übrig, als ein Kabel in der benötigten Länge selbst anzufertigen.

Gleiches gilt, wenn die Hersteller eigene Wege beschreiten. Der eine oder andere Fall, in dem sich ein Hersteller nicht an die Vorgaben gehalten und Stekker auf dem Flachbandkabel verdreht hat, so daß die Kennzeichnung statt auf Leitung 1 auf Leitung 34 verweist, ist mir auch schon untergekommen.

Glücklicherweise ist es nicht weiter schwer, ein passendes Kabel selbst herzustellen. Flachbandkabel und Stecker gibt es im Elektronik-Fachgeschäft (in der nächsten größeren Stadt) oder im Elektronik-Versand. Letzterer benötigt aber zuweilen einige Wochen, bis das Gewünschte bei Ihnen eintrifft.

Nehmen Sie am besten das alte Kabel mit in den Laden, so daß nichts schiefgehen kann. Besorgen Sie sich dort die nötigen Stecker und/oder Flachbandkabel. Natürlich können Sie auch ein vorhandenes Kabel einfach nur um einen zusätzlichen Stecker erweitern.

Flachbandkabel ist üblicherweise in 30-, 40- und/oder 50poliger Ausführung meterweise erhältlich. Wenn der Händler Ihnen also kein 34poliges Flachbandkabel anbieten kann, nehmen Sie einfach 40poliges. Überflüssige Leitungen lassen sich problemlos abtrennen, indem Sie diese reißverschlußartig abziehen. Ein kleiner Schnitt mit der Schere an der zu trennenden Stelle erleichtert das Verfahren zusätzlich.

Sollten Sie Ihrer eigenen Bastelfähigkeit nicht recht vertrauen, nehmen Sie das benötigte Material am besten in doppelter Ausführung mit – einmal zum Probieren oder zur Reserve. Ansonsten benötigen Sie nur noch eine Schere und eine Schraubzwinge oder eine spezielle Preßzange für Flachbandkabel. Mit der Schere bringen Sie das Flachbandkabel auf die gewünschte Länge – allzu lang sollte es auch nicht sein. Die maximale Gesamtlänge der Steuerkabel für Diskettenlaufwerke beträgt zwar drei Meter, so daß praktisch keine relevanten Einschränkungen bestehen sollten, längere Kabel sind jedoch anfälliger für Störungen.

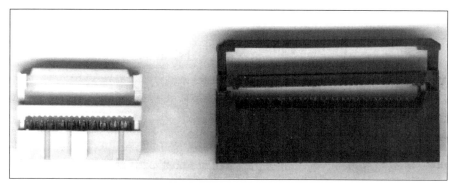

Abb. 17.16: Stecker in Schneid-Klemm-Technik

Dann klemmen Sie die Stecker einzeln auf das Kabel. Da die Stecker in Schneid-Klemm-Technik ausgeführt sind, benötigen Sie dazu keinen Schraubenzieher und auch keinen Lötkolben. Beachten Sie die Markierungen für die Leitung 1, so daß die Stecker richtig herum positioniert werden, und benutzen Sie das alte Kabel als Muster.

Beim Anschluß des Laufwerks A: müssen Sie das Flachbandkabel vorsichtig aufspleißen und die Leitungen 10 bis 16 drehen. Achten Sie darauf, daß das Kabel gerade in den Steckern sitzt, und drücken Sie diese zunächst einmal nur leicht zusammen. Klemmen Sie sie dann in eine Schraubzwinge, oder setzen Sie sie in die Preßzange ein, und quetschen Sie sie einfach zusammen.

Sofern Sie die richtigen Leitungen kreuzen, das Kabel gerade im Stecker sitzt und Sie sich am Musterkabel bzw. den Markierungen für die Leitung 1 orientieren, sollte eigentlich nichts schiefgehen, so daß das Kabel abschließend fertig und einsatzbereit sein sollte.

Haben Sie ein Kabel im Verdacht, nicht in Ordnung zu sein, können Sie dies feststellen, indem Sie den Widerstand der einzelnen Leitungen durchmessen. Am besten kommen Sie an die Adern in den Pfostensteckern unter Zuhilfenahme von Stecknadeln heran. Messen Sie sicherheitshalber auch nach, ob Kurzschlüsse zu benachbarten Leitungen bestehen. Wenn die Bastelei an der Hardware zu mehr als einem gelegentlichen Hobby wird, empfiehlt es sich jedoch aus Kostengründen, fertige Flachbandkabel zu Testzwecken bereitzuhalten.

Fehlende BIOS-Unterstützung

Andere Komplikationen ergeben sich beim Einbau eines Laufwerks in einen Rechner, der den einzubauenden Laufwerktyp nicht kennt. Meist dürfte es sich dann um einen Fall handeln, in dem Sie auf das neue Laufwerk besser verzichten oder zu einem externen Laufwerk greifen sollten. Aber wenn es unbedingt sein muß, dann läßt sich auch dieser Fall managen.

Die meisten Rechner verfügen nämlich über die Elektronik (den NEC µPD765 oder einen gleichwertigen Chip) für den Umgang mit einem beliebigen Standardlaufwerk, jedoch nutzt nicht jeder Rechner dessen Fähigkeiten im vollen Umfang.

Steht der einzubauende Laufwerktyp innerhalb des BIOS-Setups oder des Setup-Programms nicht zur Auswahl, müssen Sie Ihrem Rechner auf andere Weise beibringen, wie das neue Gerät funktioniert. Dazu verfügen Sie prinzipiell über drei verschiedene Möglichkeiten:

- Sie setzen ein passendes Treiberprogramm ein,
- Sie verwenden einen speziellen Disketten-Controller, oder
- Sie versuchen, ein neues Rechner-BIOS zu besorgen.

Das Treiberprogramm ergänzt oder ersetzt den BIOS-Code durch Befehle zur Steuerung des neuen Laufwerks und wird üblicherweise in der Datei CONFIG.SYS geladen. Daraus ergeben sich Einschränkungen. Der Treiber ist betriebssystem-abhängig, so daß Ihnen niemand garantieren kann, daß er später außerhalb der von Ihnen momentan eingesetzten Umgebung laufen wird. Zudem ist diese Lösung nicht für das Startlaufwerk einsetzbar und versagt bei Programmen, die die Hardware direkt ansprechen, wie dies bei Datensicherungsprogrammen zuweilen der Fall ist. Alles in allem also eine für ein internes Diskettenlaufwerk kaum zufriedenstellende Lösung.

Die zweite Möglichkeit besteht im Austausch des Disketten- bzw. des Kombi-Controllers. Dazu benötigen Sie eine Steckkarte, die ein eigenes BIOS aufweist, das den System-BIOS-Programmcode zur Steuerung der Diskettenlaufwerke ersetzt bzw. erweitert. Manche Controller bieten zum Beispiel zusätzliche Unterstützung für 2,88-MByte-Diskettenlaufwerken an.

Wenn die Diskettenlaufwerk-Steuerung in die Hauptplatine integriert ist, müssen Sie diese deaktivieren, um eine entsprechende Steckkarte einsetzen zu können. Dies läßt sich meist über einen Jumper erreichen, sofern sich dieser mit Hilfe der Rechnerdokumentation identifizieren läßt.

Die dritte Lösung wäre ein neues Rechner-BIOS oder ein BIOS-Update, das alle benötigten Befehle und Daten enthält. Das BIOS befindet sich in zwei (oder vier) meist gesockelten, integrierten Schaltungen auf der Hauptplatine Ihres Rechners. Bei älteren Rechnern müssen Sie diese entfernen und durch aktualisierte Versionen ersetzen. Neuere Rechner halten die BIOS-Routinen meist in sogenannten Flash-Bausteinen bereit, die sich mit entsprechenden Programmen neu programmieren lassen. Unter Umständen läßt sich auf diesem Wege die notwendige Unterstützung des Diskettenlaufwerks bereitstellen.

Ein neues BIOS oder ein BIOS-Update aufzutreiben kann sich allerdings recht schwierig gestalten, insbesondere dann, wenn der aufzurüstende Rechner kein Markengerät ist. Es gibt zwar einige BIOS-Anbieter, der Verkauf an Endkunden ist aber nicht gerade üblich. Zudem läßt sich schwer feststellen, ob ein bestimmtes BIOS auch wirklich zu Ihrem Rechner paßt.

Am besten fragen Sie Ihren Händler oder den Rechner-Hersteller nach neuen BIOS-Versionen, sofern Sie sich von den zu erwartenden Schwierigkeiten und der recht geringen Erfolgsaussicht eines BIOS-Updates nicht abschrecken lassen. Wahrscheinlich dürfte darüber hinaus der Kauf eines neuen Motherboards mit einem BIOS, das die gewünschten Eigenschaften aufweist, angesichts der heutigen Preise und des zu befürchtenden Aufwands sinnvoller sein.

Wie bereits erwähnt, halte ich ein BIOS-Update nicht für sinnvoll, wenn es lediglich um den nachträglichen Einbau eines nicht direkt unterstützten Diskettenlaufwerks geht.

17.8 Troubleshooting

Im folgenden führe ich wieder einige häufiger auftretende Fehler und deren Ursachen sowie ggf. Möglichkeiten zu deren Beseitigung auf:

Nicht-Bereit-Meldung

Normalerweise tritt diese Meldung auf, wenn ein Gerät nicht betriebsbereit ist. Meist sind mangelhafte Anschlüsse, leere Batterien usw. die Ursache. Zunächst einmal sollten Sie es aber mit einem Neustart des Rechners versuchen. Sollte das Gerät danach nicht (wieder) funktionieren, überprüfen Sie die anderen möglichen Ursachen. Meist ist dann ein nicht korrekt sitzendes Kabel die Ursache.

Übermäßige Fehler beim Formatieren

Sollte Ihr Laufwerk beim Formatieren von Disketten übermäßig viele Fehler produzieren, kann dies an einer zu hoch eingestellten Bustaktfrequenz liegen. Die meisten Geräte versagen oberhalb von 10 MHz ihren Dienst, manche bereits oberhalb der Standard-Bustaktfrequenz des AT-Busses (8,33 MHz).

Diskette kann nicht formatiert werden

Bei falsch gesetzten Parametern für ein Diskettenlaufwerk ist zwar das Lesen der Disketten weiterhin möglich, jedoch lassen sich Disketten nicht mehr formatieren. Bei der häufigsten Fehlerursache hat der Rechner einfach »vergessen«, welche Laufwerkart eingebaut ist, und versucht ein 360-KByte-Laufwerk anzusprechen. (Bei alten Rechnern können auch unpassende Eintragungen in der CONFIG.SYS zu diesem Fehler führen.)

Disketten lassen sich auf anderen Rechnern nicht lesen

Meist handelt es sich bei den Ursachen für derartige Schwierigkeiten um ein dejustiertes Laufwerk, manchmal auch um die minderwertige Qualität der verwendeten Disketten. Mit einem dejustierten Laufwerk lassen sich meist Original-Programmdisketten nicht mehr ohne Fehler lesen.

Betriebs-LED eines Laufwerks leuchtet ständig

Wahrscheinlich wurde der Anschlußstecker des Laufwerks versehentlich falsch herum aufgesteckt. Auf das Laufwerk läßt sich in einem solchen Fall nicht zugreifen.

LEDs beider Laufwerke leuchten gleichzeitig

Hier dürfte ein Fehler bei der Drive-Select-Konfiguration der Laufwerke vorliegen, so daß versucht wird, beide Laufwerke unter dem gleichen Kennbuchstaben anzusprechen, was naturgemäß nicht sonderlich gut klappt.

Fehlfunktion wegen DMA-Konflikt

Standardmäßig benutzen Diskettenlaufwerke den DMA-Kanal 2. Sollten andere Geräte (insbesondere Netzwerkkarten oder ältere CD-ROM-Laufwerke) diesen DMA-Kanal benutzen, kann es zu Fehlfunktionen der beteiligten Geräte kommen. (Manche Rechner nutzen den DMA-Kanal 2 übrigens nicht für den Datenaustausch mit dem Diskettenlaufwerk.) Diese mögliche Konfliktquelle sollten Sie bei ansonsten unerklärlichen Fehlfunktionen in jedem Fall überprüfen.

Windows 9x »erkennt« mehr Diskettenlaufwerke, als physisch vorhanden sind

Ein Fehler, der mir im Zusammenhang mit Diskettenlaufwerken seitens Windows 9x aufgefallen ist, war der, daß nach der Aktivierung der Datei- und Druckerfreigabe beim nächsten Rechnerstart eine seltsame bzw. unerkärliche Fehlermeldung angezeigt wurde. Bei der Kontrolle über den Geräte-Manager stellte sich dann heraus, daß fälschlicherweise vier statt zwei Diskettenlaufwerke aufgeführt wurden. Nach dem Entfernen der beiden überflüssigen Laufwerke sollte sich Windows 9x dann wieder im Lot befinden.

Diskettenlaufwerke

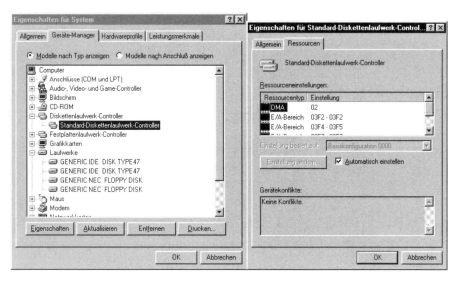

Abb. 17.17: Diskettenlaufwerke belegen üblicherweise IRQ 6 und DMA 2.

Festplatten 18

Seit dem Siegeszug der grafischen Benutzeroberflächen, der CD-ROM und dem mit Windows 95 einhergehenden Preisverfall von Speicherbausteinen wächst der Speicherhunger von Programmen zunehmend. Während Festplatten mit 40 bis 80 MByte Speicherkapazität über Jahre hinweg ausreichende Kapazitäten boten und noch 1995 Festplatten mit 500 MByte als geradezu gigantisch empfunden wurden, geht seit Windows 95 unterhalb von 1 GByte nichts mehr. Glücklicherweise braucht der Anwender beim Kauf einer neuen Festplatte für die höheren Speicherkapazitäten nicht tiefer in die Tasche zu greifen. Genasführt sind allerdings diejenigen, die sich allzu frühzeitig vom Speicherhunger ihrer Applikationen zum Kauf noch teurer riesiger Festplatten der Spitzenklasse verleiten ließen.

Angesichts absehbarer Trends, die mit der Markteinführung eines neuen (Microsoft-)Betriebssystems einhergehen, empfiehlt sich bei knappem Geldbeutel in jedem Fall eine abwartende Haltung. Selbst teure High Tech-Geräte gehören ansonsten ein halbes oder ein ganzes Jahr später häufig bereits zum Alteisen und werden dann zu Schleuderpreisen verscherbelt.

Abb. 18.1: Ein geöffnetes Festplattenlaufwerk

Ansonsten können Festplatten eigentlich nie zu groß oder zu schnell sein. Neue Festplatten liefern meist nicht nur zusätzlichen Speicher, sondern auch höhere Arbeitsgeschwindigkeit. Häufig bringen neuere Festplatte einen wesentlich größeren Leistungszuwachs als ein schnellerer Prozessor. Schnelle Festplatten, Grafikkarten und mehr Arbeitsspeicher stellen neben einem leistungsfähigen Prozessor die wesentlichen Einflußgrößen in Hinsicht auf die Gesamtleistung eines Rechnersystems dar. Der schnellste Prozessor nützt recht wenig, wenn die Festplatte »schleicht«.

Im englischen Sprachraum werden Festplatten Harddisk genannt. HD (Harddisk – Festplatte), HDU (Harddisk Unit – Festplatten-Einheit) und HDD (Harddisk Drive – Festplattenlaufwerk) sind Abkürzungen, die im wesentlichen alle das gleiche meinen. Zuweilen wird auch – historisch bedingt – der Begriff »Winchester« verwendet, der sich ursprünglich nur auf ein ganz bestimmtes Festplattenlaufwerk bezog, nämlich auf eines der ersten von IBM entwickelten Laufwerke, das pro Plattenoberfläche 30 MByte speichern konnte und in Anlehnung an das berühmte Winchester 30/30-Gewehr diesen Spitznamen erhielt. Die ersten Winchester-Laufwerke hatten einen Durchmesser von sage und schreibe 14 Zoll (35,5 cm).

Sich hartnäckig haltenden Gerüchten zufolge soll die Bezeichnung Winchester allerdings dadurch entstanden sein, daß sich diese ersten Festplatten insbesondere durch die unangenehme Eigenschaft auszeichneten, daß sie die auf ihnen gespeicherten Daten allzu häufig »zerschossen« haben.

Befaßt man sich ein wenig eingehender mit dem Thema Festplatten, stößt man unweigerlich auf die verschiedenen Standards, die im Laufe der Jahre im PC-Bereich Verbreitung gefunden haben. Davon gibt es insgesamt fünf: MFM und RLL, die sich beide der ST506-Schnittstelle bedienen, ESDI, SCSI, IDE und EIDE (Enhanced IDE).

Gebräuchlich sind heute nur noch die beiden Varianten EIDE und SCSI, wobei allerdings genaugenommen nicht von *zwei* Standards gesprochen werden dürfte. Immerhin gibt es SCSI, SCSI-2 und SCSI-3 (mit mehreren Busbreiten) sowie ATA (AT Attachment), ATA-2, ATA-3 und demnächst auch ATA-4 (die verschiedenen EIDE-Spezifikationen).

Für welchen Standard Sie sich auch entscheiden, Festplatten und Controller müssen zusammenpassen. So läßt sich zum Beispiel eine EIDE-Platte nicht an einen SCSI-Controller anschließen. Wollen Sie also eine Festplatte zusätzlich zu einer bereits vorhandenen in einen Rechner einbauen, müssen Sie den vorhandenen Controller-Typ kennen und zugehörige Festplattentypen verwenden.

18.1 Warnungen und Vorsichtsmaßnahmen

Im Zusammenhang mit Festplatten hält sich besonders hartnäckig der vermeintliche Geheimtip des programmgesteuerten Parkens der Schreib-/Lese-Köpfe von Festplatten. Neuere Festplattenmodelle nutzen jedoch beim Abschalten durchweg die restliche Umdrehungsenergie zum automatischen Parken der Schreib-/Lese-Köpfe, so daß der Einsatz zusätzlicher Programme zu diesem Zweck nicht nur unnötig ist, sondern möglicherweise sogar zu Beschädigungen der Festplattenmechanik führen kann!

Das Parken der Schreib-/Lese-Köpfe wird von modernen Festplatten selbständig durchgeführt. Der Einsatz entsprechender Programme ist nicht nur überflüssig, sondern kann sogar zu Beschädigungen des Laufwerks führen!

Eine weitere Warnung ist hinsichtlich der Einstellmöglichkeiten im BIOS-Setup moderner Rechner angebracht. Dieses kann nämlich durchaus Optionen enthalten, die bei ungeeigneten Eintragungen Daten auf einer Festplatte zerstören können. Nicht alle EIDE-Transfermodi werden von allen EIDE-Festplatten korrekt verarbeitet. Insbesondere ältere EIDE-Festplattenm melden teilweise sogar falsche Werte zurück. Wenn Sie ein echter Pechvogel sind, startet Ihr Rechner dann zwar noch mit den ungeeigneten Einstellungen, zerstört aber beim ersten Schreibzugriff gleich das Hauptinhaltsverzeichnis und befördert unter Umständen den gesamten Datenbestand der Festplatte ins Nirwana.

Ähnlich fatale Folgen können zum Beispiel auch zu hoch eingestellte Bustaktfrequenzen nach sich ziehen. Als Daumenregel gilt, daß (ISA-)Bustaktfrequenzen oberhalb von 10 MHz Aussetzer nach sich ziehen können, sofern Sie keinen (der recht seltenen) Festplatten-Controller verwenden, die speziell für höhere Bustaktfrequenzen ausgelegt sind. Mein ESDI-Controller im Uralt-(Ex-)386er verkraftet zum Beispiel bis zu 16 MHz (ISA-)Bustaktfrequenz. Local-Bus-Lösungen haben teilweise ebenfalls Nutzen aus höheren Taktfrequenzen gezogen und auf diesem Wege Leistungsreserven verfügbar gemacht. Aber diese beiden vorgestellten Varianten gehören heute zur Geschichte.

Wenn Sie nachträglich (riskante) BIOS-Einstellungen ändern wollen, wie beispielsweise die EIDE-Transfer-Modi, sollten Sie in jedem Fall zunächst einmal die Daten Ihrer Festplatte(n) sichern! Anschließend sollten Sie probeweise ausschließlich Befehle absetzen, die nur lesend auf die Festplatte zugreifen, um sich von der ordnungsgemäßen Funktion der Festplatte zu überzeugen.

Der Start von Windows (und anderer Betriebssysteme oder Benutzeroberflächen, die beim Start schreibend auf Festplatten zugreifen) zerstört bei fehlerhaften Hardware- bzw. ungeeigneten BIOS-Einstellungen beinahe zwangsläufig Daten auf vorhandenen Festplatten.

Aufgrund negativer Erfahrungen mit EIDE-Inkompatibilitäten empfehle ich nach dem Einbau neuer Festplatten oder der Änderung relevanter BIOS-Einstellungen immer das Neuformatieren der betroffenen Festplatten bzw. Partitionen. Zudem sollten Sie dem Einsatz der Befehle FDISK und/oder FORMAT immer einige umfangreichere Schreib- und Leseoperationen mit dem Befehl XCOPY folgen lassen, um sich von der ordnungsgemäßen Funktion der Festplatte(n) zu überzeugen. (Darüber hinaus empfiehlt sich der ergänzende Einsatz von Programmen wie CHKDSK und SCANDISK.)

Viele Fehlfunktionen machen sich bereits beim Formatieren einer neu eingebauten Festplatte bemerkbar. Defekte Sektoren lassen bei modernen Festplatten auf Inkompatibilitäten bzw. Fehlfunktionen schließen. Inkompatibilitäten bezüglich der verschiedenen EIDE-Transfermodi treten aber häufig erst zutage, wenn Daten nach dem Schreiben wieder gelesen werden sollen.

Beim Ersatz eines SCSI-Controllers durch ein anderes Modell empfiehlt sich ebenfalls die oben beschriebene Vorgehensweise. Darüber hinaus ist dann die Neuaufteilung der Festplatte(n) und deren Formatierung häufig Pflicht.

18.2 Festplattenaufbau

Festplatten sind im Prinzip nichts anderes als ein Stapel einzelner Disketten, die in einem versiegelten Gehäuse mit ein wenig Abstand übereinander untergebracht sind. Die einzelnen Platten bestehen meist aus Aluminium, manchmal aus Glas, die chemisch beschichtet werden. Der Zugriff erfolgt – wie bei Diskettenlaufwerken – über Schreib-/Lese-Köpfe. Da ein Festplattenlaufwerk aber in der Regel mehr als zwei Schreib-/Lese-Köpfe aufweist, werden diese an ein kammförmiges Gebilde montiert und über dieses zwischen den Festplatten zur gewünschten Position befördert.

Ansonsten finden im Zusammenhang mit Festplatten die gleichen Begriffe wie bei Disketten Verwendung. Entsprechend finden Sie zu etlichen Begriffen dieses Kapitels weitere Informationen im Abschnitt »Diskettenlaufwerke«.

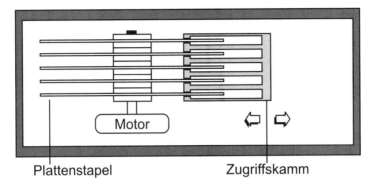

Abb. 18.2: Schematischer Aufbau einer Festplatte

18.3 Standards und Anschlußkabel

Zunächst einmal sollen die im Laufe der Jahre im PC-Bereich verbreiteten Festplattenarten, dazugehörende Controller und Anschlußkabel vorgestellt werden. Spezifische Zusatzinformationen zu Festplatten- bzw. Laufwerk-Controllern finden Sie noch einmal in einem eigenständigen Kapitel.

Alle Festplatten-Laufwerke benötigen naturgemäß eine Stromversorgung, die über ein vieradriges Kabel hergestellt wird. Meist wird dazu bei Festplatten der dem alten Standard entsprechende größere Stecker verwendet. Da die Spannungsversorgungsstecker mit einem Verpolungsschutz ausgestattet sind, können Sie bei deren Anschluß eigentlich nichts falsch machen. Sie müssen lediglich darauf achten, daß Sie die Leiterbahnen der Festplattenelektronik nicht beschädigen. Manchmal sitzen nämlich die Stecker derart fest, daß sie nur mit erheblichem Kraftaufwand einzustöpseln bzw. herauszuziehen sind. Ein wenig Vorsicht und der Einsatz einer Zange sind also ab und an durchaus angebracht.

Die Stecker der Steuer- und gegebenenfalls der Datenkabel lassen sich häufig ebenfalls nicht falsch anschließen. Verlassen Sie sich aber nicht auf derartige Sicherungen, sondern prüfen Sie besser die Ausrichtung des Kabels. Der falsche Anschluß eines ansonsten passenden Flachbandkabels führt übrigens in der Regel nicht zu Beschädigungen der Hardware.

Stellen Sie sicher, daß sich die (meist rote) Markierung, durch die die erste Leitung gekennzeichnet wird, auf der richtigen Seite befindet. Meist sind die Anschlußpins zudem auf der Platine mit kleinen Ziffern beschriftet, so daß es nicht schwer fallen sollte, Pin 1 ausfindig zu machen.

18.3.1 MFM/RLL

Das Kürzel MFM steht für Modified Frequency Modulation und damit für das verwendete Aufzeichnungsverfahren. MFM-Festplatten sind langsam und zuverlässig, aber technisch längst überholt. Wenn Sie eine defekte MFM- oder RLL-Festplatte ersetzen wollen, werden Sie dementsprechend wohl nur noch auf dem Gebrauchtmarkt fündig werden. MFM-Festplatten arbeiten mit 17 Sektoren pro Spur. Die maximal erreichbare Brutto-Datentransferrate liegt bei 625 KByte/s.

RLL steht für Run Length Limited, eine Weiterentwicklung von MFM. RLL-Festplatten arbeiten mit einer höheren Aufzeichnungsdichte von 26 oder 27 Sektoren pro Spur, waren anfangs kaum mehr als hochgezüchtete (bzw. besonders getestete) MFM-Festplatten und dementsprechend unzuverlässig. Die maximal erreichbare Brutto-Datentransferrate von RLL-Festplatten liegt bei 937 KByte/s.

MFM- und RLL-Festplatten werden über die ST506/ST412-Schnittstelle angesteuert, die vor IDE den Standard im PC-Bereich bildete. Aufgrund dessen, daß sowohl MFM- als auch RLL-Festplatten den gleichen Controller benutzen, lassen sich MFM-Festplatten an einem RLL-Controller verwenden. Dennoch sollten Sie nur RLL-taugliche Festplatten an einen RLL-Controller anschließen, da ansonsten häufige Lese- und Schreibfehler vorprogrammiert sind.

ST506-Festplattenlaufwerke benötigen zur Verbindung mit dem Controller ein breites 34poliges Steuerkabel und für jedes Laufwerk ein getrenntes, schmales 20poliges Datenkabel, über das Nutzinformationen und Verwaltungsdaten übertragen werden. An das Steuerkabel (Daisy Chain-Kabel) lassen sich bis zu zwei Festplattenlaufwerke anschließen. Über das Steuerkabel wird das Laufwerk selektiert, der Schreib-/Lese-Kopf ausgewählt, die Kopfbewegung gesteuert und der Laufwerkzustand abgefragt. Üblicherweise wird die erste Festplatte (C:) an den Stecker am Kabelende gehängt und die zweite an den Stecker in der Kabelmitte.

Da Flachbandkabel sowohl zum Anschluß von 5,25-Diskettenlaufwerken als auch von MFM-, RLL- und ESDI-Festplatten 34polig mit Kontaktleistensteckern sind, lassen sie sich leicht verwechseln. Eine Unterscheidung ist nur über die gedrehten Leitungen möglich. Beim Flachbandkabel für Diskettenlaufwerke werden die Leitungen 10 bis 26 gedreht, während beim 34poligen Festplattenkabel die Leitungen 25 bis 29 betroffen sind. Bei den Pfostensteckern, über die neuere Diskettenlaufwerke angeschlossen werden, sind solche Verwechslungen naturgemäß ausgeschlossen.

Bei ST506-Laufwerken kommen Abschlußwiderstände zum Einsatz, die an beiden Enden des Steuerkabels angebracht bzw. aktiviert werden müssen. Beim Gerät am mittleren Stecker des Kabels muß der Abschlußwiderstand gegebenenfalls entfernt bzw. deaktiviert werden. Dies erfolgt durch Entfernen gesockelter Widerstände oder Setzen von Jumpern.

18.3.2 ESDI

ESDI steht für Enhanced Small Devices Interface. Dieser Festplattentyp arbeitet auf der Basis eines weiterentwickelten RLL-Aufzeichnungsverfahrens (ARLL – Advanced Run Length Limited), bei dem die Sektoranzahl pro Spur über 30, häufig insbesondere bei 34, 55 oder 63 Sektoren pro Spur liegt. Wenn man von einer Umdrehungsgeschwindigkeit von 3600 U/Min und 63 Sektoren pro Spur ausgeht, bringen es ESDI-Festplatten auf die (nicht nur für damalige Verhältnisse imponierende) maximale Transferrate von:

```
63 Sektoren x 60 U/s x 512 Byte/Sektor = 1.890 KByte/s = 1,846 MByte/s
```

Aufgrund ihrer Zuverlässigkeit und Geschwindigkeit waren ESDI-Festplatten in High-End-Systemen verbreitet. Aber auch aus diesem Segment wurden sie von AT-Bus- und SCSI-Festplatten verdrängt, seit sie nicht mehr weiterentwickelt werden.

ESDI-Festplatten verwenden das gleiche Verkabelungsverfahren und identische Flachbandkabel zur Verbindung mit dem Controller wie ST506-Laufwerke. Dies bedeutet also ein 34poliges Steuerkabel, bei dem die Leitungen 25 bis 29 gedreht sind, und für jede angeschlossene Festplatte ein separates 20poliges Datenkabel. Ansonsten müssen bei der Installation die gleichen Dinge wie bei ST506-Festplatten berücksichtigt werden.

Im Unterschied zu ST506-Festplatten werden bei ESDI über die Datenleitungen nur Nutzdaten übertragen. Die Verwaltungsaufgaben übernimmt hier die Festplattenelektronik, was einen erheblichen Leistungszuwachs zur Folge hat.

Da bei ESDI- und ST506-Festplatten andere Signale an den verschiedenen Leitungen anliegen, dürfen Sie diese Festplattenarten keinesfalls versehentlich verwechseln. Vielmehr laufen Sie Gefahr, Festplatte und/oder Controller zu beschädigen, wenn Sie versuchen, ST506-Festplatten an ESDI-Controllern (und umgekehrt) zu betreiben.

18.3.3 AT-Bus (IDE)

AT-Bus-Festplatten werden auch als IDE-Festplatten (IDE – Integrated Drive Electronics) bezeichnet und arbeiten auf Basis einer Weiterentwicklung des RLL-Aufzeichnungsverfahrens (ARLL). IDE-Festplatten verwenden intern üblicherweise eine variable Sektoranzahl pro Spur (Zone Bit Recording).

Bei IDE-Festplatten befindet sich die Steuerlogik (also der eigentliche Festplatten-Controller) auf der Platine der Festplatte, so sie auf das jeweilige Laufwerk hin optimiert werden kann. Die Anschlüsse der IDE-Festplatten am Adapter oder auf dem Motherboard dienen vor diesem Hintergrund also lediglich als eine Art Kabelverlängerung.

IDE-Festplatten bzw. deren Nachfolger EIDE haben sich mittlerweile zum PC-Standard entwickelt. Übrigens ist der Einsatz von IDE-Festplatten im Prinzip auch in alten PCs/XTs möglich, sofern Sie noch entsprechende 8-Bit-Schnittstellenkarten auftreiben können.

Die Geschwindigkeit von AT-Bus-Festplatten läßt sich nicht eindeutig beurteilen, weil sie vom jeweiligen Hersteller abhängig ist. Eigentlich sollte sie in jedem Fall die der RLL-Festplatten erreichen bzw. übertreffen. Aber erstaunlicherweise konnten etliche frühe IDE-Festplatten mit niedrigen Speicherkapazitäten nicht einmal mit schnellen MFM-Festplatten bzw. Controllern mithalten.

Für IDE-Laufwerke benötigen Sie außer dem Stromstecker nur ein einziges 40-poliges Flachbandkabel mit Pfostensteckern. Ein Ende wird mit der Mutterplatine bzw. der Controllerkarte verbunden und das andere an das Laufwerk angeschlossen. Wie üblich müssen Sie darauf achten, daß Sie das Kabel nicht verdrehen. Der gekennzeichnete Streifen des Kabels markiert die Leitung 1 und muß an den Pin 1 der Steckerleiste angeschlossen werden.

Flachbandkabel für IDE-Festplatten weisen keine gedrehten Leitungen auf, so daß die Festplatten beliebig an die Kabelstecker angeschlossen werden können. Welche Festplatte das erste bzw. zweite Laufwerk darstellt, bestimmen die Einstellungen der DIP-Schalter bzw. Jumper des Laufwerks.

Eine echte Erleichterung bieten IDE-Festplatten, weil bei ihnen auf Abschlußwiderstände verzichtet wird. Um derartige Dinge brauchen Sie sich bei IDE-Festplatten nicht zu kümmern. Die Master/Slave-Einstellung genügt hier, da vorinstallierte »verteilte« Widerstände eingesetzt werden.

Nachteilig können sich beim Einsatz zweier AT-Bus-Festplatten lediglich herstellerspezifische Implementationsunterschiedliche der IDE-Schnittstelle bemerkbar machen. Da die Controller in die Festplatten integriert sind, müssen die beiden Laufwerke zusammenarbeiten. Probleme sind nicht gerade selten. Lediglich beim Einsatz zweier Festplatten des gleichen Herstellers können Sie einigermaßen sicher sein, daß diese problemlos kombinierbar sind, sofern Sie die neuere Festplatte als erste (Master) konfigurieren.

18.3.4 Enhanced IDE (EIDE)

Enhanced IDE stellt eine 1995 vorgestellte Weiterentwicklung der IDE-Schnittstelle dar. Der erste wesentliche Unterschied besteht darin, daß an die EIDE-Schnittstellenkarte bis zu vier Geräte – je zwei an einem EIDE-Kanal – angeschlossen werden können. Dazu werden von dem Adapter (zumindest bei Nutzung beider EIDE-Kanäle) mehrere Port-Adressen (Basis: 0170H *und* 01F0H sowie etliche Bits im Bereich 0376H bis 03F7H) und zwei Interrupts (neben dem klassischen Festplatten-IRQ14 zusätzlich IRQ15) beansprucht.

Das Ziel der Weiterentwicklung der EIDE-Schnittstelle bestand zunächst einmal darin, daß sie neben Festplatten auch anderen Geräten (zum Beispiel CD-ROM-Laufwerke und Streamer) Anschluß bieten sollte.

Darüber hinaus wurden mit den verschiedenen Varianten des EIDE-Standards zusätzliche Transfermodi etabliert, die verglichen mit den standardmäßigen IDE-Transferraten (maximal ca. 4 MByte/s) teilweise erhebliche Leistungssteigerungen mit sich gebracht haben. (Nur wenige Festplatten sind aber in der Lage, diese höheren Transferraten auch kontinuierlich zu liefern.)

Modus	Spezifikation	Maximale Transferrate
Multiword-DMA Mode 0	ATA-2	4,16 MByte/s
Multiword-DMA Mode 1	ATA-2	13,33 MByte/s
Multiword-DMA Mode 2	ATA-2	16,66 MByte/s
PIO Mode 0	ATA	3,33 MByte/s
PIO Mode 1	ATA	5,22 MByte/s
PIO Mode 2	ATA	8,33 MByte/s
PIO Mode 3	ATA-2	11,11 MByte/s
PIO Mode 4	ATA-2	16,66 MByte/s
Ultra-DMA Mode 0	ATA-3	16,66 MByte/s
Ultra-DMA Mode 1	ATA-3	25,00 MByte/s
Ultra-DMA Mode 2	ATA-3	33,33 MByte/s

Tab. 18.1: EIDE-Transfermodi

Vermeiden Sie den unzuverlässigen PIO-Mode 4! Diesem fehlen nämlich wirksame Methoden zur Überwachung der korrekten Datenübertragung.

Problematisch können insbesondere die neueren Transfer-Modi des EIDE-Standards werden. Diese werden über das BIOS-Setup eingestellt und müssen von den beteiligten Komponenten (IDE-Controller und angeschlossene Festplatten) auch korrekt unterstützt werden. Unpassende BIOS-Einstellungen können zum totalen Datenverlust führen. Hier ist also insbesondere bei älteren IDE-Festplatten größte Vorsicht geboten.

Neben der Problematik im Zusammenhang mit den unterschiedlichen Transfer-Modi leiden insbesondere ältere EIDE-Festplatten aufgrund einiger Unklarheiten der Spezifikationen auch über mangelnde Kompatibilität untereinander. Wenn zwei Geräte (vorwiegend Festplatten oder CD-ROM-Laufwerke) an einem EIDE-Kanal angeschlossen werden, muß das eine als Herr (Master) und das andere als Sklave (Slave) konfiguriert werden. Das Master-Laufwerk übernimmt damit auch die Steuerung des zweiten Laufwerks, während die integrierte Steuerelektronik des Slave-Laufwerks abgeschaltet wird. Wenn nun die Charakteristika des herrschenden Geräts dem Sklaven nicht passen, fängt dieser an zu meutern und verweigert unter Umständen seinen Dienst.

Insbesondere die Kombination zweier Festplatten unterschiedlicher Hersteller kann sich als problematisch erweisen, so daß es sich empfiehlt, möglichst Festplatten des gleichen Herstellers zu kombinieren. Weiterhin lassen sich viele Probleme vermeiden, wenn generell der neuen, in der Regel dann auch größeren und schnelleren Festplatte die Master-Rolle zugewiesen wird. Diese Variante wird darüber hinaus auch dann auch noch häufig durch ein verbessertes Leistungsverhalten der alten Festplatte belohnt, die von der effizienteren Elektronik seines Herrn durchaus profitieren kann.

Ein wenig Vorsicht im Zusammenhang mit EIDE ist jedenfalls geboten. Sprechen Sie beim Einkauf mit Ihrem Händler, und lassen Sie sich (möglichst schriftlich) bestätigen, daß Sie das neue Gerät zurückgeben können, sofern es sich in Ihrem Rechner nicht installieren läßt. Ein vorheriger Blick auf die Anzahl der verfügbaren Anschlußkabel und die spezielle Ausgestaltung der EIDE-Schnittstelle kann Ihnen ebenfalls nur wärmstens empfohlen werden. Kontrollieren Sie zumindest, ob Ihr Rechner bzw. der entsprechende Adapter über zwei 40polige Pfostensteckerleisten zum Anschluß von IDE-Geräten verfügt. Nur dann können Sie nämlich davon ausgehen, daß sich auch tatsächlich vier EIDE-Geräte installieren lassen, sofern Sie von anderweitigen Unverträglichkeiten verschont bleiben.

Weiterhin konnten mit dem EIDE-Standard auch Kapazitätsgrenzen für Festplatten überwunden werden, sofern das Rechner-BIOS dabei mitspielt. Auf Kapazitätgrenzen von Festplatten, von denen die 504-MByte-Grenze bisher am augenfälligsten in Erscheinung getreten ist, gehe ich weiter unten noch ausführlicher ein.

Ansonsten gelten für EIDE weitgehend die bereits bei IDE getroffenen Aussagen, so daß ich IDE und EIDE im folgenden gemeinsam und weitgehend synonym behandeln kann.

18.3.5 SCSI

SCSI bedeutet Small Computer Systems Interface und bezeichnet eine bidirektionale parallele Schnittstelle, über die sich der Computer mit Peripheriegeräten, also nicht nur Festplatten, verständigen kann. Für SCSI-Festplatten entscheidet man sich in der Regel dann, wenn man große, mehrere oder sehr schnelle Festplatten einsetzen will. Aufgrund der Beschränkungen des EIDE-Standards muß man zur Zeit ab knapp 8 GByte zu SCSI greifen.

Ohne Einsatz spezieller (oder mehrerer) Controller können Sie maximal vier EIDE-Festplatten gleichzeitig in einem Rechner installieren, wenn Sie dabei auf weitere ATAPI-Geräte, wie zum Beispiel CD-ROM-Laufwerke, an der EIDE-Schnittstelle verzichten. Lediglich die SCSI-Schnittstelle erlaubt es, bis zu sieben (beim achten Gerät handelt es sich um den Controller selbst) Festplatten gleichzeitig zu betreiben. Bei Wide SCSI lassen sich gar bis zu 15 Geräte an einen SCSI-Controller anschließen. (Beim 16. handelt es sich um den Host-Adapter selbst.)

SCSI-Festplattenlaufwerke verwenden ebenso wie IDE-Festplatten einfache Flachbandkabel, bei denen keine Leitungen verdreht sind. Auch hier sollten Sie beim Anschluß sicherheitshalber darauf achten, daß Sie das hier 50polige Kabel nicht versehentlich verkehrt herum anschließen. Der üblicherweise rote Kennzeichnungsstreifen muß an Pin 1 des Controllers oder des Laufwerks angeschlossen werden. Neuere Geräte und Adapter sollten übrigens durchweg mit verpolungssicheren Steckerleisten ausgestattet sein!

Die sich jeweils am Ende einer SCSI-Kette befindenden Geräte müssen mit einem Abschlußwiderstand versehen werden, wobei der Controller selbst meist das erste Gerät der Kette bildet. Auf SCSI-Festplattenlaufwerken befinden sich zu diesem Zweck Abschlußwiderstände, die beim ersten und letzten Gerät der Kette gesetzt bzw. über entsprechende DIP-Schalter oder Jumper aktiviert werden müssen. Bei allen anderen Geräten der Kette müssen Sie die Abschlußwiderstände deaktivieren bzw. entfernen.

Jedem Gerät einer SCSI-Kette muß darüber hinaus eine Identifikationsnummer (ID-Number) zugewiesen werden. Die Numerierung erfolgt von 0 bis 7. Während für den SCSI-Controller üblicherweise die ID-Nummer 7 verwendet wird, werden SCSI-Festplatten meist die ID-Nummern 0 bzw. 1 zugewiesen. (Bei Wide SCSI läuft die Numerierung von 0 bis 15.)

Zum Anschließen von SCSI-Festplatten wird vorwiegend 50poliges Flachbandkabel verwendet. IBM verwendet in seinen PS/2-Rechnern jedoch auch 60poliges Flachbandkabel. Wenn Sie sehr viel Leistung benötigen, kann Wide SCSI, die 16-Bit-Variante des SCSI-2-Standards zum Einsatz kommen, bei der 68poliges Flachbandkabel für die Verbindung sorgt.

Einzelheiten über die verschiedenen SCSI-Varianten und die verbreiteten Verbindungskabel finden Sie im Kapitel »Bussysteme«.

SCSI-Controller lassen sich üblicherweise problemlos neben anderen Festplatten-Controllern einsetzen. In der Regel besteht dann aber die Einschränkung, daß Sie die SCSI-Festplatte nicht als Startlaufwerk benutzen können, sofern eine Nicht-SCSI-Festplatte im System vorhanden ist.

Neuere BIOS-Versionen bzw. Motherboards bieten teilweise auch die Möglichkeit des Startens von einem SCSI-Laufwerk, auch wenn eine IDE-Festplatte vorhanden ist. Dies funktioniert aber nur dann, wenn auch das eingesetzte Betriebssystem dieses Merkmal unterstützt.

18.4 Begriffe rund um Festplatten

Auch Festplatten sind in Spuren, Sektoren, Clustern und Plattenoberflächen (Seiten) organisiert. Hinzu kommen lediglich einige Besonderheiten und die Begriffe Zylinder und Zugriffskamm. Darüber hinaus finden rund um Festplatten bestimmte Begriffe Verwendung, die Ihnen insbesondere beim Studium technischer Datenblätter und Prospekte immer wieder begegnen.

18.4.1 Zugriffskamm und Zylinder

Als Zugriffskamm bezeichnet man die mechanische Vorrichtung, an der die Schreib-/Lese-Köpfe angebracht sind und mit deren Hilfe diese bewegt werden. Üblicherweise läßt sich nur der gesamte Kamm und nicht jeder einzelne Schreib-/Lese-Kopf bewegen.

Als Zylinder werden die direkt übereinanderliegenden Spuren auf den verschiedenen Festplatten bezeichnet, auf die somit zugegriffen werden kann, ohne den Zugriffskamm bewegen zu müssen.

18.4.2 Formatierte Kapazität

In Prospekten, Anzeigen und den Typkennziffern wird meist die Bruttokapazität der Festplattenlaufwerke angegeben. Nach dem Einbau und der Vorbereitung der Festplatte ist diese Kapazität aber nicht mehr im gesamten Umfang nutzbar. Die für die interne Organisation der Festplatte benötigten Daten belegen den später nicht mehr nutzbaren Platz.

Dementsprechend liegt die formatierte Kapazität einer Festplatte ca. 10 bis 20% unterhalb der Bruttokapazität. Fragen Sie also Ihren Händler nach der formatierten Kapazität.

18.4.3 BIOS-Overhead

Bei den vergleichsweise geringen Zeitspannen, die Festplatten zur Ausführung ihrer Aktivitäten benötigen, muß bei der Leistungsbeurteilung berücksichtigt werden, daß zu der für die verschiedenen Aktionen benötigten Zeitspanne jeweils die Zeit zur Abarbeitung des entsprechenden BIOS- bzw. Controller-BIOS-Prögrämmchens hinzugerechnet werden muß.

So setzt sich die effektive Zugriffszeit aus der Positionierzeit und dem BIOS-Overhead zusammen. Diese Unterscheidung wird meist vernachlässigt. Lediglich Diagnoseprogramme geben über die zur Abarbeitung der BIOS-Routinen benötigten Zeitspannen zuweilen Auskunft.

18.4.4 Zugriffszeit

(Access time) Bezogen auf Speichermedien gibt die (mittlere) Zugriffszeit die zur Bewegung des Schreib-/Lese-Kopfs von der äußeren zur mittleren Spur benötigte Zeitspanne an. Sie läßt allerdings erst zusammen mit einigen anderen Faktoren (insbesondere der Datentransferrate) Rückschlüsse auf die tatsächliche Geschwindigkeit einer Festplatte zu. Etwas genauer formuliert wird die Zugriffszeit gemäß folgender Formel berechnet:

```
Zugriffszeit = Suchzeit + Übertragungszeit + Controller Overhead +
Latenzzeit
```

Die Zugriffszeit setzt sich damit aus:

- der Zeitspanne, die für die eigentliche Bewegung des Schreib-/Lese-Kopfs benötigt wird,
- der Zeit, die für das Lesen der gewünschten Dateneinheit benötigt wird (Übertragungszeit),
- der Reaktionszeit der Laufwerkelektronik (Controller Overhead) und
- der Latenzzeit

zusammen. Dabei handelt es sich um jene Zeitspanne, die gewartet werden muß, bis die gewünschten Daten unter den Schreib/Lesekopf gedreht werden. Die Latenzzeit kann damit für eine mit 7200 U/Min drehende Festplatte folgendermaßen bestimmt werden:

```
7200 U/Min = 120 U/s
1 U = 0,00833 s
1/2 U = 0,004166 s = 4,16 ms
```

Waren Anfang der 90er Zugriffszeiten von 40 bzw. 28 ms (Millisekunden) noch durchaus üblich, sind mittlerweile Werte knapp über bzw. um 10 ms herum angesagt. Eine wesentliche Verbesserung ist in diesem Zusammenhang kaum noch zu erwarten, was dadurch bestätigt wird, daß sich an der Gültigkeit dieser Aussage während der letzten Jahre praktisch nichts geändert hat.

Je geringer die Zugriffszeit einer Festplatte ausfällt, desto besser ist das Systemverhalten beim Lesen und Schreiben vieler kleiner (fragmentierter) Dateien oder einzelner Datensätze einer Datenbank.

18.4.5 Spurwechselzeit

Während die nachfolgend behandelte Datentransferrate die wesentliche Einflußgröße beim Lesen langer, zusammenhängend gespeicherter Dateien darstellt, gewinnen beim Lesen vieler kleiner Datensätze, wie sie zum Beispiel beim Arbeiten mit Datenbanken auftreten, andere Größen an Bedeutung.

Die Umschaltzeit zwischen den Schreib-/Lese-Köpfen können vernachlässigt werden, aber neben der Zugriffszeit kann sich die Spurwechselzeit (Track to track) einer Festplatte hier spürbar auswirken, die angibt, wieviel Zeit benötigt wird, um den Schreib-/Lese-Kopf zu einer benachbarten Spur zu bewegen. Naturgemäß liegt die Spurwechselzeit damit unterhalb der Zugriffszeit.

Werte unterhalb 2 ms sind hier angesagt. Üblicherweise kann davon ausgegangen werden, daß eine bessere mittlere Zugriffszeit gleichzeitig eine bessere Spurwechselzeit bedeutet.

18.4.6 Datentransferrate

(Kurz: Xfer Rate) Neben der Zugriffszeit ist eine Größe wesentlich wichtiger, die häufig nicht angegeben wird, nämlich die Datentransferrate. Diese gibt Aufschluß über die zum Einlesen von Daten benötigte Zeitspanne. Wenn Sie große und zusammenhängend gespeicherte Datenmengen lesen wollen, sinkt die Bedeutung der Zugriffszeit gegen Null. Händler können über die Datentransferrate häufig keine Auskunft geben oder teilen Ihnen auf Befragen die theoretischen Maximalwerte mit, die weit über den im praktischen Einsatz tatsächlich erzielbaren Werten liegen.

Zu guter Letzt wird dieses Verwirrspiel auf die Spitze getrieben, indem nicht angegeben wird, ob es sich bei den Zahlen um Brutto-, Netto- (ca. 50% der Bruttowerte) oder DOS-Datentransferraten (noch niedriger) handelt. Die Werte für die verschiedenen Transferraten klaffen aber zuweilen weit auseinander. Darüber hinaus liefern verschiedene Testprogramme – aufgrund der unterschiedlichen verwendeten Testverfahren – auch noch höchst unterschiedliche Werte.

Wenn Sie weiter wissen, daß Transferraten von Festplatten hochgradig von der verwendeten Rechnerkonfigurationen und auch wesentlich vom eingesetzten Betriebssystem abhängen, können eigentlich schnellere Festplatten in langsameren Rechnern unter Umständen sogar langsamer arbeiten als die eigentlich langsameren. (Beim Hin- und Hergeschiebe von Festplatten in Wechselrahmen können Sie sich vom eben Gesagten gegebenenfalls selbst überzeugen.)

Maximale Transferraten der verschiedenen Schnittstellen

In der Tabelle finden Sie zu Vergleichszwecken noch einmal eine Gegenüberstellung der Datentransferraten für verschiedene Schnittstellen-Definitionen. Die Bit- bzw. Datentransferrate und die Byte-Rate sind jeweils brutto angegeben und stellen damit also die theoretischen Maximalwerte dar. (Beachten Sie dabei den wesentlichen Unterschied zwischen MBit/s und MByte/s, also zwischen Megabit und Megabyte pro Sekunde.)

Festplatten-Schnittstelle	Bit-Rate	Byte-Rate:
MFM (ST506/ST412)	5,0 MBit/s	0,625 MByte/s
RLL	7,5 MBit/s	0,9375 MByte/s
ESDI	24,0 MBit/s	3,0 MByte/s
IDE	32,0 MBit/s	4,0 MByte/s
EIDE	132,8 MBit/s	16,6 MByte/s
Fast SCSI (8 Bit)	80,0 MBit/s	10,0 MByte/s
Ultra SCSI (8 Bit)	160,0 MBit/s	20,0 MByte/s
Ultra Wide SCSI (16 Bit)	320,0 MBit/s	40,0 MByte/s

Tab. 18.2: Maximale Transferraten von Festplatten-Schnittstellen

Während die bei der ESDI-Schnittstelle angegebene maximale Brutto-Datentransferrate identisch mit der Netto-Datentransferrate (Nutzdatenrate) ist, liegt letztere bei MFM/RLL-Schnittstellen ca. 20% niedriger. Bei der IDE-Schnittstelle, die eigentlich gleiches wie die einfache SCSI-Schnittstelle leisten könnte, lassen sich hinsichtlich der Nutzdatenrate kaum allgemeingültige Aussagen treffen. Heutige AT-Bus-/EIDE-Festplatten mit Kapazitäten erreichen aber mit SCSI durchaus vergleichbare Werte, zumal zunehmend baugleiche Festplatten für beide Standards verwenden werden, die lediglich mit unterschiedlicher Elektronik ausgestattet werden.

Berücksichtigen Sie darüber hinaus – insbesondere bei der Beurteilung der Angaben für den IDE- und den EIDE-Standard –, daß die in PCs verwendeten Festplatten häufig im unteren Leistungsbereich des jeweiligen Standards liegen.

Weiterhin ist zu beachten, daß es sich bei Ultra SCSI um eine Erweiterung des SCSI-3-Standards handelt, die bei gleicher Busbreite eine Verdoppelung der Transferraten ermöglicht. Ultra Wide SCSI stellt eine 16 Bit breite Ultra SCSI-Variante handelt, die dementsprechend nochmals für eine Verdoppelung der maximalen Transferrate von Ultra SCSI sorgt.

Eine grobe Kategorisierung

Nach all den Erläuterungen über die verschiedenen Bussysteme und Festplattenschnittstellen werden Sie nun möglicherweise fragen, wie man denn nun überhaupt eine Festplatte auswählen kann, wenn alle Angaben letztlich doch nur Phantasiewerte darstellen, die zudem auch noch hochgradig von den eingesetzten Programmen und dem verwendeten Betriebssystem abhängig sind.

Wenn Sie qualitätsbewußt einkaufen wollen, sollten Sie einen Blick in Computerzeitschriften werfen. In regelmäßigen Abständen von einigen Monaten werden in renommierten Computerzeitschriften wie der c't Listen mit realen Testwerten von Festplatten veröffentlicht. Wenn Sie die Ergebnisse der verschiedenen Modelle miteinander vergleichen, erhalten Sie eine gute Übersicht, welche Modelle besonders schnell sind und welche zu den »Schnecken« gehören. Natürlich kann auch ein schnelles Festplattenmodell in einer bestimmten Konfiguration erheblich langsamer als erwartet sein, aber dieses Risiko ließe sich nur vermeiden, wenn Sie mehrere Festplatten testhalber mitnehmen könnten.

Eine grobe Kategorisierung von Festplatten soll Ihnen darüber hinaus die folgenden Tabelle liefern, die sich auf halbwegs realistische Transferraten anstelle der maximalen Traumwerte bezieht, die aber in Zusammenarbeit mit bestimmten Programmen immer noch erheblich unterschritten werden können.

Kategorie	Mittlere Transferrate	Kommentar
Lahm	< 0,8 MByte/s	In diese Kategorie fallen die meisten Festplatten mit weniger als 504 MByte Kapazität.
Langsam	< 1,6 MByte/s	Meist Billigprodukte mit bis ca. 1,2 GByte Kapazität
Mittelmäßig	1,6 MByte/s bis 3,0 MByte/s	»Null-Acht-Fünfzehn«, etwa im Kapazitätsbereich zwischen 1,2 und 2 GByte
Schnell	3,0 MByte/s bis 4,0 MByte/s	Spitzenklasse der EIDE-Festplatten mit Kapazitäten ab ca. 2 GByte
Blitzschnell	> 4,0 MByte/s	Aufgrund der Beschränkungen des AT-Busses zwangsläufig nur SCSI

Tab. 18.3: Eine grobe Kategorisierung von Festplatten nach ihrer mittleren Transferrate

Denken Sie immer daran, daß sich Festplatten, die am gleichen EIDE-Kanal angeschlossen sind, gegenseitig beeinflussen. Ein in der ersten Festplatte integrierter lahmer Controller kann eine schnelle zweite Festplatte unter Umständen ausbremsen – und umgekehrt. (SCSI-Festplatten sollten sich im Unterschied dazu nicht gegenseitig beeinflussen.)

18.4.7 Umdrehungsgeschwindigkeit

Festplatten arbeiten traditionell mit 3.600 Umdrehungen pro Minute. Dies entspricht in etwa der mittleren Drehzahl eines Automotors. Bei neueren Festplattenmodellen haben die Hersteller jedoch die Drehzahl erhöht, um die Leistung der Laufwerke zu steigern.

Höhere Umdrehungsgeschwindigkeiten erlauben im Idealfall eine direkt proportionale Leistungssteigerung. Festplatten, die mit 25 oder 50 Prozent höherer Drehzahl (4.500 bzw. 5.400 U/min.) arbeiten, weisen entsprechend bessere Kenndaten auf. Mittlerweile sind auch Festplatten mit 7.200 U/Min oder gar 10.000 U/Min keine Seltenheit mehr.

Höhere Umdrehungsgeschwindigkeiten steigern aber nicht nur die Datentransferrate, sondern auch die Wärmeentwicklung der Festplatten, was sich negativ auf die Lebenserwartung der »Heizwerke« auswirken kann. Deshalb sind auch spezielle Lüfter für den Einbau in die Laufwerkschächte erhältlich, die für zusätzliche Kühlung der hoch- oder teilweise auch überzüchteten Datenträger sorgen.

Ein weiterer Nachteil der enorm hohen Drehzahl liegt in der durch das Laufgeräusch hervorgerufenen größeren Lärmbelästigung bei gleichzeitig höherer Frequenz. Empfindlichen Zeitgenossen kann ich hier den (leider nur allzu ernst gemeinten) Rat geben, Festplatten vor dem Kauf einem Hörtest zu unterziehen.

18.4.8 Thermische Rekalibrierung

Einen kritischen Punkt stellt im Zusammenhang mit Festplatten und zeitkritischen Aufgaben die sogenannte thermische Rekalibrierung dar. Wenn sich Festplatten während des Betriebs erwärmen, dehnen sich die darin enthaltenen, datentragenden Scheiben aus, so daß die Steuerung der Schreib-/Lese-Köpfe dynamisch angepaßt (rekalibriert) werden muß. Manche Festplatten führen die Rekalibrierung in fest vorgegebenen Zeitabständen (zum Beispiel alle zwei Stunden) durch, und zwar auch dann, wenn die Festplatte gerade benutzt wird. Dadurch wird der kontinuierliche Datenstrom kurzzeitig unterbrochen, so daß Stockungen und Verzögerungen auftreten, die sich insbesondere bei der Wiedergabe von Audio- oder Videodaten oder auch beim Schreiben von CD-Rs »unangenehm« auswirken.

Moderne Festplatten sollten »intelligent rekalibrieren«, so daß die Rekalibrierung nur dann ausgeführt wird, wenn die Festplatte gerade nicht genutzt wird. Sofern Festplatten überhaupt entsprechend gekennzeichnet sind, werden sie mit dem Kürzel AV (AV – Audio/Video) versehen.

Häufig fehlen entsprechende Herstellerangaben. Jedoch führen auch die meisten modernen Festplatten, die nicht speziell mit »AV« gekennzeichnet sind, eine intelligente Rekalibrierung durch. (Angeblich soll das sogar bei allen AT-Bus-Festplatten der Fall sein!) Da die Rekalibrierung der Festplatte beispielsweise nur in Abständen von zwei Stunden erfolgt, können Sie diesen Sachverhalt nur durch entsprechenden Dauertest zuverlässig prüfen.

Wenn Sie Festplatten für zeitkritische bzw. Echtzeit-Aufgaben (Audio-/Video-Sampling, Brennen von CDs) benötigen, sollten Sie darauf achten, daß Sie AV-Festplatten einsetzen.

18.4.9 Interleave und Skewing

Festplatten drehen sich unter Umständen so schnell, daß die Verarbeitungsgeschwindigkeit der Rechner nicht ausreicht, um die übertragenen Datenmengen mit gleicher Geschwindigkeit zu verarbeiten. Zwischendurch braucht der Rechner dann gewissermaßen Verschnaufpausen, um die Daten in den Hauptspeicher zu schreiben. Ist dann der nächste zu lesende Sektor gerade unter dem Schreib-/Lese-Kopf hinweggezogen, muß eine komplette Plattenumdrehung gewartet werden, bis die benötigten Daten gelesen werden können. Dies kann naturgemäß eine erhebliche Verlangsamung des Systems zur Folge haben.

Ob ein Rechner schnell genug ist, um die gelieferten Daten mit ausreichender Geschwindigkeit zu verarbeiten, hängt vor allem vom eingesetzten Prozessor und dessen Taktfrequenz ab. Bei älteren und damit langsameren Rechnern ist dies meist nicht der Fall. Unter diesem Gesichtspunkt verpufft die zusätzliche Leistung moderner Festplatten in alten Rechnern völlig. Daher reicht der ST506-Standard für PCs mit 8088- oder 8086-Prozessoren auch völlig aus. (Solche Festplatten erhalten Sie aber allenfalls noch auf dem »Trödelmarkt«.)

Für Rechner mit 80286-Prozessoren gilt im Prinzip das gleiche. Jedoch empfiehlt sich hier der Einsatz einer IDE-Festplatte, da dieser Standard speziell für die AT-Architektur entwickelt worden ist. Neuere Rechner ab dem 80386er sollten wiederum so schnell sein, daß die von der Festplatte gelieferten Datenmengen ohne weiteres verarbeitet werden, so daß sie auch von der schnellsten Festplatte noch gebremst werden.

Demzufolge hat die Interleave-Technik bei modernen Rechnern ihre Werbewirksamkeit verloren, auch wenn sie in der einen oder anderen Variante intern weiterhin genutzt wird. Man kann den Interleave-Faktor als Anzahl der zum Lesen einer kompletten Spur notwendigen Plattenumdrehungen interpretieren. Bei einem Interleave von 2 liegt zwischen zwei aufeinanderfolgenden Sektoren jeweils ein Sektor, der erst bei der nächsten Plattenumdrehung gelesen wird.

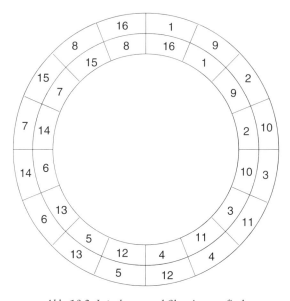

Abb. 18.3: Interleave und Skewing grafisch

Hochwertige Festplatten verwenden die Interleave-Technik auch beim Umschalten zwischen Leseköpfen und beim Spurwechsel, um zusätzliche Geschwindigkeitsvorteile zu erzielen. Dann wird diese Technik »Skewing« genannt. Dieser Begriff läßt sich mit dem »Ineinandergreifen von Zahnrädern« umschreiben. Der deutsche Begriff für »Interleave« und »Skewing« lautet »Sektorversatz«.

18.4.10 Zone Bit Recording (ZBR)

ST506- und ESDI-Festplatten arbeiten üblicherweise wie Disketten mit fester Sektoranzahl pro Spur. Moderne Laufwerke machen sich im Unterschied dazu den Umstand zunutze, daß die äußeren Spuren einer Festplatte länger als die inneren sind. Dementsprechend werden in den äußeren Spuren mehr Sektoren angelegt.

Zone Bit Recording (ZBR) wird dieses Aufzeichnungsverfahren genannt, das die Kapazität von Festplatten erhöht bzw. eine kompaktere Bauweise der Laufwerke ermöglicht. Im BIOS-Setup werden Festplatten, die auf ZBR basierend arbeiten, weiterhin mit fester Sektoranzahl angemeldet. Alle notwendigen Anpassungen und Umrechnungen übernimmt demzufolge die Festplattenelektronik.

18.4.11 Write Precompensation

(WPCom) Dieser Begriff stammt noch aus der Steinzeit der PC-Geschichte, begegnet Ihnen aber auch heute noch im BIOS-Setup der meisten Rechner. Aufgrund der unterschiedlichen Datendichte in den inneren und äußeren Spuren verwenden Festplatten ein Verfahren, das in den inneren Spuren die Falschinterpretation aneinander angrenzender Einsen verhindert. Dieses wird »Write Precompensation« genannt.

Im BIOS-Setup mußte bei alten Festplatten daher eingetragen werden, ab welcher Spur dieses Verfahren zum Einsatz kommen sollte. Bei modernen Festplatten sind solche Eintragungen überflüssig, da sich deren Elektronik selbständig um solchen technischen Kleinkram kümmert.

18.4.12 Landing Zone

(LZone) Ähnliches wie für WPCom gilt auch für die Landezone des Schreib-/Lese-Kopfs. Auch sie muß bei modernen Festplatten nicht mehr ins BIOS-Setup eingetragen werden. Normalerweise handelt es sich bei der Landezone ohnehin um die letzte (innerste) Spur der Festplatte. Und um das Absetzen der Schreib-/Lese-Köpfe kümmern sich moderne Laufwerke selbst. Sie nutzen nämlich die restliche Umdrehungsenergie und fahren die Schreib-/Lese-Köpfe in einen Bereich, in dem keine Daten beschädigt werden können.

18.5 Hardware-Konfiguration

Damit die Festplatte nach dem Einbau korrekt arbeitet, muß die Hardware konfiguriert werden. Dies geschieht bei Festplatten üblicherweise über kleine Steckbrücken (Jumper). Die Einstellungen selbst sind bei den verschiedenen Festplattenarten unterschiedlich. MFM-, RLL- und ESDI-Festplatten, IDE-Festplatten und SCSI-Geräte erfordern jeweils andere Einstellungen und damit eine etwas andere Vorgehensweise.

18.5.1 MFM/RLL/ESDI

Bei diesen alten Festplatten ähnelt die Vorgehensweise der bei Diskettenlaufwerken und erfolgt meist über eine einzige Jumpergruppe, die Sie zur Einstellung der Laufwerknummer (DS – Drive Select) nutzen. Die möglichen Einstellungen sind entweder von 1 bis 4 oder aber von 0 bis 3 numeriert. Dementsprechend muß für das erste Laufwerk DS1 (bzw. DS0), für das zweite Laufwerk DS2 (bzw. DS1) gewählt werden.

Beim letzten Laufwerk am Kabel (meist die erste Festplatte) muß ein Abschlußwiderstand gesetzt sein. Bei allen anderen Festplatten muß der Widerstand entfernt bzw. deaktiviert werden. Prüfen Sie, ob eine entsprechende Einstellung am Laufwerk vorgenommen werden muß oder ob diese mit der DS-Einstellung gekoppelt und daher nicht separat vorzunehmen ist.

Meist sehen diese Abschlußwiderstände wie schmale Kunststoffstege mit neun oder mehr Anschlußstiften aus, stecken in einer Leiste und befinden sich in unmittelbarer Nähe der DS-Jumper. Manchmal läßt sich der Abschlußwiderstand auch über einen Jumper aktivieren, der mit TERM (Terminator) bezeichnet ist.

18.5.2 AT-Bus/IDE/EIDE

Aufgrund dessen, daß hier die Laufwerkelektronik integriert ist, erfordern IDE-Festplatten eine andere Vorgehensweise. Da die Controller laufwerkspezifisch optimiert sind, soll noch einmal darauf hingewiesen werden, daß sich Laufwerke verschiedener Hersteller nicht unbedingt miteinander vertragen.

Die Jumper- oder Mini-Schalter-Einstellungen sind bei IDE-Festplatten zudem recht uneinheitlich bezeichnet. Die Vorgehensweise ist jedoch bei allen IDE-Festplatten identisch. Das erste Laufwerk muß als Master (Herr und Meister), das zweite als Slave (Sklave) konfiguriert werden. Beim letzteren Laufwerk wird der Controller im Prinzip abgeschaltet. Aus den genannten Umständen leiten sich bereits die möglichen Einstellungen und deren Bezeichnungen ab. Einige Beispiele finden Sie in der Tabelle. Wie der Tabelle zu entnehmen ist, können die Abkürzungen durchaus widersprüchliche Bedeutungen haben (zum Beispiel DS).

Festplatten

Jumper	Bedeutung
M/S	Master/Slave
SP	Slave Present – Zweites Laufwerk vorhanden
CP	Compatibility – Zweites Laufwerk von anderem Hersteller
DS	Drive Select oder Drive is Slave
C/D	Master oder Slave
DSP	Drive Slave Present – Sklave ist vorhanden
HSP	Host Slave Present – Meister ist vorhanden
ACT	Active – Controller aktiviert

Tab. 18.4: Bedeutung von IDE-Festplattenjumpern

Zuweilen müssen Sie bei den IDE-Festplatten darauf achten, daß Jumper der benötigten Größe mitgeliefert werden. Häufig handelt es sich hier nämlich um Miniatur-Steckbrücken, die ansonsten nur schwer zu beschaffen sind.

Neuere IDE-Laufwerke machen Ihnen die Konfiguration zunehmend leichter. Insbesondere Installationen mit mehreren Festplatten im Wechselrahmen sind davon betroffen. Jedenfalls sollten Sie keine Festplatte mehr erwerben, die noch eine separate Einstellung erfordert, wenn ein Slave-Laufwerk vorhanden ist. Modernere IDE-Festplatten lassen sich daher mit Hilfe eines einzigen Schalters oder Jumpers konfigurieren, der dann meist die Bezeichnung M/S trägt.

Ganz moderne AT-Bus-Festplatten (gemäß der ATA-3-Spezifikation) sollen schließlich ganz ohne Jumper auskommen und damit dem PnP-Postulat folgen.

Komplizierter könnte es aber unter Umständen wieder werden, wenn sich die jüngst definierten Ultra-DMA-Modi durchsetzen. Damit diese einwandfrei funktionieren, müssen nun nämlich an den Enden der Kabelstränge der IDE-Festplatten Abschlußwiderstände geschaltet werden, um dem Übertragungskabel die für die hohen Geschwindigkeiten erforderlichen elektrischen Merkmale zu verleihen. Ultra-DMA muß jedoch sowohl vom Controller (auf dem Motherboard) als auch von der Festplatte selbst unterstützt werden.

Aufgrund der vielfältigen Ausprägungen der ATA-Spezifikationen für IDE-Festplatten ist auf jeden Fall ein Blick sowohl in die Dokumentation des Motherboards bzw. die verfügbaren Optionen des BIOS-Setups als auch in die Dokumentation der IDE-Festplatte selbst erforderlich. Unpassende Einstellungen führen mit großer Wahrscheinlichkeit zu Datenverlusten!

18.5.3 SCSI

Für SCSI-Geräte ist der bei derartigen Geräten allgemein übliche Weg zu beschreiten. Dementsprechend müssen Sie der Festplatte innerhalb des SCSI-Systems eine eindeutige SCSI-Identifikationsnummer (ID) zwischen 0 und 7 zuweisen. Dies erfolgt meist durch Setzen von kleinen Drehschaltern, Miniaturschaltern oder Jumpern.

 SCSI-Adaptern und deren Installation und Konfiguration ist ein eigenständiger Abschnitt weiter unten im Buch gewidmet. Daher erhalten Sie hier nur einige grundlegende Informationen zu diesem Thema.

Die Schalter oder Steckbrücken zur Einstellung der SCSI-ID sind üblicherweise binär codiert, so daß sie die Wertigkeit 1, 2 bzw. 4 aufweisen. Mit drei Ein/Aus-Einstellungen lassen sich daher alle möglichen IDs zwischen 0 und 7 realisieren.

Wertigkeit 4 (2^2)	Wertigkeit 2 (2^1)	Wertigkeit 1 (2^0)	ID
0	0	0	0
0	0	1	1
0	1	0	2
0	1	1	3
1	0	0	4
1	0	1	5
1	1	0	6
1	1	1	7

Tab. 18.5: SCSI-IDs und -Einstellungen sind üblicherweise binär codiert

In der Regel wird der ersten SCSI-Festplatte die ID 0, der zweiten Festplatte die ID 1 zugewiesen. Darüber hinaus ist die ID 7 üblicherweise dem SCSI-Host-Adapter selbst vorbehalten. Welche Einstellungen für Ihr System konkret vorzunehmen sind, kann aber nicht allgemeingültig festgehalten werden.

Manche Controller schreiben zwingend Vorgehensweisen vor, die vom eben Gesagten abweichen. Wenn der verwendete SCSI-Controller darauf besteht, daß die Festplatte, von der aus der Rechner startet, die ID 6 aufweisen muß, dann müssen Sie sich dem Diktat des Controllers unterwerfen. Ziehen Sie also bei Bedarf die Dokumentation Ihres SCSI-Controllers zu Rate.

Neben der SCSI-ID müssen Sie darauf achten, daß die Abschlußwiderstände nur beim jeweils letzten SCSI-Gerät in einer Kette gesetzt sein dürfen. Bei allen anderen SCSI-Geräten müssen die Endwiderstände entfernt bzw. deaktiviert werden. Auch die Terminierung eines SCSI-Geräts erfolgt meist über DIP-Schalter oder Jumper. Bei älteren Geräten mußten zuweilen auch Abschlußwiderstände in passende Sockel eingesetzt werden. Diese sehen dann meist wie schmale Kunststoffstege mit neun oder mehr Anschlußstiften aus, die in passenden Steckleisten installiert werden müssen.

Bussysteme müssen mit Abschlußwiderständen versehen werden, um auf dem Bus bzw. Kabelstrang die benötigten elektrischen Eigenschaften sicherzustellen und Störeinflüsse zu minimieren. Dabei ist die Regel eigentlich einfach: Beide Enden des Kabelstrangs müssen mit einem sogenannten »Terminator« bzw. Abschlußwiderstand versehen werden. Eine Ausnahme von dieser Regel gibt es nicht. Das erste und das letzte Gerät am Kabelstrang müssen terminiert werden, alle dazwischenliegenden Geräte dürfen nicht terminiert werden.

Haben Sie es also nur mit einem Adapter und einer Festplatte zu tun, müssen sowohl der Adapter als auch die Festplatte terminiert werden. Wenn sich eine interne SCSI-Festplatte in Ihrem System befindet und ein weiteres Gerät extern an den SCSI-Host Adapter angeschlossen ist, befinden sich das andere Gerät und die Festplatte am Ende des Strangs und müssen terminiert werden, während der Adapter in der Mitte liegt und daher nicht terminiert sein darf.

18.6 Weitere Auswahlkriterien und Alternativen

Wollen Sie sich eine neue Festplatte zulegen, um diese ersatzweise oder zusätzlich in Ihren Rechner einzubauen, stehen Sie naturgemäß vor der Qual der Wahl. Die oben bereits erläuterten technischen Daten und Einflußgrößen sollten soweit möglich in den Entscheidungsprozeß einbezogen werden. Aber diese allein reichen nicht unbedingt aus. Vielmehr heißt es, noch einige zusätzliche Aspekte zu berücksichtigen bzw. in Erwägung zu ziehen.

Dies gilt um so mehr, wenn Sie die Festplatte über den Versandhandel beziehen. Dann sollten Sie sich auch noch mit den technischen Bezeichnungen der Festplatten befassen und die Bedeutung der verwendeten Kürzel kennen, um eine Vorauswahl treffen zu können. Dafür brauchen Sie sich dann aber auch nicht lange mit einem Verkäufer herumzuschlagen, dem bei längeren Gesprächen zunehmend die Freundlichkeit abhanden kommt.

18.6.1 LBA, XCHS und Kapazitätsgrenzen

Das erste, was Sie beachten müssen, wenn Sie sich auf Einkaufstour begeben, sind die Kapazität und die physische Größe der Festplatte. In bezug auf die Speicherkapazität sollten Sie einen Blick auf Ihre Geldbörse werfen und dann nach dem Motto »je größer, desto besser« vorgehen.

Für Festplattenkapazitäten beim PC gelten einige »magische« Grenzen, von denen die wohl bekannteste die 504-MByte-Grenze ist. Festplatten bis 504 MByte lassen sich in allen PCs problemlos einsetzen, in deren BIOS-Setup sich ein benutzerdefinierter Festplattentyp eintragen läßt.

Die 504-MByte-Grenze

Um die Gründe dieser Beschränkung nachvollziehen zu können, ist ein wenig Rechnerei angesagt, zumal manchmal auch von 528 MByte die Rede ist. Während das BIOS maximal 1.024 Zylinder und 63 Sektoren pro Spur zuläßt, begrenzt die IDE-Spezifikation die Anzahl der Schreib-/Lese-Köpfe auf 16. Mehr läßt sich aufgrund der Beschränkungen des BIOS bzw. der Festplattenschnittstelle im klassischen Cylinder/Head/Sector-Modus (CHS-Modus) nicht realisieren.

 Höhere als die eben genannten Werte können zwar meist auch im Normal- bzw. CHS-Modus ins BIOS-Setup eingetragen werden, verwerten kann sie der Rechner dann jedoch nicht.

Multiplizieren Sie die angegebenen Maximalwerte mit der üblichen Sektorgröße (512 Byte), erhalten Sie:

```
16 * 1.024 * 63 * 512 = 528.482.304 Byte
```

Lassen Sie dieses Ergebnis einfach so stehen, können Sie (nicht ganz zu Unrecht) 528 MByte als Obergrenze angeben. Da im Computerbereich aber ein Kilobyte 1.024 Byte umfaßt, muß genaugenommen Folgendes berücksichtigt werden:

```
528.482.304 Byte = 516.096 KByte = 504 MByte
```

	BIOS	IDE	CHS
Zylinder	1.024	65.536	1.024
Köpfe	255	16	16
Sektoren/Spur	63	255	63
Maximale Kapazität	7,8 GByte	127,5 GByte	504 MByte

Tab. 18.6: BIOS-, IDE- und die daraus resultierenden CHS-Kapazitätsgrenzen

Wenn nun beispielsweise eine Festplatte physisch über 2048 Zylinder, 16 Köpfe und 63 Sektoren verfügen würde, ließen sich davon im CHS-Modus lediglich die ersten 1.024 Zylinder nutzen. Die Hälfte der Festplattenkapazität wäre nicht nutzbar.

XCHS

Da eine Lösung gefunden werden mußte, wurden zwei Verfahren entwickelt, die das Problem beseitigen sollten und eine Übersetzung der Sektoradressen auf eine Art und Weise durchführen, daß größere Festplattenkapazitäten nutzbar werden.

Im XCHS-Modus (Extended CHS), der im Rechner-BIOS auch unter den Namen Large oder Big geführt wird, macht man sich zunutze, daß das BIOS bis zu 255 Köpfe zuläßt. Vervierfacht man nun im Beispiel die Anzahl der Köpfe auf 64, kann man die Zahl der Zylinder auf 512 herabdrücken, sofern zwischen diesen beiden Varianten immer vermittelt wird. Darum muß sich beim XCHS-Verfahren allerdings das BIOS kümmern, was einiges an Rechenleistung beansprucht. Auf diesem Weg lassen sich letztlich Festplatten von bis zu 7,8 GByte Größe ansprechen.

LBA

Beim heute üblichen Verfahren, das LBA (Large oder auch Logical Block Addressing) werden die Daten für die Köpfe, Zylinder und Sektoren direkt an die intelligente Festplatte weitergereicht. Diese arbeitet dann intern mit großen Adressen, indem sie jedem Sektor auf einer Festplatte eine eindeutige Adresse zuweist. Weil dieses Verfahren von der Festplattenelektronik durchgeführt wird, ohne daß das BIOS die Adressen umzusetzen braucht, ist das LBA- um einiges schneller als das XCHS-Verfahren.

 Nach der Einführung des LBA-Verfahrens wurde festgestellt, daß sehr viele BIOS-Versionen nur maximal 64 Köpfe zulassen, woraus eine Obergrenze von 2 GByte resultiert. (Dies betrifft insbesondere BIOS-Versionen vor 1996.)

Glauben Sie jetzt aber nicht, daß das bereits alle Grenzen wären. Nein, leider hält das betagte FAT-Dateisystem von DOS ebenfalls noch ein paar Überraschungen bereit, indem es die Größe eines logischen Laufwerks auf maximal 2 GByte beschränkt. Und unter anderen Betriebssystemen sieht es auch kaum besser aus. Da tröstet es auch wenig, wenn Windows NT zumindest theoretisch Festplatten mit Kapazitäten bis zu 2 TByte unterstützt.

Festplattenparameter ermitteln

Die bereits angesprochene 504-MByte-Grenze kann auch die Ursache recht merkwürdiger, zunächst scheinbar widersprüchlicher Daten sein. In der Abbildung finden Sie ein entsprechendes Beispiel. Das Dienstprogramm MH-IDE liefert hier vier verschiedene Werte für die verwendete Festplatte:

- Ganz unten befinden sich in der Zeile Hard Drive Parameter Table (HDPT) die Parameter, mit denen die Festplatte im BIOS-Setup angemeldet ist.
- Das BIOS meldet in der Zeile darüber einen Zylinder weniger, was richtig ist, wenn hier von Null an gezählt wird.
- Bei den empfohlenen Werten (Drive Recommends) werden dann die tatsächlichen physischen Parameter der Festplatte angegeben.
- In der obersten Zeile (Drive Currently) finden Sie schließlich Werte, die hinsichtlich der Gesamtkapazität rechnerisch knapp unterhalb der tatsächlichen physischen Größe der Festplatte liegen.

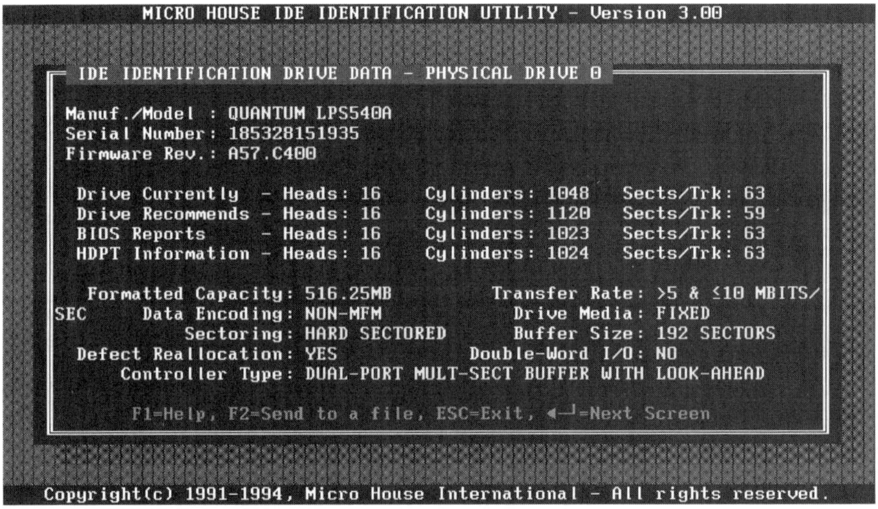

```
         MICRO HOUSE IDE IDENTIFICATION UTILITY - Version 3.00

    ┌─ IDE IDENTIFICATION DRIVE DATA - PHYSICAL DRIVE 0 ─────────┐
    │                                                             │
    │  Manuf./Model  : QUANTUM LPS540A                            │
    │  Serial Number: 185328151935                                │
    │  Firmware Rev.: A57.C400                                    │
    │                                                             │
    │  Drive Currently  - Heads: 16   Cylinders: 1048  Sects/Trk: 63 │
    │  Drive Recommends - Heads: 16   Cylinders: 1120  Sects/Trk: 59 │
    │  BIOS Reports     - Heads: 16   Cylinders: 1023  Sects/Trk: 63 │
    │  HDPT Information - Heads: 16   Cylinders: 1024  Sects/Trk: 63 │
    │                                                             │
    │     Formatted Capacity: 516.25MB    Transfer Rate: >5 & ≤10 MBITS/ │
    │ SEC      Data Encoding: NON-MFM        Drive Media: FIXED   │
    │              Sectoring: HARD SECTORED  Buffer Size: 192 SECTORS │
    │      Defect Reallocation: YES        Double-Word I/O: NO    │
    │          Controller Type: DUAL-PORT MULT-SECT BUFFER WITH LOOK-AHEAD │
    │                                                             │
    │       F1=Help, F2=Send to a file, ESC=Exit, ←┘=Next Screen  │
    └─────────────────────────────────────────────────────────────┘

   Copyright(c) 1991-1994, Micro House International - All rights reserved.
```

Abb. 18.4: Vier verschiedene Werte für eine einzige Festplatte? Die Antwort lautet: 504

Wie Sie sehen, wurde die Festplatte der Einfachheit halber mit einigen Zylindern weniger, als tatsächlich vorhanden sind, angemeldet, weil das BIOS keines der besprochenen Übersetzungsverfahren beherrscht. In einem solchen oder ähnlichen Fall läßt sich die gesamte Kapazität der Festplatte nur durch spezielle Treiberprogramme, wie zum Beispiel den Ontrack Disk Manager, nutzen. Alternativ käme ein BIOS-Update in Frage.

Sie sollten sich auf jeden Fall die im BIOS eingetragenen Werte einer Festplatte notieren. Auch die Parameter, die über das BIOS und seine *Auto-Config*-Config-Option oder über ein Programm wie MH-IDE ermittelt werden, sind mit gebührender Vorsicht zu betrachten. Dies gilt insbesondere deshalb, weil der Betrieb einer Festplatte mit unterschiedlichen Parametern fast zwangsläufig Datenverluste zur Folge hat.

18.6.2 Physische Abmessungen

Trotz steigender Speicherkapazität nimmt die physische Größe der Festplatten weiter ab. Heute sind 3,5-Zoll-Laufwerke gebräuchlich. Kleinere Modelle, wie zum Beispiel 1,8-, 2- und 2,5-Zoll-Laufwerke, befinden sich in Laptops und digitalen Kameras bereits im praktischen Einsatz.

3,5-Zoll-Festplatten lassen sich unter Verwendung spezieller Einbauwinkel oder eines Wechselrahmens auch in 5,25-Zoll-Einschüben unterbringen. Umgekehrt ist dies naturgemäß nicht möglich.

Mittlerweile gehören die 5,25-Zoll-Festplatten zumindest bei Speicherkapazitäten bis 500 MByte fast der Vergangenheit an. Wann und ob Festplatten mit geringeren Abmessungen als 3,5 Zoll größere Verbreitung finden werden, bleibt abzuwarten. Zur Zeit sind diese Modelle noch recht teuer, und notwendiges Einbauzubehör ist kaum zu beschaffen.

18.6.3 Stromverbrauch

Eigentlich sollte das Thema Stromverbrauch heute keine allzugroße Rolle mehr spielen. Allerdings ist zu beachten, daß die größeren 5,25-Zoll-Festplatten im Betrieb mehr Strom verbrauchen (bis zu ca. 30 Watt) und das Netzteil des PC nicht zu schwach sein darf. Netzteile mit weniger als 150 Watt Leistung sind in dieser Hinsicht auf jeden Fall problematisch.

Verlieren Sie den Aspekt Stromverbrauch insbesondere dann nicht aus den Augen, wenn Sie eine zweite Festplatte in Ihren Rechner einbauen wollen und sich in Ihrem Rechner bereits ein CD-ROM-Laufwerk und etliche Erweiterungskarten befinden. Eine unzureichende Stromversorgung macht sich meist erst dann bemerkbar, wenn es bereits zu spät ist. Der Rechner verabschiedet sich ohne Vorwarnung. Die Folge könnte der totale Verlust des Datenbestands der Festplatte sein.

Im Abschnitt »Gehäuse und Netzteil« finden Sie ausführlichere Informationen zum Thema Stromverbrauch.

18.6.4 Wechselrahmen

Wenn Sie mit vielen Daten und unterschiedlichen Programmen arbeiten, brauchen Sie nicht unbedingt eine riesige Festplatte. Wenn Sie dann noch unter verschiedenen Betriebssystemen arbeiten, kann eine einzige große Festplatte sogar zu einem Ärgernis werden. Denken Sie in diesem Zusammenhang zum Beispiel an die 504-MByte-Grenze und die Schwierigkeiten, die zu erwarten sind, wenn Sie für unterschiedliche Betriebssysteme die passenden Steuerprogramme auftreiben müssen.

Wesentlich einfacher und komfortabler ist in vielen Fällen die Verwendung von Wechselrahmen für 3,5-Zoll-IDE-Festplatten. Dann können Sie zum Beispiel für Programmiersprachen, für alternative Betriebssysteme usw. jeweils eine eigene Festplatte verwenden. Dies erleichtert in vielen Fällen das Arbeiten enorm. Festplatte auswechseln, Rechner starten, BIOS-Eintragungen vornehmen – und schon arbeiten Sie gewissermaßen an einem zweiten PC unter einem anderen Betriebssystem.

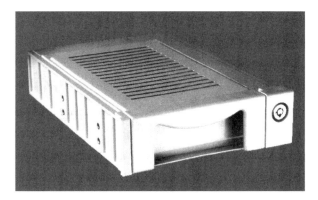

Abb. 18.5: Wechselrahmen für IDE-Festplatten

Wenn Sie mit großen Datenmengen arbeiten und diese an verschiedenen Rechnern nutzen wollen, kann die Verwendung eines Wechselrahmens, der die zweite Festplatte aufnimmt, ebenfalls eine sinnvolle Alternative sein.

Wechselrahmen gibt es in verschiedenen Ausführungen, die nicht untereinander austauschbar sind. Wenn Sie eine einigermaßen stabile Variante einsetzen wollen, kostet ein solcher Wechselrahmen knapp 100 DM. Preiswerte Ausführungen kosten 50 DM, sind aber nicht so stabil.

Da die Länge des Plachbandkabels bei EIDE-Festplatten laut Spezifikation insgesamt 46 cm nicht überschreiten soll, kann es beim Einsatz von Wechselrahmen unter ungünstigen Umständen zu Störungen kommen.

18.6.5 Plattenkomprimierung

Als Alternative zum Neukauf einer Festplatte befinden sich im Lieferumfang einiger Betriebssysteme Festplattenkomprimierungsprogramme wie DoubleSpace bzw. DriveSpace, SuperStor oder Stacker. Diese legen die Daten auf Festplatten in komprimierter Form ab und können dadurch deren Kapazität verdoppeln. Diese Programme machen sich den Sachverhalt zunutze, daß jede Datei mit mindestens einem Byte Umfang in einer Organisationseinheit (einem Cluster) der Festplatte untergebracht werden muß. Dadurch beansprucht ein einziges Byte mindestens 2 KByte Festplattenkapazität.

Festplattenkomprimierungsprogramme kopieren zu speichernde Dateien so zusammen, daß einzelne Cluster immer gefüllt sind. Dazu legen sie eine einzelne große Datei an und verwalten deren Inhalt mit Hilfe zusätzlicher Informationen, schalten sich also gewissermaßen zwischen das Betriebssystem und die Festplatte. Statistisch gesehen sind (bei hinreichend großer Dateianzahl) einzelne Cluster im Mittel zur Hälfte gefüllt, woraus die für Kompressionsprogramme typische Kapazitätsverdoppelung resultiert.

Wie aus den bisherigen Erläuterungen bereits hervorgeht, erfolgt der Verdoppelungseffekt auf Kosten des Arbeitsspeichers und unter gewissen Geschwindigkeitseinbußen. Wie stark die Einbußen ausfallen, hängt wesentlich von den eingesetzten Programmen und der verwendeten Rechnerkonfiguration ab. Langsame Festplatten bremsen naturgemäß einen schnellen Rechner. Durch die Datenkompression müssen weniger Daten auf die Festplatten geschrieben werden, woraus unter Umständen sogar Geschwindigkeitsvorteile beim Einsatz von Komprimierungsprogrammen resultieren können.

Hinzu können vielfältige Kompatibilitätsprobleme mit vorhandenen Anwendungen, Betriebssystemen und speicherresidenten Programmen kommen. Etliche Programme, wie zum Beispiel Treiber, dürfen nicht komprimiert vorliegen, weshalb Komprimierungsprogramme zuweilen Ausnahmelisten solcher Programme führen. Beim Einsatz mehrerer Betriebssysteme stehen Sie beim Einsatz von Festplattenkomprimierern zudem in der Regel vor nicht zu bewältigenden Problemen.

Alles in allem also eine zweischneidige Geschichte. Sofern es die finanziellen Mittel zulassen, stellt der Kauf einer zusätzlichen (oder einer größeren) Festplatte den sinnvolleren und auch empfehlenswerteren Weg dar. Schließlich kosten selbst große Festplatten heute kein Vermögen mehr. Der Preis einer neuen Festplatte steht jedenfalls in keiner Relation zu den Kosten, die durch einen möglichen Datenverlust entstehen können.

Haben Sie jedoch einen älteren Rechner, den Sie weiterhin nutzen wollen, ohne großartig in Neuanschaffungen zu investieren, und brauchen Sie lediglich ein wenig mehr Festplattenkapazität, können Komprimierungsprogramme eine erwägenswerte Alternative darstellen.

18.7 Pflege und Wartung von Festplatten

Im Zusammenhang mit Festplatten sind sinngemäß jene Verhaltensregeln zu beachten, die auch für den Umgang mit Disketten gelten. Zusätzlich gilt für Festplatten jedoch, daß diese während des Betriebs recht empfindlich auf Erschütterungen reagieren. Zuweilen reicht es aus, mit der »Faust kräftig auf den Tisch zu hauen«, um eine Festplatte zu beschädigen! In einem solchen Moment knallt dann der (Schreib-/Lese-)Kopf auf die Festplatte und beschädigt die Magnetbeschichtung der Plattenoberfläche. Diesen Vorgang bezeichnet man als Head-Crash.

Eine kleine Geschichte soll in diesem Rahmen für ein wenig Nachdenken sorgen. In einigen Fällen versagten Festplatten in unregelmäßigen, aber verhältnismäßig kurzen Zeitabständen ohne sichtliche Ursache immer wieder ihren Dienst. Zunächst glaubten alle an Zufall, dann wurden die Gesichter immer länger. Bis der Verdacht aufkam, daß der direkt auf dem Rechnergehäuse und damit über der Festplatte stehende Monitor der eigentliche Übeltäter sein könnte. Und tatsächlich, nachdem der Monitor nicht mehr direkt auf das Gehäuse gestellt wurde, traten keine weiteren Störungen mehr auf. Selbst das Magnetfeld eines streuenden Monitor-Netzteils kann also die Daten auf einer Festplatte gefährden.

18.7.1 Defragmentierung

Programme zur Defragmentierung von Festplatten organisieren Dateien auf einem Datenträger so um, daß sie zusammenhängend abgelegt werden. Dies hat unter Umständen eine wesentlich erhöhte Zugriffsgeschwindigkeit auf die gespeicherten Dateien zur Folge, weil das Aufsuchen vieler kleiner Dateiteile aufgrund häufiger Umpositionierung der Schreib-/Lese-Köpfe relativ viel Zeit in Anspruch nimmt.

Defragmentierer befinden sich im Lieferumfang der meisten modernen Betriebssysteme. Zu MS-DOS, PC-DOS und Windows (ab 95) gehören verschiedene Versionen des Programms DEFRAG, sollten Sie unter DR-DOS oder Novell-DOS arbeiten, erfüllt DISKOPT dieselben Aufgaben. Defragmentierungs- und Diagnoseprogramme gehören darüber hinaus aber auch zum Lieferumfang von PC Tools oder der Norton Utilities, und selbst in der Shareware-Szene werden Sie notfalls fündig.

Greifen Sie unbedingt auf die zu Ihrem Betriebssystem passenden Defragmentierer zurück, da nur diese die Spezialitäten der jeweiligen Dateisysteme (erweiterte Attribute, lange Dateinamen) beherrschen.

Um Festplattenfehler möglichst frühzeitig zu erkennen und deren Arbeitsgeschwindigkeit auch bei großen Datenmengen möglichst hoch zu halten, sollten Sie diese Programme nutzen und sie in mehr oder weniger regelmäßigen Abständen einsetzen. Auf diese Weise sorgen Sie dafür, daß die Dateien auf Festplatten nicht allzu zerstückelt herumliegen.

Die Programme verfügen durchweg über Benutzeroberflächen, die sich entweder über die Menüsysteme oder einfache Dialogfelder bedienen lassen. Daher sollten Sie sich unter Einsatz der üblichen Tasten (Alt, F10, Leertaste, Eingabe, Pfeiltasten, Esc, Tab usw.) problemlos in ihnen zurechtfinden, zumal sie sich darüber hinaus auch mit der Maus bedienen lassen.

Über die Menüs bzw. Dialogfelder von DEFRAG können Sie üblicherweise den Defragmentierungsvorgang starten, das zu optimierende Laufwerk auswählen, die zu verwendende Methode festlegen und häufig auch die Sortierreihenfolge der Dateien innerhalb der Verzeichnisse festlegen. Bei vollständiger Optimierung werden sämtliche Dateien – sofern möglich – nicht nur zusammengefaßt, sondern auch an den Anfang des Datenträgers verschoben.

DEFRAG erkennt beim Umkopieren der Daten gegebenenfalls auftretende Fehler und gibt entsprechende Meldungen aus, so daß bei jeder Defragmentierung eines Datenträgers gleichzeitig eine Überprüfung belegter Datenträgerbereiche stattfindet.

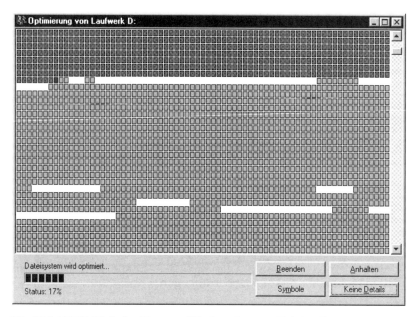

Abb. 18.6: DEFRAG finden Sie unter Windows 9x unter Zubehör/Systemprogramme.

18.7.2 Festplatten-Analyse

Eine einfache Überprüfung der Festplattenstrukturen läßt sich mit dem Programm CHKDSK durchführen, einem kommandozeilenorientierten Dienstprogramm, das Ihnen unter den meisten von DOS abstammenden Betriebssystemen zur Verfügung steht. CHKDSK ist jedoch nicht besonders leistungsfähig. Neuere MS-DOS- und Windows-Versionen enthalten deshalb zusätzlich das Programm ScanDisk, mit dem Datenträger analysiert und repariert werden können. Es umfaßt Möglichkeiten, die weit über CHKDSK hinausgehen. ScanDisk kann folgende Datenträgerbereiche prüfen und bei Bedarf korrigieren:

- Die Dateizuordnungstabelle (FAT – File Allocation Table)
- Das Dateisystem (verlorene Zuordnungseinheiten und querverkettete Dateien)
- Verzeichnisstrukturen und gegebenenfalls verlorene Zuordnungen langer Dateinamen
- MS-DOS-Bootsektor
- DoubleSpace- bzw. DriveSpace-spezifische Strukturen

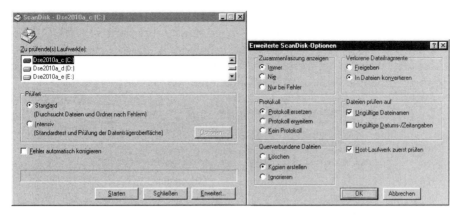

Abb. 18.7: Die verfügbaren Optionen von ScanDisk unter Windows

Darüber hinaus läßt sich mit ScanDisk die Zuverlässigkeit der Oberflächenbeschichtung von Datenträgern überprüfen. Unzuverlässige Bereiche können so gesperrt und von der weiteren Benutzung ausgeschlossen werden.

 Auch für ScanDisk gilt, daß Sie nur Programmversionen einsetzen sollten, die die Fähigkeiten des eingesetzten Dateisystems voll unterstützen. Dazu zählen neben langen Dateinamen und erweiterten Attributen zum Beispiel auch das neue VFAT-Dateisystem ab Windows 95, OEM-Release 2.

Da ScanDisk direkt auf wesentliche Organisationsstrukturen des Betriebssystems zugreift, sollten Sie dieses Programm nur starten, wenn keine anderen Programme im Hintergrund laufen. Dies gilt insbesondere für jene Programmvarianten, die von der Kommandozeile aus gestartet werden. In diesem Fall empfiehlt sich die Aufnahme von ScanDisk auf eine selbstartende Diskette, die Sie mit Hilfe des Kommandos FORMAT A: /S erzeugen. Auf dieser Diskette sollten sich neben den Betriebssystemdateien nur noch das Tastatursteuerprogramm KEYB.COM, die ScanDisk-Dateien selbst (SCANDISK.EXE und SCANDISK.INI) und gegebenenfalls weitere wesentliche Dienstprogramme zur Diagnose bzw. Wartung des Rechners befinden.

 Das Erstellen einer eigenen ScanDisk-Diskette empfiehlt sich insbesondere deshalb, weil die kommandozeilenorientierten ScanDisk-Versionen ansonsten häufig unzuverlässige Resultate liefern.

Sollte ScanDisk bei der Überprüfung eines Laufwerks Fehler aufspüren, werden Meldungen angezeigt, die das Problem näher beschreiben. Anschließend haben Sie die Möglichkeit, geeignete Gegenmaßnahmen zu ergreifen.

Den unter Windows 9x wohl häufigsten Fehler stellt die folgende Abbildung dar. Programme, die die langen Dateinamen nicht (oder nicht korrekt) unterstützen sind noch recht verbreitet. Allerdings stellt dieser Fehler ausnahmsweise keinen besonderen Grund zur Besorgnis dar und läßt sich nach meinen Erfahrungen ohne weitere Folgen korrigieren.

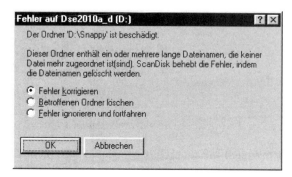

Abb. 18.8: Lange Dateinamen ohne Verknüpfung zu Dateien entstehen beim Löschen von Dateien und Ordnern mit Programmen, die lange Dateinamen nicht unterstützen.

Ähnliche Tests wie mit ScanDisk lassen sich auch mit einer Reihe weiterer Programme durchführen. DiskFix aus den PC Tools ist nur ein Beispiel. Touchstone Software machte sein Programm CKMedia über Mailboxen öffentlich zugänglich, als sich im Zusammenhang mit MS-DOS 6.0, einem SmartDrive-Bug und DoubleSpace, die Probleme häuften. Darüber hinaus bieten viele Hersteller eigene Dienstprogramme für Oberflächentests von Festplatten an. Installationssoftware wie der Ontrack Disk Manager oder Diagnoseprogramme wie CheckIt bieten in dieser Hinsicht ebenfalls einiges und erlauben darüber hinaus meist auch Funktionstests des Controllers.

18.7.3 Virenschutz

Ein weiterer wichtiger Aspekt bei der Wartung von Datenträgern im allgemeinen und Festplattenlaufwerken im besonderen betrifft Maßnahmen gegen Viren. Virenschutzprogramme befinden sich teilweise auch im Lieferumfang von Betriebssystemen. Microsoft Anti-Virus und VSafe von Central Point stellen in deisem Zusammenhang nur zwei Beispiele dar. Novell-DOS enthielt Search and Destroy und IBM liefert sein PC-DOS mit einem eigenen Anti-Viren-Programm, das auch in speziellen Versionen für Unternehmensnetzwerke verfügbar ist. Symantec (Norton und PC Tools) liefert ebenfalls kommerzielle Anti-Viren-Programme.

Wenn Sie häufig Daten unbekannter bzw. fremder Herkunft benutzen, sollten Sie zumindest hier und da Ihre Festplatte auf Viren überprüfen. Achten Sie dabei darauf, daß diese auch Textdokumente auf Makro-Viren hin untersuchen!

Vor dem Hintergrund, daß die mit den Betriebssystemen ausgelieferten Programme recht schnell veralten und einzelne Viren-Programme meist auch typische Schwachstellen aufweisen, sollten Sie im Bedarfsfall mehr als nur ein einziges Suchprogramm einsetzen. Die Viren-Scanner von McAfee oder Thunderbyte liegen daher auch vielen Shareware-Programmsammlungen in mehr oder weniger aktuellen Versionen bei und sind in aktuellen Versionen über Online-Dienste und das Internet verfügbar.

 Auch für Viren-Scanner empfiehlt es sich, diese von einer »sauberen« Diskette aus zu starten, da Ihnen das beste Virenprogramm häufig wenig nützt, wenn sich ein Virus bereits im Arbeitsspeicher eingenistet hat.

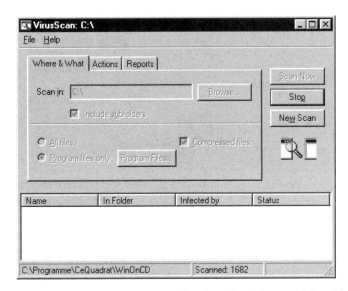

Abb. 18.9: Den Klassiker ViruScan von MacAfee gibt es für viele verschiedene Plattformen

Eine sinnvolle Ergänzung zu Anti-Viren-Programmen stellt die Hypertext-Datenbank VSum von Patricia Hoffman dar. Dieses Programm liefert Ihnen ausführliche Informationen zu bekannten Viren und zeigt Ihnen Wege zur Beseitigung des jeweiligen Virus auf.

Da eine ausführliche Darstellung des Themas »Viren« den Rahmen dieses Buchs sprengen würde, soll Ihnen zum Abschluß lediglich noch ein Tip gegeben werden. FDISK enthält eine undokumentierte Option, die es ermöglicht, den Master Boot Record wiederherzustellen.

Der Master Boot Record einer Festplatte enthält neben den Partitionsinformationen jene Befehle, die den Start des Rechners von der Festplatte einleiten. Falls der Rechner trotz korrekt eingestellter BIOS-Setup-Festplattenparameter nicht startet, sind diese Instruktionen möglicherweise von einem fehlerhaften Programm oder einem Virus überschrieben worden.

Mit der undokumentierten FDISK-Option /MBR kann der Master Boot Record einer Festplatte wiederhergestellt werden, ohne daß dabei die Informationen der Partitionstabelle verändert werden. Auf diesem Wege lassen sich Bootsektor-Viren meist ohne größeren Aufwand entfernen.

18.8 Trends

Magnetischen Speichermedien gehört trotz aller Unkenrufe bis auf weiteres die Vorherrschaft, wenn es um die dauerhafte Speicherung von Daten geht. Mit dem in den letzten Jahren immens gestiegenen Speicherplatzbedarf der Programme werden Kapazitäten gefordert, die die von Betriebssystemen und BIOS vorgegebenen Grenzen mittlerweile mehrfach gesprengt haben. SCSI-Festplatten weisen zwar einige kleinere Nachteile auf, sind dafür aber hinreichend standardisiert und plattformübergreifend in der Praxis bewährt. Wenn Sie also SCSI-Festplatten und einen verbreiteten PCI-SCSI-Hostadapter einsetzen, verfügen Sie über eine einigermaßen zukunftssichere Konfiguration, die vor dem Hintergrund der eher zunehmenden IDE-Inkompatibilitäten zudem gar nicht unbedingt komplizierter im Einsatz ist.

Die Miniaturisierung der Festplattenlaufwerke scheint immer noch nicht abgeschlossen zu sein. Einen neuen Schub hat dieser Trend sicherlich mit den PCMCIA-Karten bekommen. Auf diesen 1,8-Zoll-Winzlingen lassen sind zum Beispiel ohne weiteres mehrere Gigabyte Daten unterbringen.

Magneto-optische Medien sowie WORM-Laufwerke (Write Once Read Mostly) und mehrfach beschreibbare CDs beginnen langsam, den Markt zu durchdringen. Allerdings leiden sie vielfach noch unter mangelnder Standardisierung und auch unter Kompatibilitätsproblemen.

Festplatten

Abb. 18.10: Winzige PC Card-Festplatte (PCMCIA)

Zur Zeit reifen jedoch die Lösungen dieser Misere. Multimedia mit seinem wahrhaft riesigen Speicherhunger und das Ziel, den PC als Unterhaltungsmaschine verstärkt in die Nähe des Fernsehers zu rücken, führen zu vielfältigen Lösungsansätzen, deren Alltagstauglichkeit und Marktakzeptanz sich allerdings erst noch erweisen muß.

Mittlerweile existieren etliche Lösungen, die von der Kapazität her allerdings (noch nicht?) mit herkömmlichen Festplatten konkurrieren können und daher eher als Ersatz für das Floppy-Laufwerk gehandelt werden. Lösungen mit geringerer Geschwindigkeit eignen sich zudem eher als Medium für die Datensicherung.

CD-Recorder sind inzwischen zur Marktreife gelangt und preislich auch für Endanwender attraktiv geworden. Der Umgang mit ihnen erfordert aber noch einiges an Hintergrundwissen und Erfahrung im Umgang mit dem Rechner. Die CD-E (wiederbeschreibbare CD) leidet darunter, daß sie nicht abwärtskompatibel ist. CD-Es können weder von älteren CD-ROM-Laufwerken noch von Audio-CD-Playern gelesen werden! Erst neuere Gerätegenerationen (ab Anfang 1997) sollen auch mit CD-Es umgehen können, so daß die Zielgruppe für die auf diesem Weg geschriebenen Medien arg eingeschränkt ist. Die DVD schließlich ist vorläufig eher als Konkurrenz für VHS- oder S-VHS-Videorecorder zu sehen und läßt sich – im Gegensatz zur CD-R – auf absehbare Zeit auch nicht in voller Kapazität mit Hilfe eines PC schreiben.

Wünschenswert und entlastend wären jedoch Programme, die komplett von CD-ROM oder DVD aus ablaufen. Zumindest, wenn Programme nur gelegentlich genutzt werden, könnten auf diesem Weg enorme Festplattenkapazitäten gespart werden. Leider reicht aber auch die Geschwindigkeit der schnellsten CD-ROM-Laufwerke (und selbst der DVD) lange nicht an Festplatten heran, so daß in dieser Hinsicht auf absehbare Zeit keine wirkliche Entlastung erwartet werden darf.

Wahrscheinlich werden sich vor diesem Hintergrund schnelle SCSI-Standards (zu denen auch IEEE 1394 alias Firewire gehört) über kurz oder lang durchsetzen. Wirft man einen Blick auf die Ausstattungsmerkmale spezialisierter Rechner, die der Produktion von Animationen oder Videos dienen, muß man feststellen, daß derartige Geräte dort bereits nahezu ausschließlich verwendet werden. Diese bereits entwickelten und bewährten Technologien werden wahrscheinlich in wenigen Jahren auch den PC-Bereich durchdringen. PCI-Systeme sind darüber hinaus Voraussetzung für die Bewältigung der enormen Datenmengen.

Kurz: Die Hardware-Hersteller reiben sich die Hände. Wer sich in einigen Jahren immer noch im Besitz eines ausreichend leistungsfähigen Systems befinden will, wird nicht darum herumkommen, sich einen neuen Rechner zu beschaffen, der all die schönen, neuen Standards unterstützt.

18.9 Festplatten-Installation

Der mechanische Einbau einer neuen Festplatte ist relativ einfach. Mehr als ein Schraubenzieher wird meist nicht benötigt. Die vor dem eigentlichen Einbau der neuen Festplatte durchzuführenden Schritte verschlingen wesentlich mehr Zeit und sind auch ansonsten aufwendiger. Zunächst sollten Sie überlegen, welche Daten zu sichern sind. Erst danach folgen die Hardware-Konfiguration und der mechanische Einbau der neuen Festplatte.

18.9.1 Vorbereitungen

Wenn Sie eine zusätzliche oder neue Festplatte einbauen wollen, stehen Sie im Prinzip vor den gleichen möglichen Schwierigkeiten wie beim Einbau eines Diskettenlaufwerks:

Festplattenart

Hier müssen Sie berücksichtigen, daß Sie die Festplatten nur an der passenden Schnittstelle bzw. am entsprechenden Adapter betreiben können. Überzeugen Sie sich davon, ob es sich um EIDE, IDE oder SCSI (oder MFM, RLL bzw. ESDI) handelt. Erwerben Sie gegebenenfalls einen neuen Adapter.

Platzmangel

Steht ein Einschub mit den benötigten Abmessungen zur Verfügung? 3,5-Zoll-Laufwerke lassen sich unter Verwendung von Wechselrahmen oder Einbauschienen (kosten etwa 10 DM) auch in 5,25-Zoll-Einschüben montieren.

Laufwerkkabel

Befindet sich der passende und benötigte Stecker am Flachbandkabel? Manchmal weisen diese nur Anschlüsse für eine einzelne Festplatte auf. Möglicherweise ist das Flachbandkabel auch zu kurz. Die für den Eigenbau eines Flachbandkabels benötigten Zusatzinformationen finden Sie im Kapitel »Diskettenlaufwerke«.

 Denken Sie daran, daß das IDE-Flachbandkabel laut Spezifikation eigentlich nicht länger als 46 cm sein darf. Längere Kabel sind darüber hinaus anfälliger für elektrische Störungen.

Zubehör-Probleme

Ältere Rechner verwenden häufiger spezielle Einbauschienen, die Sie gegebenenfalls zusätzlich besorgen müssen und die es in unterschiedlichen Ausführungen gibt. Einbauwinkel und Wechselrahmen müssen Sie bei Bedarf ebenfalls beschaffen. Besonders beachten sollten Sie darüber hinaus, ob Steckbrücken (Jumper) in benötigter Anzahl und Größe zur Verfügung stehen. Dies gilt insbesondere beim zusätzlichen Einbau einer zweiten Festplatte.

Stromversorgung

Hier müssen Sie darauf achten, ob ein passendes Stromversorgungskabel verfügbar ist. Ein Y-Kabels kann dieses Problem bei Bedarf lösen. Beim Einbau einer zusätzlichen Festplatte sollten Sie die Leistung des Netzteils auch nicht aus den Augen verlieren.

BIOS-Einschränkungen

Über frei konfigurierbare Festplatteneinstellungen sollten zwar alle moderneren Rechner verfügen. Wenn dies jedoch nicht der Fall sein sollte, empfiehlt sich die zusätzliche Anschaffung eines speziellen Controllers, der über ein eigenes Controller-BIOS das Rechner-BIOS erweitert und die benötigten freien Festplatteneinstellungen liefert. Am besten dürfte es sein, wenn Sie in einem solchen Fall gleich zu einer SCSI-Lösung greifen. Bei anderen Einschränkungen (504-MByte- oder 2-MByte-Beschränkung) sollten Sie ein BIOS-Update in Erwägung ziehen, das sich bei Rechnern mit Flash-Memory-BIOS recht einfach und oft sogar ohne nennenswerte Kosten durchführen läßt, sofern sich nur die passenden Programme und entsprechend aktualisierter BIOS-Programmcode auftreiben lassen.

Datensicherung

Das Sichern von Dateien und Programmen kann Unmengen an Zeit verschlingen und ist angesichts heutiger Datenmengen auf dem Weg über Disketten kaum realisierbar. Entsprechend sollten Sie andere gangbare Alternativen in Betracht ziehen.

 Die verschiedenen Aspekte der Datensicherung werden im gleichnamigen Abschnitt des Kapitels »Vor dem Schrauben« behandelt.

Eine etwas riskante Lösung können Sie beschreiten, wenn Sie die alte Festplatte selbst als Datensicherung betrachten. Verbleibt die alte Festplatte im Rechner und arbeiten die alte und die neue Festplatte zusammen, können Sie die Daten nach dem Einbau von der alten auf die neue Festplatte übertragen. Dieses Verfahren läßt sich auch beim Austausch einer Festplatte anwenden, wenn Sie die alte Festplatte zwischenzeitlich als zweites Laufwerk installieren und sie erst, nachdem die Daten auf die neue Festplatte übertragen worden sind, entfernen. Anschließend konfigurieren Sie dann den Rechner neu.

Moderne Betriebssysteme machen einem das Leben in dieser Hinsicht nicht gerade leicht. Windows 9x muß zum Beispiel komplett gestartet werden, wenn die langen Dateinamen mit gesichert werden sollen. Aus diesem Grund muß Windows laufen (und sich immer auf der ersten Festplatte befinden), wenn die Dateien auf eine andere Festplatte kopiert werden sollen. Die neue Festplatte muß daher (vorläufig) als zweites Laufwerk installiert werden, damit beim Kopieren keine wichtigen Informationen verlorengehen können.

Arbeitsdisketten

Als nächstes müssen Sie (eine) Betriebssystemdiskette(n) erzeugen, mit deren Hilfe Sie den Rechner später starten können. Darauf sollten sich im Falle von DOS/Windows zumindest die Programme FDISK, SYS, FORMAT und ein Editor (zum Beispiel EDIT) befinden. Weitere Informationen zu Arbeitsdisketten finden Sie unter der Überschrift »Startdisketten« im Kapitel »Vor dem Schrauben«.

Wollen oder müssen Sie zur Installation der Festplatte spezielle Programme einsetzen, sollten Sie auch von diesen zunächst erst einmal Sicherungskopien erzeugen. Übrigens sollten Sie anschließend auch mit diesen Kopien und nicht mit den Originalen arbeiten.

BIOS-Setup

Vor dem Einbau der Festplatte sollten Sie die Parameter der neuen Festplatte im BIOS-Setup aktualisieren. Entweder tragen Sie dazu geeignete Werte ein, oder Sie stellen auf automatische Erkennung und LBA um. (Andere Alternativen sollten Sie bei EIDE-Festplatten nur im Problemfall verwenden.) Manchmal finden Sie die geeigneten Parameter auch auf Aufklebern des Laufwerks oder in dessen Begleitblatt. Notfalls lassen sich die Parameter aber auch mit Programmen wie zum Beispiel dem bereits vorgestellten MH-IDE ermitteln. Das beste Verfahren stellt aber sicherlich die *Auto-Config*-Option des BIOS-Setup dar, sofern sie zur Verfügung steht.

Das vorherige Ändern der Werte im BIOS-Setup hilft bei der Vermeidung lästiger Wartezeiten. Rufen Sie also das Setup-Programm durch Drücken der entsprechenden Taste(nkombination) auf, oder starten Sie es von Diskette.

SCSI-Festplatten erfordern eine Sonderbehandlung. Diese werden nämlich nicht mit ihren Parametern im BIOS-Setup angemeldet. Wählen Sie also in diesem Fall die entsprechende Eintragung im BIOS-Setup (zum Beispiel *No Drives Installed*). Ein ähnliches Vorgehen kann auch bei Verwendung anderer Adapter mit eigenem BIOS erforderlich sein. Werfen Sie also bei Bedarf einen Blick in das Handbuch des eingesetzten Festplatten-Controllers.

Zuweilen befinden sich auf IDE-Festplatten werkseitig aufgespielte Programme, wie zum Beispiel Festplatten-Manager. An die Programme kommen Sie heran, wenn Sie den Rechner (von Diskette aus) mit bestimmten BIOS-Parametern starten, die von allen PCs unterstützt werden sollten. Anschließend können Sie eine Kopie der gespeicherten Daten anfertigen.

18.9.2 Hardware-Installation

Sobald Sie die neue Konfiguration im BIOS-Setup eingestellt und gespeichert haben, können Sie mit der Installation der Hardware beginnen.

1. Schalten Sie den Rechner aus, und ziehen Sie sicherheitshalber das Netzkabel heraus. Öffnen Sie dann das Gehäuse, und merken bzw. notieren Sie sich den Ausgangszustand.

2. Falls Sie ein altes Laufwerk ersetzen wollen, ziehen Sie zunächst Strom-, Steuer- und gegebenenfalls Datenkabel ab und lösen dann die Befestigungsschrauben. Anschließend können Sie das Laufwerk herausnehmen.

3. Als nächstes müssen Sie das neue Laufwerk konfigurieren. Meist sehen die werkseitigen Einstellungen so aus, daß Sie die Festplatte als erste bzw. einzige direkt in Betrieb nehmen können. Nehmen Sie bei Bedarf die erforderlichen Jumper- oder Schaltereinstellungen vor und entfernen bzw. deaktivieren Sie gegebenenfalls den Abschlußwiderstand. (Die Rolle des Terminators wurde im Abschnitt »Hardware-Konfiguration« erläutert.)

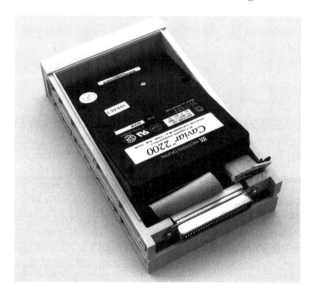

Abb. 18.11: Eine Festplatte im Wechselrahmen

4. Wenn Sie ein 3,5-Zoll-Laufwerk in einen 5,25-Zoll-Einschub einbauen wollen, müssen jetzt die Einbauwinkel befestigt werden. Setzen Sie die Schrauben ein, und ziehen Sie sie vorsichtig fest. Alternativ können Sie eine 3,5-Zoll-Festplatte in einen Wechselrahmen montieren. (Sollten im Rechner noch Gleitschienen verwendet werden, befestigen Sie jetzt auch diese am Laufwerk bzw. am Wechselrahmen.)

Achtung! Bei einigen Festplattenlaufwerken dürfen Sie Schräubchen nicht mehr als sechs Umdrehungen hineindrehen, weil ansonsten die dahinterliegende Platine beschädigt werden kann. Verwenden Sie also keinesfalls zu lange Schrauben.

5. Schieben Sie dann das Laufwerk in den Einschub des Rechnergehäuses.

6. Schließen Sie die Stromversorgung und das (bzw. die) Flachbandkabel an, überprüfen Sie, ob das Laufwerk korrekt im Einschub sitzt, und ziehen Sie die Befestigungsschrauben der Reihe nach fest. Achten Sie dabei darauf, daß sich die Kabel am Controller bzw. auf dem Motherboard nicht lösen.

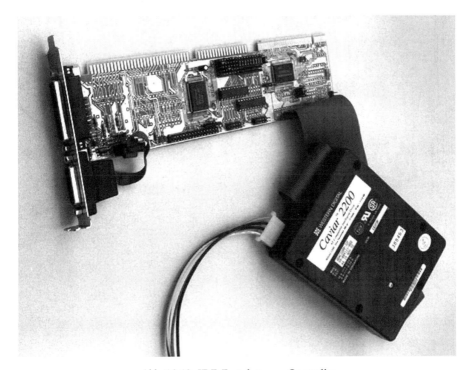

Abb. 18.12: IDE-Festplatte am Controller

7. Nun müssen Sie die Funktionsfähigkeit des Laufwerks testen. Machen Sie dazu den Rechner in geöffnetem Zustand betriebsbereit. Schließen Sie also Tastatur und Bildschirm an, stöpseln Sie den Netzstecker ein, und schalten Sie den Rechner ein.

Anschließend kann es eine Weile dauern, bevor sich der Rechner meldet. Programme wie MH-IDE können Ihnen hier unter Umständen helfen, da sie die Parameter der Festplatte nur bei korrekter Installation der Hardware anzei-

Kapitel 18

gen. Zudem lassen sich auf diesem Weg die Parameter installierter Festplatten ermitteln. Unter Umständen erfahren Sie so, daß gar nicht die ganze Kapazität einer installierten Festplatte ausgenutzt wird.

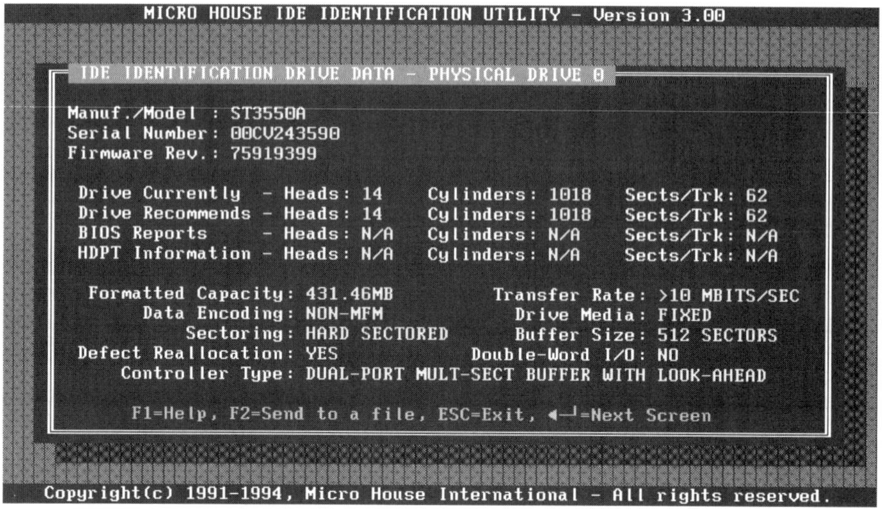

```
         MICRO HOUSE IDE IDENTIFICATION UTILITY - Version 3.00

  ┌─ IDE IDENTIFICATION DRIVE DATA - PHYSICAL DRIVE 0 ─────────────┐
  │                                                                 │
  │  Manuf./Model   : ST3550A                                       │
  │  Serial Number : 00CV243590                                     │
  │  Firmware Rev. : 75919399                                       │
  │                                                                 │
  │  Drive Currently  - Heads: 14   Cylinders: 1018   Sects/Trk: 62 │
  │  Drive Recommends - Heads: 14   Cylinders: 1018   Sects/Trk: 62 │
  │  BIOS Reports     - Heads: N/A  Cylinders: N/A    Sects/Trk: N/A│
  │  HDPT Information - Heads: N/A  Cylinders: N/A    Sects/Trk: N/A│
  │                                                                 │
  │     Formatted Capacity: 431.46MB    Transfer Rate: >10 MBITS/SEC│
  │        Data Encoding: NON-MFM         Drive Media: FIXED        │
  │            Sectoring: HARD SECTORED   Buffer Size: 512 SECTORS  │
  │   Defect Reallocation: YES          Double-Word I/O: NO         │
  │       Controller Type: DUAL-PORT MULT-SECT BUFFER WITH LOOK-AHEAD│
  │                                                                 │
  │      F1=Help, F2=Send to a file, ESC=Exit, ◄─┘=Next Screen      │
  └─────────────────────────────────────────────────────────────────┘

  Copyright(c) 1991-1994, Micro House International - All rights reserved.
```

Abb. 18.13: Hier stimmt etwas nicht!

Erhalten Sie eine Meldung folgenden Inhalts, können Sie davon ausgehen, daß bei der Festplatteninstallation irgend etwas nicht geklappt hat:

```
HDD controller failure
Press F1 to resume
```

Überprüfen Sie dann die Kabelverbindungen. Da diese Festplatten bereits werkseitig vorformatiert worden sind, können Sie bei anderen Meldungen eigentlich davon ausgehen, daß der Einbau korrekt verlaufen ist. Da dann bereits von der Festplatte zu lesen versucht wird, kann im Prinzip alles mögliche auf dem Bildschirm angezeigt werden. Die häufigste Meldung dürfte aber folgende sein:

```
C: drive error
Press F1 to resume
```

Dann müssen Sie den Rechner von Diskette aus starten und mit FDISK fortfahren. Die dabei erforderliche Vorgehensweise wird etwas weiter unten beschrieben.

Handelt es sich bei der neu eingebauten Festplatte nicht um ein IDE-Laufwerk, müssen Sie die Festplatte zunächst vorformatieren. Auch in diesem Fall müssen Sie den Rechner von Diskette aus starten, um anschließend die entsprechenden Programme auszuführen.

Besonders spartanische Fehlermeldungen im Zusammenhang mit Festplatten beginnen übrigens mit den Ziffern 17. Ausgesprochen beliebt ist in diesem Zusammenhang die 1790, die in der Regel weiter nichts besagt, als daß die Festplatte noch nicht vorformatiert worden ist.

18.9.3 Software-Installation

Wenn das neue Festplattenlaufwerk hardware-mäßig installiert ist, sind Sie noch lange nicht fertig. Einige weitere Schritte sind noch durchzuführen, bis das Laufwerk tatsächlich einsatzbereit ist:

- Vorformatieren des Laufwerks (Low-Level-Format; nicht bei IDE-Festplatten)
- Aufteilen (Partitionieren) des Laufwerks
- Formatieren für das einzusetzende Betriebssystem
- Betriebssystem installieren

Abschließend müssen Sie dann noch Ihre gesicherten Daten und Programme wieder aufspielen.

Auf die ausführliche Darstellung der dabei notwendigen Schritte muß hier verzichtet werden, da sie einfach zu umfangreich ausfallen würde. Greifen Sie zu diesem Zweck bitte auf die zum Rechner bzw. zum eingesetzten Betriebssystem gehörende Dokumentation zurück. Die notwendigen Schritte sollen jedoch vorgestellt werden, wobei ich einige Spezialaspekte besonders beleuchten werde.

Low-Level-Format

Das Vorformatieren neuer Festplatten geschieht entweder mittels herstellerspezifischer Programme, spezieller Dienstprogramme oder über BIOS-Routinen. IDE-Festplatten werden vorformatiert ausgeliefert und dürfen ausschließlich mit speziellen herstellerspezifischen Dienstprogrammen behandelt werden, die alle Parameter der Festplatte berücksichtigen. Dann lassen sich aber auch EIDE-Festplatten ohne weiteres neu vorformatieren. Fragen Sie bei Bedarf beim Hersteller nach, oder schauen Sie sich bei diesem im Internet oder in seiner Mailbox um. Üblicherweise sollten Sie aber eine IDE-Festplatte nie selbst vorformatieren müssen.

Bezüglich des Vorformatierens von IDE-Festplatten sind ohnehin widersprüchliche Meinungen im Umlauf. Manchmal hört man, daß IDE-Festplatten auf keinen Fall vorformatiert werden dürfen, manchmal wird gesagt, daß dabei nur in seltenen Ausnahmefällen Probleme auftreten, da sich die intelligente Laufwerkelektronik um alle erforderlichen Einzelheiten und Spezialitäten kümmert.

Sicher ist, daß Sie die sogenannten nichtzerstörenden (non-destructive) Vorformatierungsroutinen bei IDE-Festplatten nicht einsetzen dürfen! Diese sind nur für MFM- und RLL-Festplatten gedacht und dienen der Interleave-Optimierung. Denken wir nun ein wenig rückwärts, gilt in jedem Fall die generelle Aussage, daß das Vorformatieren von IDE-Festplatten zu deren Beschädigung führen kann. Womit ich zu der salomonischen Aussage gelange, daß möglicherweise alle Ansichten der verschiedenen Parteien richtig sind, diese aber von unterschiedlichen Voraussetzungen bzw. Begriffsdefinitionen ausgehen. Erkundigen Sie sich bei Bedarf in jedem Fall beim Hersteller der IDE-Festplatte nach speziellen Programmen bzw. detaillierten Informationen.

Manchmal befinden sich Vorformatierungsprogramme auch im Lieferumfang der Rechner bzw. Festplatten. Gängige Namen für derartige Programme lauten HDFORMAT, HDINIT oder HDPREP. Werfen Sie bei Bedarf einen Blick in die Handbücher Ihres Rechners, und setzen Sie die Programme gemäß den Anweisungen ein.

Für MFM/RLL- und ESDI-Festplatten empfehlen sich auch Programme wie der Disk Manager von Ontrack, Spinrite, VOpt oder VFeature. Diese Festplatten können Sie innerhalb der 504-MByte-Grenze oft auch über entsprechende Optionen des BIOS-Setup-Programms vorformatieren. (Aufgrund der Nutzlosigkeit dieser Routinen wurden sie aus dem BIOS neuerer Rechner verbannt.)

Low-Level-Format mit DEBUG

Festplatten-Controller enthalten oft auch Vorformatierungsroutinen in ihrem ROM-BIOS, die sich unter Verwendung von DEBUG aufrufen lassen. Aber auch diese Aussage trifft nicht auf IDE-Festplatten zu.

Starten Sie zunächst Ihren Rechner von einer »sauberen« Betriebssystemdiskette. Aktive Speicher-Manager können dafür sorgen, daß sich die folgenden Schritte nicht durchführen lassen. Rufen Sie dann DEBUG auf. Es erscheint ein Bindestrich auf dem Bildschirm, hinter dem der Cursor blinkt und zur Eingabe auffordert. Die Vorformatierungsroutinen lassen sich bei den meisten Controllern starten, indem Sie den Debug-Befehl

```
G=C800:5
```

eingeben und mit der Eingabetaste abschließen. Die Werte können aber auch anders lauten, so daß Sie die richtige Anweisung dem Controller-Handbuch entnehmen müssen. G=C800:6 oder G=CC00:5 sind zwei weitere mögliche Beispiele. Übrigens können Sie die angegebenen Kommandoalternativen auch einfach ausprobieren. Ist der Befehl falsch, stürzt der PC ab. Schaden können Sie damit üblicherweise nicht anrichten.

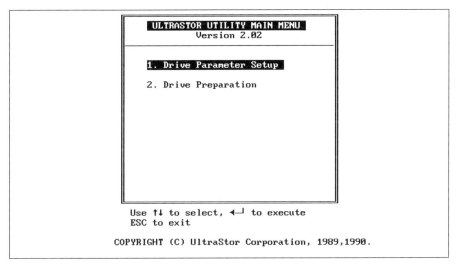

Abb. 18.14: Das via DEBUG aufgerufen BIOS-Utility eines ESDI-Festplatten-Controllers

Folgen Sie dann den Anweisungen auf dem Bildschirm, und ziehen Sie bei Bedarf die Hardware-Handbücher zu Rate. Sollten Sie DEBUG verlassen wollen, können Sie dies durch Eingabe von Q (Quit) erledigen.

Partitionierung

Die Partitionierung wird sowohl unter den verschiedenen DOS-Versionen als auch unter OS/2 üblicherweise von dem Befehl FDISK übernommen. Ältere Versionen von DOS weisen derart starke Einschränkungen auf, daß in jedem Fall eine DOS-Version ab 5.0 eingesetzt werden sollte.

Wenn Sie eine Festplatte neu installiert haben, empfiehlt es sich, das Betriebssystem zunächst einmal mit dem zugehörigen Installationsprogramm einzurichten. Dann werden gegebenenfalls nicht nur die Partitionierung, sondern auch die Formatierung und das Übertragen der Systemdateien über eine einheitliche Oberfläche abgewickelt. Unter MS-DOS zerstört FDISK zunächst einmal keine Daten durch Formatieren, sondern ändert ausschließlich die Partitionsdaten.

Ob Sie eine Festplatte aufteilen und wie Sie dabei vorgehen, kann zu einer philosophischen Frage werden. Fest steht, daß sich stark belastete Partitionen vergleichsweise häufig in die ewigen Jagdgründe verabschieden, was eindeutig für eine relativ kleine primäre Partition auf dem Startlaufwerk und separate größere Partitionen für Programme und Daten spricht. Allzu klein sollte die primäre Partition allerdings auch wieder nicht werden, um auch neuere Betriebssystemversionen in ihr unterbringen zu können.

 Alle (auch ältere) Betriebssysteme kommen mit dem DOS-Dateisystem FAT und Partitionen bis 512 MByte klar. Daher empfehle ich als möglichst flexible Lösung die Einrichtung einer etwas mehr als 500 MByte großen primären Partition.

Eigene logische Laufwerke für Daten erleichtern die Datensicherung. Programmdateien lassen sich schließlich mit Hilfe der Original-Dateien (CD-ROM oder Disketten) wiederherstellen und brauchen daher nur in seltenen Ausnahmefällen noch einmal gesichert zu werden.

Ich selbst verwende meist drei oder mehr logische Laufwerke. C: enthält das oder die Betriebssystem(e) sowie Dienstprogramme, D: nimmt Programmdateien und zugehörige Daten sowie den laufenden Schriftverkehr auf. E: reserviere ich dann ausschließlich für Daten. Außer den Daten des Laufwerks E: brauche ich letztlich nichts zu sichern, wenn man einmal von Konfigurationsdateien und ähnlichem absieht. Hinzu kommen dann bei Bedarf noch logische Laufwerke für Programmiersprachen und/oder ein Laufwerk (auf Festplatte im Wechselrahmen) für Daten, die zur Speicherung auf CD-R vorgesehen sind. Sollten Sie sich also darüber gewundert haben, warum in irgendeiner Abbildung Laufwerke von A: bis G: sowie R: und Z: auftauchen, dann haben Sie jetzt (fast) die ganze Antwort.

Clustergröße im FAT-Dateisystem

Ein weiterer Aspekt spricht für die Aufteilung größerer Festplatten in mehrere logische Laufwerke: Das FAT-Dateisystem (FAT steht für File Allocation Table – Dateizuordnungstabelle) von DOS benutzt nämlich bei größeren logischen Laufwerken auch größere Cluster. Jede Datei, sofern sie mindestens ein Byte umfaßt, also wenigstens ein Cluster belegt, beansprucht bei einer Laufwerkgröße von 600 MByte mindestens 16 KByte. Die entsprechenden Grenzen, die für die meisten DOS- und OS/2-Versionen gelten, werden in der Tabelle wiedergegeben.

Laufwerkgröße	Clustergröße	Sektoren	FAT
Bis 16 MByte	4 KByte	8	12 Bit
17 MByte bis 127 MByte	2 KByte	4	16 Bit
128 MByte bis 255 MByte	4 KByte	8	16 Bit
256 MByte bis 511 MByte	8 KByte	16	16 Bit
512 MByte bis 1023 MByte	16 KByte	32	16 Bit
1 GByte bis 2 GByte	32 KByte	64	16 Bit

Tab. 18.7: Abhängigkeit der Cluster- von der Laufwerkgröße

Zumindest Windows NT handhabt das FAT-Dateisystem etwas flexibler. Hier können Sie auch abweichende Clustergrößen über das FORMAT-Kommando festlegen.

Wählen Sie also, wenn Sie die Vorteile des dargestellten Sachverhalts nutzen wollen, Laufwerkgrößen knapp unterhalb der angegebenen Maximalwerte. 500/450/250 würde zum Beispiel eine sinnvolle Aufteilung einer 1,2-GByte-Festplatte in drei logische Laufwerke darstellen, die unter dem DOS/Windows 3.1x-Gespann genutzt werden soll.

Zusammenfassend muß festgehalten werden, daß sich das FAT-Dateisystem aufgrund des großen Verschnitts am besten für Partitionsgrößen bis 511 MByte eignet. Spätestens ab 1 GByte Partitionsgröße ist der Verschnitt dann kaum noch zumutbar.

Da die Größe der Eintragungen in der FAT üblicherweise 16 Bit beträgt, wird das herkömmliche FAT-Dateisystem auch FAT16 genannt.

Clustergröße in anderen Dateisystemen

Aufgrund des immensen Verschnitts und der sonstigen Einschränkungen des FAT-Dateisystems wurden mehrere Alternativen geschaffen. Das HPFS (High Performance File System) von OS/2 und das NTFS (New Technology File System) von Windows NT stellen die wohl bekanntesten Lösungen dar, zu denen sich mittlerweile auch noch das FAT32-Dateisystem gesellt.

Laufwerkgröße	Clustergröße	Sektoren pro Cluster
< 512 MByte	512 Byte	1
512 MByte bis 1 GByte	1 KByte	2
1 GByte bis 2 GByte	2 KByte	4
2 GByte bis 4 GByte	4 KByte	8
4 GByte bis 8 GByte	8 KByte	16
8 GByte bis 16 GByte	16 KByte	32
16 GByte bis 32 GByte	32 KByte	64
> 32.768 MByte (32 GByte)	64 KByte	128

Tab. 18.8: Standard-Clustergröße im NTFS-Dateisystem

Mit dem OEM-Release 2 von Windows 95 wurde das neue Dateisystem »FAT32« mit seinen kleineren Zuordnungseinheiten eingeführt, bei dem Sie nun – ähnlich wie bei Windows NT – die Clustergröße selbst festlegen können. FAT32 ist allerdings weder kompatibel mit FAT16 noch mit NTFS und wird selbst von den ersten Versionen von Windows NT 4.0 nicht unterstützt.

Reihenfolge logischer Laufwerke

Wenn Sie zwei Festplatten in einen Rechner einbauen, kann dies zu Verwirrung führen, sofern Sie mehrere logische Laufwerke verwenden. Die Kennbuchstaben für die logischen Laufwerke werden nämlich nach einem fest vorgegebenen Schema vergeben.

Zunächst einmal kommen die primären Partitionen an die Reihe. Richten Sie also auf der zweiten Festplatte eine primäre Partition ein, erhält diese unweigerlich den Laufwerk-Kennbuchstaben D:. Danach kommen dann die logischen Laufwerke der erweiterten (sekundären) Partition an die Reihe. Abgeschlossen wird die Vergabe mit den logischen Laufwerken der erweiterten Partition.

Soll die zweite Festplatte ohne Datenverlust startbar bleiben, muß diese eine primäre Partition aufweisen. Andernfalls sollten Sie darauf achten, daß Sie auf der zweiten Festplatte keine primäre Partition einrichten, so daß zunächst einmal alle Laufwerk-Kennbuchstaben für die erste Festplatte vergeben werden.

Formatieren

Wenn Sie nicht den Weg über das Installationsprogramm des Betriebssystems beschritten haben und FDISK das Formatieren der Festplatte nicht bereits erledigt hat, müssen Sie diese nun formatieren.

Dabei können Sie gleichzeitig die Systemdateien auf das Startlaufwerk übertragen lassen. Erledigt wird dies über:

```
FORMAT C: /S
```

Für Laufwerke, auf die das Betriebssystem nicht übertragen werden soll, lassen Sie den Parameter /S einfach entfallen.

Mit dem Befehl SYS können Sie die DOS-Systemdateien auch nachträglich auf eine Festplatte übertragen. Diese Vorgehensweise empfiehlt sich zum Beispiel, wenn der Kommandointerpreter COMMAND.COM versehentlich gelöscht wurde. Dazu müssen Sie den Rechner nur von Diskette aus starten und dann den folgenden Befehl absetzen:

```
SYS C:
```

Dateien übertragen

Wie bereits gesagt, sollten (bzw. müssen) Sie neuere Betriebssystemversionen mit dem zugehörigen Installationsprogramm auf die Festplatte übertragen. Wenn Sie diesen Ratschlag nicht beherzigt haben oder einzelne Dateien nachträglich aufspielen wollen, können Sie diese meist nicht einfach kopieren, da sie nicht in ablauffähiger Form auf den Disketten vorliegen.

Nach dem Kopieren auf die Festplatte müssen die Dateien mit dem Programm EXPAND in lauffähige Form gebracht werden. Unter Novell-DOS übernimmt der Befehl PNUNPACK die gleichen Aufgaben. In beiden Fällen müssen Sie den letzten Buchstaben des Dateinamens ergänzen. Sollten Sie damit Probleme haben, finden Sie üblicherweise eine Textdatei auf den Disketten, die darüber Auskunft geben. FILELIST.TXT oder PACKING.LST sind zum Beispiel Dateinamen, die auf einen entsprechenden Inhalt hinweisen.

Schließlich können Sie die von Ihnen gesicherten Dateien auf die neue Festplatte übertragen. Sollten sich diese auf der zweiten Festplatte oder auf einem Netzwerklaufwerk befinden, kann Ihnen der Befehl

```
XCOPY D:\. C:\ /S /E
```

gute Dienste leisten. Damit kopieren Sie alle Dateien vom Laufwerk D: inklusive aller vollen und leeren Unterverzeichnisse auf das Laufwerk C:.

Ansonsten müssen Sie das von Ihnen verwendete Datensicherungsprogramm installieren und starten und die dann notwendigen Schritte durchführen.

18.10 Troubleshooting

Im folgenden werden wieder einige häufiger auftretende Fehler und deren Ursachen sowie gegebenenfalls Möglichkeiten zu deren Beseitigung aufgeführt. Fällt eine Festplatte aus, können Ihnen die verschiedenen angebotenen Diagnoseprogramme häufig beim Eingrenzen der Fehlerursache weiterhelfen. CheckIt, die System Informationen von PC Tools und der Ontrack Disk Manager stellen einige Beispiele dar.

17xx, insbesondere 1790

Spartanische Fehlermeldungen im Zusammenhang mit der Festplatte gibt es häufiger. Meist tritt eine solche Fehlermeldung auf, wenn eine Festplatte noch nicht Low-Level-formatiert ist. Controller-Fehler, falsch eingetragene Werte im BIOS-Setup, defekte Kabel, falsch gesetzte Abschlußwiderstände oder auch die unzureichende Leistung des Netzteils können die Ursache sein. Kontrollieren Sie die Kabelverbindungen, deaktivieren Sie probeweise andere Geräte, und setzen Sie gegebenenfalls Diagnoseprogramme ein, um die genaue Fehlerursache zu ermitteln.

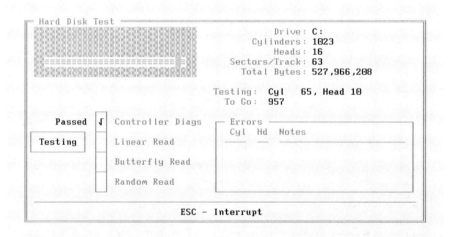

Abb. 18.15: Diagnose der Festplatte mit CheckIt

No ROM BASIC

IBM-kompatible Rechner verfügen nicht über das ROM-Basic der IBM-PCs. Dieses wird aufgerufen, wenn der Rechner nicht von der Festplatte starten kann. Die übliche Ursache ist die, daß Sie vergessen haben, die primäre Partition zu aktivieren.

Error reading fixed disk

Auch hier haben Sie wahrscheinlich vergessen, die primäre Partition zu aktivieren. Falsch eingetragene Festplatten-Parameter im BIOS-Setup können ebenfalls die Ursache sein.

HDD controller failure

Hier muß der Controller nicht wirklich die Ursache sein. Meist hat sich einfach nur eine Kabelverbindung gelöst, oder die Einstellung der Jumper paßt nicht zur vorhandenen Rechner-Konfiguration.

C: drive error

Beim Start des Rechners kann aus irgendwelchen Gründen nicht von der Festplatte gelesen werden. In der Regel sind unpassende BIOS-Eintragungen die Ursache dieser Fehlermeldung.

Festplatte wird beim ersten Schreibzugriff »zerschrieben«

Hier sind wahrscheinlich Inkompatibilitäten bzw. falsch gesetzte Festplatten-Parameter die Ursache. Ein tatsächlicher Hardware-Defekt liegt eher selten vor. Manchmal vertragen sich AT-Bus-Festplatten unterschiedlicher Hersteller nicht miteinander oder mit dem verwendeten IDE-Controller. Eine weitere Ursache können bei Einsatz eines EIDE-Adapters falsche Einstellungen für den Transfer-Modus sein. Insbesondere der PIO Mode 4 ist dafür bekannt, daß er häufiger Daten »zerschießt«.

Versuchen Sie notfalls, die Daten mit Hilfe eines Rettungsprogramms (zum Beispiel dem Norton Disk Doctor) wiederherzustellen. Die Erfolgsaussichten sind dafür leider nicht sonderlich hoch. Abschließend bleibt nur noch der Weg über FDISK und FORMAT (mit geeigneten Einstellungen des Transfer-Modus).

Festplatte »schleicht«

Die Installation oder die Vergrößerung eines Software-Cache (zum Beispiel SMARTDRV) oder der Windows-Auslagerungsdateien können für Abhilfe sorgen. Übermäßig fragmentierte Dateien oder sehr viele kleine Dateien auf einem Laufwerk sind auch häufig die Ursache. Zudem können auch Inkompatibilitäten vorliegen.

Festplatte läßt sich nicht partitionieren

Wahrscheinlich stimmen die Festplatten-Parameter im BIOS-Setup nicht.

Kein frei definierbarer Festplattentyp im BIOS

In nach heutigen Maßstäben veralteten Rechnern findet sich eine Liste mit fest definierten Festplattentypen, aus denen die Parameter der einzubauenden Festplatten ausgewählt werden mußten. Schwierigkeiten sind dann vorprogrammiert.

Neuere Rechner verfügen in der Regel über einen frei definierbaren Festplattentyp (meist Typ 47), der zumindest die direkte (eingeschränkte) Nutzung von EIDE-Festplatten gestattet. Die gesamte Kapazität der Festplatte läßt sich dann notfalls auch bei vorhandenen BIOS-Einschränkungen nutzen, indem Festplatten-Manager (zum Beispiel den Ontrack Disk Manager) eingesetzt werden.

Spezielle Controller mit eigenem BIOS oder ein BIOS-Update des Rechners können ebenfalls für Abhilfe sorgen. Eine weitere Alternative stellt der Einsatz von SCSI-Festplatten und Controllern dar, da diese nicht auf das Rechner-BIOS zurückgreifen.

LEDs leuchten beide oder eine LED leuchtet kontinuierlich

Manche Festplatten verfügen über LEDs direkt am Laufwerk. Leuchtet eine LED permanent, können Sie diesen Umstand ignorieren. Hier wurde lediglich der Modus der LED entsprechend gesetzt. Leuchten in Systemen mit zwei Laufwerken die LEDs beider Laufwerke gleichzeitig, sind entweder falsche Drive-Select-Einstellungen oder falsch gesetzte Abschlußwiderstände die Ursache. Darüber hinaus können defekte Kabel der Übeltäter sein.

Festplattenmotor läuft nicht an

Dieser Fehler trat bei MFM- und RLL-Festplatten häufiger auf. Wenn kein Fehler der Anschlüsse vorliegt, »kleben« die Schreib-/Lese-Köpfe mancher Festplattenmodelle regelrecht an der Oberfläche der Festplatten fest, so daß die Kraft des Motors nicht reicht, um den Plattenstapel in Bewegung zu setzen. Ein kräftiger Schlag, bei ausgeschaltetem Rechner seitlich zur Festplattenoberfläche ausgeführt, wirkt bei diesem Fehler unter Umständen Wunder. Das gleiche Verfahren können Sie notfalls nach dem Ausbau der Festplatte noch einmal anwenden.

Und dann gibt es noch die allerletzte Notmaßnahme, mit der Sie die Daten einer sich verabschiedenden Festplatte mit etwas Glück retten können: Besorgen Sie sich einen passenden Steckschlüssel, schrauben Sie das Gehäuse der Festplatte auf, und versuchen Sie, die Köpfe manuell zu lösen. Manche Festplatten arbeiten auch in geöffnetem Zustand noch monatelang einwandfrei, andere nur wenige Stunden oder möglicherweise auch nur Sekunden. Dieser Hinweis ist wirklich nur als *allerletzte* Notmaßnahme geeignet.

Zwischen FD und HD 19

Im Abschnitt über Diskettenlaufwerke habe ich mehrfach darauf hingewiesen, daß die Tage dieses Geräts wahrscheinlich gezählt sein dürften. Mittlerweile gibt es eine Vielzahl von Laufwerkvarianten, die sich hinsichtlich Kapazität und Geschwindigkeit im Bereich zwischen Diskettenlaufwerk und Festplatte tummeln. Hier finden Sie Geräte, die als Nachfolger für das betagte Diskettenlaufwerk gehandelt werden und eine Fülle verschiedener Wechselfestplatten. All diese Geräte haben trotz ihrer Unterschiedlichkeit jedoch einiges gemeinsam:

- Die Daten befinden sich auf rotierenden Scheiben und lassen sich sowohl schreiben als auch lesen und löschen.
- Ihre Kapazität und Geschwindigkeit liegt üblicherweise niedriger als die moderner Festplatten.
- Der Anschluß erfolgt bevorzugt über die SCSI-II-Schnittstelle.
- Aufgrund ihrer geringen Verbreitung gehören die vorgestellten Geräte (noch) nicht zur Standardausstattung von PCs.

Diese Medien- und Gerätevarianten habe ich daher in diesem Kapitel zusammengefaßt, um Ihnen einen Überblick über die verfügbaren Alternativen zu bieten.

19.1 Gegenüberstellung der Alternativen

Zunächst einmal soll Ihnen die folgende Tabelle einen groben Überblick über die Leistungskenndaten der wichtigsten verfügbaren Alternativen zur Verfügung stellen. Dabei habe ich lediglich einige typische Werte hinsichtlich der Kapazität und der Zugriffszeit angegeben, die Ihnen als Richtwerte dienen können, auch wenn es sich dabei teilweise um Optimalwerte handelt.

Medium	Kapazität	Format	(Mittlere) Zugriffszeit
Diskette	1,44 MByte	3,5 Zoll	100 ms
CD-ROM	650 MByte	5,25 Zoll	100 ms
MO (magneto-optisch)	1,3 GByte	5,25 Zoll	19 ms
Jaz	1,0 GByte	3,5 Zoll	16 ms
SyQuest	270 MByte	3,5 Zoll	12,5 ms
Bernoulli	150 MByte	5,25 Zoll	19 ms
Festplatte	2,4 GByte	3,5 Zoll	10 ms

Tab. 19.1: Beispiele für Kenndaten verschiedener Speichermedien

Wichtiger als die Alternative selbst ist häufig der geplante Einsatzzweck. Wenn Sie die Medien nämlich nicht nur intern einsetzen, sondern sie auch zur Datensicherung und zum Datentransport benutzen wollen, müssen Sie bei der Wahl des geeigneten Geräts die Ausstattung der Empfänger berücksichtigen. 3,5-Zoll-Diskettenlaufwerke und CD-ROM-Laufwerke gehören zur Standard-Ausstattung von PCs und sollten daher in (fast) jedem Büro anzutreffen sein, bei anderen Medien kommt es recht schnell zu Problemen.

19.2 Syquest

Eine Alternative zu Festplatten bzw. Festplatten im Wechselrahmen bieten die Wechselplatten. Im Unterschied zu den Festplatten im Wechselrahmen wird hier das Laufwerk selbst fest in den Rechner eingebaut. Gewechselt wird lediglich der eigentliche Datenträger, der sich in einer speziellen Kassette befindet, und nicht das komplette Laufwerk.

Die wohl bekanntesten Vertreter der Gattung Wechselplatte stammen vom Hersteller Syquest und sind zum Beispiel im Bereich von DTP-Studios und Druckereien bekannt und verbreitet. Die Kapazitäten der Wechselplatten liegen zwischen 44 und 270 MByte und eignen sich damit auch für den Austausch größerer Datenmengen.

Die 5,25-Zoll-Wechselplatten mit 44 bzw. 88 MByte Kapazität stellen hier den Standard dar. Die größeren Kapazitäten werden über 3,5-Zoll-Medien realisiert und finden erst seit 1993 langsam Verbreitung.

Selbst beim Datentransport via Syquest-Wechselplatte müssen Sie also zumindest klären, ob die Daten im 3,5- und/oder 5,25-Zoll-Format geliefert werden können!

Abb. 19.1: 5,25-Zoll-Wechselplattenlaufwerk und Medium (Syquest)

Lediglich im Hinblick auf die Arbeitsgeschwindigkeit weisen Wechselplatten beim Vergleich mit herkömmlichen Festplattenlaufwerken geringe Nachteile auf, die jedoch nicht allzu gravierend sind. Aufgrund der gesunkenen Preise normaler Festplattenlaufwerke entfallen mittlerweile allerdings auch die Vorteile der Wechselplatten im Vergleich mit den herkömmlichen Festplatten in Hinsicht auf den Preis pro MByte Speicherkapazität. Zudem sind Wechselplatten üblicherweise nicht als Startlaufwerk einsetzbar.

Kapazität	Format	Mittlere Zugriffszeit
44 MByte	5 1/4-Zoll	20,0 ms
88 MByte	5 1/4-Zoll	20,0 ms
105 MByte	3 1/2-Zoll	14,5 ms
270 MByte	3 1/2-Zoll	12,5 ms

Tab. 19.2: Kenndaten verbreiteter Syquest-Wechselplatten

Vor diesem Hintergrund bleiben als wesentlichen Vorteile von Wechselplatten die bessere Archivierbarkeit und der leichte Transport größerer Datenmengen festzuhalten.

19.3 Zip-Drive

Das ZIP-Drive wird vom Hersteller Iomega für die SCSI-Schnittstelle und den parallelen Druckerport angeboten. Die verwendeten Medien ähneln den herkömmlichen 3,5-Zoll-Disketten, sind also flexibel, und bieten eine Kapazität von 100 MByte pro Scheibe. Ansonsten wird das ZIP-Drive nach der Installation im wesentlichen wie ein zusätzliches Festplattenlaufwerk behandelt, das allerdings über weite Strecken mit der dem Laufwerk beiliegenden Software verwaltet werden muß.

Kriterium	Wert/Bemerkung
Kapazität	100 MByte
Mittlere Zugriffszeit	29 ms
Mittlere Transferrate	ca. 800 KByte/s
Schnittstellen	Parallel, SCSI

Tab. 19.3: Kenndaten des ZIP-Laufwerks

Die SCSI-Variante des Zip-Laufwerks ist erheblich schneller als die Ausführung für den Parallel-Port. Letztere ist dafür wesentlich leichter zu installieren und läßt sich problemlos unterwegs mitnehmen und an andere PCs anschließen.

19.4 Jaz

Das jaz-Laufwerk von Iomega unterscheidet sich rein äußerlich nur geringfügig von seinem kleinen Bruder, dem Zip-Drive. Allerdings verwendet es in seinen Kassetten keine flexiblen Scheiben, sondern Festplatten, so daß die realisierbaren Kapazitäten deutlich höher liegen. Auf einer Medium, das etwas größer als 3,5 Zoll ist, lassen sich etwa 1 GByte Daten speichern, auf die man zudem mit 16 ms angenehm schnell zugreifen kann.

Kriterium	Wert/Bemerkung
Kapazität	1,0 GByte
Mittlere Zugriffszeit	16 ms
Mittlere Transferrate	ca. 2 MByte/s
Schnittstelle	Fast SCSI-II

Tab. 19.4: Kenndaten des Jaz-Laufwerks

Während das Jaz-Laufwerk selbst um 1000 DM herum kostet, liegt der Preis des 1-GByte-Mediums bei etwa 150 DM und dürfte bei entsprechender Nachfrage schon bald unter die 100-DM-Grenze rutschen.

Das Jaz-Laufwerk läßt sich darüber hinaus auch als bootfähiges Laufwerk konfigurieren, so daß es Festplatten komplett ersetzen kann und die Arbeit an verschiedenen Arbeitsrechnern voll unterstützt. Daß die hohen Leistungsdaten des Jaz-Laufwerks auch ihren Tribut fordern, dürfte klar sein: Der Anschluß erfolgt über eine SCSI-II-Schnittstelle.

Auch wenn das Jaz-Laufwerk die Leistungsdaten moderner Festplatten nicht ganz erreicht, kann es also durchaus mit ihnen konkurrieren.

19.5 EZDrive

Das EZDrive stammt ebenfalls vom bereits erwähnten Hersteller Syquest und könnte sich ebenfalls als Nachfolger des Diskettenlaufwerks etablieren. Bei einer Speicherkapazität von 135 MByte je Wechselplatte arbeitet es mit einer Zugriffsgeschwindigkeit von 13,5 ms und ist als internes IDE/ATA-, externes SCSI-II- oder externes Laufwerk für den Anschluß an die Druckerschnittstelle (EPP – Enhanced Parallel Port) erhältlich.

19.6 Laser-Servo-Diskette (LS)

Auf der CeBIT 1996 wurden erstmals LS-120-Laufwerke vorgestellt, die von 3M, Compaq, Optics Research und Matsushita-Kotobuki (MKE) entwickelt wurde. Diese Laufwerke arbeiten mit Disketten, die über die gleichen Abmessungen wie herkömmliche Datenträger verfügen, und sind damit voll abwärtskompatibel. Zusätzlich beschleunigen die LS-Laufwerke sogar die Arbeit mit den alten Disketten etwa um den Faktor drei.

Um 120 MByte auf einer Diskette unterbringen zu können, die sich äußerlich kaum von den herkömmlichen 3,5-Zoll-Disks unterscheidet, mußten natürlich einige Änderungen und Verbesserungen vorgenommen werden. Neben ZBR (Zone Bit Recording), das bei Festplatten bereits seit etlichen Jahren verwendet wird, und größerer Packungsdichte der Daten in den einzelnen Spuren wurde die Anzahl der Spuren erhöht. Dazu muß der Schreib-/Lese-Kopf wesentlich präziser positioniert werden, was durch Führung des Kopfes mit Hilfe einer Laser-Diode entlang optischer Servospuren auf der Diskette erreicht wird. Diesem Umstand verdankt diese Diskette auch den Namen Laser-Servo-Diskette.

Während die LS-120 ursründlich nur für Compaq-Rechner erhältlich war, sollten mittlerweile auch allgemein einsetzbare Varianten verfügbar sein. Der Anschluß des LS-120-Laufwerks erfolgt dabei über die EIDE-Schnittstelle.

	LS-120	Standard-Diskette
Format	3,5 Zoll	3,5 Zoll
Kapazität	120 MByte	1,44 MByte
Maximale Transferrate	565 KByte/s	60 KByte/s
Mittlere Zugriffszeit	65 ms	84 ms
Umdrehungsgeschwindigkeit	720 U/min	300 U/min
Spuren Pro Zoll	2940 tpi	135 tpi
Anzahl Spuren	1736 pro Seite	80 pro Seite

Tab. 19.5: Vergleich zwischen LS-120 und 3,5-Zoll-Diskette

19.7 Bernoulli

Bernoulli-Laufwerke werden ebenfalls vorwiegend von Iomega angeboten. Diese Laufwerke haben in Deutschland nie größere Verbreitung gefunden, obwohl sie in den USA durchaus gebräuchlich sind. Aufgrund ihrer aus heutiger Sicht vergleichsweise schlechten Leistungskenndaten erwähne ich die Bernoulli-Laufwerke hier nur noch der Vollständigkeit halber, zumal auch Iomega selbst mittlerweile die bereits vorgestellten neueren Varianten Zip und jaz deutlich favorisiert.

Kapazität	Format	Mittlere Zugriffszeit
45 MByte	5 1/4-Zoll	19 ms
90 MByte	5 1/4-Zoll	19 ms
150 MByte	5 1/4-Zoll	19 ms

Tab. 19.6: Kenndaten verbreiteter Bernoulli-Laufwerke

19.8 Magneto-optische Laufwerke

MO-Laufwerke verfügen über die Kapazität und Robustheit einer CD-ROM, lassen sich aber wie magnetischen Festplatten beliebig oft beschreiben. Die Informationen werden magnetisch auf Disk gespeichert, wobei Laser zum Lesen und Aufzeichnen der Daten zum Einsatz kommen. Aufgrund der verwendeten Laser-Technologie können die Laufwerke präzise arbeiten und hohe Speicherkapazitäten zur Verfügung stellen.

Die typischen Zugriffszeiten der MO-Laufwerke liegen bei etwas mehr als 30 ms, wobei allerdings teilweise auch schon Werte unterhalb von 20 ms erreicht werden. Die Datentransferrate liegt bei modernen Laufwerken zwischen etwa 1,5 und 4 MByte/s, wobei die neuen Laufwerkgenerationen das Löschen und Schreiben von Daten in einem Durchgang bewältigen. Alles in allem sind MO-Laufwerke um einiges schneller als zum Beispiel CD-ROM-Laufwerke, aber noch deutlich langsamer als moderne, herkömmliche Festplatten.

Kapazität	Format	Mittlere Zugriffszeit
128 MByte	3,5 Zoll	32 ms
230 MByte	3,5 Zoll	32 ms
640 MByte	3,5 Zoll	35 ms
650 MByte	5,25 Zoll	28 ms
1,3 GByte	5,25 Zoll	29 ms
2,6 GByte	5,25 Zoll	25 ms

Tab. 19.7: Kenndaten verschiedener magneto-optischer Laufwerke

 MO-Laufwerke werden von verschiedenen Herstellern angeboten, so daß die mittleren Zugriffszeiten in der Tabelle lediglich als Anhaltspunkt für vergleichende Betrachtungen dienen können.

Preislich liegen MO-Laufwerke etwa gleichauf mit CD-Recordern und werden auch wie diese vorwiegend über SCSI-Schnittstellen angesprochen. Achten Sie bei der Auswahl eines Laufwerks darüber hinaus insbesondere darauf, daß es alle Medien mit gleichen äußeren Abmessungen lesen kann. Ein 640-MByte-Laufwerk sollte also die verbreiteten 230- und 128-MByte-Medien lesen können.

Abb. 19.2: Portables magneto-optisches Laufwerk (Sony)

19.9 Trends

Iomega, Syquest, Sony und einige andere Hersteller konkurrieren zur Zeit noch um den Standard, der letztlich die herkömmlichen Diskettenlaufwerke ablöst. Konkurrenz belebt hier das Geschäft, so daß noch mit erheblichen Turbulenzen und einigen Neuentwicklungen in diesem Segment gerechnet werden muß. Um sich allerdings auf breiter Basis durchsetzen zu können, muß der kommende Standard wahrscheinlich zumindest die alten 3,5-Zoll-Disketten lesen können. Nur dann dürfte ihm die notwendige allgemeine Akzeptanz sicher sein.

In jedem Fall ist jedoch damit zu rechnen, daß im Laufe des Jahres 1998 die »Superfloppy« Wirklichkeit und zur Standardausstattung bei neu verkauften Rechnern wird. Compaq hat dabei bereits erste Schritte unternommen und stattet seine Rechner (zumindest teilweise) mit dem LS-120-Laufwerk aus.

20 HDD/FDD- und SCSI-Controller

In diesem Kapitel werden in erster Linie Controller für Festplatten und Disketten behandelt. Diese befinden sich zumindest bei Verwendung der EIDE-Schnittstelle nur selten allein auf einem Adapter und befinden sich häufig mit auf dem Motherboard. Darüber hinaus eignen sich die EIDE- und die SCSI-Schnittstellen nicht nur für den Anschluß von Festplatten, sondern auch für zum Beispiel CD-ROM-Laufwerke. Die SCSI-Schnittstelle ist dabei so flexibel, daß sie eine Vielzahl verschiedenster Geräte bedienen kann. Scanner, CD-Brenner und Bandlaufwerke stellen nur einige Beispiele dar. Immer dann, wenn Anschluß für ein Gerät gesucht wird, das mit den vorhandenen Schnittstellen nicht mehr adäquat zu bedienen ist, lautet die Lösung SCSI.

In diesem Kapitel finden Sie Informationen über die folgenden »Bauelemente«:

- Diskettenlaufwerk-Controller,
- Festplatten-Controller und
- SCSI-Controller.

Häufig sind in HDD/FDD-Controller zum Beispiel auch die serielle und parallele Schnittstellen, Joystick-Anschlüsse und ähnliche Funktionseinheiten integriert. Ergänzende Informationen zu diesen Anschlüssen finden Sie in den Kapiteln, die sich mit den entsprechen Funktionsgruppen befassen.

Zu vielen der in diesem Kapitel behandelten Themenbereichen finden Sie zudem an anderen Stellen im Buch ergänzende Informationen. Informationen zur Verkabelung und Einrichtung von Festplatten und Diskettenlaufwerken finden Sie im Abschnitt »Festplatten« bzw. »Diskettenlaufwerke«. Details über die Kabelverbindungen und die Leistungsfähigkeit der verschiedenen Alternativen enthält das Kapitel »Bussysteme«. Die allgemeine Vorgehensweise beim Einbau von Adaptern wird zudem im Kapitel »Erste Blicke in die Innereien« behandelt, so daß ich mich hier weitgehend auf controllerspezifische Merkmale und Einzelheiten beschränken kann.

Kapitel 20

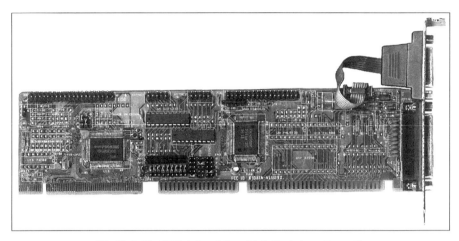

Abb. 20.1: Ein VESA-Local-Bus-Multifunktions-Controller

Da die Auswahl von Festplatten nicht ohne Berücksichtigung des vorhandenen Adapters erfolgen kann, finden Sie im Abschnitt »Festplatten« außerdem allgemeine Informationen zu den vielen Merkmalen der verschiedenen Festplattenadapter. Auf eine Wiederholung dieser Themenbereiche kann hier daher weitgehend verzichtet werden. Ziehen Sie also die angesprochenen Kapitel bei Bedarf zusätzlich zu Rate.

Wenn spezielle Anforderungen an einen Adapter vorliegen, gibt es bei der Auswahl eine ganze Reihe von Besonderheiten zu berücksichtigen. Die möglichen Einstellungen sind teilweise recht vielfältig.

20.1 Grundlegende Alternativen

Wenn Sie einen Controller für Disketten- bzw. Festplattenlaufwerke (oder andere Geräte) auswählen wollen, stehen bzw. standen Ihnen prinzipiell folgende Optionen zur Auswahl:

- MFM-/RLL-/ESDI-Controller

  Derartige Controller sind allenfalls noch als Ersatz bei Defekten alter Rechner zu empfehlen. Aber selbst dann sollten Sie überlegen, ob Sie nicht besser auf einen der folgenden neueren Standards umsteigen wollen. Die Leistungsdaten von MFM/RLL sind nach heutigen Maßstäben einfach zu bescheiden. Das Aufrüsten eines Rechners mit einem 80286er oder gar noch älteren Prozessor auf einen neueren Standard bringt allerdings aufgrund mangelnder Prozessorleistung auch keine erhebliche Steigerung der Systemleistung mit sich.

HDD/FDD- und SCSI-Controller

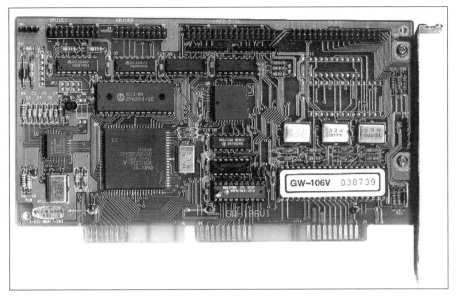

Abb. 20.2: Der alte Standard: Ein MFM-Kombicontroller

ESDI ist zwar recht schnell, wird aber von der Industrie, seit sich IDE etabliert hat, nicht mehr weiterentwickelt. In Netzwerk-Servern oder älteren Rechnern der gehobenen Leistungsklasse wurden sie aber häufig eingesetzt, weil sie lange schneller als vergleichbare IDE-Alternativen waren. Die Firma Ultrastor war bzw. ist einer der führenden Anbieter (nicht nur) für ESDI-Controller, so daß ich auf sie an dieser Stelle besonders hinweisen möchte.

- IDE-Adapter

  Auch IDE ist heute kaum noch gebräuchlich, sondern wurde vielmehr von der Erweiterung EIDE abgelöst, mit der es gelang, die IDE-Beschränkungen auf eine maximale Festplattengröße von 504 MByte und eine maximale Übertragungsrate von ca. 2 MByte/s zu überwinden.

- Enhanced IDE-Adapter

  Der EIDE-Standard (EIDE – Enhanced Integrated Drive Electronics), der von einem Gremium um Western Digital spezifiziert wurde, beseitigt zumindest die 504-MByte-Grenze, sofern das Rechner-BIOS die entsprechende Unterstützung bietet, was bei älteren Rechnern (bis ca. 1995) oft nicht der Fall ist. Außerdem benötigen nachträglich installierte EIDE-Adapter oft spezielle Treiber, um ihre Fähigkeiten voll entfalten zu können, die nach meinen Erfahrungen häufig problematisch sind. Treiber-

und Kompatibilitätsprobleme können Ihnen beim nachträglichen Einbau eines EIDE-Adapters und dem Betreiben von Geräten über die ATAPI-Schnittstelle in den verschiedenen Versionen also unter Umständen einen kräftigen Strich durch die Rechnung machen.

- SCSI-Host-Adapter

  SCSI hat sich bereits seit Jahren praktisch bewährt und arbeitet mittlerweile auch auf dem PC weitgehend zuverlässig. Wenn Sie die etwas kompliziertere Konfiguration der SCSI-Geräte und des -Adapters erst einmal bewältigt haben, sollte SCSI kaum Probleme bereiten. Setzt man SCSI-Host-Adapter zudem lediglich zum Ansteuern von Festplatten ein, ist deren Einsatz im Prinzip nicht komplizierter als der anderer Adapter, dafür aber wesentlich flexibler und offen für spätere Erweiterungen. Leistungsmäßig liegen SCSI und EIDE im praktischen Einsatz in etwa gleichauf, wobei der eine oder andere Standard in den verschiedenen Konfigurationen bzw. Systemen die Nase vorn haben kann.

Die zweite Frage, die sich hinsichtlich der Auswahl eines geeigneten Adapters stellt, ist die nach dem zu verwendenden Bussystem bzw. dem verfügbaren Steckplatz. ISA-, VLB- oder PCI-Bus lauten also wesentliche Alternativen. Die Antwort ist eigentlich klar: Festplatten können nie schnell genug sein, so daß adapterseitige Einschränkungen so gering wie möglich gehalten werden sollten. Entscheiden Sie sich möglichst für die leistungsfähigste Alternative, die ihr Rechnersystem bietet.

20.2 Belegung von Systemressourcen

In den meisten Fällen brauchen Sie sich um die Konfiguration eines Laufwerk-Controllers nicht weiter zu kümmern, weil dieser werkseitig auf Standardadressen eingestellt ist, die üblicherweise von keinen anderen Adaptern in Anspruch genommen werden.

20.2.1 Festplatten

»In den meisten Fällen« heißt, daß Sie es mit einem herkömmlichen Adapter zu tun haben, der lediglich die Standard-Adressen für sich beansprucht und dessen Funktionseinheiten nicht mit Geräten in Konflikt geraten, die in die Hauptplatine des Rechners integriert sind oder sich auf anderen Steckkarten befinden. Darüber hinaus darf der Adapter keine Ressourcen für ein Zusatz-BIOS beanspruchen.

Ressource	Adresse
IRQ (primärer Kanal)	14
Port (primärer Kanal)	1F0H
IRQ (sekundärer Kanal)	15
Port (sekundärer Kanal)	170H
BIOS-Adresse	C8000H (sofern vorhanden)

Tab. 20.1: *Adressen von Festplatten-Adaptern*

Von diesen Standard-Einstellungen eines Festplatten-Adapters sollten Sie möglichst nicht abweichen. Bei MFM-, RLL-, ESDI- und IDE-Adaptern sind die angegebenen Adressen als alternative Konfigurationsmöglichkeiten vorgesehen, so daß auf diesem Weg der Einsatz eines zweiten Festplatten-Adapters möglich ist. Allerdings sind nur wenige, bessere Adapter für ein solches Vorhaben wirklich geeignet.

Beim EIDE-Standard sieht dies etwas anders aus. EIDE-Adapter gestatten meist den Anschluß von bis zu vier Geräten an zwei Kanälen und beanspruchen damit sowohl die primären als auch die sekundären Adressen für sich. Zusätzlich wird teilweise auch noch ein DMA-Kanal (meist DMA 3) belegt. Werfen Sie gegebenenfalls einen Blick in die Dokumentation Ihres Controllers, um die tatsächlich beanspruchten Ressourcen zu ermitteln. EIDE-Adapter, die lediglich einen Kanal (für den Anschluß von zwei Geräten) zur Verfügung stellen, sollten sich alternativ auf den ersten oder auf den zweiten Kanal konfigurieren lassen. Konflikte bei den angegebenen Einstellungen sind kaum zu befürchten, da es sich dabei um Adressen handelt, die für Festplattenlaufwerke reserviert sind.

Vor diesem Hintergrund kann ich mir die Bemerkung nicht verkneifen, daß es sich bei dem »neuen« EIDE-Standard in vielerlei Hinsicht um eine Neuauflage des ESDI-Standards handelt. Derartige Adapter ließen sich nämlich häufig auf den IRQ 14 oder 15 einstellen und gestatteten somit ebenfalls den Paralleleinsatz von zwei Adaptern. Hat dann einer der Adapter die primären und der andere die sekundären Adressen genutzt, ließen sich bis zu vier Festplatten- und vier Diskettenlaufwerke in einen Rechner integrieren. Die Ressourcenbelegung ist damit mit der beim EIDE-Standard identisch.

20.2.2 Diskettenlaufwerke

Die Situation bei Diskettenlaufwerken gestaltet sich ähnlich wie bei den Festplatten. Auch hier werden üblicherweise speziell reservierte Ressourcen genutzt.

Ressource	Adresse
IRQ	6
Port-Adresse	3F0H
DMA	2 (nicht immer verwendet)

Tab. 20.2: Standardadressen von Diskettenlaufwerk-Adaptern

Für den Port ist neben der primären (3F0H) eine sekundäre (370H) Adresse zu Ausweichzwecken spezifiziert. Der DMA-Kanal wird zwar von den meisten, nicht aber von allen Diskettenlaufwerken verwendet, steht also auf manchen Systemen zur freien Verfügung.

20.3 Weitere Controller-Features

Auf spezielle Controller-Optionen müssen Sie insbesondere dann achten, wenn Sie einen Kombi-Controller nur teilweise nutzen können oder wollen. Einige beachtenswerte Besonderheiten sollen kurz vorgestellt werden.

20.3.1 Deaktivierung von Funktionseinheiten

Ist zum Beispiel sowohl auf dem Motherboard als auch auf dem Adapter eine Möglichkeit zum Ansteuern von Diskettenlaufwerken vorhanden, müssen Sie einen dieser beiden Controller deaktivieren oder zumindest auf die sekundäre Adresse umkonfigurieren. Alternativ können Sie natürlich auch nach einem Adapter ohne Diskettenlaufwerk-Controller Ausschau halten. Zumindest SCSI-Host-Adapter sind meist in entsprechenden Varianten erhältlich.

Nicht alle Adapter bieten Optionen zur Deaktivierung einzelner Funktionseinheiten (Diskettenlaufwerk-, Festplatten-Controller, serielle und parallele Schnittstelle) an. Spätestens in der gehobenen Leistungsklasse sollten Sie aber fündig werden.

Alternativ können Sie gegebenenfalls einzelne Funktionseinheiten auch auf dem Motherboard deaktivieren. Ziehen Sie dazu die Dokumentation der Hauptplatine bzw. des Rechner-BIOS zu Rate.

20.3.2 Zusatz-BIOS

Viele Kombi-Controller verfügen über ein eigenes BIOS. Die Basisadresse desselben sollte sich weitgehend flexibel im Bereich zwischen C8000H und E8000H einstellen lassen, so daß keine Konflikte mit anderen Geräten mit eigenem BIOS entstehen können. C8000H wird wohl am häufigsten als Basisadresse verwendet, aber auch D0000H oder CC000H stellen verbreitete Varianten dar. Hier ist wieder die Adapter-Dokumentation gefragt.

Ein spezielles BIOS kann zum Beispiel die Verwendung besonders großer Festplatten ohne zusätzlichen Treiber, zusätzliche Diskettenlaufwerktypen (zum Beispiel 2,88 MByte), frei konfigurierbare Festplattentypen oder ähnliches zur Verfügung stellen. Wenn Sie derartige oder andere spezielle Optionen benötigen, fragen Sie Ihren Händler nach Adaptern mit den gewünschten Zusatzmerkmalen.

Sinnvoll ist es auch, wenn sich das Zusatz-BIOS abschalten läßt. Wenn es nämlich nur zur Konfiguration des Adapters benötigt wird, können Sie auf diesem Wege unter Umständen einige Byte Arbeitsspeicher zusätzlich verfügbar machen.

20.3.3 Cache

Eine Zeitlang waren Adapter mit Hardware-Cache der »Tip«, um mehr Geschwindigkeit aus einem System herauszuholen. Angesichts der Größe heutiger Programme benötigen Sie allerdings schon einige MByte an Hardware-Cache, um auf diesem Wege eine echte Beschleunigung zu erzielen, so daß das Preis-Leistungsverhältnis nur selten stimmt. Die meisten Adapter verfügen ohnehin über einige KByte Zwischenspeicher.

20.3.4 Software

Wie bei fast allen Adaptern müssen Sie auch hier darauf achten, daß Sie alle notwendigen Treiber erhalten, bzw. daß diese vom eingesetzten Betriebssystem direkt zur Verfügung gestellt werden. Insbesondere VLB-Adapter benötigen häufig zusätzliche Treiberunterstützung, um ihre volle Leistungsfähigkeit zu entfalten. Zusätzliche Test-Software kann weiterhin als Auswahlkriterium dienen.

Bei der Verwendung von Windows bzw. Windows für Workgroups können Sie bei Einsatz eines neuen Adapters unter Umständen durch Wahl anderer Einstellungen für den virtuellen Arbeitsspeicher über die Option *386Enh* der *Systemsteuerung* zusätzliche Leistungsreserven mobilisieren. Für SCSI-Festplatten darf der *32-Bit-Zugriff* üblicherweise nicht aktiviert werden. Vor Neuinstallationen sollten Sie die entsprechenden Einstellungen ohnehin sicherheitshalber deaktivieren. Notfalls können Sie dies über eine direkte Änderung der SYSTEM.INI von Windows erreichen:

```
32BitAccess=OFF
```

Naturgemäß sind Adapter vorzuziehen, die alle gewünschten Leistungsmerkmale direkt und ohne zusätzliche Treiber verfügbar machen. Mit jedem benötigten Treiber machen Sie sich vom Hersteller der Hardware abhängig. Wenn dessen Unterstützung ausbleibt, können Sie sich mit dem nächsten Betriebssystem-Update gegebenenfalls auch auf die Suche nach neuer Hardware machen.

20.3.5 Optimierungen

Weitere Möglichkeiten betreffen Optimierungen der Arbeitsgeschwindigkeit des Adapters. Wenn Sie einen Controller neu einbauen, können Sie vorsichtig austesten, ob durch Änderung der werkseitigen Einstellungen, die meist recht konservativ ausfallen, Leistungsreserven mobilisiert werden können. Häufig finden Sie zu diesem Zweck Testprogramme auf der mit dem Adapter gelieferten Diskette. Die (englische) Dokumentation zu den Testprogrammen finden Sie häufig auch nur auf den beiliegenden Disketten. Gehen Sie dabei aber auf jeden Fall mit der gebotenen Vorsicht zu Werke: Einstellungen, die die Systemstabilität beeinträchtigen, helfen niemandem.

20.3.6 Controller für den Server-Einsatz

In Netzwerken wird häufig mit Plattenduplizierung (Disk Duplexing) oder Plattenspiegelung (Disk Mirroring) gearbeitet. Diese Verfahren dienen dem Schutz von Daten vor dem Ausfall der (Netzwerk-)Hardware. Dabei werden alle Daten einer Festplatte auf eine zweite Festplatte dupliziert. Wenn Sie diese Möglichkeit zur Erhöhung der Datensicherheit in Anspruch nehmen wollen, benötigen Sie Adapter mit entsprechenden Merkmalen. Lassen Sie sich in einem solchen Fall kompetent beraten.

20.4 HDD/FDD-Controller-Installation

Die Installation eines Laufwerk-Controllers gestaltet sich bei Berücksichtigung der obigen Hinweise in der Regel recht einfach. Allerdings sollten Sie vor der Installation Sicherheitskopien aller wichtigen Daten anlegen.

- Öffnen Sie das Rechnergehäuse.
- Entfernen Sie den alten Adapter oder das Blindblech.
- Wählen Sie einen passenden freien Steckplatz aus. Ein Steckplatz, der sich möglichst nahe an den eingebauten Disketten- bzw. Festplattenlaufwerken befindet, ist dazu am besten geeignet.
- Kontrollieren und ändern Sie bei Bedarf die Jumpereinstellungen des Adapters, sowie die Aktivierung des Abschlußwiderstands.
- Deaktivieren Sie andere Funktionseinheiten, die mit dem neuen Adapter kollidieren können. Entfernen Sie nicht mehr benötigte Adapter, deren Dienste auf dem neuen Controller integriert sind.
- Schließen Sie die Kabel der Diskettenlaufwerke und Festplatten bzw. die anderer Geräte an den Adapter an. Achten Sie dabei auf die korrekte Ausrichtung des Kabels. Die farblich abgesetzte Leitung des Flachbandkabels entspricht der Leitung 1. Entsprechende Beschriftungen oder Markierungen finden Sie üblicherweise auch auf der Adapterplatine. (Weitere Informationen zur Installation von Diskettenlaufwerken und Festplatten finden Sie in den zugehörigen Kapiteln des Buches.)
- Schließen Sie dann den zweiadrigen Stecker der Aktivitäts-LED der Festplatte an.
- Setzen Sie den Adapter in den Steckplatz.
- Sofern notwendig, konfigurieren Sie den Adapter jetzt mit Hilfe der Installations-Software. Führen Sie nach dem Umkonfigurieren einen Kaltstart des Rechners durch, so daß gewährleistet ist, daß der Adapter mit den neuen Einstellungen arbeitet. Schalten Sie den Rechner dazu am besten aus, warten Sie einige Sekunden, und schalten Sie ihn dann wieder ein.
- Führen Sie einen ausführlichen Testlauf des Rechners und aller an den Adapter angeschlossenen Geräte durch. Installieren Sie gegebenenfalls benötigte Treiber und Programme. Passen Sie bei Bedarf die Installation des verwendeten Betriebssystems bzw. der Benutzeroberfläche an.

20.5 HDD/FDD-Controller-Troubleshooting

Bei auftretenden Problemen können Sie die gerätespezifischen »Troubleshooting«-Abschnitte zu Rate ziehen. Wenn Sie den Adapter falsch konfiguriert haben, kollidieren dessen Einstellungen mit anderen Geräten. Meist rührt sich dann nicht mehr viel. Allenfalls startet der Computer dann noch vom Diskettenlaufwerk, weil hier kaum etwas verkehrt zu machen ist.

Wenn Sie den Rechner zu Testzwecken sowohl von Festplatte als auch vom Diskettenlaufwerk aus starten können, können allenfalls noch BIOS-Parameter und Geschwindigkeitseinstellungen unpassend eingestellt sein. Informationen zu den gegebenenfalls auf dem Adapter zusätzlich vorhanden Schnittstellen finden Sie in den diesen Funktionsgruppen entsprechenden Kapiteln.

20.6 SCSI-Host-Adapter

Viele heute angebotene Geräte werden über die SCSI-Schnittstelle (SCSI – Small Computer System Interface) und damit über einen SCSI-Adapter angesteuert. In jedem Fall sollte der eingesetzte SCSI-Adapter möglichst dem moderneren SCSI II-Standard entsprechen und über eine vollständige ASPI-Schnittstelle (ASPI – Advanced SCSI Programmer's Interface) verfügen. Bei dieser ASPI-Schnittstelle handelt es sich um eine Steuerungssprache, über die Programme mit dem SCSI-Adapter mit SCSI-Geräten kommunizieren können, und die über ein Gerätesteuerprogramm eingerichtet wird.

Wenn Sie Geräte im Paket zusammen mit einem SCSI-Controller erwerben, sollten Sie bedenken, daß bei der Verwendung in Verbindung mit anderen Controllern Inkompatibilitäten nie ganz auszuschließen sind. Wenn Sie SCSI-Controller separat erwerben, stehen Ihnen auf dem deutschen Markt nur wenige echte Alternativen zur Verfügung. No-Name-Controller sollten Sie gleich im Laden liegen lassen, und namhafte Controller stammen heute fast ausschließlich vom Hersteller Adaptec. Damit bleibt Ihnen nur noch die Wahl zwischen verschiedenen Ausstattungen und dem gewünschten Bussystem. Hinsichtlich des Bussystems sollten Sie sich natürlich für ein möglichst leistungsfähiges Bussystem, also möglichst für PCI, entscheiden.

»Kits« enthalten neben dem Controller selbst meist ausführliche Handbücher, Kabel und Treiberprogramme. Sie können die meisten Controller auch einzeln erwerben, sofern Sie über die erforderlichen Kabel, Testprogramme usw. bereits verfügen. Eine Kurzübersicht über Adaptecs Controllerfamilie

HDD/FDD- und SCSI-Controller

finden Sie in der folgenden Tabelle. Dabei verfährt Adaptec üblicherweise so, daß Nachfolgemodelle nach dem Schema »aus 1540 wird 1541 wird 1542« benannt werden

Modell	Bussystem	Max. Transferrate	Anschlußkabel
1515	ISA	7,5 MByte/s	25polig
1542	ISA	7,5 MByte/s	50polig
2842	VLB	7,5 MByte/s	50polig
2920	PCI	10 MByte/s	50polig
2940	PCI	10 MByte/s	50polig
2940U	PCI	20 MByte/s	50polig
2940UW	PCI	40 MByte/s	68polig (Wide SCSI) 50polig (nur intern)

Tab. 20.3: Überblick über Adaptecs SCSI-Controller-Familie

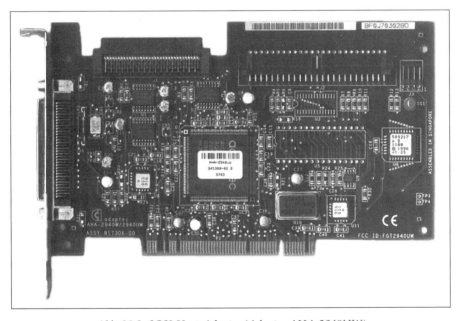

Abb. 20.3: SCSI-Host-Adapter (Adaptec AHA-2940UW)

Zum Thema »SCSI« finden Sie an anderen Stellen des Buches jeweils spezifische Informationen. Leider stehen SCSI-Adapter immer noch im Ruf, recht kompliziert in der Handhabung und häufig inkompatibel zu sein. Dies stimmt nur bedingt. SCSI-Inkompatibilitäten entstehen meist dann, wenn

Hersteller ihre Adapter oder SCSI-Geräte nicht mit dem vollen SCSI-Befehlssatz ausstatten. Wenn dann zusätzliche Geräte an einen SCSI-Adapter angeschlossen werden, treten beinahe zwangsläufig Probleme auf.

SCSI-Schnittstellen, die in Soundkarten integriert sind, verfügen zum Beispiel selten über vollwertige SCSI-Schnittstellen. Selbst die Schnittstellen der Soundkarten von MediaVision (Pro Audio Spectrum) weisen hinsichtlich der Datentransferrate Einschränkungen auf, so daß sie für den Anschluß von Festplatten ungeeignet sind.

20.6.1 Ressourcenbelegung

SCSI-Host-Adapter eignen sich nicht nur zur Ansteuerung von Festplatten, sondern lassen sich allgemein einsetzen. Daher belegen SCSI-Host-Adapter mit ihren werkseitigen Einstellungen üblicherweise nicht die für Festplatten-Controller festgelegten Standardadressen. Sollten Sie über den SCSI-Adapter eine Festplatte ansteuern, ohne daß ein anderer Adapter des Systems den klassischen Festplatten-IRQ 14 benutzt, können Sie diesen natürlich für den SCSI-Host-Adapter verwenden. Meist bevorzuge ich dann diese Konfiguration.

Aufgrund der Unterschiedlichkeit der Konfiguration verschiedener SCSI-Adapter bleibt Ihnen aber auf keinen Fall der Blick in deren Handbücher erspart, weil allenfalls der IRQ 11 für SCSI-Adapter weit verbreitet ist, während alle anderen benötigten Adressen in weiten Bereichen variieren. Die gängigsten Varianten stellen heute die Konfiguration über ein entsprechendes Programm oder den Aufruf des SCSI-BIOS dar, der häufig mit der Tastenkombination Strg+A beim Rechnerstart erfolgt.

Welche Ressourcen Ihr Adapter tatsächlich beansprucht, hängt also vom jeweiligen Modell ab. Bei der Wahl der Einstellungen müssen Sie dementsprechend besonders auf mögliche Konflikte achten, die in erster Linie mit Sound-, Netzwerk- oder einfachen CD-ROM-Adaptern zu befürchten stehen. Achten Sie also bei der Auswahl eines SCSI-Host-Adapters auf eine möglichst breite Palette von Einstellmöglichkeiten.

Die Konfiguration erfolgt bei älteren Adaptern über Jumper, modernere Varianten lassen sich komplett über spezielle Dienstprogramme einstellen bzw. konfigurieren sich weitgehend automatisch. Sofern sich ein Diskettenlaufwerk-Controller mit auf dem SCSI-Host-Adapter befindet, gelten für diesen natürlich die auch sonst üblichen Daten.

HDD/FDD- und SCSI-Controller

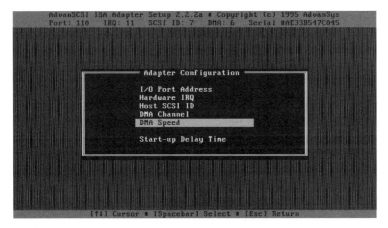

Abb. 20.4: Über CFGIDE.EXE erfolgt die Ressourceneinstellung beim Advansys-Controller, der vielen CD-Recordern im Kit beiliegt.

20.6.2 SCSI-IDs

SCSI steht im Ruf, in Hinsicht auf die Installation der Geräte kompliziert und aufwendig zu sein. Defekte bzw. minderwertige Kabel, falsch gesetzte Abschlußwiderstände und der Umstand, daß bestimmten Geräten bestimmte Identifikationsnummern zugewiesen werden müssen, wollen neben den verschiedenen SCSI-Varianten und Spielarten berücksichtigt werden.

An einen SCSI-Adapter lassen sich bis zu sieben (bzw. acht, wenn der Adapter selbst mitgezählt wird) Geräte anschließen. Alle Geräte an einem SCSI-Bus bzw. -Kabelstrang benötigen eine eindeutige SCSI-Identifikationsnummer (SCSI-ID), wobei die Numerierung von 0 bis 7 läuft und die ID 7 üblicherweise dem Host-Adapter selbst vorbehalten ist.

 An Wide-SCSI-Adapter lassen sich bis zu 16 (statt 8) Geräte gleichzeitig anschließen. Die IDs laufen dabei von 0 bis 15, der SCSI-Adapter selbst wird als Gerät mitgezählt.

Die IDs 0 und 1 werden meist für SCSI-Festplatten bzw. bootfähige Geräte verwendet und die ID 7 ist, wie bereits gesagt, dem Adapter vorbehalten. Bei Scannern findet man in der Regel die ID 6 und CD-ROM-Laufwerken wird meist die ID 4 oder 5 zugeordnet. Welche ID Sie letztlich über die DIP-, Drehschalter oder Jumper wählen, sollten Sie dementsprechend von den Voreinstellungen und gegebenenfalls anderen, bereits vorhandenen Geräten abhängig machen. Ziehen Sie bei Verwendung von SCSI-Host-Adaptern auf jeden Fall die Dokumentation zu Rate. Allgemeingültig sind die genannten Regeln nämlich nicht.

Moderne SCSI-Host-Adapter bzw. deren BIOS bieten Unterstützung für das Starten von beliebigen SCSI-Geräten und das Starten von CD-ROM-Laufwerken aus. Damit sollte sich der Rechner dann von einem beliebigen SCSI-Datenträger aus starten lassen.

Bei nahezu allen modernen SCSI-Adaptern wird die Ressourcenzuordnung nicht mehr über kleine Schalter oder Steckbrücken, sondern über Einrichtungsprogramme eingestellt. Gute Installationsprogramme erledigen diese Aufgabe gleich mit. Dies bedeutet, daß Sie die IRQ-, die DMA-, die Port-Adresse und auch die Terminierung des SCSI-Adapters üblicherweise erst nach dem Einbau der Steckkarte mit entsprechenden Programmen oder mit Hilfe eines Installationsprogramms einstellen.

 Manche SCSI-Adapter machen Ihnen das Leben schwer. Hier erfolgt die Konfiguration nach dem Einbau teils über bestimmte Tastenkombinationen (zum Beispiel Strg+A) oder bei älteren Adaptern gar mit Hilfe von DEBUG.

Bei den an den Adapter angeschlossenen Geräten sieht das in der Regel anders aus. Da sie überhaupt erst nach korrekter Adresseneinstellung ansprechbar sind, muß die korrekte Konfiguration zwangsläufig über Schalter oder Jumper vor dem Einbau erfolgen. Kleine Drehschalter, Miniaturschalter oder Jumper müssen entsprechend eingestellt bzw. aufgesteckt werden. Sofern es sich um Schalter oder Steckbrücken handelt, haben diese die Wertigkeit 1, 2 und 4 und sind binär codiert, so daß sich mit drei Ein-/Aus-Einstellungen alle möglichen IDs zwischen 0 und 7 realisieren lassen. Die winzigen Steckbrücken lassen sich am besten mit einer Spitzzange oder einer kräftigen Pinzette entfernen und setzen.

Wertigkeit 4 (2^2)	Wertigkeit 2 (2^1)	Wertigkeit 1 (2^0)	ID
0	0	0	0
0	0	1	1
0	1	0	2
0	1	1	3
1	0	0	4
1	0	1	5
1	1	0	6
1	1	1	7

Tab. 20.4: SCSI-IDs und -Einstellungen sind üblicherweise binär codiert.

HDD/FDD- und SCSI-Controller

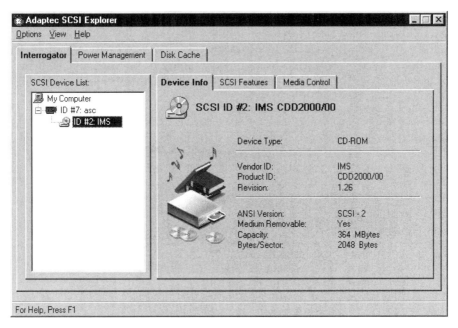

Abb. 20.5: Der SCSI-Explorer gibt nicht nur über die ID, sondern auch über weitere Fähigkeiten angeschlossener SCSI-Geräte Auskunft.

20.6.3 Abschlußwiderstände/Terminierung

Bussysteme müssen mit Abschlußwiderständen versehen werden, um auf dem Bus bzw. Kabelstrang die benötigten elektrischen Eigenschaften sicherzustellen. Dabei ist die Regel eigentlich einfach: Beide Enden des Kabelstrangs müssen mit einem sogenannten »Terminator« bzw. Abschlußwiderstand versehen werden. Eine Ausnahme von dieser Regel gibt es nicht. Das erste und das letzte Gerät an diesem Kabelstrang müssen terminiert werden, alle dazwischenliegenden Geräte dürfen nicht terminiert werden. Dabei sind alle SCSI-Geräte gewissermaßen wie Perlen auf einer Kette aufgereiht. Lediglich die erste und die letzte »Perle« müssen durch einen »Abschlußwiderstand« davor bewahrt werden, von der Schnur zu rutschen.

Da der Host-Adapter sich meist an einem Ende der Kette befindet, muß in der Regel nur beim letzten Gerät der Abschlußwiderstand zusätzlich gesetzt werden. Bei allen anderen Geräten der Kette dürfen die Abschlußwiderstände nicht gesetzt sein. Werden sowohl interne als auch externe Geräte an einen SCSI-Adapter angeschlossen, befindet sich der Host-Adapter nicht mehr am Ende der SCSI-Kette, so daß in diesem Fall der Abschlußwiderstand auf dem Adapter deaktiviert werden muß.

Auch die Terminierung eines SCSI-Geräts erfolgt meist über DIP-Schalter oder Jumper. Bei älteren Geräten mußten zuweilen auch Abschlußwiderstände in passende Sockel eingesetzt werden. Bei externen Geräten findet man hin und wieder auch Abschlußwiderstände in Steckerform. Üblicherweise aktivieren Sie mit einer gesetzten Steckbrücke (Jumper) den Abschlußwiderstand.

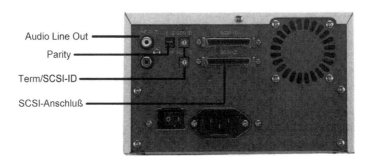

Abb. 20.6: Hier erfolgen die Einstellungen für die SCSI-ID und die Terminierung an der Rückseite des externen Laufwerks.

20.6.4 Treiberunterstützung und Kompatibilität

Ein anderes Problem hat seine Ursache in der Treiberunterstützung der SCSI-Controller. Eigenständige Lösungen werden Ihnen wahrscheinlich nicht lange Freude bereiten. SCSI-Karten der Firmen Adaptec und Future Domain genießen zum Beispiel eine große Verbreitung und damit eine breite Unterstützung. Bei kleineren Macken dieser Karten können Ihnen dann der Produzent und/oder die Softwarefirma oft weiterhelfen. Beim Einsatz von Netzwerkbetriebssystemen wirken sich derartige Problemchen übrigens am ehesten negativ aus.

 Die beschriebene Problematik ist aufgrund des allgemeinen Zugangs zum Internet nicht mehr ganz so kritisch. In den USA gibt es etliche kleinere Hersteller von SCSI-Adaptern, die in Europa nicht direkt vertreten sind. Aktuelle Treiber sind aber meist via Internet erhältlich. (Mit der Variante `http://www.firmenname.com` kommen Sie sehr häufig ans Ziel. Wenn Sie also beispielsweise `firmenname` durch das gängige Kürzel `advansys` der Firma Advanced Systems ersetzen, werden Sie fündig.)

Herstellerspezifische SCSI-Adapter, wie sie zum Beispiel bei Scannern äußerst beliebt sind, leiden oft an mangelnder Kompatibilität. Die Ursache liegt meist darin, daß die Hersteller lediglich die von ihrem Gerät benötigten Routinen implementieren, so daß nur eine Untermenge des SCSI-Standards realisiert wird. Sofern sich an solche Adapter weitere Geräte anschließen lassen, kommt es häufig zu Inkompatibilitäten. Ähnliches gilt übrigens häufig auch für Geräte, die nur im Paket zusammen mit bestimmten SCSI-Adaptern ausgeliefert werden. Oftmals bereiten solche Geräte dann mit dem einen oder anderen verbreiteten SCSI-Adaptern Probleme.

Bei vollwertigen SCSI-Adaptern namhafter Hersteller (zum Beispiel Adaptec/Future Domain) treten nur selten ernsthafte Probleme auf. Zudem bietet Adaptec hervorragenden Internet-Support (*http://www.adaptec.com*), so daß meist bereits kurz nach dem Bekanntwerden etwaiger Probleme aktualisierte Treiber oder spezifische Hinweise verfügbar sind.

Verwenden Sie möglichst *nicht* die mit der ursprünglichen Windows 95-Version ausgelieferten Steuerprogramme für SCSI-Adapter. Für die meisten SCSI-Adapter gibt es verbesserte oder aktualisierte Treiberversionen.

20.6.5 Zusatzprogramme

Wenn Sie SCSI-Adapter einsetzen, sollten Sie den Einsatz spezieller Diagnoseprogramme in Erwägung ziehen. Zum Beispiel gibt es von Adaptec Programme wie EZ-SCSI, die nicht nur umfangreiche Testmöglichkeiten und Installationshilfen für SCSI-Geräte zur Verfügung stellen, sondern zudem Backup-, CD-Writer-Programme und vieles mehr enthalten.

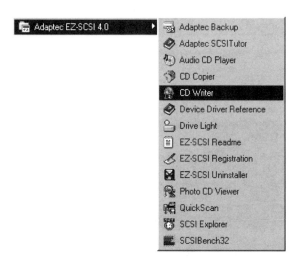

Abb. 20.7: Adaptecs EZ-SCSI enthält eine umfangreiche Programmsammlung rund um SCSI.

20.6.6 SCSI-Adapter-Konfiguration

Die meisten SCSI-Adapter verfügen über etliche Optionen, über die Sie den Adapter an die speziellen Anforderungen der angeschlossenen Geräte manuell anpassen können. Zwar handeln SCSI-Adapter und das SCSI-Gerät die notwendigen Parameter weitgehend selbständig untereinander aus, aber dennoch ist es häufiger notwendig oder auch sicherer, wenn Sie gewisse Einstellungen manuell vornehmen. Daher stelle ich im folgenden einige Einstellungen vor.

DMA-Transferrate

DMA ist eine Abkürzung von Direct Memory Access, ein Verfahren, bei dem Geräte direkt auf den Arbeitsspeicher zugreifen können, ohne dabei Dienste des Prozessors in Anspruch zu nehmen. Der eingestellte Wert für die DMA-Transferrate kann in Einzelfällen zu Schwierigkeiten führen. Wenn sie nämlich für den jeweiligen Rechner zu hoch gewählt wird, kann dieser ins Stolpern geraten.

Daher läßt sich die DMA-Transferrate für den SCSI-Controller teilweise einstellen und kann, wenn keine SCSI-Festplatten angeschlossen sind, ohne weiteres auf 5 oder sogar 2 MByte/s abgesenkt werden, ohne daß dabei Leistungseinbußen zu befürchten sind. Beispielsweise sind mit einer Transferrate von 2 MByte/s selbst zwölffache Lesegeschwindigkeiten bei CD-ROM-Laufwerken noch realisierbar.

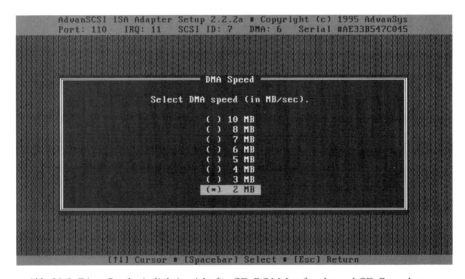

Abb. 20.8: Diese Geschwindigkeit reicht für CD-ROM-Laufwerke und CD-Recorder aus.

Spin-Up-Zeit

Manche Geräte brauchen, um auf die richtige Umdrehungszahl zu kommen, eine gewisse Anlaufzeit. Wenn diesen Geräten nun vom SCSI-Adapter zu wenig Zeit zur Vefügung gestellt wird, kommt es zwangsläufig zu Problemen, weil das entsprechende Gerät nie rechtzeitig bereit ist. Wenn Sie also vermuten, daß Sie es mit einem solchen Gerät zu tun haben, können Sie nach einer entsprechenden Einstellung Ausschau halten und diese heraufsetzen.

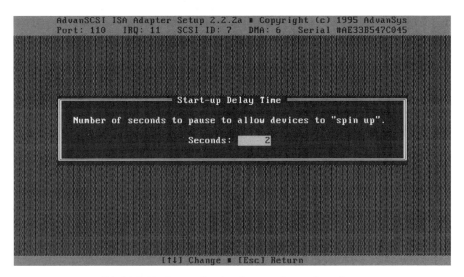

Abb. 20.9: Und wenn Laufwerke etwas länger brauchen ...

Sync Negotiation/Synchroner Datentransfer

Da der synchrone Datentransfer schneller abläuft als der asynchrone, sollte diese Einstellung für alle Geräte aktiviert sein, die diesen Transfermodus unterstützen. Sofern es jedoch zu Problemen mit Geräten kommt, die diesen Modus nicht unterstützen, sollten Sie diese Einstellung deaktivieren.

 Die meisten SCSI-Geräte unterstützen den synchronen Datentransfer. Insbesondere bei älteren SCSI-I-Geräten kommt es in dieser Hinsicht jedoch häufiger zu Problemen. Darüber hinaus unterstützen viele CD-Laufwerke den synchronen Modus nicht.

Weitere Einstellungen

Neben den bereits vorgestellten Einstellungen gibt es meist noch einige weitere, die jedoch nur sehr selten Probleme verursachen sollten. So lassen sich meist weitere Parameter für den Datentransfer sowie die Initialisierung von

Geräten festlegen. Damit lassen sich gegebenenfalls auftretende Schwierigkeiten beseitigen, die zwischen mehreren am SCSI-Adapter angeschlossenen Geräten bestehen.

Derart gelagerte Probleme lassen sich aber nur schwer diagnostizieren. Am besten entfernen Sie dazu zunächst einmal *alle* Adapter, die nicht unbedingt benötigt werden. Dann setzen Sie den SCSI-Adapter am besten auf seine Standardeinstellungen zurück und nehmen manuell gegebenenfalls nur jene Einstellungen vor, von denen Sie *sicher* wissen, daß sie für die angeschlossenen Geräte benötigt werden. Anschließend bauen Sie die Geräte eins nach dem anderen wieder ein und testen jeweils sorgfältig alle Funktionen durch, bis Sie den fraglichen Übeltäter ermittelt haben.

Richtig, hier handelt es sich um die klassische »Versuch und Irrtum«-Methode, die möglicherweise letzte Rettung, die darüber hinaus ausgesprochen viel Zeit verschlingen kann.

20.7 SCSI-Installation

Viele SCSI-Adapter und -Geräte verfügen über Installationsprogramme, die alle notwendigen Schritte weitgehend automatisch erledigen. Dies gilt insbesondere dann, wenn sich in Ihrem Rechner bisher nur wenige zusätzliche Geräte befinden. Dennoch treten hier und da Schwierigkeiten und Konflikte auf, so daß eine systematische Vorgehensweise in jedem Fall sinnvoller ist.

Die folgenden Arbeitsschritte fallen bei der Installation eines SCSI-Geräts und des zugehörigen Adapters an:

- Feststellen der vorhandenen Konfiguration und der bereits belegten Ressourcen
- Einstellung der Ressourcenbelegung an den Geräten
- Installation des SCSI-Adapters und des SCSI-Geräts und der zugehörigen Steuerprogramme bzw. Treiber
- Installation von gerätespezifischen Programmen
- Testen der Installation und gegebenenfalls manuelles Umkonfigurieren

20.7.1 Einbau eines SCSI-Adapters

Nachdem Sie die vorhandene Konfiguration ermittelt haben, SCSI-IDs und Abschlußwiderstände passend gesetzt haben, kann der manuelle Einbau des Adapters folgen.

- Ziehen Sie die Kabel vorsichtig weiter ins Gehäuse und entfernen Sie das Schutzblech des Steckplatzes, in den Sie den SCSI-Adapter einsetzen wollen.

- Setzen Sie nun den Controller in einen freien Steckplatz ein. Fassen Sie diesen dabei nur an den Kanten der Leiterplatte bzw. Platine an, und drücken Sie diese vorsichtig senkrecht in den Steckplatz.

- Schrauben Sie dann die Steckkarte fest.

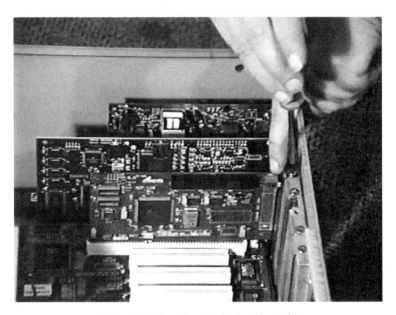

Abb. 20.10: Schrauben Sie die Steckkarte fest.

- Nun können Sie das Flachbandkabel am SCSI-Host-Adapter anschließen. Achten Sie dabei auf den korrekten Anschluß des Flachbandkabels. Die Leitung 1 bzw. Pin 1 ist üblicherweise gekennzeichnet, und auch auf der Platine des Adapters befindet sich in der Regel eine entsprechende Beschriftung.

- Bauen Sie das oder die SCSI-Geräte ein und verbinden Sie diese mit dem SCSI-Flachbandkabel.

Abb. 20.11: Auch beim Anschluß des Flachbandkabels an den Adapter muß auf die korrekte Polung geachtet werden.

Machen Sie nun den Rechner betriebsbereit, indem Sie alle zuvor entfernten Kabel wieder anschließen und das Gehäuse vorläufig geöffnet lassen. Zumindest bei der Erstinstallation sollten Sie es erst am Ende der gesamten Hardware-Installationsprozedur schließen.

20.7.2 Treiber-Installation unter Windows 9x

Nun müssen nur noch die Steuerprogramme und die Software für den SCSI-Hostadapter und die installierten SCSI-Geräte installiert werden. Die dazu notwendigen Angaben finden Sie üblicherweise in den Hardware-Handbüchern. Glücklicherweise wird der gesamte Vorgang bei modernen Geräten über entsprechende Setup-Programme gesteuert, so daß Sie im Idealfall gar nicht viel zu tun brauchen. Lediglich die von den Geräten verwendeten Adressen müssen hier und da manuell eingestellt werden. Manche Setup-Programme installieren die Geräte aber auch stur unter Verwendung der herstellerspezifischen Standardadressen, so daß nach dem Ausführen des Setup-Programms noch ein wenig Handarbeit angesagt ist. Und manchmal läuft das Setup-Programm auch ganz ins Leere, zum Beispiel dann, wenn es spezifisch für die amerikanischen Windows-Versionen gestrickt wurde und die deutschen Entsprechungen nicht findet, oder wenn es mehrere Setup-Programme gibt und Sie sich für das falsche entschieden haben.

Aus diesen Gründen werde ich hier keine Setup-Programme erläutern, sondern den Weg beschreiben, auf dem Sie Windows-konform Hardware-Steuerprogramme installieren können, ohne ein Setup-Programm zu bemühen. Dabei lege ich zunächst den Schwerpunkt auf Windows 9x. Zum DOS/Windows-Gespann folgen dann anschließend noch einige spezielle Hinweise.

Für SCSI-Geräte müssen Sie meist folgende Software installieren:

- Steuerprogramme für den SCSI-Hostadapter selbst
- Steuerprogramme bzw. Hilfstreiber für das SCSI-Gerät
- Anwendungs-, Test- oder Zusatzprogramme für das SCSI-Gerät

Der Host-Adapter benötigt einen Treiber, der ASPI-konform (Advanced SCSI Programming Interface) sein sollte, (fast) jedes SCSI-Gerät benötigt darüber hinaus noch ein eigenes Steuerprogramm.

Treiberinstallation mit dem Hardwareassistenten

Da SCSI-Geräte vor der Installation ihrer Steuerprogramme noch nicht funktionieren können, müssen diese zunächst einmal von Diskette oder CD-ROM aus installiert werden. Dazu rufen Sie, wie bereits gesagt, das zugehörige Setup-Programm auf und folgen anschließend dessen Anweisungen. Die alternative Vorgehensweise über den Hardwareassistenten werde ich im folgenden schrittweise vorstellen.

- Klicken Sie das Symbol *Hardware* in der *Systemsteuerung* doppelt an. Da Sie über eine Diskette mit den benötigten Steuerprogrammen verfügen und wissen, was für ein Gerät Sie installieren wollen, entscheiden Sie sich im nächsten Bildschirm dafür, die Hardware nicht suchen zu lassen, indem Sie die Option *Nein* markieren und dann die Schaltfläche *Weiter* anklicken.

- Wählen Sie dann den Typ der zu installierenden Hardware aus. Damit beeinflussen Sie im Prinzip nur, welche Geräte Ihnen im folgenden zur Auswahl angeboten werden. Ansonsten sollte es reichlich egal sein, für welchen Hardwaretyp Sie sich entscheiden, wenn Sie die Treiber ohnehin von Diskette aus installieren. Sie können also ganz nach Belieben *Andere Komponenten* oder *SCSI-Controller* anklicken. Klicken Sie dann *Weiter* an.

- Im abgebildeten Dialogfenster könnten Sie, zumindest im Falle eines Adaptec-Controllers, einen der mit Windows ausgelieferten Treiber auswählen. Machen Sie dies *möglichst nicht!* Meist existieren bereits kurz nach der Auslieferung einer neuen Betriebssystemversion aktualisierte bzw. verbesserte Treiberversionen. In der Regel sollten Sie hier also die Schaltfläche *Diskette...* anklicken, wenn Sie neue Geräte installieren.

Kapitel 20

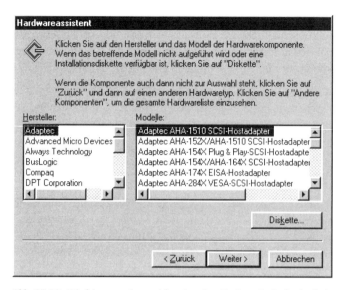

Abb. 20.12: *Die hier zur Auswahl stehenden Treiber sind oft überholt.*

- Nun werden Sie darüber informiert, das Sie die Installationsdiskette des Herstellers einlegen sollen und können das Quellaufwerk über die Schaltfläche *Durchsuchen...* auswählen oder manuell einstellen.

- Wenn Sie sich für das richtige Laufwerk entschieden haben, sollten Sie anschließend eine Informationsdatei mit der Namenserweiterung .INF sehen können, die Sie nun auswählen.

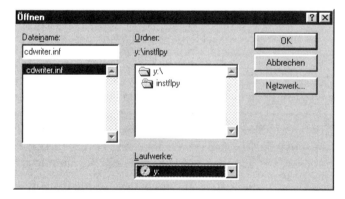

Abb. 20.13: *Hier wird die CDWRITER.INF auf einem CD-ROM-Laufwerk zur Installation verwendet.*

HDD/FDD- und SCSI-Controller

- Wenn Sie nun eine Fehlermeldung erhalten, haben Sie eine ungültige INF-Datei ausgewählt. Üblicherweise sollte jetzt aber im Hardwareassistenten ein Gerät (manchmal auch mehrere) angezeigt werden. Entscheiden Sie sich gegebenenfalls für Ihr Modell und klicken Sie *Weiter* an.

- Anschließend werden Ihnen meist die von der Hardware verwendeten Ressourcen angezeigt. Dieses Fenster ist wichtig! Lesen Sie die Zusatzinformationen sorgfältig durch. In der folgenden Abbildung wird zum Beispiel darauf hingewiesen, daß die gezeigten Ressourcen gegebenenfalls vom Gerät gar nicht verwendet werden. Hier hat keine automatische Erkennung stattgefunden. Die Installationsroutine zeigt lediglich freie Ressourcen an, auf die Sie den Adapter einstellen könnten. Tatsächlich war der SCSI-Adapter in dem Beispiel, das dem Bildschirmfoto zugrundeliegt, bereits installiert und konfiguriert und belegte den DMA-Kanal 06 und IRQ 11.

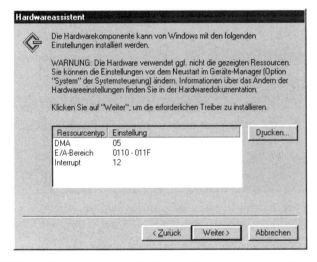

Abb. 20.14: Widmen Sie den hier gezeigten Informationen besondere Aufmerksamkeit und lassen Sie gegebenenfalls die Einstellungen drucken.

- Klicken Sie dann wiederholt *Weiter...* an, um den Vorgang abzuschließen.

Abschließend erhalten Sie in diesem Beispiel die Mitteilung, daß Sie den Computer herunterfahren und ausschalten sollen, um die Hardware zu installieren. Beim üblichen Vorgehen wird die Hardware *vor* den Treibern installiert. Meist lassen sich die Treiber auch gar nicht installieren, wenn die entsprechende Hardware nicht vorhanden ist.

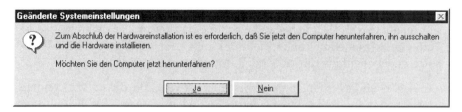

Abb. 20.15: Das zwischenzeitliche Abschalten des Computers sollten Sie ernst nehmen.

Wichtiger ist jedoch der Hinweis, daß Sie den Rechner nicht nur herunterfahren, sondern ausschalten sollen. Viele Geräte werden nur nach dem Einschalten des Rechners initialisiert. Entsprechend reicht es nicht, wenn Sie den Rechner nur neu starten. Das Ausschalten ist dann zwingend erforderlich, damit der Adapter mit neuen Parametern neu initialisiert werden kann. Sie können sich in solchen Fällen also viel Verdruß ersparen, wenn Sie den Rechner abschalten und einige Sekunden warten, bevor Sie ihn wieder einschalten.

Klicken Sie also die verschiedenen *Ja*-Schaltflächen an, fahren Sie den Rechner herunter, schalten Sie ihn ab und nach einigen Sekunden wieder ein.

Ressourcenzuweisungen im Geräte-Manager ändern

Wenn Sie bei der Treiberinstallation »Glück« gehabt haben, wurde Ihr SCSI-Adapter vom Setup-Programm oder über das im letzten Abschnitt beschriebene Vorgehen korrekt konfiguriert. Darüber, ob dies der Fall ist, können Sie sich über die Windows 9x-Systemsteuerung informieren. Wenn ein Gerät gar nicht installiert wurde und von Windows auch nicht erkannt wird, dann fehlt es in der Ausstattungsliste. Der weitaus häufigere Fall ist jedoch der, daß irgendwelche Parameter mit anderen Hardware-Ressourcen kollidieren. Und darüber gibt der Geräte-Manager, den Sie über das Symbol *System* in der *Systemsteuerung* aufrufen, ausgesprochen zuverlässig Auskunft.

Wenn Sie den problematischen Eintrag doppelt anklicken, wird Ihnen im Register *Allgemein* der Gerätestatus angezeigt, der im wesentlichen darüber Auskunft gibt, ob ein Gerät betriebsbereit ist oder nicht. Wenn Sie in das Register *Ressourcen* wechseln, werden Ihnen die Ressourceneinstellungen angezeigt. Im unteren Bereich des Fensters finden Sie Angaben über gegebenenfalls vorhandene Gerätekonflikte. Hier können Sie ohne weiteres die Angabe »Keine Konflikte« finden, wenn die Einstellungen nicht zur Konfiguration der Hardware passen.

HDD/FDD- und SCSI-Controller

Abb. 20.16: Das Ausrufezeichen im gelben Kreis beim SCSI-Adapter signalisiert, daß bei diesem Eintrag etwas nicht stimmt.

Abb. 20.17: Hier kann die Ressourcenbelegung für den SCSI-Adapter manuell geändert werden.

Wenn Sie nun die Einstellungen des SCSI-Adapters manuell korrigieren wollen oder müssen, dann deaktivieren Sie zunächst das Feld *Automatisch einstellen* und klicken dann im Kurzverfahren in der Spalte *Ressourcentyp* die zu ändernde Einstellung doppelt an. (Alternativ können Sie den gewünschten *Ressourcentyp* in der linken Spalte markieren und dann den Schalter *Einstellung ändern...* betätigen.)

Abb. 20.18: Mit dem kleinen Drehschalter nehmen Sie Änderungen vor.

Achten Sie dabei im unteren Fensterbereich auf die Konfliktinformationen. Der Geräte-Manager bietet Ihnen bei der Betätigung des Drehschalters *nicht* nur die noch verfügbaren Ressourcen, sondern auch die manuell konfigurierten an. Dementsprechend müssen Sie nicht nur die korrekte Einstellung vornehmen, sondern sich auch für einen Wert entscheiden, bei dem keine Gerätekonflikte vorliegen, wie dies in der Abbildung der Fall ist.

Stellen Sie also die der Hardware entsprechenden richtigen Werte ein und wiederholen Sie dabei das Vorgehen bei Bedarf für alle zu ändernden Ressourcentypen. Betätigen Sie abschließend den *OK*-Schalter, und starten Sie den Rechner neu.

Kontrollieren Sie anschließend noch einmal, ob das gelb unterlegte Ausrufezeichen verschwunden ist bzw. ob der Geräte-Manager Ihre Einstellungsänderungen auch wirklich übernommen hat.

Auf ähnliche Art und Weise können Sie bei Bedarf (oder Problemen) auch Treiber für andere SCSI-Geräte (nach-)installieren und deren Ressourcenzuweisungen ändern.

20.7.3 DOS/Windows 3.x

Windows 3.1 beherrscht den Trick mit den INF-Dateien nur ansatzweise, nämlich für Maus, Tastatur, Netzwerk und Bildschirm. Viele Einstellungen können Sie aber über zugehörige Symbole in der Systemsteuerung oder entsprechende Programme aus dem Lieferumfang der jeweiligen Geräte auch nachträglich noch ändern. Prinzipiell werden jedoch alle Konfigurationsänderungen in den Dateien CONFIG.SYS, AUTOEXEC.BAT, SYSTEM.INI und WIN.INI vermerkt.

Dies bedeutet, daß Sie die Installation mit den zugehörigen Setup-Programmen durchführen müssen. Eine manuelle Installation ist nur möglich, wenn Sie das genaue Format aller Eintragungen kennen. (Häufig finden Sie die dazu notwendigen Angaben in der Hardware-Dokumentation oder irgendwo in mitgelieferten Dokumentationsdateien.)

In der CONFIG.SYS müssen Eintragungen für den SCSI-Host-Adapter und bei Bedarf auch für die SCSI-Geräte vorgenommen werden. Dabei beziehe ich mich in den folgenden Beispielen auf einen CD-Writer von Philips. Die Zeilen für den ASPI-Manager und den CD-Treiber habe ich im folgenden Beispiel ganz an den Anfang der CONFIG.SYS gestellt, also noch vor die beiden Speichermanagement-Programme HIMEM.SYS und EMM386.EXE. Das kann unter Umständen auftretende Probleme vermeiden helfen.

```
REM ASPI Manager
DEVICE=C:\CDR\ADVASPI.SYS /V
REM CD Driver
DEVICE=C:\CDR\ADVANCD.SYS
REM Speichermanagement
DEVICE=C:\DOS\HIMEM.SYS /TESTMEM:OFF
DEVICE=C:\DOS\EMM386.EXE RAM NOEMS X=A000-C7FF
...
```

Die Bedeutung der einzelnen Schalter müssen Sie letztlich der Dokumentation des jeweils eingesetzten Laufwerks bzw. SCSI-Controllers entnehmen. /V steht bei sehr vielen Treibern abkürzend für »verbose« (geschwätzig). Wenn dieser Schalter angegeben wird, gibt der ASPI-Treiber wortreich über die ermittelten Einstellungen Auskunft, während er ansonsten »den Mund hält«. Diese Geschwätzigkeit kann unter Umständen recht informativ sein und im Zweifelsfall alle notwendigen Angaben liefern:

```
ASPI Host Adapter #0I/O Port  0110h  IRQ 11  DMA 6  SCSI ID 7
```

ist zwar nichts für neugierige Augen, aber wesentlich aufschlußreicher als ein wortkarges:

```
ASPI Host Adapter #0
```

In den folgenden Zeilen des Beispiels befindet sich nichts mehr, was direkt mit dem SCSI-Adapter oder CD-Writer zusammenhängt. /TESTMEM:OFF beschleunigt den Start des Systems, indem die ausführlichere Überprüfung des erweiterten Speichers abgeschaltet wird, und in der EMM-Zeile finden Sie die üblichen Angaben zum Ausklammern von Speicherbereichen, die von der installierten Grafikkarte benutzt werden.

Natürlich tragen die Treiber anderer Hersteller andere Namen, wie zum Beispiel ASPI4DOS.SYS. Das Vorgehen ist jedoch immer dasselbe. Möglicherweise benötigen Sie für das eine oder andere Programm oder Gerät darüber hinaus weitere oder spezielle Treiber.

Auch in die SYSTEM.INI und die WIN.INI von Windows 3.x werden unter Umständen zusätzliche Zeilen eingefügt. Ob dies jedoch der Fall ist, hängt vom jeweiligen Gerät ab. Mit den geräte-spezifischen Programmen müssen jedoch die für den Betrieb notwendigen ASPI-Bibliotheken installiert werden, sofern Sie von den installierten Geräten benötigt werden.

20.8 SCSI-Troubleshooting

Die einwandfreie Funktion von SCSI-Geräten kann durch vielfältige Faktoren gestört werden. Einige Fehler, Ursachen, Ungereimtheiten und mögliche Lösungen habe ich im folgenden zusammengestellt.

SCSI-Gerät läßt sich nicht ansprechen

Überprüfen Sie zunächst die Verkabelung. Möglicherweise liegen Hardware-Konflikte vor. Verwenden Sie einen freien DMA-Kanal für den SCSI-Adapter? Zuweilen lassen sich Steuerprogramme in der CONFIG.SYS nicht in den hohen Speicherbereich laden, so daß Sie DEVICEHIGH nicht verwenden dürfen. Benutzen Sie statt dessen DEVICE.

SCSI-Gerät wird nicht erkannt

Sofern der Treiber des SCSI-Host-Adapters korrekt geladen wurde und das SCSI-Gerät nicht wirklich defekt ist, haben Sie möglicherweise das Flachbandkabel falsch herum angeschlossen. Vielleicht ist das Kabel auch defekt. Weiterhin könnten dem SCSI-Gerät Adressen zugewiesen worden sein, die mit anderen kollidieren. Weitere mögliche Ursachen stellen die falsche Terminierung der SCSI-Gerätekette und falsche Einträge in den Konfigurationsdateien dar.

ASPI-Treiber wird nicht geladen

Sofern Sie den SCSI-Adapter richtig konfiguriert haben, dürfte die Ursache an Inkompatibilitäten mit anderen Treibern liegen. Insbesondere ist ein solches Verhalten beim DOS/Windows 3.1-Gespann von älteren EMM386.EXE-Versionen und bestimmten PCI-Motherboards bekannt. Unter Umständen hilft auch eine Änderung der Ladereihenfolge der Steuerprogramme in der CONFIG.SYS.

SCSI-Gerätetreiber werden nicht geladen

Dieser Fehler kann vielfältige Ursachen haben:

- Das SCSI-Gerät wurde nicht richtig konfiguriert.
- Das eingesetzte Speichermanager-Programm (EMM386, QEMM usw.) kommt mit dem Treiber des Laufwerks nicht klar. Dann kann dieser nicht in die oberen Speicherbereiche verlagert werden. (LH bzw. LOADHIGH oder entsprechende Anweisungen können dann für den Treiber nicht verwendet werden.)
- Manche Geräte reagieren beim Rechnerstart einfach nur allergisch auf bereits eingelegte Datenträger.

WINASPI.DLL wird nicht geladen

Dieser Fehler tritt unter Windows 3.1 insbesondere dann auf, wenn zu wenig konventioneller Arbeitsspeicher verfügbar ist. Ca. 560 KByte (573.440 Byte in der von MEM oder CHKDSK üblicherweise verwendeten Notation) stellen die Untergrenze dar. Sofern der tatsächliche Wert darunter liegt, kann diese DLL häufig nicht mehr nachgeladen werden.

Von CD bis DVD   21

Die Compact Disc in der heute üblichen und verbreiteten Form ist etwa ebenso alt wie der PC. Die Audio-CD wurde bereits Anfang der 80er Jahre entwickelt und standardisiert. Zwar dauerte es noch bis Anfang der 90er Jahre, bis diesem Speichermedium auch der Durchbruch im PC-Bereich gelang, aber dann verdrängte es die Diskette in weiten Bereichen mit atemberaubender Geschwindigkeit. Mittlerweile sind über 90% der Rechner mit CD-ROM-Laufwerken ausgestattet, und bei Neuanschaffungen liegt diese Quote noch höher. Ohne CD-ROM-Laufwerk geht heute kaum noch etwas.

Wirft man einen Blick auf die Produktionskosten, kann das nicht weiter verwundern. Spätestens als Ersatz für drei HD-Disketten läßt sich die CD-ROM (inklusive Begleitheft und Kunststoffhülle) in der Regel preiswerter duplizieren. Der einzig wesentliche Nachteil der CD-ROM besteht darin, daß man zum Lesen der Daten auf elektronische Hilfsmittel angewiesen ist. Für die Badewannen- oder Strandlektüre eignen sich CD-ROMs kaum, zumal darüber hinaus die Abspielgeräte aufgrund ihres recht hohen Energieverbrauchs zu den Stromfressern zu zählen sind.

Abb. 21.1: Der portable Photo-CD-Player N2000 mit Fernnbedienung (Kodak)

CD-ROMs gestatten wie Disketten und Festplatten direkten (wahlfreien) Zugriff auf gespeicherte Daten. Nachteilig ist lediglich, daß sie sich nur lesen (bzw. einmal beschreiben) lassen. Gespeicherte Daten können nachträglich nicht geändert werden, so daß Fehlerkorrekturen nur durch Neuschreiben möglich sind. Auch die scheinbar gelöschten Daten einer CD-R (CD-Recordable) befinden sich weiterhin auf dem Datenträger. Sie werden lediglich durch spezielle Techniken für herkömmliche CD-ROM-Laufwerke unsichtbar gemacht. Mit CD-Brennern und entsprechenden Hilfsprogrammen bzw. Programmfunktionen läßt sich weiterhin auf die »unsichtbaren« Daten zugreifen.

Erst die CD-E (CD-Erasable – Wiederbeschreibbare CD) schafft in dieser Hinsicht Abhilfe. Hier lassen sich die geschriebenen Daten physisch löschen. Leider leidet die CD-E aber darunter, daß sie sich auf herkömmlichen Geräten nicht abspielen läßt. Die notwendigen Hardware-Modifikationen werden aber seit Anfang 1997 zunehmend in neue Geräte integriert.

Ein weiterer »Nachteil« der CD-ROM ist in den letzen Jahren aber deutlich geworden: Programme, die zuvor auf zehn Disketten ausgeliefert wurden, füllen heute ganze CD-ROMs. Wenn Sie diese Programme komplett auf Festplatte installieren, belegen sie dort ohne weiteres 80, 100 oder gar 200 MByte. Während umfangreichere Programme früher durch höhere Produktionskosten des Diskettensatzes »bestraft« wurden, spielen derartige Gesichtspunkte bei heutigen Programmen kaum noch eine Rolle. Infolge dessen werden Computer-Anwender heute von einer kaum zu bewältigenden Datenflut überschwemmt.

Wenn Sie im folgenden die Informationen über CD-ROM-Laufwerke lesen, sollten Sie dabei keinesfalls die übrige Ausstattung Ihres Rechners aus den Augen verlieren. Eine gute Abstimmung des Gesamtsystems (Soundkarte, Grafikadapter, Festplatte, Prozessor und Arbeitsspeicher) ist wesentliche Voraussetzung dafür, daß Sie an Ihrem CD-ROM-Laufwerk wirklich Freude haben. Was nützt schon das schnellste CD-ROM-Laufwerk, wenn die Datenwiedergabe von der Grafikkarte und einem viel zu langsamen Prozessor dermaßen ausgebremst wird, daß das Video nur noch mit drei Bildern pro Sekunde angezeigt werden kann?

In diesem Kapitel erfahren Sie Näheres über dieses erstaunliche Speichermedium und dessen *physischen* Aufbau. Natürlich gelten die in diesem Kapitel vorgestellten Fakten weitgehend für Compact Discs sowie für die DVD und auch die CD-E.

21.1 Die Compact Disc im Überblick

Die gebräuchlichen Compact Discs haben einen Durchmesser von 12 cm (4,75 Zoll), sind etwas mehr als einen Millimeter dick und wiegen knapp 20 Gramm. Alle Compact Discs bestehen zum überwiegenden Teil aus klarem Polykarbonat, einer sehr dünnen Metallschicht (bei den Silberlingen in der Regel Aluminium, bei der CD-R Gold) und einer Schutzschicht aus Lack. Hinzu kommt bei CD-Recordables eine dünne Schicht organischen Farbstoffs sowie meist noch eine spezielle zusätzliche Schutzschicht.

Die Daten werden in Form von mikroskopischen Vertiefungen (Pits) bzw. Verfärbungen des organischen Farbstoffs in einer einzigen spiralförmigen Spur codiert. Ein Pit ist 0,5 μm (Mikrometer) breit (zum Vergleich: ein menschliches Haar hat einen Durchmesser von ca. 75 μm). Eine Compact Disc enthält ca. 2,8 Milliarden solcher Pits, wobei die spiralförmige Spur die Disc etwas mehr als 20.000mal umrundet.

Kenndatum	Wert
Kapazität (Audio)	74 Min. (Red Book)
Kapazität (Daten)	650 MByte (Yellow Book, Mode 1)
Durchmesser	120 mm
Innenlochdurchmesser	15 mm
Dicke	1,2 mm
Substratmaterial	Polykarbonat (eigentlich beliebiges Material mit Brechungsindex 1,55)
Aufzeichnungsbereich	46 – 117 mm
Signalbereich	50 – 116 mm
Spurweite	1,6 μm
Spurlänge	ca. 5300 mm
Lineargeschwindigkeit	1,2 – 1,4 m/s (Single Speed)
Umdrehungsgeschwindigkeit	Innen: 568 U/min; außen: 228 U/Min (1,4 m/s)
Minimale Pit-Länge	0,83 μm (1,2 m/s) bzw. 0,97 μm (1,4 m/s)
Maximale Pit-Länge	3,05 μm (1,2 m/s) bzw. 3,56 μm (1,4 m/s)
Pit-Tiefe	ca. 0,11 μm
Pit-Breite	ca. 0,5 μm
Wellenlänge	775-800 nm (Standard: 780 nm – infrarot)

Tab. 21.1: Technische Daten der Compact Disc

Kenndatum	Wert
Reflexionsfaktor	> 0,7
Betriebs- und Lagertemperatur	+4 bis 40 °C, relative Luftfeuchtigkeit 5 bis 95% (nicht kondensierend)
Lebensdauer	ca. 100 Jahre

Tab. 21.1: Technische Daten der Compact Disc

Obwohl weniger gebräuchlich, gibt es CDs und CD-Rohlinge auch mit kleineren Abmessungen bzw. geringeren Kapazitäten. 80-mm-Discs werden in entsprechende Mulden gelegt, über die die meisten Laufwerke verfügen. Sollte Ihr CD- oder CD-ROM-Laufwerk über diese Mulde nicht verfügen, stellt das noch lange keinen Grund zum Verzweifeln dar, denn dann lassen sie sich mit handelsüblichen Adaptern dennoch verwenden.

Durchmesser	120 mm	120 mm	80 mm	80 mm
Kapazität (Audio)	74 Min.	63 Min.	21 Min.	18 Min.
Kapazität (Daten)	650,39 MByte	553,71 MByte	184,57 MByte	158,20 MByte
Lineargeschwindigkeit	1,2 m/s	1,4 m/s	1,2 m/s	1,4 m/s

Tab. 21.2: CDs gibt es in verschiedenen Größen mit unterschiedlichen Kapazitäten.

Wie Sie der Tabelle entnehmen können, sind die physischen Abmessungen der beiden Paare gleich. Auch die Länge der spiralförmigen Spur ist bei den Paaren identisch, so daß sich die Kapazitätsunterschiede allein aufgrund der abweichenden Lineargeschwindigkeit ergeben. Die höhere Geschwindigkeit hat einerseits zur Folge, daß weniger Daten auf eine CD-ROM passen, andererseits aber auch, daß einzelne Pits geringfügig größer ausfallen. Dieser Umstand bleibt nicht ohne Einfluß auf die Lesbarkeit der CD-ROMs.

 Aufgrund geringfügiger technischer Abweichungen zwischen verschiedenen CD-ROM-Laufwerken können 63- bzw. 18-Minuten-Medien von manchen (vorwiegend älteren) Laufwerken besser gelesen werden als die 74- bzw. 21-Minuten-Ausführungen. Die Verwendung der 63-Minuten-Medien kann in solchen Fällen also durchaus sinnvoll sein.

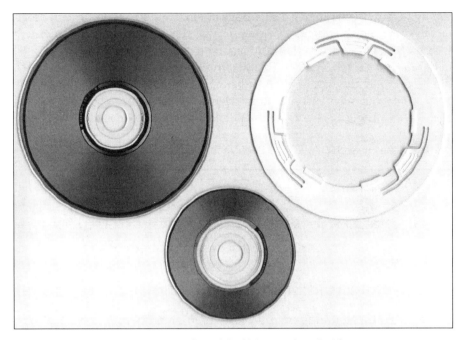

Abb. 21.2: Der große und der kleine Bruder mit Adapter

21.1.1 Datenaufzeichnung

CDs werden häufig mit Schallplatten verglichen, jenen Medien, die zur Speicherung und Wiedergabe von Musikinformationen über Jahrzehnte hinweg eingesetzt wurden. Während bei einer analogen Aufzeichnung ein kontinuierliches Abbild der Originalinformationen aufgezeichnet wird, werden bei digitaler Aufzeichnung Zustände in bestimmten zeitlichen Abständen gemessen und festgehalten. Einzelne solcher Messungen werden als »Sample« (Stichprobe) bezeichnet.

Um ein hinreichend genaues Abbild des ursprünglichen, analogen Signals zu erreichen, muß eine Vielzahl digitaler Samples erfaßt und aufgezeichnet werden. Dementsprechend große Datenmengen entstehen bei der Digitalisierung von Toninformationen.

Um eine Minute Musik mit der vom Audio-CD-Player her gewohnten Qualität aufzuzeichnen, werden ca. 10,09 MByte Speicherplatz benötigt. 44,1 kHz beträgt die Sample-Frequenz, mit der diese Aufzeichnungen erstellt werden. Bei Stereoaufzeichnungen müssen insgesamt 88.200 Stichproben pro Sekunde genommen werden.

Während bei magnetischen Datenträgern einzelne binäre Informationseinheiten durch entsprechende Magnetisierung der Magnetpartikel dargestellt werden, werden diese bei der Compact Disc in Form von Vertiefungen (Pits) in das datentragende Substrat (Land) gepreßt. Bei der CD-R entstehen durch die Bestrahlung des organischen Farbstoffs Temperaturen von ca. 250 °C, die Verschmelzungen der Farbschicht mit dem Substrat verursachen, die zu gleichen Reflexionseigenschaften wie bei den gepreßten Compact Discs führen.

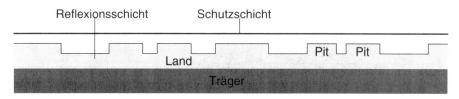

Abb. 21.3: Aufbau einer CD-ROM

21.1.2 Spur und Sektoren

Während Festplatten in Spuren und Sektoren organisiert sind, verfügt eine CD-ROM (wie eine Schallplatte) lediglich über eine einzige spiralförmige Spur. Diese Spur wird vom Laser von innen nach außen abgetastet und ist in Sektoren untergliedert. Ein einzelner Sektor einer CD-ROM umfaßt meist 2 KByte Nutzdaten, die durch Daten zur Fehlerbehandlung, Verwaltung und Laufwerksynchronisation ergänzt werden.

Durch Auswertung dieser Verwaltungsdaten können CD-ROM-Laufwerke und Audio-CD-Player feststellen, ob es sich bei den in einem Sektor gespeicherten Informationen um Ton-, Bild- oder sonstiges Datenmaterial handelt. Daher sind neuere Audio-CD-Spieler auch ohne weiteres in der Lage, Sektoren mit Datenmaterial stummzuschalten oder ganz zu überspringen, statt sie in Form von schrillem Kreischen wiederzugeben.

 Bei älteren Audio-CD-Playern sind Beschädigungen des Verstärkers bzw. der Lautsprecher durch die beim Abspielen von Datentracks erzeugten hochfrequenten Töne nicht ausgeschlossen!

21.1.3 Kapazitätsberechnungen

Aufgrund der Ursprünge der CD-ROM im Audio-Bereich wird die Kapazität von CD-ROMs in Minuten:Sekunden angegeben. Jeder Sekunde entsprechen 75 Sektoren mit Daten, wobei pro Sektor üblicherweise 2048 Byte Nutzdaten gespeichert werden.

Minuten	Sekunden/Min	Sektoren/s	KByte/Sektor	Kapazität (KByte)	Kapazität (MByte)
74	60	75	2	660.000	650,39
63	60	75	2	567.000	553,71
21	60	75	2	189.000	184,57
18	60	75	2	162.000	158,20

Tab. 21.3: Berechnung der Kapazität von CD-ROMs

Multiplizieren Sie einfach die ersten vier Spalten, um auf den Wert der fünften Spalte zu kommen. Die letzte Spalte ergibt sich dann, indem durch 1.024 dividiert wird.

21.1.4 Schreib-/Lese-Geschwindigkeit

CD-ROM-Laufwerke arbeiten mit variabler Drehzahl, um pro Zeiteinheit eine konstante Strecke abtasten zu können. Zur Mitte der CD hin ist die bei jeder Plattenumdrehung unter dem Laser entlangbewegte Strecke kürzer als am Außenrand. Daher muß die Rotationsgeschwindigkeit beim Abtasten der inneren Teile der Spur höher sein als in den außen liegenden Bereichen. Technisch wird dies als »konstante Lineargeschwindigkeit« bezeichnet und mit CLV (Constant Linear Velocity) abgekürzt. Zur Mitte der Compact Disc hin beträgt die Umdrehungsgeschwindigkeit bei einem Single-Speed-Laufwerk ca. 500 U/Min. Nach außen hin wird die Geschwindigkeit schrittweise bis auf ca. 200 U/Min abgesenkt.

Im Endeffekt wird damit erreicht, daß der Laser bei einem DoubleSpeed-Laufwerk die Spur mit einer konstanten Geschwindigkeit von ungefähr 2,4 m/s (8,6 km/h) abtastet. Dabei liest er 75 Sektoren und damit 300 KByte/s (2 KByte/Sektor).

21.1.5 Adressierung

Das Aufsuchen bestimmter Daten auf einer CD-ROM erfolgt wie bei der Audio-CD zunächst auf dem Wege über Minuten und Sekunden. Ergänzend kommen Angaben über die sogenannten »Frames« anstelle von Hundertstelsekunden hinzu. Diese Informationen befinden sich zusätzlich zu den Nutzdaten im jeweiligen Sektor und zählen zu den bereits angesprochenen Verwaltungsdaten.

Um nun zu einer bestimmten Stelle der CD-ROM zu gelangen, muß das Laufwerk den Laser-Lesekopf zunächst einmal ungefähr an die richtige Position bringen und die Rotationsgeschwindigkeit anpassen, um sich anhand der Verwaltungsinformationen genau zu orientieren. Anschließend können dann erst die angeforderten Informationen gelesen werden.

Diese Art des Datenzugriffs beansprucht erheblich mehr Zeit als der Zugriff auf Festplattendaten. Üblicherweise vergehen ca. 100 bis 450 Millisekunden im Vergleich zu 10 bis 14 ms bei Festplatten. Zudem liegt hierin die Ursache für den vergleichsweise langsamen Zugriff auf die Daten einer CD-ROM, der sich insbesondere bei Datenbankanwendungen bemerkbar macht.

21.2 Aufbau von CD und CD-R

Wenn die Rede von CDs und CD-ROMs ist, gilt es zunächst einmal, zwischen zwei wesentlichen Technologien zu unterscheiden, nämlich zwischen nur lesbaren CDs und beschreibbaren CDs (CD-WO: CD-Write Once bzw. CD-R: CD-Recordable). Darüber hinaus werden in der Produktion von CD-Rs unterschiedliche Materialien verwendet, die leicht abweichende Charakteristika aufweisen.

Alle CD-Typen verfügen über eine Reihe gemeinsamer Merkmale, wie zum Beispiel ihre physischen Abmessungen, die durchsichtige Polykarbonatschicht und die Metallschicht, die den Laserstrahl reflektiert.

Auf den ersten Blick lassen sich nur-lesbare Compact Discs (CD-ROMs) von CD-Rs anhand ihrer Farbe unterscheiden. CD-ROMs haben eine metallischsilberne Farbe, während CD-Rs typischerweise eine goldene, grünliche, grünlich-goldene oder bläuliche Farbe haben. Auf der Oberseite einer CD befindet sich meist ein Label oder ein Aufdruck. Die Unterseite, von der aus die Disc gelesen wird, muß jedoch – außer in der Nähe des Innenrings – unbedruckt bleiben.

Die wiederbeschreibbaren CD-E-Medien sind silberfarben und damit leicht mit den in der Fabrik gepreßten CDs zu verwechseln. Möglicherweise gilt dies auch für kommende CD-R-Generationen.

21.2.1 Aufbau der gepreßten CD

CD-ROMs und CD-Rs unterscheiden sich hinsichtlich ihres Aufbaus, der verwendeten Materialien und des Herstellungsverfahrens. Das Fertigungsverfahren der in der Fabrik gepreßten CD-ROMs ist dem der Schallplatten nicht unähnlich.

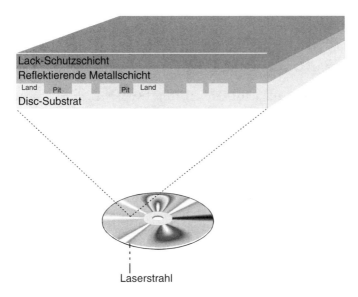

Abb. 21.4: Aufbau einer gepreßten Compact Disc

Die gepreßten Plastikscheiben aus Polykarbonat sind nach der ersten Produktionsstufe durchsichtig und weisen auf einer Seite winzige Vertiefungen (Pits) auf. Damit sie später von CD-(ROM-)Playern gelesen werden können, werden sie anschließend mit einer reflektierenden Schicht (üblicherweise Aluminium) versehen, die den Laserstrahl reflektiert. Wenn der fokussierte Laserstrahl vom »Land« zurückgeworfen wird, wird er von einer Photozelle erkannt, während das Licht beim Auftreffen auf ein »Pit« gebeugt wird und außerhalb der Laseroptik eintrifft.

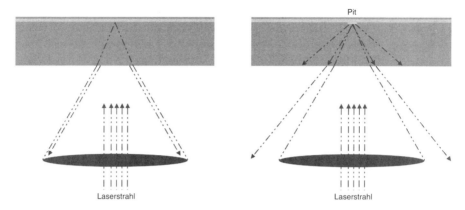

Abb. 21.5: Der Laserstrahl wird von Pit und Land unterschiedlich zurückgeworfen.

21.2.2 Aufbau der CD-R

CD-R-Medien sind zunächst einmal leer, bevor sie vom Laserstrahl »beschrieben« werden, indem Bereiche des organischen Farbstoffs verfärbt bzw. verschmolzen werden. Die so bestrahlten Bereiche der CD-Recordable haben anschließend die gleichen optischen Eigenschaften wie die Pits einer herkömmlichen CD-ROM und modulieren damit ebenso wie diese den Strahl des lesenden Lasers. Der physische Aufbau der CD-R unterscheidet sich in einigen Punkten von herkömmlichen »Silberlingen«. Sie bestehen zwar im wesentlichen ebenfalls aus Polykarbonat und werden auf fast identische Art und Weise gefertigt, verfügen aber zunächst einmal nicht über Pits.

CD-Recordables werden von der Unterseite aus durch das Polykarbonat hindurch gelesen und geschrieben. Aufgrund dessen sind CDs auch einigermaßen resistent gegen Kratzer, die von der stark fokussierten Laser-Optik häufig gar nicht wahrgenommen werden. Dies gilt jedoch vorwiegend für den Lese- und nicht für den Schreibprozeß. Das Erzeugen von Markierungen erfordert während des Brennvorgangs recht hohen Energieeinsatz, der Temperaturen von bis zu ca. 250°C erzeugt. Fingerabdrücke, Flusen oder Staub sind daher während des Schreibens wesentlich gefährlicher als hinterher, weil sie den Strahl des schreibenden Lasers streuen und so abschwächen können, daß die Energie nicht mehr zur korrekten Erzeugung der Markierungen ausreicht.

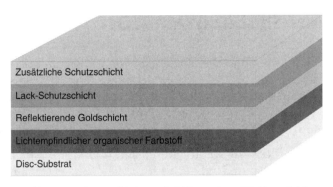

Abb. 21.6: Die verschiedenen Schichten einer CD-Recordable

Der größte Teil der Substanz besteht sowohl bei CD-R wie auch bei CD-ROM aus durchsichtigem Polykarbonatsubstrat und ist gut einen Millimeter dick. Darüber befindet sich eine dünne Schicht, durch die sich die CD-R von der CD-ROM wesentlich unterscheidet: Sie besteht aus lichtempfindlichem, organischen Farbstoff. Darüber befindet sich – anstelle des Aluminiums – zur Reflexion des Laserstrahls eine dünne Goldschicht, weil dieses Material bessere optische Eigenschaften aufweist.

In ihrem Ausgangszustand kann die organische Farbschicht die Lichtreflexionen der darüberliegenden Goldschicht nicht wirksam behindern. Durch die Laserbestrahlung des Recorders wird sie jedoch so dunkel verfärbt, daß sie die Reflexionen des Laserstrahls blockt und dauerhafte, lesbare Markierungen entstehen. Durch die Energie des schreibenden Lasers kommt es chemischen Reaktionen kommt, in deren Folge die nicht-reflektierenden Bereiche entstehen.

Die meisten CD-Recordables verfügen über eine goldene Reflexionsschicht. Die Unterseite einer CD-R gibt jedoch erste Hinweis auf die wohl wichtigsten Unterschiede, nämlich die Materialien der Reflexionsschicht. Die Tabelle gibt einen Überblick über die verschiedenen organischen Farbstoffe.

Bezeichnung	Entwickler	Labelseite	Datenseite
Cyanin	Taiyo Yuden	Gold	Blaugrün/Grün/Grüngrau
Phthalocyanin	Mitsui Toatsu Chemicals	Gold	Goldgrün/Goldbraun
Metallisiertes Azo	Mitsubishi Chemicals	Silber	Blau

Tab. 21.4: Verschiedene organische Farbstoffe der CD-R

21.3 Handhabung von CDs

Verglichen mit anderen digitalen Speichermedien, wie zum Beispiel Magnetbändern und Disketten, haben CDs eine wesentlich längere Lebenserwartung. Bei Aufbewahrung unter optimalen Bedingungen sollen CDs eine Lebenserwartung von bis zu ca. 200 Jahren haben. Im Gegensatz dazu haben Daten auf Magnetbändern oder Disketten allenfalls ein paar Jahrzehnte Bestand.

Seit den Urzeiten der Datenverarbeitung sind Grundsätze zur Behandlung von Datenträgern bekannt. Und auch für die Disc gibt es sie. Einige der Regeln verstehen sich eigentlich von selbst, andere sind zunächst einmal nicht so ganz einsichtig.

Abb. 21.7: Piktogramme repräsentieren die wichtigsten Verhaltensregeln.

21.3.1 Schutzhüllen

Schutzhüllen stellen bei der Lagerung der Discs eine erste Bastion dar, die geeignet sein sollte, (wechselnde) Umwelteinflüsse wirksam zu mildern. Daher eignen sich die einfachen Papier- und Plastikhüllen, wie sie in Zeitschriften oder Büchern zum Einsatz kommen, kaum zur längerfristigen Lagerung der Discs. Nicht nur, daß sie relativ geringen Schutz gegen die Umwelteinflüsse bieten, sie können auch zusammenkleben und so selbst zur Gefahr für die Disc werden. Gehen Sie bei verklebten oder aufgeklebten CD-Hüllen daher immer mit besonderer Sorgfalt vor, um die empfindlichen Bestandteile der Disc nicht zu beschädigen.

Im Unterschied dazu bieten die sogenannten »Jewel Cases« (Kunststoffhüllen) aus Acryl guten Schutz gegen Kratzer, Staub, Licht und Änderungen der Umgebungsbedingungen. Darüber hinaus sollten Sie CDs und insbesondere CD-Rs lichtgeschützt aufbewahren, also in einer Schublade, einem Schrank oder speziellen Regalboxen deponieren. Lassen Sie die Discs nie längere Zeit offen herumliegen und fassen Sie sie darüber hinaus nur an den Kanten und im Bereich des Mittelrings an, um Verschmutzungen zu vermeiden.

21.3.2 Beschriftungen und Aufkleber

Ähnlich vorsichtig müssen Sie beim Beschriften von CDs vorgehen. Dazu sollten Sie nur weiche, permanente Filzstifte verwenden. Allerdings gibt es auch Filzstifte mit Lösungsmitteln (insbesondere Alkohol), die sich durch die Schutzschichten hindurchfressen können und daher nicht benutzt werden dürfen. Darüber hinaus können auch Nagellackentferner und andere Lösungsmittel die Schutzlackschicht und die darunter liegende Reflexionsschicht beschädigen!

Auf keinen Fall dürfen Sie die Oberfläche einer CD mit scharfen oder spitzen Gegenständen bearbeiten. Sie laufen dabei nicht nur Gefahr, die Reflexionsschicht zu beschädigen, sondern können unter Umständen auch Daten durch Deformationen des Materials zerstören. Verformungen der Disc sind unter allen Umständen zu vermeiden. Kugelschreiber dürfen aus den genannten Gründen ebenfalls nicht zur Beschriftung der Discs verwendet werden. Und wenn es einmal wirklich nicht anders gehen sollte oder Sie sich über die Eigenschaften eines Filzstifts nicht ganz im klaren sind, können Sie immer noch die Beschriftung im Bereich des Innenrings anbringen, in dem sich keine Daten befinden.

Im Unterschied dazu ist die Unterseite der CD, durch die der Laser die Daten liest, recht unempfindlich gegen Kratzer. Die Linse fokussiert den Strahl durch die 1,2 mm dicke Polykarbonatschicht hindurch direkt auf die Pits und sucht die Daten »hinter« den Kratzern, sofern diese nicht allzu tief ausfallen.

Aufkleber können zur ungleichmäßigen Rotation der CD führen. Da CDs relativ leicht sind, können Effekte wie bei angemalten Tischtennisbällen entstehen, die den Lesevorgang empfindlich stören. Darüber hinaus können sich Aufkleber ablösen. Besonders gefährlich ist jedoch der Versuch, Aufkleber von CDs wieder zu entfernen. Aufgrund der beim Entfernen von Aufklebern auftretenden Hebelwirkungen kann die dünne reflektierende Metallschicht beschädigt oder abgelöst werden, was insbesondere für CD-Rs gilt. Und wenn die Reflexionsschicht erst einmal defekt ist, dann ist alles zu spät.

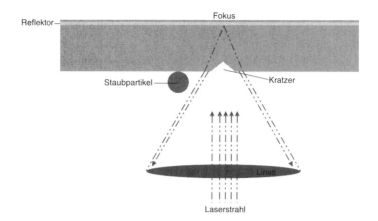

Abb. 21.8: Die Unterseite einer CD ist relativ unempfindlich gegen Kratzer, weil der Laserstrahl auf die Oberseite des Disc-Substrats fokussiert ist.

Für die meisten Zwecke sollte die Beschriftung mit einem weichen Filzstift ausreichen. Ansonsten sind im Handel »Labeler-Sets« mit speziellen Aufklebern und Zentrierhilfen erhältlich.

21.3.3 Lichtempfindlichkeit

Da CD-Rs mit einem Infrarot-Laser beschrieben werden, verwundert es nicht weiter, daß sie recht empfindlich auf Sonneneinstrahlung reagieren. Teilweise genügt es bereits, eine CD-R einige Tage lang mit der Unterseite nach oben auf dem Schreibtisch liegen zu lassen. Infolgedessen kann sich der organische Farbstoff verfärben, so daß der Kontrast zwischen Lands und Pits zu gering wird. Zwar sind die meisten CD-R-Medien nicht mehr so überaus lichtempfindlich, sollten aber allgemein keiner direkten Sonnenbestrahlung ausgesetzt und in adäquaten Schutzhüllen aufbewahrt werden.

21.3.4 Reinigung

Sollten Ihre Discs trotz aller Vorsichtsmaßnahmen einmal verunreinigt sein, müssen Sie bei der Reinigung vorsichtig vorgehen. Naturgemäß wirken sich Schmutz und Fingerabdrücke vorwiegend auf der Unterseite der Disc nachteilig aus. Vielfach reicht es aus, wenn Sie den Staub vorsichtig wegpusten (dabei nicht spucken!) oder mit einem antistatischen Tuch vorsichtig abwischen. Für diesen Zweck sind auch spezielle Reinigungssets im Handel erhältlich.

Verwenden Sie zur Reinigung der Discs auf keinen Fall Lösungsmittel, Nagellack oder ähnliches. Sollten Discs einmal so verschmutzt sein, daß sie sich ohne weitere Hilfsmittel nicht mehr säubern lassen, greifen Sie am besten auf die im Handel erhältlichen speziellen Flüssigkeiten zurück und achten dabei darauf, daß keine Rückstände auf der Disc zurückbleiben.

Fingerabdrücke stellen bei bereits beschriebenen CDs oft eine geringere Gefahr dar als Reinigungsversuche, weil der Laser so fokussiert ist, daß er sie meist gar nicht wahrnimmt.

21.3.5 Aufbewahrung und Lagerung

CDs sollten am besten kühl und trocken gelagert werden. Langsame chemische Veränderungen sind von der Temperatur und der Luftfeuchtigkeit abhängig. Wärme und Feuchtigkeit führen zu beschleunigten Alterungsprozessen. Insbesondere extreme Wechsel der Umweltbedingungen können die Daten auf CDs gefährden. Normale, moderate Änderungen der Temperatur und der Luftfeuchtigkeit werden hingegen problemlos verkraftet. Auch für Temperaturänderungen gibt es Richtwerte, die nicht überschritten werden sollten.

CD-Rs haben die größte Lebenserwartung, wenn sie im Dunkeln bei 25°C und 40% Luftfeuchtigkeit (RH – Relative Humidity) gelagert werden.

21.3.6 Reparatursets

Auch spezielle Reparatursets sind für CDs erhältlich. Deren Einsatz erfordert aber ein wenig Geschick und Übung, so daß Sie gegebenenfalls erst einmal ein paar Gehversuche zusammen mit wertlosen Mustern machen sollten. Zum Set gehören spezielle Flüssigkeiten oder Pasten, die nach dem Aushärten über den gleichen Lichtbrechungsindex wie Polykarbonat verfügen und sich daher zum Füllen von Kratzern auf Discs einsetzen lassen. Mit ein wenig Geduld mag das auch gelingen, in jedem Fall ist es aber besser, wenn der Kunststoff gar nicht erst verkratzt wird.

21.4 Die DVD

DVD steht abkürzend für »Digital Versatile Disc« (vielseitige, digitale Disc), eine zweiseitige Super-Density-Disc, die von den Firmen Toshiba und Time Warner entwickelt wurde. Nach der Einigung mit Philips und Sony, die ein konkurrierendes Format (MMCD, Multimedia-CD) entwickelt hatten, ist DVD nun die Bezeichnung des Super-Density-Standards für eine zweiseitige CD mit zweimal 4,7 GByte – insgesamt also 9,4 GByte – Speicherkapazität.

Der Einigung fiel die ursprüngliche Bedeutung des Kürzels DVD (Digital Video Disc) zum Opfer. Die Markteinführung war ursprünglich für Ende 1996 angekündigt, hat sich aber verzögert. Erste DVD-Player waren zwar zu diesem Zeitpunkt bereits in Fernost erhältlich, stellen jedoch fragwürdige Schnellschüsse dar, weil sich die beteiligten Firmen hinsichtlich einiger Sachverhalte noch nicht einigen konnten. Entsprechend erfolgte die Vorstellung der ersten DVD-Player für den europäischen Markt auf der CeBIT 1997.

21.4.1 Die Laser-Wellenlänge

Zudem hatte die DVD (anfangs?) erhebliche Probleme mit der Abwärtskompatibilität. Der Laser der DVD arbeitet mit einer anderen Wellenlänge als der bei CD-(ROM-)Abspielgeräten und CD-Recordern. Dies führt dazu, daß sich viele gepreßte CDs, insbesondere aber die üblichen CD-Recordables, von DVD-Playern nicht lesen lassen. Inwiefern dies auch für DVD-Geräte der Folgegenerationen gilt und ob es sich auch auf bestehende Technologien auswirken wird, wird sich zeigen.

Jedenfalls sollen DVD-Player sowohl CD-ROMs als auch CD-Rs lesen können. Die Hersteller arbeiten deshalb an Lösungen, wie zum Beispiel Dual- bzw. Twin-Laser-Systemen, also Geräten mit zwei Lasern, die mit unterschiedlichen Wellenlängen arbeiten, oder Lasern, die mit varibaler Wellenlänge operieren. Sollten die darauf abzielenden Lösungen nicht zufriedenstellend arbeiten, würde das bedeuten, daß neben einem DVD-Player weiterhin ein CD-ROM-Player (vorwiegend zum Lesen von CD-Rs, CD-ROMs sollen weniger problematisch sein) im System vorhanden sein müßte.

21.4.2 CD-R2?

Aber nicht nur Hersteller von DVD-Geräten arbeiten an Lösungen zum Sicherstellen der Kompatibilität. Auch seitens der CD-R-Produzenten laufen Bemühungen, die auf die Entwicklung neuer CD-R-Medien (CD-R2) hinauslaufen, die weniger sensibel im Hinblick auf die unterschiedlichen Wellenlängen der DVD- und CD-R- bzw. CD-ROM-Laufwerke reagieren. Was dann aus den alten CD-R-Medien wird, mag dahingestellt bleiben.

21.4.3 Die Kopierschutzfrage

Aber nicht nur technische Probleme stehen der erfolgreichen Markteinführung der DVD gegebenenfalls im Wege. Mit Verbreitung der CD-Recorder ist vielmehr eine andere Fragestellung bei den Mediengiganten in den Mittelpunkt des Interesses gerückt, nämlich der Kopierschutz.

Lassen sich heute Audio-CDs mit der geeigneten Software und den geeigneten CD-Recordern relativ problemlos kopieren, soll dies bei DVDs verhindert werden. Es laufen daher Bemühungen, die das Kopieren gepreßter DVDs wirksam unterbinden sollen. Und nicht nur das. Da wir ja bekanntlich im weltweiten Wettbewerb stehen, sollen Mechanismen entwickelt werden, die das Abspielen der für den amerikanischen Markt bestimmten DVDs auf DVD-Playern in Europa (und umgekehrt) unterbinden sollen. Kurz gesagt, hinter geschlossenen Türen findet ein »Hauen und Stechen« um wirksame Mechanismen zur Kontrolle und Beschränkung sowie zur Aufteilung der Märkte und die Interessen der Mediengiganten statt, dessen Folgen kaum absehbar sind.

21.4.4 Kenndaten der DVD

Abschließen will ich das Thema DVD mit den Kenndaten der DVD-Disc, die Sie der folgenden Tabelle entnehmen können.

Kenndatum	DVD	CD
Durchmesser	120 mm	120 mm
Dicke	1,2 mm (2 x 0,6 mm, Rücken an Rücken)	1,2 mm
Kapazität (Daten)	4,7 GByte (einseitig), 9,4 GByte (zweiseitig)	650 MByte (Yellow Book, Mode 1)

Tab. 21.5: Technische Spezifikationen der DVD und der CD in der Gegenüberstellung

Kenndatum	DVD	CD
Kapazität (Audio/Video)	133 Minuten pro Seite (bei durchschnittlicher Datentransferrate)	74 Min. Audio, ca. 70 Min. Video
Spurweite	0,74 µm	1,6 µm
Wellenlänge des Lasers	635/650 nm (Rot)	780 nm (Infrarot)
Numerische Apertur	0,6	0,45
Fehlerkorrektur	RS-PC (Reed Solomon Product Code)	CIRC (Cross-Interleaved Reed-Solomon Code)
Datentransferrate	4,69 MByte/s (Mittelwert für Audio/Video)	150 KByte/s (Single-Speed)
Bildkompression	MPEG-2	MPEG-1 (Video-CD)
Audio	Dolby AC-3 (5 Kanäle), LPCM für NTSC und MPEG-Audio, LPCM für PAL/SECAM (maximal 8 Audio-Kanäle)	PCM (Red Book), zwei Audio-Kanäle
Dateisystem	Micro UDF und/oder ISO-9660	ISO-9660

Tab. 21.5: Technische Spezifikationen der DVD und der CD in der Gegenüberstellung

Von der DVD wurde darüber hinaus eine vierschichtige Variante (zweiseitig mit je zwei Schichten) definiert, die es damit auf eine Gesamtkapazität von maximal 18,8 GByte bringt.

21.5 CD-RW bzw. CD-E

Die mehrfach wiederbeschreibbare CD (CD-RW – CD-Rewritable) wurde Ende 1996 von den Firmen Hewlett-Packard, Mitsubishi/Verbatim, Philips, Ricoh und Sony vorgestellt. Erste Laufwerke waren dann auf der CeBIT 1997 zu bewundern. Das physikalische Format entspricht den bereits verfügbaren Formaten von CD-ROM und CD-R, die noch weiter unten in diesem Kapitel beschrieben werden. Das logische Format UDF (Universal Disc Format) stellt eine Teilmenge der DVD-Spezifikationen dar und ist zu ISO 9660 kompatibel.

Die CD-E verfügt zwar über die gleichen Speicherkapazitäten wie die CD-ROM, verwendet jedoch andere Medien. Das größte Manko der CD-E dürfte aber sein, daß sich die mit diesen Laufwerken geschriebenen Datenträger weder von den bis etwa Ende 1996 erhältlichen CD-ROM-Laufwerken noch von CD-Recordern oder Audio-CD-Playern lesen lassen. Neue CD-ROM-Laufwerke sollen zwar auch CD-E-Datenträger nutzen können, alle älteren Geräte bleiben aber außen vor!

21.6 Auswahlkriterien

Wollen Sie ein neues CD-ROM-Laufwerk oder einen CD-Brenner erwerben, sollten einige Vorüberlegungen angestellt werden. Dabei können zunächst einmal einige allgemeine Kriterien den Ausschlag in die eine oder andere Richtung geben. Verlieren Sie aber auch nicht die Ausstattung Ihres Rechnersystems aus den Augen. Eine qualitativ hochwertige Grafikkarte sollte in den meisten Fällen entweder vorhanden sein oder aber nachgerüstet werden, zumindest dann, wenn der Brenner-Rechner nicht nur für den reinen Brennvorgang genutzt werden soll. Spätestens, wenn Sie sich mit Multimedia oder Bildintegration befassen, könnten neben dem CD-(Brenner-)Laufwerk selbst einige zusätzliche Systemerweiterungen angebracht sein.

Die nachfolgend aufgeführten Kriterien und Standards sollen Ihnen helfen, eine geeignete Auswahl zu treffen, und geben einen Ausblick auf zu erwartende Entwicklungen. Mittlerweile hat der Markt für CD-ROM-Laufwerke sein Entwicklungsstadium hinter sich gelassen. Die Zeiten enormen Preisverfalls und der fast wöchentlich erscheinenden Geräte neuer Leistungskategorien sind vorüber. Geräte mit vier- oder sechsfacher Lesegeschwindigkeit stellen heute die Untergrenze für Neuanschaffungen dar und kosten teilweise weniger als 100 DM.

21.6.1 Intern oder extern?

Zunächst einmal haben Sie die Auswahl zwischen externen und internen Geräten. Dabei verlieren die externen Geräte aufgrund der immens gefallenen Preise und angesichts dessen, daß CD-ROM-Laufwerke mehr und mehr die Stelle der alten 5,25-Zoll-Diskettenlaufwerke übernehmen, zunehmend an Bedeutung, wenn man dabei von Nischen absieht, wie zum Beispiel bei Laptops bzw. allgemein bei Platzmangel im Rechner. Die Entscheidung dürfte also zumeist zugunsten eines internen CD-ROM ausfallen.

Externe Laufwerke sind aber nützlich, wenn Sie ein CD-ROM-Laufwerk an mehrere verschiedene Rechner anschließen wollen oder falls im Rechner selbst nicht genügend Platz für ein internes Laufwerk zur Verfügung steht, wie dies zum Beispiel bei Notebooks der Fall ist. Bei den externen Laufwerken handelt es sich letztlich meist nur um einen Einbaurahmen mit separater Stromversorgung.

Zu diesem Zweck können Sie zum Beispiel auf CD-ROM-Laufwerke zurückgreifen, die über die parallele Schnittstelle an den Rechner angeschlossen werden können. Dabei müssen Sie aber beachten, daß derartige Laufwerke meist etwas teurer und gegebenenfalls langsamer als interne Laufwerke sind. Zudem lassen sie sich zum Teil nur an eine bidirektionale bzw. eine erweiterte parallele Schnittstelle (EPP – Enhanced Parallel Port) anschließen.

CD-ROM-Laufwerke sind vergleichsweise temperaturempfindlich. In kleinen Rechnergehäusen kann es recht schnell zu thermischen Problemen kommen, die die Verwendung eines externen CD-Laufwerks (oder den Einbau eines separaten Lüfters) nahelegen. (Da Wärme nach oben steigt, ist der Einbau eines CD-ROM-Laufwerks oberhalb von Festplatten auch nicht gerade empfehlenswert!)

21.6.2 Vorhandenes System

Weitere Überlegungen gelten dem vorhandenen Rechnersystem. Der Einsatz eines CD-ROM-Laufwerks erfordert einiges an Rechnerressourcen. Dabei geht es nicht nur um die Stromaufnahme, die von den 200- oder 230-Watt-Netzteilen der heute zumeist eingesetzten PCs bewältigt werden sollte, sondern auch um die sonstigen Ausstattungsmerkmale des Rechners, in den das CD-ROM-Laufwerk integriert werden soll.

Sofern Sie an Ihr CD-ROM-Laufwerk keine größeren Anforderungen stellen und es zum Beispiel nur für die Installation Ihrer Software benutzen wollen, reicht selbst die Leistung der alten Laufwerke mit einfacher Geschwindigkeit und ein 80386er im Prinzip völlig aus.

Gleichzeitig sollten Sie über einen Rechner mit möglichst schnellem Prozessor verfügen; mindestens ein 486DX-66 sollte es schon sein. Darüber hinaus sollten Sie, wenn Sie multimediale Möglichkeiten ein wenig weiter ausloten wollen, mindestens 8 MByte RAM (besser 16 MByte) im Rechner installiert haben und über eine schnelle Festplatte verfügen, die zudem eigentlich nie groß genug sein kann.

Wenn Sie Wert auf Geschwindigkeit legen, sollten Sie einen Blick in aktuelle Testberichte einschlägiger Fachzeitschriften werfen. Insbesondere Discounter kaufen häufig Billigware der unteren Leistungsklasse (oder Ware mit »geringfügigen« Mängeln) ein. Beim Gang zu einem Händler mit größerem Sortiment geben Sie zwar in der Regel ein paar Mark mehr aus, erstehen aber unter Umständen deutlich leistungsfähigere Hardware.

Eine qualitativ hochwertige Grafikkarte gehört dann gleich auch zum Muß. Die Betrachtung von Echtfarb-Bildern bei einer Bildschirmauflösung von 640 x 480 und 256 Farben ist allenfalls als Notlösung anzusehen.

Wie Sie sehen können, kann ein CD-ROM-Laufwerk gleich eine ganze Reihe weiterer Aufrüstungen nach sich ziehen. Spätestens, wenn Sie sich ein wenig eingehender mit den Themenbereichen Multimedia und Bildbearbeitung befassen, dürften steigende Ansprüche bzw. die in Kauf zu nehmenden Einschränkungen über kurz oder lang zusätzliche Systemerweiterungen nach sich ziehen.

21.6.3 Lademechanismus

Eine mehr oder weniger philosophische Frage stellt sich im Zusammenhang mit Caddies. Ein Caddy ist eine Plastikhülle, in die eine Compact Disc bei bestimmten Laufwerken eingelegt werden muß, damit sie benutzt werden kann. Manche Laufwerke arbeiten mit solchen Plastikhüllen, andere nicht.

Abb. 21.9: Internes CD-ROM-Laufwerk mit Caddy

Besitzen Sie nur wenige CDs, gewährleisten die Hüllen naturgemäß einen Schutz gegen Verschmutzungen. Allerdings bekommen Sie die Caddies nicht umsonst, so daß dieses Argument entweder ins Geld geht oder aber seine Zugkraft mit steigender Anzahl der CDs verliert. Zudem kann die Verwendung von Hüllen beim häufigen Wechseln von CDs auf Dauer nerven. Dementsprechend bleibt die Beantwortung dieser Frage weitgehend dem Geschmack, den jeweiligen Anforderungen und den Gewohnheiten des Benutzers überlassen. Beachten Sie außerdem, daß es zumindest zeitweise Caddies in unterschiedlichen Ausführungen gab.

Unter Umständen müssen Sie zu einem Laufwerk mit Caddy greifen, wenn Sie dieses hochkant montieren wollen, da dies bei CD-Laufwerken ohne Caddy meist nicht erlaubt ist, obwohl es zumindest bei CD-ROM-Laufwerken mittlerweile auch andere Lösungen gibt. Erkundigen Sie sich aber in jedem Fall, ob der Hochkant-Einbau des CD-Laufwerks zulässig ist, falls Sie entsprechende Absichten verfolgen. Fragen Sie am besten Ihren Händler nach diesbezüglichen aktuellen Informationen.

21.6.4 Datentransferrate

Einfache CD-ROM-Laufwerke kosten heute oft weniger als 100 DM. Die ersten CD-ROM-Laufwerke (SingleSpeed und DoubleSpeed), die für viele Anwendungsbereiche zu langsam waren, sind mittlerweile vom Markt verschwunden.

DoubleSpeed-Laufwerke konnten für viele Anwendungen ausreichende Leistungen zur Verfügung stellen, boten aber keine Reserven und waren im Vergleich mit Festplatten überaus langsam. Schon bald kamen Triple- und QuadSpeed-Laufwerke auf den Markt. Letztere werden heute als Minimalausstattung empfohlen.

Wenn Sie etwas mehr Leistung zu kaum höheren Preisen wollen, sollten Sie auf die Generation der 6X-CD-ROM-Laufwerke zurückgreifen, deren erste Vertreter Anfang 1995 vorgestellt wurden. Diese brauchen den Vergleich mit (langsamen) Festplatten im Hinblick auf die Datenübertragung nicht zu scheuen, können aber mit den modernen Festplattengenerationen auch nicht mithalten.

Wenn Sie häufig mehrere CD-ROMs gleichzeitig im Zugriff haben wollen, empfiehlt sich unter Umständen die Anschaffung eines Plattenwechslers, in den sich mehrere CD-ROMs gleichzeitig einlegen lassen.

Laufwerke mit 8- bis 16facher Lesegeschwindigkeit bieten noch etwas mehr Geschwindigkeit, arbeiten aber keineswegs über den gesamten CD-Bereich hinweg mit dem CLV-Verfahren, sondern mit gleichbleibender Umdrehungsgeschwindigkeit (CAV – Constant Angular Velocity) wie Festplatten, wobei sich die Elektronik um den Abgleich kümmert. Die angegebenen Lesegeschwindigkeiten gelten daher lediglich für die äußeren Bereiche der CDs. In den Innenbereichen wird letztlich doch nur mit acht- oder zehnfacher Geschwindigkeit gelesen.

Sofern CD-ROM-Laufwerke über den gesamten Bereich hinweg mit dem CLV-Verfahren arbeiten, ist die Datentransferrate der Laufwerke direkt von der Umdrehungsgeschwindigkeit abhängig, so daß die Datentransferraten von CD-ROM-Laufwerken bei Vierfach-Geschwindigkeit ca. 600 KByte/s und bei Sechsfach-Geschwindigkeit ca. 900 KByte/s betragen.

CDs lassen sich jedoch darüber hinaus nur selten so hochwertig produzieren, daß sich die ausgewiesenen Geschwindigkeitsvorteile auch im praktischen Einsatz bemerkbar machen würden. (Dann fahren die Laufwerke nämlich üblicherweise zunächst einmal ihre Umdrehungsgeschwindigkeit herab.)

Mehr als achtfache Geschwindigkeit ist für CD-ROM-Laufwerke nur bedingt empfehlenswert. Häufig stimmt neben dem Preis/Leistungs-Verhältnis auch der Komfort nicht. Die hohe Umdrehungsgeschwindigkeit kann nämlich zu recht unangenehmer Geräuschbelästigung und Gehäusevibrationen führen.

21.6.5 Zugriffszeit

(AccessTime) Ähnlich wie Audio-CD-Player unterscheiden sich CD-Laufwerke in ihren Kenndaten oft nur unwesentlich. Bei modernen CD-ROM-Laufwerken liegt die mittlere Zugriffszeit etwa bei 100 ms.

Bei CD-Brennern liegen die mittleren Zugriffszeiten aufgrund der größeren Masse des Schreib-/Lese-Kopfes meist deutlich höher, weshalb sie sich auch nur bedingt als CD-ROM-Laufwerk eignen. Mittlere Zugriffszeiten knapp unterhalb von 400 ms sind durchaus üblich, 250 ms sind hier bereits ausgesprochen schnell.

Meist ist die Zugriffszeit für die Arbeit mit einem CD-ROM-Laufwerk weniger wichtig. Lediglich beim Aufsuchen unzusammenhängender Daten, wozu das Durchsuchen der Inhaltsverzeichnisse einer CD gezählt werden kann, machen sich schleche Zugriffszeiten unangenehm bemerkbar.

21.6.6 Cache

Dem Cache (sprich »Käschie«) genannten Daten-Zwischenspeicher sind Sie im Buch vielleicht schon des öfteren begegnet. Auch CD-ROM-Laufwerke verfügen häufig hardware-seitig über Cache-Speicher. Darüber hinaus lassen sich die Daten der CD-ROM natürlich auch softwareseitig zwischenspeichern.

Hardware-Cache

Cache wird eingesetzt, um die Geschwindigkeit langsamerer Geräte oder Systemkomponenten zu steigern. Wahrscheinlich benötigte Daten eines vergleichsweise langsamen Geräts werden in schnellen Speicherbereichen oder Speicherbausteinen zwischengespeichert und dort bereitgehalten. Zu diesem Zweck verfügen viele CD-ROM-Laufwerke ebenfalls über Cache-Speicher.

Seltsam nur, daß die Hersteller aus den Angaben über den Cache-Speicher regelrecht ein Geheimnis machen. Sofern Sie sorgfältig genug suchen, finden Sie gegebenenfalls irgendwo im (englischen) Handbuch den Hinweis auf einen zusätzlichen Schalter, der beim Treiberaufruf den Cache-Speicher aktiviert. Wenn Sie dann den Treiber auch noch dazu überreden können, die Laufwerkkonfiguration auf dem Bildschirm anzuzeigen, erfahren Sie (vielleicht), wie groß der Cache Ihres CD-ROM-Laufwerks ist. Hinterher scheint das Laufwerk dann »Flügel« bekommen zu haben. Verfügen Sie über ein entsprechendes Sony-Laufwerk, versuchen Sie es einmal mit den Schaltern /K und /C in der CONFIG.SYS:

```
DEVICEHIGH=C:\TOOLS\SLCD.SYS /D:MSCD000 /B:340 /K /C
```

Nehmen Sie die Treiber-Aufrufe Ihres CD-ROM-Laufwerks daraufhin einfach einmal ein wenig genauer unter die Lupe. Abgeschalteter Cache-Speicher nützt Ihnen nämlich reichlich wenig.

Software-Cache

Software-seitig kann ebenfalls Cache-Speicher eingerichtet werden. In diesem Fall wird zu diesem Zweck ein Bereich des Arbeitsspeichers reserviert. Zwei Varianten sind hier vorzustellen. Zunächst einmal die Reservierung von Arbeitsspeicher über den CD-ROM-Treiber. Diesmal liefert Mitsumi das Beispiel:

```
DEVICEHIGH=C:\TOOLS\MTMCDAE.SYS /D:MSCD000 /P:300 /A:0 /M:20 /T:6 /I:10 /X
```

/M ist derjenige Schalter, der hier von Interesse ist. Über ihn wird die Anzahl der einzurichtenden Sektorpuffer (Sector Buffer) angegeben. Sie erinnern sich? Ein Sektor einer CD-ROM ist 2 KByte groß. Entsprechend beansprucht die Zwischenspeicherung (Pufferung) eines Sektors 2 KByte Arbeitsspeicher. Auch hier war die Voreinstellung bei älteren Laufwerken ausgesprochen zurückhaltend: Ohne Angabe der Schalters werden vier Puffer (8 KByte) reserviert. 20 Puffer (40 KByte) ist eine aktuellere Voreinstellung, der zusätzlich noch der Hinweis nachgestellt wird, daß so viele Puffer wie möglich gewählt werden sollten, weil dadurch die Performance (Leistung) des Laufwerks erhöht wird. Die maximal mögliche Variante belegt dann 128 KByte (64 Puffer).

Die zweite Möglichkeit, einen Cache einzurichten, bieten MSCDEX oder SMARTDRV, die im Lieferumfang von MS-DOS und PC-DOS enthalten sind – allerdings für die CD-ROM erst ab DOS 6.2. SMARTDRV-Versionen bis einschließlich 4.2 sind nicht in der Lage, CD-ROM-Laufwerke zu puffern.

Wenn Sie MSCDEX zur Pufferung einsetzen wollen, müssen Sie dazu den Schalter /M einsetzen, der hier auch in der bereits geschilderten Art und Weise verwendet wird.

Achten Sie weiterhin darauf, daß Sie MSCDEX vor SMARTDRV aufrufen, wenn Sie SMARTDRV zum Puffern der CD-ROM-Daten einsetzen wollen. In diesem Fall sollten Sie in der MSCDEX-Anweisung /M:0 verwenden.

Außerdem sollten Sie sich auf Systemen mit weniger als 8 MByte Arbeitsspeicher überlegen, ob Sie den für SMARTDRV benötigten Arbeitsspeicher nicht anderweitig dringend benötigen. Wenn Sie vorwiegend mit Windows arbeiten, das seinen eigenen Cache verwaltet, bringt SMARTDRV unter Umständen ebenfalls recht wenig. Weitere Informationen zu SMARTDRV entnehmen Sie bitte Ihrer DOS-Dokumentation.

21.6.7 Interface-Karten

Haben Sie sich erst einmal für eine bestimmte Arbeitsgeschwindigkeit des CD-ROM-Laufwerks entschieden, geht es als nächstes um die Frage, über welche Art Schnittstellen- bzw. Steckkarte das Laufwerk angesprochen werden soll. Die Beantwortung mag zunächst einmal ein wenig problematisch erscheinen, sollte sich aber unter Berücksichtigung der vorhandenen Ausstattung und im Hinblick auf zukünftige Erweiterungen recht einfach beantworten lassen.

Wenn sich bereits ein SCSI-Controller in Ihrem System befindet oder Sie einen solchen in Ihren Rechner in Kürze integrieren wollen, sollte ein SCSI-CD-ROM-Laufwerk erste Wahl sein. Befindet sich bereits eine Soundkarte mit

Anschlußmöglichkeiten für ein CD-ROM-Laufwerk in Ihrem Rechner, sollten Sie ein Laufwerk wählen, das sich an diese anschließen läßt. Ansonsten wurden die proprietären (herstellerspezifischen) Lösungen mit atemberaubendem Tempo von den IDE/EIDE-Lösungen – die sogenannten ATAPI-CD-ROM-Laufwerke – verdrängt, so daß mittlerweile nur noch zwei Standards miteinander konkurrieren.

ATAPI-Laufwerke

CD-ROM-Laufwerke, die sich an den IDE-Controller anstelle einer Festplatte und über deren Kabel anschließen lassen, finden seit Anfang 1995 zunehmend Verbreitung und konnten mittlerweile die herstellerspezifischen Lösungen vollständig verdrängen. Sie setzen häufig einen der modernen EIDE-Controller (Enhanced Integrated Drive Electronics) voraus, so daß Sie dann gleichzeitig mit dem Kauf des CD-ROM-Laufwerks Ihren alten Festplatten-Controller durch einen neuen ersetzen, bzw. sich für ein paar Zehner einen zusätzlichen AT-Bus-Controller für das CD-ROM-Laufwerk zulegen müssen.

Derartige Controller werden insbesondere von der Firma Mitsumi hergestellt. Übergangsweise wurden CD-ROM-Laufwerke vertrieben, bei denen sich eine (herstellerspezifische) Steckkarte weiterhin im Lieferumfang befand oder doch zumindest optional erhältlich war. Dies war insbesondere sinnvoll, weil der EIDE-Standard anfangs von verschiedenen Herstellern recht unterschiedlich interpretiert wurde, so daß sich die daraus resultierenden Probleme oft nur durch Einsatz einer zusätzlichen Steckkarte für das CD-ROM-Laufwerk umgehen ließen.

EIDE-Controller werden heute meist direkt ins Motherboard des Rechners integriert, so daß die Notwendigkeit eines neuen Kabels oder andere unangenehme Überaschungen nie ganz auszuschließen sind. Inkompatibilitäten sind zwar nicht unbedingt an der Tagesordnung, treten aber bei bestimmten Rechner- und Festplattengenerationen recht häufig auf.

Sofern Ihr Rechner über einen vollwertigen EIDE-Controller mit Kabeln für insgesamt vier IDE-Laufwerke anschließen lassen, sollte der Einbau eines ATAPI-CD-ROM-Laufwerks jedoch problemlos vonstatten gehen.

ATAPI steht abkürzend für »Advanced Technology Attachment Packet Interface« und bezeichnet damit eine paketorientierte Schnittstelle für Zusatzgeräte. Um diese für ein ATAPI-Laufwerk zur Verfügung zu stellen, muß ein entsprechender Gerätetreiber installiert werden.

SCSI-Controller

Auf längere Sicht empfehlenswert sind SCSI-CD-ROM-Laufwerke, die breite Unterstützung bieten, was insbesondere im Hinblick auf andere Betriebssysteme und den professionellen Einsatz ein entscheidendes Auswahlkriterium darstellen kann.

Im Zusammenhang mit CD-ROM-Laufwerken müssen Sie bei der Verwendung von SCSI lediglich auf die gleichen Dinge achten wie sonst auch. In der Regel werden diese Laufwerke ohne SCSI-Host-Adapter geliefert. Auf den Einsatz hier und da erhältlicher herstellerspezifischer SCSI-Adapter (mit möglicherweise unvollständigem Befehlssatz) sollten Sie verzichten. Achten Sie insbesondere darauf, daß benötigte Kabel mitgeliefert werden. Ein 50poliges Flachbandkabel dient dem Anschluß an die verbreiteten SCSI-Host-Adapter.

Der Host-Adapter benötigt einen Treiber, der ASPI-konform (Advanced SCSI Programming Interface) sein sollte, (fast) jedes SCSI-Gerät benötigt darüber hinaus auch noch sein eigenes Steuerprogramm.

SCSI-Geräten müssen Sie eine eindeutige SCSI-ID (Identifikationsnummer) zuordnen, die zwischen 0 und 7 liegen muß. Der Host-Adapter erhält üblicherweise die ID 7, Festplatten verwenden die ID 0 oder 1, bei Scannern findet man in der Regel die ID 6, und CD-ROM-Laufwerken wird meist die ID 4 oder 5 zugeordnet. Die ID ändern Sie bei Bedarf über DIP-, Dreh-Schalter, Jumper oder ein mit Hilfe von DEBUG startbares im Adapter-BIOS integriertes Programm.

Geräte am jeweiligen Ende einer SCSI-Kette müssen mit einem Abschlußwiderstand versehen werden, die übrigen Geräte dürfen keinen solchen Terminator bzw. Resistor aufweisen. Auch diese Einstellung wird mit Hilfe von DIP-Schaltern oder Jumpern vorgenommen, zuweilen müssen die Abschlußwiderstände auch in einen passenden Sockel eingesetzt werden.

Herstellerspezifische Lösungen

Bis Anfang 1995 wurden die meisten CD-ROM-Laufwerke mit herstellerspezifischen Schnittstellenkarten geliefert. Dabei gab es im wesentlichen drei verschiedene Varianten:

- Mitsumi
- Sony
- Panasonic/Matsushita

  Diese Schnittstelle wurde auch von Creative Labs, dem Hersteller der Sound Blaster-Soundkarten und den *meisten* Noname-Laufwerken verwendet.

Die Information über die vom CD-ROM-Laufwerk verwendete Schnittstelle ist dann wichtig, wenn Sie ein Laufwerk kaufen wollen, das zu der in Ihrem Rechner eingebauten Soundkarte paßt bzw. wenn es (von Windows 9x) nicht automatisch erkannt wird und Sie ein CD-ROM-Laufwerk mit proprietärer Schnittstelle manuell installieren müssen.

Abb. 21.10: Proprietäres CD-ROM-Interface mit Anschluß für externes Laufwerk

Nachdem proprietäre CD-ROM-Schnittstellen eigentlich schon tot waren, hat Western Digital mit einer neuen Schnittstelle Anfang 1997 von sich reden gemacht. Die Firma will nämlich SDX (Storage Data Acceleration) etablieren, das CD-ROM (und DVD, CD-E und Wechselplatten) auf Festplatten-Tempo beschleunigen soll. Auch SDX erfordert wieder neue Geräte (Festplatten und CD-ROM-Laufwerke), weil SDX-CD-ROM-Laufwerke nämlich nicht mehr an die EIDE-Schnittstelle, sondern direkt an eine SDX-Festplatte angeschlossen werden. Die Festplatte wiederum wird mit der EIDE-Schnittstelle verbunden und übernimmt für das CD-ROM-Laufwerk die Kommunikation mit dem Rechner. Aus Sicht des Rechners bleibt dabei alles beim alten, so daß an den verwendeten Treibern keine Änderungen nötig sind.

Eine Festplatte mit SDX-CD-ROM-Laufwerk verhält sich als Master wie eine gewöhnliche EIDE-Festplatte und als Slave wie ein ATAPI-(CD-ROM-)Laufwerk und fungiert wie ein Cache-Speicher für die CD-ROM. In einem reservierten Bereich speichert sie die Daten der CD-ROM zwischen, so daß der Zugriff darauf mit Festplattengeschwindigkeit erfolgen kann. Daraus kann eine Verdoppelung der Transferraten und eine drastische Verringerung der Zugriffszeiten auf CD-ROM-Daten resultieren, während die zur Zwischenspeicherung der CD-ROM-Daten verwendeten Festplattenbereiche bei den heute üblichen Datenträgergrößen kaum noch ins Gewicht fallen.

Das verwendete Kabel ist zehnpolig und verfügt über sieben Signalleitungen sowie drei Steuerleitungen. Die Datenübertragungsrate vom CD-ROM-Laufwerk kann in den beiden verschiedenen Modi maximal 5 MByte/s bzw. 8,6 MByte/s erreichen. Das Verbindungskabel selbst darf maximal 30 cm (12 Zoll) lang sein. Neben Western Digital will Sanyo Festplatten mit SDX-Schnittstelle auf den Markt bringen.

Doppelte bis dreifache Geschwindigkeit hören sich erst einmal vielversprechend an. Praktisch bringt der Cache jedoch reichlich wenig, wenn die Daten ohnehin nur einmal gelesen und anschließend nicht wieder benötigt werden, wie dies häufig der Fall sein dürfte.

An mögliche Probleme in Rechnern mit zwei Festplatten wage ich gar nicht erst zu denken. Bekannt ist jedenfalls, daß manche Rechner nach einem als Slave konfigurierten CD-ROM-Laufwerk die als Master konfigurierten Festplatten auf dem zweiten EIDE-Kanal nicht erkennen und nur dann korrekt arbeiten, wenn beide Festplatten am ersten EIDE-Kanal hängen, während das CD-ROM-Laufwerk als Master an den zweiten EIDE-Kanal angeschlossen ist. Darüber, welche Folgen und Einschränkungen mit SDX verbunden sind, war jedoch bisher noch nichts zu hören.

21.6.8 Lieferumfang und weiteres Zubehör

Auch beim Kauf eines CD-ROM-Laufwerks oder CD-Writers sollten Sie darauf achten, daß Sie beim Kauf alle für den korrekten Anschluß benötigten Einzelteile erhalten, bzw. erwerben. Neben der Controller-Karte gehören Anschlußkabelsätze und Einbauzubehör häufig ebenfalls nicht mit zum Lieferumfang. Audiokabel werden auch nur sehr selten mitgeliefert.

Anschlußkabel

Neben dem Laufwerk benötigen Sie üblicherweise ein Controller-Kabel, ein Audiokabel zum Anschluß des Audio-Signals an eine Soundkarte sowie ein freies Stromversorgungskabel im Rechner. Das Flachbandkabel zur Verbindung an die Adapter-Karte bzw. die Schnittstelle muß darüber hinaus ausreichend lang sein.

 Sollten Flachbandkabel zu kurz ausfallen oder defekt sein, finden Sie im Kapitel »Diskettenlaufwerke« Informationen darüber, wie Sie bei Bedarf eigene Flachbandkabel herstellen können, sofern Sie kein konfektioniertes Kabel der notwendigen Länge über Händler oder Hersteller beziehen können.

Achten Sie insbesondere auch darauf, daß Sie die Flachbandkabel korrekt installieren. Der Streifen bzw. die Markierung am Kabel markiert den Pin 1, und am Controller bzw. am CD-ROM-Laufwerk finden Sie in der Regel ebenfalls eine entsprechende Beschriftung oder anderweitige Markierung auf der Platine. Viele Stecker verfügen auch über »Nasen«, die Verpolungen wirksam verhindern.

Ein passendes Audiokabel zum Anschluß an die Soundkarte kann aufgrund der Vielzahl verschiedener Verbindungsstecker allerdings zum Problem werden. Daher wird mit CD-Writern oft gar kein solches Kabel mitgeliefert.

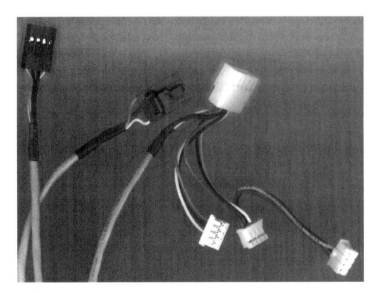

Abb. 21.11: Verschiedene Stecker zum Anschluß an eine Soundkarte

Bei Audiokabeln fühlte man sich bis vor kurzem zuweilen in die Urzeiten der »Computerei« zurückversetzt. Die verschiedenen Hersteller der Soundkarten haben eigene Wege beschritten, und selbst wenn die Stecker passen, heißt das noch lange nicht, daß die Belegung oder der Signalpegel stimmt. Nachdem sich zwischenzeitlich viele Hersteller hinsichtlich der Stecker*form* glücklicherweise dazu entschlossen haben, die Audio-Stecker der Sound Blaster-Karten als Quasi-Standard zu übernehmen, wurde im MPC-3-Standard endlich auch diesem leidigen Problem Rechnung getragen. Seither soll auf beiden Seiten des Audiokabels der gleiche Stecker verwendet werden, nämlich derjenige, der zuweilen »MPC-2-Stecker« genannt wird, weil er im MPC-2-Standard als Stecker*form* auf Seite des CD-ROM-Laufwerks festgelegt wurde. (Die technische Bezeichnung dieses Steckers lautet MOLEX 70555-0003.)

Hersteller	Pin 1	Pin 2	Pin 3	Pin 4
Sony	Rechts	Masse	Masse	Links
Mitsumi	Rechts	Masse	Links	Masse
Aztech, Chinon, NEC, Philips, Pioneer, Plextor	Links	Masse	Masse	Rechts
Panasonic, Matsushita, Sound Blaster	Masse	Links	Masse	Rechts
Mediavision/Logitech	Masse	Rechts	Masse	Links

Tab. 21.6: Pin-Belegung der Audioausgänge von CD-ROM-Laufwerken verschiedener Hersteller

Vielleicht haben Sie auch das Glück, daß der Laufwerk-Hersteller die Kabelproblematik berücksichtigt hat und ein »Multi-Soundkarten-Anschlußkabel« mitliefert. Dann finden Sie am einen Ende des Audiokabels mehrere verschiedene Miniaturstecker.

Der Elektronikhandel konnte mir bei Steckerproblemen bisher immer aus der Patsche helfen. Nehmen Sie aber am besten Ihre Soundkarte und/oder das Audiokabel des CD-ROM-Laufwerks als Muster mit. In manchen Fällen passen auch Miniatur-Stromversorgungsstecker. Sehen Sie sich die flachen vierpoligen MPC-3-Stecker gegebenenfalls genauer an. Manchmal verfügt nur einer über eine »Nase«. Dann können Sie den Stecker auf der einen Kabelseite drehen, so daß Sony, Aztech, Chinon, NEC, Philips, Pioneer und Plextor alle auf einen gemeinsamen Nenner gebracht werden können.

Sofern Pole des Audiokabels zu vertauschen sind, können Sie mit ein wenig Geschick und der notwendigen Vorsicht meist auch die einzelnen Leitungen mit einem kleinen Uhrmacher-Schraubendreher aus dem Stecker herausdrücken und umstecken. Dies ist deshalb möglich, weil die Stecker oft über kleine Aussparungen verfügen, über die Sie die Anschlüsse vorsichtig herausdrücken können.

Übrigens können Sie durch falsch gepolten Anschluß eines Audiokabels nichts beschädigen, so daß Sie ruhig experimentieren können. Sieht man vom bei neuen Laufwerken verwendeten »MPC-3-Kabel« ab, sind die Audiokabel entweder vier- oder dreipolig, manchmal auch fünfpolig. Beim vierpoligen Kabel liefert das Laufwerk sowohl für den linken als auch für den rechten Kanal getrennte Massesignale, während bei den selteneren dreipoligen Kabeln (die teilweise dennoch mit vierpoligen Steckern kombiniert werden) lediglich ein gemeinsames Massesignal für beide Stereokanäle geliefert wird.

Ein verpoltes Audiokabel zwischen CD-ROM-Laufwerk und Soundkarte können Sie bei vorhandenem Kopfhöreranschluß leicht daran erkennen, daß bei verbundenem Audiokabel kein Ton zu hören ist (Kurzschluß), während bei abgezogenem Kabel alles in Ordnung ist.

Sollte Ihnen ein Stromanschlußkabel fehlen, können Sie diesem Problem leicht beikommen, indem Sie ein zusätzliches Y-Kabel erwerben. Diese sollten auch im Computer-Fachhandel vorrätig sein.

Treiber und Software

Nach den benötigten Steuerprogrammen und der sonstigen mitgelieferten Software sollten Sie ebenfalls fragen. Spätestens wenn Sie OS/2 oder Windows NT einsetzen, können Sie ansonsten unangenehme Überraschungen erleben. Gleiches gilt, wenn für den Anschluß an Soundkarten spezielle Treiber benötigt werden. In dieser Hinsicht haben Laufwerke namhafter Hersteller naturgemäß meist deutliche Vorteile zu verbuchen. Im Lieferumfang von OS/2 Warp sind andererseits bereits eine Reihe von CD-ROM-Treibern enthalten, die viele Laufwerke direkt unterstützen. Dazu gehören zum Beispiel Laufwerke von Compaq, Philips und Sony sowie IDE-CD-ROM-Laufwerke von Mitsumi, Philips und Sony.

Außer Treibern befindet sich im Lieferumfang von CD-ROM-Laufwerken meist nur wenig Software. Lediglich ein Audio-CD-Abspielprogramm gehört oftmals mit zum Lieferumfang. Im Shareware-Bereich und im Lieferumfang der aktuellen Betriebssysteme und Benutzeroberflächen werden Sie schon eher fündig. Zum Abspielen von Audio-CDs können Sie notfalls den Media Player von Windows benutzen.

Dokumentation

Die für den Anschluß an Soundkarten notwendige Dokumentation liegt in der Regel nur Laufwerken bei, die vom Soundkarten-Hersteller selbst stammen und für diesen Einsatzzweck speziell vorgesehen sind. Lautsprecher und ähnliches gehören im Normalfall nicht zum Lieferumfang von CD-ROM-Laufwerken.

Multimedia-Upgrade-Kit

Wenn Sie sich vor diesem Hintergrund ein wenig verunsichert fühlen, sollten Sie vielleicht die Anschaffung eines Multimedia-Upgrade-Kits in Erwägung ziehen, das meist aus einem CD-ROM-Laufwerk, einer kompatiblen Soundkarte, Lautsprechern, Mikrofon, Dokumentation und Software besteht. Aber auch hier bleibt die Frage, ob Steuerprogramme für die Nicht-MS-DOS-Welt zum Lieferumfang gehören. Darüber hinaus sind die im Komplettpaket (neudeutsch: Bundle) verkauften Produkte häufig nicht gerade auf dem letzten Stand der Technik.

Auf jeden Fall gehört die Installation eines aus Einzelprodukten zusammengestellten Multimedia-Systems nicht gerade zu den Übungen, die ich Ihnen als erste Gehversuche im Bereich der Hardware-Aufrüstung empfehlen möchte.

21.6.9 Nützliches Zubehör

Außer dem Kauf des CD-ROM-Laufwerks und den direkt dazugehörenden Teilen sollten Sie sich ein paar weitere Gedanken darüber machen, was Sie ansonsten gegebenenfalls noch benötigen. Wenn Sie das CD-ROM-Laufwerk zum Beispiel auch als Audio-CD-Spieler benutzen wollen, benötigen Sie einen Kopfhörer, (Aktiv-)Lautsprecher oder aber Kabel zum Anschluß an die HiFi-Anlage. Mit der letztgenannten Alternative erzielen Sie meist die qualitativ besten Ergebnisse, müssen aber möglicherweise einige Meter Kabel verlegen.

 Bei den Kopfhörern sollten Sie darauf achten, daß diese CD-tauglich sind, bei den Lautsprechern auch.

Mittlerweile sind klanglich halbwegs ansprechende Aktivlautsprecher für knapp 100 DM erhältlich. Die Billigstangebote kann ich auf keinen Fall empfehlen. Ein Netzgerät zur Stromversorgung der Aktivlautsprecher sollten Sie auch nicht vergessen, da deren Batteriekonsum nicht gerade gering einzustufen ist. Universal-Netzgeräte sind in jedem größeren Supermarkt für ca. 20 DM zu haben.

Wenn Sie Klangqualität vom Feinsten wünschen, dann sollten Sie sich besser gleich im HiFi-Bereich umsehen bzw. den Rechner direkt an Ihre HiFi-Anlage anschließen. Die benötigten Verbindungskabel können Sie sich notfalls aus Einzelsteckern zusammenbauen, die im Elektronikfachhandel erhältlich sind.

21.6.10 Upgrade-Angebote

Mittlerweile bieten Hersteller zuweilen auch Upgrades, also aufwertende Aktualisierungen, für CD-ROM-Laufwerke an. In einem solchen Fall können Sie das alte Laufwerk einsenden und dafür ein neues, leistungsfähigeres zu einem reduzierten Preis erwerben. Andere Hersteller gehen dazu über, ihre Geräte so zu entwickeln, daß eine Aktualisierung durch Austausch eines gesockelten Chips möglich wird.

Über Verfügbarkeit, Umfang und zeitliche Beschränkungen eines solchen Hardware-Upgrades sollten Sie sich bei dem Händler erkundigen können, über den Sie das alte Gerät bezogen haben. Möglicherweise wird ja schon bald – ähnlich wie bei der Software – auch im Hardware-Bereich das Geld vorwiegend mit Updates bzw. Upgrades gemacht.

21.6.11 Zusätzliche Kriterien für CD-Brenner

Naturgemäß fallen bei CD-Brennern einige zusätzliche Auswahlkriterien an, die bei nur lesenden CD-ROM-Laufwerken einfach fehlen. Dazu zählen insbesondere die Schreibgeschwindigkeit, die Puffergröße und die vorhandenen Audio-Anschlüsse, die hier im Unterschied zu den CD-ROM-Laufwerken nicht unbedingt selbstverständlich sind.

Neben den im folgenden aufgeführten Kriterien sollten Sie bei CD-Writern darauf achten, daß die – nachfolgend noch beschriebenen – verschiedenen Standards und Formate möglichst vollständig unterstützt werden.

Technische Daten am Beispiel

Damit komme ich zu einem tabellarischen Beispiel für die technischen Daten eines CD-Writer-Laufwerks, das es eigentlich nicht gibt, weil ich bei der Zusammenstellung auf Daten und Angaben zu verschiedenen Laufwerken zurückgegriffen habe. Erläuterungen zu den in der Tabelle aufgeführten Merkmalen haben Sie zum Teil bereits erhalten, einige folgen aber auch noch.

Merkmal	Beispiel-Angabe
Bauart	Intern
Schreibgeschwindigkeit	4x = 614 KByte/s (Mode 1), 2x, 1x
Lesegeschwindigkeit	4x = 614 KByte/s (Mode 1)
Mittlere Zugriffszeit	250 ms
Schreibformate	CD-DA, CD-ROM (Mode 1 und 2), CD-ROM/XA (Mode 2, Form1 und 2, Single- und Multisession), CD-i (Mode 2, Form 1 und 2), CD-Extra
Leseformate	CD-DA, CD-ROM (Mode 1 und 2), CD-ROM/XA (Mode 2, Form1 und 2, Single- und Multisession), CD-i (Mode 2, Form 1 und 2), Photo CD, CD-Extra
Schreibmethoden	Track-At-Once, Disc-At-Once, Multisession (Orange Book, Part II), Incremental Packet Writing
Puffergröße	1 MByte
Schnittstelle	SCSI-2
Lademechanismus	Caddy-Laufwerk
Audioausgang	Ja
Kopfhörereingang	Ja
Lautstärkeregler	Ja
Kontrolleuchten	Lesen, Schreiben, Speed
SCSI-ID-Adresse	0 bis 6 (einstellbar)
Laserlinse	Selbstreinigend
Disc-Kapazität	74 Min. Audio / 681.984.000 Byte Daten
Lieferumfang	SCSI-Kabel, Caddy, Software, Audiokabel, Handbuch und Bedienungsanleitung (D, E, F)

Tab. 21.7: Ein Beispiel für die technischen Daten eines Laufwerks

Schreibgeschwindigkeit

Höhere Schreibgeschwindigkeiten verkürzen zwar die Zeit des eigentlichen Brennvorgangs, machen sich aber im Gesamtprozeß der Erstellung einer CD meist nur minimal bemerkbar, es sei denn, Sie nutzen den CD-Writer als Kopierstation. Beim Schreiben einzelner CD-Rs sollte der Zuverlässigkeit Vorrang vor der Schreibgeschwindigkeit gebühren.

Preiswerte CD-Writer arbeiten meist mit doppelter Schreibgeschwindigkeit, Vierfach-Schreiber sind im Kommen, für höhere Schreibgeschwindigkeiten müssen Sie teilweise üppige Aufpreise zahlen. Vierfach-Schreiber sollten den meisten Ansprüchen genügen, aber auch Writer mit höherer Schreibgeschwindigkeit sind erhältlich.

Manche CD-Writer arbeiten in manchen Modi generell mit einfacher Geschwindigkeit, was unter Umständen lästig sein kann, auch wenn dieses Vorgehen aufgrund der höheren Zuverlässigkeit durchaus berechtigt sein mag. Andere Writer arbeiten generell mit doppelter Schreibgeschwindigkeit und können dadurch auf langsameren Systemen nicht einsetzbar sein.

Flexibilität ist also im Hinblick auf die Schreibgeschwindigkeit bei CD-Writern gefragt, denn nur dann können Sie bei unterschiedlichen Anforderungen oder Problemstellungen geeignete Maßnahmen ergreifen. Leider wird in den technischen Daten in der Regel nur die maximale Schreibgeschwindigkeit aufgeführt. Zudem werden die Möglichkeiten zuweilen auch von den eingesetzten Schreibprogrammen beschränkt.

Puffergröße

Der Puffer der CD-Writer fängt zwischenzeitliche Einbrüche oder Unterbrechungen im kontinuierlichen Datenstrom von der Festplatte bzw. dem Quellmedium zum CD-Writer auf. Bei doppelter Schreibgeschwindigkeit kann ein Puffer von einem MByte Pausen von etwas mehr als drei Sekunden überbrücken. Zwar bieten einige CD-Writer auch nur 512 MByte Puffergröße, jedoch steigt damit die Gefahr, daß sich zwischenzeitliche Aussetzer nicht abfangen lassen und die gefürchteten »Buffer Underrun«-Fehler auftreten.

Bei Vierfach-Schreibgeschwindigkeit reicht ein Puffer von 1 MByte nur zur Überbrückung von ca. 1,5 Sekunden, was unter Umständen bereits zu wenig sein kann. Bei Sechsfach-Recordern sollte die Puffergröße keinesfalls unter 2 MByte liegen. Generell bieten größere Puffer höhere Sicherheitsreserven, die insbesondere bei stark fragmentierten Dateien zum Tragen kommen können. Ausführlichere Informationen zu »Buffer Underruns« und deren Vermeidung finden Sie im nachfolgenden Kapitel »Systemkonfiguration«.

Audio-Anschlüsse und -Regler

Ein Kopfhörerausgang und ein dazugehöriger Lautstärkeregler können nicht nur dem Anschluß eines Kopfhörers dienen. Hier können Sie vielmehr auch Aktivboxen oder einen Verstärker anschließen, um komfortabler arbeiten zu können.

Dies kann insbesondere bei der Arbeit mit CD-Brennern nützlich sein, wenn Sie Audio-CDs zusammenstellen wollen, und auch eine sinnvolle Alternative zum Anschluß des Brenners an eine Soundkarte darstellen, besonders, wenn Sie neben dem CD-Writer ein weiteres CD-ROM-Laufwerk nutzen.

Kontrolleuchten

Meist finden Sie an einem CD-Writer nur die notwendigsten Kontrolleuchten, die dann lediglich darüber informieren, ob sich eine Disc im Laufwerk und der CD-Writer im Lese- oder Schreibbetrieb befindet. Manche CD-Brenner informieren darüber hinaus auch noch über die aktuelle Schreibgeschwindigkeit. Da diese Funktionen aber prinzipiell auch von den Schreibprogrammen übernommen werden können, sollte diesem Ausstattungsmerkmal keine übermäßige Beachtung gewidmet werden.

SCSI, EIDE oder parallele Schnittstelle?

EIDE-CD-Writer waren lange angekündigt. Erste Modelle stammen vom Hersteller Mitsumi und konnten Anfang 1997 auf dem Markt gesichtet werden. Aufgrund der konzeptionellen Schwächen der EIDE-Schnittstelle bietet jedoch die Verwendung eines SCSI-CD-Writers einige Vorteile. Zwar ist die Geschwindigkeit von EIDE für CD-Brenner mehr als ausreichend, aber die Einschränkungen der EIDE-Schnittstelle bzw. die begrenzte Anzahl verfügbarer Steckplätze im PC sprechen eigentlich gegen eine solche Entscheidung, zumindest dann, wenn Sie mit dem CD-Writer nicht nur CDs kopieren wollen.

Wenn Ihre Investition in einen CD-Writer nicht bereits morgen zu einer Sackgasse werden soll, bietet es sich bei dessen Erwerb an, den ersten Schritt in Richtung SCSI zu unternehmen. Insbesondere neue Hardware-Lösungen für den Videobereich arbeiten ohnehin nur noch mit SCSI-Systemen zusammen.

Als weitere mögliche Alternative werden auch CD-Brenner für den Enhanced Parallel Port (EPP), also die Druckerschnittstelle, angeboten. Diese Alternative dürfte ebenso wie die auf diesem Wege gesteuerten CD-ROM-Laufwerke vorwiegend für die Besitzer von Laptops interessant sein. Voraussetzung für den Einsatz dieser CD-Brenner ist darüber hinaus, daß Ihr Rechner wirklich über eine moderne EPP-Druckerschnittstelle verfügt. Ob dies der Fall ist, sollten Sie dem Handbuch Ihres Rechners bzw. einem entsprechenden Eintrag im Rechner-BIOS entnehmen können.

CD-Writer-Kit

Einige CD-Writer werden zusammen mit SCSI-Adaptern angeboten. Hewlett-Packard-Writer stellen in dieser Hinsicht wohl das bekannteste Beispiel dar. Leider ziehen sich die Hersteller dann aber häufig auf den Standpunkt zurück, daß diese Laufwerke nur in Verbindung mit dem gelieferten Controller benutzt werden sollten, und verweigern darüber hinaus technische Unterstützung.

Wenn Sie noch keinen oder nur einen gerätespezifischen (zum Beispiel für Scanner) SCSI-Adapter in Ihrem Rechner haben, stellt ein CD-Writer-Kit als Lösung sicherlich eine erwägenswerte Alternative dar, zumal dann die Installationsbeschreibung in den Handbüchern für Adapter und Brenner informativer bzw. leichter verständlich ausfallen sollte.

Häufig dürfen an die SCSI-Adapter eines solchen Kits aber keine weiteren Geräte angeschlossen werden. In einem solchen Fall müßten Sie für weitere SCSI-Geräte einen zusätzlichen Adapter erwerben. Manchmal müssen CD-Brenner und andere SCSI-Geräte auch an separaten Adaptern betrieben werden, weil die Writer-Software dies erfordert.

Für ein Flash-BIOS-Update ist oftmals der Betrieb des CD-Writers an dem Controller, der mit einem Kit ausgeliefert wurde, zwingend erforderlich. Zudem darf sich dann unter Umständen kein weiterer SCSI-Controller im System befinden. (Bauen Sie diesen notfalls vorübergehend aus.)

Die Entscheidung pro oder kontra CD-Writer-Kit muß sicherlich für den Einzelfall entschieden werden. Vor dem Hintergrund des letzen Tips sollte das Betriebssystem, das zum Starten eines Flash-BIOS-Updates erforderlich ist, bei einem Kit in jedem Fall von einer EIDE-Festplatte gestartet werden können, da eine solche Aktion ansonsten recht umständlich werden könnte.

Flash-BIOS

Zumindest in den letzten Jahren hat sich im Bereich der CD-ROM-Formate derart viel getan, daß es vorteilhaft war, wenn CD-Brenner ihr BIOS in einem Flash-Baustein gespeichert haben. Über Firmware-Updates ließen sich dann ohne weiteres fehlende Leistungsmerkmale nachrüsten.

Firmware-Update-Programme, die die vorhandene Hardware bzw. die BIOS-Version prüfen, bevor sie das eigentliche Update veranlassen, sind weitgehend problemlos einsetzbar. Diese Programme brechen frühzeitig ab, wenn bestimmte Voraussetzungen nicht erfüllt sind. Leider sind derartige Programme nicht unbedingt die Regel. Daher sollten Sie die in den beiliegenden Dateien enthaltene Dokumentation zunächst einmal sorgfältig lesen, bevor Sie das Update starten. Wenn ausdrücklich vor dem Einsatz der Programme in Verbindung mit anderen Modellen gewarnt wird, sind die betroffenen Firmware-Update-Programme wahrscheinlich nicht in der Lage, vorhandene Geräte eindeutig zu identifizieren.

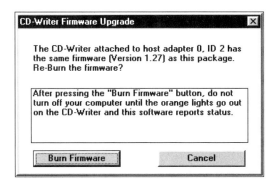

Abb. 21.12: Das Firmware-Update des Brenners wurde hier bereits durchgeführt.

Nicht verschweigen will ich darüber hinaus, daß ein gewisses Restrisiko immer bleibt. Läuft nämlich trotz Hardware-Erkennung und korrektem Einsatz der Programme wider Erwarten doch etwas schief, wie zum Beispiel bei einem Stromausfall, handelt es sich bei Ihrem CD-Writer im schlimmsten Fall nur noch um einen recht teuren Backstein. Den können Sie dann aber immer noch zur Reparatur (zum Hersteller) senden, der den BIOS-Baustein auswechselt oder neu programmiert und das Laufwerk damit wiederbelebt.

Leistungsmerkmale der Writer-Software

Die Leistungsfähigkeit eines CD-Brenners wird nicht nur von der Hardware, sondern auch von den eingesetzten Schreibprogrammen maßgeblich beeinflußt. In der folgenden Tabelle finden Sie daher einen Überblick über die wichtigsten Leistungsmerkmale der zur Zeit wohl bekanntesten vier Programme für die Windows 9x-Plattform. Dabei finden Sie lediglich dann Eintragungen vor, wenn ein bestimmtes Merkmal unterstützt wird. Zusätzlich verfügbare Merkmale neuerer Programmversionen können Sie also einfach nachtragen.

	CD Creator	Easy CD Pro	Gear MM	WinOnCD
Track-At-Once (TAO)	ja	ja	ja	ja
Disc-At-Once (DAO)		ja	ja	ja
CD kopieren	ja	ja		ja
Digital Audio extrahieren	ja	ja	ja	ja

Tab. 21.8: Leistungsmerkmale verschiedener Programme (Windows 95-Versionen)

Kapitel 21

	CD Creator	Easy CD Pro	Gear MM	WinOnCD
Raw-Datei	ja	ja	ja	ja
Sound-Editor	ja			ja
PQ-Editing				ja
Session selektieren	ja			
Sessions verbinden	ja	ja	ja	ja
Joliet-Dateisystem	ja	ja		ja
Bootable CD (El Torito)				ja
Inkrem. Schreiben (IPW)				
Mixed Mode (CD-ROM/DA)	ja	ja	ja	ja
CD Extra	ja			ja
Video-CD	ja	ja	ja	ja
Macintosh-HFS		MM-Version		ja
Multiplattform (HFS & ISO)				ja

Tab. 21.8: Leistungsmerkmale verschiedener Programme (Windows 95-Versionen)

Einige der in der Tabelle aufgeführten Kriterien werde ich nun noch erläutern. Dabei beschränke ich mich jedoch auf jene Dinge, die nicht an anderer Stelle dieses Kapitels besprochen werden.

PQ-Editing

Beim PQ-Editing handelt es sich um das Einfügen von Track-Markierungen in Musikstücke oder das Entfernen von Pausen zwischen einzelnen Titeln. Damit lassen sich auch durchgehende Musikstücke in mehrere »Titel« unterteilen.

Extraktion von digitalem Audio

Dabei handelt es sich um den Prozeß, der abläuft, wenn Audio-Daten von einer CD-DA digital von einem CD-Writer oder einem anderen CD-ROM-Laufwerk auf eine Festplatte oder eine CD-R übertragen werden.

RAW-Datei

RAW-Dateien enthalten Daten, die bereits im CD-Format vorliegen und daher ohne jede weitere Bearbeitung direkt auf eine Ziel-CD-R geschrieben werden können. Auf diesem Weg läßt sich die größtmögliche Übertragungsrate von der Festplatte zum CD-Writer erzielen. Zudem stellt die Erzeugung von RAW-Dateien die Voraussetzung für Mehrfachkopien von CDs dar.

 Denken Sie bei der Auswahl der Software (und der Hardware) für Ihren CD-Writer nicht nur an aktuell benötigte Formate, sondern auch an kommende, zukünftige Anforderungen.

21.7 Standards und Dateisysteme

Im Zusammenhang mit CD-ROM-Laufwerken gibt es eine beachtliche Anzahl von Formaten und Standards für CD-ROMs, in denen festgehalten wird, wie Informationen auf CDs geschrieben werden sollen. Es fällt also nicht gerade leicht, die vielen Formate auseinanderzuhalten und korrekt zuzuordnen. Die Bedeutung der verschiedenen Standards soll im folgenden erläutert werden.

21.7.1 MPC-Spezifikationen

Die MPC-Spezifikationen, die im Zusammenhang mit CD-ROM-Laufwerken immer wieder genannt werden, liefern in vielen Bereichen allenfalls erste Anhaltspunkte. Entwickelt von einer Gruppe namhafter Firmen (u.a. Microsoft, IBM und Creative Labs) führen sie die minimalen Anforderungen an einen Multimedia PC (MPC) auf, der im wesentlichen als Basis für Soft- und Hardware-Entwicklungen dienen soll.

Der erste Version der MPC-Spezifikationen, die auch als MPC-1 bezeichnet wird, wurde Anfang der 90er Jahre erarbeitet. Darin wurde als Minimal-Multimedia-Plattform ein 386SX mit einer Taktfrequenz von 16 MHz, Windows 3.0, 2 MByte RAM, 30-MByte-Festplatte, 150 KByte/s CD-ROM-Datentransferrate, einer 8-Bit-Soundkarte und Lautsprechern angegeben. Heute ist dies bereits eine Ausstattung, die geradezu nostalgisch anmutet.

MPC Level 2 (MPC-2) wurde Mitte 1993 erarbeitet. Die Festlegung sah folgendermaßen aus: 486SX (25 MHz Taktfrequenz) mit Windows 3.1, 4 MByte RAM (8 MByte empfohlen), 160 MByte Festplatte, 16-Bit-Soundkarte, Lautsprecher, CD-ROM-Laufwerk (300 KByte/s Datentransferrate, XA-kompatibel und multisession-fähig), VGA-Karte.

Aber auch diese Spezifikation ist mittlerweile überholt. 1995 wurde MPC Level 3 veröffentlicht. Die Spezifikationen werden in der Tabelle dargestellt.

	MPC-3	MPC-2	MPC-1
Prozessor	Pentium	486SX/25	386SX
Arbeitsspeicher (min.)	8 MByte	4 MByte	2 MByte
Diskettenlaufwerk	3,5 Zoll, 1,44 MByte	ja	ja
Festplatte (min.)	520 MByte	160 MByte	30 MByte
CD-ROM-Laufwerk	4X-Speed, Red Book-kompatibel	2X-Speed, XA-kompatibel, Multisession	1X-Speed
Soundkarte	16 Bit	16 Bit	8 Bit
Lautsprecher	Stereo, mit Verstärker	ja	ja
Video	MPEG1	VGA, 16 Bit Farbtiefe bei 640x480	VGA
Betriebssystem	Windows 3.1/DOS 6.x	Windows 3.1	Windows 3.0
Peripherie	Maus, serielle/parallele Schnittstelle, MIDI-Port, Joystick-Port	Maus, serielle/parallele Schnittstelle, MIDI-Port, Joystick-Port	Maus, serielle/parallele Schnittstelle, MIDI-Port, Joystick-Port

Tab. 21.9: MPC-Spezifikationen im Überblick

Damit stellt auch der MPC-3-Standard im wesentlichen nicht mehr dar als die Festschreibung der Mitte 1995 üblichen Rechnerkonfiguration, wenn man einmal von der Grafikkarte mit MPEG1-Unterstützung absieht. 8 MByte Arbeitsspeicher sind für einen Windows 95-PC mit Multimedia-Ambitionen eindeutig zu wenig, 520 MByte Festplattenkapazität lassen zwar eine Nutzung, aber keinen sinnvollen Multimedia-Einsatz des PCs zu, es sei denn, er wird zur reinen Wiedergabe von Daten verwendet, die auf CD-ROM gespeichert sind.

21.7.2 Die »bunten« Bücher im Überblick

Beginnen will ich mit einem tabellarischen Überblick über die »bunten Bücher«, die ich dann nachfolgend im einzelnen näher erläutern werde.

Buch	Jahr	Inhalte
Red Book	1982	Beschreibt das Format der Compact Disc-Digital Audio (CD-DA) bzw. der Audio-CD
Yellow Book	1984	Beschreibt, basierend auf dem Red Book-Standard, das Format der CD-ROM
Yellow Book, CD-ROM/XA	1989	Erweiterung des Yellow Book-Standards, der bessere Audio- und Videofähigkeiten bietet, so daß sich Audio- und Computerdaten in einem Track verzahnt speichern
Green Book	1987	Beschreibt die CD-i, auf der sich Computer- und komprimierte Video-Daten verzahnt in einem Track speichern lassen
Orange Book	1990	Definition der CD-WO bzw. CD-Recordable und der CD-MO
White Book	1993	Auf der hier definierten Video-CD lassen sich Audio- und Vollbild-Videodaten speichern. Da die Video-Daten MPEG-komprimiert sind, wird zur Wiedergabe entsprechende MPEG-Hardware benötigt.
Blue Book	1996	Definiert die DVD (Digital Versatile Disc)

Tab. 21.10: Die in den »bunten« Büchern festgehaltenen Standards

21.7.3 Red Book

Alle CDs und CD-Standards basieren auf den Definitionen für die Audio-CD, die auch unter der Bezeichnung CD-DA (Compact Disc-Digital Audio) firmiert. Sie wurden 1980 von Philips und Sony entwickelt und im Februar 1992, unter der Bezeichnung »Red Book«, herausgegeben. Alle nachfolgenden CD-Formate basieren auf dem Red Book-Standard.

Die CD-DA besteht aus dem Lead-In-, dem Programm- und dem Lead-Out-Bereich. Im Lead-In-Bereich der CD befindet sich das Inhaltsverzeichnis (TOC – Table of Content), im Programmbereich sind die Musiktracks, und der Lead-Out-Bereich markiert das Ende der CD.

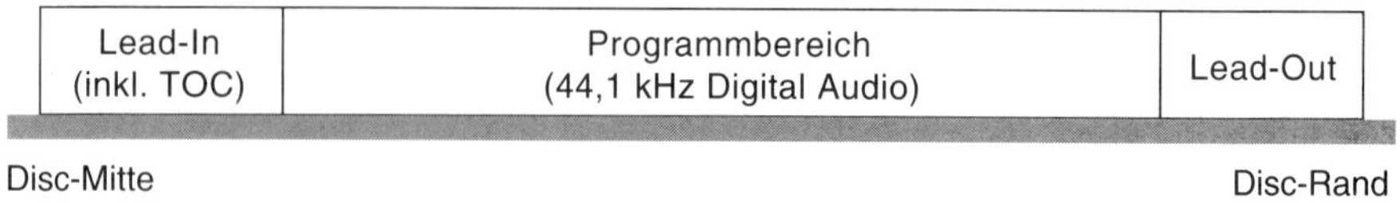

Kapitel 21

Lead-In (inkl. TOC)	Programmbereich (44,1 kHz Digital Audio)	Lead-Out

Disc-Mitte   Disc-Rand

Abb. 21.13: Das Layout einer CD-DA (Singlesession-CD)

21.7.4 Yellow Book

Das gelbe Buch wurde 1984 von Philips und Sony veröffentlicht. Es enthält die Erweiterung der Audio- zur Daten-CD. Das gelbe Buch beschreibt zwar die physikalischen Parameter einer CD-ROM, sagt jedoch nichts über deren Dateisystem aus. Das Disc-Layout gemäß Yellow Book unterscheidet sich im Prinzip nicht vom Red Book. Lediglich der Programmbereich kann nun beliebige Daten und nicht nur Audio-Daten enthalten. Multisession-CDs sind im Yellow Book nicht vorgesehen, sondern werden im Green Book definiert.

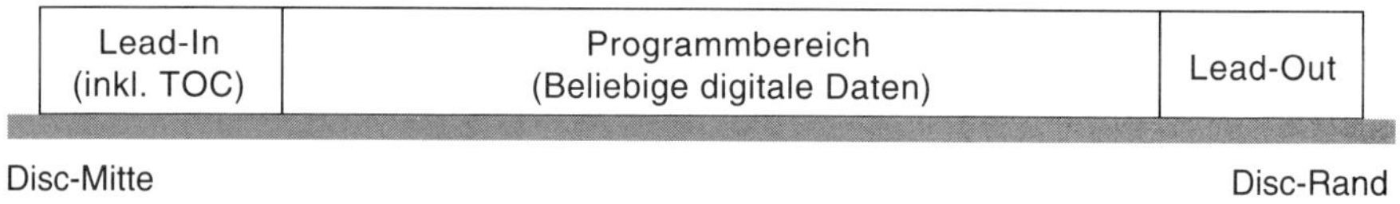

Lead-In (inkl. TOC)	Programmbereich (Beliebige digitale Daten)	Lead-Out

Disc-Mitte   Disc-Rand

Abb. 21.14: Disc-Layout gemäß Yellow Book (Singlesession-CD)

Mode 1

Im Yellow Book werden zwei Modi unterschieden. Mode 1 enthält 2048 Byte Nutzerdaten pro Sektor sowie erweiterte Daten zur Fehlererkennung und -korrektur (EDC, ECC). Damit wird dem Umstand Rechnung getragen, daß die CD-ROM höhere Anforderungen als die Audio-CD an die Datenintegrität stellt.

Mode 2

Die erweiterte Fehlerkorrektur wird nur im Mode 1 benutzt. Im Mode 2 wird auf den zusätzlichen Aufwand verzichtet, der bei bestimmten Daten gar nicht nötig ist. Da auf bestimmte Fehlerkorrekturen aber auch im Modus 2 nicht verzichtet werden kann, stellt dieser insgesamt 2336 Byte Nutzdaten pro Sektor zur Verfügung.

Mode 2 eignet sich also insbesondere für datenintensive Anwendungen, bei denen es vorrangig auf eine hohe Datenrate ankommt, wie zum Beispiel Audio oder Video, und bei denen einzelne falsch gelesene Bits keine entscheidende Rolle spielen. Mode 2 eignet sich dementsprechend – aufgrund der nicht vorhandenen erweiterten Fehlerkorrektur – nicht für Computer-Programme (siehe Bild 21.15).

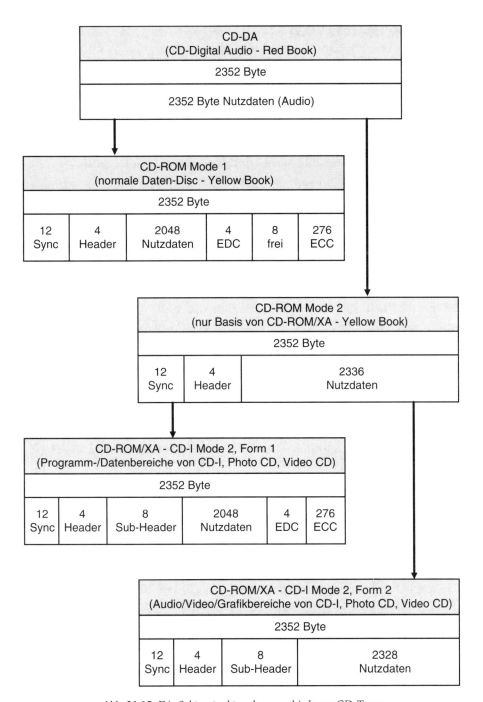

Abb. 21.15: Die Sektorstruktur der verschiedenen CD-Typen

21.7.5 CD-ROM/XA

Im September 1989 wurden die CD-ROM/XA-Spezifikation (CD-ROM eXtended Architecture) herausgegeben, die zuweilen auch »Extended Yellow Book« genannt wird. Die Sektorformate von CD-ROM/XA basieren auf dem Mode 2 des Yellow Book. Sie werden Form 1 und Form 2 genannt. Form 1 dient vornehmlich der Speicherung von Programmcode und trägt den dort gestellten hohen Ansprüchen an die Datenintegrität Rechnung, während Form 2 zur Speicherung von Audio- und Videodaten genutzt wird.

Naturgemäß sollten alle CD-Laufwerke den CD-ROM/XA-Standard unterstützen. Die ersten CD-ROM-Laufwerke (vorwiegend Single-Speed) waren jedoch nicht XA-fähig, und selbst vereinzelte neuere Laufwerke hatten in dieser Hinsicht Probleme.

21.7.6 Green Book

Das grüne Buch enthält die Spezifikation der CD-i (Compact Disc-Interactive). Sie stellt eine spezielle Anwendung des CD-ROM-Formats dar, die es ermöglicht, auf einer CD-i Ton-, Bild-, Video- und sonstige Daten gleichzeitig unterzubringen. Für Videodaten unterstützt CD-i den MPEG 1-Standard, so daß Spielzeiten bis 74 Minuten realisierbar sind. Daher werden zur Speicherung von Spielfilmen der üblichen Länge zwei Discs benötigt.

Auf einer CD-i lassen sich Audio- und Videodaten wie bei der CD-ROM/XA in ein und demselben Track verschachteln, so sie Möglichkeiten zur Speicherung interaktiver »Spielfilme« bietet, bei denen der Betrachter in die Handlungsabläufe eingreifen und sie beeinflussen kann. Ob sich das CD-i-Format überhaupt noch auf breiterer Basis durchsetzen kann, ist vor dem Hintergrund der DVD (Digital Versatile Disc) mehr als fraglich.

21.7.7 Orange Book

Im orangefarbenen Buch befinden sich die Spezifikationen der CD-MO (Compact Disc Magneto-Optical) und für die CD-WO (CD-Write-Once) bzw. CD-Recordable (CD-R).

Das Orange Book basiert auf dem Red Book-Standard und greift darüber hinaus auf die Spezifikationen des Yellow Book zurück. Das Layout für die dort definierten nur-lesbaren CDs wurde für die CD-R um einen Systembereich erweitert, in dem sich PCA (Power Calibration Area) und PMA (Program Memory Area) befinden.

Von CD bis DVD

Abb. 21.16: *Disc-Layout gemäß Orange Book (Singlesession-CD)*

Die PCA befindet sich am Anfang einer CD-R, also innen, in einem ansonsten ungenutzten Bereich der Disc. Er wird von CD-Laufwerken nicht erkannt und nicht gelesen. Dem CD-Writer dient er zur genauen Einstellung (Kalibrierung) des Laserstrahls auf das jeweils zu schreibende Medium.

Im reservierten PMA-Bereich (Program Memory Area) werden beim Schreiben noch nicht geschlossener Sitzungen zwischenzeitlich Track-Nummern sowie deren Anfangs- und End-Positionen festgehalten. Wenn die entsprechende Sitzung geschlossen wird, werden dieselben TOC-Informationen in den Lead-In-Bereich der Disc übertragen.

Das Orange Book definiert in Part II mehrere Methoden der physischen Datenaufzeichnung auf CD-R, die im folgenden kurz beschrieben werden.

Disc-At-Once (Singlesession)

Beim Disc-At-Once-Verfahren (DAO) werden mehrere Tracks in einem ununterbrochenen Vorgang auf eine Disc geschrieben, ohne daß der Laser zwischen einzelnen Tracks abgeschaltet wird. Nach dem Schreiben der Session wird die Disc geschlossen und finalisiert, indem der Lead-Out-Bereich geschrieben wird. Da der Lead-In-Bereich beim DAO-Verfahren *vor* den eigentlichen Daten geschrieben wird, muß die Software diese Angaben bereits zu diesem Zeitpunkt zur Verfügung stellen können.

Track-At-Once

Beim Track-At-Once-Verfahren (TAO) wird der Laserstrahl beim Schreiben einer CD-R nach jedem geschriebenen Track abgeschaltet und beim Schreiben eines neuen Tracks wieder eingeschaltet. Dadurch entstehen zwischen den einzelnen Tracks Blöcke ohne Daten.

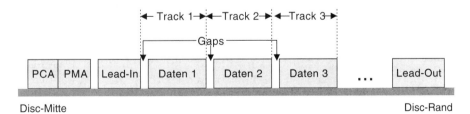

Abb. 21.17: *Datenaufzeichnung im TAO-Verfahren*

Multisession-Varianten

Der Datenbereich einer CD wird stets von einem Lead-In-Bereich eingeleitet und von einem Lead-Out-Bereich abgeschlossen. Ein Track ist einfach eine frei definierbare Ansammlung von Blöcken bzw. Sektoren, in denen sich Daten befinden. Für die CD-R wurde dieses Konzept dahingehend erweitert, daß diese nun mehrere Sessions enthalten kann, die jeweils über eigene Lead-In- und Lead-Out-Bereiche verfügen. Dementsprechend werden CDs, die mehrere Sessions enthalten, Multisession-CD genannt.

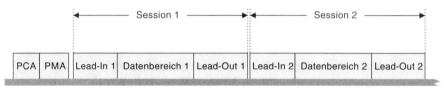

Abb. 21.18: Multisession-CDs erlauben das Anhängen von Daten in weiteren Sitzungen

Multisession-Fallstricke

Neuere Laufwerke sind üblicherweise Multisession-fähig? Allerdings muß hinter dieser Aussage vorläufig ein Fragezeichen stehen bleiben. Es gibt nämlich Multisession-Photo-CDs und Multisession-Daten-CDs (mit etwas unterschiedlichem Datenformat)! Oft genug beschränkt sich die nur ungenau ausgewiesene Multisession-Fähigkeit auf die Photo-CD. Andere (zum Beispiel von CD-Writern) in mehreren Sessions beschriebene CD-ROMs lassen sich oft genug nicht bzw. nicht vollständig lesen.

 Multisession-Photo CD und Multisession-Daten-CD weisen leicht unterschiedliche Datenformate auf. Manche CD-R(OM)-Laufwerke lesen wohl das eine, aber nicht das andere.

So ist es durchaus möglich, die gleichen Daten mehrmals auf einen solchen Datenträger zu schreiben! In der ersten Session befindet sich dann die älteste, in der letzten Session die neueste Version der Daten! Wenn Ihr CD-ROM-Laufwerk aber nur die ältesten Daten erkennt? Richtig, dann sind Sie ohne weiteres nicht einmal in der Lage zu erkennen, daß Sie es mit alten Daten zu tun haben! Die Folgen können bei sensiblen Daten verheerend sein!

 Fehlende Multisession-Fähigkeit im Hinblick auf Daten-CD-ROMs erkennen Sie daran, daß die entsprechenden Laufwerke (bzw. Treiber) nur die erste auf die CD-ROM geschriebene Session erkennen. Die Daten später hinzugekommener Sessions lassen sich nicht lesen.

Für Abhilfe können in vielen Fällen aktualisierte Treiber sorgen, die aber für ältere CD-ROM-Laufwerke und insbesondere No-Name-Produkte oft nicht verfügbar sind. Diese bekommen Sie am besten über das Internet, direkt beim jeweiligen CD-ROM-Hersteller. Übrigens sollten die beschriebenen Mängel bei CD-ROM-Laufwerken ab 4X-Speed nicht mehr auftreten.

Multivolume Multisession

Im Hinblick auf Multisession-CDs gibt es zwei wesentliche Konzepte. Beim älteren handelt es sich um das sogenannte »Multivolume Multisession«. Dabei werden voneinander unabhängige Sessions mit einem CD-Schreiber nacheinander auf die CD-R geschrieben. Um auf die Daten der einzelnen »Volumes« bzw. Sessions zuzugreifen, benötigt man einen speziellen Treiber oder ein spezielles Programm, mit denen sich das aktive Volume umschalten läßt (Session Selector).

Linked Multisession

Bei »Linked Multisession« werden die Daten der verschiedenen Sitzungen miteinander verknüpft. Dazu müssen die Daten des zuletzt geschriebenen Inhaltsverzeichnisses eingelesen werden. Wenn nun weitere Daten hinzugefügt werden, erscheinen alle Daten so, als wären sie in nur einer einzigen, großen Session aufgezeichnet worden.

(Incremental) Packet Writing

Inkrementelles Schreiben (IPW – Incremental Packet Writing) erlaubt die Verwendung einer CD-R wie eine Diskette. Natürlich können keine Daten, die einmal auf eine CD-R geschrieben wurden, tatsächlich wieder gelöscht werden, aber »gelöschte« Daten lassen sich ohne weiteres unsichtbar machen.

IPW benötigt einen speziellen Treiber, weil dabei ein eigenes Dateisystem verwendet wird. Damit die mit diesem Verfahren erstellten Datenträger auch von normalen CD-ROM-Laufwerken gelesen werden können, muß ein Installations- und Lese-Treiber mit auf entsprechende CD-Rs kopiert werden, der sich dann in einer ISO-kompatiblen ersten Session auf der CD-R befinden muß und vom Installationsprogramm bei Bedarf automatisch eingerichtet wird. Alle weiteren Sessions enthalten die eigentlichen Daten, im spezifischen Dateisystem auf der CD-R abgelegt werden.

21.7.8 White Book

Im weißen Buch ist die Video-CD definiert. Diese speichert digitalisiertes Video nach der MPEG 1-Norm. Die Aufzeichnung der Daten erfolgt im CD-ROM/XA-Format Mode 2, Form 2. Da es sich bei MPEG 1 um einen Standard für die Hardware-Kompression handelt, benötigt man zur Wiedergabe einen CD-i-Player oder einen Computer mit MPEG- Decoders. Video-CDs können bis zu 74 Minuten Video (VHS-Qualität im Vollbildmodus) speichern, so daß sie den CD-i-Discs ähneln.

21.7.9 Blue Book

Das blaue Buch definiert die CD Extra, die auch unter den Bezeichnungen CD Plus und Enhanced CD bekannt war. Im Gegensatz zu den bereits länger etablierten Mixed-Mode-CDs befinden sich bei der CD Extra die Computerdaten hinter den Audiodaten. Audio-CD-Player erkennen nur die erste Session, in der sich die Audiodaten befinden. Die CD-ROM/XA-Daten der nachfolgenden Sessions können von Multisession-fähigen CD-ROM-Laufwerken gelesen werden.

Das Blue Book bietet in den Daten-Sessions die gleichen Möglichkeiten wie CD-ROM/XA und CD-i, so daß die CD Extra weitere Informationen enthalten kann, wie zum Beispiel Texte und Bilder, die sich von Multimedia-PCs und CD Extra-Playern wiedergeben lassen.

21.7.10 CD-ROM-Dateisysteme im Überblick

In den Erläuterungen zu den bunten Büchern war fast ausschließlich von unterschiedlichen physischen Formaten die Rede. Um auf die Daten einer CD zugreifen zu können, muß diese auch über ein Dateisystem verfügen. Dateisysteme werden durch die verschiedenen CD-ROM-Standards aber nicht definiert, so daß die Hersteller eigene Lösungen finden mußten. Naturgemäß wurde dabei vorwiegend das Dateisystem ihres Computersystems auf die CDs übertragen.

So gibt es beispielsweise Discs mit dem HFS (Hierarchical File System) des Macintosh, die sich nicht unter MS-DOS/Windows lesen lassen. Es gab und gibt auch spezielle Dateisysteme für die CD-ROM. Für diese müßten aber bei allgemeiner Einsetzbarkeit Treiber für alle wesentlichen Plattformen vorliegen. Daher lag es nahe, einen speziellen Standard für die CD-ROM zu entwickeln, der den Anforderungen aller unterschiedlichen Betriebssysteme gerecht wurde.

Dateisystem	Plattform	Bemerkungen
HFS	Macintosh	(Hierarchical File System) Macintosh-Dateisystem mit spezifischen Erweiterungen
High Sierra	alle	Vorläufer von ISO 9660
ISO 9660	alle	Lesbar auf allen Plattformen, sofern bestimmte Regeln bei der Dateinamenvergabe eingehalten werden
Joliet	Windows, NT ab 4.0	Enthält neben dem ISO 9660-konformen Dateisystem eines, das den mit Windows 95 eingeführten langen Dateinamen Rechnung trägt
Romeo	Windows, NT, (Mac)	Dateisystem der Firma Incat, das lange Dateinamen mit Leerzeichen unterstützt (max. 128 Zeichen Windows/NT; max. 31 Zeichen Mac)
RRIP	UNIX	(Rock Ridge Interchange Protocol) ISO 9660-konformes Dateisystem, mit UNIX-spezifischen Erweiterungen

Tab. 21.11: Dateisysteme der CD im Überblick

Mit Ausnahme von HFS enthalten alle anderen in der Tabelle aufgeführten Dateisysteme ein ISO 9660-konformes Verzeichnis, das sich auf allen Plattformen lesen läßt.

21.7.11 High Sierra und ISO 9660

Der Standard für das logische Format der CD-ROM wurde ursprünglich von der High Sierra Group entwickelt. Die manchmal verwendete Abkürzung HSF für das High Sierra-Format läßt sich ausgesprochen leicht mit dem Macintosh-Dateisystem HFS verwechseln. Ende 1987 wurde High Sierra vom weitgehend identischen ISO 9660-Standard abgelöst, so daß es als eigenständiger Standard eigentlich bedeutungslos ist. Zum Lesen des ISO 9660-Dateisystems wird vom jeweiligen Betriebssystem eine Software-Erweiterung benötigt, bei der es sich unter MS-DOS üblicherweise um MSCDEX handelt.

Da ältere MSCDEX-Versionen gewisse Einschränkungen und auch einige »Macken« aufweisen, sollte mindestens die MSCDEX-Version 2.23 eingesetzt werden.

Der ISO 9660-Standard definiert ein hierarchisches Dateisystem mit Verzeichnissen (Directories), Unterverzeichnissen (Subdirectories) und Pfaden (Paths). Wenn vom ISO 9660-Standard die Rede ist, bezieht man sich dabei meist auf jene Variante, die von den meisten Betriebssystemen unterstützt wird. Dieser sogenannte »Interchange Level 1« weist folgende Beschränkungen auf:

- *Dateien* dürfen also nicht fragmentiert oder verzahnt gespeichert werden.
- Dateinamen dürfen maximal aus acht Zeichen bestehen, wobei nur Großbuchstaben von »A« bis »Z«, Ziffern (»0« bis »9«) sowie der Unterstrich »_« zulässig sind.
- Dateinamenerweiterungen dürfen maximal drei Zeichen lang sein und ebenfalls nur die bereits genannten Zeichen enthalten.
- Verzeichnisnamen dürfen maximal acht Zeichen lang sein und hinsichtlich der verwendeten Zeichen den Regeln für Dateinamen folgen. Namenserweiterungen für Verzeichnisnamen sind also nicht zulässig!
- Die maximale Anzahl der Verzeichnisebenen (inklusive Hauptverzeichnis) beträgt acht Ebenen.

High Sierra bzw. ISO 9660 stellen damit im wesentlichen lediglich die Voraussetzung dafür dar, daß DOS oder andere Betriebssysteme überhaupt eine Verzeichnisstruktur auf einer CD finden.

21.7.12 Joliet

Der Joliet-Standard wurde von Microsoft für Windows 95 entwickelt. Diese Erweiterung des ISO 9660-Standards erlaubt:

- Das Aufzeichnen von CDs unter Verwendung langer Dateinamen
- Den Einsatz des internationalen Unicode-Zeichensatzes
- Maximal 64 Zeichen lange Dateinamen mit Leerzeichen.

CDs im Joliet-Format enthalten zwei Dateisysteme. Ein echtes ISO 9660-Dateisystem wahrt die Kompatibilität zu diesem Standard. Darüber hinaus wird zusätzlich das Joliet-Dateisystem aufgezeichnet, das allerdings nur unter Windows-Versionen ab 95 und Windows NT-Versionen ab 4.0 gelesen werden kann. (Späte Unterversionen von NT 3.51 unterstützen Joliet ebenfalls.)

Da auch die entsprechenden DOS-Standard-Dateinamen (8 + 3 Zeichen) für jede Datei aufgezeichnet werden, *können* Joliet-Discs auch von DOS-, älteren Windows- und Macintosh-Systemen gelesen werden. Dabei werden allerdings nur die DOS-Standard-Dateinamen erkannt. Zum Beispiel ist dann von den Dateien DATEINAME1.TXT und DATEINAME4.TXT nur noch DATEIN~1.TXT bzw. DATEIN~2.TXT zu sehen.

Windows 9x erzeugt die kurzen Dateinamen, indem es nach dem sechsten Zeichen die Tilde sowie eine fortlaufende Nummer anfügt, weshalb die Zeichen »1« und »4« in den Ursprungsnamen nichts mit dem letzten Zeichen der verkürzten Namen zu tun haben!

21.7.13 Romeo

Eine andere Erweiterung des ISO 9660-Dateisystems wurde von der italienischen Firma Incat Systems (mittlerweile Adaptec) entwickelt und hört auf den Namen Romeo:

- Dateinamen mit maximal 128 Zeichen inklusive Leerzeichen sind gestattet.
- Der Unicode-Zeichensatz wird nicht unterstützt.
- Es gibt keine Vorkehrungen für zugehörige DOS-Dateinamen.
- Datei- und Verzeichnisnamen werden automatisch in Großbuchstaben umgewandelt.

Romeo-Discs können ab Windows 95 und NT 3.51 gelesen werden. Und auch Macintosh-Systeme verarbeiten sie korrekt, sofern die Dateinamen nicht länger als 31 Zeichen sind.

Romeo-CDs werden auch auf anderen Plattformen erkannt. Da aber im Unterschied zum Joliet-Format keine ISO 9660-Dateinamen (8 + 3 Zeichen) auf Romeo-CDs gespeichert werden, schneidet zum Beispiel MS-DOS längere Dateinamen ab. Dadurch können doppelte Dateinamen auftreten, von denen unter Umständen nur der erste angezeigt wird.

 Gegebenenfalls vorhandene Leerzeichen in Romeo-Dateinamen können von MS-DOS und Windows 3.x nicht verarbeitet werden.

21.7.14 Apple Extensions (HFS)

Macintosh-Anwender und -Entwickler möchten natürlich das fortschrittliche Dateisystem ihrer Plattform nicht missen und haben daher das HFS (Hierarchical File System) auch für CDs genutzt. Der Macintosh speichert die Daten einer Datei in zwei separaten Teilen, den sogenannten Forks. Dabei enthält die Data Fork Daten, die den Dateien unter MS-DOS und UNIX ähneln, während die Resource Fork eine Art Datenbank darstellt, in der verschiedene strukturierte Informationen abgelegt werden. Diesem zweigeteilten Verzeichnissystem verdankt der Macintosh unter anderem seine unübertroffene Flexibilität. Ein einfaches Beispiel dafür ist, daß die Dateityp-Erkennung unabhängig von der Namenserweiterung ist. Die erstellende Anwendung kann nämlich in der Resource Fork vermerkt werden.

HFS-CDs basieren auf dem ISO Level 2, so daß sich sowohl Resource als auch Data Fork auf der CD unterbringen lassen.

HFS-CDs lassen sich aufgrund der Besonderheiten des Macintosh-Dateisystems nur von Macintosh-Rechnern lesen. Selbst mit Hilfsprogrammen, wie es sie beispielsweise für Windows gibt, bleiben die Möglichkeiten stark beschränkt.

21.7.15 Rock Ridge Interchange Protocol

Auch für die UNIX-Plattform gibt es eine spezielle Erweiterung des ISO 9660-Standards. Anfang der 90er Jahre wurde das sogenannte RRIP (Rock Ridge Interchange Protocol) erarbeitet. Discs nach dem Rock Ridge-Standard sind hundertprozentig ISO 9660-kompatibel.

RRIP erlaubt unter anderem Dateinamen mit bis zu 256 Zeichen Länge und eine umfassendere Regelung der Zugriffsrechte auf Dateien. Da die UNIX-spezifischen Informationen von anderen Betriebssystemen nicht erkannt werden und Rock Ridge-CDs ansonsten vollkommen ISO 9660-kompatibel sind, lassen sich Rock Ridge-CDs auf allen anderen Plattformen ohne weiteres lesen.

21.7.16 Hybrid-Discs

Hybrid-Discs, die zuweilen auch Janus- oder Multiplattform-Discs genannt werden, enthalten sowohl eine DOS/Windows- als auch eine Macintosh-Partition. Da diese Partitionen getrennt sind, werden Hybrid-Discs auf der DOS/Windows-Plattform wie gewöhnliche ISO 9660-Discs behandelt, während sie von einem Macintosh als HFS-Discs erkannt werden.

21.7.17 El Torito (Bootable CD-ROM)

Das El Torito-Format firmiert auch unter der Bezeichnung »Bootable CD-ROM«. Bei diesem Format wird mindestens ein Abbild (Image) einer Startpartition oder einer Startdiskette auf eine CD übertragen. Dabei besteht auch die Möglichkeit des Wechsels zwischen mehreren Start-»Abbildern« auf einer CD.

El Torito wird bis jetzt nur wenig unterstützt, weil sich seiner Anwendung auf MS-DOS-Systemen einige Hindernisse bieten:

- Es wird ein Rechner- bzw. CD-ROM-BIOS benötigt, das den Start des Systems von einer CD aus unterstützt. Im BIOS der meisten neueren Rechner sollten Sie diese Option vorfinden. Hier können Sie dann zum Beispiel die Startreihenfolge »CDROM, C, A« einstellen. Und auch neue SCSI-Controller unterstützen »El Torito« in zunehmendem Maße. Erkundigen Sie sich bei Bedarf nach einem SCSI-Controller, der »El Torito« unterstützt.

- Neuere Betriebssysteme schreiben häufig beim Start Daten auf das Startlaufwerk. Zudem müssen sie gegebenenfalls speziell für ein bestimmtes Laufwerk konfiguriert werden, so daß einfaches Übertragen der Daten auf eine CD-R nicht ausreicht. Dem Übertragen von Not- oder Systemdisketten sollte im Unterschied dazu jedoch nichts im Wege stehen.

21.7.18 Kodak-Photo CD

Dieser von Eastman Kodak und Philips entwickelte Standard gilt der Übernahme bzw. Digitalisierung von Fotografien (35-mm-Filme) auf CD-ROMs in Echtfarbqualität und dem dabei verwendeten Aufzeichnungsformat (PCD-Dateiformat). CD-ROM-Laufwerke, die diesem Standard gerecht werden, gestatten Ihnen das Lesen der Photo CD-ROMs und damit die spätere Bearbeitung von auf CD-ROM übertragenen Fotos mit Hilfe von Bildbearbeitungsprogrammen.

Die Bilder können in mehreren Bearbeitungsgängen (Sessions) auf Photo CDs geschrieben werden. Um die in einer späteren Session auf die CD geschriebenen digitalisierten Bilder lesen zu können, benötigen Sie ein multisession-fähiges CD-ROM-Laufwerk.

21.8 Trends

Nach der CD-ROM kamen die CD-Brenner, und mittlerweile folgt die wiederbeschreibbare CD-Erasable (CD-E). Letztere weist aber eine Reihe von Inkompatibilitäten auf, während sich CD-Rs, wie sie von CD-Brennern erzeugt werden, problemlos mit vorhandenen Audio-CD-Playern und herkömmlichen CD-ROM-Laufwerken abspielen lassen.

Da das Fassungsvermögen einzelner Video-CDs nicht ausreicht, um einen kompletten Spielfilm unterzubringen, konnten sich diese nie wirklich am Markt durchsetzen. Die DVD soll hier Abhilfe schaffen. Aber auch sie erfordert zunächst einmal die Investition in ein neues Laufwerk und leidet unter Kompatibilitätsproblemen. Zudem steht sie mit ihrer Zielsetzung in Videobereich in direkter Konkurrenz mit VHS- und SVHS-Geräten, einem weiteren etablierten Standard. Da der DVD die breite Unterstützung der Industrie gehört, sollte sie jedoch nicht zu einem neuen »Fall Betacam« werden, so daß sie sich langfristig wahrscheinlich am Markt behaupten wird.

Die Standards der Zukunft scheinen jedenfalls bereits geschaffen zu sein. Ob und wie schnell sich diese Standards durchsetzen werden, ist jedoch zur Zeit noch weitgehend offen.

Ein weiterer Aspekt kommt mit den propagierten neuen Standards USB und Firewire ins Spiel. Langsame Geräte sollen demzufolge in Zukunft via USB, schnelle via Firewire Anschluß am PC finden. CD-ROM-Laufwerke für den Firewire-Bus dürften dementsprechend auf dem Markt auftauchen, wenn Betriebssysteme erst einmal die entsprechende Unterstützung zur Verfügung stellen.

21.9 Installation

Sieht man einmal von den SCSI-Laufwerken ab, sollten Sie am CD-ROM-Laufwerk nicht viel einzustellen haben. Bei der Installation eines SCSI-Laufwerks konfigurieren Sie dieses bitte zunächst entsprechend den Ausführungen im Abschnitt »SCSI-Controller« dieses Kapitels.

ATAPI-CD-ROM-Laufwerke werden werkseitig meist als zweites Laufwerk (Slave) konfiguriert und müssen dann mit einer vorhandenen Festplatte kooperieren, die als erstes Laufwerk (Master) arbeitet. Wenn dies nicht der Fall sein sollte und Sie nur zwei Anschlüsse für IDE-Geräte verfügbar haben, bleibt nur noch das Ausweichen auf einen zusätzlichen Controller oder die Anschaffung einer neuen Festplatte übrig. Sofern ein zusätzlicher spezieller CD-ROM-Controller im Lieferumfang enthalten ist, ist das also auch kein Problem.

Ansonsten entsprechen die Einstellmöglichkeiten bei ATAPI-CD-ROM-Laufwerken denen bei AT-Bus-Festplatten. Für die gegebenenfalls notwendige Umkonfiguration der eingesetzten Festplatte und die Konfiguration des ATAPI-CD-ROM-Laufwerks sollten Sie also bei Bedarf die entsprechenden Abschnitte des Kapitels »Festplatten« zu Rate ziehen.

Wenn Sie das CD-ROM-Laufwerk an Ihre Soundkarte anschließen wollen, muß naturgemäß gewährleistet sein, daß diese miteinander kompatibel sind. Ansonsten müssen Sie die Soundkarte konfigurieren. Nähere Informationen zu diesem Thema finden Sie im Kapitel »Soundkarten«.

Sofern Sie insgesamt vier IDE-Geräte in Ihrem Rechner installieren können, sollten Sie Festplatte und CD-ROM-Laufwerk möglichst nicht an ein gemeinsames Kabel anschließen. Besser ist die Verwendung von zwei Kabeln, um das CD-ROM-Laufwerk am zweiten Kanal ebenfalls als erstes Laufwerk (Master) konfigurieren zu können. In der Regel wird diese Vorgehensweise durch bessere Hardware-Leistung belohnt.

21.9.1 Hardware

Kontrollieren Sie möglichst vor dem Kauf des CD-ROM-Laufwerks, ob ein gegebenenfalls benötigter Steckplatz für das CD-ROM-Laufwerk zur Verfügung steht und welches zusätzliche Einbauzubehör Sie benötigen. Achten Sie dabei insbesondere auf die Art der verfügbaren Stromanschlüsse und benötigtes Einbauzubehör (Schienen und Schräubchen). Beschaffen Sie sich dann das neue Laufwerk.

Anschließend läßt sich das Vorgehen bei der Installation der CD-ROM-Hardware wie folgt beschreiben:

1. Setzen Sie bei Bedarf die Jumper am CD-ROM-Laufwerks, und notieren Sie sich deren Einstellung. Bei ATAPI-Laufwerken müssen Sie festlegen, ob das Laufwerk als Slave oder als Master betrieben werden soll, bei SCSI-Laufwerken müssen Sie die SCSI-ID einstellen und den Abschlußwiderstand setzen (oder entfernen).

2. Sorgen Sie vor dem Öffnen des Rechnergehäuses zunächst für genügend Platz, und legen Sie benötigte Zubehörteile bereit.

3. Schalten Sie den Rechner aus, und ziehen Sie sicherheitshalber das Netzkabel heraus. Öffnen Sie dann den Rechner, und merken oder notieren Sie sich den Ausgangszustand.

4. Fassen Sie sicherheitshalber die Metallteile des Gehäuses an, um sich zu entladen bzw. statische Elektrizität abzubauen.

5. Falls Sie ein altes CD-ROM-Laufwerk ersetzen wollen, ziehen Sie zunächst Strom- und Steuerkabel ab und lösen dann die Befestigungsschrauben. Anschließend können Sie das Laufwerk herausnehmen. (Sofern das alte Laufwerk über einen eigenen proprietären Adapter ver-

fügt, entfernen Sie diesen ebenfalls, nachdem Sie die Schraube an der zugehörigen Slot-Blende entfernt haben.)

6. Wenn Ihr Rechner Gleitschienen benötigt, müssen Sie diese jetzt am CD-ROM-Laufwerk befestigen.

7. Schieben Sie dann das Laufwerk in den Einschub des Rechnergehäuses.

8. Schließen Sie die Stromversorgung, das Flachband- und das Audiokabel an, überprüfen Sie, ob das Laufwerk korrekt im Einschub sitzt, und ziehen Sie die Befestigungsschrauben der Reihe nach fest. Achten Sie dabei auf die korrekte Polung der Kabel. Die Leitung 1 des Flachbandkabels ist üblicherweise gekennzeichnet. Entsprechende Beschriftungen findet sich in der Regel auch auf den Platinen.

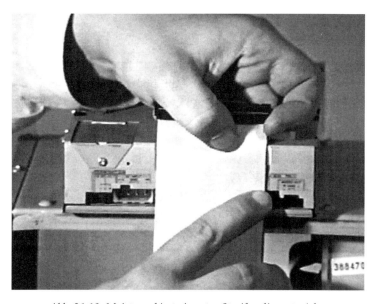

Abb. 21.19: Meist markiert ein roter Streifen die erste Ader.

9. Nun muß die Software für das Laufwerk installiert und anschließend getestet werden. Machen Sie dazu den Rechner im geöffneten Zustand betriebsbereit, indem Sie Tastatur und Bildschirm anschließen und den Netzstecker einstöpseln.

10. Schalten Sie den Rechner ein, und starten Sie das Installationsprogramm von der Diskette. Dieses fragt unter Umständen die notierten Jumper-Einstellungen ab.

11. Starten Sie dann den Rechner neu, und achten Sie darauf, ob Fehlermeldungen angezeigt werden.

12. Wenn keine Fehlermeldungen auftreten, können Sie jetzt das neue CD-ROM-Laufwerk testen. Legen Sie einige CDs ein, und lassen Sie sich deren Inhaltsverzeichnisse (mit DIR) anzeigen. Wechseln Sie am besten mit dem Befehl CD auch in einige Unterverzeichnisse, und lassen Sie sich deren Inhaltsverzeichnisse ebenfalls anzeigen. Testen Sie dann gegebenenfalls auch noch einige Audio-CDs, sofern Ihnen entsprechende Programme zur Verfügung stehen.

13. Alternativ können Sie Windows starten und den Datei-Manager bzw. Explorer aufrufen. Das CD-ROM-Laufwerk sollte dort angezeigt werden. Legen Sie auch hier verschiedene CDs ein, und lassen Sie sich deren Inhaltsverzeichnisse (Ordner) anzeigen.

14. Abschließend müssen Sie unter Windows 3.x über die Option *Treiber* in der *Systemsteuerung* die Audio-CD-Unterstützung hinzufügen.

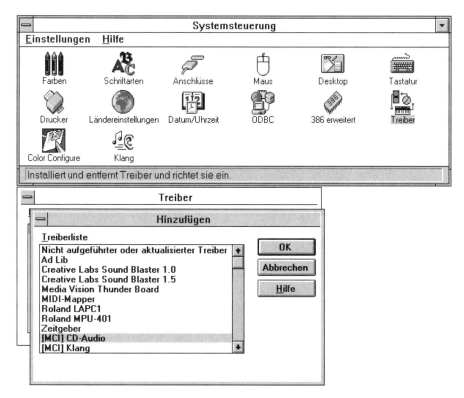

Abb. 21.20: Audio-CD-Unterstützung unter Windows 3.x hinzufügen

Windows 9x sollte den letzten Schritt eigentlich automatisch erledigen. Wenn dies trotz korrekt erkanntem CD-ROM-Laufwerk nicht der Fall sein sollte, können Sie die Audio-Unterstützung auch manuell über den Hardware-Assistenten hinzufügen. Verwenden Sie dazu nicht die automatische Erkennung, sondern treffen Sie manuell in der Gruppe *Audio-, Video- und Game-Controller* die von der folgenden Abbildung wiedergegebene Auswahl.

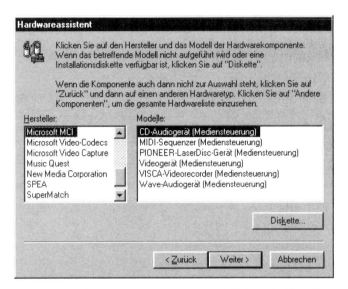

Abb. 21.21: Audio-CD-Unterstützung unter Windows 9x hinzufügen

21.9.2 Software

Sollte bei der eben beschriebenen Installation der Hardware die abschließende Installation der Software mit Hilfe eines entsprechenden Setup-Programms fehlgeschlagen sein, müssen Sie diese gegebenenfalls manuell durchführen bzw. anpassen. Insbesondere können viele Installationsprogramme mit Multikonfigurationsdateien nicht umgehen. Außerdem wird häufig eine ältere Version von MSCDEX installiert und aktiviert.

CONFIG.SYS

In die CONFIG.SYS wird bei der Software-Installation eine Zeile der folgenden Form eingefügt:

```
DEVICEHIGH=C:\TOOLS\SLCD.SYS /D:MSCD000 /B:340 /T:3 /K
DEVICEHIGH=C:\TOOLS\MTMCDAE.SYS /D:MSCD000 /P:300 /T:6 /I:10 /X
```

Die Bedeutung der einzelnen Schalter müssen Sie letztlich der Dokumentation des jeweils eingesetzten Laufwerks entnehmen. In den beiden Beispielen wird über /T der zu verwendende DMA-Kanal angegeben und über /B bzw. /P die Basis- bzw. Port-Adresse. /K aktiviert Cache-Speicher, und über /I wird der zu verwendende IRQ festgelegt. Einheitlich ist hingegen die Verwendung des Schalters /D (Device Name), über den dem CD-ROM-Laufwerk ein Gerätename zugewiesen wird. Er muß mit dem, der zusammen mit MSCDEX in der AUTOEXEC.BAT angegeben wird, identisch sein.

Für ATAPI-CD-ROM-Laufwerke gestaltet sich der Treiberaufruf meist einfacher. Neben dem bereits angesprochenen Schalter /D (Device Name) findet sich im folgenden Beispiel nur noch ein weiterer Schalter, der zudem nicht geändert werden darf, da er für interne Kenndaten des CD-ROM-Laufwerks steht:

```
DEVICEHIGH=C:\TOOLS\ATAPI_CD.SYS /D:MSCD000 /I:0
```

Unter Umständen müssen Sie weiterhin dafür sorgen, daß sich eine LASTDRIVE-Anweisung in der CONFIG.SYS befindet und daß diese gewährleistet, daß dem CD-ROM-Laufwerk ein freier Laufwerk-Kennbuchstabe zugeordnet werden kann.

```
LASTDRIVE=Z
```

verschwendet zwar einige Bytes Arbeitsspeicher, jedoch ziehe ich es vor, dem CD-ROM-Laufwerk möglichst auf allen Systemen den gleichen Kennbuchstaben zuzuordnen. Dazu verwende ich meist Z, sofern dieser Kennbuchstabe nicht anderweitig belegt ist, wie dies im Netzwerk häufig der Fall ist. R wie ROM stellt sicherlich auch eine leicht merkbare Alternative dar.

Eine weitere Besonderheit ist bei CD-ROM-Laufwerken mit herstellerspezifischen Adaptern zu beachten. Diese bieten nämlich meist zwei verschiedene Datenübertragungsmodi an: Software-Polling und DMA-Transfer-Modus. Beim Polling wird das Laufwerk vom Treiber gewissermaßen zur Übergabe der Daten aufgefordert. Dieser Modus ist langsamer, kommt dafür aber ohne DMA-Kanal aus. Der Fall, daß kein nutzbarer DMA-Kanal mehr verfügbar ist, läßt sich so umgehen. Im DMA-Transfer-Modus kann das Laufwerk die Daten ohne Prozessorbeteiligung direkt in den Arbeitsspeicher übertragen. Sofern sich dieser Modus realisieren läßt, arbeitet das CD-ROM-Laufwerk ein wenig schneller.

Die meisten Installationsroutinen konfigurieren die Software standardmäßig für Software-Polling. Wenn Sie also die schnellere Variante nutzen wollen, müssen Sie die CONFIG.SYS manuell ändern. Sehen Sie dazu im Handbuch nach, ob dazu ein separater Treiber mitgeliefert wird oder ob die Umschaltung zwischen den beiden Modi über einen (oder mehrere) entsprechenden Schalter im Treiberaufruf erreicht werden kann. Wenn Ihre diesbezüglichen Bemühungen fehlschlagen, was erfahrungsgemäß nicht selten ist, kehren Sie einfach wieder zum Software-Polling zurück.

Viele CD-ROM-Laufwerke werden auch unter Windows 9x nur dann erkannt, wenn ihr Treiber in der CONFIG.SYS installiert wird.

Zum Betrieb von SCSI-CD-ROM-Laufwerken müssen Sie zunächst den ASPI-Treiber des SCSI-Adapters in die CONFIG.SYS aufnehmen. Diesen sollten Sie möglichst ganz an den Anfang der CONFIG.SYS und zwar noch *vor* den Zeilen mit EMM386.EXE und HIMEM.SYS setzen, weil Sie sich dadurch unter Umständen eine Menge Ärger ersparen und in der Regel kein einziges Byte Speicherplatz verschwenden. ASPI4DOS.SYS und ADVASPI.SYS stellen Beispiele für die Namen von ASPI-Treibern dar. Im folgenden Aufruf wird über /I110 die Port-Adresse des Adapters angegeben:

```
DEVICE=C:\HPCDR\Drivers\ADVASPI.SYS /I110 /V
```

Der Treiber des CD-Writers ist meist weniger kritisch, am Anfang der CONFIG.SYS hinter dem Treiber des SCSI-Adapters aber auch gut aufgehoben. Eine entsprechende Zeile könnte zum Beispiel folgendermaßen aussehen:

```
DEVICE=C:\HPCDR\Drivers\ADVANCD.SYS /M:HP
```

In diesem Beispiel wird am Ende der Zeile das Geräte-Modell genauer spezifiziert.

AUTOEXEC.BAT

In die AUTOEXEC.BAT von DOS wird eine Zeile der folgenden Form eingefügt:

```
C:\DOS\MSCDEX.EXE /D:MSCD000 /L:Z
```

Stellen Sie dieser bei Bedarf ein LH voran, um dafür zu sorgen, daß MSCDEX (Microsoft CD-ROM Extensions) in die UMA geladen wird. MSCDEX stellt spezielle Erweiterungen zur Verfügung, die von DOS benötigt werden, um mit einem CD-ROM-Laufwerk zusammenarbeiten zu können. Unter Novell DOS übernehmen NWCDEX und unter OS/2 installierbare Gerätetreiber in der CONFIG.SYS die Funktion von MSCDEX. Ein Beispiel:

```
DEVICE=C:\OS2\BOOT\OS2CDROM.DMD /Q
IFS=C:\OS2\BOOT\CDFS.IFS /Q
DEVICE=C:\OS2\MDOS\VCDROM.SYS
BASEDEV=SONY31A.ADD
```

Hinter /D begegnen Sie wieder dem bereits angesprochenen Gerätenamen MSCD000. Den Schalter /D können Sie bei Bedarf auch mehrfach angeben, sofern Sie mehrere CD-ROM-Laufwerke installiert haben bzw. installieren wollen. /L:Z gibt an, daß das CD-ROM-Laufwerk als Z: angesprochen werden soll. Denken Sie daran, daß Sie gegebenenfalls in der CONFIG.SYS über eine LASTDRIVE-Anweisung dafür sorgen müssen, daß sich der gewünschte Laufwerkbuchstabe auch zuweisen läßt.

Manche Gerätetreiber legen den Device-Namen selbständig fest. Achten Sie in jedem Fall darauf, daß die Eintragung in der CONFIG.SYS bzw. der vergebene Gerätename mit der Eintragung hinter MSCDEX genau übereinstimmt.

Weitere interessante Schalter sind /M und /S. /M richtet einen Puffer (Cache) für die Daten der CD-ROM ein. Dazu geben Sie hinter dem Doppelpunkt die Anzahl der zu puffernden Sektoren (je 2 KByte) an. Setzen Sie den Wert für /M nicht zu hoch an, bzw. steigern Sie ihn erst nach der Erstinstallation, um zu verhindern, daß überhöhter Speicherkonsum Ihre Konfiguration zum Stolpern bringt.

Bei Einsatz von SMARTDRV ist die Verwendung der /M-Option von MSCDEX nicht notwendig, weil SMARTDRV dann diese Aufgabe übernimmt. Dazu müssen im SMARTDRV-Aufruf keine zusätzlichen Parameter angegeben werden. Der Aufruf von SMARTDRV muß jedoch *nach* dem von MSCDEX erfolgen.

/S sorgt in Netzwerken (MS-Net und Windows für Workgroups) dafür, daß sich das CD-ROM-Laufwerk auch von anderen Rechnern aus nutzen läßt, sofern es freigegeben wird.

Darüber hinaus verfügt MSCDEX noch über einige weitere Schalter, die jedoch von geringerem Nutzen sind. Sofern Sie sich für diese interessieren, finden Sie sie zusammen mit den bereits besprochenen Optionen in der nachfolgenden Tabelle.

Option	Beschreibung
/D:name	Hinter dem Doppelpunkt wird statt *name* der Gerätename angegeben. Dieser muß mit dem bei der Treiberinstallation in der CONFIG.SYS verwendeten Namen identisch sein. Wenn Sie MSCDEX für mehrere Laufwerke installieren wollen, müssen Sie /D mehrfach angeben.
/E	Verlagert die über /M eingerichteten Puffer ins Expanded Memory, sofern verfügbar.
/K	Erlaubt das Lesen von Dateien im Kanji-Format, dem in Japan verwendeten Zeichensatz.
/L:d	Über diesen Schalter können Sie den Laufwerk-Kennbuchstaben für CD-ROM-Laufwerke festlegen. Für d tragen Sie den Kennbuchstaben des ersten Laufwerks ein. Weitere CD-ROM-Laufwerke werden automatisch auf die nachfolgenden Kennbuchstaben gelegt, so daß dieser Schalter nur einmal angegeben werden kann.
/M:x	Festlegen der Anzahl der von MSCDEX zur Zwischenspeicherung von Daten verwendeten 2-KByte-Puffer. Sinnvolle Werte für x liegen zwischen 10 und 20.
/S	(ab Vs. 2.22) Ermöglicht die gleichzeitige Nutzung eines CD-ROM-Laufwerks im Windows/Windows für Workgroups-Netzwerk, sofern es freigegeben wird.
/V	Zeigt Konfigurations- und Speicherstatistiken an, wenn MSCDEX geladen wird.

Tab. 21.12: Optionen von MSCDEX im Überblick

Überzeugen Sie sich davon, daß Sie möglichst die neueste bzw. die zur eingesetzten Betriebssystem-Version gehörende MSCDEX-Version einsetzen. Wenn Sie die Fehlermeldung

```
Falsche DOS-Version
```

erhalten, ist bei der Installation ein älterer Treiber auf die Festplatte kopiert worden, den Sie möglichst durch einen neueren ersetzen sollten. SETVER kann zwar ebenfalls für Abhilfe sorgen, jedoch sollten Sie dessen Einsatz möglichst vermeiden.

Der Aufruf von MSCDEX in der AUTOEXEC.BAT ist unter Windows 9x nur dann notwendig, wenn Sie das CD-ROM-Laufwerk auch von der Eingabeaufforderung aus nutzen wollen.

Windows 9x

Wie üblich ist unter Windows 9x vieles anders. Bereits erwähnt habe ich, daß viele ATAPI-CD-ROM-Laufwerke ohne Eintragung in der CONFIG.SYS nicht erkannt werden. Wie die Audio-CD-Unterstützung manuell hinzugefügt werden kann, habe ich ebenfalls bereits erwähnt. Weitere Einstellungen finden Sie dann unter den beiden Symbolen *Multimedia* bzw. *System* in der *Systemsteuerung*.

Über das Symbol *Multimedia* können Sie im Register *Musik-CD* festlegen, welches Laufwerk zum Abspielen von Audio-CDs verwendet werden soll. Die Kopfhörer-Lautstärke sollten Sie zumindest auf Mittelstellung bringen, da diese Einstellung bei vielen CD-ROM-Laufwerken auch die Verbindung zur Soundkarte betrifft.

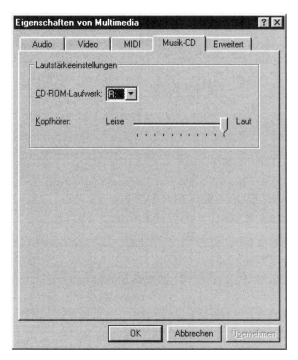

Abb. 21.22: Hier können Sie die Kopfhörer-Lautstärke und das zum Abspielen von Audio-CDs verwendete Laufwerk festlegen.

Im *Geräte-Manager* sollten Sie ein CD-ROM-Symbol finden, über das Sie weitere Einstellungen vornehmen können. Dazu gehört zunächst einmal die Zuweisung des Laufwerk-Kennbuchstabens, den Sie auch für mehrere CD-ROM-Laufwerke frei wählen können. Die letzte interessante Einstellung be-

Kapitel 21

trifft hier die *Automatische Benachrichtigung beim Wechsel*. Wenn Sie nicht wollen, daß eine CD beim Wechsel automatisch gestartet wird, können Sie die entsprechende Option hier deaktivieren.

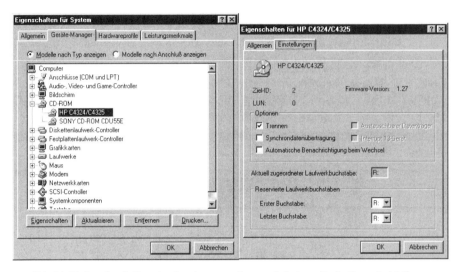

Abb. 21.23: Laufwerk-Kennbuchstaben zuweisen und Automatische Benachrichtigung abschalten

WIN.INI und SYSTEM.INI

In der WIN.INI und der SYSTEM.INI finden Sie gewöhnlich keine Eintragungen für CD-ROM-Laufwerke. Bei CD-Brennern sieht dies jedoch meist anders aus. Ein Auszug aus der WIN.INI:

```
[SureStore]
Target=C:\HPCDR
IRQ=2002
DMASPEED=4005
DMACHANNEL=3002
vxd=C:\HPCDR\Drivers\advw32.386
DriverTarget=C:\HPCDR\Drivers
```

Und einer aus der SYSTEM.INI:

```
[386Enh]
device=C:\HPCDR\Drivers\advw32.386
```

Diese Eintragungen werden während der Installation des CD-Writers vorgenommen. Wichtig ist eigentlich nur die Eintragung in der SYSTEM.INI, die nicht geändert werden sollte. Die Zeilen aus der WIN.INI dienen im vorliegenden Beispiel lediglich programminternen Zwecken.

21.9.3 Besonderheiten bei CD-Writern

CD-Writer sind in mancherlei Hinsicht besonders empfindlich und können bereits durch kleinste Störungen des Rechnersystems aus der Bahn geworfen werden. Folge sind dann die gefürchteten »Buffer Underruns«, die manchmal die verrücktesten Ursachen haben. Diese hier ausführlich darzustellen, würde das vorliegende Kapitel sprengen, das ohnehin – aufgrund der vielfältigen Standards – aus allen Nähten zu platzen droht. CD-Brenner benötigen einen kontinuierlichen, unterbrechungsfreien Datenstrom, um fehlerfrei CD-Rs brennen zu können. Einige mögliche Fehlerursachen will ich hier in Kurzform aufführen:

- Auf Umwelteinflüsse, wie Vibrationen und Erschütterung, zu hohe Temperaturen, aber auch auf Fussel oder ähnliche Verunreinigungen reagieren CD-Writer während des Schreibvorgangs ausgesprochen empfindlich.

- Alle Rechneraktivitäten, die während des Brennvorgangs im Hintergrund ablaufen, können für folgenschwere Unterbrechungen sorgen. Dazu gehören unter anderem ein laufendes Netzwerk, die *Automatische Benachrichtigung beim Wechsel* von CDs, Bildschirmschoner, Alarmfunktionen, Systemagenten, E-Mail- und Faxprogramme, Systemklänge, Antiviren-Programme und jeglicher Windows-Schnickschnack (Animierte Sinnbilder und Microsoft Plus!).

- Die Datenstruktur und der Zustand der Daten können sich ebenfalls negativ auswirken. Starke Fragmentierung, defekte Dateien und Null-Byte-Dateien können ebenso zur Unterbrechung des Brennvorgangs führen, wie das Einbinden von benutzten Daten und Verzeichnissen oder temporären Dateien.

Null-Byte-Dateien können Sie mit folgendem Befehl an der Eingabeaufforderung aufspüren:

DIR *.* /S | FIND " 0 " | FIND /V "e" | MORE

Die Ausgabe der Liste der Dateien kann auch auf den Drucker umgeleitet werden:

DIR *.* /S | FIND " 0 " | FIND /V "e" > LPT1

- Das VMM (Virtual Memory Management – Virtuelles Speicher-Management) von Windows 95 hatte zumindest in den ursprünglichen Versionen seine Tücken. Daher sollten Sie, wenn Ihr Rechner über mehr als 16 MByte RAM verfügt, diesem ein wenig auf die Sprünge helfen und sowohl das Minimum als auch das Maximum für den virtuellen Speicher zum Beispiel auf 16 MByte beschränken. Wenn Sie mit Echtfarbgrafik oder hohen Bildschirmauflösungen arbeiten, sollten Sie diese Werte ein wenig höher ansetzen, zum Beispiel auf jeweils 20 MByte. In der folgenden Abbildung wird eine entsprechende Einstellung vorgenommen.

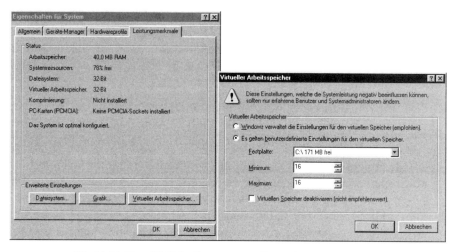

Abb. 21.24: *Dem VMM sollte man zuweilen auf die Sprünge helfen*

 Eine sinnvolle Einstellung für die Größe des virtuellen Arbeitsspeichers entspricht in etwa der Hälfte des physischen Speichers. Bei Echtfarbgrafik sollten besser 2 oder 4 MByte hinzuaddiert werden.

Bei CD-Brennern fällt im Unterschied zu CD-Laufwerken naturgemäß unter Umständen noch ein weiterer Schritt an, nämlich die Installation der zum Brennen erforderlichen Programme. Wenn diese auch noch erfolgt ist, sollten Sie vor Inbetriebnahme des Brenners auf jeden Fall jene Geschwindigkeitsmessungen durchführen, die von diesen Programmen angeboten werden.

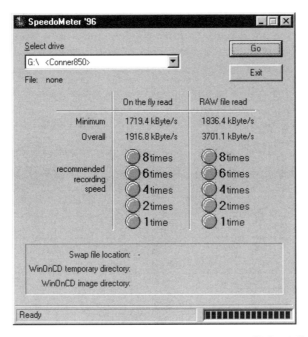

Abb. 21.25: Führen Sie vor dem Einsatz von CD-Brennern auf jeden Fall adäquate Geschwindigkeitsmessungen durch

21.10 Troubleshooting

Abschließend sollen wieder einige häufiger auftretende Fehler und deren Ursachen sowie gegebenenfalls Möglichkeiten zu deren Beseitigung aufgeführt werden.

CD-ROM-Treiber wird nicht geladen

Dieser Fehler kann vielfältige Ursachen haben:

- Das CD-ROM-Laufwerk wurde nicht richtig konfiguriert.

- Möglicherweise verträgt sich das ATAPI-CD-ROM-Laufwerk nicht mit der Master-Festplatte, die auf demselben Kanal installiert ist.

- Das eingesetzte Speicher-Manager-Programm (EMM386, QEMM usw.) kommt mit dem CD-ROM-Treiber nicht klar. Dann kann dieser nicht in die oberen Speicherbereiche verlagert werden. (LH bzw. LOADHIGH oder entsprechende Anweisungen können dann für den CD-ROM-Treiber nicht verwendet werden.)

Kapitel 21

- Unter Windows 9x liegt die häufigste Ursache darin, daß ein ATAPI-CD-ROM-Laufwerk nur dann erkannt wird, wenn dessen Treiber auch in der CONFIG.SYS eingetragen wird. (Bei SCSI-Laufwerken scheint eher das Gegenteil zu gelten.)

- Manche Laufwerke reagieren beim Rechnerstart auch einfach nur allergisch auf bereits eingelegte CDs. (Mir sind auch schon CD-ROM-Laufwerke begegnet, die nur bei eingelegten Audio-CDs den Rechnerstart verhindert haben.)

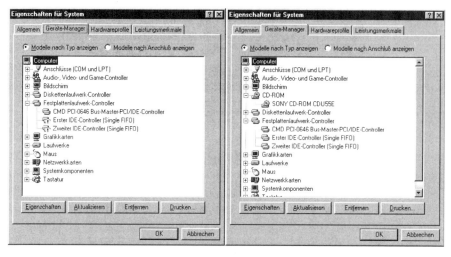

Abb. 21.26: Links sehen Sie die typische Situation, wenn ein CD-ROM-Laufwerk nicht korrekt erkannt wird. Rechts wurde die Fehlerursache beseitigt, indem der Treiber in die CONFIG.SYS aufgenommen wurde.

ASPI-Treiber wird nicht geladen

Sofern Sie den SCSI-Adapter richtig konfiguriert haben, dürfte die Ursache an Inkompatibilitäten mit anderen Treibern liegen. Insbesondere ist ein solches Verhalten beim DOS/Windows 3.1-Gespann von älteren EMM386.EXE-Versionen und bestimmten PCI-Motherboards bekannt. Unter Umständen hilft auch eine Änderung der Ladereihenfolge der Steuerprogramme in der CONFIG.SYS.

WINASPI.DLL wird nicht geladen

Dieser Fehler tritt unter Windows 3.1 insbesondere dann auf, wenn zu wenig konventioneller Arbeitsspeicher verfügbar ist. Ca. 560 KByte (573.440 Byte in der von MEM oder CHKDSK üblicherweise verwendeten Notation) stellen die Untergrenze dar. Sofern der tatsächliche Wert darunter liegt, kann diese DLL häufig nicht mehr nachgeladen werden.

CD-Laufwerk wird nicht erkannt

Sofern der Treiber des SCSI-Host-Adapters korrekt geladen wurde und das CD-Laufwerk nicht wirklich defekt ist, haben Sie möglicherweise das Flachbandkabel falsch herum angeschlossen. Vielleicht ist das Kabel auch defekt. Weiterhin könnte die Konfiguration des CD-Laufwerks mit anderen Geräten im System kollidieren. Weitere mögliche Ursachen stellen die falsche Terminierung der SCSI-Gerätekette und falsche Einträge in den Konfigurationsdateien dar.

Laufwerk läßt sich nicht ansprechen

Überprüfen Sie zunächst die Verkabelung. Wenn Sie das CD-ROM-Laufwerk über eine Soundkarte betreiben, muß der Treiber der Soundkarte gegebenenfalls vor dem des CD-ROM-Laufwerks installiert werden. Möglicherweise liegen Hardware-Konflikte vor. Verwenden Sie einen freien DMA-Kanal? In diesem Fall läßt sich der verwendete Treiber auch nicht hochladen. Versuchen Sie den Einsatz einer DEVICE- anstelle einer DEVICEHIGH-Zeile.

Unter Windows 9x tritt dieser Fehler auch auf, wenn ein CD-ROM-Laufwerk und ein verbundenes Netzwerklauf den gleichen Laufwerk-Kennbuchstaben zu nutzen versuchen.

Unter Umständen ist auch der aktivierte HDD Block Mode im BIOS-Setup des Rechners der Übeltäter, mit dem einige ATAPI-CD-ROM-Laufwerke nicht zurechtkommen.

Rechnerstillstand bei Schreibzugriff auf Festplatte

(DOS/Windows 3.1x) Dieser Fehler tritt zuweilen auf, wenn die verschiedenen Steuerprogramme das Speicher-Management nach der Installation eines neuen Geräts gründlich durcheinandergebracht haben.

Meist läßt sich dieser Fehler beseitigen, wenn Sie die Programme zur Optimierung des Arbeitsspeichers (MemMaker, Optimize bzw. RAMBoost) erneut ablaufen lassen.

Unter Umständen liegen aber auch Inkompatibilitäten zwischen den verschiedenen Treibern vor. Entfernen Sie die Treiberprogramme einzeln aus der CONFIG.SYS, und kehren Sie gegebenenfalls zur alten Treiberversion zurück.

Dateien lassen sich nicht öffnen

Dieser recht häufig auftretende Fehler hat nichts mit dem CD-ROM-Laufwerk an sich zu tun. Alle Dateien auf CDs tragen das Nur-Lesen-Dateiattribut. Dies kann bei manchen (vorwiegend älteren) Programmen zu Problemen führen. Kopieren Sie die Dateien versuchsweise auf die Festplatte, und setzen Sie das störende Attribut anschließend zurück. Unter DOS ist dafür der Befehl ATTRIB -R zuständig, dem Sie die Dateinamen (oder Platzhalter) folgen lassen müssen. Der Datei-Manager (oder Explorer) von Windows läßt sich zu diesem Zweck auch einsetzen. Im Menü (bzw. im lokalen Menü) *Datei* finden Sie den dafür zuständigen Eintrag *Eigenschaften*.

»Kein Host Adapter«

Sofern der Treiber des SCSI-Host-Adapters korrekt geladen wurde, haben Sie wahrscheinlich das Flachbandkabel falsch herum angeschlossen. Möglicherweise ist das Kabel auch defekt.

»Falsche DOS-Version«

Wenn Sie diese Meldung nach der Installation eines CD-R-Laufwerks erhalten, ist üblicherweise eine alte MSCDEX-Version installiert. (Die momentan aktuelle und möglicherweise letzte Version für MS-DOS/Windows 3.1x ist 2.23.) Verwenden Sie ansonsten die Version des Programms, die mit Ihrem Betriebssystem ausgeliefert wurde. Die Verwendung von SETVER kann zwar notfalls für Abhilfe sorgen, vom Einsatz älterer MSCDEX-Versionen muß aber aufgrund einiger kleinerer Programmfehler abgeraten werden, zumal MSCDEX zum kostenlosen Download in vielen Online-Quellen bereitsteht.

Laufwerk arbeitet zu langsam.

Ist Cache aktiviert? Unter Windows haben Sie möglicherweise zu viele verschiedene Treiber installiert. Abspecken auf die unbedingt notwendigen Treiber über die Systemsteuerung kann Abhilfe schaffen. Häufiger ist auch der mit dem Laufwerk gelieferte Treiber schuld. Besorgen Sie sich einen aktuellen Treiber. Sofern das CD-ROM-Laufwerk an eine Soundkarte angeschlossen ist, probieren Sie aus, ob es gegebenenfalls schneller arbeitet, wenn es an den eigenen Adapter angeschlossen wird.

 Im Zusammenspiel zwischen QuickTime für Windows (QTW) und Windows 95 sind mir Aussetzer aufgefallen, die manche Filme zeitweise »eingefroren« haben. Dieses Verhalten konnte ich beim Einsatz neuerer Versionen (ab Vs. 2.0.4) nicht mehr beobachten. Setzen Sie möglichst QuickTime-Versionen ab 2.1 ein, zumal diese auch als 32-Bit-Versionen für Windows 95 verfügbar sind.

Laufwerk funktioniert nach Rechnerneustart manchmal nicht

Dieses Verhalten ist mir bereits öfter begegnet. Manche CD-ROM-Laufwerke mögen es gar nicht, wenn beim Starten eine CD im Laufwerk liegt, bei anderen ist es genau umgekehrt! In einem Fall war gegen diesen Fehler unter Windows 95 gar kein Kraut gewachsen. Auf Umwegen konnte dem CD-ROM-Laufwerk aber zur einwandfreien Funktion verholfen werden. Dazu mußte nur der normale DOS-Treiber für das CD-ROM-Laufwerk installiert werden, der für den reinen Windows 95-Betrieb nicht notwendig ist.

Sie können die versteckte Windows 95-Systemdatei MSDOS.SYS (*hier* handelt es sich um eine Textdatei) editieren und BOOTGUI=0 setzen. Dann startet der Rechner nur noch bis zum DOS-Prompt. (Durch Eingabe von WIN kann die grafische Windows 95-Oberfläche gestartet werden.)

Audio-Ausgänge bleiben stumm

Wenn Kopfhörerausgänge und/oder Audio-Ausgänge der Soundkarte stumm bleiben, kann das daran liegen, daß die Polung der angeschlossenen Kabel mit denen an der Soundkarte nicht übereinstimmen und einen Kurzschluß des Audio-Signals bewirken. Manche Soundkarten verfügen über mehrere Anschlüsse, so daß sie zur Korrektur des Problems nur den passenden wählen müssen. In anderen Fällen muß das Kabel geändert werden. Bei abgezogenem Audiokabel sollte zumindest der Kopfhörerausgang hörbare Signale von sich geben, wenn Sie testhalber einen Kopfhörer daran anschließen.

Unter Windows 9x finden Sie zudem in der *Systemsteuerung* das Symbol *Multimedia*. Wenn Sie dann das Register *Musik-CD* bemühen, sehen Sie die *Lautstärkeeinstellungen* vor sich. Stellen Sie den Schieberegler mit der Bezeichnung *Kopfhörer* nach rechts. Wenn dieser Regler ganz links steht, wird bei manchen Laufwerken nicht nur der Kopfhörer, sondern auch die Audio-Verbindung zur Soundkarte stummgeschaltet.

Neu eingelegte CDs werden häufig nicht erkannt

Möglicherweise räumt der SCSI-Controller dem CD-Laufwerk nicht genügend Zeit zur Erkennung der CD ein. Wenn das CD-Laufwerk nicht rechtzeitig bereit ist, wird eine Fehlermeldung angezeigt. Kontrollieren Sie gegebenenfalls die eingestellte »Spin-Up-Zeit« für das CD-Laufwerk, und setzen Sie sie probeweise herauf. (Spätestens nach zwei oder drei Sekunden sollte ein CD-Laufwerk die benötigte Drehzahl erreicht haben und eine CD erkennen.)

Manche CDs lassen sich nicht lesen

Insbesondere CD-Brennern bereiten manche CDs Probleme. Meist lassen sich die betreffenden CDs mit weniger »empfindlichen« CD-ROM-Laufwerken problemlos lesen. Testen Sie dies aus, und bauen Sie gegebenenfalls zusätzlich zum CD-Brenner ein CD-ROM-Laufwerk in Ihren Rechner ein.

Bestimmte CD-Typen lassen sich nicht lesen

Am häufigsten tritt dieser Fehler im Zusammenhang mit Photo CDs auf. Einige Laufwerke sind nicht in der Lage, Photo CDs zu erkennen. Ansonsten ist die Wahrscheinlichkeit groß, daß es sich um einen (neueren) CD-Typ handelt, der vom Laufwerk oder dessen BIOS nicht unterstützt wird. Neue Treiber oder ein Flash-BIOS-Update können diesen Mißstand unter Umständen beseitigen.

Phantom-Laufwerke

Im Zusammenhang mit Laufwerk-Kennbuchstabe n und CD-Brennern sind einige höchst seltsame Fehler bekannt geworden. Einer führte zu sogenannten »Phantom-Laufwerken«. Der CD-Writer oder das Writer-Programm hat dabei nicht nur einen, sondern mehrere Laufwerkbuchstaben beansprucht und war unter diesen auch ansprechbar. Sollte Ihnen ein solches Verhalten auffallen, setzen Sie sich am besten mit dem Programmhersteller in Verbindung, schildern Sie ihm das Problem, und fragen Sie nach fehlerbereinigten Versionen. (Der Fehler konnte im angesprochenen Fall durch einen aktualisierten Treiber für den SCSI-Adapter behoben werden.)

Bei meinen Tests konnte ich das eben beschriebene Verhalten zwar nicht beobachten, habe aber feststellen können, daß der als Y: angemeldete CD-Writer beim Importieren von Sessions nicht korrekt arbeitete. Nach Zuweisung des Laufwerk-Kennbuchstabe ns R: trat dieses Verhalten nicht mehr auf.

Eine andere Ursache für Phantom-Laufwerke kommt unter Windows 9x in Betracht. Wenn Sie nämlich sowohl in der CONFIG.SYS als auch in der Benutzeroberfläche Treiber für ein Laufwerk einrichten und in der AUTOEXEC.BAT auch MSCDEX laden, werden Ihnen dann zusätzliche Laufwerke präsentiert, wenn die gewählten Laufwerkbuchstaben nicht übereinstimmen. Windows 9x scheint bei seiner Installation die Eintragungen für CD-ROM-Laufwerke nicht generell zu löschen. Deaktivieren bzw. entfernen Sie unter Windows 9x daher möglichst alle Treiber für CD-ROM- bzw. CD-R-Laufwerke und SCSI-Adapter aus CONFIG.SYS und AUTOEXEC.BAT, in jedem Fall aber den überflüssigen MSCDEX-Eintrag. Die Einträge der CONFIG.SYS sollten durch die speziellen Windows 9x-32-Bit-Treiber ersetzt werden.

Buffer Underrun bei CD-Brennern

Dieses Problem kann viele mögliche Ursachen haben. Diese und Maßnahmen zur Beseitigung habe ich in Kurzform oben bereits zusammengetragen. Im Prinzip können alle dort geschilderten Punkte Ursache der gefürchteten »Buffer Underruns« sein.

Stellen Sie zunächst mit Hilfe eines Testprogramms die Übertragungsrate zum CD-Writer fest. Wenn Sie mit doppelter Geschwindigkeit (300 KByte/s) schreiben wollen, sollte die Transferrate möglichst nicht unter 600 KByte/s liegen. (Wenn Ihr System diese Rate auch nach Optimierung nicht erreicht, sollten Sie nur mit einfacher Geschwindigkeit schreiben.) Kalkulieren Sie bei höheren Schreibgeschwindigkeiten entsprechende Sicherheitsspannen ein.

Seltsame Fehlermeldungen

Haben Sie gerade einen neuen Treiber installiert, der sich mit Ihrer Konfiguration oder Ihrem System nicht verträgt? Ist die Laser-Linse des CD-ROM-Laufwerks sauber? Manche Laufwerke sollen beim Rechnerstart auch allergisch gegen Audio-CDs sein.

Soundkarten

22

Bereits 1987 erblickte der von Creative Labs entwickelte Gameblaster – und damit eine der ersten Soundkarten für den PC – das Licht der Welt. Die mittlerweile ausgestorbene 8-Bit-Technik und ein überreiches Angebot heute archaisch anmutender Software prägten diese Karte. Ein eingebauter kleiner Verstärker, an den Kopfhörer oder Lautsprecher angeschlossen werden konnten, gehörte ebenfalls zu seiner Ausstattung. Die Klangqualität war alles andere als berauschend (aber höchst rauschend), die Presse kümmerte sich nicht weiter um den Gameblaster, und selbst Spielehersteller haben diese Karte, die auch in Deutschland unter verschiedenen Namen angeboten wurde, weitgehend ignoriert. Dafür lag der Preis des Gameblasters in Bereichen, in denen sich heute semiprofessionelle Soundkarten tummeln.

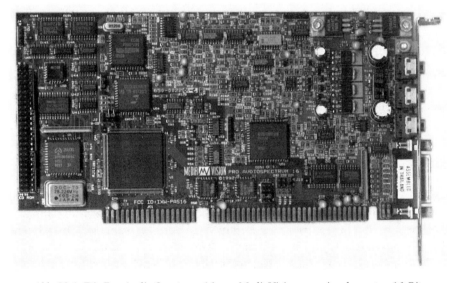

Abb. 22.1: Die Pro Audio Spectrum 16 von MediaVision war eine der ersten 16-Bit-Soundkarten, die sowohl MIDI als auch 44,1-kHz-Sampling (Audio-CD-Qualität) für den PC verfügbar machte.

Einige der Schwächen dieser Uralt-Karte sind lange erhalten geblieben. Merkwürdigerweise konnten sich die Herstellerländer einfach nicht verleugnen. »Fernöstliche Klänge« dröhnten aus den Computern. Warum sollten

Techniker sich auch mit Problemkreisen auseinandersetzen, die vielen Musikern nicht einmal geläufig sind. Das »wohltemperierte Klavier« und die damit verbundene Stimmung von Instrumenten ist in Asien nicht gerade verbreitet. Einige Töne werden dort üblicherweise leicht abweichend eingestimmt, woraus sich der typisch »fernöstliche Singsang« ergibt, der den dortigen Hörgewohnheiten entspricht. Und diese Stimmung des Instruments Soundkarte blieb lange erhalten.

Lachen Sie jetzt nicht! Auch die Hörgewohnheiten in Europa und den Industrieländern ändern sich! Der Kammerton mit seinen 440 Hz (Hertz – Schwingungen pro Sekunde) als Grundton ist nicht allgemein verbreitet. Viele zeitgenössische Musiker stimmen ihre Instrumente basierend auf einem Grundton von 441 oder 445 Hz ein. Auch diese Vorgehensweise bleibt nicht ohne Einfluß auf den Höreindruck. Entsprechende Anpassungen bei Orgeln, Synthesizern oder Soundkarten vorzunehmen, ist normalerweise nicht ohne weiteres möglich, woraus sich allgemein die Problematik ergibt, daß programmierte Musik (technisch bedingt) häufig und fast zwangsläufig einen sterilen und oft wenig eigenständigen Eindruck macht. Und dies ist nur einer von mehreren Gründen. »Unplugged« stellt letztlich auch eine Reaktion auf diese Sachverhalte dar. Auf jeden Fall macht eine Soundkarte allein noch lange keinen Musiker.

Soundkarten gehören heute fast zur Standard-Ausstattung eines PC. Viele Programme benutzen diese Karten, um untermalende Musik oder Klangeffekte auszugeben. Insbesondere Spiele und Lernprogramme, aber auch Präsentationen sind heute ohne Ton kaum noch denkbar.

Vergessen Sie bei der Auswahl einer Soundkarte nicht andere Geräte, mit denen diese zusammenarbeiten sollen. Lautsprecher, Mikrofone, Kopfhörer oder auch die Stereoanlage kommen hier in Frage. Wenn Anschlußmöglichkeiten für gewünschte Einsatzzwecke fehlen, sind Enttäuschungen vorprogrammiert. Was halten Sie denn zum Beispiel von der Möglichkeit, alte Vinyl-Schallplatten auf CD-ROM zu brennen? Ihre Soundkarte muß dann zur Verarbeitung der entsprechenden Datenrate in der Lage sein und die notwendigen Eingangsbuchsen (Stereo-Line-In) aufweisen. *Und* dann brauchen Sie auch noch Programme, die das sogenannte Harddisk-Recording unterstützen.

 Die älteren Soundkarten beiliegenden Programme zur Sound-Bearbeitung unterstützen häufig nur die Aufzeichnung der Daten im Arbeitsspeicher. Neueren Soundkarten liegen aber oft Programme bei, die auch große Sound-Dateien bewältigen und das sogenannte Harddisk-Recording unterstützen.

Auch CD-ROM-Laufwerke lassen sich über Soundkarten betreiben, so daß Sie gegebenenfalls darauf achten müssen, daß Soundkarte und CD-ROM-Laufwerk zusammenpassen bzw. entsprechende Anschlüsse vorhanden sind. Wenn Sie gleichzeitig mit der Soundkarte ein CD-ROM-Laufwerk erwerben wollen, können die Schnittstellen zu diesem Laufwerk von Bedeutung sein. Die verschiedenen Varianten werden im Kapitel »CD-ROM-Laufwerke« aufgeführt und erläutert. Dort finden Sie diesbezüglich zusätzliche Informationen, die bei der Auswahl einer Soundkarte eine Rolle spielen können.

22.1 Ausstattungsmerkmale im Überblick

Ein wesentlicher Aspekt bei der Auswahl einer Soundkarte ist deren Einsatzzweck. Wenn Sie sie vorwiegend zusammen mit Spielen einsetzen wollen, müssen Sie keine allzu strengen Maßstäbe anlegen. Preiswerte 16-Bit-Soundkarten gibt es in reichhaltiger Auswahl. Vorrangig sollten Sie dann darauf achten, daß die Karte zu den gängigen Standards kompatibel ist. Insbesondere die Kompatibilität zu älteren Standards eröffnet Ihnen unter Umständen eine riesige Auswahl an Spielen mit Sound- und Musikuntermalung.

Je professioneller das Einsatzgebiet der Soundkarte angesiedelt ist, desto mehr treten qualitative Gesichtspunkte in den Vordergrund. Neue Technologien werden in diesem Bereich weiterhin entwickelt und in Produkte integriert. Möglichkeiten der Hardware-Datenkompression zählen mit zu den wichtigsten Merkmalen im gesamten Multimedia-Bereich. Immerhin benötigen Audio-Daten unkomprimiert für eine einzige Minute knapp 10 MByte Speicherplatz, wenn sie in der von Audio-CDs her bekannten Qualität in Stereo vorliegen sollen.

Ein weiterer Hinweis darf im Vorfeld nicht fehlen: Wenn Sie ernsthafte Ambitionen im Musikbereich haben, sollten Sie sich nicht nur im Computer-Fachhandel, sondern auch in Musikgeschäften umsehen. Musiker stellen andere Anforderungen an Soundkarten, denen vorwiegend die in diesem Bereich traditionell angesiedelten Firmen Rechnung tragen. Die Firmen Roland und Hohner-Midia genießen zum Beispiel in dieser Hinsicht seit Jahren einen hervorragenden Ruf. Und ob eine solche Karte nun Soundblaster-kompatibel ist oder nicht, interessiert Musiker meist recht wenig. Auch an die Software werden ganz andere Anforderungen gestellt.

Wenn man sich dann noch die Mini-MIDI-Keyboards ansieht, die vom Computer-Händler als Ergänzung zur Soundkarte präsentiert werden, dann bleibt einem häufig kaum mehr als ein »müdes Lächeln«. Machen Sie sich also am besten *vorher* ein paar Gedanken darüber, welche Zielsetzungen Sie mit der Anschaffung einer Soundkarte verbinden.

Merkmal	Empfehlungen/Anmerkungen/Optionen
Kompatibilität	AdLib, Soundblaster, Roland MT-32, MPU-401 und General MIDI sind die gängigen Standards. Darüber hinaus empfiehlt sich die Unterstützung der DirectSound-Programmierschnittstelle.
Simultane Stimmen	Bei modernen Soundkarten meist bis zu 32 durch Wavetable-Synthese erzeugte Stimmen (oder mehr)
Sampling-Raten	44,1 kHz Mono/Stereo in 16-Bit-Qualität für Aufnahme und Wiedergabe (CD-Qualität) sollten es schon an allen Anschlüssen sein. Die DAT-Frequenz von 48 kHz wird selten benötigt, bietet aber volle Kompatibilität mit den Standards aus dem Audio-Bereich.
Synthesizer-Chips	Neuere Karten verwenden unterschiedliche Chip-Sätze, die häufig aus dem professionellen Bereich stammen und die Nachfolge der Yamaha-Chips OPL3 bzw. OPL4 angetreten haben.
Wavetable	Bei Wavetable-Boards ist neben der Größe des Sound-ROM auch die Qualität der Samples entscheidend. 1 MByte Sound-ROM mit komprimierten Informationen stehen meist mindestens zur Verfügung. Wenn Sie selbst musizieren wollen, sollten Sie darauf achten, ob Sound-RAM zur Ablage eigener Samples zur Verfügung steht oder optional erhältlich ist.
MIDI	General MIDI bzw. MPU-401 und Roland MT-32 sollten unterstützt werden, die MIDI-Schnittstelle selbst sollte MPU-401-kompatibel sein und – für musikalische Ambitionen – MIDI In und MIDI Out/Thru unterstützen.
Plug and Play	Moderne Soundkarten lassen sich ohne das Setzen von Jumpern installieren. Die Konfiguration der Karte wird ausschließlich durch den Treiber erledigt. Bei Betriebssystemen, die PnP unterstützen, erfolgt die Konfiguration der Soundkarte automatisch.

Tab. 22.1: Ausstattungsmerkmale von Soundkarten im Überblick

Merkmal	Empfehlungen/Anmerkungen/Optionen
Externe Anschlüsse	Üblich sind eine Game-Port/Joystick-Schnittstelle (kombiniert mit der MIDI-Schnittstelle) sowie drei Klinkenstecker für Mikrofon (Mono oder Stereo?), Line-In und Line-Out. An die letzten beiden Anschlüsse können Geräte aus dem HiFi-Bereich oder Aktivlautsprecher angeschlossen werden. Häufig finden Sie alternativ oder ergänzend zum Line-Ausgang einen regelbaren Ausgang für Kopfhörer.
Interne Audio-Anschlüsse	Möglichst MPC-3
CD-ROM-Schnittstelle	Zwar werden immer noch Soundkarten mit ATAPI- oder SCSI-Schnittstellen angeboten, deren Benutzung empfiehlt sich jedoch allenfalls für CD-ROM-Laufwerke. (Proprietäre CD-ROM-Schnittstellen sind heute nicht mehr üblich.)
Treiberunterstützung	DOS, Windows 3.1, OS/2, Windows, Windows NT
Beigefügte Software	Mixer, Sound-Editor, Midi-Editor
Zubehör	Handbücher, Kabel

Tab. 22.1: Ausstattungsmerkmale von Soundkarten im Überblick

22.2 Kompatibilität

Im Laufe der Jahre haben einzelne Produkte bestimmter Firmen die Quasi-Standards im Soundkarten-Bereich gesetzt. Zunächst war es die AdLib-Karte, dann der Soundblaster. Wobei der Begriff der Kompatibilität zum Standard oft recht locker gehandhabt wird.

Bei etlichen Spielen, deren Funktionsfähigkeit ich getestet habe, mußte ich feststellen, daß diese zwar einen Soundblaster als Soundkarte voraussetzen, aber zum Beispiel beim Einsatz einer Original-16-Bit-Soundblaster-Karte einfach hängengeblieben sind. Bei Verwendung eines älteren 8-Bit-Soundblasters oder beispielsweise einer Pro-Audio-Spectrum-Karte traten hingegen keine Probleme auf. Wundern Sie sich also nicht, wenn vereinzelt Programme mit speziellen Soundkarten trotz ausgewiesener Kompatibilität nicht zusammenarbeiten.

»Soundblaster-kompatibel« bedeutet häufig nur, daß die angebotene Karte zu *einem* der verschiedenen Soundblaster-Modelle kompatibel ist. Oft finden Sie in den Handbüchern einen Hinweis, zu welchem speziellem Soundblaster-Modell eine Soundkarte kompatibel ist.

22.2.1 AdLib

Lange bildete die AdLib-Soundkarte des gleichnamigen kanadischen Herstellers, die 1987 fast zeitgleich mit dem bereits erwähnten Gameblaster das Licht der Welt erblickte, den Standard unter den PC-Soundkarten. Sie wurde mittlerweile vom Soundblaster und vielen anderen kompatiblen Soundkarten verdrängt, die üblicherweise neben voller AdLib-Kompatibilität zusätzliche weitergehende Möglichkeiten bieten.

In der AdLib-Karte wurde ein Soundchip der Firma Yamaha namens OPL2 eingesetzt. Die Karte arbeitete mono nach dem Verfahren der Frequenzmodulation (FM) und konnte Toninformationen lediglich wiedergeben. Der auf dem Verfahren der Amplitudenmodulation (AM) arbeitende Gameblaster war der AdLib-Karte klanglich deutlich unterlegen.

Viele Spiele und Programme unterstützen bis heute den AdLib-Standard. AdLib-Kompatibilität bleibt daher ein nicht zu vernachlässigendes Qualitätsmerkmal, sofern Sie ältere Programme nutzen und sich nicht ausschließlich auf die Windows-Plattform beschränken wollen.

22.2.2 Soundblaster

Die 1983 gegründete Firma Creative Labs hat außer dem Gameblaster auch den Soundblaster in seinen verschiedenen Variationen entwickelt. Soundblaster bzw. Soundblaster Pro und dessen Nachfolger stellen bis heute den Quasi-Standard im PC-Bereich dar. Der Soundblaster 1.0 wurde 1989 vorgestellt und bot volle AdLib-Kompatibilität. Über einen integrierten Mikrofon-Eingang ließen sich erstmals Geräusche aufzeichnen (gesampelt). Zur Aufnahme verfügte die Karte über einen eingebauten Analog-Digital-Wandler (ADC – Analog to Digital Converter) und zur Wiedergabe über das entsprechende Gegenstück, einen DAC (Digital to Analog Converter). Neuere Karten vereinen diese beiden Bausteine in einem einzigen, der dann CODEC (COder/DECoder) genannt wird.

Der Soundblaster enthält einen kleinen Verstärker, an den sich beispielsweise Kopfhörer oder Lautsprecher, aber auch HiFi-Anlagen anschließen lassen. Darüber hinaus zählt ein Game Port bzw. Joystick-Anschluß zur Ausstattung der Soundblaster-Karte.

Neuere Modell-Varianten, wie beispielsweise die Soundblaster Pro, enthalten darüber hinaus MIDI- und CD-ROM-Schnittstellen. Die Soundblaster-Karten verfügen über breite Software-Unterstützung, so daß Soundblaster-kompatible Adapter von nahezu allen Spielen und Betriebssystemen unterstützt werden.

Einige Soundkarten stellen die Kompatibilität zum Soundblaster-Standard über spezielle Software-Treiber her. Derartige Karten sind in der Regel nicht gerade empfehlenswert, weil die Treiberlösung in vielerlei Hinsicht problematisch werden kann.

22.2.3 Roland MT-32

Die wohl bekannteste Soundkarte der Firma Roland ist die MT-32, die in den späten 80er Jahren weit verbreitet war und erste Standards auf dem Weg hin zu General MIDI setzen konnte. Sie lieferte auf den damals verfügbaren Rechnersystemen eine hervorragende Soundqualität. Viele Spiele aus der Zeit vor dem General MIDI-Standard unterstützen daher die MT-32-Karte, so sich Soundkarten der gehobenen Leistungsklasse häufig mit der Kompatibilität zum MT-32 (und zum General MIDI-Standard) rühmen.

Soundkarten, die diese beiden Standards unterstützen, können als »erwachsen« bezeichnet werden, insbesondere deshalb, weil sie teilweise die gleichen Bauteile wie jene Synthesizer verwenden, die zuvor aufgrund zu hoher Preise vorwiegend professionellen Musikern vorbehalten waren.

22.2.4 General MIDI- bzw. MPU-401-Kompatibilität

General MIDI- bzw. MPU-401-kompatible Soundkarten bieten Ihnen die Möglichkeiten eines herkömmlichen General MIDI Synthesizers. Die MIDI-Schnittstelle selbst sollte vollständig zum General MIDI-Standard kompatibel sein und MIDI IN und MIDI OUT/THRU unterstützen.

Neben der Möglichkeit zur Wiedergabe von Standard-MIDI-Dateien (beispielsweise mit den Dateinamenerweiterungen *.MID oder *.ROL) über den eingebauten Synthesizer können Sie (Audio-)Daten dann auch auf externen Synthesizern wiedergeben (MIDI OUT).

MIDI IN bietet Möglichkeiten zur Aufnahme von MIDI-Events, so daß sich beispielsweise MIDI-Keyboards zum Einspielen und Aufzeichnen von Audio-Daten nutzen lassen. MIDI THRU bedeutet, daß die an ein MIDI-Gerät übermittelten Daten gleichzeitig und unmanipuliert an ein drittes Gerät weitergeleitet werden. Techniker sprechen an dieser Stelle oft vom »Durchschleifen« von Signalen.

 Ausführlichere Informationen über MIDI erhalten Sie weiter unten in diesem Kapitel.

22.3 Synthesizer-Chips

Zur Erzeugung von Klängen aus digitalen Eingangsdaten wird in den Soundkarten ein Synthesizer-Chip eingesetzt. In der AdLib-Karte kam der Yamaha-Chip OPL2 zum Einsatz, der über elf Stimmen verfügt. Die heutigen Soundkarten verwenden häufig einen seiner weiterentwickelten Nachfolger. Dazu zählen der kaum noch gebräuchliche OPL3 mit maximal 20 Stimmen (Stereo) oder der OPL4. Während beim OPL3 die später zu erläuternde Wavetable-Unterstützung noch mit einigen zusätzlichen externen Support-Chips realisiert werden mußte, ist diese im OPL4-Chip bereits integriert.

Neben diesen Yamaha-Chips kommen in heutigen, modernen Soundkarten etliche Chips anderer Hersteller zum Einsatz, die zum Beispiel 32 Stimmen gleichzeitig wiedergeben können. Der verwendete Chip allein stellt bei neueren Karten kein eindeutiges Kriterium in Hinsicht auf die Aktualität der Karte mehr dar.

22.4 CODEC

Der CODEC vereint die Funktionen von Analog/Digitalwandler (ADC) und Digital/Analogwandler (DAC) in einem Chip. Soundkarten müssen analoge Eingangsdaten, die über einen der analogen Audio-Anschlüsse (zum Beispiel Mikrofon oder interner CD-ROM-Anschluß) eingespeist werden, in digitale Daten umsetzen können. Die umgekehrte Umwandlung ist zum Beispiel für die Ausgabe digitaler Daten über den analogen Lautsprecherausgang erforderlich.

Audio-CD-Spieler arbeiten mit 16-Bit-Wandlern und einer Abtastfrequenz von 44,1 kHz. Um diese Qualität mit einer Soundkarte erzielen zu können, müssen diese Leistungsdaten von einer Soundkarte in allen Bereichen ebenfalls erfüllt werden. D.h., die Wandler müssen mit 16-Bit-Auflösung arbeiten und sowohl bei der Aufnahme als auch bei der Wiedergabe 44.100 Stichproben bzw. Samples (je Sekunde und gegebenenfalls je Stereokanal) verarbeiten können.

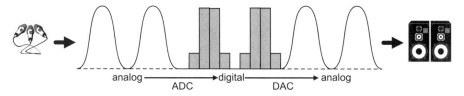

Abb. 22.2: Von analog nach digital und wieder zurück (ADC/DAC)

Bei Verwendung der 16-Bit-Auflösung kann jedes Eingangssignal 65536 (2^{16}) verschiedene Werte annehmen. Die Abtastfrequenz muß entsprechend dem Nyquist-Theorem mindestens doppelt so groß wie die höchste im Eingangssignal vorkommende Frequenz sein. Ansonsten würde die Digitalisierung zu einer Beschneidung des Frequenzgangs führen. Dies bedeutet, daß sich durch eine Abtastfrequenz von 44,1 kHz ein Frequenzgang von 0 bis 22,05 kHz realisieren läßt. Geringere Abtastraten führen zu einem vergleichsweise blassen bzw. dumpfen Klangbild.

Tonquelle	Sampling Rate	Max. Wiedergabefrequenz
Sprache	4.000 bis 8.000 Hz	2.000 bis 4.000 Hz
Tiefe Töne	11.025 Hz	5.512,5 Hz
Hohe Töne	22.050 Hz	11.025 Hz
Musik	22.050 bis 44.100 Hz	11.025 bis 22.050 Hz

Tab. 22.2: Empfehlenswerte Abtastraten für Tonaufzeichnungen

Aus diesen Gründen sollten Sie bei einer Soundkarte darauf achten, daß diese die angesprochenen Abtastfrequenzen sowohl bei der Wiedergabe als auch bei der Aufnahme unterstützt. Ansonsten werden Sie von der Klangqualität der selbst aufgenommenen Samples ziemlich enttäuscht sein.

 DAT-Kassettenrecorder (Digital Audio Tape) arbeiten mit einer Abtastfrequenz von 48 kHz.

22.5 Wavetable-Technik

Der Yamaha OPL4-Chip ist der direkte Nachfolger des OPL3 an. Er beinhaltet den OPL3-Chip und bietet darüber hinaus direkte Wavetable-Unterstützung. Bei dieser »Wellentabelle« handelt es sich um Stichproben bzw. Muster (Samples) echter Instrumente, die im Sound-ROM der Soundkarte gespeichert und von dort bei der Wiedergabe abgerufen werden. Auf diesem Weg lassen sich digitalisierte Soundeffekte (nahezu) originalgetreu wiedergeben.

Die Wavetable-Klangmuster der verschiedenen Instrumente liegen für Einzeltöne vor, so daß von ihnen vergleichsweise wenig Speicherplatz belegt wird. Die nicht direkt vorliegenden Tonhöhen werden dann auf rechnerischem Weg aus den Samples gewonnen, indem die vorliegenden Samples in der Tonhöhe variiert bzw. hochgerechnet werden.

Achten Sie bei Wavetable-Soundkarten auch darauf, ob diese mit zusätzlichem Arbeitsspeicher für Samples ausgestattet sind. Dann können Sie nämlich Samples selbst erstellen und dort ablegen, und sie als Basis für ein neues Instrument verwenden.

Häufig lassen sich Soundkarten auch nachträglich um ein Wavetable-Modul erweitern. Dies erfolgt über eine spezielle Steckerleiste, auf die eine Zusatzplatine aufgesteckt wird (Huckepack-Modul).

22.6 Datenkompression und 3D-Effekte

Bei einem weiteren Merkmal, das zunehmend an Bedeutung gewinnen könnte, handelt es sich um Möglichkeiten zur Kompression der Audio-Daten. Soundkarten, die über derartige Möglichkeiten verfügen, sind zusätzlich mit einem speziellen Prozessor ausgestattet, der abkürzend als ASP (Advanced Signal Processor) oder DSP (Digital Signal Processor) bezeichnet wird.

Neben oder auch alternativ zur Kompression von Audio-Daten bieten die mit einem zusätzlichen Signal-Prozessor ausgestatteten Soundkarten intern über Möglichkeiten zur Erzeugung von 3D-Effekten und der komplexen Verfremdung von Audio-Daten.

Derartige Hardware-Lösungen sind naturgemäß wesentlich schneller als entsprechende Software-Lösungen, müssen aber konkret angesteuert werden. Ein spezifisches Problem dieses Bereichs besteht in den verschiedenartigen internationalen Standards, die bisher einheitliche Lösungsansätze vereitelt haben. Neben dem im amerikanischen Kino verbreiteten Dolby Surround

Sound streiten etliche andere Systeme um die Gunst des Kunden. Manche benötigen drei oder mehr Lautsprecher, manche kommen aber auch mit zwei Lautsprechern aus. Naturgemäß muß die Soundkarte für diesen Zweck bei Bedarf zusätzliche Audio-Ausgänge zur Verfügung stellen.

Solange die Hersteller jedoch jeweils eigene Verfahren zur Erzeugung von 3D-Audio einsetzen oder keinen Bedarf für komplexe Verfremdung von Audiodaten haben, sollten Sie diesen Merkmalen keine allzugroße Aufmerksamkeit widmen. Häufig müssen Sie die teilweise noch nicht ausgereiften Technologien nämlich viel zu teuer erkaufen.

Die Dolby-Lösungen dürften aufgrund der stärkeren Unterstützung durch amerikanische Unternehmen und des Einsatzes bei der DVD wahrscheinlich das Rennen machen.

22.7 MIDI

Die meisten modernen Soundkarten verfügen über eine digitale Schnittstelle für Musikinstrumente. MIDI (Musical Instrument Digital Interface – Digitale Schnittstelle für Musikinstrumente) stellt eine Hard- und Software-Spezifikation zur Verfügung, die nicht nur die Kommunikation von elektronischen Musikinstrumenten, sondern auch einer Vielzahl anderer Geräte ermöglicht, zu denen neben dem Personal Computer beispielsweise auch Lichtanlagen gehören. Dabei beschreibt MIDI die jeweiligen Ereignisse (MIDI-Events) und nicht die Klänge selbst. Die Ereignisse werden vom jeweiligen Gerät in konkrete Aktionen (normalerweise die Wiedergabe einer bestimmten Note auf dem angegebenen Instrument) umgesetzt.

Um Instrumente (zum Beispiel ein MIDI-Keyboard oder auch einen anderen Computer) an eine MIDI-Schnittstelle anschließen zu können, müssen Sie meist eine zusätzliche MIDI-Box erwerben und diese mit der MIDI/Joystick-Schnittstelle verbinden. Die MIDI-Instrumente schließen Sie dann wiederum über die MIDI-Box an die Soundkarte an. Der Joystick-Anschluß bleibt dabei üblicherweise erhalten, da die MIDI-Box diesen Anschluß dann weiterhin zur Verfügung stellt.

Mit der MIDI-Box erhalten Sie oft auch Programme zur Aufzeichnung von MIDI-Daten.

Im Lieferumfang von MIDI-Keyboards befindet sich zunehmend die für den Anschluß an eine Soundkarte benötigte MIDI-Box. Da Sie diese erst brauchen, wenn Sie tatsächlich MIDI-Instrumente an eine Soundkarte anschließen, benötigen Sie die MIDI-Box ansonsten nicht, so daß sie im Lieferumfang der Soundkarten selbst normalerweise nicht enthalten ist.

22.7.1 Pin-Belegung des MIDI/Joystick-Anschlusses

Wenn Sie den externen MIDI-Anschluß einer Soundkarte verwenden wollen, sollten Sie sich vergewissern, daß die Spezifikationen der verwendeten Geräte einander entsprechen. Zuweilen ist dies nicht der Fall. Das Kabel mit der Kennzeichnung »In« des einen Geräts muß jeweils mit dem MIDI-Out-Signal des anderen verbunden verbunden werden (und umgekehrt).

Die übliche Pin-Belegung des kombinierten MIDI/Joystick-Anschlusses einer Soundkarte können Sie bei Bedarf der folgenden Tabelle entnehmen. Beachten Sie dabei, daß der Anschluß von zwei Joysticks über ein entsprechendes Y-Kabel über einen einzigen Joystick-Anschluß erfolgt.

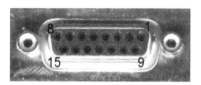

Abb. 22.3: Ein typischer MIDI/Joystick-Anschluß einer Soundkarte

Pin	Belegung
1	+5V
2	Joystick A Schalter 1
3	Joystick A X-Koordinate
4	Masse (Joystick A Schalter 1 & 2)
5	Masse (Joystick B Schalter 1 & 2)
6	Joystick A Y-Koordinate
7	Joystick A Schalter 2
8	+5V
9	+5V

Tab. 22.3: Pin-Belegung Joystick/MIDI-Anschluß

Pin	Belegung
10	Joystick B Schalter 1
11	Joystick B X-Koordinate
12	MIDI Out
13	Joystick B Y-Koordinate
14	Joystick B Schalter 2
15	MIDI In

Tab. 22.3: Pin-Belegung Joystick/MIDI-Anschluß

22.7.2 General MIDI

Wie bereits erwähnt, bestehen MIDI-Daten aus einer Reihe von Ereignissen, die angeben, wann eine Note gespielt werden soll (Note On Message), um welche Note (Note Number) es sich dabei handeln und wie stark der Anschlag (Velocity) sein soll. Darüber hinaus lassen sich einige weitere Parameter verändern, wie zum Beispiel zum Programmwechsel oder zur Synchronisation von mehreren angeschlossenen Geräten bzw. Instrumenten. Dabei verfügt MIDI über einen Tonumfang von 128 möglichen Noten bzw. fast 11 Oktaven.

Um Kompatibilitätsprobleme hinsichtlich der MIDI-Schnittstelle zu vermeiden, sollten Sie darauf achten, daß diese dem General-MIDI-Standard entspricht. Dabei handelt es sich um eine Erweiterung der MIDI-Spezifikation, die einen Standardsatz von sogenannten »General MIDI Instrumenten« definiert. General MIDI ermöglicht damit die Wiedergabe von Standard-MIDI-Dateien auf unterschiedlichen Instrumenten, wobei die Wahrscheinlichkeit recht hoch ist, daß auch die richtigen Klänge zu hören sind.

General MIDI weist bestimmten Klängen individuelle Programmnummern zu. Beispielsweise ist das elektrische Klavier der Programmnummer 3 zugeordnet, wobei die tatsächliche Klangqualität des jeweiligen Instruments natürlich von den Möglichkeiten des jeweils verwendeten MIDI-Geräts abhängt.

General MIDI-Klangsatz

In den folgenden Tabellen finden Sie den Level 1 General MIDI-Klangsatz und eine Liste der MIDI-Schlagzeugklänge, wie sie üblicherweise implementiert sind. Der MIDI-Klangsatz besteht aus 16 Instrumentenbänken (Instrumentenfamilien) bzw. Kategorien, in denen sich jeweils acht verschiedene Instrumente befinden. Die entsprechenden Instrumente werden über die Kanäle 1 bis 9 und 11 bis 16 wiedergegeben.

Piano		Chromatic Percussion	
1	Acoustic Grand Piano	9	Celesta
2	Bright Acoustic Piano	10	Glockenspiel
3	Electric Grand Piano	11	Music Box
4	Honky-Tonk Piano	12	Vibraphone
5	Rhodes Piano	13	Marimba
6	Chorused Piano	14	Xylophone
7	Harpsichord	15	Tubular Bells
8	Clavinet	16	Dulcimer
Organ		Guitar	
17	Hammond Organ	25	Acoustic Guitar (Nylon)
18	Percussive Organ	26	Acoustic Guitar (Steel-String)
19	Rock Organ	27	Electric Guitar (Jazz)
20	Church Organ	28	Electric Guitar (Clean)
21	Reed Organ	29	Electric Guitar (Muted)
22	Accordion	30	Overdriven Guitar
23	Harmonica	31	Distortion Guitar
24	Tango Accordion (Bandoneon)	32	Guitar Harmonics
Bass		Strings & Orchestra	
33	Acoustic Bass	41	Violin
34	Electric Bass (Finger)	42	Viola
35	Electric Bass (Pick)	43	Cello
36	Fretless Bass	44	Contrabass
37	Slap Bass 1	45	Tremolo Strings
38	Slap Bass 2	46	Pizzicato Strings
39	Synth Bass 1	47	Orchestral Harp
40	Synth Bass 2	48	Timpani
Ensemble		Brass	
49	String Ensemble 1	57	Trumpet
50	String Ensemble 2 (Slow)	58	Trombone
51	Synth Strings 1	59	Tuba

Tab. 22.4: General MIDI-Patch Map

52	Synth Strings 2	60		Muted Trumpet
53	Choir Aahs	61		French Horn
54	Voice Oohs	62		Brass Section
55	Synth Voice	63		Synth Brass 1
56	Orchestra Hit	64		Synth Brass 2
Reed		Pipe		
65	Soprano Sax	73		Piccolo
66	Alto Sax	74		Flute
67	Tenor Sax	75		Recorder
68	Baritone Sax	76		Pan Flute
69	Oboe	77		Bottle Blow
70	English Horn	78		Shakuhachi
71	Bassoon	79		Whistle
72	Clarinet	80		Ocarina
Synth Lead		Synth Pad		
81	Lead 1 (Square)	89		Pad 1 (New Age)
82	Lead 2 (Sawtooth)	90		Pad 2 (Warm)
83	Lead 3 (Calliope Lead)	91		Pad 3 (Polysynth)
84	Lead 4 (Chiff Lead)	92		Pad 4 (Choir)
85	Lead 5 (Charang)	93		Pad 5 (Bowed)
86	Lead 6 (Voice)	94		Pad 6 (Metallic)
87	Lead 7 (Fifths)	95		Pad 7 (Halo)
88	Lead 8 (Bass & Lead)	96		Pad 8 (Sweep)
Synth Effects		Ethnic		
97	FX 1 (Rain)	105		Sitar
98	FX 2 (Soundtrack)	106		Banjo
99	FX 3 (Crystal)	107		Shamisen
100	FX 4 (Atmosphere)	108		Koto
101	FX 5 (Brightness)	109		Kalimba
102	FX 6 (Goblins)	110		Bagpipe
103	FX 7 (Echoes)	111		Fiddle
104	FX 8 (Sci-Fi)	112		Shanai
Percussive		Sound Effects (SFX)		

Tab. 22.4: General MIDI-Patch Map

113	Tinkle Bell	121	Guitar Fret Noise
114	Agogo	122	Breath Noise
115	Steel Drums	123	Seashore
116	Woodblock	124	Bird Tweet
117	Taiko Drum	125	Telephone Ring
118	Melodic Tom	126	Helicopter
119	Synth Drum	127	Applause
120	Reverse Cymbal	128	Gunshot

Tab. 22.4: General MIDI-Patch Map

Der MIDI-Kanal 10 bleibt Schlagzeugklängen (Percussion) vorbehalten, die über eine eigene sogenannte »Key Map« verfügen. Jeder Schlagzeug- bzw. Percussion-Note und damit jeder Taste (Key) wird dabei ein eigenständiger Klang zugeordnet. Die entsprechende Zuordnung finden Sie in der abgedruckten Tabelle.

MIDI Note	Drum Sound	MIDI Note	Drum Sound
35	Acoustic Bass Drum	59	Ride Cymbal 2
36	Bass Drum 1	60	Hi Bongo
37	Side Stick	61	Low Bongo
38	Acoustic Snare	62	Mute High Conga
39	Hand Clap	63	Open High Conga
40	Electric Snare	64	Low Conga
41	Low Floor Tom	65	High Timbale
42	Closed High Hat	66	Low Timbale
43	Hi Floor Tom	67	High Agogo
44	Pedal High Hat	68	Low Agogo
45	Low Tom	69	Cabasa
46	Open High Hat	70	Maracas
47	Low-Mid Tom	71	Short Wistle
48	High-Mid Tom	72	Long Whistle
49	Crash Cymbal 1	73	Short Guiro
50	High Tom	74	Long Guiro
51	Ride Cymbal 1	75	Claves

Tab. 22.5: General MIDI Level-1 Drum Note (Key) Map

MIDI Note	Drum Sound	MIDI Note	Drum Sound
52	Chinese Cymbal	76	High Wood Block
53	Ride Bell	77	Low Wood Block
54	Tambourine	78	Mute Cuica
55	Splash Cymbal	79	Open Cuica
56	Cowbell	80	Mute Triangle
57	Crash Cymbal 2	81	Open Triangle
58	Vibraslap		

Tab. 22.5: General MIDI Level-1 Drum Note (Key) Map

MT-32-Klangsatz

Die nächsten Tabellen geben den MT-32- Klangsatz und die zugehörige Percussion Key Map wieder. Diese weichen erheblich von den General MIDI-Zuordnungen ab, so daß viele Soundkarten für MIDI-Dateien nach dem MT-32-Standard eigene sogenannte Patch Maps zur Verfügung stellen.

Sollte das bei Ihrer Soundkarte nicht der Fall sein, können Sie die Angaben dieser und der Tabellen zum General MIDI-Standard zur Erstellung eigener Patch-Maps nutzen. Viele ältere MIDI-Dateien basieren auf dem MT-32-Klangsatz und lassen sich auf diese Weise annähernd korrekt wiedergeben, ohne daß störende Vertauschungen der Instrumente stattfinden.

0	Accustic Piano 1	64	Acoustic Bass 1
1	Accustic Piano 2	65	Acoustic Bass 2
2	Accustic Piano 3	66	Electric Bass 1
3	Electric Piano 1	67	Electric Bass 2
4	Electric Piano 2	68	Slap Bass 1
5	Electric Piano 3	69	Slap Bass 2
6	Electric Piano 4	70	Fretless 1
7	Honkytonk Piano	71	Fretless 2
8	Electric Organ 1	72	Flute 1
9	Electric Organ 2	73	Flute 2
10	Electric Organ 3	74	Piccolo 1
11	Electric Organ 4	75	Piccolo 2
12	Pipe Organ 1	76	Recorder

Tab. 22.6: MT-32-Klangsatz

13	Pipe Organ 2	77	Pan Pipe
14	Pipe Organ 3	78	Sax 1
15	Accordian	79	Sax 2
16	Harpsichord 1	80	Sax 3
17	Harpsichord 2	81	Sax 4
18	Harpsichord 3	82	Clarinet 1
19	Clavichord 1	83	Clarinet 2
20	Clavichord 2	84	Oboe
21	Clavichord 3	85	English Horn
22	Celesta 1	86	Bassoon
23	Celesta 2	87	Harmonica
24	Synth Brass 1	88	Trumpet 1
25	Synth Brass 2	89	Trumpet 2
26	Synth Brass 3	90	Trombone 1
27	Synth Brass 4	91	Trombone 2
28	Synth Bass 1	92	French Horn 1
29	Synth Bass 2	93	French Horn 2
30	Synth Bass 3	94	Tuba
31	Synth Bass 4	95	Brass Section 1
32	Fantasy	96	Brass Section 2
33	Harmo Pan	97	Vibe 1
34	Chorale	98	Vibe 2
35	Glasses	99	Synth Mallet
36	Soundtrack	100	Windbell
37	Atmosphere	101	Glockenspiel
38	Warm Bell	102	Tubular Bell
39	Funny Vox	103	Xylophone
40	Echo Bell	104	Marimba
41	Ice Rain	105	Koto
42	Oboe 2001	106	Sho
43	Echo Pan	107	Shakuhachi
44	Doctor Solo	108	Whistle 1
45	School Daze	109	Whistle 2

Tab. 22.6: MT-32-Klangsatz

46	Bellsinger	110	Bottleblow
47	Square Wave	111	Breathpipe
48	String Section 1	112	Timpani
49	String Section 2	113	Melodic Tom
50	String Section 3	114	Deep Snare
51	Pizzicato	115	Electric Percussion 1
52	Violin 1	116	Electric Percussion 2
53	Violin 2	117	Taiko
54	Cello 1	118	Taiko Rim
55	Cello 2	119	Cymbal
56	Contrabass	120	Castanets
57	Harp 1	121	Triangle
58	Harp 2	122	Orchestra Hit
59	Guitar 1	123	Telephone
60	Guitar 2	124	Bird Tweet
61	Electric Guitar 1	125	One Note Jam
62	Electric Guitar 2	126	Water Bell
63	Sitar	127	Jungle Tune

Tab. 22.6: MT-32-Klangsatz

34	Drum Sound	55	- - -
35	- - -	56	Tambourine
36	Acoustic Bass Drum	57	- - -
37	Acoustic Bass Drum	58	Cowbell
38	Rim Shot	59	- - -
39	Acoustic Snare Drum	60	- - -
40	Hand Clap	61	- - -
41	Electric Snare Drum	62	High Bongo
42	Acoustic Low Tom	63	Low Bongo
43	Closed Hi-Hat	64	Mute High Conga
44	Acoustic Low Tom	65	High Conga
45	Open Hi-Hat 2	66	Low Conga
46	Acoustic Middle Tom	67	High Timbale

Tab. 22.7: MT-32-Percussion-Klangsatz

47	Open Hi-Hat 1	68	Drum Sound
48	Acoustic Middle Tom	69	Low Timbale
49	Acoustic High Tom	70	High Agogo
50	Crash Cymbal	71	Low Agogo
51	Drum Sound	72	Cabasa
52	Acoustic High Tom	73	Short Whistle
53	Ride Cymbal	74	Long Whistle
54	- – -		

Tab. 22.7: MT-32-Percussion-Klangsatz

22.8 CD-ROM-Schnittstelle

Soundkarten verfügen häufig über integrierte Schnittstellen für CD-ROM-Laufwerke. Während hier bei älteren Soundkarten sowohl herstellerspezifische als auch SCSI-Schnittstellen vertreten waren, finden Sie heute fast ausschließlich EIDE-Schnittstellen vor. Sofern Sie ein CD-ROM-Laufwerk mangels vorhandener Schnittstelle oder mangels vorhandenem freien Steckplatz direkt an die Soundkarte anschließen wollen, mag dieses Ausstattungsmerkmal wichtig sein. Dann müssen Sie aber darauf achten, daß die verfügbare Schnittstelle der Soundkarte zum CD-ROM-Laufwerk paßt. Entsprechende Informationen finden Sie im Kapitel »CD-ROM-Laufwerke«.

Ansonsten sollten Sie auf diesen Umstand nicht allzugroßes Augenmerk richten. Neuere CD-ROM-Laufwerke bedienen sich vornehmlich der IDE- bzw. EIDE-Schnittstelle bzw. einer vorhandenen SCSI-Schnittstelle, so daß die auf der Soundkarte vorhandenen CD-ROM-Anschlüsse bei neueren Rechnern (die ohnehin über Anschlüsse für vier EIDE-Geräte verfügen) bedeutungslos sind.

Wenn Ihr Rechner bereits über EIDE-Schnittstellen mit zwei Kanälen für vier EIDE-Laufwerke verfügt, sollte sich eine vorhandene EIDE-Schnittstelle auf der Soundkarte deaktivieren lassen. Sonst könnten Probleme auftreten. Im diesem Fall können Sie Geld sparen, indem Sie sich für eine Soundkarte ohne integrierte CD-ROM-Schnittstelle(n) entscheiden.

SCSI-Schnittstellen auf Soundkarten, wie sie eine Zeitlang üblich waren, sollten Sie in jedem Fall mit Vorsicht begegnen. Selbst wenn es sich um vollwertige SCSI-Schnittstellen handelt, liegt deren Geschwindigkeit in der Regel zu niedrig, um zum Beispiel Festplatten oder Streamer an sie anzuschließen. Zudem dürften passende Treiber später oft nur schwer erhältlich sein.

22.9 Audio-Stecker

Wichtiger ist der Audio-Anschluß, ein meist drei- oder vierpoliges Kabel, über das die Tondaten vom CD-ROM-Laufwerk an die Soundkarte übertragen werden. Hier finden sich etliche verschiedene Steckerformen, wobei diejenige der Soundblaster-Karten lange am weitesten verbreitet war. Aktuelle Soundkarten sollten über einen Audio-Anschluß verfügen, der dem MPC-2- bzw. MPC-3-Standard entspricht.

Abb. 22.4: Audiokabel am Soundblaster

22.9.1 Steckerform

Der MPC-3-Standard definiert mittlerweile auch die Steckerform für den Anschluß an die Soundkarte. Die Wahl fiel dabei auf die MPC-2- Steckerform, die in diesem Standard für die Verbindung zum CD-ROM-Laufwerk festgelegt wurde. In der Abbildung sehen Sie die verschiedenen verbreiteten Steckerformen. Bei den beiden schwarzen Steckern handelt es sich um die MPC-3-Variante, wobei einer der beiden Stecker über die eigentlich typische »Nase« verfügt.

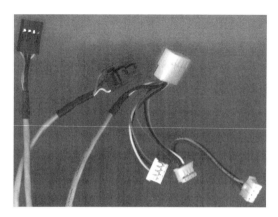

Abb. 22.5: MPC-3-, Sony- und Soundblaster-Steckerform (von links oben nach rechts unten)

Rechts in der Abbildung sehen Sie ein Vielfach-Kabel, das einen Sony-typischen und drei Soundblaster-Stecker aufweist. Die drei letztgenannten Stecker verfügen jeweils über eine andere Pin-Belegung und verdeutlichen damit das Durcheinander in diesem Bereich, das auch mit der Festlegung der *Steckerform* im MPC-3-Standard nicht unbedingt beendet ist. Verschiedene Pin-Belegungen können weiterhin nebenher existieren. Bei manchen MPC-3-Steckern wird auch auf die bereits angesprochene »Nase« verzichtet, so daß sich der Stecker drehen läßt. Der »verdrehte Stecker« entspricht dann der Pin-Belegung eines anderen Herstellers, wie Sie gleich noch sehen werden.

22.9.2 Pin-Belegung der internen Audio-Anschlüsse

Im folgenden finden Sie eine Aufstellung interner Audio-Anschlüsse auf Soundkarten und deren Pin-Belegung. Diese Anschlüsse dienen vorwiegend dem Anschluß von CD-ROM-Laufwerken. Sie können sie aber auch verwenden, um beispielsweise Verbindungen zu TV-Tunerkarten oder MPEG-Playback-Karten herzustellen.

Hersteller	Pin 1	Pin 2	Pin 3	Pin 4
TV/Sony CD/ATAPI-CD	Rechts	Masse	Masse	Links
Mitsumi CD	Rechts	Masse	Links	Masse
Soundblaster/Matsushita CD	Masse	Links	Masse	Rechts
Mediavision/Logitech	Masse	Rechts	Masse	Links

Tab. 22.8: Pin-Belegung vierpoliger Audio-Anschlüsse verschiedener Hersteller

Beim Mitsumi-Stecker handelt es sich um einen Soundblaster-Stecker mit »verdrehter« Pin-Belegung. Durch Verdrehen eines MPC-3-Steckers ohne Nase können Sie eine Belegung in die andere überführen. (Die Plastiknase läßt sich übrigens notfalls mit der heißen Klinge eines Teppichmessers wegschneiden.)

Die Audio-Anschlüsse einer Soundkarte verfügen über einen Line-Signalpegel (1 V_{ss}), wie er auch bei Cinch-Anschlüssen von HiFi-Anlagen, Video-Recordern, Video-Kameras etc. zum Einsatz kommt.

Pin	Belegung
1	Masse (rechts)
2	Rechts
3	Masse (Abschirmung)
4	Links
5	Masse (links)

Tab. 22.9: Pin-Belegung des fünfpoligen Anschlusses der Firma MediaVision (Pro Audio Spectrum)

Vielfach-Audiokabel zum Anschluß eines CD-ROM-Laufwerks an Soundkarten sollten über Elektronic-Versandhändler, wie zum Beispiel Conrad Electronic, erhältlich sein. Der Preis solcher Kabel liegt üblicherweise bei etwa 15 DM.

Den Line-Signalpegel finden Sie auch am SCART-Anschluß vieler Video-Geräte. Mit entsprechenden Adapter-Kabeln können Sie dieses Signal also direkt in eine Soundkarte einspeisen.

22.10 Treiber und Zubehör

Zusammen mit der Soundkarte erhalten Sie meist ein reichhaltiges Software-Angebot, das Ihnen beim Ausloten der Fähigkeiten der Soundkarten hilft, deren Funktionsumfang jedoch oft eingeschränkt ist, so daß sie gehobenen Ansprüchen meist nicht genügen. Aufgrund der von fast allen Karten gebotenen (eingeschränkten) Kompatibilität steht darüber hinaus aber ein reichhaltiges Programmangebot von Fremdanbietern zur Verfügung.

Sehen Sie sich die Auswahl der mit einer Soundkarte gelieferten Programme genauer an. Hier trennt sich nämlich häufig die Spreu vom Weizen. Billig-Soundkarten verfügen meist nur über eine Minimal-Ausstattung und eignen sich damit nur zum Spieleeinsatz, teure Soundkarten werden teilweise mit Progammen geliefert, die für sich einen erheblichen Teil des Preises ausmachen.

Spezielle Treiber benötigen Sie vielfach nicht, weil diese für voll Soundblaster-kompatible Soundkarten im Lieferumfang der meisten gängigen Betriebssysteme bereits enthalten sind. Sofern Sie einen solchen benötigen, sollten Sie diesen zuweilen aktualisieren. Häufig weisen insbesondere Treiber von neuen Entwicklungen kleinere Mängel auf, die im Laufe der Zeit behoben werden. Fragen Sie aber bei der jeweiligen Karte auf jeden Fall nach den mitgelieferten bzw. benötigten Treibern. Insbesondere beim Einsatz moderner Betriebssysteme müssen Sie verstärkt darauf achten, ob Ihre Soundkarte direkt unterstützt wird.

 Wenig Probleme sind bei Produkten der Firmen Creative Labs (Soundblaster) und MediaVision (Pro Audio Spectrum) oder dazu vollkompatiblen Karten zu befürchten. Diese Soundkarten werden mittlerweile von allen neueren Betriebssystemen (Windows 3, Windows 95, Windows NT und OS/2 Warp) direkt unterstützt. Darüber hinaus wird der General MIDI-Standard verbreitet unterstützt.

Hinsichtlich mitgelieferter Kabel für externe Anschlüsse sollten keine größeren Probleme auftreten. Die Anschlüsse für externe Geräte folgen den im Audio-Bereich verbreiteten Standards (3,5-mm-Klinkenstecker oder Cinch-Stekker), so daß Sie diese über den HiFi-Handel problemlos beziehen können.

Ansonsten benötigen Sie gegebenenfalls einen Kopfhörer und Lautsprecher. Einige Anmerkungen dazu finden Sie im Abschnitt »Nützliches Zubehör« im CD-ROM-Kapitel.

Wenn Sie ein Mikrofon zu Aufnahmezwecken einsetzen wollen, müssen Sie einige Dinge berücksichtigen. Einfache Mikrofone sind recht preiswert, bieten aber auch keine besondere Qualität. Wenn Sie während der Tonaufzeichnung am Rechner arbeiten wollen, empfiehlt sich ein Kopfhörer/Mikrofon-Set. Ein solches ist insbesondere für die Arbeit mit Spracherkennungsprogrammen zu empfehlen. Werfen Sie außerdem einen Blick ins Handbuch, und bringen Sie in Erfahrung, ob Sie ein beliebiges Mikrofon anschließen können oder ob dieses eine bestimmte Impedanz (niederohmig/hochohmig) aufweisen muß. Wenn Sie höhere Ansprüche an das Mikrofon stellen, sollten Sie zudem auch noch auf dessen Frequenzgang achten.

Abb. 22.6: Cinch-Anschlußkabel sind neben 3,5-mm-Klinkenstecker ebenfalls verbreitet.

 Manche Soundkarten lassen auch den Anschluß von Stereo-Mikrofonen zu. Gegebenenfalls müssen Sie einen Jumper auf der Soundkarte setzen, um zwischen dem Einsatz von Mono- und Stereo-Mikrofonen umzuschalten.

22.11 Soundkarten-Trends

Insbesondere Spracherkennung und 3D-Sound werden aktuell angepriesen. Im Hinblick auf die Spracherkennung hat sich in den letzten Jahren einiges getan, so daß entsprechende Unterstützung in die Betriebssysteme eingehen wird. Dabei kommt IBMs Version 4 von OS/2 Warp die Rolle des Vorreiters zu. Das dort integrierte VoiceType-Modul ist mittlerweile auch für andere Betriebssysteme, wie zum Beispiel Windows 9x, verfügbar.

3D-Sound und Dolby Surround Sound werden ebenfalls kontinuierlich weiterentwickelt. Letztlich stellen sie nichts anderes als den Raumklang im HiFi-Bereich dar, der nach Stereo bereits Mitte der 70er Jahre unter der Bezeichnung »Quadro« für zusätzlichen Absatz sorgen sollte. Mike Oldfields »Tubular Bells« wurde zum Beispiel zeitweise in entsprechenden Pressungen ausgeliefert. Breite Marktakzeptanz haben derartige Geräte damals allerdings nicht gefunden.

Über kurz oder lang werden diese Verfahren, die sich mittlerweile im Kino durchgesetzt haben, wahrscheinlich auch im Computerbereich zur Standardausstattung von Soundkarten gehören, spätestens dann, wenn dieses Merkmal zu einer (fast) kostenlosen Dreingabe wird. Ein in diesem Zusammenhang auftretendes Problem betrifft die Gestaltung des Wohnraums. Um wirklichen Nutzen aus der neuen Technologie ziehen zu können, müssen die Lautsprecher geeignet positioniert werden, wobei häufig Systeme mit drei oder vier Lautsprechern zum Einsatz kommen. Und wenn Sie 3D-Audio sinnvoll nutzen wollen, sollten Sie auch die Qualität der eingesetzten Lautsprecher nicht vernachlässigen. Quäkende 3D-Klänge statt plärrender 2D-Klänge stellen sicherlich keinen sinnvollen Fortschritt dar.

Zur Zeit werden vorwiegend 16-Bit-ISA-Soundkarten angeboten, und die Geschwindigkeit des ISA-Busses ist für 16-Bit-Audiodaten auch völlig ausreichend. Die Wahl einer Steckkarte für ein bestimmtes Bussystem entfällt damit zur Zeit noch weitgehend. 32-Bit-Soundkarten sind aber bereits seit einigen Jahren jenseits des großen Teichs erhältlich und scheinen langsam an Bedeutung zu gewinnen. Im professionellen Bereich wird aufgrund des größeren Dynamik- und Regelbereichs zunehmend mit 24-Bit-Samples gearbeitet, die erst beim Endprodukt auf 16 Bit pro Kanal reduziert werden, so daß das Ergebnis dann wieder mit den Kenndaten der handelsüblichen Audio-CDs im Einklang steht.

Abgesehen von den besonderen Möglichkeiten des größeren Dynamik- und Regelbereichs reichen die bisherigen technischen Möglichkeiten prinzipiell aus, um Audio-CD- bzw. HiFi-Qualität zu erreichen.

 Sofern die Motherboard-Hersteller den Vorgaben der Hardware Design Guides von Microsoft folgen, wird der ISA-Bus mittelfristig abgeschafft, so daß PCI-Soundkarten unter Umständen die bessere Alternative darstellen.

Abb. 22.7: Auch Soundkarten gibt es im PCMCIA-Format.

22.12 Installation

Bei der Installation von Soundkarten sind einige Besonderheiten zu berücksichtigen, die bei anderen Adaptern keine Rolle spielen. Angemessene Abschirmung und ausreichender Abstand von anderen elektrischen Leitungen und Geräten sind nämlich die Voraussetzung für ungestörten Hörgenuß. Da nun aber auch die elektrischen Felder innerhalb des Rechners die Klangqualität einer Soundkarte ausgesprochen negativ beeinflussen können, sollten Sie Soundkarten möglichst weit vom Netzteil plazieren, das insbesondere für einen unangenehm hohen Rauschpegel der Soundkarte sein kann.

Zur Verbindung der Soundkarte mit einer HiFi-Anlage sind die Line-Out- bzw. Line-In-Ausgänge gedacht. Nur wenn solche Anschlüsse nicht vorhanden sind, sollten Sie auf den Kopfhörer- bzw. Lautsprecherausgang zurückgreifen. Unangenehmen Einfluß auf die Klangqualität können auch mangelhaft oder nicht geerdete Steckdosen bzw. Kabelverbindungen haben, so daß Sie auch darauf besonders achten sollten.

22.12.1 Hardware

Die Hardware-Installation ist wie bei den meisten anderen Adaptern nicht sonderlich problematisch. Auch Soundkarten folgen zunehmend den PnP-Spezifikationen bzw. lassen sich zunehmend über Programme konfigurieren. Trotzdem müssen zuweilen immer noch Jumper entsprechend gesetzt werden, zum Beispiel um den Mikrofonbetrieb von einem Mono- auf ein Stereo-Eingangssignal umzuschalten. Werfen Sie daher zunächst einmal einen Blick auf Ihre Soundkarte, identifizieren Sie gegebenenfalls vorhandene Jumper und stellen Sie fest, welchem besonderen Zweck diese dienen.

Besonderes beachten sollten Sie weiterhin die gegebenenfalls mehrfach vorhandenen Anschlüsse für die Audiokabel zur Verbindung mit dem CD-ROM-Laufwerk. Identifizieren Sie möglichst bereits vor dem Einbau der Soundkarte den zu Ihrem CD-ROM-Laufwerk passenden Anschluß. Zwar können Sie diesen notfalls auch noch durch späteres Probieren herausfinden, aber wenn Sie dieses Problem bereits vorher aus dem Weg räumen können, ersparen Sie sich möglicherweise einiges an Verdruß.

Die meisten Soundkarten verwenden eine Vielzahl von System-Ressourcen. Neben einem IRQ werden mehrere Port-Adressen und DMA-Kanäle beansprucht. Oft sind diese auch fest vorgegeben, so daß Konflikte mit anderen Adaptern recht häufig auftreten. Um diesen Umstand noch ein wenig unerfreulicher zu machen, haben viele Programmierer die festen Adressen zum Anlaß genommen, ihre Programme nur für diese auszulegen, so daß Sie von den Standard-Soundblaster-Adresssen möglichst nicht abweichen sollten, selbst wenn der Adapter dies zuläßt. Daher ist es auch ratsam, bei Bedarf erst einmal andere Adapter umzukonfigurieren und die Soundkarte besser auf den Standard-Adressen zu belassen. Allerdings hat sich die Lage mit neueren Programmen glücklicherweise ein wenig entspannt.

Standard-Einstellungen

Alle Soundblaster-Karten und deren kompatible Pendants benutzen standardmäßig die Port-Adresse 220h, den IRQ 5 und den DMA-Kanal 1. Lediglich hinsichtlich der IRQ-Leitung weichen einige (vorwiegend ältere) Karten von diesem Standard ab, indem sie IRQ 7 als Voreinstellung verwenden.

 Da die meisten Spiele die Standardeinstellungen der Soundblaster-Karten verwenden und manche auch nur mit diesen zurechtkommen, sollten sie diese für ihre Soundkarte auch verwenden. Dies bedeutet insbesondere auch, daß ich dringend dazu rate, gegebenenfalls die automatische PnP-Konfiguration der Adressen im Falle von Soundkarten zu deaktivieren und ihnen die Standardadressen fest zuzuweisen. Unter Windows deaktivieren Sie dazu im zur Soundkarte gehörigen Register *Ressourcen* die Option *Automatisch einstellen*.

Neuere Karten beanspruchen darüber hinaus zusätzliche Ressourcen für ihre weitergehenden Fähigkeiten. Nehmen wir als Beispiel die Pro Audio Spectrum 16 (PAS16) der Firma MediaVision; diese belegt zusätzlich einen weiteren DMA-Kanal, einen weiteren IRQ, eine zusätzliche Port-Adresse (üblicherweise 388H) und einige weitere Ressourcen. Konflikte treten aufgrund dessen recht häufig auf, weshalb Sie sich beim Vorhandensein von Problemen und eingebauten Soundkarten auf die Hotline-Auskunft »Daran muß die Soundkarte schuld sein« gefaßt machen müssen. Letztlich handelt es sich bei den meisten modernen Soundkarten eigentlich um zwei Soundkarten in einer.

Dementsprechend geht es Ihnen mit einem 16-Bit-Soundblaster auch nicht besser als mit der bereits angesprochenen PAS-Karte. Neben den Standard-Einstellungen benötigen Sie auch hier einen weiteren DMA-Kanal und eine weitere MIDI-Port-Adresse. Die meisten aktuellen Soundkarten benötigen zudem, wie die PAS-Karte, zwei IRQ-Leitungen.

Erinnern Sie sich daran, daß ich das Anfertigen einer Liste mit sämtlichen wichtigen Hardware-Einstellungen empfohlen habe? Spätestens beim Einbau einer Soundkarte werden Sie diese Liste begrüßen, wenn sich in Ihrem Rechner bereits andere Adapter befinden.

Ressource	Adresse
Basisadresse	220h
IRQ	5
DMA-Kanal	1
MIDI-Basisadresse	330h
MIDI-IRQ	2/9
High-DMA-Kanal	5 (kein allgemeiner Standard)

Tab. 22.10: Standard-Einstellungen für Soundblaster- und General MIDI-kompatible Soundkarten

Lediglich hinsichtlich des zweiten DMA-Kanals und der gegebenenfalls zusätzlich benötigten zweiten IRQ-Leitung gibt es keinen allgemeingültigen Standard.

Kapitel 22

 Viele DOS-Programme (insbesondere Spiele) setzen für die MIDI-Schnittstelle die Standard-Basisadresse 330h und den IRQ 2/9 voraus. Bei abweichenden Einstellungen kann es sein, daß MIDI-Anwendungen nicht funktionieren.

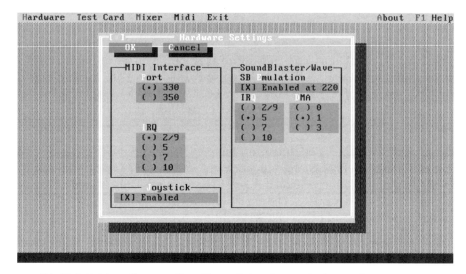

Abb. 22.8: Bei Soundkarten sollten Sie möglichst die Standard-Einstellungen wählen.

Adapter einbauen

Verfahren Sie, nachdem Sie die gegebenenfalls erforderlichen Jumpereinstellungen vorgenommen haben, wie folgt:

- Öffnen Sie das Rechnergehäuse, und lösen Sie bestehende Kabelverbindungen.

- Orten Sie einen passenden Steckplatz für die Soundkarte, entfernen Sie das Blindblech, stecken Sie den Adapter in den Slot, und schrauben Sie ihn fest.

- Verbinden Sie gegebenenfalls die Kabel des CD-ROM-Laufwerks mit der Soundkarte. Achten Sie dabei auf die korrekte Orientierung bzw. den korrekten Anschluß der Kabel.

- Schließen Sie zu Testzwecken einen Kopfhörer oder Lautsprecher an, stellen gegebenenfalls notwendige Verbindungen her, und starten Sie den Rechner.

Das war's in aller Kürze. Den Rest sollte die Installations-Software übernehmen.

Soundkarten

 Meist befinden sich im Lieferumfang von Soundkarten Testprogramme, die Ihnen bei den weiteren Schritten helfen können. Darüber enthalten gute Konfigurationsprogramme ebenfalls Testmöglichkeiten.

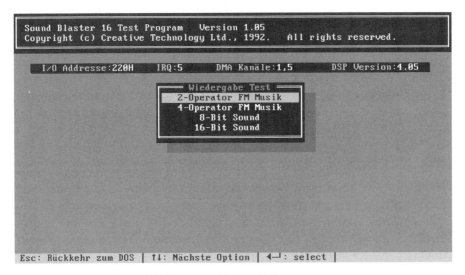

Abb. 22.9: Soundblaster-Testprogramm

22.12.2 Software

Nun müssen die mit der Soundkarte gelieferten Programme zunächst einmal installiert werden, da diese meist auf Diskette oder CD-ROM komprimiert vorliegen. Üblicherweise lautet der Name des dafür zuständigen Programms INSTALL oder SETUP, wobei dem Namen öfter noch ein Kürzel für den Hersteller oder das Produkt vorangestellt wird. Sofern Sie mit Multikonfigurationsdateien arbeiten, sollten Sie diese möglichst entfernen und zwischenzeitlich durch eine Einfachkonfiguration ersetzen. Die meisten Installationsprogramme kommen mit einer solchen Konfiguration nämlich nicht zurecht. Zumindest sollten Sie in einem solchen Fall Sicherheitskopien der CONFIG.SYS und der AUTOEXEC.BAT erstellen.

 Mit Installationsprogrammen, die sich von Windows aus aufrufen lassen, werden oft auch die für die DOS-Ebene zuständigen Programme konfiguriert. (Manchmal müssen diese Schritte aber auch separat durchgeführt werden.)

Mit dem Installationsprogramm werden dann im ersten Schritt alle wesentlichen Programme auf die Festplatte übertragen. Dabei werden meist gleich alle notwendigen Einstellungen vorgenommen bzw. abgefragt. Wenn etwas nicht ordnungsgemäß funktioniert, sollte es aber nicht mehr notwendig sein, die gesamten Programme neu zu installieren. Werfen Sie dann vielmehr einen Blick auf die Dateien in den Programmverzeichnissen der Soundkarte, und arbeiten Sie direkt mit deren Einrichtungsprogrammen. Die Programme zur Konfiguration einer Soundblaster-16-Karte werde ich im folgenden kurz besprechen.

Mit TESTSB16, das Sie nach der erfolgten Installation des Adapters aufrufen sollten, testen Sie die Konfiguration des Adapters. Bestehende Konflikte mit anderen Adaptern werden dabei recht zuverlässig aufgespürt. Für dieses Programm benötigen Sie die bereits erwähnten Lautsprecher bzw. den Kopfhörer.

Mit SBCONFIG können Sie den Soundblaster bei Bedarf umkonfigurieren. Das Programm fügt die dazu notwendigen Anweisungen in die AUTOEXEC.BAT ein. Starten Sie anschließend Ihren Rechner neu, damit die neuen Werte benutzt werden, und lassen Sie gegebenenfalls TESTSB16 erneut ablaufen.

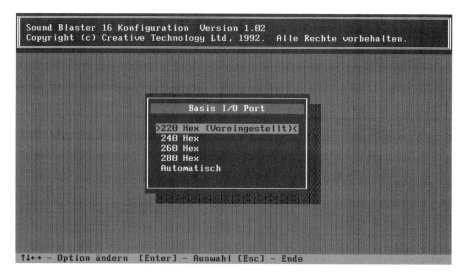

Abb. 22.10: Soundblaster-Konfigurationsprogramm

Über INSTDRV konfigurieren Sie dann die mit der Karte gelieferten speziellen Treiber auf die für Ihr System erforderlichen Einstellungen.

SB16SET ist bei Verwendung des Schalters /S für die Programmierung der Hardware zuständig und ermöglicht die Konfiguration der Soundkarte mit Werten, die von den Hardware-Einstellungen abweichen. Dabei werden die Werte verwendet, die über SET BLASTER in der AUTOEXEC.BAT angegeben werden können. Über SB16SET läßt sich die Karte also auch nachträglich oder beim Rechnerstart umkonfigurieren, was vom Ansatz her dem Vorgehen von PnP entspricht.

```
SET BLASTER=A220 I5 D1 H5 P330 T6
```

A, I und D geben die Standard-Einstellungen wieder. H5 legt den zweiten DMA-Kanal und P330 die zweite Port-Adresse fest. Über T wird der Typ der Soundkarte angegeben.

Parameter	Bedeutung
A	Basisadresse der Soundblaster-Karte
D	8-Bit-DMA-Kanal
H	High-DMA- bzw. 16-Bit-DMA-Kanal
I	Verwendeter Interrupt Request (IRQ)
P	MIDI-Port-Adresse
T	Typ der Soundblaster-Karte

Tab. 22.11: Bedeutung der Parameter der Umgebungsvariablen BLASTER

AUTOEXEC.BAT (DOS)

Die folgenden Anweisungen werden bei der Installation einer Soundblaster-Karte in die AUTOEXEC.BAT geschrieben:

```
SET BLASTER=A220 I5 D1 H5 P330 T6
SET SOUND=C:\SB16
C:\SB16\SB16SET /M:200 /VOC:200 /CD:200 /MIDI:200 /LINE:200 /TREBLE:0
C:\SB16\SBCONFIG.EXE /S
```

Neben den bereits im letzten Abschnitt besprochenen Anweisungen finden Sie hier einen Verweis auf das Verzeichnis mit den Soundblaster-Programmen sowie einen Aufruf von SB16SET, über den verschiedene Lautstärkeeinstellungen (für die DOS-Ebene) vorgenommen werden können.

Die Anweisung SET BLASTER sollte sich bei jeder Soundblaster-kompatiblen Karte in der AUTOEXEC.BAT befinden. Viele Programme greifen nämlich darauf zurück, um die Konfiguration der Soundkarte zu ermitteln und sich selbständig entsprechend einzurichten. Sofern dies bei Ihrer Soundkarte nicht der Fall sein sollte, können Sie diese Anweisung mit Hilfe eines Editors manuell einfügen:

```
SET BLASTER=A220 I5 D1 T2
```

entspricht den notwendigen Einstellungen einer älteren Soundblaster-Karte und genügt dem angesprochenen Zweck bei kompatiblen Karten vollauf.

Zuweilen begegnen Sie auch einer etwas anderen Variante wie der folgenden:

```
SET BLASTER=A220 Ixx Dx T1
SET SNDSCAPE=C:\SPEA\MEDIAXTC
C:\SPEA\MEDIAXTC\SSINIT.EXE /I
```

Hier finden Sie in der SET BLASTER-Zeile zwar die angesprochenen Parameter, diese dienen jedoch nur als Platzhalter. Nachdem in der folgenden Zeile der Pfad zu den Konfigurationsdateien angegeben wurde, sorgt das Programm SSINIT.EXE mit dem Parameter /I in der dritten Zeile dafür, daß die BLASTER-Umgebungsvariable auf der Basis der gespeicherten Konfigurationsdaten korrekt initialisiert wird. Wenn Sie nach dem Rechnerstart den Inhalt der Umgebungsvariablen abfragen, indem Sie nur SET an der Eingabeaufforderung eingeben, erhalten Sie auch hier eine Antwort der folgenden Form:

```
BLASTER=A220 I5 D1 T2
```

Während bei der vorgestellten Sound Blaster-Karte die Lautstärkeeinstellungen über Kommandozeilenoptionen angegeben werden, verfügen viele Soundkarten über Programme, über die sich diese Optionen komfortabler setzen lassen. Diese werden dann in speziellen Dateien abgelegt und durch den Aufruf eines speziellen Programms (wie zum Beispiel SSINIT) wiederhergestellt.

 Unter Windows 9x oder Windows NT müssen Sie die vorgestellten Eintragungen in der AUTOEXEC.BAT nur dann vornehmen, wenn Sie die Soundkarte von der DOS-Ebene aus nutzen. (Sofern Windows auf Ihrem System die Datei DOSSTART.BAT angelegt hat, sollten Sie diese zu diesem Zweck nutzen.)

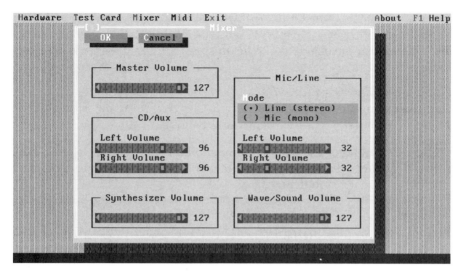

Abb. 22.11: Oft lassen sich Lautstärke-Voreinstellungen komfortabel über Dialogfelder festlegen.

SYSTEM.INI (Windows 3.x)

Anschließend können Sie dann mit Hilfe von WINSETUP die Windows-Einstellungen vornehmen. Dabei werden in der SYSTEM.INI einige Eintragungen vorgenommen:

```
[sndblst.drv]
Port=220
MidiPort=330
Int=5
DmaChannel=1
HDmaChannel=5
```

Änderungen dieser Eintragungen erfolgen, wie unter Windows üblich, normalerweise über die *Systemsteuerung* und die Option *Treiber*, bei Bedarf können Sie sie aber natürlich auch direkt ändern.

CONFIG.SYS (DOS)

In der CONFIG.SYS nehmen die meisten Soundkarten keine Eintragungen vor. Als Beispiel für eine Karte, die dieser Regel nicht folgt, dient wieder die PAS16-Karte von MediaVision:

```
DEVICEHIGH=C:\PAS16\MVSOUND.SYS D:3 Q:7
```

Die angegebenen Parameter dienen der Einstellung von DMA und IRQ der Karte. Diese haben übrigens nichts mit dem Soundblaster-kompatiblen Teil des Adapters zu tun, sondern aktivieren spezifische Fähigkeiten der Soundkarte.

Ein einziger Hinweis ist hier noch angebracht: Sofern Sie ein CD-ROM-Laufwerk über eine Soundkarte ansteuern, muß sich der Aufruf des Soundkarten-Treibers vor dem des CD-ROM-Laufwerks befinden.

 Soundkarten, die ihre Kompatibilität zum Soundblaster auf dem Weg über einen Treiber in der CONFIG.SYS realisieren, sind nicht zu empfehlen.

Windows 9x

Wenn Sie die Soundkarte (auch) unter der Windows 9x-Oberfläche nutzen wollen, führen Sie dazu lediglich das dafür zuständige Installationsprogramm aus, das normalerweise alle erforderlichen Schritte durchführen sollte. Häufig brauchen Sie auch nur die Hardware der Soundkarte zu installieren, so daß Windows diese automatisch erkennen und gegebenenfalls installieren und konfigurieren kann.

Einstellungsmöglichkeiten für die Soundkarte finden Sie anschließend an mehreren Stellen.

Multimedia-Symbol

Über das *Multimedia*-Symbol in der *Systemsteuerung* erreichen Sie die Register *Audio*, *MIDI* und *Erweitert*. Im Register *Audio* können Sie grundlegende Einstellungen für Lautstärke und Aufzeichnungsqualität vornehmen. Zudem können Sie hier festlegen, ob das Lautsprecher-Symbol (die Lautstärkeregelung) in der Taskleiste angezeigt wird. Wenn Sie von der letzten Option keinen Gebrauch machen wollen, erreichen Sie die *Lautstärkeregelung* auf dem Weg über *Start*, *Programme*, *Zubehör* und *Multimedia*.

Über das Register *MIDI* haben Sie Zugriff auf Optionen, mit deren Hilfe Sie die Zuordnung von Instrumenten auf die verschiedenen MIDI-Kanäle ändern können. Zudem können Sie festlegen, ob für die Ausgabe der interne Synthesizer der Soundkarte oder ein an den MIDI-Port angeschlossenes externes Instrument verwendet werden soll.

Soundkarten

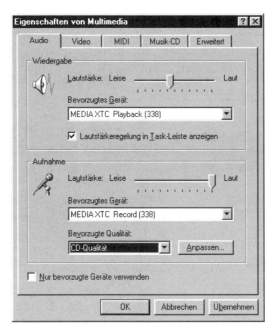

Abb. 22.12: Im Register Audio lassen sich grundlegende Lautstärkeeinstellungen vornehmen.

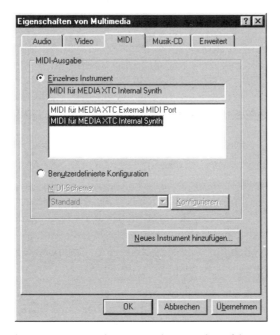

Abb. 22.13: Über das MIDI-Register können Sie die Ausgabe auf den MIDI-Port umleiten.

Im Register *Erweitert* haben Sie schließlich die Möglichkeit, installierte Komponenten zu aktivieren bzw. zu deaktivieren oder zu entfernen. In diesem Register finden Sie die zur Codecs (Codierer/Decodierer) für verschiedene Kompressionsverfahren und können bei Bedarf kontrollieren, ob diese installiert und aktiviert sind, indem Sie doppelt auf die gewünschte Option klicken oder aber diese markieren und dann den *Eigenschaften*-Schalter betätigen.

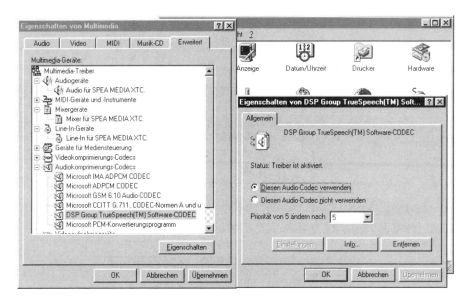

Abb. 22.14: Im Register Erweitert finden Sie die verschiedenen installierten Komponenten und Codecs.

Sollte Ihnen eine Option im *Erweitert*-Register fehlen, können Sie diese möglicherweise nachträglich installieren. Dazu müssen Sie allerdings den Weg über den Hardwareassistenten beschreiten (siehe Bild 22.15).

Lautstärkeregelung

In der Taskleiste befindet sich ein kleines Lautsprecher-Symbol. Wenn Sie es einfach anklicken, wird lediglich ein Regler für die Gesamtlautstärke angezeigt. Klicken Sie dieses Symbol aber doppelt an, öffnet sich das Mischpult, das Sie ansonsten auch auf dem Weg über *Start*, *Programme*, *Zubehör*, *Multimedia* und *Lautstärkeregelung* erreichen.

Welche Regler letztlich zur Verfügung stehen, hängt von der jeweils eingesetzten Soundkarte ab. Interessant können daher auch die erweiterten Optionen sein, über die sich teilweise die Klangcharakteristika der Soundkarte zusätzlich beeinflussen lassen.

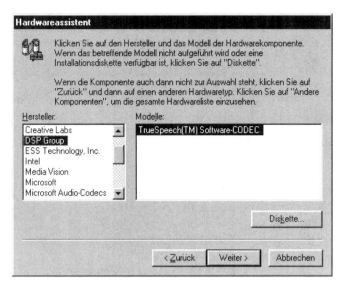

Abb. 22.15: Die Optionen des Registers Erweitert lassen sich gegebenenfalls auf dem Weg über den Hardwareassistenten installieren.

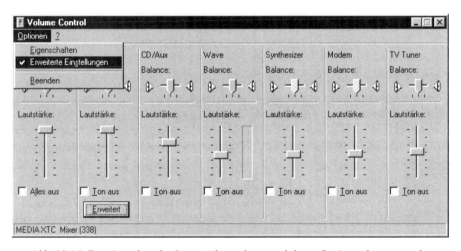

Abb. 22.16: Das Aussehen der Lautstärkeregelung und deren Optionen hängt von der verwendeten Soundkarte ab.

Akustische Signale

Eine weitere Einstellung unter Windows 9x betrifft die zu verwendenden akustischen Signale. Hier können Sie wählen, welche Ereignisse von welchen Geräuschen begleitet werden, oder aber die akustische Begleitung abschalten, falls sie nervt oder Sie einfach die Rechenleistung ein wenig erhöhen wollen.

Kapitel 22

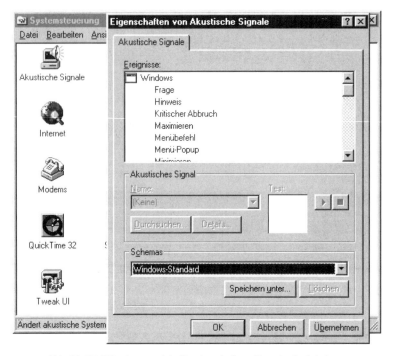

Abb. 22.17: Hier lassen sich die akustischen Signale deaktivieren.

Geräte-Manager

Die letzte Station beim Rundgang durch die Optionen für Soundkarten unter Windows 9x bildet der Geräte-Manager. Hier können Sie sich über die verschiedenen Register einen Überblick über die verwendeten Treiber, Firmware-Revision und die auf der DOS-Ebene verwendeten Einstellungen verschaffen. Die tatsächlich verfügbaren Optionen hängen dabei wieder von der jeweils eingesetzten Soundkarte ab.

Wie bereits erwähnt, empfehle ich bei Soundkarten, die Einstellungen auf die Standard-Adressen zu fixieren. Daher sollten Sie, wie in der folgenden Abbildung, die automatische Einstellung deaktivieren, indem Sie das Häkchen im entsprechenden Kästchen entfernen.

Soundkarten

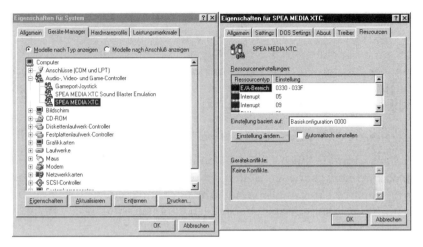

Abb. 22.18: Bei Soundkarten empfiehlt sich die Verwendung der Standard-Adressen und damit die Deaktivierung der automatischen Einstellung.

22.13 Troubleshooting

Wenn Probleme mit Soundkarten auftreten, die nicht nur im Zusammenhang mit bestimmten Programmen stehen, sollten Sie zunächst einmal den Rechner ausschalten. Warten Sie dann ein paar Sekunden und prüfen Sie dann, sofern der Fehler weiterhin auftritt, die Konfiguration der Soundkarte. Setzen Sie dazu die die Testprogramme ein, die eigentlich jeder Soundkarte beiliegen sollten bzw. überprüfen die spezifischen Einstellungen des Betriebssystems bzw. der Benutzeroberfläche und darüber hinaus, ob alle benötigten Treiber für den Betrieb der Soundkarte installiert und korrekt konfiguriert sind.

Neben ungeeigneter bzw. falscher Konfiguration der Soundkarte und deren Treiber sind Kompatibilitätsprobleme vorrangig Ursache auftretender Probleme. Probieren Sie bei DOS-basierenden Spielen einfach andere Einstellungen aus, indem Sie zum Beispiel anstelle einer Soundblaster eine Soundblaster 16-Einstellung wählen. Meist ist lediglich eine Emulation nicht voll kompatibel.

Gelegentlich »vergessen« Adapter auch einfach ihre Einstellungen oder werden aufgrund der Dynamik eines PnP-Systems mit anderen Systemadressen versehen. Bewahren Sie also Ruhe und nähern Sie sich dem Problem systematisch und mit Methode. Untersuchen Sie die Ihnen bekannten Einstellungen, sammeln Sie so viele Informationen wie möglich, und schließen Sie so mögliche Fehlerquellen aus.

Programm hängt sich auf

Die Soundkarte ist mit dem Programm wahrscheinlich nicht kompatibel. Setzen Sie die Variable »SET BLASTER« gemäß dem obigen Beispiel. Mit dem Parameter T1 simulieren Sie den ursprünglichen Soundblaster. Sofern die Konfiguration des Adapters von den üblichen Standard-Einstellungen abweicht, stellt dies häufig die Ursache dar.

Die ersten Sekunden von Wave-Dateien werden endlos wiederholt

Hier liegt wahrscheinlich ein IRQ-Konflikt vor. Kontrollieren Sie noch einmal, ob Ihre Soundkarteneinstellungen mit keinem anderen Gerät kollidiert. Darüber hinaus kann die Fehlerursache auch in einem fehlerhaften Treiber liegen. Dies soll zum Beispiel bei einigen Original-Windows 95-Treibern der Fall sein.

Soundkarte ist zu leise

Stellen Sie den Lautstärkeregler an der Karte in etwa auf Mittelstellung. Zu große Lautstärke ist ebenfalls nicht zu empfehlen. Ansonsten können Sie die verwendete Lautstärke meist auch über ein Kommandozeilen-Programm (zum Beispiel SB16SET, PAS SET oder SSINIT) erhöhen. Unter Windows kontrollieren Sie die Einstellung der gegebenenfalls eingesetzten Mixer-Programme. Diese speichern Ihre Einstellungen häufig in der WIN.INI ab, so daß sie beim Neustart wiederverwendet werden können.

Audio-CD ist nicht hörbar

Sofern die Lautsprecherkabel korrekt eingestöpselt sind und die Stromversorgung der Lautsprecher in Ordnung ist, liegt die Ursache wahrscheinlich in vertauschten Leitungen des Audio-Steckers, über den das CD-ROM-Laufwerk intern mit der Soundkarte verbunden ist. Möglicherweise ist der Audio-Stecker auch gar nicht angeschlossen. Verbinden Sie einen Kopfhörer direkt mit dem entsprechenden Anschluß am CD-ROM-Laufwerk, und drehen Sie die Lautstärke hoch.

Vielfach wird bei CD-ROM-Laufwerken auch die Lautstärke des Kopfhörerausgangs elektronisch von Programmen aus geregelt. Das hochdrehen der Lautstärke bezieht sich also nicht nur auf die mechanischen Regler am Laufwerk, sondern auch auf die Mixer-Einstellungen über Programme bzw. Betriebssysteme.

Wenn am Kopfhörerausgang des CD-ROM-Laufwerks alles in Ordnung ist, liegt die Fehlerursache mit großer Wahrscheinlichkeit darin, daß das Audiokabel nicht korrekt an der Soundkarte angeschlossen, falsch belegt oder defekt ist.

Hören Sie nichts bzw. fast nichts, sind die Anschlüsse im Audiokabel wahrscheinlich verpolt. Mit Hilfe passender Adapterkabel oder Drehen des Stekkers (oder eines kleinen Uhrmacher-Schraubendrehers) läßt sich das Übel meist beheben. Im Abschnitt »Audiokabel« in diesem Kapitel finden Sie Einzelheiten zur Pin-Belegung der unterschiedlichen Kabelvarianten.

Windows kann eine Soundkarte an der angegebenen Adresse nicht finden

Dieser Fehler tritt insbesondere unter Windows 3.1x (nach Programmabstürzen) häufiger auf. Sofern Sie an der Konfiguration der Karte nichts geändert haben, liegt meist gar kein wirklicher Defekt vor. Starten Sie den Rechner neu (meist reicht ein Warmstart). Anschließend sollte die sollte Fehlermeldung ausbleiben.

Tonaussetzer unter Windows

Dieser Fehler tritt am häufigsten beim Abspielen von Videos unter Windows auf. Entfernen Sie gegebenenfalls nicht benötigte Treiber über die Systemsteuerung, und schließen Sie alle anderen offenen Anwendungen. Liegen versteckte Hardware-Konflikte vor? Ist Ihr Rechner schnell genug? Manchmal hilft auch die Neuinstallation aller Audio-Treiber. Veraltete bzw. fehlerhafte Treiber können ebenfalls die Ursache sein. Ein wirklicher Fehler liegt bei dieser Fehlermeldung oft gar nicht vor, so daß nach einer Neuinstallation von Windows unter Umständen alles wieder ordnungsgemäß funktioniert.

Wenn Sie ein Video vom CD-ROM-Laufwerk wiedergeben, stellt sich naturgemäß die Frage, ob dieses schnell genug ist. Schlechte CDs (mit vielen *korrigierbaren* Fehlern) können hier ebenfalls die Ursache sein. Aus diesem Grund sollten Sie gegebenenfalls zunächst einmal testen, ob nicht das CD-ROM-Laufwerk bzw. die CD die eigentliche Fehlerquelle darstellen, indem Sie ein Video auf die Festplatte kopieren und von dort aus wiedergeben lassen.

Probleme mit MIDI unter Windows

Wenn sich Wave-Dateien abspielen und aufnehmen lassen, aber Probleme mit den MIDI-Funktionen auftreten, kann dies daran liegen, daß die MIDI-Daten nicht an Ihre Soundkarte, sondern an die MIDI-Schnittstelle übertragen werden. Unter Windows finden Sie diese Einstellung in der *Systemsteuerung* nach Doppelklicken auf dem *Multimedia*-Symbol im Register *MIDI*.

Kapitel 22

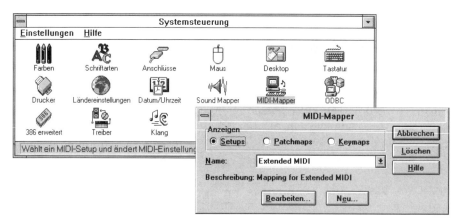

Abb. 22.19: Unter Windows 3.1x legen Sie über den MIDI-Mapper fest, wohin die MIDI-Daten geleitet werden.

Wenn unter Windows 3.x das Sinnbild *MIDI Mapper* nicht in der Systemsteuerung erscheint oder sich unter Windows im Register *Eigenschaften* von keine Einstellungen vornehmen lassen, deutet das darauf hin, daß die MIDI-Treiber nicht richtig installiert worden sind.

Unter Windows 3.x können Sie in diesem Fall den *MIDI Mapper* über die *Systemsteuerung* und das *Treiber*-Icon nachinstallieren. Windows 95 verwaltet die vielfältigen Einstellungen des MIDI Mappers (MIDIMAP.DRV) in der Registry. Eine separate Installation dieses Treibers ist hier nicht mehr vorgesehen.

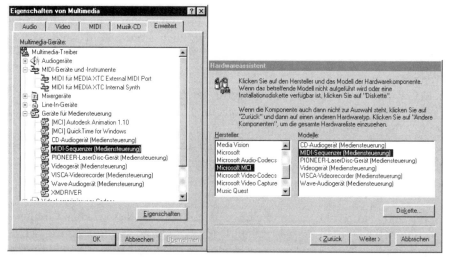

Abb. 22.20: Im linken Fenster werden die installierten Multimedia-Treiber aufgeführt. Fehlende MCI-Geräte lassen sich zum Teil über den Hardwareassistenten nachinstallieren.

Probleme bei der Steuerung eines externen MIDI-Geräts

Überprüfen Sie in einem solchen Fall insbesondere, ob die Einstellungen des externen Geräts korrekt sind und ob die Ausgabe korrekt auf das externe MIDI-Gerät geleitet wird. Darüber hinaus muß ein echtes MIDI-Kabel verwendet werden, wobei die Buchse MIDI Out des einen Geräts mit MIDI In beim anderen Gerät verbunden sein muß. Eine weitere Fehlerquelle kann ein inkompatibler Adapter für den Joystick/MIDI Anschluß darstellen.

Weiterhin müssen Sie auf die korrekten Einstellungen der von Ihnen eingesetzten Software geachtet werden. So müssen Sie dem Programm gegebenenfalls mitteilen, daß es eingelesene MIDI-Informationen an einen Klangerzeuger weiterleiten soll, indem Sie entsprechende Optionen (*MIDI Thru* oder *MIDI Merge*) aktivieren. Wenn diese Einstellungen nicht korrekt vorgenommen werden, kann es sein, daß Sie nichts hören bzw. daß die Daten nicht an das gewünschte Gerät gesendet werden, ähnlich wie dies bei falschen Einstellungen im MIDI Mapper bzw. im MIDI-Register unter den verschiedenen Windows-Versionen der Fall ist.

Drucker 23

Drucker gehören seit den Urzeiten der »Computerei« zur Standard-Ausstattung von Computern. Demzufolge werden Druckertechnologien auch seit Jahren kontinuierlich weiterentwickelt und arbeiten entsprechend zuverlässig. Außer gelegentlichem Ärger mit der Papierzufuhr oder im Drucker hängengebliebenen Klebeetiketten sind meist nur noch die Verbrauchsmaterialien in regelmäßigen Abständen zu erneuern bzw. zu ersetzen. Ansonsten arbeiten moderne Drucker weitgehend wartungsfrei.

Damit wurde dem Umstand Rechnung getragen, daß sich Drucker letztlich überall im Einsatz befinden und normalerweise nicht von einem Techniker, sondern von einer Sekretärin bedient und gepflegt werden müssen. Farbbandkassetten und Kartuschen, die sämtliche Verbrauchsmaterialien in einer Komponente enthalten, kommen daher vorwiegend zum Einsatz.

Wenn Sie einen Drucker auswählen wollen, spielen praktische Gesichtspunkte zunächst einmal eine wesentliche Rolle.

Kriterium	Drucker
Hohe Qualität des Schriftbildes	Tintenstrahl- und Laserdrucker
Formularvordrucke mit Durchschlag	Matrixdrucker
Mehrere Kopien	Laser- oder Tintenstrahldrucker
Farbige Ausdrucke	Tintenstrahldrucker (bei großen Druckvolumen Farb-Laser-Drucker)
Großes Druckvolumen	Laserdrucker weisen die niedrigsten Kosten in Hinsicht auf Verbrauchsmaterialien auf
Mischbetrieb Druck/Fotokopie	Digitaler Fotokopierer mit Anschlußmöglichkeit an den Rechner für den Druck

Tab. 23.1: Kriterien für die Druckerauswahl

Die von den Druckern entwickelte Geräuschkulisse oder die Kosten des Verbrauchsmaterials können weiterhin den Ausschlag in die eine oder andere Richtung geben.

Beim Kauf eines neuen Druckers sollten Sie berücksichtigen, daß ein Druckerkabel nur selten zum Lieferumfang gehört. Meist müssen Sie ein solches Verbindungskabel bei Bedarf separat erwerben.

 Wenn Sie die Qualität von Ausdrucken oder Druckerzeugnissen genauer beurteilen wollen, sollten Sie sich eine starke Lupe besorgen. Im Druckgewerbe kommt zu diesem Zweck meist der sogenannte »Fadenzähler« zum Einsatz.

23.1 Druckerarten

Die verschiedenen Druckerarten lassen sich folgendermaßen kategorisieren:

Drucker mit mechanischem Anschlag	Drucker ohne Anschlag
Typenraddrucker	Tintenstrahldrucker
Nadelmatrixdrucker	Laserdrucker
	Thermotransferdrucker

Tab. 23.2: Kategorisierung von Druckern

Typenraddrucker, die wie elektrische Schreibmaschinen mit Typenrädern arbeiten, sind mittlerweile bedeutungslos geworden. Thermotransferdrucker befinden sich zwar bereits seit etlichen Jahren im Einsatz, der Durchbruch ist ihnen aber nie wirklich gelungen. Selbst für farbige Ausdrucke werden heute bevorzugt Tintenstrahldrucker eingesetzt, die wesentlich sparsamer mit Verbrauchsmaterialien umgehen.

23.1.1 Nadeldrucker

Nadeldrucker setzen die Zeichen aus einzelnen Punkten zusammen, die von meist 9 oder 24 feinen Nadeln erzeugt werden, die im richtigen Moment auf das Papier geschossen werden, während der Druckkopf die Zeile entlangfährt. Nadeldrucker sind recht laut und für anspruchsvolle Ausdrucke weniger geeignet. Solange nur Text ausgedruckt wird, mögen sie den Anforderungen noch genügen; sobald jedoch Bildmaterial mit Flächenfüllungen gedruckt werden muß, werden die Grenzen dieser Technologie schnell deutlich: langsam, laut und qualitativ wenig überzeugend.

Drucker

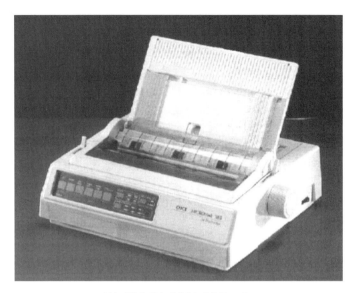

Abb. 23.1: Ein 24-Nadel-Drucker

Aufgrund der stark gesunkenen Preise der wesentlich leiseren Tintenstrahldrucker fällt die Entscheidung zugunsten eines Nadeldruckers eigentlich nur noch dann, wenn Durchschlagformulare bedruckt werden müssen, wie dies im unternehmerischen Bereich zum Beispiel bei Lieferscheinen der Fall ist. Der vergleichsweise niedrige Preis der Verbrauchsmaterialien gibt aufgrund des meist niedrigen Druckvolumens im Privatbereich auch nicht den Ausschlag zugunsten eines Matrixdruckers.

Kompatibilität

Die Firma Epson hat über die Jahre hinweg die Standardmodelle im Nadeldrucker-Bereich entwickelt. Aus diesem Grund empfiehlt sich die Anschaffung eines Nadeldruckers, der entweder zum EPSON FX (9-Nadler) oder EPSON LQ (24-Nadler) kompatibel ist. Häufig wird auch die Kompatibilität zum IBM-Graphics-Drucker ausgewiesen, der selbst als EPSON-kompatibel bezeichnet werden kann.

Zubehör

Im Zusammenhang mit Nadeldruckern und der von ihnen erzeugten Geräuschkulisse empfiehlt sich der Einsatz von Schallschutzhauben, die die Lautstärke der nervenden sägenden Geräusche auf ein erträgliches Niveau absenken.

Manche Drucker verfügen über integrierte Schubtraktoren, deren Zahnräder in die Löcher der Endlosformulare greifen, bei anderen werden Zugtraktoren mitgeliefert bzw. lassen sich optional erwerben.

Die Verwendung eines Zugtraktors, bei der das Papier über die Druckwalze gezogen wird, hat zur Folge, daß jeweils das erste Blatt verschwendet wird, weil es sich nicht von Anfang an bedrucken läßt.

Wenn Sie mit Nadeldruckern Massenrundschreiben (Serienbriefe) erstellen wollen, empfiehlt sich der Einsatz eines optional erhältlichen Aufsatzes für die Einzelblattzufuhr.

Ansonsten lassen sich viele Nadeldrucker durch Verwendung spezieller Chips um weitere Schriftarten erweitern oder an spezielle nationale Belange anpassen. Auf diesem Wege läßt sich zum Beispiel auch die Umrüstung auf kyrillische oder griechische Zeichensätze durchführen.

Reinigung und Reparatur

Sieht man einmal vom regelmäßigen Wechsel des Farbbands ab, fallen nur selten Wartungsarbeiten an. Papierreste und Staub sollten natürlich bei Bedarf aus dem Druckerinneren entfernt werden, die Druckerelektronik selbst ist allerdings derart robust, daß Fehler nur sehr selten auftreten.

Ab und an bricht schon einmal eine der Nadeln des Druckkkopfs ab, was Sie daran erkennen können, daß ein weißer waagerechter Streifen das Druckbild verunstaltet. Aber auch der Wechsel des Druckkopfs stellt kein Problem (abgesehen vom Preis) dar.

Achten Sie darauf, daß Sie sich beim Wechsel eines Matrix-Druckkopfs nicht die Finger verbrennen. Nach längerem Betrieb kann der Druckkopf nämlich recht heiß sein.

Bei älteren Druckern befinden sich meist zwei Schrauben rechts und links vom Druckkopf, die gelöst werden müssen. Bei neueren Nadeldruckern wird der Kopf in der Regel nur noch von kräftigen Schnappverschlüssen festgehalten, die ausgeklinkt werden müssen. Anschließend können Sie den alten Druckkopf entfernen und den neuen an dessen Stelle einsetzen.

Etwas problematischer kann das Auswechseln bzw. Entfernen der Walze werden. Diese wird bei großem Druckaufkommen linksseitig stärker belastet und durch ständigen Nadelbeschuß mehr abgenutzt. Ein anderer Grund für das Entfernen der Walze sind hängengebliebene Klebeetiketten. Sofern Sie handwerklich ein wenig geschickt sind, können Sie diesen Wechsel ebenfalls selbst ausführen. Merken bzw. notieren Sie sich aber unbedingt die ausgebauten Teilchen.

Eine wesentliche Information ist die, daß sich in einem Matrixdrucker meist nur sehr wenige verschraubte Teile befinden. Mit Ausnahme der Platine mit der Druckerelektronik wird fast alles von Federn, Klemmen, Sicherungsringen und Stopfen an seinem Platz gehalten.

Entsprechend läßt sich der Drucker durch Drehen, Ausrasten und Wegziehen der Teilchen komplett in seine Einzelteile zerlegen. Selbst die Kabelverbindungen werden lediglich in speziellen Kontaktleisten festgeklemmt, lassen sich also problemlos lösen und wieder zusammenstecken. Wenn Sie handwerklich ein wenig geschickt sind und vor- bzw. umsichtig vorgehen, können Sie sich mit Spitzzange und verschiedenen Schraubendrehern selbst ans Werk begeben.

Sollten Plastikteilchen brechen, können Sie diese mit einem Lötkolben notfalls wieder verschweißen. Dabei verlieren die Teilchen gegebenenfalls ihre Elastizität, so daß sich dieses Verfahren nur einsetzen läßt, wenn diese beim Betreiben des Druckers keiner größeren Belastung ausgesetzt sind.

Darüber hinaus bieten üblicherweise nur kleinere festhängende Schalter im Druckerinneren Anlaß zum Ärger (Wackelkontakt). In einem solchen Fall stellt sich der Nadeldrucker meist völlig tot. Wenn Sie den Schalter nicht wieder in Gang bekommen, kostet der Ersatz nicht allzuviel, sofern sich ein passender Schalter auftreiben läßt.

 Falls Sie den Druckerkopf von Rückständen befreien müssen, empfiehlt sich die Verwendung von Wattestäbchen und Isopropanol (Isopropylalkohol), das sich auch zum Reinigen der Plastikteile verwenden läßt. Spezielle Drucker-Reinigungssets sind verglichen mit diesen in der Apotheke erhältlichen Hilfsmitteln viel zu teuer.

23.1.2 Tintenstrahldrucker

Tintenstrahldrucker waren lange ein wenig verrufen. Sie verwenden Tinte, die durch Erhitzen aus feinen Düsen auf das zu bedruckende Papier geschleudert wird. Diese trocknete häufig ein und verstopfte so die Düsen. Diese Mängel gehören mittlerweile der Vergangenheit an. Zudem überzeugen Tintenstrahldrucker durch ihre Druckqualität, die der von Laserdruckern kaum mehr nachsteht. Hinsichtlich der gebotenen Auflösung sind Tintenstrahldrucker Laserdruckern häufig sogar überlegen, wobei eine höhere Auflösung nicht das einzige Kriterium für die Qualität des Druckbilds darstellt. Der farbige Ausdruck eines Fotos übertrifft meist die Qualität eines Schwarzweiß-Ausdrucks, weil bei diesem die verschiedenen Helligkeitsstufen durch mehrere nebeneinanderliegende Druckpunkte nachgebildet werden müssen.

Heute sind bereits Tintenstrahldrucker erhältlich, die mit Auflösungen von zum Beispiel 1440 dpi arbeiten. Zum Vergleich: Beim Buchdruck wird häufig mit der Auflösung 1270 dpi gearbeitet. Die nächsthöhere bzw. volle Auflösung von 2540 dpi kommt oft nur bei besonderen Qualitätsanforderungen zum Einsatz.

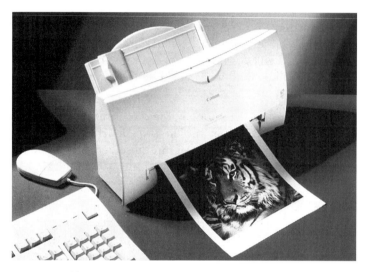

Abb. 23.2: Tintenstrahldrucker in Aktenordnergröße

Aufgrund der vielfältigen Einflußgrößen sollten Sie den Tintenstrahldruck als Gesamtheit auffassen. Neben der Papierqualität und -art stehen Ihnen meist umfangreiche Optionen zur Druckoptimierung zur Verfügung, wozu nicht zuletzt auch spezielle Tinten (zum Beispiel Fototinte) und spezielle Materialien zählen. All diese Größen bleiben nicht ohne Einfluß auf die Qualität des Ausdrucks und hängen zudem teilweise vom auszudruckenden Datenmaterial ab, so daß Sie zwecks Erzeugung optimaler Resultate schon ein wenig Experimentierfreude an den Tag legen sollten.

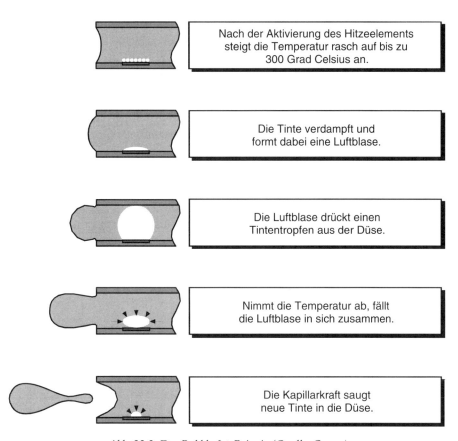

Abb. 23.3: Das Bubble-Jet-Prinzip (Quelle: Canon)

Papierqualität und Tinte

Die meisten Tintenstrahldrucker bedrucken heute Einzelblätter, die Verwendung von Endlospapier ist nicht mehr üblich. Die Qualität des verwendeten Papiers ist dabei von entscheidendem Einfluß auf das Druckbild eines Tintenstrahldruckers. Gute Qualität erreichen Sie mit Papier, das kurze Fasern enthält, weil das Verlaufen der Tinte hier deutlich geringer ausfällt. Andererseits muß das Papier wiederum ausreichend saugfähig sein, damit die Tinte schnell genug eintrocknet und nicht verwischt.

Daß diese Anforderungen an das Papier ihren Preis haben, dürfte klar sein. Die Verwendung minderwertiger Papiersorten (zum Beispiel Recycling-Papier), die zusammen mit Laserdruckern oder Fotokopierern möglich ist, kann bei Tintenstrahldruckern zur erheblichen Minderung der Druckqualität führen. Erkundigen Sie sich speziell unter diesem Aspekt nach geeignetem Papier, und probieren Sie gegebenenfalls mehrere Alternativen aus. Allgemeingültige Empfehlungen zugunsten einer bestimmten Papiersorte lassen sich ohnehin nicht machen, da die Hersteller unterschiedliche Tintenzusammensetzungen verwenden. Die verwendete Art der Nachfülltinte kann deshalb auch erheblichen Einfluß auf die Qualität der Ergebnisse ausüben.

Das verwendete Papier und die eingesetzte Tinte beeinflussen das Druckergebnis bei Tintenstrahlern in großem Maße. Verschiedene Papiersorten und Tinten können höchst unterschiedliche Ergebnisse produzieren.

Speziell beschichtetes Papier für Tintenstrahldrucker kostet üblicherweise 20 Pfennig oder mehr pro Blatt. Derartiges Papier verhilft insbesondere Farbausdrucken zu wesentlich höherer Leuchtkraft der Farben, da die Tinte durch die spezielle Beschichtung an die Oberfläche des Papiers gebunden wird; hochauflösende Tintenstrahldrucker können Ihre erweiterten Fähigkeiten auf Normalpapier üblicherweise gar nicht voll entfalten. Andererseits führt die Verwendung des speziell beschichteten Papiers zu Korrespondenzzwecken zwangsläufig zu überhöhten Betriebskosten und ist für diesen Zweck nicht zu empfehlen.

Farbstabilität

Wenn Sie farbige Ausdrucke halbwegs preisgünstig anfertigen wollen, ohne allzu hohe Ansprüche an die Farbtreue und Farbstabilität zu stellen, sind Farbtintenstrahldrucker wohl die einzig erschwingliche Alternative.

Die Farbstabilität der Ausdrucke bedeutet ein Kriterium, das sich erst nach längerer Zeit auswirkt. Manche Tinten verblassen recht schnell, wenn man sie dem Sonnenlicht aussetzt. Zuverlässige Informationen zu diesem Aspekt sind leider kaum zu bekommen.

Tintenstrahldrucker haben gegenüber Laserdruckern einen weiteren deutlichen Vorteil. Da sie zeilenorientiert arbeiten, lassen sich mit ihnen prinzipiell auch großformatige Farbausdrucke realisieren, ohne daß dazu ein gigantischer Speicherausbau erforderlich wäre.

Manche Hersteller produzieren eine Vielzahl spezieller Papier-, Folien- und Tintensorten, die jeweils auf bestimmte Einsatzzwecke hin optimiert sind. Vom wasserfesten Papier über spezielle Folien bis hin zu bedruckbaren CD-Recordables ist fast alles erhältlich.

Drucker

Abb. 23.4: Für spezielle Einsatzzwecke gehts auch wasserfest. (Bild: Canon)

Reinigung und Reparatur

Im wesentlichen gilt für Tintenstrahldrucker das gleiche wie für Matrixdrukker. Allerdings dürfte hier kaum eine Notwendigkeit bestehen, den Drucker auseinanderzunehmen. Klebeetiketten sollten in Tintenstrahldruckern, die Endlospapier verwenden, ohnehin nicht eingesetzt werden. Bei der Verwendung von Einzelblättern sollte sich bei geeigneten Etiketten eigentlich keine Probleme einstellen.

Hin und wieder müssen Sie die Tintenpatronen entlüften oder die Düsen reinigen. Dazu verfügt der Tintenstrahldrucker bei Bedarf über geeignete Vorrichtungen. Dies dürfte aber nur selten notwendig sein, sofern Sie den Drukker regelmäßig benutzen.

23.1.3 Laserdrucker

Laserdrucker arbeiten im Prinzip wie die Ausgabeeinheit der Fotokopierer. Hier haben sich im wesentlichen zwei Standards herausgebildet. Neben den Druckern, die zur Hewlett-Packard-LaserJet-Serie (HPLJ) kompatibel sind, gibt es PostScript-fähige Laserdrucker, die sich aufgrund gesunkener Preise zunehmender Beliebtheit erfreuen.

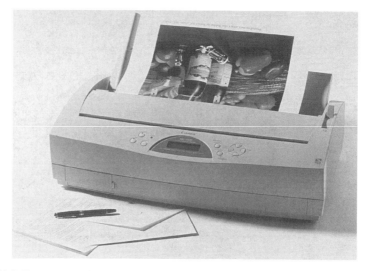

Abb. 23.5: Der MagnumPrinter BJC-5500, ein Farb-Tintenstrahler von Canon für das A2-Format

Abb. 23.6: Langjähriger Standard: Der LaserJet III von Hewlett-Packard

Bei PostScript handelt es sich um eine eigenständige Programmiersprache, deren Anweisungen vom Rechner an den Drucker übermittelt und dort interpretiert werden. Dem Drucker wird also vom Rechner ein Programm übermittelt, das er in einen Ausdruck umwandelt. PostScript ist geräteunabhängig, so daß das gleiche Programm auf dem eingesetzten Ausgabegerät jeweils die bestmögliche Qualität erzeugen kann. Die Druckbeschreibungssprache PostScript findet daher auch bei professionellen Satzbelichtern (zum Beispiel Linotronic) Verwendung. Spätestens wenn Sie Daten regelmäßig zur Belichtung an Druckereien übermitteln, werden Sie die Vorteile von PostScript schätzen lernen.

Da es sich bei PostScript um eine interpretierte Programmiersprache handelt, arbeiten Drucker im PostScript-Betrieb meist vergleichsweise langsam, so daß im Normalbetrieb aus Geschwindigkeitsgründen meist dem (LaserJet-)Kompatibilitätsmodus der Vorzug gegeben werden sollte.

Die verschiedenen Laserdrucker unterscheiden sich vorwiegend hinsichtlich ihrer Speicherausstattung (zwischen ca. 1 und 8 MByte), der Geschwindigkeit des Druckwerks (zwischen 4 und 16 Kopien pro Minute) und ihrer Auflösung (300 bis 1200 dpi mit/ohne Verfahren zur Steigerung der effektiven Auflösung).

600 dpi stellt bereits seit einiger Zeit die Standard-Auflösung bei Laser-Druckern dar. Vor dem Hintergrund weiter fallender Preise für Speicherbausteine und zunehmend höherer Auflösungen der Tintenstrahler dürfte diese Rolle aber schon bald den 1200-dpi-Lasern zufallen.

Wenn Sie LaserJet- oder PostScript-kompatible Geräte verwenden, sollten Sie im Hinblick auf zu verwendende Treiber keine Probleme zu erwarten haben. Notfalls können Sie auf die Treiber eines der Vorgängermodelle zurückgreifen. Zusammen mit einem LaserJet IV können Sie ohne weiteres auch die Treiber für den LaserJet III verwenden, ohne daß Sie dabei allzugroße Nachteile in Kauf nehmen müßten.

Prinzipiell wird zwischen sogenannten Schwarz- und Weißschreibern unterschieden. Schwarzschreiber arbeiten mit einer ungeladenen Bildtrommel, auf die der Laserstrahl den schwarzen Bildinhalt in Form von Ladungen aufzeichnet. Der Vorteil der Schwarzschreiber liegt in der besseren Wiedergabe feiner Linien und dünner Buchstaben. Im Gegensatz dazu arbeiten Weißschreiber mit einer geladenen Bildtrommel, auf der der Laserstrahl die weißen Bereiche des zu druckenden Bildes entlädt. Der Vorteil dieses Verfahrens liegt im höheren Schwärzungsgrad größerer Flächen.

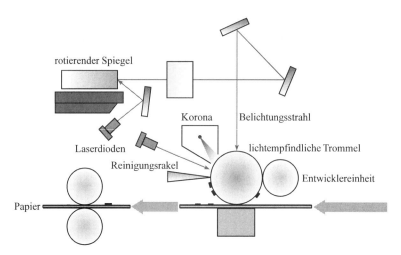

Abb. 23.7: Das Funktionsprinzip des Laserdrucks (Quelle: Canon)

Zwischen den einzelnen Umdrehungen muß die gesamte Trommel wieder gleichmäßig geladen bzw. entladen werden. Dieser Umstand führt dazu, daß Laserdrucker bei zu langsam reagierenden Trommelbeschichtungen deutliche »Geisterbilder« erzeugen. Ob und inwieweit dies bei einem bestimmten Modell der Fall ist, läßt sich relativ leicht testen, indem Sie eine einfache Zeichnung ausdrucken, die der Abbildung entspricht.

Abb. 23.8: Ausdruck zum Testen eines Lasers

Wartung

Neuere Laserdrucker sind nahezu wartungsfrei, da alle wesentlichen Komponenten in der Tonerkartusche enthalten sind und mit ihr zusammen regelmäßig erneuert werden müssen. Lediglich Papier- und Tonerrückstände sind von Zeit zu Zeit zu entfernen, was am besten mit Hilfe eines kleinen Staubsaugers oder im geringeren Umfang mit einem feuchten Wattestäbchen durchführbar ist.

In älteren Laserdruckern befindet sich üblicherweise das für die Reinigung benötigte Werkzeug irgendwo im Geräteinneren. Damit können Sie vorsichtig Rückstände von den Corona-Drähten entfernen.

Die lichtempfindliche Bildtrommel der Entwicklereinheit sollten Sie nie stärkeren Lichtquellen aussetzen. Wenn Sie feststellen, daß das Druckbild verschmiert oder anderweitig zu wünschen übrigläßt, können Sie die Trommel bei schwachem Licht vorsichtig drehen und auf sichtbare Beschädigungen überprüfen. Die einzige Möglichkeit, die Sie dann haben, besteht darin, die Trommel mit einem trockenen fusselfreien Tuch zu reinigen. Langfristige Abhilfe schafft dieses Verfahren nur, wenn sich Feuchtigkeit auf der Trommel abgelagert hat.

Erweiterungen

Viele Laserdrucker verfügen über Steckplätze, die eine Erweiterung des Druckers um zusätzliche Schriften oder die PostScript-Fähigkeit gestatten. Von diesen Möglichkeiten wird aber nur noch recht selten Gebrauch gemacht. Der Einsatz einer PostScript-Emulation auf einer Steckkarte ist vergleichsweise teuer und langsam. Zusätzlich muß dann in der Regel auch noch der Arbeitsspeicher des Druckers erweitert werden, da PostScript in dieser Hinsicht höhere Anforderungen stellt.

Eine Erweiterbarkeit des Drucker-Arbeitsspeichers bieten die meisten Laserdrucker. Hier kommen zunehmend die üblichen SIMM-Module zum Einsatz. Viele Drucker erfordern spezielle Speicherkarten, die nur – bei ausgeschaltetem Drucker – in die dafür vorgesehenen speziellen Steckplätze eingeschoben werden müssen. Sollten Sie Schwierigkeiten haben, die benötigten Erweiterungen zu beziehen, können Sie sich beispielsweise an die Firma Kingston wenden, die in diesem Bereich über eine umfangreiche Produktpalette verfügt.

Aufgrund technischer Unterschiede lassen sich herkömmliche SIMM-Bausteine häufig nicht zur Speichererweiterung von Druckern verwenden (auch wenn sie physisch passen), so daß Sie auf spezielle Module zurückgreifen müssen. Achten Sie darauf also besonders.

23.1.4 GDI

Das Graphics Device Interface (GDI) ist ein Teil von Windows, der es prinzipiell gestattet, jedes grafische Ausgabegerät anzusteuern. Die entsprechenden Funktionsaufrufe können also sowohl für Bildschirme als auch für Drukker verwendet werden. Dies gestattet es, preiswerte Drucker zu konstruieren, die mit einem Minimum an Elektronik auskommen. Die notwendige Aufbereitung der Daten muß dann allerdings vom Rechner übernommen werden.

Abb. 23.9: Äußerlich nichts Besonderes: Ein GDI-Laserdrucker der Firma Lexmark

Der Vorteil der GDI-Drucker, die auch als Windows-Drucker bezeichnet werden, ist zunächst einmal der niedrigere Preis, der durch den geringeren Aufwand an Druckerelektronik realisierbar wird. Weiterhin werden die Geräte um einiges flexibler, da die Daten im Rechner weitgehend frei manipulierbar bleiben.

Nachteilig wirkt sich naturgemäß die Abhängigkeit der GDI-Drucker von Windows aus. Direkt von DOS oder OS/2 aus lassen sie sich ohne speziellen Treiber nicht ansteuern. Ansonsten fordert die Verlagerung der Aufgaben vom Drucker zum Rechner auch vom Computer höhere Leistungen und gegebenenfalls größere Speicherkapazitäten. Das letzte Manko ist dann darin zu sehen, daß die Daten weiterhin über die parallele Schnittstelle an den Drucker übermittelt werden müssen. Bei höheren Auflösungen sollte daher der Einsatz einer schnellen Schnittstelle Pflicht sein, die einem der neueren Standards (EPP, ECP) entspricht.

Andererseits benötigen GDI-Laser vergleichsweise wenig eigenen Speicher, da der Aufbau der Druckseite vorwiegend vom Rechner (im Arbeitsspeicher oder auf der Festplatte) und nicht vom Drucker übernommen wird.

23.1.5 Farblaser und digitale Farbkopierer

Zunehmend befinden sich Farblaser im Angebot von Druckerherstellern. Diese müssen über separate Tonerkartuschen für die verschiedenen Druckfarben (CMYK – Cyan, Magenta, Yellow, Key bzw. BlacK) und ein entsprechend aufwendiges Druckwerk und größeres Gehäuse verfügen. So sind diese Drucker vergleichsweise teuer, so daß sie sich in direkter Konkurrenz mit digitalen Farbkopierern auf Basis der Laser-Technologie befinden. Im niedrigen fünfstelligen Preisbereich werden heute Einstiegsmodelle gehandelt, wobei damit zu rechnen ist, daß hier bald ein rascher Preisverfall einsetzen dürfte.

Moderne digitale Farbkopierer bestehen aus den beiden (getrennt ansprechbaren) Funktionseinheiten digitaler Scanner und digitaler Drucker und bieten zumindest optional Anschlußmöglichkeiten an einen Computer (PC und/oder Mac) und sollten die Druckbeschreibungssprache PostScript verstehen.

23.2 Effektive Auflösung und Störmuster

Wenn Sie sich über die Trends im Drucker-Bereich informieren wollen, brauchen Sie sich eigentlich nur umzuhören, welche Technologien bei den Profigeräten eingesetzt werden.

Hier finden Sie Farb-Tintenstrahldrucker, die mit fotorealistischer Qualität überzeugen. Zwar arbeiten die Systeme physikalisch meist auch nur mit einer Auflösung von 300 dpi, verwenden aber Druckpunkte variabler Größe. Je Pixel und Farbe werden zum Beispiel 32 verschiedene Tintenmengen verwendet, so daß eine virtuelle oder effektive Auflösung von ca. 1700 bis 1800 dpi erreicht wird.

Bei Laserdruckern befindet sich das Verfahren unterschiedlich großer Druckpunkte bereits seit längerem im Einsatz und wurde erstmals von der Firma Hewlett-Packard unter der Bezeichnung RET (Resolution Enhancement Technology) vermarktet. Andere Bezeichnungen, wie zum Beispiel MET, sind weitgehend gleichbedeutend. Die Funktionsweise dieser Technologie wird in der Grafik verdeutlicht. Die Minderung des Treppeneffekts wird dabei deutlich. Auch hier ist eine Steigerung der effektiven Auflösung die Folge. 600-dpi-Geräte erreichen dabei eine Qualität, die im Bereich von ungefähr 1000 dpi bei konstanter Punktgröße angesiedelt ist.

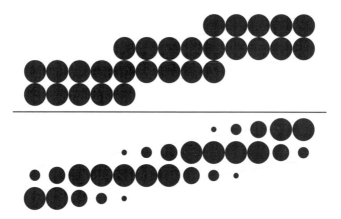

Abb. 23.10: Die Funktionsweise von RET

Zur Beseitigung von Moirés, regelmäßigen Störmustern im Ausdruck, werden im professionellen Bereich ebenfalls seit längerer Zeit Lösungen angeboten, die über die einfache Variation der Druckpunktgröße hinausgehen. Einige simple Beispiele für verschiedene Alternativen zum Erzeugen einer Flächentönung von 50% sollen etwas überspitzt veranschaulichen, wie unerwünschte Störmuster aussehen können. Derart kraß werden Sie sie im praktischen Einsatz kaum erleben.

Abb. 23.11: 50% Flächentönung

Lösungen (zum Beispiel Color Smart von Hewlett-Packard) werden bereits in Form entsprechender Treiber für bestimmte Tintenstrahldrucker angeboten. Stark vereinfacht lassen sich die eingesetzten Verfahren als zufällig erzeugte Störmuster bezeichnen. Da die qualitativ hochwertigen Verfahren jedoch sehr rechenintensiv sind, dürfte es nicht mehr lange dauern, bis speziellen Chips im Drucker diese Aufgabe übertragen wird.

Hochwertige Grafikprogramme bieten mittlerweile ebenfalls Möglichkeiten zum Erzeugen zufälliger Streumuster an, mit deren Hilfe sich die Druckqualität auch bei Druckern, die eigentlich nicht über derartige Fähigkeiten verfügen, erheblich steigern läßt. Selbst unter den normalen Drucker-Optionen von Windows 9x finden Sie bei vielen Druckern ein entsprechendes Optionsfeld.

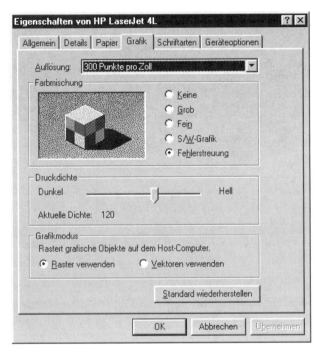

Abb. 23.12: Hier wird über die Druckereigenschaften von Windows 9x die Fehlerstreuung aktiviert.

23.3 Umweltaspekte

Verbrauchte Tintenpatronen und Tonerkartuschen sorgen für das Entstehen eines umfangreichen Müllbergs. Umweltbewußte Hersteller nehmen deshalb geleerte Tonerkartuschen zurück und legen neuen Kartuschen entsprechende Packzettel bei, die dann häufig leider nur innerhalb der U.S.A. gültig sind. Werfen Sie die leeren Kartuschen dennoch möglichst nicht in den Hausmüll. Die meisten Teile der Kartuschen unterliegen nämlich keinem Verschleiß und lassen sich daher problemlos wiederverwerten. Versuchen Sie vielmehr, Adressen ausfindig zu machen, die die Kartuschen kostenlos zwecks Recycling entgegennehmen.

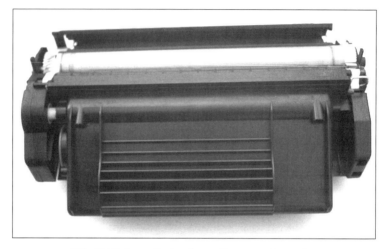

Abb. 23.13: Leere Kartuschen sollten recycelt werden.

Ähnlich verhält es sich mit den Patronen der Tintenstrahldrucker. Durch den Einsatz von Nachfüllsets sparen Sie nicht nur Geld, sondern entlasten auch die Umwelt.

 Nicht nur viele Händler, sondern auch Hersteller, wie zum Beispiel die Firma Pelikan, nehmen leere Tonerkartuschen bzw. Tintenpatronen zurück. Erkundigen Sie sich am besten zunächst einmal bei Ihrem lokalen Händler, welche diesbezüglichen Möglichkeiten zur Verfügung stehen.

23.4 Trends

Viele wichtige Trends wurden bereits in den vorausgegangenen Abschnitten behandelt. Mit der steigenden Leistungsfähigkeit der Rechner und dem zunehmenden Einsatz von Bildbearbeitungsprogrammen entsteht ein schnell wachsender Bedarf hinsichtlich der Druckausgabe in Farbe. Heute werden noch vorwiegend »bunte« Bilder ausgedruckt, doch schon bald wird der Aspekt der Farbtreue zunehmend wichtig werden und damit auch zunehmend Berücksichtigung finden.

Ein weiterer Schritt in diese Richtung könnte das von Pantone auf der DRUPA95 in Düsseldorf erstmals der Öffentlichkeit präsentierte Hexachrome-Prozeßdrucksystem sein, zu dessen sechs Druckfarben neben den auch sonst üblichen Farben (Cyan-Magenta-Yellow-Black) zusätzlich ein lebendiges Orange und ein kräftiges Grün gehören.

Die Auflösungen von Laserdruckern werden die beim Buchdruck übliche Qualität schon bald erreicht haben. Aufgrund des hohen Speicherbedarfs werden derartige Geräte zumindest eine Zeitlang noch vergleichsweise teuer bleiben. Für den Aufbau einer kompletten Druckseite mit ca. 1200 dpi werden etliche MByte an zusätzlichem Speicher benötigt. Kompressionsverfahren werden zunehmend eingesetzt werden, um diesen Effekt zumindest teilweise wieder auszugleichen.

Ein anderer Trend zeichnet sich bereits deutlich ab. Schon bald werden reine Drucker-, Scanner-, Fotokopierer- oder Fax-Lösungen weitgehend der Vergangenheit angehören. Die Zukunft gehört eindeutig den Kombi-Geräten. Die ersten Drucker-Scanner-Kopierer-Fax-Geräte sind bereits erhältlich. Vielleicht führt der »Abküfi« (Abkürzungsfimmel) hier ja zum »PRISCOFAX« (PRInter-Scanner-COpier-FAX).

Abb. 23.14: Auch Drucker mit spezialisiertem Einsatzgebiet (hier: Druck von Visitenkarten) befinden sich zunehmend im Trend.

Auch bei Druckern arbeitet die Industrie am Plug and Play, so daß über kurz oder lang Druckermodelle zu erwarten sind, die über eines der modernen Bussysteme (USB oder Firewire) an den Rechner angeschlossen werden und sich gegenüber dem PnP-Betriebssystem korrekt identifizieren, so daß Sie bei Bedarf automatisch zum Einlegen von Datenträgern mit den gegebenenfalls benötigten Druckerprogrammen aufgefordert werden.

23.5 Checkliste: Druckerkauf

Neben den bereits besprochenen Besonderheiten können weitere Faktoren den Ausschlag zugunsten eines bestimmten Druckers geben. Eine Aufstellung möglicher Einkaufskriterien mit kurzen Anmerkungen finden Sie im folgenden. Dabei beziehe ich mich zumeist vorwiegend auf Tintenstrahldrucker. Die meisten der aufgeführten Kriterien lassen sich aber ohne weiteres auch auf andere Druckertypen übertragen. Zudem finden Sie einige zusätzliche Angaben für Laserdrucker.

Druckgeschwindigkeit

Da sich die angegebenen Druckgeschwindigkeiten im praktischen Einsatz nicht erreichen lassen und nur die maximale Geschwindigkeit im Kopiermodus angeben, gilt hier nur: »Je schneller, desto besser«.

Die Geschwindigkeiten werden bei Tintenstrahldruckern für Farb- und Schwarzweißdruck separat angegeben und betragen zum Beispiel 2,6 Seiten / Minute bei 30 % Farbabdeckung. Bei Laserdruckern liegen die Angaben meist zwischen 4 und 12 Seiten pro Minute.

Druckkopf (Tintenstrahldrucker)

Entscheidenden Einfluß auf die Qualität des Tintenstrahldrucks hat die Anzahl der im Druckkopf integrierten Düsen, die bei vielen Druckern für den Farbdruck niedriger als für den Schwarzweißdruck liegt. Eine Beispielangabe wäre: 256 Düsen (je 64 Düsen für Schwarz, Cyan, Magenta, Gelb).

Auflösung

Die Auflösung für den Farbdruck liegt bei Tintenstrahldruckern häufig niedriger als für den Schwarzweißdruck. Zudem sollte darauf geachtet werden, ob für die höchsten Auflösungen Spezialpapier verwendet werden muß oder ob diese auch mit Normalpapier erreichbar sind. Typische Angaben sind zum Beispiel Auflösungen von 720×720 dpi im Schwarzweißdruck bzw. 360×60 dpi im Farbdruck.

Die heute übliche Auflösung von Laserdruckern liegt bei 600 dpi.

Besondere Technologien

Hier sollte insbesondere auf Verfahren geachtet werden, die der Verbesserung des Druckbildes dienen. Kantenglättung (Smoothing) und Fehlerstreuung sind heute bereits weit verbreitet und gehören bei besseren Druckern zu den Standard-Ausstattungsmerkmalen.

Bei Laserdruckern finden Sie zum Beispiel Angaben wie RET (Resolution Enhancement Technologie) oder A.I.R. (Automatic Image Refinement), die ebenfalls auf Kantenglättungsverfahren hinweisen.

Lebensdauer und Preise der Verbrauchsmaterialien

Der Tintenverbrauch hat wesentlichen Einfluß auf die Betriebskosten eines Tintenstrahldruckers, so daß Sie die Kosten für die Tinte mit in Ihre Einkaufsentscheidung einbeziehen sollten. Meist reicht eine Tintenpatrone für ca. 250 Seiten (bei 30% Farbabdeckung) und kostet zwischen etwa 40 und 80 DM. Aufgrund dieser Preisspannen kann je nach Hersteller und Druckaufkommen ein teurerer Drucker schnell günstiger sein als ein eigentlich preiswerteres Gerät.

Bei Laserdruckern sind die Unterschiede meist nicht so gravierend, sollten aber auch hier nicht aus den Augen verloren werden.

Treiber

Achten Sie darauf, daß dem Drucker Treiber für die von Ihnen eingesetzten Betriebssysteme bzw. Programme beiliegen oder zumindest erhältlich sind. Unter Umständen reichen auch Treiber für emulierte Betriebsarten bzw. kompatible Druckermodelle aus.

Emulationen

Die Kompatibilität zu älteren oder verbreiteten Druckermodellen kann unter Umständen ein wichtiges Kriterium sein. Gleiches gilt für die von vielen Tintenstrahlern gebotene Kompatibilität zu einfachen Matrixdruckern, wie zum Beispiel dem IBM Proprinter.

Bei Laserdruckern sollten Sie auf die Kompatibilität zu einem der HP-LaserJet-Modelle achten. Emulationen spielen insbesondere dann eine große Rolle, wenn neue Drucker zusammen mit alten Programmen verwendet werden sollen.

Schnittstellen

Zwar stellt die parallele Schnittstelle zur Zeit noch den Standardanschluß für Drucker dar, aber dies könnte sich in absehbarer Zeit ändern, sofern sich neue Schnittstellenstandards durchsetzen.

Für die Verbindung zu Macintosh-Rechnern oder Netzwerken sind spezielle Drucker mit besonderen Schnittstellen erhältlich.

Papierzufuhr

Üblich ist heute sowohl bei Tintenstrahlern als auch bei Laserdruckern der automatische Einzelblatteinzug. Für das Bedrucken von Formularen kann bei Tintenstrahlern Walzeneinzug sinnvoller sein. Darüber hinaus kann die Kapazität der Papierzufuhr eine entscheidende Rolle spielen, was insbesondere für Laserdrucker bei deren hoher Geschwindigkeit gilt. Hier sollten Sie bei Bedarf darauf achten, ob für den Drucker zusätzliche Papierkassetten erhältlich sind, die zum Beispiel 400 Blatt Papier aufnehmen können. 50-Blatt-Kassetten sind bei hohem Druckvolumen jedenfalls nicht ausreichend.

Papierformate und -gewichte

Die meisten Drucker lassen die Verwendung von A4-Normalpapier mit einem Gewicht zwischen ca. 64 und 120 g/m^2 zu. Weitere gängige Papierformate sind B5, Letter, Legal, Executive und die Umschlagformate Monarch, DL, C5.

Für das Bedrucken von Karton (etwa ab 150 g/m^2) sind herkömmliche Drucker in der Regel nicht geeignet. Hochwertige Laserdrucker erlauben jedoch (beim Einsatz spezieller Papierkassetten) zuweilen auch die Verarbeitung von 200-Gramm-Karton.

Bedruckbare Materialien

Neben Normalpapier sind Overheadfolien und andere Materialien bis hin zu T-Shirt-Transferfolie erhältlich. Die verschiedenen Materialien werden jedoch nicht unbedingt von allen Druckern unterstützt. (Möglicherweise müssen auch Spezialtinten für die unterschiedlichen Materialien verwendet werden.)

Schriften

Im Zeitalter von Windows und TrueType-Schriften hat dieses Kriterium nur noch vergleichsweise geringes Gewicht. Ein Blick auf dieses Ausstattungsmerkmal kann aber keinesfalls schaden.

Druckerspeicher

Da Tintenstrahldrucker zeilenweise arbeiten, benötigen sie nur wenig eigenen Speicher. Laserdrucker müssen vor dem Ausdruck jedoch erst einmal die komplette Seite in ihrem Speicher aufbauen, was bei hohen Auflösungen und dem Ausdruck von Fotos sehr speicherintensiv werden kann. Andererseits reduzieren spezielle Komprimierungstechniken wieder den tatsächlich benötigten Speicher bzw. verdoppeln in etwa den vorhandenen physischen Speicher.

Für den Fotodruck bei 600 dpi sollten Laserdrucker mindestens über das Äquivalent zu 4 MByte physischem Speicher verfügen (2 MByte mit entsprechenden Kompressionsverfahren). Ansonsten lassen sich ganzseitige Grafiken nur in geringeren Auflösungen drucken.

PostScript-Laser benötigen noch mehr eigenen Arbeitsspeicher. Hier sollten mindestens 4 oder 5 MByte (physisch) druckereigener Speicher zur Verfügung stehen.

23.6 Druckerinstallation

Bei der Installation der Drucker-Hardware ist kaum etwas falsch zu machen, sofern Sie nicht gerade vergessen, die Transportsicherungen zu entfernen. Verbinden Sie einfach Ihr Druckerkabel und das Netzkabel mit den Steckern am Gerät und am Rechner bzw. der Stromsteckdose.

Die Installation der Druckertreiber muß daran anschließend natürlich für die jeweils eingesetzten Programme bzw. Benutzeroberflächen oder Betriebssysteme erfolgen. Unter OS/2 geschieht dies entweder während der Systeminstallation oder aber über die Systemkonfiguration. Die verschiedenen Windows-Versionen verfügen zu diesem Zweck über das *Drucker*-Symbol in der Systemsteuerung. In jedem Fall müssen Sie anschließend das gewünschte (bzw. ein dazu kompatibles) Druckermodell auswählen und den angezeigten Dialogen folgen.

Kapitel 23

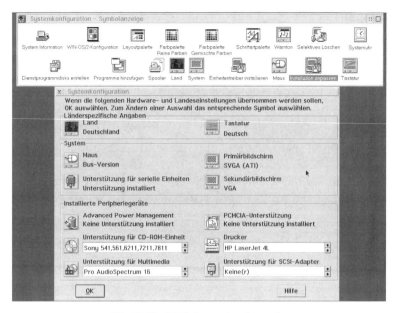

Abb. 23.15: OS/2-Systemkonfiguration

Anschließend empfiehlt sich das Anfertigen mehrerer Ausdrucke zur Wahl der korrekten Druckereinstellungen. Die Voreinstellungen sind nämlich häufig nicht gerade optimal gewählt. Am besten erzeugen Sie dazu von verschiedenen Programmen aus Testdrucke. Folgende Einstellungen würde ich zum Beispiel unter Windows 9x für Laserdrucker oder auch Tintenstrahler bei Bedarf anpassen:

- Aktivieren Sie die Option *Fehlerstreuung*, wenn Sie häufig Fotos ausdrukken.
- Stellen Sie die Kontrolle der Speicherbelegung etwas aggressiver ein.
- Wählen Sie die Druckdichte etwas niedriger, um nicht unnötig Toner bzw. Tinte zu verschwenden.
- Wählen Sie als Grafikmodus *Raster* statt *Vektoren*.

 Welche Optionen Ihnen unter *Druckereigenschaften* konkret zur Verfügung stehen, hängt vom jeweils eingesetzten Druckermodell ab.

 Bestimmte Kombinationen von Optionen können dazu führen, daß der Drucker zum Beispiel keine Bilder, sondern nur noch Texte druckt.

23.7 Troubleshooting

Abschließend sollen wieder einige häufiger auftretende Fehler und deren Ursachen sowie gegebenenfalls Möglichkeiten zu deren Beseitigung aufgeführt werden.

Drucker reagiert nicht

Neben Kabelfehlern können falsche Druckertreiber die Ursache sein. Dann »versteht« der Drucker die ankommenden Daten gegebenenfalls nicht oder falsch und schweigt. Hin und wieder treten auch Fehler in den Daten auf, die zur Folge haben können, daß der Drucker sich zum Schweigen aufgefordert fühlt. Bei nicht mehr reagierenden Laserdruckern ist es daher sinnvoll, diese auszuschalten und einige Sekunden oder Minuten zu warten. Erst wenn der Drucker nach dem Einschalten immer noch nicht reagiert, sollten Sie sich auf die Fehlersuche begeben. Wenn Sie versehentlich ein Steckmodul im eingeschalteten Zustand gewechselt haben sollten, müssen Sie unter Umständen einige Stunden warten, bis der Drucker wieder reagiert.

Streifenmuster oder schlechtes Druckbild

Bei Matrixdruckern (Tintenstrahler und Nadeldrucker) können verstopfte Düsen, abgebrochene Nadeln oder verbrauchtes Farbband die Ursache sein. Bei Laserdruckern tritt ein solcher Fehler insbesondere dann auf, wenn der Toner zur Neige geht. Durch Schütteln der Kartusche können Sie den Rest des Toners in der Kartusche gleichmäßig verteilen, so daß die Ursache kurzzeitig behoben wird. Beschädigungen der Trommel können ebenfalls solche Fehler zur Folge haben. Manchmal treten solche Fehler bei Laserdruckern auch bei zu hohem Druckaufkommen auf. Eine längere Pause kann dann den Fehler beseitigen. Zu hohe Luftfeuchtigkeit kann ebenfalls die Ursache sein.

Schlechte Druckqualität

Im Unterschied zum vorhergehenden Punkt geht es hier üblicherweise nicht um Fehler der Drucker-Hardware, sondern um ungeeignete Software-Einstellungen des Druckers. Die von Windows 9x verwendeten Voreinstellungen führen bei vielen Druckern zur schnellen Ausgabe von Texten, aber einer nicht akzeptablen Qualität von Fotos. Insbesondere stellt hier oft die Option *Vektoren* für den Druckmodus den Übeltäter dar. Experimentieren Sie ein wenig mit den Einstellungen für den Drucker herum, bis Sie für verschiedene Einsatzgebiete die passenden Einstellungen herausgefunden haben. Einige Hinweise dazu finden Sie am Ende des Abschnitts »Druckerinstallation«.

Texte werden gedruckt, Bilder nicht

Kontrollieren Sie die Einstellungen für den Drucker, notieren Sie sich diese, und setzen Sie sie dann auf die Voreinstellungen zurück. Mit diesen Einstellungen sollten sich auch Bilder drucken lassen. In seltenen Fällen können auch Inkompatibilitäten für dieses Verhalten verantwortlich sein. Häufiger ist mir auch der Umstand begegnet, daß sich nur ganz bestimmte Bilder nicht ausdrucken ließen, weil diese von den Programmen fehlerhaft für den Drucker übersetzt wurden. (Dieser Fehler ist insbesondere bei eingebetteten PostScript-Daten relativ häufig.)

Seite wird beim Laserdrucker nicht komplett ausgegeben

Wenn Fotos die gesamte Seite einnehmen, reicht der im Drucker integrierte Speicher oft nicht mehr für den Aufbau der kompletten Seite aus, so daß nur der tatsächlich verarbeitete Teil der Seite gedruckt wird. Abhilfe kann hier einerseits die Anschaffung zusätzlicher Speichermodule schaffen. Unter Windows 9x haben Sie unter Umständen die Möglichkeit, die Druckerspeicherbelegung etwas aggressiver handhaben zu lassen. (Die Anpassung anderer Parameter beeinflußt zwar teilweise auch den Speicherbedarf beim Drucker, hat jedoch auch Auswirkungen auf die Druckqualität.)

Abb. 23.16: Eine etwas aggressivere Handhabung der Druckerspeicherbelegung kann bei Speicherknappheit des Druckers für Abhilfe sorgen.

Scanner

24

Scanner (Abtaster) haben mittlerweile aufgrund erheblichen Preisverfalls Verbreitung gefunden. Flachbett-Scanner im Preissegment unterhalb von 1000 oder auch 500 DM gestatten deren Einsatz im semi-professionellen Bereich und sind damit auch für den engagierten Privatanwender erschwinglich. Und selbst kombinierte Scanner/Fax/Kopierer mit integriertem Tintenstrahldrucker werden zuweilen bereits in diesem Niedrigpreissegment gesichtet. Mit einem Scanner lassen sich Daten (nicht nur Abbbildungen) von gedruckten Vorlagen in den Rechner übernehmen und manipulieren, um sie in Ihre Dokumentationen einzufügen und auszudrucken.

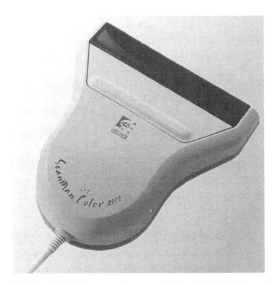

Abb. 24.1: Farb-Hand-Scanner Scanman Color 2000 der Firma Logitech

Die Funktionsweise eines Scanners entspricht weitgehend der eines Fotokopierers. Beide tasten eine Vorlage ab und erzeugen daraus eine elektronische Kopie. Während herkömmliche Fotokopierer dabei optomechanisch arbeiten, so daß eine Verarbeitung analoger Daten erfolgt, müssen Scanner die Daten für die Weiterverarbeitung im Computer aufbereiten und damit digitalisieren. Anschließend können die Daten dann mit dem Rechner unter Einsatz leistungsfähiger Grafikprogramme bearbeitet bzw. verfremdet werden.

Auch bei Kopierern ist der Trend hin zur digitalen Datenverarbeitung unverkennbar. Wenn Sie die Anschaffung eines digitalen Kopierers erwägen, sollten Sie in jedem Fall danach fragen, ob sich dieser in eine PC-Umgebung integrieren bzw. an einen PC anschließen läßt.

Um sinnvoll mit einem Scanner arbeiten zu können, benötigen Sie einen leistungsfähigen Rechner. Mindestens ein Pentium mit entsprechendem Speicherausbau sollte es schon sein. Dies liegt daran, daß die Bild*bearbeitung* ausgesprochen speicherintensiv ist und darüber hinaus erhebliche Anforderungen an die Rechnerleistung stellt. Eigentlich muß man sagen, daß ein Rechner für die Bildbearbeitung nie schnell genug sein kann und über möglichst viel Arbeitsspeicher verfügen sollte.

Das Einlesen der Daten stellt dabei nicht das eigentliche Problem dar, da die Scanner-Programme selbst die empfangenen Daten direkt auf die Festplatte auslagern können (Swapping), so daß für den eigentlichen Scan-Vorgang auch noch ein gewöhnlicher PC (also sogar ein nach heutigen Maßstäben veralteter 80386er) ausreichen würde. Die enormen Speicherkapazitäten und die Rechnerleistung werden vielmehr für Bearbeitung bzw. Aufbereitung der Bilder beansprucht.

Ein weiteres Einsatzgebiet von Scannern – neben der Erfassung von Bilddaten – liegt in der elektronischen Speicherung von Dokumenten. Document Imaging ist eine Anwendung, die zunehmend Verbreitung findet und in größeren Unternehmen vielfach zur elektronischen Speicherung und zentralen Archivierung von Dokumenten eingesetzt wird. Dabei werden die Daten zunächst einmal »fotografiert« bzw. gescannt. Häufig kommen parallel oder alternativ Texterkennungsprogramme (OCR – Optical Character Recognition) zum Einsatz, mit denen sich eingescannte Dokumente in Textdateien umwandeln lassen.

Die erforderliche Nachbearbeitung der Texte ist allerdings stark abhängig von der Vorlagenqualität und daher vielfach so aufwendig, daß dieses Verfahren immer noch vergleichsweise selten in Anspruch genommen wird. Eine einigermaßen zuverlässige Texterkennung erfolgt beim Einsatz von OCR etwa ab einer Schriftgröße von 10 Punkt, die der üblichen Schriftgröße in Büchern entspricht. Aber auch Zeichen in Größe des Zeitungsdrucks lassen sich mit Texterkennungsprogrammen übernehmen. Die Qualität des Ergebnisses ist zudem stark von der verwendeten Schriftart und der Qualität der Vorlage abhängig. Wenn Sie sich ein wenig mit den verschiedenen Schriftarten auskennen, wissen Sie, daß bei serifenlosen Schriften zum Beispiel das kleine »L« und das große »I« identisch aussehen, ein Sachverhalt, der einfache Texterkennungsprogramme ohne Wörterbuchunterstützung vor kaum lösbare Probleme stellt.

24.1 Scanner-Varianten

Prinzipiell unterscheidet man bei Scannern zwischen Hand-, Einzug-, Flachbett- und Trommel-Scannern. Während sich Hand-Scanner aufgrund ihres niedrigen Preises vorwiegend für den gelegentlichen Einsatz im Heimbereich eignen, bieten Flachbett-Scanner bereits Leistungsmerkmale, die professionellen Ansprüchen in vielen Bereichen genügen. Trommel-Scanner sind in erster Linie für den professionellen Bereich konzipiert und liegen in Preisregionen, die für »Otto Normalverbraucher« unerschwinglich sind.

Einzug-Scannern begegnet man im eigentlichen PC-Bereich nur vergleichsweise selten. Da hier wie beim Hand-Scanner die Vorlage an der Optik vorbeibewegt wird, sind sie prinzipiell zwischen Hand- und Flachbett-Scannern angesiedelt. Betrachtet man die Preisdifferenzen zwischen Farb-Hand-Scannern und Farb-Flachbett-Scannern, wird schnell klar, daß preislich gesehen ein eigenes Marktsegment für Einzug-Scanner eigentlich nicht mehr existiert. In Fax- und Kombigeräten erfreuen sich Einzug-Scanner aufgrund ihrer platzsparenden Bauweise jedoch weiterhin ungebrochener Beliebtheit.

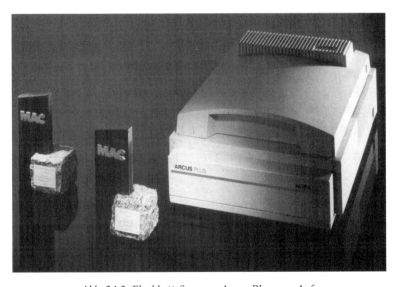

Abb. 24.2: Flachbett-Scanner Arcus Plus von Agfa

Hand-Scanner arbeiten meist mit Auflösungen von 300 oder 400 dpi (Dots per Inch – Punkte pro Zoll), moderne Flachbett-Scanner stellen dagegen physische Auflösungen von 600 dpi und mehr zur Verfügung. Hochwertige Trommel-Scanner sind ohne weiteres in der Lage, Bilder mit einer Auflösung von mehreren tausend dpi einzulesen. Derart hohe Auflösungen werden zum Beispiel für die Reproduktion von Dias benötigt. Wenn die Ausgabe als Schwarzweißdruck mit einem Laser erfolgen soll, bieten sie aber keine Vorteile, sondern liefern lediglich überflüssige Daten.

In der Tabelle finden Sie die verschiedenen Scanner-Varianten mit deren Einsatzgebiet und »typischen« Auflösungen. Diese sollten Sie aber nur als Anhaltspunkt betrachten. Um mit einem Hand-Scanner bei 800 dpi zu arbeiten, brauchen Sie zum Beispiel eine äußerst ruhige Hand, und bei den Einzug-Scannern mit 200 dpi handelt es sich um die typische Fax-Auflösung. Flachbett-Scanner bieten teilweise auch Auflösungen, die deren bedingten Einsatz als Dia-Scanner gestatten, und die maximale Auflösung von Trommel-Scannern wird letztlich lediglich vom Preis und den technischen Möglichkeiten nach oben hin beschränkt.

Scanner-Typ	Einsatzgebiet	Auflösungen
Hand-Scanner	Kleinere Bilder, gelegentlicher Einsatz im Hobby-Bereich	300 bis 800 dpi
Einzug-Scanner	Multifunktionsgeräte und Dokumentenerfassung	200 bis 400 dpi
Flachbett-Scanner	Qualitativ gute bis hochwertige Scans von unterschiedlichen Vorlagen, OCR	300 bis 2000 dpi
Dia-Scanner	Einlesen von Positiv- oder Negativ-Dias	ca. 1200 bis 2400 dpi
Trommel-Scanner	Hochwertige Scans im Druckereigewerbe	ca. 2400 dpi und mehr

Tab. 24.1: Die verschiedenen Scanner-Varianten

24.2 Funktionsweise und Begriffe

Scanner arbeiten im Prinzip wie die bekannten Fotokopierer. Eine Vorlage wird von einer Lichtquelle beleuchtet. Das reflektierte Licht wird dann von Sensoren aufgezeichnet. Helle Stellen reflektieren viel, dunkle Stellen wenig Licht. Die aufgezeichneten Helligkeitswerte werden digitalisiert und an den Computer übermittelt.

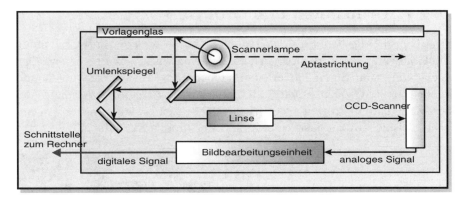

Abb. 24.3: Arbeitsweise eines Flachbett-Scanners (Quelle: Canon)

Für die Aufzeichnung der Lichtwerte sind sogenannte CCDs (Charged Coupled Device) zuständig. Dabei handelt es sich um winzige lichtempfindliche Elemente, die das auftreffende Licht als elektrische Ladung speichern. Meist werden diese in einer einzelnen geraden Reihe angeordnet, so daß von solchen linearen CCDs nacheinander einzelne Zeilen einer Vorlage erfaßt werden. Zusätzlich werden optische Umlenksysteme (Spiegel) und Stablinsen eingesetzt, wobei letztere dafür sorgen sollen, daß Streulicht und daraus resultierende Einflüsse möglichst gering gehalten werden. Um mit diesen linearen CCDs eine Vorlage farbig erfassen zu können, sind drei separate Durchgänge notwendig, bei denen jeweils ein anderer Farbfilter in den Grundfarben Rot, Grün bzw. Blau vor die lineare CCD gelegt wird (Three-Pass-Scanner).

Eine spezielle Form der linearen CCDs besteht aus der Zusammenfassung dreier linearer CCDs zu einem Element, wobei jeweils eine der CCD-Reihen mit einem Rot-, Grün- bzw. Blau-Filter maskiert wird. Diese Technik ermöglicht die Erfassung der drei Grundfarben in einem einzigen Scan-Durchgang (Single-Pass-Scanner).

Jedes Element einer CCD speichert eine analoge elektrische Ladung, die der Menge des erfaßten Lichts entspricht. Diese Ladungen werden in digitale Daten umgewandelt und schließlich an einen Rechner übermittelt.

24.2.1 Graustufen und Grauwert

Zwei Begriffe, die häufig durcheinandergeworfen werden, sind Graustufen und Grauwert. Geräte, die lediglich auf Schwarzweiß-Basis arbeiten, müssen Flächentönungen durch die Erzeugung von Mustern aus schwarzen und weißen Punkten, sogenannten Rastern, nachahmen. Der Grauwert eines Rasters wird dann in Prozent ausgedrückt: 100 Prozent ist vollschwarz. Ein einfaches Beispiel auf der Basis eines 2×2-Rasters finden Sie in der Abbildung.

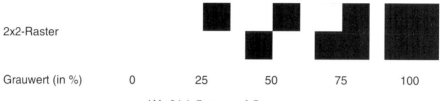

2x2-Raster

Grauwert (in %)   0   25   50   75   100

Abb. 24.4: Raster und Grauwert

Werden einzelne Bildpunkte mit ihrem Helligkeitswert aufgezeichnet, ist ein Scanner in der Lage, Graustufen zu erkennen. Selbst preiswerte Hand-Scanner registrieren üblicherweise unterschiedliche Helligkeitswerte und arbeiten in einem Modus mit 256 Graustufen. Die ersten Geräte, die auf der Basis des Schwellwertes lediglich schwarze und weiße Bildpunkte registriert haben, sind heute nicht mehr erhältlich.

 Experimentell konnte nachgewiesen werden, daß der Mensch (bzw. dessen Auge) nur ca. 250 Grauabstufungen unterscheiden kann. Diesbezüglich sind also keine sinnvollen Verbesserungen mehr möglich. (Ähnliches gilt für die wahrnehmbaren Abstufungen der Grundfarben.)

24.2.2 Optische vs. interpolierte Auflösung

Als Auflösung (Resolution) wird die Anzahl der einzelnen Bildpunkte (Pixel) auf einer bestimmten Fläche bezeichnet, die ein Scanner aus einer Vorlage gewinnen kann. Sie wird meist in dpi (Dots per Inch), zuweilen auch in ppm (Pixel pro Millimeter) oder ppi (Pixel per Inch) angegeben. Letztlich stehen alle diese Abkürzungen für den gleichen Sachverhalt.

Dabei muß zwischen der tatsächlichen Hardware-seitigen (optischen oder physischen) und der durch Berechnung von Zwischentönen »künstlich« erzeugten interpolierten Auflösung unterschieden werden. Viele Scanner erreichen ihre höchste Auflösung lediglich durch Mittelung der Farbwerte benachbarter tatsächlich (physisch) gelesener Bildpunkte. Auf diesem Wege lassen sich zusätzliche Bildpunkte zu den gelesenen Daten hinzufügen. Aus einer optischen Auflösung von 300×600 ppi werden so zum Beispiel unversehens 1200 ppi. Wird nur von der »Auflösung« gesprochen, können Sie in der Regel davon ausgehen, daß es sich um Angaben zur interpolierten Auflösung handelt.

Das Verfahren der Interpolation läßt sich auch nachträglich einsetzen, sofern Sie über geeignete Programme verfügen. In der Abbildung wurde zum Beispiel ein Bild hochgerechnet, interpoliert und stark vergrößert. Durch die Gegenüberstellung zum nur vergrößerten Bild wird die Wirkungsweise der Interpolation deutlich. Die Minderung des Treppeneffekts ist im rechten Teil der Abbildung deutlich erkennbar. Die allgemein höhere Bildqualität ist recht beeindruckend.

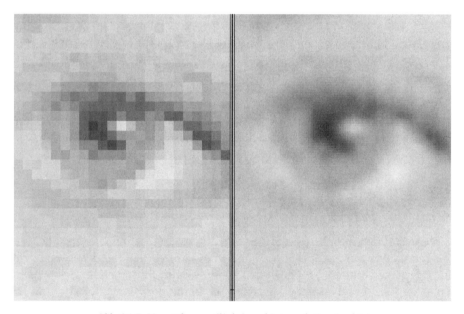

Abb. 24.5: Vergrößerung (links) und Interpolation (rechts)

 Mittlerweile begegen Ihnen in Datenblättern nicht nur die interpolierte, sondern zuweilen auch die »logische« oder die »maximale« Auflösung. Bei solchen und ähnlichen Umschreibungen handelt es sich in der Regel aber auch nur um gut klingende anderslautende Bezeichnungen der »interpolierten« Auflösung.

24.2.3 Farbtiefe

Für die Qualität einer gescannten Abbildung ist neben der Auflösung die Anzahl der verwendeten Graustufen oder Farben wichtig. Zum Beispiel verfügen Bilder mit mindestens 256 Farben, die von einem Monitor lediglich mit einer Auflösung von knapp 100 dpi ausgegeben werden, über eine Qualität, die von Schwarzweiß-Druckern nur schwer erreichbar ist.

Drucker müssen die Bilder rastern und einzelne Farbtöne durch mehrere Pixel nachbilden. Um 256 unterschiedliche Grauwerte zu erhalten, benötigen Sie im Schwarzweißdruck bei konstanter Druckpunktgröße ein Raster aus 16×16 Pixeln, so daß Sie zur Erzeugung einer vergleichbaren »Farbtiefe« eigentlich die 16fache Auflösung benötigen! (Laserdrucker arbeiten meist mit maximal 64 verschiedenen Grauwerten, also einem 8x8-Pixelraster.)

Qualitativ hochwertige Scanner erfassen 16,7 Millionen verschiedene Farben. Die binärcodierte Darstellung beansprucht pro Bildpunkt 24 Bit (8 Bit bzw. 256 Helligkeitsstufen je Grundfarbe). Demzufolge spricht man auch von Bildern mit 24 Bit Farbtiefe.

 Viele der neueren Scanner arbeiten intern mit 30 oder 36 Bit Farbtiefe, um eine größere Dynamik und damit einen größeren Regelbereich zu erzielen. Die Übermittlung der Daten an den Computer erfolgt dann aber üblicherweise doch wieder in 24 Bit Farbtiefe.

24.2.4 Speicherbedarf

Höhere Farbtiefen und Auflösungen benötigen auch mehr Speicherplatz. Dieser Umstand kann im Zusammenhang mit Grafikkarten und Scannern leicht zu Engpässen führen. Je größer das eingescannte Bild ausfällt, desto mehr Speicherplatz wird bei der Ablage eines Bildes auf der Festplatte benötigt.

Noch kritischer wird dieser Sachverhalt im Zusammenhang mit nachträglichen Bildmanipulationen. Um zufriedenstellende Arbeitsgeschwindigkeiten zu erreichen, sollte das zu bearbeitende Bild (inklusive zwischenzeitlich benötigter Kopien bzw. Bearbeitungen desselben) komplett und unkomprimiert im Arbeitsspeicher des Rechners Platz finden. Nur dann lassen sich nämlich die bei der Bildbearbeitung eingesetzten rechenintensiven Matrix-Operationen innerhalb eines angemessenen Zeitrahmens bewältigen. Wenn die Daten eines Bildes zwischenzeitlich auf die Festplatte ausgelagert werden müssen, verkommt die Bildbearbeitung schnell zu einem ständigen »Aufs Bild warten«.

Farbtiefe in Bit	1	8	16	24
Max. Anzahl Farben	2	256	65.536	16.777.216
300×300	11,0 KByte	87,9 KByte	175,8 KByte	263,7 KByte
600×600	43,9 KByte	351,6 KByte	703,1 KByte	1,0 MByte
1200×600	87,9 KByte	703,1 KByte	1,4 MByte	2,1 MByte
2400×1200	351,6 KByte	2,7 MByte	5,5 MByte	8,2 MByte
4800×2400	1,37 MByte	11,0 MByte	22,0 MByte	33,0 MByte

Tab. 24.2: Bildgröße in Pixeln, Farbtiefe und Speicherbedarf

Bedenken Sie bei der Interpretation der Tabelle, daß ein mit 300 dpi (300×300 Pixel) gescanntes Bild lediglich 2,54×2,54 cm groß ist. 1200×600 Pixel entsprechen bei ebenfalls 300 dpi einer Bildgröße von 10,16×5,08 cm. Um »große« Bilder handelt es sich in der Tabelle also nicht!

Rechnen Sie einfach ein wenig herum, um ein Gefühl für die im Zusammenhang mit Scannern und der Bildbearbeitung zu bewältigenden Datenmengen zu bekommen. Immer wieder höre ich Kommentare frischgebackener Scanner-Benutzer, die sich staunend und/oder entsetzt über die gewaltigen Datenmengen auslassen, die ihre Festplatten überschwemmen.

Professionelle Bildbearbeitungssysteme verfügen meist über mindestens 64 MByte Arbeitsspeicher. Ein sinnvoller Einstieg ist bei der Bearbeitung von Farbbildern ab Windows 9x ab ca. 32 MByte Arbeitsspeicher möglich. Windows 9x kann dann zudem die Vorteile seiner 32-Bit-Speicherverwaltung im Vergleich zu älteren Windows-Versionen ausspielen und bietet daher (in diesem Anwendungsgebiet) oft wesentliche Geschwindigkeitsvorteile.

24.2.5 TWAIN

Mit dem Ziel, eine einheitliche Software-Schnittstelle für Scanner zu schaffen, hat eine aus Mitarbeitern namhafter Firmen (u.a. Aldus, Caere, Eastman Kodak, Hewlett-Packard und Logitech) bestehende Arbeitsgruppe den TWAIN-Standard für Scanner ins Leben gerufen. Dieser Schnittstellen-Standard wird mittlerweile von allen namhaften Scanner-Herstellern und neueren Scanner-Modellen unterstützt.

TWAIN bietet einen zusätzlichen Vorteil. Neben der einheitlichen Schnittstelle benötigen die meisten auf diesem Standard basierenden Scanner keinen Treiber mehr in den (DOS-)Startdateien, so daß der Arbeitsspeicher ein wenig entlastet wird.

Moderne Scanner und digitale Kameras werden im Prinzip ausnahmslos über den TWAIN-Standard angesteuert. Auf diesem Weg ist eine weitgehend problemlose Integration der Geräte in gängige Bildbearbeitungsprogramme möglich.

24.2.6 Steckkarte und Bussystem

Bei fast allen Geräten, die im Zusammenhang mit neuen Technologien und Möglichkeiten stehen, treffen Sie im Prinzip immer wieder die gleiche Aussage an, die dazu auffordert, sich einen möglichst schnellen Steckplatz auszusuchen und einen entsprechenden Adapter zu erwerben. Diesmal nicht! Die Geschwindigkeit des Steckplatzes spielt bei Scannern eine kleine Rolle, da die Zeit zur Datenübertragung verglichen mit der Zeitspanne, die für den eigentlichen Scan-Vorgang benötigt wird, nur eine untergeordnete Rolle spielt. Die Geschwindigkeit einer ISA-8-Bit-Steckkarte ist daher meist durchaus ausreichend. Was den Herstellern oftmals zum Anlaß gereicht, auf eine sorgfältige Entwicklung der Scanner-Steckkarten nicht allzuviel Zeit zu verschwenden. Zumindest kann man vor dem Hintergund vielfältiger kleinerer Inkompatibilitäten ohne weiteres diesen Eindruck gewinnen.

Bei Flachbett-Scannern trennt sich die Spreu oft vom Weizen, wenn es um deren Anschlußmöglichkeiten geht. Meist liegen Scannern (proprietäre) SCSI-Adapter bei. Wenn Sie einen Scanner an einen bereits installierten SCSI-Adapter anschließen wollen, sollten Sie diese Fragestellung möglichst bereits beim Scanner-Kauf berücksichtigen. (Allgemeine Informationen zur Installation von SCSI-Geräten und die verschiedenen Varianten dieses Standards finden Sie im entsprechenden Abschnitt dieses Buches.)

Sofern der Scanner-Adapter die Einstellung von IRQs oder DMA-Kanälen erfordert, wie dies bei Hand-Scannern üblicherweise der Fall ist, sollten Sie in jedem Fall darauf achten, daß es sich um einen 16-Bit-Adapter handelt. Nur diese können eine ausreichende Auswahl verschiedener Ressourcen-Einstellungen zur Verfügung stellen und die damit die unter Umständen benötigte Flexibilität bieten. Zudem werden bei Hand-Scannern die Daten direkt während des Scan-Vorgangs an den Rechner übertragen, so daß dieser die anfallende Datenmenge direkt verarbeiten muß. Dazu sind 8-Bit-Steckkarten (in Verbindung mit langsamen Rechnern) letztlich doch wieder zu langsam.

Da Programmierer sich mit der Problematik zu langsamer Rechner üblicherweise gar nicht erst auseinandersetzen, sollten Sie übrigens gleich davon ausgehen, daß die Scanner-Software in einem solchen Fall keinesfalls auf einen langsamen Computer wartet. Dieser wird vielmehr mit großer Wahrscheinlichkeit gleich und mit schöner Regelmäßigkeit in die »ewigen Jagdgründe« geschickt. (Derartige Effekte konnte ich bei 80386ern häufiger beobachten, sobald Hand-Scanner nur etwas schneller gezogen wurden.)

24.3 Software und Zubehör

Im Lieferumfang von Scannern sollten mindestens die Programme enthalten sein, mit deren Hilfe sich die eingelesenen Bilder zum Rechner übertragen lassen. Umfangreichere Möglichkeiten zur Bildbearbeitung bieten diese üblicherweise nicht. Im Extremfall können Sie mit ihnen nicht viel mehr als die beim Scannen zu verwendende Auflösung und Farbtiefe sowie den zu scannenden Bildausschnitt bestimmen. Von der Scanner-Software direkt angebotene systematische Anpassungen sind insbesondere von Vorteil, wenn es auf eine naturgetreue Wiedergabe der Bilder ankommt. Gammakorrektur zur Anpassung der Helligkeitswerte und Kalibrierung zur systematischen Anpassung der Farbwerte direkt über die Scanner-Software können auf längere Sicht Unmengen an eingesparter Zeit bedeuten.

24.3.1 Bildbearbeitung

Ohne leistungsfähige Bildbearbeitungsprogramme nützt Ihnen ein Scanner herzlich wenig. Daher ist es besonders wichtig, auf die mit einem Scanner gelieferte Programmausstattung zu achten. Wenn Ihnen das mitgelieferte Bildbearbeitungsprogramm nicht liegt oder sich nur umständlich bedienen läßt, ist Ihnen auch nicht gedient, es sei denn, die benötigten Programme befinden sich bereits in Ihrem Besitz.

Micrografx PicturePublisher, Corel PhotoPaint, Adobe PhotoShop und Adobe PhotoDeluxe sind einige Beispiele für Bildbearbeitungsprogramme. Lassen Sie sich diese unbedingt (von einem Bekannten oder auf einer Messe) vorführen, sofern Sie auf diesem Gebiet bisher noch keine Erfahrungen sammeln konnten.

Ein weiterer nicht zu vernachlässigender Aspekt betrifft das für die Bildbearbeitung unabdingbare Hintergrundwissen, das erforderliche »Händchen« und die benötigte Erfahrung. Selbst die beste Programmdokumentation ist nicht in der Lage, Ihnen alles Notwendige zu vermitteln. Informieren Sie sich aus zusätzlichen Quellen über Hintergründe und Möglichkeiten. Da alle Programme ihre typischen Stärken und Schwächen haben, sollten Sie sich zudem nicht auf ein einziges Programm beschränken.

Wenn Sie Spezialisten für die Bilddateikonvertierung benötigen, werden Sie zum Beispiel im Shareware-Bereich schnell fündig. Insbesondere die Klassiker PaintShop Pro und Graphics Workshop können in diesem Zusammenhang besonders empfohlen werden. Wenn Sie ein solches Konvertierungsprogramm einsetzen, wird es weitgehend nebensächlich, welches Dateiformat die Scanner-Software liefert. TIFF (Tagged Image File Format) stellt – nicht nur im PC-Bereich – mittlerweile den weitgehend unbestrittenen Standard dar.

24.3.2 OCR-Programme

Den meisten Scannern liegen weiterhin einfache OCR-Programme bei, deren Leistungsfähigkeit bei entsprechend guten Vorlagen mittlerweile zwar nicht gerade beeindruckt, aber immerhin einigermaßen zufriedenstellen kann. Versprechen Sie sich von diesen Programmen also nicht zuviel.

24.3.3 Betriebssystemunterstützung

Damit bleibt als letzter Aspekt die Betriebssystemabhängigkeit der Software. Zur Zeit basieren nahezu alle Programme ausschließlich auf der Windows-Schiene. Programme und insbesondere Steuerprogramme für OS/2 oder auch Windows NT sind Mangelware. Achten Sie bei Bedarf darauf. Hinsichtlich anderer Betriebssysteme sollten Sie sich auf eine Lösung konzentrieren, die sich auf einen vollwertigen SCSI-Adapter (zum Beispiel von Adaptec oder Future Domain) stützt.

Die meisten Scanner-Hersteller behandeln andere Betriebssysteme als Windows 3.1x und Windows 9x recht stiefmütterlich. Beim Einsatz eines Scanners unter anderen Betriebssystemen werden Sie möglicherweise erst im professionellen Bereich fündig.

24.3.4 Aktualität der Treiber

Die meisten Hersteller und auch einige Handelsketten unterhalten ihre eigenen Mailboxen (BBS). Gerade im Zusammenhang mit Scannern kann ich Ihnen nur empfehlen, sich öfter nach einer neuen Treiberversion zu erkundigen. Vernichten Sie zudem keine alten Treiber und Programme. Erfahrungen mit Scannern haben gezeigt, daß häufig erst die zweite Version der Programme einigermaßen stabil arbeitet und daß neue Programmversionen häufiger auch neue (andere) Fehler enthalten.

Woran dies im einzelnen liegt, mag dahingestellt bleiben, jedenfalls handelt es sich hier um einen Bereich, in dem offensichtlich noch viel im argen liegt. Einschlägige Foren im Online-Bereich wissen übrigens davon zu berichten, daß es sich dabei keineswegs nur um einen »nationalen Notstand« handelt.

Vobis und Pearl gehören zum Beispiel zu jenen Discountern, die über das Internet bzw. über CompuServe Steuerprogramme für die von ihnen angebotenen Geräte zur Verfügung stellen. Hier finden Sie üblicherweise eine Vielzahl verschiedener Versionen von Scanner-Steuerprogrammen.

24.3.5 Optionales Zubehör

Neben dem bereits angesprochenen Kabelsatz zum Anschluß an vollwertige SCSI-Adapter gibt es im Zubehörbereich nicht viel Beachtenswertes. Lediglich Durchleuchtaufsätze und Einzelblatteinzüge sind hier noch zu nennen.

Beim Einsatz von Durchleuchtaufsätzen lassen sich nicht nur Aufsichtsvorlagen, sondern auch Durchleuchtvorlagen (zum Beispiel Dias) scannen. Die üblichen Lichtquellen werden dann abgeschaltet und durch entsprechende Einheiten im Aufsatz ersetzt. Bei Durchleuchtaufsätzen handelt es sich also im wesentlichen um einen Schlitten mit einer alternativen Lichtquelle, der ebenso exakt wie die Mechanik im Scanner selbst arbeiten muß. Entsprechend hoch fallen die Preise dieser Aufsätze denn auch aus.

Dia-Scanner arbeiten üblicherweise mit physischen Auflösungen von ca. 2000 dpi. Aufgrund dessen ist der Einsatz von Durchleuchtaufsätzen eigentlich nur dann sinnvoll, wenn die physische Scanner-Auflösung ebenfalls in diesem Bereich liegt. (Die Alternative, Dias auf Photo CD übertragen zu lassen, dürfte in der Regel sinnvoller sein.)

Sofern Sie häufig mehrere Einzelblätter einzuscannen haben, können Sie diesen Vorgang durch den Einsatz einer Einzelblattzufuhr weitgehend automatisieren. Wenn Sie zusätzlich Software einsetzen, die die eingelesenen Daten direkt an den Drucker (oder ein Faxmodem) überträgt, können Sie Ihren Scanner auf diesem Wege zu einem vollwertigen Fotokopierer machen.

24.4 Checkliste: Scanner

In die Checkliste zur Scanner-Auswahl fließen im Prinzip die bereits erläuterten Sachverhalte ein, so daß sie sich relativ kurz tabellarisch zusammenfasen läßt.

Kriterium	Anmerkungen
Scanner-Typ	Flachbett-, Einzug- oder Hand-Scanner?
Scan-Methode	Single- oder Three-Pass? Neuere Modelle erfassen Vorlagen fast ausschließlich in einem Durchgang (Single-Pass).
Optische Auflösung	300×600 und 400×800 reichen im Prinzip für die meisten Anwendungsgebiete durchweg aus. Lediglich für das Scannen von zum Beispiel Dias sind (wesentlich) höhere Auflösungen erforderlich.
Interpolierte bzw. maximale Auflösung	Diese Angabe kann ignoriert werden, da sich gleiche Ergebnisse mit guter Software und entsprechender Arbeitsspeicherausstattung des Rechners auch nachträglich erzielen lassen.
Farbtiefe	24 Bit. 30 oder 36 Bit bieten höhere Dynamik und damit einen größeren Regelbereich *vor* der Übertragung der Daten zum Computer.
Graustufen	Üblich sind 256 (8 Bit). Aber auch 10 oder 12 Bit begegnen Ihnen zuweilen, wobei hier das gleiche wie bei der Farbtiefe gilt.
Maximale Vorlagengröße	A4 und das amerikanische Letter-Format sind bei Flachbett- und Einzug-Scannern Pflicht. Die direkte Erfassung wesentlich größerer Vorlagen ist nicht üblich.
Schnittstelle(nkarte)	Proprietäre SCSI-Schnittstellenkarten sind üblich. Nach Anschlußmöglichkeiten an gegebenenfalls vorhandene SCSI-Adapter müssen Sie sich bei Bedarf im Einzelfall erkundigen. (Über vollwertige SCSI-2-Adapter lassen sich auch andere SCSI-Geräte problemlos anschließen.)

Tab. 24.3: Checkliste für die Auswahl eines Scanners

Kriterium	Anmerkungen
Software	TWAIN ist in jedem Fall Pflicht. Beiliegende Grafikprogramme bieten meist nur die notwendigsten Bildbearbeitungsfunktionen. (Lassen Sie sich die Programme gegebenenfalls beim Händler oder auf einer Messe vorführen!)
Betriebssystem-Plattform	Windows 9x (und Windows 3.x) werden meist standardmäßig unterstützt. Über andere Plattformen müssen Sie sich gegebenenfalls im Einzelfall informieren.

Tab. 24.3: Checkliste für die Auswahl eines Scanners

24.5 Trends

Hand-Scanner sind für weniger als 200 DM erhältlich. Mit ihnen lassen sich bereits mit ein wenig Übung und entsprechend guten Vorlagen brauchbare Ergebnisse erzielen. Farb-Hand-Scanner sind hinsichtlich der Ergebnisse Flachbett-Scannern meist klar unterlegen, so daß sich deren Anschaffung aufgrund des immer geringer werdenden Preisunterschieds kaum noch rechtfertigen läßt. Lediglich der geringe Platzbedarf des Hand-Scanners könnte hier ausschlaggebend ins Gewicht fallen.

Seit die Preise der CCDs aufgrund steigender Nachfrage und technischer Fortschritte so weit gesunken sind, daß Flachbett-Scanner unter 500 DM erhältlich sind, sind diese zu Massenprodukten geworden, deren Markterfolg von Betriebssicherheit und leichter Installation stärker abhängt.

Schneller, leistungsfähiger, preiswerter und leichter handhabbar werden also die vorrangigen Trends im Scanner-Bereich lauten. An der grundlegenden Arbeitsweise der Scanner selbst wird sich in Zukunft wahrscheinlich kaum etwas ändern.

PnP ist im Scanner-Bereich nicht unbedingt üblich, wird aber zunehmend Bedeutung erlangen. Möglicherweise erscheinen auch schon bald Scanner, die nicht mehr mit Hilfe spezieller Steckkarten installiert werden müssen. Neben der parallelen Schnittstelle könnten neue Standards wie »Firewire« Scannern Anschluß bieten.

Scanner für Spezialanwendungen kommen zunehmend in Mode. Zum Beispiel gibt es Pen-Scanner in Kugelschreiberform zur Erfassung von Texten und Produkt-Strichcodes, die im (spezialisierten) Fachhandel erhältlich sind.

Abb. 24.6: Auch Mikrofilme lassen sich mit speziellen Scannern digitalisieren, wie hier mit dem Mikrofilmscanner MS500 von Canon.

24.6 Installation

Eigentlich könnte an dieser Stelle sowohl die Installation eines Hand-Scanners als auch die eines Flachbett-Scanners beschrieben werden. Da die Installation der verschiedenen herstellerspezifischen Steckkarten jedoch höchst unterschiedlich ausfällt, beschränke ich mich hinsichtlich der Hand-Scanner auf einige allgemeine Hinweise. Daran anschließend finden Sie ein Beispiel für eine etwas aufwendigere und ungewöhnliche Installation eines Flachbett-Scanners.

24.6.1 Hand-Scanner

Die Installation von Hand-Scannern kann in Rechnern mit Soundkarten schnell zu einem Problem führen. Hand-Scanner mit 8-Bit-Adaptern sollten aufgrund der zu geringen Anzahl verfügbarer Einstellungen möglichst nicht mehr eingesetzt werden.

Oft belegen Hand-Scanner einen DMA-Kanal, einen IRQ und eine oder mehrere Port-Adressen. Dabei stehen auch bei den 16-Bit-Adaptern oft nur wenige Alternativen zur Auswahl, so daß es recht häufig zu Konflikten kommt, die den Einsatz eines bestimmten Hand-Scanners zuweilen auch unmöglich machen. Begeben Sie sich also möglichst mit einer Liste der belegten System-Ressourcen zum Händler, und überzeugen Sie sich im Vorfeld davon, ob sich der Scanner in Ihrem System überhaupt einsetzen läßt.

Die Einstellung der zu verwendenden Ressourcen erfolgt meist über Jumper oder DIP-Schalter. Wählen Sie freie Adressen, notieren Sie sich diese unbedingt, und bauen Sie den Scanner-Adapter ein. Installieren Sie dann die mitgelieferten Programme. Neben einem Treiber handelt es sich dabei üblicherweise um Windows-Programme. Diese müssen Sie anschließend meist noch unter Angabe der eingestellten Adressen konfigurieren.

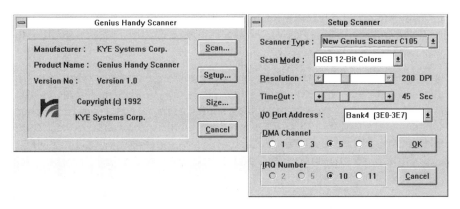

Abb. 24.7: Einstellung der Parameter unter Windows

Die meisten auf dem TWAIN-Standard basierenden Scanner benötigen nur dann einen Treiberaufruf in der CONFIG.SYS, wenn Programme verwendet werden, die diesen Standard nicht unterstützen. Der Aufruf eines Scanner-Treibers in der CONFIG.SYS könnte beispielsweise folgendermaßen aussehen:

```
DEVICEHIGH=C:\KYE\GSCAN.SYS /T=GSC105 /D=5 /I=10
```

Hier müssen das Scanner-Modell (/T), der verwendete DMA-Kanal (/D) und der verwendete IRQ (/I) in der Befehlszeile mit angegeben werden. Achten Sie beim Rechnerstart auf die angezeigte Meldung. Der Treiber wird üblicherweise nur dann installiert, wenn keine Konflikte mit anderen Geräten vorliegen. Ob und in welcher Form Parameter beim Aufruf des Treibers zu Ihrem Scanner angegeben werden müssen, entnehmen Sie bitte dem zugehörigen Handbuch.

24.6.2 Flachbett-Scanner

Die meisten der heute gebräuchlichen preiswerten Flachbett-Scanner werden zusammen mit einer einfachen SCSI-Schnittstellenkarte ausgeliefert. Wie bereits angedeutet, gestaltet sich die Installation häufig nicht ganz problemlos. Daher werde ich im folgenden eine solche Installation ein wenig ausführlicher darstellen. Da ähnliche Flachbett-Scanner von vielen Firmen vertrieben werden, dürfte sich das Vorgehen nicht auf ein bestimmtes Scanner-Modell beschränken.

Die Adapterkarte benutzt keinen DMA-Kanal, keine Port-Adresse und auch keinen IRQ. Es wird aber ein 16 KByte großer Bereich des Arbeitsspeichers verwendet, der von keinem anderen Adapter belegt werden darf. Zudem ist am Scanner werkseitig üblicherweise die SCSI-ID 6 eingestellt. Sofern Sie die mit dem Scanner gelieferte spezielle SCSI-Karte benutzen, brauchen Sie daran nichts zu ändern. Ansonsten lesen Sie zusätzlich die Informationen über SCSI in den anderen Kapiteln dieses Buches, die Informationen über die dann notwendige Vorgehensweise enthalten.

Setzen Sie zunächst einmal MSD oder ein ähnliches Dienstprogramm ein, um einen freien Bereich im Arbeitsspeicher (UMB) auszumachen. Damit die Angaben von MSD zuverlässig ausfallen, sollten Sie zunächst einmal Speicher-Manager wie EMM386 oder QEMM in der CONFIG.SYS deaktivieren. Rufen Sie dann MSD auf, oder lassen Sie sich unter Windows 9x vom Geräte-Manager über die verfügbaren bzw. belegten Ressourcen informieren, und notieren bzw. drucken Sie sich diese Angaben aus.

Gehen wir davon aus, daß sich der Bereich zwischen den Segmentadressen D000 und D3FF benutzen läßt. Nun müssen die DIP-Schalter bzw. die Jumper der Adapterkarte entsprechend gesetzt werden.

Dieser Bereich *muß* über das BIOS-Setup-Programm von anderweitiger Verwendung ausgeklammert werden können, da ansonsten der Adapter nicht funktioniert. D.h., das *Adaptor ROM Shadow* muß für diesen Bereich auf *Disabled* gesetzt werden. Dies geschieht zum Beispiel beim weitverbreiteten AMI-BIOS für 16-KByte-Blöcke über das *Advanced CMOS Setup*.

Im AMI-BIOS für PCI-Rechner sehen die vorzunehmenden Einstellungen ein wenig anders aus:

```
Disable Shadow Memory Base:   D000
Disable Shadow Memory Size:   16 KByte
```

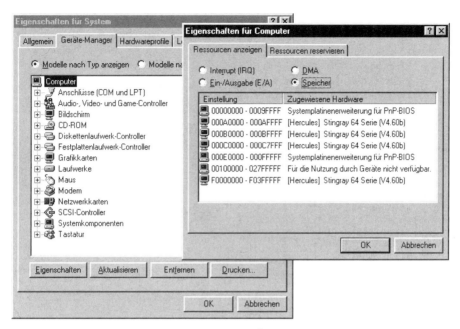

Abb. 24.8: Hier können Sie sich unter Windows 9x Überblick über bereits belegte Ressourcen verschaffen.

Als nächstes müssen Sie in der Zeile, über die der Speicher-Manager Ihres Rechners geladen wird, den entsprechenden Bereich ebenfalls ausklammern. Die Beispiele für die Speicher-Manager von DOS, Novell-DOS bzw. QEMM könnten zum Beispiel wie folgt aussehen:

```
DEVICE=C:\DOS\EMM386.EXE X=D000-D7FF
DEVICE=C:\NWDOS\EMM386.EXE EXCLUDE=D000-D3FF
DEVICE=C:\QEMM\QEMM386.SYS RAM ARAM=D000-D3FF R:0
```

In der SYSTEM.INI von Windows 3.x müssen Sie zudem mit Hilfe eines Editors (zum Beispiel EDIT oder SYSEDIT) die folgende Anweisung im Abschnitt [386Enh] hinzufügen:

```
EMMEXCLUDE=D000-D3FF
```

Auch Windows 9x bietet entsprechende Einstellmöglichkeiten an. Diese erreichen Sie, wie unter Windows 9x üblich, über die *Systemsteuerung* und das *System*-Symbol. Im Register *Geräte-Manager* markieren Sie *Computer*, klicken auf *Eigenschaften*, wählen dann im Register *Ressourcen reservieren* die Option *Speicher* und geben schließlich den Start- und Endwert des zu reservierenden Speicherbereichs ein, wie dies in der Abbildung entsprechend den vorangegangenen Beispielen dargestellt wird. (Die angegebenen Adressen müssen im vorliegenden Fall unter Windows 9x um eine »0« bzw. ein »F« ergänzt werden.)

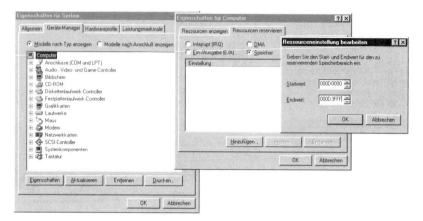

Abb. 24.9: Reservieren eines Speicherbereichs für einen Adapter unter Windows 9x

Nun können Sie den Rechner ausschalten, den Scanner-Adapter einbauen und den Scanner anschließen. Vergessen Sie nicht, die Transportsicherungen zu entfernen und den Scanner abschließend einzuschalten.

Rufen Sie dann Windows auf, und installieren Sie die mit dem Scanner gelieferten Programme (TWAIN Data Source usw.). Nach dem Aufruf der zugehörigen SETUP-Programme sollte eigentlich alles weitere reibungslos funktionieren. Sofern dabei Adressenkonflikte gemeldet werden, notieren Sie sich eine der gegebenenfalls vorgeschlagenen freien Adressen, und wiederholen Sie das bereits geschilderte Vorgehen.

Windows 9x

Im Idealfall haben Sie es bei einem neuen Scanner unter Windows 95 mit einem PnP-Gerät zu tun. In diesem Fall erkennt Windows 9x selbständig, daß ein neuer Adapter bzw. ein neues Gerät zur Systemkonfiguration hinzugekommen ist, und fordert Sie zur Durchführung aller notwendigen Maßnahmen bzw. zum Einlegen der erforderlichen Treiber-Disketten auf.

Bei der zweiten Installations-Variante unter Windows 9x wird der neue Adapter bzw. der Scanner zwar nicht erkannt, diesem liegt jedoch ein SETUP- bzw. Einrichtungsprogramm bei, das alle notwendigen Einstellungen vornimmt und belegte Ressourcen reserviert. In diesem Fall müssen Sie lediglich das SETUP-Programm starten und anschließend den Anweisungen auf dem Bildschirm folgen.

Bei der dritten Installations-Variante unter Windows 9x handelt es sich um das vorn im Buch allgemein geschilderte Verfahren des Aufrufs einer gerätespezifischen INF-Datei über den Hardware-Assistenten.

Die oben dargestellte manuelle Reservierung von Speicheradressen oder anderen Systemressourcen als vorbereitende Maßnahmen sollte bei neueren Geräten unter Windows 9x eigentlich nicht auftreten.

Irrungen und Wirrungen aus der Praxis

Ziemlichen Ärger gab es mit einigen bestimmten SCSI-Scanner-Adaptern. Letztlich stellte sich auch noch der Aufdruck auf dem Adapter als spiegelverkehrt heraus (ich hatte glücklicherweise die korrekten Angaben aus dem Handbuch zur Einstellung herangezogen), wobei die Lage durch fehlerhafte Steuerprogramme zusätzlich verschlimmert wurde. Infolge dessen schlug das Installationsprogramm zwar freie Adressen vor, wies diese aber anschließend alle als belegt aus, obwohl die Systeminformationsprogramme anderslautende Auskünfte gegeben haben. Erst mit Hilfe aktualisierter Scanner-Programme und mühseligem Herumprobieren war der entsprechende Scanner zum Leben zu erwecken.

Obwohl Treiber in der CONFIG.SYS (zum Beispiel MSCSI.SYS oder MFSC.SYS) eigentlich nur dann benötigt werden, wenn die eingesetzten Anwendungen bzw. Ihr Scanner den TWAIN-Standard nicht unterstützen, waren diese Scanner nur mit Hilfe der zusätzlichen Zeile

```
DEVICE=MFSC.SYS
```

in der CONFIG.SYS zu betreiben, der nach dem Motto »Schaden kann's auch nicht« eingebunden wurde. Schlimmer noch: Der Treiber mußte direkt nach EMM386 und HIMEM geladen werden und arbeitete nicht, wenn er (mit DEVICEHIGH) hochgeladen wurde. Vorher funktionierte in diesem Extremfall gar keine der möglichen Einstellungen, nachher arbeiteten seltsamerweise *alle*. Wie bereits gesagt, trat dieser Fall bei mehreren verschiedenen (weitgehend baugleichen) Scanner-Modellen auf. Mit aktualisierten Treiberversionen bzw. Scanner-Programmversionen traten diese Fehler dann nicht mehr auf, so daß das geschilderte Vorgehen nicht mehr erforderlich sein sollte. (Die spiegelverkehrten Aufdrucke auf der Platine stellten sich allerdings für etliche Anwender, die sich seltsamerweise auch nur im Besitz einer Kurzinstallationsanweisung befanden, als böser Fallstrick heraus.)

Zwar stellen diese Beispiele nicht gerade die Regel dar, aber als Ausnahme können sie auch nicht bezeichnet werden. Derartige Probleme sind mir nämlich nicht nur im Zusammenhang mit Scannern beegnet. Spezielle Drucker und auch die eine oder andere Grafikkarte ließen sich nur unter Einsatz eines der erwähnten Hintertürchen installieren. Von verschiedene Versionen bzw. Parametern von EMM386.EXE ist darüber hinaus bekannt, daß sie aufgrund von Programmfehlern derartige Situationen zusätzlich verschlimmern können. Hoffentlich bleiben Sie also von solch extremen Problemfällen verschont. In jedem Fall sollten Sie Geduld bewahren und sich an der Hotline möglichst nicht abwimmeln lassen.

24.6.3 Geräte über die TWAIN-Schnittstelle betreiben

Sollten Sie sich nach der Installation des Scanners wundern, daß Sie zunächst einmal weder zusätzliche Programme noch irgendwelche Scanner-Funktionen entdecken können, brauchen Sie nicht zu verzagen. Der Scanner oder die Geräte werden nämlich nicht über eigenständige Programme realisiert, sondern in vorhandene (oder nachträglich installierte) Programme automatisch integriert.

Dazu verfügen TWAIN-kompatible Bildbearbeitungsprogramme über (zwei) Optionen im *Datei*-Menü, die beispielsweise *Quelle* und *Holen* lauten können. Über *Quelle* läßt sich in diesem Fall das TWAIN-Quellgerät auswählen, während *Holen* den eigentlichen Scan-Vorgang auslöst.

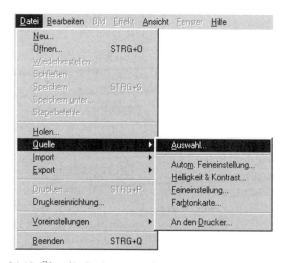

Abb. 24.10: Über die Optionen Quelle und Holen läßt sich in diesem Bildbearbeitungsprogramm der Scanner auswählen und der Scan-Vorgang initiieren.

Optionen wie *Source* und *Aquire* finden sich zu diesem Zweck häufig in englischsprachigen Programmen, aber auch hinter *Öffnen Spezial* oder *Anbindung* können sich die Funktionen zum Aktivieren des Scanner-Dialogfeldes verbergen. Sofern mehr als ein Quellgerät angeboten wird, müssen Sie dieses zunächst auswählen. Die Abbildung zeigt das dafür zuständige Dialogfeld in unterschiedlichen Ausführungen, wobei das rechte Dialogfeld eine Reihe vordefinierter Quellen anbietet, so daß das linke Dialogfeld erst einmal über *TWAIN_32 Quelle wählen* (32-Bit-Windows) oder *TWAIN Quelle wählen* (16-Bit-Windows) aufgerufen werden muß, wenn beliebige andere TWAIN-Geräte als Datenquelle dienen sollen.

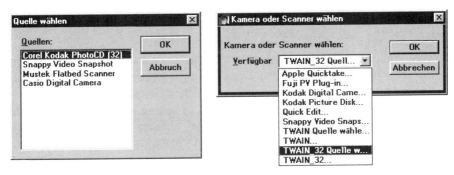

Abb. 24.11: Über TWAIN können nicht nur Scanner, sondern auch Video-Grabber, digitale Kameras oder PCD-Importmodule angesprochen werden.

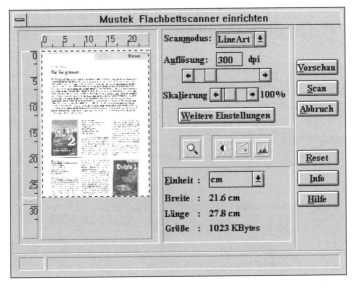

Abb. 24.12: Dialogfeld zur Einrichtung eines Scanners mit Preview-Fenster

Nach der Auswahl des Scanners wird Ihnen dann üblicherweise ein Dialogfeld mit diversen Einstellmöglichkeiten für den Scanner, wie zum Beispiel Auflösung, Scan-Modus und weitere Optionen angeboten. Dieses Dialogfeld wird über die TWAIN-Programmerschnittstelle realisiert und ist spezifisch für das jeweils angesprochene Gerät. Es ist aber nicht Teil des aufrufenden Programms und sieht daher für ein und dasselbe Gerät immer gleich aus, unabhängig davon, von welchem Programm aus es aktiviert wurde.

24.6.4 Kalibrierung

Von Kalibrierung spricht man dann, wenn gerätespezifische Charakteristika aufeinander bzw. auf äußere Begleitumstände abgeglichen werden. Scanner, Bildschirm und Drucker weisen zum Beispiel ein unterschiedliches Farbansprechverhalten auf, so daß eigentlich immer systematische Abweichungen der Geräte voneinander auftreten. Unvermeidbar ist dies im Fall von Geräten, die mit unterschiedlichen Farbmodellen arbeiten, da es zum Beispiel im vom Drucker verwendeten CMYK-Verfahren (subtraktive Farbmischung) einige Farben gibt, die sich im Unterschied zum RGB-Verfahren (die vom Bildschirm verwendete additive Mischung der Spektralfarben) nicht darstellen lassen. Entsprechend müssen gewisse Korrekturmaßnahmen ergriffen werden.

Abgesehen von den verschiedenen Farbräumen (CMYK vs. RGB) bleiben aber auch Papier- und Vorlagenqualität nicht ohne Einfluß auf die Erfassung von Farben durch einen Scanner. Durchscheinendes und farbiges Papier stellen nur zwei Beispiele dar, die das Scan-Ergebnis dramatisch beeinflussen können.

Nun wird häufig empfohlen, Scanner zu kalibrieren, um deren Farberfassung mit der Bildschirm- und der Druckerdarstellung der Farben in Einklang zu bringen. Das ist im Prinzip auch richtig. Dazu müssen Sie dann die entsprechenden Funktionen der von Ihnen verwendeten Programme einsetzen. Allerdings ist der Nutzen dieser Kalibrierungsfunktionen und des damit verbundenen automatischen Farbabgleichs aufgrund der eben kurz dargestellten Sachverhalte nicht unbedingt nützlich. Verschiedene Vorlagenbeschaffenheiten können ganz unterschiedliche Korrekturen erfordern, so daß eine exakte Kalibrierung häufig nur dann wirklich sinnvoll ist, wenn immer mit gleicher Vorlagenqualität gearbeitet wird oder wenn offensichtliche durchgängige Farbabweichungen ausgeglichen werden sollen.

Viele (nicht nur hochwertige) Bildbearbeitungsprogramme bieten eine Reihe von Funktionen zur automatisierten Durchführung von Farbabgleichungen an. Zusätzlich können Sie oft auch Profile oder Makros anlegen, die wiederkehrende Abgleiche für bestimmte Vorlagen durchführen. Der Einsatz dieser Funktionen ist oft sinnvoller als die Kalibrierung des Scanners selbst.

 Die Kalibrierung eines Scanners ist bei wechselnden Vorlagenqualitäten nicht unbedingt nützlich. Oft empfiehlt sich vielmehr der nachträgliche Farbabgleich über die eingesetzten Bildbearbeitungsprogramme. Kalibrierungsfunktionen justieren einen Scanner letztlich lediglich auf die zur Kalibrierung eingesetzte Vorlagenqualität.

Wenn ich hier im Prinzip von der Kalibrierung des Scanners selbst auch abrate, sollten Sie für die Arbeit mit einem Scanner die weiteren beteiligten Geräte (Bildschirm und Drucker) aber auf jeden Fall kalibrieren.

Dies gilt in erster Linie für den Bildschirm. Für den Drucker sollten ebenfalls grundlegende Farb- bzw. Helligkeitswert-Korrekturen vorgenommen werden, jedoch müssen Sie bei Farbdarstellung des Druckers berücksichtigen, daß bestimmte auf dem Bildschirm darstellbare Farben in dem vom Drucker (und im Offset-Druck) verwendeten Farbraum prinzipbedingt nicht darstellbar und gewisse Abweichungen so unvermeidbar sind.

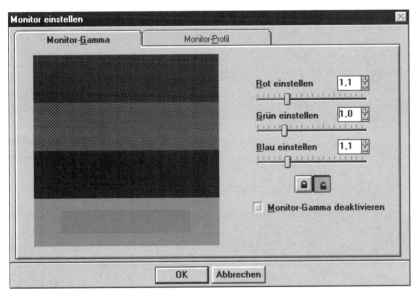

Abb. 24.13: Die Kalibrierung des Monitors gehört nach der Installation eines Scanners zu den Pflichtübungen.

Die Schriftenreihe »Eine Einführung in die digitale Farbe«, die von Agfa-Gevaert herausgegeben wird, bietet alle grundlegenden Informationen über Scanner, Bildschirme, Drucker und Farbmodelle. Eine ausführliche Darstellung würde den Rahmen dieses Buches bei weitem sprengen.

24.7 Troubleshooting

Bevor ich im folgenden wieder einige häufiger auftretende Fehler und deren Ursachen sowie Möglichkeiten zu deren Beseitigung anführe, sollen an dieser Stelle noch einige zusätzliche Hinweise vorab gegeben werden:

- Scanner-Software arbeitet häufig nicht korrekt mit Festplatten-Laufwerken zusammen, die mit Progammen wie DoubleSpace, SuperStor oder Stacker usw. komprimiert worden sind. Verwenden Sie zur Installation also ein unkomprimiertes Laufwerk, auf dem zudem genügend Platz für die vom Scanner erzeugten temporären Dateien vorhanden sein muß.

- Vielfach befinden sich auf den Disketten des Scanners zusätzliche Testprogramme. Diese verstecken sich oft in Unterverzeichnissen und werden in der Dokumentation nicht unbedingt erwähnt. Dateinamen wie SCANTEST.EXE oder SJTEST.EXE sollten Sie aufhorchen lassen. Die Programme arbeiten manchmal nur dann, wenn ein spezieller Scanner-Treiber (MFSC.SYS bzw. MSCAN.SYS hatte ich als Beispiel bereits genannt) zuvor in der CONFIG.SYS installiert worden ist. Zudem müssen Sie beim Aufruf eines solchen Testprogramms häufig die für den Scanner gültigen Konfigurationsdaten angeben, so daß das Programm an der angegebenen Adresse nach dem Scanner suchen kann.

Scanner-Software läuft instabil

Wahrscheinlich beinhaltet das Programm noch kleinere Fehler. Besorgen Sie sich möglichst eine aktuelle Version der Software. Hardware-Konflikte sind hier in der Regel nicht die Ursache, da dann die Software normalerweise gar nicht erst startet. Haben Sie dafür gesorgt, daß eine ggf. erforderliche EMMEXCLUDE-Anweisung in der SYSTEM.INI vorhanden ist und die richtigen Werte enthält? Versuchen Sie herauszufinden, ob der Fehler nur in einer bestimmten Situation auftritt, zum Beispiel während der Schlitten des Scanners zurückgefahren wird. Vermeiden Sie dann einfach diese Situation, und besorgen Sie sich ggf. aktualisierte Programmversionen.

Scanner läßt sich nicht installieren

Schauen Sie auf den Disketten Ihres Scanners nach, ob sich dort ein Treiber für DOS-Anwendungen befindet. Dieser kann Ihnen zumindest die Arbeit erleichtern, da er direkt beim Rechnerstart darüber Auskunft gibt, ob die eingestellte Konfiguration arbeitet. MFSC.SYS, MSCSI.SYS und MSCAN.SYS sind Beispiele für solche Treiber. Plazieren Sie eine Zeile wie zum Beispiel

```
DEVICE=MSCAN.SYS
```

an den Anfang der CONFIG.SYS einer »sauberen« Betriebssystemdiskette, und starten Sie Ihren Rechner über diese. Achten Sie nun auf die Meldungen auf dem Bildschirm. Wenn jetzt keine Konflikte auftreten, liegt zumindest kein Hardware-Defekt vor.

Allgemeine Schutzverletzung (GPF – General Protection Fault)

Die Einstellungen des Scanners stehen wahrscheinlich im Konflikt mit anderen Geräten. Ist die EMMEXCLUDE-Anweisung in der SYSTEM.INI korrekt, bzw. sind vom Scanner verwendete Ressourcen korrekt gesperrt bzw. für den Scanner reserviert worden? Kontrollieren Sie die Einstellungen des Scanners und dessen Adapters noch einmal.

Software arbeitet nach Neustart nicht

Um nach einem Absturz des Rechners die beteiligten Komponenten wieder zur Arbeit zu überreden, müssen Sie unter Umständen sowohl den Rechner als auch den Scanner kurz abschalten und anschließend neu starten. Anschließend sollte der Fehler nicht mehr auftreten. Bei anderen Geräte-/Programm-Kombinationen reicht es aus, nur den Scanner selbst kurz ab- und wieder einzuschalten, um ihn wiederzubeleben.

Scanner-Licht geht an, der Scanner arbeitet aber nicht

Hier liegt aller Wahrscheinlichkeit ein IRQ- oder ein DMA-Konflikt vor. Kontrollieren und korrigieren Sie die Einstellungen des Scanner-Adapters und/oder anderer Karten. Testhalber können Sie unter Umständen auch den einen oder anderen Adapter zwischenzeitlich deinstallieren, um (verborgenen) Konflikten auf die Spur zu kommen.

*Abb. 24.14: Beachten Sie bei der Verwendung von Bildquellen die Copyright-Bestimmungen.
(Quelle: Kodak)*

Telekommunikation   25

Im Telekommunikationsbereich wurde einer der vorherrschenden Trends der letzten und kommenden Jahre besonders deutlich: Computertechnologie, Kommunikationstechnologien und Unterhaltungsindustrie wuchsen und werden in den nächsten Jahren zunehmend zusammenwachsen. Dementsprechend breit gefächert sind mittlerweile die Angebote und Möglichkeiten der Telekommunikation in Verbindung mit dem Computer.

- *Modems* setzen digitalen Rechnerdaten in analoge Signale um und übermitteln diese in Form von »Tönen« über die Telefonleitung (Modulation). Beim Empfang der Daten wird der umgekehrte Weg beschritten (Demodulation).

- Mit der zweiten Generation der D1- oder D2-*Handies* lassen sich über das digitale GSM-Telefonnetz nicht mehr nur Telefongespräche führen, sondern auch beliebig Daten austauschen.

- (Euro-)ISDN konnte sich seit Mitte der 90er Jahre auch im Privatbereich durchsetzen. Die Vorteile dreier separater Rufnummern lassen sich beim zunehmenden Einsatz moderner Kommunikationsmittel nicht von der Hand weisen, zumal sich üblicherweise die vorhandenen analogen Geräte am ISDN-Anschluß weiterverwenden lassen.

- Externe *Faxgeräte* werden zunehmend mit integriertem Drucker und niedrigauflösendem Dokumentenscanner angeboten. Sie lassen sich häufig auch für die Übertragung eingescannter Dokumente (und Bilder) an einen Computer verwenden und enthalten teilweise bereits Farbdrucker.

Diesen Themenbereichen wendet sich das aktuelle Kapitel zu. Naturgemäß werde ich dabei nicht noch einmal auf zugrundeliegende Funktionsprinzipien eingehen, die bereits in vorangegangenen Kapiteln erläutert wurden. Insbesondere bei Faxgeräten handelt es sich schließlich um Kombi-Geräte, die aus Einzug-Scanner, Drucker und Modem oder ISDN-Karte bestehen. Die Behandlung der Themen »Scanner« und »Drucker« finden Sie also in den entsprechenden Buch-Kapiteln. Aufgrund der Breite des Themenbereichs kann ich an dieser Stelle leider auch nicht in aller Ausführlichkeit auf die gebotenen Möglichkeiten eingehen, so daß ich mich weitgehend auf einen Technologie-Überblick beschränken muß, der Ihnen aber als Basis für eigene Anschaffungen dienen kann. Darüber hinaus finden Sie natürlich auch in diesem Kapitel etliche Installationshinweise und Möglichkeiten zur Bewältigung gängiger Probleme.

Abb. 25.1: Ein externes Modem

Bereits seit Jahren befinden sich Modems (Modulator/Demodulator), Faxkarten und Akustikkoppler im praktischen Einsatz. Dennoch haftet ihnen traditionell der Ruf an, daß es sich dabei um eine recht komplexe Materie handelt, so daß viele Anwender den Geräten nur mit Scheu begegneten und deren Einsatz mieden. Dabei handelt es sich aus der Sicht des Computers bei einem Modem (oder Faxmodem) um nichts anderes als eine serielle Schnittstelle. Dementsprechend treffen die Informationen aus dem Kapitel »Serielle und parallele Schnittstelle« gleichermaßen auf Modems zu.

Immer habe ich von Schwierigkeiten beim Betrieb oder der Einrichtung von Modems gehört, die dann meist gar nicht das Modem selbst zur Ursache hatten. Modems mit unvollständigem Befehlssatz zählten lange zu den vorrangigen Übeltätern: Technisch zwar einwandfrei, unterstützten sie den verbreiteten Hayes-Standard mit seinem AT-Kommandosatz nur unvollständig oder verwendeten gar eigene spezifische Anweisungen. Verbindungsprobleme sind in solchen Fällen natürlich vorprogrammiert.

Eine andere Fehlerquelle stellen Kabelverbindungen zwischen Modem und der Telefonanschlußdose dar. In Europa gibt es über 20 verschiedene (nationale) »Standards«, die häufig nicht miteinander kompatibel sind und Entwickler in Übersee reihenweise zur Verzweiflung bringen. Eigentlich unnötig zu sagen, daß sich die verschiedenen Institutionen mit (unnötigen und komplizierten) bürokratischen Hemmnissen (Genehmigungsverfahren) den Fortschritten im Bereich der Telekommunikation oft wirksam entgegenstemmen.

Die Folgen stellen die Ursachen der meisten Probleme bei der Installation und dem Anschluß von Modems dar. Die Geräte werden für den internationalen Markt entwickelt und verwenden weitgehend die gleichen Bauteile. Lediglich im Detail werden notwendige Anpassungen vorgenommen. Dies hat insbesondere zur Folge, daß die mit den Geräten gelieferten Anschlußkabel der Konvertierung zwischen den verschiedenen Standards dienen und damit keinem Standard mehr folgen.

 Handelsübliche Modems folgen zwar weitgehend internationalen Standards, mitgelieferte Kabel lassen sich aber häufig ausschließlich mit dem Gerät verwenden, zu dessen Lieferumfang sie gehören.

Abb. 25.2: Meist gerätespezifisch: TAE-N/Western-Anschlußkabel

25.1 Merkmale und Auswahlkriterien

Modems unterscheiden sich im wesentlichen nur noch hinsichtlich der möglichen Übertragungsgeschwindigkeit und der unterstützten Standards. Die Unterscheidung zwischen Modem und Faxkarte ist auch kaum noch sinnvoll, da nahezu alle Modems mit Geschwindigkeiten ab 9.600 Bit/s gleichzeitig in der Lage sind, Telefaxe zu senden und zu empfangen. Aus diesem Grund verzichte ich im folgenden weitgehend auf die Unterscheidung zwischen Modem und Faxmodem.

25.1.1 Funktionsweise

Bei der Umwandlung der digitalen Daten in analoge Signale generiert das Modem ein Trägersignal einer festgelegten Frequenz, wie zum Beispiel 1080 Hz für das Senden (gemäß V.21). Einzelne Bits werden nun dadurch erzeugt, daß die Tonhöhe des Trägersignals variiert (frequenzmoduliert) wird. Dafür wird im Beispiel das Signal um 100 Hz gesenkt (0–980 Hz) bzw. erhöht (1–1180 Hz).

Damit zwei Modems gleichzeitig Daten senden können (vollduplex), definieren die verschiedenen Übertragungsstandards unterschiedliche Frequenzen für die beiden Richtungen, die Originate und Answer genannt werden. Das anrufende Modem benutzt üblicherweise den Originate-Modus (Trägersignalfrequenz gemäß V.21: 1080 Hz), das angerufene Modem den Answer-Modus (Trägersignalfrequenz gemäß V.21: 1080 Hz).

 Welche Trägersignalfrequenz vom Modem tatsächlich verwendet wird und in welchem Umfang das Signal moduliert wird, hängt von dem jeweils eingesetzten Übertragungsverfahren ab. Die bisher angegebenen Frequenzen entsprechen dem V.21-Standard und wurden lediglich als Beispiel gewählt.

25.1.2 Intern vs. extern

Bauartbedingt wird zwischen internen und externen Modems unterschieden. Während letztere in einem eigenen Gehäuse untergebracht sind und an eine der seriellen Schnittstellen angeschlossen werden, handelt es sich bei internen Modems um Platinen, die in einen freien Steckplatz (Slot) des Rechners gesteckt werden und damit von diesem direkt wie eine zusätzliche serielle Schnittstelle behandelt werden.

Abb. 25.3: Ein internes Modem

Manche Anwender schwören auf interne, manche auf externe Modems. Interne Modems benötigen keine zusätzliche Stellfläche und verursachen geringeren Kabelsalat, erfordern aber einen freien Steckplatz und gegebenenfalls Änderungen der Systemkonfiguration. Wenn bereits zwei serielle Schnittstellen im Rechner vorhanden sind, kann die Installation ein wenig problematisch werden. Nähere Informationen über mögliche Konflikte mit anderen Geräten finden Sie im Kapitel »Serielle und parallele Schnittstelle«.

Die Installation eines internen Modems stellt nichts anderes als den nachträglichen Einbau einer zusätzlichen seriellen Schnittstelle dar, so daß die zugehörigen Informationen hier wie dort gültig sind und berücksichtigt werden sollten. Ein wesentlicher Vorteil interner Modems ist meiner Ansicht nach darin zu sehen, daß sie sich unter Einsatz von Programmen wie System Information direkt testen lassen.

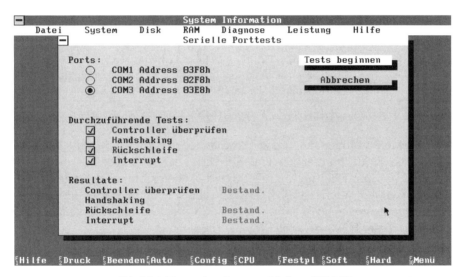

Abb. 25.4: Testen eines internen Modems (COM3)

Einer der Hauptvorteile externer Modems liegt darin, daß diese über Kontrolleuchten verfügen, die dem Anwender Auskunft über den Zustand des Geräts geben. Ansonsten handelt es sich meist um die gleichen Bauteile, so daß qualitative Unterschiede eigentlich nicht auftreten sollten.

Leuchte	Bedeutung
AA	(Auto Answer) Leuchtet, wenn das Modem selbständig auf ankommende Anrufe antwortet.
CD/DCD	(Data Carrier Detect) Leuchtet, wenn das Modem erfolgreich Verbindung mit einem anderen Rechner aufgenommen hat, bzw. solange eine solche besteht.
HS	(High speed) Leuchtet, wenn das Modem mit höchstmöglicher Geschwindigkeit arbeitet.
MR	(Modem Ready) Signalisiert, daß das Modem betriebsbereit ist.
OH	(Off Hook) Leuchtet, wenn das Modem die Kontrolle über die Telefonleitung übernommen hat.
RD/RXD	(Receive Data) Signalisiert, daß das Modem Daten von einer Gegenstation empfängt.
SD/TD/TXD	(Send Data bzw. Transmit Data) Leuchtet, wenn das Modem Daten sendet.
TR/DTR	(Data Terminal Ready) Leuchtet, wenn das Modem ein Signal vom Computer bzw. der Terminal-Software empfängt, das dessen Bereitschaft signalisiert.

Tab. 25.1: Bedeutung der Kontrolleuchten eines externen Modems

Da das externe Modem an eine der vorhandenen seriellen Schnittstellen angeschlossen wird, muß eine solche frei verfügbar sein. Dies kann sich hinsichtlich höherer Übertragungsgeschwindigkeiten unter Umständen nachteilig auswirken, sofern nämlich die im Rechner vorhandene serielle Schnittstelle nicht ausreichend leistungsfähig ist. (Neuere Rechner ab Baujahr 1995 sollten in dieser Hinsicht keine Probleme bereiten.)

Ein externes Modem läßt sich ansonsten natürlich besser transportieren und bei Bedarf leicht an andere Rechner anschließen. Sollte dieses Kriterium wichtig sein, dürfte die Entscheidung zwangsläufig zugunsten eines externen Modems fallen.

Abb. 25.5: Kontrolleuchten eines externen Modems

25.1.3 AT-Kommandosatz

Eine Frage sollten Sie bei der Anschaffung eines Modems auf jeden Fall positiv beantworten können: Ist das Modem »Hayes-kompatibel«? Nur Geräte, die den AT-Kommandosatz der Hayes-kompatiblen Modems vollständig unterstützen und verstehen, sind empfehlenswert. In diesem Fall haben Sie hinsichtlich der Kommunikationssoftware keine Probleme zu befürchten. Wird der AT-Kommandosatz von einem Modem nicht unterstützt, sind Sie dem Hersteller des Modems weitgehend auf »Gedeih und Verderb« ausgeliefert. In der Regel können Sie dann nämlich nur dessen Software einsetzen. Für Modems, die den AT-Kommandosatz unterstützen, steht hingegen eine Vielzahl leistungsfähiger Programme zur Auswahl (zum Beispiel Procomm und Telix), die sich über die Jahre hinweg vielfach im praktischen Einsatz bewährt haben und kontinuierlich weiterentwickelt wurden. Für ersten Gehversuche können Sie natürlich auch die Bordmittel von Windows, wie zum Beispiel das Terminal-Programm, einsetzen.

Mittlerweile sind Modems, die den AT-Kommandosatz nur unvollständig beherrschen, glücklicherweise recht selten geworden. Probleme sind in dieser Hinsicht also kaum noch zu befürchten. Eine diesbezügliche Frage kann aber keinesfalls schaden. Wenn der AT-Kommandosatz nämlich nicht vollständig unterstützt wird, kann dies zur Folge haben, daß nicht alle Funktionen einwandfrei arbeiten. Insbesondere postzugelassene (BZT-Kennung bzw. ZZF-Zulassung!) Modems haben sich in dieser Hinsicht lange negativ hervorgetan. Bei diesen kommen häufig noch anschlußtechnische Probleme hinzu, die daraus resultieren, daß manchmal der Eindruck entsteht, es würden nur diejenigen Geräte zugelassen, die sich *nicht* an internationalen Standards und Gepflogenheiten orientieren! (Große Probleme bereiten zum Beispiel die in der TAE-Steckdose integrierten Schalter.)

Wichtige AT-Befehle

In der folgenden Tabelle habe ich die wichtigsten AT-Befehle zusammengefaßt. Sollten Sie über keine ausführliche Liste zu Ihrem eigenen Modem verfügen, können Sie diese zu Rate ziehen.

Befehl	Bedeutung
ATA	Modem wird in den Antwortbetrieb versetzt, so daß es die Telefonleitung auf eingehende Anrufe überwacht.
A/	Letzte Befehlszeile wiederholen
ATBn	Umschalten zwischen Bell-/ITU-Normen bei 300 oder 1200 Bit/s
ATD	Wählen der nachfolgend angegebenen Rufnummer (Dial)
ATEn	Wiedergabe der Modembefehle auf dem Bildschirm ein- bzw. ausschalten (Echo)
ATH	Bestehende Verbindung trennen (Hang up)
ATLn	Lautstärke
ATMn	Lautsprecher einschalten
ATOn	Rückkehr vom Kommando-Modus in den Online-Modus
ATP	Umschalten auf Pulswahl (IWV – Impuls-Wahlverfahren)
ATQn	Modem-Rückmeldungen zulassen/unterdrücken
ATSn	Modem-Register lesen und ändern
ATT	Umschalten auf Tonwahl (MFV – Mehrfrequenz-Wahlverfahren)
ATVn	Format der Rückmeldungen des Modems festlegen (Ziffern oder Text – Verbose)
ATXn	Verhalten des Modems beim Wählen (Wählton- und Besetzttonerkennung)
ATYn	Reaktion auf Unterbrechungssignal festlegen
ATZn	Rücksetzen des Modems auf Vorgabewerte
AT&Tn	Modemtestfunktionen aufrufen

Tab. 25.2: AT-Standardbefehle

Über die in der Tabelle aufgeführten Befehle hinaus unterstützen die meisten Modems erweiterte und/oder spezielle Befehle, über die zusätzliche Merkmale gesteuert werden können. Diese zusätzlichen Befehle werden üblicherweise durch die Buchstabengruppen AT\ bzw AT% eingeleitet.

Manche Modems unterstützen den Befehl AT&H. Wenn Sie Glück haben, wird Ihnen auf diesem Wege eine kurze Befehlsübersicht angezeigt.

AT-Befehlen, denen in der Tabelle ein kleines *n* nachgestellt ist, lassen die zusätzliche Angabe einer Ziffer zu. Dabei ist es üblich, daß die erste Befehlsvariante ohne Eingabe der zusätzlichen Ziffer erfolgt, während die weiteren beginnend mit 1 durchnumeriert sind und jeweils andere Befehlsvarianten aktivieren.

Wählparameter

Wenn Sie mit einem Modem eine Telefon- oder Faxnummer wählen, benutzen Sie dazu den Befehl ATD. Innerhalb der nachfolgend anzugebenden Rufnummer sind einige zusätzliche Zeichen mit besonderer Bedeutung erlaubt, die in der folgenden Tabelle zusammengestellt sind.

Parameter	Bedeutung
P	Nachfolgende Ziffern werden im Pulswahl-Verfahren gewählt
T	Nachfolgende Ziffern sowie »A«, »B«, »C«, »D«, »#« und »*« werden im Tonwahl-Verfahren gewählt
,	Wählpause von standardmäßig zwei Sekunden einfügen
!	(Flash) Das Modem schaltet sich für etwa eine halbe Sekunde von der Telefonleitung ab und anschließend wieder an. Die Amtsholung durch Flash ist im deutschen Telefonnetz in der Regel nicht sinnvoll einsetzbar.
W	(Wait) Das Modem wählt erst nach Erkennen des Freizeichens bzw. Wähltons weiter. Konne nach üblicherweise 45 Sekunden kein Wählton erkannt werden, wird der Wahlvorgang abgebrochen. Dieser Parameter ist in Nebenstellenanlagen vorteilhaft, die keine unmittelbare Freigabe der Amtsleitung gewährleisten.

Tab. 25.3: Zugelassene Wählparameter beim ATD-Befehl

Parameter	Bedeutung
;	Nur am Ende des Wählkommandos zulässig! Sorgt dafür, daß das Modem nach erfolgreichem Verbindungsaufbau nicht in den Daten-Modus umschaltet, sondern im Kommando-Modus verbleibt. (Vgl. ;H)
;H	Wenn Ihr Modem diesen Parameter unterstützt, können Sie das Modem als Wählautomat verwenden. Nach dem Wählen geht das Modem von der Leitung, so daß Sie das Gespräch mit einem Telefon übernehmen können. Dazu müssen Sie den Hörer während des Wählvorgangs abheben.

Tab. 25.3: Zugelassene Wählparameter beim ATD-Befehl

Beachten Sie darüber hinaus die folgenden Besonderheiten beim Wählen mit einem Modem:

- Zusätzlich dürfen in Wählkommandos noch die Zeichen »-«, »(« und »)« eingefügt werden, um die Lesbarkeit zu erhöhen. Diese Zeichen werden vom Modem innerhalb des Wählbefehls ignoriert.

- Die Wähltonerkennung kann innerhalb von Europa unter Umständen Schwierigkeiten bereiten, weil unterschiedliche Frequenzen zum Einsatz kommen.

- Wahrscheinlich unterstützt Ihr Modem weitere Parameter. Meist lassen sich zum Beispiel im Speicher des Modems selbst Rufnummern bzw. Wählsequenzen ablegen, die sich über den Parameter S=*Speicherindex* abrufen lassen.

Wenn Sie beispielsweise von einer Nebenstellenanlage aus im Tonwähl-Verfahren die Nummer (02 28) 97 02 40 anwählen, um das Gespräch anschließend mit dem Telefon zu führen, und dazu eine zusätzliche Null vorwählen müssen, können Sie folgendes im Terminal-Modus eingeben:

```
ATDTW-0(0228)970240;H
```

25.1.4 Class-2-Kommandosatz

Hinsichtlich der Kompatibilität des Faxteils sollten Sie darauf achten, daß dieses dem Class-2-Standard (EIA-Standard 2388) genügt. Auch hier verfügen Sie dann über eine entsprechend breite Software-Basis, aus der Sie Ihr Programm auswählen können. Faxmodems gemäß »Class 2« gestatten die Verbindung mit Fax-Geräten der Gruppe 3 und benötigen für die Übertragung einer A4-Seite ca. 40 Sekunden.

25.1.5 Bit/s und Baud

Bit/s (Bit/s) und Baud werden meist gleichbedeutend verwendet, obwohl dies eigentlich nicht richtig ist. Beim Baud handelt es sich um die Maßeinheit für die Modulationsrate der Datenübertragung. Sie ist nur dann identisch mit Bit/s, wenn 1 Bit/Baud übertragen wird. 2400 Bit/s-Modems übertragen üblicherweise 4 Bit/Baud und erreichen damit bei 600 Baud eine Übertragungsrate von 2400 Bit/s. 9600 Bit/s-Modems leisten 2400 Baud und erreichen die entsprechenden Übertragungsraten, wenn 4 Bit/Baud übertragen werden.

25.1.6 Übertragungsverfahren

In regelmäßigen Abständen wurden vom CCITT (Consultative Committee for International Telephony and Telegraphy) neue Normen veröffentlicht, die dem jeweiligen Stand der Technik entsprechen. V.32 gestattet beispielsweise die bidirektionale Übertragung (vollduplex) mit einer Geschwindigkeit von 9600 Bit/s. Die neueren Spezifikationen werden von dem seit Mitte 1994 zuständigen Gremium namens ITU (International Telecommunication Union) herausgegeben, das das CCITT abgelöst hat.

Im Modem- und Faxbereich gibt es mittlerweile eine Vielzahl verschiedener Übertragungsverfahren, die meist mit Vau-Punkt-Kürzeln gekennzeichnet sind. Je höher die Zahl, desto moderner das Verfahren. Diese Vau-Punkt-Kürzel, die Sie auf fast allen Modem-Verpackungen wiederfinden, geben insbesondere Aufschluß über die verwendbaren Übertragungsraten. Da die neueren bisher sämtliche älteren Standards mit umfaßt haben, lohnt es sich kaum, sich alle verschiedenen Standards zu merken. Einen Überblick gibt die folgende Tabelle.

Verfahren	Anmerkungen/Geschwindigkeit
BELL 103	300 Bit/s vollduplex, entspricht dem V.21-Standard, verwendet aber bei der Datenübertragung andere Trägerfrequenzen (Originate: 1170 Hz, Answer: 2125 Hz)
BELL 212A	1.200 Bit/s, ähnelt dem V.22-STandard
V.21	300 Bit/s vollduplex
V.22	1.200 Bit/s, phasenmoduliert, vollduplex
V.22bis	2.400 Bit/s, vollduplex
V.23	alter BTX-Standard, der mit asymmetrischer Vollduplex-Übertragung (75 Bit/s Senden, 1.200 Bit/s Empfangen) arbeitet

Tab. 25.4: Übertragungsverfahren und Geschwindigkeiten von Fax und Modem

Verfahren	Anmerkungen/Geschwindigkeit
V.32	4.800, 7.200, 9.600 Bit/s vollduplex
V.32bis	Erweiterung von V.32 auf 14.400 Bit/s
V.32terbo	Erweiterung von V.32 auf 19.200 Bit/s
V.34	zusätzlich 16.800, 19.200, 21.600, 24.400, 26.400 und 28.800 Bit/s.
V.34+	31.200, 33.600 Bit/s
V.42bis	Fehlerkorrektur und Datenkompressionsverfahren nach ITU
V.27ter	Fax: 2.400, 4.800 Bit/s
V.29	Fax: 7.200, 9.600 Bit/s
V.17	Fax: 7.200, 9.600, 12.000, 14.400

Tab. 25.4: Übertragungsverfahren und Geschwindigkeiten von Fax und Modem

Unter dem Kürzel V werden Empfehlungen der ITU herausgegeben, die für analoge Gerätschaften gelten. Dabei stehen die Anhängsel »bis« für die zweite, »terbo« für die dritte Version der Empfehlungen. Neben den in der Tabelle aufgeführten Vau-Punkt-Standards gibt es sdementsprechend eine ganze Reihe weiterer. Um nur ein Beispiel zu nennen: V.24 ist eine Norm, die die funktionalen Eigenschaften von seriellen Schnittstellen festlegt. Die DIN 66020 entspricht der V.24, welche wiederum zusammen mit der V.28-Empfehlung der amerikanischen RS-232-C-Norm entspricht. Bei letzterer handelt es sich um nichts anderes als die im PC verwendete serielle Schnittstelle.

Die neuesten analogen Übertragungsverfahren gestatten mittlerweile eine asymmetrische Übertragung mit 57.600 Bit/s beim Empfang von Daten. Damit lassen sich also mit herkömmlicher analoger Technologie und entsprechend guter Leitungsqualität bereits Übertragungsraten realisieren, wie sie bisher nur mit ISDN möglich waren. Allerdings dürften weitere Steigerungen der Geschwindigkeiten kaum noch möglich sein, zumal diese neue Modem-Generation auch nur das Senden von Daten mit maximal 33.600 Bit/s unterstützt.

25.1.7 Übertragungsparameter und Protokolle

Die wichtigste Maßeinheit im Zusammenhang mit Modems steht für die Geschwindigkeit der Datenübertragung: Bit/s (Bit/s). Während ältere Modems mit 2400 Bit/s arbeiteten, sind heute Übertragungsraten von 9600 Bit/s und mehr die Regel.

Um mit einer Gegenstelle kommunizieren zu können, muß die Qualität der Telefonverbindung die eingestellte Geschwindigkeit zulassen. Bei schlechten Telefonleitungen kann die Verwendung geringerer Übertragungsraten ggf. zu besseren Resultaten führen. Darüber hinaus müssen Sie einige Parameter einstellen, die für die Steuerung der Kommunikation zwischen den Geräten von wesentlicher Bedeutung sind.

Neben der Übertragungsrate (zum Beispiel 14.400 oder 28.800 Bit/s) müssen Sie die Anzahl der Datenbits (7 oder 8), die Parität (Gerade/Ungerade/Ohne bzw. Even/Odd/None) und die Anzahl der Stopbits (Eins/Keins) in Ihrem Kommunikationsprogramm einstellen.

9600 8N1 gibt eine in Europa verbreitete Standardeinstellung in Kurzschreibweise wieder. Die Übertragung erfolgt mit 9600 Bit/s, acht Datenbits, einem Stopbit und ohne Paritätskontrolle.

Wenn die Verbindung mit einem anderen Modem zustandegekommen ist, müssen Sie meist eine bestimmte Terminalemulation auswählen. *IBM PC* sollte in der Regel zufriedenstellende Resultate zur Folge haben. Bei der Übertragung von Dateien wird dann noch die Angabe des zu verwendenden Protokolls gefordert, sofern dies nicht fest vorgegeben wird. Auch hier beschränke ich mich wieder auf das notwendige Minimum an Informationen.

Überzeugen Sie sich zunächst davon, welche Protokolle das von Ihnen eingesetzte Programm unterstützt. Dann empfiehlt sich zunächst der Einsatz des Zmodem-Protokolls. Sofern die Verbindung nämlich zusammenbricht, setzt dieses Protokoll nämlich die Übertragung einer Datei an der Stelle fort, an der der Fehler aufgetreten ist. Nur wenige andere Protokolle bieten diese Möglichkeit. Ymodem ist ebenfalls weit verbreitet und recht leistungsfähig.

Als letzte Alternative sollten Sie Xmodem zum Einsatz bringen. Dieses Protokoll wird zwar von fast allen Programmen unterstützt, ist aber mittlerweile veraltet, vergleichsweise langsam und nicht sonderlich zuverlässig.

Kermit, das nach dem bekannten Frosch benannt wurde, ist eines der ersten Protokolle überhaupt. Einsetzen sollten Sie es nur noch, wenn die Kommunikation zwischen verschiedenen Rechnerwelten stattfinden soll. Dann stellt »Kermit« oft die letzte Rettung dar.

Protokoll	Anmerkungen
Bimodem	Übertragungsprotokoll, das in beide Richtungen gleichzeitig arbeitet, aber nur auf IBM-Kompatiblen zur Verfügung steht und sehr guten Datendurchsatz bietet. Darüber hinaus können Sie sich während der Datenübertragung mit der Gegenstelle unterhalten (Chatten) und abgebrochene Downloads fortsetzen. (Maximale Blockgröße: 4 KByte)
Kermit	Arbeitet mit einer maximalen Blockgröße von 94 Byte und ist daher recht langsam.
Xmodem	Neben Kermit eines der ältesten Übertragungsprotokolle, das mit einer maximalen Blocklänge von 256 Byte arbeitet und immer nur eine einzelne Datei übertragen kann.
Ymodem	Weiterentwicklung von Xmodem, das durch größere Blöcke einen höheren Datendurchsatz erreicht und das Übertragen mehrerer Dateien nacheinander unterstützt. Von Ymodem gibt es mehrere verschiedene Varianten.
Zmodem	Weiterentwicklung von Ymodem, bei dem nur Fehler signalisiert werden und das mit einer maximalen Blockgröße von 1 Kbyte arbeitet.

Tab. 25.5: Datenübertragungprotokolle

25.2 TAE und Kabel

Bei dem TAE-System (Telefon-Anschluß-Einheit) handelt es sich um den seit einigen Jahren schrittweise eingeführten Anschlußstandard der Telekom. Man unterscheidet zwischen Endgeräten mit F-Kodierung (fernsprechende Geräte – Telefonapparate) und N-Kodierung (nichtfernsprechende Geräte – Anrufbeantworter, Faxmodem, Telefax).

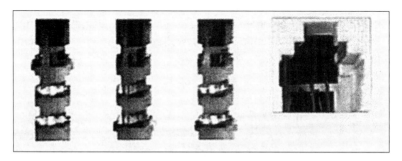

Abb. 25.6: NFF- und Western-Anschlüsse

Die Stecker und Anschlußdosen sind dabei so ausgeführt, daß es eigentlich zu keiner versehentlichen Verwechslung kommen kann. Geräte mit anderen Anschlüssen, wie zum Beispiel dem der internationalen Norm entsprechenden 6poligen Westernstecker (RJ11), sind über Adapter anschließbar. Lediglich die erste Telefon-Anschluß-Einheit müssen Sie übrigens von der Telekom installieren lassen. Weitere Dosen dürfen Sie dann ohne weiteres an die von der Telekom installierte TAE-Dose anschließen.

25.2.1 Schaltung von TAE-Dosen

Leider geht die Telekom im Bereich der Telefon-Anschluß-Einheiten wieder einmal eigenen Wege, so daß zwar gleiche Stecker wie in vielen anderen Ländern verwendet werden, die Pin-Belegung aber einmal mehr nicht den internationalen Gepflogenheiten folgt. Heillose Kabeldrehereien und unterschiedliche Farbcodierungen der Kabel sind daher an der Tagesordnung. Die folgende Tabelle gibt zunächst einmal die Anschlußnummern, die gebräuchlichste Farbcodierung und die Signalbezeichnungen wieder.

Anschluß	Signal	Farbcodierung (neu)
1	La (a1)	Weiß
2	Lb (b1)	Braun
3	G (W)	Grün
4	E (BE)	Gelb
5	b2	Grau
6	a2	Rosa

Tab. 25.6: Anschlußbelegung und Farcodierung von Telefon-Anschluß-Einheiten

 Verlassen Sie sich aufgrund der unterschiedlichen Farbcodierungen nicht auf die in der Tabelle angegebenen Farben, sondern ermitteln Sie diese sicherheitshalber selbst.

Aus der folgenden Abbildung können Sie die Belegung der TAE-Stecker entnehmen. Das Schaltbild zeigt nämlich eine TAE-Dose, wie sie sich in der Draufsicht im eingebauten Zustand in der Wand präsentiert.

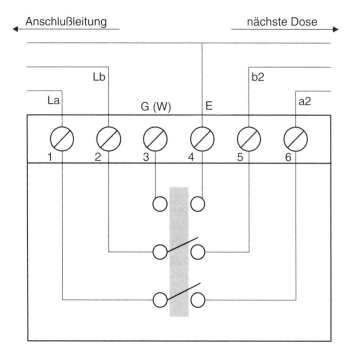

Abb. 25.7: Schaltbild einer TAE-Dose

Beachten Sie dabei die Schalter, die beim Einstecken eines TAE-Steckers geöffnet werden und im geschlossenen Zustand (wenn sich kein Stecker in der Dose befindet) die Pole 1 und 6 bzw. 2 und 5 kurzschließen. Dieser Schalter sorgt dafür, daß nachfolgende Geräte in Mehrfachsteckdosen oder nachgeordnete TAE-Dosen nicht mehr zum Zuge kommen, wenn ein F-codierter Telefonstecker eingesteckt wird, weil dann die Signale La und Lb nicht mehr auf die Anschlüsse 5 und 6 durchgeschaltet werden.

Allgemein sind eigentlich die jeweiligen Geräte für das Durchschalten der Anschlüsse 1 und 2 auf 5 und 6 zuständig. Wenn die Geräte diese Aufgabe aber nicht erfüllen, lassen sich diese Pole notfalls natürlich auch direkt kurzschließen, um dieses Problem zu umgehen.

Eine andere Besonderheit besteht darin, daß die meisten älteren Telefone und fast alle Modems mit nur zwei Signalen (La und Lb) auskommen. Neuere Geräte benötigen hingegen häufig auch die Betriebserde (E), um korrekt zu funktonieren. Diesem Sachverhalt kommt insbesondere dann Bedeutung zu, wenn Sie analoge Endgeräte an ISDN-Verteiler anschließen müssen.

25.2.2 Pin-Belegung von Western-Steckern

Aufgrund der unterschiedlichen Standards halte ich mich hinsichtlich der Beschreibung der Anschlußbelegung bei den Western- bzw. Modular-Steckern zurück. Dies hat mehrere Gründe:

- Aufgrund der internationalen Fertigung weisen die Western-Stecker auf der Modem-Seite meist die amerikanische Belegung auf, die von der hiesigen abweicht.

- Bauartbedingt können Sie Kabel nur in seiner ursprünglichen Form in Modular-Steckern festklemmen. Eine Einflußnahme auf die Zuordnung von Farben zu Stecker-Kontakten ist daher am Stecker selbst nicht gegeben. (Sollten Sie Pole vertauschen müssen, können Sie dies nur im TAE-Stecker, durch Auftrennen des Kabels zwischen zwei Westernsteckern oder direkt innerhalb eines Geräts bewerkstelligen.)

- Je nachdem, ob es sich um ein Telefon oder ein Modem handelt, sind die Pole unterschiedlich belegt. Bei Modem-Steckern liegen beispielsweise die Signale a1, b1, a2 und b2 auf den vier Polen des Steckers, während bei Telefonen im Extremfall lediglich die beiden mittleren Anschlüsse mit den Signalen a1 und b1 bedient werden. (Mehr als diese zwei Leitungen werden von vielen Geräten auch gar nicht benötigt.)

Western-Steckern sollten Sie daher am besten mit einem Meßgerät zu Leibe rücken. Prüfen Sie zudem, ob in Ihrem Modem-Handbuch die Stecker-Belegung dokumentiert ist.

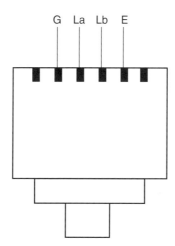

Abb. 25.8: Belegung eines Western-Steckers zum Anschluß eines Telefons

25.3 ISDN

ISDN wird mittlerweile zunehmend genutzt und bietet aufgrund der Förderung auch dem privaten Anwender oder innerhalb kleiner Büros deutliche Vorteile. Zwei Leitungen und drei Rufnummern sind schließlich nicht zu verachten. Meist werden diese dann dazu genutzt, um eine geschäftliche und eine private Telefonnummer sowie eine separate Faxnummer einzurichten. Telefone und Faxgeräte werden mittlerweile also recht häufig via ISDN betrieben. Bei der Datenübertragung sieht das Bild allerdings weit weniger rosig aus. Und dafür gibt es einige gute Gründe.

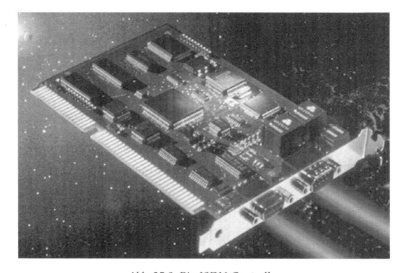

Abb. 25.9: Ein ISDN-Controller

Euro-ISDN, jene Variante, die zwei Datenleitungen und zwei Telefonnummern zuläßt, bietet eine Datenübertragungsrate von 144.000 Bit/s. Diese verteilt sich auf zwei Datenkanäle mit jeweils maximal 64.000 Bit/s und einen Kanal, der maximal 16.000 Bit/s transportiert und zum Beispiel für die Übertragung der Rufnummern zuständig ist. 64.000 Bit/s waren vor wenigen Jahren noch eine recht hohe Datenübertragungsrate, bieten heute aber im Vergleich zu den mittlerweile möglichen 57.600 Bit/s nur noch geringe Vorteile. Zwar ist mit ISDN auch eine Bündelung der beiden Datenkanäle möglich, so daß sich Übertragungsraten von 128.000 Bit/s realisieren lassen, jedoch läßt sich diese zur Zeit nur zwischen ISDN-Endgeräten nutzen und steht im Bereich der Online-Dienste nicht zur Verfügung. Zudem muß die eingesetzte Hard- und Software die Kanalbündelung auch unterstützen.

Darüber hinaus wurde ISDN in Deutschland massiv gefördert, was im Gegensatz dazu in den USA nicht der Fall war. Dort ist ISDN wesentlich weniger verbreitet und in vielen Gebieten überhaupt nicht verfügbar. Die privaten Telefongesellschaften scheuen darüber hinaus vor den Kosten der benötigten neuartigen Verkabelung zurück und bieten ISDN nur ungern an. Zu guter Letzt handelt es sich bei Euro-ISDN dann auch noch um einen Standard, der in einigen Punkten vom US-National-ISDN abweicht. Aus diesen Gründen fällt die Software-Unterstützung für ISDN häufig recht dürftig aus bzw. ist erst spät verfügbar.

Alles in allem fehlt es ISDN im Bereich der Datenübertragung immer noch an der breiten Unterstützung. Häufig sind Treiber zudem schlecht programmiert und/oder fehlerhaft, was zu vielfältigen Beschwerden Anlaß gibt. Wenn Sie sich aber für eine ISDN-Karte entscheiden, sollten Sie in jedem Fall darauf achten, daß der Karte ein Treiber beiliegt, der dafür sorgt, daß sie sich wie ein normales Modem nutzen läßt.

Ansonsten kann ich als Fazit nur dann zum Einsatz einer ISDN-Karte raten, wenn diese für die Datenübertragung zu einer anderen ISDN-Endstelle genutzt werden soll. Nur hier ist meiner Ansicht nach ein wirklicher Nutzen gegeben, zumal für diese Zwecke auch bewährte Lösungen zur Verfügung stehen. Selbst hinsichtlich der Verbindung mit dem Internet bringt ISDN oft nicht den erhofften Leistungsschub, weil viele Anbieter die höheren Datenübertragungsraten gar nicht zur Verfügung stellen. Lassen Sie sich in jedem Fall kompetent beraten und beziehen Sie auch die verfügbaren ISDN-Einwählpunkte Ihres Providers mit in die Betrachtungen ein. Letztlich nützt es Ihnen wenig, wenn Sie Ihre Daten zwar etwas schneller erhalten, dafür aber teure Ferngespräche zum nächsten ISDN-Einwahlpunkt führen müssen.

25.4 Trends

Preiswerte Modems und das Internet haben in den letzten Jahren zu einem wahren Boom in diesem Bereich geführt. Die mittlerweile gebotenen Geschwindigkeiten der Modems reizen die vorhandenen Leitungen zwar bereits bis an die Grenzen aus, bieten aber lange nicht die Geschwindigkeiten, die eine komfortable Nutzung der anspruchsvollen Internet-Möglichkeiten, wie zum Beispiel der Video-Übertragung, gestatten würden. Meist lassen sich daher die hohen Erwartungen nicht erfüllen.

Das Modem als elektronischer Anrufbeantworter ist in englischsprachigen Ländern bereits verbreitet. Über kurz oder lang werden auch hierzulande die Möglichkeiten von Voice-Mail erschlossen und zunehmend genutzt werden. Sehr viele Modems bieten heute bereits entsprechende Möglichkeiten an. Aufgrund der hohen Komplexität und der oft geringen Qualität werden diese Merkmale jedoch nur selten genutzt, zumal dann der Rechner ständig betriebsbereit bleiben muß. Die weitere Erschließung dieser Möglichkeiten steht jedoch mit auf dem Plan der Computer-Hersteller.

Weitere Entwicklungen dienen der Erweiterung der verfügbaren Möglichkeiten und der gebotenen Qualität. Die Seitenbeschreibungssprache PostScript läßt sich zum Beispiel auch in Verbindung mit Faxgeräten einsetzen, um bessere Ausgabequalitäten zu erzielen. Hier entsprechen 200 dpi, wie sie heutige Faxgeräte bieten, kaum mehr den steigenden Qualitätsansprüchen. Durch den Einsatz von PostScript bei der Datenübertragung wird diese geräteunabhängig, so daß die Ausgabe auf dem Empfangsgerät prinzipiell in beliebiger Qualität erfolgen kann. Farbfähige Faxgeräte lassen sich unter Einsatz von PostScript ebenfalls problemlos realisieren.

Ansonsten hat das Internet bzw. das weltweite Warten (WWW) zu einer fieberhaften Suche nach Alternativen zur schnellen Datenübertragung geführt, die sich allerdings weder mit herkömmlichen Modems, noch mit Euro-ISDN realisieren lassen. B-ISDN (Breitband-ISDN) befindet sich im Testversuch, wird aber noch ein wenig auf sich warten lassen.

Mit Kabelmodems lassen sich allerdings bereits heute mehr als 36 MBit/s über Fernsehkabel zum Anwender übertragen. Und selbst in der Richtung vom Anwender zum Internet reicht dieser Übertragungsweg, der auf bereits vorhandene Strukturen zurückgreifen kann, für bis zu 10 MBit/s. Kabelmodems dürften wohl schon bald reif für den Massenmarkt sein, da unter anderem Alcatel, AMD, IBM, Motorola und Philips an einem für Anfang 1998 erwarteten weltweiten ITU-Standard mitwirken.

Aber auch die Übertragung via Satellit dürfte schon bald zur Realität werden. Auf dem Funkweg lassen sich schließlich problemlos auch die entlegensten Gebiete bedienen. Außerdem brauchen bei der Verfügbarkeit neuer Technologien keine leistungsfähigeren Kabel mehr verlegt zu werden. Daten sollen sich auf dem Weg vom Satelliten zum Anwender mit bis zu 400 KBit/s übertragen lassen, wobei die Übertragung der Daten vom Anwender zum Internet-Provider allerdings weiter drahtgebunden per Modem oder ISDN erfolgen soll.

25.5 Modem-Installation

Die Hardware-Installation eines Modems gestaltet sich recht einfach. Das externe Modem müssen Sie lediglich an eine vorhandene serielle Schnittstelle anschließen. Beim Einbau eines internen Modems müssen Sie auf der Steckkarte die zu verwendende Port-Adresse und den gewünschten IRQ einstellen. Dabei sollten Sie von den standardmäßigen Einstellungen möglichst nicht abweichen.

Sofern es sich um ein internes Modem handelt, können Sie dessen Funktionstüchtigkeit bereits jetzt überprüfen. In der Abbildung handelt es sich bei COM3: um ein internes Modem mit einem UART (Universal Asynchronous Receiver/Transmitter) des Typs 16550AF.

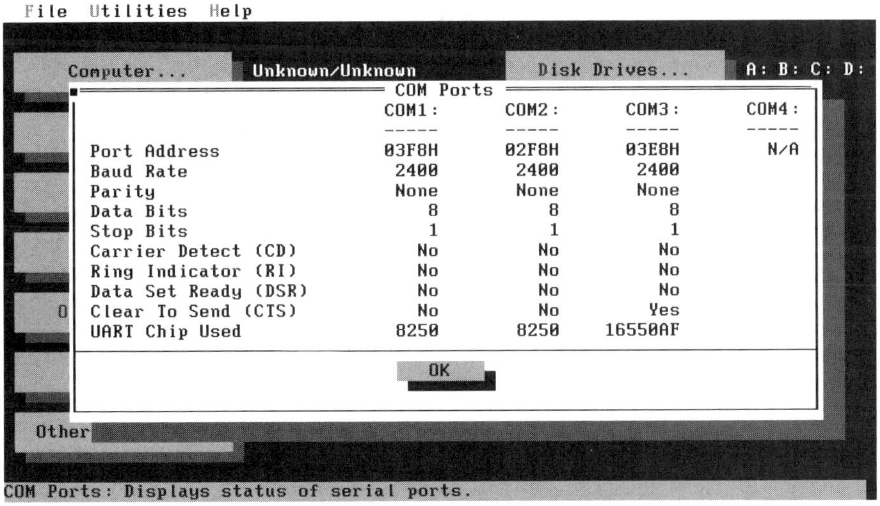

```
File  Utilities  Help

  Computer...     Unknown/Unknown        Disk Drives...      A: B: C: D:
                           === COM Ports ===
                           COM1:      COM2:      COM3:      COM4:
                           -----      -----      -----      -----
     Port Address          03F8H      02F8H      03E8H      N/A
     Baud Rate             2400       2400       2400
     Parity                None       None       None
     Data Bits             8          8          8
     Stop Bits             1          1          1
     Carrier Detect (CD)   No         No         No
     Ring Indicator (RI)   No         No         No
     Data Set Ready (DSR)  No         No         No
     Clear To Send (CTS)   No         No         Yes
     UART Chip Used        8250       8250       16550AF

                                   OK

  Other

COM Ports: Displays status of serial ports.
```

Abb. 25.10: MSD gibt den Typ des UART-Chips an.

Im nächsten Schritt geht es darum, die Kabelverbindung zur TAE-Dose herzustellen. Bringen Sie dazu den Rechner bzw. das Modem in die Nähe einer Amtsleitung, und verbinden Sie es mit Hilfe des mitgelieferten Originalkabels *direkt* mit der TAE-Dose! Diese Vorgehensweise eliminiert zunächst einmal jede weitere mögliche Fehlerquelle.

25.5.1 Modem-Software unter DOS/Windows

Unter MS-DOS müssen Sie die Modem-Programme selbst jeweils installieren und konfigurieren. Dabei müssen Sie der Kommunikations-Software mitteilen, über welche serielle Schnittstelle das Modem angesprochen werden soll. Eine der Optionen A bis D aus dem Beispiel der Abbildung sollte auch bei Ihnen zutreffen. (COM5 bis COM8 lassen sich nur bei Rechnern mit MCA-Bus verwenden.)

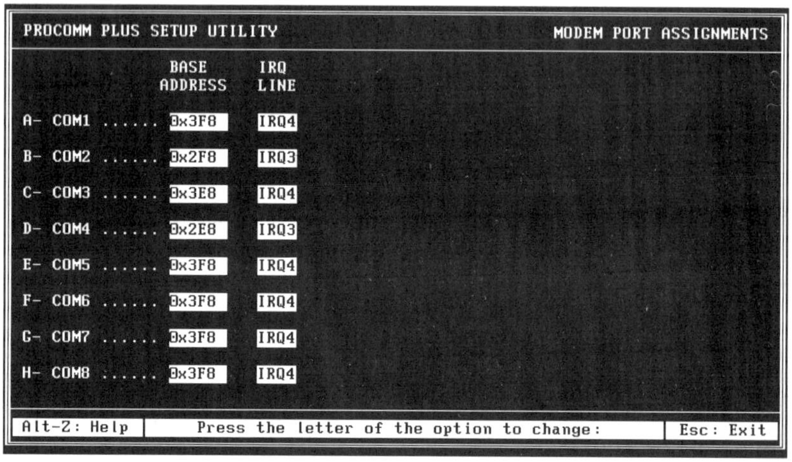

```
PROCOMM PLUS SETUP UTILITY                          MODEM PORT ASSIGNMENTS

                  BASE       IRQ
                  ADDRESS    LINE

       A- COM1 ...... 0x3F8   IRQ4

       B- COM2 ...... 0x2F8   IRQ3

       C- COM3 ...... 0x3E8   IRQ4

       D- COM4 ...... 0x2E8   IRQ3

       E- COM5 ...... 0x3F8   IRQ4

       F- COM6 ...... 0x3F8   IRQ4

       G- COM7 ...... 0x3F8   IRQ4

       H- COM8 ...... 0x3F8   IRQ4

    Alt-Z: Help       Press the letter of the option to change:    Esc: Exit
```

Abb. 25.11: Standard-Basisadressen und -IRQs

Stellen Sie nun, soweit dies allgemein möglich ist, passende Parameter für die Übertragungsgeschwindigkeit, die Paritätskontrolle, Start- und Stopbits ein (zum Beispiel 19200 8N1). Meist verfügen die Programme über eine kleine integrierte Datenbank, in der Sie diese Parameter noch einmal separat für jede Telefonnummer angeben können.

Die Terminalemulation sollten Sie sicherheitshalber auch noch überprüfen und bei Bedarf einstellen. Verwenden Sie möglichst *IBM PC. ANSI Terminal* wird zwar ebenfalls recht häufig verwendet, setzt aber gegebenenfalls die folgende Eintragung in der CONFIG.SYS voraus:

    DEVICE=C:\DOS\ANSI.SYS

Stellen Sie zudem noch das zu verwendende Wählverfahren ein. In Deutschland kann das Impuls-Wählverfahren (Pulse) überall verwendet werden, weshalb Sie dieses auch einstellen sollten. Das Ton-Wählverfahren (Touch Tone) läßt sich lediglich alternativ in manchen Gebieten einsetzen. Speichern Sie abschließend die vorgenommenen Einstellungen.

Anschließend sollten Sie loslegen können. Machen Sie den Programmteil ausfindig, über den Sie eine Telefonnummer eingeben und anwählen können. Verwenden Sie dabei möglichst die Nummer einer Mailbox (BBS) Ihrer näheren Umgebung. Sie sollten dann das Klickern während des Wählvorgangs vernehmen können. Sollte dies nicht der Fall sein, verlassen Sie das Kommunikationsprogramm, führen Sie einen Kaltstart des Rechners durch, und versuchen Sie es dann noch einmal. Wenn alle Kabelverbindungen korrekt hergestellt wurden und keine Hardware-Konflikte vorliegen, sollte nun eigentlich alles ordnungsgemäß funktionieren.

Da Windows 3.x Modems wie serielle Schnittstellen behandelt, müssen Sie hier nur in der Systemsteuerung für die entsprechenden *Anschlüsse* unter *Einstellungen* die Übertragungsgeschwindigkeit heraufsetzen. Mit der Vorgabe von 9600 Baud sollten Sie keinesfalls arbeiten. Ansonsten müssen Sie die einzelnen Programme jeweils analog zu den bisherigen Beschreibungen (bzw. den nachfolgenden Ausführungen zu Windows 9x) konfigurieren. Für erste Tests können Sie zudem das Terminal-Programm, das zum Lieferumfang von Windows 3.x gehört, installieren.

25.5.2 Windows 9x

Unter Windows 9x werden zumindest interne Modems in der Regel automatisch erkannt. Sollte dies nicht der Fall sein, bzw. wollen Sie ein externes Modem installieren, müssen Sie den üblichen Weg über den Hardwareassistenten beschreiten. Lassen Sie die neue Hardware nicht suchen, und wählen Sie als Hardwaretyp *Modem* aus. Spätestens jetzt sollten Sie ein externes Modem einschalten.

Wählen Sie dann den passenden Modemtyp aus der angezeigten Liste aus, oder installieren Sie den Treiber von der mit dem Modem gelieferten Diskette. Wenn Sie anschließend die Schnittstelle für das Modem ausgewählt haben, wird der Treiber auf die Festplatte kopiert bzw. passend für Ihr Modem konfiguriert.

Bei der Konfiguration werden jedoch nur Grundeinstellungen vorgenommen, so daß Sie nun das Symbol Modems in der Systemsteuerung doppelt anklicken sollten, um gegebenenfalls weitere Einstellungen vorzunehmen. Kontrollieren Sie die Anschlußeinstellung und setzen Sie die *Maximale Geschwindigkeit* herauf. Häufiger treten nämlich Probleme auf, wenn die Eintragung auf die tatsächliche Geschwindigkeit lautet. Empfohlen wird das Eintragen der vierfachen eigentlichen Modemgeschwindigkeit.

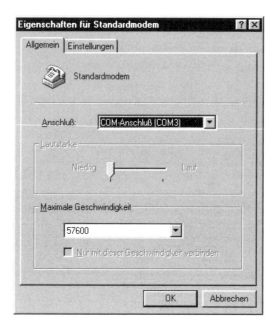

Abb. 25.12: Die Maximale Geschwindigkeit *sollten Sie heraufsetzen.*

Im Register *Allgemein* sollten Sie dann noch den Schalter *Wahlparameter* anklicken, um grundlegende Einstellungen für den Standort und das Wählverfahren vorzunehmen. Die Angaben für den Standort sind zwar nicht erforderlich, können aber dafür sorgen, daß innerhalb von Telefonnummern angegebene Auslands- oder Ortsvorwahlen nur dann gewählt werden, wenn sie erforderlich sind. Zudem können Sie im Register Standorte bei Bedarf die Kennzahlen eintragen, die für Orts- bzw. Ferngespräche erforderlich sind.

Über das Register *Diagnose* können Sie sich dann noch einen Überblick über die seriellen Anschlüsse, die darauf installierten Geräte und die verwendeten Treibern verschaffen. Beim Anklicken des Schalters *Details* wird Ihr Modem schließlich einigen Tests unterzogen, aus deren Ergebnissen Sie einiges mehr über das Gerät und dessen Eigenschaften erfahren.

 Die meisten erwähnten Einstellungen, die über das *Modems*-Symbol erreichbar sind, finden Sie auch beim Modem in der Geräte-Steuerung wieder. Die Wählparameter und die speziellen Diagnosemöglichkeiten zählen allerdings nicht dazu.

Abschließend können Sie nun fax- bzw. modemspezifische Bestandteile von Windows (zum Beispiel Hyperterminal und Microsoft Fax) bzw. die mit Ihrem Modem gelieferten Windows-Programme nachinstallieren.

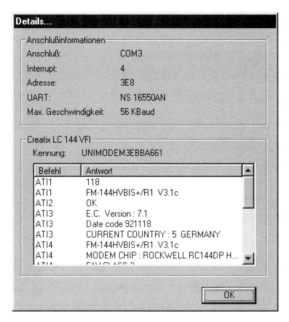

Abb. 25.13: Über das Register Diagnose *und den Schalter* Details *können Sie Ihr Modem testen und sich über dessen Merkmale näher informieren.*

Zum Testen der korrekten Verbindung mit dem Telefonnetz können Sie abschließend Ihre eigene Rufnummer eingeben und diese anwählen lassen. Das Besetztzeichen sollte bei eingeschaltetem Lautsprecher darüber Auskunft geben, ob auch dieser Test funktioniert hat.

25.5.3 Verlängerungskabel

Solange Sie nur das mit dem Modem gelieferte Originalkabel verwenden müssen, funktioniert meist alles problemlos. Wenn der Rechner bzw. das Modem aber etwas weiter entfernt von der TAE-Dose aufgestellt werden soll, müssen Sie ein Verlängerungskabel oder ein längeres Kabel einsetzen. Anschließend geht dann meist nichts mehr.

Wie bereits kurz erwähnt, wird vom Hersteller vorwiegend das Anschlußkabel eingesetzt, um Anpassungen an nationale Standards durchzuführen. Dies bedeutet, daß meist im Kabel selbst Leitungen vertauscht bzw. gedreht werden. Eine Lösungsmöglichkeit besteht darin, das Kabel mit einem Multimeter durchzumessen und sich dann das benötigte Kabel selbst zu bauen bzw. zu erwerben. Ob dies von Erfolg gekrönt wird, ist allerdings ein wenig fraglich, weil im Handel das benötigte Kabel nicht immer aufzutreiben ist. Das Kabel selbst zu bauen, ist zwar prinzipiell möglich, erfordert aufgrund der winzigen Stecker und Leitungen aber doch einiges Geschick.

Eine andere Lösungsalternative besteht darin, sich eine Tischsteckdose mit etlichen Metern Anschlußkabel zu besorgen. Diese stellen Sie dann in der Nähe des Modems auf und verbinden dieses mit dem Originalkabel des Modems. Dieser Weg gestattet auch die Verlängerung des 6-adrigen Anschlußkabels und versorgt Sie zudem meist mit einigen zusätzlichen TAE-Anschlüssen.

Die Schaltung in den Tischsteckdosen entspricht der in der TAE-Wandsteckdose, so daß keine Probleme zu erwarten sind. Letztlich verlängern Sie bei dieser Lösungsvariante nicht das Anschlußkabel des Modems, sondern bringen die TAE-Dose zum Rechner.

25.5.4 Nebenstellenanlagen

Wenn Sie ein Modem an einer Nebenstellenanlage anschließen wollen, treten häufig Probleme auf, die sich nur durch Veränderung des Modem-Initialisierungskommandos bewältigen lassen.

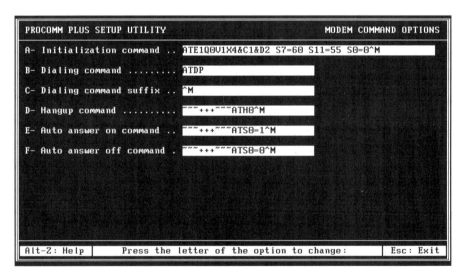

Abb. 25.14: Hieroglyphen eines Initialisierungskommandos

Um sich von einer Nebenstellenanlage aus das Amt zu holen, muß oft entweder eine 0 oder eine 9 vor der eigentlichen Rufnummer gewählt werden. Dabei muß meist auf eine verfügbare Amtsleitung gewartet werden. Damit das Modem nicht weiterwählt, sondern auf die freie Leitung wartet, fügen Sie ein W in das Wählkommando ein, so daß im Beispiel das *Dialing Command* (Wählkommando) folgende Form annimmt:

    ATDPW

Wenn das Modem innerhalb von Nebenstellenanlagen überhaupt nicht wählt, kann dies daran liegen, daß der interne Wählton nicht korrekt erkannt wird. Abhilfe schafft dann der Parameter X. Stellen Sie für das Initialisierungskommando des Modems anstelle von X4 entweder X1 oder X3 ein, und probieren Sie es mit dieser Einstellung erneut.

    ATE1Q0V1X1&C1&D2 S7=60 S11=55 S0=0^M

Derartige Hieroglyphen sollten Sie aber nicht vom Einsatz eines Modems abschrecken. Diese Einstellungen hat das Programm nämlich bei der Installation selbst eingestellt. Lediglich die letztgenannte Änderung wurde manuell vorgenommen.

25.6 Troubleshooting

Die Ursachen möglicher Probleme sind zum größten Teil bereits im Installationsteil behandelt worden. Neben

Netzwerke 26

In den letzten Jahren war die Vernetzung von Rechnern einer der bestimmenden Trends in der Datenverarbeitung. Allerdings ging es zuletzt viel mehr um das Internet und damit vorwiegend um den Telekommunikationsbereich als um hausintern eingesetzte Netzwerke. Mittlerweile wurde wohl erkannt, daß sich die Internet-Technologien auch im Intranet der innerhalb eines Unternehmens vernetzten Rechner nutzen lassen, an der Netzwerk-Hardware hat sich jedoch nur wenig geändert.

Netzwerke erlauben die Verbindung von Rechnern verschiedenster Leistungsklassen und gestatten damit eine gemeinsame Ressourcennutzung, ohne daß alte Hardware ausgemustert werden müßte. Ein Punkt, dem insbesondere innerhalb von Unternehmen große Bedeutung zukommt, da solche Umstellungen beinahe zwangsläufig auch mit hohem finanziellem Aufwand gekoppelt sind.

Abb. 26.1: Ein typischer Netzwerk-Adapter für den ISA-Bus

Gemeinsame Nutzung großer Festplatten, schneller Drucker und Möglichkeiten zur zentralen Datensicherung sprechen eindeutig für das Konzept der Vernetzung. Zudem lassen sich innerhalb eines Netzwerks ältere Rechner, die für moderne Programme eigentlich zu langsam geworden sind, weiterhin verwenden. Selbst alte 286er oder 386er sind schnell genug, um Daten an

Drucker zu senden und als sogenannter Drucker-Server weiterhin ihren Dienst zu verrichten, sofern nur entsprechende Netzwerkprogramme auf ihnen laufen.

Bis ca. Ende der 80er Jahre waren Netzwerke vorwiegend finanzkräftigen Großunternehmen vorbehalten. Kleineren Unternehmen blieben die sich auf diesem Weg eröffnenden Möglichkeiten verschlossen. Einen Großrechner konnte sich schließlich nicht jeder leisten, und leistungsstarke PCs waren einerseits ebenfalls recht teuer und andererseits leistungsmäßig den Anforderungen eines Netzwerks nicht gewachsen. Was diesen Unternehmen und den Privatanwendern damit blieb, war der traditionelle Weg des Datenaustauschs, der von den Amerikanern salopp als »Sneakernet« bezeichnet wird: Ein Bote mit lässigem Schuhwerk (Sneakers), der die Disketten eiligst durchs Gebäude transportiert.

Steigende Leistungsfähigkeit und fallende Preise haben die Situation grundlegend geändert. Rightsizing (auf die richtige Größe bringen) wurde zu einem Schlagwort: Wo ehemals große Rechnermonstren standen, erfüllen heute vernetzte PCs die gleichen Aufgaben. Besser, schneller und zudem auch noch preiswerter.

Wenn Sie sich auf ein einfaches Netzwerk beschränken, kostet die notwendige Hardware, mit der Sie aus einem PC einen Netzwerk-PC machen können, häufig weniger als 100 DM pro Rechner. Ein einfacher Netzwerk-Adapter, einige Meter Koaxialkabel, ein paar BNC-Stecker, Endwiderstände, das entsprechende Werkzeug, ein wenig Mut und ein klein wenig handwerkliches Geschick sind alles, was Sie brauchen, um Ihre Rechner zu vernetzen.

Die für das Einrichten eines einfachen Peer-to-Peer-Netzwerks notwendige Software erhalten Sie häufig bereits beim Kauf eines neuen Rechners: Windows für Workgroups und Windows 9x, aber auch Novell-DOS liefern alle benötigten Programme.

Selbst ältere Notebooks und Laptops lassen sich mit sogenannten Pocket-Adaptern, die sich an die parallele Druckerschnittstelle anschließen lassen, oder mit PC Card-Adaptern problemlos in Netzwerke einbinden, so daß der Datenaustausch schnell vonstatten geht oder Sie mit den Daten des Desktop-Rechners arbeiten können. Und ein Netzwerkanschluß ist in jedem Fall schneller als die Anbindung auf dem Weg über ein Modem oder einen ISDN-Adapter.

Pocket-Adapter und PC Cards schließen Sie einfach an eine vorhandene Druckerschnittstelle an, laden die entsprechende Treiber-Software, und schon können Sie loslegen, ohne an der Hardware des Rechners selbst in irgendeiner Form herumschrauben zu müssen.

Abb. 26.2: Pocket-Adapter erlauben die Verbindung mit einem Netzwerk über die parallele Schnittstelle.

Netzwerkkarten sind im Multimedia-Zeitalter kräftig unter Druck geraten. Die Geschwindigkeit einfacher Netzwerk-Adapter reicht einfach nicht mehr aus, um die riesigen Datenmengen, die zum Beispiel im Zusammenhang mit der Verarbeitung von Farbbildern anfallen, mit annehmbarer Geschwindigkeit zu bewältigen. Um so erstaunlicher, daß dieser Umstand vor dem Hintergrund des Internet-Booms weitgehend unberücksichtigt blieb.

Zwar findet langsam eine Ablösung des traditionellen Vernetzungsschemas »Thin Ethernet« durch »Twisted Pair«-Netze statt, die größere Übertragungsgeschwindigkeiten zur Verfügung stellen, aber dennoch wird häufig immer noch mit dem herkömmlichen Ethernet und den einfachen, preiswerten Netzwerkkarten gearbeitet, die mittlerweile arg in die Jahre gekommen sind.

Das Mischen der beiden angesprochenen Verkabelungsvarianten ist zudem weitgehend problemlos, und die Installation der Adapter unterscheidet sich im wesentlichen nicht voneinander. Lediglich, wenn Sie ein wenig weiter in Richtung Zukunft denken, sollten Sie darauf achten, daß Sie sich entweder zunächst einmal auf eine preiswerte Netzwerkkarte beschränken oder aber zu vergleichsweise teuren Karten greifen, die auf »Twisted Pair« basieren.

Da die umfassende Behandlung von Netzwerk-Hardware und die Installation von Netzwerk-Software ganze Bücher füllt, werde ich mich im folgenden vorwiegend auf den preiswerten und immer noch weit verbreiteten Thin-Ethernet-Standard beschränken.

26.1 Thin Ethernet

Mit dem Begriff »Thin Ethernet« wird nicht nur eine bestimmte Form der Vernetzung von Rechnern bezeichnet, sondern auch das dazu verwendete Kabel selbst. Beim Netz handelt es sich gewissermaßen um ein einziges langes Kabel, von dem die angeschlossenen Rechner ihre Daten zapfen, ein sogenanntes Bus-Netz.

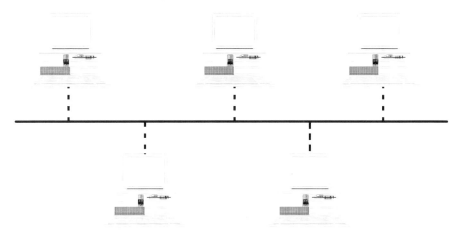

Abb. 26.3: Bus-Netz

Das verwendete Kabel entspricht im einfachen Fall (Thin Ethernet, Cheapernet, RG58 bzw. 10-Base-2) demjenigen, das auch als Antennenkabel (Koaxialkabel) Verwendung findet, verfügt aber über einen anderen Innenwiderstand, so daß die unterschiedlichen Kabel aufgrund ihrer elektrischen Eigenschaften keinesfalls verwechselt werden dürfen.

26.2 Ein paar Netzwerk-Grundbegriffe

Wenn es um das Thema Netzwerk geht, haben Sie es mit einer großen Anzahl vorwiegend englischer Begriffe zu tun, die Ihnen unter Umständen nicht geläufig sind. Diese sollen zunächst einmal geklärt werden, damit Sie beim Einkauf mit dem Verkäufer gleich ein wenig fachsimpeln können.

Der Begriff »Netzwerk« bezeichnet allgemein ein System, in dem Daten (im allgemeinen über ein Kabel) übermittelt und empfangen werden. In diesem Sinne handelt es sich beim öffentlichen Telefonnetz also um ein Netzwerk mit Vermittlungsstationen.

26.2.1 Netz-Topologien

Rechner innerhalb von Netzwerken können in unterschiedlicher Art und Weise miteinander gekoppelt werden. In diesem Zusammenhang spricht man von der Netzwerk-Topologie. Grundlegende Varianten sind: Bus-, Stern-, Baum- und Ring-Topologie.

Mit der Auswahl der Topologie legen Sie in bestimmten Grenzen gleichzeitig das zu verwendende Verkabelungsschema fest.

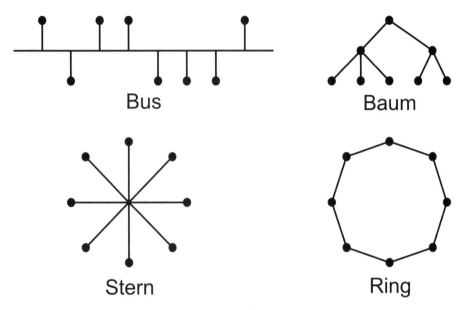

Abb. 26.4: Netz-Topologien

26.2.2 Ressourcen

Wenn im Zusammenhang mit Netzwerken von »Ressourcen« die Rede ist, bezeichnet dieser Begriff alle Hilfs-, Betriebs- und Arbeitsmittel, die von Programmen bzw. Arbeitsstationen bei der Erfüllung ihrer Aufgaben benötigt werden. Dazu gehören neben dem benötigten Arbeitsspeicher insbesondere die anzusprechenden Geräte wie z.B. Drucker, CD-ROM-Laufwerk oder Festplatte. Durch Einsatz eines Netzwerks wird die gemeinsame Nutzung der verfügbaren Ressourcen möglich.

26.2.3 Clients und Server

»Server« (manchmal auch »Host« genannt) sind Rechner, die anderen Dienste (Ressourcen) zur Verfügung stellen, »Clients« sind Rechner, die Ressourcen in Anspruch nehmen. Entsprechend handelt es sich bei einem Client/Server-Netzwerk um ein Rechnernetzwerk, in dem ein (oder mehrere) Server Dienste zur Verfügung stellen, die von Clients in Anspruch genommen werden. Kann am Server selbst nicht mit Anwendungsprogrammen gearbeitet werden, bezeichnet man ihn als einen »dedizierten Server«, er wird also eigens dazu abgestellt, um die anderen Rechner zu bedienen, und nimmt darüber hinaus keine anderen Aufgaben wahr.

Im Gegensatz dazu spricht man von einem »Peer-to-Peer«-Netzwerk, wenn die miteinander vernetzten Rechner gleichberechtigt nebeneinander stehen. Jeder Rechner eines Peer-to-Peer-Netzwerks kann anderen Rechnern Ressourcen zur Verfügung stellen und sie selbst in Anspruch nehmen.

26.3 Auswahlkriterien

Sofern Sie ein einfaches Netzwerk einrichten wollen, können Sie es sich vergleichsweise leicht machen. Der Thin-Ethernet-Standard ist bereits etliche Jahre alt und dementsprechend standardisiert und zuverlässig. Die einzelnen im Handel erhältlichen einfachen Netzwerk-Adapter unterscheiden sich hinsichtlich ihrer Leistungsmerkmale nur wenig voneinander. Ob Sie sich nun für einen No-Name-Adapter oder einen mit Markennamen entscheiden, ist meist von geringem Interesse. Dem Privatanwender kann daher im Prinzip auch nicht der Griff zu teuren Karten empfohlen werden.

26.3.1 Netzwerk-Adapter

Bei der Auswahl der einzusetzenden Netzwerk-Adapter sollten Sie dennoch ein wenig Sorgfalt walten lassen. Hinsichtlich der Ausstattungsmerkmale weisen die Adapter doch einige Unterschiede auf. Einige wichtige Auswahlkriterien werde ich im folgenden kurz vorstellen.

16-Bit-ISA, PCI oder ...?

Mittlerweile ist es ein fast unnötiger Hinweis, daß Sie sich möglichst für einen 16-Bit-Netzwerk-Adapter entscheiden sollten. Der Einsatz von 8-Bit-Karten empfiehlt sich nur in alten PC/XTs.

Im Zusammenhang mit Thin-Ethernet-Adaptern ist die Geschwindigkeit der 16-Bit-ISA-Steckplätze mehr als ausreichend. Dennoch empfiehlt sich mit Blick auf die Zukunft gegebenenfalls der Kauf einer Netzwerkkarte für den PCI-Bus. (Zumindest im Supermarkt um die Ecke bekommen Sie häufig nur noch PCI-Karten!) Orientieren Sie sich bei Ihrer Entscheidung an den vorhandenen Rechnern und deren Bussystemen.

BNC, UTP und Thick Ethernet

Viele Netzwerk-Adapter verfügen nicht nur über einen BNC-Anschluß für Thin Ethernet. Recht häufig finden Sie einen achtpoligen Western- bzw. RJ45-Stecker (UTP – Unshielded oder Universal Twisted Pair). Sofern die Möglichkeit besteht, sollten Sie sich für einen Adapter mit einem zusätzlichen RJ45-Stecker entscheiden. Dieser ermöglicht Ihnen nämlich den problemlosen Umstieg auf den zunehmend eingesetzten Twisted-Pair-Standard.

Abb. 26.5: Die Blende eines Netzwerk-Adapters mit BNC- und RJ45-Anschluß (rechts)

Auch zusätzliche D-förmige sogenannte AUI-Anschlüsse für Thick Ethernet-Kabel begegnen Ihnen häufiger. Diese entsprechen von der Form her einem Joystick-Anschluß, sollten aber mit diesem nicht verwechselt werden.

Abb. 26.6: Thick Ethernet und Joystick-Anschluß sollten nicht miteinander verwechselt werden.

Konfigurierbarkeit

Die Konfiguration eines Netzwerk-Adapters sollte vollständig programmgesteuert erfolgen. Entsprechende Adapter sind in großer Auswahl im Handel erhältlich. Im Zusammenhang mit Netzwerk-Adaptern sollten Sie sich das Herumhantieren mit Jumpern auf jeden Fall ersparen. Es kostet nur Zeit und Nerven und ist bei modernen Adaptern nicht mehr notwendig.

Besonders komfortable Adapter lassen sich sowohl programmgesteuert als auch mit Hilfe von Jumpern konfigurieren. (Eine manchmal recht nützliche Variante, wenn es in Einzelfällen zu hartnäckigen Konflikten kommt.)

Ansonsten sollten Sie darauf achten, daß eine möglichst breite Palette an Konfigurationsmöglichkeiten zur Verfügung steht. Wenn sich bereits CD-ROM-Laufwerk und Soundkarte im Rechner befinden, sollten Sie sich bereits beim Kauf des Adapters insbesondere davon überzeugen, daß sich dieser auf noch freie Adressen einstellen läßt.

Die meisten Adapter belegen zumindest einen IRQ und eine Port-Adresse. Häufig kommt auch noch ein DMA-Kanal hinzu. Dabei müssen Sie fast davon ausgehen, daß die werkseitigen Voreinstellungen eines Netzwerk-Adapters mit einer gegebenenfalls vorhandenen Soundkarte oder anderen Geräten kollidieren. Deshalb sollte sich der IRQ auf zweistellige Werte einstellen lassen, was bei altmodischen Adaptern keineswegs die Regel war. Für den DMA-Kanal empfehlen sich auch einstellbare Werte zwischen 5 und 7. Port-Adressen sind meist weniger kritisch und lassen sich in der Regel so einstellen, daß jeder Adapter eine eigene Adresse erhält.

Eine möglichst große Flexibilität ist naturgemäß von Vorteil. Dabei müssen Sie auch darauf achten, daß die Port-Adressen anderer Karten nicht zu dicht bei der Adresse des Netzwerk-Adapters liegen dürfen. Wenn Sie den Netzwerk-Adapter zum Beispiel auf die Port-Adresse 300H einstellen, sollte die nächste belegte Adresse möglichst erst bei 330H liegen. Hinweise auf diesen Sachverhalt sind in der Regel in der Dokumentation der Netzwerk-Adapter enthalten.

 Die von manchen Adaptern angebotene Port-Adresse 360H sollte nicht verwendet werden. Bei manchen Rechnern und Netzwerkkarten führt sie zu Konflikten mit den Drucker-Ports und gelegentlichen Systemstillständen.

Kompatibilität und Software

Breite Software-Unterstützung finden Netzwerk-Adapter, die zu Produkten etablierter Hersteller kompatibel sind. Die NE 2000 von Novell Eagle oder Intels EtherExpress lassen sich mit praktisch jeder neuen Programmversion einsetzen, da in deren Lieferumfang gleich der benötigte Treiber enthalten ist.

Die dem Netzwerk-Adapter beiliegende Support-Diskette ist besonders wichtig. Darauf müssen Programme zur Konfiguration und zum Testen des Adapters vorliegen. Überprüfen Sie sicherheitshalber, ob die Software in einem verwertbaren Diskettenformat vorliegt, und lassen Sie sich die Diskette bei Bedarf vom Händler oder einem Bekannten umkopieren.

Netzwerke

Überzeugen Sie sich gegebenenfalls auch davon, daß sich die der Netzwerkkarte beiliegenden Programme unter dem von Ihnen verwendeten Betriebssystem einsetzen lassen bzw. daß sich die Treiber der Netzwerkkarte für diese eignen.

 Viele Netzwerkkarten bieten besondere beschleunigte Übertragungsmodi, die sich nur beim Einsatz spezieller Treiber und zwischen gleichartigen Adaptern verwenden lassen.

26.3.2 Verkabelung

Computer-Fachhändler führen häufig fertig konfektionierte Kabelsegmente (Teilstücke), an denen die notwendigen Stecker bereits montiert sind. Übliche Längen des konfektionierten Kabels betragen 5, 10 oder 20 Meter. Wollen Sie lediglich zwei Rechner vernetzen, können Sie sich auf diesem Weg ein wenig Arbeit sparen. Welche Kabelqualität geliefert wird, läßt sich aber nur für den jeweiligen Einzelfall beurteilen.

Die für den Eigenbau des Netzwerkkabels benötigten Einzelteile erhalten Sie im einschlägigen Elektronik-Fachhandel auch als Meterware. Was Sie dabei zu beachten haben, erfahren Sie in den folgenden Abschnitten.

Thin-Ethernet-Kabel

Es gibt mehrere gängige Bezeichnungen für das benötigte Koaxialkabel. Thin Ethernet, Cheapernet und die technische Bezeichnung RG58 oder auch 10-Base-2 stehen alle für den gleichen Sachverhalt: ein Koaxialkabel mit einem Außendurchmesser von 0,2 Inch (ca. 0,5 cm) und einem Widerstand von 50 Ohm.

Bezüglich der Länge der Kabelsegmente und der Anzahl der angeschlossenen Rechner müssen Sie laut technischer Spezifikation bei der Verwendung des Thin Ethernet-Kabels einige Dinge beachten. Die einzelnen Segmente zwischen jeweils zwei Rechnern dürfen nicht *kürzer* als 0,5 Meter sein, die Gesamtlänge aller Kabelsegmente zusammen darf 185 Meter nicht übersteigen, und die maximale Anzahl der angeschlossenen Rechner bzw. Geräte darf 30 nicht übersteigen.

Zumindest im Hinblick auf die Gesamtkabellänge ist die Angabe ein wenig von den Umgebungsbedingungen abhängig. Unter Umständen arbeiten Thin Ethernet-Netze auch bei einer Gesamtkabellänge von über 185 Metern noch einwandfrei, aus Gründen der Betriebssicherheit sollten ca. 150 Meter jedoch möglichst nicht überschritten werden.

Abb. 26.7: Thin Ethernet-Kabel mit BNC-Steckern

Sofern Sie ein Netzwerk über größere Entfernungen realisieren wollen, müssen Sie zusätzliche Signalverstärker bzw. sogenannte Repeater einsetzen. Dann stellt auch das prinzipiell kein Problem dar.

Bemessen Sie die Länge der einzelnen Kabelsegmente nicht zu knapp. Dadurch verhindern Sie, daß das Kabel auch nicht unter Spannung geraten sollte, wenn der Rechner zum Zwecke der Raumpflege von seinem angestammten Platz entfernt wird.

 Manche Netzwerk-Adapter eignen sich laut Herstellerangaben auch für Gesamtkabellängen von mehr als 185 Metern. Dies gilt üblicherweise aber nur, wenn ausschließlich Produkte des jeweiligen Herstellers eingesetzt werden. Mehr als 300 Meter dürften jedoch ohne weitere Maßnahmen kaum zu überbrücken sein.

BNC-Stecker

An beiden Enden eines jeden Kabelsegments wird ein BNC-Stecker (BNC-Connector) angebracht. BNC-Stecker gibt es in Varianten zum Löten, Quetschen und Schrauben.

Der Einsatz eines Lötkolbens ist nicht gerade jedermanns Sache. Die Variante zum Quetschen läßt sich zwar mit ein wenig Geschick und einer Zange leicht herstellen, ist aber nicht unbedingt sonderlich stabil. Sofern die Rechner umgeräumt werden, haben Sie es anschließend recht häufig mit der Suche nach einem defekten Kabel zu tun. Schlechte Kabelverbindungen stellen übrigens eine der häufigsten Ursachen für Störungen des Netzwerkbetriebs dar.

Einfach zu montieren und dennoch ausgesprochen haltbar ist die Variante zum Schrauben. Leider scheint diese auch am schwersten erhältlich zu sein. Selbst einschlägige Elektronik-Fachhändler sollen diesbezüglich schon abschlägige Anworten erteilt haben.

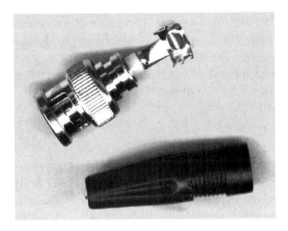

Abb. 26.8: BNC-Connector zum Schrauben

T-Connectoren

Ein sogenanntes T-Stück (T-Connector) wird auf den entsprechenden Anschluß der Netzwerkkarte gesteckt. Oft befindet sich ein T-Stück bereits mit im Lieferumfang eines Adapters. Über die BNC-Stecker wird jeweils ein Ende eines Kabelsegments daran angeschlossen. BNC-Stecker und T-Stück verfügen über einen sogenannten Bajonett-Verschluß, so daß die Verbindung durch leichtes Drücken und Drehen gesichert wird.

Abb. 26.9: Ein T-Connector (T-Stück) mit dem typischen Bajonett-Verschluß

Abschlußwiderstände

An den beiden Enden eines Gesamtkabels befinden sich nach der Installation des Kabels jeweils T-Stücke mit einem freien Anschluß. Hier müssen Sie jeweils einen BNC-Abschlußwiderstand (BNC-Terminator mit 50 Ohm) anbringen. Diese gibt es in Ausführungen mit und ohne Erdungslitze bzw. Erdungskettchen. Eine Erdung ist in der Regel nicht notwendig und dient lediglich der besseren Abschirmung des Kabels. Dementsprechend können Sie Abschlußwiderstände mit Erdung dann einsetzen, wenn Sie den Verdacht haben, daß Störimpulse den Netzwerkbetrieb beeinträchtigen. Meist liegt dies dann aber eher daran, daß das Netzwerkkabel zu nahe an anderen Kabeln verlegt worden ist, die für die Störungen verantwortlich sind, so daß eine andere Verlegung des Kabels zur Beseitigung der Ursachen besser geeignet wäre.

 Achten Sie darauf, daß Sie Netzwerkkabel nicht zu dicht an anderen Kabelsträngen, wie zum Beispiel Stromkabel, verlegen. Störimpulse können zu unzuverlässiger Datenübertragung und einer erheblichen Verlangsamung der Datenübertragung führen.

Abb. 26.10: Abschlußwiderstand mit Erdungskettchen

Herstellen eines RG58-Kabels

Wenn Sie das Ethernet-Kabel selbst herstellen, benötigen Sie ein wenig Werkzeug. Eine Kombizange oder etwas Vergleichbares, Werkzeug zum Abisolieren des Kabels und ein kleiner Schraubendreher mit flacher Klinge reichen im Prinzip bereits aus. Mit einem kleinen digitalen Meßgerät können Sie das Kabel prüfen.

Notfalls können Sie sogar eine Schere zum Abisolieren des Kabels verwenden. Etwas eleganter und einfacher wird es, wenn Sie sich beim Zubehör zur Montage von Antennenkabel oder im einschlägigen Elektronik-Fachhandel umsehen. Selbst im Supermarkt ist einfaches Abisolierwerkzeug für Koaxialkabel für etwa knapp 10 Mark erhältlich. (Da es dem Antennensignal-Kabel entspricht, finden Sie es allerdings eher in der Fernseh- als in der Computer-Abteilung.) Eine sogenannte Crimpzange, die sich vielleicht im Werkzeugkasten Ihres Autos bereits befindet, ist ebenfalls gut geeignet. Den erwähnten kleinen Schraubendreher in der Größe eines einfachen Spannungsprüfers benötigen Sie übrigens zum Festdrehen der kleinen Schräubchen an den schraubbaren Steckern.

Sollten Sie keine schraubbaren BNC-Stecker auftreiben können, empfiehlt sich als haltbare Alternative die Verwendung der lötbaren Stecker. Dann brauchen Sie einen kleinen Lötkolben, etwas Lötzinn und eine Haltevorrichtung für die zu lötenden Stecker, da Sie ansonsten Gefahr laufen, sich die Finger zu verbrennen.

1. Vermeiden Sie zunächst den wohl beliebtesten Fehler, und schieben Sie erst einmal die Isoliertülle des BNC-Steckers auf das Kabel.

2. Isolieren Sie dann etwa 1,5 cm der Außenhülle und anschließend einen knappen halben Zentimeter der zentralen Ader des Kabels ab.

3. Verzwirbeln Sie die Drähtchen der zentralen Ader des RG58-Kabels.

4. Winden Sie als nächstes die zentrale Ader (in Drehrichtung) um das kleine Schräubchen, und ziehen Sie dieses mit dem Schraubendreher fest.

5. Die äußeren feinen Drähtchen, die der Abschirmung des Kabels dienen, werden nach hinten geschlagen und zusammen mit dem Kabel im Stecker mit einer Zange festgequetscht.

6. Wiederholen Sie dann das geschilderte Vorgehen für das andere Ende des Kabels.

Kontaktprobleme treten bei dem so hergestellten Kabel recht selten auf. Achten Sie aber darauf, daß sich die Drähtchen der Zentralader und das äußere Metall nicht berühren dürfen, da ansonsten ein Kurzschluß entsteht. Wenn Sie sich diesbezüglich nicht sicher sind, empfiehlt sich die Kontrolle mit einem digitalen Meßgerät. Messen Sie den Widerstand von Innen-Pin zu Innen-Pin (ca. 50 Ohm), und überzeugen Sie sich davon, daß zwischen den Innen-Pins und der Außenoberfläche der Stecker keine Verbindung besteht.

Das hört sich doch recht simpel an? Mit ein wenig handwerklichem Geschick und der gebührenden Sorgfalt sollten keine Probleme auftreten. Wenn Sie sich dann auch noch den einen oder anderen BNC-Stecker reservehalber zu Übungszwecken besorgen, kann kaum noch etwas schiefgehen.

26.4 Trends und Hinweise

Weiter oben hatte ich bereits kurz darauf hingewiesen, daß das Thema »Netzwerk-Hardware« ohne weiteres geeignet ist, eigenständige Bücher zu füllen. Ein paar weiterführende Hinweise sollen hier aber auch nicht fehlen.

In Netzwerken finden sich häufiger auch Arbeitsstationen ohne Disketten- oder Festplattenlaufwerk. Dazu befindet sich auf den meisten Netzwerkkarten ein Sockel, in den ein Boot-ROM-Baustein eingesetzt werden kann, über den der Rechner gestartet wird. Vielleicht kommt auf diesem Weg ein ganz alter Rechner ja wieder zu neuen Ehren?

Abb. 26.11: Ein Boot-ROM-Baustein

Wenn Sie Netzwerke über größere Strecken realisieren wollen, benötigen Sie Verstärker, Netzwerkweichen und ähnliches. Repeater, Hubs, Switches, Router und Bridges lauten einige der dann fallenden Begriffe. Lassen Sie sich bei der Installation eines größeren Netzwerks unbedingt fachmännisch beraten. Sorgfältige Planung ist dann nämlich vonnöten.

Neue Standards setzen sich im Netzwerkbereich nur langsam durch. Dennoch muß vom Einsatz eines einfachen RG58-Netzes im professionellen Bereich abgeraten werden. Für den Privatanwender dürfte aus Kostengründen jedoch (bis auf weiteres) das einfache 10-Base-2 die sinnvollere Lösung sein.

10-Base-2 (Thin Ethernet) erlaubt lediglich maximale Übertragungsraten bis zu 10 MBit/s (1,25 MByte/s) und ist damit für viele Bereiche zu langsam. Für 10-Base-T, die Twisted-Pair-Variante, gilt das gleiche. Twisted Pair setzt zudem auf der Stern-Topologie auf, die zusätzlich eine zentrale Verteilereinheit (Hub oder Switch) erfordert, aber wesentlich ausfallsicherer als die Bus-Topologie ist.

Auf der Stern-Topologie basieren auch die kommenden neuen Standards mit Übertragungsraten von bis zu 100 MBit/s. Fast Ethernet und 100-Base-T stehen für diese kommenden Standards, die mit Twisted-Pair-Verkabelung arbeiten.

Netzwerk-Adapter für 100-Base-T eignen sich üblicherweise für den Mischbetrieb. Dies bedeutet, daß sowohl 10-Base-2- als auch 10-Base-T-Anschlüsse an den Adaptern vorhanden sind. 10-Base-T- und 100-Base-T-Adapter sollten sich in jedem Fall mischen lassen.

Aufgrund der höheren Übertragungsraten werden im Netzwerkbereich die ISA-Adapter bald ausgedient haben. Die schnelleren Netzwerk-Adapter stützen sich vorwiegend auf das PCI-Bussystem, so daß die zusätzliche Leistung nicht gleich wieder verpufft.

Wie gesagt, der Netzwerkbereich befindet sich im Umbruch. Die »digitale Datenautobahn« erfordert ebenfalls neue leistungsfähigere Technologien der Vernetzung, zumindest dann, wenn die Versprechungen auch eingehalten werden sollen. Videodaten lassen sich selbst über ISDN nur im Miniformat bei geringer Farbtiefe in halbwegs vernünftiger Geschwindigkeit über die vorhandenen Telefonnetze übertragen.

Glasfaserkabel, die Einspeisung ins Kabel-Fernsehnetz und/oder der »Mißbrauch« des Stromnetzes werden die zugrundeliegenden Verbindungsvarianten darstellen. Zudem werden die Übertragungswege von Telefon, Fernsehen, Internet und Intranets zunehmend zusammenwachsen bzw. ineinander übergehend nebeneinander koexistieren. In jedem Fall versuchen bereits heute alle Beteiligten, sich ihre Anteile an den jeweiligen Übertragungswegen zu sichern.

Abb. 26.12: Lichtwellenleitern gehört die Zukunft.

26.5 Installation des Adapters

Ähnlich einfach wie die Herstellung des RG58-Kabels geht auch der Einbau des Netzwerk-Adapters vonstatten, sofern Sie dem Ratschlag gefolgt sind und sich einen Software-konfigurierbaren Netzwerk-Adapter angeschafft haben.

26.5.1 Hardware-Installation

Bei einer Software-konfigurierbaren Karte besteht die ganze Hardware-Installation naturgemäß lediglich im Einfügen des Adapters in einen freien Steckplatz:

1. Öffnen Sie das Rechnergehäuse.

2. Entfernen Sie das Blindblech des Steckplatzes.

3. Fassen Sie den Adapter vorsichtig an den Kanten, drücken Sie ihn in die zweigeteilte Kontaktleiste des 16-Bit-ISA-Steckplatzes, und schrauben Sie ihn fest.

4. Sofern Sie beim Einkauf darauf geachtet haben, daß genügend Einstellmöglichkeiten des Adapters vorhanden sind, können Sie das Rechnergehäuse gleich wieder schließen und zuschrauben.

Wiederholen Sie das Vorgehen gegebenenfalls für weitere Rechner. Der Rest der Installation wird dann von den dem Netzwerk-Adapter beiliegenden Setup-Programmen erledigt.

Wenn Sie möchten, können Sie Ihre Rechner gleich über das RG58-Kabel miteinander verbinden. Für die Setup- und Testprogramme genügt es üblicherweise, wenn Sie ein T-Stück mit zwei Abschlußwiderständen versehen und an den Adapter anschließen. Alle Tests sollten dann bereits positiv verlaufen, mit Ausnahme derer, die einen antwortenden Rechner (mit gleichem Programm und gleichem Adapter) voraussetzen.

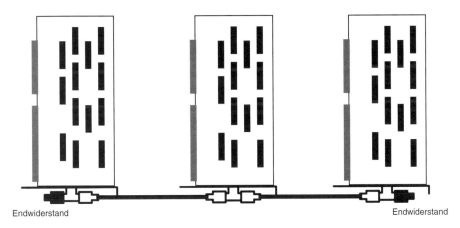

Abb. 26.13: Drei verkabelte Netzwerk-Adapter

26.5.2 Software-Konfiguration

Jetzt müssen Sie Ihre(n) Netzwerk-Adapter unter Einsatz der Software konfigurieren. Dabei werden benötigte Treiberprogramme auf die Festplatte kopiert und gegebenenfalls installiert. Der Name des dafür zuständigen Programms differiert naturgemäß bei den verschiedenen Herstellern. SOFTSET und LANCONF sind nur zwei Beispiele.

Ziehen Sie für die notwendigen Einstellungen Ihres Netzwerk-Adapters die mitgelieferte Dokumentation sowie die Werte anderer Adapter mit zu Rate, und wählen Sie sie entsprechend aus. Meist wird der DMA-Kanal 1 für Netzwerk-Adapter empfohlen, der aber häufig auch von Soundkarten beansprucht wird. Sofern keine zweite parallele Schnittstelle vorhanden ist, kann der IRQ 5 verwendet werden. Auch dabei ist insbesondere auf Soundkarten zu achten, so daß sich die IRQs 10, 11 oder 12 eher empfehlen. Die Port-Adressen werden für Netzwerk-Adapter meist zwischen 300H und 360H konfiguriert. CD-ROM-Laufwerke und Soundkarten stören auch hier oft. Achten Sie zudem darauf, daß die Adresse des Netzwerk-Adapters nicht zu dicht an der anderer Karten liegt. Ein Mindestabstand von 020H oder besser 030H sollte eingehalten werden.

```
┌──────────────┤ Current configuration ├──────────────┐
│ Ethernet address: ................00 AA 00 2B 08 55 │
│ I/O address: ....................270 - 27Fh         │
│ Interrupt: ......................IRQ 5              │
│ Connector type: .................BNC connector      │
│ Force 8-bit operation: ..........No                 │
│ Boot ROM address: ...............No boot ROM        │
│ Amount of RAM mapped: ...........None mapped        │
│ RAM start address: ..............None mapped        │
│                                                     │
│ This is the configuration currently contained in    │
│ the EtherExpress Board's EEPROM. If this is the     │
│ configuration you want, go back to the main menu    │
│ and choose EXIT SOFTSET. On the other hand, if      │
│ you want to change the configuration, go back to    │
│ the main menu and choose AUTOMATIC SETUP or MANUAL  │
│ SETUP.                                              │
└─────────────────────────────────────────────────────┘
```

Abb. 26.14: Konfigurationsdaten eines anderen Netzwerk-Adapters

 Manche Konfigurationsprogramme von Netzwerk-Adaptern verfügen auch über eine Option, die selbständig passende Einstellungen ermittelt. Vertrauen Sie dieser Möglichkeit aber nicht allzusehr. Sie versagt nämlich häufig, so daß Sie letztlich doch manuell konfigurieren müssen.

Verkabeln Sie Ihre Rechner abschließend, sofern Sie dies noch nicht getan haben, und starten Sie die Testprogramme. Sofern Sie gleichartige Netzwerk-Adapter in mehreren Rechnern verwenden, können Sie die Testprogramme auf jeweils zwei Rechnern starten und so überprüfen, ob die Verbindung fehlerfrei arbeitet. Testprogramme mit gleichem Einsatzzweck befinden sich oft auch im Lieferumfang von Netzwerkbetriebssystemen.

Sollten jetzt noch Fehlermeldungen auftreten, ist es sehr wahrscheinlich, daß das verwendete Kabel fehlerhaft ist, sofern bei der Bedienung des Programms oder der Konfiguration des Netzwerk-Adapters nichts schiefgelaufen ist. Letzteres hätten Sie aber eigentlich bereits feststellen müssen.

Jetzt können Sie die von Ihnen verwendeten Programme für den Netzwerk-Adapter konfigurieren. Das dazu notwendige Vorgehen ist vom jeweiligen Programm (Betriebssystem) abhängig und wird in der Regel mit dessen Installation erledigt. Ziehen Sie dazu bei Bedarf die entsprechende Dokumentation zu Rate.

26.5.3 Windows 9x

Die Hardware-Einstellungen für Netzwerkkarten lassen sich unter Windows 9x auf dem üblichen Weg über den Geräte-Manager vornehmen. PnP-Adapter können Sie dabei naturgemäß automatisch konfigurieren lassen. Da aber gerade Netzwerk-Adapter meist recht flexibel hinsichtlich der verwendeten Ressourcen sind, empfehlen sich diese als erstes, wenn es zur Vermeidung von Konflikten darum geht, einer Karte manuell Ressourcen zuzuweisen.

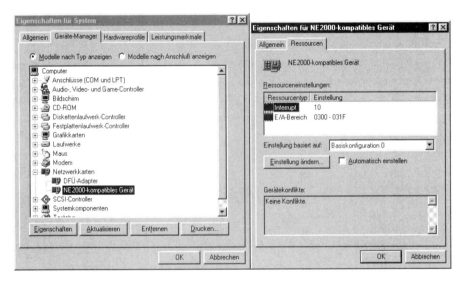

Abb. 26.15: Die Hardware-Einstellungen für Netzwerk-Adapter im Geräte-Manager

26.5.4 TCP/IP

(Transmission Control Protocol/Internet Protocol) Während die Standard-Netzwerkprotokolle weitgehend automatisch auf der Basis des Benutzernamens konfiguriert werden können, ist dies bei TCP/IP-Netzwerken nicht der Fall. Da aber sowohl das Internet als auch Intranets auf der Basis des TCP/IP-Protokolls arbeiten und sich auf diesem Wege untereinander verständigen, will ich Ihnen auch in dieser Hinsicht ein paar grundlegende Informationen liefern, ohne dabei allzusehr in die Details zu gehen.

Sollten Sie ein Netzwerk auf der Basis des TCP/IP-Protokolls betreiben wollen, müssen Sie zunächst einmal dieses Protokoll installieren. In der *Systemsteuerung* finden Sie für derartige Zwecke das *Netzwerk*-Symbol, das Sie anklicken. Dann wählen Sie *Hinzufügen* und halten sich weiterhin an die

Kapitel 26

folgende Abbildung, in der das TCP/IP-Protokoll bereits zuvor installiert wurde, wie Sie im linken Fenster sehen können.

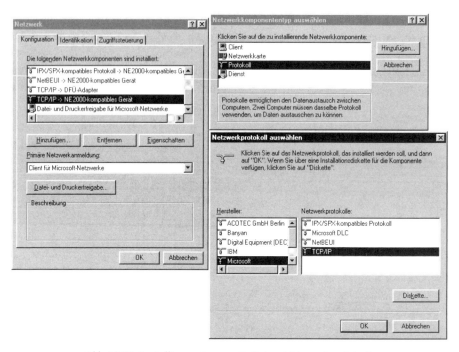

Abb. 26.16: Installieren eines zusätzlichen Netzwerkprotokolls

 Das TCP/IP-Protokoll gehört nicht zum Lieferumfang von Windows 3.x. Dieses finden Sie jedoch auf der Windows NT 4.0-Server-CD. Zum Lieferumfang von Windows NT 4.0-Workstation gehört das TCP/IP-Protokoll für Windows 3.x jedoch *nicht*.

TCP/IP-Adresse

Um das TCP/IP-Protokoll verwenden zu können, müssen Sie über eine sogenannte IP-Adresse verfügen. Sofern Sie die Einrichtung eines Internet- bzw. Web-Servers planen, sollten Sie eine solche Adresse bei den zuständigen Stellen beantragen.

 Weitere Informationen über offizielle Netzwerk-IDs und deren Beantragung erhalten Sie über die Homepage der weltweiten Dachorganisation InterNIC unter http://www.internic.net/.

Für rein interne TCP/IP-Netzwerke können Sie die IP-Adressen selbst vergeben, wobei Sie lediglich gewisse Regeln beachten müssen, auf die ich hier allerdings nicht näher eingehen werde. Sie brauchen nur zu wissen, daß IP-Adressen aus zwei Teilen bestehen, nämlich der Netzwerk- und der Host-ID, wobei die Bezeichnung Host hier für einen einzelnen Rechner steht, der an das TCP/IP-Netz angeschlossen ist.

Welcher Teil der IP-Adresse zur Netzwerk- und welcher zur Host-ID gehört, wird über die sogenannte Subnet Mask festgelegt. Wenn Sie nun ein eigenes kleines TCP/IP-Netz einrichten wollen, sollten Sie zunächst einmal die empfohlene Subnet Mask 255.255.255.0 verwenden, die besagt, daß die ersten drei der durch Punkte getrennten Bestandteile der IP-Adresse zur Netzwerk-ID gehören, während der letzte Teil die ID des jeweiligen Hosts festlegt.

Vergabe der Host-IDs

Alle Rechner in Ihrem kleinen TCP/IP-Netz müssen nun dieselbe Netzwerk-ID-verwenden, während die Host-ID eindeutig sein muß, so daß es nur einen einzigen Rechner mit einer bestimmten Host-ID gibt. In der Abbildung lautet die Netzwerk-ID beispielsweise 192.168.1, während die Host-ID 2 lautet. Da die Host-ID zwischen 0 und 255 liegen muß, können Sie auf diesem Wege ein kleines TCP/IP-Netz mit bis zu 256 Rechnern installieren. (Die Beschränkung der Werte auf den Bereich zwischen 0 und 255 hat seine Ursache darin, daß es sich um die dezimale Darstellung von Binär-Werten handelt.)

Die weiteren Angaben sollten Sie zunächst einmal auf den Voreinstellungen stehen lassen.

Andere Hosts ansprechen

Wenn Sie nun auf einem der Rechner einen Web-Server einrichten, wie dies zum Beispiel unter Windows NT 4 möglich ist, können Sie diesen auf dem Weg über die IP-Adresse erreichen. (Alle Rechner im Internet verfügen über eine solche Adresse, auch wenn Sie sie üblicherweise über ihre Domain Namen ansprechen, der beispielsweise `http://www.ibm.com` lautet.) Die folgende Abbildung zeigt dies für den WebSite-Server, der auf einem Rechner mit der Host-ID 1 läuft. (Welche Startseite verwendet wird, wenn Sie nur die Host-Adresse ohne Dokumentbezeichnung angeben, muß in der Web-Server-Software festgelegt werden.)

Kapitel 26

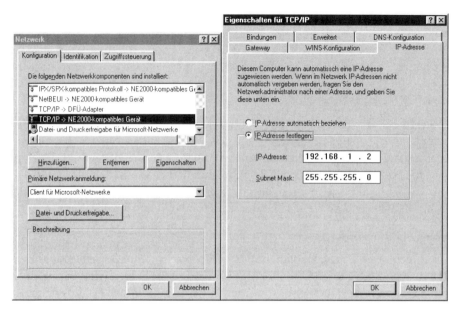

Abb. 26.17: Festlegen von IP-Adresse und Subnet Mask

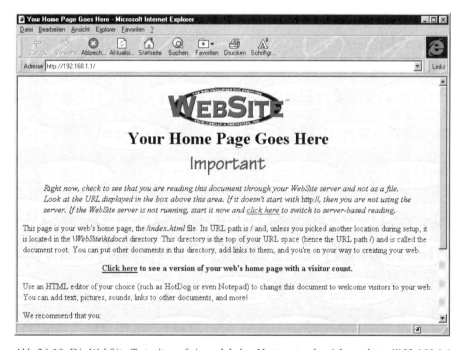

Abb. 26.18: Die WebSite-Testseite auf einem lokalen Host unter der Adresse http://192.168.1.1

26.6 Troubleshooting

Zum Abschluß sollen Ihnen wieder ein paar Hinweise gegeben werden, die Ihnen möglicherweise weiterhelfen, wenn es zu Schwierigkeiten kommt.

Treiber des Netzwerk-Adapters wird nicht geladen

Bei Treibern von Netzwerk-Adaptern habe ich häufiger feststellen müssen, daß sich deren Aufrufe nicht gerade beliebig in der CONFIG.SYS positionieren lassen. Probieren Sie zunächst, ob der Treiber geladen wird, wenn er allein geladen wird. Sofern dies klappt, sollte eine Änderung der Reihenfolge der Treiberaufrufe Abhilfe schaffen können. Wird der Treiber ohnehin nicht geladen, überprüfen Sie die Konfiguration des Treibers und des Adapters, und setzen Sie bei Bedarf die Testprogramme ein.

Windows für Workgroups stoppt Netz

Entweder wurden falsche Netzwerktreiber oder ein falsches Protokoll geladen. Kontrollieren Sie dies. Unter Umständen kann auch hier die Reihenfolge der zu ladenden Treiber in der CONFIG.SYS den Fehler verursachen.

Häufige Störungen des Netzwerkbetriebs

Liegt das Netzwerkkabel zu dicht an anderen Kabeln, die eventuell Störimpulse ausstrahlen könnten? Sind die Abschlußwiderstände angebracht worden?

Mangelhafte Leistung

Ist das Netz überlastet? Wenn nicht, überprüfen Sie die Kabelverbindungen. Meist fällt in einem solchen Fall allerdings das Netz auch häufiger ganz aus.

Abstürze der Netzwerk-Software, »unerklärliche Fehler«

Sollten derartige Fehler auftreten, beobachten Sie, welche Geräte beim Auftreten des jeweiligen Fehlers gegebenenfalls angesprochen werden. Wenn Sie zum Beispiel den Drucker ansprechen und die Adresse der Netzwerkkarte auf die I/O-Basisadresse 360H eingestellt ist, führt dies oft zu scheinbar unerklärlichen Druckerfehlern oder auch den völligen Absturz der Netzwerk-Software. Kollisionen mit dem MIDI-Port von Soundkarten (Standardadresse 330H) oder älteren CD-ROM-Laufwerken mit proprietären Schnittstellenkarten können ebenfalls die Ursache der beobachteten Störungen sein.

Bandlaufwerke 27

»Datensicherung« ist für den privaten Anwender häufig immer noch so etwas wie ein Fremdwort. Angesichts vergleichsweise geringer anfallender Datenmengen ist dies aber auch verständlich. Wichtige Briefe werden auf dem Drucker ausgegeben, unterschrieben und als Ausdruck im Ordner aufbewahrt. Eine zusätzliche Sicherung ist meist nicht notwendig. Programme werden auf CD-ROM oder Disketten geliefert und lassen sich bei Bedarf neu installieren. Komplette Sicherungen des Datenbestands der Festplatte(n) sind daher beim privaten Anwender nicht nur selten, sondern häufig auch gar nicht erforderlich.

Sofern Sie jedoch mit größeren Datenmengen zu tun haben, führt kein Weg um eine regelmäßige Datensicherung herum. Größere Datenbanken, Bild- und Tonmaterial beanspruchen Speicherkapazitäten, die das Erstellen von Datensicherungen auf Diskette indiskutabel werden läßt. Als Alternative stehen Festplatten, Bandlaufwerke, Wechselplatten, CD-R und magneto-optische Laufwerke zur Verfügung, wobei die Datensicherung auf Magnetbändern, mit der sich dieses Kapitel befaßt, das klassische Medium darstellt.

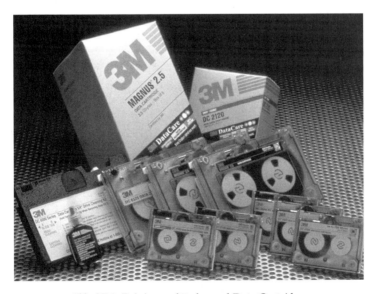

Abb. 27.1: Reinigungsbänder und Data Cartridges

Die Datensicherung auf Magnetbändern ist vergleichsweise preiswert, ausreichend sicher und zu Archivierungszwecken gut geeignet. Zwar sind Bandlaufwerke (Streamer) der gehobenen Leistungsklasse teurer als entsprechende andere Alternativen, jedoch kann sich dieser Nachteil bei regelmäßigen Datensicherungen schnell ins Gegenteil umkehren.

Der wesentliche Nachteil von Bandlaufwerken liegt darin, daß auf die gespeicherten Daten nicht direkt zugegriffen werden kann, so daß das Suchen bestimmter Daten meist recht zeitaufwendig wird. Demzufolge sind Bandlaufwerke vorwiegend für die Sicherung und Archivierung von Komplettdatenbeständen geeignet.

Gerade in letzter Zeit sind Bandlaufwerke durch gefallene Preise, gestiegene Kapazitäten und neue Technologien, wie zum Beispiel die CD-R, gewaltig unter Druck geraten, so daß Bandlaufwerke beim privaten Anwender kaum anzutreffen sind. Zu schwer wiegt die fehlende Möglichkeit des Direktzugriffs auf gespeicherte Daten.

27.1 Verschiedenen Technologien

Über Jahre hinweg waren Bandlaufwerke verbreitet, die auf den verschiedenen QIC-Standards (Quarter Inch Cartridge Drive Standards Organization – sprich: Quick) basierten. Geräte nach QIC-80 waren zum Beispiel preiswert und konnten bis zu 125 MByte Daten unkomprimiert auf ein Band schreiben. Mit den neueren Windows-Versionen ab 3.0 und Multimedia reichten diese Kapazitäten jedoch schon bald nicht mehr aus. Als Alternative standen dann bei hohen Speicherkapazitäten nur noch die vergleichsweise teuren DAT-Laufwerke (Digital Audio Tape) zur Verfügung, die Datenmengen bis 8 GByte (komprimiert) speichern können.

Jedoch ist auch hier der Markt infolge von Multimedia in Bewegung geraten. Der enorme Speicherhunger der Audio- und Videodaten hat auch hier zur Entwicklung neuer QIC-kompatibler Standards geführt, die durchaus mit den DAT-Laufwerken konkurrieren können. Insbesondere die sogenannten Travan-Streamer haben zwischenzeitlich eine gewisse Verbreitung gefunden.

27.1.1 QIC

Der QIC-Standard ist mittlerweile schon fast als veraltet anzusehen, obwohl sich entsprechende Geräte immer noch verbreitet im Einsatz befinden. Bei Neuentwicklungen wurden Verfahren aus der Videotechnik übernommen, die eine höhere Datendichte und damit größere Kapazitäten ermöglicht haben. Aber auch verbessertes Bandmaterial und neue Verfahren zur Codierung blieben nicht ohne Einfluß.

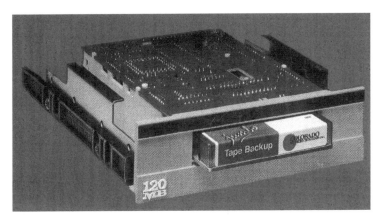

Abb. 27.2: Ein QIC-40-Streamer

Bei QIC-Laufwerken werden die Daten auf sogenannten Data Cartridges (DC) gespeichert, die mechanisch vergleichsweise einfach aufgebaut und damit entsprechend zuverlässig sind. Ansonsten entspricht die Funktionsweise weitgehend dem von Cassetten-Recordern.

Abb. 27.3: Eine Data Cartridge (DC-2000)

QIC-Standards

Die verbreiteten, etwas betagten QIC-Standards tragen die Namen QIC-40 und QIC-80. Sofern Sie die Bänder auch für den Datenaustausch benutzen wollen, ist es wichtig, daß Sie sich für einen Streamer entscheiden, der einem verbreiteten Standard folgt bzw. mit diesem kompatibel ist. Mit QIC-40 lassen sich komprimiert bis zu 120 MByte (unkomprimiert 40 MByte), mit QIC-80 bis zu 250 MByte (unkomprimiert 80 MByte) auf einer 3,5-Zoll-DC2000 speichern, was für viele Einsatzgebiete ausreichen dürfte.

Nicht nur in Netzwerken müssen aber auch wesentlich größere Laufwerke gesichert werden. Zu diesem Zweck gab es Streamer, die Daten auf 5,25-Zoll-Data-Cartridges (DC6000 und DC9000) speichern konnten (maximal etwa 2,5 GByte). Aufgrund der Fortschritte bei den kleineren Bandformaten sterben diese Geräte und Bänder allerdings langsam aber sicher aus. Eine Übersicht über die verschiedenen QIC-Standards können Sie der folgenden Tabelle entnehmen.

QIC-Standard	Beschreibung
QIC-02	Intelligente 8-Bit-Schnittstelle für Viertel-Zoll-Laufwerke mit eigener Kommandosprache
QIC-24	Serielle Magnetbandaufzeichnung mit 60 MByte (unkomprimiert)
QIC-36	Serielle Standard-Schnittstelle für Viertel-Zoll-Laufwerke (veraltet)
QIC-40	Aufzeichnungsverfahren über den Disketten-Controller mit 40 MByte (80 MByte komprimiert)
QIC-80	Aufzeichnungsverfahren über den Disketten-Controller mit 80 MByte (unkomprimiert)
QIC-104	SCSI-Schnittstellen-Implementation für QIC-kompatible Bandlaufwerke (in Verbindung mit QIC-111)
QIC-106	Beschreibung der Eigenheiten für Schreib-/Lese-Köpfe von QIC-40-Laufwerken
QIC-107	Definition der Schnittstelle über das 34polige Floppy-Kabel
QIC-113	Beschreibung des Datenaufzeichnungsformats, das in Verbindung mit QIC-117 zum Einsatz kommt
QIC-115	Definition der Schnittstelle über das 40polige Floppy-Kabel von PS/2-Rechnern

Tab. 27.1: Wichtige QIC-Standards im Überblick

Bandlaufwerke

QIC-Standard	Beschreibung
QIC-117	Spezifikation eines Kommandosatzes zur Steuerung von Bandlaufwerken (QIC-113 beschreibt das Datenaufzeichnungsformat)
QIC-120	Serielle Magnetbandaufzeichnung mit 120 MByte (unkomprimiert)
QIC-121	SCSI-II-Schnittstellen-Implementation für QIC-kompatible Bandlaufwerke
QIC-122	Datenkompression für Viertel-Zoll-Laufwerke
QIC-123	Registrierung von Datenkompressionsalgorithmen für Viertel-Zoll-Laufwerke
QIC-150	Serielle Magnetbandaufzeichnung mit 150 MByte
QIC-525	Serielle Magnetbandaufzeichnung mit 525 MByte (früher QIC-320)
QIC-1350	Serielle Magnetbandaufzeichnung mit 1,35 GByte
QIC-3010, QIC-3080 und QIC-3095	Formate mit Kapazitäten zwischen 425 MByte und 4 GByte

Tab. 27.1: Wichtige QIC-Standards im Überblick

Darüber hinaus entwickelte Sony die QIC-WIDE-Technologie, bei der sich auf einem längeren (121,92 m) und 8 mm breiten Band im 3,5-Zoll-Format bis zu 4,6 GByte Daten (komprimiert) speichern lassen.

 Üblicherweise werden für die Angabe der komprimierten Kapazität die Werte der unkomprimierten Kapazit verdoppelt, da dies dem typischen Kompressionsgrad entspricht.

QIC-Streamer neuerer Bauart sind in der Regel mit den alten Standards voll kompatibel. Die neuen QlC-Streamer können also auch die älteren Bänder lesen, sofern die Cartridge zum Laufwerk paßt. Darüber hinaus lesen Travan-Bandlaufwerke meist auch QIC-Data-Cartridges.

Anschluß und Installation

Allgemein ist es üblich, externe QIC-Streamer an die parallele Schnittstelle anzuschließen. Die Installation und der Betrieb gestalten sich dementsprechend unproblematisch, wenn man einmal davon absieht, daß die Software dem eingesetzten Betriebssystem entsprechen muß.

Interne QIC-Streamer werden entweder anstelle eines zweiten Diskettenlaufwerks an den Laufwerkcontroller angeschlossen oder über eine separate Schnittstellenkarte angesprochen. Zwar ermöglichen die speziellen Schnittstellenkarten höhere Übertragungsraten, haben aber auch ihren Preis.

Da nach dem Einbau des internen Streamers oft ohnehin kein Einbauplatz mehr für ein zweites Diskettenlaufwerk verfügbar ist, wird ein QIC-Streamer daher meist einfach anstelle eines zweiten Diskettenlaufs installiert. Die Installation ist denkbar einfach und in der Regel problemlos. Sie beschränkt sich auf den mechanischen Einbau und das Kopieren der mitgelieferten Programme, die dafür sorgen, daß der Laufwerk-Controller entsprechend überlistet wird.

Die einzige zu beachtende Besonderheit liegt darin, daß Sie im BIOS-Setup dafür sorgen müssen, daß sich beim Laufwerk B: die Eintragung »Nicht Installiert« (bzw. »Not Installed«) befinden muß.

27.1.2 Travan

Ende 1994 entwickelte 3M in Zusammenarbeit mit einigen weiteren Herstellern die Travan-Technologie. Mittlerweile gibt es vier Generationen dieser Laufwerke und der zugehörigen Bänder, die Kapazitäten bis 8 GByte (komprimiert) zur Verfügung stellen. Da Travan-Laufwerke meist auch die älteren Bänder gemäß QIC-Standard lesen können, ist zudem ein weitgehend reibungsloser Übergang auf diese Technologie möglich.

Der Anschluß der Travan-Bandlaufwerke erfolgt, wie bei den QIC-Laufwerken, üblicherweise entweder als Floppy-Laufwerk oder aber über die parallele Schnittstelle. Beim Einsatz spezieller Beschleunigerkarten für den Anschluß der Laufwerke kann die Datentransferrate zusätzlich gesteigert werden. Lediglich Travan-Bandlaufwerke, die die TR-4-Spezifikation erfüllen, werden üblicherweise über die SCSI- oder die EIDE-Schnittstelle betrieben.

	TR-1	TR-2	TR-3	TR-4
Kapazität (komprimiert)	800 MByte	1,6 GByte	3,2 GByte	8 GByte
Max. Transferrate	62,5 KByte/s	125 KByte/s	250 KByte/s	567 KByte/s
Bandlänge	750 ft.	750 ft.	750 ft.	750 ft.
Bandbreite	0,315 Zoll	0,315 Zoll	0,315 Zoll	0,315 Zoll
Spuren	36	50	50	72
Schnittstelle	Floppy/Parallel	Floppy/Parallel	Floppy/Parallel	SCSI/EIDE

Tab. 27.2: Travan-Spezifikationen

27.1.3 DAT

Die zweite verbreitete Streamer-Technologie stammt aus dem Audio-Bereich und verwendet 4-mm-DAT-Bänder (Digital Audio Tape). Mit 120-Meter-DAT-Cassetten werden Speicherkapazitäten von 4 GByte erreicht, die sich bei Einsatz von Datenkompression auf etwa 8 GByte verdoppeln lassen. (DAT-Kassetten gibt es mit 60, 90 und 120 m Bandlänge.)

Die verbreiteten DAT-Streamer werden üblicherweise über eine SCSI-Schnittstelle angesprochen und liefern Datenübertragungsraten von ca. 1 MByte/s. Die Preise (ab ca. 2000 DM) für DAT-Streamer liegen allerdings in Bereichen, die sie für den Privatanwender weitgehend uninteressant machen, so daß sie vorwiegend im Netzwerkbereich eingesetzt werden. Da die Bänder preiswerter als beim QIC-Standard sind, lassen sich die höheren Anschaffungskosten des Laufwerks hier schnell wieder einsparen.

DDS

Als Standard-Aufzeichnungsformat hat sich das von Sony und Hewlett Packard entwickelte DDS (Digital Data Storage) mittlerweile durchgesetzt. Mit ihm können auf einer 90-m-Kassette 2 GByte gesichert werden. Achten Sie bei der Auswahl eines DAT-Streamers insbesondere auf die vom Laufwerk gebotenen Datentransferraten, da hier größere Unterschiede auftreten können. Der ursprüngliche DDS-Standard erlaubt nur eine maximale Datentransferrate von 11 MByte/min (183 KByte/s), mittlerweile sind fünffache Geschwindigkeiten aber keine Seltenheit.

	DDS-1	**DDS-1 DC**	**DDS-2**
Kapazität	2 GByte	4 GByte	8 GByte
Übertragungsrate	183 KByte/s	366 KByte/s	1 MByte/s
Datenträger	60, 90 m	60, 90 m	60, 90, 120 m

Tab. 27.3: DDS-Standards

In DDS-1 DC steht das DC für Hardware-Datenkompression (Lempel-Ziv). Damit wird eine Verdoppelung der Kapazität und der Datentransferrate im Vergleich mit DDS-1 erreicht. Bei der Verwendung von Datenträgern geringerer Bandlänge verringert sich die Kapazität direkt proportional, so daß bei DDS-2 in Verbindung mit einem 60-m-Band vier GByte Kapazität erreichbar sind.

SCSI-Adapter

Hinsichtlich der Auswahl des SCSI-Adapters sollten Sie sich insbesondere im Zusammenhang mit DAT-Streamern auf bewährte und verbreitete Modelle (zum Beispiel Adaptec oder Future Domain) stützen. Die Leistungsfähigkeit der Streamer ist nämlich von der beigefügten Software abhängig. Wenn Sie auf einen verbreiteten Adapter zurückgreifen, entfällt diese Abhängigkeit aber weitgehend, da Sie dann auf eine breite Software-Palette anderer Hersteller zurückgreifen können.

Installationshinweise

Bei der Installation eines DAT-Streamers müssen Sie die im Zusammenhang mit SCSI-Geräten üblichen Dinge beachten:

- Jedes Gerät benötigt eine eindeutige SCSI-ID. Kontrollieren Sie die werkseitige Einstellung, und stellen Sie sicher, daß die ID von keinem anderen Gerät benutzt wird. Die IDs 0, 1 bleiben üblicherweise Festplatten vorbehalten, die ID 7 belegt der SCSI-Host-Adapter selbst. Wählen Sie also ggf. einen anderen Wert zwischen 2 und 6.

- Bei dem ersten und dem letzten Gerät einer SCSI-Kette müssen Abschlußwiderstände gesetzt bzw. über Jumper oder DIP-Schalter aktiviert werden. Bei allen anderen Geräten der SCSI-Kette dürfen diese nicht gesetzt werden.

Lesen Sie bei Bedarf auch die weiteren Erläuterungen über SCSI und SCSI-Adapter, die Sie an verschiedenen Stellen im Buch finden. Sofern Sie den SCSI-Adapter unter Einsatz von Programmen konfigurieren, sollten Sie anschließend einen Kaltstart des Rechners durchführen (Aus- und wieder Einschalten), da häufig erst danach die neuen Einstellungen übernommen werden.

27.2 Pflege und Wartung

Sowohl bei QIC- als auch bei DAT-Streamern handelt es sich um offene Systeme, die zusätzlich durch den Abrieb der Magnetpartikel von den Bändern, auf denen die Schreib-/Lese-Köpfe schleifen, verschmutzt werden können. Daher ist der regelmäßige Einsatz von Reinigungsbändern ein absolutes Muß.

Dem Umstand, daß es sich bei den Streamern um offene Systeme handelt, trägt auch die Bauweise vieler Geräte Rechnung. Staub, der ins Laufwerk eingedrungen ist, läßt sich nur durch Zerlegen desselben beseitigen. Daher sind Streamer oft sehr leicht zu zerlegen. Die einzelnen Teile sind nämlich meist nur zusammengesteckt. Sämtliche Kontakte und Klammern lassen sich mit ein wenig Sorgfalt und Vorsicht innerhalb weniger Minuten auseinandernehmen, wie die Abbildung belegt.

Abb. 27.4: Ein zur Reinigung zerlegter Streamer

Anschließend können Sie das Laufwerk und den Schreib-/Lese-Kopf mit Q-Tips (Wattestäbchen) reinigen. Der Einsatz der mit Reinigungsbändern oder -disketten gelieferten Flüssigkeiten, wie zum Beispiel Isopropylalkohol, kann Ihnen diese Arbeit zusätzlich erleichtern.

27.3 Trends

Auch die Hersteller von Bandlaufwerken wollen natürlich Ihre Märkte nicht kampflos preisgeben, auch wenn sie in den letzten Jahren angesichts vieler neuer Technologien teilweise arg ins Hintertreffen geraten sind. Insbesondere wird nach Lösungen gesucht, die neben höheren Kapazitäten auch schneller sind.

So befinden sich zum Beispiel digitale Bandlaufwerke auf der Basis von Digital VHS in der Entwicklung, die Kapazitäten von mehr als 10 GByte bei Übertragungsraten von 4 MByte/s verfügen sollen.

Letztlich dürfte sich der Einsatz von Bandlaufwerken zukünftig aber weitgehend auf den Profi-Bereich beschränken. Wenn es darum geht, Sicherungskopien von riesigen Datenmengen zu erstellen, die sich mit Medien wie der CD-R oder High-Density-Disketten nicht mehr bewältigen lassen, dann schlägt die Stunde der Bandlaufwerke.

Vom Foto zum Video 28

»Multimedia« war vor dem Internet und dem World Wide Web das Schlagwort innerhalb der PC-Branche schlechthin. Ton- und Bildbearbeitung mit dem PC waren und sind weiterhin Gebiete, in denen sich viele neue Produkte ansiedeln. Im Sog dieser Entwicklung benötigen die Rechner zur Bewältigung der enormen in diesen Bereichen anfallenden Datenmengen immer schnellere und größere Festplatten, leistungsfähigere Grafikkarten, schnelle CD-ROM-Laufwerke und Unmengen Arbeitsspeicher. Nicht umsonst hat Microsoft in seinem Hardware Design Guide für 1998 Arbeitsspeicherkapazitäten von 64 MByte empfohlen. Dennoch mutet die Bildverarbeitung auf dem PC und insbesondere die Darstellung von Bewegtbildern in Fernsehqualität vielfach wie Magie an.

Abb. 28.1: Der Anfang war analog. (Bild: Canon)

Betrachtet man den traditionellen PC, wird man schnell feststellen, daß dieser für die Darstellung von Bewegtbildern eigentlich denkbar ungeeignet ist. Es fehlt ihm einfach die passende Ausstattung. Ohne Zusatz-Hardware reicht seine Leistung zwar aus, um briefmarkengroße Videoschnipsel halbwegs ruckelfrei anzuzeigen, das war's dann aber auch schon fast.

Ohne zusätzliche Hardware geht nicht viel, und das ist eigentlich auch gar kein Wunder. Bedenkt man nämlich, daß für eine einzige Sekunde digitalisiertes Video entsprechend der PAL-Fernsehnorm 26 MByte Daten anfallen, und vergleicht dies mit jenen 300 KByte/s, die ein Double-Speed-CD-ROM-Laufwerk übertragen kann, wird deutlich, daß hier enorme Lücken klaffen. Derartige Datenmengen lassen sich vorläufig vom PC eigentlich gar nicht bewältigen. Magie?

Mangels Standardisierung ist es zudem wenig sinnvoll, die Installation einzelner Produkte aus dem Video-Bereich darzustellen. Diese sollte Ihnen mit den bereits gelieferten Informationen auch so gelingen, zumindest solange keine größeren Inkompatibilitäten auftreten. Häufig empfiehlt sich zunächst einmal eine Basisinstallation, bei der Sie Ihre Grafikkarte im einfachen VGA-Modus mit 256 Farben betreiben. Inkompatibilitäten mit hochauflösenden Grafikmodi oder beim Einsatz von Beschleunigerkarten sind nämlich recht häufig.

Dennoch will ich Ihnen in diesem Kapitel einen Überblick über Geräte geben, die im weiteren Sinne in den Bereich Fotografie und Film fallen. Hier geht es also – angefangen bei der Hybrid-Lösung Photo CD – um digitale Kameras, Frame-Grabber, TV-Tuner und Videoschnitt. Die lernen also die verschiedenen verfügbaren Möglichkeiten kennen und erhalten ein paar Hintergrundinformationen, die Ihnen verdeutlichen sollen, wie die Darstellung von Bewegtbildern angesichts der geschilderten Diskrepanz dennoch realisierbar ist.

28.1 Die Photo CD

Eastman Kodak verfügt seit vielen Jahren über einen führenden Ruf im Bereich fotografischer Technologien. Fotoapparate, Scanner, digitale Kameras, Dia-Scanner und zugehörige Software werden von Kodak angeboten. Es kommt also nicht von ungefähr, daß Kodak in Zusammenarbeit mit Philips den Photo CD-Standard geschaffen hat. Die Photo CD (kurz: PCD) hat sich schnell im professionellen Bereich etabliert. Aber auch für »Otto Normalverbraucher« stellt die PCD-Technologie bzw. die »digitale Fotografie« allgemein eine interessante Alternative bzw. Ergänzung zum herkömmlichen Foto dar.

Spätestens, wenn Hobby-Fotografen ihre Bilder nicht nur vorzeigen, sondern auch weiterverarbeiten oder -bearbeiten wollen, verfügen auch sie mit der PCD über eine Bildquelle, die diesen Anforderungen entgegenkommt, preiswert ist und eine hervorragende Bildqualität bietet.

Abb. 28.2: Photo CDs und Index-Print

28.1.1 Photo CD versus digitale Kamera

Wirft man einen oder mehrere Blicke in Foto- oder Computer-Fachzeitschriften, scheint der Photo CD mächtige Konkurrenz in Form digitaler Kameras zu erwachsen. Lassen Sie sich hier von den Marketing-Strategen nichts vormachen: Trotz der enormen Fortschritte, die digitale Kameras in den letzten Jahren gemacht haben, sind diese für viele Einsatzzwecke (mangelnde Auflösung oder Speicherkapazität) nur bedingt tauglich oder (noch) zu teuer. Digitale Kameras, die mit den von 35-mm-Filmen hergestellten PCD-Dateien mithalten können, sind (noch) vorwiegend für den stationären Einsatz gedacht und gehen meist (noch) für fünfstellige Beträge über den Tisch.

Um dies mit einigen Zahlen zu belegen, habe ich die Anfang 1997 üblichen Werte für digitale Kameras im Preisbereich von 500 bis ca. 2000 DM denen der Photo CD gegenübergestellt. Die Preise dürften (bei entsprechender Marktakzeptanz) jedoch schnell sinken. Anhand der Tabelle und weiterer Daten (Verschlußzeiten, Brennweite, Autofokus etc.), die Sie für die jeweils aktuellen Modelle beim Händler erfragen sollten, können Sie dann auf der Grundlage dieser Daten und des von Ihnen beabsichtigten Einsatzzwecks eine sinnvolle Entscheidung treffen.

	Photo CD	Digitale Kamera
Bildpunkte	6.291.456 Pixel	76.800 bis ca. 750.000 Pixel
Auflösung	max. 2.048×2.048 Pixel	240×320 bis ca. 750×1.000 Pixel
Bildanzahl	meist 36 pro 35-mm-Film, Filmwechsel problemlos, Filme überall erhältlich	12 bis 96, je nach Auflösung und Kompression, weitere/mehr Bilder nach Anschluß an Rechner, neues Speichermodul
Druckgröße (bei 200 dpi)	max. ca. 26,0×39,0 cm	bis ca. 10,0×13,0 cm
Dateigröße (unkomprimiert)	max. 18 MByte	225 KByte bis ca. 2,2 MByte
Qualität	hoch (das PCD-Format arbeitet mit verlustfreier Kompression)	beim Einsatz starker JPEG-artiger Kompression oft bescheiden
Entwicklungskosten	ca. 1,50 DM pro Bild (Speicherung auf CD inkl. Fixkosten für CD-R)	keine – aber Druckkosten für Farbausdrucke
Verfügbarkeit	ca. 10 bis 12 Tage nach Abgabe beim Fotohändler	sofort nach Anschluß am Rechner
Mobiler Stromverbrauch	gering, Knopfzellen für Transport und Blitz	hoch, mehrere handelsübliche Batterien

Tab. 28.1: Ein Vergleich der Photo CD Master mit preiswerten digitalen Kameras

 200 dpi (Dots per Inch) stellt grob gerechnet die Untergrenze (inklusive gewisser Sicherheitsreserven) für die 1:1-Weiterverarbeitung (also in Originalgröße) von Echtfarb- oder Graustufenbildern (eben Fotos) in der Druckvorstufe dar.

28.1.2 Die Photo CD-Familie

1992 überraschte Kodak auf der Photokina mit der Vorstellung einer ganzen PCD-Produktfamilie für unterschiedliche Anwendungsbereiche. Neben der »Photo CD Master« zählten dazu die »Photo CD Portfolio«, die »Photo CD Catalog« und die »Pro Photo CD Master«. Später kamen noch »Print Photo CD« und »Diagnostics Photo CD« (ehemals »Photo CD Medical«) für spezielle Anwendungsbereiche hinzu. Gleichzeitig mit der weltweiten Markteinführung der Photo CD wurden Soft- und Hardware-Lösungen zu deren Produktion vorgestellt.

1996 definierte Kodak die »Photo CD Portfolio II«. Diese setzt der Begriffsvielfalt vorläufig ein Ende und faßt Photo CD Catalog, Print Photo CD, Diagnostics Photo CD (Photo CD Medical) und gegebenenfalls weitere Varianten für Spezialanwendungen unter einem Oberbegriff zusammen, so daß die Photo CD-Familie heute nur noch über drei Mitglieder verfügt:

Bezeichnung	Einsatzgebiet
Photo CD Master Disc	Speichermedium für das digitalisierte Dia/Negativ von 35-mm-Kleinbildfilmen
Pro Photo CD Master Disc	»Digitales Dia/Negativ« für professionelle Ansprüche und bis zum Filmformat von 4×5 Zoll
Photo CD Portfolio II Disc	Format für interaktive und multifunktionale sowie spezielle Anwendungen

Tab. 28.2: Die Mitglieder der Photo CD-Familie

Die Bilder auf der Photo CD lassen sich unter anderem mit Photo CD- und CD-i-Playern auf dem Fernsehbildschirm wiedergeben oder mit Hilfe eines CD-ROM-Laufwerks in den Computer einlesen. Darüber hinaus sind Photo CDs mit allen gängigen Fernsehnormen (PAL, NTSC, SECAM und HDTV) kompatibel. Insbesondere im Hinblick auf verkaufsunterstützende Maßnahmen (Point of Information – POI, Point of Sales – POS, Informationskiosk) in Marketing und Werbung und bei Präsentationen läßt sich diese Flexibilität und Unabhängigkeit vom Computer vorteilhaft nutzen, zumal der Anschluß des Photo CD-Abspielgeräts über die Standardschnittstellen (SCART bzw. Euro-AV, Video-Buchse) erfolgt.

Bei der Photo CD handelt es sich um einen Standard, der auf der CD-ROM/XA und den Orange Book-Spezifikationen basiert. Auf Photo CDs lassen sich in mehreren Arbeitsgängen so lange weitere Sessions schreiben, bis sie gefüllt sind (Multisession). Daher müssen sowohl eingesetzte CD-ROM-Laufwerke als auch verwendete Treiber (Steuerprogramme) multisession-fähig sein.

Das Einlesen der auf Photo CDs gespeicherten PCD-Dateien ist mittlerweile mit allen halbwegs professionellen Bildbearbeitungsprogrammen möglich. Zudem gibt es etliche Programme und Zusatzprogramme von Grafikprogrammen, die sich speziell dem schnellen Lesen und Umwandeln der PCD-Dateien widmen. Diese nutzen zur raschen Vorschau die separat gespeicherten Kleinformatbilder und vereinfachen und beschleunigen damit den Umgang mit Photo CDs.

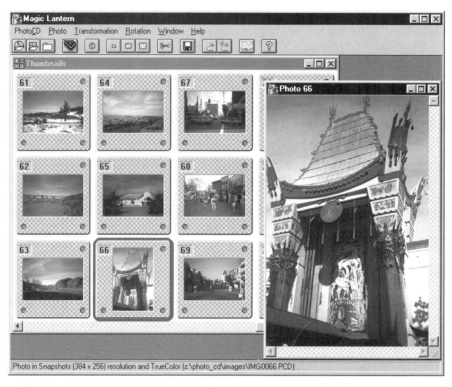

Abb. 28.3: Das Programm Magic Lantern dient der schnellen Vorschau auf PCD-Bilder und deren Konvertierung.

Auflösungen der PCD-Master Disc

Bereits die einfache Photo CD Master Disc bietet durchaus Auflösungen, die professionellen Ansprüchen bis hin zum A4-Druckformat genügen. Selbst Farb-Scans von Bildvorlagen mit professionellen Trommel-Scannern werden zum Beispiel meist nur mit Auflösungen zwischen 200 und 300 dpi angefertigt, so daß die Photo CD in dieser Hinsicht durchaus mithalten kann, auch wenn hochwertige Trommel-Scanner unter Umständen qualitativ bessere Ergebnisse liefern. In jedem Fall sind die digitalisierten Bilder der Photo CD den mit Flachbett-Scannern erzeugten meist deutlich überlegen.

Das Speichervermögen der Photo CD Master Disc wird mit 100 Bildern angegeben. Der Wert ist allerdings eher als Richtwert zu verstehen, da er von durchschnittlichen Dateigrößen bei der Bildspeicherung ausgeht. Der tatsächliche Datenumfang ist aber abhängig vom Inhalt des zu speichernden Bildes und liegt pro Bild zwischen 3 und 6 MByte, im Mittel also bei 4,5 MByte. Geht man von diesem Mittelwert aus, so ist die Speicherkapazität der Photo CD mit 100 Bildern längst nicht erschöpft.

Jedes Foto liegt in der Bilddatei bzw. im ImagePac der Photo CD Master Disc in fünf verschiedenen Auflösungen vor (vgl. Tabelle).

Bezeichnungen	ImagePac	Auflösung	Speicherbedarf	Platzbedarf im ImagePac
Index/Datenbank (Wallet)	Base/16	128×192	0,074 MByte	0,074 MByte
DTP-Platzhalter, Kontakt (Snapshot)	Base/4	256×384	0,30 MByte	0,30 MByte
Fernseher, CRT/TV (Standard)	Base	512×768	1,1 MByte	0,8 MByte
HDTV, Druck (Large)	4 Base	1024×1536	4,5 MByte	1,2 MByte
Druck, Fotoqualität (Poster)	16 Base	2048×3072	18,0 MByte	4,5 MByte

Tab. 28.3: Die verschiedenen Auflösungen im ImagePac der Photo CD Master

Der angegebene Speicherbedarf wird für die reine Anzeige des entsprechenden Bildes benötigt. Wenn Sie die Bilder in den jeweiligen Auflösungen bearbeiten wollen, sollte Ihr Rechner mindestens über doppelt (besser dreimal) so viel freien Arbeitsspeicher verfügen.

Anwendungsgebiete der PCD-Master Disc

Die mittleren und niedrigeren Auflösungen sind vornehmlich für die Wiedergabe auf dem Fernseh- oder Computermonitor geeignet, während die höheren Auflösungsstufen für Print-Aufgaben (DTP, Belichtungen, Abzüge mit Photo CD-Printern etc.), aber auch für die elektronische Weiterverarbeitung im Multimedia-Bereich in Frage kommen, wie zum Beispiel für Detail- und Bildausschnitt-Vergrößerungen.

Die Bilddaten der höheren Auflösungsstufen in den ImagePacs sind komprimiert. Daher beanspruchen sie in der Datei weniger Platz als bei der Anzeige. Zudem werden spezielle Filterprogramme zum Laden der Dateien benötigt. Mittlerweile wird das PCD-Dateiformat von den meisten Bildbearbeitungsprogrammen gelesen.

Bezeichnung	Format	Anwendungsgebiet
1/16 Base	128×192	Übersichtsbilder (Thumbnails) zur schnellen Bildauswahl
1/4 Base	256×384	Layout und kleinformatige Bildschirmdarstellung
Base	512×768	Druck kleinerer Formate, Multimedia-Anwendungen, Vollbilddarstellung auf Fernseher oder PC-Monitor
4 Base	1024×1536	Hochwertiger Druck bis zum mittleren Format, Ausschnittsvergrößerungen
16 Base	2048×3072	Hochwertiger Druck bis ca. A4, reprotechnische Weiterverarbeitung in der Druckvorstufe
64 Base (Pro Photo CD)	4096×6144	Hochwertige Drucke im Großformat, Wiedergabe in höchster Qualität, digitaler Druck

Tab. 28.4: Anwendungsgebiete der verschiedenen PCD-Auflösungsstufen

Pro Photo CD Master Disc

Die Pro Photo CD Master Disc soll den professionellen Bereich bedienen. Sie kann nicht nur 35-mm-Filme verarbeiten, sondern erlaubt die Digitalisierung von Filmen bis zum Format 4×5 Zoll. Die Pro Photo CD verfügt über die gleichen Auflösungsstufen wie die Photo CD Master und zusätzlich über eine höhere Auflösungsstufe für den Druck. Wenn die höchste Auflösungsstufe für alle digitalisierten Bilder eingesetzt wird, lassen sich auf der Pro Photo CD ca. 25 Bilder im Unterschied zu den ca. 100 Bildern der Photo CD Master speichern.

Zusätzlich verfügt die Pro Photo CD über einige Besonderheiten für den gewerblichen Einsatz. Zu jedem Bild können zusätzliche Textinformationen gespeichert werden, die zum Beispiel Angaben über den Fotografen, das Copyright, die Herkunft der Bilder und die Nutzungsbedingungen umfassen können. Zum Schutz gegen unberechtigte Verwendung können die höheren Auflösungen mit einem Paßwort (Encryption) oder einem elektronischen Wasserzeichen geschützt werden.

 Pro Photo CD-Discs werden von speziellen Pro PCD-Dienstleistern erstellt, die in der Regel weitere Dienstleistungen im Umfeld der digitalen Bildverarbeitung anbieten.

Photo CD Portfolio II Disc

Neben der Photo CD Master und der Pro Photo CD Master gab es bzw. wird es weitere Varianten der Photo CD geben: Photo CD Portfolio, Photo CD Catalog und Diagnostics Photo CD (Photo CD Medical), die seit Anfang 1996 unter der gemeinsamen Bezeichnung »Digital Science Photo CD Portfolio II« zusammengefaßt werden. Auf einer Portfolio-CD lassen sich – je nach Auflösung und Einsatzgebiet – zwischen ca. 100 und 800 Bildern (im Base-Format) oder eine Stunde Ton bzw. eine Kombination aus Bildern, Text, Ton und Grafiken speichern.

Darüber hinaus lassen sich mit der Portfolio II-Disc interaktive audiovisuelle Multimedia-Präsentationen erstellen. Dabei können beispielsweise PCD-, TIFF- und BMP-Bilder sowie WAV-Tondateien eingebunden und auch in das CD-DA-Format (Digital Audio) umgewandelt werden. Die Struktur der Präsentation, also die Bildfolge und/oder die Verknüpfungen mit Audio-Tracks, werden dabei in speziellen Script-Dateien festgehalten.

28.1.3 Wie kommt das Bild auf die CD?

Auf einer Photo CD kann man seine Fotos aufzeichnen lassen, wobei sich an der fotografischen Herstellung zunächst einmal nichts ändert: Man benutzt also eine herkömmliche Kamera mit 35-mm-Film und bringt den Kleinbildnegativ- oder Diafilm wie üblich zur Entwicklung zum Fotohändler. Hier äußert man dann aber den Wunsch, statt der üblichen 9×13-Abzüge eine Photo CD haben zu wollen.

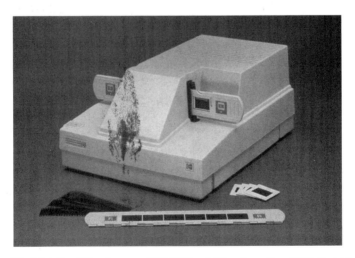

Abb. 28.4: Der Film-Scanner RFS 2035 mit Eingabemedien (Bild: Kodak)

Die Filme werden in speziellen Labors zunächst normal entwickelt. Anschließend werden die Negative oder Dias mit einer Auflösung von 3072×2048 Pixeln eingescannt. Zum Schluß werden die Bilder dann mit einem CD-Writer und entsprechender Software auf CD-R geschrieben. Außer der CD erhält der Kunde noch den sogenannten Index-Print von den Fotos, auf dem diese in verkleinerter Darstellung enthalten sind.

Die beim Scannen eingesetzten speziellen PCD-Scanner verarbeiten sowohl Negativ- als auch Diafilme. Die Filme werden mit einer Farbtiefe von 24 Bit eingescannt und dann in das – eigens von Kodak entwickelte – YCC-Format konvertiert.

Neben festen Kosten von ca. 15 DM für CD-R und Grundgebühr müssen Sie für jedes zu speichernde Bild etwas über eine Mark bezahlen. Nach etwa 10 bis 14 Tagen erhalten Sie dann die Photo CD. Diese können Sie gegebenenfalls, wenn Sie den nächsten Film auf CD schreiben lassen, wieder mitnehmen. Sofern auf der Photo CD noch Platz ist, können dann weitere Bilder in weiteren Sessions hinzugeschrieben werden. Derartige Photo CDs lassen sich mit multisession-fähigen CD-ROM-Laufwerken lesen.

Kodak Photo CD Master Discs und Pro Photo CDs können nur durch von Kodak lizenzierte Unternehmen bzw. mit Photo CD Imaging Workstations (PIW) geschrieben werden. Diese basieren auf einer Sun Workstation, die von Film-Scannern, Index-Printern und PCD-Writern ergänzt werden.

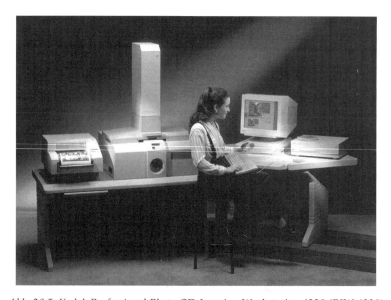

Abb. 28.5: Kodak Professional Photo CD Imaging Workstation 4220 (PIW 4220)

Zwischenzeitlich baut Kodak seine digitalen Dienstleistungen weiter aus. Neue Systeme wie die Digital Print Station (DPS) oder die Digital Enhancement Station (DES) sollen Fotofachgeschäften das Erstellen von Sofort-Scans und Farbausdrucken von Bildern bis zum Format 20×25 cm ermöglichen. Der Farbausdruck kann bis zum Format A4 erfolgen. Diese Stationen können mit einem CD-Lesegerät ausgestattet sein, so daß auch qualitativ hochwertige Farbdrucke sofort beim Fotohändler erstellt werden können. Auch Selbstbedienungsstationen sollen demnächst angeboten werden. Die Bedienung der Systeme erfolgt dabei über berührungsempfindliche Bildschirme (Touch-Screen).

Abb. 28.6: Eine Digital Print Station (DPS)

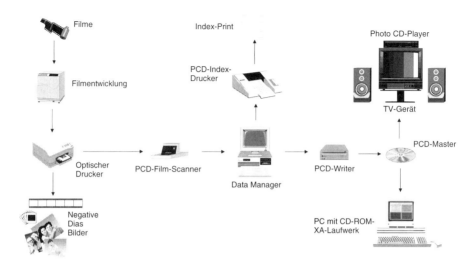

Abb. 28.7: Der Weg vom Film zur Photo-CD im Überblick

28.2 APS (Advanced Photo System)

Auch bei dem Advanced Photo System, das in Deutschland seit der Photo-Kina 1996 für Furore sorgt, handelt es sich um eine Hybrid-Technologie. Der Film wird also wie bei der PCD auf dem herkömmlichen, analogen Weg entwickelt. APS bietet aber einige wichtige Vorteile:

- Zusammen mit den einzelnen Fotos lassen sich zusätzliche Informationen digital aufzeichnen, wie zum Beispiel Angaben zum Motiv oder zur Kamera-Einstellung.

- Der APS-Film wird automatisch eingefädelt und kann jederzeit aus der Kamera entnommen werden, ohne daß Fehlbelichtungen auftreten.

- Bei jeder Aufnahme können Sie zwischen den drei Bildformaten Classic (C – Format 3:2), HDTV (H – 16:9) und Panorama (P – 3:1) wählen.

- Wenn Sie den Film zur Entwicklung geben, bekommen Sie anschließend den Film in derselben Kassette zurück und erhalten zunächst einmal lediglich einen Index-Print, der alle Bilder verkleinert und mit Formatwahl zeigt.

Darüber hinaus sind spezielle Dia-Scanner erhältlich, mit denen sich Bilder von APS-Filmen digitalisieren lassen. Entsprechende Drucker für APS sind ebenfalls erhältlich, so daß dem engagierten Amateurfotografen alle Möglichkeiten offen stehen.

Wenn Sie mit dem APS arbeiten wollen, sollten Sie unbedingt darüber nachdenken, welche Zielsetzung Sie verfolgen. Einfache Geräte eignen sich zwar hervorragend für den Privat- und Hobby-Anwender, reichen aber für größere Darstellungsformate nicht aus. Anspruchsvolle Lösungen sind zwar um einiges teurer, bieten dafür aber auch Leistungsdaten, die in den meisten Bereichen durchaus mit der PCD mithalten können.

28.3 Digitale Kameras

Scanner, denen ein eigenständiges Kapitel gewidmet ist, und digitale Kameras stellen den Beginn der digitalen Bildverarbeitung mit dem PC dar. Beide Produktkategorien befinden sich schon seit einigen Jahren auf dem Markt, werden zusehends preiswerter und sind mittlerweile auch für den engagierten Privatanwender erschwinglich.

Das Prinzip ist bei beiden das gleiche. Lichtempfindliche Zellen werten das einfallende Licht aus, übertragen es zum Computer oder speichern es direkt auf einem Datenträger ab. Der einzige Unterschied besteht darin, daß bei Scannern CCD-Zeilen (CCD – Charged Coupled Devices) zum Einsatz kommen, während bei Kameras Flächen-CCDs angesagt sind, so daß sich alle Bildpunkte gleichzeitig erfassen lassen.

Die zu bewältigenden Datenmengen haben bei digitalen Kameras lange dafür gesorgt, daß kaum Fortschritte zu verzeichnen waren. Zu geringe Auflösung, keine Farbfähigkeit usw. machten deren Einsatz einfach nicht sinnvoll. Zudem konnten erste farbfähige Exemplare lediglich Standbilder fotografieren, weil drei Einzelbilder mit verschiedenen Farbfiltern geknipst werden mußten, um zum Gesamtbild zu kommen. Irgendwie erinnert das an die Anfangszeit der Fotografie, als sich die Modelle minutenlang nicht bewegen durften, oder etwa nicht?

Kapitel 28

Abb. 28.8: Mit speziellen digitalen Kameras bieten sich ungeahnte Möglichkeiten. (Bild: Canon)

Datenkompressionstechniken und die zunehmende Miniaturisierung von Festplatten haben dafür gesorgt, daß moderne digitale Kameras mittlerweile zum Beispiel etwa 100 Schnappschüsse in 24-Bit-Farbtiefe (1,6 Mio. Farben) mit einer Auflösung von 640×480 auf einer 1,8-Zoll-PCMCIA-Festplatte speichern können. Zugegeben, die 640×480-Auflösung eines solchen Geräts ist immer noch nicht gerade berauschend, aber immerhin handelt es sich um eine Spiegelreflex-Kamera zu einem Preis, der unter 1000 DM liegt. Die Verwendung der PCMCIA-Festplatten stellt in diesem Bereich zudem eine praktikable Lösung dar, die es gestattet, die Daten direkt mit einem entsprechend ausgestatteten PC weiterzuverarbeiten.

28.3.1 Mobiler vs. stationärer Einsatz

Auf den riesigen Speicherplatzbedarf von Farbbildern bin ich sowohl oben bei der Photo CD als auch bei Scannern eingegangen. Aufgrund der enormen Anforderungen an die Speicherkapazität muß daher zwischen Kameras für den mobilen und Modellen für den stationären Einsatz unterschieden werden.

Im mobilen Einsatz sind fast zwangsläufig Leistungen wie bei herkömmlichen Fotoapparaten gefragt. Wer will schon bei seiner Besichtigungstour nur einzelne Bilder knipsen, um dann schleunigst ins Hotel zurückzukehren und die Bilder dort auf die Festplatte des Laptops zu überspielen? Dieses Beispiel ist gar nicht einmal so überspitzt, wie Sie vieleicht meinen mögen. Zumindest lassen sich meist nur wenige Bilder in hoher, unkomprimierter Qualität gleichzeitig mit digitalen Kameras erfassen.

Daher kommen bei mobilen Digitalkameras zusätzliche Technologien zum Einsatz. Die Bilder werden meist mehr oder weniger stark komprimiert, was dann zwar zu wesentlich geringeren Speicheranforderungen, aber auch (zumindest bei bestimmten Bildmotiven) zu deutlichen Qualitätseinbußen führt, weil die angewendete JPEG-Kompression in der Regel zu Verlusten führt. Zudem arbeiten mobile Digitalkameras (noch?) mit vergleichsweise geringen Bildauflösungen.

Abb. 28.9: Die PowerShot von Canon gehört zu den flexibelsten mobilen Kameras.

Qualitativ hochwertige mobile Kameras lassen daher dem Anwender die Möglichkeit der Einflußnahme auf den angesprochenen Kompromiß zwischen Kompression und Bildqualität und damit die Auswahl zwischen der Aufnahme weniger hochwertiger oder vieler weniger guter Fotos. Diese Entscheidung kann zwar für jede Aufnahme einzeln getroffen werden, führt jedoch zu einem vergleichsweise hohen Bedienungsaufwand.

Für den professionellen Einsatz gibt es aber auch noch Lösungen, die zwischen den mobilen und den stationären digitalen Kameras angesiedelt sind. Dabei handelt es sich um sogenannte One-Shot-Kameras, mit denen sich nur eine (manchmal auch drei) Aufnahmen machen lassen, bevor es zurück in die Redaktion geht.

Stationäre Digitalkameras beschreiten zur Zeit einen etwas anderen Weg, der sich meist bereits am Aussehen der Kamera selbst erkennen läßt. Hier wird nämlich häufig eine normale, hochwertige Spiegelreflex-Kamera mit einer hochwertigen CCD-Matrix gekoppelt. Die folgende Abbildung zeigt eine derartige Kamera, die dadurch vergleichsweise etwas klobig ausfällt.

Abb. 28.10: Die DCS 460 bietet eine Auflösung von 3060×2036 Pixel und speichert auf einer 105-MByte-PCMCIA-Wechselplatte 17 Aufnahmen.

28.3.2 Anschluß gesucht

Die Variationen im Hinblick auf den Anschluß der digitalen Kameras an einen Rechner sind recht vielfältig. Um genügend große Speicherkapazitäten zur Verfügung zu stelen, wird häufig mit integrierten PC Card- bzw. PCMCIA-Festplatten gearbeitet, die sich – bei entsprechender Rechnerausstattung – an einen stationären oder mobilen PC anschließen lassen.

Ansonsten sind aber auch Varianten von der seriellen oder parallelen Schnittstelle bis hin zu SCSI (stationär) üblich. Je preiswerter die Kamera, desto häufiger ist die serielle Schnittstelle anzutreffen. Die Zukunft dürfte aber dem USB (Universal Serial Bus) gehören.

Allen Geräten, die Standbilder erfassen, ist eines gemeinsam. Sie werden nämlich üblicherweise – wie Scanner – über die standardisierte TWAIN-Schnittstelle angesprochen. (Näheres dazu finden Sie im Kapitel »Scanner«.)

Die beigefügten Programme gestatten häufig nur die wesentlichen Aktivitäten. Sie können die Bilder damit in den PC einlesen, sie konvertieren und in verschiedenen Formaten abspeichern, aber oft auch bearbeiten und wieder in die Kamera einspeisen. Die letztere Variante ist dann sinnvoll, wenn die Kamera über eine zusätzliche Schnittstelle zum Fernseher verfügt, was ebenfalls anzutreffen ist.

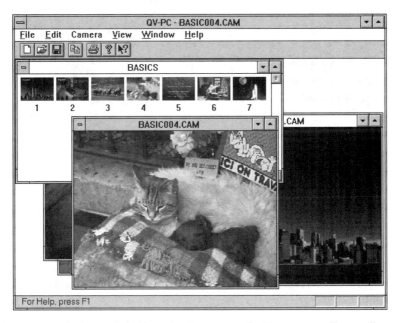

Abb. 28.11: Häufig bieten die beiliegenden Programme der Kameras nur die grundlegenden Optionen an.

28.4 Dia- und Film-Scanner

Bei der PCD hatte ich bereits die bei der Produktion der Photo CD zum Einsatz kommenden speziellen Scanner angesprochen. Waren diese noch vor gar nicht langer Zeit für den Privatanwender unerschwinglich, drängen diese mittlerweile (zunächst mit meist geringerer Auflösung) auch auf den Endanwendermarkt. Sofern Sie also selbst Ihre Dia-Positive oder -Negative einscannen wollen, werden Sie insbesondere bei den traditionellen Firmen des Fotobereichs fündig. Aber auch Canon, Epson und einige weitere Hersteller mischen in diesem Bereich kräftig mit.

Abb. 28.12: Der Dia-Scanner CanoScan 2700F bietet eine Auflösung von 2720 dpi bei 30 Bit Farbtiefe.

Die leistungsfähigen Dia-Scanner erreichen dabei Auflösungen, die mit denen der PCD vergleichbar sind bzw. diese sogar übertreffen. Bei einer Scanfläche von 36,3×24,2 mm und einer optischen Auflösung von 2720 dpi ergeben sich beispielsweise für den CanoScan 2700F knapp 3900×2600 Bildpunkte.

Maßstäbe in diesem Bereich setzen Dia-Scanner wie das abgebildete Modell von Canon, das mit einer Xenon-Lampen arbeitet. Diese brauchen keine Vorwärmzeiten und heizen nicht auf, so daß die Lüftungsschlitze zur Kühlung auf ein Minimum reduziert werden können und kaum Staub auf die empfindliche Optik gelangt. Weiterhin mißt dieser Dia-Scanner jedes Negativ individuell aus, so daß die Farbwiedergabe möglichst korrekt ausfällt.

Zu guter Letzt verarbeitet der CanoScan 2700F dann auch noch die neuen APS-Formate (Advanced Photo System) und wird zusammen mit einem SCSI-II-Adapter der Firma Adaptec und reichhaltiger Software ausgeliefert.

Die Installation von Dia-Scannern erfolgt übrigens analog zu Flachbett-Scannern. Diese Geräte werden also üblicherweise ebenfalls über einen TWAIN-Treiber angesprochen.

28.5 Framegrabber

Bemerkenswert sind in diesem Zusammenhang auch die sogenannten »Framegrabber«, die über spezielle Hardware an den Rechner angeschlossen werden. Mit einem Framegrabber lassen sich einzelne Standbilder von beliebigen Videoquellen übernehmen. Zwar können solche Lösungen aufgrund der Einschränkungen der Videostandards nicht an die Qualität der Photo CD heranreichen, sind aber einfachen digitalen Kameras häufig deutlich überlegen.

Insbesondere Stilleben (Standbilder) lassen sich mit speziellen Video-Lösungen teilweise in ausgesprochen guter Qualität einfangen. Der spezielle Bildabgleich zwischen den vorbeilaufenden Einzelbildern eines Videosignals wird dann nämlich zwischen absolut identischen Bildern durchgeführt, so daß eine im Vergleich zum Bewegtbild hervorragende Qualität errreichbar ist.

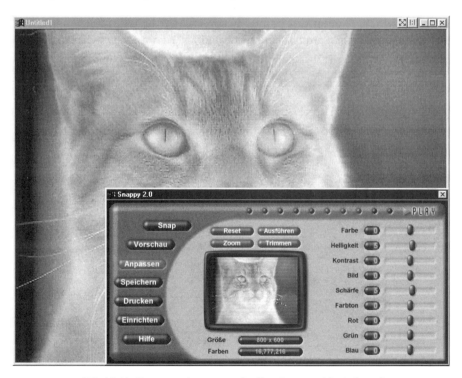

Abb. 28.13: Für wen oder was macht diese Katze wohl Werbung?

28.6 TV-Tuner und Video-Overlay-Karten

Mit den TV-Tuner- bzw. Overlay-Karten begebe ich mich nun in den Bereich der Videobearbeitung bzw. zunächst einmal deren Erfassung. Anfang der 90er Jahre waren diese Karten noch die Sensation, dann fristeten sie schon fast ein Schattendasein. Heute werden einem TV-Tuner geradezu nachgeworfen. Mit einem TV-Tuner können Sie Videos von beliebigen Videoquellen (Video-Recorder, Video-Kamera) oder vom integrierten Tuner empfangene Bilder auf den PC-Bildschirm übertragen und mittlerweile auch auf Festplatte aufzeichnen. Die Fernseh- oder Video-Bilder lassen sich unter Windows (oder auch dem OS/2-Desktop) in einem Fenster einblenden. Schon bald dürften aber auch alle angebotenen TV-Tuner in der Lage sein, die Bilder im Vollbildmodus anzuzeigen, so daß sich ein TV-Tuner (bei entsprechend großem Computermonitor) als Fernseher verwenden läßt.

Alte Modelle waren deshalb recht uninteressant, weil sie zusätzlich meist nur über die Möglichkeiten der bereits besprochenen Framegrabber verfügten. Sie können also meist auch das Fernsehbild »fotografieren«, also Standbilder einfangen (Video Capture), um sie als Datei auf der Festplatte zu speichern. Die maximal gebotene Auflösung beträgt bei diesen Karten in der Regel 640×480.

FAST Electronics, Sigma Designs, Hauppauge und Creative Labs, der Entwickler des Sound Blasters, sind Firmen, die sich in diesem Bereich hervorgetan haben und mit ihren Produkten den Markt prägen.

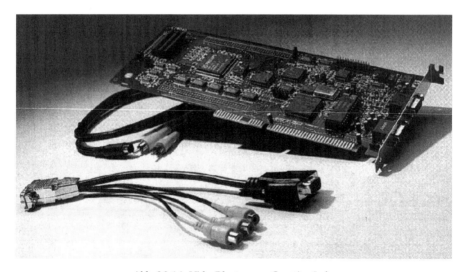

Abb. 28.14: VideoBlaster von Creative Labs

Aufgrund der unterschiedlichen Videostandards müssen Sie darauf achten, daß Sie Geräte für das in Europa übliche PAL (Phase Alternating Line) oder HDTV (High Definition Television) erwerben.

28.7 Video-Schnitt

Einen Schritt weiter gehen Adapter für den Video-Schnitt. Hier ist zwar üblicherweise kein TV-Tuner integriert, so daß die Signale grundsätzlich von externen Quellen kommen, dafür verfügen diese Karten aber über mehrere Ein- bzw. Ausgänge für Video- und Audiodaten. Oft lassen sich darüber hinaus auch spezielle Monitore anschließen.

Die Zielsetzung dieser ständig verbesserten Karten stellt damit vorwiegend der Videoschnitt dar. Sie lesen die Daten in den Rechner ein, bearbeiten sie mit entsprechenden Programmen und geben sie dann wieder auf Video aus. Zwar stellt dieser Bereich bis heute nicht gerade die Domäne der PCs dar, aber immerhin holt er hier rasch auf.

Wenn Sie sich für derartige Lösungen interessieren, sollten Sie insbesondere darauf achten, daß die Standards der verschiedenen eingesetzten Geräte aufeinander abgestimmt sind, und sich genauestens über die Geräte informieren. Sony setzt hier über weite Bereiche die Standards. Genaues und qualitativ hochwertiges Arbeiten ist meist erst mit einer kompletten SVHS-Ausrüstung möglich, wobei sich alle eingesetzten Geräte über entsprechende Schnittstellen vom PC aus digital und damit bildgenau steuern lassen sollten.

Zur Zeit liegen den Video-Schnitt-Karten meist weitgehend komplette Software-Pakete bei, die allerdings häufig sogenannte Lite-Versionen mit etwas eingeschränktem Funktionsumfang darstellen. Adobe Premiere oder Ulead MediaStudio sind dabei am häufigsten anzutreffen.

28.8 MPEG-Kompression

Die hochwertige, aktuelle Video-Produkt-Generation setzt in Hinsicht auf die erforderliche Bildkompression auf den MPEG-Standard (Motion Picture Experts Group), der auch von den entsprechenden CD- bzw. DVD-Standards vorausgesetzt wird. Durch Anwendung von Datenkompression gemäß dem MPEG-Standard lassen sich die Daten digitalisierter Filmsequenzen bis zu einem Verhältnis von 200:1 komprimieren. Von den ursprünglichen 26 MByte/s bleiben auf diesem Wege also nicht viel mehr als 130 KByte/s übrig, die sogar von einem Single-Speed-CD-ROM-Laufwerk noch bewältigt werden können.

Insgesamt lassen sich so 74 Minuten Video und Stereoton auf einer einzigen herkömmlichen CD unterbringen. Ohne Datenkompression hätte die CD ansonsten keine Chance, mit Videobändern zu konkurrieren. TV-Tuner und Video-Adapter, die auf MPEG basieren, werden möglicherweise schon bald zur Standardausstattung eines jeden PC gehören. Möglicherweise wird MPEG auch zum Bestandteil von Grafikkarten werden, zumal erste Anbieter diesen Weg bereits beschreiten.

Auf jeden Fall soll es in naher Zukunft möglich sein, Videos mit Hilfe eines DVD-Players auf Ihrem Computermonitor zu betrachten. DVD-Player zum Anschluß an den Fernseher, die gleichzeitig mit der HiFi-Anlage verbunden werden können, werden zur Basis der Unterhaltungselektronik. Dabei sollten solche Player in der Lage sein, möglichst viele der bisherigen Standards (CD-i, Photo-CD, Audio-CD und DVD) abzuspielen. Fernseher, HiFi-Anlage und Computer wachsen damit endgültig zusammen und werden so zur Multimedia-Maschine.

Abb. 28.15: Eine der ersten MPEG-Karten: Sigmas Reel Magic

Videos können zum Beispiel mit 32.768 Farben und einer Auflösung von bis zu 1024×768 Pixeln wiedergegeben werden, wobei die Bildgeschwindigkeit derjenigen eines normalen Fernsehgeräts entspricht. Dabei fällt die Wiedergabequalität trotz Kompression üblicherweise besser als auf einem herkömmlichen Fernsehgerät vergleichbarer Größe aus. Zudem enthalten MPEG-Video-Karten oft integrierte Sound Blaster-kompatible 16-Bit-Soundkarten.

Wie funktioniert aber die Datenkompression nach dem MPEG-Standard? Dieser Frage soll nun auf den Grund gegangen werden.

Im ersten von vier MPEG-Schritten werden die 704×576 für den Aufbau des PAL-Fernsehbildes genutzten Bildschirmpunkte im sogenannten SIF-Format gespeichert, wodurch sie bereits auf ein Viertel ihrer ursprünglichen Größe zusammenschrumpfen. Jede zweite Pixelzeile und jede zweite Pixelspalte werden einfach weggelassen. Die entfallenen Daten lassen sich später durch Interpolation wieder ergänzen, ohne daß dies dem menschlichen Auge auffallen würde.

Im zweiten MPEG-Schritt macht man sich den Umstand zunutze, daß zwischen den 25 Vollbildern einer Videosekunde meist nur vergleichsweise geringe Unterschiede bestehen. Daher braucht man nur wenige Vollbilder komplett zu speichern, ansonsten genügt es, wenn lediglich die Unterschiede der Einzelbilder gespeichert werden. Die sogenannten I-Bilder (Intra Coded Picture), die als Referenzbilder dienen, werden um den Faktor 10 bis 20 komprimiert. Zwischen ihnen liegen jeweils elf Einzelbilder.

Im dritten MPEG-Schritt werden die sogenannten P-Bilder (Predictive Coded Picture) aus den Daten vorausgegangener I- oder P-Bilder vorausberechnet. Dabei wird ein Verfahren angewendet, das als Motion Compensation bezeichnet wird. Jedes der I- bzw. P-Bilder wird in kleinere Blöcke zerlegt, dessen Verschiebung ermittelt wird. Wenn Teilbilder nichts gemeinsam haben, werden die P-Bilder wie die I-Bilder komprimiert, ansonsten wird lediglich die Verschiebung der Blöcke festgehalten. Die dadurch erzielbare zusätzliche Kompression liegt beim Faktor 30.

Die übrigen sogenannten B-Bilder (Bidirectionally Predictive Coded Pictures) werden im vierten MPEG-Schritt aus vorhergehenden oder nachfolgenden I- oder P-Bildern berechnet und weisen die höchste Kompression auf.

Eine weitere Besonderheit im Zusammenhang mit MPEG liegt darin, daß die MPEG-Kompression etwa die zehnfache Rechenleistung wie die Dekompression erfordert. Daher wird es noch eine Weile dauern, bis Möglichkeiten der Video-Kompression auch für den Privatanwender verfügbar werden. Für die MPEG-Dekompression reicht die Leistung heutiger PCs bei Einsatz entsprechender Hardware allerdings aus.

Kapitel 28

 Seit 1995 ist MPEG-2 im Gespräch. MPEG-2 stellt in erster Linie lediglich eine Erweiterung des ursprünglichen MPEG-Standards dar, der den Anforderungen von HDTV gerecht wird.

28.9 Die SCART-Schnittstelle

In Europa finden Sie an vielen modernen Fernsehern und Videorecordern eine sogenannte SCART-Schnittstelle, die zuweilen auch Euro-AV genannt wird. Interessant ist diese Schnittstelle deshalb, weil sie alle gebräuchlichen Signale in einer Verbindung enthält und weil amerikanische Geräte meist einfache Cinch-Stecker verwenden. Die Verbindung zwischen den verschiedenen Geräten kann daher recht schnell problematisch werden, auch wenn zum Preis von etwa 30 bis 50 DM entsprechende Universal-Adapter-Kabel erhältlich sind.

Sollten diese Kabel nicht zum Erfolg führen, oder sollten Sie das eine oder andere Signal zu speziellen Zwecken zweckentfremden wollen, dann müssen Sie darüber Bescheid wissen, welche Signale an der 21poligen SCART-Schnittstelle anliegen. Ein weiterer Blick in die technischen Anhänge von Videokameras oder HiFi-Geräten fördert dann deren Signalpegel ans Tageslicht – und schon können Sie zaubern.

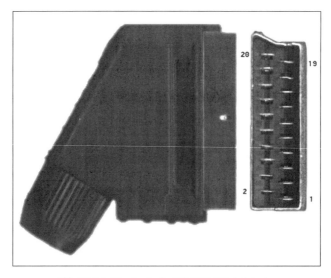

Abb. 28.16: Der typische SCART-Winkelstecker

Belegung	Pin	Pin	Belegung
Audio Ausgang B	1	2	Audio Eingang B
Audio Ausgang A	3	4	Masse
Masse	5	6	Audio Eingang A
Blau (Analog 0,7 Vss)	7	8	Schaltspannung
Masse	9	10	Nicht verbunden
Grün (Analog 0,7 Vss)	11	12	Nicht verbunden
Masse	13	14	Masse
Rot (Analog 0,7 Vss)	15	16	Austastsignal
Masse	17	18	Masse
Video Ausgang 1 Vss	19	20	Video Eingang 1 Vss
Masse	21 (Mantel)		

Tab. 28.5: Anschlußbelegung der SCART-Schnittstelle

28.10 Weitere Standards

Wenn Sie eine Videokarte erwerben wollen, sollten Sie eine ganze Reihe von Aspekten mit in den Entscheidungsprozeß einbeziehen. Maximale Auflösung, Treiberunterstützung und nicht zuletzt die verwendete Busarchitektur (PCI oder Firewire?) spielen eine wesentliche Rolle. Achten Sie insbesondere auch darauf, daß Sie alle notwendigen Kabel mitgeliefert bekommen, und fragen Sie nach Programmen und Treibern für das von Ihnen eingesetzte Betriebssystem.

Ansonsten stellen die von der Karte unterstützten Standards ein wesentliches Auswahlkriterium dar, da es davon neben MPEG zur Zeit noch weitere gibt, die recht verbreitet sind. Möglicherweise gibt es bald noch einige mehr, da im Video-Bereich und im Zusammenhang mit Kompressionsalgorithmen zur Zeit geradezu fieberhaft geforscht und entwickelt wird. Stellvertretend will ich hier nur Video für Windows, das in Windows 95 integriert wurde, und Intels Kompressionsverfahren Indeo erwähnen.

Zukunftsvisionen? 29

Neue Technologien werden fortlaufend entwickelt. Es gibt jedoch keinen Bereich, der derart von Neuentwicklungen geprägt wird, wie dies beim Computer-Bereich der Fall ist. Waren es über lange Jahre hinweg die finanziellen Mittel der Militärhaushalte, die hier die Entwicklungen vorangetrieben haben, so sind es heute vorwiegend die Gelder der großen Medien- und TV-Konzerne.

Neue Technologien entstehen so teilweise als »Abfallprodukte«, die für den PC-Markt unter geringem finanziellen Aufwand weiterentwickelt und schließlich einer breiteren Anwenderschicht zur Verfügung gestellt werden.

Häufig werden Neu- und Weiterentwicklungen mit riesigem Werbebudget und enormem Presserummel propagiert. Leider wird dabei oft verschwiegen, daß die vorgestellten neuen Technologien bzw. Produkte noch unausgereift und wenig standardisiert sind und den PC bzw. dessen Peripherie im aktuellen Entwicklungsstand ein »wenig« überfordern.

Viele neue Produkte entpuppen sich vor diesem Hintergrund schnell als »Spielzeug«, das erst im Zusammenhang mit Rechnern und Programmen der übernächsten Generation sinnvoll nutzbar wird. Diejenigen Anwender, die den vollmundigen und unkritischen Werbeversprechungen aufsitzen, greifen zu teuren und unausgereiften Produkten, die sich bereits nach kurzer Zeit als »Technologieschrott« entpuppen. Auf Programme, mit denen sich die neuen Produkte vernünftig nutzen lassen, muß man häufig jahrelang warten. Desktop-Publishing und Soundkarten mögen hier als Beispiele aus der Vergangenheit herhalten. Multimedia und die Datenautobahn (das Internet bzw. das World Wide Web), die mittlerweile auch schon seit 1993/94 in vielfältigen Ausprägungen immer wieder die Schlagzeilen beherrschten, sind Beispiele von heute.

Auch bei sich weiter verkürzenden Produktzyklen muß man mit einigen Jahren rechnen, bis der Markt für ein neues Produkt ein ausreichendes Volumen erreicht hat.

Gerade das Schlagwort Multimedia begleitet uns nun als solches bereits seit Anfang der 90er Jahre und unterliegt dabei ständigem Wandel. War zunächst eine einfache Soundkarte bereits »Multimedia«, muß es heute ein schneller

Rechner mit großem Monitor, CD-ROM-Laufwerk, riesiger Festplatte, qualitativ hochwertigen Lautsprechern usw. sein. Also eine Entwicklung, die – etwas überspitzt formuliert – bereits mit dem piepsenden Lautsprecher und dem Medium »Ton« begann. Jetzt, da es endlich – in erster Linie aufgrund rapide gefallener Preise für Speicherbausteine und CD-Brenner und die gestiegene Leistungsfähigkeit der verfügbaren Werkzeuge – tatsächlich möglich geworden ist, sinnvolle eigene Projekte zu erzeugen, ist es recht still um Multimedia geworden. Zwar wurde das multimediale Konzept bisher meist nur mehr schlecht als recht umgesetzt, dafür steht es jetzt aber auf der Datenautobahn im Stau. »World Wide Waiting« ist hier vielfach aufgrund der zu geringen Bandbreiten und Übertragungsgeschwindigkeiten angesagt.

Bereiche, die in der Zukunft für weitere Neuentwicklungen gut sein dürften, sind sicherlich:

- der Umgang mit Ton (Sprach-Ein-Ausgabe und Surround-Sound),
- die verbesserte Bilddarstellung (noch höhere Auflösungen und Dreidimensionalität) sowie
- die zunehmende Vernetzung und Daten-Kommunikation.

Zusammenfassend bedeutet dies also weiter nichts, als daß vorhandene Technologien weiterentwickelt werden, um möglichst realitätsnahe Ergebnisse zu erzielen bzw. zur Zeit noch vorhandene Einschränkungen weiter abzubauen. Dabei nähert man sich der Natur immer weiter an. Die Frage, ob es überhaupt sinnvoll oder möglich ist, die analoge Natur unter derart großem Aufwand digital nachzubilden, mag jeder einzelne für sich selbst beantworten. Ähnlich wie in der Unterhaltungselektronik wird zudem der Qualitätszuwachs der jeweils neuen Produktgenerationen zunehmend geringer. Ein unübersehbares reales Beispiel stellt hier sicherlich der Pentium Pro-Prozessor dar, der nur unter bestimmten Voraussetzungen eine Leistungssteigerung, ansonsten aber sogar Rückschritte mit sich brachte.

Auch darf nicht übersehen werden, daß die beste neue Technologie nichts taugt, wenn sie sich nicht sinnvoll einsetzen läßt bzw. wenn der Anwender der neuen Technologie nicht über das für deren sinnvollen Einsatz notwendige Hintergrundwissen oder die notwendigen finanziellen und zeitlichen Ressourcen verfügt. Niemand wird durch Kompositions-Software zum Komponisten, niemand durch den Einsatz von Videobearbeitungs-Software zum Filmregisseur und Drehbuchautor, und kaum jemand kann mehrere Jahre Zeit investieren, um einen Spielfilm zu produzieren.

Die Geschwindigkeit, mit der die Entwicklungen in der Computer-Branche aufeinander folgen, wurde mir auch durch die Arbeit an diesem Buch vor Augen geführt. Gerade dachte ich, ich hätte ein Kapitel abgeschlossen, trafen die nächsten »Neuerungen« ein, so daß weitere Aktualisierungen und Überarbeitungen anstanden. Etliche Produkte, die unter der Überschrift »Trends« als »zukünftige« Entwicklungen vorgestellt werden, sind mittlerweile in ersten Varianten im Handel erhältlich. Dies bestätigt einerseits die »Prognose«, führt einem aber auch die Schnellebigkeit der Computer-Branche deutlich vor Augen.

29.1 Künstliche Intelligenz

(Artificial Intelligence – AI) Die künstliche Intelligenz (KI) ist als Schlagwort bereits mehr als ein Jahrzehnt alt. Dabei erinnere ich mich immer wieder an einen Schüler, der mir in der Unterrichtspause einige Fragen zu diesem Themenbereich vorgelegt hatte und wissen wollte, wie ich denn die Entwicklungen im Bereich der KI beurteilen würde.

Bei den damaligen KI-Ansätzen handelte es sich vornehmlich um rein wissensbasierende Expertensysteme, also im Prinzip nichts anderes als riesige Datenbanksysteme, für die die damals verfügbare Hardware eigentlich noch viel zu langsam war. »Neuronale Netze« und »Fuzzy Logic« waren hierzulande noch kein Thema, obwohl zum Beispiel die »Theory of Fuzzy Sets« bereits 1965 in den USA entstanden ist. Entsprechend skeptisch fiel meine Antwort denn auch aus.

Zwischenzeitlich wurden in Teilbereichen erhebliche Fortschritte gemacht, die aber erstaunlicherweise mit den klassischen Ansätzen der KI meist recht wenig zu tun haben. Die Impulse kamen vorwiegend – wenn nicht sogar ausschließlich – aus anderen Bereichen.

29.1.1 Expertensysteme

Wie bereits gesagt, stellen die klassischen Ansätze im Bereich der KI letztlich kaum mehr als riesige Datenbanken mit speziellen Entscheidungsregeln dar. Die Grenzen dieses Ansatzes sind daher einigermaßen offensichtlich. Je mehr »Wissen« in Datenbanken abgelegt wird, desto mehr Kapazitäten und desto mehr Zeit wird für die Erfassung, die Speicherung und das Wiederfinden von Daten benötigt. Je komplexer die Materie, desto komplizierter zwangsläufig auch das Abfragesystem.

Zwar lernt das Expertensystem ständig hinzu, aber ohne daß man ihm mitteilt, daß die Aussage »Mir tut der Hals weh« dem Begriff »Halsschmerzen« zuzuordnen ist, wird es nie in der Lage sein, die Diagnose »Erkältung« zu stellen. Zu Assoziationen sind klassische Expertensysteme nun einmal nicht fähig, so daß sie zum Beispiel den Landarzt, der seinen Patienten nur einmal kurz ansieht und dann seine Diagnose stellt, nie ersetzen können.

29.1.2 Neuronale Netze

Neuronale Netze haben im Bereich der KI zu einigen erstaunlichen Fortschritten geführt. Biologische Gehirne arbeiten assoziativ, sind fehlertolerant, lern- und anpassungsfähig. All dies ist der Computer im herkömmlichen Sinne (John-von-Neumann-Rechner) seinem Wesen nach nicht.

Gegenstand der Neuroinformatik sind Forschungen, die darauf abzielen, die Funktionsweise des Gehirns auf einem Computer nachzubilden. Jede einzelne Nervenzelle eines »biologischen Computers« wird als einfacher Prozessor betrachtet. Diese Milliarden einfacher Prozessoren sind auf vielfältige Art und Weise miteinander vernetzt und arbeiten parallel, wobei die Verbindung der Prozessoren keineswegs feststeht, sondern sich im Laufe der Zeit an die Erfordernisse anpaßt (Lernen). Im Unterschied zu diesem System aus mäßig intelligenten Nervenzellen gibt es im Computer üblicherweise nur eine einzige sehr »intelligente« Zentraleinheit (CPU) und viele tausend »dumme« Speicherzellen.

Die Fortschritte, die auf die Ergebnisse der Neuroinformatik zurückzuführen sind, lassen sich nicht von der Hand weisen. Etliche bis dato »unlösbare« Problemstellungen, wie zum Beispiel die Routenplanung, lassen sich mit ihrer Hilfe bewältigen. Einzelheiten würden an dieser Stelle jedoch den Rahmen des Buches bei weitem sprengen.

Die Fortschritte lassen sich jedoch am Beispiel der optischen Zeichenerkennung (OCR) recht gut verdeutlichen. Während den ersten Programmen jeder Zeichensatz in jeder Größe einzeln beigebracht werden mußte (Pattern Matching – Mustererkennung), weil sie die einzelnen Zeichen lediglich aufgrund gespeicherter Muster (einer gewissermaßen darübergelegten Schablone) identifizieren konnten, erkennen neuere Programme Zeichen anhand der für diese typischen *Merkmale*. Ein E besteht zum Beispiel immer aus einem (annähernd) senkrechten und drei (annähernd) waagerechten Strichen, ein I aus einem einzelnen senkrechten Strich. Feature Matching (Merkmalerkennung) ist dadurch entschieden flexibler als Pattern Matching, da die wesentlichen Merkmale eines Zeichens unabhängig von dessen Größe sind. Die Fehlertoleranz dieses Verfahrens ist um ein Vielfaches größer.

29.1.3 Fuzzy Logic

»Fuzzy Logic« ist ein weiterer Begriff, der werbewirksam vermarktet wurde. Um gleich einem Mißverständnis vorzubeugen: »Fuzzy Logic« ist keineswegs eine »unscharfe Logik«, sondern eine Logik, die dazu dient, Unschärfen bzw. Ungenauigkeiten mathematisch zu beschreiben und handhabbar zu machen. Die »Fehlertoleranz« der Systeme stellt hier also ein wesentliches Ziel dar. Alle realen Erscheinungen lassen Abstufungen zu. 30 Grad Celsius mögen in Deutschland ja vielleicht heiß sein, im Tal des Todes empfindet man derartige Temperaturen aber in der Regel als angenehm kühl. Und was teilt Ihnen Ihr »künstlich intelligenter« Rechner mit, wenn Sie ihn fragen, ob 30 Grad Celsius nun heiß oder kalt sind?

Ein Beispiel, bei dem sich »Fuzzy Logic« im praktischen Einsatz bewährt hat, sind Mikrowellenherde. Derartige mit »Fuzzy Logic« ausgestattete Geräte sind mittlerweile auch in Deutschland erhältlich. Sie werden durch ein System von Regelschaltkreisen und Sensoren in die Lage versetzt, (zumindest weitgehend) selbständig zu entscheiden, ob und wie zuzubereitende Mahlzeiten behandelt werden müssen. Ein wenig mehr hiervon, ein wenig länger noch, lauten die hier von der Technik selbständig getroffenen Entscheidungen.

Weitere Details sollen Ihnen hier erspart bleiben. Ein Zitat von Alfred North Whitehead, das ich dem Buch »Die unscharfe Logik erobert die Technik« (a.a.O.) entnommen habe, will ich Ihnen aber nicht vorenthalten: »Es gibt keine absoluten Wahrheiten; alle Wahrheiten sind Halbwahrheiten. Es ist der Versuch, sie als absolute Wahrheiten zu behandeln, der des Teufels ist.« Und das ist nicht nur mit den Wahrheiten so.

29.2 Sprach- und Handschrifterkennung

»Neuronale Netze« und »Fuzzy Logic« leiten im Prinzip nahtlos zum Thema »Sprach- und Handschrifterkennung« über. Letztlich sind es Fortschritte dieser beiden Forschungsdisziplinen, die Weiterentwicklungen hier maßgeblich beeinflussen.

Die Handschrifterkennung wird unter dem Schlagwort »Pen Computing« vermarktet. Die Anwendung ist einigermaßen gewöhnungsbedürftig, und bei vielen Geräten ist die Fehlerquote bei der Erkennung des geschriebenen Wortes auch noch recht hoch, so daß die Arbeitsgeschwindigkeit darunter allzusehr leidet. Geräte, die auf diesem Ansatz beruhen, werden in gewissen

Bereichen aber in einigen Jahren stärkere Verbreitung finden. Einige Paketzusteller privater Anbieter laufen mit ähnlichen digitalen Geräten herum, die hier aber lediglich der Erfassung der Unterschrift dient. Erste Härtetests im praktischen Einsatz haben jedenfalls bereits begonnen.

Bei der Spracherkennung wird es noch um einiges komplizierter. Hier werden enorme Ansprüche an die Fehlertoleranz der Systeme gestellt. Dabei können zum Beispiel Heiserkeit, Umgebungsgeräusche oder auch einfach nur der unterschiedliche Abstand des Mikrofons zum Sprecher unüberwindliche Fehlerquellen darstellen. Kopfhörer, wie sie zum Beispiel in Sprachlabors üblich sind, sind daher kaum verzichtbar, wenn brauchbare Ergebnisse erzielt werden sollen.

Darüber hinaus ist eine enorme Disziplin beim Sprecher vonnöten. Ein im Dialekt vorgetragener Satz (»Können Sie vielleicht das Salz herüberreichen?«) wird unversehens zu »Gänsefleisch ...«, womit (nicht nur) der Computer absolut nichts mehr anzufangen weiß.

Aufgrund der vergleichsweisen Einfachheit der englischen Sprache werden in diesen Bereichen die Amerikaner wohl immer die Nase vorn behalten. Allerdings haben auch sie mit den genannten Problemen zu kämpfen, wenngleich in wesentlich geringerem Umfang.

Die in der Version 4 von IBMs Betriebssystem OS/2 enthaltene Spracherkennungs-Software hat dem Thema Spracherkennung wieder zu etwas mehr Beachtung verholfen. Versionen für andere Betriebssysteme werden erhältlich sein. Microsoft hat entsprechende Merkmale sofort nach IBMs Vorankündigung für OS/2 auch in das geplante Leistungsspektrum ihrer Betriebssysteme integriert. In den ersten Instanzen konnte Microsoft seine diesbezüglichen Ankündigungen aber nicht einhalten.

Dafür konnte IBM aber überraschen, indem es sein Voice Type-System auch für Windows 95 anbot. Es setzt nun keine spezielle Hardware mehr voraus, sondern gibt sich mit einer handelsüblichen 16-Bit-Soundkarte zufrieden, so daß neben dem Programm selbst lediglich noch ein Kopfhörer/Mikrofon-Set benötigt wird, das sich ebenfalls im Lieferumfang befindet.

Detaillierte Anweisungen während der Installation fordern den Anwender zum Testen der verschiedenen Mikrofon-Einstellungen auf, bis eine passende Konfiguration gefunden wird. Danach empfiehlt sich ein ausführliches Training der Spracherkennungs-Fähigkeiten des Programms, um es an den jeweiligen Sprecher anzupassen. (Es lassen sich mehrere Klangmuster für verschiedene Benutzer speichern.)

Zukunftsvisionen?

Abb. 29.1: Die Spracherkennung arbeitet nach ausgiebigem Training wesentlich zuverlässiger.

Wie gut die Spracherkennung letztlich arbeitet, hängt aber nicht nur vom Training der Software ab, sondern auch von deren Einstellung. Wenn nämlich allzu exakte Übereinstimmung zwischen den Spracheingaben und den gespeicherten Klangmustern gefordert wird, erkennt das Programm nur noch recht wenig. (Recht gute Erfahrungen habe ich mit etwas gelockerten Einstellungen gemacht.)

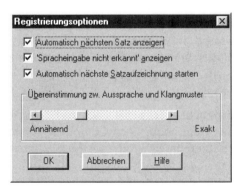

Abb. 29.2: Die Anforderungen für die Übereinstimmung mit dem gespeicherten Klangmuster sollte nicht allzu einschränkend ausfallen.

Mit Voice Type können Sie zum Beispiel direkt in Ihre Textverarbeitung hineindiktieren. Allerdings sollten Sie sich (zumindest noch) keine Illusionen machen. Aufgrund der Anforderungen des Programms ist diszipliniertes und kontrolliertes Sprechen gefordert, wobei die Erkennungsrate beim langsamen Sprechen mit Pausen zwischen den einzelnen Wörtern deutlich besser ausfällt.

Alles in allem kann Voice Type beim gegenwärtigen Stand – und entsprechendem Training – bestimmte Arbeiten vereinfachen. Die Tastatur oder gar Diktiergerät und Sekretärin kann es jedoch noch lange nicht ersetzen. Generell gilt, daß die Erkennung bei kleinerem Vokabular deutlich besser ausfällt, so daß die Eignung zur Sprachsteuerung von Programmen oder das Anfertigen von Notizen deutlich besser ist als die zum Verfassen umfangreicher Manuskripte. Vielschreiber werden (vorläufig) feststellen müssen, daß sie schneller schreiben als computer-gestützt diktieren.

29.3 Cyberspace

»Cyberspace«, »Cybersex«, »virtuelle Realität«, »künstliche Welten« und wie auch immer man die verschiedenen (Ab-?)Arten der dreidimensionalen Erlebniswelten unter Einsatz des Computers bezeichnen will, gehören eigentlich gar nicht mehr zu den Visionen. Zwar sind die bereits erhältlichen Geräte noch nicht ganz ausgereift oder viel zu teuer, aber »Cyberspace« ist bereits Gegenwart.

3D-Brillen mit je einem Bildschirm für jedes Auge und Einstellmöglichkeiten für Brillenträger (wie beim Fernglas) sind erhältlich. Etwas vornehmer werden diese Bildschirme als Head Mounted Displays (HMD) bezeichnet. Spiele-Fanatiker, die auf indizierten Spielen stehen, werden es kaum noch erwarten können, bis sie mit einem (oder mehreren) Cyber-Datenhandschuh(en) (Data Glove) bewaffnet, ihren Gegnern im dreidimensionalen Raum buchstäblich »an die Gurgel« gehen können. Bis zum Datenanzug ist es dann nicht mehr weit.

Zur Zeit sind die Möglichkeiten meist noch recht beschränkt, doch (sportliche) Wettkämpfe vor dem heimischen Computer stellen heute schon keine Seltenheit mehr dar. Bereits in einigen Jahren dürften die Gefechte im »Cyberspace« und im Datenanzug ausgetragen werden. Inwiefern solche Entwicklungen allerdings wünschenswert sind und wie schnell derartige Aktivitäten Realität werden, mag an dieser Stelle dahingestellt bleiben. Die Industrie wird die zur Realisierung dieser Visionen notwendige »Bewaffnung« und entsprechende Software im Kampf um Absatzmärkte sicherlich früher oder später zur Verfügung stellen.

29.3.1 Aladin in Agrabah

Wirklich realistisch wird es, wenn der Mensch selbst gewissermaßen zum integralen Bestandteil des Programms bzw. der Maschine wird. Auch diese Visionen sind gar nicht mehr so unrealistisch, wenn man den Blick vom PC-Bereich löst und ein wenig schweifen läßt. Seit Mitte 1994 präsentieren nämlich die Walt Disney Imagineering Labs (WDI) in Disney World (Orlando, Florida), was praktisch machbar ist. Virtuelle Welten, interaktiv erlebbar durch Verwendung von Datenhandschuhen und Head Mounted Displays (HMD) mit Action-Rides und Rundum-Blick auf »hyper-realistische« Animationsszenerien, werden hier bereits realisiert.

Jeweils vier Besucher können auf einem niedrigen Sitz Platz nehmen, um sich der Illusion hinzugeben, als »Aladin« auf einem fliegenden Teppich durch die im Computer nachempfundene Stadt Agrabah zu fliegen. Die Steuerung erfolgt in Echtzeit durch Ziehen und Zerren an der Kante des »fliegenden« Teppichs. In die HMDs sind jeweils zwei hochauflösende Bildschirme und mehrere Lautsprecher eingelassen, so daß auch akustisch räumliche Eindrücke vermittelt werden.

Was in die Helme projiziert wird, macht aber nur geballte Rechen-Power möglich. 14 Grafik-Supercomputer (Onyx) mit 12 Grafik-Subsystemen (Reality-Engine) des Herstellers Silicon Graphics werden benötigt, um die zwei in jedes HMD projizierten Bilder im 60-Hz-Rhythmus abhängig von der Kopf-Position und -Haltung des Besuchers so zu errechnen, so daß dieser das Gefühl erhält, selbst ein Teil des Aladin-Films zu sein. Mehr als ein Dutzend zusätzliche Rechner (Indigo) sind für weitere Aufgaben zuständig. (Ganz nebenbei: In den angesprochenen Onyx-Rechnern gehen wiederum jeweils bis zu 24 RISC-CPUs parallel zu Werke, und das bei einer Taktfrequenz von 150 MHz.)

29.3.2 Das Gesetz von Moore

Laut dem Gesetz von Moore verdoppelt sich die Leistungsfähigkeit der Computer ca. alle 18 Monate. Auf dieser Basis kann man ungefähre Überlegungen anstellen, wann die eben geschilderten Leistungen auch mit Rechnern auf dem Schreibtisch möglich sein werden, sofern die Entwicklung nicht durch irgendwelche physikalischen oder anderweitigen Grenzen (zum Beispiel Naturgesetze) bzw. Einflüsse gestoppt bzw. abgebremst wird.

Eine Verdoppelung der Leistungsfähigkeit alle 18 Monate läßt sich mit einer Halbierung der Preise gleichsetzen. Angenommen, die erwähnte Rechenanlage kostete – niedrig geschätzt – 1994 ca. eine Million US-Dollar, so würde ein Computer mit gleicher Leistung drei Jahre später nur noch ca. 250.000 Dollar kosten.

Das abgedruckte Diagramm stellt eine Hochrechnung des eben erläuterten Phänomens dar. Ihm können Sie nicht nur entnehmen, daß Rechner einer Leistungsklasse, die 1994 noch 1 Mio. DM gekostet hätten, im Jahr 2008 wahrscheinlich für weniger als 10.000 DM erhältlich sein werden, sondern auch, wann sich derartige Rechner frühestens verbreitet im Einsatz befinden werden.

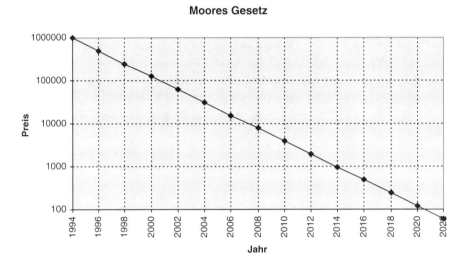

Abb. 29.3: *Das Gesetz von Moore mit logarithmischer Preisachse*

29.4 Internet und Information Superhighway

Das Internet und das World Wide Web befinden sich seit Mitte der 90er Jahre in den Schlagzeilen und haben »Multimedia« als Hauptthema und schicksalsschwangerstes Schlagwort in der Presse abgelöst. Beide Begriffe stellen Synonyme für den Begriff des Digital Highway dar, der anfangs vorwiegend verwendet wurde und hierzulande meist mit (digitale) Datenautobahn übersetzt wird. »Information Superhighway« (ISH) ist ein weiterer Begriff, der synonym verwendet werden kann und noch vielversprechender anmutet. Da »ISH« als Begriff viel allgemeiner ausfällt, werde ich diesen im folgenden vorwiegend verwenden und entgegen den sonst üblichen Gepflogenheiten nicht das »Internet« in den Vordergrund stellen.

Überall vernimmt man, daß das Internet im Laufe der nächsten zehn Jahre die Realität wahrscheinlich dramatisch verändern wird, und wie üblich springt jedes Unternehmen, das etwas auf sich hält, auf den Zug auf, der nicht zuletzt von Bill Gates (dem Microsoft-Chef) und seinen »Visionen« gezogen wird.

Wenn sich in den letzten Jahren auch nicht unbedingt die Entwicklungen überschlagen haben, so haben dies zumindest doch die Versionsnummern der Programme und Standards suggeriert. Präzise Definitionen und Abgrenzungen der Begriffe lassen sich kaum finden. Das Internet kann einfach für alle Themen herhalten, die im weiteren Sinne mit der Übertragung von Informationen (Daten) über größere Strecken zu tun haben. Parallelen hinsichtlich der Verwendung des Multimedia-Begriffs sind kaum zu übersehen, der umfassend für alles, was Krach macht und Farbe auf die Monitore bringt, verwendet wurde.

Erkundigt man sich nach den Initiatoren der Datenautobahn und des Internets, trifft man unweigerlich wieder auf die Namen jener Konzerne, die Kabelfernseh- bzw. Telefonnetze betreiben und damit auch die Schwerpunkte und Prioritäten der neuen Technologien setzen und die vermuteten gigantischen Gewinne einfahren werden.

Allerdings macht sich neben den bereits genannten Schlagwörtern auch zunehmende Ernüchterung breit, die nicht zuletzt dadurch hervorgerufen wurde, daß die Realität weit hinter Versprechungen und Prognosen zurückbleibt. Gigantische Zuwächse in Hinsicht auf die Zahl der Internet-Teilnehmer allein stellen noch keinen lukrativen Markt dar, und so lassen Erfolge vielfach noch auf sich warten.

Wendet man den Blick einmal von diesen Zuwachsraten ab, hatte man es Anfang 1997 mit ca. 2,5 Millionen Teilnehmern in Deutschland zu tun, und damit einer Teilnehmerquote von lediglich 3,125% der Gesamtbevölkerung. Die höchste Quote wurde in Deutschland übrigens mit ca. 20% für Studenten an Hochschulen ermittelt, und ca. 25% der *Haushalte* verfügten (statistisch gesehen) zum etwa gleichen Zeitpunkt über einen Computer. Übrigens neige ich bei derartigen Themen dazu, andere Zahlen aus sozialen Bereichen vergleichend heranzuziehen. Wie wäre es zum Beispiel mit mehr als 4,5 Millionen (offiziellen) Arbeitslosen oder (geschätzten) ca. 5 Millionen Legasthenikern (ca. 6% der Gesamtbevölkerung) in Deutschland?

Erhebungen zufolge können die Teilnehmer des Internets grob in drei Gruppen eingeteilt werden:

- Studenten und Hochschulabsolventen
- Youngster zwischen etwa 14 und 25 Jahren
- Eine leicht diffuse Restgruppe, die etwa so groß wie die ersten beiden Gruppen ist

Eines ist jedenfalls – zumindest bisher noch – allen Gruppen der Internet-Nutzer gemeinsam, nämlich daß sie sich erheblich vom Durchschnittskunden unterscheiden. Dementsprechend sind auch primär Strategien gefragt, die diesem Unterschied in geeigneter Weise Rechnung tragen.

29.4.1 Einsatzgebiete

»Video on Demand« oder auch »digitales Fernsehen« sind zwei Schlagwörter: Spielfilme sollen zu jedem beliebigen Zeitpunkt interaktiv von Video-Servern abrufbar sein. Die Übertragung der Daten erfolgt dabei über das Kabelfernsehnetz. Der ISH, der in diesem Fall *nicht* mit dem Internet gleichgesetzt werden sollte, dient hier als Transportweg für Unterhaltungsangebote und übernimmt gewissermaßen die Rolle der Videotheken.

Videokonferenzen sind ein anderes Beispielangebot, das sich vorwiegend an Unternehmer wendet. Die Übertragung der Daten erfolgt über ein leistungsfähiges Telefonnetz unter Verwendung eines Hochgeschwindigkeitsprotokolls, das wahrscheinlich ATM (Asynchronous Transfer Mode) sein wird. Breitband-ISDN oder andere, neuere Technologien könnten hier zur Grundlage werden.

Der Vorläufer des interaktiven Einkaufs (Interactive Shopping) ist im heute bereits im Kabelfernsehen verbreiteten Tele Shopping zu sehen, bei dem Werbespots mit eingeblendeter Telefonnummer (oder Internet-Adresse) den Zuschauer auffordern, zum Telefonhörer zu greifen und zu bestellen. »Interactive Shopping« erweitert die damit verbundenen Möglichkeiten lediglich um einiges.

Eine weitere Möglichkeit ist darin zu sehen, daß sich viele Arbeitsplätze an heimische Schreibtische verlegen lassen könnten. Die mit neuen Netzen möglichen hohen Übertragungsraten erlauben auch die Übertragung umfangreicher Dokumente binnen kürzester Zeit an den Heimarbeitsplatz und darüber hinaus Kontaktaufnahmen mit dem Büro auf dem Weg der Videokonferenz. In der Folge wird die Zahl der »Briefkastenfirmen« sicherlich enorm steigen.

Ähnliche Tendenzen werden im Hinblick auf Electronic Publishing (Elektronisches Publizieren) prophezeit. Zeitungen, Kataloge usw. lassen sich auf dem Weg über den ISH betrachten bzw. lesen. Das seitenweise Lesen eines Romans oder das Querlesen einer Zeitung könnte dann am Rechner erfolgen. Zumindest die Wälder würden diesen Fortschritt begrüßen.

Spielangebote, elektronische Nachschlagewerke, Bildtelefon und Farbfax in hochwertiger Qualität sind weitere Entwicklungen, die in den nächsten Jahren in Mode kommen sollen.

CDs und Electronic Mail können Ihnen bereits heute einen ersten Eindruck von den Möglichkeiten der Datenautobahn vermitteln. Programme, Nachschlagewerke und Kataloge werden zunehmend auf CD angeboten. Zudem liegen die Kosten für die Produktion solcher CDs beim Hersteller – verglichen mit der traditionellen gedruckten Papierversion – ausgesprochen niedrig. Die heutige Rolle der CD soll dabei in nicht allzu ferner Zukunft vom leistungsfähigen ISH übernommen werden.

29.4.2 Voraussetzungen

Sieht man sich die obigen Einsatzbeispiele genauer an, muß man feststellen, daß es sich beim ISH eigentlich nur um die konsequente Fortentwicklung bereits vorhandener Technologien handelt. Wesentliche Voraussetzung für den breiten Einsatz dieser Technologien sind jedoch einfache Bedienbarkeit und deren Preis. Hier wird fieberhaft an Lösungen und Standards gearbeitet. »Windows für ISH« wäre sicherlich ganz im Sinne von Microsoft. Dieses Windows müßte aber so einfach aufgebaut sein, daß es sich zumindest weitgehend mit Hilfe einer Fernbedienung benutzen ließe.

Große, aber auch besonders kleine, Flatscreen-Bildschirme und Geräte mit der hundertfachen Leistungsfähigkeit heutiger PCs sollen Einzug in das Wohnzimmer finden und stellen eine der Voraussetzungen für den Siegeszug des ISH dar. Erste Multimedia-Fernseher mit eingebautem PC werden bereits gefertigt und deuten darauf hin, daß das endgültige Zusammenwachsen von PC und Unterhaltungselektronik nicht mehr allzulange auf sich warten lassen dürfte.

Neben den Geräten beim Endanwender darf nicht vergessen werden, daß auch die involvierten Programmanbieter wesentlich leistungsfähigere Hardware benötigen und damit entsprechende Investitionen tätigen müssen. Video-Server müssen die für »Video on Demand« benötigten enormen Datenmengen speichern und ständig abrufbereit halten. Dafür benötigte spezielle Hard- und Software befindet sich bereits im Entwicklungsstadium.

Darüber hinaus müssen Datenübertragungswege zur Verfügung gestellt werden, die in der Lage sind, die anfallenden Datenmengen zu bewältigen, so daß es nicht weiter verwundert, daß zumindest anfangs lediglich Großkonzerne in der Lage sein dürften, das notwendige Kapital zu beschaffen.

29.4.3 Hindernisse und Folgen

Für den zügigen Ausbau des ISH sind die Entwicklung geeigneter Hard- und Software sowie die Definition von Standards von wesentlicher Bedeutung. Blickt man dabei auf bisherige Erfahrungen zurück und betrachtet den aktuellen Stand der Dinge, steht zu befürchten, daß sich Standards erst viel zu spät herausbilden und frühe Nutzer in diesem Sinne bestraft werden.

Rechtliche, soziale und politische Probleme sollten ebenfalls nicht vernachlässigt werden. Was geschieht beispielsweise mit abgelegenen Gebieten? Werden die Anbieter verpflichtet, für einen Anschluß dieser Haushalte an den ISH zu sorgen? Und wer zahlt die Zeche? Werden die Kosten umgelegt, treibt dies die Preise allgemein in die Höhe, hat der einzelne dafür aufzukommen, werden abgelegene Gebiete zur »Wüste«. So ist es heute zum Beispiel zumindest in einigen Gebieten der USA schwer oder gar unmöglich, einen ISDN-Anschluß gelegt zu bekommen!

Inwiefern sich soziale Strukturen vor dem Hintergrund des ISH ändern werden, läßt sich kaum vorhersagen. Technisch machbar ist mittlerweile fast alles, die entsprechenden Technologien befinden sich allerdings großteils noch in den Kinderschuhen bzw. lassen sich nicht kostendeckend umsetzen. Zudem hört man gerade in letzter Zeit immer wieder von neuen Lösungsansätzen, die sich insbesondere auf die Datenübertragung und damit auf den zur Zeit ärgsten Engpaß beziehen. Neben Tausenden von Satelliten in erdnahen, geostationären Umlaufbahnen befinden sich mittlerweile das Strom- und/oder das Kabelnetz des Fernsehens in der Diskussion. Im Zuge der Aufhebung des Telekommunikationsmonopols in Deutschland wird das Stromnetz insbesondere auch für die Übertragung von Telefongesprächen intensiv diskutiert.

Versucht man, ein extremes Bild zu zeichnen, könnte die Zukunft so aussehen, daß voll computergesteuerte und menschenleere Lagerhallen von Personen überwacht werden, die das Firmengebäude noch nie in ihrem Leben betreten haben, weil selbst das Vorstellungsgespräch via Bildtelefon geführt wurde und die Angestellten alles in Heimarbeit vom eigenen Rechner aus steuern und erledigen können.

Auch viele der heute bekannten Medien und Transportverfahren, wie zum Beispiel das Versenden von Briefen, werden ins Abseits gedrängt und auch hier das Gesellschaftsbild entscheidend verändern. In dieser Hinsicht kann die elektronische Datenübertragung per Fax bereits enorme Erfolge vorweisen.

Inwieweit sich allerdings eine schnelle und breite Akzeptanz einstellen wird, steht noch in den Sternen. Welche Vorteile bringen die neuen Technologien dem einzelnen? Läßt die Akzeptanz auf sich warten, dürften den beteiligten Unternehmen aufgrund ihrer hohen Anfangsinvestitionen nicht zu unterschätzende Verluste ins Haus stehen.

Zur Zeit herrscht jedenfalls trotz etlicher Rückschläge immer noch weitgehend ungebrochene Euphorie vor. Aus dem Projekt »digitales Fernsehen« haben sich einige Anbieter vorläufig wieder verabschiedet, die sogenannten Set-Top-Boxen für »Video-On-Demand« konnten bisher weder hier noch in den USA so richtig überzeugen, und das heftig umworbene Web-TV war im USA-Weihnachtsgeschäft 1996 ein ausgesprochener Flop. Ob sich schließlich die virtuellen Supermärkte im Internet als echte Einkaufsalternative etablieren werden, scheint mir angesichts dessen, daß man bereits für den bloßen Aufenthalt im Internet-Supermarkt kräftig zur Kasse gebeten wird, auch einigermaßen fraglich, zumindest dann, wenn der Weg ins nächste nicht-virtuelle Kaufhaus – in dem man sich dann kostenlos aufhalten darf – keine amerikanischen Dimensionen annimmt. (Womit ich abschließend auch noch darauf hinweisen möchte, daß der Internet-Einkauf in der amerikanischen Wüste wesentlich eher eine echte Alternative zum althergebrachten Kaufhausbummel darstellt als in Deutschland, wo der nächste Supermarkt mit dem Auto oder dem Bus meist in weniger als einer halben Stunde erreichbar ist.)

Wie schnell sich die angedeuteten Entwicklungen vollziehen werden und welche gesellschaftlichen, wirtschaftlichen und sozialen Folgen sie dann nach sich ziehen, bleibt also abzuwarten. Sicher dürfte jedoch sein, daß die in diesem Kapitel vorgestellten Technologien zukünftig vermehrt Einzug in den Alltag halten werden.

Wie gesagt, eigentlich handelt es sich beim »Digital Highway« um kaum mehr als die Weiterentwicklung bereits vorhandener Technologien. Die Ausgabe- und Erfassungsqualität der beteiligten Geräte wird weiter gesteigert, so daß sich letztlich die »virtuelle Welt« bzw. das Abbild immer mehr der Qualität des Originals nähern wird. Naturgetreue Farben, Dreidimensionalität, perfekte Klangqualität und Geschwindigkeit heißen die Herausforderungen, denen sich Computer-Industrie und Medienkonzerne immer wieder stellen müssen.

Quellen- und Literaturhinweise

Naturgemäß läßt sich ein Buch wie das vorliegende nicht »aus den Fingern saugen«. Demzufolge habe ich Unmengen an Informationsmaterial gesichtet und eine Vielzahl von Quellen in Anspruch genommen, die mir den einen oder anderen nützlichen Hinweis geliefert und mein Gedächtnis ein wenig aufgefrischt haben. Neben Handbüchern und Begleitheften von Hard- und Software-Herstellern konnte ich auf eine umfangreiche Bibliothek, bestehend aus Büchern, Zeitschriften, Presseinfos und internationalen Mailboxen, zurückgreifen.

Da sich die Herkunft der Materialien, die sich bereits seit geraumer Zeit in elektronischer (oder biologischer) Form in meinen »Datenbanken« befinden, oft nicht oder nur mit erheblichem Aufwand nachvollziehen läßt, soll zunächst einmal jenen Informanten gedankt werden, die ich im folgenden nicht namentlich erwähnen konnte.

In Zeitschriften können Sie immer wieder Grundlagenartikel zu bestimmten Themenbereichen finden. Darüber hinaus vermitteln sie spezifische und manchmal ausgesprochen spezialisierte Hintergrundinformationen, Tips und Tricks. Von verschiedenen Ausgaben der folgenden Zeitschriften habe ich im Zusammenhang mit diverser Hardware insbesondere profitieren können:

Computer Persönlich
MagnaMedia Verlag AG, Haar bei München

c't – Magazin für Computertechnik
Verlag Heinz Heise GmbH & Co. KG, Hannover

DOS International – Das Magazin für aktive PC-Anwender
DMV Daten und Medienverlag Widuch GmbH & Co. KG, Eschwege

PC Professionell
Ziff Verlag GmbH, München

Neben technischen Dokumentationen, Hard- und Software-Handbüchern habe ich auf der Suche nach Informationen auf eine Vielzahl von Büchern zurückgegriffen. Wie bereits gesagt, verfüge ich mittlerweile über eine recht umfangreiche Bibliothek, in der sich auch etliche bereits längst ver- und abgegriffene Titel befinden. Darüber hinaus habe ich einige zusätzliche Titel mit aufgeführt, die im Zusammenhang mit der Thematik des Buches von Interesse sein könnten.

Agfa-Gevaert: Agfa-Schriftenreihe »Die digitale Farbe«
mittlerweile sechs Teile, Leverkusen/Köln/Kerpen

Baert/Theunissen/Vergult: Digital Audio and Compact Disc Technology
Focal Press, Oxford

Born, Günter: Arbeiten mit der Windows 95-Registrierung
Microsoft Press, Unterschleißheim

CHIP Special: Der PC als Videostudio
Vogel Verlag, Würzburg

Custer, Helen: Inside Windows NT
Microsoft Press, Unterschleißheim

Dembowski, Klaus: Computerschnittstellen und Bussysteme
Markt & Technik Verlag AG, Haar bei München

Dembowski, Klaus: Hardware unter Windows 95
Carl Hanser Verlag, München

Dvorak/Anis/Feibel: Dvorak's Guide to PC Connectivity
Bantam Books, New York

Dvorak/Anis/Feibel: Dvorak's Guide to PC Telecommunication
Osborne McGraw-Hill, Berkeley

Dvorak/Anis: Dvorak's Inside Track to DOS and PC Performance
Osborne McGraw-Hill, Berkeley

Eastman Kodak: Permanence, Care, and Handling of CDs
Eastman Kodak, Rochester

Franken, Gerhard: Das CD-Brenner-Buch
International Thomson Publishing, Bonn

Gookin, Dan: Hard Disk Management
Windcrest/McGraw-Hill, Blue Ridge Summit

Halliday, Caroline M.: PC Secrets,
IDG Books, Foster City

Jamsa, Chris: Jamsa's 1001 DOS & PC Tips
Osborne McGraw-Hill, Berkeley

Jarzyna, Dirk: Windows NT Server 4.0
International Thomson Publishing, Bonn

Kawamoto, Wayne N.: Upgrade & Repair your PC on a Shoestring
Ventana, Research Triangle Park

Quellen- und Literaturhinweise

Koch, Meder, u.a.: OS/2 Warp, Das Kompendium
Markt & Technik Verlag AG, Haar bei München

Kodak: Photo CD System – Anwendungen in der Praxis
Kodak, Stuttgart

Kruse/Mangold/Mechler/Penger: Programmierung Neuronaler Netze
Addison-Wesley, Bonn

McNeill/Freiberger: Die »unscharfe« Logik erobert die Technik
Droemer Knaur, München

Microsoft Corporation: Microsoft Windows – Die technische Referenz
Microsoft Press, Unterschleißheim

Microsoft Corporation: Microsoft Windows NT Workstation – Die technische Referenz
Microsoft Press, Unterschleißheim

Microsoft Corporation: PC Hardware Design Guide
Microsoft Press

Microsoft Press: Programmierhandbuch für die Microsoft Mouse
Friedr. Vieweg & Sohn Verlagsgesellschaft mbH, Braunschweig

Mueller, Scott: Upgrading & Repairing PCs
Que Corporation, Indianapolis
Deutsche Übersetzung (gekürzt): Addison-Wesley, Bonn

Mueller, Scott: Upgrading & Repairing PCs – Quick Reference
Que Corporation, Indianapolis

Norton, Peter: Die verborgenen Möglichkeiten des IBM PC
Carl Hanser Verlag, München

Norton, Peter: Programmierhandbuch für den IBM PC
Friedr. Vieweg & Sohn Verlagsges. mbH, Braunschweig

Pahwa/Frerichs: CDs selbstgemacht
Addison-Wesley, Bonn

Parker/Starrett: CD-ROM Professional's CD-Recordable Handbook
Pemberton Press, Wilton

Penrose, Roger: Computerdenken
Spektrum der Wissenschaft, Heidelberg

Petrusha, Ron: Inside the Windows 95 Registry
O'Reilly & Associates, Köln

Pohlmann, K.: Compact Disc Handbuch
IWT Verlag GmbH, Bonn

Press, Barry: PC Upgrade and Repair Bible
IDG Books, Foster City

Rothenberg, Jeff: Die Konservierung digitaler Dokumente
Spektrum der Wissenschaft, 09/1995, S. 66

Sargent/Shoemaker: Assemblersprache und Hardware des IBM PC/XT/AT
Addison-Wesley, Bonn

Spektrum der Wissenschaft Dossier: Datenautobahn
Spektrum der Wissenschaft, Heidelberg

Spektrum der Wissenschaft Spezial: Schlüsseltechnologien
Spektrum der Wissenschaft, Heidelberg

John Watkinson: Compression in Video and Audio
Focal Press, Oxford

Herstelleradressen

Die folgende Liste enthält die Adressen einiger mehr oder weniger zufällig ausgewählter Hard- und Software-Produzenten und Vertriebsgesellschaften. Dabei habe ich lediglich die Anschriften aufgeführt und darauf verzichtet, Telefonnummern wiederzugeben. Die Auskunft hilft Ihnen hier sicherlich im Bedarfsfall weiter.

Sollten Sie einen bestimmten Hersteller suchen und dessen Adresse nicht kennen, ist ein Anruf bei der Auskunft in jedem Fall zu empfehlen. Die meisten Firmen sitzen nämlich entweder im Münchener, Frankfurter oder Düsseldorfer Raum, so daß Ihnen die freundlichen Damen (oder Herren) der Auskunft bereits auf der Basis dieser Angabe meist weiterhelfen können.

 Die World-Wide-Web-Adressen vieler Firmen finden Sie in der Datei ADRESSEN.HTM im Verzeichnis WWWSITES auf der beiliegenden CD-ROM.

3Com GmbH
Gustav-Heinemann-Ring 123
81739 München
(0 89) 62 73 20

Acer Computer
Am Kornkamp 4
22926 Ahrensburg
(0 41 02) 48 80

Adaptec
Münchner Str. 17
85540 Haar
(0 89) 45 64 06-0

Adobe Systems GmbH
Edisonstr. 8
85716 Unterschleißheim
(0 89) 3 21 82 60

Agfa-Gevaert
Grafische Systeme
Postfach 10 01 42
50441 Köln

Advanced Micro Devices (AMD)
Rosenheimer Str. 143b
81671 München
(0 89) 45 05 30

APC Germany
Mittererstr. 9
80336 München
(0 89) 51 41 7-0

Apple Computer GmbH
Gutenbergstraße 1
85737 Ismaning
(0 89) 99 64 00

ATI Technologies GmbH
Am Hochacker 2
85630 Grasbrunn
(0 89) 46 09 07-0

Axion Technology GmbH
Diesel Str. 77–79
41189 Mönchengladbach
(0 21 66) 95 27-0

Aztech Systems
Birkenstr. 15
28195 Bremen
(04 21) 1 69 08 43

Canon Deutschland
Hellersbergstr. 2–4
41460 Neuss
(0 21 31) 12 50

Casio Computer
Bornbarch 10
22848 Norderstedt
(0 40) 528 65 541

Chaintech Computer
Dernauer Str. 12
22047 Hamburg
(0 40) 69 69 48 48

Cherry Mikroschalter GmbH
Cherrystr.
91275 Auerbach
(0 96 43) 1 80

Chinon
Frankfurter Str. 63
65760 Eschborn
(0 61 96) 47 03 86

Cirrus Logic GmbH
Mühlfelder Str. 2
82211 Herrsching
(0 81 52) 4 00 84

Compaq Computer GmbH
Süskindstr. 4
81929 München
(0 89) 9 93 30

Computer 2000
Baierbrunnerstr. 31
81379 München
(0 89) 7 80 40-0

Conrad Electronic GmbH
Klaus-Conrad-Str. 1
92242 Hirschau
(0 96 22) 3 00

Cornerstone Imaging GmbH
Richard-Wagner-Str. 31
82049 Pullach
(0 89) 7 93 20 43

Creative Technology
Feringastr. 6
85774 Unterföhring
(0 89) 9 57-90 81

Creatix Polymedia GmbH
Fasanerieweg 15
66121 Saarbrücken
(06 81) 98 21 20

Diamond Computer Systeme
Landsberger Str. 408
81241 München
(0 89) 5 80 98-23

Dr. Neuhaus Mikroelektronik GmbH
Haldenstieg 3
22453 Hamburg
(0 40) 55 30 40

DTK Computer GmbH
Am Moosfeld 21
81829 München
(0 89) 427 40 60

EIZO Deutschland GmbH
Bischofstr. 82
47809 Krefeld
(0 21 51) 9 19 50

Epson Deutschland GmbH
Zülpicher Str. 6
40549 Düsseldorf
(02 11) 5 60 30

Fuji Magnetics GmbH
Fujistr. 1
47533 Kleve
(0 28 21) 50 90

Fujitsu Deutschland
Frankfurter Ring 211
80807 München
(0 89) 3 23 78-0

Hauppauge Computer Works
Albertusstr. 46-48
41061 Mönchengladbach
(0 21 61) 1 70 63

Hewlett-Packard GmbH
Herrenberger Str. 130
71034 Böblingen
(0 70 31) 14 52 57

Hohner Midia
Schwabenstr. 27
74626 Bretzfeld
(0 79 46) 776 60

IBM Deutschland GmbH
Pascalstr. 100
70569 Stuttgart
(07 11) 78 50

Intel GmbH
Dornacher Str. 1
85622 Feldkirchen
(0 89) 99 14 30

Iomega Europe GmbH
Bötzinger Str. 48
79111 Freiburg
(07 61) 4 50 40

Kingston Technology GmbH
Hofer Str. 1
81737 München
(0 89) 627 15 60

Kodak AG
Hedelfinger Str.
70323 Stuttgart
(07 11) 4 06-0

KYE Systems Europe GmbH
Hans-Böckler-Str. 62
40764 Langenfeld
(0 21 73) 9 74 30

Kyocera Electronics Europe GmbH
Mollsfeld 12
40670 Meerbusch
(0 21 59) 91 80

Letraset Deutschland GmbH
Mergenthalerstr. 6
60388 Frankfurt am Main
(0 69) 4 20 99 40

Lexmark Deutschland GmbH
Max-Planck-Str. 12
63128 Dietzenbach
(0 60 74) 48 80

Linotype-Hell
Mergenthaler Allee 55–75
65760 Eschborn
(0 61 96) 98-0

LOGI GmbH
Gabriele-Münter-Str. 3
82110 Germering
(0 89) 89 46 70

Mannesmann Tally GmbH
Winthirstr. 10a
80639 München
(0 89) 13 30 43

Maxell Europe GmbH
Am Seestern 24
40547 Düsseldorf
(02 11) 5 95 10

Maxtor
Max-von-Eyth-Str. 3
85737 Ismaning
(0 89) 9 61 40 16

MicroBasic GmbH
Am Sommerfeld 11
85622 Weißenfeld
(0 90) 90 49 90 49

Micropolis GmbH
Behringstr. 10
82152 Planegg bei München
(0 89) 8 59 50 91

Microsoft Deutschland GmbH
Edisonstr. 1
85716 Unterschleißheim
(0 89) 31 76-0

miro Computer Products AG
Carl-Miele-Str. 4
38112 Braunschweig
(05 31) 2 11 30

Mitsubishi Electric
Gothaer Str. 8
40880 Ratingen
(0 21 02) 48 6-0

Mitsumi Electronics
Hammer Landstr. 89
41460 Neuss
(0 21 31) 9 25 50

Mustek GmbH
Hellersbergstr. 2
41460 Neuss
(0 21 31) 13 00 51

NEC Deutschland GmbH
Klausenburgerstr. 4
81677 München
(0 89) 93 00 60

Nikon GmbH
Tiefenbroicher Weg 25
40472 Düsseldorf
(02 11) 9 41 40

Novell GmbH
Willstätterstr. 13
40549 Düsseldorf
(02 11) 5 97 30

Number Nine Computer GmbH
Inselkammerstr. 10
82008 Unterhaching
(0 89) 6 14 90 91

Oki Systems GmbH
Hansaallee 187
40549 Düsseldorf
(02 11) 5 26 60

Olivetti GmbH
Lyoner Str. 34
60528 Frankfurt

Orchid Technology GmbH
Niederlöricker Str. 36
40667 Meerbusch
(0 21 32) 8 00 71

Panasonic Deutschland GmbH
Winsbergring 15
22525 Hamburg
(0 40) 85 49-0

Pelikan Deutschland GmbH
Podbielskistr. 141
30177 Hannover
(05 11) 69 17 14

Pioneer Electronics Deutschland GmbH
Hanns-Martin-Schleyer-Str. 35
47877 Willich
(0 21 54) 91 30

Plustek Electronics GmbH
Brödermannsweg 17
22453 Hamburg
(0 40) 5 40 86 44

QMS GmbH
Willstätter Str. 10
40549 Düsseldorf
(02 11) 5 96 13 33

Quarterdeck Office Systems GmbH
Fritz-Vomfelde-Str. 10
40547 Düsseldorf
(02 11) 59 79 00

QUME GmbH
Schiess-Str. 55
40549 Düsseldorf
(02 11) 59 79 80

Samsung Electronics GmbH
Am Unisyspark 1
65843 Sulzbach/Ts.
(0 61 96) 5 82 04

Seikosha Europe GmbH
Ivo-Hauptmann-Ring 1
22159 Hamburg
(0 40) 6 45 89 20

Sharp Electronics GmbH
Sonninstr. 3
20097 Hamburg
(0 40) 23 76-0

Siemens Nixdorf Informationssysteme AG
Löffelstr. 40
70597 Stuttgart
(07 11) 97 70

Sigma Designs
Leopoldstr. 28a
80802 München
(0 89) 33 64 43

Silicon Graphics
Am Hochacker 3 – Technopark
85630 Grasbrunn
(0 89) 46 10 80

softline
Rechener Str. 3
77704 Oberkirch
(0 78 02) 92 42 22

Sony Europa GmbH
Computer Peripheral Products
Hugo-Eckener-Str. 20
50829 Köln
(02 21) 5 96 60

Spea Software AG
Moosstr. 18B
82319 Starnberg
(0 81 51) 26 60

Star Micronics Deutschland GmbH
Westerbachstr. 59
60489 Frankfurt
(0 69) 78 99 90

Steinberg Soft- u. Hardware GmbH
Eiffestr. 596
20537 Hamburg
(0 40) 21 15 94

Symantec GmbH
Grafenberger Allee 136
40237 Düsseldorf
(02 11) 9 91 70

SyQuest Technology GmbH
Blumenstr. 20
88255 Baindt
(0 75 02) 49 54

Tandberg Data
Feldstr. 81
44141 Dortmund
(02 31) 5 43 60

TEAC Deutschland
Am Weiher 6
65451 Kelsterbach
(0 61 07) 43 70

Toshiba Europe GmbH
Hammfelddamm 8
41460 Neuss
(0 21 31) 1 58 01

Tulip Computers Deutschland
Schiess-Str. 48
40549 Düsseldorf
(02 11) 5 95 50

Ultrastor
Microware Ges. für Hard- und Software mbH
Johann-Karg-Str. 21–23
85540 Haar-Salmdorf
(0 89) 4 39 10 96

Vobis Microcomputer AG
Carlo-Schmid-Str. 12
52146 Würselen
(0 24 05) 44 40

WACOM Computer Systems
Hellersbergstr. 4
41460 Neuss
(0 21 31) 1 23 90

Western Digital Deutschland GmbH
Zamdorfer Str. 26
81677 München
(0 89) 9 22 00 60

Westfalia Technica
Industriestr. 1
58082 Hagen
(0 23 31) 35 50

Yamaha Europa
Siemensstr. 22
25462 Rellingen
(0 41 01) 30 90

Inhalt der Buch-CD-ROM

Auf der CD-ROM zum Buch habe ich Programme zusammengetragen, die es Ihnen ermöglichen sollen, selbst ein wenig im System »herumzuschnüffeln«. Dort finden Sie einige der im Buch vorgestellten Programme bzw. Alternativen aus dem Shareware bzw. Freeware-Bereich vor.

Eine kurze Beschreibung der Programme finden Sie in den Dateien namens GFRINFO.TXT in den jeweiligen Verzeichnissen. Am besten können Sie die Dateien mit Hilfe der Benutzeroberfläche der CD-ROM betrachten, die sich in der Datei WELCOME.EXE befindet und unter Windows läuft.

 Sie können die erläuternden Kurztexte ausdrucken, indem Sie das lokale Menü mit einem Rechtsklick der Maus aufrufen und den entsprechenden Menüpunkt auswählen.

Achten Sie dabei insbesondere auf die Hinweise zur Lauffähigkeit der Programme auf den verschiedenen Plattformen und die für etliche Programme geltenden besonderen Voraussetzungen. Die CD-ROM enthält die folgenden Programme (in alphabetischer Reihenfolge):

Verzeichnis	Programm	Plattform	Kurzbeschreibung
2M	2M	DOS	Mit diesen Programmen können Sie Disketten zuverlässig auf höhere Kapazitäten formatieren.
4_SPEED	4_Speed 2.0	DOS	Mit 4_Speed können Sie sich über die Datentransferrate von Festplatten informieren.
AGSI	agSI	DOS	agSI ist ein unter DOS laufendes System-Informationsprogramm.
AHASCSI	SHOWSCSI	Windows	SHOWSCSI prüft den SCSI-Bus und ermittelt die an den SCSI-Adapter angeschlossenen Geräte.

Anhang C

Verzeichnis	Programm	Plattform	Kurzbeschreibung
AMIDIAG	AMIDiag	DOS	AMIDiag bietet umfangreiche Testmöglichkeiten für Rechner, die mit einem AMI-BIOS ausgestattet sind.
AMISETUP	AMISetup	DOS	AMISetup ermöglicht Ihnen, die Parameter des BIOS-Setups Ihres Rechners zu setzen, sofern er mit einem AMI-BIOS ausgestattet ist.
ANALYSER	ANALYSER	DOS	ANALYSER ermöglicht das Testen der seriellen Schnittstellen und dient der Datenübertragung zwischen zwei Rechnern.
ASBENCH	ASBENCH	DOS	Dieses SCSI-Benchmarktest-Programm ermittelt die Geschwindigkeit von SCSI-Festplatten, SCSI-CD-ROM-Laufwerken usw.
ASPI-ID	ASPI-ID	DOS	SCSI-Geräte (insbesondere Festplatten), die einen ASPI-Treiber verwenden, lassen sich mit dem Programm ASPI-ID prüfen.
ASPI-ID\COMSET	COMSET	DOS	Comset ist ein kleines Utility, mit dem Sie die Parameter der seriellen Schnittstellen setzen können.
ATSEND	ATSEND	DOS	Mit ATSEND können Sie von der DOS-Kommandozeile oder von Batch-Dateien aus »AT«-Kommandos an Hayes-kompatible Modems schicken.
BLITZCPY	BlitzCopy 2.0	DOS	BlitzCopy dient dem Kopieren und Formatieren von Disketten.
BOOTDISK	IBMBOOT	DOS	IBMBOOT ist ein kleines Dienstprogramm, mit dem Sie sich DOS-Systemdisketten erstellen können.
BROWINI	BROWINI	Windows 3.1x	BROWINI ist ein einfacher Browser für Windows-INI-Dateien.

Inhalt der Buch-CD-ROM

Verzeichnis	Programm	Plattform	Kurzbeschreibung
BURNIN	BurnIn	DOS	BurnIn stellt Ihnen Möglichkeiten zum Testen Ihres Systems zur Verfügung. Dazu gehören unter anderem auch Dauertests.
BURNIT	BURNit 5.1	DOS	Mit BURNit können Sie den Rechner einem Dauertest unterziehen.
CHECKCD	CheckCD	Windows	Mit CheckCD können Sie die Geschwindigkeit von CD-ROM-Laufwerken testen.
CHKMEDIA	CHKMedia	DOS	CHKMedia stellt einen Ersatz für das von Microsoft seit MS-DOS 6.2 gelieferte ScanDisk dar.
CLUSTERS	Clusters	DOS	Clusters ermittelt den sogenannten Slack in Abhängigkeit von verschiedenen Clustergrößen.
COMTAP	COMTAP 2.1	DOS	COMTAP bietet umfangreiche Möglichkeiten zum Prüfen, Testen und Überwachen der seriellen Schnittstellen.
COPYQM	CopyQM	DOS	CopyQM dient der Diskettenvervielfältigung und gehört zu jenen Kopierprogrammen, mit deren Hilfe Sie Disketten zwischen verschiedenen Formaten konvertieren können.
CORETEST	CORETEST	DOS	CORETEST mißt die Performance von Festplatten.
CORSPEED	CORSPEED	DOS	CORSPEED ist ein Benchmark-Programm, das alle CPU-Typen bis hin zum PENTIUM unterstützt.
CTSSERI	CTS UTILITIES	DOS	In diesem Verzeichnis finden Sie eine Utilitysammlung, die das Ziel verfolgt, die seriellen Schnittstellen zu analysieren und zu konfigurieren.

Anhang C

Verzeichnis	Programm	Plattform	Kurzbeschreibung
DISKDUPE	DISKDUPE	DOS	DISKDUPE erlaubt das Kopieren von Disketten in einem Durchgang, erkennt Diskettenwechsel automatisch und unterstützt das 1,68-MByte-Format DMF.
DISK-ED	Disk-ED	DOS	Mit Disk-ED können Sie Dateien und Disk-Sektoren editieren, Bootsektoren und Partitionstabellen in Dateien schreiben, prüfen und restaurieren u.v.m.
DOSLFNAM	DOSLFNBK	DOS	Das Programm sichert unter DOS lange Win95-Dateinamen und stellt sie wieder her. Die Optionen des Programms finden Sie in der Datei DOSLFNBK.TXT.
EDCMOS	EDCMOS	DOS	Mit EDCMOS können Sie die im CMOS Ihres Rechners gespeicherten Daten editieren, auf Diskette sichern und auch wiederherstellen.
FDC_BS	FDC_BS 1.0	DOS	FDC_BS kann Ihnen nützlich sein, wenn Sie Schwierigkeiten mit Ihrem Diskettenlaufwerk haben.
FILEFIND	FileFinder	DOS	Mit FileFinder können Sie Festplatten nach bestimmten Dateien absuchen.
HWINFO	HWINFO	DOS	HWINFO ist ein Systeminformationsprogramm mit großem Leistungsspektrum.
INIEDIT	INIedit	Windows	Mit INIedit lassen sich Windows-Ini-Dateien bearbeiten.
INIMAN	INI Manager 1.70	Windows	Mit dem INI-Manager können Sie die INI-Dateien von Windows komfortabel ändern.
JOYST	JOYSTICK	DOS	Mit diesem Programm können Sie die Funktion des Joysticks prüfen.

Inhalt der Buch-CD-ROM

Verzeichnis	Programm	Plattform	Kurzbeschreibung
KRNLTOYS	Windows 95 Kernel PowerToys	Windows 95	Utilities des Windows-95-Kernel-Teams: Zeitzonen-Editor MS-DOS-Konfigurations-Assistent u. a.
LPTSWAP	LPTSWAP	DOS	LPTSWAP vertauscht die parallelen Schnittstellen.
MH-IDE	IDE Identify bzw. MH-IDE	DOS	MH-IDE liefert Infos über alle im System installierten AT-Bus-Festplatten.
MODEM	Modem	DOS	Freeware-Utilities, die Ihnen die Anwendung des Modems erleichtern bzw. dieses testen.
MODEMDOC	Modem Doctor	DOS	Modem Doctor bietet über 60 verschiedene Tests, um Fehlern der seriellen Schnittstelle oder des Modems auf die Spur zu kommen.
MODTOOL	ModemTool	Windows 95/NT	ModemTool ist ein kleines Freeware-Programm, das dazu dient, die Modem-Strings in der Win95 oder WinNT Registry anzuschauen und zu ändern.
MONITOR	MONITOR	DOS	Das Programm MONITOR zeigt ein Testbild an, anhand dessen Sie Konvergenz und Darstellungsqualität eines Monitors überprüfen können.
MSD	Microsoft Diagnostics (MSD)	DOS	MSD liefert u. a. Informationen über das eingesetzte Betriebssystem, die RAM-Ausstattung, vorhandene Schnittstellen und die verwendete Grafikkarte.
MSEDIT2	Microsoft EDIT 2.0	DOS	EDIT kann in der Version 2.0 endlich große Dateien bearbeiten und erlaubt das gleichzeitige Editieren mehrerer Dateien.
NOKIACRT	Nokia Monitor Test	Windows	Mit diesem Programm können Sie Ihren Monitor mit Hilfe eines Testbilds justieren.

Verzeichnis	Programm	Plattform	Kurzbeschreibung
PARAMON	PARAMO	DOS	PARAMO widmet sich der Überwachung der parallelen Schnittstellen.
PORTTEST	PORTTEST	DOS	PortTest stellt ein umfassendes Schnittstellen-Diagnose und Konfigurations-Utility dar.
POWRTOYS	Powertoys für Windows 95	Windows 95	Die Powertoys sind eine Reihe von Hilfsprogrammen, die von Microsoft-Mitarbeitern geschrieben wurden, um die Arbeit unter Windows 95 komfortabler zu gestalten.
PRINDIR	PrinDir	DOS	Mit PrinDir können Sie Ausgaben von einer parallelen Schnittstelle auf eine andere umleiten oder die Ausgaben in eine Datei schicken.
PRINT2	PRINT2	DOS	PRINT2 ist ein kleines TSR-Programm, mit dem Sie die Ausgabe beim Drücken der Print-Screen-Taste auf eine andere parallele Schnittstelle umleiten können. Nach der Installation beansprucht das TSR-Programm nur 128 Byte.
PRNTST	PRNTST	DOS	PRNTST gibt kontinuierlich die Werte der Statusleitungen für die parallele Schnittstelle an.
SANDRA	Sandra	Windows 95/NT	Sandra (»System Analyser, Diagnostic and Reporting Assistant«) liefert reichhaltige Systeminformationen und bietet Diagnosemöglichkeiten unter Windows 95 (und NT auf der x86-Platttform).
SMKBOOT	Sierra Boot Disk Maker	DOS	Utility von Sierra Online zur Überwindung von Speicherknappheiten unter DOS, das Bootdisketten von DOS-Versionen bis 6.22 erstellt.

Verzeichnis	Programm	Plattform	Kurzbeschreibung
SNOOPER	SNOOPER	DOS	Snooper zählt als System-Informations-Programm zu den Klassikern.
SP1NT4	ServicePack 1 für Windows NT	Windows NT	Aktualisierung der deutschen Windows-NT-4-Version.
SP1W95	Windows 95 – ServicePack1	Windows 95	In diesem Verzeichnis finden Sie das ServicePack1 zur deutschen Windows 95-Version.
SP2NT4	ServicePack 2 für Windows NT	Windows NT	Aktualisierung der deutschen Windows-NT-4-Version.
SWAPAB	SWAPAB	DOS	Mit den Dateien des SWAPAB-Utilities können Sie die Diskettenlaufwerke tauschen.
SYSBACK	System Backup	Windows 3.1x	Mit dem Windows System Backup können Sie sich die lästige Aufgabe der Sicherung Ihrer Windows-Installation wesentlich erleichtern.
SYSCHECK	Windows 95 System Check	Windows	Mit W95CHECK.EXE können Sie prüfen, ob Ihr Rechner die grundlegenden Voraussetzungen für das Arbeiten mit Windows 95 erfüllt.
TBAV	TBAV	DOS	Thunderbyte Anti-Virus gehört zu den bekannten Vertretern der Gattung Anti-Viren-Programme.
TESTDRV	Test Drive	DOS	TEST DRIVE ermöglicht es Ihnen, Diskettenlaufwerke zu testen.
TMAUSTST	TMT	DOS	TMT ist ein einfaches kleines Programm, mit dessen Hilfe Sie sich von der Funktionsfähigkeit der Maus überzeugen können.
UNIVESA	UNIVESA	DOS	UNIVESA ist ein allgemeiner VESA-Treiber, der sich für sehr viele gängige Grafikkarten einsetzen läßt.

Verzeichnis	Programm	Plattform	Kurzbeschreibung
VBRUN	Visual Basic Runtimes	Windows 3.x bzw. 95	Visual-Basic-Laufzeitbibliotheken, die von vielen Programmen benötigt werden.
VGA-SVGA	VGA/SVGA-Utilities	DOS	Die VGA/SVGA-Utilities umfassen eine Reihe von Programmen, mit denen Sie Einstellungen rund um die Grafikkarte vornehmen und Tests durchführen können.
VSCOPY	Vision Copy	Windows	VISION COPY ist ein Diskettenkopierprogramm unter Windows.
WDTBLCHK	WDTBLCHK	DOS	Dieses Programm gibt die Anzahl der installierten Festplattenlaufwerke und deren charakteristische Daten aus.
WDTYPE	TYPES	DOS	TYPES ist ein Programm vom Festplattenhersteller Western Digital, das eine Liste der im BIOS gespeicherten Festplatten-Typen ausgibt.
WELCOME	Welcome	Windows	Benutzeroberfläche der CD-ROM.
WINBEN95	WinBench 95	Windows	Bei WinBench handelt es sich um ein Benchmark-Programm, das in Versionen für Windows und Windows 95 verfügbar ist.
WINBENCH	WinBench	Windows 3.x	Bei WinBench handelt es sich um ein Benchmark-Programm für Windows.
WINDSOCK	WindSock	Windows	WindSock ist ein kleines Benchmark-Programm für Windows.
WINHWCMP	Hardware-Kompatibilitätslisten	Windows	Hardware-Kompatibilitätslisten für Windows 95 und NT 4.
WININFO	WInfo (System Information)	Windows	Utility, mit dem Sie sich grundlegende Informationen über die eingesetzte Hard- bzw. Software anzeigen lassen können.

Inhalt der Buch-CD-ROM

Verzeichnis	Programm	Plattform	Kurzbeschreibung
WINSYS	WINSYS	Windows	WINSYS liefert Systeminformationen unter Windows, das wenig Ressourcen beansprucht. Mit dem Programm können Sie die beanspruchten Ressourcen überwachen.
WINTUNE	Wintune	Windows	Wintune bietet neben den Benchmarks insbesondere Tips zur Beschleunigung des Systems.
WINZIP62	WinZIP	Windows	WinZIP ist ein Programm zur Verwaltung komprimierter Dateien mit großem Funktionsumfang.
WWWSITES	Internet-Adressen	Windows	HTML-Datei mit Sprungzielen zu den Sites von Firmen im World Wide Web.

Index

!
100-Base-T 841
10-Base-2 830
10-Base-T 841
16450 357
16550A 357
1790 571
3,5-mm-Klinkenstecker 722
32BitAccess 598
32-Bit-Zugriff 598
35-mm-Filme 863
386Enh 598
3D-Brille 894
3D-Maus 481
3D-Sound 708, 723
4DOS 115
504-MByte-Grenze 550
528-MByte-Grenze 550
80186 249
80187 249
80286 249
80386 250
8042 269, 455
8048 455
80486 250
80486DX 251
80486DX2 244, 252
80486DX4 244, 254
80486SL 252
80487SX 252
8085 35
8086 35, 249
8087 249
8088 35, 249
82288 269
8237 269
8250 357
8254 269
8259 269
8514/A 380, 431
88254 269
8M x 8 307
8M x 9 307

A
A.I.R. 765
A20-Leitung 113
Ablenksystem 391
Abschlußwiderstände 549, 605
Abschlußwiderstand 531, 535, 546
Abtastfrequenz 707
Accelerator 424
Accelerator-Karten 427
Access time 537
ACPI 78, 280
Adaptec 117, 600, 606
    Controllerfamilie 600
Adapter
    Ausbau 198
    Einbau 199
Adapter-BIOS 74
ADC 704
Additives Farbmodell 794
AdLib 703
Adobe Premiere 881
Adreßbus 241
Adressierbarer Speicher 241
Adressierung 630
Adreßraum 241
Advanced Photo System 878
Advanced SCSI Programmer's Interface 600
Advansys 606
Änderung des virtuellen Arbeitsspeichers 148
AGP 258, 426
AI 889
Aktivlautsprecher 655

Index

Allgemeine Funktionstasten 162
AM 704
AMD 235, 251, 258, 260
AMI-BIOS 85
AMISETUP 87
Amtsleitung 825
Answer 802
Antistatic-Armband 45
APA 383
APC 224
APIC 256
APM 102
Apple Extensions 675
APS 878
Arbeitskopien 58
Arbeitsspeicher 276
Arbeitsspeicher, konventioneller 621, 692
Arbeitsspeicher, reservierter Bereich 74
Arbeitsspeicherausstattung 295
Arbeitsspeicherbereich sperren 75
Arbeitsspeicher-Organisation 306
Arbeitsspeicherorganisation 304
ARJ 63
ARLL 531
Artificial Intelligence 889
ASP 708
Aspect Ratio 383
ASPI 600
ASPI-konform 613
ASPI-Manager 619
Asynchronous Transfer Mode 898
AT 37
ATA 338, 339
ATA-2 339
ATA-3 339, 547
ATAPI 338, 678
AT-Bus 532
ATI 428
ATI-Desktop Erweiterung 154
AT-Kommandosatz 805
ATM 898
ATTRIB-Befehl 178
ATX 272

ATX-Formfaktor 272
ATX-Motherboard 215
ATX-Netzteil
   Pin-Belegung 226
Audio-Ausgänge 695
Audio-CD 665
Audio-Extraktion 662
Audiokabel 651
Audio-Stecker 719
Aufkleber 192
Auflösung
   Interpolierte 776
   Optische 776
AUI 833
Auto-Config 78
AUTOEXEC.BAT 113, 118, 696
Autofokus 863
AV-Festplatten 543
Award-BIOS 85, 331

B

Baby-AT-Formfaktor 271
Baby-Board 270
Backlight 398
Backslash 86
BACKUP 63, 172
Backup 171
Backup installieren 172
Backup-Satz benennen 174
Backup-Satz wiederherstellen 174
Bandbreite 388
Bank-Switching 113
BASEDEV 123
Basic Input Output System 83, 280
Basisadresse 69
Batterie 283
Baud 809
Baum-Topologie 831
B-Bilder 883
BBS 52
Benchmark 236
Benutzerdefinierte Installation 139
Benutzerprofil anlegen 167
Benutzerprofil deaktivieren 167

Benutzerprofile 130, 165
Benutzerprofile aktivieren 166
Bernoulli 588
Beschleuniger-Chip 427
Bestandsaufnahme 65
Betriebssystemabhängigkeit 53
Big Tower 214
Bildbearbeitungsprogramme 781
Bilddateikonvertierung 782
Bildlagefehler 394
Bildschirm
    Anschlußbelegung 412
    Arbeitsumgebung 406
    DualPage 409
    Energieverbrauch 405
    Entspiegelung 406
    Ergonomie 403
    Kabel 414
    Schlaf-Modus 405
    Standby-Modus 405
Bildschirm, virtueller 158
Bildschirmauflösung 381
Bildschirmdiagonale 382
Bildschirme 373
Bildschirmfilter 406
Bildschirmfrequenz 420
Bildschirmmaske 391
Bildschirmschoner 393
Bildtrommel 755
Bildwiederholfrequenz 156, 385
Bildwiederholrate 385
BIOS 74, 83, 280
    Overhead 537
BIOS-Einstellung 534
BIOS-Einstellungen 88
BIOS-Inkompatibilität 249
BIOS-Setup 83, 527
    Aufrufen 85
    BIOS Features Setup 93
    Boot Sequence 94
    Daylight Saving 89
    Halt On 90
    Keyboard 90
    Primary Display 90

    Security Option 97
    Timeout 92
BIOS-Unterstützung, fehlende 519
Bit/s 809
Bit-Rate 539
Black Trinitron 391
Black-Trinitron 392
Blitzschutzfilter 223
Blue Book 672
BNC 833
BNC-Abschlußwiderstand 838
BNC-Stecker 836
BNC-Terminator 838
Bootable CD-ROM 676
Bootlog.txt 159
Boot-Menü 143
Boot-ROM 840
Bootsektor 558
Bootsektor wiederherstellen 84
Braunsche Röhre 374, 390
Breitband-ISDN 898
Brennweite 863
Bruttokapazität 537
Buch-CD-ROM 919
Büroklammer 44
Buffer Underrun 689, 697
Bulletin Board Service 52
Bundle 56
Bunte Bücher 665
BurnIn 288, 311
Bus 240
Bus Mastering 324
Bus-Maus 475
Bus-Maus-Schnittstelle 369, 475
Bus-Netz 830
Bussysteme 53, 317
    Kenndaten 318
Bustaktfrequenz 527
    Zu hoch eingestellt 508
Bus-Topologie 831
Byte-Rate 539

C

Cache 597
Cache Read Hit Burst 278
Cache-Speicher 269
Caddy 643
Candela 403
Carpal-Tunnel Syndrome 461
CAV 645
CCD 775
CCITT 809
CD
    Phantom-Laufwerke 696
    Standards 663
CD Extra 672
CD-DA 665
CD-E 640, 677
CD-i 668
CD-MO 668
CD-R
    Lichtempfindlichkeit 636
CD-R2 639
CD-ROM
    Anschlußkabel 652
    Aufbau 628
    Aufkleber 635
    Beschriftung 635
    Cache 646
    Dateisysteme 672
    Interface 647
    Lademechanismus 643
    Lautstärke 695
    Lieferumfang 651
    Schnittstelle 649
    Sektor 628
    Sektorpuffer 647
    Spur 628
    Treiber 654
    Zugriffszeit 645
CD-ROM/XA 668
CD-ROM-Schnittstelle 705, 718
CD-RW 640
CD-Treiber 619
CD-WO 668
CD-Write-Once 668

CD-Writer
    Audio-Anschlüsse 658
    Kit 659
    Kontrolleuchten 659
    Leseformate 657
    Lesegeschwindigkeit 657
    Puffergröße 658
    Schreibformate 657
    Schreibgeschwindigkeit 657
    Schreibmethoden 657
    Technische Daten 656
Centronics 362
CGA 375, 435
Cheapernet 830
CheckIt 123, 311, 560
Chips
    Bauformen 435
Chipzange 44
CHKDSK 558, 621, 692
CHS-Modus 550
Cinch 194, 722
CIRC 640
Cirrus Logic 428
CKMedia 560
Client 832
Client/Server-Netzwerk 832
Clustergröße 574
CLV 629
CMOS 83
CMOS löschen 285
CMOS-Informationen restaurieren 84
CMYK 759
CODEC 704, 706
Codec 736
Cold Docking 212
Color Smart 760
Compact Disc Magneto-Optical 668
Compact Disc-Interactive 668
Compaq 36
Composite Video 414
CompuServe 52
CONFIG.SYS 113, 115, 696
Constant Linear Velocity 629
Controller-BIOS 597

Index

Coprozessor 243
CP/M-86 35
cpi 476
CPU 231
CRC 497
Creative Labs 699, 880
Crimpzange 46, 839
CRT 390
CTS 407, 461
Cyberman 481
Cybersex 894
Cyberspace 409, 481, 489, 894
Cyrix 235, 258, 260

D

DAC 425, 704
Daisy Chain 530
DAO 669
DAT 707, 857
Data Cartridge 853
Data Fork 675
Data Glove 894
Dateinamen 674
Dateinamenerweiterungen 674
Dateizuordnungstabelle 498, 558
Datenautobahn 896
Datenbits 811
Datenbus 241
Datenhandschuh 894
Datensicherung 62, 566
Datentransferrate 539
DC 505, 853
DDS 857
DEBUG 572
    Festplatte vorformatieren 572
DEFRAG 557
Defragmentierung 557
Deinstallieren von Komponenten 142
Demodulation 799
Der Setup-Modus 137
Der Systemeditor 151
DES 871
Desktop 214
DEVICE 123

Diagnostics Photo CD 869
Dia-Scanner 774, 862, 878
Die Windows 9x-Tastatur 164
Dienstprogramme 123
Differential SCSI 342
Digital Enhancement Station 871
Digital Highway 896
Digital Print Station 871
Digital Versatile Disc 638
Digitale Kamera 864, 873
Digitizer 490
DIN 66020 356
DIP 77, 238, 298, 435
DIP-Schalter 77
DIP-Switch 77
Direct Memory Access 72, 608
Directories 673
DirectSound 702
DirectX 429
Direkter Speicherzugriff 72
Direktverbindung 131
Disc-At-Once 669
Disk Change 505
Disk Duplexing 598
Disk Mirroring 598
DISKCOPY 58, 179
Disketten 493
    DOS-Unterstützung 495
    Formate 495
    Handling 507
    Kapazität 498
    Magnetbeschichtung 498
    Pflege und Wartung 506
    Schreibschutzschieber 498
    Speicherkapazität 494
Diskettenlaufwerk 493
    Abschlußwiderstand 505
    Anschlüsse 501
    BIOS-Unterstützung 513
    Dejustierung 509
    Dual-Media 511
    Einbaurahmen 514
    Flachbandkabel 501
    Funktionsweise 499

Hardware-Konfiguration 504
Installation 510
Jumper 504
Kopfpositionierung 500
Laufwerknummer 504
Mittlere Zugriffszeit 500
Schreib-/Lese-Kopf 499
Schreibdichte 494
Umdrehungsgschwindigkeit 500
Diskettenlaufwerke
Standard-Adressen 596
Diskettenwechsel-Signal 505
Disketttenlaufwerk
Medien-Sensor 506
DiskFix 560
DISKOPT 557
Disney World 895
DMA 72, 608
DMA-Transferrate 608
Docking 212
Docking Station 212
Document Imaging 772
Dokumentation 51
Dolby AC-3 640
Dolby Surround Sound 709, 723
DOS
Konfigurationsdateien 113
Dot Clock 388
Dot Pitch 381
DoubleSpace 555
DoubleSpeed 644
dpi 773
DPMS 437
DPS 871
DRAM 301, 434
Drive Select 504, 546
DriveSpace 555
DRQ 72
Drucker 745
Druckerarten 746
Druckkopf wechseln 748
Druckpunktgröße 759
DS 504, 546
DSP 708

DSTN 399
Dual In-Line Package 77, 238
Dual-In-Line 435
Dual-Pentium-System 263
Durchschleifen 706
DVD 638
Abwärtskompatibilität 638
Kopierschutz 639
Spezifikationen 639
DVD-Player 882
Dynamic Execution 257
Dynamic RAM 434

E
E 108
Eastman Kodak 677
ECC 497, 666
Echtzeituhr 269
ECP 363
EDC 666
Edgelight 398
EDISK 83
EDIT 108
Editor 61, 108
EDO-DRAM 302
EGA 375, 376, 435
EIA 356
EIA-Standard 2388 808
EIDE 338, 526, 533, 593, 595, 648
EIDE-Schnittstelle 659
EIDE-Transfer-Modi 527
EIDE-Transfermodi 533
Einbauschienen 49, 511, 565
eingestellte Spin-Up-Zeit 695
Einschaltselbsttest 85
Einstellungen für Modem 161
Einzelblattzufuhr 748
Einzug-Scanner 773
EISA 53
El Torito 676
Electronic Publishing 899
Elektromagnetische Felder 404
Elektronisches Publizieren 899
Elektrostatische Felder 405

ELF-Felder 405
EMB 324
EMM386 75
EMM386.EXE 331, 619
EMMEXCLUDE 75
EMS 113
Encryption 868
Energiesparmodus 252, 256
Energy-Star 437
Enhanced IDE 533, 593
Enhanced Parallel Port 659
Entlötkolben 45
Entspiegelung 406
Entstörfilter 223
EPP 363, 659
Epson 747
Ergonomie 460
ERU 171, 175
ERU installieren 175
ESDI 526, 531, 592
ET4000 W32 427
ET6000 424
EtherExpress 834
Euro-AV 865, 884
Euro-ISDN 816
EXPAND 577
Expanded Memory 113
Expertensysteme 889
Extended Memory 112
Extended Yellow Book 668
Externe Taktfrequenz 279
Externer Cache 242, 277
EZDrive 587
EZ-SCSI 607

F
Falsche DOS-Version 686
Fan 247
Farbfehler 394
Farbkopierer 759
Farbkorrektur 159
Farbscans 866
Farbstabilität 752
Farbstoff, organischer 632, 633

Farbtiefe 384, 778
FAST Electronics 880
Fast Ethernet 841
Fastback Express 63
Fast-SCSI 342
FAT 498, 558
   Clustergröße 574
FAT16 575
FAT32 576
FAT-Dateisystem 574
Faxkarte 801
FDISK 573
   Master Boot Record reparieren 562
Feature Connector 431
   VESA-kompatibel 431
Federarm-Pinzette 43
Feile 47
Fesplatte
   Laufwerknummer 546
Festplatte 525
   Analyse 558
   Aufbau 528
   Auto-Config 553, 567
   BIOS-Seup 567
   Drehzahl 542
   Fehlermeldungen 570
   Formatieren 571, 576
   Hardware-Konfiguration 545
   Installation 564
   Jumperbedeutung 547
   Kabel 529
   Kapazitätsgrenzen 550
   MH-IDE verwenden 552
   Oberflächentest 559
   Parameter ermitteln 552
   Partitionieren 571, 573
   Pflege 556
   Standard-Adressen 594
   Standards 529
   Steuerkabel 531
   Stromverbrauch 553
   Vorformatieren 571
   Wechselrahmen 554
Festplatten-IRQ 602

Festplattenkomprimierung 555
File Allocation Table 498, 558
Firewire 352
    Spannungsversorgung 226
First Level Cache 241
F-Kodierung 812
Flachbandkabel 502, 530
    Eigenbau 517
Flachbett-Scanner 773, 866
Flash Memory 280
Flash Recovery 280
Floating Point Unit 243
Flüssigkristallanzeige 374, 397
FM 704
Folientastatur 460
Form 1 668
FORMAT 577
FP-DRAM 302
FPU 243
Framegrabber 879
Funktionstasten beim Hochbooten 162
Funktionstasten im Anwendungsprogramm 162
Funktionstasten im Explorer 163
Future Domain 606, 607
Fuzzy Logic 891

G
Gameblaster 699
Gamepad 488
Game-Port 367
Gammakorrektur 439, 781
Gasplasma-Bildschirme 400
GDI-Drucker 758
Gehäuse öffnen 191
Gehäuseausführungen 213
Geräte-Manager 149
Geschützter Modus 250
GigaColor 432
GPF 449
Grafikkarten 423
    Accelerator 427
    Bussystem 426
    Installation 440

    Kompatibilität 436
    OS/2 448
    RAM-Benutzung 435
    Speicherausstattung 432
GrafikkartenDienstprogramme 438
Grafikprozessor 428
Grafiktablett 490
Grafiktreiber installieren 152
Graustufe 776
Grauwert 776
Green Book 668
grouppol.inf 168
Gruppe-3-Fax 808
Gummialkohol 316

H
Handablage 464
Hand-Scanner 773
Handschrifterkennung 891
Hard Drive Parameter Table 552
Harddisk 526
Hardware
    Auswahlkriterien 50
Hardware-Anforderungen 132
Hardwareassistent 613
Hardware-Erkennung 133
Hardware-Konfiguration 76
Hardware-Konflikte 203
Hardware-Ressourcen 65
Hauppauge 880
Hauptplatine 269
Hayes-Kompatibilität 805
HD 526
HDD 526
HDPT 552
HDTV 383, 867, 881
HDU 526
Head Mounted Displays 894
Head-Crash 556
Heat Sink 247
Heißluftgerät 45
Hercules 375
Herstelleradressen 907
Hexachrome 763

HFS 675
HGC 375
HiColor 432
Hierarchical File System 675
High Memory Area 113
HIMEM.SYS 113, 619
Hkey_Classes_Root 183
Hkey_Current_User 183
Hkey_Dyn_Data 187
Hkey_Local_Machine 184
Hkey_Users 185
HMA 113
HMD 894
Hochladen 116
Hohner-Midia 701
Horizontalfrequenz 387
Host 832
Host-Adapter 548, 603
Host-Bridge 330
Host-ID 847
Hot Docking 212
Hot Plugging 79, 211
Hot Swap 262
Hot Swapping 209
HSF 673
Hub 351
Hybrid-Disc 676

I

I/O-Adresse 69
I-Bilder 883
iCOMP-Index 236
ICU 80
IDE 338, 526, 532, 593
IDE-Festplatte
    Vorformatierung 572
Identifikationsnummer 536
IEEE 1394 352
IEEE-1284 363
ImagePac
    Speicherbedarf 867
Impedanz 722
Impulswahlverfahren 161
Incremental Packet Writing 671

Index 867
Index-Print 863, 870
INF-Datei 614
INF-Dateien 619
Information Superhighway 896
Informationsdatei 614
Informationskiosk 865
Infrarot-Maus 478
Inhaltsverzeichnis 665
Intel 35
Intelligente Rekalibrierung 543
IntelliMouse 475
Interaktiver Einkauf 898
Interlaced 386
Interleave 544
Internet 887, 896
Interpolation 777
Interrupt Request 67
Interrupt-Controller 67, 269
Intranet 827
Iomega 509, 586
IPW 671
IRQ 67
ISA 53
ISA Configuration Utility 80
ISA-Bus 37, 318
ISA-Steckplätzen 274
ISDN 816
ISH 896
ISO 9660 673
Isopropanol 316
Isopropyl-Alkohol 316, 508
ITU 810
IWV 806

J

Janus-Disc 676
Jaz-Drive 586
Jewel Case 635
Joliet 674
Joystick 487
    Analog 487
    Digital 487
    Feuerknöpfe 488

Index

Saugnäpfe 487
Joystick-Adapter 367
Jumper 76, 604
    Größe 547

K

K6 258
Kabeldrehung 502
Kalibrierung 669, 781, 794
Kaltgerätekabel 225
Kammerton 700
Kanalbündelung 816
Kapazität, formatierte 537
Kathodenstrahlröhre 390
Kermit 811
KEYB 466
Keyboard 453
KI 889
Kingston 261
Kissenverzerrung 394
Klamath 259
Klebeetiketten 46, 192, 753
Koaxialkabel 830
Kodak 862
Kodak-Photo CD 677
Kombi-Controller 597
Kombi-Laufwerk 511
Kompatibilität 51
Komprimierungsprogramme 63
Konfiguration sichern 176
Konfiguration wiederherstellen 177
Konfigurationsdateien 61, 107
Konflikte 203
Konfliktinformationen 618
Kontakt 867
Kontaktleiste 502
Kontaktleistenstecker 530
Kontrollbus 240
Konventioneller Speicher 111
Kopfhörer 695, 722
Künstliche Intelligenz 889
künstliche Welten 894

L

L1-Cache 241
L2-Cache 242, 277
Labeler-Sets 636
Land 628
Landezone 545
Landing Zone 545
Laptop 207
Large 867
Laserdrucker 753
LaserJet 753
Laser-Servo-Diskette 587
Laser-Wellenlänge 638
LASTDRIVE 119, 683
Latenzzeit 538
Laufwerk, logisches 574
Laufwerke, logische
    Reihenfolge 576
Laufwerk-Kennbuchstaben 576
Lautsprecher 216, 655
LBA 91, 551
LBM 327
LBT 327
LCD 374
    Hintergrundbeleuchtet 398
    Lichtbrechung 398
    Refresh-Rate 399
Lead-In 665
Lead-Out 665
Lebenserwartung 637
Leistungsaufnahme 222
Leitung 1 503
Level 1
    Beschränkungen 674
LHA 63
Lichtbrechungsindex 637
Lichtgriffel 492
Lieferumfang 56
LIF-Sockel 246, 274
Light Pen 492
Linear Frame Buffer 434
Lineargeschwindigkeit 625
Linearitätsfehler 394
Line-In 725

Index

Line-Out 725
Line-Signalpegel 721
Linked Multisession 671
Liquid Crystal Display 374, 397
Local Bus 53
Lochmaske 391
Logimouse 475
Loopback-Connector 127, 371
Low-Level-Format 571
LPT1 364
LPT2 364
LS-120 587
Lüfter 247
LZone 545

M
M2 258
Mach64 424, 427
Magnetfeld 556
Mailbox 52
Mainboard 269
Manifest 114
Master 324, 546
Master Boot Record 562
Master-Baugruppe 330
Matsushita 649
Maus 159, 474
    Auflösung 476
    Funktionsweise 474
    Installation 482
    Kabellos 478
    Optische 479
    Pflege 482
    serielle 475
    Varianten 475
Mausadapter 476
Mausmatten 478
Mausstifte 481
Maustreiber 116, 482
   Parameter 483
MC146818 269
MCA-Bus 322
McAfee 561
MCI 53

MDA 375, 435
Media Sensor 506
MediaVision 602, 722
Medien-Sensor 505
MEM 114, 621, 692
MemMaker 114
Memory Aperture 434
Messer 45
MFM 526, 530, 592
    Datenkabel 530
    Steuerkabel 530
MF-Tastatur 456
MFV 806
MH-IDE 552
Micro Channel Architecture 322
Microsoft Diagnostics 123
Microsoft Plus! 420
MIDI/Joystick-Anschluß 710
   Pin-Belegung 710
MIDI-Box 709
MIDI-Event 709
Mikrocode 97
Mikrofon 722
Mini Tower 214
Miniatur-Schalter 77
Mitsumi 649
MMCD 638
MMX (Multimedia Extensions) 235, 258
Mode 1 666
Mode 2 666
Modem 799
Modem installieren 160
Modem-Anschlußkabel 823
Modem-Initialisierungskommando 825
Modulation 799
Modulationsrate 809
Moiré 760
MO-Laufwerke 589
Monitor
    Analog 411
    Digital 411
Monitoranschlüsse 411
Monitore 373
Monitorschwenkfuß 396

939

Monitorstecker 411
Moore 895
Motherboard 269
    Abmessungen 273
    Anschlußbelegung 289
    Austausch 291
    Batterie 283
    Diagnose 288
    Formfaktor 270
    Integrierte Komponenten 282
    Jumper 284
    Montagezubehör 273
Mouse Pen 481
MOUSE.SYS 116
Mouse-Systems 475
Movie Bus 432
MPC 663
MPC-1 663
MPC-2 663
MPC-2-Stecker 653
MPEG 881
MPEG-1 640, 672
MPEG-2 640, 884
MPEG-Decoder 672
MPR 404
MPR II 404
MS 506
MSAV 560
MSBACKUP 63
MSCD000 685
MSCDEX 118, 647, 673, 684, 694, 696
MSD 123
MS-DOS 35
MSDOS.SYS 145, 178
MSDOS.SYS editieren 145
MT-32 705
Multifunktions-Controller 355
Multikonfigurationsdateien 119
Multimedia 887
Multimedia Extensions 258
Multimedia-Fernseher 899
Multimedia-Upgrade-Kit 655
Multiplattform-Disc 676
Multiplexer 370

Multiprozessorbetrieb 256
Multiprozessor-Systeme 263
Multisession-CD 670
Multisession-Varianten 670
Multivolume Multisession 671
Multiword-DMA 339
Murphy 204
Mutterplatine 269

N

Nadeldrucker 746
Narrow SCSI 342
Natural Keyboard 458
NCP 243
NE 2000 834
Nebenstellenanlagen 824
NEC μPD765 519
Nettokapazität 537
Netzschalter 217
Netzteil 216, 219
    Anschlüsse 225
    Einbaumaße 220
    Leistung 216, 221
Netz-Topologie 831
Netzwerk 830
Netzwerke 827
Netzwerk-ID 847
Neuronale Netze 890
N-Kodierung 812
No ROM BASIC 579
Non-Interlaced 386
Norton Utilities 123
Notdiskette 83
Notebook 207
NTFS 575
Nullmodem 361
Nullmodem-Kabel 361
Nur-Lesen-Dateiattribut 694
Nutzdatenrate 540
NWCDEX 684
Nyquist-Theorem 707

O

OCR 772, 890
  Feature Matching 890
  Merkmalerkennung 890
  Mustererkennung 890
  Pattern Matching 890
OEMSETUP.INF 122
On-Screen-Menüs 396
Ontrack Disk Manager 560
OpenGL 430
OpenHCI 353
OPL2 704
OPL3 706
OPL4 706
Optionen im Start-Menü 144
Orange Book 668
Original-PC 36
Originate 802
OS/2
  CONFIG.SYS 123
Overdrive-Prozessor 244
Overdrive-Sockel 244

P

P5 254
P54C 244, 255
P55C 258
P8 220
P9 220
PaintShop Pro 782
PAL 881
Panasonic 649
Parallele Schnittstelle 362
  Anschlußbelegung 364
  Bi-direktional 363
  Reihenfolge 364
  Standardadressen 364
Parallelinstallation 136
Parität 811
Paritätsbit 306
Paritätskontrolle 306
Partition, primäre 576
Partition, sekundäre 576
Partitionstabelle wiederherstellen 84

PAS16 727
Paths 673
P-Bilder 883
PC Card 210, 348
PC Tools 123, 126
PCA 668
PCBACKUP 63
PCD 862
PCD-Dateiformat 677
PC-DOS 35
PCD-Scanner 870
PCI 53, 79, 330
  Auto-Konfiguration 332
  Bus-Mastering 330
  Bustaktfrequenz 334
  Hot Plugging 333
  IRQ-Leitungen sperren 79
  IRQs sperren 105
  Power-Management 333
PCI-Bus 38, 330
PCMCIA 55, 210, 348
  Festplatte 562
PCMCIA-Standard 349
PDA 207
PDP 400
Peer-to-Peer 832
Pel 381
Pen Computing 891
Pentium 37, 254
Pentium II 259
Pentium-vorbereitet 247
Pfade 673
Pfostenstecker 502
PGA 239
PGA-Sockel 274
Philips 677
Phoenix-BIOS 85
Phosphor 390
Phosphoreigenschaften 393
Photo CD 677
  Anwendungsgebiete 868
  Auflösungsstufen 868
  Catalog 869
  Familie 864

Index

Imaging Workstation 870
Kapazität 865
Master Disc 865, 866
Medical 869
Portfolio 869
Portfolio II 865, 869
Speichervermögen 866
Vorschaubilder 865
PhotoPaint 781
PIC 67
PicturePublisher 781
Pin 1 532
Pin Grid Array 239
Pinkompatibilität 238
Pinzette 43
PIO-Mode 339
Pit 625
Pit-Breite 625
Pitlänge 625
Pits 628
Pit-Tiefe 625
PIW 870
Pixel 381
Pixelabstand 381
PKZIP 63
Plasma Display Panel 400
Plasma-Bildschirme 374
Plastic Quad Flat Pack 239
Platinenabstandshalter 48
Platinengröße 214
Plattenduplizierung 598
Plattenspiegelung 598
Play at Will 78
Plug and Play 78, 280, 348
PMA 668, 669
PnP 78
PNUNPACK 577
Pocket-Adapter 828
POI 865
POLEDIT.EXE 168
poledit.inf 168
Polykarbonat 625
Polykarbonatsubstrat 633
Portable 213

Port-Adressen 65, 69
POS 865
Positionierzeit 537
POST 85
Poster 867
PostScript 754, 818
Power Calibration Area 668
Power Management 102, 280, 437
Power-On Self Test 85
ppi 776
ppm 776
PQ-Editing 662
PQFP 239
Preßzange 44
Primärer Cache 241
Pro Audio Spectrum 602, 722
Pro Photo CD Master Disc 865, 868
Program Memory Area 668, 669
Programmbereich 665
Programme entpacken 577
Programme nachträglich installieren 141
Protected Mode 250
Protokoll 811
Prozessor-Cache 97, 242
Prozessoren
    Aufrüstmöglichkeiten 261
    Betriebsspannung 243
    Busbreite 240
    Gehäuseform 238
    Installation 264
    Intel-kompatible 260
    Kenndaten 235
    Leistungsaufnahme 243
    Modelle 249
    Sockel 246
    Spannungsversorgung 278
    Spannungswandler 244
Prozessor-Lüfter 247
Prozessor-Upgrade 231
PS/2-Maus 104
PS/2-SIMM 300
PS/2-SIMM-Module 276
Punktabstand 381

Q

QAPlus 123, 288
QCONFIG 123
QEMM 75, 114
QIC 852, 853
QIC-40 854
QIC-80 852, 854
QuadSpeed 644
Quarterdeck 114
QUERTZ 456
Querverkettung 558
QuickTime 694
QWERTY 456

R

Rahmenpuffer 434
RAM 276, 295
RAMBoost 114
Raster 776
RAW-Datei 663
RCA-Norm 414
Real Mode 249
Recycling 762
Red Book 665
Reel Magic 882
Reflexionsschicht 631
Refresh 301, 434
regedit 182
Register 240
Registermodus 169
Reinigungsdiskette 508
rem-Befehl 150
Reparaturset 637
Repetitive Strain Injury 462
Reset-Schalter 217
Resolution 776
Resource Fork 675
Ressourcenbelegung 65
Ressourceneinstellungen 616
Ressourcenzuweisung ändern 616
RESTORE 64
Resume 252
RET 759
RG58 830

RG58-Kabel 838
RH 637
Richtlinienmodus 171
Rightsizing 828
Ring-Topologie 831
RJ11 813
RJ45 833
RLL 526, 530, 592
Rock Ridge Interchange Protocol 676
Röntgenstrahlung 403
Roland 701
ROM Shadow 96
Romeo 675
RRIP 673, 676
RS-232 356
    Anschlußbelegung 359
RS-232-C 356
RSI 461
RS-PC 640
Rubber Alcohol 316
Rückschleifen-Steckern 371

S

S3 424, 427, 448
SA-400-Interface 501
SafeRecovery 138
Sample 707
Sample-Frequenz 627
Samsung 435
Satzbelichter 755
SCAM 353
ScanDisk 558
Scanner 771
    Auflösung 774
    Farbfilter 775
    Kalibrierung 794
    Software 781
    Speicherbedarf 778
Scannertreiber 116
SCART 865, 884
Schallschutzhaube 747
Schlitzmaske 391
Schneid-Klemm-Technik 519
Schnittstelle, parallele 362

Index

Schnittstelle, serielle 356
Schnittstellenkarten 355
Schraubendreher 42
Schraubenfesthalter 46
Schreib-/Lese-Köpfe 528
Schreib-/Lese-Köpfe parken 527
Schritt-Motor 500
Schubtraktor 748
Schwarzschreiber 755
SCSI 341, 526, 535, 594, 600
    Abschlußwiderstände 549
    Flachbandkabel 535
SCSI-2 536
SCSI-Adapter 117, 602, 606
SCSI-Bus 603
SCSI-Host-Adapter 594, 602
SCSI-Hostadapter 600
SCSI-ID 536, 548, 603
SCSI-Identifikationsnummer 603
SCSI-Kette 535
SDRAM 303
SDX 650
Sechskant-Steckschlüssel 42
Second Level Cache 242, 277
Sehnenscheidenentzündung 407
Sektoren 497
Sektorversatz 544
Sekundärer Cache 242
Serielle Schnittstelle 356
    Standard-Adressen 357
Server 832
Server, dedizierter 832
Session Selector 671
SET 732
SET BLASTER 731
Setup 65
Setup, erweitertes 87
SETUP.INF 122
Setup-Parameter 134
SETVER 64, 118, 686
Shadow Memory 96
Sicherheitskopien 58
Sichern der Registry 188
Sicherung einzelner Dateien 172

Sicherungsmechanismen 171
Sichtkontrolle 204
Sidelight 398
SIF-Format 883
Sigma Designs 880
Signal-Prozessor 708
Signalverstärker 351
SIMM 296, 299, 435
    Bestückungsbeispiel 305
SIMM-Einbau 314
SIMM-Sockel 276
Single Ended SCSI 342
Single In-Line Memory Module 435
Single-Pass-Scanner 775
SingleSpeed 644
Singleword-DMA 339
SIPP 299
Sitzhaltung 461
Skewing 544
Slave 546
Slave-Baugruppe 330
SL-Enhanced-Power-Management-Technologie 256
Slimline 213
Slot-Inkompatibilitäten 203
Slots 215
Small Computer System Interface 341, 600
Small Out-Line J-Lead 435
SMARTDRV 580, 647
SMD 246, 262, 298
SMM 252
Smoothing 765
Snapshot 867
Sneakernet 828
Socket 4 255
Socket 5 255
Software
    Installation 613
SOJ 435
Sonder-Tools 153
Sony 649
Sound Blaster 118, 704
Soundkarte 699

Index

Einsatzzweck 701
Frequenzgang 707
Installation 725
SCSI-Schnittstelle 719
Standard-Einstellungen 726
Treiber 722
Spannungstoleranzen 222
Spannungsversorgungsstecker 529
Spannungswandler 276, 278
Speicherarten 111
Speicherbänke 304
Speicherbausteine 295
Ausrichtung 312
Bauform 298
Installation 312
Kapazität 303
Refresh 301
Testprogramme 311
Typkennziffer 308
Unverträglichkeiten 310
Zugriffszeit 308
Speicheroptimierer 114
Spiegelreflex-Kamera 874
Spin-Up-Zeit 609
Spitzzange 45
Spracherkennung 453, 723, 891
Spur 625
Spuren 497
Spurwechselzeit 538
SRAM 277, 301
ST412 530
ST506 526, 530
Stablinse 775
Stacker 555
Standard CMOS Setup 89
Standardinstallation 134
Startdateien umgehen 87
Startdiskette 60
Starten der Registry 182
Staubsauger 50
Steckbrücken 76
Steckplätze 215, 274
Steckplatzabstand 215
Steckplatzart 53
Steckplatzblenden 49

Stepper-Motor 500
STN 399
Stopbits 811
Streifenmaske 391
Stromanschluß 512
Stecker-Varianten 512
Stromsparadapter 224
Stromsparfunktionen 437
Stromversorgung, unzureichende 553
Stromversorgungskabel 225, 565
Struktur der Registry 181
Stützdrähte 392
Subdirectories 673
Subnet Mask 847
Subtraktives Farbmodell 794
Suche in der Registry 182
Super-Density-Disc 638
Superfloppy 590
superskalar 257
SuperStor 555
Supertwist Nematic 399
Support-Chips 269
Support-Mailbox 52
Suspend 252
SVGA 376
Switchbox 356
Syquest 509, 584
SYS 577
SYSEDIT 108
Sysedit 150
SYSI 123
System Management Mode 252
SYSTEM.DA0 188
SYSTEM.DAT 188
SYSTEM.INI 121, 598, 688
Systemdateien sichern 176
Systemdateien, versteckte 61
System-Diagnose 126
System-Information 123
Systemrichtlinien 168
Systemrichtlinien erstellen 169
Systemrichtlinien installieren 168
Systemrichtlinien-Editor 168
Systemsteuerung 148, 616

Index

T
TAE 812
Taktfrequenz 279
Taktgeber 269
Taktverdopplung 252
TAO 669
Taschenlampe 50
Task-Leiste 129
Tastatur 453
    Controller 455
    Ergonomie 454, 464
    Funktionsblöcke 454
    Installation 466
    Layout 454
    Mechanik 460
    Modusumschalter 459
    Ressourcen 460
    V-förmig 458
Tastaturanschluß 194
Tastaturbelegung
    Amerikanische 86
Tastatur-Controller 460
Tastaturkappen 456
Tastaturprozessor 269
Tastaturschloß 218
Tastaturschubfach 464
Tastaturstecker 469
    Pin-Belegung 469
Tastaturtreiber 61, 466
    Laden 86
T-Connector 837
TCP/IP 845
TEDIT 108
Tele Shopping 898
Tennisarm 461
TERM 505, 546
Terminalemulation 811
Terminating Resistor 505
Terminator 505, 546, 549, 605
Terminierung 549, 604, 605
Texas Instruments Graphics Architecture 428
TFT 374, 400
TFT-Displays 400

Thermische Rekalibrierung 542
Thin Ethernet 829, 830
Thin Ethernet-Kabel 835
ThinFilm Transistor 374, 400
Three-Pass-Scanner 775
Thumbnails 868
TIFF 782
TIGA 428, 431
Tintenstrahldrucker 749
Tischsteckdose 824
TOC 665
Topologie 831
Touchscreen 492, 871
Tower 214
Track-At-Once 669
Tracks 497
Trägersignal 802
Transistorfunktionen 241
Travan 856
Treiberservice 52, 53
Treppeneffekt 759
Trichlorethan 508
Triple Supertwist Nematic 399
TripleSpeed 644
Triplet 390
Trommel-Scanner 773, 866
Troubleshooting 620
TrueColor 432
Tseng 428
T-Stück 837
TTL 414
Turbo-Schalter 217
TV-Tuner 880
TWAIN 120, 779
Twin-Laser-System 638
Twisted Nematic 399
Twisted Pair 829, 833
Typematic Rate 95

U
UART 356
UDF 640
Ulead MediaStudio 881
Ultra SCSI 342, 540

Index

Ultra Wide SCSI 342, 540
Ultra-ATA 339
Ultra-DMA 339, 547
Ultrastor 593
UMA 111
UMBs 112
Unicode 674
Unidriver 449
Universal-Netzgerät 655
UNIX 676
Unterbrechungs-Anforderung 67
Unterbrechungsfreie Stromversorgungen 223
Unterverzeichnisse 673
Upgrade-Chips 261
Upgrade-Module 261
Upgrade-Sockel 246
Upper Memory Area 111
UPS 223
USB 217
USER.DA0 188
USER.DAT 188
USV 223
Utilities 123
UTP 833

V

V.24 356
V.28 356
V.32 809
VBE 119
VDE 110
Velocity 711
Verschlußzeiten 863
Verschweißen 45
Vertikalfrequenz 385
Verzeichnisnamen 674
Verzeichnisse 673
VESA 37, 326, 374
    Power Management 437
    Videomodi 436
VESA 1993 385
VESA-Local Bus 37, 326
VESA-Standard 380

VFAT 559
VGA 374, 376, 435
Video Bus 432
Video Capture 880
Video Electronics Standards Association 37
Video Feature Connector 431
Video Graphics Array 375
Video on Demand 898
Video-Bandbreite 388
Video-BIOS-Erweiterungen 119
Video-Brille 439
Video-CD 672
Videokonferenzen 898
Video-Overlay-Karten 880
Video-RAM 432
Video-Server 899
Videospeicher 432
Viren 560
Virtual Mode 250
virtuelle Realität 894
Virtueller Arbeitsspeicher 148, 598
Virtueller Modus 250
VLB 53, 54, 326
VLF-Felder 404
Voice Type 892
Voice-Mail 818
Vollduplex 802
Volume 671
VRAM 434
VRM 276
VSum 561

W

Wacom 492
Wähltonerkennung 825
Wärmeentwicklung 38
Waitstates 242
Wallet 867
Warm Docking 212
Wartezyklen 242
Wasserzeichen, elektronisches 868
Wavetable 708
Wechselplatten 584

947

Weißschreiber 755
Weitek 243, 275, 428
Wellenlänge 625
Werkzeug 42
Western Digital 428
Westernstecker 47
White Book 672
Wide SCSI 342, 536
Wiederherstellen der Registry 188
WIN.INI 120
WINASPI.DLL 621, 692
Winchester 526
Window-Profiles 165
Windows 119
Windows 9x
    Phasen des Setups 133
Windows CE 207
Windows-Auslagerungsdateien 580
Windows-Drucker 758
World Wide Web 887, 896
WPCom 545
Write Precompensation 545
Write-Back 97
Write-Thru 97

X
XCHS 551
XCOPY 171, 177, 577
XDF 496
Xfer Rate 539
Xmodem 811
XMS 112
XT 37
XVGA 376

Y
Yamaha 706
YCC-Format 870
Yellow Book 666
Y-Kabel 512, 565
Ymodem 811

Z
Z-80 35
ZBR 544
Zeichenmatrix 384
Zeichensätze 748
Zeilenfrequenz 387
Zeilensprungverfahren 386
Zentrierhilfen 636
ZIF-Sockel 245, 246, 255, 274
Zig-Zag-In-Line-Package 435
Zilog 35
ZIP 435
ZIP-Drive 586
Zmodem 811
Zollstock 46
Zone Bit Recording 532, 544
Zubehör 47
Zugriffskamm 536
Zugriffsrechte 676
Zugriffszeit 537
Zugtraktor 748
Zusatz-BIOS 597
Zylinder 537